中國歷代
畫家存世作品總覽

第一冊

佘　城編著

文史哲出版社印行

中國歷代畫家存世作品總覽

目　次

傅　　序 …………………………………………… **1-2**

自　　序 …………………………………………… **3-12**

凡　　例 …………………………………………… **13-14**

人名索引檢目表 ……………………………………… **15-18**

人名索引 ……………………………………………… **1-68**

中國歷代畫家存世作品總覽本文

周　　代 …………………………………………… 1

漢　　代 ……………………………………………2～3

三　　國 …………………………………………… 4

魏　　晉 ……………………………………………5～7

南北朝 ………………………………………………8～11

隋　　代 …………………………………………… 12

唐　　代 ……………………………………… 13～30

五　　代 ………………………………………31～48

宋　　代 ……………………………………… 49～194

遼、金代 …………………………………195～198

元　　代 ……………………………………… 199～327

明　　代 ………………………………………328～1301

清　　代 …………………………………… 1302～3708

參考書目 ………………………………………3709～3718

後　　記 ………………………………………3719～3720

人名索引 ………………………………………3721～3792

中國歷代畫家存世作品總覽

分冊頁次

第一冊   1 - 572

     目次   1-2

     序、凡例   1-18

     人名索引   1-68

     總覽本文：周代、漢代、三國、魏晉

       南北朝、隋代、唐代、五代、宋代

       遼代、金代、元代、明代   1-572

第二冊   573-1220

     明代

第三冊   1221-1872

     明代、清代

第四冊   1873-2524

     清代

第五冊   2525-3176

     清代

第六冊   3177-3708

     清代

     參考資料書目   3709-3718

     後　記   3719-3720

     人名索引   3721-3792

序

　　佘城君與我相識很早。他是我在台灣師範大學藝術系、私立中國文化藝術學院研究所的學弟，在校時便相當熟稔。我後來進入台北故宮博物院工作，三年後獲得美國洛克斐勒基金會獎學金，前往美國普林斯頓大學攻讀博士，他也剛好在中國文化藝術學院研究所畢業，正好接替上我在故宮博物院書畫處的工作位置。後來他也獲得洛克斐勒基金會獎學金，前往美國堪薩斯州立大學，追隨李鑄晉教授進修兩年半，重回台北故宮博物院服務。我後來完成學業，先到耶魯大學美術研究所執教，四年後轉到華府佛利爾藝術博物館（Freer Art Gallery）工作，長居美國，仍然常有書信往來。因此，對於他為人瞭解頗深。他少年時隨家來台，家境清貧，歷經苦難，所以自小養成勤奮好學、有志必達的性格。由小學讀到大學研究所，都是靠著半工半讀與獎學金完成。在師大藝術系求學期間，雖然中西各門功課都得修習，他因為興趣所趨偏重於國畫一門，由於好學用功，山水、花鳥和人物俱能畫，而且表現相當出色，深得系主任黃君璧，老師林玉山、虞君質、宗孝忱、王壯為、孫家勤諸位師長的看重，期以將來必有所成的厚望。此一期間，他還央求我幫忙介紹，投師校外傅狷夫先生門下，傅老師也是對他呵護有加。豈料後來進到研究所，以及再後工作於故宮博物院，興趣漸漸轉到藝術史研究方面，放棄了過去喜愛的書畫創作，一頭栽進藝術史料的爬梳工作裡。

　　此後，他在公務、兼課餘暇，勤於寫作，先後在雜誌發表極多文章，也為行政院文化建設委員會寫過兩、三本介紹中國藝術的小書，另外寫過《明代青花瓷發展與藝術之研究》、《北宋圖畫院新探》兩本專書。公職退休與辭教後，猶能孜孜不倦，前後寫過《元代藝術史紀事編年》、《宋代繪畫發展史》二書，正在付印出版中。

　　三年多前，在何懷碩兄家相聚聊天，他突然說到正在編寫一部蒐羅中國歷代畫家現有存世作品的書，一本純粹的工具書，希望帶給對中國古繪畫研究有興趣的人方便，我們當時認為現存古畫散布世界各地，許多畫蹟和收藏處所都不清楚，也不容易找到，認為值得去做，卻是一件大工程。

　　前數日，他跑來找我，告訴前說要寫的書已經完成，書名《中國歷代畫家存世作品總覽》，而且交涉好文史哲出版社出版，請我寫篇序文闡明其義。我看過其書與自序後，才曉得他立志寫此書早在三十年前，陸續蒐羅資料也超過廿五、六寒暑，動機出於看到早期藝術研究所學生撰寫論文尋找資料資訊不足的辛苦，著實令人感動。這種情形令我回憶起從前，也正是我和他當年做學生時的狀況。衷

心希望有了這部書以後，今後的學生尋找畫家資訊就可以按圖索驥，不會那麼辛苦了。

　　我們一些上了年歲的中國繪畫史研究者，都會有種共同的過去經驗，就是早年研究無論畫史或畫家個人，都著重在文字記載史料方面，造成原因就是受到缺乏畫蹟存在資訊的影響。當時社會尚屬封閉，台灣以外有關中國古畫收藏的情形一概不知，無從得曉。繪畫研究者若要從事繪畫實物研究僅限於台北故宮博物院的收藏，如藏品中沒有或只有單件，那就只有求諸於畫史資料的探討了。以後隨著資訊開放流通，一些國外公私收藏目錄、展覽圖錄源源而來，知道得多研究就更方便、更多元、更廣泛，甚至演進到今日競以研究存世畫蹟為對象的趨勢。這就是因為知道了更多古畫蹟的存在以及它們落腳的處所，輕而易舉可以找到研究材料；換言之，也是有了更好的現存古畫資訊提供的結果。

　　佘城此書內涵。蒐羅存世中國古畫蹟收藏處所範圍廣泛，地區涵蓋台灣、港澳、中國大陸、日本、美洲、歐洲等地；收藏者包括藝術博物館、美術館、文化機構、收藏家等；收錄畫家時代自戰國迄於清末民初，畫家人數多達 6400 餘人，畫蹟數量難以估算，合為 3700 餘頁分裝六大冊，蔚為大觀。有關中國古畫蹟收藏目錄、展覽圖錄等書，過去中外皆有出版，終屬零星分散，一時找齊相當麻煩。本書最大的好處，是在能將分處世界各地的藏品畫目總為一處，將個別畫家所有畫蹟集合一起，再依畫家時代排序，每位畫家畫蹟排列也是井然有序。研究與喜好書畫者，以後只要一書在旁，想要找尋某位畫家瞭解其現有存世畫蹟的情形，非常方便快速，不用像過去花費許多時間精力到處尋覓。又如收藏家、藝術博物館等，得知拍賣公司、古董藝品商店將有出售古畫，希望事先瞭解所要出售物品是否有同樣的東西存世，作為斟酌考量購買的參考，也可由此找到答案。其它用處還有不少，不作細述。

　　作者自序中說到由於收錄工作浩大，尚有極少地方缺乏資訊沒有收錄到，但為把握時間及早出書，以致形成闕失，頗有遺珠之憾，希望以後能夠繼續搜尋收錄，俾能續作補遺。我想萬事皆求十全十美亦非易事，輕雲不足以翳日，本書作到如今地步已屬難能可貴，冀望他繼續努力完成拾遺補闕的心願，庶幾臻於完美。

　　作為學弟的他能夠窮數十年心力，完成自己規畫的志業，是謂大事，作為學長的我為他感到高興與驕傲。本書行將付梓，期望早日先睹為快。特此綴言如上，作為祝賀本書出版賀詞。

國立臺灣大學藝術史研究所教授

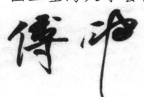

自 序

　　我寫此書，起念甚早，追溯起來大概是在二十五、六年前。當時我服務於國立故宮博物院正職外，本於‘教’‘學’相長，就近還在國立台灣師範大學、私立文化大學美術系研究所兼課，各教授一門宋、元繪畫的課程。教學期間，學生每逢撰寫論文時，多苦於尋找畫家資料的困難，於是求助於我，我的幫助往往十分有限。另外，有些對於中國書畫有興趣的朋友、或朋友的朋友，也會找我請問一些問題，某某畫家流傳到現在的作品多不多？某某畫家存世作品除了台北故宮博物院以外，還有甚麼地方可以找到？諸如此類問題，令人窮於應付。慢慢的，心中開始萌生一種想法，為何不編寫一本或一部網羅現有存世歷代畫家作品的書冊？不單是這些學生和朋友的問題獲得解決，還有更多更廣泛想要知道這方面資訊線索的中外有心人士，也可以從此獲得幫助，果若如此，身為一個藝術文化工作者的個人，不也算是盡了一份職責與棉薄。

　　開始搜集資料，相當辛苦。首先，除了整理自己服務的故宮博物院藏品外，其他美術館、私家收藏，則須利用工作餘暇走訪參觀，另外便是尋找圖書館內藝術有關書刊，翻閱博物館目錄、圖錄、專刊、畫冊、展覽專輯之類書籍，抄錄畫家作品資料製成卡片。但是，這項工作做來並不順利，因為當時社會博物館、古書畫風氣尚未熱絡，人們注意的興趣不在此方面，這類出版物面世不多；博物館、美術館有的根本不編印藏品目錄這類書籍，有印也只是藏品選粹之類，國外出版物進口更是少見，能夠蒐集到的資料極為有限，心灰意冷，幾度想要放棄計畫。後來，因為得到一些其它方面的幫助，重新燃起希望，而且資料積累不斷增加，這些幫助：一是先前獲得美國洛克斐勒基金會獎助，前往堪薩斯州立大學藝術研究所深造時，兩年半（公元 1973-1975 年）期間內參訪過的美、歐多所博物館，建立起私誼，後來去信請求他們協助提供所藏中國古畫部分資料，都獲得回應；二是利用出國開會、旅遊機會，儘量延長停留時間抽暇走訪附近藏有中國古畫的博物館，瀏覽展品、請求特別提件參觀等，詳作筆記，也得到不少收穫。再後，世界旅遊風氣日盛帶動了博物館事業的蓬勃，國內外博物館、美術館推展業務，紛紛印行本身藏品目錄、特展圖錄，資訊日益發達，有關圖書館大量充實了這方面的書籍，即使尚有欠缺的也可找人從國外代為購買寄來，蒐集資料至此方告完成，歷時頗長。接下來，便是整理、編排、打字等編纂成書的工作。

　　在此，回顧蒐集資料的過程中，特別要感謝兩大出版物：一是北京人民出版社出版發行的《中國古代書畫圖錄》，是由張珩、徐邦達、謝稚柳、啓功、楊仁愷、傅熹年、劉九庵、謝辰生等數位書畫鑑定大家主持，經過數年調查審定，集結了中國大陸一百六十多個大小博物館、文物商店收藏的古書畫，匯整編纂而成的一套鉅著，共計廿三大冊，圖文並茂，提供了全中國大陸收藏古書畫最完整的資料。二是日本東京大學東洋文化研究所印行的《海外所在中國繪畫目錄》，是由東大教授鈴木敬先生率領，費時數年，走訪美、加、歐洲、台、港、澳、日本等地區，拍攝公私博物館、私人收藏中國古畫圖片，集結文字資料而成目錄四冊，提供了大陸以外地區的資料。這兩大部分資料，除了有助我比對核實過去辛苦蒐集所得資料外，大量增添補充不足，才堅定了我編是書的心意，允稱本書能夠撰成最大的關鍵。

　　中國有關書畫作品目錄的撰寫，起源相當早遠。因為中國是個愛好藝術重視歷史的民族，自古以來，國人珍惜寶愛自身文化結晶的書法和繪畫，甚早便形成珍藏什襲前人流傳書畫作品的風氣。中國書畫由於媒材質地脆弱，隨著朝代更迭，歷經歲月侵蝕摧殘，兵災水火損毀，前人流傳作品不斷的消失減少，能夠倖存下來的作品便成了收藏家爭相求取的稀珍，時代愈久遠愈為難得，收藏者想方設法冀望獲得，獲藏者視若璆球拱如瓊璧，獲睹者因為機會難再亦詡為畢生之幸，因有過眼雲煙之喻。收藏者對於這些珍祕寶物玩賞之餘，為了彰顯誇耀於人，或希冀留存記念，或為昭示後人知曉，於是進一步用文字記錄其事公諸於世，這便是書畫目錄產生的由來。歷史記載可考，時代最早的一本書畫作品目錄書，應是唐代裴孝源所撰《貞觀公私畫史》，其後歷代踵繼，迄至清代著述充斥已是不勝枚舉。歷代這些繪畫目錄，有朝廷官府所編纂，北宋徽宗敕編《宣和畫譜》、南宋寧宗敕編《御府中興館閣儲藏圖畫》，元王惲於元廷接收宋室皇宮收藏後奉命撰寫《書畫目錄》，清代高宗、仁宗敕編《石渠寶笈》，都為記錄宮中收藏的歷代書畫所寫；有私人所編輯，如宋趙與懃的《趙蘭坡所藏書畫目錄》、賈似道的《悅生所藏書畫別錄》，明文嘉所撰嚴嵩家藏的《鈐山堂書畫記》，清姚際恒的《好古堂家藏書畫記》，是為記錄個人一家收藏所寫；另外，如元周密的《過眼雲煙錄》，明張丑的《清河書畫舫》、顧復的《平生壯觀》、清吳其貞的《書畫記》、吳升的《大觀錄》等，則為記錄自己曾經過目的書畫作品所寫，洋洋灑灑堪稱大觀。　這些書畫目錄記載體例不一，《貞觀公私畫史》最是簡單，僅記畫家姓名與畫目，《石渠寶笈》最稱詳備，畫家而外，畫目記錄詳載形式、尺寸、材質、色彩、畫家落款、鈐印、以及題跋的題者姓名、詩文、印章等，甚至評比銓次等級，允稱一應俱全。繪畫、法書目錄具有的意義和功能，簡言之：一是表示自古國人重視這兩項藝術國粹的保存；二是預示原作品若已不存，仍有憑藉作為考稽其流傳之依據；三是可以得曉某時代或某時段內現存在世的歷來畫家作品的情形，成為中國繪畫史研究不可或缺的重要材料。

　　近世自上世紀初以來，西方民主思潮崛起，世界各國紛紛推翻帝制代以民主政

治，社會首重開啓民智，普及教育，教導人民認識自己與其它的國家，各種建設措施之一便是設立各類博物館，裡面收藏陳列自己和世界其它民族、國家的文物，有似一個個國家、民族文化的展示窗櫥，發揮著社會教育的功能，其中尤以藝術博物館、美術館作用最大。在此同時，亞洲文化與藝術日益受到世人重視，中國為世界文明古國、亞洲第一大國，有著悠久璀璨的歷史文明，繪畫等文物早為各國藝術博物館、美術館、私人收藏家爭相收藏。中國本身推翻帝制民主革命獲得成功，逐漸步上富強之路，恢復民族自信，光大傳統文化，社會建設因應西方制度措施，全國地方也紛紛建立博物館、美術館之類，大量搜集歷代繪畫、法書、器物等充實所藏，過去散落民間的這些東西逐漸轉移匯聚到這些新興博物館、美術館內，成為廣大人民共有共享，數量浩繁更不在話下。另外，便是我們鄰近的國家，特別是日本，因為文化歷史淵源久遠關係，繪畫、法書流入彼邦早在唐代就已開始，廣為其博物館、美術館、寺院、私家珍藏，庋藏數量驚人。總此，中國歷代流傳下來的繪畫作品，散落海內外，遍布世界各地，數量難以估計，無人能夠道出其所有收藏處所，遑論知曉其加總起來的數字，這也慢慢引發大家對此的關心，此為今日有關中國古畫流傳著錄日興之原因。晚近海內外一些收藏豐富的大型藝術博物館、美術館，多有出版本身所藏中國歷代繪畫目錄而外，舉舉大者誠如前面說到，一是北京人民出版社出版發行的《中國古代書畫圖錄》，集結了全中國大陸一百六十多所大小博物館、文物商店收藏的古書畫；一是日本東京大學東洋文化研究所印行的《海外所在中國繪畫目錄》，收錄了中國以外歐、美等地區藝術博物館、美術館收藏的中國歷代繪畫，規模浩繁博大皆開前人所無，為關心中國現有存世歷代繪畫情形的中外人士，提供難得而寶貴的資料。唯一令人覺得美中不足，這些圖錄、目錄編輯方式，仍以博物館、美術館個別為單位，所有畫家的資料仍處分散狀況，如要尋找某一單獨畫家作品的話，仍然需要一一搜索其中各個博物館、美術館收藏，耗時費力。

值此中國熱風吹襲全球，各國興起熱衷中國文化研究之際，散落分布海內外的中國歷代繪畫作品，恰好扮演著宣揚中國藝術的角色，作為這些繪畫創作者後代子孫的我們，責無旁貸應該做的一件事情，就是找出所有這些歷代繪畫作品的行蹤和落腳處，蒐羅匯總資料編寫一本完整的線索書，提供需要此方面資訊者幫助，此乃是書編輯之主旨。是書之編，針對現有這類目錄書的缺點改善，有三：一是集結海內外所有收藏作品於一書，尋找資料，一書在手不需其它；二是將同一畫家分散各處的作品合在一起，一目瞭然；三是每件作品標示出收藏處所。提供需求者查詢搜尋資料，一步到位、簡便快速。

本書收集今日存世的中國歷代畫家作品，以其來源可分為三：一、海內外公私立藝術博物館、美術館、圖書館、文化公益機構、寺廟等收藏，其分布地域包括了亞洲、美洲、歐洲地區，為收藏現存中國歷代繪畫作品數量最主要的部分。其中以收藏數量和品質而論，首推中國大陸、台灣、港澳等地區，這是中華民族文化孕育

發展所在地，其博物館、美術館收藏自然是以自己民族所有文物為重心，繪畫和法書則是文物中最主要的項目，如台北故宮博物院、北京故宮博物院、上海博物館、遼寧省博物館、天津市藝術博物館、南京博物院、浙江省博物館、四川博物院、廣東省博物館、香港藝術館、澳門賈梅士博物館以及其它博物館等，總合不僅收藏數量龐大、時代齊全、涵蓋內容完整，均高居全球之冠。其次為日本，因為歷史、文化淵源長遠的關係，收藏中國繪畫無論質量都極為可觀，僅次於中國本土，收藏著名的博物館有東京博物館、京都博物館、大阪美術館、奈良博物館、根津美術館、靜嘉堂文庫、泉屋美術館、大和文華館、藤田美術館、黑川古文化研究所等。再是韓國，有高麗大學博物館、弘益大學博物館、湖巖美術館、月田美術館等，都收藏少數中國古畫，有助資料的增添。再來為美洲、歐洲國家，其人民深具世界觀，有著意欲接觸他人的精神，所以政府、民間文化公益機構、大學等樂於設立博物館、美術館等，廣收世界各國、各民族的文物藝術品，陳列展覽以供社會民眾參觀欣賞，藉以提昇其國民對於國際的視野與認識，中國為世界大國且有悠久歷史和文明，更是亟欲蒐求收藏的對象。

其收藏的情形，首言歐洲國家，因為接觸中國歷史甚早，收藏開始也早，各個國家博物館中幾乎都多少藏有中國歷代文物，其中名聲顯赫的為倫敦大英博物館(The British Museum)，其次如瑞典斯德哥爾摩的古物館(Ostasiatiska Museum, Stockholm)、德國科隆的遠東博物館(Museum Fur Ostasiatische Kunst, Koln)、柏林的遠東博物館(Museum Fur Ostasiatische Kunst, Berlin)、法國巴黎的居美博物館(Museum Guimet, Paris)，瑞士日內瓦的瑞特堡博物館(Museum Rietberg, Zurich)，荷蘭阿姆斯特丹的 Rijks Museum 等，皆以收藏中國古繪畫知名於世。整個歐洲藝術博物館、美術館收藏的中國歷代繪畫，不僅數量可觀，而且不乏名蹟鉅作、甚至遺世孤本，例如現今存世時代最早卷軸作品的東晉顧愷之所畫〈女史箴〉圖，就藏在大英博物館內。再是美洲國家，收藏中國繪畫和文物雖然僅及美國、加拿大兩地，但是數量極其豐富。美國自上世紀初尤其二次世界大戰後，挾其雄厚財富大肆蒐羅中國文物、藝術品，堪稱不遺餘力，許多散落各地的中國歷代繪畫紛紛流入其境，後來居上取代了歐洲地位，蔚為中國歷代繪畫收藏的重鎮。其收藏情形，除了幾所著名的藝術博物館，如波士頓美術館(Boston Museum of Fine Art)、紐約大都會藝術博物館(The Metropolitan Museum of Art)、華府弗瑞爾藝術陳列館(Freer Gallery of Art)、克利夫蘭藝術博物館(The Cleveland Museum of Art)、堪薩斯市艾金斯-納爾遜藝術博物館(William Rockhill Nelson Gallery of Art and Atkins Museum of Fine Arts)、印地安那波里斯藝術博物館(Indianapolis Museum of Art)、芝加哥藝術中心(The Art Institute of Chicago)、舊金山亞洲藝術博物館(The Asian Art Museum of San Francisco)、夏威夷火魯奴奴藝術學院(Honolulu Academy of Art)，以及加拿加多倫多的安大略皇家博物館(Royal

Ontario Museum）等，所收中國古繪畫難以數計，即使一些規模較小的藝術博物館，如底特律藝術中心、洛杉磯郡立藝術館、西雅圖藝術博物館等，也不乏其藏。此外，拜美國鼓勵社會捐贈公益事業稅制之賜，許多著名大學如哈佛大學、普林斯頓大學、耶魯大學、加州勃克萊大學等，都附設有藝術館，接受企業私人捐贈藏品，有的大宗一批即高逾上億美金，捐贈物中中國歷代繪畫允為重要項目。尤有甚者，還有一些非藝術性的博物館，不為人知的也收有中國古繪畫藏品。例如我曾參觀美國休斯頓市博物館，看過展覽始知收有中國繪畫；又曾大雪天前往參觀芝加哥自然博物館，看見牆上掛有中國古畫；再如參觀紐約市自然博物館也發現同樣的情事，這些過去從未聽人言及。可惜當時向其負責人索求資料未果。綜合說來，這些歐、美藝術博物館、美術館、博物館收藏的中國歷代繪畫數量龐大，提供了豐富的資料。只是美中不足，難免遺漏，除了上述美國一些不為人知的博物館外，令人不得不想到尚有俄國和東歐地區國家，甚至更遠的南美洲國家，其博物館收藏物中難道就沒有中國古繪畫存在？由於缺乏資訊情況完全不明，收錄皆付闕如，這是一處有待將來必須補遺的漏洞。佛寺收藏中國古繪畫，則以日本最多。佛寺道觀收藏書畫盛行中國宋、元兩代，流風東渡，日本亦受影響。只是中國歷來寺廟至今塌毀殆盡，原有收藏早已灰飛煙滅，日本則隨著寺院得以保存下來，成為另類的收藏。一般而言，上述這些具有公眾性、制度化、機構型的藝術博物館、美術館、藝術文化機構、寺院等，收藏保存環境與維護條件安全良好，納入收藏的藏品固定而少變動，是本書收入資料中最主要的部分。二、海內外私人收藏品。私家收藏在中國具有悠久歷史，也是過去中國歷代流傳繪畫保存，除了皇室之外最大的庇護所，對於保護民族文化有著巨大的貢獻。過去私人收藏規模與數量俱十分驚人，其中有的收藏之富足與皇室庋藏相埒。歷史上著名的許多收藏家，在今日存世的歷代畫家作品上仍然看到他們鈐蓋的收藏印章，說明這些珍貴的遺物因為有過他們的珍藏呵護才得以保存下來。近世政治改體、社會轉型後，藝術博物館、美術館已經取代過去帝室、私人收藏家的地位，這些具有民族文化傳遞功能的歷代繪畫和其它文物，也都轉移匯集到這些新興的保存場所。儘管如此，但是傳統遺風不戢，民間收藏依然存在，而且廣布世界各地。華人地區以台灣、香港為盛，雖然規模已經不若從前，仍有不少以收藏豐富而知名的人士，如台灣方面的板橋林氏蘭千山館、張添根養和堂、畏墨堂、王國璠、石允文、蕭再火、楊文富、以及眾多收藏家成立的清玩雅集等；香港方面有利榮森北山堂、何耀光至樂樓、劉作籌虛白齋、黃仲方、葉承耀、霍寶財等。至於外國方面，日本私家收藏中國繪畫風氣一貫盛行，有些企業家族累世積藏，數量甚至超過公立收藏，如眾所知名的收藏家，有山本悌二郎、山口良夫、中埜又左衛門、住友寬一、貝塚茂樹、阿部房次郎、岩崎小彌太、柳孝藏、根津嘉一郎、高島菊次郎、組田昌平、淺野長勳、黑田長成、橋本太乙、藪本俊一等個人或家族，此為舉舉大者，其他收藏者難以一一列舉。所有這些私家的收藏幾佔全日本收藏中國

古繪畫的絕大多數，他們之中不少已將收藏捐贈或寄存公立博物館，或將家藏捐出成立私立美術館，使得這些原本珍藏祕櫃的文物，能夠公諸廣大民眾，有助於中國文明的發揚光大，亦是令人欣慰之事。美洲、歐洲國家人士收藏中國古畫興起雖晚，戰後風起雲湧，而且不乏以此享譽人士，如美國的顧洛阜(J. M. Crawford)、沙可樂、Edward Elliott、Hobert、Alfred、王季遷明德堂、翁萬戈、王方宇、高居翰（James Cahill)景元齋等等，此輩人士多數最終都將收藏捐贈或寄存大學附設藝術館。涓滴之水可以匯集成河，所有這些海內外私人收藏家收藏的中國歷代繪畫作品，聚合起來也是一個十分驚人的數字，為本書收錄資料另一重要部分。不過，這些私人收藏家中，有些不願暴露身分，原載書中收錄其藏既已隱晦其名，本書轉錄其所藏作品收藏處所欄內也只能循例記為‘私人’而已。另外由於私家收藏多數出於個人嗜好，有的雖視其為畢生志趣；有的僅止於喜愛，性喜則收，興盡則棄；也有視為投資事業者，志在牟利隨時待價而沽，整體而言其儲藏時間較具變化，聚散無常，不若上述博物館、美術館收藏的固定。另外，則是清末民初國內尚有不少書畫收藏家，著名者如龐元濟、陳夔麟、秦潛、羅振玉等人，活動於對日抗戰前的民國初期，他們收藏的古書畫，見於自撰的《虛齋名畫錄》、《寶迂齋書畫錄》、《曝畫紀錄》，還有李葆恂撰有《海王村所見書畫錄》，為記錄他當時所過目的書畫。後經長期戰亂，上述著錄古畫除極少數流傳海內外公私，絕多已不知下落；又民國廿一（公元 1932）年，由中國、日本收藏家在日聯合舉辦一次“宋元明清名畫大觀”展覽，展品豐富。同樣歷經戰亂後，其中國人藏家展出的名畫，幾乎全數未曾再見，毀於戰火劫難乎？家族隱藏不願外洩乎？不得而知。再是民國初以來，國內與國外的日本，已興行印刷出版古代名畫圖錄，選出收藏家藏品結輯出版，如上海商務印書館出版的《名人書畫集》，上海有正書局發行的《明代名人書畫扇》、《中國名畫集》、《扇面》、《清代名畫集錦冊》，上海神州國光社出版的《神州國光集》，上海藝苑真賞社出版的《明清扇面集錦》、《百研室珍藏名畫》，上海會文堂書局出版的《古今名人書畫大觀》，北京縹緗館出版的《游藝社歷代名畫》，文華美術圖書印刷公司的《書畫真蹟大全》，以及一些私人出版的個人收藏畫冊；至於日本最稱鉅構則為《支那南畫大成》，次為考槃社《支那名畫選》、《支那名人書畫百集》等。以上凡是，這些圖錄、畫冊中收錄畫家、作品堪稱豐富無比。然而，一則其中作品固然多有重複，更重要的是對日抗戰後，歷經長時戰火劫難，其中屬於國人部分作品，恐怕多已在劫難逃消毀命運，那些已毀？那些倖存？若要在浩瀚的現存畫目中比對找出結果，實非易事。因此，凡是對日抗戰前這類圖錄、畫冊、目錄所登載作品，皆未予收錄。三、海內外拍賣公司、文物商店陳售古畫。此與上述私人收藏的情形一樣，也是中國歷代古畫大量匯集不容忽視的另塊領域。前面已有言及，中國人愛好文化性喜書畫藝術，自古以來蔚為傳統風氣，專事收藏的收藏家外，社會廣大百姓也有以收藏名家字畫作為判斷身份依據的想法，遠如元代江南地區人家，就以家中

有無懸掛釋雪窗畫、班惟志字來定雅俗。因此,歷來性有所愛廣蓄珍藏的專業收藏固然大有人在,而一般尋常人家收藏一二書畫以示風雅更不乏其人,類此收藏難以估計。這類收藏者的後人遇到經濟拮据,多會不惜將其變賣求錢,出售的地方便是買賣文物的商店、藝術品拍賣公司等;相反的,有的人或工作待遇優渥、或經商成功、或意外發財等,生活以外餘錢也會想到去買點古字畫,一可布置美化家室,二可投資保值,購買的地方同樣是上述的文物商店、拍賣公司。這些來自個人收藏、進出文物商店、拍賣公司的古繪畫,原收藏者姓名固然不知,而零星散落,更不似專業收藏家所藏量大而集中,數量根本無從得知。但自上世紀中葉古藝品買賣風氣興起,近三四十年來海內外文物商店、拍賣公司設立有如雨後春筍,生意日益興隆,所謂積沙成塔,加起來數量又何只龐大二字可形容,也就成為另一不容忽略的歷代繪畫存世作品的集中區塊。這類形同過客的古畫作品,雖然最後落腳何處不得而知,不外藝術博物館、收藏家、個人購買三者,既然是現有存世之物,轉換藏處,也多有拍賣目錄登載有稽可查,理應加以收錄。不過,由於分布海內外的文物商店、藝品拍賣公司,數量眾多而規模大小也不一,出售的東面良窳差別甚大,所以除早期中國大陸經過專家審查的一些代表性文物商店,如北京榮寶齋、上海朵雲軒,與許多城市文物商店等,以及國際知名信譽較著的藝品拍賣公司如蘇富比(Sotheby)和佳士得(Cristie),其所經手買賣的東西予以收錄外,其它僅能割愛。此類收錄作品為與前兩類表示區別,特以'附:'置於畫目之末尾。

　　本書編纂過程中,由於資料蒐集來源廣泛,歷時頗長,時移境易,難免遇到一些複雜情況或發生變化的事情,有待特別處理解決。

　　其一,為畫家排列的問題。本書所收錄作品的時代起於周代,貫穿漢、三國、魏晉、南北朝、隋、唐、五代、宋、元、明、清,止於民初,歷時漫長,畫家不僅人數浩繁,個人呈現的情形尤為複雜。畫家中有的畫史備載身世,而且生卒時年已曉;有的畫史備載身世,生卒時年不詳,但存世作品落款留有紀年可考;有的畫史備載身世,生卒時年不詳,但有資料間接顯示可以推測時間;有的畫史備載,卻無任何資料可資參考;有的畫史闕載,但存世作品落款記有干支可考;有的畫史闕載,存世作品也無任何記載,只能憑藉呈現的繪畫風格推敲,所以整個排序相當困難。遂定原則如下:先按中國歷史時代演進順序推移,每時代中再按畫家生活時間先後,已知生卒時年者依其生年;不知生年者則以其存世作品中署款紀年時間最早者上加二十五年(假設其生年)為準,與前者交互並置;不知生卒時年又缺乏紀年作品可稽考者,依據書畫鑑定方法,審其作品風格推斷其時代、與約莫活動的時段,穿插安置其間;若審其作品風格推斷知其時代、卻難以推斷活動時段,則置於該時代之末後,據此方法以排定全部畫家的順序。如此安排法難云合乎科學論證,為求便利檢索有據,亦權宜之法也。

　　其二,為收錄作品收藏處所列名也是十分困擾的問題。是書編纂收錄資料歷時

頗長，時移勢易，前述三類收錄作品資料來源方面已有發生變化。首為藝術博物館、美術館、博物館等收藏機構，這類皆為固定的收藏處所，除非特殊情形，收藏物品都是只進不出，所以原列收藏單位名稱沒有改變，其中仍然難免一二私立美術館發生變故，如早先的台北國泰美術館因故關閉，收藏書畫不知所終；晚近的鴻禧美術館因經營困難而歇業，原有收藏如何處置不明，至於其它是否尚有類似情事也不得而知。因此書中所收錄原屬這二美術館典藏作品，記載其收藏處所欄中仍舊維持其原來名稱不變。其次為收錄來自拍賣公司、文物商店部分的作品，這些既為買賣過手之物，變動性極大，繪畫原本為何人所藏，不得而知；一經賣出，散落社會各個角落，或為個人、或為收藏家、或為藝術博物館、美術館等買去，落處幾乎也都無從得知。原來既不知原收藏者誰，賣出者也不知最後落腳何人與何處，即使經由核對收錄畫家所有作品中能夠找出購藏者，也屬極其少數。因此，書中記載這類原為拍賣公司、文物商店經手的作品，收藏處所欄中一概仍依舊有記載原拍賣公司、商店的名號。再是數量相當可觀的私人藏家收藏作品，也是處理棘手的工作，這類收藏繪畫可分：一種是有些收藏家樂於與人分享其藏品，卻不願暴露自己身分，藏品允許公開露面卻隱藏藏者姓名，出版登載作品的目錄、圖錄中皆以‘私人’稱之，此種情形各國皆有，尤以日本為多，本書中收錄此類作品只能一仍其舊記載為‘私人’；一種是確知原收藏者仍舊保存未有改變，仍記其姓名或堂號；一種是原收藏家藏品已經轉贈家族、捐贈博物館等公益機構等，藏品已易其主；還有原收藏主人已駕鶴仙去，子嗣繼承所藏。後面兩、三種情形，由於這些已經易手他人或由子嗣繼承的作品有那些？接手者或繼承者的姓名為何？因為缺乏資訊幾乎毫無所知。因此，書中記載這類私人收藏家收藏的作品，其收藏處所欄中記載收藏者姓名，一概仍舊依照原來引用資料來源的書籍中所載原姓名，這些處理方式實為無可奈何之權宜辦法。以上說明，乃恐有閱覽者已知上述發生的變故，而檢閱資料時卻發現記載情形未有改變而生疑惑，特為解惑去疑也。

　　其三，收錄作品中發現重複情事的處置。前述收錄作品資料三類來源，收藏情形都有變化，其中藝術博物館、美術館和文化公益機構收藏，典藏制度化有進無出，藏品最為固定不變。私人收藏家以及文物商店、拍賣公司所有，藏品有進有出，較不固定而流動性大，尤以後者為明顯。因此，在收錄來自不同時間、不同出版的圖錄、書刊中的作品，常會發現同一畫家作品重複出現的現象，甚至有同一畫家作品出現同物異名的情形。所以在收錄所有作品資料過程中筆者都會仔細比對，如果發現此一情形，皆會擇一收錄而剔除其它，如此做法雖然改正了不少重複現象，惟因畫家有的作品數量過大，核對有所遺漏，重複情形恐仍難免，閱覽君子如有發現此類情形，尚有見諒。

　　書中收入流傳作品至今存世的歷代畫家，超逾 6400 餘人，其中畫史有名者比對記載人數不及百一，信畫家作品流傳保存之不易也。畫家中包含了畫史著錄歷代

著名的大家、名家、能手等，更多名不見畫史記載者。其中畫家時代越早的留下作品越少；時代越晚近人數就越多，明清兩代數量浩繁，尤以清代為最；畫史名氣愈高者留下的作品也愈多，如五代的董源、巨然、黃筌、徐熙；宋代的李成、郭熙、許道寧、趙昌、易元吉、崔白、李公麟、米芾、李迪、李唐、趙伯駒、馬和之、蘇漢臣、劉松年、馬遠、夏珪、李嵩，馬麟、梁楷、釋法常等；元代的錢選、趙孟頫、李衎、高克恭、黃公望、曹知白、顏輝、吳鎮、趙雍、盛懋、王淵、倪瓚、王蒙，方從義等；明代的沈周、文徵明、唐寅、仇英、董其昌、藍瑛、吳彬等，清代有‘清初六家’的王時敏、王鑑、王翬、王原祁`、惲壽平、吳歷、‘四僧’的八大、道濟、髡殘、弘仁、‘金陵八家’的龔賢、樊圻、鄒喆、吳宏、葉欣、胡慥等、‘揚州畫派’的金農、李鱓、李方膺、黃慎、華喦、鄭燮、羅聘等、康、雍、乾三朝畫院畫家群、晚清的吳昌碩、任頤等等，廣為世人熟悉，都留存數量可觀的作品，此乃屬古畫流傳的正常現象。另外便是畫史缺乏記載的畫家很多。這些畫史闕載的畫家，留存下來的作品多屬孤件，形式則是冊頁、扇面多過卷、軸之屬；從繪畫質量、風格來看，這些畫家身份業餘多於專業；作品素質則是疏簡粗放多於精謹工致，然而也不乏精美之作。這些畫家，若以宏觀的角度來看待，他們都是所處時代繪畫發展的共同締造者，而為歷史所遺忘，有幸留下惟一的作品，宛如雪泥鴻爪，吉光片羽，誠屬珍貴難得的史實見證。再來，便是存世繪畫作品中還有大量無畫家姓名的作品，姑且稱為無名氏作品。這些無名氏畫作不僅數量十分可觀，而且包含了各個時代，以繪畫呈現的特質來看，絕多出於各個時代職業畫家手筆，特別是畫院制度鼎盛的宋、明時代，由於作品習慣多不落款致使姓名埋沒，論技藝純熟精美程度皆遠在業餘畫家之上，文人畫論當道的過去而為時代所壓，若從廣博寬容的畫史觀點來看待，這些無名氏作品較諸前述畫史闕載畫家作品，更具有補強畫史缺失的功能。繪畫史之研究，畫家流傳存世的作品乃為最真實最可靠的資料。過去由於畫家作品的不斷流失，歷代畫史研究也只得憑藉史料臆測，囿於自限，因此時代愈遠面目愈益模糊。今日學術研究講究實證，以宏觀角度來看待所有創作者，這些存世且過去不為人知的畫家作品，足以補充修正過去畫史的缺失，可以豐富各個時代繪畫發展的多樣面貌，擴大繪畫發展史原有詮釋的深度和廣度。本書對於這部分畫家儘量加以收入，其意義即在於此。

　　收錄畫家中也出現一點問題，就是有些人名混淆難以判斷而可能造成畫家的重複收錄，即同一畫家異名而兩收的情形。如所收畫家中有朱采、朱邦采二人，作品署款紀年顯示，皆為明穆宗隆慶（公元1567-1572年）中人，筆者懷疑應是一人，而是名與字兩用被誤認為兩人者，因為沒有親見原畫題署落款無法進行研判，只是臆測不敢擅作合併；又畫史記載明代畫家有黃克晦，為神宗萬曆初（公元1573-）人，而存世作品中有黃克晦者，卻定為清代，同一人乎？不同二人乎？難以確定；明畫家中有李著者，字潛夫，又另有李潛夫者，懷疑二者實係一人，因為不同作品

落款名、字兩用所致，未親見作品署款，亦不敢擅作合併；清代畫家中，有鄭紫城者二人，一畫花卉，一畫人物，同一人乎？二人乎？畫家中有趙廷璧者，又有廷璧者，會否為趙廷璧作品，落款署名時未書姓只書名，抄錄者未予深察而視作姓名，因而分為兩人？畫家中有陳曾則者，又有曾則者，懷疑情形亦復如此；清畫家中有徐在柯者，出家為僧後，取號半山，然存世作品中亦有半山者，是否可能為徐在柯落款只書法號的作品？又清畫家有穆僖、穆熙二人，姓名發音相同，又同字柳泉，懷疑實為一人而為打字時選字錯誤變成二人？另有□省曾、吳省曾者，明顯看出脫落□應該就是吳字，兩者實為一人。以上凡是，都是個人的猜想臆測，未經實證難作論斷，因此這些畫家均兩人同收並存。造成如此情形，原因在於收錄資料來自分別不同書籍著錄，無從作寶物比對研究加以釐清。

　　本書編纂，自開始尋找蒐羅資料至最後完稿，前後超逾二十有五年，所引用書籍的出版時間更遠過於此一年數，但是以古書畫文物收藏至今壽命而言，此一年數相較微不足道，所以書中收錄的這些歷代繪畫作品，以今日科學化設備與良好管理的保存條件，相信依然完好健在，一件也不會短少，沒有背離書名‘存世’的意涵。

　　本書編纂，從蒐集資料、抄錄、整理、編排、最後電腦打字成書，都是個人獨力完成。其間有學生體恤老師辛苦，主動要求幫忙，由於是書編輯非一時間內完成，而是隨時發現資料隨時補入的方式，其間資料的調整、增刪、插入等工作都在電腦機上直接作業，他人無從措手，因此婉謝了他們的好意。到是使用電腦方面遇有問題，小女韋璿幫助解決不少。整個工作曠日費時，另一原因，由於我的身體健康不佳，時斷時續；其間尚且因為左手尺骨神經受壓麻痺而開刀，手術不理想，進行復健一年有餘，工作完全停頓。最後在隻手活動不便下，勉力完成，了却心願。

　　中國歷代畫家流傳存世的繪畫作品，為民族文化發展重要文物之一，是民族藝術發展演進歷史留下的重要存證，不僅為國人所珍惜也受世人重視，對於它們的行蹤去向眾所關心。本書編纂主旨，即在為關心這些文物動向與所在的有心人士，包括繪畫史研究學者、學生、志趣者、博物館人員、收藏家、以及從事古繪畫買賣的職業者，提供一件比較完備的搜尋工具，俾利他們迅速達成想要找到的目標。但是因為個人才學疏淺，力量有限，自知蒐集資料方面存在不少遺漏，誠惶誠恐，尚望博雅廣識之士不棄，指點錯誤賜告缺失，以俟日後增補修正，不勝感激。

　　是為序。

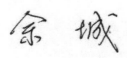 公元二〇一六年三月於台北士林外雙溪不礙雲山寓所

凡　例

一、本總覽收入作品起自周代，歷經漢代、三國、魏晉、南北朝、隋代、唐代、五
代、宋代、元代、明代、清代、止於民國對日抗戰開始年，凡卒於或存世署款
紀年作品最晚見於是（公元 1938）年之畫家，一概從缺。

二、本總覽收入作品皆為歷代流傳至今尚存在世者，作品有畫家姓名者具列其名，
畫家姓名已佚難以稽考者，概以無名氏歸納之。

三、本總覽收入畫家作品，限於創作質材為紙、絹、綾、帛、木雕版印者。

四、本總覽所收畫家作品資料來源，除個人平時參觀藝術博物館、私人收藏實物筆
記所得，絕大部分抄錄來自中外出版有關海內外公、私收藏中國歷代繪畫之目
錄、圖錄、書籍、專刊等登載。

五、本總覽所收畫家作品之收藏處所，涵蓋世界各地公私藝術博物館、美術館、圖
書館、私人公益事業機構、收藏家，以及文物商店、文物拍賣公司等。文物商
店、文物拍賣公司屬商業性質，非正式收藏機構，特以附錄收入。

六、本總覽收錄資料由於歷時頗長，作品原藏機構有的現已關閉或易名；有的收藏
主人現已逝世；有的收藏已易其主；有的收藏已歷經變賣。以上凡是，書中記
載作品收藏處所欄中，一概仍舊使用引用書籍中所載原名。

七、本總覽所收畫家皆延用畫史或習見正名，引用資料中或有使用字、號者，皆予
合併之。凡帝、后、王、皇室人等，皆用其本姓名字；凡為佛教僧人者，姓名
前皆加上括號（釋）字。

八、本總覽收錄畫家排列，依歷史時代演進順序、每時代則按畫家活動時間早晚，
已知生卒時年者依其生年；不知生年者則以其存世作品中署款紀年時間最早
者、或中舉登仕時間上加二十五年為準，與前者相互並置；既不知其生卒時年
又缺乏紀年作品可稽考者，則以鑑定依其作品風格斷定為某時代、某時段穿插
放置其間；若以鑑定其作品風格斷定為某時代、而不能斷定時段者，則置於該
時代之末後，如此安排法難云合理，為求檢索便利有據，權宜之方法也。

九、收錄作品中，其畫家畫史闕載而作品僅題干支者，筆者以作品風格推測可能時
間。干支後標示（？年號時間），表示屬於可疑者。

十、畫史上畫家時代定位最混亂厥為明、清之際，同一畫家有定為明也有定為清者；
有年少定為明而年長定為清者，本目錄所收此期間畫家所定時代，皆以原引用
資料書載所訂為依據。

十一、本總覽所收存世中國歷代畫家作品，為將個別畫家散處海內外各地之作品集結一處，提供作品之基本內容資料與收藏處所，供有此方面需求者按圖索驥以獲得資訊，不涉及作品真偽考量。

十二、本總覽收錄畫家作品編次形式，畫家下條列畫目，每條畫目內容包括名稱、形式、質地、色彩、尺寸、創作時間、收藏處所、典藏號碼等八欄。名稱指繪畫作品之稱謂。形式指作品創作之式樣，分為卷、軸（含屏、聯、條幅）、冊、冊頁、扇面等，冊頁與扇面單件概以‘幀’稱。質地指繪畫載體之質材，分為紙、金箋、絹、綾、帛、木刻版印等。色彩指繪畫使用之顏色，在中國繪畫中用色較為簡單，或單一使用水墨，或水墨加上彩色，或使用金粉摻合膠水，合併分稱水墨、設色、泥金三類。尺寸指作品本幅之高、寬大小，單位為 cm（公分）。創作時間指該作品繪畫之時年，多為畫家署款題識所書寫，乃研究畫家事略極具價值之資料；由於古來書畫家落款題記時常是干支、朝代紀年兩用，原題干支者下概以括號（註明朝代紀年與公元時間），原題朝代紀年者則以括號（註明干支與公元時間），以方便讀者明瞭。收藏處所指該作品現（或原）藏之所在，受制欄格空間有限，收藏所在地中國大陸、香港、澳門、台灣地區只寫城市名稱；美洲、歐洲、亞洲等地國家只寫國名，其後概為收藏博物館、美術館等機構名稱、私人收藏家姓名；博物館、美術館等機構名稱，皆採一般通用簡略稱謂，私人收藏家中有不願公開姓名者概以‘私人’代替。典藏號碼為該作品收藏者內部管理登錄所編之號碼。

十三、本總覽收錄畫家作品尺寸，皆引用原書籍登載，原來或使用日本尺寸、或使用英吋、或使用公分，為求統一，一概轉換為公分，換算時容或有出入差異。

十四、本總覽每頁上方特置欄格圖表一條，作為畫目內容識別標示參考。

十五、每一畫家作品畫目排列，依繪畫形式卷、軸、冊（包含冊、冊頁、扇面）三類順序；每類內再按收藏者所在地，分為台灣、港澳、大陸、日本和韓國、美洲、歐洲等地區順序，依序排列，類別分明，循此檢索簡易明白。至於文物商店、藝品拍賣公司出現之作品，則以‘附：’排列末後。

十六、每一畫家作品後，附有畫家小傳，以資方便認識畫家。

十七、本總覽附畫家人名索引、人名檢索檢目表各一。人名索引，以畫家姓氏筆劃順號排序；同筆劃數畫家再按姓氏中人數多寡由少而多排列；同一姓氏畫家則依名字中字筆劃順序排列，有姓而佚名者則置於姓氏末後；有名而佚姓氏者，則另立一□畫收之，置於最末後，以便尋檢。畫家姓名下括號（）內，為其字或號、朝代，再下中國數字‧阿拉伯數字，為人名所在之冊數與頁碼。

人 名 索 引 檢 目 表

一畫 1	介 2	丘 7	戌 9	巫 12	祁 21
一 1	攴 2	田 7	伍 9	孝 12	岳 21
二畫 1	元 2	石 7-8	匡 9	即 12	居 21
二 1	斗 2	史 8	多 9	初 12	屈 21
九 1	友 2	布 8	有 9	杜 12	宗 21
刁 1	亢 2	北 8	后 9	呂 12-13	武 21
卜 1	仇 2	他 8	全 9	宋 13	季 21
丁 1	尤 2	仍 8	任 9	何 13	明 21
三畫 1	卞 2	尼 8	江 9	沈 13-15	其 21
三 1	尹 2	用 8	宇 9	汪 15-16	秀 21
小 1	毛 2	**六畫** 8	朱 9-11	吳 16-18	叔 21
干 1	孔 2-3	汝 8	**七畫** 11	李 18-20	庚 21
山 1	勾 3	行 8	克 11	**八畫** 20	秉 21
子 1	方 3	先 8	廷 11	官 20	直 21
千 1	文 3	光 8	佛 11	長 20	冽 21
女 1	王 3-7	仰 8	志 11	青 20	洪 21
大 1	**五畫** 7	因 8	希 11	東 20	玫 21
之 1	世 7	朴 8	貝 11	旻 20	雨 21
上 1	半 7	西 8	岑 11	和 20	芥 21
士 1	可 7	印 8	伯 11	門 20	屈 21
于 1-2	玉 7	向 8	完 11	於 20	宗 21
四畫 2	古 7	年 8	谷 11	阿 20	武 21
五 2	巨 7	如 8	改 11	招 20	季 21
六 2	弘 7	竹 8	佟 12	杭 20	明 21
月 2	永 7	牟 8	冷 12	松 20-21	其 21
心 2	玄 7	老 8	佘 12	來 21	秀 21
木 2	甘 7	米 8	車 12	尚 21	叔 21
水 2	申 7	安 8	沙 12	易 21	庚 21
井 2	司 7	艾 8	辛 12	味 21	秉 21
牛 2	左 7	伊 8-9	邢 12	卓 21	直 21
巴 2	白 7	仲 9	阮 12	房 21	冽 22
今 2	包 7	成 9	余 12	法 21	洪 22

玟	22	昝	25	栗	29	袁	30-31	閆	35	棠	46
雨	22	春	25	桂	29	唐	31	魚	35	雲	46
芥	22	衲	25	桐	29	高	31-32	常	35	紫	46
芸	22	區	25	桓	29	馬	32	戚	35	勞	46
郁	22	建	25	柴	29	孫	32-33	莊	35	喻	46
邱	22	茀	25	晉	29	徐	33-34	畢	35	景	46
邵	22	宥	25	宮	29	十一畫	34	凌	35-36	欽	46
孟	22	指	25	家	29	率	34	康	36	鈍	46
林	22	染	26	郜	29	屠	34	莫	36	富	46
金	22-23	涷	26	郝	29	寄	34	梅	36	游	46-47
周	23-25	秋	26	郯	29	勗	34	章	36	湛	47
九畫	25	郎	26	納	29	婁	34	許	36	惠	47
思	25	柳	26	素	29	偉	34	崔	37	超	47
眉	25	查	26	桑	29	堵	34	梁	37	逸	47
若	25	計	26	祚	29	堅	34	盛	37	雅	47
彥	25	洪	26	祖	29	區	34	郭	37-38	補	47
冒	25	侯	26	奚	29	惕	35	陶	38	鈕	47
禹	25	姜	26	凌	29	尉	35	曹	38	裕	47
帥	25	茅	26	涂	29	清	35	陸	38-39	焦	47
貞	25	施	26-27	海	29	深	35	陳	39-42	賀	47
迮	25	俞	27	耿	29	淮	35	張	42-45	舒	47
英	25	范	27	能	29	莘	35	十二畫	45	喬	47
宣	25	姚	27-28	班	29	莽	35	寓	45	閔	47
南	25	胡	28	珪	29	巢	35	寒	45	閏	47
段	25	十畫	28	席	29	野	35	鄂	45	費	47
紀	25	展	28	韋	29	笪	35	揭	45	惲	47
約	25	庭	28	浦	29	符	35	揖	45	傅	47
紅	25	茹	28	祝	29	習	35	朝	45	童	47-48
炤	25	荔	28	耕	29	陰	35	楷	45	曾	48
柯	25	荀	28	殷	29-30	強	35	須	45	華	48
相	25	荊	29	翁	30	通	35	無	45-46	萊	48
保	25	晁	29	秦	30	商	35	嵇	46	彭	48
皇	25	晏	29	倪	30	雪	35	揚	46	項	48
郁	25	時	29	夏	30	問	35	單	46	湯	48

馮	48-49	詹	52	際	55	魯	57	彌	62	藩	64
程	49	溫	52	語	55	蔡	57-58	儲	62	顛	64
黃	49-51	虞	52	蒼	55	潘	58	檀	62	邊	64
十三畫	51	賈	52	銀	55	鄭	58	縵	62	關	64
敬	51	萬	52	廖	55	蔣	58-59	璩	62	譚	64-65
塗	51	葛	52	裴	55	劉	59-60	勵	62	麗	65
經	51	鄒	52	翟	55	**十六畫**	60	霞	62	藍	65
瑛	51	褚	52	熊	55	靜	60	應	62	羅	65
詮	51	愛	52	管	55	樵	60	濮	62	**二十畫**	65
誠	51	董	52-53	趙	55-56	樹	60	鴻	62	寶	65
嵩	51	葉	53	**十五畫**	56	曉	60	龍	62	寶	65
楚	51	楊	53-54	廣	56	諶	60	繆	62	龐	65
廉	51	**十四畫**	54	樂	56	嘯	60	薛	62	蘆	65
審	51	寧	54	墨	56	遲	60	鍾	62	饒	65
韵	51	僧	54	瑩	56	樸	60	韓	62-63	闞	65
瑞	51	對	54	璉	56	興	60	戴	63	嚴	65
照	51	瘦	54	儀	56	燕	60	蕭	63	蘇	65-66
溥	51	碧	54	衛	56	穆	60	謝	63-64	釋	66-67
祿	51	臺	54	蓮	56	駱	60	**十八畫**	64	**二十一畫**	67
筠	51	蒙	54	慶	56	賴	60	擴	64	鶴	67
筱	51	閩	54	樓	56	獨	60	覆	64	鐵	67
慈	51	赫	54	臧	56-57	衡	60	薩	64	顧	67-68
圖	51	嘉	54	滕	57	擔	60	織	64	**二十二畫**	68
過	51	壺	55	談	57	錫	60	鎦	64	酈	68
迻	51	鳳	55	德	57	築	60	闓	64	讀	68
遁	51	團	55	稽	57	嶼	60	麿	64	**二十三畫**	68
滑	51	端	55	餘	57	冀	60	豐	64	龔	68
道	51	榮	55	養	57	醒	60	歸	64	顯	68
靳	51	蒯	55	適	57	融	60	顏	64	**二十四畫**	68
裘	51	維	55	醉	57	澹	60	瞿	64	巘	68
雷	51	實	55	蝶	57	隨	61	魏	64	靈	68
解	51	聞	55	厲	57	閻	61	**十九畫**	64	□畫	68
隆	51	漢	55	諸	57	鮑	61	韻	64		
肅	51	漸	55	鄧	57	盧	61	鏡	64		
與	51	齊	55	黎	57	錢	61-62	嬾	64		
鄗	51-52	蒲	55	樊	57	**十七畫**	62	瀚	64		

人 名 索 引

漢數字代表冊數
阿拉伯數字為正文頁碼

一 畫

一

一村農（清） 六・3285

二 畫

二

二　田（清） 六・3305

九

九峰道人（元） 一・276

九陽道人（明） 一・368

刁

刁光胤（唐） 一・26

卜

卜　奇（清） 五・2769

卜舜生（孟碩，清） 三・1445

卜象垣（清） 五・2769

丁

丁元公（原躬，清） 三・1378-1379

丁文蔚（豹卿，清） 六・3598-3599

丁文暹（竹坡，明） 二・820

丁玉川（明） 二・765

丁以誠（義門，清） 五・2807-2808

丁有煜（麗中，清） 四・2290

丁克揆（清） 五・2646

丁承吉（清） 二・1156

丁思虞（清） 六・3259

丁起巖（商霖，清） 六・3338

丁埈夫（元） 一・290

丁　裕（文華，清） 四・2426-2427

丁裕慶（蘿月，清） 四・2108

丁　植（清） 四・2240

丁　臯（鶴洲，清） 五・2753-2754

丁捷三（子微，清） 六・3282

丁雅南（清） 六・3197

丁景鴻（弋雲，清） 四・2503

丁雲鴻（明） 二・1143

丁雲鵬（南羽，明） 二・679-689

丁　敬（敬身，清） 四・2486

丁　韶（清） 六・3371

丁寶書（雲軒，清） 六・3613-3614

丁耀亢（清） 三・1784

丁觀鵬（清） 五・2655-2659

三 畫

三

三　山（清） 三・1615

三山道人（明） 三・1236

三　賓（清） 三・1533

小

小　坡（清） 五・2759

干

干　斗（明） 二・1198

干　旌（文昭，清） 四・2088

山

山　疇（清） 四・2112

子

子　涵（清） 六・3436

子　韶（清） 三・1530-1531

子　駿（清） 六・3361

千

千　里（清） 四・2033

女

女道子（清） 四・2252

大

大　鵬（見釋大鵬） 四・2524

之

之　章（明） 二・586

之　禧（明） 二・1183

之　鑑（明） 二・1202

上

上官正（清） 六・3549

上官伯達（明） 一・348

上官周（文佐，清） 五・2733-2736

上官清（清） 六・3333

上官惠（清） 五・2748-2749

士

士　中（明） 二・1028

士　惠（清） 六・3337

士　曇（明） 二・572

于

于方經（接歷山人，清） 五・2939

于　立（清） 四・2016

于敏中（耐圃，清） 五・2643-2644

于　琰（清） 四・2197

于壽伯（海屋，清） 五・2669-2670

于　德（清） 四・2521

于　璟（清） 四・2090

于　藩（清） 四・2314

于繼鱒（明） 二・1189

于驥逸（清）　四・2018	夋君素（質夫，明）　二・941	卞永譽（令之，清）四・1963-1964
	夋允執（明）　二・760-761	卞　忠（清）　五・2972
四　畫	夋胤執（明）　二・1109	卞　琰（明）　二・777-778
	夋　睿（清）　四・2098	**尹**
五	**元**	尹子雲（清）　六・3626
五　德（清）　五・3168	元　介（清）　六・3278	尹　伸（明）　二・831
六	元　徹（明）　二・1184	尹　沅（清）　六・3480
六　泉（清）　六・3361	元　濟（見釋道濟）	尹金錫（和伯，清）　六・3644
六　橋（清）　五・2939	**斗**	尹祖懋（清）　六・3567
月	斗笠生（清）　六・3224	尹　耘（于耘，清）　四・2004
月　光（明）　三・1228	**友**	尹從道（清）　三・1851
月　洲（明）　三・1227-1228	友　松（清）　六・3373	尹源進（清）　三・1527
月　梅（明）　三・1232	**亢**	尹　銓（清）　六・3480
心	亢　宗（清）　六・3552	尹　錫（懷元，清）　五・3058-3059
心　宰（清）　六・3312	**仇**	**毛**
心　農（清）　六・3235	仇　英（實父，明）　一・518-534	毛上炱（羅照，清）　五・2939
心源道人（華山王，明）　二・930	仇　珠（杜陵內史，明）　二・657	毛　周（榴村，清）　五・3103
木	仇　譜（明）　二・1196	毛　松（宋）　一・110
木　庵（見釋隱元）	**尤**	毛奇齡（大可，清）　三・1574-1575
水	尤　存（古存，清）　四・1938-1939	毛延壽（漢）　一・2
水　波（清）　六・3562	尤汝瑛（清）　四・2047	毛冠德（明）　二・937
井	尤　求（子求，明）　二・616-619	毛　翀（清）　四・1959
井玉樹（丹木，清）　五・2943	尤　采（清）　四・1991	毛　益（宋）　一・110-111
牛	尤　英（文庵，清）　五・3174	毛　倫（仲痒，元）　一・294
牛石慧（清）　三・1580-1581	尤　萃（清）　四・2517	毛祥麟（端文，清）　六・3531
牛從龍（明）　二・996	尤　詔（伯宣，清）　五・3051	毛　寅（明）　三・1234
牛樞暐（老標，清）四・2046-2047	尤道垣（清）　三・1585	毛　翌（明）　二・605
巴	尤道益（清）　六・3398	毛　紛（清）　六・3220
巴慰祖（子籍，清）　五・2891	尤與麋（清）　六・3410	毛復光（明）　二・1216
巴顏布哈（守仁，元）一・290-291	尤　蔭（貢父，清）五・2778-2780	毛際可（會侯，清）　三・1778
今	**卞**	毛錫年（長儒，清）　三・1809
今　諳（清）　三・1528	卞　久（神芝，清）　三・1571	毛繼祖（明）　二・862
介	卞　文（清）　五・3085	**孔**
介　文（清）　五・3054-3055	卞文瑜（潤甫，明）　二・849-857	孔伯明（清）　四・2080
夋	卞永式（清）　四・2251	孔守訓（清）　五・2861-2862

孔　宣（清）	六・3573	方其居士（清）	五・3119	文　石（明）	二・821
孔貞一（明）	二・1186	方　邵（清）	四・2093	文永豐（鹿曹，清）	四・2424
孔貞運（明）	三・1226	方　洺（清）	六・3645	文　同（與可，宋）	一・63-64
孔衍栻（清）	四・2197	方咸亨（吉偶，清）	三・1558-1560	文伯仁（德丞，明）	二・572-583
孔素瑛（玉田，清）	五・3090	方貞觀（清）	五・2532	文　定（子敬，清）	三・1394-1395
孔傳鉽（清）	五・2619	方　泰（大士，清）	五・3093	文　室（明）	二・654
孔傳薪（清）	五・2869-2870	方　梅（雪坡，清）	五・3143	文　垍（見釋本光）	
孔福禧（明）	二・880-881	方　巢（清）	六・3249	文　枏（曲轅，清）	三・1329-1330
孔毓圻（鍾在，清）	四・2045-2046	方　涵（清）	五・3092	文　炳（清）	四・1993
孔　憲（清）	五・3135	方　乾（又乾，清）	四・2113	文　俶（端容，明）	二・1042-1045
孔憲彝（繡山，清）	六・3307-3308	方國圻（南公，清）	四・1933-1934	文恐庸（清）	五・2906
孔繼泰（鶴瞻，清）	五・3044-3045	方從義（清隅，元）	一・272-274	文　揀（賓日，清）	三・1831
孔繼涵（清）	五・3022	方　華（甘白，清）	五・2976	文從先（用之，明）	二・983
孔繼榮（十山，清）	五・3097	方　琛（黃山，清）	五・2854-2855	文從忠（華岳，明）	二・982
孔繼潤（清）	五・3066	方　登（嘯門，明）	二・792	文從昌（順之，明）	二・816-817
孔繼檊（清）	五・3021	方　絜（矩平，清）	六・3292	文從簡（彥可，明）	二・825-828
勾		方　瑞（清）	四・2518	文　彭（壽丞，明）	一・553-554
勾龍爽（宋）	一・69	方椿年（宋）	一・145	文　鼎（學匡，清）	五・3049-3051
方		方　筠（清）	六・3373	文　嘉（休丞，明）	一・560-572
方大猷（歐餘，清）	三・1344-1346	方畹儀（白蓮居士，清）	五・2780	文　實（明）	三・1240
方士庶（循遠，清）	四・2451-2460	方　維（爾張，清）	三・1857	文徵明（徵仲，明）	一・443-478
方士模（清）	四・1984-1985	方維儀（仲賢，明）	二・918	文熙光（明）	二・748
方元宗（清）	五・3089	方壺大師（仙止，清）	五・3094	文震亨（啟美，明）	二・974-975
方元鹿（竹樓，清）	五・2736-2737	方霽茂（清）	四・2094	文震孟（明）	二・792
方元煥（明）	二・705	方　謌（清）	四・2116	文　熹（清）	五・2831
方正陽（清）	二・1172	方　濟（巨川，清）	六・3320-3321	文　穆（清）	五・3171
方世清（清）	五・3104	方　爕（見臺山）		文　點（與也，清）	三・1774-1778
方世鳴（清）	三・1812-1813	方　龍（清）	三・1423	文謙光（明）	二・1006
方以智（見釋弘智）		方　薰（蘭士，清）	五・2820-2825	文　蘭（清）	四・2037
方　旭（明）	二・1182-1183	**文**		**王**	
方守耕（清）	五・3072	文元素（明）	三・1238	王一清（明）	三・1231
方　伸（清）	四・2226	文元善（子長，明）	二・716	王一鵬（九萬，明）	一・479
方孝維（清）	四・2197	文元獻（明）	二・1216	王又杗（清）	五・3132
方岐臣（清）	六・3564-3565	文　正（泉石，明）	二・982-983	王又曾（清）	五・3087
方　宗（伯蕃，明）	二・1178	文世光（仲英，清）	三・1436-1437	王三錫（邦懷，清）	五・2651-2652

王上宮（明）　　　二・794-795	王以莊（清）　　　　　　五・3132	王　圻（西溪，清）　　　五・2966
王大慶（明）　　　　　三・1230	王　永（清）　　　　　　四・2198	王　玖（次峰，清）五・2709-2710
王士元（宋）　　　　　　一・51	王永光（清）　　　四・2038-2039	王希孟（宋）　　　　　　　一・88
王士譽（令子，清）　　三・1611	王立中（彥強，元）　　　一・269	王利用（賓王，宋）　　　一・105
王之仕（清）　　　　　四・2117	王立本（宗則，元）　　　一・291	王廷元（贊明，清）　　　五・2898
王之圭（清）　　　　　六・3220	王世昌（歷山，明）　二・583-584	王廷綬（清）　　　　　　五・2761
王之彥（明）　　　　　二・1215	王世祥（明）　　　　　　一・350	王　佑（彥真，明）　　　一・478
王之翰（清）　　　　　五・2669	王世紳（鶴生，清）　　　五・3082	王抒藻（清）　　　　　　五・3148
王之璽（清）　　　　　四・2017	王世榮（清）　　　　　　六・3215	王杏燕（清）　　　　　　六・3233
王子元（臺宇，明）二・1097-1098	王功後（弗矜，清）　　　五・3170	王良臣（明）　　　三・1236-1237
王子年（明）　　　　　　二・996	王令壽（清）　　　　　　四・2043	王良衡（清）　　　　　　六・3491
王子新（明）　　　　　　二・997	王丕曾（清）　　　　　　六・3629	王含光（鶴山，清）　　　三・1841
王子讓（清）　　　　　六・3562	王　召（清）　　　　　　六・3555	王　臣（清）　　　四・2523-2524
王　土（子毛，清）　　四・2377	王　弁（清）　　　　　　四・2117	王　汶（清）　　　　　　四・1937
王心一（純甫，明）　　二・1004	王　石（曰堅，清）　　　四・2485	王　沖（明）　　　　　　三・1224
王丹武（清）　　　　　五・2634	王　右（明）　　　　　　一・347	王芋田（清）　　　　　　五・2759
王无咎（清）　　　　　三・1530	王玉生（明）　　　二・1195-1196	王　旼（容穆，清）　　　四・2248
王化成（明）　　　　　　二・678	王玉海（清）　　　　　　五・2932	王　岡（南石，清）　　　五・2775
王中立（振之，明）　二・928-929	王玉璋（鶴舟，清）　　　六・3293	王　岱（山長，清）　　　四・2039
王　井（元）　　　　　　一・300	王玉燕（玳梁，清）　　　五・3013	王岵孫（清）　　　　　　五・3077
王　友（明）　　　　　二・1050	王　式（無倪，明）二・1181-1182	王　宜（嶰谷，清）　　　五・2646
王允安（明）　　　　　三・1216	王　年（清）　　　四・1936-1937	王宜山（清）　　　　　　五・3022
王允齡（延卿，清）　　四・2201	王州元（清）　　　五・3051-3052	王宗洛（清）　　　　　　六・3571
王　元（明）　　　二・819-820	王仲元（元）　　　　　　一・291	王定國（宋）　　　　　　一・108
王元初（紫崖，清）　　三・1625	王仲玉（明）　　　　　　一・331	王定儒（明）　　　　　　二・760
王元珍（清）　　　　　六・3562	王仲成（清）　　　　　　三・1439	王尚湄（清）　　　　　　五・2861
王元慧（清）　　　　　三・1817	王仲謙（清）　　　五・2859-2860	王尚廉（清宇，明）　　　二・910
王元勳（湘洲，清）　　五・2948	王好文（元）　　　　　　一・303	王采繁（清）　　　　　　六・3588
王元耀（潛之，明）　　　二・716	王　圭（明）　　　　　　二・1180	王　牧（清）　　　　　　四・2000
王文治（禹卿，清）五・2766-2767	王　成（明）　　　　　　二・765	王者佐（師尹，清）　　　四・2449
王文煒（清）　　　　　六・3549	王守仁（伯安，明）　　　一・480	王承庚（明）　　　　　　三・1234
王文鼎（清）　　　　　六・3653	王守謙（明）　　　　　二・1139	王承烈（明）　　　　　　二・792
王文潛（清）　　　　　六・3647	王任治（明）　　　　　三・1230	王承楓（陞臣，清）　　　六・3488
王　正（端人，清）四・2320-2321	王克三（清）　　　　　　六・3438	王承詰（清）　　　　　　四・2512
王古山（清）　　　　　五・2826	王　岑（玉峰，清）　　　五・2654	王居正（憨哥，宋）　　　一・63

王　武（勤中，清）三・1717-1727	王　索（清）　　　　五・2878	王　淵（若水，元）　一・244-247
王步蟾（清）　　　五・3177	王　素（小梅，清）六・3188-3192	王無回（長留，清）三・1808-1809
王府則（清）　　　三・1575	王孫裔（清）　　　六・3367	王無忝（夙夜，清）三・1785-1786
王　欣（清）　　　五・2653	王孫耀（鳳超，清）五・2820	王無愆（清）　　　四・2208
王　昱（日初，清）四・2234-2238	王　純（石林，明）二・1179	王　琨（清）　　　五・3088
王　昭（雯芳，清）六・3432	王邕青（清）　　　六・3216	王　琦（魏公，清）四・1957-1958
王　修（清）　　　三・1787	王真真（明）　　　二・1092	王　琳（明）　　　二・1163
王思任（季重，明）二・857-858	王　烈（明）　　　二・1122	王舜國（桂宮，明）二・1016-1017
王　恒（見可，明）二・1039	王　皋（明）　　　二・1040	王尊素（清）　　　三・1619
王　咸（與谷，清）四・2001	王　偕（明）　　　二・911	王　逸（清）　　　五・2860
王　亮（畹香，明）二・981	王　健（清）　　　四・2179	王貽槐（清）　　　五・3083
王　洪（宋）　　　一・106	王　冕（元章，元）一・279-280	王欽古（清）　　　四・2119
王　炳（清）　　五・2901-2902	王　乾（一清，明）二・610	王　鈞（清）　　　五・2862
王迪簡（庭吉，元）一・278	王　寅（冶梅，清）六・3546	王　雲（漢藻，清）四・2018-2023
王述縉（公紳，清）五・2752	王崇節（篤侶，清）三・1419	王　雲（夢白，清）六・3650
王建章（明）　　二・937-941	王崇簡（敬齋，清）三・1378	王雲溪（清）　　　六・3226
王　珪（清）　　　五・3065	王崑仲（明）　　　二・1087	王路卿（清）　　六・3221-3222
王　晉（清）　　　五・3091	王渚為（仲若，清）四・2041	王聖火（清）　　　五・2832
王　恕（明）　　　二・1196	王　章（風嵐，清）五・2754	王　敬（清）　　　四・2311
王　悅（慶源，明）二・1107	王啟泰（清）　　　四・2010	王敬銘（丹思，清）四・2125-2126
王時敏（遜之，清）三・1305-1319	王　紱（孟端，明）一・332-335	王　愫（存素，清）五・2612-2614
王時翼（又溟，清）四・2051	王紹曾（清）　　　五・3160	王圖炳（麟照，清）四・2424-2426
王　俶（明）　　　二・1214	王　逢（原吉，元）一・282	王　會（鼎中，清）三・1717
王祖枝（明）　　　二・1218	王逢元（子新，明）二・1111	王楚珍（清）　　　五・3016
王致誠（清）　　　五・2725	王　連（清）　　　六・3228	王　概（安節，清）四・1959-1963
王原祁（茂京，清）四・1896-1930	王　問（子裕，明）一・551-553	王　溶（潤蒼，清）五・2906
王　朗（仲英，清）三・1840-1841	王　彪（明）　　　二・647	王　溥（雲泉，清）五・3071
王　峻（明）　　　二・1136	王　彬（明）　　　二・664	王　瑋（清）　　　五・2753
王桂蟾（明）　　　二・1112	王　備（清）　　　五・2978	王　節（貞明，清）三・1370-1371
王　海（春濤，清）四・2090-2091	王復高（孚美，明）二・1202	王萬藻（清）　　　四・2059
王兼濟（宋）　　　一・61	王復祥（清）　　五・2704-2705	王　詰（摩也，清）五・2710-2711
王庭筠（子端，金）一・195	王　崿（山眉，清）四・2042	王　詵（晉卿，宋）一・71-72
王　宸（子凝，清）五・2683-2693	王　斌（師周，清）三・1615-1616	王　詩（志庭，清）四・2046
王振聲（少農，清）六・3486-3487	王　揆（清）　　　三・1861	王　雋（禮石，清）四・2449-2450
王振鵬（朋梅，元）一・242-244	王　極（明）　　　三・1228	王準初（明）　　　二・1126-1127

王　㿟（清）	五・2570	王穀祥（祿之，明）	一・554-560	王穉登（百穀，明）	二・647-648
王　鼎（贊元，清）	四・2013	王　稷（清）	四・2379-2380	王　聲（邇駿，明）	二・1007-1008
王齊翰（五代）	一・41	王　輝（宋）	一・149	王羲之（逸少，魏晉）	一・5
王　廙（世將，魏晉）	一・5	王　磊（石丈，清）	四・2465-2466	王肇基（鏡香，清）	五・2561
王　嘉（逸上，清）	四・2222	王　緣（馥生，清）	六・3535	王　緒（雪舟，清）	五・2862-2863
王　端（子正，宋）	一・59	王　翬（石谷，清）	三・1648-1717	王　謙（牧之，明）	一・363
王端淑（玉瑛，清）	三・1845	王蔭昌（清）	六・3231-3232	王　諤（廷直，明）	一・417
王　犖（耕南，清）	四・2219	王　賓（仲光，明）	二・1186	王　鍾（一亭，清）	五・2952
王　碩（清）	六・3642	王　質（孟文，明）	二・1118	王戴仕（浮玉，明）	二・862
王　聘（清）	四・2015	王　震（一亭，清）	六・3615-3624	王　禮（秋言，清）	六・3309-3310
王　薯（伏草，清）	四・1994-1995	王　虢（清）	四・2044	王　翹（叔楚，明）	二・663-664
王　蒙（叔明，元）	一・263-269	王魯伯（清）	三・1530	王　簡（惟文，清）	三・1729
王　蓀（琴言，清）	五・2934-2935	王　凝（宋）	一・83	王　譓（清）	四・1999
王　綦（履若，明）	二・844-846	王　曉（宋）	一・50	王　贄（明）	二・1092
王夢龍（清）	六・3645	王　樸（玉樵，清）	五・2646	王鎮衡（位南，清）	五・2755
王　綏（清）	四・2519-2520	王樹銘（意亭，清）	五・2781	王　熹（清）	五・3163
王　維（摩詰，唐）	一・17	王樹穀（原豐，清）	四・1995-1997	王　馥（香祖，清）	六・3182-3183
王維丞（清）	六・3559	王學浩（孟養，清）	五・2956-2964	王　瀚（其仲，清）	三・1491
王維烈（無競，明）	二・912-913	王　澤（潤生，清）	五・2981-2982	王　瀛（十洲，清）	六・3226
王維新（仲鼎，明）	二・1139	王　蕃（清）	四・2249	王　璽（明）	二・1092-1093
王維翰（墨林，清）	六・3385	王　錦（顯庭，清）	五・3118-3119	王　繹（思善，元）	一・288
王　銓（東發，清）	四・2102	王錫綬（分符，清）	二・1142	王　鵬（龍友，清）	四・2230
王銓伯（清）	五・2565	王錫綬（清）	二・1177	王　寵（履吉，明）	一・518
王鳳儀（審淵，清）	五・2780-2781	王　霖（春波，清）	五・3014-3015	王　瀾（清）	六・3561
王　儉（明）	二・1189-1190	王　鼎（苕源，清）	四・2498	王　藻（宋）	一・150
王　儀（清）	四・2103	王　爕（清）	六・3558	王馨昌（露湑，清）	四・2315
王　徵（清）	四・2113	王　徽（我調，清）	五・2982	王　醴（三泉，明）	二・1047-1048
王德普（清）	五・2669	王應祥（明）	二・1068	王　鏞（清）	四・2178
王　履（安道，元）	一・287-288	王應華（清）	三・1833	王　露（清）	四・1933
王　撰（異公，清）	三・1568-1569	王應曾（清）	五・3008	王獻琛（世希，清）	六・3398-3399
王　潤（裕庭，清）	六・3184	王應綬（子卿，清）	六・3181	王　瓛（東皋，清）	六・3274
王　潛（東皋子，清）	五・2706-2707	王　濛（仲祖，魏晉）	一・5	王續增（清）	五・2927-2928
王　畿（邠雨，清）	五・2945	王　濤（素行，清）	五・2671	王　鐸（覺斯，清）	三・1302-1305
王　穀（正叔，宋）	一・89	王鴻藻（清）	四・1936	王　瓘（國器，宋）	一・54
王　穀（明）	二・1193	王璩峻（明）	二・1099	王　瓘（孝玉，清）	六・3613

王　巖（星瀾，清）　　　六・3366
王巖叟（宋）　　　　　　一・72
王　鑑（汝明，明）　　　二・647
王　鑑（圓照，清）三・1347-1370
王麟孫（清）　　　五・3076-3077
王　灝（春明，清）　　　五・3056
王　巇（補雲，清）三・1836-1837
王觀光（公觀，明）　　　二・1180
王驥德（明）　　　　二・980-981
王　鑾（子和，清）五・3073-3074

五　畫

世
世　古（清）　　　　　三・1584
半
半　山（清）　　　　　三・1530
半　舟（个道人，清）五・2668-2669
半癡道人（清）　　　　六・3367
可
可　韻（見釋韻可）
玉
玉　方（清）　　　　　六・3643
玉江居士（清）　　六・3558-3559
玉峰道人（清）　　　　五・3093
玉　潤（見釋若芬）
古
古　甲（清）　　　　　四・1939
古世慶（清）　　　　　四・2124
古　良（明）　　　　　三・1239
古　峻（清）　　　　　五・2759
古　雲（清）　　　　　四・1966
古　愚（明）　　　　　三・1231
古　豪（清）　　　　　四・1972
古　澹（明）　　　　　三・1240

巨
巨　來（清）　　　　　四・2114
弘
弘　修（清）　　　　　三・1861
弘　景（唐）　　　　　一・27
弘　震（清）　　　　　六・3565
永
永　通（清）　　　　　六・3559
玄
玄　洲（明）　　　　　二・1220
甘
甘士調（和庵，清）　　四・2450
甘天寵（僑鶴，清）五・2905-2906
甘烜文（清）　　　　　六・3611
申
申用吾（清）　　　　　六・3555
申苔清（自然，清）　　二・1171
申浦南（清）　　　　　三・1638
申　暮（清）　　　　　六・3629
司
司馬寇（宋）　　　　　一・90
司馬紹（道幾，魏晉）　一・5
司馬霭（子羽，清）　　三・2002
司馬鍾（繡谷，清）六・3283-3284
左
左　楨（清）　　　　　三・1472
左錫嘉（清）　　　　　六・3536
左錫蕙（畹香，清）六・3223-3224
左　禮（五代）　　　　一・33
白
白良玉（宋）　　　　　一・132
白　佩（清）　　　　　六・3647
白　香（清）　　　　　五・2760
白思恭（宋）　　　　　一・150
白恩佑（蘭嵒，清）六・3337-3338

白　偉（清）　　　　　四・2467
白　崖（清）　　　六・3325-3326
白　理（明）　　　　　二・1194
白　賁（元）　　　一・260-261
白塔禧（清）　　　　　六・3570
白　漢（明）　　　　　二・1089
白夢鼐（清）　　　　　四・2512
白　巖（清）　　　　　六・3316
包
包伯倫（明）　　　　　一・354
包壯行（稺修，清）　　四・2114
包祖銓（清）　　　　　六・3188
包國琮（清）　　　　　六・3645
包　庶（清）　　　　　三・1826
包　棟（近三，清）六・3359-3360
包榮翰（清）　　　　　六・3652
包　燮（明）　　　　　二・822
丘
丘仕倫（明）　　　　　三・1232
丘　岳（青谷，清）三・1579-1580
丘　園（嶼雪，清）　　三・1491
丘　嶧（清）　　　　　三・1820
田
田茂德（清）　　　　　五・2858
田　祥（吉生，清）六・3291-3292
田　賦（公賦，明）　　二・1117
田　適（清）　　　　　六・3558
田　龍（明）　　　　　二・1193
石
石山暉（清）　　　　　六・3550
石企山人（清）　　　　六・3563
石　舟（清）　　　　　五・2580
石廷輝（雲根，清）　　五・3052
石　村（清）　　　　　四・2103
石　恪（子專，宋）　　一・52-53

石　海（清）	五・2707-2708	他		年王臣（瘦生，清）	五・2889
石　集（清）	六・3323	他　山（明）	二・1183	年希堯（清）	五・2618
石　堅（清）	六・3563	仍		年　英（清）	五・3154
石　崖（清）	六・3182	仍　詰（清）	三・1816	如	
石　溪（明）	三・1235	尼		如　山（冠九，清）	六・3311
石　銳（以明，明）	一・354	尼文信（清）	六・3611-3612	如　柏（清）	四・2106
石樵山人（明）	二・1188	用		竹	
石　澥（清）	四・2045	用　田（元）	一・297-298	竹　心（清）	六・3317
石　谿（見釋髡殘）				竹　西（清）	五・3056
石　濤（見釋道濟）		**六　畫**		竹　莊（清）	五・2769
史				竹　賓（清）	六・3249-3250
史　文（尚質，明）	一・481	汝		竹　嶺（清）	五・3121
史元麟（明）	二・747	汝文淑（明）	二・1218	牟	
史兆增（清）	五・2804	行		牟仲甫（宋）	一・138
史兆霖（清）	六・3406	行　齋（明）	二・1186	牟　益（德新，宋）	一・145-146
史志堅（雪幢，明）	二・1199	先		牟　義（清）	四・2238
史　杠（柔明，元）	一・219-220	先　方（清）	四・2523	老	
史　周（世衡，清）	五・2966	光		老　田（清）	四・2139
史　典（清）	五・2861	光　襄（明）	二・1185-1186	老　陵（明）	一・422-423
史　忠（廷直，明）	一・361-362	仰		米	
史亮采（清）	四・2115-2116	仰　之（清）	五・2933	米友仁（元暉，宋）	一・91-92
史喻義（子曉，清）	四・2001	仰廷宣（清）	五・3088	米　芾（元章，宋）	一・77-78
史敬文（南北朝）	一・8	因		米萬鍾（仲詔，明）	二・804-807
史道碩（魏晉）	一・6	因　宏（明）	二・1093	米漢雯（紫來，清）	三・1828
史　載（清）	四・2522	因陀羅（元）	一・297-298	安	
史　漢（清）	三・1808	朴		安正文（清）	五・3088
史爾祉（沙壚，清）	三・1781-1782	朴　夫（明）	三・1231	安紹芳（茂卿，明）	二・778
史錫節（清）	四・2524	西		安嘉善（明）	二・1188
史顏節（睿子，清）	三・1330-1331	西邨耀（清）	五・3118	安廣譽（无咎，明）	二・1122
史顯祖（宋）	一・145	西林春（清）	六・3312	艾	
史鑑宗（遠公，清）	五・2920	印		艾啟蒙（醒庵，清）	五・2610-2611
布		印　山（清）	六・3561	艾　宣（宋）	一・70-71
布　穀（明）	二・1213	向		艾陵主人（清）	四・2011
北		向　鏞（清）	六・3579-3580	伊	
北海道人（清）	三・1729	年		伊大麓（壽先，清）	五・3052-3053

伊天麑（魯庵，清）	三・1812	后　祺（清）	六・3627	江邦秀（明）	三・1230
伊秉綬（組似，清）	五・2964-2965	**全**		江　邨（明）	一・488
伊念曾（少沂，清）	六・3400	全立元（明）	二・1192	江念祖（遙山，清）	四・2201-2202
伊　海（孚九，清）	四・2496-2497	全　弘（清）	四・2226	江　林（清）	五・2928
伊　峻（魯庵，清）	三・1850-1851	全　英（清）	四・2171	江　注（允凝，清）	四・2208
仲		**任**		江　恂（于九，清）	五・2954
仲　吾（清）	六・3249	任天璪（清）	五・2708	江南屏（清）	六・3612
仲　美（清）	三・1784	任仁發（子明，元）	一・216-217	江　真（清）	四・2040
仲　廉（清）	六・3571-3572	任　田（清）	六・3634	江　浩（靜涵，清）	五・2951
成		任百衍（清）	六・3558	江　參（貫道，宋）	一・105
成大用（清）	六・3177	任有剛（無欲，清）	三・1498	江雲潛（清）	五・2620
成公孚（清）	六・3370	任伯溫（士珪，元）	一・279	江　瑛（清）	五・2727
成　邑（明）	二・1216	任時中（明）	三・1226	江　萱（清）	六・3551
成宗道（宋）	一・91	任　淇（清）	六・3415	江　鼎（清）	六・3250
成　兗（魯公，清）	四・1991-1992	任從一（宋）	一・61	江　滙（清）	六・3646
成素庵（清）	四・2313	任康民（元）	一・229-230	江　遠（清）	三・1782
成　詣（清）	六・3632	任　淵（清）	六・3534	江　標（建霞，清）	六・3611
成殿香（清）	四・2521	任　賀（明）	二・1065	江　衡（衡生，清）	五・3131-3132
戌		任　預（立凡，清）	六・3584-3587	江　環（明）	二・762
戌廷選（清）	六・3411	任道遜（清）	二・1190-1191	江濟川（元）	一・301
伍		任　熊（渭長，清）	六・3353-3358	江懷珠（清）	六・3248
伍士齡（清）	三・1854	任履吉（坦公，清）	四・1968-1969	江藝閣（清）	五・3091
伍好古（明）	一・517	任賢佐（子良，元）	一・269	江　觀（清）	六・3608
伍　梅（明）	二・1213	任　頤（伯年，清）	六・3443-3480	**宇**	
伍瑞隆（國開，明）	二・975-976	任　霞（雨華，清）	六・3632-3633	宇文公諒（子貞，元）	一・281
伍德彝（清）	六・3607	任　薰（阜長，清）	六・3425-3431	**朱**	
伍　嘯（明）	二・996	**江**		朱九齡（曲江，清）	五・2934
匡		江大來（連山，清）	五・2714-2715	朱人鳳（閒泉，清）	五・3130
匡若訥（清）	五・2578-2579	江士相（清）	五・3104-3105	朱几鼎（清）	六・3219
匡　璜（清）	六・3551	江文棟（清）	六・3215	朱大有（清）	六・3588-3589
多		江　介（石如，清）	六・3212-3213	朱大源（清）	五・3135
多　慶（清）	五・3117-3118	江世清（清）	五・2729	朱之士（士元，明）	二・783
有		江　玉（子玉，清）	五・3170-3171	朱之蕃（元介，明）	二・778-779
有子裔（君榮，明）	二・1026	江必名（德甫，明）	二・1167	朱　山（懷仁，清）	五・2753
后		江有渚（清）	四・2239	朱士瑛（明）	二・1063-1065

朱　六（清）	五・3087	朱邦采（明）	二・699	朱　耷（見釋八大）	
朱文景（清）	五・3052	朱　臣（晉三，清）	四・2089	朱　恒（秋鶴，清）	四・2082
朱文新（滌齋，清）	五・3146	朱孝純（子穎，清）	五・2810-2811	朱南雍（越崢，明）	二・664
朱文實（明）	二・1017	朱芝垿（明）	一・338	朱　芾（孟辯，明）	一・329
朱文漪（明）	二・1162	朱　侃（明）	一・331	朱　英（宣初，清）	六・3235-3236
朱文震（青雷，清）	五・2649-2650	朱佳會（曰可，清）	三・1809	朱約佶（明）	三・1224
朱方靄（吉人，清）	五・2831	朱命世（明）	二・1123	朱　袞（明）	一・490
朱　王（清）	五・3135	朱　明（明）	二・995	朱倫瀚（涵齋，清）	四・2241-2243
朱世恩（明）	二・1190	朱　昂（明）	二・1172	朱容重（子莊，清）	三・1638-1639
朱　白（天藻，清）	四・1999	朱昂之（青立，清）	五・3036-3040	朱時翔（清）	五・3082
朱以派（明）	二・1155	朱　招（清）	五・2801	朱　栻（清）	五・3088
朱　玉（宋）	一・147	朱　采（明）	二・679	朱　烜（丙南，清）	五・2808
朱　玉（君璧，元）	一・248	朱治憪（明）	二・1107-1108	朱　朗（子朗，明）	二・652-653
朱　玉（清）	五・3086	朱　泗（明）	二・1205	朱素人（清）	六・3319
朱　本（溉夫，清）	五・3005-3007	朱　珏（二玉，清）	四・1967	朱　書（清）	六・3371
朱　先（允先，明）	二・778	朱　玟（清）	四・2514	朱　陵（子望，清）	三・1446
朱汝琳（清）	四・2377	朱　承（小農，清）	六・3196-3197	朱　軒（韶九，清）	三・1531-1533
朱有燉（周憲王，明）	一・348	朱承爵（子儋，明）	一・506	朱起麟（清）	五・2619
朱自恒（清）	四・2514	朱　岷（導江，清）	四・2505	朱　偁（孟廬，清）	六・3373-3376
朱　同（大同，明）	一・331	朱孟潛（明）	二・819	朱　寅（孔暘，明）	一・343
朱多炡（真吉，明）	二・711	朱宗儒（明）	一・426	朱崇儒（輝之，明）	一・399
朱多樵（明）	二・1016	朱　育（時齋，清）	五・3168	朱常淶（明）	二・1189
朱　成（聖和，清）	五・3097	朱　竺（明）	二・843	朱惟德（宋）	一・148
朱成鍨（明）	二・1196	朱其昌（清）	四・2094	朱乾山（明）	二・1218-1219
朱　存（清）	六・3370	朱其鎮（明）	二・825	朱國盛（敬韜，明）	二・1026
朱在廷（清）	三・1808	朱叔重（念廬，元）	一・289	朱　復（明）	二・1211
朱光普（東美，宋）	一・102	朱叔徵（明）	二・981	朱　凱（堯民，明）	二・655
朱亦軒（清）	四・2522	朱受甫（明）	二・1047	朱　棟（東巨，清）	五・2919-2920
朱良佐（明）	二・759-760	朱　昶（明）	一・350	朱　琰（桐川，清）	五・2967
朱克恭（金門畫士，明）	二・801	朱　昱（清）	四・2054	朱　琳（子佩，明）	二・1190
朱　沆（達夫，清）	五・3008	朱　昭（清）	四・2240-2241	朱　絪（清）	四・2030-2031
朱　杲（清）	四・2521	朱拱欘（明）	二・656	朱　腴（鐵橋，清）	六・3329
朱見深（明）	一・409	朱胤俊（明）	二・711	朱統綜（明）	二・1120
朱　完（明）	二・760	朱胤雋（清）	三・1852	朱統鋑（明）	二・1154
朱　邦（近之，明）	一・479	朱厚照（明）	一・488	朱統鐩（明）	二・1154

朱統鑨（明）	二・1120	朱　蔚（文豹，明）	二・862-863	朱　□（明）	三・1235
朱　粜（清）	六・3557	朱　質（吟餘，明）	二・1099		
朱雲燦（尋源，清）	四・2500	朱　銳（宋）	一・98	**七　畫**	
朱　鈗（明）	二・1049	朱　震（乾伯，清）	五・3144		
朱　鈴（清）	四・2114	朱　輪（清）	五・2862	**克**	
朱　鈞（筱漚，清）	六・3328	朱凝庚（清）	六・3285	克　晦（明）	二・1197
朱舜水（明）	二・1210	朱　衡（清）	六・3188	克　勤（清）	六・3533
朱為弼（右甫，清）	五・3095	朱衡秋（清）	五・3088	**廷**	
朱　雍（明）	二・1206	朱　增（明）	二・1214	廷　楷（清）	五・2768
朱　萱（明）	二・1191	朱　璣（清）	三・1862	廷　雍（紹民，清）	六・3588
朱　嵩（中峰，清）	五・2663	朱　羲（宋）	一・89	廷　璧（清）	三・1842
朱　照（曉村，清）	五・3079	朱謀鸑（太沖，明）	二・1026	**佛**	
朱　暉（明）	二・1049	朱憲章（清）	五・2904	佛　延（清）	四・2102-2103
朱瑞言（明）	二・1204	朱應麐（清）	四・2518	佛芸保（清）	六・3236
朱瑞青（清）	五・2952	朱　壎（三橋，清）	五・3120	**志**	
朱瑞寧（清）	六・3643	朱　樸（明）	二・656	志　煜（清）	四・2002
朱瑞凝（清）	六・3643	朱燦英（清）	五・2997	**希**	
朱　瑛（君求，明）	二・1087-1088	朱穉微（明）	二・1143	希　允（明）	二・1155
朱福田（樂原，清）	五・3056	朱　霞（耕方，清）	四・2443	希　悅（明）	三・1231
朱新睢（明）	二・818	朱　龍（清）	五・3057	**貝**	
朱萬成（明）	二・793	朱　曜（明）	二・1156	貝　點（六泉，清）	六・3332-3333
朱萬棋（清）	三・1533	朱　璧（明）	二・1212	**岑**	
朱　誠（清）	四・1934	朱彝鑑（千里，清）	四・2227	岑長元（清）	四・1935
朱　實（明）	二・1219	朱　夔（清）	四・1972	**伯**	
朱　熊（吉甫，清）	六・3247	朱懷瑾（宋）	一・146	伯　麐（明）	二・655
朱　摻（明）	二・1190	朱　繡（綵章，清）	四・2451	**完**	
朱壽餘（明）	二・1171	朱　黼（與村，清）	五・2857	完　德（清）	三・1631
朱睿瞀（翰之，清）	三・1523-1525	朱瞻基（明）	一・350-352	**谷**	
朱　端（克正，明）	一・488-489	朱　齡（菊坨，清）	六・3324	谷文光（清）	三・1529-1530
朱端木（明）	二・1001	朱鶴年（野雲，清）	五・2989-2992	谷　陽（清）	六・3249
朱肇裔（步堂，清）	二・3119	朱　鷺（白民，明）	二・712-713	**改**	
朱蒼崖（清）	六・3319-3320	朱　灝（宗遠，明）	二・1168	改伯鎰（清）	六・3384
朱　審（唐）	一・24	朱觀熰（中立，明）	二・621	改　恭（清）	六・3549
朱德潤（澤民，元）	一・249-250	朱　瀠（清）	五・2933	改　琦（伯蘊，清）	五・3108-3116
朱　嶠（赤城，清）	五・2568	朱　□（宋）	一・155	改　簀（再蘠，清）	六・3281

佟	余　人（怡庵，明）　　三・1239	杜子明（清）　　　　四・2032
佟世晉（康侯，清）　四・2217	余正元（中山，明）　　二・1181	杜世紳（清）　　　　五・3104
佟國珺（錫瑤，清）　六・3225	余世權（明）　　　　　二・1049	杜世綬（清）　　　　五・2837
佟毓秀（鍾山，清）四・1955-1956	余玉龍（冰雲，清）　　六・3598	杜玄禮（明）　　　　二・1032
佟慶泰（清）　　　　五・2727	余尚焜（晴江，清）五・2870-2871	杜采亮（嚴六，清）　四・2086
冷	余　欣（清）　　　　　六・3553	杜　菫（懼男，明）一・400-401
冷　枚（吉臣，清）四・2230-2233	余金體（清）　　　　　四・2017	杜　煦（明）　　　　二・1136
冷　謙（啟敬，元）　　一・277	余　昇（明）　　　　　三・1240	杜爾梅（清）　　　　四・2512
佘	余　彥（清）　　　　　四・2058	杜冀龍（士良，明）二・1003-1004
佘文植（樹人，清）六・3306-3307	余　洋（莘園，清）　　五・2754	杜　濬（清）　　　　二・1156
佘國觀（顓若，清）　五・2819	余　省（曾三，清）四・2460-2465	杜　鰲（海山，清）　五・2871
佘啟祥（春帆，清）　六・3316	余秋帆（清）　　　　　六・3270	杜　瓊（用嘉，明）一・348-349
佘嘉惠（清）　　　　五・3152	余　珣（荀若，元）　　一・245	杜觀龜（五代）　　　　一・35
車	余　崟（維嶽，清）五・3103-3104	**呂**
車以載（積中，清）四・2009-2010	余偉器（清）　　　　　五・3072	呂小隱（清）　　　　六・3270
沙	余　集（蓉裳，清）五・2833-2834	呂文英（明）　　　　　一・399
沙芳華（清）　　　　四・2202	余壽康（清）　　　　　五・3144	呂元勳（象周，清）　五・2767
沙宛在（明）　　　　二・1194	余　穎（在川，清）　　五・2611	呂希文（清）　　　二・1193-1194
沙春遠（清）　　　　六・3553	余　鴻（清）　　　　　六・3583	呂　材（小隱，清）　六・3363
沙聲遠（包山，清）　四・2233	余　穉（南州，清）　　五・2817	呂　拙（宋）　　　　　一・58
沙　馥（山春，清）六・3402-3404	余　鍔（起潛，清）五・3107-3108	呂　紀（廷振，明）一・481-486
辛	余鵬翀（少雲，清）　五・2970	呂佁孫（清）　　　　四・2053
辛　璁（小玫　清）　六・3385	**巫**	呂師堅（清）　　　三・1624-1625
邢	巫小咸（清）　　　　六・3362	呂　健（六陽，明）二・793-794
邢志儒（明）　　　　　二・655	巫　璡（石溪，清）　　五・2755	呂　智（清）　　　　四・1957
邢　侗（子愿，明）二・711-712	**孝**	呂　棠（小村，明）　　二・771
邢國賢（東帆，明）　　二・654	孝　初（明）　　　　　二・1067	呂　琮（又周，清）五・2730-2731
邢慈靜（清）　　　　　二・747	**即**	呂　翔（子羽，清）　五・3072
阮	即　非（清）　　　　　五・3092	呂　詔（清）　　　　四・2099
阮　元（伯元，清）　五・3041	**初**	呂雲葆（清）　　　　三・1560
阮　年（遐千，清）　四・1965	初　陽（明）　　　　　二・716	呂煥成（吉文，清）三・1621-1624
阮　郜（五代）　　　　一・46	**杜**	呂敬甫（明）　　　　　二・635
阮國珍（清）　　　四・1958-1959	杜大中（明）　　　　二・1094	呂端浚（明）　　　　　一・339
阮　解（清）　　　　四・1958	杜大成（允修，明）　　一・412	呂　瑠（清）　　　　三・1541
余	杜大綬（子紓，明）二・911-912	呂　潛（孔昭，清）三・1539-1540

呂　學（時敏，清）	四・2200-2201	宋　犖（仲牧，清）	三・1788-1789	何景文（清）	六・3647
呂學東（清）	五・2952	宋　樞（清）	五・3071-3072	何　皓（照公，清）	六・3205-3206
呂臻成（清）	五・3171	宋　澳（明）	二・1189	何植槐（清）	六・3373
呂　禧（清）	五・2972	宋　賦（清）	三・1784	何　煜（清）	六・3372
呂　鍠（清）	三・1584	宋德宜（清）	三・1822	何瑷玉（清）	六・3443
呂璧松（清）	六・3308	宋賓孟（明）	三・1227	何道生（立之，清）	五・3046
呂顧良（明）	二・1174	宋徽宗（見趙　佶）		何園客（清）	四・1987
宋		宋　賢（湘筠，清）	五・3119-3120	何　樾（清）	四・1985
宋之繩（清）	三・1821	宋　霖（六雨，清）	六・3207	何　遠（履芳，清）	三・1625-1626
宋之麟（清）	三・1808	宋懋晉（明之，明）	二・762-764	何遠補（清）	三・1862
宋天麐（清）	四・1969	宋駿業（聲求，清）	四・2081	何端正（清）	三・1857
宋石年（清）	六　3583	**何**		何爾航安（清）	六・3219
宋　旭（石門，明）	二・627-634	何大昌（清）	四・2034	何維樸（詩孫，清）	六・3487
宋　旭（曉林，清）	五・2570	何士成（清）	四・2115	何　澄（祕監，元）	一・205
宋光寶（藕塘，清）	六・3258	何元英（清）	三・1860-1861	何　澄（彥澤，明）	一・352-353
宋汝志（宋）	一・147	何友晏（九陞，清）	三・1841	何　璉（明）	二・1161
宋　克（仲溫，元）	一・288	何文煌（昭夏，清）	四・2198-2199	何　廣（清）	四・2140
宋克健（清）	五・2561	何元熙（清）	六・3434	何　適（達生，明）	二・1142
宋伯魯（芝田，清）	六・3588	何　白（無咎，明）	二・1132-1133	何　濂（元潔，明）	二・771
宋　杞（受之，明）	一・328	何　充（宋）	一・83	何　錦（清）	四・2031-2032
宋孝真（清）	五・2757-2758	何延年（清）	四・2016	何　龍（明）	二・747
宋依仁（墨癡，清）	六・3382	何芝庵（清）	六・3188	何　龍（禹門，清）	五・2980-2981
宋　珏（比玉，明）	二・848-849	何作裕（清）	六・3570	何　顥（伯求，清）	三・1609
宋　果（清）	六・3315	何其仁（元長，清）	三・1852-1853	何　藩（清）	五・2774-2775
宋思仁（藹若，清）	五・2767	何青年（宋）	一・150	何騰蛟（雨生，清）	三・1487
宋　恒（清）	四・2032	何步武（清）	四・2323	**沈**	
宋　迪（復古，宋）	一・82	何　恬（清）	五・3052	沈一張（清）	六・3571
宋高宗（見趙　構）		何　泓（郢生，明）	三・1241	沈三復（清）	四・2175-2176
宋　梓（清）	五・3016	何　翀（丹山，清）	六・3282-3283	沈士充（子居，明）	二・881-887
宋理宗（見趙　昀）		何　荃（宋）	一・153	沈士志（清）	四・2518
宋登春（應元，明）	二・620	何　深（清）	五・3071	沈士鯁（明）	二・1027
宋　照（清）	四・1987	何淳之（仲雅，明）	二・769	沈士麟（明）	二・1119
宋　暐（清）	四・2013-2014	何研北（見何煜）		沈士灝（明）	二・1208
宋　裔（生士，清）	四・1938	何紹基（子貞，清）	六・3232	沈之壽（清）	六・3275
宋葆淳（帥初，清）	五・2928-2930	何紹業（子毅，清）	六・3232	沈五集（采，清）	四・2172

沈心海（兆涵，清）	六・3653	沈　俊（梅庵，明）	二・802	沈　喻（清）	四・2377
沈公繩（明）	二・989	沈　昭（秋萼，明）	二・903	沈　庸（清）	四・1957
沈　介（明）	二・747	沈昭文（明）	二・804	沈　齔（清）	四・2486
沈　仕（懋學，明）	二・635-636	沈　星（榆白，清）	四・2089	沈　堅（清）	四・2196
沈世勛（芳洲，清）	五・2722	沈春澤（雨若，明）	二・1117	沈　景（清）	六・3548
沈世傑（清）	六・3380	沈映暉（朗乾，清）	五・2725	沈　楷（清）	四・2056
沈　白（濤思，明）	二・1033-1034	沈　宣（明德，明）	二・1087	沈　焯（竹賓，清）	五・3290-3291
沈永令（聞人，清）	三・1405	沈　度（民則，明）	一・348	沈　巽（士偁，元）	一・291
沈可培（清）	五・3070	沈　貞（貞吉，明）	一・353	沈　華（祇臣，清）	四・2034
沈弘道（明）	二・1206	沈　貞（清）	六・3390	沈華範（清）	四・2017
沈有邑（明）	二・1159	沈　恒（恒吉，明）	一・358	沈詠蘭（清）	四・2480
沈　全（璧如，清）	五・3012-3013	沈　恢（明）	三・1228	沈雲英（明）	二・1195
沈岊瞻（樹奇，清）	三・1576	沈　咸（明）	二・1189	沈　閎（渚遠，清）	三・1819-1820
沈如岡（清）	五・2932	沈　洪（子旋，清）	三・1851	沈　塘（蓮塘，清）	六・3638
沈兆涵（清）	六・3536-3537	沈衍之（清）	三・1608	沈　源（清）	五・2672-2675
沈　宋（清）	六・3643	沈　英（清）	六・3361	沈　煥（清）	五・3009-3010
沈　完（全卿，清）	二・844	沈　容（二川，清）	五・2716	沈瑞鳳（鳴岐，清）	四・2113
沈　岐（清）	六・3309	沈　唐（樹堂，清）	五・3043	沈稚周（清）	六・3572
沈志學（清）	五・2525	沈　哲（明）	二・1212	沈經遠（清）	六・3574
沈希遠（明）	一・329	沈　峰（衡山，清）	五・2560	沈　軾（欽伯，清）	五・2753
沈芝亭（清）	六・3323	沈　峻（清）	三・1832	沈　載（清）	三・1411
沈廷煜（清）	六・3280-3281	沈　時（可山，清）	三・1319-1320	沈　鉉（元）	一・300-301
沈廷瑞（樗崖，清）	四・1983	沈　挺（清）	五・2728	沈　鈺（衡齋，清）	五・2560
沈　迁（無回，明）	二・1017	沈振麟（鳳池，清）	六・3377-3380	沈道寬（清）	六・3297
沈宗敬（恪庭，清）	四・2165-2169	沈　桂（石樵，清）	五・3013-3014	沈道灝（清）	五・3083
沈宗維（朗山，清）	五・2844	沈　浩（文淵，清）	五・3080	沈　遇（公濟，明）	一・335
沈宗騫（熙遠，清）	五・2771-2774	沈　烜（樹棠，清）	六・3183	沈　鳳（凡民，清）	四・2316-2317
沈　昉（清）	三・1851	沈　朗（清）	五・2807	沈　穀（采石，清）	六・3383
沈　忠（德方，清）	五・3007	沈　荃（繹堂，清）	三・1576-1577	沈　榮（石鄉，清）	六・3207-3208
沈　治（約庵，清）	三・1498	沈　陸（清）	四・2248	沈　蒼（葭埃，清）	四・2085-2086
沈　周（啟南，明）	一・367-394	沈　寅（明）	二・1041	沈　銓（南蘋，清）	四・2279-2290
沈尚卿（清）	五・2781	沈梅峰（清）	六・3535	沈　銓（師橋，清）	五・3144
沈孟堅（元）	一・242	沈　琅（清）	四・2015	沈　碩（宜謙，明）	二・610-611
沈　祁（雨公，清）	三・1847	沈　僖（清）	五・3068	沈　韶（爾調，清）	三・1818-1819
沈雨生（老舲，清）	六・3188	沈　復（二白，清）	六・3201-3202	沈　雒（清）	六・3369

沈慶蘭（清）	五・3169	汪　中（無方，清）	三・1503-1504	汪　堂（清）	六・3565-3566
沈　澄（孟淵，明）	一・335	汪　木（清）	六・3432	汪惟靜（明）	二・1194
沈　羹（清）	六・3410	汪少川（明）	二・1214	汪國士（芋堂，清）	五・3064
沈墨庵（明）	三・1232-1233	汪玉珂（清）	五・2627	汪梅鼎（映雪，清）	五・3064-3065
沈樹玉（蘧夫，清）	四・1990	汪用成（清）	五・3134	汪　淇（竹里，清）	四・2241
沈　燁（明）	二・1115-1116	汪仲沛（明）	二・1005	汪　都（瀛海，明）	二・936
沈　襄（叔成，明）	二・770-771	汪　安（清）	五・2876	汪　復（明）	二・1108
沈　濟（清）	五・3093	汪守庸（明）	二・1137	汪　喬（宗晉，清）	三・1825
沈　燮（五亭，清）	六・3225-3226	汪在渭（清）	五・3154	汪　智（睿生，清）	四・2087
沈　謙（清）	五・2862-2863	汪亦午（清）	四・2033	汪涵金（清）	四・2015
沈謙模（清）	五・2727	汪宏度（于鼎，清）	四・2482	汪滋穗（清）	四・2086
沈　龍（明）	二・1029	汪志周（瘦石，清）	五・2875	汪　然（于然，清）	三・1611
沈翹楚（漢陽，明）	二・1067	汪　圻（惕齋，清）	五・3133	汪為霖（春田，清）	六・3205
沈鏡湖（清）	五・3123	汪　言（清）	六・3531	汪　琪（清）	四・2105-2106
沈　鵬（清）	六・3569	汪廷儒（醇卿，清）	六・3315-3316	汪　琨（清）	六・3491-3492
沈　驥（南陵，明）	二・1188	汪　庚（清）	五・3162	汪　琬（清）	六・3566
沈　顥（朗倩，明）	二・989-993	汪宗哲（明）	三・1231	汪　評（清）	六・3553
沈　權（仰宸，清）	三・1615	汪　昉（叔明，清）	六・3230-3231	汪詒德（少山，清）	五・3164
沈　龢（石民，清）	四・2108	汪明際（無際，明）	二・1015	汪　進（清）	四・2053
沈　鑑（清）	六・3554-3555	汪　松（清）	四・2314	汪　雲（清）	三・1630
沈麟元（竹齋，清）	六・3634-3635	汪林芣（清）	四・2202	汪　楫（舟次，清）	三・1817
沈　觀（用賓，明）	三・1229-1230	汪東山（清）	四・2202	汪　溶（清）	六・3575
沈　驤（駕干，清）	五・2870	汪承霈（受時，清）	五・2750-2752	汪　溥（永思，清）	五・2953
汪		汪後來（鹿岡，清）	四・2229-2230	汪　封（玉書，清）	五・2953-2954
汪一駿（明）	二・1048	汪　度（明）	二・1166	汪道崑（伯玉，明）	二・1198
汪士佐（清）	六・3560	汪　垕（石圃，清）	五・3134	汪　漢（文石，清）	四・1939-1940
汪士相（清）	五・3104	汪洛年（社耆，清）	六・3631-3632	汪　肇（德初，明）	二・585-586
汪士慎（近人，清）	四・2335-2341	汪　泉（清）	五・2862	汪　維（虎溪，清）	六・3275
汪士鋐（清）	四・2139	汪　建（元植，清）	二・1056	汪　增（清）	六・3433
汪千頃（清）	五・2647	汪家珍（叔向，清）	三・1582-1583	汪　澄（澹然，明）	二・913
汪之元（清）	五・2534	汪　晟（明）	二・1193	汪　毅（琴田，清）	六・3204
汪之瑞（無瑞 清）	三・1523	汪　桂（仙友，清）	四・2118	汪　鋆（硯山，清）	六・3410
汪　介（清）	四・2080	汪　浩（小邨，明）	二・1055-1056	汪　樸（清）	五・2636
汪　文（明）	二・831	汪　恭（恭壽，清）	五・2756-2757	汪　賢（明）	二・1201
汪文柏（季青，清）	四・2104	汪　泰（清）	五・2987	汪　璞（素公，清）	四・2059

汪　璥（清）	四・2037	吳日昕（藥雨，清）	五・3151-3152	吳　求（彥侶，清）	五・3170
汪　徽（仲徽，明）	二・981	吳心來（田午，清）	三・1839	吳良知（明）	三・1225
汪應時（清）	三・1832	吳元良（明）	三・1223	吳　芝（清）	三・1424
汪懋仁（明）	二・888	吳元楷（辛生，清）	六・3286	吳廷羽（左千，明）	二・1026
汪懋極（清）	六・3553	吳元瑜（公器，宋）	一・82	吳　侃（諤生，清）	五・2662-2663
汪濟川（元）	一・300	吳元澄（湛若，清）	四・2441	吳　定（子靜，清）	三・1814-1815
汪　鴻（延年，清）	六・3232-3233	吳中秀（清）	三・1578	吳宗愛（絳雪，清）	四・2002-2003
汪　濬（秋潤，清）	三・1484	吳中學（明）	二・665	吳叔元（思白，清）	五・2856-2857
汪濬文（清）	六・3642	吳允楷（清）	六・3484	吳叔明（宋）	一・151
汪　龍（潛也，清）	四・2138	吳世英（明）	二・1188	吳尚霑（潤江，清）	六・3416
汪繩武（清）	五・2753	吳世恩（明）	二・831-832	吳　秀（文山，清）	五・2598-2599
汪繩瑛（祖肩，清）	五・2721	吳世睿（清）	三・1858	吳秀淑（玉枝，清）	六・3289-3290
汪　鏞（笠甫，清）	五・3065-3066	吳　正（項臣，清）	六・3198	吳　昌（昌伯，清）	四・2024
汪　巇（清）	四・2507	吳　令（信之，明）	二・935-936	吳昌明（清）	六・3215
汪　灝（石梁，清）	五・3021	吳　白（皙侯，清）	四・2087	吳昌壽（少村，清）	六・3292
汪　靄（吉臣，清）	五・3081	吳必榮（明）	二・1115	吳昌碩（俊卿，清）	六・3493-3530
汪　□（清）	四・2060	吳弘獻（明）	二・1009	吳　昕（仲徽，清）	五・2558
吳		吳　份（明）	二・1213	吳　易（友素，明）	二・1162
吳一麟（聖徵，清）	五・2761	吳　旭（皐若，清）	四・2013	吳來周（清）	六・3329
吳九思（恂齋，清）	五・3042-3043	吳自孚（浣華，清）	六・3205	吳　岳（蒼崖，清）	五・2940-2941
吳又和（清）	四・2116	吳自孝（明）	三・1223	吳　松（清）	四・2320
吳大素（季章，元）	一・284	吳　江（清）	四・2080-2081	吳　東（清）	六・3626
吳大澂（清卿，清）	四・2424	吳兆年（清）	四・2291	吳東發（侃叔，清）	五・2925
吳小荷（清）	六・3411	吳　秉（清）	四・2444-2445	吳東槐（清）	六・3558
吳士冠（相如，明）	二・932	吳　艮（散華，清）	五・2681	吳秉智（清）	六・3432
吳子野（清）	五・3099	吳　竹（清）	六・3565	吳秉權（經可，清）	六・3483
吳之琯（明）	二・1209-1210	吳伯玉（明）	二・880	吳　玫（問石，清）	六・3532
吳之瑾（乙杉，清）	六・3336	吳伯英（清）	四・2517	吳　芨（艾庵，清）	四・2136
吳之鑑（明）	二・1209	吳伯理（巢雲子，明）	一・338	吳　俊（竹圃，清）	五・2952
吳之驎（子野，清）	五・3175	吳　攸（清）	四・2117	吳俊臣（宋）	一・146
吳　山（南陽，清）	五・2564	吳　宏（遠度，清）	三・1487-1490	吳　咨（聖俞，清）	六・3311
吳山濤（岱觀，清）	三・1410-1411	吳　宏（博山，清）	四・2051-2053	吳省曾（身三，清）	五・2861
吳　支（明）	二・1034	吳　岑（清）	五・3097	吳　星（清）	三・1609
吳文淑（清）	五・3073	吳志伊（明）	二・1095	吳春林（清）	六・3410
吳文徵（南薌，清）	五・3118	吳　玖（清）	五・3043-3044	吳　炳（宋）	一・125

吳　眉（明）	二・1068	吳國杰（清）	四・2322	吳　㭠（朝英，清）	五・2732
吳　珍（明）	三・1240-1241	吳　珵（元玉，明）	一・481	吳　楫（明）	二・1208-1209
吳　秋（清）	三・1834	吳規臣（香輪，清）	五・3107	吳　滔（伯滔，清）	六・3480-3482
吳　彥（清）	三・1423	吳紹瓚（明）	二・1122	吳　溥（敦兮，清）	六・3266
吳彥國（長文，清）	三・1846	吳翌鳳（枚庵，清）	五・2983	吳　煊（退庵，清）	五・3117
吳述善（清）	三・1419	吳　隆（明）	二・1090-1091	吳　煥（銘山，清）	四・2099
吳建寧（明）	三・1234	吳　訥（仲言，明）	二・1015	吳　祺（以拒，清）	五・2579
吳　俶（慎修，清）	五・2754-2755	吳　偉（士英，明）	一・412-416	吳　稚（明）	二・982
吳晉錫（清）	四・2111	吳偉業（駿公，清）	三・1405-1407	吳　筠（湘碧，清）	四・2138
吳　宮（香城，清）	四・1984	吳博壴（補齋，清）	五・2817-2818	吳　節（清）	六・3629
吳　宸（清）	五・2677	吳　斌（清）	三・1621	吳　紳（素公，清）	三・1809
吳家鳳（瑞生，明）	二・1065	吳　喬（清）	五・3162	吳　雋（子重，清）	六・3335-3336
吳娟娟（明）	二・760	吳　媛（文青，清）	三・1528	吳　達（行生，清）	四・2009
吳致中（元）	一・294	吳　楷（辛生，清）	五・2930-2931	吳道玄（唐）	一・16
吳悟亭（清）	五・3021-3022	吳　棫（偉仙，清）	五・2568	吳道嚴（清）	三・1787
吳　時（清）	四・2442	吳　湘（白洋，明）	二・888	吳　猷（友如，清）	六・3492
吳時培（明）	二・791	吳　湘（若耶，清）	四・2179-2180	吳肅雲（竹蓀，清）	四・2119
吳　振（振之，明）	二・890-892	吳　焯（啟明，明）	二・799-800	吳嘉敬（清）	六・3596-3597
吳振武（威中，清）	四・2116	吳　焯（俊生，清）	四・2446-2447	吳　榕（蓮椒，清）	五・3153
吳　晃（仙台，明）	二・1091	吳　琦（紫山，清）	五・2653-2654	吳　槐（清）	六・3646
吳　桂（廷秋，明）	二・640-641	吳　皓（仲白，明）	二・1171	吳榮光（伯榮，清）	五・3105
吳　桂（清）	五・2631-2632	吳　翔（清）	五・2755	吳　犖（牧皋，清）	六・3314
吳　桐（清）	六・3486	吳　善（清）	三・1842	吳　箕（清）	三・1827
吳　烜（清）	五・3153	吳　筏（明）	三・1219	吳　韶（明）	二・1049
吳　舫（方舟，清）	四・2001	吳　堅（清）	五・2834	吳鳳生（寄梧，清）	六・3626
吳　韋（山帶，清）	三・1817-1818	吳期遠（子遠，清）	三・1821	吳爾成（明）	三・1223
吳　窊（清）	六・3645	吳　雲（清）	三・1781	吳爾航（清）	四・2322
吳　培（清）	五・2567	吳　雲（少甫，清）	六・3298-3299	吳　徵（明）	二・1136
吳　崑（清）	三・1867	吳　雯（清）	四・2113	吳慶雲（石僊，清）	六・3599-3601
吳從煜（清）	四・2083-2084	吳　閑（清）	四・2173	吳　履（公之坦，清）	五・2855-2856
吳　晃（清）	五・3176	吳傳清（明）	二・1161	吳穀祥（秋農，清）	六・3538-3541
吳　彬（文仲，明）	二・657-663	吳　會（明）	二・1178-1179	吳　澍（清）	六・3631
吳　涵（子茹，清）	六・3637-3638	吳　慎（清）	四・2517	吳　澐（清）	五・2898
吳淑娟（杏芬，清）	六・3583-3584	吳　照（照南，清）	五・2970-2971	吳　漻（清）	五・3068
吳淑蘭（清）	五・2799	吳　暉（秋朗，清）	五・2617	吳熙載（讓之，清）	六・3228-3230

吳　璋（漢田，清）　　　　　五・2566	吳繼善（志衍，明）　　　　　二・1170	李元昌（漢王，唐）　　　　　一・13
吳　璉（冰崖，清）　　　　　四・2090	吳　瓘（瑩之，元）　　　　　一・282	李元達（元）　　　　　　　　一・300
吳　醇（清）　　　　　　　　三・1840	吳　霽（竹堂，清）　　　　　五・3122	李元濟（宋）　　　　　　　　一・69
吳墨庵（明）　　　　　　　　二・1207	吳顯麟（清）　　　　　　　　六・3549	李孔修（明）　　　　　　　　一・554
吳　歷（漁山，清）　三・1639-1648	吳　麟（瑞卿，明）　　　　　一・535	李　升（子雲，元）　　　　　一・280
吳　衡（潤秋，清）　　　　　六・3532	吳　麟（明）　　　　　　　　二・931	李　丹（清）　　　　　　　　三・1729
吳　曒（元朗，清）　　　　　四・2092	吳　麟（子瑞，清）　　　　　五・2569	李世佐（梓園，清）　　　　　五・2594
吳　熹（清）　　　　　　　　六・3642	吳觀岱（念康，清）　　六・3604-3605	李世則（思若，清）　　　　　五・2978
吳豫杰（次諒，清）　　　　　四・2171	吳　驥（清）　　　　　　　　五・2837	李世倬（漢章，清）　四・2414-2424
吳　諤（青城，清）　　　　　四・2521	吳　鑾（明）　　　　　　　　二・892	李仙根（清）　　　　　　　　六・3480
吳　鐟（清）　　　　　　　　六・3286	**李**	李　平（伯時，宋）　　　　　一・111
吳　錦（畫堂，清）　　　　　五・3117	李一白（明）　　　　　　　　二・1034	李　平（清）　　　　　　　　六・3285
吳　霈（清）　　　　　　　　五・2979	李一和（明）　　　　　　　　二・1210	李　永（清）　　　　　　　　六・3647
吳　蕭（及之，清）　　　　　五・2971	李三畏（吉六，清）　　　　　五・2953	李永年（宋）　　　　　　　　一・149
吳應年（清）　　　　　　　　五・3146	李士光（明）　　　　　　　　二・1213	李永年（清）　　　　　　　　四・2082
吳應枚（小穎，清）　五・2705-2706	李士行（遵道，元）　　　　　一・236	李永昌（周生，明）　二・1137-1138
吳應貞（含五，清）　　　　　四・2498	李士安（元）　　　　　　　　一・274	李　用（清）　　　　　　　　六・3561
吳鴻勛（子嘉，清）　　　　　六・3558	李士宏（元）　　　　　　　　一・290	李用方（明）　　　　　　一・489-490
吳鴻業（希周，清）　　　　　六・3277	李士通（明）　　　　　　　　二・709	李用雲（清）　　　　　　　　五・3091
吳　濟（清）　　　　　　　　四・2079	李士達（仰槐，明）　　二・705-709	李仲宣（象賢，宋）　　　　　一・89
吳　燦（清）　　　　　　　　三・1773	李士遠（明）　　　　　　　　二・1009	李仲略（簡之，金）　　　　　一・196
吳　璿（清）　　　　　五・3168-3169	李之洪（清）　　　　　　　　六・3371	李　吉（宋）　　　　　　　　一・69
吳　龍（在田，清）　　　　　四・2098	李之時（清）　　　　　　　　四・2509	李安忠（宋）　　　　　　　　一・95
吳　龍（善疆，清）　　　　　四・2124	李子光（清）　　　　　　　　六・3649	李　因（今生，明）　二・1143-1148
吳瞻泰（清）　　　　　　　　四・2139	李子長（明）　　　　　　一・479-480	李匡濟（清）　　　　　　　　六・3327
吳　鎮（仲圭，元）　　一・231-236	李于堅（明）　　　　　　　　二・1185	李光奎（明）　　　　　　　　二・1197
吳　騏（明）　　　　　　　　一・488	李　山（金）　　　　　　　　一・195	李　成（咸熙，宋）　　　一・49-50
吳　麐（栗園，清）　四・2447-2448	李　山（紫琅，清）　　　　　四・2244	李如苞（子青，清）　　　　　六・3547
吳寶書（松崖，清）　六・3204-3205	李日華（君實，明）　　　　　二・791	李　在（以政，明）　　一・354-355
吳　藍（清）　　　　　　　　四・2080	李方叔（唐）　　　　　　　　一・24	李存箕（明）　　　　　　　　二・1048
吳　藏（清）　　　　　　　　四・2172	李方鄴（清）　　　　　　　　六・3561	李含渼（南溟，清）　四・2043-2044
吳　鵬（展雲，清）　　　　　四・2208	李方膺（虹仲，清）　四・2486-2496	李含漢（清）　　　　　　　　四・2001
吳　騫（槎客，清）　　　　　五・3099	李文濤（清）　　　　　　　　五・3091	李克新（明）　　　　　　　　三・1232
吳蘇臺（明）　　　　　　　　二・1112	李公年（宋）　　　　　　　　一・87	李志熊（清）　　　　　　　　四・2510
吳闡思（清）　　　　　四・2211-2212	李公麟（伯時，宋）　　　一・73-76	李希膺（清）　　　　　四・2239-2240

李　孝（清）	五·2920	李　相（宋）	一·153	李　彬（清）	六·3573
李　良（寧士，清）	四·2506	李　炳（文中，清）	三·1521-1522	李　章（清）	三·1862
李良任（明）	二·1120	李　珍（明）	二·1161	李　堂（心構，清）	五·2594
李兌孚（清）	五·2955	李　英（清）	三·1827	李紱麐（桐圃，清）	六·3225
李　辰（奎南，明）	二·1113-1114	李　貞（唐）	一·23-24	李紹箕（戀承，明）	二·710-711
李延之（宋）	一·88	李　貞（明）	二·1205	李　隆（明）	二·1066
李　享（昌時，元）	一·274	李思訓（建見，唐）	一·14-15	李　階（清）	六·3372-3373
李　宗（清）	六·3548	李思誨（唐）	一·15	李　野（清）	五·3023
李宗成（清）	三·1235	李　迪（宋）	一·92-95	李問山（明）	二·1187
李宗譔（小樵，明）	二·815	李　郁（明）	二·751	李景華（元）	一·301
李　奈（明）	二·1160	李　唐（晞古，宋）	一·79-82	李堯夫（寄堂，元）	一·296
李　昌（爾熾，清）	四·2103	李容瑾（公琰，元）	一·260	李　堅（芳仙，清）	三·1614
李　明（明）	三·1228	李孫謀（明）	二·793	李　棟（吉士，清）	四·2228
李　昇（錦奴，五代）	一·35	李時雍（明）	二·1187	李　森（直齋，清）	六·3207
李念慈（屺瞻，清）	三·1822	李　悅（清）	三·1810	李　焜（純正，明）	一·354
李　東（宋）	一·138	李恩慶（季雲，清）	六·3334-3335	李　喬（清）	五·2671-2672
李果吉（吉六，清）	三·1528	李桂豪（清）	六·3568-3569	李喬嵋（清）	六·3219
李秉綬（芸甫，清）	六·3316-3317	李　根（雲谷，清）	三·1812	李　琮（清）	四·2315-2316
李秉德（蕙紉，清）	五·2828-2830	李流芳（長蘅，明）	二·832-843	李　琰（清）	四·1934
李杭之（僧筏，明）	二·1095-1096	李泰頤（清）	三·1583	李琪枝（雲連，清）	四·2058-2059
李來宣（明）	二·1116	李師中（蜨園，清）	五·2616	李為憲（清）	四·2240-2241
李治運（清）	五·2618	李　珩（清）	四·2509	李黃中（明）	二·1169
李長春（明）	二·1199	李　祐（清）	四·2178	李　著（潛夫，明）	二·635
李　育（梅生，清）	六·3488-3490	李祥鳳（東表，清）	五·3068-3069	李　華（明）	二·1189
李　玥（永之，清）	五·2642	李　真（清）	六·3327-3328	李　苣（明）	三·1221
李　芳（繼泉，明）	二·637	李　荃（清）	五·2857	李　眖（清）	四·2514
李陀那（明）	二·1025	李從訓（宋）	一·98	李象豐（清）	四·1935
李修昌（清）	四·2517	李　御（清）	六·3573	李　鄂（清）	四·2044
李修易（子健，清）	六·3301-3302	李　寅（白也，清）	三·1848-1850	李　雄（墨樵，清）	六·3372
李　衎（仲賓，元）	一·206-207	李　崑（錦亭，清）	六·3333	李開芳（伯東，明）	二·760
李　昭（晉傑，宋）	一·99	李　崧（靜山，清）	四·2042	李雲蓮（清）	四·2209
李　昭（元）	一·248	李　堃（清）	六·3326	李道修（清）	四·2105
李昭道（唐）	一·15-16	李培雨（清）	六·3382	李　嵩（宋）	一·125-127
李　昺（明）	二·1193	李國龍（殿祥，清）	六·3362-3363	李　敬（清）	四·2176-2177
李　政（明）	一·359	李　梓（清）	五·3083	李敬思（紉齋，清）	五·2996

李敬謨（息耘，清）	五·2643	李熙垣（星門，清）	五·3153	李　麟（次公，明）	二·757-759
李　椿（宋）	一·150	李熙泰（清）	六·3282	李　藹（清）	四·2323
李楨開（清）	六·3438	李　碻（宋）	一·150		
李　溶（清）	六·3633	李　賞（清）	三·1577	**八　畫**	
李溥光（玄暉，元）	一·224-225	李　蔚（明）	二·1095		
李新枝（清）	四·2044	李慕龍（葛庵，清）	五·3066-3067	**官**	
李　瑋（公炤，宋）	一·63	李震生（清）	四·2115	官　銓（清）	四·2101
李　瑛（宋）	一·108	李澤普（明）	二·1186-1187	**長**	
李瑞清（仲麟，清）	六·3614-3615	李　濂（川父，明）	一·517	長　陰（清）	五·2859
李　福（備五，清）	五·3175	李　蕃（介人，清）	四·2018	**青**	
李　葹（嘯村，清）	五·2681	李豫德（清）	五·2733	青丘道人（明）	二·1218
李慈銘（㤪伯，清）	六·3625-3626	李　舉（清）	五·3094	**東**	
李　賁（雲谷，清）	三·1613-1614	李　遜（平甫，金）	一·196	東渚翁（明）	二·1215
李　猷（宋）	一·91	李　錫（清）	五·2843	**旻**	
李鳴鳳（明）	二·1192-1193	李　鋼（清）	六·3185	旻　生（清）	四·2114
李嘉福（笙漁，清）	六·3440	李　穎（箕山，清）	三·1843	**和**	
李嘉績（清）	三·1583	李應斗（清）	六·3531	和　春（清）	五·3119
李　漁（笠翁，清）	三·1422-1423	李　燦（珠園，清）	五·2942	和　柱（清）	五·3103
李　瑤（寶珠，清）	五·2809	李營道（清）	四·2098	**門**	
李翠蘭（明）	二·751	李瞳曦（艾庵，清）	三·1847	門應兆（吉占，清）	五·3012
李肇亨（會嘉，明）	二·888-890	李　謙（自牧，清）	五·2618	**於**	
李　遠（明）	三·1229	李鍾衡（明）	二·1006	於子明（宋）	一·149
李遠條（清）	四·2486	李濱等（清）	五·3606	**阿**	
李　頗（五代）	一·45	李　璿（白樓，清）	六·3258	阿加加（元）	一·295
李　魁（清）	六·3437	李　邃（清）	六·3564	阿克效布（清）	六·3545
李　儀（清）	六·3368	李癡和（明）	二·1167	阿　岑（清）	三·1580
李　德（清）	五·2748	李　轍（清）	六·3562-3563	阿爾粹（清）	四·2004
李德柔（勝之，宋）	一·84	李贊華（五代）	一·32	**招**	
李德茂（宋）	一·112	李　嚴（築夫，清）	四·2448-2449	招銘山（子庸，清）	六·3200
李　慶（得餘，清）	六·3293	李斅謨（清）	五·2643	**杭**	
李賓嘉（清）	六·3633	李　譽（永之，清）	五·3015-3016	杭士銘（清）	五·2525
李　墉（清）	六·3639	李　蘭（清）	五·3098	杭文鳳（清）	五·2647
李慧林（清）	五·2680	李　韡（白臣，清）	三·1666-1667	杭世駿（大宗，清）	四·2500-2501
李潛夫（明）	二·832	李　巒（清）	五·2533	杭應申（清）	五·2708
李　熙（清）	四·2516	李　鱓（宗揚，清）	四·2341-2366	**松**	

松　田（元）	一・299	岳		武洞清（宋）	一・62-63
松　岑（清）	五・2672	岳　正（動方，明）	一・364	武　修（清）	五・2644
松　庵（清）	六・3566	岳　岱（東伯，明）	一・553	武進功（凌雲，清）	四・2515
松穎靖（清）	六・3639	岳　嶙（清）	四・2516	季	
來		岳　禮（會嘉，清）	四・2226	季如泰（明）	二・1091
來呂禧（西老，清）	四・2170	居		季　炳（暉菴，清）	三・1619-1620
來　周（明）	二・1199	居　中（明）	二・1197	季開生（天中，清）	三・1611
來　復（陽伯，明）	二・1025	居世綏（清）	六・3490	季寓庸（是因，明）	二・888
尚		居　巢（楳生，清）	六・3302-3303	季應召（清）	五・2672
尚　友（清）	五・2920	居　節（士貞，明）	二・586-589	季　灝（清）	六・3560
尚　濱（清）	四・2098	居　廉（古泉，清）	六・3385-3390	明	
易		居　慶（佩徵，清）	六・3400	明　兆（南北朝）	一・11
易元吉（慶之，宋）	一・65-66	居懋時（明）	二・652	明　旭（明）	二・1099
易祖栻（張有，清）	五・2717	屈		明武宗（見朱厚照）	
易懷端（清）	五・2872	屈兆麟（清）	六・3381-3382	明宣宗（見朱瞻基）	
味		屈　礿（處誠，明）	一・350	明炳麟（清）	六・3283
味　青（清）	六・3437-3438	屈秉筠（宛仙，清）	五・3054	明　福（亮臣，清）	五・3106-3107
卓		屈　鼎（宋）	一・61-62	明憲宗（見朱見深）	
卓　峰（清）	三・1827	宗		其	
卓　琮（清）	五・3092	宗支燕（明）	二・1209	其　堅（清）	五・2879
房		宗　言（山響，清）	四・2040	其　錄（明）	三・1227
房慎庵（清）	四・2117	宗　信（明）	二・603	秀	
房　毅（清）	六・3543	宗　珍（明）	二・1197-1198	秀　琨（清）	六・3196
法		宗　原（清）	四・2507	叔	
法式善（開文，清）	五・2953	宗　測（敬微，南北朝）	一・8	叔　元（清）	五・2558
法坤厚（南峰，清）	六・3210-3211	宗　然（清）	四・2104	叔　平（清）	五・2933
法若真（漢儒，清）	三・1439-1442	宗　塤（清）	四・2005	叔　伊（明）	二・1215
法　樫（清）	五・3083	宗　鋐（西侯，清）	五・2730	叔　泰（清）	五・2768
法　藻（清）	五・3046	武		叔　達（明）	二・1126
祁		武元吉（清）	四・2442	庚	
祁　序（宋）	一・71	武元直（善夫，金）	一・196	庚　生（清）	六・3332
祁豸佳（止祥，明）	二・1034-1039	武　丹（衷白，清）	三・1867-1869	秉	
祁李孫（清）	三・1853-1854	武　玉（清）	四・2516	秉　恒（清）	五・2586
祁鳴雷（清）	四・2519	武光輔（明）	二・1208	直	
祁鴻孫（明）	二・1089	武宗元（總之，宋）	一・61	直　翁（宋）	一・148-149

冽

冽　　泉（明）　　　　　二・1217

洪

洪　　範（清）　　　　　六・3206

玫

玫　　谷（清）　　　　　五・2632

雨

雨　　田（明）　　　　　一・422

雨　　谷（清）　　　　　六・3559

芥

芥　　舟（清）　　　　　四・2467

芸

芸　　香（清）　　　　　六・3221

邱

邱文播（五代）　　　　　一・37

邱　　谷（清）　　　　　五・2672

邱　　衍（清）　　　　　六・3629

邱　　園（嶼雪，清）　　四・2050

邱　　蓀（雲漪，清）　　六・3483

邱學勍（清）　　　　　　五・2943

邱　　鑑（清）　　　　　五・2828

邵

邵士開（清）　　　　　　五・2955

邵士燮（友園，清）五・2954-2955

邵之鯤（明）　　　　　　二・1219

邵子瀟（明）　　　　　　二・1216

邵　　芝（清）　　　　　四・2240

邵　　泌（清）　　　　　四・2044

邵承裕（清）　　　　　　六・3572

邵　　高（彌高，明）　　二・1108

邵振先（清）　　　　　　三・1560

邵　　偉（清）　　　　　五・2944

邵梅臣（香伯，清）　　　五・3133

邵　　郴（清）　　　　　三・1866

邵逢春（清）　　　　　　四・2234

邵　　陵（清）　　　　　四・2105

邵曾詔（袞綸，清）　　　五・2942

邵逸先（古民，清）　　　四・2005

邵聖藝（虞麓，清）　　　五・3121

邵　　節（明）　　　　　二・1135

邵　　徵（元凝，明）　　二・1005

邵　　誼（思宜，明）　　一・330

邵　　錦（清）　　四・2122-2123

邵　　彌（僧彌，清）二・1017-1024

邵　　龍（雲窩，明）　　二・637

邵　　寶（國賢，明）　　一・416

邵□咸（清）　　　　　　四・2506

孟

孟九涵（清）　　　　　　五・2997

孟子端（清）　　　　　　三・1638

孟　　求（清）　　　　　四・2034

孟　　津（明）　　　　　二・1206

孟　　珍（玉潤，元）　　一・259-260

孟春保（清）　　　　　　五・3143

孟涵九（清）　　　　　　五・3162

孟習甌（清）　　　　　　五・2567

孟　　煦（明）　　　　　二・795

孟毓森（玉笙，清）　　　六・3336

孟覲乙（麗堂，清）　五・3130-3131

林

林　　山（明）　　二・1210-1211

林子奐（卷阿，元）　　　一・292

林之淑（清）　　　　　　四・2106

林之蕃（孔碩，明）二・1179-1180

林天爵（修其，清）　　　六・3634

林　　丘（清）　　　　　四・2028

林令旭（預仲，清）　　　四・2229

林台衡（兆清，明）二・1098-1099

林占魁（清）　　　　　　六・3433

林汝梅（若村，清）　　　六・3415

林充徹（清）　　　　　　四・2096

林有麟（仁甫，明）　　　二・1003

林　　良（以善，明）　　一・394-398

林　　祁（清）　　　　　六・3560

林尚古（清）　　　　　　四・2512

林　　昌（清）　　　　　六・3567

林長英（明）　　　　　　二・1166

林孟祥（明）　　　　　　三・1226

林　　俊（待用，明）　　一・409-410

林　　坰（惟堅，明）　　一・339

林　　高（清）　　　　　六・3554

林庭珪（宋）　　　　　　一・116-117

林海六（清）　　　　　　六・3606

林　　紓（琴南，清）　　六・3580

林　　梅（明）　　　　　二・1184

林　　雪（明）　　　二・1050-1051

林朝英（伯彥，清）　五・2838-2839

林華皖（清）　　　　　　三・1862

林　　照（清）　　　六・3605-3606

林　　椿（宋）　　　　　一・111-112

林　　楓（清）　　　　　六・3588

林　　達（明）　　　　　二・605-606

林　　嘉（咸甫，清）　　六・3533

林　　熊（公兆，清）　　四・2442

林　　藜（清）　　　　　四・2053

林　　廣（明）　　　　　一・357

林　　質（明）　　　　　二・1120

林　　璜（仲玉，清）　　五・2633

林　　霖（清）　　　　　五・3090

林　　璧（清）　　　　　四・2228

林瓊瑤（清）　　　　　　六・3646

林　　覺（鈴子，清）六・3270-3271

金

金二英（清）　　　　　　六・3549

金上震（清）　　　　　　四・1937

金大受（西京居士，宋） 一・152
金子徵（清） 五・2986-2987
金天德（華一，清） 五・2566
金　元（問漁，清） 五・3107
金允智（清） 四・2000
金古良（南陵，清） 四・2173
金　石（清） 六・3377-3278
金玉英（清） 六・3548
金可久（清） 五・2617
金永熙（明吉，清） 四・2445-2446
金　光（清） 四・1959
金兆熊（明） 二・832
金汝潛（明） 三・1222-1223
金廷標（士揆，清） 五・2811-2816
金　邠（清） 六・3220
金　佶（清） 五・2620
金　侃（亦陶，清） 三・1392-1393
金　佩（清） 五・3077
金　坤（清） 六・3563
金　昆（清） 四・2110-2111
金　玥（曉珠，清） 三・1828-1829
金　玠（介玉，清） 五・2565-2566
金　門（獻伯，清） 二・1004-1005
金俊明（孝章，清） 三・1374-1377
金　春（明） 三・1530
金　城（拱北，清） 六・3640-3641
金若瀓（清） 五・3143-3144
金師鉅（清） 六・3210
金翁瑛（清） 六・3277
金　偘（清） 四・1937-1938
金庶明（清） 三・1619
金　章（陶陶女史，清） 六・3648
金國元（清） 四・2002
金造士（民譽，清） 四・2042-2043
金尊年（清） 五・3045
金　湜（本清，明） 一・363
金　柬（心蘭，清） 六・3484-3486
金　傳（可庵，清） 三・1378
金道安（靜夫，清） 三・1405
金　鉉（明） 一・359
金　農（壽門，清） 四・2380-2393
金　鼎（耐卿，清） 六・3633
金　榕（壽石，清） 六・3650
金　蒿（清） 四・2522
金夢石（穌，清） 六・3631
金蓉鏡（見香□居士）
金　遠（遐生，清） 四・2099
金　鉌（尚素，明） 一・329
金爾珍（少之，清） 六・3405
金爾敬（清） 五・2620
金德瑛（清） 五・3089
金德鑑（保三，清） 四・2374-2375
金　潤（伯玉，明） 一・366-367
金　璋（清） 四・2177
金學堅（成峰，清） 五・2594
金　樹（雲從，清） 四・2122
金樹荃（香亭，清） 五・2967
金　璡（彥輝，明） 一・362
金　璐（清） 三・1869
金應仁（子山，清） 六・3284
金　聲（秋澗，清） 三・1370
金霞起（清） 六・3433
金　曜（朗西，清） 五・2580
金禮嬴（雲門，清） 五・3100-3101
金　黼（元） 一・303
金　鐸（葉山，清） 五・2940
金　驤（清） 五・3067

周

周人玉（清） 四・2037
周士昌（明） 三・1228
周士乾（松泉，清） 五・3104
周之恒（月如，清） 三・1608
周之冕（服卿，明） 二・689-698
周之禎（清） 四・2513
周之夔（章甫，明） 二・1125
周天球（公瑕，明） 二・604-605
周文矩（五代） 一・39-41
周文靖（明） 一・356
周允元（明） 二・941
周　方（明） 三・1233
周孔傳（清） 四・2240
周月颿（清） 四・2105
周丹士（五代） 一・46
周世臣（穎侯，清） 三・1474
周　立（作生，清） 四・2113
周　白（元） 一・302
周石蘭（清） 五・3094
周　本（清） 五・2947
周　用（行之，明） 一・534-535
周丕烈（清） 六・3327
周　全（明） 二・634
周　行（清） 六・3226
周安節（承五，清） 五・2708-2709
周吉士（清） 四・2518
周兆龍（明） 二・770
周　式（清） 五・3024
周　位（元素，明） 一・328
周　佐（逸村，清） 四・2059
周伯英（明） 二・1216
周作揖（清） 六・3572
周序培（殷士，清） 五・2978
周岐鳳（明） 一・348
周　志（明） 二・1115
周　良（心田，清） 四・2123
周　臣（舜卿，明） 一・403-409

周廷策（一泉，明）	二・794	周　峻（雲峰，清）	六・3598	周　瑞（明）	二・1040
周　官（戀夫，明）	一・481	周　埏（明）	二・988-989	周聖昌（崇郎，明）	三・1229
周宗濂（明）	一・339	周時臣（丹泉，明）	二・761	周　經（清）	三・1825-1826
周　尚（清）	四・2083	周　朗（元）	一・271	周　道（履坦，清）	四・2040
周尚文（素堅，清）	五・2843-2844	周　砥（履道，元）	一・289	周道行（明）	二・801-802
周　岫（清）	六・3553	周　書（清）	六・3582-3583	周賈如（清）	六・3325
周　昉（景元，唐）	一・21-22	周　荃（靜香，清）	三・1633-1634	周　鼎（明）	二・1028
周　昉（浚明，清）	五・2730	周訓禮（清）	六・2996	周寧遠（清）	六・3221
周昌言（清）	六・3227	周　偉（清）	五・3083	周　槐（翠雲，清）	五・2904
周　杲（楚揆，清）	四・2105	周　密（公謹，元）	一・199	周榮起（研農，明）	二・1174
周　拔（清漢，清）	五・2776	周　崟（清）	六・3564	周　碩（清）	四・2171
周松泉（清）	六・3203	周　彬（致用，清）	六・3285	周　綸（龍泓，明）	二・802-803
周　枕（清）	六・3325	周淑祜（明）	二・1163	周　銓（巨衡，清）	四・2199
周秉忠（明）	二・792	周淑禧（明）	二・1163-1164	周　馼（明）	二・1203
周東卿（宋）	一・149	周　望（清）	五・3160	周夢龍（起潛，明）	二・997-998
周東瞻（明）	二・1067	周　笠（牧山，清）	五・2595-2598	周　儀（清）	五・2860
周孟琇（明）	二・1184	周野橋（清）	六・3641	周　璕（崑來，清）	四・2060-2062
周季常（宋）	一・117	周　傑（清）	四・1971	周　蓮（子愛，清）	六・3194
周季節（明）	二・1219	周　復（文生，清）	四・2008-2009	周　魯（清）	三・1577
周　典（清）	五・2858	周　皓（清）	五・2757	周　濂（蓮亭，清）	六・3198
周邵孫（明）	二・1219	周曾培（佩三，清）	五・2978	周　璘（子珉，清）	五・2768
周　邰（清）	五・2592	周　棠（召伯，清）	六・3279-3280	周　簣（青士，清）	三・1571
周　亮（清）	四・2514	周　淵（明）	一・328	周　翰（明）	二・639
周亮工（元亮，清）	三・1434	周　渙（清）	四・2099	周　蕃（自根，明）	二・1127
周　度（思玉，明）	二・1001-1002	周　琇（公瓚，明）	一・364	周　輯（清）	六・3218
周星詒（清）	六・3308	周　弼（明）	三・1234	周　穎（明）	二・1112
周　洽（載熙，清）	四・1992-1993	周裕度（公遠，明）	二・858	周　濟（保緒，清）	六・3201
周祚新（又新，明）	二・1157-1158	周　凱（仲禮，清）	六・3178-3179	周　繩（明）	二・1155
周　封（于邰，清）	五・2993	周順昌（景父，明）	二・936	周　謙（清）	六・3327
周　咸（明）	二・1040-1041	周　欽（清）	六・3641	周　龍（東陽，明）	二・1027-1028
周　眉（白公，清）	四・2083	周　閑（存伯，清）	六・3330-3331	周　鼐（公調，明）	二・1148
周　茲（清）	四・2197	周　愈（二漁，清）	六・3545	周　禮（令邑，清）	四・2510
周茂源（明）	二・1208	周　愷（長康，清）	三・1423-1424	周鎮州（清）	五・2566
周　庭（清）	六・3438	周　烽（清）	六・3282	周　鎬（子京，清）	六・3202-3203
周　容（鄖山，清）	三・1507	周　新（明）	二・1195	周　攀（清）	四・2220

周　鯤（天池，清）　五・2587-2590
周馨芬（清）　　　　六・3377
周　鏞（備笙，清）　六・3602
周　覽（元覽，清）　四・2220-2221
周　瓚（翠巖，清）　五・3070-3071
周　鑑（清）　　六・3226-3227
周　麟（清）　　　　四・2520
周巇南（清）　　　　六・3641
周　灝（晉瞻，清）　四・2214-2216
周　靄（鳳喞，清）　五・2971

九　畫

思
思上篤（肯堂，清）　五・2939
眉
眉　生（明）　　　　二・1176
若
若　洲（清）　　　　五・3120
彥
彥　麟（元）　　　　一・299
彥　麟（清）　　　　三・1615
冒
冒仲舉（清）　　　　六・3398
冒　襄（辟疆，清）　三・1422
禹
禹之鼎（上吉，清）　四・1974-1982
禹秉彝（清）　　　　四・2522-2523
帥
帥念祖（宗德，清）　五・2534
貞
貞　開（清）　　　　三・1522
迀
迀　朗（卍川，清）　五・3070
英

英　定（清）　　　　五・2653
英　遇（清）　　　　四・1972
英　蝶（明）　　　　一・487
宣
宣　初（清）　　　　六・3647
宣鹿公（清）　　　　六・3443
南
南山樵隱（元）　　　一・301
南宮文信（子中，元）一・252-253
南　窗（清）　　　　六・3562
南　湖（明）　　　　三・1223
南　溪（明）　　　　二・1188
南竹山人（清）　　　六・3221
南華木龔（見釋木龔）
南莊鉏叟（明）　　　三・1236
南陽山樵（明）　　　二・1040
南　鎮（明）　　　　二・603
段
段丕承（清）　　　　六・3560
段　琨（清）　　　　五・3087
紀
紀大復（子初，清）　六・3179
紀　功（清）　　六・3218-3219
紀鉅統（清）　　　　六・3534
紀　鎮（明）　　　　三・1230
約
約　齋（清）　　　　五・2760
紅
紅白川（明）　　　　三・1231
紅　眉（宋）　　　　一・155
炤
炤　遠（清）　　　　三・1807
柯
柯九思（敬仲，元）　一・269-270
柯士芳（清）　　　　四・2314

柯士璜（無瑕，明）　二・1135-1136
相
相　宰（清）　　　　六・3486
保
保　映（清）　　　　五・2952
皇
皇甫渙（時亨，明）　二・621
皇甫鈍（明）　　　　三・1224
皇甫濂（子約，明）　二・603
郁
郁　禾（清）　　　　三・1584
郁希範（清）　　　　五・2652
郁承天（清）　　　　四・2034
郁春木（清）　　　　六・3214
郁　峻（松坡，清）　五・3119
郁　凱（明）　　　二・1149-1150
郁喬枝（明）　　　二・776-777
郁　勳（元績，明）　一・479
昝
昝茹穎（清）　　　　四・2485
春
春琴居士（清）　　　六・3221
春　福（清）　　　　六・3360
衲
衲園生（清）　　　　三・1865
匼
匼　兼（遼金）　　　一・195
建
建安王（明）　　　　二・930
茀
茀園主人（清）　　　六・3566
宥
宥立愛（明）　　　二・906-907
指
指　仙（清）　　　　五・2760

染		計　僑（臣僑，清）	三・1616	姜承宗（明）	二・1149
染華吟客（清）	六・3188	**洪**		姜思周（周臣，明）	二・1056
涷		洪以南（逸雅，清）	六・3632	姜貞吉（明）	二・1016
涷　倉（明）	三・1221	洪朱祉（清）	六・3560	姜恭壽（靜宰，清）	五・2664
秋		洪金昆（清）	五・3084	姜　桂（芳垂，清）	五・2718
秋　池（清）	五・3116	洪　承（清）	六・3370	姜　浤（清）	六・3195
秋　潭（明）	三・1221	洪　寅（清）	四・2499	姜　起（清）	四・1965-1966
郎		洪　都（客玄，清）	三・1830	姜　翀（清）	四・1936
郎世寧（清）	四・2434-2440	洪　璜（清）	四・2087	姜造周（清）	四・2180
郎秉中（清）	五・2943-2944	洪　範（石農，清）	五・3147	姜　渭（清）	五・3057
郎葆辰（文臺，清）	五・3020-3021	洪　儲（清）	四・1935	姜　雲（清）	四・2012
柳		**侯**		姜　筠（穎生，清）	六・3535-3536
柳　村（清）	五・3134-3135	侯仕賢（清）	六・3214	姜葆元（石夫，清）	五・3022
柳　尚（清）	四・2093-2094	侯　正（清）	五・2636	姜　誠（清）	五・3153-3154
柳　岱（清）	四・2508	侯艮暘（石庵，清）	三・1533	姜道隱（五代）	一・35
柳　埏（公韓，清）	三・1863-1865	侯　坤（清）	五・3014	姜實節（學在，清）	四・1972-1974
柳　遇（仙期，清）	四・2216-2217	侯邦基（清）	六・3549	姜　漁（清）	五・3148-3149
柳　隱（如是，清）	三・1498	侯岐曾（明）	二・1126	姜　壽（清）	六・3326
查		侯峒曾（明）	二・1126	姜爾鵬（清）	三・1783
查士標（二瞻，清）	三・1450-1471	侯　建（清）	四・2094	姜　瑩（清）	六・3484
查　昉（日華，清）	五・2707	侯　悅（清）	四・2252	姜　璜（清）	四・2140
查非異（清）	四・2519	侯　梅（來英，清）	四・2482	姜　壔（曉泉，清）	五・3040-3041
查奕照（丙堂，清）	五・2993	侯　翌（子沖，宋）	一・58	姜　隱（周佐，明）	二・715
查為義（集堂，清）	五・2559	侯　晰（燦辰，清）	四・2170	姜　燾（福卿，清）	六・3326
查慎行（悔餘，清）	四・2003	侯雲松（觀白，清）	五・3116	姜　懷（清）	六・3271-3272
查嗣琛（德尹，清）	四・2024	侯裕基（清）	五・2644	**茅**	
查　樞（清）	五・2984	侯　遠（清）	四・2214	茅　旦（明）	二・1202
查繼佐（伊璜，明）	二・1096-1097	侯懋功（延賞，明）	二・650-652	茅玉媛（小素，明）	二・1179
香		**姜**		茅　培（厚之，明）	二・1009
香□居士（清）	六・3383	姜之璜（清）	四・1966	茅　麐（天石，清）	四・2441
計		姜文載（命車，清）	五・2649	茅　瀚（靜遠，清）	五・2713
計　芬（小隅，清）	五・3167-3168	姜　弘（清）	五・3067	茅　寵（清）	二・679
計　桂（清）	五・3071	姜廷幹（綺季，清）	三・1838-1839	**施**	
計　琛（清）	五・3215	姜　岱（仰山，清）	五・3023-3024	施于政（明）	二・1205-1206
計　盛（明）	二・1214	姜　泓（在湄，清）	三・1606-1607	施文錦（清）	五・3155

施友龍（少華，清）　三‧1782	俞時篤（企延，清）　三‧1583	范長壽（唐）　一‧14
施少雨（雲，清）　六‧3607	俞　恩（天賜，明）　二‧654	范雪儀（清）　三‧1830‧1831
施　玄（鶴山，明）　二‧1188‧1189	俞　泰（國昌，明）　一‧486	范景文（夢章，明）　二‧997
施　圻（清）　四‧2314	俞　珣（清）　六‧3211	范　棋（清）　四‧2523
施松山（蓮峰，清）　六‧3194‧3195	俞　素（公受，明）　二‧1100	范道生（明）　三‧1235
施　雨（石泉，明）　一‧421‧422	俞　培（體仁，清）　四‧2122	范　寬（仲立，宋）　一‧57‧58
施　恒（清）　四‧2054	俞望之（清）　六‧3554	范　榕（蔚南，清）　五‧2972
施　洽（清）　三‧1856	俞　笙（君賓，清）　三‧1614	范　潤（清）　五‧2719
施　原（民牧，清）　五‧2775	俞　彭（清）　四‧2513	范　篆（墨湖，清）　五‧2681‧2682
施起蕭（明）　二‧997	俞舜臣（冶甫，明）　二‧699	范熙祥（清）　三‧1527‧1528
施　清（宜從，明）　二‧1178	俞菽隱（清）　四‧2250	范　璣（引泉，清）　六‧3362
施　溥（子博，清）　三‧1442‧1443	俞　懞（明）　二‧1100	范　暹（啟東，明）　一‧337
施道光（清）　五‧2955	俞　滄（清）　六‧3258‧3259	范懷珍（南北朝）　一‧9
施餘澤（溥霖，清）　三‧1840	俞　煥（清）　五‧2939	范　瓊（唐）　一‧24
施養浩（靜波，清）　五‧2761	俞　琞（更生，清）　五‧3090	范　纘（武功，清）　四‧2243
施　霖（雨若，清）　三‧1438‧1439	俞　瑛（清）　四‧2115	**姚**
施　靜（清）　五‧2858	俞　榕（範倫，清）　五‧2857	姚一川（明）　二‧1214
施應麟（清）　四‧2211	俞聞嘉（清）　四‧1939	姚子祥（明）　二‧1050
俞	俞　增（明）　一‧412	姚文燮（徑三，清）　三‧1617‧1618
俞之彥（章施，明）　二‧998	俞　樾（蔭甫，清）　六‧3334	姚文瀚（濯亭，清）　五‧2575‧2577
俞子清（元）　一‧251	俞　禮（達夫，清）　六‧3605	姚元之（伯昂，清）　五‧3105‧3106
俞少璃（清）　四‧2114	俞　鯨（清）　五‧2944	姚允在（簡叔，明）　二‧751‧752
俞光蕙（清）　五‧2729	俞　齡（大年，清）　四‧2035‧2036	姚世俊（清）　五‧2861
俞克明（清）　五‧3130	俞　蘭（清）　五‧2859	姚　仔（歷山，清）　五‧2851
俞　臣（臣哉，明）　二‧1191	**范**	姚　匡（石村，清）　四‧2082‧2083
俞　沐（明）　二‧1183	范士楨（清）　六‧3215	姚　年（清）　五‧2599
俞冶平（清）　六‧3411	范允臨（長倩，明）　二‧814‧815	姚　宋（雨金，清）　四‧1988‧1990
俞宗禮（人儀，清）　五‧2984	范立仁（清）　五‧3053	姚宏度（宗裴，清）　四‧2445
俞奇逢（明）　二‧1214	范安仁（宋）　一‧147	姚廷美（彥卿，元）　一‧287
俞　明（滌凡，清）　六‧3648‧3649	范利仁（山茨，清）　五‧2927	姚　沾（惟思，明）　二‧611
俞　金（清）　四‧2111	范廷鎮（鹿疇，清）　四‧2311‧2312	姚　俊（叔又，明）　二‧1167‧1168
俞　俊（秀登，清）　四‧1990‧1991	范明光（明）　二‧1100	姚　貞（明）　二‧880
俞衷一（雪朗，清）　三‧1842	范　坦（伯履，宋）　一‧77	姚　咸（清）　四‧2520
俞衷言（清）　三‧1843	范　珏（雙玉，明）　二‧1133‧1134	姚　眉（清）　五‧2858
俞　原（語霜，清）　六‧3633‧3634	范　珣（明）　二‧1197	姚是龍（清）　三‧1862

姚　剡（雪芝，明）	二・1065	胡良生（清）	六・3390	胡維翰（清）	六・3553
姚　珩（清）	六・3629	胡芑香（清）	六・3314	胡德位（明）	二・1183
姚　淑（仲淑，清）	三・1866	胡廷暉（元）	一・229	胡德增（清）	五・3169
姚凱元（清）	四・2081-2082	胡邦良（清）	四・2027	胡　璋（鐵梅，清）	六・3541-3542
姚　揆（聖符，清）	四・2040	胡宗仁（彭舉，明）	二・824	胡　震（鼻山，清）	六・3321-3322
姚　琰（明）	三・1222	胡宗信（可復，明）	二・858-859	胡頔君（清）	五・3097
姚　琛（清）	六・3214	胡宗蘊（明）	二・1220-1221	胡勳裕（成之，清）	五・3117
姚　茞（明）	二・1180	胡　治（清）	三・1859	胡　濂（清）	四・2007
姚　華（重光，清）	六・3638	胡直夫（元）	一・295	胡　璞（清）	六・2948
姚　裕（啟寧，明）	二・823	胡相端（智珠，清）	六・3209	胡　蕃（熙人，清）	四・2180
姚　源（澄千，清）	五・2560	胡　淦（清）	六・3595-3596	胡錫珪（三橋，清）	六・3440-3442
姚　筠（清）	六・3646	胡奕江（觀光，清）	五・2611-2612	胡　濂（清）	四・2007
姚與穆（清）	四・2320	胡　奐（清）	四・1958	胡　璞（清）	五・2948
姚嗣懋（本仁，清）	五・3134	胡珀旭（明）	三・1236	胡　蕃（熙人，清）	四・2180
姚　綬（公綬，明）	一・364-366	胡貞開（清）	四・2080	胡錫珪（三橋，清）	六・3440-3442
姚廣孝（明）	一・330	胡若寅（清）	四・2079	胡應麟（明）	二・1219
姚德厚（明）	一・400	胡　遠（見胡公壽）		胡　濤（耳山，清）	六・3646-3647
姚　潛（明）	二・1119	胡容安（清）	四・2252	胡　聰（明）	二・1214
姚　瑩（清）	五・3176	胡　峻（清）	五・2707	胡魑楚（清）	五・3132
姚應龍（清）	五・2761-2762	胡時驥（清）	三・1773	胡　鎮（清）	四・2380
姚　燮（梅柏，清）	六・3276	胡　桂（月香，清）	五・2994-2996	胡　瓖（五代）	一・32-33
姚鍾葆（叔平，清）	六・3644	胡起昆（明）	二・995-996	胡　儼（若愚，明）	一・331-332
姚　巖（會昌，明）	二・1099	胡從先（清）	六・3643		
胡		胡　章（清）	三・1450	**十　　畫**	
胡九思（默軒，清）	六・3233-3234	胡　湄（飛濤，清）	四・2014-2015		
胡　大（清）	三・1786-1787	胡　皋（公邁，明）	二・1089-1090	**展**	
胡大中（明）	二・770	胡　欽（明）	二・1127-1128	展子虔（隋）	一・12
胡士昆（元清，清）	三・1847	胡舜臣（宋）	一・97-98	**庭**	
胡公壽（瘦鶴，清）	六・3338-3341	胡　靖（獻卿，明）	二・1169-1170	庭　游（清）	四・2523
胡仙鋤（清）	六・3557	胡義贊（石查，清）	六・3401-3402	**茹**	
胡永昌（清）	六・3308	胡　節（竹君，清）	四・2084	茹之俊（清）	五・3044
胡玉昆（元潤，明）	二・1131-1132	胡鼎崧（峻峰，清）	五・3007	**荔**	
胡石予（清）	六・3627	胡　慥（石公，清）	三・1618-1619	荔　崖（清）	五・3134
胡位咸（清）	六・3493	胡榕若（清）	四・2320	**荀**	
胡宋智（明）	二・1208	胡　演（明）	二・997	荀　勗（公曾，魏晉）	一・5

荊

荊　浩（浩然，五代）　一・31

晁

晁補之（无咎，宋）　一・82

晏

晏　如（清）　三・1450

晏斯盛（清）　六・3493

時

時羽白（明）　二・670-671

栗

栗樸存（清）　五・2645

桂

桂　琳（明）　二・1184

桂　馥（冬卉，清）　五・2820

桐

桐　原（清）　三・1530

桓

桓　範（元則，三國）　一・4

柴

柴文杰（清）　六・3555

柴居正（宋）　一・153

柴貞儀（如光，清）　三・1814

柴　楨（君正，元）　一・285

柴靜儀（季嫻，清）　三・1814

柴　翹（明）　二・1183

晉

晉　民（明）　二・1100

晉明帝（見司馬紹）

晉　澤（清）　四・2041

宮

宮素然（金）　一・197

家

家鳴鳳（明）　二・1065

郜

郜　璉（方壺，清）　四・1934

郝

郝明龍（清）　五・3067-3068

郝惟訥（清）　三・1822

郝　敬（仲輿，明）　二・913-914

郝　澄（長源，宋）　一・63

郟

郟心遠（清）　五・3073

郟志潮（清）　六・3204

納

納　庵（清）　六・3294

素

素　侯（清）　六・3326

素　庵（明）　三・1231-1232

素　筠（清）　六・3641

桑

桑苧翁（明）　一・331

桑　楨（清）　六・3215-3216

祚

祚　增（清）　五・3171

祖

祖率英（清）　四・2512

奚

奚　岡（純章，清）　五・2907-2919

奚　冠（清）　三・1816

奚　湘（竹橋，清）　六・3385

凌

凌　雲（清）　三・1773

涂

涂　洛（清）　四・2445

海

海　靖（清）　三・1866-1867

耿

耿宗塤（清）　三・1839

能

能　印（清）　四・2011

班

班達里沙（清）　四・2126-2127

珪

珪　觀（清）　三・1225-1226

席

席文卿（澹如，清）　五・3146

席　玉（明）　二・819

席佩蘭（韻芬，清）　五・3163

韋

韋　布（清）　六・3214

韋　偃（唐）　一・21

韋道豐（明）　三・1224

韋　鑾（唐）　一・21

浦

浦文璲（清）　五・2967

浦道宗（清）　五・3081

浦寶春（少篁，清）　六・3434

祝

祝天裕（明）　二・1190

祝允明（希哲，明）　一・416

祝世祿（明）　二・654

祝次仲（孝友，宋）　一・117

祝　昌（山嘲，清）　三・1829-1830

祝　筠（清）　六・3537

耕

耕　雲（清）　五・2715-2716

殷

殷　元（明）　二・1177

殷元良（宋）　一・155

殷自成（元素，明）　二・926

殷　宏（明）　二・620

殷　奇（清）　六・3296

殷柏齡（清）　六・3567

殷　茂（清）　四・2010

殷　烺（清）　五・2762

殷　湜（清）　五•2705
殷　善（明）　一•367
殷　瑚（清）　四•2482
殷　輅（明）　二•1176
殷　雋（清）　六•3642
殷樹柏（曼卿，清）　五•3069

翁

翁小海（清）　六•3194
翁　仁（清）　五•2650
翁方綱（正三，清）　五•2798-2799
翁同龢（叔平，清）　六•3399-3400
翁　芝（彩南，清）　五•3058
翁　昇（清）　三•1578
翁松年（康飴，清）　四•1982
翁　修（清）　四•2212
翁　昱（清）　五•3148
翁是揆（是平，清）　五•3145-3146
翁　陵（壽如，清）　三•1608
翁　溥（半癡，清）　六•3363
翁　雒（穆仲，清）　六•3192-3194
翁學易（明）　三•1233

秦

秦大育（清）　四•2112
秦子卿（清）　六•3369
秦汝恒（宋）　一•153
秦炳文（硯雲，清）　六•3264-3265
秦祖永（逸芬，清）　六•3363-3365
秦　涵（清）　三•1621
秦舜友（心卿，明）　二•1174
秦瑞熙（輯五，清）　五•2731
秦　漢（淮夏，清）　五•2968
秦　漣（文水，清）　四•2251
秦　儀（梧園，清）　五•2887-2889
秦懋德（明）　二•1122
秦　熚（清）　六•3297
秦　鑒（清）　四•2515

倪

倪于讓（明）　二•1135
倪仁吉（心惠，清）　四•1968
倪元璐（汝玉，明）　二•1029-1032
倪　正（清）　五•3056-3057
倪　田（墨耕，清）　六•3590-3595
倪弘鰲（明）　二•1203
倪芥孫（清）　四•2118
倪　耘（芥蓀，清）　六•3404
倪　瑛（明）　二•1091-1092
倪　棨（明）　二•1216-1217
倪　端（仲正，明）　一•356-357
倪　璨（硯石鉏夫，清）　五•3041-3042
倪　瓚（元鎮，元）　一•253-259
倪　驤（清）　五•2680

夏

夏大貞（吉菴，清）　四•2007
夏大復（清）　五•2653
夏之鼎（禹庭，清）　五•3162-3163
夏文鉉（清）　六•3570
夏令儀（鹿城女史清）　六•3534
夏　永（明遠，元）　一•281
夏　旦（清）　四•2090
夏邦楨（清）　六•3490-3491
夏　官（圻父，清）　三•1782
夏宗輅（清）　五•3165
夏叔文（元）　一•296
夏　芷（廷芳，明）　一•359-360
夏侯瞻（魏晉）　一•6
夏厚重（煙林，明）　二•762
夏　昺（孟暘，明）　一•330
夏　昶（仲昭，明）　一•340-343
夏洪範（清）　五•3067
夏　英（清）　四•1966
夏建松（清）　四•2512
夏　時（明）　二•1141
夏　珪（禹玉，宋）　一•128-132
夏　偉（明）　二•654
夏　森（宋）　一•138
夏　森（茂林，清）　三•1371-1372
夏　雯（治徵，清）　四•2009
夏　雲（山農，清）　四•2084-2085
夏　葵（廷暉，明）　一•360
夏　塏（子儀，清）　六•3293-3294
夏嗣禹（清）　五•3068
夏　雷（清）　五•3131
夏　棨（清）　五•3122
夏　鼎（清）　五•2557
夏　翬（丕雉，清）　五•3123-3124
夏　歷（清）　六•3545
夏　霦（清）　六•3278
夏　鑾（鳴之，清）　五•2992-2993

袁

袁文可（清）　三•1832-1833
袁孔彰（叔賢，明）　二•1039-1040
袁　玄（明）　二•941
袁　江（文濤，清）　四•2127-2136
袁　杓（清）　五•2953
袁　杲（顏卿，清）　六•3334
袁尚統（叔明，明）　二•807-812
袁尚維（清）　五•3099
袁　枝（清）　五•2970
袁　沛（少迂，清）　六•3211-3212
袁孟德（明）　二•1215
袁洵甫（清）　六•3368
袁　英（清）　六•3434
袁挹元（清）　六•3490
袁　桐（琴材，清）　五•2931

袁　祥（清） 六・3277	唐　辰（清） 六・3210	高汝澥（清） 五・2681
袁　訓（清） 六・3383	唐　岱（毓東，清） 四・2202-2207	高克明（宋） 一・61
袁嵿丘（明） 二・1109	唐　岳（清） 四・2248-2249	高克恭（彥敬，元） 一・207-208
袁紹美（清） 五・2955-2956	唐　玟（清） 六・3643	高　岑（蔚生，清） 三・1499-1503
袁　雪（清） 三・1811	唐　茨（子晉，清） 四・1969	高　岑（善長，清） 四・1985
袁　問（審焉，明） 二・1109	唐　俊（石耕，清） 四・2307-2308	高　汾（晉原，清） 五・3023
袁　棠（湘湄，清） 五・3099	唐冠玉（清） 六・3602-3603	高　迁（清） 三・1866
袁舜裔（石生，清） 五・2651	唐　英（俊公，清） 五・2566	高廷禮（彥恢，明） 一・337-338
袁　楷（雲隱，明） 二・1000	唐郁文（清） 四・1972	高　岱（清） 四・2180
袁　源（清） 五・2582	唐庭楷（清） 五・2860	高承謨（清） 六・3567
袁　瑛（近華，清） 五・2898-2901	唐時升（明） 二・1125-1126	高　阜（康生，清） 三・1450
袁道登（道生，明） 二・1158	唐桂凝（清） 五・2857-2858	高其佩（韋之，清） 四・2182-2196
袁　鉞（震業，清） 四・2501	唐　泰（明） 二・1118	高　秉（青疇，清） 五・2826
袁　瑱（清） 五・2858	唐　素（素霞，清） 五・3097-3098	高　南（明） 二・1194-1195
袁慰祖（律躬，清） 五・2632	唐　耘（明） 二・1168	高　原（處泰，清） 五・3168
袁　模（清） 五・2871	唐　寅（伯虎，明） 一・427-443	高凌雲（清） 五・2859
袁　澄（青甫，清） 六・3332	唐　宿（宋） 一・55	高時豐（魚占，清） 六・3644
袁　樹（豆杓，清） 五・2834-2835	唐　棟（明） 二・1195	高　朗（明遠，明） 二・1173
袁　樞（伯應，明） 二・1196	唐　棣（子華，元） 一・250-251	高振南（清） 五・2997
袁　璜（明） 二・1206	唐雲高（清） 六・3278	高泰源（清） 六・3217-3218
袁　耀（昭道，清） 五・2550-2557	唐贊揚（清） 五・2618	高　邕（邕之，清） 六・3545-3546
袁鏡蓉（清） 五・3155	唐履雪（清） 四・2507	高　乾（其昌，清） 四・2311
袁麗明（明） 二・1209	唐　潔（清） 四・2179	高　棱（清） 六・3296
唐	唐　璉（汝器，清） 五・2972	高然暉（元） 一・295
唐千里（清） 五・2594-2595	唐　鴻（清） 六・3552	高　翔（鳳岡，清） 四・2428-2431
唐子晉（于光，清） 三・1606	唐龍禎（清） 四・1972	高　華（清） 六・3639-3640
唐日昌（爾熾，清） 四・1935	唐　醰（去非，清） 三・1402	高　詠（阮懷，清） 四・2039
唐　介（清） 六・3236	**高**	高　鈞（鶴浦，清） 五・2648
唐　可（明） 二・1101-1102	高士年（清） 六・3249	高　陽（秋浦，明） 二・933-934
唐宇全（清） 三・1812	高士奇（澹人，清） 四・1963	高　塞（國鼎，清） 四・2092
唐宇昭（孔明，清） 三・1377-1378	高文進（宋） 一・54	高　嵩（奇峰，清） 六・3650-3652
唐　光（清） 四・2178	高　友（三益，明） 二・1097	高　械（清） 五・2928
唐志尹（聘三，明） 二・1110	高玉階（清） 五・2985	高　煃（次愚，清） 六・3325
唐志契（元生，明） 二・901-902	高名衡（明） 二・1159	高　鼎（明） 一・368
唐希雅（五代） 一・42	高汝奎（南阜，清） 五・2681	高　遇（雨吉，清） 四・1931-1932

高　鳳（宋）	一・153	馬永忠（宋）	一・146-147	馬雲程（明）	二・880
高鳳翰（西園，清）	四・2291-2307	馬守真（湘蘭，明）	二・699-702	馬　愈（抑之，明）	一・399
高　塵（清）	五・2648	馬　良（天錫，清）	五・3089	馬敬思（清）	三・1610
高劍僧（清）	六・3653	馬　定（明）	三・1235	馬　圖（瑞卿，清）	四・2233
高層雲（二鮑，清）	三・1789	馬　坦（清）	四・2253	馬　瑞（清）	六・3569
高　篯（清）	六・3216	馬　昂（雲上，清）	四・2032-2033	馬　軾（敬瞻，明）	一・360
高　蔭（嘉樹，清）	六・3508-3509	馬　昂（若軒，清）	四・2450	馬　賁（宋）	一・87
高樹程（靳玉，清）	五・2976-2977	馬　治（孝常，元）	一・292	馬　電（明）	二・783
高澤寰（清）	五・2647	馬和之（宋）	一・102-104	馬　肇（宋）	一・134
高　遑（金）	一・197	馬玟圖（清）	六・3568	馬　遠（欽山，宋）	一・118-125
高駿升（清）	四・2027	馬秉良（清）	五・3171-3172	馬　銓（清）	六・3210
高龍光（清）	五・2663	馬　芳（清）	四・1992	馬　德（清）	五・2525
高　燾（公廣，金）	一・196	馬　俊（惟秀，明）	一・424	馬　徵（明）	二・819
高　簡（澹游，清）	三・1799-1807	馬　宥（清）	四・2115	馬履泰（叔安，清）	五・2907
高懷寶（宋）	一・54-55	馬是行（清）	四・2196	馬　豫（觀我，清）	四・2176
高　藏（清）	五・2819	馬　昭（清）	四・2511	馬　賢（清）	五・2732
高　儼（望公，清）	三・1482-1484	馬思贊（清）	四・2113	馬興祖（宋）	一・106
高　麟（清）	五・2983	馬　梂（清）	五・2817	馬　衡（右襄，清）	四・2198
馬		馬負圖（伯河，清）	三・1445-1446	馬　瀚（清）	四・2314
馬一卿（明）	二・804	馬　咸（嵩洲，清）	五・2997	馬　瓊（清）	五・2861
馬人龍（清）	五・2599	馬　眉（子白，清）	三・1557-1558	馬　麟（宋）	一・132-134
馬又白（清）	五・2760	馬　苕（清）	六・3555	**孫**	
馬士英（瑤草，明）	二 1015-1016	馬家桐（景韓，清）	六・3312	孫一致（清）	四・2116
馬之駿（清）	六・3259	馬　振（岡千，清）	五・3161	孫人俊（瑤源，清）	五・2614-2615
馬六曾（清）	四・2112	馬師班（清）	五・3147	孫三錫（子寵，清）	六・3324
馬元欽（三峰，清）	五・2891	馬　荃（江香，清）	四・2119-2121	孫大癡（明）	二・1175
馬元馭（扶曦，清）	四・2140-2147	馬　崶（清）	四・2124-2125	孫文炯（清）	六・3626
馬文熙（清）	六・3544	馬　湘（明）	二・1184	孫文泰（明）	二・1193
馬文麟（清）	五・3010	馬　捷（清）	四・2083	孫曰紹（明）	二・1149
馬公顯（宋）	一・106	馬　琯（清）	六・3556-3557	孫世昌（少峰，清）	五・3143
馬曰琯（嶰谷，清）	四・2434	馬　琬（元璧，元）	一・275-276	孫　石（清）	四・2140
馬世昌（宋）	一・107	馬　菖（清）	六・3545	孫弘業（明）	二・765
馬世俊（章民，清）	四・2481	馬　逸（南坪，清）	五・2612	孫兆麟（開素，明）	二・1133
馬世達（明）	三・1236	馬　達（宋）	一・117-118	孫　艾（世節，明）	一・425
馬世榮（宋）	一・106-107	馬　雲（清）	三・1529	孫伯年（清）	五・2632-2633

孫　位（唐） 一・26	孫喬立（清） 五・2858	徐元玠（清） 二・1142-1143
孫　宏（清） 五・2579	孫　棣（清） 六・3483	徐元彝（明） 二・637
孫克弘（允執，明） 二・641-647	孫　楷（清） 六・3544	徐文若（昭質，明） 二・1140
孫志皋（清） 五・2663-2664	孫　棨（清） 六・3362	徐　方（允平，清） 四・2054-2055
孫君澤（元） 一・283-284	孫　湛（明） 二・1065	徐　午（芝田，清） 五・3163
孫　杕（子周，明） 二・1012-1014	孫　琰（清） 五・2943	徐世昌（宋） 一・108
孫廷振（明） 二・1217	孫　隆（從吉，明） 一・367	徐世揚（明） 二・1172-1173
孫　直（清） 六・3561	孫　逸（無逸，清） 三・1773-1774	徐必默（清） 三・1583-1584
孫　阜（書年，清） 四・2169-2170	孫雲鳳（碧梧，清） 五・3080	徐　令（清） 六・3216
孫尚易（清） 五・2668	孫　為（清） 五・2682	徐本潤（自峰，清） 四・2042
孫知微（太古，宋） 一・62	孫　瑞（清） 四・2089-2090	徐　甲（木齋，清） 五・2943
孫　坤（脊夫，清） 六・3181	孫　道（清） 六・3220	徐用錫（晉齋，清） 四・2378
孫　枝（叔達，明） 二・621-624	孫義鋆（子和，清） 六・3195-3196	徐弘澤（潤卿，明） 二・1090
孫　法（清） 六・3554	孫鳴球（紫珍，清） 六・3431	徐光範（清） 六・3219
孫　治（琴泉，清） 六・3383	孫嘉塗（清） 五・3093-3094	徐　充（子擴，明） 一・554
孫　玥（藝香，清） 六・3225	孫熊兆（明） 二・1123	徐安生（明） 二・1028
孫　芳（清） 四・2089	孫　綏（清） 三・1857	徐在柯（半山，清） 三・1529
孫　金（清） 五・2980	孫維漢（清） 六・3307	徐　良（明） 一・368
孫　亭（明） 二・1203	孫維暹（清） 五・3120	徐　邦（彥庸，清） 三・1620
孫竑禾（清） 三・1584	孫　銓（鑑堂，清） 五・3053	徐　佐（清） 五・2967
孫星術（清） 五・3073	孫　億（維鏞，清） 三・1837-1838	徐克潤（田瑛，清） 六・3338
孫汧如（阿匯，清） 三・1390	孫　璉（明） 三・1240	徐呈祥（清） 六・3184-3185
孫洪庚（清） 六・3561-3562	孫　璜（尚甫，清） 三・1578-1579	徐　言（清） 四・1987-1988
孫帥易（清） 五・3046	孫　謀（明） 二・1155	徐宗道（延之，明） 二・655
孫胤昌（清） 四・2518	孫　謙（明） 二・1175	徐　岡（九成，清） 五・2826-2827
孫原湘（子瀟，清） 五・3089-3090	孫　龍（明） 一・398-399	徐　岱（明） 二・1162
孫海波（清） 六・3220	孫　鎬（清） 五・3091	徐　昉（澹圃，清） 四・2218-2219
孫　浪（白閒，清） 四・2138	孫　鰲（清） 四・2520	徐　昇（清） 三・1612-1613
孫　祐（清） 五・2627-2629	**徐**	徐　易（象先，清） 四・2012
孫　益（清） 六3570	徐三易（竹堂，清） 五・2898	徐　來（清） 三・1856
孫師昌（晉安，清） 五・3054	徐三庚（清） 3359	徐來琛（小村，清） 五・3164
孫　寅（虎臣，清） 五・2594	徐大珩（聲昭，清） 四・2221-2222	徐　枋（昭法，清） 三・1546-1551
孫從讜（清） 五・2586	徐士安（明） 二・1000	徐　青（清） 四・1991
孫　啟（明） 二・1214	徐天序（清） 五・3164-3165	徐秉義（清） 四・2222
孫　淇（清） 四・2444	徐元吉（清） 五・3154-3155	徐承熙（笠亭，清） 五・3175

徐　玫（采若，清）	四・2136-2137	徐景曾（清）	四・2178	徐　糶（清）	五・2633
徐　玫（清）	四・2174-2175	徐　智（明）	二・918	徐　鎬（奇峰，清）	五・2941
徐孟潛（明）	二・819	徐　揚（雲亭，清）	五・2737-2740	徐寶篆（湘雯，清）	六・3365
徐　芬（清）	五・3056	徐　渭（文長，明）	二・611-615	徐　瀛（清）	三・1863
徐雨亭（清）	四・2090	徐渭仁（文台，清）	六・3266	徐　鵬（雲程，清）	五・2799
徐昭華（伊璧，清）	四・2177	徐琴壺（清）	六・3564	徐　藻（明）	二・996
徐彥復（明）	二・1196	徐菊庵（清）	六・3607	徐　蘭（秀夫，明）	一・347
徐　柱（鋼立，清）	五・2934	徐　賁（幼文，元）	一・292-294	徐　蘭（芬若，清）	四・2250
徐　枏（清）	四・1936	徐　偓（清）	六・3560	徐體微（妙庭，清）	五・3168
徐柏齡（節庵，明）	二・1123	徐　敬（敬仲，明）	一・329	徐觀政（清）	五・2616-2617
徐洪錫（清）	六・3559-3560	徐　溶（雲滄，清）	四・2078-2079	徐觀海（清）	五・3085
徐　炤（清）	四・1969	徐　源（咸清，明）	二・1210	徐　讚（明）	二・1111
徐　恒（祝平，清）	六・3312	徐　煥（清）	六・3180		
徐　政（清）	三・1584	徐　疎（清）	四・2041	**十 一 畫**	
徐禹功（宋）	一・111	徐鳳彩（清）	四・2520	**率**	
徐家禮（美若，清）	六・3604	徐　鼎（嶠東，清）	五・3123	率　翁（元）	一・298
徐晟雅（清）	四・2172	徐　榮（明）	二・1119	**屠**	
徐時顯（子揚，清）	五・2997	徐　楨（清）	六・3597	屠　倬（孟昭，清）	五・3157-3159
徐　泰（階平，明）	二・994	徐　維（鹿逸，清）	五・2871	屠　遠（清）	四・2178
徐　浩（清）	四・2514	徐　賦（清）	四・2041	屠　曠（清）	五・3052
徐　祥（小倉，清）	六・3483-3484	徐　遠（清）	六・3305	**寄**	
徐　祚（宋）	一・151	徐　韶（清）	六・3370	寄　庵（清）	六・3574
徐　甡（行來，清）	三・1810	徐廣道（古巖，宋）	一・148	寄園光（清）	四・2323
徐　素（明）	二・1143	徐　潤（清）	六・3569-3570	**勗**	
徐　鈖（電發，清）	三・1818	徐　熙（五代）	一・41-42	勗　林（清）	五・3099-3100
徐　寀（寀臣，清）	三・1807	徐熙□（清）	五・3081	**婁**	
徐崇矩（宋）	一・54	徐　璋（瑤圃，清）	四・2483-2484	婁　堅（明）	二・1126
徐崇嗣（宋）	一・53	徐　稷（稼臣，清）	四・2138	**偉**	
徐　崍（明）	二・1191	徐　嶧（桐華，清）	五・2975-2976	偉　元（明）	二・1212
徐　堅（孝先，清）	五・2634-2636	徐曉峰（清）	六・3326	**堵**	
徐　悰（伴阮，清）	四・1988	徐　澹（清）	四・2111-2112	堵　霞（綺齋，清）	四・2252
徐　梁（清）	六・3286	徐　澤（宋）	一・155	**堅**	
徐　球（清）	五・3043	徐　霖（子仁，明）	一・423-424	堅白子（元）	一・261
徐　莅（清）	六・3201	徐懋緯（明）	二・654-655	**區**	
徐　鈫（彥常，清）	五・3055-3056	徐　燦（湘蘋，清）	四・2076	區亦軫（明）	二・900

惕

惕　園（清）　　　　　　五・2681

尉

尉遲乙僧（唐）　　　　　一・ 14

清

清世祖（見愛新覺羅福臨）

清　柱（清）　　　五・3102-3103

清高宗（見愛新覺羅弘曆）

清宣宗（見愛新覺羅旻寧）

清德宗（見愛新覺羅載湉）

深

深　柳（清）　　　　　　五・2647

淮

淮南大布衣（明）　　　二・1211

莘

莘　野（清）　　　　　　四・2314

莽

莽鵠立（樹本，清）　　四・2181

巢

巢　勳 （子餘，清）　　六 3639

野

野　舟（明）　　　　　　三・1235

笪

笪立樞（繩齋，清）　　五・2870

笪重光（在辛，清）　三・1569-1571

符

符　曾（幼魯，清）　　四・2509

習

習於善（明）　　　　　二・1184

習　遠（遠公，清）　　三・1619

陰

陰東林（清）　　　　　　五・3103

強

強存仁（善長，明）　　二・859

強國忠（大年，清）　四・2246-2247

強應祥（清）　　　五・3007-3008

通

通　琛（清）　　　　　　四・2522

商

商　祚（天爵，明）　　一・517

商　梅（明）　　　　　二・1220

商　喜（惟吉，明）　　一・355-356

商　琦（德符，元）　　一・247-248

商笙伯（清）　　　　　六 3624

商　璹（台元，元）　　一・248

雪

雪界翁（元）　　　　　一・282

雪　翁（清）　　　　　五・2862

雪　庵（清）　　　　　六・3606

雪　莊（見釋道悟）

雪　窗（見釋普 明）

雪　礀（見釋法 禎）

問

問　渠（清）　　　　　六・3385

閶

閶鍾靈（清）　　　　　五・2581

魚

魚　俊（雲津，清）　　五・2718

常

常世經（九一，清）　六・3438-3439

常　存（明）　　　　　二・1138

常　倫（明卿，明）　　一・506

常　泰（清）　　　　　五・2634

常曾灝（斌卿，清）　六・3537-3538

常　福（明）　　　　　二・611

常道性（芸仙，清）　　五・3174

常　藍（清）　　　　　四・2011

戚

戚　仲（宋）　　　　　一・102

戚伯堅（明）　　　　　二・1067

戚　著（白雲，清）　　五 2560-2561

戚　勳（世臣，明）　　二・665

戚瓊玖（清）　　　五・3088-3089

莊

莊冏生（王聰，清）　三・1611-1612

莊尚統（清）　　　　　六・3559

莊敬夫（朝欽，清）　　五・2906

莊　瑗（清）　　　五・3011-3012

莊　榴（清）　　　　　六・3557

莊盤珠（清）　　　　　五・2827

莊豫德（清）　　　　　五・2722

莊　嚴（明）　　　　　二・1006

莊　麟（文昭，元）　　一・292

畢

畢子源（清）　　　　　五・3066

畢以恭（清）　　　　　四・2045

畢　宏（唐）　　　　　一・20

畢　沅（秋帆，清）　　五・2767

畢良史（宋）　　　　　一・107

畢臣周（笙漁，清）　　六 3542

畢　昇（清）　　　　　六・3219

畢　涵（有涵，清）　五・2777-2778

畢　琛（仲愷，清）　　六・3371

畢　慧（智珠，清）　　五・2983

畢　遲（清）　　　　　五・2663

畢懋言（明）　　　　　二・831

畢懋康（東郊，明）　　二・831

畢　簡（仲白，清）　　五・3157

畢　瀧（潤飛，清）　　五・2951

畢　邏（清）　　　　　四・2505

淩

淩　月（清）　　　　　六 3216

淩以封（桐莊，清）　　六 3384

淩必正（貞卿，明）　二・1123-1125

淩　恆（蓉溪，清）　　四・2227

淩禹績（明）	二·1197	梅　谿（清）	五·3100	許自宏（清）	五·2977
淩　益（清）	六·3572-3573	梅寶璐（清）	六·3579	許　舟（明）	二·664
淩培之（清）	五·3073	梅　顛（明）	二·1187	許　佑（辟鏖，清）	四·2181-2182
淩雲翰（五雲，明）	二·1137	**章**		許良標（清）	六·3380-3381
淩　瑕（子興，清）	六·3605	章　于（梓邨，清）	五·2996-2997	許宗渾（箕山，清）	五·2948
淩　畹（又蕙，清）	三·1541	章日能（清）	三·1855-1856	許　俊（明）	一·363
淩　衡（清）	四·2177	章元愷（明）	二·1140-1141	許南英（子蘊，清）	六·3613
淩　霞（子興，清）	六·3415	章台鼎（明）	二·1160	許　迪（宋）	一·90
康		章汝端（明）	二·1211	許　容（默公，清）	四·2197
康以宜（清）	五·3090	章　谷（言在，清）	三·1504-1506	許庭堅（鄰石，清）	五·2986
康　忬（清）	五·2993	章　采（子真，清）	三·1581-1582	許從龍（佐王，清）	四·2170-2171
康　辰（左璇，清）	五·3069	章　法（石渠，清）	五·2534	許　淳（初古，清）	六·3321
康里巎巙（見巙 巙）		章　美（明）	二·1066	許國柄（蓀坡，清）	五·3120
康　侯（清）	五·3132	章　原（清）	四·2211	許崇謙（明）	二·1118
康　琇（清）	3554	章勘功（服伯，清）	五·2891	許　莊（清）	六·3233
康　愷（飲和，清）	五·3059	章　參（清）	四·2233	許　期（清）	六·3369
康　濤（石舟，清）	四·2501-2503	章　疏（清）	三·1425	許　湘（衡山老人，清）	五·2677
莫		章　逸（是山，清）	五·2977-2978	許　琛（清）	五·3045
莫可儔（雲玉，清）	四·1936	章　詔（廷綸，清）	三·1528	許萌材（清）	五·2620-2621
莫是夛（明）	二·652	章　敬（清）	五·2525	許　逸（清）	五·2758
莫是龍（雲卿，明）	二·648-650	章　鈺（清）	五·2997	許　筠（綸亭，清）	六·3404
莫　奎（清）	四·2123	章葆熙（清）	六·3557	許道寧（宋）	一·64-65
莫春暉（廣元，清）	五·3131	章　憲（鑄浦居士，明）	二·820	許　遇（不棄，清）	四·2051
莫　紳（清）	四·2046	章　錦（楳谷，清）	五·2718	許維垣（清）	六·3275
莫爾森（清）	六·3552	章　聲（子鶴，清）	三·1626-1629	許維嶔（清）	四·2172
梅		**許**		許夢龍（滄溟，清）	三·1831
梅之煥（清）	四·2017	許士寅（清）	六·3315	許　儀（子韶，明）	二·1086-1087
梅之燃（明）	二·1195	許子野（清）	六·3599	許　震（元）	一·301
梅　庚（耦長，清）	三·1854-1855	許之漸（清）	四·1935	許　縉（尚文，明）	一·347
梅知白（清）	六·3549	許乃穀（玉年，清）	五·3173	許　穎（逸人，清）	四·2445
梅　翀（清）	四·2095-2096	許　文（清）	五·3170-3171	許　謙（在亭，清）	五·2776
梅　清（淵公，清）	三·1560-1568	許　友（有介，清）	三·1575	許　龍（禹門，清）	六·3608
梅　喆（明）	二·1207	許　永（南郊，清）	四·2093-2094	許　濱（谷陽，清）	五·2593
梅琢成（清）	四·2096	許　旭（清）	六·3589	許　麗（贊華，清）	五·2752
梅　與（清）	五·3083	許汝榮（清）	六·3639	許　觀（瀾伯，清）	五·2886-2887
梅　蔚（清）	四·2043				

崔

崔子忠（道母，明）　一・1045-1046

崔日東（清）　五・2634

崔　白（子西，宋）　一・69-70

崔　白（康伯，清）　六・3372

崔成名（清）　四・2508

崔彥輔（遵暉，元）　一・275

崔　慤（子中，宋）　一・71

崔　瑤（筠谷，清）　五・2652

崔　璞（明）　二・1121

崔繡天（明）　二・1133

崔　鐼（象九，清）　四・2503-2504

崔蕙湘（嶽麓，清）　五・2775-2776

梁

梁于渭（鴻飛，清）　六・3607-3608

梁小癡（清）　五・2533

梁元柱（仲玉，明）　二・917-918

梁友石（清）　六・3624

梁令瓚（唐）　一・19

梁　亨（見梁㫤）

梁　孜（思伯，明）　二・639

梁禿山（宋）　一・153

梁秀石（清）　六・3270

梁孟昭（夷素，明）　二・1149

梁　㫤（迪叔，清）　五・2731

梁　祚（清）　四・1934

梁　素（清）　四・2137-2138

梁師閔（循德，宋）　一・88

梁　基（清）　五・2730

梁啟運（文震，明）　二・704-705

梁清遠（明）　二・1119

梁　楷（宋）　一・136-138

梁德潤（清）　五・3166

梁　樞（拱之，清）　五・3151

梁　鋐（子遠，清）　三・1631

梁　擅（不廛，清）　三・1840

梁　燕（清）　五・3084

梁　瑤（昆璧，清）　五・3086

梁襃炎（清）　四・1968

梁　濤（清）　三・1528

梁　璨（清）　六・3629-3630

梁藹如（遠文，清）　六・3187

梁繼善（清）　三・1665-1666

盛

盛大士（子履，清）　五・3094-3095

盛　中（明）　二・1160

盛　丹（伯含，明）　二・1164-1165

盛弘景（明）　二・1122

盛　安（行之，明）　二・903

盛　年（大有，明）　二・819

盛昌年（元）　一・286

盛於斯（明）　二・1008

盛　芳（明）　一・329

盛胤昌（茂開，明）　二・1154

盛茂焌（明）　二・1093

盛茂煒（明）　二・1120

盛茂穎（明）　二・1093-1094

盛茂燁（念庵，明）　二・919-925

盛惇大（甫山，清）　五・2965-2966

盛符升（明）　三・1234

盛紹先（克振，明）　二・1025

盛　琳（五林，明）　二・1134

盛　著（叔彰，明）　一・329

盛　穎（明）　二・1121

盛　懋（子昭，元）　一・238-242

盛　禮（清）　四・2506

郭

郭人麟（嘉瑞，清）　四・2103

郭之經（清）　四・2084

郭元宰（清）　三・1833

郭允謙（清）　六・3180

郭世元（明）　二・1112

郭世隆（明）　二・1123

郭存仁（水村，明）　二・844

郭汝礪（清）　五・3008-3009

郭　旬（明）　二・933

郭　忱（清）　五・3091

郭汾涯（明）　二・655-656

郭尚先（元聞，清）　五・3173

郭宗儀（小泉，清）　六・3596

郭　岱（石君，清）　六・3310-3311

郭忠恕（恕先，宋）　一・50-51

郭　畀（天錫，元）　一・252

郭　虎（清）　五・3169

郭　城（清）　四・1971

郭　思（得之，宋）　一・88

郭　桐（琴村，清）　六・3278

郭　純（文通，明）　一・337

郭　敏（伯達，元）　一・252

郭敏磐（清）　六・3217

郭乾祐（五代）　一・37-38

郭景昕（清）　四・2003

郭朝祚（清）　五・2615

郭朝端（清）　五・2710

郭　琦（清）　六・3223

郭　瑚（清）　六・3562

郭　詡（仁宏，明）　一・411-412

郭鼎京（清）　三・1839

郭　端（明）　二・1173

郭儀霄（清）　六・3236

郭　熙（宋）　一・67-69

郭　適（樂郊，清）　五・3013

郭　鞏（無疆，清）　四・1969-1970

郭　謖（明）　一・554

郭　彝（藻臣，清）　六・3597-3598

郭　礎（清）	三·1638	曹　代（淮月，清）	四·2199-2200	曹　璟（明）	二·1212
郭　麐（祥伯，清）	五·3055	曹　旭（清）	六·3368	曹　錡（穉雲，清）	六·3179
郭蘭慶（清）	六·3373	曹有光（子夜，清）	三·1472-1474	曹　羲（羅浮，明）	二·846-848
郭　驥（友三，清）	五·3172-3173	曹克家（清）	六·3573-3574	曹　鏌（良金，明）	一·427
陶		曹妙清（比玉，明）	一·328	曹夔音（清）	五·2708
陶方琦（子縝，清）	六·3583	曹　沂（清）	六·3181-3182	曹　灝（清）	三·1856
陶弘景（通明，南北朝）	一·9	曹廷棟（楷人，清）	五·2535	曹□雅（清）	四·2118-2119
陶　成（孟學，明）	一·402-403	曹　庚（清）	五·3084-3085	**陸**	
陶　成（清）	五·2950	曹　京（清）	五·2733	陸二龍（伯驤，清）	四·2482
陶列卿（清）	五·3087-3088	曹　岳（次岳，清）	三·1728	陸士仁（文近，明）	二·815-816
陶　冶（明）	二·794	曹於道（清）	五·2827-2828	陸士琦（明）	二·1199
陶　宏（文度，清）	四·2221	曹松年（清）	四·2507	陸介祉（純瑕，清）	三·1607-1608
陶　份（明）	三·1239	曹　泓（清）	四·2251	陸允誠（明）	三·1233
陶　泓（硯山，明）	二·1140	曹知白（貞素，元）	一·225-226	陸仲淵（元）	一·302
陶　亮（清）	六·3314-3315	曹肯穀（明）	二·1024	陸世康（清）	五·3121
陶貞元（清）	五·2856	曹　垣（星子，清）	三·1813-1814	陸平原（清）	五·2525
陶　淇（錐庵，清）	六·3313-3314	曹相文（清）	四·2506	陸守重（明）	三·1233
陶紹源（清）	六·3405	曹　振（二白，明）	二·1141-1142	陸兆榛（明）	三·1241
陶景清（清）	六·3367	曹泰然（明）	二·1109	陸西星（明）	二·818
陶　然（清）	六·3569	曹　起（清）	四·1958	陸羽漸（清）	四·2379
陶　琯（梅石，清）	六·3207-3208	曹　堂（仲升，明）	二·1116	陸　伸（清）	六·3556
陶　琳（松石，清）	六·3536	曹　湘（清）	六·3630	陸　佃（清）	五·3136
陶復初（元）	一·290	曹　琇（五章，清）	四·2446	陸克正（明）	二·1203
陶　源（西疇，清）	五·2980	曹　華（清）	六·3614	陸志煜（爾瑩，清）	三·1854
陶　鉉（菊村，元）	一·278	曹　溶（花尹，清）	三·1445	陸　沅（伯元，清）	六·3221
陶　鼎（立亭，清）	五·3057-3058	曹　溪（清）	四·2114-2115	陸　定（文祥，明）	二·1016
陶鼎鈺（清）	四·1940	曹　瑛（清）	四·1982-1983	陸　坦（周行，清）	三·1577
陶　窔（清）	四·2096	曹　瑾（清）	三·1821-1822	陸岱毓（清）	三·1585
陶錦中（清）	五·2932	曹　鉉（清）	四·2038	陸　杲（明霞，南北朝）	一·9
陶　熏（詒孫，清）	六·3312	曹　榜（玉堂，清）	五·3116	陸松雲（清）	六·3572
陶　馥（蘭娟，清）	六·3290	曹履吉（提遂，明）	二·1004	陸　治（叔平，明）	一·535-551
陶　驪（清）	四·2379	曹　澄（清）	四·2518	陸承宗（清）	五·2858
曹		曹　潤（聽山，清）	四·2209-2210	陸季衡（元）	一·252
曹公己（五代）	一·32	曹熙志（明）	二·1166	陸　青（宋）	一·127
曹　玉（明）	二·1188	曹　銳（鍔堂，清）	五·2779-2780	陸　亮（清）	四·2451
曹仲元（五代）	一·38	曹樹德（清）	五·2680	陸　厚（元）	一·294

陸　度(清) 四・2010
陸信忠(宋) 一・151-152
陸　俁(侶松,清) 六・3483
陸　恢(廉夫,清) 六・3574-3579
陸　泉(清) 五・2948-2949
陸　英(宗凱,清) 五・2671
陸建伯(清) 六・3551
陸　音(清) 四・2515
陸　飛(起潛,清) 五・2670-2671
陸　原(清) 二 1161-1162
陸　振(清) 六・3642
陸師道(子傳,清) 二・606-607
陸　陞(清) 三・1583
陸　密(明) 二・1207
陸探微(南北朝) 一・ 8
陸　淐(清) 五・2653
陸淡容(芳秋,清) 五・3045-3046
陸　釴(鼎儀,清) 四・1970
陸　復(明本,明) 一・487-488
陸　楷(振之,清) 五・3151
陸　棠(書常,清) 五・2800-2801
陸　森(清) 六・3316
陸斯行(清) 四・1957
陸　琰(清) 四・2443
陸　琪(清) 六・3611
陸　逵(清) 三・1861
陸　雲(清) 四・2516
陸　滔(大生,清) 三・1787
陸　源(清) 四・2517
陸　瑜(清) 四・2033
陸瑞徵(兆登,明) 二・1008
陸　經(明) 二・1047
陸道淮(上游,清) 四・2321-2322
陸　鈺(清) 五・2728
陸　鼎(子調,清) 五・2727
陸鳴鳳(明) 二・1218
陸鳴謙(南村,清) 五・2727-2728
陸　槐(蔭庭,清) 五・3043
陸　漢(清) 四・2140
陸漢昭(明) 二・1219
陸　蒙(明) 二・1110
陸　遠(清寰,清) 三・1824
陸　遠(靜致,清) 三・1631-1633
陸鳳陽(伯生,明) 二・1190
陸儀吉(明) 二・705
陸　廣(季弘,元) 一・261-262
陸廣明(無果,明) 二・1191
陸　鋐(清) 五・2800
陸　藹(日為,清) 四・2076-2078
陸　璣(次山,清) 六・3361
陸　翰(少徵,明) 二・1120
陸遵書(扶遠,清) 五・2807
陸　鋼(紫英,清) 六・3431
陸豫順(清) 六・3630
陸襄鉞(清) 六・3322
陸　鴻(叔遠,清) 三・1613
陸　鴻(儀吉,清) 四・2466-2467
陸鴻漸(明) 三・1234
陸　燦(慕雲,清) 五・2887
陸　鏐(清) 四・2173
陸　薪(山子,清) 四・2024
陸謙貞(明) 二・861
陸　曜(唐) 一・ 25
陸　燿(朗夫,清) 五・2985-2986
陸　鎬(清) 六・3555
陸寶仁(清) 五・2944
陸　鵬(清) 四・2097
陸　蘋(清) 三・1506
陸　嶙(清) 六・3550-3551
陸　灝(平遠,清) 三・1860
陸　驥(明) 二・1119

陳

陳一元(清) 三・1832
陳一章(靜山,清) 五・3054
陳一得(清) 四・2512
陳一濆(明) 三・1221
陳三謨(清) 三・1859
陳　士(明) 二・1034
陳士俊(獻廷,清) 五・2722
陳子和(明) 二・584-585
陳于王(明) 二・1207
陳于廷(宮常,清) 四・1970
陳于來(清) 五・3083
陳太占(花農,清) 六・3201
陳太章(明之,明) 一・423
陳公遴(清) 四・1966
陳公瓚(清) 三・1621
陳介夫(伯儒,明) 二・982
陳　仁(明) 二・711
陳仁秩(明) 二・1210
陳元素(古白,明) 二・978-980
陳元基(清) 六・3561
陳元復(西林,清) 五・2619
陳元寶(清) 六・3371
陳　心(清) 五・2905
陳心授(道宗,清) 六・3605
陳允升(仲升,清) 六・3329-3330
陳允埈(明) 二・1176
陳允儒(清) 四・2109
陳　尹(莘野,清) 四・2228-2229
陳丹衷(旻昭,明) 二・1180-1181
陳　丑(明) 三・1222
陳及之(遼金) 一・195
陳　立(雪笠,清) 五・3091
陳立善(元) 一・276-277

陳　正（清）	四・1972-1973	陳邦柱（清）	五・2647	陳　洽（清）	四・1939
陳正言（明）	二・1169	陳邦選（仲子，清）	六・3334	陳洪綬（章侯，明）	二・1069-1086
陳永价（清）	五・2677	陳宗淵（明）	一・335	陳洪綱（清）	三・2002
陳　白（明）	二・1048	陳明自（明）	二・1162-1163	陳　玿（崇光，清）	六・3372
陳　弘（清）	五・2905	陳　昌（清）	五・2677	陳　政（香山，清）	五・2642
陳弘法（清）	四・2115	陳昌言（清）	五・3107	陳　祐（君祚，清）	三・1474-1475
陳　玄（明）	三・1228	陳　昕（清）	六・3371	陳香泉（子文，明）	二・1199
陳玄藻（爾鑑，清）	二・1089	陳　坤（載安，清）	四・2036-2037	陳眉公（清）	五・3092
陳　申（蠖庵，清）	四・1955	陳　岳（甫申，清）	五・2649	陳　紀（明）	一・487
陳仲仁（元）	一・230-231	陳岳生（清）	六・3650	陳若愚（清）	六・3537
陳　字（無名，清）	三・1634-1637	陳岳樓（清）	六・3370	陳　英（文實，明）	一・401
陳　旭（明）	二・983	陳　岷（山民，清）	四・1954-1955	陳　貞（履元，元）	一・285
陳如珪（清）	六・3328	陳　卓（中立，清）	三・1789-1792	陳貞慧（明）	二・1121
陳　帆（秋浦，清）	三・1506-1507	陳直躬（宋）	一・71	陳　勉（清）	六・3227
陳汝文（花城，清）	六・3531	陳尚古（彥樸，清）	二・981-982	陳偕燦（少香，清）	六・3223
陳汝言（惟允，元）	一・284	陳居中（宋）	一・135-136	陳高彥（清）	四・2516
陳汝礪（清）	三・1226	陳　枚（殿掄，清）	五・2561-2564	陳　容（公儲，宋）	一・143-144
陳百川（清）	五・2769	陳　治（山農，清）	三・1846	陳　庭（子庭，清）	三・1620
陳有知（明）	二・825	陳　治（伯平，清）	六・3338	陳　峻（石庵，清）	五・3176
陳有寓（墨泉，明）	二・637	陳　泳（清）	四・2031	陳振棻（清）	三・1729
陳式金（以和，清）	六・3196	陳季淳（明）	二・1150	陳　栝（子正，明）	二・607-609
陳光裕（清）	六・3565	陳　玫（清）	四・2041	陳　桐（石生，清）	五・2585-2586
陳亦樵（維樞，清）	六・3531-3532	陳孟原（元）	一・303	陳　桓（岱門，清）	五・2727
陳兆鳳（清）	六・3380	陳叔起（明）	一・357	陳　浩（明）	二・863
陳兆熊（清）	五・2567	陳　武（良用，清）	六・3195	陳　泖（清）	四・2016
陳　佑（惟孝，明）	二・1170	陳　表（明）	二・678	陳　砥（清）	四・2037-2038
陳　岐（友山，清）	五・2619	陳　表（清）	四・2097	陳　珩（宋）	一・144
陳克明（南叔，清）	3212	陳　芹（子野，明）	一・505-506	陳　書（清）	四・2062-2067
陳　沂（宗魯，明）	一・426-427	陳　俞（古虞，清）	四・2505	陳　訓（伊言，清）	四・2104
陳尚生（清）	六・3320	陳　衍（塞翁，明）	二・1178	陳務滋（植夫，清）	六・3266
陳　玖（清）	五・2942-2943	陳　星（日生，清）	三・1386-1387	陳　釗（清）	六・3315
陳良楚（明）	二・1000-1001	陳　思（明）	二・1099	陳率祖（怡庭，清）	五・2667-2668
陳良璧（明）	二・777	陳思樹（清）	六・3549	陳　乾（清）	六・3368
陳　孚（子實，清）	四・2027-2028	陳　柱（明）	二・830-831	陳　基（清）	五・2632
陳邦直（方大，清）	四・2447	陳　泉（麋叔，清）	六・3320	陳　培（清）	四・2522

陳崇本（清）	六・3555	陳 雲（明）	二・1156	陳夢蓮（明）	二・1098
陳崇光（若木，清）	六・3435-3436	陳 閎（唐）	一・16-17	陳夢鶴（清）	三・1522
陳 崟（壽山，清）	五・2643	陳 廉（明卿，明）	二・1057	陳夢麟（清）	六・3642
陳曼八（清）	三・1638	陳 嵩（肖生，清）	五・3077-3078	陳 遠（中復，明）	一・330
陳國治（清）	五・2887	陳 暄（清）	五・3072-3073	陳 說（明）	二・1134
陳國鏌（清）	四・2180	陳 楫（清）	五・2860	陳 銓（叔權，明）	一・335
陳掖臣（清）	三・1578	陳 煥（子文，明）	二・765-769	陳 銓（清）	五・2931-2932
陳 淳（見陳道復）		陳煊□（清）	六・3563	陳 銑（蓮汀，清）	五・3172
陳 清（明）	二・1143	陳 瑗（筠谿，清）	六・3179	陳鳳鳴（清）	五・3084
陳清波（宋）	一・146	陳 瑞（明）	一・399-400	陳 德（明）	一・423
陳清遠（渠山，清）	六・3205	陳 瑞（清）	五・3078	陳 墉（明）	二・1119
陳 珽（明）	三・1237	陳 祼（誠將，明）	二・771-776	陳 墫（仲尊，清）	六・3206
陳 敏（清）	六・3291	陳 靖（清）	五・3079	陳 嬀（明）	二・1165
陳紹英（生甫，明）	二・799	陳萬里（明）	二・1220	陳 毅（戩生，清）	四・2496
陳階平（清）	六・3196	陳 粲（蘭谷，明）	二・714-715	陳 撰（楞山，清）	四・2222-2226
陳逢堯（瞻雲，清）	六・3439	陳虞胤（明）	二・1206	陳 熙（子明，明）	二・1123
陳 雪（雪人，清）	四・2084	陳 道（明）	二・996	陳 澍（明）	二・1171
陳曾則（清）	六・3565	陳道復（復甫，明）	一・490-505	陳 潤（明）	二・993
陳 惠（清）	六・3548	陳 詢（士問，明）	一・488	陳 潛（清）	四・2314-2315
陳 森（奉璋，清）	五・3117	陳詩庭（令華，清）	五・3070	陳 潮（東之，清）	六・3248
陳 湘（石渠，清）	五・2672	陳 農（耕農，清）	四・2220	陳 範（明）	二・1005
陳 焰（清）	六・3567	陳 鼎（理齋，清）	六・3182	陳 箴（明）	三・1232
陳 琳（仲美，元）	一・230	陳 豪（藍洲，清）	六・3439-3440	陳滕柱（清）	三・1852
陳 琦（清）	五・3166	陳 寧（清）	五・2669	陳 蓮（明）	二・1215
陳 彭（幼籛，清）	四・2322	陳嘉言（孔彰，明）	二・1102-1107	陳醇儒（清）	三・1863
陳 舒（原舒，清）	三・1434-1436	陳嘉樂（子顯，清）	五・2808-2809	陳 震（明）	二・1176
陳堯卿（清）	三・1621	陳嘉選（明）	二・1125	陳 勳（清）	四・2031
陳 敞（漢）	一・2	陳 槐（清然子，明）	二・823-824	陳 衡（璇玉，清）	三・1629-1630
陳登龍（秋坪，清）	五・2876	陳漢第（清）	六・3179	陳衡恪（師曾，清）	六・3635-3637
陳 善（宋）	一・107	陳端甫（明）	二・978	陳 器（清）	四・2111
陳 善（清）	四・2374	陳 禎（清）	六・3405	陳 樸（清）	三・1856
陳 達（清）	五・3058	陳維垓（清）	三・1858	陳 樾（明）	二・611
陳逸舟（清）	六・3315	陳 緒（清）	五・3078	陳 澧（蘭甫，清）	六・3292
陳 鈞（清）	六・3180	陳 綱（嗜梅，清）	六・3311	陳 藩（清）	六 3400
陳 雄（清）	六・3645	陳夢遠（明）	二・1162	陳 璜（明）	二・934-935

陳　璞（子瑜，清）　六・3328-3329	陳　懿（古吳女史，明）　二・1150	張　永（子久，清）　四・2103
陳　邁（孝寬，清）　三・1807	陳　鑻（桂舫，清）　五・3265-3266	張可度（明）　二・1199
陳　選（元）　一・286	陳　鑑（明）　二・1192	張　石（清）　五・3086
陳　遵（明）　二・926-928	陳鑑如（元）　一・290	張丙纏（清）　六・3327
陳　賢（希三，明）　二・1114-1115	陳　鑛（清）　五・2767-2768	張　份（藻林，清）　五・3065
陳　錄（憲章，明）　一・362	陳□棟（清）　六 3443	張　仲（宋）　一・146
陳　霖（諤士，清）　五・2984-2985	**張**	張仲斯（明）　二・1211
陳豫鍾（浚儀，清）　五・3108	張一正（明）　三・1238-1239	張仲學（明）　二・1210
陳應隆（必大，清）　五・3065	張一奇（彥卿，明）　二・639-640	張百祿（傳山，清）　五・2943
陳應麟（璧山，清）　四・2524	張一齋（清）　四・2513	張　列（明）　二・1112
陳鴻誥（曼壽，清）　六・3400-3401	張一鵠（友鴻，清）　三・1831	張宇清（初弟，明）　一・338-339
陳鴻壽（子恭，清）　3061-3064	張大鵬（清）　五・2942	張安苞（子固，明）　二・1169
陳　濟（清）　四・2313	張士文（清）　3202	張安泰（康侯，清）　三・1824
陳　燦（二酉，清）　五・3153	張士保（鞠如，清）　六・3275-3276	張如芝（墨地，清）　五・2818-2819
陳　邁（清）　三・1394	張士英（建卿，清）　四・2497-2498	張光翰（清）　六・3557
陳　鎡（明）　二・655	張子臣（蔚印，清）　六・3639	張汝霖（孟雲，清）　五・2643
陳　霜（清）　五・2983	張子俊（古淡，明）　一・357	張汝闓（清）　三・1842
陳　鼐（明）　二・1111	張子畏（清）　四・2219	張自修（明）　二・1041
陳龍運（階尺，明）　二・1202-1203	張子既（明）　二・609-610	張兆祥（龢菴，清）　六・3614
陳　燾（曉亭，清）　六・3224	張子嘉（清）　六・3567	張　羽（來儀，元）　一・283
陳　馥（松亭，清）　五・2584-2585	張之禹（清）　六・3370	張羽材（國樑，元）　一・220
陳　謨（公贊，明）　一・416-417	張之萬（子清，清）　六・3297-3298	張　耒（清）　四・2136
陳　鎏（明）　三・1229	張于栻（清）　五・2599	張式慎（樸齋，清）　五・3119
陳　鵠（菊常，清）　五・2532	張　中（子正，元）　一・271	張　成（清）　四・2041
陳　懷（石樵，清）　四・2148	張天培（清）　六・3442	張成龍（白雲，明）　二・900
陳　瓊（明）　二・1217	張元士（明）　二・698-699	張存仁（明）　二・823
陳　鏐（清）　三・1781	張元舉（戀賢，明）　二・752-753	張在辛（卯君，清）　四・2012
陳鵬年（北溟，清）　四・2091-2092	張文治（清）　六・3568	張　同（揆一，清）　三・1395
陳騰桂（清）　三・1850	張月壺（宋）　一・151	張同曾（清）　四・2466
陳繼善（明）　二・1027	張四教（宣傳，清）　五・2843	張伯件（元）　一・300
陳繼儒（仲醇，明）　二・754-757	張　玄（五代）　一・35	張伯美（明）　二・1158
陳　藻（清）　五・3136	張　玄（清）　三・1619	張伯遠（清）　五・2624-2525
陳　鏞（祿晴，清）　五・3069-3070	張世求（清）　五・3084	張伯鳳（譜梅，清）　六・3198
陳獻章（公甫，明）　一・399	張世準（清）　六・3368	張伯龍（慈長，清）　四・2441
陳　鶴（明）　二・640	張古民（仁遠，清）　四・2450	張　宏（君度，明）　二・864-879

張志和（唐） 一・20-21
張吾園（清） 六 3566
張克信（明） 一・339
張孝思（則之，清） 三・1859-1860
張　灼（明） 二・1187
張見陽（清） 四・1959
張　辰（清） 三・1843-1844
張　芑（子揚，明） 二・1179
張廷玖（清） 四・2444
張廷彥（清） 五・2721
張廷濟（順安，清） 五・3059
張延年（清） 五・2968
張延甫（清） 六・3383
張　庚（浦山，清） 四・2317-2320
張　弨（清） 四・2116
張　奇（正父，清） 三・1504
張宜尊（少白山人，清） 五・3169
張宗蒼（默存，清） 四・2366-2374
張　坦（怡度，清） 三・1425
張　坤（清） 五・3086
張　昉（叔昭，清） 三・1437-1438
張　昀（嵎寅，清） 五・2731
張　忠（原孝，明） 二・715-716
張　怡（藝齋，清） 五・3122
張　杰（柯亭，清） 五・2614
張　尚（清） 五・2860
張尚思（清） 五・2891
張　扃（清） 四・2096
張　季（季奇，明） 二・830
張孟皐（學廣，清） 六・3604
張承泉（清） 六・3569
張秉忠（清） 五・3121-3122
張芳汝（元） 一・302
張芳寂（竹屋道人，元） 一・230
張其沅（清） 六・3219
張　雨（伯雨，元） 一・231
張雨森（作霖，清） 五・2677-2680
張　衎（清） 五・2708
張　修（損之，清） 三・1810
張　度（明） 二・1032
張　度（吉人，清） 六・3398
張品邁（龍壁，清） 五・3087
張　星（清） 四・2511-2512
張春雷（安甫，清） 六・3214
張思恭（宋） 一・150-151
張思訓（元） 一・303
張　恂（墀恭，清） 三・1481-1482
張　洽（月川，清） 五・2664-2667
張　炳（清） 四・2031
張　珂（玉可，清） 三・1808
張　彥（伯美，明） 二・1002-1003
張彥輔（六一，元） 一・277
張　胤（明） 二・1175
張　紀（文止，明） 二・634-635
張　風（大風，明） 二・1150-1154
張　茂（宋） 一・127
張若澄（鏡壑，清） 五・2804-2807
張若靄（晴嵐，清） 五・2636-2641
張　貞（清） 六・3646
張迹渠（筠谷，清） 五・2780
張　迪（清） 五・2967
張　建（明） 二・1209
張　倫（清） 三・1852
張家珍（璩子，明） 二・1179
張　峻（清） 四・2179
張時芳（明） 二・1160-1161
張　振（春嵐，清） 六 3361
張振岳（清） 四・2017
張　浚（雲行，清） 六・3296
張　烈（清） 四・2239
張　珪（金） 一・197
張　祐（天吉，明） 一・338
張　祐（清） 四・1971
張祥河（元卿，清） 五・3173-3174
張師誠（清） 五・3013
張　純（明） 二・907
張純修（子敏，清） 四・2211
張　素（遡璜，清） 三・1319
張素卿（唐） 一・26
張　翀（子羽，明） 二・665-670
張　翀（東谷，清） 五・2595
張　荃（清） 五・3085
張荔村（清） 六・3490
張迺耆（壽民，清） 六・3186-3187
張訓禮（宋） 一・112
張　偉（赤臣，清） 四・2244-2246
張　寅（省卿，明） 一・553
張　崑（秋谷，清） 五・2979
張　崟（寶崖，清） 五・2998-3005
張崇鈞（清） 五・2619-2620
張培敦（硯樵，清） 五・3102
張　啟（清） 五・2713
張啟祖（墨田，明） 二・801
張國忠（清） 四・2522
張國維（清） 四・2171-2172
張　晞（東扶，清） 四・2108
張　習（明） 一・410
張旋吉（履祥，清） 三・1528
張　深（叔淵，清） 五・3175-3176
張　淮（清） 2177
張　烺（日生，清） 四・2059-2060
張　敔（茝園，清） 五・2801-2803
張　紳（士行，元） 一・291-292
張紹祖（篠田，清） 五・2616
張　翎（石樵，清） 五・2585

張　莘（秋穀，清）	五・2892-2893	張　路（天馳，明）	一・418-421	張　嘉（清）	四・2000
張問陶（仲冶，清）	五・3034-3036	張　軫（清）	五・2579	張　慥（無忮，明）	二・1008
張　乾（清）	六・3486	張　欽（清）	四・2114	張　槃（小蓬，清）	六・3305-3306
張雪溪（清）	六・3225	張　鈇（明）	一・517	張　演（清）	五・3080-3081
張雪漁（清）	六・3556	張雲騰（清）	六・3566-3567	張　漣（南垣，清）	三・1346
張　傑（明）	一・517-518	張開福（質民，清）	六・3248	張　熊（子祥，清）	六・3260-3264
張　復（復陽，明）	一・357	張　龇（明）	一・409	張　維（叔維，明）	二・1050
張　復（元春，明）	二・671-678	張　盍（清）	四・2522	張維明（清）	五・3166
張　堅（墨緣居士，清）	五・3121	張　圖（仲謀，五代）	一・32	張維屏（子樹，清）	五・3152-3153
張堯恩（孺承，明）	二・906	張　愷（明）	二・1109	張　翥（運南，清）	三・1841
張　幅（明）	二・610	張　愷（樂齋，清）	五・3165-3166	張夢奎（元）	一・301
張　崿（清）	五・2643	張　楫（清）	五・2760-2761	張　遠（梅岩，元）	一・279
張　景（仲若，清）	五・2569	張　滔（明）	二・816	張　遠（子遊，清）	三・1856-1857
張勝溫（宋）	一・143	張　照（得天，清）	四・2377-2378	張　遠（超然，清）	四・2440-2441
張敦復（明）	二・1159-1160	張　煒（芝瓢，清）	四・2485-2486	張　遜（仲敏，元）	一・284
張敦禮（宋）	一・66	張　瑋（凍南，清）	五・2645	張爾葆（葆生，明）	二・858
張　斌（清）	六 3550	張　瑀（金）	一・197	張鳳翼（伯起，明）	二・1094
張　喬（喬倩，明）	二・1170	張瑞翔（清）	六・3432	張　廣（秋江，明）	一・553
張　棟（鴻勛，清）	五・2747-2748	張瑞圖（長公，明）	二・812-814	張慶門（清）	六・3639
張　涵（明）	二・655	張　甄（清）	四・2228	張　橧（清）	五・2781
張　渥（叔厚，元）	一・272	張嗣成（太玄，元）	一・248	張　德（元）	一・300
張　琦（玉奇，清）	二・1174	張　福（明）	一・331	張德純（明）	二・930
張　琪（曉村，清）	五・2644-2645	張　經（我絲，清）	四・2173-2174	張德堦（清）	五・2693
張　舒（明）	二・1089	張　經（研夫，清）	五・2731-2732	張德琪（元）	一・294
張舜民（芸叟，宋）	一・78-79	張　萱（唐）	一・19-20	張德榮（明）	三・1241
張舜咨（師夔，元）	一・281-282	張　萱（孟奇，明）	二・760	張德輝（秋蟾，明）	一・367
張為邦（清）	五・2719-2720	張道浚（廷先，清）	四・2315	張　澂（明）	二・1136
張　皐（鳴九，清）	五・3095-3096	張道渥（水屋，清）	五・2927	張　熙（明）	四・1938
張　裕（明）	二・1173	張道澤（清）	五・3045	張　毅（清）	四・2249
張　弼（明）	三・1229	張　雋（清）	六・3309	張　翬（文翯，明）	一・410
張　雅（清）	六・3568	張僧乙（西友，清）	五・2879	張　適（鶴民，清）	三・1394
張　翁（清）	四・2523	張僧繇（南北朝）	一・9-10	張賜寧（坤一，清）	五・2882-2886
張　苑（清）	六・3534	張齊翰（五代）	一・46	張　震（春鶯，清）	六・3226
張登龍（清）	四・2213	張　寧（靖之，明）	一・402	張　衡（平子，漢）	一・2
張　畫（文始，清）	四・2313-2314	張　鳴（鶴衢，清）	四・2172	張學曾（爾唯，明）	二・1058-1059

張擇端（正道，宋）	一・89-90	張　瀚（子文，明）	二・603-604	**朝**		
張　激（宋）	一・83	張　瓊（中條山人，明）	二・1092	朝　曦（清）	六・3564	
張　澹（新之，清）	六・3294	張　鏐（子貞，清）	五・2586-2587	**楷**		
張澤棻（道復，清）	四・2229	張　韞（清）	三・1807-1808	楷　林（清）	六・3554	
張澤珹（虛受，清）	四・2497	張　鵬（應秋，明）	二・880	**須**		
張燕昌（芑堂，清）	五・2832-2833	張鵬翀（天扉，清）	四・2431-2434	須周嘉（清）	六 3552	
張積素（明）	二・994	張鵬翼（清）	五・2860-2861	**無**		
張　穆（穆之，清）	三・1398-1402	張　譽（仲賓，明）	二・804	無名氏（周代）	一・ 1	
張篤行（石如，清）	三・1534	張嚴如（清）	四・2323	無名氏（漢代）	一・ 3	
張　翰（清）	四・2221	張　蘭（芳貽，清）	五・2633	無名氏（魏晉）	一・ 7	
張　遺（清）	三・1857-1858	張鶴澗（清）	六・3406	無名氏（唐代）	一・27-30	
張　諲（唐）	一・18	張鶴齡（清）	六・3644	無名氏（五代）	一・ 46-48	
張　輻（清）	三・1631	張　權（隋）	一・12	無名氏（宗教，宋代）	一・156-161	
張　錦（明）	一・366	張　儼（幼華，清）	五・2856	無名氏（圖像，宋代）	一・161-165	
張錦芳（粲夫，清）	五・2732-2733	張　瓚（明）	二・1217	無名氏（故實人物，宋代）	一・165	
張應召（用之，明）	二・918-919	張　鑑（清）	六・3180		-168	
張應均（星纏，清）	五・2820	張　孄（筠如，清）	四・2045	無名氏（人物，宋代）	一・168-171	
張應清（清）	六・3606	張　靈（夢晉，明）	一・480-481	無名氏（山水，宋代）	一・171-176	
張　檟（士美，明）	二・1090	張　觀（可觀，元）	一・286-287	無名氏（山水人物，宋代）	一・176	
張　楧（清）	三・1506	張　觀（明）	二・1201-1202		-183	
張　檆（清）	三・1822	張　鸞（清）	四・1982	無名氏（走獸，宋代）	一・183-185	
張　鴻（衍夫，清）	四・2322	張　□（明）	二 1198	無名氏（鱗介，宋代）	一・185	
張　糫（清）	四・1958			無名氏（翎毛，宋代）	一・185-190	
張　璪（文通，唐）	一・20	**十 二 畫**		無名氏（草蟲，宋代）	一・190	
張　翼（性之，宋）	一・145			無名氏（植卉，宋代）	一・190-192	
張　翺（鳳儀，明）	二・1032-1033	**寓**		無名氏（水墨雜畫，宋代）	一・192	
張龍章（伯雲，明）	二・803-804	寓　五（清）	六・3571	無名氏（附：，宋代）	一・192-194	
張曜孫（仲遠，清）	六・3325	**寒**		無名氏（遼、金代）	一・197-198	
張　璧（清）	三・1633	寒　濤（清）	六・3568	無名氏（宗教，元代）	一・303-311	
張璿華（查山，清）	五・3076	**鄂**		無名氏（圖像，元代）	一・311-313	
張　翹（清）	六・3316	鄂棟夫人（如亭，清）	五・3135	無名氏（故實人物，元代）	一・313	
張　鎬（清）	五・2722	**揭**			-315	
張　騊（清）	五・2818	揭傒斯（曼碩，元）	一・229	無名氏（山水，元代）	一・315-318	
張　寶（仙槎，清）	五・2904	**揖**		無名氏（山水人物，元代）	一・318	
張盧映（明）	二・1207-1208	揖梅謹（清）	五・3120		-321	

無名氏（走獸，元代）	一‧321		-3674	雲谷居士（清）	六‧3248
無名氏（鱗介，元代）	一‧321-322	無名氏（人物，清代）	六‧3674	雲　峰（清）	五‧3120-3121
無名氏（翎毛，元代）	一‧322-324		-3682	雲　卿（清）	六‧3562
無名氏（草蟲，元代）	一‧324	無名氏（山水，清代）	六‧3682	雲　溪（清）	三‧1423
無名氏（植卉，元代）	一‧324-325		-3689	雲道人（清）	六‧3571
無名氏（水墨雜畫，元代）	一‧325	無名氏（山水人物，清代）	六‧3689	雲槎璲（清）	四‧2508
無名氏（附：，元代）	一‧325-326		-3694	雲　樵（清）	六‧3552
無名氏（宗教，明代）	三‧1241	無名氏（走獸，清代）	六‧3694	雲　濤（清）	四‧2113
	-1249	無名氏（鱗介，清代）	六‧3694	**紫**	
無名氏（圖像，明代）	三‧1249		-3695	紫芝道（清）	六‧3218
	-1266	無名氏（翎毛，清代）	`六 3695	**勞**	
無名氏（故實人物，明代）	三‧1266		-3701	勞　澂（在茲，清）	四‧1964-1965
	-1268	無名氏（草蟲，清代）	六‧3701	勞　鏞（清）	六‧3209
無名氏（人物，明代）	三‧1268		-3702	**喻**	
	-1275	無名氏（植卉，清代）	六‧3702	喻希連（魯望，明）	二‧823
無名氏（山水，明代）	三‧1275		-3708	喻　蘭（少蘭，清）	五‧2875-2876
	-1282	無名氏（雜畫，清代）	六‧3708	**景**	
無名氏（山水人物，明代）	三‧1282	無名氏（附：，清代）	六‧3708	景　初（明）	三‧1225
	-1286	無住子（元）	一‧298	景　明（清）	四‧1993
無名氏（走獸，明代）	三‧1287	**嵇**		景　來（明）	三‧1234
	-1289	嵇永冀（明）	二‧1212	**欽**	
無名氏（鱗介，明代）	三‧1289	嵇秀霙（清）	四‧2233	欽　式（遵一，明）	二‧822
無名氏（翎毛，明代）	三‧1289	嵇　康（叔夜，三國）	一‧4	欽　揖（遠猶，清）	三‧1390-1392
	-1296	嵇　樞（清）	六‧3410	欽　棻（清）	四‧1991
無名氏（草蟲，明代）	三‧1296	嵇　襄（清）	四‧2234	欽　照（清）	五‧2768
無名氏（植卉，明代）	三‧1296	**揚**		欽　睢（明）	二‧1063
	-1299	揚無咎（補之，宋）	一‧104-105	欽　義（湛懷，明）	二‧1068
無名氏（水墨雜畫，明代）	三‧1299	**單**		欽　穀（清）	四‧2291
	-1300	單疇書（清）	四‧2214	欽　雕（清）	四‧2003
無名氏（附：，明代）	三‧1300	**棠**		**鈍**	
無名氏（宗教，清代）	六‧3654	棠　陰（明）	二‧1100	鈍　銀（清）	六‧3566
	-3664	**雲**		**富**	
無名氏（圖像，清代）	六‧3664	雲　友（明）	三‧1227	富春山（清）	五‧2798
	-3668	雲外道人（清）	六‧3384	**游**	
無名氏（故實人物，清代）	六‧3668	雲　江（明）	三‧1229	游元偉（清）	六‧3308-3309

游作之（應谷，清）	六·3305	賀清泰（清）	五·2810	惲壽平（正叔，清）	三·1729-1772
游其燿（清）	四·2011	賀隆錫（康侯，清）	五·2933	惲　楨（清）	六 3554
游斯道（清）	四·1992	賀　銓（廷衡，清）	五·2971	惲源吉（清）	五·3098
湛		**舒**		惲源成（清）	3098
湛若水（明）	一·423	舒時楨（固卿，清）	三·1484	惲道生（本初，明）	二·984-988
惠		舒　浩（萍橋，清）	六·3583	惲濬源（哲長，清）	五·2591-2592
惠　溪（清）	六·3563	**喬**		惲鍾嵩（清）	五·2618
超		喬仲常（宋）	一·83	惲懷英（清）	五·2569-2570
超　源（清）	五·2809	喬　萊（子靜，清）	四·1931	惲懷娥（紉蘭，清）	六·3325
逸		**閔**		惲馨生（清）	六·3643
逸　髯（清）	六·3362	閔文逸（明）	三·1228	惲蘭溪（清）	四·2443-2444
雅		閔世昌（鳳見，清）	五·2971	惲　驪（清）	四·1935
雅　仙（明）	三·1221	閔奕士（清）	六·3568	**傅**	
雅　竹（清）	六·3641	閔　貞（正齋，清）	五·2762-2766	傅　山（青主，清）	二·1128-1131
補		閔　懷（清）	六·3537	傅文用（宋）	一·63
補　仙（清）	五·3094	**閨**		傅中正（清）	六·3368
鈕		閨　祥（明）	二·664	傅　先（元）	一·297
鈕子碩（清）	四·2085	**費**		傅汝清（明）	二·1155-1156
鈕季文（清）	六·3287	費丹旭（子苕，清）	六·3250-3258	傅列星（清）	四·2466-2467
鈕　貞（元錫，清）	六·3390	費丹成（清）	六·3369	傅承愈（清）	四·2508
鈕重華（清）	六·3291	費以耕（餘伯，清）	六·3331-3332	傅　眉（壽髦，清）	三·1616-1617
鈕　樞（清）	四·2514	費以群（穀士，清）	六·3487-3488	傅　崑（明）	二·1109
鈕嘉蔭（叔聞，清）	六·3597	費而奇（葛波，清）	四·2007-2008	傅　清（仲素，明）	二·1134-1135
鈕　學（雲峰，清）	六·3186	費而耆（杰生，清）	六·3604	傅　鋬（明）	二·620-621
裕		費念慈（屺懷，清）	六·3595	傅　雯（紫來，清）	五·2716-2717
裕親王（福全，清）	四·2046	費　英（清）	六·3235	傅道坤（明）	二·1057-1058
焦		費晴湖（守天，清）	五·2993-2994	傅　樸（清）	五·3093
焦和貴（清）	五·3010	費肇陽（清）	五·2851-2852	傅　諾（清）	四·2505
焦秉貞（清）	四·2308-2310	費　瀾（若水，清）	五·2642	傅　濤（清）	三·1439
焦　春（種梅，清）	六 3362	**惲**		傅　觀（清）	三·1630
焦　桐（清）	六·3328	惲　丙（清）	六·3218	**童**	
焦　循（清）	五·3148	惲　向（見惲道生）		童　基（庭方，清）	四·2506-2507
賀		惲　冰（清如，清）	四·2056-2058	童　原（原山，清）	三 1811
賀永鴻（秋水，清）	五·2851	惲香國（清）	六·3548	童　晏（叔平，清）	六 3544
賀師誠（清）	五·2776-2777	惲挺生（清）	四·2092-2093	童　塏（西爽，清）	三·1331

童　鈺（璞巖,清）	五・2711-2713	華鏡宇（題蓉,清）	四・2521	項　惊（屺雲,清）	四・2083
童　增（清）	三・1331	華　鯤（子千,清）	五・2595	項　紳（道存,清）	六・3197
童　衡（偓潭,清）	五・2947-2948	華　鼇（星槎,清）	六・3533	項聖謨（孔彰,清）	三・1331-1344
童　濂（清）	六・3642	**萊**		項維仁（果園,清）	五・3144-3145
童　錦（天孫,清）	四・1991	萊　仙（見陳珽）	三・1237	項夢魁（清）	三・1504
童冀駒（清）	五・3045	**彭**		項德裕（明）	二・1202
童　璸（清）	四・2016	彭士質（清）	四・2005	項德新（復初,明）	二・1200-1201
曾		彭玉麟（雪琴,清）	六・3317-3318	項緹章（屏山,清）	六・3359
曾士俊（明）	二・1201	彭　年（孔嘉,明）	二・586	項穆之（莘甫,清）	五・2878
曾士衡（清）	三・1816	彭　城（清）	三・1865	**湯**	
曾　岳（文伯,清）	四・2218	彭起龍（清）	六・3559	湯世澍（潤之,清）	六・3401
曾　則（明）	二・1197	彭　勗（德勉,明）	一・367	湯正仲（叔雅,宋）	一・135
曾衍東（七如,清）	五・3160-3161	彭國才（清）	六・3548	湯　禾（秋穎,清）	五・2758
曾茂西（清）	六・3366-3367	彭　棨（亦堂,清）	五・2817	湯光啟（式九,清）	四・1971
曾　峀（清）	四・2523	彭舜卿（素仙,明）	二・620	湯圭年（清）	六・3177
曾統勳（波猷,清）	六・3334	彭　進（浚民,清）	五・2781	湯祖祥（充閭,清）	四・2252-2253
曾　熙（子緝,清）	六・3603	彭　暘（春谷,清）	六・3366	湯純嘏（清）	四・2179
曾熙志（明）	三・1238	彭與義（元）	一・299	湯　密（入林,清）	四・2482-2483
曾　鑑（受伯,清）	五・2642-2643	彭壽年（清）	六・3637	湯婉君（明）	二・1220
曾　鯨（波臣,明）	二・795-796	彭睿壦（公吹,清）	四・2211	湯　琦（清）	六・3187
華		彭澤源（清）	五・3122	湯貽汾（若儀,清）	五・3136-3142
華子宥（清）	六・3227-3228	彭　舉（明）	二・1155	湯祿名（樂民,清）	六・3272-3273
華沙納（清）	六・3337	彭謙豫（清）	五・2633	湯　瑒（澹如,清）	五・3098
華重光（清）	六・3554	彭鯤躍（南溟,清）	四・2026	湯嘉名（清）	六・3307
華　冠（慶吉,清）	五・2835-2836	彭　鶴（明）	二・1213	湯壽民（清）	六・3307
華　胥（羲逸,清）	四・2025-2026	**項**		湯　賓（清）	六・3328
華　浚（貞木,清）	五・2713	項元汴（子京,明）	二・625-627	湯　鎣（東笙,清）	六・3626
華　烜（清）	五・3053	項文彥（蔚如,清）	六・3581-3582	湯懋名（清）	六・3307
華祖立（元）	一・260	項玉筍（知文,清）	三・1490-1491	湯　謙（松阿,清）	五・2955
華　嵒（秋岳,清）	四・2253-2279	項　均（清）	五・2831-2832	**馮**	
華期凡（清）	五・2945	項佩魚（小溪,清）	五・2931	馮大有（宋）	一・150
華　乾（清）	五・2887	項　松（清）	四・2514	馮士甄（清）	六・3482
華隱浩（清）	五・3171	項　奎（子聚,清）	三・1571-1573	馮　仙（清）	四・2513
華鍾英（清）	五・3096	項　容（唐）	一・24	馮仙湜（沚鑑,清）	三・1822-1824
華翼綸（篆秋,清）	六・3329	項御徵（明）	二・1005	馮可宗（明）	二・1171

馮可賓（楨卿，明）　二・1066-1067	程于聖（散聖，明）　　三・1237	程　源（介眉，清）　　四・2172
馮　佐（清）　　六・3207	程正揆（端伯，清）　三・1382-1386	程　祿（清）　　六・3582
馮芝巖（清）　六・3384-3385	程　功（幼鴻，清）　　四・2003	程瑞圖（清）　　六・3296
馮金伯（冶堂，清）　　五・2941	程　全（明）　　二・1196	程嗣立（風衣，清）　　四・2440
馮承輝（伯承，清）　　六・3177	程仲堅（明）　　二・1211	程　義（正路，清）　　三・1816
馮　洽（秋鶴，清）　五・2770-2771	程安世（清）　　六・3550	程　達（明）　　二・1203-1204
馮桂芬（景亭，清）　　六・3289	程守謙（清）　六・3397-3398	程　鳴（友聲，清）　四・2480-2481
馮　祥（清）　　六・3569	程自珩（清）　　四・2177	程嘉燧（孟陽，明）　　二・783-791
馮　起（清）　　四・2512	程在嶸（清）　　五・2800	程　夢（清）　　四・2513
馮起震（青方，明）　　二・713-714	程有光（明）　　二・1175	程壽齡（漱泉，清）　　五・3118
馮　偉（漢雲，清）　　四・2218	程式榖（清）　　四・1987	程　璋（達人，清）　六・3627-3629
馮　停（明）　　二・1099	程兆熊（孟飛，清）　　五・2732	程蔭桂（燕山，清）　　五・2844
馮　晶（清）　　五・3087	程志道（又川，清）　五・2629-2630	程　燧（明）　　二・1184-1185
馮　翊（漢來，清）　五・2903-2904	程　林（周卜，清）　三・1865-1866	程　蕙（清）　　六・3368
馮景夏（樹臣，清）　　四・2091	程　城（清）　　五・2632	程應魁（明）　　二・761
馮棲霞（清）　　六・3181	程若筠（宋）　　一・90	程徽灝（清）　　五・3045
馮　照（清）　　四・2047	程　倫（清）　　六・3556	程　嶼（清）　　六・3582
馮源濟（胎仙，清）　三・1630-1631	程庭鷺（序伯，清）　六・3222-3223	程　龍（清）　　六・3568
馮　瑋（清）　　四・2521	程家栖（清）　　六・3432	程　邃（穆倩，清）　三・1387-1390
馮　寧（清）　　五・2771	程致遠（南溟，清）　　五・2627	程　譔（清）　　五・2905
馮　箕（子揚，清）　　五・3016	程振甲（清）　　五・3092	程　鵠（昭黃，清）　　四・1932
馮夢桂（丹芬，明）　　三・1225	程起龍（明）　　二・793	程懷珍（味蔬，清）　　六・3415
馮肇杞（幼將，清）　　三・1865	程師崽（清）　　三・1844	程　蘿（賓白，清）　　三・1844
馮　曉（明）　　二・637	程　偉（清）　　五・3083	程　纘（克家，清）　三・1782-1783
馮　檀（載煌，清）　　四・2089	程　敏（清）　　三・1832	程　鸞（梧岡，清）　　五・2851
馮　繆（琳臣，清）　　六・3654	程宿松（清）　　五・2949	**黃**
馮　頤（清）　　六・3599	程　堂（兩湖，清）　　五・3044	黃大成（清）　　五・2647-2648
馮鏡如（指華，清）　　六・3582	程　梁（清）　　五・2704	黃大傑（清）　　六・3559
馮　纕（清）　　四・2198	程　涝（箕山，清）　三・1778-1779	黃士陵（牧甫，清）　六・3543-3544
馮響驤（仲良，清）　　六・3321	程　棨（元）　　一・199	黃子錫（復仲，明）　　二・1158
程	程　焯（硯村，清）　　五・3119	黃之淑（耕畹，清）　　四・2444
程大倫（明）　　二・652	程　琳（雲來，清）　五・2830-2831	黃山舟（清）　　五・2567
程大鏞（清）　　六・3217	程　勝（仲奇，明）　　二・995	黃山壽（旭初，清）　六・3589-3590
程士械（清）　　三・1825	程　雲（玉林，清）　　二・1204	黃山錫（清）　　四・1998
程士顯（明）　　二・1125	程　順（清）　　四・1936	黃中理（茗隱，清）　　三・1617

黃元璧（崑璸，清）	六・3534	黃居寶（辭玉，五代）	一・37	黃　彪（震泉，明）	二・615
黃文立（清）	四・2118	黃尚質（子殿，明）	二・620	黃媛介（皆令，清）	三・1450
黃公望（子久，元）	一・221-224	黃昌言（明）	二・621	黃景星（明）	二・1156
黃少溟（明）	三・1239	黃　易（大易，清）	五・2893-2898	黃　棓（清）	五・2944
黃丹書（廷受，清）	五・3068	黃　松（天其，清）	四・2378-2379	黃　淼（清）	五・3083
黃　四（清）	六・3548	黃河清（清）	六・3434	黃　焯（清）	五・2728
黃四岳（清）	六・3551	黃秉義（明）	二・1211	黃　琛（清）	五・2800
黃　仍（隱齋，清）	四・1931	黃　卷（開益，清）	三・1425	黃　筌（要叔，五代）	一・35-37
黃正色（明）	二・1162	黃長吉（明）	二・1137	黃貽桂（清）	六・3557
黃白封（清）	六・3630	黃金耀（明）	二・1126	黃雲仙（清）	六・3631
黃平格（清）	五・3066	黃　俊（克明，清）	三・1580	黃　慎（躬懋，清）	四・2393-2414
黃　戊（清）	五・2955	黃　恒（清）	五・3081-3082	黃　照（煦堂，清）	五・2644
黃本復（來一，清）	五・2642	黃彥標（樹之，清）	四・2171	黃　溱（正川，清）	五・2720-2721
黃甲雲（清）	四・2117-2118	黃　柱（子立，明）	二・1141	黃　溥（清）	五・2905
黃玉柱（笏山，清）	六・3400	黃　洲（清）	五・2819-2820	黃　瑛（清）	五・2954
黃　石（彙萬，明）	二・1140	黃炳中（明）	二・910-911	黃　瑚（清）	五・3166
黃石符（坋上，明）	二・1170-1171	黃　若（若之，清）	四・2509	黃瑞圖（雲池，清）	六・3625
黃百家（清）	五・3432	黃音在（清）	五・2599	黃　經（維之，清）	四・2112
黃自修（清）	五・3088	黃　宸（景州，明）	二・777	黃萬佩（清）	五・3085
黃向堅（端木，清）	三・1407-1410	黃家瑚（清）	六・3218	黃葉初（清）	五・2809
黃　佐（明）	二・647	黃恩發（清）	五・3096	黃　裔（兩先，清）	六・3197-3198
黃　均（榖原，清）	五・3124-3129	黃　栻（清）	四・1959	黃　道（清）	六・3550
黃克晦（孔昭，明）	二・754	黃　珮（明）	二・1063	黃道周（幼元，明）	二・975
黃克晦（清）	六・3439	黃　益（明）	二・1008	黃　鈺（清）	五・2615-2616
黃　呂（次黃，清）	五・2825-2826	黃培芳（子實，清）	六・3195	黃　鉞（左田，清）	五・2935-2938
黃孝許（清）	六・3572	黃　基（端揆，清）	六・3537	黃　鉉（清）	五・2534
黃　沅（芷香，清）	五・2949	黃　梓（清）	三・1834	黃　閎（益軒，清）	五・3171
黃希穀（明）	一・367	黃　深（清）	四・1998-1999	黃　鼎（尊古，清）	四・2067-2076
黃希憲（千頃，明）	二・636	黃　涵（清）	五・2648	黃　齊（思賢，宋）	一・87
黃足民（清）	六・3274-3275	黃　章（清）	三・1393	黃　嘉（清）	五・2939-2940
黃廷桂（小泉，清）	六・3625	黃　章（清）	六・3482	黃　裳（思蔭，清）	五・2954
黃　念（清）	五・2933-2934	黃　翊（九霄，明）	一・410	黃　漪（清）	四・2518
黃宗炎（晦水，清）	三・1481	黃彩鳳（清）	五・2752	黃　衛（葵圃，清）	四・2123-2124
黃宗鼎（越士，清）	六・3625	黃　盛（清）	五・2859	黃履易（清）	五・2593
黃居寀（伯鸞，五代）	一・51-52	黃　野（清）	三・1826	黃　增（為舟，清）	五・2889-2891

黃　潛（冰壺外史，元）　一・285-286

黃　瑩（清）　六・3181

黃　震（振宇，清）　五・2941-2942

黃　燕（清）　五・2707

黃　翰（汝申，明）　一・339-340

黃　錦（清）　五・3084

黃應元（清）　五・2633

黃應諶（敬一，清）　三・1346-1347

黃應譚（清）　三・1419

黃　彌（清）　六・3557

黃　燦（清）　六・3552

黃　鍾（律陽，清）　五・2593

黃　鞠（秋士，清）　六・3234

黃　駼（嶽領，清）　五・3044

黃龍光（清）　三・1531

黃　龕（清）　五・3094

黃　燿（枯匏，清）　六・3490

黃　璧（小癡，清）　五・2874-2875

黃　彝（子目，明）　二・1176

黃繼祖（弓良，清）　五・2977

黃　鶴（石屏，清）　五・2904-2905

黃　鑒（清）　五・3168

黃　觀（用賓，清）　五・2645

黃　驥（明）　二・1165

黃　驤（憙夫，清）　六・3210

十 三 畫

敬

敬　菴（清）　五・2759

塗

塗　岫（清）　五・2919

經

經　綸（崑叔，清）　四・2220

瑛

瑛　寶（夢禪，清）　五・3059-3061

詮

詮　修（清）　三・1832

誠

誠　意（明）　二・1207

誠銘道人（清）　四・2523

嵩

嵩　南（清）　四・1895-1896

嵩　濱（明）　二・1185

楚

楚白庵（清）　六・3224

楚興智（清）　四・2520

楚　琛（清）　四・2379

廉

廉　布（仲宣，宋）　一・99

廉　孚（宋）　一・99

審

審士驥（清）　五・3091-3092

審　穗（明）　二・1184

韵

韵　亭（清）　六・3143

瑞

瑞道人（清）　四・2111

照

照　紳（明）　二・1197

溥

溥　潤（清）　六・3648

祿

祿嘉賓（清）　六・3571

筊

筊　谷（清）　六・3548-3549

筊　噴（清）　五・2800

筱

筱　峰（清）　六・3192

慈

慈　禧（見葉赫那拉氏）

圖

圖清格（牧山，清）　四・2443

過

過　儀（明）　一・410

趄

趄時生（元）　一・302

遁

遁　休（清）　三・1782

滑

滑　櫟（履將，清）　五・2718-2719

道

道　全（明）　二・1068

道　存（見釋石莊）

道　聯（清）　五・2759

靳

靳　沂（清）　五・3104

靳嗣誠（清）　三・1224

裘

裘尊生（義門，清）　五・2728

裘　毬（季方，清）　四・1983

雷

雷希程（清）　五・3085

雷　濬（清）　三・1832

雷　鯉（白波，明）　二・653-654

解

解　坐（清）　五・2599

解處中（五代）　一・46

隆

隆　珂（明）　三・1230

蕭

蕭　貞（明）　二・983

與

與　可（明）　二・1217

鄔

鄔　曉（清）	四・2000	萬邦治（明）	二・656	鄒壽坤（子貞，清）	四・2104-2105
詹		萬承紀（廉山，清）	五・3051	鄒　遠（明）	二・1220
詹　和（僖和，明）	一・506-507	萬其藩（伯瀚，清）	五・2752-2753	鄒　衡（明）	一・480
詹景鳳（東圖，明）	二・702-704	萬祚亨（元嘉，明）	二・1116	鄒　禧（清）	四・2079-2080
詹　雲（清）	四・2046	萬國禎（伯文，明）	二・704	鄒擴祖（若泉，清）	五・2932-2933
溫		萬　嵐（袖石，清）	六・3284	鄒　鵬（明）	二・1218
溫汝遂（遂之，明）	二・584	萬　象（明）	二・1194	鄒顯吉（黎眉，清）	三・1817
溫忠翰（清）	六・3536	萬　壽（清）	三・1609	**褚**	
溫　儀（可象，清）	五・2532-2533	萬壽祺（年少，清）	三・1379-1381	褚廷琯（研民，清）	三・1867
溫　嶠（太真，魏晉）	一・6	**葛**		褚宗道（元）	一・269
虞		葛一橋（清）	六・3631	褚　章（清）	五・2906
虞　沅（畹之，清）	四・2005-2007	葛玄芳（明）	二・1198	褚　勛（叔明，明）	二・977
虞景星（東皋，清）	四・2427	葛　旭（明）	二・1091	褚　遠（清）	四・2290
虞堯臣（清）	三・1620	葛　苑（明）	二・1192	褚　璋（清）	六・3641
虞　湜（清）	六・3249	葛　尊（龍芝，清）	六・3333	褚　篆（明）	二・1028-1029
虞　謙（伯益，明）	一・335	葛　敬（清）	四・1993	褚　籌（清）	四・1937
虞　謨（清）	五・2567	葛徵奇（無奇，明）	二・1113	**愛**	
虞　蟾（步青，清）	六・3204	葛　樽（芝龍，清）	六・3551	愛新覺羅允禧（清）	五・2623-2627
賈		葛　璠（明）	二・1171	愛新覺羅弘旿（清）	五・2740-2747
賈士球（清）	五・3056	**鄒**		愛新覺羅弘曆（清）	五・2621-2623
賈　全（清）	五・2903	鄒一桂（原褒，清）	四・2323-2335	愛新覺羅福全（見裕親王）	
賈　洙（明）	二・1203	鄒士隨（景和，清）	四・2307	愛新覺羅永恩（清）	五・2752
賈師古（宋）	一・107	鄒之麟（虎臣，明）	二・914-916	愛新覺羅永琦（清）	五・2950
賈　崶（清）	六・3143	鄒元斗（少微，清）	四・2484-2485	愛新覺羅永瑆（清）	五・2950-2951
賈　淞（右湄，清）	四・2121-2122	鄒式金（木石，明）	二・1113	愛新覺羅永瑢（清）	五・2879-2882
賈　策（治安，元）	一・277	鄒　坤（子貞，清）	四・2222	愛新覺羅旻寧（清）	五・3163
賈　鉝（玉萬，清）	四・2173-2174	鄒　典（明）	二・1138-1139	愛新覺羅奕誴（清）	六・3406
賈漢復（清）	三・1852	鄒迪光（彥吉，明）	二・705	愛新覺羅福臨（清）	三・1834
賈鴻儒（清）	六・3550	鄒復雷（元）	一・287	愛新覺羅綿奕（清）	六・3322
萬		鄒　翊（清）	四・2116	愛新覺羅綿愷（清）	六・3322
萬人望（明）	二・1205	鄒國豐（明）	二・993-994	愛新覺羅綿億（清）	六・3322
萬上遴（輞岡，清）	五・2840-2843	鄒　喆（方魯，清）	三・1542-1546	愛新覺羅戴湉（清）	六・3609-3611
萬　个（清）	四・2253	鄒　溥（清）	五・2669	**董**	
萬必大（清）	四・2044-2045	鄒滿字（清）	三・1530	董　內（清）	五・3008
萬邦正（明）	二・656	鄒嘉生（明）	三・1221	董世祺（清）	六・3549-3550

董　白（小宛，清）	三・1531	葉六隆（清）	四・2212	葉　敷（清）	四・2444
董　旭（清）	四・2466	葉文舟（晴帆，清）	五・3008	葉履豐（清）	四・2111
董朱貴（明）	二・1048	葉光生（清）	六・3558	葉　澄（原靜，明）	二・572
董　羽（仲翔，宋）	一・55	葉有年（君山，明）	二・1088-1089	葉　潮（清）	六・3196
董　含（清）	四・2228	葉向榮（明）	二・1215	葉　鋒（明）	二・804
董　宏（清）	六・3434	葉　年（清）	四・2106	葉　澂（清）	五・2619
董良史（明）	三・1227	葉　舟（飄仙，清）	三・1438	葉　璠（漢章，清）	三・1424
董孝初（仁常，明）	二・1139-1140	葉志詵（東卿，清）	五・3148	葉璐華（清）	五・3084
董邦達（孚存，清）	五・2535-2550	葉肖巖（宋）	一・146	葉應龍（清）	五・3086
董其昌（玄宰，明）	二・717-747	葉良揆（彩臣，清）	四・2199	葉優之（明）	二・1005
董　姝（清）	六・3292	葉　邠（清）	六・3235	葉雙石（明）	二・583
董　洵（企泉，清）	五・3078	葉　昀（清）	五・2634	葉觀青（清）	四・2097
董茂泰（清）	五・2755	葉　欣（榮木，清）	三・1525-1527	**楊**	
董　展（伯仁，隋）	一・12	葉　采（清）	三・1817	楊一清（應寧，明）	一・410
董　祥（宋）	一・67	葉　芬（清之，清）	四・2088-2089	楊大任（清）	五・2567
董教增（清）	六・3542-3543	葉芳林（震初，清）	五・2648-2649	楊大章（清）	五・2902-2903
董　珽（清）	三・1529	葉　雨（潤之，清）	三・1448-1450	楊大臨（治卿，明）	二・929-930
董　訥（清）	四・1939	葉春生（清）	六・3443	楊大璧（清）	四・2015
董朝用（清）	五・2611	葉　洮（金城，清）	四・1970	楊士束（明）	三・1227
董期生（清）	四・2016	葉　苪（清）	五・2756	楊士傑（清）	六・3573
董　棨（石農，清）	五・3100	葉　范（蘋澄，清）	六・3597	楊子華（南北朝）	一・11
董琬貞（雙湖，清）	六・3276-3277	葉時芳（明）	二・824-825	楊子賢（宋）	一・152
董　策（清寰，明）	二・998	葉陰生（清）	六・3563	楊天璧（繡亭，清）	六・3235
董　雲（清）	四・2514	葉　通（清）	五・3083	楊文虬（明）	二・1198
董　椿（耕雲，清）	五・2844	葉　琦（滿林，清）	五・2878-2879	楊文輝（明）	二・1192
董　源（叔達，五代）	一・38-39	葉道本（清）	六・3178	楊文驄（龍友，明）	二・1059-1063
董嗣成（伯念，明）	二・761	葉道芬（香士，清）	六・3377	楊允升（清）	五・2879
董　誥（西京，清）	五・2844-2851	葉鼎奇（奇胥，清）	四・2050-2051	楊月潤（元）	一・294
董　潮（瞻滄，清）	六・2837	葉　榮（澹生，清）	四・1956-1957	楊世昌（金）	一・197
董毅菴（清）	四・2116-2117	葉　綠（明）	二・864	楊　旭（曉村，清）	五・2718
董　閶（清）	六・3177	葉　燾（雲將，清）	四・2378	楊安道（宋）	一・91
董　樵（清）	四・2520	葉夢草（春塘，清）	六・3266	楊名時（不棄，明）	二・800-801
董　燿（清）	六・3385	葉鳳岡（清）	六・3596	楊　舟（漁為，清）	五・2719
葉		葉赫那拉氏（清）	六・3416-3417	楊伯塤（芝田，清）	六・3218
葉大年（明）	二・1179	葉　廣（明）	二・822-823	楊伯潤（佩甫，清）	六・3434-3435

楊克忠（明）	二・1092	楊得霖（雨巖，清）	六・3595	楊　鍈（清）	五・2940
楊　法（清）	五・2776	楊欲作（體之，清）	五・3154	楊　濱（清）	六・3570
楊　玘（清）	五・3082	楊　梓（清）	四・2218	楊　瓊（明）	二・1034
楊　良（硯齋，清）	四・2499-2500	楊復光（明）	二・1117	楊　蘊（清）	四・2047
楊　芝（清）	六・3630	楊婕妤（宋）	一・134	楊繼盛（明）	一・636
楊　廷（清）	三・1860	楊　涵（水心，清）	四・2087	楊繼鵬（念沖，明）	二・1039
楊邦基（德懋，金）	一・196	楊　淵（汝文，明）	二・1057	楊　鐸（清）	六 3247-3248
楊念伯（柳谷，清）	五・3166	楊湛思（琴山，清）	五・3149	楊顯承（明）	二・1194
楊　宛（宛若，明）	二・1096	楊　補（無補，清）	三・1347	楊　纘（明）	一・489
楊　易（清）	六・3641	楊　鈍（也魯，清）	六・3259		
楊　昇（唐）	一・19	楊雍建（清）	三・1858	**十 四 畫**	
楊昌文（明）	二・1208	楊　輝（元）	一・294		
楊昌沂（清）	六 3314	楊　節（居儉，明）	一・487	**寧**	
楊昌緒（補凡，清）	六・3149-3150	楊道真（明）	二・1139	寧　素（清）	五・3088
楊　忠（清）	四・2515	楊達仙（紫髯，明）	二・1117-1118	**僧**	
楊東正（清）	六・3569	楊　鉉（明）	二・1150	僧　□（明）	二・1185
楊　枝（明）	三・1232	楊　微（金）	一・197	**對**	
楊治卿（明）	二・619	楊　寧（唐）	一・19	對　亭（清）	四・2314
楊所修（修白，明）	二・901	楊嘉植（清）	四・2315	**瘦**	
楊　芳（清）	四・2045	楊　楷（清）	五・3163	瘦　生（清）	六・3562
楊　亭（玄草，清）	三・1426	楊維禎（廉夫，元）	一・251-252	**碧**	
楊　修（德祖，三國）	一・4	楊維聰（海石，清）	三・1852	碧　眼（清）	五・2925
楊　春（南礀，清）	五・2645	楊　遜（清）	三・1616	碧霞野叟（明）	二・1217
楊恢基（石樵，清）	四・2148	楊　鋊（鼎玉，清）	三・1522	**臺**	
楊　朏（唐）	一・21	楊　鳳（清）	五・2859	臺　山（清）	六・3259
楊　朏（宋）	一・62	楊　慶（子仙，清）	五・3270	**蒙**	
楊庭光（唐）	一・16	楊德瞻（清）	五・2646	蒙而耆（清）	六・3604
楊　振（金聲，清）	六・3634	楊　履（清）	四・2379	**閩**	
楊　晉（子鶴，清）	四・1940-1954	楊蔭沼（清）	六・3627	閩許宰（明）	三・1237
楊時倬（明）	二・1206-1207	楊鄰椿（清）	四・2315	**赫**	
楊　桐（清）	四・2221	楊　鋒（清）	六・3248-3249	赫　奕（澹士，清）	四・2375-2377
楊泰基（清）	四・2041	楊震卿（明）	三・1230	赫達資（清）	五・2722-2723
楊　豹（清）	四・2197	楊樹聲（清）	四・1969	**嘉**	
楊　埰（清）	五・3136	楊應期（明）	二・1190	嘉　梅（明）	二・1212
楊　堉（義山，清）	五・3099	楊　燦（清）	五・2620	嘉　賓（明）	二・1090

壺		蒲玉田（清）	六·3308	管念慈（劬安，清）	六·3601-3602
壺山山人（清）	四·2028	蒲　華（作英，清）	六·3406-3409	管　治（明）	二·1213
壺　父（清）	六·3537	**際**		管庭芳（芷湖，清）	五·2647
鳳		際　迅（清）	六·3556	管　鳩（清）	三·1869-1870
鳳　臣（清）	六·3432	際　祥（清）	五·3086	管稚圭（明）	二·1205
鳳　凰（明）	二·1192	**語**		管道昇（仲姬，元）	一·218-219
鳳　儀（清）	四·2508	語　濱（明）	三·1221	管　鴻（清）	二·1207
團		**蒼**		**趙**	
團時根（清）	五·2729-2730	蒼谷子（清）	五·2817	趙九鼎（蘭癡，清）	五·2997
端		蒼　崖（清）	六·3644	趙大亨（宋）	一·108
端木恂（清）	五·2758-2759	**銀**		趙士雷（公震，宋）	一·88
端木焯（清）	六·3565	銀　漢（清）	六·3492	趙子厚	一·111
榮		**廖**		趙之琛（次閑，清）	五·3155-3157
榮　林（上谷，清）	四·2005	廖大受（君可，明）	二·903-904	趙之謙（撝叔，清）	六·3390-3397
榮　漣（三華，清）	四·2427	廖雲錦（清）	五·3135	趙化龍（雲門，明）	二·1175
蒯		廖　經（明）	三·1222	趙天裕（元）	一·260
蒯嘉珍（鐵崖，清）	五·3145	廖　銑（清）	六·3217	趙元長（宋）	一·52
維		廖慶三（毓華，清）	六·3625	趙公祐（唐）	一·25
維　新（清）	六·3572	廖織雲（清）	五·3122-3123	趙日朋（清）	六·3490
維　端（元）	一·299	**裴**		趙允謙（雲谷，清）	六·3281
實		裴　楷（清）	五·3124	趙　友（明）	二·994
實　源（清）	五·2707	裴　諝（士明，唐）	一·18-19	趙　文（明）	二·1183
聞		**翟**		趙丕烈（奇王，清）	五·2644
聞　一（明）	三·1225	翟大坤（子厚，清）	五·2872-2874	趙令穰（大年，宋）	一·76-77
聞人蓋（仲璣，明）	二·761	翟成基（清）	六·3227	趙　左（文度，明）	二·892-900
聞　廣（清）	六·3367	翟　善（清）	五·3084	趙　申（坦公，清）	四·2096-2097
漢		翟繼昌（念祖，清）	五·3074-3076	趙　伊（有莘，清）	三·1584-1585
漢　六（清）	六·3217	**熊**		趙　光（蓉舫，清）	六·3214
漢　森（清）	六·3484	熊一瀟（漢若，清）	四·2226	趙光輔（宋）	一·54
漸		熊　金（清）	六·3382-3383	趙汝殷（明）	一·366
漸　江（見釋弘仁）		熊景星（伯晴，清）	六·3201	趙成穆（敬儀，清）	五·2776
齊		熊慧敏（清）	三·1861-1862	趙伯駒（千里，宋）	一·99-101
齊　民（逸名，清）	三·1843	**管**		趙伯驌（希遠，宋）	一·107-108
齊學裘（子貞，清）	六·3259-3260	管　平（吉安，清）	六·3653	趙　旬（禹功，明）	二·765
蒲		管希寧（幼孚，清）	五·2661-2662	趙克夐（宋）	一·78

趙　希（清）	六・3366	趙　備（湘蘭，明）	二・817-818		
趙希遠（元）	一・285	趙　嵒（五代）	一・32	**十　五　畫**	
趙良弼（君卿，元）	一・261	趙　景（寄甌，清）	六・3195		
趙廷壁（連城，明）	二・900-901	趙　森（楚山，清）	五・2820	**廣**	
趙　佶（宋）	一・84-87	趙焞夫（明）	一・892	廣　恒（清）	四・2027
趙　侗（清）	四・2508	趙　裕（清）	三・1302	**樂**	
趙宗漢（獻甫，宋）	一・66	趙雲壑（清）	六・3595	樂志軒（元）	一・302
趙　岫（明）	二・1187-1188	趙　雍（仲穆，元）	一・236-238	樂　郭（清）	五・3072
趙　昀（宋）	一・134	趙　廉（宋）	一・91	樂道人（清）	四・1966
趙　昌（昌之，宋）	一・59-61	趙　溶（雪江，清）	四・2219-2220	**墨**	
趙　洞（希遠，明）	二・1094-1095	趙　源（湘帆，清）	六・3233	墨　山（明）	三・1240
趙　周（清）	四・1984	趙　福（明）	二・1041	墨　池（清）	四・2313
趙孟堅（子固，宋）	一・142	趙遂禾（清）	一・3646	墨　莊（明）	二・1194
趙孟頫（子昂，元）	一・208-216	趙　幹（五代）	一・45-46	墨　谿（明）	二・1194
趙孟籲（子俊，元）	一・226-227	趙嘉逈（清）	五・2986	**瑩**	
趙　芷（清）	四・2521	趙　壽（南山，明）	一・330	瑩　貞（清）	四・2011
趙　金（清）	五・3099	趙　構（宋）	一・99	瑩　陽（明）	一・350
趙俞采（清）	六・3551	趙　漢（明）	二・1215	**璉**	
趙修祿（明）	二・1006-1007	趙　維（清）	四・1970-1971	璉　瑪（清）	五・2760
趙　奕（仲光，元）	一・247	趙　葵（南仲，宋）	一・142	**儀**	
趙　珂（明）	二・1186	趙　頓（清）	五・2932	儀克中（協一，清）	六・3223
趙　芾（宋）	一・106	趙　澄（雪江，明）	二・916-917	**衛**	
趙　原（善長，元）	一・288-289	趙　曉（堯日，清）	四・2449	衛九鼎（明鉉，元）	一・286
趙　衷（原初，元）	一・287	趙　穆（清）	四・1993	衛　淇（清）	四・1968
趙　海（三山，清）	四・2322	趙　璘（金）	一・196-197	衛　昇（宋）	一・150
趙　浙（明）	二・712	趙　蕃（明）	二・978	衛　憲（唐）	一・25
趙　珣（十五，明）	二・1148-1149	趙　霖（金）	一・196	衛　賢（五代）	一・37
趙　彧（清）	六・3611	趙　龍（雲門，明）	二・823	**蓮**	
趙　荀（清）	三・1841	趙　璧（明）	三・1238	蓮　溪（見釋真然）	
趙　起（于岡，清）	六・3316	趙　魏（洛生，清）	六・3184	**慶**	
趙　淇（元德，元）	一・205	趙寶仁（晉卿，清）	六・3534-3535	慶　保（清）	六・3439
趙清潤（元）	一・291	趙　麒（明）	三・1226	**樓**	
趙淑貞（明）	二・1209	趙繼濓（清）	五・2861	樓　邨（省嵩，清）	六・3645
趙　理（清）	四・2017-2018	趙　鶚（清）	三・1781	樓　觀（宋）	一・149
趙紹祖（清）	五・3090	趙　麟（彥徵，元）	一・276	**臧**	

臧 嘉（清） 五·2633

滕

滕昌祐（勝華，五代） 一·33
滕 芳（公遠，清） 三·1852
滕 焯（醉墨，清） 五·3052

談

談友仁（尚米，清） 五·3014
談志伊（思仲，明） 二·769-770
談是子（清） 六·3220
談思重（清） 三·1619
談象稑（清） 四·2000

德

德 林（清） 六·3327
德 純（清） 六·3433
德 敏（清） 五·2803-2804

稽

稽星樓（清） 四·2011

餘

餘庵貞（明） 二·1049

養

養源道人（明） 三·1222

適

適道人（清） 三·1866

醉

醉真子（清） 四·2249

蜨

蜨 菴（清） 五·3078

厲

厲 志（駭谷，清） 六·3286
厲昭慶（宋） 一·53
厲 珍（清） 四·1967
厲 賢（清） 三·1522
厲歸真（迂疏子，五代） 一·32

諸

諸乃方（嗣香，清） 六·3542
諸允錫（清） 四·2027
諸念修（明） 二·937
諸 昇（日如，清） 三·1491-1498
諸 炘（青巖，清） 六·3320
諸葛魯儒（明） 一·424
諸 燦（清） 六·3547

鄧

鄧 宇（子方，元） 一·291
鄧 旭（明） 三·1237-1238
鄧 芬（清） 六·3283
鄧啟昌（鐵仙，清） 六·3491
鄧 瑛（清） 四·2198
鄧 遠（清） 六·3492
鄧 濤（小石，清） 六·3292
鄧 黻（公度，明） 二·619
鄧 亹（清） 四·2118

黎

黎民懷（惟敬，明） 二·699
黎如璘（清） 六·3398
黎 奇（問廬，清） 四·2484
黎 明（清） 五·3077
黎 璜（清） 五·2599
黎 簡（簡民，清） 五·2920-2924
黎遂球（美周，明） 二·1101

樊

樊文治（清） 六·3296-3297
樊世俊（清） 四·2179
樊 圻（會公，清） 三·1475-1481
樊 沂（浴沂，清） 三·1783-1784
樊 雲（青若，清） 四·2099-2100
樊 暉（明） 一·367
樊 熙（清） 六·3625

魯

魯 王（明） 二·931
魯如濤（清） 五·3069
魯兆龍（清） 四·2291
魯 冶（岐雲，明） 二·640
魯宗貴（宋） 一·144-145
魯宗鎬（有玉，清） 五·2557
魯 岳（明） 二·941
魯得之（孔孫，明） 二·976-977
魯 集（仲集，清） 二·1101
魯陽王（明） 一·423
魯 鼒（式和，清） 四·2227-2228
魯 璸（星村，清） 五·2983-2984

蔡

蔡 山（元） 一·295-296
蔡仁山（清） 六·3314
蔡 升（可階，清） 六·3323-3324
蔡月槎（清） 六·3597
蔡世新（少壑，明） 二·862
蔡本俊（清） 五·3008
蔡玉卿（明） 二·1176-1177
蔡 含（女蘿，清） 四·1983-1984
蔡 京（元長，宋） 一·87
蔡 宣（明） 三·1225
蔡 根（清） 五·3176
蔡師端（清） 五·3067
蔡崑璧（清） 三·1529
蔡國重（明） 三·1231
蔡清華（清） 六·3556
蔡 階（清） 六·3320
蔡朝衡（清） 五·2600
蔡載福（寅福，清） 六·3303-3304
蔡鼎臣（明） 三·1226
蔡 嘉（松原，清） 五·2525-2532
蔡 瑤（玉友，清） 五·2663
蔡 肇（天啟，宋） 一·82-83
蔡 誥（清） 五·2728
蔡 遠（自遠，清） 四·2055-2056

蔡潤石（玉卿，明）	二・1174-1175	潘雲馭（清）	三・1630	鄭東升（明）	二・802
蔡　輝（明）	二・793	潘　嵐（清）	六・3603	鄭　松（著巖，清）	五・2758
蔡　器（晴江，清）	五・2799	潘　愫（清）	三・1772-1773	鄭松泉（清）	六・3209
蔡　澤（蒼霖，清）	四・2024-2025	潘　椿（清）	四・2498-2499	鄭　炘（清）	六・3313
蔡錦泉（文泉，清）	六・3282	潘煥宙（清）	四・2009	鄭法士（隋）	一・12
蔡興祖（清）	六・3286-3287	潘達微（清）	六・3654	鄭　武（清）	六・3337
蔡　翰（清）	六・3565	潘　鳳（清）	四・2519	鄭　珍（子尹，清）	六・3281
蔡應宣（清）	六・3561	潘　澄（清）	三・1424-1425	鄭　珊（雪湖，清）	六・3292-3293
蔡　璿（明）	二・1166	潘　潤（清）	五・2769	鄭思肖（憶翁，宋）	一・154-155
蔡　簡（明）	二・848	潘遵祁（覺夫，清）	六・3313	鄭　重（千里，明）	二・998-1000
蔡　曦（明）	二・1101	潘應聘（明）	二・1176	鄭　奐（清）	四・2513
蔡□翰（清）	六・3531	潘　齡（清）	四・2097	鄭　虔（弱齋，唐）	一・18
潘		**鄭**		鄭　培（山如，清）	四・2310-2311
潘大琨（梧莊，清）	五・3096	鄭大有（明）	一・353-354	鄭　敘（秩生，清）	四・2011-2012
潘世祿（明）	二・997	鄭大觀（明）	二・1229	鄭　梁（禹楣，清）	四・2123
潘　任（明）	二・1181	鄭士芳（蘭坡，清）	五・3150-3151	鄭　淮（桐源，清）	三・1850
潘守忠（小橋，明）	二・1047	鄭山輝（元秉，明）	一・328	鄭紫城（方回，清）	五・2799
潘光旭（清）	六・3486	鄭之紘（清）	三・1575	鄭紫城（清）	五・3082
潘　圭（鎮卿，清）	六・3337	鄭元勳（超宗，明）	二・1068-1069	鄭　崨（清）	六・3547
潘　岐（荇池，清）	六・3209	鄭文林（顛仙，明）	一・424	鄭景賢（明）	三・1233
潘志省（以魯，明）	二・664	鄭文英（明）	一・358	鄭　斌（清）	五・2932
潘　松（益堂，清）	五・2634	鄭文焯（小坡，清）	六・3596	鄭　棟（清）	四・2446
潘　林（清）	五・2944	鄭公志（清）	四・2519	鄭　維（清）	五・2615
潘是稷（南田，清）	五・2723-2725	鄭　石（明）	一・423	鄭　銓（清）	五・2532
潘　恒（清）	四・1991	鄭以寧（清）	五・3053-3054	鄭　澥（清）	四・2252
潘思牧（樵侶，清）	五・2972-2975	鄭去疾（師山後學，清）	六・3296	鄭　蕙（清）	六・3370
潘奕雋（守愚，清）	五・2852	鄭守賢（明）	二・1205	鄭　燮（克柔，清）	四・2467-2480
潘　玹（清）	五・3089	鄭伯□（清）	六・3363	鄭　禧（熙之，元）	一・285
潘恭壽（慎夫，清）	五・2863-2869	鄭　完（完德，清）	三・1620	鄭　績（紀常，清）	六・3365-3366
潘振鏞（承伯，清）	六・3580-3581	鄭孝胥（蘇戡，清）	六・3604	鄭　謨（小癡，清）	五・3162
潘　耕（稼樑，清）	六・3606-3607	鄭　村（清）	六・3557	鄭觀圖（少翊，清）	六・3308
潘崇寧（清）	四・2444	鄭延杰（春生，清）	五・2800	**蔣**	
潘　淑（清）	六・3359	鄭尚翰（清）	六・3220	蔣山卿（子雲，明）	一・517
潘　渭（清）	五・3132	鄭　岱（在東，清）	四・2510-2511	蔣文藻（明）	一・417
潘曾瑩（申甫，清）	六・3285-3286	鄭　旼（慕倩，清）	三・1402-1405	蔣予檢（矩亭，清）	六・3227

蔣尺玉（清）	六・3383	蔣　詩（清）	六・3185	劉　屺（明）	二・1121
蔣生芝（鍾玉，清）	五・2558	蔣　碻（叔堅，清）	六・3439	劉光遠（明）	二・1100
蔣　伊（渭清，清）	四・1990	蔣　璋（鐵琴，清）	五・2580-2581	劉仲賢（明）	一・359
蔣　份（清）	六・3608	蔣　蓮（香湖，清）	六・3273-3274	劉克襄（明）	二・1196
蔣守成（繼之，明）	二・634	蔣　瑤（西疇，清）	六・3278	劉　希（宋）	二・104
蔣宏業（清）	五・2944	蔣　錦（秋堂，清）	五・2798	劉宗古（宋）	一・96
蔣希周（明）	二・1211	蔣錫爵（清）	四・2498	劉宓如（清）	三・1858
蔣良錫（清）	五・3082	蔣懋德（竹村，清）	五・3009	劉　旼（清）	六・3564
蔣廷珍（清）	五・2564	蔣　欄（作梅，清）	五・2749-2750	劉　松（清）	五・2682
蔣廷錫（揚孫，清）	四・2148-2165	蔣　鎧（明）	二・1042	劉松年（宋）	一・113-116
蔣步瀛（三島，清）	六・3544	蔣寶齡（子延，清）	五・3159-3160	劉　枋（明）	三・1237
蔣季錫（蘋南，清）	四・2466	蔣　矚（志和，明）	二・859-861	劉　枚（虛仙，清）	四・2125
蔣　芳（清）	四・2117	蔣　籌（清）	六・3217	劉秉謙（元）	一・286
蔣　恒（清）	四・1895	蔣　穌（仲叔，清）	五・3058	劉　玨（廷美，明）	一・358-359
蔣　洲（履軒，清）	四・2443	蔣體中（明）	二・1040	劉　芳（清）	六・3643
蔣　郁（清）	四・2087-2088	**劉**		劉泳之（清）	六・3294-3296
蔣　峰（連青，清）	五・2585	劉九德（陽升，清）	四・2249-2250	劉　俊（廷偉，明）	一・401-402
蔣　桐（清）	四・2092	劉上延（明）	二・1166	劉　度（叔憲，明）	二・1009-1012
蔣　崧（明）	三・1222-1223	劉大夏（時雍，明）	一・360-361	劉　炤（明）	二・1141
蔣　深（樹存，清）	五・2610	劉小峰（清）	六・3596	劉彥沖（詠之，清）	六・3287-3289
蔣　淑（又文，清）	五・2564	劉子與（元）	一・300-301	劉　英（清）	六・3550
蔣清怡（素書，清）	六・3325	劉乃大（有容，清）	五・2580	劉若宰（蔭平，明）	二・1121-1122
蔣紹煃（鷺洲，明）	二・656-657	劉　元（秉元，元）	一・205-206	劉若漢（清）	三・1820
蔣　逕（清）	五・3089	劉元稷（子敖，清）	四・2014	劉　晉（少寅，清）	四・2517
蔣　乾（子健，明）	二・624-625	劉　文（清）	六・3568	劉原起（子正，明）	二・907-910
蔣　斌（清）	六・3547	劉文通（宋）	一・59	劉　涇（巨濟，宋）	一・73
蔣　勛（奇武，清）	四・1934-1935	劉允升（敬堂，清）	五・3129	劉　祥（瑞初，明）	一・399
蔣芷生（仲籬，清）	六・3306	劉永年（君錫，宋）	一・62	劉祥開（瑞先，清）	四・1971
蔣　貴（青山，明）	一・518	劉世芳（清）	六・3632	劉師隱（清）	六・3372
蔣　欽（君揚，清）	六・3650	劉世珍（武夷，明）	二・907	劉　寀（道源，元）	一・66
蔣　嵩（明）	一・425-426	劉世儒（繼相，明）	二・638-639	劉國用（宋）	一・152
蔣　敬（敬之，清）	六・3185-3186	劉　白（漢）	一・2	劉　敔（明）	二・1191
蔣　溶（清）	六・3333	劉　旦（漢）	一・2-3	劉敏叔（元）	一・301
蔣　溥（質甫，清）	五・2604-2609	劉石齡（清）	四・2196	劉　球（求樂，明）	一・338
蔣　燵（蘊山，清）	四・1968	劉　因（元）	一・230	劉貫道（仲賢，元）	一・217-218

劉期侃（清）　　三・1614	劉　韓（明）　　三・1223	燕□盛（宋）　　一・91
劉　愔（默臺，清）　六・3634	劉　鎮（明）　　二・1215-1216	**穆**
劉　焜（清）　　四・2214	劉　璸（裴章，清）　四・2446	穆　億（柳泉，清）　五・2557-2558
劉　琳（清）　　四・2114	劉　耀（耀卿，宋）　一・143	穆　熙（柳泉，清）　六・3372
劉　翔（清）　六・3369-3370	劉　鐸（明）　　二・1028	**駱**
劉善守（元）　　一・297	劉權之（德輿，清）　五・2839-2840	駱　連（清）　　四・2034
劉　超（清）　四・2100-2101	劉體仁（蒲庵，清）　三・1858-1859	駱　翔（漢飛，清）　四・2253
劉　照（清）　　六・3543	劉鸞翔（清）　　六・3633	駱綺蘭（佩香，清）　五・3079
劉　愫（東標，清）　五・2951-2952		**賴**
劉　楨（清）　　四・2005	**十 六 畫**	賴　鏡（孟容，清）　三・1788
劉　源（伴阮，清）　三・1815-1816		**獨**
劉殿英（清）　　三・1529	**靜**	獨　任（明）　　二・1202
劉　節（明）　　一・487	靜虛子（清）　　六・3313	**衡**
劉　督（清）　四・2233-2234	**樵**	衡山老人（清）　　三・1504
劉運銓（小峰，清）　五・3153	樵　友（明）　　三・1237	衡　柱（清）　　六・3654
劉　鼎（清）　　四・2028	樵　水（清）　　五・2581	**擔**
劉壽家（明）　　二・1116	樵　逾（清）　　五・2760	擔　當（見釋普荷）
劉榮仲（清）　　三・1234-1235	**樹**	擔鶴道人（明）　　三・1233
劉　瑤（清）　　六・3554	樹彥標（明）　　三・1227	**錫**
劉　夢（無逸，明）　二・1186	**曉**	錫　林（清）　　五・2903
劉　遠（清）　　五・3132	曉　贊（元）　　一・300	**策**
劉　億（以安，清）　三・1614	曉　巖（清）　　五・2682	策　山（清）　　五・3120
劉德六（子和，清）　六・3279	**諶**	**嶼**
劉　廣（明）　　一・394	諶命衡（清）　　五・3089	嶼　梅（清）　　五・3067
劉廣鈺（清）　　六・3653	**嘯**	**冀**
劉履中（坦然，宋）　一・111	嘯　雲（清）　　六・3327	冀　旭（清）　　四・2515-2516
劉　穀（清）　　五・3057	**遲**	**醒**
劉　勳（明）　　二・1192	遲　端（淡生，清）　四・2251	醒　子（清）　六・3644-3645
劉　瑤（清）　　五・2620	**樸**	醒　甫（清）　　五・2878
劉　璘（明）　　二・1217	樸　庵（宋）　　一・153	**融**
劉　鉾（清）　　四・2517	**興**	融谷道人（清）　　五・2756
劉錫玲（梓謙，清）　六・3406	興隆阿（清）　　五・2858	**澹**
劉　駮（明）　　三・1230	**燕**	澹　人（清）　　六・3584
劉懋功（卓人，清）　六・3491	燕文貴（貴，宋）　一・55-56	澹　田（明）　　二・1185
劉　邁（種德，明）　二・1051	燕　肅（穆之，宋）　一・58-59	澹　園（清）　　四・1985

隨

隨山嵒（茶水，明）　　　三・1237

閻

閻士安（宋）　　　　　　　一・62

閻世求（非凡，清）　　　五・2762

閻立本（唐）　　　　　一・13-14

閻立德（讓，唐）　　　　一・13

閻　仲（宋）　　　　　　　一・98

閻次于（宋）　　　　　　一・109

閻次平（宋）　　　　一・108-109

閻錫純（清）　　　　　　五・3057

鮑

鮑文逵（清）　　　　　　五・3009

鮑元方（清）　　　　　　四・2504

鮑　俊（毅卿，清）　　　六・3228

鮑秋吟（清）　　　六・3179-3180

鮑時遜（明）　　　　　　二・1015

鮑捷勳（清）　　　　　　五・3154

鮑　皋（步江，清）　　　五・2611

鮑　逸（問梅，清）　　　六・3326

鮑畹香（清）　　　六・3368-3369

鮑　嘉（公綏，清）　四・2210-2211

鮑　楷（端人，清）　　　五・2668

鮑　濟（清）　　　　　　五・2653

盧

盧允貞（德恒，明）　　　二・656

盧　江（明）　　　　　　三・1228

盧景澤（清）　　　　　　六・3308

盧　湛（清）　　　五・2630-2631

盧登棹（震滄，清）　　　五・3007

盧朝陽（明）　　　　　　一・425

盧象昇（建斗，明）　　　二・1008

盧稜伽（唐）　　　　　　一・20

盧　綖（清）　　　　　　四・2005

盧　鴻（浩然，唐）　　　一・18

盧　鎮（硯溪，明）　　　一・490

錢

錢大昕（及之，清）　　　五・2729

錢又選（又青，清）　　　四・2027

錢士慥（清）　　　　　　四・1993

錢士龍（清）　　　　　　四・1972

錢元昌（朝采，清）　　　四・2218

錢中鈺（守之，清）　　　五・2856

錢允湘（清）　　　　　　五・3154

錢世銓（清）　　　　　　六・3630

錢世徵（聘侯，清）　四・2513-2514

錢　永（明）　　　　　　二・1025

錢永清（清）　　　　　　三・1810

錢以塏（清）　　　　　　五・2579

錢　古（清）　　　　　　四・2106

錢光大（清）　　　　　　二・1141

錢光甫（宋）　　　　　　一・148

錢　旭（東白，明）　　　二・1066

錢共宿（明）　　　　　　二・1212

錢希仲（清）　　　　　　四・2515

錢　宏（清）　　　六・3587-3588

錢　杜（叔美，清）　五・3024-3034

錢　佺（清）　　　　　　三・1807

錢昌言（岱雨，清）　六・3213-3214

錢　易（希白，宋）　　　一・59

錢　昆（裕之，宋）　　　一・58

錢　松（叔蓋，清）　　　六・3323

錢　東（東皋，清）　五・2949-2950

錢　泳（梅溪，清）　　　五・2982

錢長豐（清）　　　　　　五・3176

錢　昱（明）　　　　　　二・1041

錢　珍（清）　　　　　　四・2198

錢　珊（清）　　　　　　四・2519

錢　封（軼秦，清）　　　四・2136

錢　俸（明）　　　　　　二・1195

錢　恕（達中，清）　　　五・2879

錢　旃（彥林，明）　　　二・1141

錢　貢（禹方，明）　　二・748-751

錢從古（明）　　　　　　二・1117

錢　清（明）　　　　　　二・1168

錢　淳（勝文，清）　五・2924-2925

錢　球（石亭，清）　五・2925-2926

錢　楷（棐山，清）　　　五・2992

錢　湄（雙玉，清）　　　五・2931

錢善言（清）　　　　六・3642-3643

錢善揚（慎夫，清）　　　五・3151

錢　棻（仲芳，清）　　　三・1503

錢朝鼎（禹九，清）　三・1541-1542

錢嵩鶴（清）　　　　　　五・3023

錢　榆（四維，清）　二・1158-1159

錢瑞徵（鶴庵，清）　　　三・1844

錢　綏（清）　　　　　　六・3297

錢　載（坤一，清）　五・2600-2604

錢與齡（清）　　　　　　六・3180

錢槿田（清）　　　　　　四・2217

錢聚朝（曉庭，清）　　　六・3280

錢維城（宗盤，清）　五・2693-2704

錢維喬（樹參，清）　五・2837-2838

錢慧安（吉生，清）　六・3411-3415

錢德容（清）　　　　　　六・3614

錢　潮（清）　　　　　　六・3573

錢　熙（巽峰山樵，清）　五・2593
　　　　　　　　　　　　　　-2594

錢　穀（叔寶，明）　　二・590-603

錢　瑩（清）　　　　　　五・2926

錢曉廷（清）　　　　　　五・3097

錢　樹（梅移，清）　　　五・2871

錢　選（舜舉，元）　一・199-205

錢　暹（明）　　　　　　二・1182

錢　鴻（清）　　　　　　四・2212

錢環中（清）	五・2558	龍　伸（明）	二・1041-1042	鍾　珮（清）	三・1631
錢　燿（霞生，清）	六・3371	**繆**		鍾　惺（伯敬，明）	二・825
錢繩武（清）	四・2016-2017	繆予真（清）	三・1841-1842	鍾　期（解伯，清）	四・2109-2110
錢　澧（南園，清）	五・2852-2854	繆　桂（清）	五・3073	鍾　琦（清）	五・2759
錢蘭坡（二湖，清）	五・3090	繆　椿（丹林，清）	五・2877-2878	鍾　學（雪舫，明）	一・402
錢　黯（清）	四・2044	繆嘉蕙（素筠，清）	六・3431	鍾　禮（欽禮，明）	一・400
錢　鑑（宏士，清）	五・2670	繆　輔（明）	一・363-364	鍾離尚濱（清）	六・3552
		繆　謨（丕文，明）	二・1177	鍾鶴齡（清）	三・1833

十 七 畫

		薛		**韓**	
		薛　仁（明）	二・1220	韓天壽（清）	五・3092-3093
彌		薛廷文（魯哉，清）	五・3081	韓　文（明）	二・1127
彌　生（清）	六・3571	薛　岫（明）	二・1220	韓中裕（清）	四・2442
儲		薛始亨（明）	二・1173	韓孔武（清）	四・2180
儲大有（宋）	一・150	薛明益（明）	二・993	韓　尼（明）	二・862
檀		薛　泓（笠人，清）	四・2221	韓　旭（荊山，明）	一・426
檀芝瑞（元）	一・298-299	薛雨颸（清）	五・3021	韓　虬（唐）	一・25
縵		薛　宣（竹田，清）	三・1834-1836	韓　周（清）	五・3053
縵　卿（清）	四・2118	薛　峻（清）	六・3642	韓東洋（明）	二・1218
璩		薛　烜（清）	六・3277	韓秀實（明）	一・356
璩之璞（君瑕，明）	二・926	薛　珩（清）	四・2039	韓　咸（無我，清）	五・2633-2634
勵		薛素素（潤卿，明）	二・820-821	韓若拙（宋）	一・90
勵宗萬（滋夫，清）	五・2582-2584	薛　雪（生白，清）	四・2249	韓　范（清）	四・2519
霞		薛　漁（清）	五・2648	韓　晟（宋）	一・155
霞　樵（清）	六・3225	薛　銓（衡夫，清）	五・3130	韓　校（學莊，清）	五・2983
應		薛　（清）	五・2534	韓　祐（宋）	一・107
應　旭（明）	二・1218	薛　稷（嗣通，唐）	一・14	韓　滉（太沖，唐）	一・22-23
應　臣（清）	四・2508	薛　澂（清）	五・2768	韓　源（明）	三・1240
應時良（清）	六・3369	薛　鋗（清）	六・3597	韓　幹（唐）	一・17
應　（清）	三・1859	薛　爵（清）	五・3104-3105	韓嘉謀（明）	二・1196
濮		薛　懷（竹君，清）	五・2726	韓榮光（祥河，清）	六・3283
濮　桓（明）	一・412	薛　疇（壽魚，清）	五・2616	韓　蓀（清）	六・3215
濮　森（清）	六・3436	薛　巒（清）	六・3369	韓瑤蓀（清）	四・2441
鴻		**鍾**		韓夢麟（明）	二・1049
鴻　朗（明）	三・1240	鍾子韓（清）	五・2558	韓　燦（清）	四・2321
龍		鍾　圻（敬和，清）	五・2934	韓　濬（清）	六・3571

韓　璧（清）	四・2516	戴　蒼（葭湄，清）	四・1939	謝宇澄（清）	六・3228
韓　曠（野株，清）	三・1826-1827	戴　遠（士弘，清）	五・2753	謝汝明（清）	一・357
韓　鑅（清）	五・3073	戴　趙（明）	二・1213	謝　成（仲美，清）	二・1156-1157
韓　鑄（冶人，清）	五・2615	戴　熙（醇士，清）	六・3236-3247	謝　舟（清）	五・2799-2800
戴		戴　嶧（唐）	一・25	謝伯誠（元）	一・289
戴大有（書年，清）	三・1845	戴　澤（明）	三・1226	謝　谷（石農，清）	四・1971
戴子來（文庶，清）	四・2086-2087	戴應宏（清）	五・2819	謝　芝（清）	六・3608
戴天瑞（西塘，清）	四・2126	戴　禮（說用，清）	五・2590-2591	謝廷逸（清）	四・2181
戴公望（貞石，清）	六・3202	戴　彝（尚古，清）	六・3198	謝宗鳳（清）	五・3024
戴本孝（務旃，清）	三・1534-1539	戴　鑑（賦軒，清）	五・3061	謝定遠（清）	四・2101
戴以恒（用伯，清）	六・3377	戴顯堂（清）	六・3205	謝定壽（清）	四・2034-2035
戴安期（清）	四・2209	戴衢亨（蓮士，清）	五・2968-2970	謝星一（明）	二・1187
戴兆登（步瀛，清）	六・3545	**蕭**		謝重燕（清）	五・2682-2683
戴克昌（醜石，清）	六・3294	蕭一芸（閣友，清）	四・1954	謝庭芝（仲和，元）	一・279
戴廷栻（清）	四・2124	蕭九成（韶亭，清）	五・2926	謝　晉（孔昭，明）	二・648
戴明說（道默，明）	二・1051-1055	蕭月潭（元）	一・303	謝　晉（雲屛，清）	五・2920
戴　音（清）	四・1986-1987	蕭　放（希逸，南北朝）	一・11	謝時中（清）	四・2510
戴思望（懷古，清）	四・1985-1986	蕭海山（明）	三・1239	謝時臣（思忠，明）	一・507-517
戴　恒（定谷，清）	五・3078	蕭　晨（靈曦，清）	四・2047-2050	謝祖德（明）	三・1236
戴　泉（宗淵，明）	一・416	蕭雲從（尺木，清）	三・1321-1329	謝　袞（明）	二・1195
戴　洪（清）	四・2504-2505	蕭　照（宋）	一・102	謝國章（雲倬，清）	四・2000-2001
戴　峻（古巖，清）	五・2534-2535	蕭　椿（清）	五・2984	謝　彬（文侯，清）	三・1372-1374
戴　晉（明）	二・1056	蕭　增（明）	三・1236	謝　彬（清）	六・3405
戴　浩（明）	一・367-368	蕭　慧（清）	五・2612	謝淞洲（滄湄，清）	五・2617
戴　梓（文開，清）	四・1993-1994	蕭蔭春（清）	六・3545	謝紹烈（承啟，明）	二・1193
戴　淳（厚夫，元）	一・248	蕭　瀜（遼金）	一・195	謝　雪（玉儂，清）	六・3547
戴　琬（宋）	一・90	**謝**		謝為憲（孝定，清）	三・1843
戴　琇（清）	四・2009	謝小蘊（清）	五・3085	謝琯樵（穎蘇，清）	六・3300-3301
戴　華（清）	三・1850	謝　山（清）	四・2082	謝　楨（養竹，清）	五・3168
戴　逵（安道，魏晉）	一・6-7	謝天游（爾方，明）	二・1001	謝靖孫（清）	四・2101-2102
戴　進（文進，明）	一・343-347	謝元傑（清）	六・3533	謝道齡（邢臺，明）	一・932-933
戴欽玉（明）	二・1165	謝文禮（清）	六・3570	謝　遂（清）	五・2938-2939
戴　嵩（唐）	一・24-25	謝公展（壽，清）	六・3648	謝維嶽（清）	四・2172-2173
戴　經（清）	四・2220	謝公桓（次圭，清）	六・3488	謝　赫（南北朝）	一・8-9
戴道亨（清）	六・3249	謝　丹（雲谷，清）	五・2799-2800	謝　蓀（天令，清）	四・2012-2013

謝　墉（清）	五・3012	歸　莊（元恭，清）	三・1443-1445	魏　湘（秀芳，清）	三・1321
謝　徵（明）	二・1186	歸　湘（溶溶，清）	四・1968	魏　節（清）	三・1238
謝　畿（清）	五・2769-2770	歸　瑀（石林，清）	四・1937	魏學濂（子一，明）	二・1177
謝　樸（（廣勤，清）	四・2239	**顏**			
謝　縉（葵丘，明）	一・348	顏　元（半聾居士，清）	六・3602	**十 九 畫**	
謝　環（庭循，清）	一・353	顏孔章（明）	二・792		
謝　齡（梅岑，清）	五・3121	顏石山（清）	六・3220	**韻**	
謝蘭生（佩士，清）	五・2987-2989	顏　庚（元）	一・301	韻　香（清）	六・3233
謝　鑑（清）	四・2507	顏　宗（學淵，明）	一・352	**鏡**	
謝鑑禮（清）	六・3284-3285	顏　岳（清）	四・2213	鏡　湖（清）	五・3093
謝觀生（退谷，清）	五・3023	顏　炳（朗如，清）	六・3433	**爛**	
		顏　胤（清）	三・1863	爛庵居士（元）	一・301
十 八 畫		顏直之（方叔，元）	一・224	**瀚**	
		顏　庵（元）	一・302	瀚雲月（清）	六・3563-3564
擴		顏　曾（清）	六・3215	**藩**	
擴　宗（清）	五・3166-3167	顏　翔（明）	二・1216	藩閥盛（清）	五・3067
覆		顏　愷（清）	五・3123	**顛**	
覆　干（清）	四・2467	顏　輝（秋月，元）	一・227-229	顛道人（見胡　大）	
薩		顏　嶧（青來，清）	四・2106-2108	**邊**	
薩都剌（天錫，元）	一・261	**瞿**		邊文進（景昭，明）	一・335-337
織		瞿應紹（陞春，清）	六・3183-3184	邊　武（伯京，元）	一・271-272
織華女史（清）	六3583	瞿　麐（翠巖，清）	五・2827	邊楚善（明）	一・339
鎦		瞿　鏡（清）	四・2037	邊壽民（頤公，清）	五・2570-2578
鎦　爵（明）	二・1220	**魏**		邊　魯（至愚，元）	一・282
關		魏丁青（清）	五・3046	邊　鸞（唐）	一・23
關上恒（清）	四・2080	魏士傑（清）	四・2119	**關**	
關　嵐（文山，清）	五・2979-2980	魏子良（清）	四・2208-2209	關　仝（五代）	一・31
廖		魏之克（見魏　克）		關世運（明）	三・1239
廖　翁（清）	六・3631	魏之璜（考叔，明）	二・796-799	關　思（九思，明）	二・779-783
豐		魏伯年（清）	五・3098	關　乾（清）	五・3171
豐興祖（宋）	一・147	魏　克（叔和，明）	二・904-906	關裕度（明）	二・793
歸		魏居敬（明）	二・861	關　槐（晉卿，清）	五・2945-2947
歸有光（明）	三・1238	魏時敏（明）	二・1110	關繼維（清）	四・2447
歸昌世（休文，明）	二・828-830	魏　匏（浮尊，清）	五・2650-2651	**譚**	
歸　昭（清）	四・2520	魏野堂（清）	六・3121	譚山古（明）	三・1241-1242

譚　玄（明）　　　　　二・1108
譚　岵（明）　　　　　二・1200
譚雪軒（明）　　　　　二・1215
譚雲龍（子猷，清）　　五・2579
譚　瑛（清）　　　　　六・3487
譚　經（清）　　　　　五・2516
譚　鳴（清）　　　　　五・2926
譚爾進（清）　　　　　五・2967
譚　嶸（鶴坡，清）　　三・1395
譚謨偉（清）　　　　　五・3087

麗
麗　宇（清）　　　　　三・1859

藍
藍　洄（青文，清）　　三・1870
藍　孟（次工，清）　三・1484-1487
藍　深（謝青，清）　三・1779-1781
藍　瑛（田叔，清）　　二・941-974
藍　濤（清）　　　　三・1381-1382

羅
羅　山（清）　　　　　四・2520
羅天池（六湖，清）　　六・3250
羅文瑞（明）　　　　　二・704
羅日琛（清）　　　　　三・1833
羅允紹（介人，清）　五・2982-2983
羅允夔（清）　　　　　六・3210
羅允纘（鍊塘，清）　　六・3319
羅立襄（清）　　　　三・1575-1576
羅存理（清）　　　　　五・2769
羅　辰（清）　　　　　六・3178
羅廷禧（清）　　　　　五・3097
羅　延（清）　　　　　四・2486
羅岸先（登道，清）　　六・3535
羅　牧（飯牛，清）　三・1552-1557
羅芳淑（清）　　　　　六・3278
羅　洹（梅仙，清）　四・2147-2148
羅　烜（見羅洹）　　四・2147-2148

羅　清（雪谷，清）　六・3532-3533
羅　彬（清）　　　　　六・3259
羅　湘（雲五，清）　六・3433-3434
羅虛白（明）　　　　　三・1224
羅　陽（健谷，清）　六・3336-3337
羅愚溪（清）　　　　　六・3553
羅福旼（清）　　　　　五・3009
羅稚川（元）　　　　　一・260
羅　聘（兩峰，清）　五・2781-2798
羅　銓（清）　　　　　六・3219
羅　縉（明）　　　　　二・1121
羅　濤（清）　　　　　三・1423

二　十　畫

寶
寶之儀（清）　　　　　四・2522

寶
寶　仁（清）　　　　　五・2978
寶　瑛（清）　　　　　六・3443

龐
龐輔聖（清）　　　　　四・2178
龐錦峰（清）　　　　六・3209-3210

蘆
蘆　宗（明）　　　　　三・1229

饒
饒　璟（景玉，清）　　三・1638

闕
闕仲幹（清）　　　　　六・3543

嚴
嚴文石（清）　　　　五・2944-2945
嚴文烈（清）　　　　　五・2565
嚴　令（清）　　　　　三・1784
嚴汝璘（清）　　　　　五・3054
嚴宏滋（丕緒，清）　五・2809-2810
嚴　沆（子餐，清）　三・1614-1615

嚴　延（子敬，清）　三・1577-1578
嚴府森（清）　　　　　六・3566
嚴泓曾（人泓，清）　　四・2109
嚴保庸（伯常，清）　　六・3367
嚴　衍（明）　　　　　二・1126
嚴思明（清）　　　　　六・3632
嚴　英（臥山，清）　　四・2109
嚴茂恩（清）　　　　　五・2636
嚴　倫（倫皆，清）　　六・3201
嚴　恭（清）　　　　　六・3630
嚴　陵（明）　　　　　二・1112
嚴　連（清）　　　　　六・3371
嚴　湛（水子，明）　　二・1111
嚴　鈺（式如，清）　五・2876-2877
嚴　載（滄醅，清）　四・2212-2213
嚴　澍（明）　　　　　三・1224
嚴繩孫（蓀友，清）　三・1573-1574
嚴憲曾（仲斌，清）　　五・3022

蘇
蘇子鴻（少琴，清）　　六・3367
蘇六朋（材琴，清）　六・3266-3270
蘇　元（笑三，清）　　六・3625
蘇文樞（清）　　　　　六・3415
蘇　先（明）　　　　二・1191-1192
蘇光曙（清）　　　　　六・3328
蘇廷煜（虛谷，清）　　五・2986
蘇性初（明）　　　　　一・363
蘇長春（仁山，清）　六・3198-3200
蘇　宣（明）　　　　　二・998
蘇曼殊（清）　　　　　六・3650
蘇　淞（僧癭，清）　　六・3608
蘇琤谷（清）　　　　　六・3400
蘇　焯（宋）　　　　　一・109
蘇　軾（子瞻，宋）　　一・72-73
蘇萬鍾（芳田，清）　　五・2621
蘇漢臣（宋）　　　　　一・96-97

蘇　邐（明） 二‧1198	釋‧石　濂（清） 三‧1639	釋‧海　崙（清） 五‧3163
蘇　誼（仲瞻，清） 三‧1820-1821	釋‧本　光（子宋，清）四‧1997-1998	釋‧祖　璇（明） 二‧1204-1205
蘇　霖（遺民，明） 二‧1178	釋‧本　誠（元） 一‧290	釋‧真　然（清） 六‧3318-3319
蘇　濟（明） 二‧1134	釋‧巨　然（五代） 一‧43-45	釋‧真　慧（宋） 一‧83
蘇　濬（清） 六‧3217	釋‧可　瑞（明） 二‧1049-1050	釋‧寄　塵（衡麓，清） 五‧3022
蘇騰蛟（清） 六‧3595	釋‧弘　仁（六奇，清）三‧1411-1419	釋‧梵　隆（茂宗，宋） 一‧105-106
蘇　鶴（清） 五‧2831	釋‧弘　智（清） 三‧1421-1422	釋‧晦　逸（清） 四‧1987
釋	釋‧仲　仁（花光，宋） 一‧83-84	釋‧常　瑩（見李肇亨）
釋‧一　智（廩峰，清）四‧2442-2443	釋‧自　扃（道開，清） 三‧1534	釋‧清　永（清） 四‧2312-2313
釋‧一　菴（元） 一‧290	釋‧自　渡（清） 四‧2312	釋‧深　度（清） 三‧1542
釋‧七　處（見朱睿督）三‧1523-1525	釋‧光　鷲（跡删，清） 四‧2109	釋‧紹　達（清） 三‧1839-1840
釋‧八　大（人屋，清）三‧1585-1606	釋‧因陀羅（元） 一‧296-297	釋‧通　明（清） 五‧2682
釋‧了　明（明） 二‧1117	釋‧西　崖（清） 五‧2646	釋‧通　微（恒徹，清） 四‧2217
釋‧大　汕（清） 四‧2028	釋‧成　衡（湘南，清） 四‧2498	釋‧雪　庵（見李溥光）
釋‧大　振（清） 四‧2039-2040	釋‧成　鷲（清） 六‧3611	釋‧雪　庵（清） 六‧3606-3607
釋‧大　雲（清） 三‧1866	釋‧竹　禪（清） 六‧3359	釋‧雪　舟（靜生，清）六‧3533-3534
釋‧大　鵬（東堂，清） 四‧2524	釋‧寂　住（明） 二‧792-793	釋‧雪　笠（清） 四‧2112
釋‧上　復（明） 二‧1111-1112	釋‧志　中（明） 二‧1006	釋‧雪　蕉（中炳，清） 四‧2218
釋‧上　睿（尋游，清）三‧1795-1799	釋‧戒　淨（宋） 一‧91	釋‧雪　莊（清） 四‧2139
釋‧上　震（清） 三‧1393-1394	釋‧宗　欽（清） 五‧2731	釋‧貫　休（德隱，五代）一‧33-35
釋‧子　瑩（明） 二‧751	釋‧宗　瑩（元） 一‧302	釋‧復　原（明） 三‧1238
釋‧天　如（片玉，元）一‧299-300	釋‧居　簡（北磵，宋） 一‧155	釋‧惠　崇（宋） 一‧56-57
釋‧今　盌（清） 三‧1576	釋‧明　中（大恒，清）五‧2659-2661	釋‧普　明（元） 一‧262-263
釋‧心　越（拙多，清）三‧1827-1829	釋‧明　儉（智勤，清）六‧3304-3305	釋‧普　荷（擔當，清） 三‧1320
釋‧方　厓（元） 一‧279	釋‧明　徹（觀性，清）五‧3129-3130	釋‧普　澤（曇潤，清） 四‧2035
釋‧木　麐（明） 二‧1041	釋‧性　合（明） 二‧848	釋‧無　準（宋） 一‧148
釋‧幻　庵（清） 四‧2090	釋‧性　能（清） 五‧3166	釋‧虛　谷（虛白，清）六‧3341-3353
釋‧幻住永中（元） 一‧299	釋‧性　淨（明） 二‧1160	釋‧智　融（邢沚，宋） 一‧99
釋‧止　中（香雪，清） 三‧1541	釋‧智　果（唐） 一‧12	釋‧逸　然（志融，明） 二‧863
釋‧月　舟（元） 一‧302	釋‧法　常（宋） 一‧138-142	釋‧超　揆（輪庵，清）四‧2094-2095
釋‧正　悟（元） 一‧302	釋‧法　禎（雪礀，元） 一‧263	釋‧超　澂（清） 五‧2761
釋‧世　塵（白峰，清） 三‧1615	釋‧知　空（清） 四‧1967	釋‧傳　悟（清） 四‧2483
釋‧白　丁（過峰，清） 四‧2181	釋‧門無關（元） 一‧297	釋‧微　密（明） 二‧819
釋‧白漢澂（明） 二‧1204	釋‧若　芬（仲石，元）一‧142-143	釋‧溫日觀（子溫，元）一‧220-221
釋‧只　得（清） 五‧2705	釋‧高　泉（清） 三‧1833	釋‧溥　圓（大方，元） 一‧225
釋‧石　莊（石頭和尚，清）五‧2559-2560	釋‧栢子庭（元） 一‧269	釋‧達　受（亦舟，清） 六‧3197

釋・達　真（簡庵，清）　四・2239	鐵　驊（清）　五・3118	顧　卓（爾立，清）　四・2038
釋・道　宏（宋）　一・98-99	顧	顧松偓（清）　六・3406
釋・道　明（元）　一・244	顧大申（震雉，清）　三・1609-1610	顧　知（爾昭，清）　三・1420
釋・道　衍（見姚廣孝）	顧大昌（子長，清）　六・3311	顧承恩（清）　三・1773
釋・道　悟（清）　四・2240	顧大典（道行，明）　二・664-665	顧　亮（宋）　一・97
釋・道　濟（大滌子，清）四・1871-1895	顧大容（清）　六・3221	顧亮基（清）　六・3596
釋・髡　殘（白禿，清）三・1426-1434	顧大經（清）　四・2201	顧　昶（清）　四・2026-2027
釋・實　旃（旭林，清）五・2617-2618	顧士琦（清）　四・2198	顧　星（子粲，清）　三・1728-1729
釋・澄　雪（見胡靖）	顧之琛（清）　五・2592	顧春福（夢香，清）　六・3409-3410
釋・夢　禪（清）　五・3123	顧化龍（清）　四・2026	顧　思（清）　六・3583
釋・際　昌（可庵，清）　六・3209	顧天植（東廬，清）　三・1576	顧　政（清）　四・2175
釋・德　堃（載山，清）　六・3228	顧天樵（清）　三・1577	顧　洛（禹門，清）　五・3016-3019
釋・摩羅普提（南北朝）　一・11	顧日永（元昭，清）　四・2250	顧　炳（黯然，清）　二・803
釋・僧　髮（元）　一・290	顧　元（杞園，清）　四・2312	顧　眉（眉生，清）　三・1447-1448
釋・衡　仁（明）　二・1204	顧文淵（文寧，清）　四・2085	顧　威（清）　六・3582
釋・曉　庵（明）　二・1111	顧太清（子春，清）　六・3307	顧　重（明）　二・1168
釋・曉　霜（清）　四・2058	顧予咸（清）　三・1861	顧　述（清）　六・3553
釋・獨　堪（性瑩，明）　二・863	顧　升（隅東，清）　四・1933	顧胤光（闇生，明）　二・1181
釋・蕉　幻（明）　二・1041	顧正誼（仲方，明）　二・709-710	顧　原（逢源，清）　四・2427-2428
釋・賴　庵（元）　一・296	顧玉霖（清）　五・3096	顧唐龍（禹揚，清）　五・3023
釋・隱　元（明）　二・906	顧仲清（清）　六・3216	顧時啟（明）　二・1101
釋・寶　筏（蓮西，清）　四・2202	顧　企（清）　四・2323	顧　殷（禹功，清）　三・1784-1785
釋・懶　雲（清）　四・2214	顧　安（定之，元）　一・277-278	顧　皋（晴芬，清）　五・3019-3020
釋・韻　可（鐵舟，清）　五・2985	顧安仁（滄州，清）　四・2053	顧　章（清）　三・1395
釋・覺　觀（明）　二・777	顧匡明（清）　五・2634	顧符禎（瑟如，清）　三・1792-1795
釋・蘿　窗（元）　一・148	顧在湄（清）　四・1998	顧紹和（明）　二・1178
釋・靈　幹（清）　三・1863	顧兆蘭（紫琅，清）　五・2972	顧野王（希馮，南北朝）　一・11
	顧　均（培之，清）　六・3612	顧豹文（季蔚，清）　三・1630
二 十 一 畫	顧　杞（清）　四・1932-1933	顧　復（來侯，清）　四・2121
	顧見龍（雲臣，清）　三・1395-1397	顧　堅（清）　四・2515
鶴	顧希愷（清）　六・3436-3437	顧　齨（品山，清）　五・2972
鶴道人（清）　四・2507	顧　言（行素，清）　四・2505-2506	顧　單（清）　四・2016
鶴　隱（清）　六・3566	顧　侃（清）　四・2097	顧　景（明）　二・1092
鐵	顧　昉（若周，清）　四・2028-2030	顧　悾（清）　四・2101
鐵　保（冶亭，清）　五・2951	顧　旻（明）　二・1189	顧　棡（松喬，清）　五・2993
鐵簫生（清）　五・2940	顧　昇（清）　六・3216	顧　淵（清）　四・2004

顧　琳（清）	六・3216	顧　璜（蘭谷，清）	五・3094	龔　寬（漢）	一・2
顧琦玉（清）	六・3382	顧　蕙（畹芳，清）	六・3183	龔　植（樵生，清）	六・3546-3547
顧善有（明）	二・1167	顧應泰（雲鶴，清）	五・3133-3134	龔　遠（明）	二・1008
顧　翔（清）	五・2977	顧鴻逵（清）	六・3611	龔　顯（明）	二・928
顧　進（彥湘，清）	四・2108	顧　融（清）	四・2082	**顯**	
顧　超（子超，清）	六・3556	顧　譔（清）	五・3068	顯完子（清）	六・3548
顧　達（清）	六・3384	顧　懷（明）	二・1213		
顧尊燾（向臨，清）	三・1842	顧　驍（清）	三・1817	**二 十 四　畫**	
顧閎中（五代）	一・41	顧　鶴（清）	五・3009		
顧　廉（又簡，清）	五・2945	顧鶴慶（子餘，清）	五・3046-3049	**巉**	
顧　愷（方樂，清）	五・2568-2569	顧　驄（雲車，明）	二・977-978	巉　巉（子山，元）	一・250
顧愷之（長康，魏晉）	一・6	顧懿德（原之，明）	二・931-932	**靈**	
顧　楠（清）	五・2761	顧麟士（鶴逸，清）	六・3612-3613	靈　熊（清）	六・3558
顧　源（清甫，明）	二・930				
顧　瑛（仲瑛，元）	一・269	**二 十 二　畫**		**□　　畫**	
顧　瑛（玉山道人，明）	二・983				
顧　雋（栖梅，清）	六・3224-3225	**酈**		□大海（清）	六・3567
顧鼎銓（逢伯，清）	四・2103-2104	酈　馥（薌谷，清）	六・3606	□元昭（清）	六・3647
顧　寧（東一，清）	五・2755-2756	**讀**		□文瑞（清）	三・1808
顧壽潛（明）	二・1218	讀　體（明）	三・1222	□文輝（明）	二・1195
顧　漣（清）	四・2180-2181			□沚度（清）	六・3490
顧　荺（吳羹，清）	五・3145	**二 十 三　畫**		□良材（清）	六・3595
顧　銘（仲書，清）	四・1955			□松坡（清）	六・3218
顧　銓（載衡，清）	五・2925	**龔**		□省曾（清）	六・3626
顧　韶（螺峰，清）	六・3270	龔有暉（旭齋，清）	五・3149	□若水（清）	六・3647
顧慶恩（世卿，明）	二・879-880	龔有融（晴皋，清）	五・2968	□　兼（明）	二・1185
顧德輝（見元顧瑛）		龔　柱（清）	四・2100	□　琬（宋）	一・91
顧德謙（五代）	一・41	龔　玻（清）	五・2777	□　棟（明）	二・1185
顧　潞（清）	六・3369	龔　振（又園，清）	四・2098	□葉淇（清）	三・1533
顧　澐（若波，清）	六・3417-3421	龔　海（岳庵，清）	六・3581	□　猷（清）	四・2123
顧　潤（清）	六・3547	龔　賢（半千，清）	三・1507-1521	□嘉祐（清）	六・3555
顧　震（大震，清）	五・2860	龔培雍（清）	四・2112-2113	□夢生（清）	六・3614
顧魯望（清）	六・3531	龔　梁（清）	五・2861	□　環（清）	五・2581-2582
顧凝遠（青霞，明）	二・1024-1025	龔　開（聖予，宋）	一・153-154	□薇亭（清）	六・3555-3556
顧　樵（樵水，清）	三・1446-1447	龔　達（和之，清）	四・2177-2178	□蘊高（明）	二・1168-1169
顧熾昌（清）	五・2718	龔鼎孳（孝升，清）	三・1471	□　灃（明）	二・1143

名稱	形式	質地	色彩	尺寸 高×寬 cm	創作時間	收藏處所	典藏號碼

周　代

無名氏

夔鳳仕女圖	軸	帛	設色	29 × 21		長沙 湖南博物館	
御龍人物圖	軸	帛	設色	27 × 26.5		長沙 湖南博物館	

名稱	形式	質地	色彩	尺寸 高x寬cm	創作時間	收藏處所	典藏號碼

漢　代

陳　敞

潤州三山（天下名山圖（元）　冊頁　絹　設色　62.8 x 84　台北 故宮博物院　故畫 03584-4
冊之1）

畫家小傳：陳敞。西漢，安陵人。工畫牛、馬、飛鳥眾勢。人形好醜，不逮毛延壽。（見歷代名畫記、西京雜記、圖繪寶鑑、中國畫家人
　　　　名大辭典）

毛延壽

芒碭瑞應（天下名山圖（元）　冊頁　絹　設色　63.9 x 76.9　台北故宮博物院　故畫 03584-8
冊之8）

畫家小傳：毛延壽。西漢，杜陵人。元帝時尚方畫工。善寫貌，醜好老少必得其真。後坐王昭君事遭棄市。（見歷代名畫記、西京雜記、
　　　　圖繪寶鑑、中國畫家人名大辭典）

劉　白

首陽採薇（天下名山圖（元）　冊頁　絹　設色　57.3 x 79.7　台北 故宮博物院　故畫 03584-6
冊之6）

畫家小傳：劉白。西漢，新豐人。工畫牛、馬、飛鳥等。（見歷代名畫記、西京雜記、圖繪寶鑑、歷代畫史彙傳、中華畫人室隨筆、中國畫
　　　　家人名大辭典）

龔　寬

首山（天下名山圖（元）冊之　冊頁　絹　設色　60.3 x 39　台北 故宮博物院　故畫 03584-5
5）

畫家小傳：龔寬。後漢，洛陽人。工畫牛、馬、飛鳥。（見歷代名畫記、西京雜記、圖繪寶鑑、歷代畫史彙傳、中國畫家人名大辭典）

張　衡

飛雲巖（天下名山圖（元）冊　冊頁　絹　設色　61.9 x 82.8　台北 故宮博物院　故畫 03584-2
之2）

畫家小傳：張衡。字平子。後漢，南陽西鄂人。順帝永和(136-141)中舉孝廉，不就。為人高才，博通眾藝。善畫。（見後漢書本傳、夏侯
　　　　湛撰張平子碑、郭氏異物志、歷代名畫記、圖繪寶鑑、中國畫家人名大辭典）

劉　旦

隱山深秀（天下名山圖（元）　冊頁　絹　設色　38.9 x 42.3　台北 故宮博物院　故畫 03584-7
冊之7）

名稱	形式	質地	色彩	尺寸 高×寬cm	創作時間	收藏處所	典藏號碼

畫家小傳：劉旦。後漢人。籍里不詳。靈帝光和(178-183)中待詔尚方。善繪畫，曾畫於洪都學。（見歷代名畫記、圖繪寶鑑、中國畫家人名大辭典）

無名氏

名稱	形式	質地	色彩	尺寸 高×寬cm	收藏處所
帛畫（馬王堆一號漢墓出土）	幅	帛	設色	204.7 × 93.2	長沙 湖南省博物館
帛畫（馬王堆三號漢墓出土）	幅	帛	設色	198.6 × 92.1	長沙 湖南省博物館

名稱	形式	質地	色彩	尺寸 高×寬㎝	創作時間	收藏處所	典藏號碼

三　國

楊 修

| 山水圖 | 卷 | 絹 | 設色 | 27.6 × 133 | | 瑞典 斯德哥爾摩遠東古物館 | NMOK－374 |
| 讓水（天下名山圖元冊之12） | 冊頁 | 絹 | 設色 | 62 × 84 | | 台北 故宮博物院 | 故畫 03584-12 |

畫家小傳：楊修。字德祖。魏，弘農華陰人。後漢靈帝建安(196-219)中舉孝廉，官至丞相署倉曹屬主簿。博學有文采，善畫人物、圖像。
　　　　（見後漢書本傳、魏志陳思王傳註、貞觀公私畫史、歷代名畫記、圖繪寶鑑、中國畫家人名大辭典）

桓 範

| 句曲秋巒（天下名山圖（元） | 冊頁 | 絹 | 設色 | 62.5 × 84 | | 台北 故宮博物院 | 故畫 03584-13 |
| 冊之13） | | | | | | | |

畫家小傳：桓範。字元則。魏，沛之龍亢人。齊王正始(240-253)中，官拜大司農。有文學，尤善丹青。（見魏志曹爽傳注、歷代名畫記、
　　　　圖繪寶鑑、中國畫家人名大辭典）

嵇 康

| 蘇門聞嘯（天下名山圖（亨） | 冊頁 | 絹 | 設色 | 58.8 × 33.3 | | 台北 故宮博物院 | 故畫 03585-17 |
| 冊之17） | | | | | | | |

畫家小傳：嵇康。字叔夜。魏，譙國銍人。仕官至中散大夫。與山濤、阮籍等喜作竹林之游，世稱「竹林七賢」。為人博才善屬文。書妙
　　　　草製，畫善人物、故實、獅、象等。（見晉書本傳、晉書趙至傳、續畫品錄、書斷、貞觀公私畫記、歷代名畫記、圖繪寶鑑、中
　　　　國畫家人名大辭典）

名稱	形式	質地	色彩	尺寸 高×寬㎝	創作時間	收藏處所	典藏號碼

魏　晉

荀　勖

雲臺丹閣（天下名山圖（元）　冊頁　絹　設色　63.3 × 40.7　台北 故宮博物院　故畫 03584-18
冊之 18）

畫家小傳：荀勖。西晉，穎川穎陰人。字公曾。在魏為大將軍，入晉封濟北侯。博學多才。工書，善畫人物、仕女，師衛協。（見晉書本
傳、歷代名畫記、中國畫家人名大辭典）

王　廙

龍門半壁（天下名山圖（元）　冊頁　絹　設色　52.6 × 34.4　台北 故宮博物院　故畫 03584-20
冊之 20）

畫家小傳：王廙。字世將。西晉，瑯琊臨沂人。生於武帝咸寧二（276）年。卒於東晉元帝永昌元（322）年。從仕，封武陵縣侯，卒諡號
康。能文工詩。善書畫，被譽晉室第一。畫善人物故實、畜獸魚龍。（見晉書本傳、續畫品錄、貞觀公私畫史、歷代名畫記、圖
繪寶鑑、中國畫家人名大辭典）

司馬紹

玉明煙靄（天下名山圖（元）　冊頁　絹　設色　51.1 × 76　台北 故宮博物院　故畫 03584-1
冊之 1）

畫家小傳：司馬紹。字道幾。為東晉元帝長子。即位建號太寧，在位三（323-325）年。追諡明帝。畫師王廙。善畫佛像、人物故事，頗
得神。（見晉書本傳、古畫品、歷代名畫記、中國畫家人名大辭典）

王　濛

高唐行旅（天下名山圖（亨）　冊頁　絹　水墨　40.9 × 31.7　台北 故宮博物院　故畫 03585-4
冊之 4）

畫家小傳：王濛。字仲祖。小字阿奴。東晉，太原晉陽人。生於西晉懷帝永嘉三（309）年。卒於東晉穆帝永和三（347）年。從仕，封晉
陽侯。善隸書，妙丹青。為人放誕不羈。喜畫輶車之類。（見晉書本傳、宋中興館閣儲藏書畫記、歷代名畫記、宣和畫譜、圖繪
寶鑑、中國畫家人名大辭典）

王羲之

蘭亭（天下名山圖（元）冊之　冊頁　絹　設色　53 × 82.7　台北 故宮博物院　故畫 03584-21
21）

畫家小傳：王羲之。字逸少。東晉，浙江會稽人。為王廙從子。生於東晉元帝太興四（321）年。卒於孝武帝太元四（379）年。出仕歷任
右軍將軍、會稽內史等。工書畫，書法為後世尊為「書聖」。畫能人物、畜獸。（見晉書本傳、續畫品錄、王平南集、歷代名畫
記、圖繪寶鑑、紹興府志、中國畫家人名大辭典）

名稱	形式	質地	色彩	尺寸 高×寬cm	創作時間	收藏處所	典藏號碼

顧愷之

名稱	形式	質地	色彩	尺寸 高×寬cm	創作時間	收藏處所	典藏號碼
洛神賦圖	卷	絹	設色	26 × 646		瀋陽 遼寧省博物館	
洛神賦圖	卷	絹	設色	27.1 × 572.8		北京 故宮博物院	
列女圖	卷	絹	設色	25.8 × 470.3		北京 故宮博物院	
洛神賦圖	卷	絹	設色	24 × 310		美國 華盛頓特區弗瑞爾藝術館	14.53
女史箴圖	卷	絹	設色	24.8 × 348.2		英國 倫敦大英博物館	1903.4.8.1
洛神圖（名繪集珍冊之1）	冊頁	絹	設色	25.5 × 52.4		台北 故宮博物院	故畫 01289-1
霧鎖國山（天下名山圖（亨）冊之3）	冊頁	絹	水墨	53.4 × 40.3		台北 故宮博物院	故畫 03585-3

畫家小傳：顧愷之。字長康，小字虎頭。東晉，晉陵無錫人。生於東晉穆帝永和二（347）年。卒於安帝義熙三（407）年。仕官至散騎常侍。博學有才氣，在世有「才絕」、「畫絕」、癡絕）三絕之譽。畫善人物、圖像，創「以形寫神」、「遷想妙得」主張，及游絲描線描技法，影響後世人物畫發展深遠。（見晉書本傳、古畫品續錄、畫品錄、畫史、畫斷、歷代名畫記、貞觀公私畫史、宣和畫譜、東圖玄覽、廣川畫跋、圖繪寶鑑、中國畫家人名大辭典）

史道碩

名稱	形式	質地	色彩	尺寸 高×寬cm	創作時間	收藏處所	典藏號碼
鹿門高隱（天下名山圖（亨）冊之5）	冊頁	絹	水墨	57.1 × 41.3		台北 故宮博物院	故畫 03585-5

畫家小傳：史道碩。東晉人。籍里不詳。與兄弟四人俱善畫。師衛協、荀勗，善作人物故實、牛、馬鵝等。（見古畫品、續畫品錄、歷代名畫記、貞觀公私畫史、宣和畫譜、圖繪寶鑑、中國畫家人名大辭典）

夏侯瞻

名稱	形式	質地	色彩	尺寸 高×寬cm	創作時間	收藏處所	典藏號碼
東嶽（天下名山圖（亨）冊之15）	冊頁	絹	設色	65.9 × 61.4		台北 故宮博物院	故畫 03585-15

畫家小傳：夏侯瞻（一作夏瞻）。東晉人。籍里不詳。善畫人物、鬼神。作品精密有餘，氣韻不足。（見古畫品、中國畫家人名大辭典）

溫嶠

名稱	形式	質地	色彩	尺寸 高×寬cm	創作時間	收藏處所	典藏號碼
白嶽山（天下名山圖（亨）冊之19）	冊頁	絹	設色	40.1 × 60.6		台北 故宮博物院	故畫 03585-19

畫家小傳：溫嶠。字太真。太原祁人。東晉成帝咸和初（326），仕官為江州刺史、標騎將軍，封始安郡公，卒諡忠武。博學能文，善畫。（見晉書本傳、歷代名畫記、圖繪寶鑑、中國畫家人名大辭典）

戴逵

名稱	形式	質地	色彩	尺寸 高×寬cm	創作時間	收藏處所	典藏號碼
剡山圖	卷	絹	設色	38.4 × 615		台北 故宮博物院	故畫 01376

名稱	形式	質地	色彩	尺寸 高×寬㎝	創作時間	收藏處所	典藏號碼
巖山仙館（天下名山圖（亨）冊之2）	冊頁	絹	水墨	47.9 × 42.6		台北 故宮博物院	故畫 03585-2
山陰高士（天下名山圖（亨）冊之14）	冊頁	絹	水墨	49.4 × 61.6		台北 故宮博物院	故畫 03585-14

畫家小傳：戴逵。字安道。東晉人。本譙國銍人，徙會稽剡縣。性情高潔。博學能文，琴書、雕塑造像及繪畫俱工。畫善人物故實、山水、畜獸等，精妙絕倫。（見晉書本傳、宋書戴顒傳、續晉陽秋、世說新語、古畫品、歷代名畫記、貞觀公私畫史、海岳畫史、圖繪寶鑑、嘉興府志、紹興府志、中國畫家人名大辭典）

無名氏

名稱	形式	質地	色彩	尺寸 高×寬㎝	創作時間	收藏處所	典藏號碼
地主生活圖	冊頁	紙	設色	46.2 × 105		烏魯木齊 新疆維吾爾自治區博物館	

名稱	形式	質地	色彩	尺寸 高×寬㎝	創作時間	收藏處所	典藏號碼

南北朝

陸探微

名稱	形式	質地	色彩	尺寸 高×寬㎝	收藏處所	典藏號碼
歸去來辭圖	卷	絹	設色	43 × 124	台北 故宮博物院	故畫 01377
洛神賦圖	卷	絹	水墨	24.1 × 493.7	美國 華盛頓特區弗瑞爾藝術館	68.12（68.22）
五岳圖（五段合裝，畫題各為：西嶽華山；北嶽恒山；東嶽泰山；南嶽衡山；中嶽嵩山）	卷	絹	設色	各為：61 × 194.3；61 × 194.1；61 × 193.5；61 × 193.5；61 × 191.5	台北 故宮博物院	故畫 01378
西湖煙曉（天下名山圖（亨）冊之6）	冊頁	絹	設色	63 × 42.9	台北 故宮博物院	故畫 03585-6
蘭亭圖（宋元名畫集冊之1）	紈扇面 絹		設色	24.4 × 24.9	美國 耶魯大學藝術館	1952.52.25a

畫家小傳：陸探微。南朝宋明帝（465-472）時，吳人。善畫人物故事。謝赫評「畫有六法」，稱其盡備，「包前孕後，古今獨立」。唐張懷瓘將其與顧愷之、張僧繇並稱。（見南史伏曼容傳、南齊書何戢傳、古畫品、續畫品錄、唐朝名畫錄序、歷代名畫記、宣和畫譜、雲煙過眼、圖繪寶鑑、清河書畫舫、中國畫家人名大辭典）

史敬文

名稱	形式	質地	色彩	尺寸 高×寬㎝	收藏處所	典藏號碼
石鐘山（天下名山圖（亨）冊之13）	冊頁	絹	水墨	57.6 × 36.4	台北 故宮博物院	故畫 03585-13

畫家小傳：史敬文。南朝宋人。籍里不詳。善畫人物故事。（見續畫品錄、貞觀公私畫史、歷代名畫記圖繪寶鑑、中國畫家人名大辭典）

宗 測

名稱	形式	質地	色彩	尺寸 高×寬㎝	收藏處所	典藏號碼
雪川野渡（天下名山圖（亨）冊之10）	冊頁	絹	水墨	40.8 × 55.1	台北 故宮博物院	故畫 03585-10

畫家小傳：宗測。字敬微（一字茂深）。南朝齊人。世居江陵。宗炳之孫。能傳祖業，善書畫。畫擅人物、故事、佛畫。（見南史本傳、歷代名畫記、圖繪寶鑑補遺、中國畫家人名大辭典）

謝 赫

名稱	形式	質地	色彩	尺寸 高×寬㎝	收藏處所	典藏號碼
大瀑飛泉（天下名山圖（亨）冊之7）	冊頁	絹	設色	62.9 × 39.3	台北 故宮博物院	故畫 03585-7

畫家小傳：謝赫。南朝齊人。籍里、身世不詳。善畫人物，尤工寫貌。畫法精微。撰有古畫品錄傳世。（見續畫品錄、貞觀公私畫史、歷代名畫記、圖繪寶鑑、中國畫家人名大辭典）

名稱	形式	質地	色彩	尺寸 高×寬㎝	創作時間	收藏處所	典藏號碼

范懷珍

| 玉女峰（天下名山圖（亨）冊之16） | 冊頁 | 絹 | 設色 | 50.3 × 42.7 | | 台北 故宮博物院 | 故畫 03585-16 |

畫家小傳：范懷珍（或作懷賢、懷堅、懷槳）。南朝梁人。籍里不詳。善畫人馬。（見貞觀公私畫史、歷代名畫記、圖繪寶鑑、中國畫家人名大辭典）

陸 杲

| 逸少讌昇山（天下名山圖（亨）冊之11） | 冊頁 | 絹 | 設色 | 54.7 × 40.2 | | 台北 故宮博物院 | 故畫 03585-11 |

畫家小傳：陸杲。字明霞。南朝梁，吳郡人。初仕齊，後入梁，官至揚州大中正。少好詞學。工書畫。（見南史本傳、續畫品錄、歷代名畫記、圖繪寶鑑、中國畫家人名大辭典）

陶弘景

| 龍谿採芝（天下名山圖（亨）冊之8） | 冊頁 | 絹 | 設色 | 51.2 × 77.1 | | 台北 故宮博物院 | 故畫 03585-8 |

畫家小傳：陶弘景。字通明。自號華陽陶隱、華陽真逸、華陽真人等。南朝梁，秣陵人，居丹陽。明陰陽、地理、醫術。嗜吟詠。工書畫。初仕齊，入梁遂隱居，屢徵不出。（見南史本傳、圖繪寶鑑清河書畫舫、書史會要、中國畫家人名大辭典）

張僧繇

名稱	形式	質地	色彩	尺寸 高×寬㎝	創作時間	收藏處所	典藏號碼
掃象圖	卷	紙	設色	36.4 × 68.6		美國 芝加哥藝術中心	1943.1147
五星二十八宿神形圖	卷	絹	設色	27.5 × 489.7		日本 大阪市立美術館	
雪山紅樹圖	軸	絹	設色	118 × 60.8		台北 故宮博物院	故畫 00001
魚籃觀音圖	軸	絹	設色	139.6 × 74.9		美國 華盛頓特區弗瑞爾藝術館	11.297
金華洞天（天下名山圖（亨）冊之9）	冊頁	絹	設色	51.5 × 63.2		台北 故宮博物院	故畫 03585-9
補圖晉謝靈運遊南亭詩意（名人書畫上冊之2）	冊頁	絹	設色	25.1 × 30.6		台北 故宮博物院	故畫 03504-2
補圖晉謝靈運登江中孤嶼詩意（名人書畫上冊之4）	冊頁	絹	設色	25.1 × 30.6		台北 故宮博物院	故畫 03504-4
補圖謝靈運於南山往北山湖中瞻眺詩意（名人書畫上冊之6）	冊頁	絹	設色	25.1 × 30.6		台北 故宮博物院	故畫 03504-6

名稱	形式	質地	色彩	尺寸 高x寬㎝	創作時間	收藏處所	典藏號碼
補圖謝靈運鄰里相送方山詩意（名人書畫上冊之8）	冊頁	絹	設色	25.1 x 30.6		台北 故宮博物院	故畫03504-8
補圖謝靈運富春渚詩意（名人書畫上冊之10）	冊頁	絹	設色	25.1 x 30.6		台北 故宮博物院	故畫03504-10
補圖晉謝靈運入彭蠡湖口詩意（名人書畫上冊之12）	冊頁	絹	設色	25.1 x 30.6		台北 故宮博物院	故畫03504-12
畫晉謝靈運登石門最高頂詩（名人書畫上冊之14）	冊頁	絹	設色	25.1 x 30.6		台北 故宮博物院	故畫03504-14
補圖晉謝靈運田南樹園激流植援詩意（名人書畫上冊之16）	冊頁	絹	設色	25.1 x 30.6		台北 故宮博物院	故畫03504-16
補圖晉謝靈運石門新營所住四面高山迴石瀨詩意（名人書畫上冊之18）	冊頁	絹	設色	25.1 x 30.6		台北 故宮博物院	故畫03504-18
補圖晉謝靈運茂林修竹齋中讀書詩意（名人書畫上冊之20）	冊頁	絹	設色	25.1 x 30.6		台北 故宮博物院	故畫03504-20
補圖晉謝靈運南樓中望所遲客詩意（名人書畫上冊之22）	冊頁	絹	設色	25.1 x 30.6		台北 故宮博物院	故畫03504-22
補圖晉謝靈運道路憶山中詩意（名人書畫上冊之24）	冊頁	絹	設色	25.1 x 30.6		台北 故宮博物院	故畫03504-24
補圖晉謝靈運石壁精舍還湖中詩意（名人書畫上冊之26）	冊頁	絹	設色	25.1 x 30.6		台北 故宮博物院	故畫03504-26
補圖晉謝靈運登池上樓詩意（名人書畫上冊之28）	冊頁	絹	設色	25.1 x 30.6		台北 故宮博物院	故畫03504-28
補圖晉謝靈運泛湖歸玉樓中望月詩意（名人書畫上冊之30）	冊頁	絹	設色	25.1 x 30.6		台北 故宮博物院	故畫03504-30
補圖晉謝靈運入華子岡是麻源第三谷詩（名人書畫上冊之32）	冊頁	絹	設色	25.1 x 30.6		台北 故宮博物院	故畫03504-32
補圖晉謝靈運七里瀨詩意（名人書畫上冊之34）	冊頁	絹	設色	25.1 x 30.6		台北 故宮博物院	故畫03504-34
補圖晉謝靈運晚出西射堂詩意（名人書畫上冊之36）	冊頁	絹	設色	25.1 x 30.6		台北 故宮博物院	故畫03504-36

畫家小傳：張僧繇。南朝梁，吳人。武帝天監（502-518）間，累官至直秘閣知畫事、右將軍、吳興太守。善畫道釋、人物、圖像與龍，六法精備，與顧愷之、陸探微並馳名。（見續畫品錄、後畫品錄、畫斷、貞觀公私畫史、歷代名畫記、神異記、唐詩紀事、宣和畫譜、海岳史、太平廣記、宋中興館閣儲藏目錄、廣川畫跋、朝野簽載、東圖玄覽、圖繪寶鑑、畫僧記、清河書畫舫、中國畫家人名大辭典）

名稱	形式	質地	色彩	尺寸 高x寬cm	創作時間	收藏處所	典藏號碼

（釋）摩羅菩提

| 阿羅三洞（天下名山圖（亨）冊之12） | 冊頁 | 絹 | 設色 | 61.9 x 85.1 | | 台北 故宮博物院 | 故畫 03585-12 |

畫家小傳：摩羅菩提。一作庵羅菩提。南朝梁，外國比丘。善畫佛像。（見續畫品、歷代名畫記、圖繪寶鑑、中國畫家人名大辭典）

顧野王

| 天目雲海（天下名山圖（亨）冊之17） | 冊頁 | 絹 | 設色 | 62.1 x 42.2 | | 台北 故宮博物院 | 故畫 03585-17 |

畫家小傳：顧野王。字希馮。南朝陳，吳郡人。在梁為中領軍。入陳，官至黃門侍郎、右將軍。為人善屬詞，能書畫，兼通天象地理。（見南史本傳、歷代名畫記、宣和畫譜、圖繪寶鑑、清河書畫舫、平湖縣誌、中國畫家人名大辭典）

明　兆

| 羅漢圖（對幅） | 軸 | 絹 | 設色 | （每幅）107.2 x 50.2 | | 英國 倫敦大英博物館 | 1881.12.10.1 -2 |

畫家小傳：明兆。南朝陳人。畫史無載。生平待考。

楊子華

| 勘書圖 | 卷 | 絹 | 設色 | 不詳 | | 台北 故宮博物院 | 國贈 027007 |

畫家小傳：楊子華。北朝齊人。籍里不詳。世祖（550-558）時，任直閣將軍員外散騎常侍，以畫供事禁中。善畫人物、龍馬。天下號為畫聖。（見續畫品錄、貞觀公私畫史、歷代名畫記、圖繪寶鑑、中國畫家人名大辭典）

蕭　放

| 石梁觀瀑（天下名山圖（亨）冊之15） | 冊頁 | 絹 | 水墨 | 61.4 x 42.8 | | 台北 故宮博物院 | 故畫 03585-15 |

畫家小傳：蕭放。字希逸。為南朝梁武帝猶子。入齊，累官待詔詞林館、鎮東大將軍、散騎常侍。性好詩文，精鑒賞，善丹青。（見北齊書本傳、北齊文苑傳序、歷代名畫記、圖繪寶鑑、中國畫家人名大辭典）

名稱	形式	質地	色彩	尺寸 高×寬㎝	創作時間	收藏處所	典藏號碼

隋　代

展子虔

遊春圖	卷	絹	設色	43 × 80.5		北京 故宮博物院	
授經圖（名繪集珍冊之2）	冊頁	絹	設色	30.1 × 33.7		台北 故宮博物院	故畫 01289-2
太液風清（天下名山圖（亨）冊之18）	冊頁	絹	設色	62.9 × 42.9		台北 故宮博物院	故畫 03585-18

畫家小傳：展子虔。隋，渤海人。歷北齊、北周入隋，仕官至朝散大夫、帳內總督。善畫道釋、人物，兼工山水。描法精細，色暈開染，神彩如生，被譽唐畫之祖。（見貞觀公私畫史、歷代名畫記、益州名畫記、宣和畫史、海岳畫史、畫鑒、廣川畫跋、東圖玄覽、畫繼、圖繪寶鑑、清河書畫舫、中國畫家人名大辭典）

鄭法士

| 讀碑圖（墨林拔萃冊之1） | 冊頁 | 絹 | 水墨 | 26.5 × 39.8 | | 台北 故宮博物院 | 故畫 01290-1 |

畫家小傳：鄭法士。隋，吳中人。北周時，官大都督建中將軍。入隋，授中散大夫。善畫道釋，師法張僧繇。尤長於人物故實。被譽僧繇已降，一人獨步。（見畫後品、歷代名畫記、宣和畫譜、圖繪寶鑑、中國畫家人名大辭典）

董　展

| 三顧草廬 | 軸 | 絹 | 設色 | 43.8 × 29.5 | | 台北 故宮博物院 | 故畫 01770 |
| 韓陵古道（天下名山圖（亨）冊之20） | 冊頁 | 絹 | 設色 | 50.6 × 80.7 | | 台北 故宮博物院 | 故畫 03585-20 |

畫家小傳：董展。字伯仁。或有稱其名為伯仁、仲仁。汝南人。生而多才藝，鄉里號稱智海。善畫道釋、人物故實，與展子虔齊名。（見後畫錄、續畫品、畫拾遺、貞觀公私畫史、歷代名畫記、宣和畫譜、圖繪寶鑑、中華藏人室筆記、中國畫家人名大辭典）

張　權

| 槐星山（天下名山圖（亨）冊之21） | 冊頁 | 絹 | 水墨 | 55.7 × 40.8 | | 台北 故宮博物院 | 故畫 03585-21 |

畫家小傳：張權。隋人。畫史無載。身世待考。

（釋）智　果

| 佛畫 | 軸 | 紙 | 設色 | 不詳 | | 美國 波士頓美術館 | |
| 天王二童子像 | 軸 | 紙 | 設色 | 31 × 30 | | 美國 聖路易斯市藝術館 | 6.1933 |

畫家小傳：智果。僧。隋人。畫史無載。身世待考。

名稱	形式	質地	色彩	尺寸 高×寬㎝	創作時間	收藏處所	典藏號碼

唐 代

李元昌（漢王）

| 匡廬飛瀑（天下名山圖（利）冊之19） | 冊頁 | 絹 | 設色 | 40 × 35.1 | | 台北 故宮博物院 | 故畫 03586-19 |

畫家小傳：李元昌。宗室。高祖第七子。太宗之弟。初封魯王，後進漢王。工書。善畫馬，兼工鷹鶻、雉兔，亦能畫人物，博綜技藝，
　　　　　頗得風韻。（見唐書本傳、唐書藝文志、唐朝名畫錄、歷代名畫記、畫後品、宣和畫譜、圖繪寶鑑、中國畫家人名大辭典）

閻立德

| 天台華頂（天下名山圖（貞）冊之1） | 冊頁 | 絹 | 設色 | 53.9 × 39.8 | | 台北 故宮博物院 | 故畫 03587-1 |
| 問道圖(名繪集冊之1) | 冊頁 | 絹 | 設色 | 25.7 × 25.7 | | 台北 故宮博物院 | 故畫 01233-1 |

畫家小傳：閻立德。名讓，字立德，以字行。榆林盛樂人。閻毗之子。太宗朝，累官至工部尚書。卒於高宗顯慶元(656)年。能傳父藝，
　　　　　善畫人物故實，時稱名手。（見唐書本傳、唐書藝文志、畫後品、歷代名畫記、唐朝名畫錄、京洛寺塔記、圖畫見聞志、宣和畫
　　　　　譜、圖繪寶鑑、中國畫家人名大辭典）

閻立本

王會圖	卷	絹	設色	28.1 × 238.1		台北 故宮博物院	故畫 01379
蕭翼賺蘭亭圖	卷	絹	設色	27.4 × 64.7		台北 故宮博物院	故畫 00975
職貢圖	卷	絹	設色	61.5 × 191.5		台北 中央博物院	中畫 00001
十八學士圖（于志寧書讚）	卷	絹	設色	29.7 × 475	龍朔二年（壬戌，662）春	台北 故宮博物院	故畫 01545
步輦圖	卷	絹	設色	38.5 × 129.6		北京 故宮博物院	
回紇進寶圖	卷	絹	設色	不詳		日本 東京根津美術館	
歷代帝王圖	卷	絹	設色	不詳		美國 波士頓美術館	
鎖鍊圖	卷	絹	設色	36.9 × 207.9		美國 華盛頓特區弗瑞爾藝術館	11.235
竹林五君圖	軸	絹	設色	137.2 × 74.3		台北 故宮博物院	故畫 00002
楊枝淨瓶觀音圖	軸	絹	設色	156.8 × 76.8		美國 華盛頓特區弗瑞爾藝術館	17.129
名婦像	軸	絹	設色	129.5 × 75		美國 華盛頓特區弗瑞爾藝術館	16.186
雪景山水（唐宋元明四朝合璧冊之1）	冊頁	絹	設色	25.5 × 24.6		台北 故宮博物院	故畫 03458-2

畫家小傳：閻立本。榆林盛樂人。閻立德之弟。生於太宗貞觀初（627），卒於高宗咸亨四（673）年。累官至工部尚書、右相。承繼家學，

名稱	形式	質地	色彩	尺寸 高×寬㎝	創作時間	收藏處所	典藏號碼

工畫道釋、人物、故實、鞍馬和寫真，時稱「丹青神化」。（見唐書本傳、唐書藝文志、後畫錄、續畫品、唐朝名畫錄、歷代名畫記、圖畫見聞志、宣和畫譜、海岳畫史、廣川畫跋、宋中興館閣儲藏記、圖繪寶鑑、雲煙過眼錄、清河書畫舫、中國畫家人名大辭典）

尉遲乙僧

名稱	形式	質地	色彩	尺寸 高×寬㎝	創作時間	收藏處所	典藏號碼
演樂圖	卷	絹	設色	30.1 × 174.1		義大利 佛羅倫斯 Villa Ta-tti 館	
護國天王像	軸	絹	設色	109 × 39.2		台北 故宮博物院	故畫 01771
天王像	軸	絹	設色	不詳		美國 華盛頓特區弗瑞爾藝術館	
具茨問道（天下名山圖（貞）冊之 3）	冊頁	絹	設色	48.6 × 40.1		台北 故宮博物院	故畫 03587-3

畫家小傳：尉遲乙僧。于闐國人。尉遲跋質那之子。太宗貞觀初（627），其國以丹青奇妙薦送來唐，遂以繪畫歷事太宗、高宗、中宗、睿宗四朝。善畫佛像、人物、花鳥等。於線描、設色帶來新畫法，影響中國本土繪畫發展甚大。（見後畫錄、歷代名畫記、唐朝名畫錄、宣和畫譜、畫鑒、圖繪寶鑑、清河書畫舫、楊升庵集、中國畫家人名大辭典）

范長壽

名稱	形式	質地	色彩	尺寸 高×寬㎝	創作時間	收藏處所	典藏號碼
松崖談道（宋元明人合錦下冊之 1）	冊頁	絹	設色	22.3 × 21.8		台北 故宮博物院	故畫 03477-1

畫家小傳：范長壽。籍里不詳。為張僧繇弟子。善畫道釋、人物，尤工畫風俗故實、田家景物。（見唐書藝文志、唐朝名畫錄、歷代名畫記、京洛寺塔記、宣和畫譜、圖繪寶鑑、中國畫家人名大辭典）

薛　稷

名稱	形式	質地	色彩	尺寸 高×寬㎝	創作時間	收藏處所	典藏號碼
徑山（天下名山圖（利）冊之 9）	冊頁	絹	設色	62.7 × 82.7		台北 故宮博物院	故畫 03586-9

畫家小傳：薛稷。字嗣通。蒲州汾陰人。生於太宗貞觀廿三（649）年。卒於玄宗開元元（713）年。由進士歷官至太子少保，封晉國公。工書、善畫。畫擅人物、佛像、鳥獸，尤以畫鶴知名於世。（見唐書本傳、唐朝名畫錄、歷代名畫記、益州名畫錄、蒲州府志、成都記、封氏見聞記、杜工部集、唐詩紀事、宣和畫譜、海岳畫史、圖繪寶鑑、胡氏亭畫記、中國畫家人名大辭典）

李思訓

名稱	形式	質地	色彩	尺寸 高×寬㎝	創作時間	收藏處所	典藏號碼
耕漁圖	卷	絹	設色	27.8 × 525.2		台北 故宮博物院	故畫 01380
江帆樓閣	軸	絹	設色	101.9 × 54.7		台北 故宮博物院	故畫 00003
九成宮圖	軸	絹	設色	130.1 × 64		美國 華盛頓特區弗瑞爾藝術館	17.99

名稱	形式	質地	色彩	尺寸 高×寬cm	創作時間	收藏處所	典藏號碼
青綠山水圖	軸	絹	設色	110.5 × 57.5		英國 倫敦大英博物館	1910.2.12.454(5)
青綠山水圖	軸	絹	設色	60.2 × 34.1		英國 倫敦大英博物館	1910.2.12.445(3)
王京雪霽（天下名山圖（利）冊之1）	冊頁	絹	設色	55.9 × 38		台北 故宮博物院	故畫 03586-1
華清春晝（天下名山圖（利）冊之10）	冊頁	絹	設色	29.2 × 35		台北 故宮博物院	故畫 03586-10
蜀葵飛蝶圖	冊頁	絹	設色	13.8 × 22.3		重慶 重慶市博物館	

畫家小傳：李思訓。唐宗室。字建見。生於高宗永徽二（651）年。卒於玄宗開元四（716）年。開元初仕官至左武衛大將軍。時人稱大李將軍。工書畫。善畫青綠設色山水，後世尊為「北宗」之祖。（見舊唐書本傳、唐書宗室本傳、唐朝名畫錄、歷代名畫記、宣和畫譜、海岳畫史、圖繪寶鑑、畫史會要、中國畫家人名大辭典）

李思誨

名稱	形式	質地	色彩	尺寸 高×寬cm	創作時間	收藏處所	典藏號碼
南樓（天下名山圖（利）冊之2）	冊頁	絹	設色	不詳		台北 故宮博物院	故畫 03586-2

畫家小傳：李思誨。唐宗室。李思訓弟。亦善丹青。（見唐書宗室本傳、歷代名畫記、圖繪寶鑑、中國畫家人名大辭典）

李昭道

名稱	形式	質地	色彩	尺寸 高×寬cm	創作時間	收藏處所	典藏號碼
蓬萊宮闕圖	卷	絹	設色	53.1 × 431.5		台北 故宮博物院	故畫 03181
黃帝問答圖	卷	絹	設色	29.4 × 60		日本 佐賀縣鍋島報效會	3-卷-4
桃源圖	卷	絹	設色	27.7 × 423		瑞典 斯德哥爾摩遠東古物館	NMOK101
曲江圖	軸	絹	設色	171.2 × 111.3		台北 故宮博物院	故畫 00007
洛陽樓圖	軸	絹	設色	37.6 × 39.4		台北 故宮博物院	故畫 00006
春山行旅圖	軸	絹	設色	95.5 × 55.3		台北 故宮博物院	故畫 00005
湖亭遊騎	軸	絹	設色	112.1 × 63.5		台北 故宮博物院	故畫 00004
連昌宮圖(唐宋元畫集錦冊之1)	紈扇面	絹	設色	24 × 25.4		台北 故宮博物院	故畫 01239-1
四明山（天下名山圖（利）冊之15）	冊頁	絹	設色	63.6 × 42.2		台北 故宮博物院	故畫 03586-15
仙山樓閣（唐宋元明四朝合璧冊之2）	冊頁	絹	青綠	23.6 × 23.6		台北 故宮博物院	故畫 03458-2

畫家小傳：李昭道。唐宗室。李思訓之子。善畫山水，作金碧之體，能變父體勢，而巧妙過之，後世尊稱小李將軍，以與父區別。

（見舊唐書本傳、唐書宗室系表、歷代名畫記、宣和畫譜、畫鑒、圖繪寶鑑、中國畫家人名大辭典）

名稱	形式	質地	色彩	尺寸 高×寬㎝	創作時間	收藏處所	典藏號碼

吳道玄

名稱	形式	質地	色彩	尺寸 高×寬㎝	創作時間	收藏處所	典藏號碼
送子天王圖	卷	紙	白描	35.7 x 338		日本 大阪市立美術館	JM3-082
寶積賓伽羅佛像	軸	絹	設色	114.1 x 41.1		台北 故宮博物院	故畫00008
觀音圖	軸	絹	設色	不詳		日本 南禪寺	
觀音圖	軸	絹	水墨	164.6 x 88.5		日本 向嶽寺	3308
羅漢像	軸	絹	設色	148.6 x 76.2		美國 華盛頓特區弗瑞爾藝術館	16.521
羅漢圖	軸	絹	設色	121.9 x 67.4		美國 華盛頓特區弗瑞爾藝術館	17.100
羅漢圖	軸	絹	設色	124.9 x 61.6		美國 華盛頓特區弗瑞爾藝術館	19.107
雙松圖	軸	絹	水墨	190.1 x 69.1		美國 華盛頓特區弗瑞爾藝術館	11.244
劉海蟾蜍圖	軸	絹	設色	102.6 x 58		美國 華盛頓特區弗瑞爾藝術館	14.78
觀音十六羅漢圖	納扇面	絹	設色	21.2 x 21.1		美國 紐約大都會藝術博物館	13.100.123

畫家小傳：吳道玄。初名道子，後玄宗為改名道玄，遂以道子為字。陽翟人。初學書於張旭，不成，因改習畫。善畫人物、佛道、鬼神、鳥獸、山水等。佛道、人物畫描線，早年行筆差細（密體），中年一變粗重磊落之蒓菜描（疏體），影響其後人物畫發展至巨。在世供奉內廷，深受玄宗愛重。死後被尊稱「畫聖」。(見唐朝名畫錄、歷代名畫記、兩京耆舊傳、京洛寺塔記、雍錄、杜工部集、宣和畫譜、海岳畫史、廣川畫跋、蘇東坡集、黃山谷集、圖繪寶鑑、中國畫家人名大辭典)

楊庭光

名稱	形式	質地	色彩	尺寸 高×寬㎝	創作時間	收藏處所	典藏號碼
長壽菩薩像	軸	絹	設色	103.1 x 58.8		美國 華盛頓特區弗瑞爾藝術館	17.157
東溪晚泊（天下名山圖（利）冊之4）	冊頁	絹	設色	61.9 x 41.8		台北 故宮博物院	故畫03586-4

畫家小傳：楊庭光。籍里不詳。開元（713-741）中人。善畫道釋、鬼神及人物，兼工雜畫、山水。畫名與吳道子齊。(見唐朝名畫錄、歷代名畫記、宣和畫譜、圖繪寶鑑、雲煙過眼錄、中國畫家人名大辭典)

陳閎

名稱	形式	質地	色彩	尺寸 高×寬㎝	創作時間	收藏處所	典藏號碼
八公圖	卷	絹	設色	25 x 91.5		美國 堪薩斯市納爾遜-艾金斯藝術博物館	49-40

名稱	形式	質地	色彩	尺寸 高×寬 ㎝	創作時間	收藏處所	典藏號碼
紫燕圖	軸	絹	設色	不詳		台北 故宮博物院	國贈 006483
龍雲圖（宋元明集繪冊之3）	冊頁	絹	水墨	29.7 x 60.5		台北 故宮博物院	故畫 03473-3
潛陽雲壑（天下名山圖（利）冊之5）	冊頁	絹	設色	53.7 x 40.2		台北 故宮博物院	故畫 03586-5

畫家小傳：陳閎（一作弘）。會稽人。工畫寫貌、人物、仕女、及禽獸，尤善鞍馬。師從曹霸。開元(713-741)中，召入供奉內廷，先後為玄宗、肅宗寫御容，冠絕當代。（見舊唐書岐王傳、唐書藝文志、開元記、唐朝名畫錄、歷代名畫記、宣和畫譜、圖繪寶鑑、紹興府志、中國畫家人名大辭典）

韓　幹

名稱	形式	質地	色彩	尺寸 高×寬 ㎝	收藏處所	典藏號碼
馬性圖	卷	絹	設色	不詳	日本 東京藤田美術館	M.C.8808
照夜白圖	卷	紙	水墨	30.6 x 34.1	美國 紐約大都會藝術博物館	1977.78
呈馬圖	卷	絹	設色	31 x 192.8	美國 華盛頓特區弗瑞爾藝術館	15.16
圉人呈馬圖	卷	絹	設色	49.7 x 140.2	法國 巴黎賽紐斯基博物館	M.C.8808
猿馬	軸	絹	設色	136.8 x 48.4	台北 故宮博物院	故畫 00009
洗馬圖	軸	紙	水墨	30.5 x 37.7	台北 故宮博物院	故畫 00010
牧馬圖(名繪集珍冊之3)	冊頁	絹	設色	27.5 x 34.1	台北 故宮博物院	故畫 01289-3
照夜白圖	冊頁	紙	水墨	不詳	美國 紐約大都會藝術博物館	

畫家小傳：韓幹。藍田（或作大梁、長安）人。善畫寫貌、人物、佛像、鬼神，尤工鞍馬。初師曹霸，後事寫生遂獨擅，創立高驤肥壯富貴「木槽馬」，與曹霸成為建立畫馬「肥」「瘦」兩類造型代表而享名後世。玄宗天寶初(742)，與陳閎同供奉內廷，深受玄宗器重。（見唐書藝文志、唐朝名畫錄、歷代名畫記、畫斷、京洛寺塔記、酉陽雜俎、杜工部集、圖畫見聞志、宣和畫譜、東坡全集、海岳畫史、畫鑑、洞天清祿集、東圖玄覽、後村題跋、圖繪寶鑑、寫意編、真蹟日錄、中國畫家人名大辭典）

王　維

名稱	形式	質地	色彩	尺寸 高×寬 ㎝	創作時間	收藏處所	典藏號碼
千岩萬壑	卷	絹	設色	31.5 x 705.9	開元廿四年（丙子，736)	台北 故宮博物院	故畫 01382
山陰圖	卷	絹	設色	26.3 x 84		台北 故宮博物院	故畫 00978
江干雪意圖	卷	絹	設色	24.8 x 162.8		台北 故宮博物院	故畫 00979
江山雪霽圖	卷	絹	設色	28.5 x 188.5		日本 京都小川睦之輔先生	
伏生授經圖	卷	絹	設色	25.4 x 44.7		日本 大阪市立美術館	JM3-085
長江積雪	卷	紙	設色	28.7 x ?		美國 夏威夷火魯奴奴藝術學院	2725.1
雪溪圖	軸	絹	設色	不詳		日本 私人	
劍閣雪棧圖	軸	絹	設色	187 x 96.2		美國 華盛頓特區弗瑞爾藝術	16.402

名稱	形式	質地	色彩	尺寸 高x寬cm	創作時間	收藏處所	典藏號碼
						館	
青綠山水圖	軸	絹	設色	60.2 x 34.1		英國 倫敦大英博物館	1910.2.12.445 （3）
雪漁圖（唐宋元明集繪冊之2）	冊頁	絹	設色	31 x 39.2		台北 故宮博物院	故畫 03459-2
櫻神山（天下名山圖（利）冊之6）	冊頁	絹	設色	62.7 x 41.2		台北 故宮博物院	故畫 03586-6

畫家小傳：王維。字詰摩。太原祁人。生於天后聖曆二（699）年。卒於肅宗乾元二(759)。仕官至尚書右丞。工詩。善畫。開山水畫水墨渲淡、詩畫、文人畫之筆始。被譽為山水畫「南宗」之祖。(見新、舊唐書本傳、唐國史補、唐朝名畫錄、歷代名畫記、唐詩紀事、丹青志、畫旨、宣和畫譜、海岳畫史、東圖玄覽、山谷集、東坡集、瑤環集、經籍志、圖繪寶鑑、珊瑚網、格古要論、中國畫家人名大辭典)

盧 鴻

名稱	形式	質地	色彩	尺寸	創作時間	收藏處所	典藏號碼
草堂十志圖	卷	紙	水墨	29.4 x 600		台北 故宮博物院	故畫 00976
夕夜歸莊圖	軸	絹	設色	155.1 x107		美國 華盛頓特區弗瑞爾藝術館	16.401
錦江（天下名山圖（利）冊之14）	冊頁	絹	設色	39.8 x 62.1		台北 故宮博物院	故畫 03586-14

畫家小傳：盧鴻（或作鴻一）。字浩然（或作顥然）。洛陽（作作幽州）人，隱於嵩山，開元中屢徵不出。為人博學，善書，工畫。畫擅水墨山水，得平遠之趣，名與王維相埒。(見唐書、舊唐書本傳、歷代名畫記、宣和畫譜、畫旨、海岳畫史、廣川畫跋、清河書畫舫、嚴氏書畫記、書史會要、中華畫人室隨筆、中國畫家人名大辭典)

鄭 虔

名稱	形式	質地	色彩	尺寸	創作時間	收藏處所	典藏號碼
浮槎遠帆（天下名山圖（貞）冊之2）	冊頁	絹	設色	62.2 x 81.7		台北 故宮博物院	故畫 03587-2

畫家小傳：鄭虔。字弱齊。鄭州滎陽人。玄宗開元廿五(737)年，授廣文館學士。天寶中擢博士。工詩、書、畫，有「三絕」之譽。畫善山水及魚水，時稱奇妙。(見唐書本傳、唐朝名畫錄、歷代名畫記、杜工部集、圖畫見聞志、圖繪寶鑑、中國畫家人名大辭典)

張 諲

名稱	形式	質地	色彩	尺寸	創作時間	收藏處所	典藏號碼
太白山（天下名山圖（利）冊之17）	冊頁	絹	設色	41.1 x 56.2		台北 故宮博物院	故畫 03586-17

畫家小傳：張諲（或作湮）。籍里不詳。工詩。能草、隸書。善畫山水。與王維、李頎為詩酒丹青之友。(見歷代名畫記、王右丞集、唐詩紀事、悅生別錄、圖繪寶鑑、中國畫家人名大辭典)

裴 諝

名稱	形式	質地	色彩	尺寸 高×寬㎝	創作時間	收藏處所	典藏號碼
桃源（天下名山圖（貞）冊之 12）	冊頁	絹	設色	52.6 × 37.6		台北 故宮博物院	故畫 03587-12

畫家小傳：裴諝。字士明。絳州聞喜人。生於睿宗景雲二年，德宗貞元元年（780）時七十五歲，官兵部侍郎、河南尹。善畫山水，
　　　　極有思致。（見唐書本傳、歷代名畫記、圖繪寶鑑、中國畫家人名大辭典）

梁令瓚

| 五星二十八宿神形圖 | 卷 | 絹 | 設色 | 27.5 × 489.7 | | 日本 兵庫縣阿部房次郎先生 | |

畫家小傳：梁令瓚。蜀人。玄宗開元（713-740）中，官率府兵曹參事。精天文、數術。能篆書。工畫人物。（見唐書天文志、圖繪寶鑑
　　　　補遺、南陽名畫表、中國畫家人名大辭典）

楊 昇

畫山水	卷	絹	青綠	30.3 × 184.2		台北 故宮博物院	故畫 00977
仿周文矩宮中圖	卷	絹	設色	25.9 × ?		美國 紐約大都會藝術博物館	1978.4
關山蒲雪圖	軸	絹	設色	不詳		美國 紐約顧洛阜先生	
王子喬遇仙圖	軸	絹	設色	211.1 × 99.7		瑞典 斯德哥爾摩遠東古物館	NMOK 102
江上初雪（唐宋元明集繪冊之 1）	冊頁	絹	設色	30 × 28.4		台北 故宮博物院	故畫 03459-1
翠岫飛泉（宋元明人合錦冊之 2）	冊頁	絹	設色	21.6 × 26.8		台北 故宮博物院	故畫 03476-2
關山蒲雪圖	冊頁	絹	設色	30.4 × 33.5		美國 紐約顧洛阜先生	

畫家小傳：楊昇。籍里不詳。玄宗開元（713-741）中，為史館畫直，肅宗時尚在。善寫照，嘗繪玄宗、肅宗像，極得王者氣度。畫山水亦妙
　　　　，得張僧繇之沒骨法。（見唐書藝文志、歷代名畫記、宣和畫譜、圖繪寶鑑、清河書畫舫、中國畫家人名大辭典）

楊 寧

| 玉台精舍（天下名山圖（利）冊之3） | 冊頁 | 絹 | 設色 | 57.3 × 37.9 | | 台北 故宮博物院 | 故畫 03586-3 |

畫家小傳：楊寧。籍里不詳。玄宗開元（713-741）時，與楊昇同直史館。善畫人物。嘗寫史館像，極得風神氣骨。（見歷代名畫記、宣和
　　　　畫譜、圖繪寶鑑、中國畫家人名大辭典）

張 萱

宮女演樂圖	卷	絹	水墨	25.7 × 177		美國 哈佛大學福格藝術館	1
明皇合樂圖(墨林拔萃冊之4)	冊頁	絹	設色	29.5 × 50		台北 故宮博物院	故畫 01290-4
函關策蹇（下名山圖（利）之	冊頁	絹	設色	55.1 × 33.2		台北 故宮博物院	故畫 03586-11

名稱	形式	質地	色彩	尺寸 高×寬㎝	創作時間	收藏處所	典藏號碼

11)

畫家小傳：張萱。長安人。玄宗開元（713-741）時，與楊昇、楊寧同直史館。善畫人物，尤好畫貴公子、婦女、嬰兒。其婦女畫造型，
　　　　多服飾華麗、體腴穠艷，風姿綽約，風格獨特。（見唐書藝文志、唐朝名畫錄、歷代名畫記、京洛寺塔記、宣和畫譜、畫鑒、
　　　　東圖玄覽、圖繪寶鑑、雲煙過眼錄、中國畫家人名大辭典）

盧稜伽

渡水僧圖	軸	絹	設色	155 × 73		日本 大阪市立美術館	JM3-005
文殊、普賢菩薩（對幅）	軸	絹	設色	（每軸）72.6 × 51.4		美國 華盛頓特區弗瑞爾藝術館	70.42.43
六尊者(6幀)	冊	絹	設色	（每幀）30 × 58		北京 故宮博物院	

畫家小傳：盧楞伽（或作稜伽）。長安人。吳道子弟子。善畫佛像、經變、羅漢等，畫跡似道子，惟用筆工細。（見唐朝名畫錄、歷代名
　　　　畫記、益州名畫錄、京洛寺塔記、宣和畫譜、廣川畫跋、洞天清祿集、畫繼、畫譜拾遺、雲煙過眼錄、清河書畫舫、中國畫家
　　　　人名大辭典）

畢 宏

赤壁秋深（天下名山圖（利）冊之20）	冊頁	絹	設色	60.2 × 42.6		台北 故宮博物院	故畫 03586-20

畫家小傳：畢宏。河南偃師人。玄宗天寶中，官御史。代宗大曆二（767）年，為給事中，後改京兆少尹、左庶子。善畫松石、山水，
　　　　有名於時，杜甫曾為作雙松歌。（見唐朝名畫錄、封氏見聞記、杜工部集、歷代名畫記、宣和畫譜、海岳畫史、圖繪寶鑑、
　　　　中國畫家人名大辭典）

張 璪

瞿塘三峽（天下名山圖（貞）冊之5）	冊頁	絹	水墨	57.6 × 40.8		台北 故宮博物院	故畫 03587-5

畫家小傳：張璪（或作藻）。字文通。吳郡人。肅宗、代宗（756-779）時，歷官檢校祠部員外郎、忠州司馬。善畫水墨山水、樹石，極富
　　　　創意。主張繪畫應「外師造化，中得心源」。（見唐朝名畫錄、歷代名畫記、益州名畫錄、唐文粹、宣和畫譜、畫旨、畫鑒、海岳
　　　　畫史、廣川畫跋、圖繪寶鑑、清河書畫舫、中國畫家人名大辭典）

張志和

木蘭陂（天下名山圖（利）冊之16）	冊頁	絹	設色	38.3 × 40.4		台北 故宮博物院	故畫 03586-16
三魚圖（唐宋元三朝名畫冊之5）	冊頁	絹	設色	22.6 × 23		香港 潘祖堯小聽颿樓	CP40e

名稱	形式	質地	色彩	尺寸 高×寬cm	創作時間	收藏處所	典藏號碼

畫家小傳：張志和。初名龜齡，肅宗賜今名。字子同。號煙波子、煙波釣叟、玄真子。婺州金華人。肅宗時，曾官左金武衛錄事參軍。工吟詠。善繪畫。顏真卿重其高節，作漁歌五首贈之，繪而為圖，為後世漁父圖之伊始。（見唐書本傳、唐朝名畫錄、歷代名畫記、畫旨、海岳畫史、圖繪寶鑑、畫史會要、中國畫家人名大辭典）

韋鑾

名稱	形式	質地	色彩	尺寸	創作時間	收藏處所	典藏號碼
蘆雁圖	軸	絹	設色	128.2 × 82.1		美國 舊金山亞洲藝術館	B69 D11

畫家小傳：韋鑾。京兆杜陵人。與兄鑑俱善畫。鑑善畫龍馬、山水。鑾畫花鳥，可為邊鸞之亞；亦工山水、松石。（見唐書宰相世系表、唐朝名畫錄、歷代名畫記、宣和畫譜、圖繪寶鑑、中國畫家人名大辭典）

韋偃

名稱	形式	質地	色彩	尺寸	創作時間	收藏處所	典藏號碼
雙騎圖(墨林拔萃冊之2)	冊頁	絹	設色	31 × 44.5	唐貞觀年（？）春	台北 故宮博物院	故畫 01290-2

畫家小傳：韋偃（或作鷗）。長安人，居蜀。韋鑾之子。善畫鞍馬、松石。雖承家學，然成就遠過於父，思高格逸。尤長於以越筆點簇小馬，曲盡其妙。（見唐書藝文志、唐朝名畫錄、歷代名畫記、杜工部集、益州名畫錄、圖畫見聞志、宣和畫譜、海岳畫史、畫鑑、廣川畫跋、圖繪寶鑑、中國畫家人名大辭典）

周昉

名稱	形式	質地	色彩	尺寸	創作時間	收藏處所	典藏號碼
內人雙陸圖	卷	絹	設色	28.8 × 115		台北 故宮博物院	故畫 00980
人物	卷	絹	設色	30.8 × 220		台北 故宮博物院	故畫 01383
麟趾圖	卷	絹	設色	39.6 × 327.7		台北 故宮博物院	故畫 01747
調嬰圖	卷	絹	設色	不詳		台北 故宮博物院	國贈 026722
簪花仕女圖	卷	絹	設色	48 × 180		瀋陽 遼寧省博物館	
揮扇仕女圖	卷	絹	設色	33.7 × 204.8		北京 故宮博物院	
地官出遊圖（殘）	卷	絹	設色	24.1 × 51.4		北京 故宮博物院	
戲嬰圖	卷	絹	設色	30.8 × 48.5		美國 紐約大都會藝術博物館	40.148
宮女倦繡圖	卷	絹	設色	33.5 × ?		美國 耶魯大學藝術館	1952.52.19
內人雙陸圖	卷	絹	設色	29.7 × 15.4		美國 華盛頓特區弗瑞爾藝術館	60.4
遊行仕女圖	軸	絹	設色	不詳		美國 華盛頓特區弗瑞爾藝術館	16.50
彈琴仕女圖	卷	絹	設色	不詳		美國 堪薩斯市納爾遜-艾金斯藝術博物館	
演樂圖	軸	絹	設色	165.6 × 84.4		台北 故宮博物院	故畫 00814
麻姑仙壇記圖	軸	絹	設色	136.8 × 53.4		台北 故宮博物院	中畫 00061
紈扇仕女圖	軸	絹	設色	不詳		台北 故宮博物院	國贈 000005

名稱	形式	質地	色彩	尺寸 高x寬㎝	創作時間	收藏處所	典藏號碼
仕女	軸	絹	設色	不詳		台北 故宮博物院	國贈 000544
遊行仕女圖	軸	絹	設色	109.6 × 50.7		美國 華盛頓特區弗瑞爾藝術館	16.50
文殊維摩問答圖	軸	絹	設色	114.5 × 42.3		美國 華盛頓特區弗瑞爾藝術館	16.524
蠻夷執貢圖(集古圖繪冊之1)	冊頁	絹	設色	46.7 × 39.5		台北 故宮博物院	故畫 01235-1
士女吟詩圖(名繪集珍冊之4)	冊頁	絹	設色	39.5 × 38.5		台北 故宮博物院	故畫 01289-4
仕女合樂（唐宋元集繪冊之15）	冊頁	絹	設色	24 × 24		台北 故宮博物院	故畫 03460-15
仙山樓觀（宋元明人合錦冊之5）	冊頁	絹	設色	21.7 × 20.9		台北 故宮博物院	故畫 03476-5
金谷園（天下名山圖（貞）冊之4）	冊頁	絹	設色	57.8 × 42		台北 故宮博物院	故畫 03587-4
倦繡圖	冊頁	絹	設色	21 × 29		美國 華盛頓特區弗瑞爾藝術館	16.75

畫家小傳：周昉。字仲朗（一作景元）。長安人。德宗貞元(785-804)間，官宣州長史。為人好屬文。能書。善畫道釋、人物、仕女及寫真。所畫仕女，效法張萱，共同建立鮮明獨特之唐代婦女造型，又首創水月觀音樣式，俱成為後世效法對象。（見唐書藝文志、唐朝名畫錄、歷代名畫記、圖畫見聞志、宣和畫譜、海岳畫史、澹圜畫品、廣川畫跋、東圖玄覽、圖繪寶鑑、硯北雜誌、湘山野錄、珊瑚網、清河書畫舫、中國畫家人名大辭典）

韓 滉

名稱	形式	質地	色彩	尺寸 高x寬㎝	創作時間	收藏處所	典藏號碼
文苑圖（實為五代周文矩畫）	卷	絹	設色	37.5 × 58.5		北京 故宮博物院	
五牛圖	卷	紙	設色	21.4 × 139.8		北京 故宮博物院	
豐稔圖	卷	絹	設色	48.8 × 51.5		北京 故宮博物院	
五牛圖	卷	絹	設色	不詳		日本 大原美術館	
文苑圖	卷	絹	設色	不詳		美國 華盛頓特區弗瑞爾藝術館	16.183
田家樂圖	卷	絹	設色	27.2 × 101.5		美國 華盛頓特區弗瑞爾藝術館	16.583
雙牛圖	卷	絹	水墨	35.6 × 93.5		英國 倫敦大英博物館	1936.10.9.020(ADD99)
雪中尋梅	軸	絹	設色	99.9 × 42		美國 華盛頓特區弗瑞爾藝術館	16.79
嬰戲圖	軸	絹	設色	182.2 × 98		美國 聖路易斯市立藝術館	850.1920

名稱	形式	質地	色彩	尺寸 高×寬㎝	創作時間	收藏處所	典藏號碼
牧牛圖(宋元名畫集冊之14)	冊頁	絹	水墨	28 × 31.6		美國 耶魯大學藝術館	1952.52.25n
騎牛圖	紈扇面	絹	設色	26.2 × 28		美國 華盛頓特區弗瑞爾藝術館	11.485
羊圖(唐宋元三朝名畫冊之3)	冊頁	絹	設色	31.3 × 20.8		德國 柏林東亞藝術博物館	206.3-12

畫家小傳：韓滉。字太沖。長安人。生於玄宗開元十一（723）年。卒於德宗貞元三（787）。德宗朝，官至宰相，封晉國公。博學。工書。善畫人物、牛馬。畫牛尤能曲盡其妙。(見唐書本傳、唐朝名畫錄、歷代名畫記、圖畫見聞志、宣和畫譜、海岳畫史、畫鑒、畫譜拾遺、東圖玄覽、渭南集、圖繪寶鑑、清河書畫舫、中國畫家人名大辭典)

邊　鸞

名稱	形式	質地	色彩	尺寸 高×寬㎝	創作時間	收藏處所	典藏號碼
百鳥朝陽圖	卷	絹	設色	52.7 × ?		德國 科隆東亞藝術博物館	A77.112
花鳥	軸	絹	設色	58.1 × 57.4		台北 故宮博物院	故畫 01773
花鳥圖	軸	紙	設色	59.8 × 38.7		美國 華盛頓特區弗瑞爾藝術館	16.523
寒塘宿雁圖	軸	絹	設色	158.2 × 100.3		美國 華盛頓特區弗瑞爾藝術館	16.134
乾剛威鎮圖	軸	絹	設色	107.4 × 62.1		美國 華盛頓特區弗瑞爾藝術館	09.186
疏林雙鶴（名繪薈萃冊之1）	冊頁	絹	設色	23.2 × 20.9		台北 故宮博物院	故畫 03486-1
翠禽紅蓼（唐宋元集繪冊之7）	冊頁	絹	設色	24 × 24		台北 故宮博物院	故畫 03460-7
秋實山禽(宋元名人花鳥合璧冊之9)	冊頁	絹	設色	26.9 × 27.4		台北 故宮博物院	故畫 01266-9

畫家小傳：邊鸞。京兆人。少攻丹青。善畫花鳥，尤長於折枝草木，無人能比。德宗貞元（785-804）間，奉詔繪畫新羅國進獻孔雀，翠彩生動，極獲德宗讚賞。(見唐朝名畫錄、歷代名畫記、京洛寺塔記、宣和畫譜、海岳畫史、廣川畫跋、圖繪寶鑑、中國畫家人名大辭典)

李　貞

名稱	形式	質地	色彩	尺寸 高×寬㎝	創作時間	收藏處所	典藏號碼
（傳）不空金剛像（真言宗七祖像之1）	軸	絹	設色	212 × 150.6		日本 京都教王護國寺	
（傳）惠果阿闍梨像（真言宗七祖像之1）	軸	絹	設色	212 × 150.6		日本 京都教王護國寺	

畫家小傳：李貞（一作真）。籍里不詳。德宗(780-804) 時人. 善畫鬼神、花鳥。(見京洛寺塔記、歷代畫史彙傳、中國畫家人名大辭典)

項　容

名稱	形式	質地	色彩	尺寸 高×寬㎝	創作時間	收藏處所	典藏號碼
仙都勝概（天下名山圖（利）	冊頁	絹	設色	62.4 × 42.5		台北 故宮博物院	故畫 03586-13

名稱	形式	質地	色彩	尺寸 高x寬cm	創作時間	收藏處所	典藏號碼

冊之 13）

畫家小傳：項容。籍里不詳。善畫山水，師事王默。一說王默師事項容。作畫用筆挺特巉絕，自成一家。（見唐朝名畫錄、歷代名畫記、宣
　　　　　和畫譜、圖繪寶鑑、中國畫家人名大辭典）

朱 審

| 點蒼山（天下名山圖（利）冊 | 冊頁 | 絹 | 設色 | 48.7 x 38.3 | | 台北 故宮博物院 | 故畫 03586-12 |

之 12）

畫家小傳：朱審。吳興（一作吳郡）人。德宗建中（780-784）時，知名於世。工畫山水、人物及竹木。（見唐朝名畫錄、歷代名畫記、
　　　　　圖繪寶鑑、中國畫家人名大辭典）

范 瓊

| 大悲觀音像 | 軸 | 絹 | 設色 | 67.3 x 39.9 | 大唐大中四年庚午歲（850）正月吉旦 | 台北 故宮博物院 | 故畫 00011 |
| 匡盧飛瀑（天下名山圖（利）冊之 19） | 冊頁 | 絹 | 設色 | 40 x 35.1 | | 台北 故宮博物院 | 故畫 03586-19 |

畫家小傳：范瓊。文宗（827-840）時人。與陳皓、彭堅同寓成都，同時以繪諸佛寺壁畫享名於時。善畫人物、佛像、天王、羅漢和鬼神。
　　　　　（見益州名畫錄、圖畫見聞誌、宣和畫譜、海岳畫史、澝圖畫品、圖繪寶鑑、中國畫家人名大辭典）

李方叔

| 山水圖（唐宋元三朝名畫冊之 5） | 冊頁 | 絹 | 設色 | 24.7 x 25.6 | | 德國 柏林東亞藝術博物館 | 206.5-12 |

畫家小傳：李方叔。自號西河山人。籍里不詳。憲宗元和（806-820）中人，工畫山水、人物。（見圖繪寶鑑補遺、中國畫家人名大辭典）

戴 嵩

鬥牛圖	卷	紙	設色	45 x 47.9		台北 故宮博物院	中畫 00002
牧童圖	卷	絹	設色	不詳		日本 福岡市美術館	
畫牛	軸	紙	設色	56.1 x 32.2		台北 故宮博物院	故畫 01772
牧牛圖	軸	絹	設色	180 x 151.5		美國 華盛頓特區弗瑞爾藝術館	16.76.77
乳牛圖（名繪集珍冊之 5）	冊頁	絹	設色	21.4 x 45.9		台北 故宮博物院	故畫 01289-5
牧牛圖（唐宋元明集繪冊之 3）	冊頁	絹	設色	23.4 x 21.9		台北 故宮博物院	故畫 03459-3
牧牛圖（兩朝合璧連珠畫帖之 5）	冊頁	絹	水墨	23.3 x 24.7		日本 東京出光美術館	
歸牧圖（唐宋元三朝名畫冊之	冊頁	絹	設色	23.7 x 25.2		德國 柏林東亞藝術博物館	206.4-12

名稱	形式	質地	色彩	尺寸 高x寬㎝	創作時間	收藏處所	典藏號碼

4）

畫家小傳：戴嵩。籍里不詳。韓滉鎮浙時，嵩為屬下巡官，遂師韓畫。獨於畫牛青出於藍，能寫牛之情性形態，有名於世。（見唐朝名畫錄、歷代名畫記、宣和畫譜、東坡志林、廣川畫跋、遵生八箋、圖繪寶鑑、珍珠船、中國畫家人名大辭典）

戴 嶧

百牛圖	卷	絹	設色	27.2 x 224		日本 京都國立博物館（上野有	A甲137
						竹齋寄贈）	
群牛圖	卷	絹	水墨	33.6 x 74.7		日本 福岡市美術館	4-B-193
逸牛圖（墨林拔萃冊之3）	冊頁	絹	水墨	31.2 x 48.7		台北 故宮博物院	故畫 01290-3

畫家小傳：戴嶧。戴嵩之弟。亦以畫牛得名於世。善作牛奔逸之狀。（見歷代名畫記、宣和畫譜、圖繪寶鑑、中國畫家人名大辭典）

衛 憲

| 菊蝶圖（唐宋元三朝名畫冊之 | 冊頁 | 絹 | 設色 | 24.4 x 25.5 | | 德國 柏林東亞藝術博物館 | 206.2-12 |
| 2） | | | | | | | |

畫家小傳：衛憲。籍里、身世不詳。善畫人物。師於周昉與高雲，同得其妙。尤以花木、竹雀、蜂蟬，為世所珍。（見唐朝名畫錄、圖繪寶鑑、中國畫家人名大辭典）

陸 曜

| 六逸圖 | 卷 | 紙 | 設色 | 28.3 x 247.6 | | 北京 故宮博物院 | |

畫家小傳：陸曜。畫史無載。身世待考。

趙公祐

| 揭缽圖 | 卷 | 絹 | 設色 | 27.4 x 109. | | 英國 倫敦大英博物館 | 1925.2.18.01 |
| | | | | 4 | | | （ADD29） |

畫家小傳：趙公祐。長安人。敬宗寶曆（825-826）中，寓居蜀之成都。工畫人物，尤善佛像、天王、鬼神。名高當代，時無等倫。（見益州名畫記、古畫品、宋中興館閣儲藏記、圖繪寶鑑、中國畫家人名大辭典）

韓 虯

| 獻香菩薩圖 | 軸 | 絹 | 設色 | 157.3 x 73.2 | | 日本 大阪市立美術館 | JM3-006 |

畫家小傳：韓虯（一作求）。陝西人。為人倜儻不拘，有經略才能。工畫道釋、鬼神。與李祝同學於吳道子，聲譽並馳。唐祚陵季，遂隱藏不仕，以丹青自娛，惟好游歷。後晉、唐間，應李克用命，往自陝郊龍興寺迴廊列壁二百餘堵，與李祝對手，所畫神像高大多樣，當時天下畫流雲集莫大敬服。後為李所殺。（見五代名畫補遺、宣和畫譜、畫鑒、圖繪寶鑑、中國畫家人名大辭典）

名稱	形式	質地	色彩	尺寸 高×寬㎝	創作時間	收藏處所	典藏號碼

張素卿

| 盧山高（天下名山圖（利）冊之7） | 冊頁 | 絹 | 設色 | 53 × 38.1 | | 台北 故宮博物院 | 故畫 03586-7 |

畫家小傳：張素卿。道。簡州人。性好畫。出家為道士，隱居青城山。僖宗（874-888）時，賜紫衣。善畫山水、人物、道尊仙君，筆蹤灑落，彩畫因循。當世推為妙手。（見益州名畫錄、圖畫見聞誌、宣和畫譜、圖繪寶鑑、中國畫家人名大辭典）

刁光胤

桃花雙蝶（刁光胤寫生畫冊之1）	紈扇面	紙	設色	32.6 × 36.2		台北 故宮博物院	故畫 0113-1
枯樹五羊（刁光胤寫生畫冊之2）	紈扇面	紙	設色	33.9 × 36.4		台北 故宮博物院	故畫 0113-2
立石葵花（刁光胤寫生畫冊之3）	紈扇面	紙	設色	32.8 × 36.4		台北 故宮博物院	故畫 0113-3
喬松臥兔（刁光胤寫生畫冊之4）	紈扇面	紙	設色	32.5 × 35.2		台北 故宮博物院	故畫 0113-4
攢篠孤石（刁光胤寫生畫冊之5）	紈扇面	紙	設色	34.3 × 37.5		台北 故宮博物院	故畫 0113-5
灌木游蜂（刁光胤寫生畫冊之6）	紈扇面	紙	設色	33.9 × 36.3		台北 故宮博物院	故畫 0113-6
綠萼春嶼（刁光胤寫生畫冊之7）	紈扇面	紙	設色	33.9 × 36		台北 故宮博物院	故畫 0113-7
秋塘蘋蓼（刁光胤寫生畫冊之8）	紈扇面	紙	設色	32.5 × 36.2		台北 故宮博物院	故畫 0113-8
水仙倚石（刁光胤寫生畫冊之9）	紈扇面	紙	設色	34.1 × 36.5		台北 故宮博物院	故畫 0113-9
石岸芙蓉（刁光胤寫生畫冊之10）	紈扇面	紙	設色	33.4 × 36.2		台北 故宮博物院	故畫 0113-10

畫家小傳：刁光胤（一作刁光）。長安人。昭宗天復（901-903）中，避地入蜀。工畫湖石、花卉、貓兔、龍水等，黃筌、孔嵩皆從之學，有功於蜀地畫學發展。（見益州名畫錄、圖畫見聞誌、宣和畫譜、圖繪寶鑑、中國畫家人名大辭典）

孫 位

| 高逸圖 | 卷 | 絹 | 設色 | 45.2 × 168.7 | | 上海 上海博物館 | |

畫家小傳：孫位。東越人。後遇異人，得度世法，遂改名遇，因居會稽山，故號會稽山人。僖宗光啟（885-887）中，曾官文成殿上將軍。為人性情疎野，襟抱超然。工書，善畫。畫工人物、鬼神、松石、龍水、墨竹等，作畫筆勢超逸，氣象

名稱	形式	質地	色彩	尺寸 高×寬cm	創作時間	收藏處所	典藏號碼

弘 景

菩薩像	軸	絹	設色	不詳		美國 波士頓美術館	

畫家小傳：弘景。畫史無載。身世待考。

無名氏

（佛、道宗教畫）

五部心觀	卷	紙	水墨	30 × 1796.6		日本 滋賀園城寺	
護法天王圖	卷	絹	設色	34 × 153.5		日本 大阪市立美術館	JM3-161
寫經紙佛像畫稿	卷	紙	水墨	22.1 × 141		美國 堪薩斯市納爾遜-艾金斯藝術博物館	
功德山佛像斷簡	卷	紙	設色	26 × 70.9		加拿大 大維多利亞藝術博物館	82.75.2
供養菩薩	軸	絹	設色	67 × 24		台北 黃君璧白雲堂	
敦煌佛像圖	軸	絹	設色	43.5 × 26		鎮江 江蘇省鎮江市博物館	
迦理迦尊者像	軸	麻	設色	65.5 × 34		崑山 崑崙堂美術館	
佛畫殘幅（出自吐魯蕃）	軸	絹	設色	不詳		美國 波士頓美術館	
菩薩像	幡	麻布	設色	不詳		美國 波士頓美術館	
菩薩像幡殘幅（出自敦煌）	軸	絹	設色	不詳		美國 波士頓美術館	
觀音像幡（出自敦煌）	軸	絹	設色	不詳		美國 波士頓美術館	
東大寺法華堂根本曼陀羅	軸	麻布	設色	不詳		美國 波士頓美術館	
佛龕圖	軸	絹	設色	156.5 × 65.2		美國 紐約顧洛阜先生	
水月觀音圖（供養佛畫）	軸	絹	設色	107.1 × 59.1		美國 華盛頓特區弗瑞爾藝術館	30.36
釋迦說法圖	軸	絹	設色	94 × 61.5		美國 克利夫蘭術博物館	75.92
佛像	軸	絹	設色	不詳		美國 夏威夷火魯奴奴藝術學院	
千手千眼觀音菩薩	軸	絹	設色	222.5 × 167		英國 倫敦大英博物館	
聖徒像	軸	絹	設色	不詳		法國 巴黎居美博物館	
絹畫飛天殘片	軸	絹	設色	51 × 35		法國 巴黎居美博物館	
供養女人像(壁畫斷片)	軸	土壁	設色	78 × 44		法國 巴黎賽紐斯基博物館	M.C.9259
菩薩像（新疆吐峪溝出土）	片	絹	設色	不詳	大曆六年(辛亥，771)	旅順 遼寧省旅順博物館	
伏羲女媧圖（新疆吐峪溝出土）	片	絹	設色	不詳		旅順 遼寧省旅順博物館	
伏羲女媧圖（新疆吐峪溝出土）	片	絹	設色	不詳		旅順 遼寧省旅順博物館	
佛畫（18片，新疆吐峪溝出土）	片	絹	設色	不詳		旅順 遼寧省旅順博物館	
童子飛天圖（新疆吐峪溝出土）	片	絹	設色	不詳		旅順 遼寧省旅順博物館	
地藏菩薩像	冊頁	紙	設色	34 × 30		北京 故宮博物院	

名稱	形式	質地	色彩	尺寸 高×寬cm	創作時間	收藏處所	典藏號碼
敦煌佛像畫	冊頁	紙	設色	52 × 55.2		北京 故宮博物院	
敦煌佛畫	冊頁	紙	設色	26.4 × 26.4		上海 上海博物館	
經像圖	冊頁	紙	設色	31 × 45		上海 上海博物館	
敦煌涅槃圖	冊頁	絹	設色	34.7 × 20.2		上海 上海博物館	
敦煌經像圖	冊頁	紙	設色	18.2 × 27.8		上海 上海博物館	
菩薩像（4幀，均殘）	冊頁	絹	設色	不詳		溫州 浙江省溫州博物館	
（圖像畫）							
呂岩像	軸	絹	設色	59 × 30.5		台北 故宮博物院	故畫 01774
伏羲女媧像	軸	絹	設色	222.5 × 115		北京 故宮博物院	
伏羲女媧像	軸	絹	設色	199.6 × 682		北京 故宮博物院	
伏羲女媧像	軸	絹	設色	144.3 × 101.7		北京 中國歷史博物館	
（人物故實）							
明皇幸蜀圖	軸	絹	青綠	55.9 × 81		台北 故宮博物院	中畫 00003
大禹治水圖	軸	絹	設色	159.5 × 88.4		台北 故宮博物院	故畫 00012
明皇調馬圖	軸	絹	設色	不詳		台北 故宮博物院	國贈 006484
魯義姑圖	軸	木板	設色	91.2 × 80.3		日本 京都國立博物館	
（人物畫）							
游騎圖	卷	絹	設色	22.8 × 93		北京 故宮博物院	
行從圖	軸	絹	設色	不詳		台北 故宮博物院	國贈 006485
春郊遊騎圖	軸	絹	設色	150.5 × 104.5		台北 故宮博物院	故畫 00014
文會圖	軸	絹	設色	170.8 × 114.5		台北 故宮博物院	故畫 00815
宮樂圖	軸	絹	設色	48.7 × 69.5		台北 故宮博物院	故畫 00357
伎樂圖	軸	絹	設色	47 × 20		烏魯木齊 新疆維吾爾自治區 博物館	
	軸	絹	設色	（每段）61.2 × ？ 不等		烏魯木齊 新疆維吾爾自治區 博物館	
樹下人物圖	軸	紙	設色	140 × 54.9		日本 東京國立博物館	
隋宮讌游圖	軸	絹	設色	161.5×110.4		美國 紐約王季遷明德堂	

名稱	形式	質地	色彩	尺寸 高x寬cm	創作時間	收藏處所	典藏號碼
奏樂圖(壁畫斷片)	軸	土壁	設色	77 × 38		法國 巴黎賽紐斯基博物館	M.C.9258
倦繡圖	冊頁	紙	設色	不詳		北京 故宮博物院	
雙童圖	冊頁	絹	設色	58.5 × ？		烏魯木齊 新疆維吾爾自治區 博物館	
仕女圖	冊頁	絹	設色	75.8 × ？		烏魯木齊 新疆維吾爾自治區 博物館	
仕女奕棋圖	冊頁	絹	設色	62.3 × 54.2		烏魯木齊 新疆維吾爾自治區 博物館	
仕女圖	冊頁	絹	設色	66.8 × ？		烏魯木齊 新疆維吾爾自治區 博物館	
雪山行旅圖（名賢寶繪冊之1）	冊頁	絹	設色	24 × 21.6		日本 大阪市立美術館	
（山水畫）							
秋山紅樹	卷	紙	設色	31.6 × 295.4		台北 故宮博物院	中畫00122
溪山雪霽圖	卷	絹	設色	不詳		台北 故宮博物院	國贈000006
宮苑圖	卷	絹	設色	23.9 × 76.8		北京 故宮博物院	
京畿瑞雪圖（紈扇裝）	軸	絹	設色	42.7 × 45.2		北京 故宮博物院	
宮苑圖	軸	絹	設色	162.5 × 83.7		北京 故宮博物院	
盡雪景	軸	絹	設色	135.4 × 69.1		台北 故宮博物院	故畫00013
宮苑圖	軸	絹	設色	162.5 × 83.7		北京 故宮博物院	
九成宮避暑圖	冊頁	絹	設色	28.5 × 31.6		北京 故宮博物院	
（走獸）							
百馬圖	卷	絹	設色	27 × 301.5		北京 故宮博物院	
畫牛圖	軸	絹	設色	不詳		台北 故宮博物院	國贈006486
牧馬圖（3幅）	軸	絹	設色	（每幅）53.1 × 22.4		烏魯木齊 新疆維吾爾自治區 博物館	
（花鳥畫）							
花鳥圖（3幅）	軸	紙	設色	140 × 250		烏魯木齊 新疆維吾爾自治區 博物館	

名稱	形式	質地	色彩	尺寸 高×寬㎝	創作時間	收藏處所	典藏號碼

附：

| 梵摩經（文圖相間） | 卷 | 紙 | 設色 | 29 × 641.7 | | 紐約 佳士得藝品拍賣公司/拍賣目錄 1992,06,02. | |
| 觀音菩薩像 | 軸 | 麻布 | 設色 | 134.5 × 53. | | 紐約 佳士得藝品拍賣公司/拍賣目錄 1989,06,01 | |

名稱	形式	質地	色彩	尺寸 高×寬㎝	創作時間	收藏處所	典藏號碼

名稱	形式	質地	色彩	尺寸 高×寬㎝	創作時間	收藏處所	典藏號碼

五　代

荊　浩

名稱	形式	質地	色彩	尺寸 高×寬㎝	收藏處所	典藏號碼
畫山水	卷	絹	設色	44 × 479.2	台北 故宮博物院	故畫 01384
匡廬圖	軸	絹	水墨	185.8 × 106.8	台北 故宮博物院	故畫 00817
漁樂圖	軸	絹	設色	189.4 × 126	台北 故宮博物院	故畫 00818
鍾離訪道圖	軸	絹	水墨	146.8 × 75	美國 華盛頓特區弗瑞爾藝術館	09.168
雪山行旅	軸	紙	設色	136 × 75	美國 堪薩斯市納爾遜-艾金斯藝術博物館	
山水圖	冊頁	絹	設色	28.9 × 17.3	美國 華盛頓特區弗瑞爾藝術館	14.59k

畫家小傳：荊浩。字浩然。後唐。河南沁水（一作河內）人。唐末紛亂，隱於太行山洪谷，因號洪谷子。博學。善屬文。工畫山水，被譽為總結唐代大成、開啟宋後山水畫形勢之大家。又善畫論，撰有筆法記一篇傳世。（見五代名畫補遺、圖畫見聞誌、宣和畫譜、圖繪寶鑑、海岳畫史、畫鑒、雲煙過眼錄、清河書畫舫、中國畫家人名大辭典）

關　仝

名稱	形式	質地	色彩	尺寸 高×寬㎝	收藏處所	典藏號碼
山谿待渡圖	軸	絹	設色	156.6 × 99.6	台北 故宮博物院	故畫 00015
秋山晚翠	軸	絹	設色	140.5 × 57.3	台北 故宮博物院	故畫 00016
關山行旅	軸	絹	設色	144.4 × 56.8	台北 故宮博物院	故畫 00017
蜀山棧道圖	軸	絹	設色	140.4 × 66.6	台北 故宮博物院	故畫 01775
待渡圖	軸	絹	設色	126.9 × 57.5	日本 阿形邦三先生	
秋山蕭寺圖	軸	絹	設色	157.1 × 78.5	美國 紐約 Weill 先生	
待渡圖（名繪集珍冊之2）	冊頁	絹	設色	21.9 × 24	台北 故宮博物院	故畫 01233-2
兩峰插雲（唐宋名績冊之1）	冊頁	絹	設色	26.9 × 22.3	台北 故宮博物院	故畫 01234-1
西北巨鎮（天下名山圖（貞）冊之7）	冊頁	絹	設色	61.5 × 82.5	台北 故宮博物院	故畫 03587-7

畫家小傳：關仝（一作同）。後梁，長安人。工畫山水，喜作秋山、寒林，師於荊浩。刻意力學，遂有出藍之美。世人以「荊、關」並稱。（見圖畫見聞誌、宣和畫譜、李薦畫史、海岳畫史、廣川畫跋、畫鑒、畫系、圖繪寶鑑、清河書畫舫、珊瑚網、容臺集、中國畫家人名大辭典）

趙　喦

名稱	形式	質地	色彩	尺寸 高×寬㎝	收藏處所	典藏號碼
八達春遊	軸	絹	設色	161.9 × 102	台北 故宮博物院	故畫 00816

名稱	形式	質地	色彩	尺寸 高x寬cm	創作時間	收藏處所	典藏號碼
蕉源晚靄（天下名山圖（亨）冊之21）	冊頁	絹	設色	59.1 × 35.9		台北 故宮博物院	故畫 03585-21

畫家小傳：趙喦（一作巖）。本名霖，字秋巖。後梁，陳州人。精鑒賞。工畫人馬，挺然高格，非眾人所及。（見五代史趙　傳、圖畫見聞誌、宣和畫譜、圖繪寶鑑、珊瑚網、中國畫家人名大辭典）

曹公己

名稱	形式	質地	色彩	尺寸 高x寬cm	創作時間	收藏處所	典藏號碼
大佛名經并圖世第六	卷	紙	設色	34 × 1477	大梁貞明六年庚辰（920）	上海 上海博物館	

畫家小傳：曹公己。畫史無載。身世待考。

張　圖

名稱	形式	質地	色彩	尺寸 高x寬cm	創作時間	收藏處所	典藏號碼
過雲巖（天下名山圖（貞）冊之6）	冊頁	絹	設色	60.5 × 41.6		台北 故宮博物院	故畫 03587-6

畫家小傳：張圖。字仲謀。後梁，洛陽人。曾為太祖藩鎮時掌行軍資糧簿籍。時人故呼「張將軍」。善作潑墨山水，不由師授，自成一體。亦長於佛像畫，馳名於時。（見五代名畫補遺、圖畫見聞誌、李廌畫品、歷代名畫跋、中國畫家人名大辭典）

厲歸真

名稱	形式	質地	色彩	尺寸 高x寬cm	創作時間	收藏處所	典藏號碼
牧牛圖（宋元明名畫冊之3）	冊頁	紙	設色	19.1 × 22.2		台北 故宮博物院	故畫 03475-3
風雨牧牛（宋元明人合錦冊之2）	冊頁	絹	設色	20.9 × 23.8		台北 故宮博物院	故畫 03477-2

畫家小傳：厲歸真。道士。自號迂疎子。後梁人。籍里不詳。工書。善畫山水、林木、禽鳥、畜獸，皆能各極其妙。（見宋朝名畫評、圖畫見聞誌、宣和畫譜、李廌畫品、東圖玄覽、洞天清祿集、後村題跋、雲眼過眼錄、圖繪寶鑑、清河書畫舫、中國畫家人名大辭典）

李贊華

名稱	形式	質地	色彩	尺寸 高x寬cm	創作時間	收藏處所	典藏號碼
東丹王出行圖	卷	絹	設色	27.8 × 125.1		美國 波士頓美術館	
射鹿圖	卷	絹	設色	23.5 × ?		美國 普林斯頓大學藝術館（Ed L258.70 ward Elliott 先生寄存）	
女真獵騎圖	卷	絹	水墨	25.3 × 204.5		瑞典 斯德哥爾摩遠東古物館	NMOK 104
人馬圖	軸	絹	設色	不詳		台北 故宮博物院	國贈 006487
射騎圖（名畫集真冊之3）	冊頁	絹	設色	27.1 × 49.5		台北 故宮博物院	故畫 01291-3

畫家小傳：李贊華。契丹人。本姓耶律，名培。原為東丹國王。後投奔後唐。明宗長興二（931）年，賜姓李，更名贊華。善畫其本國人物、鞍馬。（見遼史、五代名畫補遺、圖畫見聞誌、宣和畫譜、廣川畫跋、圖繪寶鑑、清河書畫舫、中國畫家人名大辭典）

胡　瓌

名稱	形式	質地	色彩	尺寸 高x寬cm	創作時間	收藏處所	典藏號碼
番馬圖	卷	絹	設色	31.6 x 97.7		台北 故宮博物院	故畫 01385
番馬圖（實為清畫）	卷	絹	設色	不詳		台北 故宮博物院	故畫 05377
卓歇圖	卷	絹	設色	33 x 256		北京 故宮博物院	
番騎圖	卷	絹	設色	26.2 x 143.5		北京 故宮博物院	
番馬圖	軸	絹	設色	不詳		台北 故宮博物院	國贈 005377
出獵圖(名繪集珍冊之6)	冊頁	絹	設色	32.9 x 44.3		台北 故宮博物院	故畫 01289-6
回獵圖(名畫集真冊之2)	冊頁	絹	設色	34.2 x 46.9		台北 故宮博物院	故畫 01291-2
蕃馬圖	紈扇面	絹	設色	不詳		美國 波士頓美術館	12.895

畫家小傳：胡瓌。後唐時，契丹（一作潤州烏索固部落、范陽）人。善畫蕃馬、人物。所作人馬、帳幕、弓矢、雜物、景象等，皆能曲盡塞外之情趣。（傳載五代名畫補遺、圖畫見聞誌、宣和畫譜、圖繪寶鑑、廣川畫跋、雲煙過眼錄、中國畫家人名大辭典）

左 禮

| 水官圖 | 軸 | 絹 | 設色 | 156.2 x 74.5 | | 日本 大阪市立美術館 | |

畫家小傳：左禮。後唐時，成都人。善畫道釋，畫筆與張南本相似，所作十六身小羅漢，坐巖石中，尤妙。（見圖畫見聞誌、宣和畫譜、畫繼、圖繪寶鑑、中國畫家人名大辭典）

滕昌祐

蝶戲長春圖	卷	絹	設色	30.8 x 164.5		台北 故宮博物院	中畫 00004
牡丹	軸	絹	設色	99.7 x 53.5		台北 故宮博物院	故畫 00025
白鷗春水圖	軸	絹	設色	155 x 76		日本 大阪市立美術館	
芳實藏甘（集古名繪冊之10）	冊頁	絹	設色	24.9 x 24.8		台北 故宮博物院	故畫 01242-10

畫家小傳：滕昌祐。字勝華。本吳人。隨唐僖宗入蜀，遂定居蜀中。性高潔。好書畫。畫初無專師，唯務寫生，以似為工，作品傳彩鮮妍，邊鸞之亞。（見益州名畫錄、宣和畫譜、海岳畫史、圖繪寶鑑、清河書畫舫、讀書敏求記、中國畫家人名大辭典）

（釋）貫 休

十六羅漢圖	卷	紙	水墨	31 x ？		美國 堪薩斯市納爾遜-艾金斯藝術博物館	50-11
羅漢	軸	絹	設色	139.9 x 62.8		台北 故宮博物院	故畫 00024
羅漢	軸	絹	設色	123.7 x 71		台北 故宮博物院	故畫 01784

名稱	形式	質地	色彩	尺寸 高×寬㎝	創作時間	收藏處所	典藏號碼
鍾馗變相圖	軸	絹	設色	不詳		台北 故宮博物院（蘭千山館寄存）	
羅漢圖	軸	絹	設色	110.2 × 50.7		日本 東京國立博物館	
十六羅漢像（16 幅）	軸	紙	設色	（每軸）75.5 × 50		日本 東京宮內廳	
羅漢像（為第七尊者）	軸	絹	水墨	112.1 × 52.4		日本 東京帝室博物館	
羅漢圖	軸	絹	設色	59 × 41.7		日本 東京出光美術館	
羅漢圖（3 幅）	軸	絹	水墨	（每軸）99.3 × 51.6		日本 東京出光美術館	
羅漢圖（3 幅）	軸	絹	水墨	不詳		日本 東京藤田美術館	
羅漢圖	軸	絹	水墨	不詳		日本 東京根津美術館	
十六羅漢像（16 幅）	軸	絹	設色	（每軸）128.9 × 65.8		日本 京都高台寺	
羅漢圖	軸	絹	設色	159.3 × 77.3		日本 立本寺	
十八羅漢圖（2 幅）	軸	絹	設色	不詳		日本 定勝寺	
十六羅漢圖（2 幅）	軸	絹	設色	（每幅）118.1 × 43		日本 愛知縣總見寺	
羅漢圖	軸	絹	水墨	不詳		日本 繭山龍泉堂	4513.14
十六羅漢像（16 幅）	軸	絹	設色	（每軸）91.8 × 45.1		日本 東京高橋是清先生	
釋迦圖	軸	絹	設色	不詳		日本 福岡市美術館	
羅漢圖	軸	絹	水墨	109.3 × 51.4		日本 私人	
對月圖	軸	絹	水墨	122.8 × 50.2		日本 私人	
布袋圖	軸	絹	水墨	82.5 × 37.6		日本 私人	
朱拓羅漢圖	軸	紙	硃紅	115.2 × 42.4		美國 新澤西州王方宇先生	974.398.1C
釋迦如來像	軸	絹	設色	81 × 43.2		美國 華盛頓特區弗瑞爾藝術館	16.82
羅漢圖	軸	絹	水墨	99.7 × 46.9		美國 華盛頓特區弗瑞爾藝術館	16.35
羅漢圖	軸	絹	設色	126.3 × 62.7		美國 華盛頓特區弗瑞爾藝術館	18.6
羅漢啚經圖	軸	絹	設色	125.7 × 60.9		美國 聖路易斯市藝術館	851.1920
羅漢圖（為第十半託迦尊者）	軸	絹	設色	111.5 × 50.7		美國 密歇根大學藝術博物館（私人寄存）	80.43.1

名稱	形式	質地	色彩	尺寸 高x寬cm	創作時間	收藏處所	典藏號碼
羅漢圖（拓本）	軸	紙	朱色	115.2 x 424		加拿大 多倫多皇家安大略博物館	

畫家小傳：貫休。僧。俗姓姜。名休。字德隱。婺州蘭谿人。住和安寺。後晉高祖天福（936-941）間，入蜀，頗得前蜀先主王衍知遇，賜紫衣，稱禪月大師。能詩。工書。善畫佛道、羅漢，所作十六羅漢，自謂形象得自夢中。成為後世摹擬範本。（見益州名畫記、圖畫見聞誌、宣和畫譜、圖繪寶鑑、唐詩紀事、雲煙過眼錄、清河書畫舫、珊瑚網、中國畫家人名大辭典）

張 玄

名稱	形式	質地	色彩	尺寸 高x寬cm	創作時間	收藏處所	典藏號碼
大阿羅漢像	軸	絹	設色	149 x 74.9		日本 大阪市立美術館	

畫家小傳：張玄（一作元）。前蜀。簡州金水石城山人。工畫人物，尤善作羅漢，形象奇怪，畫衣紋師法吳棟。（見益州名畫錄、圖畫見聞誌、宣和畫譜、圖繪寶鑑、中國畫家人名大辭典）

杜齯龜

名稱	形式	質地	色彩	尺寸 高x寬cm	創作時間	收藏處所	典藏號碼
善神像	軸	絹	設色	不詳		日本 京都藤井善助先生	

畫家小傳：杜齯龜。其先本秦人。避安祿山亂居蜀。前蜀少主時，仕翰林院待詔。善畫佛像、人物，始師常粲，後自成家。（見益州名畫錄、成都古寺名筆記、宣和畫譜、圖繪寶鑑、中國畫家人名大辭典）

李 昇

名稱	形式	質地	色彩	尺寸 高x寬cm	創作時間	收藏處所	典藏號碼
袁安臥雪圖	卷	絹	設色	不詳		台北 故宮博物院	國贈 027009
山水	軸	絹	設色	79.5 x 47		美國 華盛頓特區弗瑞爾藝術館	15.30
山水	軸	絹	設色	不詳		美國 維吉尼亞美術館	63-34
雪嶺煙樹圖	軸	絹	設色	145.8 x 50.3		瑞典 斯德哥爾摩遠東古物館	NMOK225
岳陽樓圖（唐宋名績冊之2）	冊頁	絹	水墨	23 x 23.8		台北 故宮博物院	故畫 01234-2

畫家小傳：李昇。小字錦奴。前蜀。成都人。善畫山水、人物。山水皆出己意，寫生蜀中山川，心師造化，意出先賢，卒創一家之能，作品細潤中有氣韻，極獲米芾欣賞。（見益州名畫錄、宣和畫譜、海岳畫史、畫鑒、圖繪寶鑑、清河書畫舫、中國畫家人名大辭典）

姜道隱

名稱	形式	質地	色彩	尺寸 高x寬cm	創作時間	收藏處所	典藏號碼
花鳥白貓圖	軸	絹	設色	106.2 x 46.2		日本 佐賀縣鍋島報效會	
廣莫亭（天下名山圖（亨）冊之20）	冊頁	絹	設色	31.3 x 32.3		台北 故宮博物院	故畫 03585-20

畫家小傳：姜道隱。前蜀。漢州綿竹人。性好畫。曾為蜀相趙國公昊畫屏風，有名於時。（見益州名畫錄、綿竹縣志、野人閒話、圖繪寶鑑、中國畫家人名大辭典）

黃 筌

名稱	形式	質地	色彩	尺寸 高×寬㎝	創作時間	收藏處所	典藏號碼
茶梅鸂鵣圖	卷	絹	設色	46.4 × 307		台北 故宮博物院	故畫 01392
翠竹仙禽圖	卷	絹	設色	不詳		台北 故宮博物院	國贈 027010
寫生珍禽圖	卷	絹	設色	41.5 × 70.8		北京 故宮博物院	
秋塘聚禽圖	卷	絹	設色	51.2 × 596.4		日本 東京藝術大學美術館	470
柳塘聚禽圖	卷	絹	設色	22.6 × 184		美國 耶魯大學藝術館	1953.27.4
勘書圖	軸	絹	設色	118.1 × 55.5		台北 故宮博物院	故畫 00026
長春竹雀	軸	絹	設色	98.3 × 61.6		台北 故宮博物院	故畫 00027
竹梅寒雀圖	軸	絹	設色	43.3 × 62.9		台北 故宮博物院	故畫 01785
竹林鵓鴿圖	軸	絹	設色	157.6 × 83.4		台北 故宮博物院	故畫 01786
石榴（與蘇軾竹合圖裝）	軸	絹	設色	43.1 × 31.5		台北 故宮博物院	故畫 02920-2
金盆鵓鴿圖	軸	絹	設色	不詳		台北 故宮博物院（王士杰先生寄存）	
竹鶴圖	軸	絹	設色	154.8 × 90.4		日本 大阪市立美術館	
梨花山鵲圖	軸	紙	設色	90.9 × 30.8		美國 普林斯頓大學藝術館	L141.78
花鳥圖	軸	絹	設色	98.7 × 15.2		美國 堪薩斯市納爾遜-艾金斯藝術博物館	33-613
枯木水禽圖	軸	絹	設色	140 × 118.4		英國 倫敦大英博物館	1947.7.12.06（ADD230）
肅雍和鳴圖	軸	絹	設色	47.7 × 24.2		義大利 巴馬中國藝術博物館	
長春花鳥（12 幀）	冊	絹	設色	（每幀）24.2 × 25		台北 故宮博物院	故畫 03133
秋江芙蓉（唐宋元畫集錦冊之 3）	冊頁	絹	設色	26 × 16.7		台北 故宮博物院	故畫 01239-3
蘋婆山鳥（藝苑藏真上冊之 3）	紈扇	絹	設色	24.9 × 25.4		台北 故宮博物院	故畫 01240-3
芳漵春禽（集古名繪冊之 1）	冊頁	絹	設色	22.3 × 25.6		台北 故宮博物院	故畫 01242-1
紅葉幽禽圖（宋元名繪冊之 3）	冊頁	絹	設色	26.2 × 26		台北 故宮博物院	故畫 01244-3
桃花山鳥圖（宋元名繪冊之 4）	冊頁	絹	設色	23.8 × 24.5		台北 故宮博物院	故畫 01244-4
嘉穗珍禽（宋元集繪冊之 3）	紈扇	絹	設色	25.5 × 26.5		台北 故宮博物院	故畫 01246-3
山茶（歷代名繪冊之 3）	冊頁	絹	設色	23.3 × 24.6		台北 故宮博物院	故畫 01265-3
竹石翎毛（宋元人畫冊之 1）	冊頁	絹	設色	24.2 × 19.6		台北 故宮博物院	故畫 01267-1
雪竹文禽（名繪集珍冊之 7）	冊頁	絹	設色	26.3 × 36.4		台北 故宮博物院	故畫 01289-7
小禽得子（唐宋元集繪冊之 2）	冊頁	絹	設色	24 × 24		台北 故宮博物院	故畫 03460-2
山水（宋元明集繪冊之 1）	冊頁	絹	設色	31.5 × 22.4		台北 故宮博物院	故畫 03473-1
綺石秋容（宋元明人合錦冊 7）	冊頁	絹	設色	24.9 × 25.3		台北 故宮博物院	故畫 03477-7
溪鷺（集古名繪冊之 16）	冊頁	絹	設色	33.9 × 30.6		台北 故宮博物院	故畫 03480-16

名稱	形式	質地	色彩	尺寸 高x寬cm	創作時間	收藏處所	典藏號碼
梅竹雙春（集古名繪冊之9）	冊頁	絹	設色	27.1 x 25.2		台北 故宮博物院	故畫 03481-9
梅山花鳥（諸仙妙繪冊之1）	冊頁	絹	設色	22.5 x 26		台北 故宮博物院	故畫 03501-1
食魚貓圖（五代宋元明冊之1幀）	冊頁	絹	設色	27.7 x 37		台北 長流美術館	
花鳥圖（兩朝合璧連珠畫帖之23）	冊頁	絹	設色	21.5 x 22.5		日本 東京出光美術館	
鸚鵒飲水圖	冊頁	絹	設色	不詳		美國 費列得亞菲亞市藝術館	906-960A

畫家小傳：黃筌。字要叔。前蜀。成都人。早歲，學竹石、花雀於刁光胤；後又學滕昌祐花竹，李昇山水、松石，及薛稷鶴、孫位龍水，能資諸家之善。畫花鳥創「勾勒法」，又有「黃家富貴」之諺。曾事前蜀後主、及事後蜀為翰林待詔。（見宋朝名畫評、益州名畫錄、圖畫見聞誌、海岳畫史、夢溪筆談、宣和畫譜、圖繪寶鑑、雲煙過眼錄、南陽名畫表、清河書畫舫、歷代名畫跋、嚴氏書畫記、銘心絕品、畫史會要、中國畫家人名大辭典）

黃居寶

| 朝陽鳴鳳圖 | 軸 | 絹 | 設色 | 176 x 91.9 | | 美國 華盛頓特區弗瑞爾藝術館 | 16.91 |
| 人物圖 | 軸 | 絹 | 設色 | 195 x 99.7 | | 英國 倫敦大英博物館 | 1910.2.12.488（ADD217） |

畫家小傳：黃居寶。字辭玉。前蜀。成都人。黃筌次子。孟蜀時，為待詔。工書。善畫，得父傳，工畫花鳥、松石、花竹等，（見益州名畫錄、圖畫見聞志、宣和畫譜、圖繪寶鑑、畫史會要、中國畫家人名大辭典）

邱文播

| 文會圖 | 軸 | 絹 | 設色 | 84.9 x 49.6 | | 台北 故宮博物院 | 故畫 00028 |
| 羅漢 | 軸 | 絹 | 設色 | 不詳 | | 台北 故宮博物院 | 國贈 006494 |

畫家小傳：邱文播。又名潛。後蜀。廣漢人。初工道釋、人物，兼作山水。後多畫牛，種種情態皆能曲盡其狀。（見益州名畫錄、宣和畫譜、海岳畫史、圖繪寶鑑、清河書畫舫、中國畫家人名大辭典）

衛　賢

| 高士圖 | 卷 | 絹 | 設色 | 134.5 x 52.5 | | 北京 故宮博物院 | |
| 棲霞道中（天下名山圖（利）冊之8） | 冊頁 | 絹 | 水墨 | 60.7 x 37.3 | | 台北 故宮博物院 | 故畫 03586-8 |

畫家小傳：衛賢。京兆人。仕南唐。為內廷供奉。善畫屋木、人物，初師尹繼昭。後專學吳道子。長於樓臺、殿宇、盤車、水磨；兼工山水。（見五代名畫補遺、宣和畫譜、圖繪寶鑑、雲煙過眼錄、真蹟日錄、中國畫家人名大辭典）

郭乾祐

| 寒塹雙鷹圖 | 軸 | 絹 | 設色 | 200.2 x 156.1 | | 美國 華盛頓特區弗瑞爾藝術館 | 16.518 |

名稱	形式	質地	色彩	尺寸 高×寬㎝	創作時間	收藏處所	典藏號碼
						館	
秋鷹圖	軸	絹	設色	142.9 × 76.2		美國 華盛頓特區弗瑞爾藝術	16.86
						館	

畫家小傳：郭乾祐。南唐時，青州人。與兄郭乾暉俱善畫。。工畫花鳥，技遜於兄；又能畫貓、蜂。（見宣和畫譜、圖繪寶鑑、中國畫家
人名大辭典）

曹仲元

| 慈氏菩薩像 | 軸 | 絹 | 設色 | 166 × 100 | | 日本 大阪市立美術館 | |

畫家小傳：曹仲元。南唐。建康豐城人。工畫道釋、鬼神。初學吳道子，不得意，乃改作細密體，遂自成一格，尤於敷彩妙逾等儕。被
譽為江左第一。（見五代名畫補遺、圖畫見聞誌、宣和畫譜、圖繪寶鑑、清河書畫舫、中國畫家人名大辭典）

董 源

夏景山口待渡圖	卷	絹	設色	50 × 320		瀋陽 遼寧省博物館	
瀟湘圖	卷	絹	設色	50 × 141.4		北京 故宮博物院	
夏山圖	卷	絹	設色	49.4 × 313.2		上海 上海博物館	
群峰霽雪圖	卷	絹	水墨	35.5 × 342.4		日本 岡山縣大原美術館	
平林霽色圖	卷	紙	設色	不詳		美國 波士頓美術館	
夏山圖	卷	絹	設色	48.6 × ?		美國 聖路易斯市立藝術館	
						（米蘇里州私人寄存）	
洞天山堂圖	軸	絹	設色	183.2 × 121.2		台北 故宮博物院	故畫 00820
龍宿郊民圖	軸	絹	設色	156 × 160		台北 故宮博物院	故畫 00894
夏山欲雨	軸	絹	設色	155 × 74.5		台北 故宮博物院	故畫 01779
夏山深遠	軸	紙	水墨	139.7 × 62.9		台北 故宮博物院	故畫 01780
長林蕭逸	軸	絹	水墨	140.3 × 58.8		台北 故宮博物院	故畫 01781
萬國清寧	軸	絹	設色	192.4 × 100.4		台北 故宮博物院	故畫 02957
夏口待渡圖	軸	絹	設色	不詳		台北 故宮博物院	國贈 006490
江堤晚景圖	軸	絹	設色	不詳		台北 故宮博物院	國贈 006489
夏木垂陰圖（2幅）	軸	絹	設色	296.3 × 116		日本 京都國立博物館（上野有 竹齋寄贈）	A甲 135
松嶂高士圖	軸	絹	設色	216.7 × 98.8		日本 京都國立博物館（上野有 竹齋寄贈）	A甲 136
溪山行旅圖	軸	絹	水墨	123 × 53.9		日本 京都小川睦之輔先生	

名稱	形式	質地	色彩	尺寸 高x寬cm	創作時間	收藏處所	典藏號碼
雲壑松風圖	軸	絹	設色	234.8 x 119.5		日本 大阪市立美術館	
寒林重汀圖	軸	絹	設色	178.8 x 115.4		日本 兵庫黑川古文化研究所	
溪岸圖	軸	絹	設色	221.3 x 109.7		美國 紐約大都會藝術博物館	
晴嵐飛瀑圖	軸	絹	水墨	174.6 x 95.9		美國 華盛頓特區弗瑞爾藝術館	19.137
溪山行旅圖	軸	絹	水墨	117.3 x 52.9		美國 華盛頓特區弗瑞爾藝術館	19.134
九芝圖（唐宋元集繪冊之1）	冊頁	絹	設色	24 x 24		台北 故宮博物院	故畫 03460-1
疊嶂飛泉（宋元明集繪冊之2）	冊頁	紙	水墨	52.3 x 31		台北 故宮博物院	故畫 03580-2
璧疆覽勝（天下名山圖（貞）冊之9）	冊頁	絹	設色	58.4 x 36.5		台北 故宮博物院	故畫 03587-9
蘭陵古道（天下名山圖（貞）冊之13）	冊頁	絹	水墨	62.2 x 37.5		台北 故宮博物院	故畫 03587-13
招隱山（天下名山圖（貞）冊之17）	冊頁	絹	設色	56.6 x 62.2		台北 故宮博物院	故畫 03587-17
花梭亭（天下名山圖（貞）冊之18）	冊頁	絹	設色	56.5 x 58.2		台北 故宮博物院	故畫 03587-18

畫家小傳：董源（一作元）。字叔達。南唐。鍾陵人。中主時，官北苑使。善畫山水，兼工牛虎、龍水、佛像、鍾馗等。水墨山水創新體格，多寫江南真山，不為奇峭之筆，平淡天真，被譽為「江南」畫派、「南畫」之祖，影響後世發展深遠。（見十國春秋、江表志、宋朝名畫錄、圖畫見聞誌、宣和畫譜、海岳畫史、夢溪筆談、東圖玄覽、圖繪寶鑑、雲煙過眼錄、輟耕錄、格古要論、清河書畫舫、珊瑚網、畫禪室隨筆、容臺集、妮古錄、莫是龍畫說、畫史會要、畫譜拾遺、中華畫人室隨筆、中國畫家人名大辭典）

周文矩

名稱	形式	質地	色彩	尺寸 高x寬cm	創作時間	收藏處所	典藏號碼
七賢過關圖	卷	絹	設色	25.1 x 165.6		台北 故宮博物院	故畫 00922
明皇會棋圖	卷	絹	設色	32.8 x 134.4		台北 故宮博物院	故畫 00981
蘇李別意（牧羊圖）	卷	絹	設色	33.3 x 89.9		台北 故宮博物院	故畫 00063
仙姬文會圖	卷	絹	設色	41.5 x 361.7	治平三年，丙午（1066）	台北 故宮博物院	故畫 01388
重屏會棋圖	卷	絹	設色	40.3 x 70.5		北京 故宮博物院	
琉璃堂人物圖	卷	絹	設色	31.3 x 126.2		美國 紐約大都會藝術博物館	1977.49
後主觀棋圖	卷	絹	設色	31.3 x 50		美國 華盛頓特區弗瑞爾藝術	11.195

名稱	形式	質地	色彩	尺寸 高x寬㎝	創作時間	收藏處所	典藏號碼
						館	
挖耳圖	卷	絹	設色	31.5 × 42.3		美國 華盛頓特區弗瑞爾藝術館	11.486
合樂圖	卷	絹	設色	41.9 × 184.2		美國 芝加哥藝術中心	1950.1370
仕女圖	卷	絹	白描	28.3 × 168.5		美國 克利夫蘭藝術博物館	
戲嬰圖	卷	絹	設色	26.5 × 104		英國 倫敦大英博物館	1913.4.15.02(8)
倦繡圖	卷	絹	設色	24.2 × ？		英國 倫敦大英博物館	1913.12.14.02(ADD336)
唐宮春曉圖	卷	絹	設色	28 × 121.6		義大利 佛羅倫斯 VillaI Tatti 館	
仕女圖	軸	絹	設色	180.9 × 102.1		台北 故宮博物院	故畫 00019
荷亭奕釣仕女圖	軸	絹	設色	195.1 × 98	天禧戊午（二年，1018）	台北 故宮博物院	故畫 01777
仕女圖	軸	絹	設色	不詳		台北 故宮博物院	國贈 005373
玉步搖仕女圖	軸	絹	設色	150.4 × 74.8		日本 大阪市立美術館	
崔鶯鶯像	軸	絹	設色	197.4 × 130.7		美國 華盛頓特區弗瑞爾藝術館	16.517
修竹美人圖	軸	絹	設色	133.9 × 60.8		美國 聖路易斯市藝術館	856.1920
按樂圖（名繪集珍冊之3）	冊頁	絹	設色	23.5 × 24.9		台北 故宮博物院	故畫 01233-3
水榭看凫（藝苑藏真上冊之2）	紈扇面	絹	設色	24.5 × 26.7		台北 故宮博物院	故畫 01240-2
戲嬰甘露（唐宋元集繪冊之5）	冊頁	絹	設色	24 × 24		台北 故宮博物院	故畫 03460-5
月下乘鸞圖（名畫萃錦冊之1）	紈扇面	絹	設色	24.6 × 26.6		台北 蔡一鳴先生	
端午戲嬰圖	紈扇面	絹	設色	不詳		美國 波士頓美術館	
戲童圖	紈扇面	絹	設色	25.3 × 26.9		美國 華盛頓特區弗瑞爾藝術館	11.161f
托盤仕女（飲茶圖）	紈扇面	絹	設色	35.8 × 35.9		美國 華盛頓特區弗瑞爾藝術館	35.9
浴嬰圖	紈扇面	絹	設色	35.8 × 35.9		美國 華盛頓特區弗瑞爾藝術館	35.8
附：							
月下乘鸞（名畫薈錦冊之1）	紈扇面	絹	設色	不詳		香港 蘇富比藝品拍賣公司/拍賣目錄 984,11,11.	

名稱	形式	質地	色彩	尺寸 高×寬cm	創作時間	收藏處所	典藏號碼

畫家小傳：周文矩。南唐。建康句容人。仕後主為待詔。善畫人物、仕女、冕服車器。仕女極得閨閣之態，畫法近唐周昉，別創戰筆線描，
　　　名高當代。（見宋朝名畫評、海岳畫史、宣和畫譜廣川畫跋、圖繪寶鑑、清河書畫舫、中國畫家人名大辭典）

顧閎中

韓熙載夜宴圖	卷	絹	設色	27.9 × 69		台北 故宮博物院	故畫 00921
鍾馗出獵圖	卷	紙	設色	28.7 × 372.1		台北 故宮博物院	故畫 01387
韓熙載夜宴圖	卷	絹	設色	28.7 × 335.5		北京 故宮博物院	

畫家小傳：顧閎中。南唐。江南人。與周文矩同時。事後主為待詔。善畫人物。曾受後主命窺繪大臣韓熙載府中夜宴賓客情景。（見十國春
　　　秋、宣和畫譜、圖繪寶鑑、鐵網珊瑚、清河書畫舫、歷代名畫跋、中國畫家人名大辭典）

王齊翰

勘書圖	卷	絹	設色	28.4 × 65.7		南京 南京大學	
湖光山色圖	卷	紙	設色	31.1 × 287.3		昆山 崑崙堂	
採芝仙圖	軸	絹	設色	99.7 × 54		台北 故宮博物院	故畫 01778
荷亭兒戲圖	紈扇面	絹	設色	不詳		美國 波士頓美術館	
仙馭奇禽圖	紈扇面	絹	設色	22.1 × 23.4		美國 耶魯大學藝術館	1971.110.2

畫家小傳：王齊翰。南唐。金陵人。後主時，任待詔。善畫道釋、人物、山水，花鳥，筆法細，多思致；尤以畫獐、猿名於時。（見宋朝名
　　　畫評、宣和畫譜、圖繪寶鑑、澹圃畫品、寓意編、中國畫家人名大辭典）

顧德謙

摹梁元帝番客入朝圖	卷	紙	白描	26.8 × 531.5		台北 故宮博物院	故畫 01389
弄簫圖	卷	絹	設色	29.4 × 116.5		台北 故宮博物院	故畫 01390
蓮池水禽圖	軸	絹	設色	150.3 × 90.9		日本 東京國立博物館	
卓錫泉（天下名山圖（貞）冊之 11）	冊頁	絹	設色	52.3 × 62.1		台北 故宮博物院	故畫 03587-11
文姬歸漢圖	冊頁	絹	設色	24.4 × 22.2		美國 波士頓美術館	

畫家小傳：顧德謙。南唐。江寧人。善畫人物、道像。頗受後主器重，嘗謂：「古有愷之，今有德謙，二顧相繼，為畫絕矣」。（見宣和畫
　　　譜、中興館閣儲藏目錄、圖繪寶鑑、雲煙過眼錄、中國畫家人名大辭典）

徐 熙

花卉草蟲	卷	絹	設色	27.2 × 255.1		台北 故宮博物院	故畫 01386
花卉草蟲圖	卷	絹	設色	不詳		日本 福岡市美術館	
草蟲圖	卷	絹	設色	39.5 × 325.1		美國 耶魯大學藝術館	A12-15
蝶戲長春圖	卷	絹	設色	39.8 × ?		美國 聖路易斯市藝術館	155.1925

名稱	形式	質地	色彩	尺寸 高x寬cm	創作時間	收藏處所	典藏號碼
玉堂富貴圖	軸	絹	設色	112.5 x 38.3		台北 故宮博物院	故畫 00018
蓉雀圖	軸	絹	設色	75.8 x 62.2		台北 故宮博物院	故畫 01776
菱荷圖	軸	絹	設色	不詳		台北 故宮博物院	國贈 006492
荷花鷺鷥圖	軸	絹	設色	不詳		台北 故宮博物院	國贈 006493
春燕戲花圖	軸	絹	設色	102 x 32.5		崑山 崑崙堂美術館	
柳鷺圖	軸	絹	設色	90 x 42.4		日本 東京柳澤保惠先生	
蓮花圖（2 幅）	軸	絹	設色	（每幅）116.7 x 66.7		日本 京都知恩院	
雛鴿藥苗圖	軸	絹	設色	47.5 x 54.5		日本 大阪市立美術館	
夜鶴守梅圖	軸	絹	設色	162.4 x 87.3		美國 華盛頓特區弗瑞爾藝術館	16.83
蓼塘鴛鴦圖	軸	絹	設色	181.6 x 76.9		美國 華盛頓特區弗瑞爾藝術館	09.192
離支伯趙（唐宋元畫集錦冊之2）	冊頁	絹	設色	25.6 x 25		台北 故宮博物院	故畫 01239-2
寫生梔子（宋元集繪冊之 5）	紈扇面	絹	設色	24.7 x 26.5		台北 故宮博物院	故畫 01246-5
花鳥（宋元名人花鳥合璧冊之4）	冊頁	絹	設色	27.6 x 25.3		台北 故宮博物院	故畫 01266-4
秋葵（宋元人畫冊之 4）	冊頁	絹	設色	22.9 x 25.9		台北 故宮博物院	故畫 01267-4
月下海棠（唐宋元集繪冊之 4）	冊頁	絹	設色	24 x 24		台北 故宮博物院	故畫 03460-4
牽牛花（宋元集繪冊之一）	冊頁	絹	設色	21.7 x 20.5		台北 故宮博物院	故畫 03465-1
山果野禽（宋元名蹟冊之 5）	冊頁	絹	設色	26 x 23.5		台北 故宮博物院	故畫 03469-5
枇杷白鷳（宋元畫冊之 6）	冊頁	絹	設色	24.9 x 26.4		台北 故宮博物院	故畫 03470-6
鵪鶉（名繪薈萃冊之 2）	冊頁	絹	設色	23.7 x 25.7		台北 故宮博物院	故畫 03486-2
白牡丹圖	冊頁	絹	設色	24.1 x 23.5		美國 堪薩斯市納爾遜-艾金斯藝術博物館	33-8/2

畫家小傳：徐熙。南唐。鍾陵人。世為江南名族。善畫花竹、蔬果、禽蟲、魚藻、蟬蝶等，多出寫生。畫法先以墨筆寫其枝葉蕊萼，然後敷彩傅色，深得骨氣風神，開啟後世寫意花鳥畫，又有「徐熙野逸」之謂。（見宋朝名畫評、宣和畫譜、海岳畫史、夢溪筆談、李廌畫品、畫鑒、聞見後錄、廣川畫跋、洞天清祿集、圖繪寶鑑、清河書畫舫、中國畫家人名大辭典）

唐希雅

名稱	形式	質地	色彩	尺寸 高x寬cm	創作時間	收藏處所	典藏號碼
古木錦鳩（宋元集繪冊之6）	紈扇面	絹	設色	24.7 x 26.1		台北 故宮博物院	故畫 01246-6

畫家小傳：唐希雅。南唐。嘉興人。工書。善畫翎毛、草蟲、竹樹。初習後主金錯刀書，變而為畫法，一筆三過，以戰掣之筆勢竹樹，頗饒趣致，又寫荊檟柘棘、翎毛草蟲之類，多得郊野真趣。與徐熙同稱江南絕筆。（見宋朝名畫評、宣和畫譜、海岳畫史、圖繪寶鑑、中國畫家人名大辭典）

名稱	形式	質地	色彩	尺寸 高×寬㎝	創作時間	收藏處所	典藏號碼
（釋）巨　然							
山居圖	卷	紙	水墨	23.3 × 78.8		台北 故宮博物院	中畫 00005
松巖蕭寺圖	卷	絹	設色	53.5 × 471.3		台北 故宮博物院	故畫 00982
秋山漁艇圖	卷	絹	設色	47 × 444.9		台北 故宮博物院	故畫 01391
溪山蘭若圖	卷	絹	設色	35.8 × 465.4		日本 東京菊池惺堂先生	
萬壑圖	卷	絹	設色	56.8 × 326		日本 京都鮎貝房之進先生	
長江圖	卷	絹	水墨	43.7 × 1654		美國 華盛頓特區弗瑞爾藝術館	11.168
雪圖	軸	絹	水墨	103.6 × 52.5		台北 故宮博物院	故畫 00020
秋山問道圖	軸	絹	水墨	156.2 × 77.2		台北 故宮博物院	故畫 00021
寒林晚岫圖	軸	紙	水墨	139.7 × 55.8		台北 故宮博物院	故畫 00022
層巖叢樹圖	軸	絹	水墨	144.1 × 55.4		台北 故宮博物院	故畫 00023
蕭翼賺蘭亭圖	軸	絹	設色	144.1 × 59.6		台北 故宮博物院	故畫 00170
秋山圖	軸	絹	水墨	150.9 ×103.8		台北 故宮博物院	故畫 00821
溪山林藪圖	軸	絹	水墨	221.2 ×119.7		台北 故宮博物院	故畫 00822
囊琴懷鶴圖	軸	絹	水墨	169.1 × 101		台北 故宮博物院	故畫 00823
富春山圖	軸	紙	水墨	81.1 × 27.9		台北 故宮博物院	故畫 01782
闊浦遙山圖	軸	絹	水墨	不詳		台北 故宮博物院	國贈 006491
溪山蕭寺圖	軸	絹	水墨	不詳		台北 故宮博物院（王世杰先生寄存）	
萬壑松風圖	軸	絹	設色	200.1 × 77.6		上海 上海博物館	
寫唐人詩意圖	軸	紙	設色	215.1 × 97		日本 東京山本悌二郎先生	
江山平遠圖	軸	絹	設色	178.8 ×100.9		日本 京都國立博物館（上野有竹齋寄贈）	A甲 134
歸棹圖	軸	絹	水墨	92.4 × 39.4		日本 京都藤井善助先生	
煙浮遠岫圖	軸	絹	設色	213 × 95.7		日本 大阪市立美術館	
陡壑密林圖	軸	絹	水墨	123.9 × 33.9		日本 群馬縣小金澤修先生	
溪山蘭若圖	軸	絹	水墨	184 × 56.1		美國 克利夫蘭藝術博物館	69.348
茂林疊嶂圖	軸	絹	設色	184.7 × 73.8		英國 倫敦大英博物館	1961.12.901(ADD314)

名稱	形式	質地	色彩	尺寸 高x寬cm	創作時間	收藏處所	典藏號碼
杖藜秋爽（名繪集珍冊之4）	冊頁	絹	設色	23.3 x 22.7		台北 故宮博物院	故畫 01233-4
山水（歷朝名繪冊之1）	冊頁	絹	設色	31.9 x 44.5		台北 故宮博物院	故畫 01236-1
山亭問道（集古名繪冊之2）	冊頁	絹	水墨	18.6 x 24		台北 故宮博物院	故畫 01242-2
放艇青谿（唐宋元集繪冊之8）	冊頁	絹	設色	24 x 24		台北 故宮博物院	故畫 03460-8
花卉（宋元集繪冊之1）	冊頁	絹	設色	不詳		台北 故宮博物院	故畫 03465-1
秋山歸樵（宋元人真蹟冊之1）	冊頁	紙	水墨	29.5 x 21.1		台北 故宮博物院	故畫 03472-1
山水（集古名繪冊之19）	冊頁	紙	水墨	30.3 x 31		台北 故宮博物院	故畫 03480-19
補圖東晉謝朓詩意（名人書畫下冊之2）	冊頁	紙	水墨	23.1 x 32.9		台北 故宮博物院	故畫 03505-2
補圖晉謝朓宋記室省中詩（名人書畫下冊之4）	冊頁	紙	水墨	23.1 x 32.9		台北 故宮博物院	故畫 03505-4
補圖東晉謝朓遊敬亭山詩（名人書畫下冊之6）	冊頁	紙	水墨	23.1 x 32.9		台北 故宮博物院	故畫 03505-6
補圖東晉謝朓宣城郡內登望詩（名人書畫下冊之8）	冊頁	紙	水墨	23.1 x 32.9		台北 故宮博物院	故畫 03505-8
補圖東晉謝朓晚登山還望京色詩（名人書畫下冊之10）	冊頁	紙	水墨	23.1 x 32.9		台北 故宮博物院	故畫 03505-10
補圖東晉謝朓休沐重還丹陽道中詩（名人書畫下冊之12）	冊頁	紙	水墨	23.1 x 32.9		台北 故宮博物院	故畫 03505-12
補圖東晉謝朓鈞天曲詩（名人書畫下冊之14）	冊頁	紙	水墨	23.1 x 32.9		台北 故宮博物院	故畫 03505-14
補圖東晉謝朓暫時使下都夜登新林至京邑贈別府僚詩（名人書畫下冊之16）	冊頁	紙	水墨	23.1 x 32.9		台北 故宮博物院	故畫 03505-16
補圖東晉謝朓遊東田詩（名人書畫下冊之18）	冊頁	紙	水墨	23.1 x 32.9		台北 故宮博物院	故畫 03505-18
補圖東晉謝朓八朝曲詩（名人書畫下冊之20）	冊頁	紙	水墨	23.1 x 32.9		台北 故宮博物院	故畫 03505-20
補圖東晉謝朓新亭話別范凌雲詩（名人書畫下冊之22）	冊頁	紙	水墨	23.1 x 32.9		台北 故宮博物院	故畫 03505-22
補圖東晉謝朓粗玨簿李哲怨情詩（名人書畫下冊之24）	冊頁	紙	水墨	23.1 x 32.9		台北 故宮博物院	故畫 03505-24
補圖東晉謝朓京路夜發詩（名人書畫下冊之26）	冊頁	紙	水墨	23.1 x 32.9		台北 故宮博物院	故畫 03505-26
補圖東晉謝朓和王中丞聞琴詩	冊頁	紙	水墨	23.1 x 32.9		台北 故宮博物院	故畫 03505-28

名稱	形式	質地	色彩	尺寸 高x寬cm	創作時間	收藏處所	典藏號碼
（名人書畫下冊之 28）							
補圖東晉謝朓酬晉安王德元詩（名人書畫下冊之 30）	冊頁	紙	水墨	23.1 x 32.9		台北 故宮博物院	故畫 03505-30
補圖東晉謝朓觀朝雨詩（名人書畫下冊之 32）	冊頁	紙	水墨	23.1 x 32.9		台北 故宮博物院	故畫 03505-32
補圖東晉謝朓直中書省詩（名人書畫下冊之 34）	冊頁	紙	水墨	23.1 x 32.9		台北 故宮博物院	故畫 03505-34
補圖東晉謝朓出新林浦之宣城郡向板橋詩（名人書畫下冊之 36）	冊頁	紙	水墨	23.1 x 32.9		台北 故宮博物院	故畫 03505-36
補圖東晉謝朓始出尚書省詩（名人書畫下冊之 38）	冊頁	紙	水墨	23.1 x 32.9		台北 故宮博物院	故畫 03505-38
補圖東晉謝朓和徐都曹出新亭詩（名人書畫下冊之 40）	冊頁	紙	水墨	23.1 x 32.9		台北 故宮博物院	故畫 03505-40
清源洞（天下名山圖（貞）冊之 10）	冊頁	絹	水墨	55.1 x 41.1		台北 故宮博物院	故畫 03587-10
閤泉靈蹤（天下名山圖（貞）冊之 20）	冊頁	絹	水墨	53.3 x 48.2		台北 故宮博物院	故畫 03587-20

畫家小傳：巨然。南唐。江寧人。開元寺僧。工畫山水。為董源弟子，盡得師傳。與董源並稱「董、巨」；與荊浩、關仝合稱「荊、關、董、巨」，為開啟宋後山水畫「四大家」。（見宋朝名畫錄、圖畫見聞志、宣和畫譜、海岳畫史、夢溪筆談、圖繪寶鑑、清河書畫舫、中國畫家人名大辭典）

李　頗

名稱	形式	質地	色彩	尺寸 高x寬cm	創作時間	收藏處所	典藏號碼
風竹圖	軸	絹	水墨	131.2 x 91.5		台北 故宮博物院	故畫 00819

畫家小傳：李頗（一作坡）。南唐。南昌人。身世不詳。善畫竹。氣韻飄舉，具足生意。（見圖畫見聞志、宣和畫譜、圖繪寶鑑、中國畫家人名大辭典）

趙　幹

名稱	形式	質地	色彩	尺寸 高x寬cm	創作時間	收藏處所	典藏號碼
江行初雪圖	卷	絹	設色	25.9 x 376.5		台北 故宮博物院	故畫 00964
青綠山水	卷	絹	設色	不詳		台北 故宮博物院	國贈 027008
煙靄秋涉圖	軸	絹	設色	110.5 x 55.3		台北 故宮博物院	故畫 01783
煙靄秋涉圖	橫幅	絹	設色	98.7 x 134.4		台北 故宮博物院	故畫 02958
山水（集古圖繪冊之 5）	冊頁	絹	設色	42.5 x 26.3		台北 故宮博物院	故畫 01235-5
山水（歷朝名繪冊之 7）	冊頁	絹	設色	23.3 x 48.7		台北 故宮博物院	故畫 01236-7

名稱	形式	質地	色彩	尺寸 高x寬cm	創作時間	收藏處所	典藏號碼
蘆汀聚舟（宋古人畫冊之3）	冊頁	絹	設色	22.1 x 23.1		台北 故宮博物院	故畫 01267-3
秋江漁渡（唐宋元明集繪冊之5）	冊頁	絹	設色	25.3 x 19		台北 故宮博物院	故畫 03459-5
關山積玉（唐宋元明集繪冊之6）	冊頁	絹	設色	24.5 x 25.5		台北 故宮博物院	故畫 03459-6
春暖花村（宋人繪珍片玉冊之3）	冊頁	絹	設色	35.7 x 26		台北 故宮博物院	故畫 03462-3
泛舟（（宋元集繪冊之1）	冊頁	絹	設色	28.1 x 24.7		台北 故宮博物院	故畫 03464-1
雪溪歸舟（宋元名蹟冊之17）	冊頁	絹	設色	22.1 x 26.4		台北 故宮博物院	故畫 03469-17
霜秋漁捕圖（名畫萃錦冊之2）	紈扇面	絹	設色	23.6 x 24.4		台北 蔡一鳴先生	

畫家小傳：趙幹。南唐。江寧人。後主時，為畫院學生。善畫山水、林木，多作江南景致。（見宋朝名畫評、宣和畫譜、圖繪寶鑑、中國畫
　　　家人名大辭典）

解處中

洛陽春色圖	軸	紙	設色	152.3 x 80.9		香港 黃仲方先生	K92.22

畫家小傳：解處中。南唐。江南人。後主時，為翰林司藝。善畫竹，尤工畫雪竹，能盡嬋娟之妙。（見宋朝名畫評、圖畫見聞志、圖繪
　　　寶鑑、中畫家人名大辭典）

阮 郜

閬苑女仙圖	卷	絹	設色	42 x 177.3		北京 故宮博物院	

畫家小傳：阮郜。朝代、籍里不詳。善畫人物、故實，尤工仕女，具足纖穠淑婉之態。（見宣和畫譜、畫評、圖繪寶鑑、中國畫家人名大辭
　　　典）

張齊翰

秉燭夜遊（聖代集繪冊之3）	冊頁	絹	設色	28.2 x 26.5		台北 故宮博物院	故畫 01254-3

畫家小傳：張齊翰。畫史無載。身世待考。

周丹士

十八羅漢圖（2幅）	軸	絹	設色	不詳		日本 成菩提院	
羅漢圖	軸	絹	設色	137.3 x 57.7		日本 私人	

畫家小傳：周丹士。籍里、身世不詳。工畫羅漢、佛像、山水。（見日本君臺觀左右帳記、中國美術家人名辭典）

無名氏

名稱	形式	質地	色彩	尺寸 高x寬㎝	創作時間	收藏處所	典藏號碼
（宗教畫）							
揭缽圖	卷	紙	設色	27.2 × ?		美國 紐約大都會藝術博物館	27.24
伏虎羅漢	軸	絹	設色	110.3 × 69.1		台北 故宮博物院	故畫 01787
八臂十一面觀音像	軸	絹	設色	119.5 × 59.5		北京 中國歷史博物館	
觀世音菩薩功德幡（來自敦煌石窟）	軸	絹	設色	93 × 60.3	天福六年歲次辛丑（938）三月八日	日本 東京山本悌二郎先生	
慈氏菩薩功德幡（來自敦煌石窟）	軸	絹	設色	75.8 × 54.5		日本 京都藤井善助先生	
佛殿圖	軸	絹	設色	不詳		美國 紐約顧洛阜先生	
觀音圖	軸	麻布	水墨	161.3 × 50.8		美國 舊金山亞洲藝術館	
五台山普賢菩薩真儀變相	軸	紙	設色	84.5 × 36.9		加拿大 大維多利亞藝術博物館	82.75.1
十一面觀音與地藏菩薩圖	軸	絹	設色	125 × 58		法國 巴黎居美博物館	
供養人像	橫幅	絹	設色	不詳	顯德二年（乙卯，955）	法國 巴黎居美博物館	
觀音菩薩、毗沙門天王像	冊頁	紙	設色	43.2 × 29.1		法國 巴黎居美博物館	
延受命菩薩像	片	麻布	設色	不詳		旅順 遼寧省旅順博物館	
佛畫（新疆吐峪溝出土）	片	麻布	設色	不詳		旅順 遼寧省旅順博物館	
（人物畫）							
雪漁圖	軸	絹	設色	62.1 × 32.7		台北 故宮博物院	故畫 00029
浣月圖	軸	絹	設色	77.2 × 50.4		台北 故宮博物院	故畫 00030
宮樂圖	軸	絹	設色	48.7 × 69.5		台北 故宮博物院	故畫 00357
濯足圖	軸	絹	水墨	74.2 × 40.2		日本 東京山本悌二郎先生	
（山水畫）							
別苑春山圖	卷	絹	設色	26.2 × ?		美國 紐約大都會藝術博物館	1989.363.8
春山隱居圖	卷	絹	設色	不詳		美國 紐約顧洛阜先生	
（山水人物畫）							
閘口盤車圖	卷	絹	設色	53 × 119.5		上海 上海博物館	

名稱	形式	質地	色彩	尺寸 高x寬㎝	創作時間	收藏處所	典藏號碼
（走獸畫）							
秋林群鹿圖（實為遼興宗畫）	軸	絹	設色	118.4 × 63.8		台北 故宮博物院	故畫 00031
丹楓呦鹿圖（實為遼興宗畫）	軸	絹	設色	118.5 × 64.6		台北 故宮博物院	故畫 00032
神駿圖	卷	絹	設色	27.5 × 122		瀋陽 遼寧省博物館	
（翎毛畫）							
寒梅鸂鶒圖（舊傳黃筌畫）	軸	絹	設色	220.5 × 88		日本 大阪市立美術館	

名稱	形式	質地	色彩	尺寸 高x寬cm	創作時間	收藏處所	典藏號碼

宋　代

李　成

名稱	形式	質地	色彩	尺寸 高x寬cm	創作時間	收藏處所	典藏號碼
壽山福海	卷	絹	設色	33.4 × 88.8		台北 故宮博物院	故畫 01393
山水人物	卷	絹	設色	33.4 × 240.9		台北 故宮博物院	故畫 01394
小寒林圖	卷	絹	水墨	39.8 × 72.5		瀋陽 遼寧省博物館	
茂林遠岫圖	卷	絹	水墨	45.4 × 141.8		瀋陽 遼寧省博物館	
文姬降胡圖	卷	紙	水墨	30.5 × 468.3		美國 華盛頓特區弗瑞爾藝術館	18.52
雪麓早行圖	卷	絹	設色	30.8 × 228.2		美國 華盛頓特區弗瑞爾藝術館	16.139
群峰霽雪	軸	絹	水墨	77.3 × 31.6		台北 故宮博物院	故畫 00033
寒林圖	軸	絹	水墨	180 × 104		台北 故宮博物院	故畫 00034
寒林平野圖	軸	絹	水墨	137.8 × 69.2		台北 故宮博物院	故畫 00035
寒江釣艇	軸	絹	水墨	170 × 101.9		台北 故宮博物院	故畫 00036
秋山蕭寺圖	軸	絹	設色	140 × 50		台北 故宮博物院	故畫 01788
寒林圖	軸	絹	設色	146.8 × 75.2		台北 故宮博物院	故畫 01789
秋山漁艇	軸	絹	設色	214.1 × 12.9		台北 故宮博物院	故畫 02959
清朝一品圖	軸	絹	水墨	164.9 × 95.1		台北 故宮博物院	故畫 02960
喬松平遠圖	軸	絹	設色	207.6 × 127		日本 東京山本悌二郎先生	
讀碑窠石圖（李成、王曉合作，李成樹石、王曉人物）	軸	絹	設色	126.3 × 104.9		日本 大阪市立美術館	
飛流危棧圖	軸	紙	水墨	101.6 × 31.1		美國 哈佛大學福格藝術館	1923.181
寒林圖	軸	絹	水墨	178.6 × 98.7		美國 哈佛大學福格藝術館	1918.34
峻峰茂林圖	軸	紙	設色	21 × 29.2		美國 哈佛大學福格藝術館	1923.75
雪山行旅	軸	絹	設色	不詳		美國 波士頓美術館	
寒林騎驢圖	軸	絹	設色	162 × 100.4		美國 紐約大都會藝術博物館	1972.121
寒林圖	軸	絹	設色	174 × 89.2		美國 華盛頓特區弗瑞爾藝術館	11.287
晴巒蕭寺圖	軸	絹	設色	111.4 × 56		美國 堪薩斯市納爾遜-艾金斯藝術博物館	47-71
秋霜漁浦圖	軸	絹	設色	116 × 56		美國 堪薩斯市納爾遜-艾金斯藝術博物館	46-55

名稱	形式	質地	色彩	尺寸 高x寬cm	創作時間	收藏處所	典藏號碼
捕魚圖（唐宋名繪冊之3）	冊頁	絹	水墨	23.3 × 25		台北 故宮博物院	故畫 01234-3
瑤峰琪樹（歷朝畫幅集冊之1）	冊頁	絹	水墨	24.1 × 26		台北 故宮博物院	故畫 01237-1
林亭圖（名畫薈萃冊之1）	冊頁	紙	著色	37.5 × 72.2		台北 故宮博物院	故畫 01238-1
秋林紅樹（唐宋元集繪冊之16）	冊頁	絹	設色	24 × 24		台北 故宮博物院	故畫 03460-16
崇巖梵宇（宋人繪珍片玉冊之5）	冊頁	紙	設色	36.2 × 26.5		台北 故宮博物院	故畫 03462-5
寒林積雪（雲煙攬勝冊之8）	冊頁	絹	設色	29.7 × 21		台北 故宮博物院	故畫 03500-8
中山瑞靄（天下名山圖貞冊之19）	冊頁	絹	設色	63.5 × 41.7		台北 故宮博物院	故畫 03587-19
九宮仙館（天下名山圖貞冊之8）	冊頁	絹	設色	37.3 × 74.5		台北 故宮博物院	故畫 03587-8
江山雪霽圖（唐宋元三朝名畫冊之2）	冊頁	絹	設色	23.4 × 23.1		香港 潘祖堯小聽颿樓	CP406
山水圖	冊頁	絹	設色	25.3 × 21		美國 耶魯大學藝術館	1955.7.8
雪景山水圖	冊頁	絹	設色	30.4 × 22		美國 華盛頓特區弗瑞爾藝術館	14.59j
山水圖	冊頁	絹	設色	30.2 × 28		美國 華盛頓特區弗瑞爾藝術館	09.173

畫家小傳：李成。字咸熙。系出唐宗室。生年不詳。辛於太祖乾德五（967）年。家世業儒。善屬文。工畫山水，初學荊浩、關仝，後事寫生自創體貌，筆墨精敏，煙林清曠，被譽天下第一。學習其畫法者眾，蔚為後來之「齊、魯」畫派。（見宋史本傳、宋朝名畫評圖畫見聞志、宣和畫譜、海岳畫史、夢溪筆談、中國畫家人名大辭典）

王　曉

名稱	形式	質地	色彩	尺寸 高x寬cm	創作時間	收藏處所	典藏號碼
讀碑窠石圖（李成、王曉合作，李成樹石、王曉人物）	軸	絹	設色	126.3 × 104.9		日本 大阪市立美術館	
雙鷹圖	軸	絹	設色	164.5 × 96.7		美國 聖路易斯市藝術館	860.1920
花貍（名繪薈萃冊之15）	冊頁	絹	設色	25.5 × 25.5		台北 故宮博物院	故畫 03486-15
荊枝叢菊（邸第琳瑯冊之8）	冊頁	絹	設色	26.7 × 23.5		台北 故宮博物院	故畫 03493-8

畫家小傳：王曉。泗州人。曾師事郭乾輝。善畫花竹、翎毛，入妙。又工人物畫，極古拙。（見宋朝名畫評、宣和畫譜、中國畫家人名大辭典）

郭忠恕

名稱	形式	質地	色彩	尺寸 高x寬cm	創作時間	收藏處所	典藏號碼
山水（摹摩詰輞川圖）	卷	絹	設色	30.1 × 480.5		台北 故宮博物院	故畫 01395

名稱	形式	質地	色彩	尺寸 高×寬㎝	創作時間	收藏處所	典藏號碼
岳陽樓圖	卷	絹	設色	29.6 × 57.7		台北 故宮博物院	故畫 01396
摹顧愷之蘭亭讌集圖	卷	絹	設色	23.5 × 711.8		台北 故宮博物院	故畫 01397
仿王摩詰輞川圖	卷	絹	設色	28.8 × 343.7		台北 故宮博物院	故畫 01398
臨王維輞川圖	卷	絹	設色	29 × 490.4		台北 故宮博物院	故畫 01399
雪霽江行圖	卷	絹	水墨	49.2 × 143		美國 堪薩斯市納爾遜-艾金斯 藝術博物館	31-135/33
輞川圖	卷	絹	設色	30 × ？		美國 西雅圖市藝術館	47.ch32.15
雪霽江行圖	軸	絹	水墨	74.1 × 69.2		台北 故宮博物院	故畫 00041
山水圖	軸	絹	設色	53 × 72.2		台北 故宮博物院	故畫 01791
金門應詔	軸	絹	設色	30 × 28		台北 故宮博物院	故畫 01792
避暑宮殿圖	軸	絹	設色	176.4 × 99.3		香港 劉作籌虛白齋	
明皇避暑宮圖	軸	絹	水墨	161.5 × 105.6		日本 大阪市立美術館	
江閣飛鴻（名繪集珍冊之6）	冊頁	絹	設色	23.5 × 24		台北 故宮博物院	故畫 01233-6
蘭亭楔飲（藝苑藏真上冊之4）	紈扇面	絹	設色	22.1 × 23.2		台北 故宮博物院	故畫 01240-4
孟母三遷圖（未元名繪冊之2）	冊頁	絹	設色	22.7 × 24.3		台北 故宮博物院	故畫 01244-2
宮中行樂（宋人合璧畫冊之1）	紈扇	絹	設色	25.9 × 26.5		台北 故宮博物院	故畫 01245-1
石洞古閣（宋元名蹟冊之7）	冊頁	絹	設色	26.4 × 23.2		台北 故宮博物院	故畫 03469-7
仙苑祥雲（集古藏真冊之1）	冊頁	絹	設色	35.3 × 33.3		台北 故宮博物院	故畫 03483-1
仙山樓閣（藝林韞古冊之2）	冊頁	絹	設色	27.8 × 28.2		台北 故宮博物院	故畫 03491-2
柳樹龍骨圖（唐繪手鑑筆耕圖下冊之34）	冊頁	絹	設色	24.4 × 26.1		日本 東京國立博物館	TA-487

畫家小傳：郭忠恕。字恕先（一為國寶）。洛陽人。少事周，為博士。入宋，召為國子主簿。後遭貶謫，不知所終。為人玩世疾俗，能文、精小學、工篆隸。尤善畫屋木，獨步宋代。亦工山水樹石，皆入妙。（見宋史本傳、宋朝名畫評、圖畫見聞志、宣和畫史、海岳畫史、圖繪寶鑑、德隅齋畫品、清河書畫舫、畫系、廣川畫跋、雲煙過眼錄、珊瑚網、寓意編、東圖玄覽、畫禪室隨筆、野老紀聞、見聞後錄、妮古錄、宋詩紀事、中國畫家人名大辭典）

王士元

| 袁安臥雪圖 | 軸 | 絹 | 設色 | 150.7 × 95.3 | | 美國 聖路易斯市藝術館 | 861.1920 |

畫家小傳：王士元。汝南宛丘人。後晉王仁壽之子。喜作丹青，能傳父藝。善畫人物、山水、屋木，能得前賢之妙。傳說郭忠恕不善人物，作品中有之，多倩士元所畫。（見五代名畫補遺、宋朝名畫評、圖畫見聞志、宣和畫譜、中國畫家人名大辭典）

黃居寀

| 山鷓棘雀圖 | 軸 | 絹 | 設色 | 97 × 53.6 | | 台北 故宮博物院 | 故畫 00039 |

名稱	形式	質地	色彩	尺寸 高x寬cm	創作時間	收藏處所	典藏號碼
蘆雁	軸	絹	設色	144.5 x 93.3		台北 故宮博物院	故畫 00040
蛤子蝴蝶圖	軸	紙	設色	58.3 x 29.8		台北 故宮博物院	故畫 01790
荷花鴨子圖	軸	紙	設色	87 x 55.7		美國 華盛頓特區弗瑞爾藝術館	19.113
會禽圖	軸	絹	設色	203.9 x 64.5		美國 華盛頓特區弗瑞爾藝術館	19.164
蒼鷹捕雉圖	軸	絹	設色	140.5 x 77.8		美國 聖路易斯市藝術館	852.1920
人物圖	軸	紙	設色	195 x 99.7		英國 倫敦大英博物館	1910.2.12.4 88(ADD217)
草蟲（歷代名繪冊之5）	冊頁	絹	設色	25.8 x 25.8		台北 故宮博物院	故畫 01265-5
白蓮（歷代名繪冊之6）	冊頁	絹	設色	30 x 31.1		台北 故宮博物院	故畫 01265-6
芍藥（宋元名人花鳥合璧冊之6）	冊頁	絹	設色	26.6 x 26.2		台北 故宮博物院	故畫 01266-6
竹石錦鳩（名繪集珍冊之8）	冊頁	絹	設色	23.6 x 45.7		台北 故宮博物院	故畫 01289-8
含桃綬帶（宋人繪珍片玉冊之6）	冊頁	紙	設色	38.5 x 32.9		台北 故宮博物院	故畫 03462-6
古木晴鵰（宋元明人合錦冊之12）	冊頁	絹	設色	25.5 x 25.6		台北 故宮博物院	故畫 03477-12
萱花蛺蝶（宋元明集繪冊之1）	冊頁	紙	設色	52.1 x 45.7		台北 故宮博物院	故畫 03580-1
蛾圖	紈扇面	絹	設色	23.6 x 23.8		美國 華盛頓特區弗瑞爾藝術館	11.161j

畫家小傳：黃居寀。字伯鸞。蜀成都人。黃筌之季子。孟蜀時，為翰林待詔。花竹、翎毛、怪石、山水，成就過於父。蜀亡入宋，太祖乾德三（965）進畫院。太宗時，深受縟遇，繪事外，並委以搜訪名畫、詮定品目之責。（見宋朝名畫評、益州名畫錄、圖畫見聞志、宣和畫譜、圖繪寶鑑、海岳畫史、中國畫家人名大辭典）

趙元長

| 梅花山雀（名畫薈珍冊之4） | 冊頁 | 絹 | 設色 | 24.9 x 24 | | 台北 故宮博物院 | 故畫 01256-4 |

畫家小傳：趙元長（一作長元）。字應善。蜀人。仕孟蜀，為靈臺官。入宋，為文思院匠人。乾德三（965）年，宋主發現其才藝，召入圖畫院為藝學。善畫禽鳥、樹石。（見宋朝名畫評、圖畫見聞志、圖繪寶鑑、中國畫家人名大辭典）

(釋) 石 恪

| 二祖調心圖 | 卷 | 紙 | 水墨 | 31.8 x 121.2 | 乾德改元（癸亥，963）八月八日 | 日本 東京國立博物館 | |
| 應真畫像 | 軸 | 絹 | 水墨 | 不詳 | | 台北 故宮博物院 | 國贈 006488 |

名稱	形式	質地	色彩	尺寸 高x寬㎝	創作時間	收藏處所	典藏號碼
李鐵拐真人像	軸	絹	設色	152.4 × 87.6		美國 華盛頓特區弗瑞爾藝術館	16.37

附：

羅漢圖	卷	紙	水墨	43 × 312.5		紐約 佳士得藝品拍賣公司/拍賣目錄1990,05,31.	
羅漢圖	卷	紙	水墨	44 × 228.5		紐約 佳士得藝品拍賣公司/拍賣目錄1990,11,28.	

畫家小傳：石恪。字子專。蜀成都人。生性不羈，滑稽玩世。工畫道釋、鬼神、人物，初師張南本，後技進，遂不守繩墨，縱逸高古。蜀亡，至宋，被旨繪相國寺壁，授以畫院職，不就而請還蜀。(見益州名畫錄、宋朝名畫評、圖畫見聞志、宣和畫譜、圖繪寶鑑、德隅齋畫品、洞天清祿錄、山堂肆考、中國畫家人名大辭典)

厲昭慶

採芝獻壽（名畫薈珍冊之1）	冊頁	絹	設色	25 × 23.3		台北 故宮博物院	故畫01256-1

畫家小傳：厲昭慶。建康豐城（或作建寧）人。初仕南唐，為翰林待詔。入宋，授圖畫院祗候。工畫佛像、人物，尤長於觀音。用筆精到，色澤久而如新。(見宋朝名畫評、圖畫見聞志、圖繪寶鑑、中國畫家人名大辭典)

徐崇嗣

草蟲圖	卷	絹	設色	24.7 × 136.6		台北 蘭千山館	
雙菟圖	卷	絹	設色	24.8 × 146.7		日本 京都藤井善助先生	
雙兔圖	軸	絹	設色	不詳		台北 故宮博物院（蘭千山館寄存）	
竹蟲圖	軸	絹	設色	100 × 54.5		日本 東京淺野長勳先生	
九鷺圖	軸	絹	設色	145.8 × 80.8		美國 華盛頓特區弗瑞爾藝術館	16.30
花卉（徐崇嗣畫花卉冊、10幀）	冊	絹	設色	（每幀）26.2 × 24.4		台北 故宮博物院	故畫03134
枇杷綬帶（藝苑藏真上冊之5）	紈扇	絹	設色	25.7 × 27.8		台北 故宮博物院	故畫01240-5
竹雀（宋元名人花鳥合璧冊之1）	冊頁	絹	設色	32.2 × 29.6		台北 故宮博物院	故畫01266-1
玉樓酣露（藝林韞古冊之3）	冊頁	絹	設色	26 × 26		台北 故宮博物院	故畫03491-3
擔嬰圖	冊頁	絹	設色	24.3 × 25.2		美國 耶魯大學藝術館	11.161g

畫家小傳：徐崇嗣。鍾陵人。徐熙之孫（沈括夢溪筆談認為子）。工畫禽竹、花木、時果、草蟲、蠶繭之類，善寫生，有祖風。又創棄描繪僅以丹粉點染之「沒骨」畫法。服事畫院，深受太宗器重。(見宋朝名畫評、宣和畫譜、圖繪寶鑑、海岳畫史、夢溪筆談、廣川畫跋、中國畫家人名大辭典)

名稱	形式	質地	色彩	尺寸 高x寬cm	創作時間	收藏處所	典藏號碼

徐崇矩

名稱	形式	質地	色彩	尺寸 高x寬cm	創作時間	收藏處所	典藏號碼
仙女練丹圖	軸	絹	設色	74.2 × 45.3		美國 華盛頓特區弗瑞爾藝術館	16.531
博戲圖	冊頁	絹	設色	不詳		台北 故宮博物院	國贈 024728
綺閣熙春（宋元明人合錦冊之10）	冊頁	絹	設色	24.1 × 24.3		台北 故宮博物院	故畫 03476-10
碧藻遊魚（藝林韞古冊之 4）	紈扇面	絹	設色	26.8 × 26.8		台北 故宮博物院	故畫 03491-4
風俗圖	冊頁	絹	設色	24.3 × 25.2		美國 華盛頓特區弗瑞爾藝術館	11,161g

畫家小傳：徐崇矩。鍾陵人。徐熙之孫，徐崇嗣弟。善寫生，有祖風。善寫花蝶、禽魚、蔬果等。尤工仕女，曲眉豐臉。（見宣和畫譜、圖繪寶鑑、廣川畫跋、中國畫家人名大辭典）

王　瓘

名稱	形式	質地	色彩	尺寸 高x寬cm	創作時間	收藏處所	典藏號碼
羅漢圖	軸	絹	水墨	80.5 × 47		捷克 布拉格 Narodni Galerie v Praze	Vm315-1161/20

畫家小傳：王瓘。字國器。洛陽人。少時志於畫，嘗至北邙山老君廟臨摹吳道子畫壁。後又能變通，遂成名家。世稱「小吳生」。善畫佛道、人物，享譽乾德、開寶（963-975）間，被稱無敵。（見宋朝名畫評、圖畫見聞、圖繪寶鑑、宋中興館閣儲藏目錄、中國畫家人名大辭典）

趙光輔

名稱	形式	質地	色彩	尺寸 高x寬cm	創作時間	收藏處所	典藏號碼
蠻王禮佛圖	卷	絹	設色	27.1 × 103.2		美國 克利夫蘭藝術博物館	57.358

畫家小傳：趙光輔。華原人。太祖朝（960-975），為圖畫院學生。善畫道釋、人物，筆鋒勁利，名「刀頭燕尾」。兼工蕃馬，兼得胡瓌、李贊華之長。（見宋朝名畫評、圖畫見聞志、圖繪寶鑑、中國畫家人名大辭典）

高文進

名稱	形式	質地	色彩	尺寸 高x寬cm	創作時間	收藏處所	典藏號碼
寶相觀音	軸	絹	設色	115.8 × 55.8		台北 故宮博物院	故畫 01793
彌陀菩薩像（版畫）	軸	紙	墨色	54.1 × 28.6		日本 京都清涼寺	

畫家小傳：高文進。成都人。後蜀高從遇之子。太宗時（976-997），為翰林待詔。工畫道釋、人物，師法曹、吳，筆力快健，施色鮮潤，畫者咸宗之。（見宋朝名畫評、圖畫見聞志、圖繪寶鑑、山谷集、中國畫家人名大辭典）

高懷寶

名稱	形式	質地	色彩	尺寸 高x寬cm	創作時間	收藏處所	典藏號碼
佳蔬圖	軸	紙	水墨	128 × 59.9		美國 華盛頓特區弗瑞爾藝術館	16.48
浴鳥（宋元人畫合璧冊之 2）	冊頁		設色	不詳		日本 京都藤井善助先生	

名稱	形式	質地	色彩	尺寸 高×寬㎝	創作時間	收藏處所	典藏號碼

畫家小傳：高懷寶。成都人。高文進次子。工畫花竹、翎毛、蔬果、草蟲，皆臻精妙。與兄懷節，俱入太宗朝（976-997）畫院為待詔。（見圖畫見聞志、圖繪寶鑑、中國畫家人名大辭典）

唐 宿

| 竹雀圖 | 軸 | 絹 | 設色 | 159 × 93.4 | | 美國 華威頓特區弗瑞爾藝術館 | 19.159 |

畫家小傳：唐宿。嘉興人。南唐唐希雅之孫。能傳家學。善畫花卉、翎毛。（見宋朝名畫評、圖繪寶鑑、中國畫家人名大辭典）

董 羽

| 魚藻圖（宋元人真蹟冊之5） | 冊頁 | 絹 | 設色 | 26.1 × 29.7 | | 台北 故宮博物院 | 故畫 03472-5 |

畫家小傳：董羽。字仲翔。毗陵人。為人口吃。初仕南唐後主為待詔。入宋，太宗（976-997）命為圖畫院藝學。善畫龍水、海魚。嘗奉命繪畫端拱殿樓下龍水四堵，極其精思，導致幼皇太子驚嚇，遂令塗去。藝術動人足見一斑。（見宋朝名畫評、圖畫見聞志、宣和畫譜、宋朝事實類苑、圖繪寶鑑、中國畫家人名大辭典）

燕文貴

名稱	形式	質地	色彩	尺寸 高×寬㎝	創作時間	收藏處所	典藏號碼
秋山蕭寺圖	卷	絹	設色	33 × 179		台北 故宮博物院	故畫 01400
江山雪霽圖	卷	絹	設色	25 × 128.2		台北 故宮博物院	故畫 01401
長江萬里	卷	絹	設色	53.4 × 1540.6		台北 故宮博物院	故畫 01402
秋山行旅圖	卷	絹	設色	31.3 × 328.5	慶元乙卯（元年，1195）	台北 故宮博物院	故畫 01403
倣王維江干積雪圖	卷	絹	設色	39.5 × 163.3		台北 故宮博物院	故畫 01404
摹王摩詰江干雪霽圖	卷	絹	設色	24.8 × 151.1		台北 故宮博物院	中畫 00144
江帆山市圖（原題宋人無款畫）	卷	紙	設色	28.6 × 44.1		台北 故宮博物院	故畫 01004
秋山蕭寺圖	卷	絹	水墨	49 × 148		日本 京都藤井有鄰館	
江山樓觀圖	卷	紙	設色	32 × 161		日本 大阪市立美術館	
秋山樓觀圖	卷	絹	設色	35 × 159.2		日本 兵庫縣阿部房次郎先生	
江干雪霽圖	卷	絹	設色	不詳		美國 哈佛大學福格藝術館	1923.161
秋山蕭寺圖	卷	絹	設色	32.6 × ?		美國 紐約大都會藝術博物館	1983.12
長江雪霽圖	卷	絹	設色	34.7 × 354.5		美國 華盛頓特區弗瑞爾藝術館	15.6
群峰雪霽圖	卷	絹	設色	23.5 × 160		英國 倫敦大英博物館	1936.10.9.063(ADD143)
溪山樓觀圖	軸	絹	水墨	103.9 × 47.4		台北 故宮博物院	故畫 00043

名稱	形式	質地	色彩	尺寸 高x寬cm	創作時間	收藏處所	典藏號碼
秋山琳宇圖	軸	絹	設色	165.5 x 58.4		台北 故宮博物院	故畫00044
寒浦魚罾	軸	絹	設色	143.4 x 75.4		台北 故宮博物院	故畫00045
三仙授簡	軸	絹	設色	46.3 x 41.3		台北 故宮博物院	故畫00046
七子過關	軸	絹	設色	49.1 x 32.3		美國 聖路易斯市藝術館	2.21
訪戴圖（名繪集珍冊之8）	冊頁	絹	設色	22.1 x 24.6		台北 故宮博物院	故畫01233-8
奇峰萬木（宋人合璧畫冊之2，現改為李唐作品）	紈扇面	絹	小青綠	24.5 x 26		台北 故宮博物院	故畫01245-2
雪溪乘興（集古名繪冊之2）	紈扇面	絹	水墨	22.3 x 23.8		台北 故宮博物院	故畫01248-2
採芝（唐宋元明集繪冊之10）	冊頁	絹	設色	28.4 x 23.3		台北 故宮博物院	故畫03459-10
雲閣風樓（宋元畫冊之11）	冊頁	絹	設色	24.4 x 19.6		台北 故宮博物院	故畫03470-11
松亭觀瀑（邱壑琳瑯冊之3）	冊頁	絹	設色	25.6 x 18.5		台北 故宮博物院	故畫03493-3
山水圖	冊頁	絹	設色	19.8 x 30.4		美國 華盛頓特區弗瑞爾藝術館	14.59e
江邨圖	紈扇面	絹	設色	24.3 x 25.5		美國 紐約顧洛阜先生	

畫家小傳：燕文貴（一作燕貴、燕文季）。吳興人。本隸軍籍。太宗朝（976-997），退伍，遊京師，賣畫為生。為畫院待詔高益所見，薦於朝，召入為圖畫院祗候。善畫山水，不專師法，自成一家，人稱「燕家景致」。（見宋朝名畫評、圖畫見聞志、畫繼、圖繪寶鑑、畫錄、玫瑰題跋、中國畫家人名大辭典）

（釋）惠 崇

名稱	形式	質地	色彩	尺寸 高x寬cm	創作時間	收藏處所	典藏號碼
平沙落雁	軸	絹	設色	不詳		台北 故宮博物院	國贈006503
蘆雁圖	軸	絹	設色	92.1 x 39.1		日本 京都國立博物館（上野有竹齋寄贈）	A甲193
蘆雁圖	軸	絹	設色	125.6 x 63.8		英國 倫敦大英博物館	1881.12.10.3〈16〉
春湖放鴨（唐宋名繪冊之10）	冊頁	絹	水墨	26.2 x 26.6		台北 故宮博物院	故畫01234-10
秋浦雙鴛（歷朝畫幅集冊之2）	冊頁	紙	設色	27.4 x 26.4		台北 故宮博物院	故畫01237-2
秋野盤雕（藝苑藏真下冊之9）	冊頁	絹	水墨	23.7 x 24.9		台北 故宮博物院	故畫01241-9
寒林鴛鳥圖（宋元名繪冊之14）	冊頁	絹	設色	23.7 x 24.9		台北 故宮博物院	故畫01244-14
秋渚文禽（宋元集繪冊之8）	紈扇面	絹	設色	27.3 x 28.7		台北 故宮博物院	故畫01246-8
沙汀煙樹圖（唐宋元集繪冊之12）	冊頁	絹	設色	24 x 25		瀋陽 遼寧省博物館	
寒鴨呼侶圖	冊頁	絹	設色	35 x 54.5		昆山 崑崙堂	
蘆雁圖（唐繪手鑑筆耕圖下冊之60）	冊頁	絹	設色	29.2 x 31.9		日本 東京國立博物館	TA-487

名稱	形式	質地	色彩	尺寸 高x寬cm	創作時間	收藏處所	典藏號碼

畫家小傳：惠崇。長沙（一作建陽、淮南）人。生年不詳。據元人方回考證，卒於真宗天禧元（1017）年。工詩。善畫。尤精繪水禽小景，
　　　所創寒汀遠渚、瀟灑虛曠之象，人所難到，有「惠崇小景」之謂。亟為蘇軾、黃庭堅、王安石作詩所推崇。（見圖畫見聞志、韻
　　　語陽秋、宋稗詩鈔、宋詩紀事、清波雜志、圖繪寶鑑、建陽縣志、中國畫家人名大辭典）

范　寬

名稱	形式	質地	色彩	尺寸 高x寬cm	創作時間	收藏處所	典藏號碼
山水圖	卷	絹	設色	32.4 × 85.9		美國 華盛頓特區弗瑞爾藝術館	11.199
雪景山水圖	卷	絹	設色	31.6 × 422		英國 倫敦大英博物館	1913.4.15 (ADD17)
臨流獨坐圖	軸	絹	設色	156.1 ×106.3		台北 故宮博物院	故畫 00037
行旅圖	軸	絹	水墨	155.3 × 74.4		台北 故宮博物院	故畫 00038
雪山蕭寺	軸	絹	設色	182.4 ×108.2		台北 故宮博物院	故畫 00824
秋林飛瀑	軸	絹	設色	181 × 99.5		台北 故宮博物院	故畫 00825
谿山行旅圖	軸	絹	水墨	206.3 × 103.3		台北 故宮博物院	故畫 00826
海山圖	軸	絹	水墨	不詳		台北 故宮博物院	國贈 006495
山水	軸	絹	水墨	153.3 × 50.3		日本 東京尾崎洵盛先生	
山水圖	軸	絹	設色	139 × 92.1		美國 紐約顧洛阜先生	8
山水圖	軸	絹	設色	177.3 × 105.6		美國 普林斯頓大學藝術館	46-186
蜀棧行旅圖	軸	絹	設色	192.9 × 74.4		美國 華盛頓特區弗瑞爾藝術館	17.127
雪景寒林圖	軸	絹	設色	120.6 ×215.9		美國 華盛頓特區弗瑞爾藝術館	16.41
山水圖	軸	絹	設色	不詳		美國 華盛頓特區弗瑞爾藝術館	15.36K
谿山行旅圖	軸	紙	水墨	106.2 × 39.8		美國 舊金山亞洲藝術館	A35-032
攜琴訪友圖	軸	絹	水墨	145.3 × 71.6		英國 倫敦大英博物館	1947.7.12.05 (ADD229)
寒江釣雪（名繪集珍冊之 5）	冊頁	絹	水墨	23.3 × 25.3		台北 故宮博物院	故畫 01233-5
群峰雪霽（名畫琳瑯冊之 1）	冊頁	絹	設色	40.7 × 27.3		台北 故宮博物院	故畫 01292-1
疊巒曲徑（唐宋元明四朝合璧	冊頁	絹	水墨	25.5 × 24.6		台北 故宮博物院	故畫 03458-4

名稱	形式	質地	色彩	尺寸 高×寬cm	創作時間	收藏處所	典藏號碼
冊之4）							
秋山讀易（唐宋元明集繪冊之9）	冊頁	絹	設色	24.6 × 25.5		台北 故宮博物院	故畫 03459-9
山嶺農舍（宋元集繪冊之2）	冊頁	絹	設色	26.8 × 23.2		台北 故宮博物院	故畫 03465-2
霍童仙界（天下名山圖貞冊之16）	冊頁	絹	設色	62.9 × 42.8		台北 故宮博物院	故畫 03587-16
雪山樓閣	紈扇	絹	設色	不詳		美國 波士頓美術館	
雪山蕭寺圖	紈扇	絹	設色	不詳		美國 波士頓美術館	
山水圖	紈扇	絹	水墨	24 × 24.5		美國 普林斯頓大學藝術館（Ed A16-95 -ward Elliott 先生寄存）	
山水圖（墨林叢翰圖冊之11）	冊頁	絹	設色	31.5 × 24.6		美國 華盛頓特區弗瑞爾藝術館	15.36k

畫家小傳：范寬。本名中正。字仲立。陝西華原人。生卒不詳。仁宗天聖初（1023）尚在。為人風儀峭古，嗜酒。喜畫山水，始師李成、荊浩，後卜居終南、華山，從事寫生，終於自成一家。用筆雄強老硬，寫山真神，名與李成齊，師學者眾，後人稱為「關、陝」畫派。（見宋朝名畫評、圖畫見聞志、宣和畫譜、圖繪寶鑑、海岳畫史、畫鑒、廣川畫跋、東坡題跋、中國畫家人名大辭典）

侯翼

天王像	軸	絹	設色	不詳		日本 京都藤井善助先生	

畫家小傳：侯翼（一作翼）。字子沖。善畫道釋、人物故實，師法吳道子。年少即有名於時。太宗雍熙、端拱（984-989）間，聲名藉甚。（見宋朝名畫評、圖畫見聞志、宣和畫譜、圖繪寶鑑、中國畫家人名大辭典）

呂拙

呂洞賓現身岳陽樓圖	紈扇面	絹	設色	24 × 25.3		美國 紐約大都會藝術博物館	17.170.2

畫家小傳：呂拙。道士。開封人。工畫屋木，絕妙。太宗至道（995-997）中，為畫院祗候。時方建上清宮，因畫鬱羅寶臺樣進呈。稱旨。改授翰林待詔。不就。（見宋朝名畫評、圖畫見聞志、圖繪寶鑑、中國畫家人名大辭典）

錢昆

山水	軸	絹	設色	不詳	咸平己亥（二年，999）二日	美國 哈佛大學佛格藝術館	

畫家小傳：錢昆。臨安人。字裕之。吳越王錢鏐之孫。歸宋，中太宗淳化三（992）年舉進士，仕至祕書監。能詩賦。善書畫。喜畫寒蘆沙鳥之類。（見宋史本傳、杭州府志、圖繪寶鑑補遺、中國畫家人名大辭典）

燕肅

春山圖	卷	紙	水墨	30 × 569.7		北京 故宮博物院	

名稱	形式	質地	色彩	尺寸 高x寬cm	創作時間	收藏處所	典藏號碼
寒巖積雪	軸	紙	設色	136.6 x 64		台北 故宮博物院	故畫 00052
寒浦漁罾（集古名繪冊之3）	紈扇	絹	設色	25.8 x 26.3		台北 故宮博物院	故畫 01248-3
山居圖（歷代名繪冊之11）	冊頁	絹	設色	23.9 x 25.3		台北 故宮博物院	故畫 01265-11
邃谷仙儔（吉光貞壽冊之4）	冊頁	絹	設色	23.8 x 24.5		台北 故宮博物院	故畫 03496-4
柳溪雪霽圖	紈扇	絹	設色	23 x 23.5		台北 黃君璧白雲堂	

畫家小傳：燕肅。字穆之（一作仲穆）。本籍燕薊，寄居曹南。真宗朝（998-1022），第進士，累官至龍圖閣直學士。工詩。擅長器巧。善畫山水，尤長寒林景致。（見宋史本傳、圖畫見聞志、宣和畫譜、海岳畫史、中國畫家人名大辭典）

錢 易

名稱	形式	質地	色彩	尺寸 高x寬cm	創作時間	收藏處所	典藏號碼
羅漢圖	軸	絹	設色	122 x 62.8		美國 華威頓特區弗瑞爾藝術館	19.163

附：

名稱	形式	質地	色彩	尺寸 高x寬cm	創作時間	收藏處所	典藏號碼
清介圖（青菜）	軸	紙	水墨	94 x 47.5	乾興元年（壬戌，1022）五月	紐約 佳士得藝品拍賣公司/拍賣目錄	1990,05,31.

畫家小傳：錢易。字希白。臨安人。吳越王錢鏐之孫，錢昆之弟。刻志讀書。真宗朝（998-1022），舉進士。工書。善畫羅漢，兼擅山水。（見宋史本傳、杭州府志、圖繪寶鑑補遺、中國畫家人名大辭典）

王 端

名稱	形式	質地	色彩	尺寸 高x寬cm	創作時間	收藏處所	典藏號碼
山水圖	軸	絹	設色	178.4 x 46.8		英國 倫敦大英博物館	1950.4.1.01(ADD256)

畫家小傳：王端。字子正。洛陽人。王瓘之子。喜讀書。精父藝。工畫山水、道釋、人物、花竹、墨竹。又善寫貌，嘗貌真宗御容，稱旨。召入畫院，不就。（見宋朝名畫評、圖畫見聞志、海岳畫史、畫鑒、圖繪寶鑑、中國畫家人名大辭典）

劉文通

名稱	形式	質地	色彩	尺寸 高x寬cm	創作時間	收藏處所	典藏號碼
蓬瀛旭日（古香片羽冊之1）	冊頁	絹	設色	26.9 x 26.7		台北 故宮博物院	故畫 03497-1

畫家小傳：劉文通。開封人。真宗（998-1022）時，入圖畫院為藝學。大中祥符初（1008），真宗將營玉清昭應宮，特命其先繪小樣圖，然後施工。（見宋朝名畫評、圖繪寶鑑、中國畫家人名大辭典）

趙 昌

名稱	形式	質地	色彩	尺寸 高x寬cm	創作時間	收藏處所	典藏號碼
寫生蛺蝶圖	卷	紙	設色	27.7 x 91		北京 故宮博物院	
竹卉草蟲圖	卷	絹	設色	不詳		日本 東京 Osano Nagachika	
歲朝圖	軸	絹	設色	103.8 x 51.2		台北 故宮博物院	故畫 00049
四喜圖	軸	絹	設色	122.8 x 60.4		台北 故宮博物院	故畫 00050
牡丹	軸	絹	設色	143.5 x 59.3		台北 故宮博物院	故畫 00051

名稱	形式	質地	色彩	尺寸 高x寬cm	創作時間	收藏處所	典藏號碼
花鳥	軸	絹	設色	45.8 x 29.5		台北 故宮博物院	故畫 01794
草蟲圖	軸	絹	設色	101.1 x 47.6		日本 京都柳孝先生	A-2336
林檎花圖	軸	絹	設色	23.4 x 25		日本 東京淺野長武先生	
竹蟲圖	軸	絹	設色	28.2 x 45.8		日本 東京淺野長武先生	
茉莉花圖	軸	絹	設色	26.7 x 27.3		日本 東京赤星先生	
葵花圖	軸	絹	設色	21.5 x 20.3		日本 東京岡崎正也先生	
萱花圖	軸	絹	設色	21.5 x 20.3		日本 東京岡崎正也先生	
鳳凰圖	軸	絹	設色	176.4 x 93.5		美國 聖路易斯市藝術館	52.1918
海棠蠟嘴（唐宋元畫集錦冊之4）	冊頁	絹	設色	32.1 x 30.7		台北 故宮博物院	故畫 01239-4
櫻花山鳥圖（宋元名繪冊之5）	冊頁	絹	設色	26.1 x 27.3		台北 故宮博物院	故畫 01244-5
寫生杏花（宋元集繪冊之4）	紈扇面	絹	設色	25.2 x 27.3		台北 故宮博物院	故畫 01246-4
花鳥（歷代名繪冊之9）	冊頁	絹	設色	25.5 x 27		台北 故宮博物院	故畫 01265-9
花卉草蟲（宋元名人花鳥合璧冊之8）	冊頁	絹	設色	28 x 29		台北 故宮博物院	故畫 01266-8
竹枝山鳥（宋元人畫冊之2）	冊頁	絹	設色	24.5 x 19.6		台北 故宮博物院	故畫 01267-2
棠上白頭翁（唐宋元集繪冊之3）	冊頁	絹	設色	24 x 24		台北 故宮博物院	故畫 03460-3
壽帶榴花（唐宋元集繪冊之6）	冊頁	絹	設色	24 x 24		台北 故宮博物院	故畫 03460-6
鳥語嬌花（唐宋元集繪冊之9）	冊頁	絹	設色	24 x 24		台北 故宮博物院	故畫 03460-9
丹桂雙禽（唐宋元集繪冊之14）	冊頁	絹	設色	24 x 24		台北 故宮博物院	故畫 03460-14
花果籃（宋元集繪冊之3）	冊頁	絹	設色	22.5 x 25.2		台北 故宮博物院	故畫 03464-3
雨中春墅（宋元集繪冊之1）	冊頁	絹	水墨	28 x 21		台北 故宮博物院	故畫 03467-1
梅竹雙清（宋元名蹟冊之18）	冊頁	絹	設色	22.1 x 26.4		台北 故宮博物院	故畫 03469-18
韡菊（宋元拾翠冊之10）	冊頁	絹	設色	28.4 x 24		台北 故宮博物院	故畫 03471-10
秋葵（宋元明集繪冊之6）	冊頁	絹	設色	24.2 x 20.1		台北故宮博物院	故畫 03474-6
婪春爭艷（藝林韞古冊之5）	紈扇面	絹	設色	29.2 x 29.2		台北故宮博物院	故畫 03491-5
仙桃（諸仙妙繪冊之2）	冊頁	絹	設色	22.3 x 27.4		台北故宮博物院	故畫 03501-2
花籠圖（唐繪手鑑筆耕圖下冊之47）	冊頁	絹	設色	22.6 x 22.1		日本 東京國立博物館	TA-487
折枝花卉	紈扇面	絹	設色	不詳		日本 東京 Asano Nagachika	
花籃圖	冊頁	絹	設色	22 x 23.2		美國 堪薩斯市納爾遜-艾金斯	

名稱	形式	質地	色彩	尺寸 高×寬㎝	創作時間	收藏處所	典藏號碼
						藝術博物館	

畫家小傳：趙昌。字昌之。劍南（一作廣漢）人。生卒不詳，真宗大中祥符初（1008）尚在。善畫花卉、草蟲，所作折枝蔬果尤妙，熱衷實物對畫，自號「寫生趙昌」。（見宋朝名畫評、圖畫見聞志、宋朝事實類苑、宣和畫譜、宣和畫譜、海岳畫史、李薦畫品、歸田錄、圖繪寶、中國畫家人名大辭典）

武宗元

名稱	形式	質地	色彩	尺寸 高×寬㎝	創作時間	收藏處所	典藏號碼
八十七神仙圖	卷	紙	水墨	不詳		北京 徐悲鴻美術館	
朝元仙仗圖	卷	絹	水墨	57.8 × ?		美國 紐約王季遷明德堂	

畫家小傳：武宗元。初名宗道，字總之。河南白波人。善畫佛道、鬼神，學吳道子，被稱精絕，真宗祥符初（1008），營玉清昭應宮，召募天下名流三千，中選百人，宗元為之冠，輩流莫不斂衽。卒於皇祐二（1050）年。（見宋朝名畫評、圖畫見聞志、宣和畫譜、樂城集、圖繪寶鑑、清河書畫舫、中國畫家人名大辭典）

王兼濟

名稱	形式	質地	色彩	尺寸 高×寬㎝	創作時間	收藏處所	典藏號碼
羅漢圖	軸	絹	設色	127 × 63		美國 華盛頓特區弗瑞爾藝術 館	17.334

畫家小傳：王兼濟（或作王濟）。洛陽人。為人簡傲嗜酒。善畫道釋、鬼神，學吳道子，得其餘趣。嘗與武宗元對手畫嵩嶽廟壁，武畫出隊，王畫入隊，為眾稱絕。（見宋朝名畫評、圖畫見聞志、宋中興館閣儲藏目錄、圖繪寶鑑、中國畫家人名大辭典）

高克明

名稱	形式	質地	色彩	尺寸 高×寬㎝	創作時間	收藏處所	典藏號碼
溪山雪意圖	卷	絹	水墨	41 × ?		美國 紐約顧洛阜先生	
秋林水鳥（唐宋名蹟冊之4）	冊頁	絹	設色	26.5 × 26.6		台北 故宮博物院	故畫 01234-4
松岫漁村（集古名繪冊之4）	紈扇面	絹	水墨	24.2 × 25.8		台北 故宮博物院	故畫 01248-4
谿山積雪（名繪萃珍冊之1）	冊頁	絹	水墨	45.1 × 30		台北 故宮博物院	故畫 01294-1
平林秋遠	冊頁	絹	水墨	28 × 21		台北 故宮博物院	故畫 03467-2

畫家小傳：高克明。絳州人。善畫道釋、人物、鬼神、山水、屋木、花竹及鳥獸，皆造精妙。真宗大中祥符（1008-1016）中，以藝進入圖畫院，與王端、燕文貴、陳用志等，為畫友。仁宗皇祐初（1049），奉敕繪三朝訓鑒圖一百事。（見宋朝名畫評、圖畫見聞志、宣和畫譜、圖繪寶鑑、揮塵後錄、清河書畫舫、書畫題跋、中國畫家人名大辭典）

任從一

名稱	形式	質地	色彩	尺寸 高×寬㎝	創作時間	收藏處所	典藏號碼
墨鯉圖	軸	紙	水墨	124.3 × 87.1		美國 西雅圖市藝術館	46.234

畫家小傳：任從一。開封人。仁宗朝（1023-1063），畫院待詔。工畫龍水、漁魚，為時推重。（見圖畫見聞志、圖繪寶鑑、中國畫家人名大辭典）

屈 鼎

名稱	形式	質地	色彩	尺寸 高×寬㎝	創作時間	收藏處所	典藏號碼
夏山圖	卷	絹	設色	45 × 114.8		美國 紐約大都會藝術博物館	1973.120.1

名稱	形式	質地	色彩	尺寸 高x寬cm	創作時間	收藏處所	典藏號碼

畫家小傳：屈鼎。開封人。仁宗朝（1023-1063），圖畫院祗候。善畫山水，師學燕文貴，極得其彷彿。蘇東坡稱讚為，分布景物極有思致。（見圖畫見聞志、宣和畫譜、東坡集、圖繪寶鑑、中國畫家人名大辭典）

劉永年

花陰玉兔	卷	紙	設色	35 x 385.2		台北 故宮博物院	故畫 000984
商岩熙樂	軸	絹	設色	62 x 37.8		台北 故宮博物院	故畫 01796
家鵝圖	軸	絹	設色	不詳		美國 底特律市藝術中心	31.282

畫家小傳：劉永年。字君錫（一作公錫）。彭城人，徙家開封。仁宗朝（1023-1063），官崇信軍節度使。善畫花果、鳥獸、蟲魚，尤工道釋、人物，用筆得貫休之奇逸。（見圖畫見聞志、宣和畫譜、中興館閣儲藏目錄、圖繪寶鑑、中國畫家人名大辭典）

閻士安

晴溪春曉（宋元明人合錦冊之8）	冊頁	絹	設色	20.4 x 26.8		台北 故宮博物院	故畫 03476-8
牽牛花圖	紈扇	絹	設色	26 x 27		台北 黃君璧白雲堂	

畫家小傳：閻士安。陳州宛丘人。為人疏蕩、嗜酒。精醫術。善畫墨竹及雜畫。作畫不用彩繪，為時輩所推。（見宋朝名畫評、圖畫見聞志、宣和畫譜、圖繪寶鑑、中國畫家人名大辭典）

孫知微

江山行旅圖（款署太古遺民）	卷	紙	水墨	38.4 x 418		美國 堪薩斯市納爾遜-艾金斯藝術博物館	
伏羲像	軸	絹	設色	124.5 x 61.3		日本 大阪市立美術館	

畫家小傳：孫知微。字太古。眉州彭山（或作眉陽）人。生性介潔。善畫道釋、山水，師法沙門令宗，用筆放逸不蹈前人筆墨畦畛，畫入「逸格」。（見宋史鄭振傳、宋朝名畫評、圖畫見聞志、宣和畫譜、畫繼、圖繪寶鑑、海岳畫史、欒城遺言、聞見後志、蜀中畫苑、廣川畫跋、李薦畫品、洞天清祿、畫鑒、清河書畫舫、真蹟日錄、畫系、茅亭客話、中國畫家人名大辭典）

楊 朏

皇會圖	卷	絹	設色	28.6 x ?		瑞典 斯德哥爾摩遠東古物館	OM 90/64

畫家小傳：楊朏。開封人，後家泗上。工畫道釋、人物，尤以畫觀音得知天下。（見圖畫見聞志、海岳畫史、畫後品、圖繪寶鑑、中華畫人室隨筆、中國畫家人名大辭典）

武洞清

女仙像	軸	絹	設色	169 x 75.3	淳熙二年歲次乙未（1175）二月十二日	日本 大阪市立美術館	
柳陰高士圖	軸	絹	設色	不詳		美國 哈佛大學福格藝術館	

畫家小傳：武洞清。長沙人。武岳之子。承繼家學，工畫人物、道釋、神像，學吳道子，布置落墨，神妙不俗。（見圖畫見聞志、宣和畫譜

名稱	形式	質地	色彩	尺寸 高x寬cm	創作時間	收藏處所	典藏號碼

、海岳畫史、圖繪寶鑑、中國畫家人名大辭典）

傅文用

名稱	形式	質地	色彩	尺寸 高x寬cm	創作時間	收藏處所	典藏號碼
萬鵝歸巢圖	軸	絹	水墨	156.7 x 67.3		美國 華威頓特區弗瑞爾藝術館	16.104

畫家小傳：傅文用。開封人。工畫花竹、翎毛。所畫鵝、鵲，能分四時毛羽，頗有黃筌風概。（見宋朝名畫評、圖畫見聞志、圖繪寶鑑、中國畫家人名大辭典）

王居正

名稱	形式	質地	色彩	尺寸 高x寬cm	創作時間	收藏處所	典藏號碼
紡車圖	卷	絹	設色	26.1 x 69.2		北京 故宮博物院	
璇閨調鸚圖	紈扇面 絹		設色	不詳		美國 波士頓美術館	

畫家小傳：王居正。小名憨哥。河東人。王拙之子。畫有父風。又善畫仕女，師法周昉，得其閒冶之態。（見宋朝名畫評、圖畫見聞志、圖繪寶鑑、珊瑚網、中國畫家人名大辭典）

郝澄

名稱	形式	質地	色彩	尺寸 高x寬cm	創作時間	收藏處所	典藏號碼
人馬圖	冊頁	絹	設色	不詳		美國 波士頓美術館	

畫家小傳：郝澄。字長源。江寧句容人。擅長傳寫，因懂相人術，故兼得精神骨氣之妙。又工畫道釋、人馬，清勁善設色。（見宋朝名畫評、圖畫見聞志、宣和畫譜、圖繪寶鑑、中國畫家人名大辭典）

李瑋

名稱	形式	質地	色彩	尺寸 高x寬cm	創作時間	收藏處所	典藏號碼
竹林燕居	軸	絹	設色	不詳		美國 波士頓美術館	

畫家小傳：李瑋。字公炤（一作名煒，字公昭）。錢塘人。尚仁宗女、兗國公主。官駙馬都尉、建武軍節度使。喜吟詠。善書法。善作水墨飛白竹石。（見宋史本傳、宣和畫譜、圖繪寶鑑、杭州府志、書史會要、中國畫家人名大辭典）

文同

名稱	形式	質地	色彩	尺寸 高x寬cm	創作時間	收藏處所	典藏號碼
墨竹圖（蘇軾等六君子圖卷之第1幅）	卷	紙	水墨	約23.4 x 50.9		上海 上海博物館	
墨竹	軸	絹	水墨	131.6 x 105.4		台北 故宮博物院	故畫00835
墨竹圖	軸	絹	水墨	不詳		台北 故宮博物院（王世杰先生寄存）	
墨竹圖	軸	絹	水墨	55.5 x 30.8		日本 大阪市立美術館	
墨竹圖	軸	絹	水墨	231.2 x 119.2		英國 倫敦大英博物館	1910.5.23.8(ADD32)
畫竹（歷朝名繪冊之2）	冊頁	紙	水墨	31 x 48.3		台北 故宮博物院	故畫01236-2

名稱	形式	質地	色彩	尺寸 高x寬㎝	創作時間	收藏處所	典藏號碼
墨竹（集古名繪冊之11）	冊頁	絹	水墨	26.9 x 71.4		台北 故宮博物院	故畫03481-11
琅玕挺秀（宋元明集繪冊之3）	冊頁	紙	水墨	46.7 x 29.6		台北 故宮博物院	故畫03580-3

畫家小傳：文同。字與可。號錦江道人、笑笑先生。世稱石室先生。蜀梓潼人。生於真宗天禧二（1018）年。卒於神宗元豐二（1079）年。歷官至湖州太守，世稱「文湖州」。善詩、楚詞、書、畫「四絕」。畫專擅墨竹，為畫史最著名之墨竹畫家，學者被稱「湖州竹派」。（見宋史本傳、圖畫見聞志、宣和畫譜、丹淵集、東坡集、山谷集、玫瑰集、東圖玄覽、宋詩紀事、圖繪寶鑑、甫田集、畫史會要、中國畫家人名大辭典）

許道寧

名稱	形式	質地	色彩	尺寸 高x寬㎝	創作時間	收藏處所	典藏號碼
長江圖	卷	絹	設色	44.9 x 1007.3		台北 故宮博物院	故畫 01405
江山清遠圖	卷	絹	設色	32.8 x 236.7		台北 故宮博物院	故畫 01406
煙溪夏景	卷	絹	設色	26 x 162.6		台北 故宮博物院	故畫 01407
秋山晴靄圖	卷	絹	設色	38.8 x 210		日本 東京山本悌二郎先生	
秋山蕭寺圖	卷	絹	水墨	38.8 x 147.9		日本 京都藤井善助先生	
雲出山腰圖	卷	絹	設色	59 x 365.3		美國 華盛頓特區弗瑞爾藝術館	11.231
漁父圖	卷	絹	設色	48.9 x 209.6		美國 堪薩斯市納爾遜-艾金斯藝術博物館	
秋江漁艇	卷	絹	水墨	48.9 x ？		美國 堪薩斯市納爾遜-艾金斯藝術博物館	33-156
關山密雪圖	軸	絹	設色	121.3 x 81.3		台北 故宮博物院	故畫 00047
雪景	軸	絹	水墨	169.2 x103.2		台北 故宮博物院	故畫 00049
雪溪漁父	軸	絹	設色	169 x 110	景祐甲申孟冬十月（按景祐無甲申）	台北 故宮博物院	故畫 00827
喬木圖	軸	絹	水墨	188.6 x 115		台北 故宮博物院	故畫 00828
幽林樵隱圖	軸	絹	設色	156.5 x 52.8		日本 大阪市立美術館	
雪山樓觀圖	軸	紙	設色	176 x 89.1		日本 大阪市立美術館	
鄧尉探梅圖	軸	絹	設色	141.1 x 99.4		美國 華盛頓特區弗瑞爾藝術館	16.32
松下曳杖（歷代名繪冊之8）	冊頁	絹	設色	24.2 x 25.3		台北 故宮博物院	故畫 01265-8
秋山蕭寺（宋人繪珍片玉冊之8）	冊頁	絹	水墨	21.2 x 28		台北 故宮博物院	故畫 03462-8
天閣樓台（宋元名蹟冊之12）	冊頁	絹	設色	24.8 x 27.3		台北 故宮博物院	故畫 03469-12
山村暮靄（古香片羽冊之3）	冊頁	絹	設色	21.4 x 53.2		台北 故宮博物院	故畫 03497-3

名稱	形式	質地	色彩	尺寸 高x寬cm	創作時間	收藏處所	典藏號碼
翠巘精藍（宋元明集繪冊之4）	冊頁	絹	設色	61.7 × 26.8		台北 故宮博物院	故畫 03580-4
風雨歸鞍圖（唐宋元三朝名畫冊之11）	冊頁	絹	設色	21.8 × 22.4		香港 潘祖堯小聽颿樓	CP40k
觀潮圖	紈扇面	絹	設色	不詳		美國 波士頓美術館	
山水圖（宋元名畫集冊之3）	冊頁	絹	設色	25.9 × 25.1		美國 耶魯大學藝術館	1952.52.25c
秀峰遠壑圖	冊頁	絹	設色	23.9 × 25		美國 堪薩斯市納爾遜-艾金斯藝術博物館	34-228/14

畫家小傳：許道寧。河間（一作長安）人。工詩畫。生性跌宕不羈。早年，喜寫人貌。後遊太華，見峰巒嵢崒，改意山水，遂法李成，卒造其妙，擅寫林木、野水、陂石。喜飲酒，醉時筆墨滂沱，尤佳，人稱「醉許」。（見宋朝名畫評、圖畫見聞志、宣和畫譜、圖繪寶鑑、墨莊漫錄、寓意編、宋詩紀事、中國畫家人名大辭典）

易元吉

名稱	形式	質地	色彩	尺寸 高x寬cm	創作時間	收藏處所	典藏號碼
猴貓圖	卷	絹	設色	31.9 × 57.2		台北 故宮博物院	故畫 00983
百祿圖	卷	絹	設色	33 × 241.5		台北 故宮博物院	故畫 01408
聚猿圖	卷	絹	水墨	40 × 141		日本 大阪市立美術館	
三元得祿圖	軸	絹	設色	72.7 × 32.1		台北 故宮博物院	故畫 01795
子母猴	軸	絹	設色	不詳		台北 故宮博物院	國贈 006502
白鵝圖	軸	絹	設色	154.8 × 90.4		日本 大阪市立美術館	
白鵝圖	軸	絹	設色	126 × 61.2		日本 兵庫縣阿部房次郎先生	
桐枝掛猿圖	軸	紙	泥金	197.3 × 102.4		瑞典 斯德哥爾摩遠東古物館	NMOK 384
喬柯猿挂（藝苑藏真上冊之6）	紈扇面	絹	設色	24.2 × 26.4		台北 故宮博物院	故畫 01240-6
猿鹿圖（宋元名繪冊之6）	冊頁	絹	設色	25 × 26.4		台北 故宮博物院	故畫 01244-6
竹兔（歷代集繪冊之5）	冊頁	絹	設色	34.2 × 27.2		台北 故宮博物院	故畫 01254-5
雙猿（宋元名人花鳥合璧冊之5）	冊頁	絹	設色	32 × 34.7		台北 故宮博物院	故畫 01266-5
魚藻圖（宋元人畫冊之5）	冊頁	絹	設色	23.6 × 19.7		台北 故宮博物院	故畫 01267-5
罌粟（唐宋元明集繪冊之7）	冊頁	絹	設色	23.5 × 24.9		台北 故宮博物院	故畫 03459-7
松岡鹿友（宋人繪珍片玉冊之7）	冊頁	絹	設色	29.9 × 40.5		台北 故宮博物院	故畫 03462-7
竹兔（宋元人真蹟冊之2）	冊頁	絹	設色	34.1 × 26.1		台北 故宮博物院	故畫 03472-2
春林練雀（宋元明人合錦冊之11）	冊頁	絹	設色	20.4 × 27		台北 故宮博物院	故畫 03477-11

名稱	形式	質地	色彩	尺寸 高x寬cm	創作時間	收藏處所	典藏號碼
猿鷺圖（兩朝合璧連珠畫帖之9）	冊頁	絹	設色	28.5 x 19.7		日本 東京出光美術館	
白鷺猿猴圖	紈扇面	絹	設色	23.8 x 25.1		美國 紐約大都會藝術博物館	13.100.104
竹蟲圖	冊頁	絹	設色	23.4 x 22.8		美國 普林斯頓大學藝術館	47-171
鹿猿圖	冊頁	絹	設色	18.5 x 22.4		美國 普林斯頓大學藝術館（Ed -ward Elliott 先生寄存）	L256.70

畫家小傳：易元吉。字慶之。長沙人。初工花鳥、蜂蝶，時稱徐熙後一人。及見趙昌畫，自嘆不逮，遂改畫猿、鹿，並入深山觀察其生活情態，遂至名家。英宗治平（1064-1067）中，先後詔其繪畫殿壁，未竟而卒。（見圖畫見聞志、宣和畫譜、海岳畫史、廣川畫跋、東圖玄覽、洞天清祿集、圖繪寶鑑、中國畫家人名大辭典）

趙宗漢

名稱	形式	質地	色彩	尺寸 高x寬cm	創作時間	收藏處所	典藏號碼
雁山敘別	軸	紙	設色	93 x 32.5	嘉祐二年（丁酉，1057）五月廿九日	台北 故宮博物院	故畫 03665

畫家小傳：趙宗漢。字獻甫。英宗之弟。初為嗣濮王，卒後追封景王。為人博雅該洽。喜詩書。兼工畫蘆雁，有思致。（見宋史本傳、宣和畫譜、海岳畫史、畫繼、圖繪寶鑑、畫史會要、中國畫家人名大辭典）

張敦禮

名稱	形式	質地	色彩	尺寸 高x寬cm	創作時間	收藏處所	典藏號碼
九歌圖	卷	絹	設色	不詳		美國 波士頓美術館	
荷亭消夏（唐宋元畫集錦冊之7）	紈扇	絹	設色	22.7 x 22.9		台北 故宮博物院	故畫 01239-7
閒亭蹴踘（藝苑藏真上冊之7）	紈扇	絹	設色	28.2 x 29.7		台北 故宮博物院	故畫 01240-7
看泉圖（宋元集繪冊之1）	冊頁	絹	設色	28.9 x 26.2		台北 故宮博物院	故畫 03464-1
大行列岫（天下名山圖貞冊之14）	冊頁	絹	設色	58.8 x 42.5		台北 故宮博物院	故畫 03587-14

畫家小傳：張敦禮。汴梁人。英宗時（1064-1067），尚祁國長公主，授左衛將軍、駙馬都尉、節度寧遠將軍。善畫人物，筆法緊密，神采如生，且貴賤美惡容貌可辨。（見宋史本傳、畫鑒、圖繪寶鑑、清河書畫舫、畫史全要、歷代畫史彙傳、中華畫人室隨筆、中國畫家人名大辭典）

劉寀

名稱	形式	質地	色彩	尺寸 高x寬cm	創作時間	收藏處所	典藏號碼
群魚戲荇	卷	紙	設色	29.7 x 231.7		台北 故宮博物院	中畫 00146
落花游魚	卷	絹	設色	26.4 x ?		美國 聖路易斯市藝術館	97.26
春溪魚藻（名賢妙蹟冊之2）	冊頁	紙	水墨	52.1 x 31.1		台北 故宮博物院	故畫 01255-2

畫家小傳：劉寀。字道源（一作弘道）。籍里不詳，流寓開封。神宗朝（1068-1085），為朝奉郎。專門畫魚，深得戲廣浮深、相忘於江湖之意，為人所推重。（見宣和畫譜、圖繪寶鑑、清河書畫舫、中國畫家人名大辭典）

名稱	形式	質地	色彩	尺寸 高x寬cm	創作時間	收藏處所	典藏號碼

董 祥

| 歲朝圖 | 軸 | 紙 | 水墨 | 115.2 × 44.3 | 崇寧改元（壬午，1102）秋七月 | 台北 故宮博物院 | 故畫 01800 |

畫家小傳：董祥。開封人。神宗朝（1068-1085），為翰林待詔。工畫花木，曾作琉璃瓶中雜花，人多愛之。（見圖畫見聞志、圖繪寶鑑、中國畫家人名大辭典）

郭 熙

寒林蜀道	卷	絹	設色	36.3 × 220.6		台北 故宮博物院	中畫 00145
關山積雪圖	卷	絹	設色	35.3 × 339.5		台北 故宮博物院	故畫 01409
關山行旅	卷	絹	設色	30.4 × 248.9		台北 故宮博物院	故畫 01410
雪景山水真蹟	卷	絹	水墨	不詳		台北 故宮博物院	國贈 027011
樹色平遠圖	卷	絹	設色	35.5 × 103.2		美國 紐約市大都會藝術博物館	7
谿山秋霽圖	卷	絹	水墨	26 × 206		美國 華盛頓特區弗瑞爾藝術館	16.538
江山雪霽圖	卷	絹	設色	54.6 × ?		美國 俄州托雷多市藝術博物館	27.151
雪景	軸	絹	設色	194.3 × 111.1		台北 故宮博物院	故畫00831
觀碑圖	軸	絹	水墨	164.4 × 119		台北 故宮博物院	中畫00012
早春圖	軸	絹	設色	158.3 × 108.1	壬子（熙寧五年，1072）	台北 故宮博物院	故畫00053
寒林圖	軸	絹	水墨	153 × 98.8		台北 故宮博物院	故畫00054
關山春雪圖	軸	絹	設色	179.1 × 51.2	熙寧壬子（五年，1072）二月	台北 故宮博物院	故畫00055
秋山行旅圖	軸	絹	設色	119.6 × 61.3		台北 故宮博物院	故畫00056
雪山行旅圖	軸	絹	設色	139.9 × 67.5		台北 故宮博物院	故畫00057
豐年瑞雪圖	軸	絹	設色	120.4 × 74.7		台北 故宮博物院	故畫00058
山水	軸	絹	設色	188.8 × 95		台北 故宮博物院	故畫00059
山水	軸	絹	設色	143.7 × 91.3		台北 故宮博物院	故畫00060
山莊高逸	軸	絹	水墨	188.8 × 109.1		台北 故宮博物院	故畫00829
雲烟攬勝	軸	絹	設色	151.5 × 88.4		台北 故宮博物院	故畫00830
雪景山水	橫幅	絹	設色	87.7 × 150.9		台北 故宮博物院	故畫00895
峨嵋雪霽	軸	絹	設色	149.7 × 75.9		台北 故宮博物院	故畫01797
慶春圖	軸	絹	設色	125.4 × 60		台北 故宮博物院	故畫01798

名稱	形式	質地	色彩	尺寸 高×寬㎝	創作時間	收藏處所	典藏號碼
古松圖	軸	絹	水墨	59 × 32.3		台北 故宮博物院	故畫01799
滕王閣	軸	絹	設色	181.9 × 96.6		台北 故宮博物院	故畫02961
窠石平遠圖	軸	絹	設色	120.8 × 167.7	元豐戊午（元年，1078）	北京 故宮博物館	
古木遙山圖	軸	絹	水墨	185.2 × 107.5		上海 上海博物館	
幽谷圖	軸	絹	水墨	167.7 × 53.6		上海 上海博物館	
山村圖	軸	絹	設色	109.8 × 54.2		南京 南京大學	
溪山訪友圖	軸	絹	水墨	96.5 × 46.3		昆明 雲南省博物館	
雙松水閣圖	軸	紙	設色	100.3 × 32.4		日本 奈良縣林芝石先生	
雁塔風霜圖	軸	絹	設色	118 × 63.6		美國 華盛頓特區弗瑞爾藝術館	09.170
峨嵋積雪圖	軸	絹	設色	180.7 × 109.6		美國 華盛頓特區弗瑞爾藝術館	
雪山蘭若	軸	絹	設色	不詳		美國 華盛頓特區弗瑞爾藝術館	
寒山雪霽圖	軸	絹	設色	148 × 78.4		美國 聖路易斯市藝術館	5.29
秋山講易圖	軸	紙	設色	96.5 × 42.3		美國 耶魯大學藝術館（Drabkin先生寄存）	
山閣賞梅（唐宋元明集繪冊之4）	冊頁	絹	設色	24.4 × 25.3		台北 故宮博物院	故畫03459-4
雪山行旅（宋人繪珍片玉冊之10）	冊頁	絹	設色	35.8 × 34.3		台北 故宮博物院	故畫03462-10
崇山行旅（宋元集繪冊之4）	冊頁	絹	水墨	28.4 × 23.3		台北 故宮博物院	故畫03465-4
雪山行旅（宋元名蹟冊之3）	冊頁	絹	水墨	不詳		台北 故宮博物院	故畫03469-3
秋山行旅（集古名繪冊之5）	冊頁	絹	設色	27.7 × 39.5		台北 故宮博物院	故畫03482-5
烟雨江帆（名繪輯珍冊之1）	冊頁	絹	設色	28.1 × 27.7		台北 故宮博物院	故畫03487-1
雪山行旅（雲煙攬勝冊之7）	冊頁	絹	設色	32.1 × 24.2		台北 故宮博物院	故畫03500-7
雪景山水圖（兩朝合璧連珠畫帖之13）	紈扇面	絹	設色	25.3 × 24.4		日本 東京出光美術館	
秋景山水圖（兩朝合璧連珠畫帖之29）	冊頁	絹	設色	23.3 × 28.9		日本 東京出光美術館	
雪景山水圖（兩朝合璧連珠畫帖之33）	紈扇面	絹	設色	24.5 × 23.9		日本 東京出光美術館	
山水圖	冊頁	絹	水墨	36.8 × 26.2		美國 華盛頓特區弗瑞爾藝術	11.483

名稱	形式	質地	色彩	尺寸 高×寬㎝	創作時間	收藏處所	典藏號碼
						館	
山水圖	冊頁	絹	設色	26.6 × 30.4		美國 華盛頓特區弗瑞爾藝術	11.161d
						館	
雪山行旅圖	冊頁	紙	設色	28.3 × 45		美國 華盛頓特區弗瑞爾藝術	14.59b
						館	
附：							
古柏圖	軸	絹	水墨	155.4 × 101.6		香港 佳士得藝品拍賣公司/拍 賣目錄 1998,09,15.	

畫家小傳：郭熙。河陽溫縣人。神宗熙寧元（1068）年，任圖畫院藝學。工畫山水，學李成而能自放胸臆，善狀四時朝暮、風雨明晦變化景致，享有與李成相同聲譽，因有「李、郭」之稱。又精理論，撰有《林泉高致》傳世。（見圖畫見聞志、宣和畫譜、中興館閣儲藏目錄、林泉高致、墨莊漫錄、東坡集、山谷集、洞天清祿集、墨莊漫錄、圖繪寶鑑、輟耕錄、清河書畫舫、珊瑚網、寓意編、格古要論、歷代名畫跋、藝苑卮言、中國畫家人名大辭典）

勾龍爽

山水	軸	絹	設色	40.8 × 29.7		台北 故宮博物院	故畫 00065
佛像	軸	紙	設色	31 × 51		台北 故宮博物院	國贈 024905
青綠山水圖	納扇面	絹	設色	24 × 23.5		美國 密歇根大學藝術博物館	1970/2.157

畫家小傳：勾龍爽。蜀人。神宗朝（1068-1085），圖畫院祗候。工畫道釋、人物，尤喜繪嬰孩，得其天真趣致。（見宋朝名畫評、圖畫見聞志、和畫譜、圖繪寶鑑、中國畫家人名大辭典）

李 吉

萬年寶枝	卷	絹	設色	30.2 × 163.3		台北 故宮博物院	中畫 00006

畫家小傳：李吉。開封人。神宗朝（1068-1085），圖畫院藝學。工畫花鳥，學黃筌。（見圖繪寶鑑、中國畫家人名大辭典）

李元濟

羅漢圖	軸	絹	設色	96.7 × 55.2		美國 華盛頓特區弗瑞爾藝術 館	15.23

畫家小傳：李元濟。太原人。工畫道釋、人物，師法吳道子。神宗熙寧（1068-1077）中，召畫相國寺，比定眾畫手，元濟與崔白為勁敵，評者以其學遵師法，遂推為第一。（見圖畫見聞志、圖繪寶鑑、中國畫家人名大辭典）

崔 白

寒雀圖	卷	絹	設色	25.5 × 101.4		北京 故宮博物院	
蘆花義愛	軸	絹	設色	141.2 × 86.3		台北 故宮博物院	故畫 00061
蘆汀宿雁	軸	絹	設色	106.5 × 51		台北 故宮博物院	故畫 00062

名稱	形式	質地	色彩	尺寸 高×寬㎝	創作時間	收藏處所	典藏號碼
蘆雁	軸	絹	設色	138.1 × 52.3		台北 故宮博物院	故畫 00063
竹鷗圖	軸	絹	設色	101.3 × 49.9		台北 故宮博物院	故畫 00064
枇杷孔雀	軸	絹	設色	183.1 × 109.8		台北 故宮博物院	故畫 00832
秋浦蓉賓	軸	絹	設色	149.1 × 95.5		台北 故宮博物院	故畫 00833
雙喜圖	軸	絹	設色	193.7 × 103.4	嘉祐辛丑年（七年，1061）	台北 故宮博物院	故畫 00834
母雞養雛圖	軸	絹	設色	50 × 27.8		昆山 崑崙堂	
雄雞倣睨圖	軸	絹	設色	50 × 27.8		昆山 崑崙堂	
花鳥圖	軸	絹	設色	92.4 × 48.8		日本 神戶土井伊八先生	
竹菊貓蝶圖	軸	絹	設色	161.4 × 57.5		日本 兵庫黑川古文化研究所	
雙喜圖	軸	絹	設色	不詳		美國 哈佛大學福格藝術館	
蘆雁圖	軸	絹	設色	188.2 × 96.8		美國 華盛頓特區弗瑞爾藝術館	16.33
煙江曉雁圖	橫幅	絹	設色	102.8 × 164.1		美國 華盛頓特區弗瑞爾藝術館	15.25
四瑞圖（宋元名繪冊之 7）	冊頁	絹	設色	21.2 × 27.5		台北 故宮博物院	故畫 01244-7
柳陰戲鵝（歷代集繪冊之 2）	冊頁	絹	設色	22.4 × 17.9		台北 故宮博物院	故畫 01254-2
秋風金鳳（名畫薈珍之 2）	冊頁	絹	設色	22.9 × 25.9		台北 故宮博物院	故畫 01256-2
竹雀（宋元名人花鳥合壁冊之 2）	冊頁	絹	設色	27 × 26.7		台北 故宮博物院	故畫 01266-2
桃溪鸝鴒（宋元人畫冊之 6）	冊頁	絹	設色	24.7 × 19.4		台北 故宮博物院	故畫 01267-6
翠羽緋桃（古香片羽冊之四）	冊頁	絹	設色	24.2 × 37		台北 故宮博物院	故畫 03497-4
花鳥圖（宋元名畫集之 2）	紈扇面	絹	設色	23 × 22.4		美國 耶魯大學藝術館	1952.52.25b

畫家小傳：崔白。字子西。濠梁人。工畫花竹、翎毛、道釋、人物、鬼神等，尤長於寫生。神宗熙寧初（1068），與艾宣、丁貺、葛守昌共畫御扆，白為之冠。即補圖畫院藝學。極受神宗寵渥優禮，其畫且取代黃居寀作為畫院較藝之程式。（見圖畫見聞志、宣和畫譜、廣川畫跋、山谷題跋、郭思畫論、廣川畫跋、圖繪寶鑑、珊瑚網、中國畫家人名大辭典）

艾 宣

名稱	形式	質地	色彩	尺寸 高×寬㎝	創作時間	收藏處所	典藏號碼
群雀啄蟲圖	軸	絹	設色	115.1 × 57.6		日本 東京笹川喜三郎先生	
霜蘆山雀（唐宋元畫集錦冊之 6）	冊頁	絹	設色	20.2 × 22.9		台北 故宮博物院	故畫 01239-6
寫生罌粟（宋元集繪冊之 7）	紈扇面	絹	設色	23.7 × 24.3		台北 故宮博物院	故畫 01246-7
野蔬文羽（藝林韞古冊之 6）	冊頁	絹	設色	23.2 × 18.4		台北 故宮博物院	故畫 03491-6

名稱	形式	質地	色彩	尺寸 高×寬cm	創作時間	收藏處所	典藏號碼

| 西旅貢葵（珍圖薈帙冊之5） | 冊頁 | 絹 | 設色 | 19.2 × 24.4 | | 台北 故宮博物院 | 故畫03495-5 |

畫家小傳：艾宣。金陵人。神宗熙寧元（1068）年，與崔白同畫垂拱殿御扆。善畫花竹、翎毛，畫鵪鶉尤有名於時，傅色暈淡有生意，孤標雅致非俗工所能到，米芾頗推重之。（見圖畫見聞志、宣和畫譜、海岳畫史、東坡集、圖繪寶鑑、中國畫家人名大辭典）

崔 慤

雙喜圖	軸	絹	設色	不詳		美國 哈佛大學福格藝術館	
杞實鵪鶉（唐宋元畫集錦冊之5）	冊頁	絹	設色	27.5 × 25.5		台北 故宮博物院	故畫01239-5
野竹牽牛（邱壑琳瑯冊之2）	冊頁	絹	設色	25.2 × 25.2		台北 故宮博物院	故畫03493-2
梅溪瀑布圖	冊頁	絹	設色	24.7 × 22.2		美國 紐約大都會藝術博物館	47.18.68

畫家小傳：崔慤。字子中。濠梁人。崔白之弟。神宗熙寧元（1068）年，容左班殿直。亦善畫花鳥，尤工作兔。筆法與崔白相若。（見圖畫見聞志、宣和畫譜、圖繪寶鑑、中國畫家人名大辭典），

陳直躬

| 竹石雙禽（名畫薈珍之3） | 冊頁 | 紙 | 設色 | 25.2 × 24.6 | | 台北 故宮博物院 | 故畫01256-3 |

畫家小傳：陳直躬。淮南廣陵人。陳偕之子。父子皆善畫蘆雁，蘇東坡有詩推頌之。（見畫繼、東坡集、淮海集、圖繪寶鑑、中國畫家人名大辭典）

祁 序

江山放牧圖	卷	絹	設色	47.3 × 115.6		北京 故宮博物院	
長堤歸牧	軸	紙	水墨	76.3 × 31.6		台北 故宮博物院	故畫00042
牧牛圖	軸	絹	水墨	117.5 × 76		美國 華盛頓特區弗瑞爾藝術館	17.343

畫家小傳：祁序（一作嶼）。江南人。善畫花竹、翎毛、牛、貓等，有高致。（見圖畫見聞志、宣和畫譜、中國畫家人名大辭典）

王 詵

瀛山圖	卷	絹	青綠	24.5 × 145.1	甲辰（治平元年，1064）春四月	台北 故宮博物院	故畫00988
江山疊翠圖	卷	絹	青綠	26.5 × 464.2		台北 故宮博物院	故畫01425
漁村小雪圖	卷	絹	設色	32.4 × 220.3		台北 故宮博物院	故畫00147
金菊園圖	卷	絹	設色	32 × 500		台北 黃君璧白雲堂	
漁村小雪圖	卷	絹	設色	44.5 × 219.5		北京 故宮博物院	
煙江疊嶂圖	卷	絹	青綠	不詳		上海 上海博物館	
萬壑秋雲圖	卷	絹	設色	31.8 × 186.6		日本 京都滕井善助先生	
西塞漁社圖	卷	絹	設色	40.5 × ?		美國 紐約大都會藝術博物館	1989.303.10

名稱	形式	質地	色彩	尺寸 高×寬cm	創作時間	收藏處所	典藏號碼
畫鷹	軸	絹	設色	136.7 × 69.7		台北 故宮博物院	故畫00069
煙江疊嶂	軸	絹	設色	不詳		台北 故宮博物院	國贈006496
烟江疊嶂圖	軸	絹	設色	201 × 147.6		美國 華盛頓特區弗瑞爾藝術館	16.87
仙境圖（名繪集珍冊之9）	冊頁	絹	設色	31.4 × 26.8		台北 故宮博物院	故畫01233-9
繡櫳曉鏡圖（宋元名繪冊之8）	冊頁	絹	設色	24.2 × 25		台北 故宮博物院	故畫01244-8
傑閣晏春（集古名繪冊之6）	冊頁	絹	設色	22.5 × 21.7		台北 故宮博物院	故畫01248-6
玲石雙峰（宋元拾翠冊之4）	冊頁	絹	水墨	25.1 × 23.1		台北 故宮博物院	故畫03471-4
秋江蘭州（宋元人真蹟冊之3）	冊頁	絹	設色	31.1 × 19.9		台北 故宮博物院	故畫03472-3
清溪泛艇（宋元明人合錦下冊之4）	冊頁	絹	設色	20.7 × 20.2		台北 故宮博物院	故畫03477-4
華林園（天山名山圖貞冊之21）	冊頁	絹	設色	32.4 × 31.2		台北 故宮博物院	故畫03587-21
秋林鶴逸圖	紈扇面	絹	設色	24.4 × 25.4		美國 紐約市大都會藝術博物館	47.18.43

畫家小傳：王詵。字晉卿。太原人，徙居開封。生於仁宗景祐三（1036）年。哲宗元祐三（1088）年尚在。尚神宗妹魏國大公主，歷官至昭化節度使。能詩。善書。工畫山水，水墨學李成，設色學李思訓，自成一家。又喜結交藝文人士。家富收藏，顏貯所名「寶繪堂」。（見宋史本傳、宣和畫譜、畫繼、東坡集、山谷集、洞天清祿集、圖繪寶鑑、畫禪室隨筆、畫史會要、中國畫家人名大辭典）

王巖叟

名稱	形式	質地	色彩	尺寸 高×寬cm	創作時間	收藏處所	典藏號碼
梅花詩意圖	卷	絹	水墨	19.2 × 112.8		美國 華盛頓特區弗瑞爾藝術館	31.2

畫家小傳：此畫作者原署款僅巖叟二字，清宮收藏始定為北宋王巖叟。身世待考。

蘇 軾

名稱	形式	質地	色彩	尺寸 高×寬cm	創作時間	收藏處所	典藏號碼
竹石圖	卷	絹	水墨	28 × 105.6		北京 中國美術館	
枯木竹石圖（蘇軾等六君子圖卷之第1幅）	卷	紙	水墨	23.4 × 50.9 不等		上海 上海博物館	
畫竹(與黃筌畫石榴合軸)	軸	紙	水墨	31.5 × 27		台北 故宮博物院	故畫02920-1
雨竹圖	軸	絹	水墨	不詳		台北 故宮博物院	國贈026725
枯木叢篠怪石圖	軸	紙	水墨	不詳		上海 上海博物館	
四季竹圖（遺存春、秋2幅）	軸	絹	水墨	（每幅）133.9 × 62.4		日本 東京出光美術館	
墨竹	軸	絹	水墨	27.9 × 42.7	元豐三年（庚申，1080）六月	日本 京都小栗秋堂先生	
墨竹圖（對幅）	軸	絹	水墨	（每幅）121.4		日本 私人	

名稱	形式	質地	色彩	尺寸 高x寬cm	創作時間	收藏處所	典藏號碼
				x 58.3			
墨竹圖	軸	紙	水墨	54.2 x 33.2		美國 紐約大都會藝術博物館	1989.363.3
墨竹圖（唐宋畫冊之1）	冊頁	絹	水墨	30.2 x 35.8		英國 倫敦大英博物館	1939.10.9.08 (ADD87)

畫家小傳：蘇軾。字子瞻。號東坡居士。眉州眉山人。生於仁宗景祐三（1036）年。卒於徽宗建中靖國元（1101）年。歷官至禮部尚書贈太師。工詩文。善書畫。畫善墨竹，師文同，間作枯木、松石，皆能曲盡妙趣。（見宋史本傳、蘇長公外記、東坡題跋、山谷題跋、海岳畫史、玫瑰集、石門文字禪、畫繼、宋詩紀事、圖繪寶鑑、歷代名畫跋、珊瑚網、竹亭集、中國畫家人名大辭典）

劉 涇

名稱	形式	質地	色彩	尺寸 高x寬cm	創作時間	收藏處所	典藏號碼
螃蟹（宋元名人花鳥合璧冊之7）	冊頁	絹	設色	27 x 26.4		台北 故宮博物院	故畫01266-7

畫家小傳：劉涇。字巨濟（一作濟震）。簡州楊安人。生於仁宗慶曆三（1043）年。卒於哲宗元符三（1100）年。歷官至太學博士講詩。善畫墨竹，以圓筆為葉；亦工木石，筆墨狂逸體製拔俗。（見宋史本傳、畫繼、圖繪寶鑑、中國畫家人名大辭典）

李公麟

名稱	形式	質地	色彩	尺寸 高x寬cm	創作時間	收藏處所	典藏號碼
山莊圖	卷	紙	水墨	28.9 x 364.6		台北 故宮博物院	故畫00007
免冑圖	卷	紙	白描	32.3 x 223.8		台北 故宮博物院	故畫00965
麗人圖	卷	絹	設色	33.4 x 112.6		台北 故宮博物院	故畫00985
苦吟圖	卷	絹	設色	26.7 x 60.6		台北 故宮博物院	故畫01411
歸去來辭	卷	紙	白描	34 x 898.8		台北 故宮博物院	故畫01412
西園雅集	卷	絹	水墨	30 x 144.7		台北 故宮博物院	故畫01413
孝經圖	卷	絹	白描	20.5 x 702.1		台北 故宮博物院	故畫01414
萬國職貢圖（冊頁10幀合裝）	卷	絹	水墨	（每幀）28.4 x 28.4		台北 故宮博物院	故畫01415
百佛來朝	卷	紙	水墨	43.4 x 169.6		台北 故宮博物院	故畫01416
人物真蹟	卷	紙	白描	27.3 x 320.2		台北 故宮博物院	故畫01417
老子授經圖（文徵明補書經文）	卷	絹	水墨	24.9 x 63.5		台北 故宮博物院	故畫01547
九歌圖（米芾書辭）	卷	紙	白描	27.3 x 654.6	米芾書於熙寧丁巳（十年，1077）夏	台北 故宮博物院	故畫01548
七佛圖（冊頁7幀裝成）	卷	絹	白描	（每幀）31.8 x 56.8		台北 故宮博物院	中畫00213
十八應真圖	卷	絹	白描	32.1 x 496.8	元豐三年（庚申，1080）春	台北 故宮博物院	中畫00240
揭缽圖	卷	絹	水墨	29 x 418.5		台北 長流美術館	

名稱	形式	質地	色彩	尺寸 高×寬㎝	創作時間	收藏處所	典藏號碼
九歌圖	卷	紙	水墨	32.9 × 869.6		瀋陽 遼寧省博物館	
白蓮社圖	卷	紙	水墨	34.9 × 848.8		瀋陽 遼寧省博物館	
會昌九老圖	卷	紙	水墨	一、30.7 × 38.8二、30.7× 215.9		瀋陽 遼寧省博物館	
臨韋偃牧放圖	卷	絹	設色	45.7 × 428.2		北京 故宮博物院	
九歌圖（10段）	卷	紙	白描	31.2 × 432.1		日本 東京山本悌二郎先生	
五馬圖	卷	紙	水墨	不詳		日本 東京末延三次先生	
九歌圖	卷	絹	白描	22.7 × ？		日本 大阪藤田美術館	
盧鴻草堂十志圖	卷	紙	水墨	30.3 × 60.6		日本 兵庫縣阿部房次郎先生	
畫孝經圖並書經文真跡	卷	絹	水墨	不詳		美國 普林斯頓大學藝術館	
孝經圖	卷	絹	水墨	23.4 × ？		美國 紐約大都會藝術博物館	L.1990.3.1
豳風圖	卷	紙	水墨	29.1 × ？		美國 紐約顧洛阜先生	
古帝王先賢事實圖	卷	紙	水墨	24.1 × 299.4		美國 華盛頓特區弗瑞爾藝術館	70.37
群仙高會圖	卷	紙	水墨	41.7 × 947.5		美國 華盛頓特區弗瑞爾藝術館	18.13
桂殿蘭宮圖	卷	紙	水墨	36.8 × 164.8		美國 華盛頓特區弗瑞爾藝術館	19.123
陶淵明歸隱圖	卷	絹	設色	37 × 518.5		美國 華盛頓特區弗瑞爾藝術館	19.119
蓮社圖	卷	紙	水墨	30.1 × 595.8		美國 華盛頓特區弗瑞爾藝術館	11.201
阿羅現相圖	卷	紺紙	泥金	30 × 117.1		美國 華盛頓特區弗瑞爾藝術館	68.19
蜀川圖	卷	紙	水墨	32.2 × 746.5		美國 華盛頓特區弗瑞爾藝術館	16.539
醉僧圖	卷	紙	設色	32.5 × 60.8		美國 華盛頓特區弗瑞爾藝術館	68.18
萬方職貢圖	卷	絹	水墨	30 × 39.7		美國 華盛頓特區弗瑞爾藝術館	11.180
十六應真像	卷	絹	設色	不詳		美國 賓夕法尼亞州大學藝術館	
五百羅漢圖	卷	紙	水墨	36.2 × 539.6		美國 芝加哥藝術中心	1943.1149

名稱	形式	質地	色彩	尺寸 高x寬cm	創作時間	收藏處所	典藏號碼
龍眠山莊圖	卷	紙	水墨	不詳		美國 克利夫蘭藝術博物館	81.57
九歌圖	卷	絹	設色	35.2 x ?		美國 聖路易斯市藝術館	154.1925
揭鉢圖	卷	絹	水墨	28 x ?		美國 加州史坦福大學藝術館（私人寄存）	
羅漢圖	卷	絹	水墨	26.1 x 457.2		英國 倫敦大英博物館	1902.6.6.40（ADD27）
華嚴變相圖	卷	紙	設色	34.7 x 1244		英國 倫敦大英博物館	1963.12.14.03（ADD337）
龍眠山莊圖	卷	絹	設色	25.5 x ?		法國 巴黎賽紐斯基博物館	M.C.9219
龍眠山莊圖	卷	絹	設色	27.8 x ?		義大利 佛羅倫斯Villa I Tat-ti館	
諸夷歲貢圖	卷	絹	水墨	28.5 x ?		瑞典 斯德哥爾摩遠東古物館	
溪橋散步	軸	絹	設色	50.4 x 20.3		台北 故宮博物院	故畫01801
為霖圖	軸	絹	設色	100 x 42.7		台北 故宮博物院	故畫01802
高會習琴圖	軸	絹	設色	68.3 x 62.5		台北 故宮博物院	故畫01803
毛女圖	軸	絹	水墨	156.4 x 81.6		台北 故宮博物院	故畫01804
十八羅漢	軸	絹	白描	122 x 60.3		台北 故宮博物院	故畫01805
十八應真像	軸	絹	白描	128.5 x 57.9		台北 故宮博物院	故畫01806
仙山樓閣	橫幅	絹	水墨	110.5 x 164		台北 故宮博物院	故畫03709
大士十八阿羅漢	軸	紙	水墨	46.9 x 30.1		台北 故宮博物院	中畫00062
春山瑞松	軸	紙	設色	35 x 44.1		台北 故宮博物院	故畫00135
雲山	軸	紙	設色	128.4 x 57		台北 故宮博物院	故畫01814
岷山圖	軸	紙	水墨	66.1 x 38.5		台北 故宮博物院	故畫01815
雲山煙樹	軸	紙	水墨	98.2 x 40.5		台北 故宮博物院	中畫00064
淵明醉休圖	軸	紙	水墨	29 x 95.5		台北 黃君璧白雲堂	
布袋圖	軸	絹	設色	65.1 x 49.3		日本 東京出光美術館	
羅漢像（2幅）	軸	絹	設色	（每幅）151.5 x 57.6		日本 東京美術學校	
維摩像	軸	絹	白描	不詳		日本 東京黑田長成先生	
睡布袋圖	軸	絹	設色	66.1 x 49.1		日本 東京德川達孝先生	
馬郎婦觀世音像	軸	絹	設色	111.2 x 50.3		日本 東京井上侯爵	
維摩居士像	軸	絹	水墨	89 x 51.3		日本 京都國立博物館	A甲0379
觀音圖	軸	紙	水墨	92.5 x 42		美國 華盛頓特區弗瑞爾藝術館	11.285
懸崖勒馬圖	軸	紙	水墨	44.7 x 24.8		美國 華盛頓特區弗瑞爾藝術	17.107

名稱	形式	質地	色彩	尺寸 高x寬㎝	創作時間	收藏處所	典藏號碼
						館	
天女圖	軸	絹	設色	148.3 x 55.7		美國 聖路易斯市藝術館	45.1988
楊太真乘馬圖	橫幅	絹	設色	39.1 x 73.8		德國 柏林東亞藝術博物館	208
羅漢圖	軸	紙	水墨	89 x 31.1		瑞典 斯德哥耳摩遠東古物館	NMOK232
白描人物（歷代集繪冊之4）	冊頁	紙	白描	25.5 x 26.5		台北 故宮博物院	故畫01254-4
竹陰磬韻（名賢妙蹟冊之1）	冊頁	紙	設色	42.8 x 29.7		台北 故宮博物院	故畫01255-1
擊磬圖（宋元人真蹟冊之4）	冊頁	絹	水墨	32 x 43		台北 故宮博物院	故畫03472-4
擊磬圖（集古名繪冊之5）	冊頁	紙	水墨	38.1 x 30.8		台北 故宮博物院	故畫03480-5
白描羅漢（集古名繪冊之12）	冊頁	絹	水墨	37.3 x 27.7		台北 故宮博物院	故畫03480-12
應真瑞相（吉光貞壽冊之1）	冊頁	紙	水墨	29.4 x 25.8		台北 故宮博物院	故畫03496-1
龍眠山莊圖（9幀）	冊	絹	設色	（每幀）27.9 x 38.1		日本 東京出光美術館	
貨郎圖	冊頁	紙	水墨	21.8 x 29.4		美國 華盛頓特區弗瑞爾藝術館	11.161e
拜佛圖	冊頁	紙	水墨	32.4 x 26.2		美國 華盛頓特區弗瑞爾藝術館	11.493
楚辭圖	冊頁	絹	設色	34.2 x 54.5		西德 柏林東亞藝術博物館	1409

畫家小傳：李公麟。字伯時。自號龍眠居士。安徽舒城人。生於仁宗皇祐元年，卒於徽宗崇寧五年。好古博學。工書。善畫鞍馬、佛像、人物、山水，皆臻高妙。尤於人馬創「白描」畫法，有助後世畫學之拓展。（見宋史本傳、宣和畫譜、海岳畫史、廣川畫跋、避暑錄話、山谷集、東坡集、東圖玄覽、程史、畫繼、畫鑒、畫系、圖繪寶鑑、太平清話、清河書畫舫、妮古錄、寓意錄、畫禪室隨筆、珊瑚網、中國畫家人名大辭典）

趙令穰

名稱	形式	質地	色彩	尺寸 高x寬㎝	創作時間	收藏處所	典藏號碼
秋山紅樹圖	卷	絹	設色	28.5 x 110		台北 故宮博物院	故畫01426
湖鄉雪捕圖	卷	絹	設色	25.9 x 161.7		台北 故宮博物院	故畫01427
陶潛賞菊圖	卷	絹	設色	29.8 x 76.7		台北 故宮博物院	故畫01428
春江煙雨圖	卷	絹	水墨	23 x 113.9		日本 東京山本悌二郎先生	
柴桑賞菊圖	卷	絹	設色	29.4 x 75.8		日本 京都藤井善助先生	
湖莊清夏圖	卷	絹	設色	不詳		美國 波士頓美術館	
江邨秋曉圖	卷	絹	設色	24 x 104.3		美國 紐約大都會藝術博物館	1973.121.2
秋塘小景圖	卷	紙	設色	24.1 x 187.5		美國 華盛頓特區弗瑞爾藝術館	60.3
江山無盡圖	卷	絹	設色	35.6 x ?		德國 科隆東亞藝術博物館	A65
山水圖	卷	絹	設色	31.8 x ?		德國 科隆東亞藝術博物館	A10.2
水村圖	軸	絹	設色	129.8 x 67.5		台北 故宮博物院	中畫00063

名稱	形式	質地	色彩	尺寸 高x寬cm	創作時間	收藏處所	典藏號碼
七松圖	軸	紙	設色	92.1 x 57		台北 故宮博物院	故畫01813
雪霽圖	軸	絹	設色	175.1 x 57		台北 華叔和後真賞齋	
秋汀行旅圖	軸	絹	設色	24.5 x 28.8		日本 東京亦星先生	
暮林群鴨圖	軸	絹	設色	22.1 x 24.8		日本 橫濱原□富太郎先生	
秋汀群鷗圖	軸	絹	設色	不詳		日本 神奈川縣原壽枝先生	
湖隄春曉圖	軸	絹	設色	47.3 x 76.1		英國 倫敦大英博物館	1936.10.9.02 1（ADD100）
柳亭行旅圖（名繪集珍冊之10）	冊頁	絹	設色	23.2 x 24.2		台北 故宮博物院	故畫01233-10
雲山春靄（集古名繪冊之8）	冊頁	絹	設色	26 x 23		台北 故宮博物院	故畫01242-8
橙黃橘綠（宋元集繪冊之2）	冊頁	絹	設色	24.2 x 24.9		台北 故宮博物院	故畫01246-2
孤亭雙松（唐宋元明集繪冊之8）	冊頁	絹	設色	24.5 x 19.5		台北 故宮博物院	故畫03459-8
紅樹泉雀（宋元明集繪冊之2）	冊頁	絹	設色	31.5 x 22.4		台北 故宮博物院	故畫03473-2
江村清曉（集古名繪冊之4）	冊頁	絹	設色	27.2 x 21.8		台北 故宮博物院	故畫03481-4
曉春鳳沼（名繪輯珍冊之2）	冊頁	絹	青綠	28.1 x 27.7		台北 故宮博物院	故畫03487-2
太液晴瓶（藝苑臚珍冊之1）	冊頁	絹	設色	23 x 27.2		台北 故宮博物院	故畫03492-1
柳溪漁樂（邱壑琳瑯冊之1）	冊頁	絹	設色	27.2 x 23.2		台北 故宮博物院	故畫03493-1
秋塘圖	冊頁	絹	設色	22.3 x 24.3		日本 奈良大和文華館	
柳亭對奕圖	紈扇面	絹	設色	不詳		美國 波士頓美術館	
雪景山水圖	冊頁	絹	設色	26.9 x 26.5		美國 耶魯大學藝術館	1952.52.255i
山水圖	冊頁	絹	設色	29.6 x 22.7		美國 華盛頓特區弗瑞爾藝術館	14.59c
吹笛圖	冊頁	絹	設色	25.7 x 17		英國 倫敦大英博物館	1947.7.12.01 3（ADD233）

畫家小傳：趙令穰。宗室。字大年。為太宗十世孫。生卒年不詳。署款紀年畫作見於哲宗元祐元(1086)年至元符三(1100)年。仕官至節度觀察，追封榮國公。生有美才高行。善畫山水、竹石、蘆雁等，所作江鄉小景最富詩意。（見宣和畫譜、廣川畫跋、山谷集、墨莊漫錄、海岳畫史、畫繼、圖繪寶鑑、畫史會要、澹園畫品、清河書畫舫、畫禪室隨筆、容臺集、珊瑚網、中國畫家人名大辭典）

范 坦

雪峰蕭寺圖	軸	絹	水墨	148.5 x 72.3		台北 長流美術館	

畫家小傳：范坦。字伯履。洛陽人。以父蔭獲官至承議郎徽猷閣待制。善丹青。作山水，筆法學關仝、李成；摹寫花鳥，則師造化。（見宣和畫譜、圖繪寶鑑、中國畫家人名大辭典）

米 芾

名稱	形式	質地	色彩	尺寸 高x寬cm	創作時間	收藏處所	典藏號碼
雲山並自書跋	卷	紙	水墨	20.9 × 204.9		台北 故宮博物院	故畫01429
雲山烟樹	卷	紙	水墨	28.6 × 126.7		台北 故宮博物院	中畫00214
雲山圖	卷	紙	水墨	24.3 × ?		美國 耶魯大學藝術館	1953.27.6
雲山烟樹	軸	紙	水墨	不詳		台北 故宮博物院	中畫00064
春山瑞松	軸	紙	設色	35 × 44.1		台北 故宮博物院	故畫00137
蘆洲聚雁圖	軸	紙	水墨	117.4 × 30.7		台北 故宮博物院	故畫00379
雲山	軸	紙	水墨	128 × 57		台北 故宮博物院	故畫01814
岷山圖	軸	紙	水墨	66.1 × 38.5		台北 故宮博物院	故畫01815
雲山圖	軸	紙	水墨	不詳		台北 故宮博物院	國贈006497
煙雲松壑圖	軸	絹	水墨	161.5 × 95.9		日本 大阪市立美術館	
雲起樓圖（天降時雨）	軸	絹	水墨	149.8 × 78.9		美國 華盛頓特區弗瑞爾藝術館	08.171
霖雨圖	軸	絹	水墨	166.4 × 88.7		美國 華盛頓特區弗瑞爾藝術館	16.404
鳴鶴圖（對幅）	軸	絹	設色	132.8 × 61.4		英國 倫敦大英博物館	1881.12.10.15-16（ADD47，48）
林岫煙雲（宋元集繪冊之2）	冊頁	紙	水墨	49.9 × 35.4		台北 故宮博物院	故畫01293-2
楚山煙靄（宋元明人合錦上冊之6）	冊頁	絹	水墨	24.8 × 19.5		台北 故宮博物院	故畫03476-6
米家煙雲（集古名繪冊之15）	冊頁	絹	設色	33.8 × 30.1		台北 故宮博物院	故畫03480-15
山水圖	冊頁	紙	水墨	13 × 22		美國 賓夕法尼亞州大學藝術館	
山水圖	冊頁	絹	水墨	14.25 × 7.25		美國 賓夕法尼亞州大學藝術館	

畫家小傳：米芾（一作黻）。字元章。號鹿門居士、襄陽漫士、海嶽外史。世居太原，後徙襄陽。生於仁宗皇祐三(1051)年。卒於徽宗大觀元(1107)年。歷官至書畫博士。為人天資高邁。精詩文、書、畫。畫擅山水，法出董、巨，自出新意，開創水墨山畫法，後世稱為「米氏雲山」。（見宋史本傳、宣和畫譜、洞天清祿集、清波雜志、畫繼、圖繪寶鑑、宋詩紀事、畫禪室隨筆、寓意編、格古要論、中華畫人室隨筆、中國畫家人名大辭典）

趙克夐

名稱	形式	質地	色彩	尺寸 高x寬cm	創作時間	收藏處所	典藏號碼
藻魚圖	冊頁	絹	設色	22.5 × 25		美國 紐約大都會藝術博物館	13.100.110

畫家小傳：趙克夐。宋宗室。仕官至右武衛將軍。追封高密侯。善畫魚藻，能盡浮沉之態。（見宣和畫譜、圖繪寶鑑、中國畫家人名大辭典）

張舜民

名稱	形式	質地	色彩	尺寸 高×寬cm	創作時間	收藏處所	典藏號碼
賣薪誦書圖	軸	絹	設色	158.7 × 97.5		美國 華盛頓特區弗瑞爾藝術館	16.534.

畫家小傳：張舜民。字芸叟。號浮休居士。邠州人。徽宗(1101-1125)時，歷官知同州、商州。工詩文。善畫山水。(見宋史本傳、畫繼、宋詩紀事、圖繪寶鑑、中國畫家人名大辭典)

李 唐

名稱	形式	質地	色彩	尺寸 高×寬cm	創作時間	收藏處所	典藏號碼
江山小景	卷	絹	設色	49.7 × 186.7		台北 故宮博物院	故畫 00991
清溪漁隱	卷	絹	水墨	25.2 × 144.7		台北 故宮博物院	故畫 00992
秋溪漁隱圖	卷	紙	設色	45 × 488.1	隆熙三年四月（按南宋無隆熙年號）	台北 故宮博物院	故畫 01445
松壑流泉	卷	絹	設色	33.3 × 197		台北 故宮博物院	故畫 01446
七賢過關	卷	絹	設色	21.9 × 96.4		台北 故宮博物院	故畫 01447
秋江待渡	卷	絹	設色	118.6 × 48.6		台北 故宮博物院	故畫 01823
風雨歸舟	卷	絹	設色	29.4 × 177.8		台北 故宮博物院	中畫 00148
江山小景	卷	絹	設色	不詳		台北 故宮博物院（王世杰先生寄存）	
長夏江寺圖	卷	絹	設色	44 × 249		北京 故宮博物院	
伯夷叔齊採薇圖	卷	絹	設色	27.5 × 91		北京 故宮博物院	
濠濮圖	卷	絹	設色	24 × 114.5		天津 天津市藝術博物館	
田家嫁娶圖	卷	絹	設色	24.1 × 102.7		日本 京都國立博物館（上野有 A 甲 139 竹齋寄贈）	
四時山水圖	卷	絹	設色	不詳		日本 京都守正屋先生	
晉文公復國圖	卷	絹	設色	29.4 × 827		美國 紐約大都會藝術博物館	1973.120.2
四時山水	卷	絹	設色	35 × ？		美國 紐約顧洛阜先生	
七子渡關圖	卷	絹	設色	25.7 × 170		美國 華威頓特區弗瑞爾藝術館	16.184
採薇圖	卷	絹	設色	28 × 92.4		美國 華威頓特區弗瑞爾藝術館	11.208
平隄散牧圖	卷	絹	設色	30.8 × ？		美國 底特律市藝術中心	31.284
煙嵐蕭寺圖	軸	絹	水墨	51 × 49.5		台北 故宮博物院	故畫 00082
雪江圖	軸	絹	設色	102 × 47.3		台北 故宮博物院	故畫 00083
乳牛圖	軸	絹	設色	46.4 × 62.5		台北 故宮博物院	故畫 00084
畫雪景	軸	絹	水墨	197.2 × 07.1		台北 故宮博物院	故畫 00837
萬壑松風圖	軸	絹	設色	188.7 × 39.8	皇宋宣和甲辰（六年，1124）春	台北 故宮博物院	故畫 00896

名稱	形式	質地	色彩	尺寸 高x寬cm	創作時間	收藏處所	典藏號碼
秋江待渡圖	軸	紙	設色	118.6 x 48.6	建炎二年歲次戊申（1128）仲春	台北 故宮博物院	故畫 01823
炙艾圖	軸	絹	設色	38.8 x 58.7		台北 故宮博物院	中畫 00013
縱牧歸林圖	軸	絹	設色	不詳		台北 故宮博物院(蘭千山館寄存）	
長夏江寺圖	軸	絹	設色	87.7 x 33		台北 長流美術館	
水莊琴棋圖	軸	絹	水墨	180.6 x 93.9		日本 東京山本悌二郎先生	
馬上人物圖	軸	絹	設色	24.8 x 27.6		日本 京都國立博物館(上野有竹齋寄贈）	A 甲 138
秋景、冬景山水圖（2幅，舊傳吳道子畫）	軸	絹	水墨	（每軸）90.9 x 43.9		日本 京都高桐院	
溪山行旅圖	軸	絹	設色	119.8 x 61		美國 普林斯頓大學藝術館	47-245
水濱看山圖	軸	絹	水墨	165.3 x 74.2		美國 華盛頓特區弗瑞爾藝術館	11.256
翠屏煙雨圖	軸	絹	水墨	92.5 x 51.2		美國 華盛頓特區弗瑞爾藝術館	11.306
雪景山水圖	軸	絹	設色	136.5 x 54.3		美國 印地安那波里斯市藝術博物館	78.86
雪夜泛舟圖	軸	絹	設色	121 x 63.2		美國 聖路易斯市藝術館	855.20
山疊賞月圖	軸	絹	設色	156.5 x102.7		美國 西雅圖市藝術館	Ch32.18
山水圖	軸	絹	設色	34.8 x 30.2		德國 慕尼黑國立民族學博物館	
文姬歸漢圖（18幀）	冊	絹	設色	（每幀）50.7 x 39.7		台北 故宮博物院	故畫 01114
梅齋罨翠（李唐四時山水冊之1）	冊頁	絹	設色	8 x 26.5		台北 故宮博物院	故畫 01115-1
荷閣浮香（李唐四時山水冊之2）	冊頁	絹	設色	7.7 x 27.3		台北 故宮博物院	故畫 01115-2
巖樹蒸霞（李唐四時山水冊之3）	冊頁	絹	設色	8.9 x 24.6		台北 故宮博物院	故畫 01115-3
江舟釣雪（李唐四時山水冊之4）	冊頁	絹	設色	7.7 x 25.2		台北 故宮博物院	故畫 01115-4
文姬歸漢圖（18幀）	冊	絹	設色	不詳		台北 故宮博物院	故畫 01114

名稱	形式	質地	色彩	尺寸 高×寬 cm	創作時間	收藏處所	典藏號碼
仙巖采藥（名繪集珍冊之7）	冊頁	絹	設色	22.4 × 23.8		台北 故宮博物院	故畫 0123-7
竹閣延賓（唐宋元畫集錦冊之8）	紈扇	絹	設色	23.7 × 20.5		台北 故宮博物院	故畫 01239-8
坐石看雲（藝苑藏真上冊之10）	冊頁	絹	水墨	27.7 × 30		台北 故宮博物院	故畫 01240-10
關山行旅（集古名繪冊之4）	冊頁	絹	設色	32 × 33		台北 故宮博物院	故畫 01242-4
策杖探梅（宋人合璧畫冊之5）	冊頁	絹	設色	28.9 × 27.7		台北 故宮博物院	故畫 01245-5
山徑休犍（烟雲集繪第三冊之6）	冊頁	絹	水墨	23.4 × 24.9		台北 故宮博物院	故畫 01247-6
大江浮玉（集古名繪冊之9）	紈扇面	絹	水墨	20.8 × 22.2		台北 故宮博物院	故畫 01248-9
松溪渡舟（唐宋元明四朝合璧冊之3）	冊頁	絹	設色	25.5 × 24.6		台北 故宮博物院	故畫 03458-3
萬流濯足（唐宋元明集繪冊之14）	冊頁	絹	設色	23 × 36		台北 故宮博物院	故畫 03459-14
高賢漉酒（唐宋元集繪冊之12）	冊頁	絹	設色	24 × 24		台北 故宮博物院	故畫 03460-12
關山行旅（宋元集繪冊之6）	冊頁	絹	設色	28.2 × 25.7		台北 故宮博物院	故畫 03465-6
坐雲看釣（宋元集繪冊之5）	冊頁	絹	設色	28 × 21		台北 故宮博物院	故畫 03467-5
山溪漁臥（宋元畫冊之10）	冊頁	絹	設色	32.4 × 23.1		台北 故宮博物院	故畫 03470-10
溪山遠眺（宋元明人合錦上冊之1）	冊頁	絹	水墨	22.4 × 24.5		台北 故宮博物院	故畫 03476-1
江干蕭寺（集古名繪冊之1）	冊頁	絹	設色	27.4 × 21.8		台北 故宮博物院	故畫 03482-1
杉溪勝攬（名繪集珍冊之3）	冊頁	絹	青綠	24.1 × 30.2		台北 故宮博物院	故畫 03488-3
松下歸樵圖（唐宋元三朝名畫冊之6）	冊頁	絹	設色	23.9 × 22.9		香港 潘祖堯小聽颿樓	CP40f
雪窗讀書圖	冊頁	絹	設色	不詳		北京 故宮博物院	
牛圖（唐繪手鑑筆耕圖上冊之10）	紈扇面	絹	設色	23.2 × 24.7		日本 東京國立博物館	TA487
春社醉歸圖	冊頁	絹	設色	不詳		美國 波士頓美術館	
觀瀑圖	紈扇面	絹	設色	25.2 × 25.8		美國 紐約顧洛阜先生	
山水圖	冊頁	紙	設色	30.4 × 48		美國 華盛頓特區弗瑞爾藝術館	14.59i
飛仙樓圖	冊頁	絹	設色	29.8 × 29.2		美國 聖路易斯市藝術館	1058.1920

附：

名稱	形式	質地	色彩	尺寸 高x寬cm	創作時間	收藏處所	典藏號碼
林泉高逸圖	軸	絹	設色	138.5 x 74		香港 佳士得藝品拍賣公司/拍賣目錄 1995,4,30.	

畫家小傳：李唐。字晞古。河陽三城人。生於仁宗皇祐元(1049)年。卒於高宗建炎四(1130)年。徽宗朝，為宣和畫院待詔。南宋高宗朝，復職建炎畫院待詔，賜金帶。善畫山水、人物、牛，建立小青綠山水畫派，影響南宋山水畫發展深遠。(見廣川畫跋、畫繼、澹圃畫品、雲煙過眼錄、圖繪寶鑑、畫鑒、格古要論、清河書畫舫、中國畫家人名大辭典)

晁補之

名稱	形式	質地	色彩	尺寸 高x寬cm	創作時間	收藏處所	典藏號碼
秋渚聚禽圖	卷	絹	設色	33.7 x 215.5		台北 故宮博物院	中畫00008
老子騎牛圖	軸	紙	水墨	50.6 x 20.4		台北 故宮博物院	故畫00071
漁逸圖	軸	絹	不詳	不詳		台北 故宮博物院(王世杰先生寄存)	
鷹逐野禽圖	軸	絹	設色	168.2 x 86.6		美國 華盛頓特區弗瑞爾藝術館	19.146

畫家小傳：晁補之。字无咎。號歸來子。濟州鉅野人。生於仁宗皇祐五(1053)年。卒於徽宗大觀四(1110)年。為人才氣飄逸。善詩文。工書畫。能畫山水、菩薩、天王、松石、古木、翎毛、走獸等，體備諸家。(見宋史本傳、畫繼、圖繪寶鑑、清河書畫舫、山谷集、者舊續聞、宋詩紀要、姑溪集、中國畫家人名大辭典)

吳元瑜

名稱	形式	質地	色彩	尺寸 高x寬cm	創作時間	收藏處所	典藏號碼
叢蘭捧棘圖	卷	絹	設色	30.1 x ?		德國 柏林東亞藝術博物館	5326
梨花黃鶯圖	軸	絹	設色	104.5 x 56.7		日本 大阪市立美術館	
鴻鵠圖	軸	絹	設色	62 x 35.25		美國 明尼安納波里市立藝術中心	

畫家小傳：吳元瑜。字公器。開封人。善畫花鳥，師於崔白。作品筆法纖細，傳染鮮艷，特出眾工之上，自成一家。(見宣和畫譜、圖繪寶鑑、中國畫家人名大辭典)

宋 迪

名稱	形式	質地	色彩	尺寸 高x寬cm	創作時間	收藏處所	典藏號碼
溪山平遠圖(集古名繪冊之5)	冊頁	絹	水墨	25 x 26.4		台北 故宮博物院	故畫01248-5
牡丹(集古圖繪冊之9)	冊頁	紙	設色	40 x 29.1		台北 故宮博物院	故畫01258-9
山水(宋元集繪冊之6)	冊頁	絹	設色	23.8 x 25.8		台北 故宮博物院	故畫03464-6

畫家小傳：宋迪。字復古。洛陽人。與兄宋道俱善畫。工畫山水，師法李成，尤工平遠。首創「瀟湘八景」，後世多效尤之。禽鳥亦妙。又喜畫松。署款紀年畫作見於元豐元(1078)年。(見宣和畫譜、宋朝事實類苑、海岳畫史、夢溪筆談、圖繪寶鑑、中國畫家人名大辭典)

蔡 肇

名稱	形式	質地	色彩	尺寸 高×寬cm	創作時間	收藏處所	典藏號碼
仁壽圖	軸	絹	水墨	95.5 × 41.1		台北 故宮博物院	故畫00070

畫家小傳：蔡肇。字天啟。丹陽人。神宗元豐二(1079)年進士。哲宗元祐五(1090)年尚在。善詩文。工畫山水、人物，尤好作枯槎老樹、
　　　　　怪石奔湍。(見宋史本傳、宋詩紀事、圖繪寶鑑、石林新話、劉漫塘集、中國畫家人名大辭典)

王　凝

| 子母雞(集古圖繪冊之3) | 冊頁 | 紙 | 設色 | 42.4 × 32.3 | | 台北 故宮博物院 | 故畫01235-3 |

畫家小傳：王凝。江南人。嘗為畫院待詔。工畫花竹、翎毛、獅貓等，不僅貴形似，兼取富貴情態，俱能自成一格。(見宣和畫譜、畫繼、
　　　　　圖繪寶鑑、中國畫家人名大辭典)

何　充

| 摹唐盧媚娘圖 | 軸 | 絹 | 設色 | 93.7 × 43.7 | | 美國 華盛頓特區弗瑞爾藝術館 | 17.114 |

畫家小傳：何充。姑蘇人。神宗元豐(1078-1085)時，以工寫貌擅藝東南，無人出其右。(見畫繼、圖繪寶鑑、清江集、中國畫家人名大辭典)

(釋)真　慧

| 補衲圖 | 軸 | 絹 | 設色 | 122.6 × 62.3 | | 美國 華盛頓特區弗瑞爾藝術館 | 16.103 |

畫家小傳：真慧。僧。身世不詳。杭州人。善畫山水、佛像，被稱佳品。兼能翎毛、林木，有江南氣象。(見海岳畫史、圖繪寶鑑、杭州志
　　　　　、中國畫家人名大辭典)

喬仲常

後赤壁賦圖	卷	紙	水墨	29.5 × ?		美國 紐約顧洛阜先生	L139.75
西成圖	卷	絹	設色	21.3 × 82		美國 華盛頓特區弗瑞爾藝術館	19.175
閒庭嬰戲(集珍壽古冊之8)	冊頁	絹	設色	35.5 × 26.5		台北 故宮博物院	故畫01270-8

畫家小傳：喬仲常。河中人。工雜畫，尤長於道釋、人物、故實，師學李公麟。(見畫繼、圖繪寶鑑、攻媿集、中國畫家人名大辭)

張　激

| 白蓮社圖 | 卷 | 紙 | 水墨 | 35 × 849 | | 瀋陽 遼寧省博物館 | |

畫家小傳：張激。畫史無載。身世待考。

(釋)仲　仁

| 瀟湘竹雨圖 | 軸 | 紙 | 設色 | 133.7 × 36.5 | | 昆山 崑崙堂 | |
| 山水圖(唐宋元三朝名畫冊之 | 冊頁 | 絹 | 水墨 | 23.8 × 24.6 | | 德國 柏林東亞藝術博物館 | 206.10-12 |

名稱	形式	質地	色彩	尺寸 高x寬㎝	創作時間	收藏處所	典藏號碼

12)

畫家小傳：仲仁。僧。會稽人。住衡州花光山，因自號花光長老。活動於哲宗、徽宗時。善詩畫。平生酷愛梅。月夜見窗映梅影，遂以墨筆
　　　　畫下，開啟「墨梅」畫法。（見畫繼、華光道人畫梅譜序、山谷集、圖繪寶鑑、中國畫家人名大辭典）

李德柔

| 竹林談道圖 | 軸 | 絹 | 設色 | 58.4 x 43.2 | | 台北 故宮博物院 | 故畫 01848 |

畫家小傳：李德柔。道士。字勝之。河東人。徽宗宣和(1119-1125)時，官紫虛大夫、凝神殿校籍。賜號妙應。工詩文。善繪畫。工畫神
　　　　仙故事，精於設色。（見宣和畫譜、畫繼、東坡集、中國畫家人名大辭典）

趙 佶（徽 宗）

名稱	形式	質地	色彩	尺寸 高x寬㎝	創作時間	收藏處所	典藏號碼
池塘秋晚圖	卷	紙	水墨	33 x 237.8		台北 故宮博物館	故畫00986
寫生翎毛（2幅合卷，1、荔枝、梔子、禽蝶；2、荷塘、鴛鴦）	卷	絹	設色	26.6 x 64.3；26.5 x 80.7		台北 故宮博物館	故畫00987
御河鸂鶒圖	卷	絹	水墨	26.7 x 181.7		台北 故宮博物館	故畫01418
耄耋圖	卷	絹	設色	37.1 x 205.9	宣和六年（甲辰，1124）春二月	台北 故宮博物館	故畫01419
山花舞蝶圖	卷	絹	設色	34.5 x 329.4		台北 故宮博物館	故畫01420
秋塘山鳥圖	卷	絹	設色	36 x 288.7	丁亥（大觀元年，1107）	台北 故宮博物館	故畫01421
寫生圖	卷	絹	設色	39.5 x 52.4		台北 故宮博物院	故畫 01422
十八學士圖	卷	絹	設色	28.2 x 550.2		台北 故宮博物院	故畫 01423
唐十八學士圖	卷	絹	設色	29.4 x 519		台北 故宮博物院	故畫 01424
翠禽荔枝圖	卷	絹	設色	不詳		台北 故宮博物院	國贈 005374
摹張萱虢國夫人游春圖	卷	絹	設色	52 x 148.7		瀋陽 遼寧省博物館	
瑞鶴圖	卷	絹	設色	51 x 138.2	政和壬辰（二年，1112）	瀋陽 遼寧省博物館	
祥龍石圖	卷	絹	設色	53.9 x 127.8		北京 故宮博物院	
雪江歸棹圖	卷	絹	設色	30.2 x 191.5		北京 故宮博物院	
柳鴉蘆雁圖	卷	絹	設色	34 x 223.2		上海 上海博物館	
摹張萱搗練圖	卷	絹	設色	不詳		美國 波士頓美術館	
五色鸚鵡圖	卷	絹	設色	53.6 x 126.4		美國 波士頓美術館	
雪江歸棹圖	卷	絹	水墨	29.3 x ？		美國 耶魯大學藝術館	1952.52.16
竹禽圖	卷	絹	設色	33.3 x 55.5		美國 紐約顧洛阜先生	
溪山秋色圖	軸	紙	設色	97 x 53		台北 故宮博物院	故畫 00066

名稱	形式	質地	色彩	尺寸 高×寬㎝	創作時間	收藏處所	典藏號碼
紅蓼白鵝圖	軸	絹	設色	132.9 × 86.3		台北 故宮博物院	故畫 00067
蠟梅山禽圖	軸	絹	設色	83.3 × 53.3		台北 故宮博物院	故畫 00068
文會圖	軸	絹	設色	184.4 × 23.9		台北 故宮博物院	故畫 00836
犢牛圖	軸	絹	水墨	64.5 × 47.8		台北 故宮博物院	故畫 01807
花鳥圖	軸	絹	設色	115.5 × 67.8	宣和二年（庚子，1120）春正月	台北 故宮博物院	故畫 01808
梨花圖	軸	絹	設色	95 × 41.3		台北 故宮博物院	故畫 01809
荔枝圖	軸	絹	設色	78.3 × 37.1		台北 故宮博物院	故畫 01810
寫生圖	軸	絹	設色	18.4 × 20.3		台北 故宮博物院	故畫 01811
畫鷹	軸	絹	設色	168.8 × 105		台北 故宮博物院	故畫 01812
鷹犬圖	軸	絹	設色	不詳		台北 故宮博物院	國贈 006498
雌雄白雞圖	軸	絹	設色	不詳		台北 故宮博物院	國贈 006500
畫鷹圖	軸	絹	設色	不詳		台北 故宮博物院	國贈 006499
芙蓉錦雞圖	軸	絹	設色	81.5 × 53.6		北京 故宮博物院	
聽琴圖	軸	絹	設色	147 × 51		北京 故宮博物院	
鸜鵒圖	軸	絹	設色	88.1 × 51.8		南京 南京博物院	
白鷹圖	軸	絹	設色	93 × 52.4		昆山 崑崙堂	
鷹圖	軸	絹	設色	114.9 × 56		日本 東京出光美術館	
水仙鶉鶉圖	軸	紙	設色	27 × 42.1		日本 東京淺野長武先生	
石榴小禽圖	軸	絹	設色	26.1 × 28.2		日本 東京根津嘉一郎先生	
桃鳩圖	軸	絹	設色	28.5 × 26.1	大觀元年（丁亥，1107）	日本 東京井上侯爵	
桃花白鴿圖	軸	絹	設色	24.2 × 28.8		日本 東京井上侯爵	
畫鴨圖	軸	絹	設色	37.6 × 25.5		日本 神戶川琦先生	
晴麓橫雲圖	軸	紙	設色	154.5 × 61.3		日本 大阪市立美術館	
白鷹圖	軸	絹	設色	122.8 × 61.6		日本 福岡市美術館	4-B-194
牧牛圖	軸	絹	水墨	35.6 × 54		日本 私人	
蘆鴨圖	軸	絹	設色	144.8 × 72.9		美國 華盛頓特區弗瑞爾藝術館	16.93
鸜鵒圖	軸	紙	水墨	93.5 × 51.4		美國 底特律市藝術中心	F75.15
雪鷹圖	軸	紙	設色	28.4 × 24.1		美國 加州史坦福大學藝術博物館	56.23
鷹圖	軸	絹	設色	120 × 62.1		法國 巴黎賽紐斯基博物館	M.C.6095
栗蓬秋綻（藝苑藏真上冊之1）	紈面扇	絹	設色	24.6 × 24.9		台北 故宮博物院	故畫 01240-1

名稱	形式	質地	色彩	尺寸 高×寬㎝	創作時間	收藏處所	典藏號碼
翠壑紅橋（煙雲集繪第三冊之1）	冊頁	絹	設色	26.1 x 29.5		台北 故宮博物院	故畫 01247-1
海鮮貫竹（煙雲集繪第三冊之2）	冊頁	絹	設色	23 x 22.3		台北 故宮博物院	故畫 01247-2
溪山晚釣（集谷名繪冊之1）	冊頁	絹	設色	26.8 x 26.4		台北 故宮博物院	故畫 01248-1
獨鶴圖（歷代集繪冊之1）	冊頁	絹	設色	25.6 x 28.8		台北 故宮博物院	故畫 01254-1
花鳥（歷代名繪冊之4）	冊頁	絹	設色	27.5 x 29		台北 故宮博物院	故畫 01256-4
花鳥（宋元名人花鳥合璧冊之3）	冊頁	絹	設色	28.5 x 29.8		台北 故宮博物院	故畫 01266-3
蠣房文蛤（宋元明名畫冊之1）	冊頁	紙	設色	17.6 x 19		台北 故宮博物院	故畫 03475-1
花卉綬鳥（宋元明人合璧冊之10）	冊頁	絹	設色	不詳		台北 故宮博物院	故畫 03478-10
松枝黃鸝（列朝名繪合冊之1）	冊頁	絹	設色	32.5 x 25.8		台北 故宮博物院	故畫 03479-1
水墨玉簪（列朝名繪合冊之2）	冊頁	絹	設色	32.5 x 25.8		台北 故宮博物院	故畫 03479-2
梳翎鵁鴿（藝林韞古冊之1）	冊頁	絹	設色	24.2 x 20.3		台北 故宮博物院	故畫 03491-1
花蝶寫生（珍圖薈帙冊之1）	冊頁	絹	設色	22.2 x 21.1		台北 故宮博物院	故畫 03495-1
好鳥鳴春（古香片羽冊之2）	冊頁	絹	設色	29.5 x 28.4		台北 故宮博物院	故畫 03497-2
山茶鸚鴿（諸仙妙繪冊之3）	冊頁	絹	設色	6.4 x 28.5		台北 故宮博物院	故畫 03501-3
枇杷山鳥圖	紈扇面	絹	水墨	22.5 x 25		北京 故宮博物院	
思吟圖	紈扇面	絹	設色	25.3 x 23		昆山 崑崙堂	
臘梅雙禽圖	冊頁	絹	設色	25.8 x 26.1		成都 四川省博物館	
梅雀圖（唐繪手鑑筆耕圖上冊之1）	紈扇面	絹	設色	23.2 x 24.2		日本 東京國立博物館	TA-487
花鳥圖	紈扇面	絹	設色	不詳		日本 東京根津嘉一郎先生	
鶺鴒圖	紈扇面	絹	設色	不詳		日本 東京團琢磨先生	
白梅小禽圖	紈扇面	絹	設色	不詳		日本 東京早崎梗吉先生	
水仙小禽圖	紈扇面	絹	設色	24.3 x 26.9		日本 私人	
鷹圖	冊頁	絹	設色	33 x 22.6		美國 華盛頓特區弗瑞爾藝術館	14.59a
花鳥圖（唐宋元三朝名畫冊之1）	冊頁	絹	設色	25.2 x 26.5		德國 柏林東亞藝術博物館	206.1-12
附：							
杏花村圖	卷	絹	設色	29 x 180		紐約 佳士得藝品拍賣公司/拍	

名稱	形式	質地	色彩	尺寸 高x寬cm	創作時間	收藏處所	典藏號碼

猿石菜蟲圖 　軸　絹　設色　40 x 30.5　　　　賣目錄 1989,12,04.　　紐約 佳士得藝品拍賣公司/拍　　賣目錄 1996,09,18.

畫家小傳：趙佶。即徽宗。生於神宗元豐五(1082)年。卒於高宗紹興五(1135)年。在位廿五年 (1101-1125)，年號先後為建中靖國、崇寧、大觀、政和、宣和。為人天縱多才藝。善詩文，工書法，喜鑑藏，擅畫人物、花鳥、山水。在位期間，擴張畫院，創辦畫學，敕編宣和書、畫譜等，俱有助後世繪畫、書法之發展。(見宋史本紀、畫繼、海岳畫史、圖繪寶鑑、宋詩紀事、鐵圍山叢談、中國畫家人名大辭典)

馬賁

百雁圖 　卷　紙　水墨　35 x ?　　　　美國 夏威夷火魯奴奴藝術學 2121 院

附：

百雁圖 　卷　紙　水墨　28.3 x 381　　　　紐約 佳士得藝品拍賣公司/拍　　賣目錄 1989,12,04.

畫家小傳：馬賁。河中人。工畫佛像、鳥獸、山水，尤嗜畫百雁、百馬、百猿、百牛、百鹿之類。以寫生馳名哲宗元祐、紹聖(1086-1097)間。徽宗朝，為畫院待詔。(見畫繼、圖繪寶鑑、中華畫人室隨筆、中國畫家人名大辭典)

黃齊

烟雨圖（墨林拔萃冊之5） 　冊頁　紙　水墨　28.9 x 52　　　台北 故宮博物院　　故畫 01290-5

畫家小傳：黃齊。字思賢。建陽人。工畫山水，徽宗朝 (1101-1125)，歷官至朝散大夫、兵部侍郎致仕。擅寫微茫之間若隱若現之風煙雨霏景狀，極有思致，蓋善寫大氣景物者也。(見宣和畫譜、圖繪寶鑑、中國畫家人名大辭典)

李公年

冬日山水圖 　軸　絹　設色　130 x 48.4　　　美國 普林斯頓大學藝術館　　46.191

竹梧庭院（列朝名繪合冊之10） 　冊頁　絹　設色　32.5 x 25.8　　　台北 故宮博物院　　故畫03479-10

丹嶂晴湖（吉光珍壽冊之2） 　冊頁　絹　設色　22.2 x 25　　　台北 故宮博物院　　故畫03496-2

畫家小傳：李公年。籍里不詳。徽宗朝 (1101-1125)，仕官江浙提點刑獄公事。工畫山水，善寫四時之景，物象出沒於空曠有無之間，極得雲煙之思，撩撥騷人詩客之賦詠。與黃齊俱為北宋繪畫大氣氛圍畫派代表人物。(見宣和畫譜、圖繪寶鑑、中國畫家人名大辭典)

蔡京

環翠圖 　軸　絹　水墨　66.8 x 38.7　　　台北 故宮博物院　　故畫 01816

畫家小傳：蔡京。字元長。福建仙遊人。生於仁宗慶曆七(1047)年。卒於欽宗靖康元(1126)年。熙寧三年進士。徽宗時官至尚書左丞右僕射、拜太師。善書法，筆勢豪健，痛快沉著，紹聖間能書者無出其右，大字尤工。(見宋史本傳、鐵圍山叢談、中國美術家人名

辭典）

名稱	形式	質地	色彩	尺寸 高x寬cm	創作時間	收藏處所	典藏號碼

郭 思

| 戲羊圖 | 軸 | 絹 | 設色 | 198 x 102.9 | | 台北 故宮博物館 | 故畫00072 |

畫家小傳：郭思。字得之。河陽溫縣人。郭熙之子。元豐五(1082)年進士。徽宗朝（1101-1125），仕官至中奉大夫、管勾成都府蘭、湟、秦、鳳等州茶事。善雜畫，尤工畫馬，頗得曹、韓遺法。曾集結父郭熙論畫言論成《林泉高致》一書。（見宣和畫譜、圖繪寶鑑、林泉高致、中國畫家人名大辭典）

梁師閔

| 蘆汀蜜雪圖 | 卷 | 絹 | 設色 | 26.6 x 145.8 | | 北京 故宮博物館 | |
| 蘆汀蜜雪圖 | 卷 | 絹 | 設色 | 52.5 x ？ | | 加拿大 多倫多皇家安大略博物館 | 956.183 |

畫家小傳：梁師閔（一作士閔）。字循德。開封人。徽宗朝（1101-1125），仕官至左武大夫、忠州刺史、提點西京崇福宮。工詩、書。善畫花竹、翎毛，取法江南人，精緻而不疏，嚴謹而不放。（見宣和畫譜、圖繪寶鑑、中國畫家人名大辭典）

李延之

| 梨花鱖魚圖 | 軸 | 絹 | 設色 | 89.1 x 50.6 | | 大陸 藏處不詳 | |

附：

| 春江鸂鶒圖 | 冊頁 | 絹 | 設色 | 22.5 x 21.5 | | 紐約 佳士得藝品拍賣公司/拍賣目錄 | 1990,11,28. |

畫家小傳：李延之。籍里不詳。徽宗時（1101-1125）武臣，官左班殿直。工寫生，善畫草木、禽獸、蟲魚，能不墮時習，得詩人之風雅。（見宣和畫譜、圖繪寶鑑、中國畫家人名大辭典）

王希孟

| 千里江山圖 | 卷 | 絹 | 設色 | 51.5 x 1188 | | 北京 故宮博物院 | |

畫家小傳：王希孟。籍里不詳。政和初(1111)，為畫院生徒，十八歲時召入禁中文書庫，徽宗見其天賦高，親予指授，藝大進，作千里江山圖卷進呈，徽宗大為讚賞。旋卒。（見千里江山圖卷後蔡京跋）

趙士雷

江鄉農作圖	卷	絹	設色	30.4 x 316.9		台北 故宮博物院	故畫 01431
湖鄉小景圖（殘補）	卷	絹	設色	43.2 x 233.5		北京 故宮博物院	
荷亭消夏（宋人合璧畫冊之3）	紈扇面	絹	設色	26.7 x 28		台北 故宮博物院	故畫 01245-3
溪橋策杖（宋元明人合錦冊之9）	冊頁	絹	設色	24 x 24.2		台北 故宮博物院	故畫 03476-9
錦水雙鴛（藝林韞古冊之7）	紈扇面	絹	設色	27.1 x 27.1		台北 故宮博物院	故畫.03491-7

畫家小傳：趙士雷。宋宗室。字公震。徽宗朝（1101-1125），仕官至襄州觀察使。以丹青馳名於時。善作雁鶩、鷗鷺、花竹，有詩人思致。

名稱	形式	質地	色彩	尺寸 高x寬㎝	創作時間	收藏處所	典藏號碼

亦工山水、人物。（見宣和畫譜、畫繼、圖繪寶鑑、中國畫家人名大辭典）

李仲宣

名稱	形式	質地	色彩	尺寸 高x寬㎝	收藏處所	典藏號碼
花蝶（宋元名人花鳥合璧之10）	冊頁	絹	設色	31.9 x 34.8	台北 故宮博物院	故畫 01266-10

畫家小傳：李仲宣。字象賢。開封人。徽宗朝（1101-1125），為內侍省供奉官。工畫。始專畫窠木，後畫鳥雀，頗造其妙。（見宣和畫譜、圖繪寶鑑、中國畫家人名大辭典）

王 穀

名稱	形式	質地	色彩	尺寸 高x寬㎝	收藏處所	典藏號碼
柳下漁舟圖（唐宋元三朝名畫冊之6）	冊頁	絹	設色	23.1 x 21.9	德國 柏林東亞藝術博物館	206.6-12

畫家小傳：王穀。字正叔。潁川郾城人。善畫山水，喜取今昔人詩詞中意趣，寫而為畫。（見宣和畫譜、圖繪寶鑑、中國畫家人名大辭典）

朱 羲

名稱	形式	質地	色彩	尺寸 高x寬㎝	收藏處所	典藏號碼
清溪晚牧圖（原題宋無款）	軸	紙	設色	75.6 x 44.3	台北 故宮博物院	故畫 00191
子母牛圖	軸	絹	設色	67.3 x 36.4	美國 華盛頓特區弗瑞爾藝術館	17.333
水邨圖	軸	絹	設色	75 x 55.5	美國 聖路易斯市藝術館	13.1985
摹戴嵩牛（集古圖繪冊之2）	冊頁	紙	設色	42.7 x 35.4	台北 故宮博物院	故畫 01235-2
乳瓶圖（名繪薈萃冊之5）	冊頁	絹	設色	24.5 x 23.6	台北 故宮博物院	故畫 03486-5
牧牛圖	冊頁	絹	設色	25 x 25.8	台北 蔡一鳴先生	
牧牛圖	冊頁	絹	水墨	25 x 25.7	日本 山口良夫先生	

畫家小傳：朱羲。江南人。身世不詳。以畫牛得名，作品無朝市奔逐之趣。（見宣和畫譜、圖繪寶鑑、中國畫家人名大辭典）

張擇端

名稱	形式	質地	色彩	尺寸 高x寬㎝	收藏處所	典藏號碼
清明簡易圖	卷	絹	設色	38 x 673.4	台北 故宮博物院	故畫 00990
清明上河圖	卷	絹	設色	39.7 x 606	台北 故宮博物院	故畫 01432
清明上河圖	卷	絹	水墨	24.8 x 528.7	北京 故宮博物院	
清明上河圖	卷	絹	設色	29 x 615	日本 私人	
清明上河圖	卷	絹	設色	32.2 x 59.1	美國 加州史坦福大學藝術博物館	60.137
清明上河圖	卷	絹	設色	29.1 x ?	英國 倫敦大英博物館	1881.12.10.93（39）
春山圖	軸	絹	設色	45.1 x 51.7	台北 故宮博物院	故畫 01817
青綠山水圖	軸	絹	設色	210.9 x 74.7	美國 舊金山亞洲藝術館	B67 D87

名稱	形式	質地	色彩	尺寸 高x寬cm	創作時間	收藏處所	典藏號碼

柳渡呼舫（宋元集繪冊之4）　冊頁　絹　設色　28 x 21　　　　台北 故宮博物院　　　故畫 03467-4

畫家小傳：張擇端。字正道。東武人。徽宗朝(1101-1125)，畫院中人。擅長界畫，尤嗜畫舟車、市橋、郭徑等。自成一家。畫有清明上河圖一卷，徽宗題為神品。開此後此一畫題之濫觴。(見張擇端清明上河圖卷後金人張著題跋、圖繪寶鑑、中華畫人室隨筆、中國畫家人名大辭典)

戴 琬

瑞香花　　　　　　　　　紈扇面 絹　設色　25.5 x 26　　　　　台北 黃君璧白雲堂

月下五雀圖　　　　　　　冊頁　絹　設色　26 x 20.5　　　　　昆山 崑崙堂

畫家小傳：戴琬。京師（開封）人。徽宗政和、宣和(1111-1125)時，為翰林供奉。工畫花竹、翎毛。因求畫者甚眾，徽宗封其手不令作畫。(見圖繪寶鑑、畫史會要、中國畫家人名大辭典)

程若筠

春江水鴨圖　　　　　　　軸　　絹　水墨　43.75 x 16　　　　美國 明尼安納波里市藝術中
　　　　　　　　　　　　　　　　　　　　　　　　　　　　　　　　心

畫家小傳：程若筠。籍里不詳。徽宗政和、宣和(1111-1125)間，太乙宮道士。善畫木石，所作古木老辣峭勁；兼寫花竹、翎毛，疏渲工細，清雅有致。(見圖繪寶鑑、中國畫家人名大辭典)

韓若拙

雙雀圖(唐宋元三朝名畫冊之8)　冊頁　紙　設色　25.2 x 25.1　　　德國 柏林東亞藝術博物館　　206.8-12

畫家小傳：韓若拙。洛陽人。善畫翎毛。徽宗政和、宣和(1111-1125)間。兩京推為絕筆；又工寫傳神，曾應徵往寫高麗國王真。(見畫繼、圖繪寶鑑、中國畫家人名大辭典)

許 迪

野蔬草蟲（宋元集繪冊之26）　紈扇面 絹　設色　25.8 x 26.9　　　台北 故宮博物院　　　故畫 01246-26

葵花獅貓圖　　　　　　　冊頁　絹　設色　13.8 x 22.3　　　　重慶 重慶市博物館

畫家小傳：許迪。毗陵人。約活動於徽宗時。善畫花卉、草蟲，師僧居寧。所作黃花紫菜、青草紅葉，精妙入神。(見毗陵志、畫史會要、中國畫家人名大辭典)

司馬寇

洪福齊天　　　　　　　　冊頁　絹　設色　24 x 19　　　　　美國 賓夕法尼亞州大學藝術
　　　　　　　　　　　　　　　　　　　　　　　　　　　　　　　館

調和鼎　　　　　　　　　冊頁　絹　設色　24 x 19　　　　　美國 賓夕法尼亞州大學藝術
　　　　　　　　　　　　　　　　　　　　　　　　　　　　　　　館

畫家小傳：司馬寇。汝州人。身世不詳。善畫道釋、鬼神、人物。徽宗宣和(1119-1125)間，人稱第一手。(見畫繼、圖繪寶鑑、中國畫

名稱	形式	質地	色彩	尺寸 高x寬㎝	創作時間	收藏處所	典藏號碼

家人名大辭典）

趙　廉

| 虎圖 | 軸 | 絹 | 設色 | 160.8 x 87.3 | | 日本　熊本縣松田文庫 | 1-181 |
| 敬馬圖 | 冊頁 | 絹 | 設色 | 25.6 x 29 | | 美國　耶魯大學藝術館 | 1955.7.25 |

畫家小傳：趙廉。臨安人。徽宗宣和末，供職畫院中。工畫山水。（見圖繪寶鑑補遺、中國畫家人名大辭典）

李　猷

| 楓鷹圖 | 軸 | 絹 | 設色 | 101.4 x 63.3 | | 美國　華盛頓特區弗瑞爾藝術館 | 16.39 |

畫家小傳：李猷。河內人。身世不詳。善畫，擅畫鷹鶻，精神形態俱曲盡其妙。（見畫繼、中國畫家人名大辭典）

(釋) 戒　淨

| 觀音像 | 幅 | 絹 | 設色 | 不詳 | | 美國　波士頓美術館 | |

畫家小傳：戒淨。僧。畫史無載。身世待考。

燕□盛

| 鑾輿渡水圖 | 紈扇面 絹 | | 設色 | 28.4 x 31.2 | | 瑞典　斯德哥爾摩遠東古物館 | NMOK129 |

畫家小傳：燕□盛。名不明。待考。

□　琬

| 高士圖(紈扇畫卅之14) | 紈扇面 絹 | | 設色 | 不詳 | | 台北　故宮博物院 | 故畫 01265-14 |

畫家小傳：□琬。姓氏不詳。待考。

成宗道

| 仙人圖 | 軸 | 絹 | 水墨 | 147 x 96 | | 捷克　布拉格Narodni Galerie v Praze | Vm6-1151/89 |

畫家小傳：成宗道。長安人。善畫道釋、人物，學吳道子，兼善刻石。（見畫繼、圖繪寶鑑、中國畫家人名大辭典）

楊安道

| 雪景山水圖 | 軸 | 絹 | 設色 | 312 x 143.1 | | 美國　密歇根大學藝術博物館 | 1981/1.312 |

畫家小傳：楊安道。九江人。身世不詳。善畫山水、人物，師法范寬。惟用墨太重，稍有江湖氣。（見圖繪寶鑑、畫史會要、中國畫家人名大辭典）

米友仁

名稱	形式	質地	色彩	尺寸 高x寬cm	創作時間	收藏處所	典藏號碼
雲山得意圖	卷	紙	水墨	27.2 x 212.6		台北 故宮博物院	故畫 00966
雲山圖	卷	絹	水墨	23.7 x 130.8		台北 故宮博物院	故畫 01430
雲山墨戲圖	卷	紙	水墨	22.2 x 194.8		北京 故宮博物院	
瀟湘奇觀圖	卷	紙	水墨	19.7 x 285.7		北京 故宮博物院	
瀟湘圖	卷	紙	水墨	28.7 x 295.5	辛酉（紹興十一年，1141）	上海 上海博物館	
湘江夜雨圖	卷	紙	水墨	24.5 x ？		美國 哈佛大學福格藝術館	85.505 Y3.1971
雲木夏寒圖	卷	紙	水墨	15.6 x 68.6		美國 耶魯大學藝術館	1953.27.7
雲山圖	卷	紙	水墨	27.5 x 56.9		美國 紐約大都會藝術博物館	1973.121.1
五洲煙雨圖	卷	紙	水墨	10.2 x ？		美國 New Hanen 翁萬戈先生	
楚山秋霽圖	卷	紙	水墨	23 x 231		美國 華盛頓特區弗瑞爾藝術館	35.17
雲山圖	卷	絹	設色	43.4 x 194.3	庚戌（建炎四年，1130）歲	美國 克利夫蘭藝術博物館	33.220
夏景山水圖	卷	絹	水墨	37.5 x 280		捷克 布拉格 Narodni Galerie v Praze	Vm322-1151/13
溪山煙雨	軸	紙	潑墨	71.3 x 34.9		台北 故宮博物院	故畫 01302
遠岫晴雲圖	軸	紙	水墨	24.7 x 28.6	紹興甲寅（四年，1134）元夕前一日	日本 大阪市立美術館	
雲山圖	軸	紙	水墨	22.4 x 27.9		日本 京都小栗秋堂先生	
雲山圖	軸	紙	設色	172.5 x122.8		日本 私人	
山水圖（唐繪手鑑筆耕圖下冊之56）	納扇面	絹	設色	25.1 x 25		日本 東京國立博物館	TA-487
雲山圖（兩朝合璧連珠畫帖之廿一）	冊頁	絹	水墨	20.6 x 21.5		日本 東京出光美術館	

畫家小傳：米友仁。字元暉。號懶拙老人。襄陽人。米芾之子。生於哲宗元祐元(1086)年。卒於南宋孝宗乾道元(1165)年。高宗朝，累官至敷文閣直學士。好鑑賞。工書畫。專擅山水，承繼並發揚父法，建立更簡逸天真之風貌。享有與父共同創建「米氏雲山」之大名。（見宋史本傳、畫繼、圖繪寶鑑、宋詩紀事、德隅齋畫品、中國畫家人名大辭典）

李 迪

牧羝圖	卷	絹	設色	25 x 72.5		台北 故宮博物院	故畫 01448
九鷺圖	卷	絹	設色	34.7 x 226.6		台北 故宮博物院	故畫 01449
埜卉新鳧圖	卷	絹	設色	32.5 x 256		台北 故宮博物院	故畫 01450

名稱	形式	質地	色彩	尺寸 高×寬㎝	創作時間	收藏處所	典藏號碼
風雨歸牧圖	軸	絹	設色	120.7 × 102.8	甲午歲（淳熙元年，1174）	台北 故宮博物院	故畫00087
畫花鳥	軸	絹	設色	112.7 × 38.4		台北 故宮博物院	故畫00088
翎毛花卉	軸	絹	設色	30.9 × 29.3		台北 故宮博物院	故畫01825
畫三顧圖	橫幅	絹	設色	82.5 × 175.9		台北 故宮博物院	故畫03752
楓鷹雉雞圖	軸	絹	設色	189.4 × 210	慶元丙辰（二年，1196）	北京 故宮博物院	
雪樹寒禽圖	軸	絹	設色	115.2 × 52.8	淳熙丁未歲（十四年，1187）	上海 上海博物院	
紅、白芙蓉圖（2幀）	軸	絹	設色	（每幀）25.5 × 25.8	慶元丁巳歲（三年，1197）	日本 東京國立博物館	
雪中歸牧圖（2幀）	軸	絹	水墨	（每幅）23.9 × 23.8		日本 東京益田孝先生	
古柏寒禽圖	軸	絹	水墨	195.1 × 97.5		美國 華盛頓特區弗瑞爾藝術館	70.32
紫薇戴勝（唐宋元畫集錦冊之10）	冊頁	絹	設色	20.5 × 24.8		台北 故宮博物院	故畫01239-10
穀豐安樂（藝苑藏真上冊之11）	冊頁	絹	設色	24.2 × 24.2		台北 故宮博物院	故畫01240-11
柳塘放牧（集古名繪冊之5）	冊頁	絹	水墨	28.1 × 24.2		台北 故宮博物院	故畫01242-5
禽浴圖（宋元名繪冊之9）	冊頁	絹	設色	24.8 × 24.1		台北 故宮博物院	故畫01244-9
清風雙鶴圖（宋元名繪冊之10）	冊頁	絹	設色	23.8 × 24.2		台北 故宮博物院	故畫01244-10
秋卉草蟲（宋元集繪冊之14）	冊頁	絹	設色	25.2 × 26.1		台北 故宮博物院	故畫01246-14
秋葵山石（宋人集繪冊之1）	紈扇面	絹	設色	26 × 25.8		台北 故宮博物院	故畫01249-1
狸奴小影（宋元名繪冊之10）	冊頁	絹	設色	23.6 × 24.1	甲午歲（淳熙元年，1174）	台北 故宮博物院	故畫01253-10
花卉（歷代集繪冊之7）	冊頁	絹	設色	22.9 × 23.8		台北 故宮博物院	故畫01254-7
枇杷幽雀（宋元人畫冊之7）	冊頁	絹	設色	25.7 × 22.5		台北 故宮博物院	故畫01267-7
春潮帶雨（名繪集珍冊之9）	冊頁	絹	水墨	25.7 × 48		台北 故宮博物院	故畫01289-9
春圃雞雛（集珍壽古冊之2）	紈扇	絹	設色	25.5 × 22.1		台北 故宮博物院	故畫01270-2
牧羊圖（唐宋元明集繪冊之15）	冊頁	絹	設色	24.2 × 23.5		台北 故宮博物院	故畫03459-15
寒梅山雀（宋人繪珍片玉冊之	冊頁	紙	水墨	31.7 × 27.5		台北 故宮博物院	故畫03462-9

名稱	形式	質地	色彩	尺寸 高×寬㎝	創作時間	收藏處所	典藏號碼
9）							
竹陰讀易（宋元集繪冊之3）	冊頁	絹	水墨	28.3 × 17.4		台北 故宮博物院	故畫 03465-3
牧羊圖（宋元明集繪冊之5）	冊頁	絹	設色	29.7 × 22.3		台北 故宮博物院	故畫 03474-5
雙鉤畫竹（集古名繪之20）	冊頁	絹	設色	38 × 32		台北 故宮博物院	故畫 03480-20
河汀白鷺（集珍壽古冊之5）	冊頁	絹	設色	23.8 × 20.4		台北 故宮博物院	故畫 03485-5
秋塘水鳥（名繪薈萃冊之8）	冊頁	紙	設色	24.2 × 23.9		台北 故宮博物院	故畫 03486-8
竹溪雨櫂（藝苑臚珍冊之4）	冊頁	絹	水墨	23.7 × 27.4		台北 故宮博物院	故畫 03492-4
綿羊圖（邱壑琳瑯冊之9）	冊頁	絹	設色	26.8 × 26		台北 故宮博物院	故畫 03493-9
秋林放牧圖（名畫萃錦冊之3）	冊頁	絹	設色	24.5 × 25.7		台北 蔡一鳴先生	
雞雛待飼圖	冊頁	絹	設色	23.7 × 24.6	慶元丁巳歲（三年，1197）	北京 故宮博物院	
獵犬圖	冊頁	絹	設色	26.4 × 26.9	慶元丁巳歲（三年，1197）	北京 故宮博物院	
繪珍花鳥草蟲圖（十二幀）	冊	絹	設色	（每幀）37 × 30		昆山 崑崙堂	
紅白牡丹圖	軸	絹	設色	不詳	慶元丁巳歲（三年，1197）	日本 東京國立博物館	
林檎圖	紈扇面	絹	設色	27.3 × 28.2		日本 東京津輕承昭先生	
牧羊圖	紈扇面	絹	設色	26.4 × 29.4		日本 東京赤星先生	
狸奴蜻蜓圖（名賢寶繪冊之8）	冊頁	絹	設色	25.6 × 26.4	紹熙癸丑歲（四年，1193）李迪畫	日本 大阪市立美術館	
折枝花菓	紈扇面	絹	設色	不詳		日本 千葉縣中村勝五郎先生	
古木竹石	冊頁	絹	設色	不詳		美國 波士頓美術館	
百羊圖	冊頁	絹	設色	29.7 × 25.6		美國 哈佛大學福格藝術館	85.501.82.1971
山水圖（宋元名畫集冊之11）	冊頁	絹	設色	21.1 × 23.5		美國 耶魯大學藝術館	1952.52.25k
春郊牧羊圖	紈扇面	絹	設色	22.4 × 24.8		美國 紐約大都會藝術博物館	13.100.101
寒柯山鵙圖	紈扇面	絹	設色	24.1 × 24.1		美國 紐約顧洛阜先生	
雲渚歸牧	冊頁	絹	設色	23.5 × 24.5		美國 華盛頓特區弗瑞爾藝術館	44.53
春郊牧羊圖	紈扇	絹	設色	22.4 × 24.8		美國 華盛頓特區弗瑞爾藝術館	

名稱	形式	質地	色彩	尺寸 高×寬㎝	創作時間	收藏處所	典藏號碼
柏澗雙雉圖	冊頁	絹	設色	24.7 × 25.8		美國 克利夫蘭藝術博物館（克市 Mrs.Perry 寄存）	TR15555.28.1
竹禽急湍	冊頁	絹	設色	24.8 × 26		美國 克利夫蘭藝術博物館	
紅梅鴛鴦圖	紈扇面	絹	設色	不詳		美國 克利夫蘭藝術博物館	
附：							
秋林放牧（名畫薈錦冊之3）	紈扇面	絹	設色	不詳		香港 蘇富比藝品拍賣公司/拍 賣目錄 1984,11,11.	

畫家小傳；李迪。河陽人。原任職徽宗宣和畫院，授成忠郎。入南宋，復職高宗紹興畫院，任副使。工畫花鳥、竹石，極具生意；兼能山水小景。（見畫繼、圖繪寶鑑、畫鑒、中國畫家人名大辭典）

李安忠

名稱	形式	質地	色彩	尺寸 高×寬㎝	創作時間	收藏處所	典藏號碼
雪岸寒鴉	軸	絹	水墨	81 × 41		台北 故宮博物院	故畫 01826
翔鶉圖	軸	絹	設色	不詳		台北 故宮博物院	國贈 006501
水墨山水圖	軸	絹	水墨	42 × 31		日本 東京山中建生氏精華堂	
鶉圖	軸	紙	設色	30.3 × 40.3		日本 東京井上侯爵	
花鳥圖（對幅）	軸	絹	設色	73 × 40.9		日本 福岡市美術館	7-B-145
莊子圖	軸	絹	設色	37.7 × 52.6		日本 私人	
野卉秋鶉（宋元集繪冊之16）	紈扇面	絹	設色	23 × 24.5		台北 故宮博物院	故畫 01246-16
寫生秋葵（宋元集繪冊之24）	紈扇面	絹	設色	24.2 × 26.9		台北 故宮博物院	故畫 01246-24
田雀銜禾（宋人集繪冊之8）	紈扇面	絹	設色	24.6 × 27		台北 故宮博物院	故畫 01252-8
竹鳩（紈扇畫冊之3）	紈扇面	絹	設色	25.4 × 26.9		台北 故宮博物院	故畫 01257-3
野菊秋鶉（名繪集珍冊之10）	冊頁	絹	設色	24.1 × 40.5		台北 故宮博物院	故畫 01289-10
枇杷小鳥圖	紈扇面	絹	設色	24.3 × 25.6		香港 利榮森北山堂	K92.12
鶉圖（唐繪手鑑筆耕圖上冊3）	冊頁	絹	設色	25.9 × 35.2		日本 東京國立博物館	TA-487
鶉圖	紈扇面	絹	設色	24.2 × 27.4		日本 東京根津美術館	
鶉圖	紈扇面	絹	設色	不詳		日本 東京馬越恭平先生	
秋溪林靄	冊頁	絹	設色	27.1 × 24.8	丁酉（1117）	美國 克利夫蘭藝術博物館	
鷹逐雉圖	冊頁	絹	設色	25.4 × 27	己酉（1129）	美國 西雅圖市藝術館	51.38
附：							
枇杷小鳥圖	紈扇面	絹	設色	23.7 × 25.1		紐約 佳仕得藝品拍賣公司/拍 賣目錄 1986,06,04.	

畫家小傳：李安忠。籍里不詳。原徽宗宣和(1119-1125)畫院待詔，授成忠郎。入南宋，復職紹興畫院，賜金帶。工畫花鳥、走獸、山水，尤工捉勒，技差高於李迪。（見畫鑒、圖繪寶鑑、洞天清祿、中國畫家人名大辭典）

名稱	形式	質地	色彩	尺寸 高×寬㎝	創作時間	收藏處所	典藏號碼

劉宗古

名稱	形式	質地	色彩	尺寸 高×寬㎝	創作時間	收藏處所	典藏號碼
瑤臺步月圖	紈扇面	絹	設色	不詳		北京 故宮博物院	
魚籃觀音圖	軸	紙	設色	67.7 × 32		日本 私人	

畫家小傳：劉宗古。開封人。原徽宗宣和(1119-1125)畫院待詔。入南宋，高宗朝呈進車輅式，稱旨，授提舉車輅院事。工畫人物、佛像、山水，長於成染，水墨輕成，惟筆墨纖弱。(見畫繼、圖繪寶鑑、畫史會要、中國畫家人名大辭典)

蘇漢臣

名稱	形式	質地	色彩	尺寸 高×寬㎝	創作時間	收藏處所	典藏號碼
鍾馗嫁妹圖	卷	絹	設色	28.1 × 463.8		台北 故宮博物院	故畫 01451
百子歡歌圖	卷	絹	設色	30.5 × 230		台北 故宮博物院	故畫 01452
長春百子圖	卷	絹	設色	30.6 × 521.9		台北 故宮博物院	故畫 01453
萬國朝宗圖（10幀合裝）	卷	絹	設色	（每幀）21.8 × 30.2		台北 故宮博物院	故畫 01501
秋庭戲嬰圖	軸	絹	設色	60.3 × 74.4		台北 故宮博物院	故畫 00089
貨郎圖	軸	絹	設色	159.2 × 97		台北 故宮博物院	故畫 00090
開泰圖	軸	絹	設色	99 × 67.5		台北 故宮博物院	故畫 00091
秋庭戲嬰圖	軸	絹	設色	197.5 ×108.7		台北 故宮博物院	故畫 00838
五瑞圖	軸	絹	設色	165.5 ×102.5		台北 故宮博物院	故畫 00839
重午戲嬰圖	軸	絹	設色	165 × 116.2		台北 故宮博物院	故畫 00897
嬰戲圖	軸	紙	設色	52.8 × 34		台北 故宮博物院	故畫 01827
戲嬰圖	軸	紙	設色	98.4 × 53.4		台北 故宮博物院	故畫 01828
古佛像	軸	紙	設色	75 × 36.9	大宋隆興五年五月望日（按隆興無五年）	台北 故宮博物院	故畫 01829
羅漢	軸	紙	水墨	79.9 × 30	隆興十一年五月（按隆興無十一年）	台北 故宮博物院	故畫 01830
貨郎圖	橫幅	絹	設色	181.7 ×267.4		台北 故宮博物院	故畫 03723
灌佛戲嬰	軸	絹	設色	159.8 × 70.6		台北 故宮博物院	中畫 00067
賣漿圖	軸	絹	設色	25.5 × 28.5		日本 東京出光美術館	
七夕祭圖	軸	絹	設色	227.3 ×227.3		日本 東京根津嘉一郎先生	

名稱	形式	質地	色彩	尺寸 高x寬cm	創作時間	收藏處所	典藏號碼
羅漢煎茶圖	軸	絹	設色	25.1 x 24.2		日本 靜岡縣田中光顯先生	
仕女遊行圖	軸	絹	設	100.9 x 58.2		美國 華盛頓特區弗瑞爾藝術館	16.135
阿彌陀淨土圖（供養佛畫）	軸	絹	設色	120.1 x 63.1		美國 華盛頓特區弗瑞爾藝術館	16.64
貨郎圖（唐宋名繪冊之5）	冊頁	絹	設色	20.9 x 19.5		台北 故宮博物院	故畫 01234-5
踘場叢戲（唐宋元畫集錦冊之11）	紈扇面	絹	設色	30.3 x 30.6		台北 故宮博物院	故畫 01239-11
仙宮譜曲（集古名繪冊之9）	冊頁	絹	設色	24 x 19		台北 故宮博物院	故畫 01242-9
雜技戲孩（烟雲集繪第三冊之7）	紈扇面	絹	白描	20.4 x 20.4		台北 故宮博物院	故畫 01247-7
牧羊圖（宋人集繪冊之12）	紈扇面	絹	設色	26.9 x 26.9		台北 故宮博物院	故畫 01249-12
醉酒圖（唐宋元明集繪冊之16）	冊頁	絹	設色	25.4 x 30.9		台北 故宮博物院	故畫 03459-16
嬰戲圖（宋元明集繪冊之4）	冊頁	絹	設色	29.8 x 30.7		台北 故宮博物院	故畫 03473-4
秋郊出獵（宋元明人合錦冊之5）	冊頁	絹	設色	21.3 x 22		台北 故宮博物院	故畫 03477-5
市擔嬰戲（集古名繪冊之10）	冊頁	絹	設色	30.4 x 28.3		台北 故宮博物院	故畫 03481-10
柳陌嬰戲（集珍壽古冊之2）	冊頁	絹	設色	23.6 x 23.3		台北 故宮博物院	故畫 03485-2
貨郎春擔（藝苑臚珍冊之2）	冊頁	絹	設色	28.1 x 26.2		台北 故宮博物院	故畫 03492-2
嬰戲圖	冊頁	絹	設色	18.2 x 22.8		天津 天津市藝術博物館	
倀童傀儡圖（唐繪手鑑筆耕圖下冊之52）	冊頁	絹	設色	23.5 x 23.1		日本 東京國立博物館	TA-487
妝靚仕女	紈扇面	絹	設色	不詳		美國 波士頓美術館	

畫家小傳：蘇漢臣，開封人。為劉宗古弟子。原徽宗宣和(1119-1125)畫院待詔。入南宋，復職高宗紹興畫院。孝宗隆興初(1163)，補承信郎。工畫道釋、人物，臻妙，尤善畫嬰兒，獨步古今。(見圖繪寶鑑、嚴氏書畫記、中國畫家人名大辭典)

顧 亮

| 山水圖 | 冊頁 | 絹 | 設色 | 25.7 x 25.5 | | 美國 耶魯大學藝術館 | 1952.52.25e |

畫家小傳：顧亮。紹興人。善畫山水，與張著、張浹、胡舜臣同門，俱學郭熙，各得熙長之一，亮能作巨幅大軸。原官徽宗宣和(1119-1125)畫院待詔。南渡後，淪落繪畫寺廟壁畫糊口，高宗聞之，詔復職畫院並賜金帶。(見圖繪寶鑑、中國畫家人名大辭典)

胡舜臣

| 送郝玄明使秦圖（蔡京題詩） | 卷 | 絹 | 設色 | 30 x 111 | 宣和四年（壬寅， | 日本 大阪市立美術館 | |

名稱	形式	質地	色彩	尺寸 高x寬cm	創作時間	收藏處所	典藏號碼
					1122）九月二日		
山水圖	卷	絹	設色	不詳		美國 普林斯頓大學藝術館	

畫家小傳：胡舜臣。紹興人。善畫山水，與張著、張浹、顧亮同門，俱學郭熙，各得一偏，舜臣得其謹密。（見圖繪寶鑑、中國畫家人名大辭典）

朱 銳

名稱	形式	質地	色彩	尺寸 高x寬cm	創作時間	收藏處所	典藏號碼
春社醉歸圖	卷	絹	設色	31.7 x 326.3	紹定二年（己丑，1229）三月	台北 故宮博物院	故畫 01454
盤車圖	軸	絹	設色	不詳		美國 波士頓美術館	
雪潤盤車（集古名繪冊之 11）	紈扇面	絹	水墨	23.6 x 21.6		台北 故宮博物院	故畫 01248-11
山閣晴嵐（宋人集繪冊之 2）	紈扇面	絹	設色	25.6 x 19.9		台北 故宮博物院	故畫 01250-2
寒江捕魚圖（名畫萃錦冊之 4）	紈扇面	絹	設色	24.9 x 27.3		台北 蔡一鳴先生	
溪山行旅圖	冊頁	絹	設色	26.2 x 27.3		上海 上海博物館	
附：							
寒江捕魚（名畫薈錦冊之 4）	紈扇面	絹	設色	不詳		香港 蘇富比藝品拍賣公司/拍賣目錄 1984.11.11	

畫家小傳：朱銳。河北人。原徽宗宣和(1119-1125)畫院待詔。南渡後，復職紹興畫院，授迪功郎。善畫，山水師王維，人物學張敦禮。尤好寫騾綱、雪獵、盤車之類，布置曲盡其妙。（見圖繪寶鑑、中國畫家人名大辭典）

李從訓

名稱	形式	質地	色彩	尺寸 高x寬cm	創作時間	收藏處所	典藏號碼
樂志論（趙孟頫書）	卷	絹	設色	31.4 x 258.8		台北 故宮博物院	故畫 01549
五老圖	橫幅	絹	設色	164.7 x221.8		美國 華盛頓特區弗瑞爾藝術館	17.128
蕉陰亭館（名繪薈萃冊之 3）	冊頁	絹	設色	24.4 x 24.4		台北 故宮博物院	故畫 03486-3

畫家小傳：李從訓。杭州人。原徽宗宣和(1119-1125)畫院待詔。南渡後，復職紹興畫院，補承直郎，賜金帶。工畫道釋、人物及花鳥，布置不凡，傳彩精妙。（見圖繪寶鑑、杭州府志、中國畫家人名大辭典）

閻 仲

名稱	形式	質地	色彩	尺寸 高x寬cm	創作時間	收藏處所	典藏號碼
山水（宋人集繪冊 10 之 1 幀）	冊頁	絹	設色	不詳		日本 東京小川睦之助先生	

畫家小傳：閻仲。籍里不詳。原徽宗宣和(1119-1125)畫院待詔。南渡後，復職紹興畫院待詔，補承直郎。善畫人物、牛、絳色山水。（見圖繪寶鑑、中國畫家人名大辭典）

（釋）道 宏

名稱	形式	質地	色彩	尺寸 高x寬cm	創作時間	收藏處所	典藏號碼
五百應真圖	卷	藍箋	設色	34.6 x 893		美國 華盛頓特區弗瑞爾藝術	11.190

名稱	形式	質地	色彩	尺寸 高×寬㎝	創作時間	收藏處所	典藏號碼

館

畫家小傳：道宏。僧。俗姓楊。四川峨眉人。受道業於雲頂山。晚復冠巾，改號龍巖聽者。善畫山水、佛像、動物。（見畫繼、圖繪寶鑑、中國畫家人名大辭典）

(釋) 智 融

| 牧牛圖 | 軸 | 紙 | 墨畫 | 30.2 × 39.9 | | 日本 私人 | |

畫家小傳：智融。僧。俗姓邢。名沚。號草庵。開封人，居臨安。初以醫入仕。北宋亡，年五十，棄官祝髮，入靈隱寺。工詩。能畫鬼神、龍首、牛等。（見玫瑰集、歷代名畫跋、中國畫家人名大辭典）

李 昭

| 楓江漁樂（集珍壽古冊之7） | 冊頁 | 絹 | 設色 | 24.4 × 25.1 | | 台北 故宮博物院 | 故畫 03485-7 |

畫家小傳：李昭。字晉傑。鄆城人。卒於高宗紹興(1131-1162)間。精篆學。工書。善畫，擅長墨竹，有別於文同一派；又能畫水墨花卉，山水學范寬（見畫繼、圖繪寶鑑、屠隆箋帖、中國畫家人名大辭典）

廉 布

| 秋山（集古圖繪冊之8） | 冊頁 | 紙 | 設色 | 36.8 × 26.9 | | 台北 故宮博物院 | 故畫 01258-8 |
| 山崖藏屋（列朝名繪合冊之11） | 冊頁 | 紙 | 設色 | 33.4 × 28.4 | | 台北 故宮博物院 | 故畫 03479-11 |

畫家小傳：廉布。字仲宣。山陽人，居紹興。號射澤老人。善畫山水，尤工枯木、叢竹、奇石、松柏，學蘇軾，能青出於藍。（見畫繼、圖繪寶鑑、玫瑰題跋、中國畫家人名大辭典）

廉 孚

| 秋山煙靄（集古名繪冊之8） | 冊頁 | 絹 | 水墨 | 21.4 × 24.7 | | 台北 故宮博物院 | 故畫 01248-8 |

畫家小傳：廉孚。山陽人。廉布之子。亦善畫，有父風。（見畫繼、圖繪寶鑑、中國畫家人名大辭典）

趙 構 (高宗)

| 蓬窗睡起（名畫集真冊之1） | 冊頁 | 絹 | 設色 | 24.8 × 52.3 | | 台北 故宮博物院 | 故畫 01291-1 |

畫家小傳：趙構。徽宗第九子。生於徽宗大觀元(1107)年。卒於孝宗淳熙十四(1187)年。初封康王。徽、欽二帝被擄北狩。被擁即帝位並遷都臨安。前後建號建炎、紹興，在位三十六年。工詩。善書。擅畫人物、山水、竹石，有天成之趣。（見宋史本傳、宋史藝文志、圖繪寶鑑、宋詩紀事、玉海、清河書畫舫、中國畫家人名大辭典）

趙伯駒

| 秋山萬里 | 卷 | 絹 | 設色 | 34.6 × 297.3 | | 台北 故宮博物院 | 故畫 01433 |
| 秋山無盡圖 | 卷 | 絹 | 設色 | 36.2 × 308.6 | | 台北 故宮博物院 | 故畫 01434 |

名稱	形式	質地	色彩	尺寸 高×寬 cm	創作時間	收藏處所	典藏號碼
上苑春遊圖	卷	絹	青綠	32 × 636.9	紹興五年（乙卯，1135）秋日	台北 故宮博物院	故畫 01435
上林圖	卷	絹	設色	44 × 1169.4		台北 故宮博物院	故畫 01436
禹王治水圖	卷	絹	設色	30.5 × 373		台北 故宮博物院	故畫 01437
禹王開山圖	卷	絹	設色	35 × 321.1		台北 故宮博物院	故畫 01438
仙山樓閣	卷	絹	設色	39.5 × 264.5		台北 故宮博物院	故畫 01439
瑤島仙真	卷	絹	青綠	35.2 × 244.2		台北 故宮博物院	故畫 01440
滕王閣宴會圖	卷	絹	設色	52.3 × 301.1		台北 故宮博物院	故畫 01441
瑤池高會圖	卷	絹	設色	53.1 × 492.8		台北 故宮博物院	故畫 01442
王母宴瑤池	卷	絹	設色	33.7 × 401.3		台北 故宮博物院	故畫 01443
蓮舟新月圖	卷	絹	設色	66.8 × 432		瀋陽 遼寧省博物館	
江山秋色圖	卷	絹	青綠	55.6 × 323.2		北京 故宮博物院	
江山千里圖	卷	絹	青綠	35.1 × 312		昆山 崑崙堂	
漢高祖入關圖	卷	絹	設色	不詳		美國 波士頓美術館	
六馬圖	卷	紙	設色	45.7 × ?		美國 紐約大都會藝術博物館	1989.363.5
山水圖	卷	絹	設色	47.3 × 430.1		美國 加州史坦福大學藝術博物館	66.1
春山圖	軸	紙	設色	89.5 × 32.3		台北 故宮博物院	故畫 00073
阿閣圖	軸	絹	設色	73.3 × 55.6		台北 故宮博物院	故畫 00074
漢宮春曉	軸	絹	設色	41.4 × 35.5		台北 故宮博物院	故畫 00076
停琴摘阮圖	軸	絹	設色	125.7 × 51.2		台北 故宮博物院	故畫 00077
海神聽講圖	軸	絹	設色	137.4 × 73.2		台北 故宮博物院	故畫 00078
飛仙圖	軸	絹	設色	110.1 × 51.8		台北 故宮博物院	故畫 01818
仙山樓閣	軸	絹	設色	159.5 × 84.2		台北 故宮博物院	中畫 00065
仙山樓閣	軸	絹	設色	56 × 30		台北 故宮博物院	國贈 024904
仙山樓閣圖	軸	絹	設色	119 × 57.8		台北 華叔和後真賞齋	
桃林歸牧圖	軸	絹	青綠	不詳		日本 東京久志美術館	
仙山樓閣圖	軸	絹	青綠	68.5 × 40.9		日本 東京山本悌二郎先生	
白衣觀音圖	軸	絹	設色	100.2 × 49.1		日本 福岡縣石 道雄先生	
仕女圖	軸	絹	設色	107.6 × 51.2		美國 普林斯頓大學藝術館	42-27
吳宮萬玉圖	軸	絹	設色	62.6 × 39.1		德國 柏林東亞藝術博物館	1988-466
漢宮春曉圖	軸	絹	設色	41.9 × 36.5		荷蘭 阿姆斯特丹 Rijks 博物館	MAK92
漢宮圖	紈扇面	絹	設色	24.5 × 24.5		台北 故宮博物院	故畫 00075

名稱	形式	質地	色彩	尺寸 高×寬㎝	創作時間	收藏處所	典藏號碼
松齋遲客（名繪珍冊之11）	冊頁	絹	設色	26.3 × 26.7		台北 故宮博物院	故畫 01233-11
水閣憑欄（集古名繪冊之7）	冊頁	絹	設色	26.6 × 29.2		台北 故宮博物院	故畫 01242-7
柳陰待琴（宋人合璧画冊之4）	紈扇面	絹	設色	30.2 × 30.6		台北 故宮博物院	故畫 01245-4
仙山樓閣（烟雲集繪第三冊之3）	紈扇面	絹	設色	26.8 × 26.6		台北 故宮博物院	故畫 01247-3
水閣彈碁（烟雲集繪第三冊之4）	紈扇面	絹	設色	24.8 × 22		台北 故宮博物院	故畫 01247-4
瓊樓懸瀑（宋人集繪冊之1）	紈扇面	絹	青綠	27.9 × 29.9		台北 故宮博物院	故畫 01250-1
西園雅集圖（唐宋名蹟冊之9）	紈扇面	絹	設色	21 × 21.2		台北 故宮博物院	故畫 01251-9
江樓臥雪（名繪集珍冊之5）	冊頁	絹	設色	25.9 × 49.6	乙未（淳熙二年，1175）臘月十四日	台北 故宮博物院	故畫 01291-5
桃花源記（唐宋元明集繪冊之11）	冊頁	絹	設色	24.4 × 25.5		台北 故宮博物院	故畫 03459-11
崇閣遠帆（唐宋元明集繪冊之12）	冊頁	絹	設色	24.3 × 24		台北 故宮博物院	故畫 03459-12
壺天樓閣（宋人繪珍片玉冊之1）	冊頁	紙	設色	35.3 × 39.5		台北 故宮博物院	故畫 03462-1
紅閣佳人（宋元集繪冊之5）	冊頁	絹	水墨	32.3 × 26.1		台北 故宮博物院	故畫 03465-5
千里渡江圖（名繪薈萃冊之10）	冊頁	絹	設色	21.2 × 20.4		台北 故宮博物院	故畫 03486-10
仙山樓閣（名繪集珍冊之1）	冊頁	絹	青綠	30.4 × 27.6		台北 故宮博物院	故畫 03488-1
花澗禽聲（藝苑臚珍冊之3）	冊頁	絹	設色	25.4 × 23.3		台北 故宮博物院	故畫 03492-3
水圖松巖（邱壑琳瑯冊之5）	冊頁	絹	設色	28.7 × 25.4		台北 故宮博物院	故畫 03493-5
荷香亭樹（吉光貞壽冊之5）	冊頁	絹	設色	24.8 × 25.8		台北 故宮博物院	故畫 03496-5
春山迴廊（集名人畫冊之1）	冊頁	絹	設色	26.4 × 28.3		台北 故宮博物院	故畫 03508-1
水閣納涼圖（仿宋元山水人物花鳥走獸冊之1）	冊頁	絹	設色	30.3 × 23.7		香港 劉作籌虛白齋	
樓閣山水（2幀）	紈扇面	絹	青綠	不詳		日本 京都藤井善助先生	
青山綠水圖	紈扇面	絹	設色	26 × 27.3		美國 密歇根大學藝術博物館	1970/2.157
錢塘觀潮圖	紈扇面	絹	設色	不詳		美國 密歇根大學艾瑞慈教授	
山水圖	冊頁	絹	設色	20.7 × 20		瑞典 斯德哥爾摩遠東古物館	NMOK135

畫家小傳：趙伯駒。宋宗室。字千里。太祖七世孫。高宗朝，官至浙西路兵馬鈐轄。因父趙令晙善畫，家學淵源，擅畫山水、木石、花卉、翎毛，尤長於人物，筆墨精爽，精神清潤，名高當代。（見畫繼、圖繪寶鑑、畫評、東圖玄覽、雲煙過眼錄、清河書畫舫、寓意編、珊瑚網、畫禪室隨筆、妮古錄、中國畫家人名大辭典）

名稱	形式	質地	色彩	尺寸 高×寬cm	創作時間	收藏處所	典藏號碼

朱光普

名稱	形式	質地	色彩	尺寸	創作時間	收藏處所	典藏號碼
柳風水榭（唐宋元集繪冊之9）	紈扇面	絹	設色	23.1 × 24.5		台北 故宮博物院	故畫 01239-9
江亭晚眺圖（唐宋元集繪冊之9）	冊頁	絹	設色	不詳		瀋陽 遼寧省博物館	

畫家小傳：朱光普。字東美。汴人。南渡後，補入畫院。畫學左建。善畫田家景物。（見圖繪寶鑑、中國畫家人名大辭典）

蕭　照

名稱	形式	質地	色彩	尺寸	創作時間	收藏處所	典藏號碼
中興瑞應圖	卷	絹	設色	26.7 × 409.5		天津 天津市藝術博物院	
山腰樓觀	軸	絹	水墨	179.3 × 112.7		台北 故宮博物院	故畫 00085
山水（集古圖繪冊之4）	冊頁	紙	水墨	33.5 × 35.8		台北 故宮博物院	故畫 01235-4
關山行旅（集古名繪冊之10）	冊頁	絹	設色	24.2 × 26.2		台北 故宮博物院	故畫 01248-10
雪柳棲鴉（集古名冊之18）	冊頁	紙	水墨	28.1 × 28.4		台北 故宮博物院	故畫 03480-18
雪騎衝寒（藝林韞古冊之8）	冊頁	絹	設色	25.2 × 24		台北 故宮博物院	故畫 03491-8
秋山紅樹圖（唐宋元集冊之8）	冊頁	絹	設色	28 × 28		瀋陽 遼寧省博物院	

畫家小傳：蕭照。山東濩澤人。本知書人家。靖康中，淪落太行山為盜。一日，掠得一人，詢問知為久已聞名之李唐，遂拜為師並隨至臨安。後得入紹興畫院為待詔，躋身御前十畫家之列。善畫山水、人物、舟車，風貌酷似李唐。（見圖繪寶鑑、杭州府志、洞天清祿集、畫史會要、中國畫家人名大辭典）

戚　仲

名稱	形式	質地	色彩	尺寸	創作時間	收藏處所	典藏號碼
雪麓蚤行圖	紈扇面	絹	設色	不詳		美國 波士頓美術館	

畫家小傳：戚仲。江蘇毗陵人。身世不詳。善畫，絳色山水學楊士賢；畫虎，師李迪。（見圖繪寶鑑、東圖玄覽、畫史會要、中國畫家人名大辭典）

馬和之

名稱	形式	質地	色彩	尺寸	創作時間	收藏處所	典藏號碼
宋高宗書女孝經馬和之補圖（9段合裝）	卷	絹	設色	（每段）26.4 × 104.5 不等		台北 故宮博物院	故畫 01100
桃源圖	卷	紙	水墨	30 × 339.9		台北 故宮博物院	故畫 01444
馬和之補圖高宗書蘭亭敘	卷	絹	設色	59.6 × 70	高宗書於紹興庚申（十年，1140）修禊日	台北 故宮博物院	故畫 01546
齊風圖（共6段，宋高宗書傳）	卷	絹	設色	（每段）26.4 × 43.3		香港 劉作籌虛白齋	
唐風圖	卷	絹	設色	29 × 827		瀋陽 遼寧省博物館	
周頌清廟之什圖	卷	絹	設色	27.5 × 743		瀋陽 遼寧省博物館	

名稱	形式	質地	色彩	尺寸 高x寬cm	創作時間	收藏處所	典藏號碼
毛詩陳風圖	卷	絹	設色	26.5 x 713		瀋陽 遼寧省博物館	
魯頌三篇圖	卷	絹	設色	25.5 x 299.3		瀋陽 遼寧省博物館	
後赤壁賦圖	卷	絹	設色	25.8 x 143.5		北京 故宮博物院	
鹿鳴之什圖	卷	絹	設色	28 x 864		北京 故宮博物院	
閔予小子之什圖（11段）	卷	絹	設色	27.6 x 721		北京 故宮博物院	
小雅節南山之什圖（10段）	卷	絹	設色	26 x 856		北京 故宮博物院	
豳風圖（7段）	卷	絹	設色	26 x 625.4		北京 故宮博物院	
詩經召南八篇圖	卷	絹	設色	26 x 44.9		上海 上海博物館	
詩經周頌十篇圖	卷	絹	設色	28.2 x 57.7		上海 上海博物館	
詩經陳風十篇圖	卷	絹	設色	26.5 x 664.5		上海 上海博物館	
鄘國四篇圖	卷	絹	設色	27.7 x 38 不等		南寧 廣西壯族自治區博物館	
唐風圖	卷	絹	設色	26.7 x 821.1		日本 京都國立博物院（上野有竹齋寄贈）	A甲140
詩經大雅蕩之什圖（高宗書）	卷	絹	設色	26.1 x 822.3		日本 滋賀縣滕井齊成會	
詩經圖	卷	絹	設色	不詳		美國 波士頓美術館	
毛詩豳風圖	卷	絹	設色	27.7 x 673.5		美國 紐約大都會藝術博物館	1973.121.3
小雅鴻雁之什六篇圖	卷	絹	設色	25.3 x ?		美國 紐約大都會藝術博物館	1984.
國風圖（5段）	卷	絹	設色	不詳		美國 紐約王季遷明德堂	
豳風圖七月圖	卷	紙	水墨	28.7 x 48.8		美國 華盛頓特區弗瑞爾藝術館	
陳風圖	卷	絹	設色	26.8 x 731.5		英國 倫敦大英博物館	1964.4.11.01（ADD338）
閒忙圖	軸	絹	設色	24.5 x 67.2		台北 故宮博物院	故畫 00081
柳溪春舫圖	軸	絹	設色	36.7 x 51.4		台北 故宮博物院	故畫 00080
荷亭納爽	軸	紙	設色	57.6 x 38		台北 故宮博物院	故畫 01820
如來像	軸	紙	設色	111.8 x 48		台北 故宮博物院	故畫 01821
麻姑仙像	軸	紙	設色	124.4 x 62		台北 故宮博物院	故畫 01822
五臺勝概	軸	絹	設色	68.5 x 37.3		台北 故宮博物院	中畫 00066
淵明撫松圖	軸	絹	設色	155.4 x 97.5		美國 耶魯大學藝術館	1955.38.2
山居會友	軸	絹	設色	153.2 x 96.4		美國 聖路易斯市藝術館	859.20
呂洞賓像	軸	紙	設色	121.1 x 49.4		美國 倫敦大英博物館	1910.2.12.475(ADD35)
畫孝經圖（17禎）	冊	絹	設色	（每幀）28.8		台北 故宮博物院	故畫 01224

名稱	形式	質地	色彩	尺寸 高×寬cm	創作時間	收藏處所	典藏號碼
				× 33.7			
江聲草閣（名繪集珍冊之12）	冊頁	絹	設色	23.3 × 24.6		台北 故宮博物院	故畫 01233-12
古木流泉（歷朝名繪冊之5）	冊頁	紙	水墨	30 × 48.7		台北 故宮博物院	故畫 01236-5
清泉鳴鶴（歷朝名繪冊之6）	冊頁	紙	水墨	30 × 48.7		台北 故宮博物院	故畫 01236-6
柳塘鴛戲（藝苑藏真上冊之9）	紈扇	絹	設色	23 × 24.5		台北 故宮博物院	故畫 01240-9
秋林策蹇（宋元集繪冊之1）	冊頁	紙	設色	49.2 × 38.6		台北 故宮博物院	故畫 01293-1
山水（宋元集繪冊之5）	冊頁	絹	設色	23.2 × 24.3		台北 故宮博物院	故畫 03464-5
山逕樵歌（集珍壽古冊之3）	冊頁	絹	水墨	不詳		台北 故宮博物院	故畫 03485-3
山間覓句（名繪薈萃冊之9）	冊頁	絹	設色	21.4 × 21		台北 故宮博物院	故畫 03486-9
月色秋聲圖（唐宋元集繪冊之6）	紈扇面	絹	設色	30 × 22		瀋陽 遼寧省博物館	
攜琴渡橋圖（兩朝合璧連珠畫帖之2）	冊頁	絹	設色	28.8 × 22.4		日本 東京出光美術館	
早秋夜泊圖	紈扇面	絹	設色	不詳		日本 東京早琦梗吉先生	
風柳蟬蝶圖	紈扇面	絹	設色	22.6 × 23		日本 東京早琦梗吉先生	
瀑邊遊鹿圖（名賢寶繪冊之6）	冊頁	絹	設色	23.2 × 23.6		日本 大阪市立美術館	

畫家小傳：馬和之。錢塘人。生卒年不詳，約活動於高宗紹興至孝宗淳熙(1130-1180)間 。紹興中，登進士，官工部侍郎。因善畫，並受命總攝畫院事，列名御前畫院十人之首。工畫人物、山水，線描創「柳葉描」、「螞蝗描」法，為後世宗法。（見圖繪寶鑑、杭州府志、後村題跋、清河書畫舫、莆田集、中國畫家人名大辭典）

劉 希

名稱	形式	質地	色彩	尺寸 高×寬cm	創作時間	收藏處所	典藏號碼
璇璣圖	卷	絹	白描	30 × 400.4	紹興四年（甲寅，1130）三月十五日	日本 京都藤井善助先生	

畫家小傳：劉希。女。臨安人。高宗紹興十八(1148)年入宮，號尚衣夫人，掌內翰文字。後進封明達貴妃，居奉華堂。工書、畫。畫善人物，得古人筆意。極獲高宗寵愛。（見宋史本傳、圖繪寶鑑、杭州府志、畫史會要、中國畫家人名大辭典）

揚補之

名稱	形式	質地	色彩	尺寸 高×寬cm	創作時間	收藏處所	典藏號碼
四梅圖	卷	紙	水墨	不詳	乾道元年(乙酉，1165)七夕前一日	北京 故宮博物院	
雪梅圖	卷	絹	水墨	27.1 × 144.8		北京 故宮博物院	
獨坐彈琴	軸	紙	水墨	40 × 25.5		台北 故宮博物院	故畫 00079
蝴蝶花	軸	紙	設色	56.9 × 29.2	紹興改元（辛亥，1131）春三月	台北 故宮博物院	故畫 01819
墨梅圖	軸	絹	水墨	153.9 × 78.8		日本 兵庫縣村井龍平先生	

名稱	形式	質地	色彩	尺寸 高x寬㎝	創作時間	收藏處所	典藏號碼
雪梅圖	軸	絹	水墨	153.8 x 75.7		美國 華盛頓特區藝術博物館	18.2
雪梅圖	軸	絹	水墨	160.3 x 99.4		美國 聖路易斯市藝術館	89.1927
畫竹（歷朝名繪冊之3）	冊頁	紙	水墨	31.7 x 45.6		台北 故宮博物院	故畫 01236-3
梅花（集古圖繪冊之1）	冊頁	紙	水墨	41.2 x 26.6		台北 故宮博物院	故畫 01258-1
梅花圖	紈扇面	絹	水墨	23 x 24		天津 天津市藝術博物館	

畫家小傳：揚補之。字無咎。號逃禪老人、清夷長者。江西清江（今南昌）人。生於哲宗紹聖四(1097)年。卒於孝宗乾道五(1169)年。高宗朝，屢徵不起。工詩。善書畫。畫擅水墨梅、木石、松竹、水仙、人物等，墨梅格韻超逸，最為世人推重。（見畫繼、畫系、圖繪寶鑑、洞天清祿、後村題跋、鐵網珊瑚、畫史會要、中國畫家人名大辭典）

江 參

名稱	形式	質地	色彩	尺寸 高x寬㎝	創作時間	收藏處所	典藏號碼
千里江山圖	卷	絹	水墨	46.3 x 546.5		台北 故宮博物院	故畫 00994
秋山蕭寺圖	卷	絹	設色	39.6 x 366.5		台北 故宮博物院	故畫 01455
百牛圖	卷	紙	水墨	17.4 x ?		美國 紐約大都會藝術博物館	18.124.4
林巒積翠圖	卷	絹	水墨	32.6 x 296		美國 堪薩斯市納爾遜-艾金斯藝術博物館	53-49
水閣雅集圖	卷	絹	設色	31 x ?		美國 聖路易斯市藝術館	5.21
摹范寬廬山圖	軸	絹	設色	183.5 x 99.3		台北 故宮博物院	故畫 00840
秋林疊嶂圖	軸	絹	設色	168.7 x 96.3		美國 華盛頓特區弗瑞爾藝術館	16.194
秋山行旅圖	軸	絹	水墨	157.5 x 77.7		美國 勃克萊加州大學高居翰教授	
仙村春靄（名繪集珍冊之5）	冊頁	絹	青綠	28.1 x 31		台北 故宮博物院	故畫 03488-5

畫家小傳：江參。字貫道。浙江衢州人。約生於哲宗元祐五(1090)年。善畫山水，師法董源、巨然，亦間學李成、范寬，工寫湖天平遠曠蕩之景。高宗聞其名，召見前夕，卒於驛館。（見畫繼、圖繪寶鑑、後村題跋、北山集、畫史會要、中國畫家人名大辭典）

王利用

名稱	形式	質地	色彩	尺寸 高x寬㎝	創作時間	收藏處所	典藏號碼
道教人物（寫神仙老君別號事實圖）	卷	絹	設色	44.7 x 188.4		美國 堪薩斯市納爾遜-艾金斯藝術博物館	48-17

畫家小傳：王利用。字賓王。潼川人。高宗(1127-1162)時人。能書。善畫山水、人物。（見畫繼、中國畫家人名大辭典）

（釋）梵 隆

名稱	形式	質地	色彩	尺寸 高x寬㎝	創作時間	收藏處所	典藏號碼
羅漢渡海圖	卷	紙	水墨	38.1 x 833.3		美國 華盛頓特區弗瑞爾藝術館	19.174
十六應真圖	卷	紙	水墨	30.5 x 1062.5		美國 華盛頓特區弗瑞爾藝術	60.1

名稱	形式	質地	色彩	尺寸 高x寬cm	創作時間	收藏處所	典藏號碼
						館	

畫家小傳：梵隆。僧。字茂宗。號無住。浙江吳興人。善畫白描人物、山水，師法李公麟，氣韻筆力均有不逮。然極受高宗喜愛，見輒品
　　　題。(見畫鑒、圖繪寶鑑、中國畫家人名大辭典)

王 洪

瀟湘八景圖 (8段合裝)	卷	絹	設色	(每段) 23.5 × 90.3		美國 普林斯頓大學藝術館	L117.71ah

畫家小傳：王洪。蜀人。身世不詳。高宗紹興(1131-1162)中，以習范寬山水有名於時。(見圖繪寶鑑、中國畫家人名大辭典)

趙 芾

名稱	形式	質地	色彩	尺寸	收藏處所	典藏號碼
江山萬里圖	卷	紙	水墨	45 × 990.2	北京 故宮博物院	
水閣山村圖	冊頁	絹	設色	24.3 × 25.1	上海 上海博物館	
仙人圖	冊頁	絹	水墨	27.7 × 21.5	美國 紐約市大都會藝術博物館	13.220.99j

畫家小傳：趙芾。江蘇鎮江人。活動於高宗紹興(1131-1162)間，居北固山。善畫山水、人物，作品筆力雄強有氣韻。(見圖繪寶鑑、清河書
　　　畫舫、嚴氏書畫記、中國畫家人名大辭典)

馬興祖

名稱	形式	質地	色彩	尺寸	收藏處所	典藏號碼
香山九老圖	卷	絹	設色	27.1 × 217.2	美國 華盛頓特區弗瑞爾藝術館	82.35
翠鳥荊棘 (諸仙妙繪冊之4)	冊頁	絹	設色	24.2 × 27.1	台北 故宮博物院	故畫 03501-4
水波圖 (唐繪手鑑筆耕圖下冊之57)	紈扇面	絹	水墨	20.9 × 22.4	日本 東京出光美術館	TA-487

畫家小傳：馬興祖。河中人。馬賁之子。高宗紹興(1131-1162)時，為畫院待詔。工畫花鳥、雜畫。又善鑑別，高宗每獲名蹟，常令鑑定
　　　之。(見畫繼、圖繪寶鑑、畫史會要、中國畫家人名大辭典)

馬公顯

名稱	形式	質地	色彩	尺寸	收藏處所	典藏號碼
李太白圖	軸	絹	設色	95.7 × 52.7	日本 東京藤原銀次郎先生	
藥山李翱問答圖	軸	絹	設色	130.3 × 48.5	日本 京都南禪寺	

畫家小傳：馬公顯。河中人。馬興祖之子。高宗紹興(1131-1162)畫院待詔。克紹家學，善畫花鳥、山水、人物。(見圖繪寶鑑、中國畫家
　　　人名大辭典)

馬世榮

名稱	形式	質地	色彩	尺寸	收藏處所	典藏號碼
仙巖猿鹿 (唐宋元畫集錦之12)	紈扇	絹	設色	26.6 × 26.6	台北 故宮博物院	故畫 01239-12

名稱	形式	質地	色彩	尺寸 高x寬㎝	創作時間	收藏處所	典藏號碼

畫家小傳：馬世榮。河中人。馬公顯之弟。同為高宗紹興(1131-1162)畫院待詔。克紹家學，亦善畫花鳥、山水、人物。(見圖繪寶鑑、東圖玄覽、中國畫家人名大辭典)

賈師古

搜山圖	卷	紙	設色	37.5 x ?		美國 勃克萊加州大學藝術館	1977.22
大士像	軸	紙	水墨	42.2 x 29.8		台北 故宮博物院	故畫 00092
嚴關古寺（名繪集珍冊之2）	冊頁	絹	設色	26.4 x 26		台北 故宮博物院	故畫 01243-2
桐子山鳥（諸仙妙繪冊之8）	冊頁	絹	水墨	22.6 x 20		台北 故宮博物院	故畫 03501-8

畫家小傳：賈師古。汴（開封）人。高宗紹興(1131-1162)時，為畫院祗候。善畫道釋、人物，白描畫法師李公麟，得閒逸自在之狀。(見圖繪寶鑑、畫史會要、中國畫家人名大辭典)

韓 祐

| 螽斯綿瓞（宋元集繪冊之13） | 冊頁 | 絹 | 設色 | 25.3 x 26 | | 台北 故宮博物院 | 故畫 01246-13 |
| 瓊花真珠雞圖 | 冊頁 | 絹 | 設色 | 13.8 x 22.3 | | 重慶 重慶市博物館 | |

畫家小傳：韓祐。石城人。高宗紹興(1131-1162)時，為畫院祗候。善寫生花鳥、草蟲。(見圖繪寶鑑、中國畫家人名大辭典)

馬世昌

| 銀杏翠鳥（歷代集繪冊之10） | 冊頁 | 絹 | 設色 | 不詳 | | 台北 故宮博物院 | 故畫 01254-10 |
| 櫻桃黃雀（歷代集繪冊之11） | 冊頁 | 絹 | 設色 | 27 x 25.3 | | 台北 故宮博物院 | 故畫 01254-11 |

畫家小傳：馬世昌。畫史無載。從姓名看來，疑似馬世榮兄弟輩。待考。

畢良史

| 溪橋策杖（烟雲集繪第三冊之5） | 冊頁 | 紙 | 水墨 | 24.2 x 26.5 | | 台北 故宮博物院 | 故畫 01247-5 |

畫家小傳：畢良史。蔡州（一作代州）人。高宗紹興(1131-1162)間進士。工書。善畫窠木、竹石、雲龍。(見圖繪寶鑑、畫鑒、畫史會要、楊誠齋集、中國畫家人名大辭典)

陳 善

| 韓盧逐兔圖（宋元人真蹟冊之8） | 冊頁 | 絹 | 設色 | 28.4 x 31.2 | | 台北 故宮博物院 | 故畫 03472-8 |

畫家小傳：陳善。籍里、身世不詳。高宗紹興(1131-1162)間人。善畫猿猴、花果、禽鳥，學北宋易元吉，頗為逼真。(見圖繪寶鑑、畫史會要、中國畫家人名大辭典)

趙伯驌

名稱	形式	質地	色彩	尺寸 高×寬㎝	創作時間	收藏處所	典藏號碼
萬松金闕圖	卷	絹	設色	27.3 × 136		北京 故宮博物院	
風簷展卷（藝苑藏真上冊之8）	紈扇面	絹	設色	24.9 × 26.7		台北 故宮博物院	故畫 01240-8
野芳山鳥（集珍壽古冊之1）	紈扇面	絹	水墨	24.5 × 24.7		台北 故宮博物院	故畫 01270-1
柳溪孤帆（唐宋元明集繪冊之13）	冊頁	絹	設色	35.5 × 36		台北 故宮博物院	故畫 03459-13
溪亭消夏（宋元明人合錦上冊之3）	冊頁	絹	設色	21.6 × 20.2		台北 故宮博物院	故畫 03476-3
雙鳧圖	冊頁	絹	設色	35.7 × 22.3		上海 上海博物館	

畫家小傳：趙伯驌。宗室。字希遠。趙伯駒之弟。生於徽宗宣和六(1124)年。卒於孝宗淳熙九(1182)年。少從高宗於潛邸，以文藝侍左右。故善畫山水、人物、花禽等，具蕭散高邁之氣，與兄同譽。（見宋史趙師睪傳、畫繼、畫評、圖繪寶鑑、松隱集、清河書畫舫、中國畫家人名大辭典）

趙大亨

名稱	形式	質地	色彩	尺寸 高×寬㎝	創作時間	收藏處所	典藏號碼
蓬萊仙會	軸	絹	設色	54.2 × 86.4		台北 故宮博物院	故畫 00129
薇庭黃昏圖（唐宋元集繪冊之4）	冊頁	絹	設色	25 × 26		瀋陽 遼寧省博物館	

畫家小傳：趙大亨。本名已佚。因時人以其體軀肥偉稱為趙大漢，恥其俗，遂自名大亨。為趙伯駒、伯驌兄弟家僕。常侍二人作畫，獲棄稿私下摹仿之，終至亂真。能畫山水、神仙。（見圖繪寶鑑、畫史會要、中國畫家人名大辭典）

徐世昌

名稱	形式	質地	色彩	尺寸 高×寬㎝	創作時間	收藏處所	典藏號碼
鸚鴿嬉春（宋元明人合錦冊之9）	冊頁	絹	設色	24 × 18.2		台北 故宮博物院	故畫 03477-9

畫家小傳：徐世昌。石城人。高宗紹興(1131-1162)間人，徐本之從子。工畫花鳥。（見圖繪寶鑑、中國畫家人名大辭典）

李 瑛

名稱	形式	質地	色彩	尺寸 高×寬㎝	創作時間	收藏處所	典藏號碼
清風搖玉佩圖	冊頁	絹	設色	13.8 × 22.3		重慶 重慶市博物館	

畫家小傳：李瑛。李安忠之子。能紹家學，工畫花竹、禽獸。任事高宗紹興畫院。（見圖繪寶鑑、中國畫家人名大辭典）

王定國

名稱	形式	質地	色彩	尺寸 高×寬㎝	創作時間	收藏處所	典藏號碼
雪景寒禽（宋元集繪冊之15）	紈扇面	絹	設色	24.3 × 26		台北 故宮博物院	故畫 01246-15

畫家小傳：王定國。汴（開封）人。隨吳郡王南渡。居臨安。工寫花鳥，師李安忠，兼學二崔筆法，傅色輕淺，清雅不凡。後得郡王薦入仕，賜金帶。（見圖繪寶鑑、中國畫家人名大辭典）

閻次平

名稱	形式	質地	色彩	尺寸 高x寬cm	創作時間	收藏處所	典藏號碼
四季牧牛圖（4段）	卷	絹	設色	35 x 99.7；35 x 88.6；35 x 89；35 x 90		南京 南京博物院	
水牛牧童	卷	絹	水墨	不詳		美國 克利夫蘭藝術博物館	
四樂圖	軸	絹	水墨	192.6 x 97.2		台北 故宮博物院	故畫 00841
達摩圖	軸	紙	設色	65 x 33.2		昆山 崑崙堂	
秋林放牧	軸	絹	設色	不詳		日本 東京住友寬一先生	
樹下牧牛圖	軸	絹	設色	97 x 50.9		日本 東京秋元春朝先生	
面壁達摩圖	軸	絹	水墨	124.2 x 42.4		日本 東京井上辰九郎先生	
秋野牧牛圖	軸	絹	設色	97.4 x 50.7		日本 兵庫縣住友吉左衛門先生	
達摩面壁圖	軸	絹	水墨	116.8 x 46.3		美國 克利夫蘭藝術博物館	
松磴精廬（名繪集珍冊之6，原題宋無款畫）	冊頁	絹	設色	22.6 x 22.6		台北 故宮博物院	故畫 01243-6
鏡湖歸棹（宋人集繪冊之3）	冊頁	絹	水墨	26.6 x 26		台北 故宮博物院	故畫 01250-3
浴牛圖（名繪薈萃冊之11）	冊頁	絹	設色	17.9 x 24.8		台北 故宮博物院	故畫 03486-11
松壑隱棲圖	紈扇面	絹	設色	22.9 x 21.5		美國 紐約大都會藝術博物館	1973.121.12
風雨歸舟圖	紈扇面	絹	設色	24.7 x 26.4		美國 紐約顧洛阜先生	
溪山行旅圖	冊頁	絹	設色	24.6 x 26		美國 華盛頓特區弗瑞爾藝術館	11.161a
江隄放牧	紈扇面	絹	設色	21.6 x 22.9		美國 克利夫蘭藝術博物館	
雪景山水圖	冊頁	絹	設色	24 x 24.4		美國 勃克萊加州大學藝術館	CY19
附：							
牛背吹笛	紈扇面	絹	設色	25.7 x 26.7		紐約 佳士得藝品拍賣公司/拍賣目錄 1998,03,24.	

畫家小傳：閻次平。籍里不詳。閻仲之子。能世家學，工畫山水、牛、人物。山水學李唐。孝宗隆興初(1163)，進畫稱旨，補將仕郎，畫院旨候。(見畫系、圖繪寶鑑、中國畫家人名大辭典)

閻次于

名稱	形式	質地	色彩	尺寸 高x寬cm	創作時間	收藏處所	典藏號碼
山村歸騎圖	冊頁	絹	設色	25.3 x 25.8		美國 華盛頓特區弗瑞爾藝術館	35.10

畫家小傳：閻次于。閻次平之弟。亦能世家學，善畫，惟技稍次於兄。孝宗隆興初(1163)，進畫稱旨，補承務郎，畫院旨候。(見圖繪寶鑑、中國畫家人名大辭典)

蘇 焯

名稱	形式	質地	色彩	尺寸 高x寬cm	創作時間	收藏處所	典藏號碼
端陽戲嬰圖	軸	絹	設色	88.3 x 51.3		台北 故宮博物院	故畫 01831

畫家小傳：蘇焯。開封人。蘇漢臣之子。能承家學，亦善畫人物、嬰孩。孝宗隆慶（1163-1165）時，為畫院待詔。（見圖繪寶鑑、中國畫家人名大辭典）

毛 松

名稱	形式	質地	色彩	尺寸 高x寬cm	創作時間	收藏處所	典藏號碼
猿圖	軸	絹	設色	46.9 x 36.7		日本 東京國立博物院	
紅蓼白鵝（諸仙妙繪冊之7）	冊頁	絹	設色	26.3 x 25.9		台北 故宮博物院	故畫 03501-7
麝香貓圖（唐繪手鑑筆耕圖下冊之40）	紈扇面	絹	設色	21.1 x 22.1		日本 東京國立博物館	TA-487

畫家小傳：毛松。江蘇崑山人。身世不詳。善畫花鳥、動物。（見圖繪寶鑑、吳中人物志、中國畫家人名大辭典）

毛 益

名稱	形式	質地	色彩	尺寸 高x寬cm	創作時間	收藏處所	典藏號碼
牧牛圖	卷	紙	水墨	26.2 x 73		北京 故宮博物院	
雙喜鵲圖	軸	絹	設色	不詳		台北 故宮博物院	國贈 006508
芙蓉靈貓圖	軸	絹	設色	136.4 x 69.7		日本 東京伊達興宗先生	
花卉遊雁圖	軸	絹	設色	163.6 x 100		日本 東京黑田長成先生	
麝香貓圖	軸	絹	設色	147 x 69.7		日本 京都團琢磨先生	
蒼鵝圖	軸	絹	設色	79.7 x 87		日本 兵庫縣村山龍平先生	
犬圖	軸	絹	設色	24.8 x 21.8		日本 山口縣菊屋嘉十郎	
虎圖	軸	絹	設色	124 x 79.4		日本 沖繩縣立博物館	大 A-129
柏樹山鵲圖	軸	絹	設色	126.7 x 54.4		日本 私人	
紅蓼雙鳧（宋元集繪冊之11）	紈扇	絹	設色	26 x 25.8		台北 故宮博物院	故畫 01246-11
平林散牧（集珍壽古冊之3）	紈扇面	絹	設色	22.6 x 25.6		台北 故宮博物院	故畫 01270-3
雞圖（唐繪手鑑筆耕圖下冊之48）	紈扇面	絹	設色	21.2 x 22		日本 東京國立博物館	TA-487
葵石戲貓圖	冊頁	絹	設色	25.3 x 25.8		日本 奈良大和文華館	368-1
萱石戲犬圖	冊頁	絹	設色	25.3 x 25.7		日本 奈良大和文華館	368-2
櫚石戲犬圖	冊頁	絹	設色	24.5 x 24.7		美國 普林斯頓大學藝術館（Edward Elliott 先生寄存）	L120.71
蕉陰戲貓圖	冊頁	絹	設色	24.5 x 24.7		美國 普林斯頓大學藝術館（Edward Elliott 先生.寄存）	L120.71
柳燕圖	紈扇面	絹	水墨	25 x 24.7		美國 華盛頓特區弗瑞爾藝術	44.51

名稱	形式	質地	色彩	尺寸 高x寬cm	創作時間	收藏處所	典藏號碼

館

畫家小傳：毛益。江蘇崑山人。毛松之子。承繼家學，工畫花竹、翎毛，長於渲染。孝宗乾道(1165-1173)間，畫院待詔。(見圖繪寶鑑、崑山志、中國畫家人名大辭典)

劉履中

| 田畯醉歸圖 | 卷 | 絹 | 設色 | 28 x 104 | | 北京 故宮博物院 | |

畫家小傳：劉履中。字坦然。汴人，寓居遂寧。善畫人物，筆致雄特；亦長於仙佛，唯所作故事人物，未脫工氣。(見畫繼、圖繪寶鑑、中國畫家人名大辭典)

徐禹功

| 雪中梅竹圖 | 卷 | 絹 | 水墨 | 28.4 x 122.1 | 辛酉(嘉泰元年，1201)人禹功作 | 瀋陽 遼寧省博物館 | |

畫家小傳：徐禹功。畫史無載。流傳畫作題署自稱「辛酉人」，據以推測生於寧宗嘉泰元(1201)年。善畫水墨梅竹，師於揚補之，頗得神韻。(見徐禹功雪中梅竹圖卷後題跋)

李 平

| 瀟湘臥遊圖 | 卷 | 紙 | 水墨 | 28.8 x 372.7 | | 日本 東京國立博物館 | |

畫家小傳：李平。畫史無載。約為孝宗淳熙(1174-1189)間人。流傳存世惟一畫蹟'瀟湘臥遊圖'，舊傳李公麟 伯時)畫，時人題跋中透露，實為其作品。(見李伯時瀟湘臥遊圖卷後題跋)

趙子厚

| 花卉圖 | 軸 | 絹 | 設色 | 160.6 x 93.9 | | 日本 東京井上勝三助先生 | |
| 禽獸圖 | 軸 | 絹 | 設色 | 160.6 x 93.9 | | 日本 東京井上勝三助先生 | |

畫家小傳：趙子厚。宋宗室。已佚名。字子厚。籍里不詳。善畫小山叢竹，頗有思致。(見圖繪寶鑑、畫史會要、中國畫家人名大辭典)

林 椿

翰音圖	卷	絹	設色	40.3 x 109.7		台北 故宮博物院	故畫 01456
四季花卉	卷	絹	設色	34 x 263		台北 故宮博物院	故畫 01457
蝴蝶圖	卷	絹	設色	25.4 x ?		瑞典 斯德哥爾摩遠東古物館	OM89/64
草蟲圖	卷	絹	設色	34.8 x ?		西德 柏林東亞藝術博物館	6066
十全報喜	軸	絹	設色	173.2 x 97.6		台北 故宮博物院	故畫 00093
花鳥	軸	絹	設色	149.4 x 89.9		台北 故宮博物院	故畫 00094
梧桐雙鳥	軸	絹	設色	24.5 x 26.5		台北 黃君璧白雲堂	
海棠花鳥圖	軸	絹	設色	30 x 19.5		昆山 崑崙堂美術館	

名稱	形式	質地	色彩	尺寸 高x寬㎝	創作時間	收藏處所	典藏號碼
花木珍禽（歷朝畫幅集冊之4）	冊頁	絹	設色	25.8 x 26.3		台北 故宮博物院	故畫 01237-4
秋晴叢菊（藝苑藏真上冊之12）	紈扇面	絹	設色	25 x 26.5		台北 故宮博物院	故畫 01240-12
山茶霽雪（藝苑藏真下冊之1）	紈扇面	絹	設色	24.8 x 24.8		台北 故宮博物院	故畫 01241-1
杏花春鳥（宋人合璧繪冊之6）	冊頁面	絹	設色	23.7 x 25		台北 故宮博物院	故畫 01245-6
寫生海棠（宋元集繪冊之12）	紈扇面	絹	設色	23.4 x 24		台北 故宮博物院	故畫 01246-12
寫生玉簪（宋元集繪冊之23）	紈扇面	絹	設色	23.6 x 24.6		台北 故宮博物院	故畫 01246-23
綠竹白鷺（唐宋名蹟冊之1）	紈扇面	絹	設色	24.6 x 24.9		台北 故宮博物院	故畫 01251-1
橙黃橘綠（紈扇畫冊之5）	紈扇面	絹	設色	23.8 x 24.3		台北 故宮博物院	故畫 01257-5
玉蘭鸚鵡（宋人繪珍片玉冊之2）	冊頁	紙	設色	27.5 x 39.8		台北 故宮博物院	故畫 03462-2
海榴多子（藝林韞古冊之9）	紈扇面	絹	設色	26.7 x 26.7		台北 故宮博物院	故畫 03491-9
榴開見子圖（名畫萃錦冊之5）	冊頁	絹	設色	24.3 x 24.6		台北 蔡一鳴先生	
雙歡圖（仿宋元山水人物花鳥走獸冊之6）	冊頁	絹	設色	20.6 x 20.7		香港 劉作籌虛白齋	
葡萄草蟲圖	紈扇面	絹	設色	26.2 x 27		北京 故宮博物院	
果熟來禽圖	紈扇面	絹	設色	26.5 x 27		北京 故宮博物院	
梅竹寒禽圖	冊頁	絹	設色	24.8 x 26.9		上海 上海博物館	
丁香飛蜂圖	冊頁	絹	設色	13.8 x 22.3		重慶 重慶市博物館	
山禽覓食圖	冊頁	絹	設色	27.3 x 27		美國 聖路易斯市藝術館	1060.20
附：							
榴開見子（名畫薈錦冊之5）	冊頁	絹	設色	不詳		香港 蘇富比藝品拍賣公司/拍賣目錄 1984,11,11.	

畫家小傳：林椿。浙江錢塘人。孝宗淳熙(1174-1189)時，為畫院待詔。工畫花鳥、瓜果，師法趙昌，敷色輕淡，深得造化之妙。（見圖繪寶鑑、浙江通志、中國畫家人名大辭典）

李德茂

名稱	形式	質地	色彩	尺寸 高x寬㎝	創作時間	收藏處所	典藏號碼
古木雙鷹圖	軸	絹	設色	109.9 x 87.1		美國 華盛頓特區弗瑞爾藝術館	17.337
蘆洲蜂蝶（宋元集繪冊之22）	紈扇面	絹	設色	25 x 26.7		台北 故宮博物院	故畫 01246-22

畫家小傳：李德茂。河陽人。李迪之子。能世家學，善畫花鳥，然野景不逮其父。孝宗淳熙(1174-1189)畫院待詔。（見圖繪寶鑑、畫史會要、中國畫家人名大辭典）

張訓禮

名稱	形式	質地	色彩	尺寸 高x寬㎝	創作時間	收藏處所	典藏號碼
圍爐博古圖	軸	絹	設色	138 x 72.7		台北 故宮博物院	故畫 00095

名稱	形式	質地	色彩	尺寸 高×寬cm	創作時間	收藏處所	典藏號碼
灞橋風雪圖	軸	絹	設色	164.4 × 97.9		美國 普林斯頓大學藝術館	47-77
騎驢探梅圖	軸	絹	設色	159.3 × 84.4		美國 華盛頓特區弗瑞爾藝術館	17.108

畫家小傳：張訓禮。孝宗淳熙（1174-1189）、光宗(1190-1194)紹熙時人。本名敦禮，避光宗諱而改為訓禮。籍里不詳。工畫山水、人物，學於李唐。作品恬潔滋潤，時輩不及。(見圖繪寶鑑、中華畫人室隨筆、中國畫家人名大辭典)

劉松年

名稱	形式	質地	色彩	尺寸 高×寬cm	創作時間	收藏處所	典藏號碼
十八學士圖	卷	絹	設色	44.5 × 182.3		台北 故宮博物院	故畫 00995
山水	卷	絹	設色	28.9 × 206.8		台北 故宮博物院	故畫 01458
山水	卷	絹	設色	32.8 × 169.9		台北 故宮博物院	故畫 01459
山亭高會圖	卷	絹	設色	31 × 309	嘉泰三年（癸亥，1203）八月四日	台北 故宮博物院	故畫 01460
海珍圖	卷	絹	設色	26.8 × 320.7		台北 故宮博物院	故畫 01461
江鄉清夏圖	卷	絹	設色	31.6 × 503.7	嘉定元年（戊辰，1208）	台北 故宮博物院	故畫 01462
曲水流觴圖	卷	絹	設色	28 × 134.8		台北 故宮博物院	故畫 01463
天保九如圖	卷	絹	設色	53.8 × 302		台北 故宮博物院	故畫 01464
九老圖	卷	絹	設色	26 × 228.3		台北 故宮博物院	故畫 01465
西園雅集	卷	絹	設色	24.5 × 203		台北 故宮博物院	故畫 01466
春社圖	卷	絹	設色	34.4 × 267.5		台北 故宮博物院	故畫 01467
養正圖	卷	絹	設色	30.1 × 545		台北 故宮博物院	故畫 01468
樂志論圖	卷	絹	設色	29.7 × 249		台北 故宮博物院	故畫 01469
鬥牛圖	卷	絹	設色	28.4 × 208.6		台北 故宮博物院	故畫 01470
中興四將圖	卷	絹	設色	不詳		北京 故宮博物院	
七賢過關圖	卷	絹	設色	26.8 × 273.2		昆山 崑崙堂	
山水人物圖	卷	絹	設色	29.3 × ?		日本 東京出光美術館	
十八學士圖	卷	絹	設色	30.1 × ?		美國 俄州托雷多市藝術博物館	18.3
園澤三生圖	卷	絹	設色	23.8 × 97.8		英國 倫敦大英博物館	1936.10.9.015（ADD94）
溪亭客話圖	軸	絹	設色	119.8 × 58.5		台北 故宮博物院	故畫 00096
蓬壺仙侶圖	軸	絹	設色	159.4 × 99.6		台北 故宮博物院	故畫 00097
絲綸圖	軸	紙	設色	98.9 × 33.2		台北 故宮博物院	故畫 00098
羅漢圖(3-1)	軸	絹	設色	117 × 55.8	開禧丁卯（三年，	台北 故宮博物院	故畫 00099

名稱	形式	質地	色彩	尺寸 高×寬cm	創作時間	收藏處所	典藏號碼
					1207）		
羅漢圖(3-2)	軸	絹	設色	118.1 × 56	開禧丁卯（三年，1207）	台北 故宮博物院	故畫 00100
羅漢圖(3-3)	軸	絹	設色	117.4 × 56.1	開禧丁卯（三年，1207）	台北 故宮博物院	故畫 00101
補衲圖	軸	絹	設色	141.9 × 59.8		台北 故宮博物院	故畫 00102
醉僧圖	軸	絹	設色	95.8 × 47.8	嘉定庚午（三年，1210）	台北 故宮博物院	故畫 00103
撣茶圖	軸	絹	設色	44.2 × 61.9		台北 故宮博物院	故畫 00104
唐五學士圖	軸	絹	設色	174.7 × 106.6		台北 故宮博物院	故畫 00842
秋林縱牧圖	軸	絹	設色	96.3 × 96.5		台北 故宮博物院	故畫 01832
徵聘圖	軸	絹	設色	151.9 × 73.9		台北 故宮博物院	故畫 01833
琴書樂志圖	軸	紙	設色	136.4 × 27.5		台北 故宮博物院	故畫 01834
博古圖	軸	絹	設色	128.3 × 56.6	嘉定四年（辛未，1211）	台北 故宮博物院	故畫 01835
鬥茶圖	軸	絹	設色	57 × 60.3		台北 故宮博物院	故畫 01836
瑤池獻壽圖	軸	絹	設色	198.7 ×109.1		台北 故宮博物院	故畫 02962
麻姑採芝仙	軸	絹	設色	116.4 × 82.1		台北 故宮博物院	故畫 02963
雪山行旅圖	軸	絹	設色	160 × 99.5		成都 四川省博物院	
盧同煮茶圖	軸	絹	設色	46.4 × 27.3		日本 東京岡田壯四郎先生	
蜀道圖	軸	絹	設色	87 × 52.4		日本 東京山本悌二郎先生	
官女圖	軸	絹	設色	156 × 105.6		日本 佐賀縣鍋島報效會	3-軸-43
山水圖	軸	絹	水墨	89.7 × 46.3		日本 私人	
高山流水	軸	絹	設色	118.2 × 62.3		美國 華盛頓特區弗瑞爾藝術館	16.97
松陰論道圖	軸	絹	水墨	142.5 × 77.5		美國 華盛頓特區弗瑞爾藝術館	11.295
故事人物圖（4幅）	軸	絹	設色	（每幅）149.5 × 50.9		美國 密歇根大學藝術博物館	1985/1.198 （1-4）
官女臂鷹圖	軸	絹	設色	50.3 × 22.9		美國 聖路易斯市藝術館	117.1953
松下納涼（唐宋名蹟冊之6）	冊頁	絹	設色	25 × 24.5		台北 故宮博物院	故畫 01234-6
明皇訓儲圖（歷朝名繪冊之4）	冊頁	紙	設色	31.4 × 58.6		台北 故宮博物院	故畫 01236-4
松陰道古（唐宋元畫集錦冊之	紈扇面	絹	設色	29.1 × 32.1		台北 故宮博物院	故畫 01239-13

名稱	形式	質地	色彩	尺寸 高x寬cm	創作時間	收藏處所	典藏號碼
13）							
茗園賭市（藝苑藏真下冊之2）	冊頁	絹	白描	27.2 × 25.7		台北 故宮博物院	故畫 01241-2
畫右丞詩意（集古名繪冊之6）	冊頁	絹	設色	22.2 × 27.6		台北 故宮博物院	故畫 01242-6
松陰讀易圖（宋元名繪冊之11）	冊頁	絹	設色	22.8 × 24		台北 故宮博物院	故畫 01244-11
列子御風（烟雲集繪冊之8）	冊頁	絹	水墨	24.2 × 24.7		台北 故宮博物院	故畫 01247-8
柳閣幽談（烟雲集繪第三冊之9）	冊頁	絹	設色	23 × 23.2		台北 故宮博物院	故畫 01247-9
柳橋虛榭（集古名繪冊之12）	紈扇面	絹	設色	24.7 × 26		台北 故宮博物院	故畫 01248-12
遠岸風帆（唐宋名蹟冊之15）	紈扇面	絹	設色	22.2 × 22		台北 故宮博物院	故畫 01251-15
春溪獨坐（宋元人畫冊之8）	冊頁	絹	設色	21.7 × 24.6		台北 故宮博物院	故畫 01267-8
天女獻花（名繪集珍冊12）	冊頁	絹	設色	26.6 × 51.4		台北 故宮博物院	故畫 01289-12
金華比石（名繪萃珍冊之2）	冊頁	絹	設色	58 × 27.5		台北 故宮博物院	故畫 01294-2
桃花仕女（劉松年真蹟冊之1）	冊頁	絹	設色	14.2 × 24.9		台北 故宮博物院	故畫 03135-1
屏風高士（劉松年真蹟冊之2）	冊頁	絹	設色	13.8 × 25		台北 故宮博物院	故畫 03135-2
院靜聽阮（劉松年真蹟冊之3）	冊頁	絹	設色	14.1 × 24.9		台北 故宮博物院	故畫 03135-3
石下遊犬（劉松年真蹟冊之4）	冊頁	絹	設色	12 × 23.3		台北 故宮博物院	故畫 03135-4
夕陽放棹（劉松年真蹟冊之5）	冊頁	絹	設色	12.6 × 23.3		台北 故宮博物院	故畫 03135-5
閒坐看山（劉松年真蹟冊之6）	冊頁	絹	設色	14.1 × 24.8		台北 故宮博物院	故畫 03135-6
蕉石仕女（劉松年真蹟冊之7）	冊頁	絹	設色	14.6 × 25.3		台北 故宮博物院	故畫 03135-7
竹石戲犬（劉松年真蹟冊之8）	冊頁	絹	設色	14.3 × 24.5		台北 故宮博物院	故畫 03135-8
松嶺村舍（唐宋元明集繪冊之17）	冊頁	絹	設色	24.3 × 25.4		台北 故宮博物院	故畫 03459-17
撫琴（唐宋元明集繪冊之18）	冊頁	絹	設色	29.8 × 24		台北 故宮博物院	故畫 02459-18
隱士賞勝（宋元集繪冊之7）	冊頁	絹	設色	30.8 × 26.8		台北 故宮博物院	故畫 02465-7
琵琶行（宋元集繪冊之6）	冊頁	絹	設色	28 × 21		台北 故宮博物院	故畫 02467-6
彭祖觀井（宋元畫冊之9）	冊頁	絹	設色	31 × 28.3		台北 故宮博物院	故畫 02470-9
廣寒宮圖（宋元人真蹟冊之7）	冊頁	絹	設色	29 × 29.1		台北 故宮博物院	故畫 03472-7
雪山行旅（宋元明集繪冊之5）	冊頁	絹	設色	27.7 × 60.2		台北 故宮博物院	故畫 03473-5
捕魚圖（宋元明名繪冊之2）	冊頁	紙	設色	25.7 × 32.6		台北 故宮博物院	故畫 03475-2
重山琴墅（宋元明人合錦上冊之7）	冊頁	絹	設色	24.5 × 22.9		台北 故宮博物院	故畫 03476-7
雪景山水（宋元明人合璧冊之1）	冊頁	絹	設色	22.5 × 22.2		台北 故宮博物院	故畫 03478-1

名稱	形式	質地	色彩	尺寸 高x寬㎝	創作時間	收藏處所	典藏號碼
博古圖（集古名繪冊之1）	冊頁	絹	設色	32.2 x 29.2		台北 故宮博物院	故畫 03480-1
飛樓觀瀑（名繪集珍冊之2）	冊頁	絹	青綠	35.3 x 30.9		台北 故宮博物院	故畫 03488-2
溪橋策杖（吉光貞壽冊之3）	冊頁	絹	設色	26 x 23		台北 故宮博物院	故畫 03496-3
停琴佇月（古香片羽冊之7）	冊頁	絹	設色	27.1 x 46.3		台北 故宮博物院	故畫 03497-7
風雨歸牧圖（名畫薈錦冊之8）	冊頁	絹	設色	24.7 x 24.2		台北 蔡一鳴先生	
日暮孤吟圖（名畫薈錦冊之7）	紈扇面	絹	設色	23.3 x 25.5		台北 蔡一鳴先生	
梅塢讀書圖（唐宋元三朝名畫冊之3）	冊頁	絹	設色	26.4 x 27.1		香港 潘祖堯小聽颿樓	CP40c
秋窗讀易圖（唐宋元集繪冊之11）	冊頁	絹	設色	26 x 26		瀋陽 遼寧省博物館	
宮女圖（唐繪手鑑筆耕圖上冊之19）	紈扇面	絹	設色	24.3 x 25.4		日本 東京國立博物館	TA-487
宮女圖（唐繪手鑑筆耕圖下冊之32）	紈扇面	絹	設色	24.3 x 25.7		日本 東京國立博物館	TA-487
高士圖（兩朝合璧連珠畫帖之27）	紈扇面	絹	設色	26.3 x 28.4		日本 東京出光美術館	
宮女刺繡圖	紈扇面	絹	設色	24.5 x 24.8		日本 東京黑田長成先生	
高士圖（宋元人畫合璧冊之2）	冊頁	絹	設色	不詳		日本 京都藤田善助先生	
山水人物圖（宋人集繪冊之4）	冊頁	絹	設色	不詳		日本 京都小川睦之助先生	
江浦秋亭圖	紈扇面	絹	設色	不詳		美國 波士頓美術館	
松下雙鶴	紈扇面	絹	設色	不詳		美國 波士頓美術館	
瑤臺獻壽圖	紈扇面	絹	設色	28.9 x 28.7		美國 紐約大都會藝術博物館	23.33.3
春山仙隱圖	紈扇面	絹	設色	24.7 x 26.4		美國 紐約顧洛阜先生	
山水圖	冊頁	絹	設色	21.9 x 17.3		美國 華盛頓特區弗瑞爾藝術館	14.59f
瀛洲畫舫圖	紈扇面	絹	設色	21.6 x 22		美國 西雅圖市藝術館	
故事人物圖（8幀）	冊	絹	設色	（每幀）30 x 36.5		捷克 布拉格 Narodni Galerie v Praze	Vm934-941.

畫家小傳：劉松年。浙江錢塘人。孝宗淳熙(1174-1189)間，為畫院學生。光宗紹熙(1190-1194)時，為待詔，寧宗朝，賜金帶。師從張敦禮，工畫人物、山水，神氣精妙，名過於師。名列南宋「四家」之一。(見圖繪寶鑑、杭州府志、東圖玄覽、中國畫家人名大辭典)。

林庭珪

名稱	形式	質地	色彩	尺寸 高x寬㎝	創作時間	收藏處所	典藏號碼
五百羅漢像（？幅，與周季常合作）	軸	絹	設色	（每幅）111.8 x 53.6	淳熙五年（戊戌，1178）	日本 京都大德寺	

名稱	形式	質地	色彩	尺寸 高×寬cm	創作時間	收藏處所	典藏號碼
受胡輸臚圖（五百羅漢圖之一）	軸	絹	設色	111.8 × 53.6		美國 波士頓美術館	02.224
雲中示現圖（五百羅漢圖之一）	軸	絹	設色	111.8 × 53.6		美國 波士頓美術館	
施財貪者圖（五百羅漢圖之一）	軸	絹	設色	111.8 × 53.6		美國 波士頓美術館	
竹林致珠圖（五百羅漢圖之一）	軸	絹	設色	111.8 × 53.6		美國 波士頓美術館	
觀舍利光圖（五百羅漢圖之一）	軸	絹	設色	111.8 × 53.6		美國 波士頓美術館	
洞中入定圖（五百羅漢圖之一）	軸	絹	設色	111.8 × 53.6		美國 波士頓美術館	
應身觀音圖（五百羅漢圖之一）	軸	絹	設色	111.8 × 53.6		美國 波士頓美術館	
施飯餓鬼圖（五百羅漢圖之一）	軸	絹	設色	111.8 × 53.6		美國 波士頓美術館	
羅漢像（五百羅漢圖圖之一）	軸	絹	設色	111.8 × 53.1		美國 華盛頓特區弗瑞爾藝術館	

畫家小傳：林庭珪。畫史無載。流傳畫作落款顯示，為錢塘地區職業畫家。活動於孝宗淳熙(1174-1189)年間。善畫道釋、羅漢。流傳署款紀年作品見於孝宗淳熙五（1178）年。

周季常

名稱	形式	質地	色彩	尺寸 高×寬cm	創作時間	收藏處所	典藏號碼
五百羅漢像（？幅，與林庭珪合作）	軸	絹	設色	（每幅）111.8 × 53.6	淳熙五年（戊戌，1178）	日本 京都大德寺	
十殿閻王像（10幅）	軸	絹	設色	（每幅）114.5 × 53.9	淳熙五年（戊戌，1178）	日本 京都大德寺	
經典奇瑞（五百羅漢圖之一）	軸	絹	設色	109.4 × 52.4		美國 波士頓美術館	
渡海羅漢（五百羅漢圖之一）	軸	絹	設色	109.4 × 52.4		美國 波士頓美術館	
羅漢像（五百羅漢圖之一）	軸	絹	設色	109.4 × 52.4		美國 華盛頓特區弗瑞爾藝術館	07.139

畫家小傳：周季常。畫史無載。流傳畫作落款顯示，與林庭珪同為錢塘地區職業畫家。活動於孝宗淳熙(1174-1189)年間。善畫道釋、羅漢。流傳署款紀年作品見於孝宗淳熙五（1178）年。

祝次仲

名稱	形式	質地	色彩	尺寸 高×寬cm	創作時間	收藏處所	典藏號碼
蒼磯清樾（宋人集繪冊之5）	紈扇面	絹	設色	26.4 × 19.8		台北 故宮博物院	故畫 01250-5

畫家小傳：祝次仲。字孝友。太平人。善草書。工畫山水。朱熹最賞其畫，多所題詠。（見圖繪寶鑑、書史會要、龍游縣志、中國畫家人名大辭典）

馬 逵

名稱	形式	質地	色彩	尺寸 高×寬cm	創作時間	收藏處所	典藏號碼
山水圖	卷	紙	水墨	10.1 × 60.5		美國 耶魯大學藝術館	1954.40.5
梅譜	卷	絹	設色	不詳		美國 賓夕法尼亞州大學藝術館	

名稱	形式	質地	色彩	尺寸 高x寬㎝	創作時間	收藏處所	典藏號碼
布袋圖	軸	絹	設色	70.8 x 29.6		日本 東京出光美術館	
林和靖愛梅圖	軸	絹	設色	106.1 x 40.9		日本 東京岩崎小彌太先生	
高山流水圖	軸	絹	水墨	183.6 x 94.8		日本 東京山本悌二郎先生	
寒山拾得圖	軸	絹	水墨	104.5 x107.6		日本 兵庫縣村山龍平先生	
林亭喜鵲圖	軸	絹	設色	167 x 53		美國 紐約大都會藝術博物館	13.220.11
竹鶴圖	軸	絹	設色	164.5 x 87.4		美國 加州史坦福大學藝術博物館	70.41
柳汀放棹（藝苑藏真下冊之5）	紈扇面	絹	水墨	23.1 x 25.4		台北 故宮博物院	故畫01241-5
春叢文蝶（宋元集繪冊之20）	紈扇面	絹	設色	25.2 x 27		台北 故宮博物院	故畫01246-20
紫瓊深艷（煙雲集繪第三冊之15）	紈扇面	絹	設色	24.3 x 26.2		台北 故宮博物院	故畫01247-15
棠支么鳳（煙雲集會第三冊之16）	冊頁面	絹	設色	25 x 24		台北 故宮博物院	故畫01247-16
水村清夏（宋人集繪冊之6）	紈扇面	絹	設色	24.5 x 26.2		台北 故宮博物院	故畫01250- 6
山水圖（唐繪手鑑筆耕圖之31）	冊頁	絹	設色	28 x 38.2		日本 東京國立博物館	TA-487
舟乘人物圖	紈扇面	絹	設色	不詳		日本 東京馬越恭平先生	

畫家小傳：馬逵。河中人。馬世榮之子。克紹家學，工畫山水、人物；尤善花果、禽鳥，疏渲工緻，形態逼真，為人所不及。(見圖繪寶鑑、格古要論、澹圍畫品、中國畫家人名大辭典)

馬 遠

名稱	形式	質地	色彩	尺寸 高x寬㎝	創作時間	收藏處所	典藏號碼
畫水二十景	卷	絹	設色	25.8 x 801	紹興十一年（辛酉，1141）	台北 故宮博物院	故畫01473
溪山清夏圖	卷	絹	水墨	不詳		台北 故宮博物院（王世杰先生寄存）	
久安長治圖	卷	絹	設色	34.2 x ?		香港 私人	
水圖（10段）	卷	絹	設色	（每段）26.8 x 41.2不等		北京 故宮博物院	
雪景圖	卷	絹	水墨	不詳		上海 上海博物館	
寒江釣艇圖	卷	絹	水墨	26.9 x 50.3		日本 東京國立博物館	
山水圖	卷	絹	設色	26.1 x 129.4		日本 京都國立博物館（上野有竹齋寄贈）	A甲141
山水圖	卷	絹	設色	29.8 x 90.8		美國 哈佛大學福格藝術館	1923.207
商山四皓圖	卷	紙	設色	33.5 x ?		美國 辛辛那提市藝術館	1950.77

名稱	形式	質地	色彩	尺寸 高x寬㎝	創作時間	收藏處所	典藏號碼
西園雅集圖	卷	絹	設色	29.3 x 302.3		美國 堪薩斯市納爾遜-艾金斯 藝術博物館	63-19
仙侶觀瀑	軸	絹	設色	148.1 x 80.1		台北 故宮博物院	故畫00108
月夜撥阮	軸	絹	設色	111.5 x 53.1		台北 故宮博物院	故畫00109
秋浦歸漁圖	軸	紙	水墨	123.6 x 63.2		台北 故宮博物院	故畫00110
板橋踏雪圖	軸	絹	設色	99 x 59.1		台北 故宮博物院	故畫00111
秋江漁隱	軸	紙	設色	37 x 29		台北 故宮博物院	故畫00112
雪灘雙鷺	軸	絹	設色	59 x 37.6		台北 故宮博物院	故畫00113
華灯侍宴圖（一）	軸	絹	設色	125.6 x 46.7		台北 故宮博物院	故畫00114
對月圖	軸	絹	設色	149.7 x 78.2		台北 故宮博物院	故畫00115
雪景	軸	紙	設色	256.3 x101.7		台北 故宮博物院	故畫00116
山水	軸	絹	設色	70.9 x 68.1		台北 故宮博物院	故畫00117
華灯侍宴圖（二）	軸	絹	設色	111.9 x 53.5		台北 故宮博物院	故畫00174
山水人物	軸	絹	設色	77.1 x 126.4		台北 故宮博物院	故畫00826
舉杯玩月	軸	絹	設色	205.6 x104.1		台北 故宮博物院	故畫00844
雪景	軸	絹	水墨	163.3 x 82.4		台北 故宮博物院	故畫00845
山水人物	橫幅	絹	設色	77.1 x 126.4		台北 故宮博物院	故畫00846
寒巖積雪圖	軸	絹	設色	156.7 x 82.4		台北 故宮博物院	故畫01838
松間吟月	軸	絹	設色	144.6 x 96.3		台北 故宮博物院	故畫01839
乘龍圖	軸	絹	設色	108.1 x 52.6		台北 故宮博物院	故畫01840
王羲之玩鵝圖	軸	絹	設色	115.9 x 52.4		台北 故宮博物院	故畫01841
竹鶴	軸	絹	設色	124.3 x 56.6		台北 故宮博物院	故畫01842
雪景	軸	絹	設色	190.4 x102.5		台北 故宮博物院	故畫02964
梨花山鳥	軸	絹	設色	157.3 x124.7		台北 故宮博物院	故畫02965
仙岩坐月	軸	紙	設色	120.1 x 51.7		台北 故宮博物院	中畫00082
山水圖	軸	絹	設色	不詳		台北 故宮博物院	國贈005376
松溪清眺圖	軸	絹	設色	不詳		台北 故宮博物院	國贈026726
探梅圖	軸	絹	設色	不詳		台北 故宮博物院	國贈006504
春遊晚歸圖	軸	絹	設色	不詳		台北 故宮博物院（王世杰先生 寄存）	

名稱	形式	質地	色彩	尺寸 高×寬㎝	創作時間	收藏處所	典藏號碼
送酒圖	軸	絹	設色	25.5 × 28.5		台北 黃君璧白雲堂	
松壽圖	軸	絹	設色	122.8 × 52.5		瀋陽 遼寧省博物館	
踏歌圖	軸	絹	設色	192.5 ×111.2		北京 故宮博物院	
雪屐觀梅圖	軸	絹	設色	161.3 × 101		上海 上海博物館	
松蔭觀瀑圖	軸	絹	水墨	150.8 × 83		昆山 崑崙堂	
呂仙君像	軸	絹	設色	不詳		四川 重慶市博物館	
涉水羅漢	軸	絹	設色	83.6 × 33		日本 東京國立博物館	
四季山水圖（4幅）	軸	絹	設色	（每幅）118.3 × 54.1		日本 東京出光美術館	
李白山水圖	軸	絹	設色	135.1 × 60		日本 東京出光美術館	
林和靖探梅圖	軸	絹	設色	25.5 × 36.6		日本 東京出光美術館	
風雨山水圖	軸	絹	設色	111.2 × 56.1		日本 東京靜嘉堂文庫	
雨中山水	軸	絹	水墨	111.2 × 55.8		日本 東京岩崎小彌太先生	
夏景山水圖	軸	絹	設色	不詳		日本 東京岩崎小彌太先生	
松下展望圖	軸	絹	設色	23.9 × 21.8		日本 東京馬越恭平先生	
高士觀月圖	軸	絹	設色	57.9 × 27		日本 靜岡熱海美術館（黑田長成先生原藏）	
山水圖	軸	絹	設色	94.8 × 44.8		日本 京都國立博物館（上野有竹齋寄贈）	A甲194
雲門大師像	軸	絹	設色	78.5 × 33		日本 京都天龍寺	
清涼法眼圖	軸	絹	設色	不詳		日本 京都天龍寺	
山水圖	軸	絹	設色	51.2 × 25.8		日本 京都龍光院	
竹燕圖	軸	絹	設色	64.5 × 32.2		日本 奈良大和文華館	
松岸高逸圖	軸	絹	設色	61.2 × 28.5		日本 大阪市立美術館	
青綠山水圖	軸	絹	青綠	6.7 × 28.5		日本 兵庫縣阿部房次郎先生	
人物山水圖	軸	絹	設色	109.1 × 48.5		日本 兵庫縣村山龍平先生	
雪窗吟思圖	軸	絹	設色	111.2 × 69.4		日本 靜岡縣田中光顯先生	
山水圖	軸	絹	水墨	59.4 × 33.3		日本 岡山縣本蓮寺	
月下漁舟圖	軸	絹	設色	97.7 × 46.9		日本 私人	
雪中水閣圖	軸	絹	設色	不詳		美國 波士頓美術館	
雪江歸棹圖	軸	絹	設色	不詳		美國 波士頓美術館	
山水圖	軸	絹	設色	54 × 35		美國 紐約布魯克林藝術博物	

名稱	形式	質地	色彩	尺寸 高×寬 ㎝	創作時間	收藏處所	典藏號碼
						館	
高士圖	軸	絹	設色	不詳		美國 紐約王季遷明德堂	
林和靖愛梅圖	軸	絹	設色	171.8 × 104		美國 普林斯頓大學藝術館	47-105
松蔭激湍圖	軸	絹	水墨	142.5 × 82.1		美國 普林斯頓大學藝術館	47-250
松陰高隱圖	軸	絹	設色	181.1 × 102		美國 華盛頓特區佛瑞爾藝術	19.140
隔江漁笛圖	軸	絹	設色	156.7 × 86.6		美國 華盛頓特區佛瑞爾藝術館	17.340
攜琴觀瀑圖	軸	絹	設色	154.5 × 81.4		美國 華盛頓特區佛瑞爾藝術館	16.592
林下清宴圖	軸	絹	設色	104.7 ×101.4		美國 華盛頓特區佛瑞爾藝術館	17.206
攜琴探梅圖	軸	絹	水墨	148.3 × 96.5		美國 華盛頓特區佛瑞爾藝術館	19.125
松閣觀潮圖	軸	絹	設色	191.2 × 94.8		美國 華盛頓特區佛瑞爾藝術館	18.5
山水圖	軸	絹	設色	137.2 × 91.5		美國 華盛頓特區佛瑞爾藝術館	11.254
漁村讀書圖	軸	絹	設色	189.8×122.8		美國 華盛頓特區佛瑞爾藝術館	16.132
秋林遠眺圖	軸	絹	設色	179.3×109.4		美國 華盛頓特區佛瑞爾藝術館	16.44
蹴踘圖	軸	絹	設色	115.6 × 55.3		美國 克利夫蘭藝術博物館	71.26
竹溪四畟圖	軸	絹	設色	61 × 37		美國 克利夫蘭藝術博物館	67.145
舉杯邀月圖	軸	絹	設色	25.4 × 24.1		美國 克利夫蘭藝術博物館（ Mrs.Perry 寄存）	
玩月圖	軸	絹	設色	不詳		美國 西雅圖市藝術館	
野景浴鴨圖	軸	絹	設色	79.2 × 47.1		美國 勃克萊加州大學藝術館	CY16
山水舟遊圖	軸	絹	設色	172.4 × 85		英國 倫敦大英博物館	1936.10.9.0 16（ADD95）
松下群鹿圖	軸	絹	水墨	152.6 × 99.8		德國 科隆東亞藝術博物館	A.10.37.
枯木（馬遠小品冊之1）	冊頁	絹	設色	14.2 × 9.5		台北 故宮博物院	故畫01116-1
枯木（馬遠小品冊之2）	冊頁	絹	設色	14.2 × 9.5		台北 故宮博物院	故畫01116-2
枯木（馬遠小品冊之3）	冊頁	絹	設色	14.2 × 9.5		台北 故宮博物院	故畫01116-3
枯木（馬遠小品冊之4）	冊頁	絹	設色	14.2 × 9.5		台北 故宮博物院	故畫01116-4

名稱	形式	質地	色彩	尺寸 高×寬cm	創作時間	收藏處所	典藏號碼
枯木（馬遠小品冊之5）	冊頁	絹	設色	14.2 × 9.5		台北 故宮博物院	故畫01116-5
枯木（馬遠小品冊之6）	冊頁	絹	設色	14.2 × 9.5		台北 故宮博物院	故畫01116-6
花卉（馬遠小品冊之7）	冊頁	絹	設色	7.8 × 13.8		台北 故宮博物院	故畫01116-7
花卉（馬遠小品冊之8）	冊頁	絹	設色	7.8 × 13.8		台北 故宮博物院	故畫01116-8
花卉（馬遠小品冊之9）	冊頁	絹	設色	7.8 × 13.8		台北 故宮博物院	故畫01116-9
花卉（馬遠小品冊之10）	冊頁	絹	設色	7.8 × 13.8		台北 故宮博物院	故畫01116-10
山水（馬遠小品冊之11）	冊頁	絹	設色	7.8 × 13.8		台北 故宮博物院	故畫01116-11
山水（馬遠小品冊之12）	冊頁	絹	設色	7.8 × 13.8		台北 故宮博物院	故畫01116-12
山水（馬遠小品冊之13）	冊頁	絹	設色	7.8 × 13.8		台北 故宮博物院	故畫01116-13
山水（馬遠小品冊之14）	冊頁	絹	設色	7.8 × 13.8		台北 故宮博物院	故畫01116-14
秋山群雁（唐宋名繪冊之7）	冊頁	絹	設色	24.5 × 24.7		台北 故宮博物院	故畫01234-7
松風樓觀（唐宋名繪冊之8）	冊頁	絹	水墨	23.2 × 25		台北 故宮博物院	故畫01234-8
河干虛閣（藝苑藏真下冊之4）	紈扇面	絹	水墨	22.1 × 24.3		台北 故宮博物院	故畫01241-4
梅竹山雉（宋元集繪冊之21）	紈扇面	絹	設色	24.1 × 25.2		台北 故宮博物院	故畫01246-21
松下繁梅（煙雲集繪第三冊之13）	冊頁	絹	水墨	31.1 × 25.5		台北 故宮博物院	故畫01247-13
剡溪訪戴（煙雲集繪第三冊之14）	冊頁	絹	水墨	27.8 × 25.5		台北 故宮博物院	故畫01247-14
香林積玉（集古名繪冊之14）	冊頁	絹	設色	26.5 × 24.3		台北 故宮博物院	故畫01248-14
松下高士（宋人集繪冊之7）	紈扇面	絹	設色	25.4 × 26.7		台北 故宮博物院	故畫01249-7
松壑觀泉（宋人集繪冊之4）	紈扇面	絹	設色	24.1 × 25		台北 故宮博物院	故畫01250-4
喬松老鶴（唐宋名蹟冊之12）	紈扇面	絹	設色	23 × 24		台北 故宮博物院	故畫01251-12
寫陶淵明撫孤松而盤桓句（唐宋名蹟冊之13）	紈扇面	絹	設色	27.2 × 26.3		台北 故宮博物院	故畫01251-13
嫩柳栖鴉（宋人集繪冊之5）	紈扇面	絹	設色	24.3 × 25.4		台北 故宮博物院	故畫01252-5
雪柳雙鴉（宋人集繪冊之6）	紈扇面	絹	設色	24.3 × 25.4		台北 故宮博物院	故畫01252-6
倚雲仙杏（明賢妙蹟冊之4）	冊頁	絹	設色	25.8 × 27.3		台北 故宮博物院	故畫01255-4
雪景（歷代畫幅集冊之9）	冊頁	絹	設色	26.7 × 27		台北 故宮博物院	故畫01261-9
雪景（歷代名繪冊之12）	冊頁	絹	水墨	24.1 × 23.6		台北 故宮博物院	故畫01265-12
寒香詩思（宋元集會冊之3）	紈扇面	絹	設色	25.6 × 25.8		台北 故宮博物院	故畫01269-3
山徑春行（名繪集珍冊之13）	冊頁	絹	設色	27.4 × 43.1		台北 故宮博物院	故畫01289-13
曉雪山行（名畫冊集珍冊之6）	冊頁	絹	設色	27.6 × 40		台北 故宮博物院	故畫01291-6
松泉雙鳥（名畫冊集珍冊之7）	冊頁	絹	設色	26.8 × 53.8		台北 故宮博物院	故畫01291-7
詠梅（唐宋元明集繪冊之19）	冊頁	絹	設色	30.9 × 26.5		台北 故宮博物院	故畫03459-19

名稱	形式	質地	色彩	尺寸 高×寬cm	創作時間	收藏處所	典藏號碼
山水（宋元名畫冊之2）	冊頁	絹	設色	不詳		台北 故宮博物院	故畫03468-2
松陰觀瀑（宋元名蹟冊之19）	冊頁	絹	設色	29 × 26.5		台北 故宮博物院	故畫03469-19
山亭探梅（宋元畫冊之1）	冊頁	絹	設色	33.9 × 29.2		台北 故宮博物院	故畫03470-1
夏山林瀑（宋元拾翠冊之7）	冊頁	絹	設色	23.5 × 19.3		台北 故宮博物院	故畫03471-7
柳塘消夏（宋元明名畫冊之4）	冊頁	絹	設色	22 × 21.7		台北 故宮博物院	故畫03475-4
龍湫觀瀑（宋元明人合錦上冊之4）	冊頁	絹	設色	23.4 × 21.7		台北 故宮博物院	故畫03476-4
松溪扁舟（宋元明人合璧冊之3）	冊頁	絹	設色	20.2 × 21		台北 故宮博物院	故畫03478-3
探梅覓句（集古名繪冊之12）	冊頁	紙	設色	30.4 × 26.6		台北 故宮博物院	故畫03481-12
竹榭荷風（集古名繪冊之3）	冊頁	絹	設色	23.5 × 25.3		台北 故宮博物院	故畫03482-3
秋亭送客（名繪薈萃冊之6）	冊頁	絹	水墨	21.4 × 21.1		台北 故宮博物院	故畫03486-6
澄江秋眺（名繪輯珍冊之3）	冊頁	絹	設色	24.7 × 25.8		台北 故宮博物院	故畫03487-3
水牛（名畫薈錦冊之1）	冊頁	紙	設色	29 × 28.3		台北 故宮博物院	故畫03489-1
雲峰松寺（藝林蘊古冊之10）	冊頁	絹	設色	21.6 × 22.5		台北 故宮博物院	故畫03491-10
桃花對酌（藝苑臚珍冊之5）	冊頁	絹	設色	24.2 × 24		台北 故宮博物院	故畫03492-5
茅軒淪茗（吉光貞壽冊之3）	冊頁	絹	設色	24.6 × 27		台北 故宮博物院	故畫03496-3
梨花（韞真集慶冊之3）	冊頁	絹	設色	16.9 × 22.5		台北 故宮博物院	故畫03498-3
古澗攜琴圖	紈扇面	絹	設色	26.4 × 27		香港 利榮森北山堂	K92.13
半角殘山圖（唐宋元三朝名畫冊之4）	冊頁	絹	設色	29.7 × 19.8		香港 潘祖堯小聽颿樓	CP40d
山水花卉圖（4幀）	冊	絹	設色	（每幀）12.5 × 15.8		北京 故宮博物院	
孔丘像	冊頁	絹	設色	27.8 × 23.1		北京 故宮博物院	
石壁看雲圖	紈扇面	絹	設色	23.7 × 24		北京 故宮博物院	
寒山子像	冊頁	絹	水墨	24.2 × 25.8		北京 故宮博物院	
梅石溪鳧圖	冊頁	絹	設色	26.9 × 28.8		北京 故宮博物院	
高閣聽秋圖	紈扇面	絹	設色	24.3 × 24.7		北京 故宮博物院	
月下把杯圖	冊頁	絹	設色	25.7 × 28		天津 天津市藝術博物館	
倚松圖	冊頁	紙	設色	24.6 × 29.9		上海 上海博物館	
松下閒吟圖	紈扇面	絹	設色	不詳		上海 上海博物館	
臺榭侍讀圖	紈扇面	絹	設色	23.6 × 23		杭州 浙江省博物館	
山水人物圖（唐繪手鑑筆耕圖上冊之30）	冊頁	絹	設色	36.2 × 19		日本 東京國立博物館	TA-487

名稱	形式	質地	色彩	尺寸 高×寬cm	創作時間	收藏處所	典藏號碼
林和靖圖（唐繪手鑑筆耕圖上冊之16）	冊頁	絹	設色	24.5 × 38.3		日本 東京國立博物館	TA-487
孤舟人物圖（唐繪手鑑筆耕圖上冊之17）	冊頁	絹	設色	21 × 21.4		日本 東京國立博物館	TA-487
牧童圖	冊頁	絹	設色	22.1 × 24.2		日本 東京出光美術館	
山水圖（宋元明名家畫冊之1）	冊頁	絹	設色	不詳		日本 京都藤井善助先生	
古松樓閣圖（名賢寶繪冊之10）	紈扇面	絹	設色	24.2 × 24.9		日本 大阪市立美術館	
採芝圖	冊頁	絹	設色	32.5 × 28		日本 岡山縣立美術館	
高士探梅圖	冊頁	絹	設色	26.8 × 29		日本 岡山縣立美術館	
江村晚秋圖	紈扇面	絹	設色	不詳		美國 波士頓美術館	
遠山柳岸	紈扇面	絹	設色	不詳		美國 波士頓美術館	
觀梅圖	紈扇面	絹	設色	不詳		美國 波士頓美術館	
石上彈琴圖	紈扇面	絹	設色	不詳		美國 波士頓美術館	
雕台望雲圖	冊頁	絹	設色	不詳		美國 波士頓美術館	
山村策杖圖	紈扇面	絹	設色	22.2 × 22.9		美國 耶魯大學藝術館	1971.110.1
風雨漁罾圖	紈扇面	絹	設色	26.3 × 30.1		美國 耶魯大學藝術館	1980.12.36
高士觀瀑圖	冊頁	絹	設色	25 × 26		美國 紐約大都會藝術博物館	1973.120.9
柳陰玩月圖	冊頁	絹	設色	25 × 25.1		美國 紐約大都會藝術博物館	23.33.5
探梅圖	紈扇面	絹	設色	28 × 26.7		美國 紐約顧洛阜先生	
觀瀑圖	紈扇面	絹	設色	26 × 27		美國 紐約顧洛阜先生	
山水圖	紈扇面	絹	設色	25.2 × 26		美國 華盛頓特區佛瑞爾藝術館	09.245c
松岩樓閣圖（墨林叢翰圖冊之10）	冊頁	絹	設色	25 × 26.2		美國 華盛頓特區佛瑞爾藝術館	15.36j
松月撫琴圖	紈扇面	絹	設色	24.2 × 24.4		美國 華盛頓特區佛瑞爾藝術館	16.595
松溪觀鹿圖	冊頁	絹	設色	24.7 × 26.1		美國 克利夫蘭藝術博物館	
松陰觀鹿圖	冊頁	絹	設色	24 × 25.3		美國 克利夫蘭藝術博物館	TR15555.28.2
樓閣人物圖	紈扇面	絹	設色	26 × 26		美國 勃克萊加州大學高居翰教授	
柳下閒話圖	冊頁	絹	設色	28.4 × 30.5		美國 倫敦大英博物館	1951.4.7.018（ADD276）
彈鷺圖	冊頁	紙	設色	52.4 × 42.6		瑞典 斯德哥爾摩遠東古物博物館	OM164/77

名稱	形式	質地	色彩	尺寸 高x寬cm	創作時間	收藏處所	典藏號碼
山水圖	紈扇面	絹	水墨	21.7 x 23.8		瑞典 斯德哥爾摩遠東古物博物館	NMOK 94
附：							
久安長治圖	卷	絹	設色	34.3 x 249		紐約 佳士得藝品拍賣公司/拍賣目錄 1988,11,30.	
山水圖（10幀）	冊	絹	設色	（每幀）26.6 x 27.3		紐約 蘇富比藝品拍賣公司/拍賣目錄 1986,12,04.	
竹院品茗圖	冊頁	絹	設色	25.5 x 29		紐約 佳士得藝品拍賣公司/拍賣目錄 1989,12,04.	
憑欄啜茗圖	冊頁	絹	設色	25.5 x 25		紐約 佳士得藝品拍賣公司/拍賣目錄 1996,03,27.	

畫家小傳：馬遠。字欽山。河中人。馬世榮之子，馬逵之弟。為光宗(1190-1194)、寧宗(1195-1224)朝畫院待詔。能世家學，善畫山水、人物、花鳥，種種臻妙。與夏珪共同建立水墨蒼勁畫派。名列南宋「四家」之一。（見畫繼、畫鑒、圖繪寶鑑、杭州府志、東圖玄覽、清河書畫舫、格古要論、眉公秘笈、畫史會要、中國畫家人名大辭典）

吳 炳

名稱	形式	質地	色彩	尺寸 高x寬cm	創作時間	收藏處所	典藏號碼
榴開見子（宋元集繪冊之17）	紈扇面	絹	設色	25.4 x 26.5		台北 故宮博物院	故畫 01246-17
秋葉山禽（宋元集繪冊之1）	紈扇面	絹	設色	26.1 x 27.5		台北 故宮博物院	故畫 01252-1
叢竹白頭翁（宋元集繪冊之2）	紈扇面	絹	設色	26.1 x 27.5		台北 故宮博物院	故畫 01252-2
嘉禾草蟲（名繪集珍冊之11）	冊頁	絹	設色	27.3 x 45.7		台北 故宮博物院	故畫 01289-11
筠籃雜卉（宋人繪珍片玉冊之4）	冊頁	紙	設色	37.8 x 24.1		台北 故宮博物院	故畫 03462-4
紅葉山禽（宋元明集繪冊之2）	冊頁	絹	設色	25.8 x 27.6		台北 故宮博物院	故畫 03474-2
山茶花圖	紈扇面	絹	設色	23 x 22		台北 黃君璧白雲堂	
竹雀圖	冊頁	絹	設色	25 x 25		上海 上海博物館	
花卉（宋人集繪冊十之2）	冊頁	絹	設色	不詳		日本 東京小川睦之助先生	
枇杷圖	紈扇面	絹	設色	27.6 x 26.8		美國 紐約大都會藝術博物館	13.100.99
竹蜻圖	紈扇面	絹	設色	24.2 x 27		美國 克利夫蘭藝術博物館	TR15555.28.3
竹蟲圖	紈扇面	絹	設色	23.5 x 24.6		瑞典 斯德哥爾摩遠東古物館	E. E.188

畫家小傳：吳炳。江蘇毗陵人。光宗紹熙(1190-1194)畫院待詔，賜金帶。工畫花鳥、寫生折枝，賦色精緻富麗，可奪造化。極為光宗李后喜愛，恩賚甚厚。（見圖繪寶鑑、毗陵縣志、中國畫家人名大辭典）

李 嵩

名稱	形式	質地	色彩	尺寸 高x寬cm	創作時間	收藏處所	典藏號碼
豐年民樂圖	卷	絹	設色	30 x 160.8		台北 故宮博物院	故畫 01471

名稱	形式	質地	色彩	尺寸 高×寬cm	創作時間	收藏處所	典藏號碼
瑞應圖（4幅合裝）	卷	絹	設色	32.6 × 6.5； 2.6 × 06.5； 32.6 × 5.6； 32.6 × 130		台北 故宮博物院	故畫 01472
貨郎圖	卷	絹	設色	25.5 × 70.5	嘉定辛未（四年， 1211）	北京 故宮博物院	
錢塘觀潮圖	卷	絹	設色	82.8 × 173		北京 故宮博物院	
西湖圖	卷	紙	水墨	27 × 80.7		上海 上海博物館	
灌口搜山圖	卷	紙	水墨	46.9 × 807.2		美國 華盛頓特區弗瑞爾藝術 館	17.184
仙籌增慶圖	軸	絹	設色	175.9 × 102.7		台北 故宮博物院	故畫 00105
聽阮圖	軸	絹	設色	177.5 × 104.		台北 故宮博物院	故畫 00106
羅漢	軸	絹	設色	104 × 49.5		台北 故宮博物院	故畫 00107
觀燈圖	軸	絹	設色	171 × 107.1		台北 故宮博物院	故畫 00843
歲朝圖	軸	絹	設色	40 × 27.4		台北 故宮博物院	故畫 01837
松塢延賓（藝苑藏真下冊之3）	紈扇	絹	水墨	24.5 × 24.4		台北 故宮博物院	故畫 01241-3
松風高臥（宋人合璧畫冊之7）	紈扇	絹	水墨	23.7 × 25.3		台北 故宮博物院	故畫 01245-7
天中水戲（烟雲集繪第三冊之11）	冊頁	絹	設色	24.5 × 25.1		台北 故宮博物院	故畫 01247-11
朝回環珮（烟雲集繪第三冊之12）	冊頁	絹	設色	24.5 × 25.2		台北 故宮博物院	故畫 01247-12
春江泛棹（集古名繪冊之13）	紈扇	絹	設色	23 × 23.6		台北 故宮博物院	故畫 01248-13
花籃（歷代集繪冊之6）	冊頁	絹	設色	26.1 × 26.3		台北 故宮博物院	故畫 01254-6
市擔嬰戲（名賢妙蹟冊之3）	紈扇面	絹	設色	25.8 × 27.6	嘉定庚午（三年， 1210）	台北 故宮博物院	故畫 01255-3
月夜看潮圖（紈扇畫冊之1）	紈扇面	絹	設色	22.3 × 22		台北 故宮博物院	故畫 01257-1
樓船出海（集古名繪冊之2）	冊頁	絹	設色	27 × 31.3		台北 故宮博物院	故畫 03481-2
秋林放牧（名繪薈萃冊之4）	冊頁	絹	設色	21.4 × 25.1		台北 故宮博物院	故畫 03486-4
人物山水（名畫薈錦冊之2）	冊頁	絹	設色	26.4 × 21.7		台北 故宮博物院	故畫 03489-2
漢宮乞巧圖（名畫薈錦冊之9）	紈扇面	絹	設色	24.2 × 25.7		台北 蔡一鳴先生	
鶴林圖（仿宋元山水人物花鳥走獸冊之7）	冊頁	絹	設色	25.2 × 24.5		香港 劉作籌虛白齋	
骷髏幻戲圖	紈扇面	絹	設色	27.5 × 27		北京 故宮博物院	

名稱	形式	質地	色彩	尺寸 高x寬cm	創作時間	收藏處所	典藏號碼
花籃圖	冊頁	絹	設色	19.6 × 26.5		北京 故宮博物院	
龍骨車圖（唐繪手鑑筆耕圖下冊之38）	冊頁	絹	設色	25.5 × 26.1		日本 東京國立博物館	TA-487
仙山瑤濤圖	紈扇面	絹	設色	不詳		日本 東京早崎梗吉先生	
山水（宋人集繪冊 10-5）	冊頁	絹	設色	不詳		日本 東京小川睦之助先生	
柳陰策杖圖	紈扇面	絹	設色	23.5 × 25.4		美國 哈佛大學福格藝術館	1924.20
貨郎圖	紈扇面	絹	設色	26.1 × 26.7		美國 紐約大都會藝術博物館	1973.121.10
貨郎圖	紈扇面	絹	設色	24.2 × 26	嘉定壬申（五年，1212）	美國 克利夫蘭藝術博物館	
貨郎圖	冊頁	絹	設色	27.8 × 27.9		美國 聖路易斯市藝術館	1057.1920
明皇鬥雞圖	紈扇面	絹	設色	23.3 × 21.3		美國 堪薩斯市納爾遜-艾金斯藝術博物館	59-17
赤壁圖	紈扇面	絹	設色	25 × 26		美國 堪薩斯市納爾遜-艾金斯藝術博物館	49-79
貨郎圖	紈扇面	絹	設色	26 × 26.2	嘉定五年（壬申，1212）	美國 堪薩斯市納爾遜-艾金斯藝術博物館	

附：

名稱	形式	質地	色彩	尺寸 高x寬cm	創作時間	收藏處所	典藏號碼
漢宮乞巧（名畫薈錦冊之9）	紈扇面	絹	設色	不詳		香港 蘇富比藝品拍賣公司/拍賣目錄 1984,11,11.	

畫家小傳：李嵩。浙江錢塘人。李從訓養子。光宗(1190-1194)、寧宗(1195-1224)、理宗(1125-1264)三朝畫院待詔。工畫道釋、人物，尤長於界畫，得李從訓遺意。（見圖繪寶鑑、杭州府志、清河書畫舫、珊瑚網、寓意編、中國畫家人名大辭典）

陸 青

名稱	形式	質地	色彩	尺寸 高x寬cm	創作時間	收藏處所	典藏號碼
人馬圖	冊頁	紙	設色	不詳	癸酉（嘉定六年，1213）冬日	藏處不詳	

畫家小傳：陸青。籍里不詳。光宗紹熙(1190-1194)畫院待詔。工畫山水，師李唐，得其筆法，用墨清秀，簡易不凡。（見圖繪寶鑑、中國畫家人名大辭典）

張 茂

名稱	形式	質地	色彩	尺寸 高x寬cm	創作時間	收藏處所	典藏號碼
蓮葉水禽（烟雲集繪第三冊之10）	冊頁	紙	設色	22.8 × 18.8		台北 故宮博物院	故畫 01247-10
鴛鴦圖	冊頁	絹	設色	24.4 × 18.3		北京 故宮博物院	

畫家小傳：張茂。浙江杭州人。光宗朝(1190-1194)，任職畫院。善畫山水、花鳥，畫法精緻，小景更佳。（見圖繪寶鑑、畫史會要、中國畫家人名大辭典）

名稱	形式	質地	色彩	尺寸 高x寬cm	創作時間	收藏處所	典藏號碼

夏 珪

名稱	形式	質地	色彩	尺寸 高x寬cm	創作時間	收藏處所	典藏號碼
長江萬里圖	卷	絹	潑墨	26.8×1115.3		台北 故宮博物院	故畫00967
夏珪真跡	卷	絹	設色	34.6 × 498.2		台北 故宮博物院	故畫00996
溪山清遠	卷	紙	水墨	46.5 × 889.1		台北 故宮博物院	中畫00009
長江萬里圖（二）	卷	絹	水墨	不詳		台北 故宮博物院（王世杰先生寄存）	
溪山無盡圖	卷	絹	設色	38 × 1620		台北 歷史博物館	
山水圖	卷	絹	不詳	不詳		日本 東京小佐野先生	
山水圖	卷	絹	水墨	28.5 × 253		美國 耶魯大學藝術館	1953.27.10
谿山行旅圖	卷	絹	設色	64.2×1267.4		美國 華盛頓特區弗瑞爾藝術館	11.169
峽舟圖	卷	絹	水墨	26.4 × 109.3		美國 華盛頓特區弗瑞爾藝術館	11.182
山水圖	卷	絹	設色	34.1 × 934		美國 華盛頓特區弗瑞爾藝術館	06.228
十二景圖殘卷（殘存8景）	卷	絹	水墨	26.8 × 230.8		美國 堪薩斯市納爾遜-艾金斯藝術博物館	32.159/2
西湖柳艇圖	軸	絹	設色	107.2 × 59.3		台北 故宮博物院	故畫00121
山居留客圖	軸	絹	水墨	164.7×102.8		台北 故宮博物院	故畫00122
歸棹圖	軸	絹	設色	126.9 × 57.2		台北 故宮博物院	故畫00123
山水	軸	絹	水墨	47.6 × 32.5		台北 故宮博物院	故畫00124
雪屐探梅圖	軸	絹	設色	176.3×108.6		台北 故宮博物院	故畫00848
山水	軸	絹	水墨	206.4×106.9		台北 故宮博物院	故畫00896
溪山高逸圖	軸	絹	水墨	不詳		台北 故宮博物院	國贈026727
山居圖	軸	絹	設色	不詳		台北 故宮博物院	國贈006510
灞橋風雪圖	軸	絹	設色	63.7 × 32.9		南京 南京博物院	
溪山泛棹圖	軸	絹	水墨	178.5 × 96.4		昆山 崑崙堂	
山水圖（2幅）	軸	絹	設色	（每幅）168.5 × 76.7		日本 東京文化廳	
山水圖	軸	絹	設色	28.2 × 27.6		日本 東京美術學校	

名稱	形式	質地	色彩	尺寸 高×寬㎝	創作時間	收藏處所	典藏號碼
風雨山水圖	軸	紙	水墨	87.7 × 35.5		日本 東京根津美術館	
春、秋景山水圖（對幅）	軸	絹	設色	（每幅）153.5 × 85.9		日本 東京出光美術館	
瀧山水圖	軸	紙	水墨	21.4 × 51.3		日本 東京出光美術館	
漁夫圖（兩朝合璧連珠畫帖之8）	軸	絹	設色	29 × 20.8		日本 東京出光美術館	
竹林山水圖	軸	絹	水墨	95.3 × 36.4		日本 東京畠山紀念館	
江頭泊舟圖	軸	絹	水墨	不詳		日本 東京岩琦小彌太先生	
山水（2幅）	軸	絹	設色	（每幅）175.7 × 86.7		日本 東京黑田長成先生	
山水亭樹圖	軸	絹	水墨	25.8 × 34.2		日本 東京黑田長成先生	
山水圖	軸	紙	水墨	105.7 × 43		日本 東京淺野長武先生	
山水	軸	絹	水墨	90.9 × 53		日本 東京秋元春朝先生	
月下彈琴圖	軸	絹	設色	98.2 × 44.8		日本 東京松方侯爵	
地上圍碁圖	軸	絹	設色	45.5 × 25.1		日本 東京井上侯爵	
山水	軸	紙	水墨	88.2 × 35.5		日本 東京藤田男爵	
觀瀑圖	軸	絹	水墨	25.1 × 26.1		日本 東京赤星先生	
聽泉圖	軸	絹	水墨	25.1 × 26.1		日本 東京赤星先生	
山水	軸	絹	水墨	139.4 × 72.7		日本 京都小川睦之輔先生	
山水圖	軸	紙	水墨	88.3 × 35.5		日本 川崎市關谷德衛先生	
山水圖（對幅）	軸	絹	水墨	147.5 × 91.5		日本 熊本縣松田文庫	-141
放牛圖	軸	絹	設色	93.3 × 44.8		日本 私人	
雨江舟行	軸	絹	設色	不詳		美國 波士頓美術館	
山水圖	軸	絹	設色	160 × 99.1		美國 哈佛大學福格藝術館	1958.7
疏林漁笛圖	軸	絹	水墨	161 × 94.8		美國 紐約大都會藝術博物館	47.18.16
渭水訪賢圖	軸	絹	設色	170.8×151.5		美國 華盛頓特區弗瑞爾藝術館	11.296
秋浦漁舟圖	軸	絹	設色	151.4 × 97.9		美國 華盛頓特區弗瑞爾藝術館	16.191
停琴觀瀑圖	軸	絹	設色	141.8 × 70		美國 華盛頓特區弗瑞爾藝術館	16.31
聯騎探梅圖	軸	絹	設色	136.7 × 71.3		美國 華盛頓特區弗瑞爾藝術館	19.141
雪霽策驢圖	軸	絹	設色	137.8 × 76.3		美國 印地安那波里斯市藝術	77.314

名稱	形式	質地	色彩	尺寸 高x寬㎝	創作時間	收藏處所	典藏號碼
						博物館	
山水圖	軸	絹	設色	187.7×152.2		美國 堪薩斯市納爾遜-艾金斯藝術博物館	
琴棋書畫圖	軸	絹	設色	133 × 62.6		美國 西雅圖市藝術館	5.36
踏歌圖	軸	絹	設色	187.5 × 106		美國 加州史坦福大學藝術博物館（私人寄存）	
觀瀑圖	軸	絹	水墨	222.7 × 68.9		英國 倫敦大英博物館	1910.2.12.519（ADD 38）
山水圖	軸	絹	設色	45.5 × 29.1		英國 倫敦大英博物館	1943.2.13.04（ADD194）
觀瀑圖（名繪集珍冊之13）	冊頁	絹	設色	24.7 × 25.7		台北 故宮博物院	故畫01233-13
秋林高士圖（宋元明繪冊之12）	冊頁	絹	設色	24.3 × 25.5		台北 故宮博物院	故畫01244-12
松麓看雲（集古名繪冊之7）	紈扇面	絹	水墨	22.1 × 23.9		台北 故宮博物院	故畫01248-7
秋林橡居（唐宋明蹟冊之8）	紈扇面	絹	設色	23.5 × 22.6		台北 故宮博物院	故畫01251-8
寒溪垂釣（宋元名繪冊之5）	冊頁	絹	水墨	24.5 × 25.7		台北 故宮博物院	故畫01253-5
雪景（歷代名繪冊之13）	冊頁	絹	水墨	26 × 26.5		台北 故宮博物院	故畫01265-13
松崖客話（名繪集珍冊之15）	冊頁	絹	設色	27 × 39		台北 故宮博物院	故畫01289-15
傑閣凌虛（宋人集繪冊之11）	冊頁	絹	設色	不詳		台北 故宮博物院	故畫03461-11
梅雪詩廬（宋元明人合錦上冊之12	冊頁	絹	設色	24.4 × 27.8		台北 故宮博物院	故畫03476-12
江濱策蹇（列朝名繪合冊之7）	冊頁	紙	設色	32.5 × 25.8		台北 故宮博物院	故畫03479-7
疏柳寒鴉（名繪薈萃冊之12）	冊頁	絹	設色	23.5 × 21.8		台北 故宮博物院	故畫03486-12
柳陰艤艇（名繪集珍冊之4）	冊頁	絹	青綠	28.5 × 24.3		台北 故宮博物院	故畫03488-4
雪屋吟梅（藝苑臚珍冊之6）	冊頁	絹	設色	18.1 × 19		台北 故宮博物院	故畫03492-6
溪山幽隱圖	紈扇面	絹	設色	25 × 26		台北 黃君璧白雲堂	
溪山策杖圖（唐宋元三朝名畫冊之7）	冊頁	絹	設色	22.3 × 24.8		香港 潘祖堯小聽颿樓	Cp40g
煙岫林居圖	紈扇面	絹	設色	25 × 26.1		北京 故宮博物院	
松溪泛月圖	紈扇面	絹	設色	24.7 × 25.2		北京 故宮博物院	
雪堂客話圖	紈扇面	絹	設色	28.2 × 29.5		北京 故宮博物院	
梧竹溪堂圖	冊頁	絹	設色	23 × 26		北京 故宮博物院	
遙岑煙靄圖	紈扇面	絹	水墨	23.5 × 24.2		北京 故宮博物院	
錢唐觀潮圖	冊頁	絹	設色	25.2 × 25.6		蘇州 江蘇省蘇州博物館	
山陰蕭寺圖	紈扇面	絹	設色	27.3 × 25.8		杭州 浙江省博物館	

名稱	形式	質地	色彩	尺寸 高×寬cm	創作時間	收藏處所	典藏號碼
山水圖	冊頁	絹	水墨	22.7 × 25.5		日本 東京國立博物館	
山水圖（唐繪手鑑筆耕圖上冊之4）	紈扇面	絹	設色	23 × 24.3		日本 東京國立博物館	TA-487
五位鷺圖（唐繪手鑑筆耕圖上冊之5）	紈扇面	絹	水墨	26.1 × 27.2		日本 東京國立博物館	TA-487
山水圖（唐繪手鑑筆耕圖上冊之8）	冊頁	絹	水墨	25.8 × 34.1		日本 東京國立博物館	TA-487
水鴉圖	紈扇面	絹	水墨	26.4 × 27.6		日本 東京黑田長成先生	
山水（筆耕圖）	紈扇面	絹	設色	23 × 24.5		日本 東京黑田長成先生	
牧牛圖	紈扇面	絹	設色	25.1 × 23.3		日本 東京黑田長成先生	
山水（宋人集繪冊10幀之7）	冊頁	絹	設色	不詳		日本 京都小川睦之助先生	
秋景圖（名賢寶繪冊之3）	冊頁	絹	設色	26.6 × 20.4		日本 大阪市立美術館	
納涼圖（名賢寶繪冊之12）	冊頁	絹	設色	20.4 × 23.8		日本 大阪市立美術館	
山水圖	紈扇面	絹	水墨	25.8 × 26		日本 岡山縣立美術館	
山水圖	紈扇面	絹	水墨	22.9 × 23.5		美國 哈佛大學福格藝術館	1927.197
夏雨新霽圖	紈扇面	絹	水墨	30.4 × 33.8		美國 哈佛大學福格藝術館	85.502.55.1971
山水圖	紈扇面	絹	水墨	22.9 × 25.4		美國 哈佛大學福格藝術館	1929.239
山水圖	紈扇面	絹	水墨	21.1 × 25.1		美國 哈佛大學福格藝術館	1922.74
捕魚圖	紈扇面	絹	水墨	23 × 24.2		美國 紐約大都會藝術博物館	47.18.40
山水圖	冊頁	絹	水墨	25 × 21.4		美過 紐約大都會藝術博物館	13.100.102
山水圖	紈扇面	絹	水墨	22.9 × 21.5		美國 紐約大都會藝術博物館	1973.121.11
冒雨尋莊圖	紈扇面	絹	設色	25.8 × 26.3		美國 紐約大都會藝術博物館	1982.7.3
山水人物圖	冊頁	絹	水墨	25.8 × 31		美國 華盛頓特區佛瑞爾藝術館	11.161b
戲猿圖	紈扇面	絹	設色	24.8 × 26.5		美國 克利夫蘭藝術博物館	
山水圖	冊頁	紙	水墨	24.4 × 25.8		美國 印第安那波里斯市藝術博物館	61.80
山水圖（唐宋元三朝名畫冊之9）	冊頁	絹	設色	24.7 × 26.7		德國 柏林東亞藝術博物館	206.9-12
山水圖（唐宋元三朝名畫冊之10）	冊頁	絹	設色	24.7 × 26.7		德國 柏林東亞藝術博物館	206.9-12
山水圖	紈扇面	絹	設色	22.6 × 21.8		瑞典 斯德哥爾摩遠東古物館	

附：

名稱	形式	質地	色彩	尺寸 高×寬cm	創作時間	收藏處所	典藏號碼
山水圖	卷	絹	水墨	32.6 × 540		香港 佳士得藝品拍賣公司/拍賣目錄 1996,04,28.	
雨樹歸人圖	冊頁	紙	水墨	26.5 × 33.5		紐約 佳士得藝品拍賣公司/拍賣目錄 1989,06,01.	
風雨歸舟	紈扇面	絹	設色	23 × 25.4		紐約 佳士得藝品拍賣公司/拍賣目錄 1990,05,31.	
春山觀瀑圖	紈扇面	絹	設色	20.5 × 22		紐約 佳士得藝品拍賣公司/拍賣目錄 1996,03,27.	

畫家小傳：夏珪。字禹玉。浙江錢塘人。寧宗朝(1195-1224)畫院待詔。善畫人物、山水，最擅用水墨，蒼老淋漓；尤工雪景，師法范寬。與馬遠共創水墨蒼勁畫派，合稱「馬、夏」；為南宋「四大家」之一。(見圖繪寶鑑、杭州府志、東圖玄覽、格古要論、寓意編、中國畫家人名大辭典)

白良玉

名稱	形式	質地	色彩	尺寸 高×寬cm	創作時間	收藏處所	典藏號碼
秋汀遊禽圖	紈扇面	絹	設色	27.1 × 28.5		台北 張建安先生	

畫家小傳：白良玉。浙江錢塘人。寧宗朝(1195-1224)，畫院待詔。工畫道釋、鬼神。(見圖繪寶鑑、杭州府志、中國畫家人名大辭典)

馬 麟

名稱	形式	質地	色彩	尺寸 高×寬cm	創作時間	收藏處所	典藏號碼
荷香清夏圖	卷	絹	設色	40.9 × 322.8		瀋陽 遼寧省博物館	
溪山行旅圖	軸	絹	水墨	147.9 × 60.5		台北 故宮博物院	故畫00118
靜聽松風圖	軸	絹	設色	226.6×110.3		台北 故宮博物院	故畫00119
花鳥	軸	絹	設色	119.9 × 56.3		台北 故宮博物院	故畫00120
三官出巡圖	軸	絹	設色	174.2×122.9		台北 故宮博物院	故畫00847
初日芙蓉圖	軸	絹	設色	不詳		台北 故宮博物院	國贈026728
觀瀑圖	軸	絹	水墨	不詳		台北 故宮博物院	國贈006506
釋迦出山圖	軸	絹	設色	不詳		台北 故宮博物院	國贈006505
層叠冰綃圖（寧宗后楊娃題詩）	軸	絹	設色	101 × 49.6	楊題於丙子（嘉定九年，1216）	北京 故宮博物院	
梅花圖	軸	絹	設色	不詳		北京 故宮博物院	
夕陽山水圖（理宗題詩）	軸	絹	淺設色	不詳		日本 東京根津美術館	
花鳥圖（兩朝合璧連珠畫帖之1）	軸	絹	設色	26.9 × 18.8		日本 東京出光美術館	
梅花小禽圖	軸	絹	設色	27.3 × 27.8		日本 東京五島美術館	
寒山拾得圖（徑山可宣贊）	軸	紙	水墨	93 × 35.5		日本 東京末延道成先生	

名稱	形式	質地	色彩	尺寸 高×寬㎝	創作時間	收藏處所	典藏號碼
寒江獨釣圖	軸	絹	設色	50 × 66.7		日本 東京黑田長禮先生	
山水、人物圖（2幅）	軸	絹	水墨	（每幅）35.5 × 25.8		日本 東京團琢磨先生	
禪門、機緣圖（2幅）	軸	絹	設色	不詳		日本 東京赤星先生	
普賢菩薩像	軸	絹	水墨	159.1 × 79.1		日本 京都妙心寺	
田家山水圖	軸	絹	設色	107.1 × 78.3		日本 大阪市萬野美術館	
柳堤牧童圖	軸	絹	設色	66.7 × 36.4		日本 神戶川崎先生	
釋迦三尊圖	軸	絹	設色	96.6 × 48.9		美國 紐約大都會藝術博物館	1987.9
雪梅雙鴨圖	軸	絹	設色	189 × 99.4		美國 耶魯大學藝術館	1954.40.12
春郊迴雁圖	軸	絹	水墨	25.6 × 26.5		美國 克利夫蘭藝術博物館	52.285
木香錦葵（畫花卉冊之1）	冊頁	絹	設色	15.3 × 19.5		台北 故宮博物院	故畫01117-1
紫丁香（畫花卉冊之2）	冊頁	絹	設色	15.3 × 19.5		台北 故宮博物院	故畫01117-2
玉芙蓉（畫花卉冊之3）	冊頁	絹	設色	15.3 × 19.5		台北 故宮博物院	故畫01117-3
蓮花水鳥（畫花卉冊之4）	冊頁	絹	設色	15.3 × 19.5		台北 故宮博物院	故畫01117-4
象牙紅鹿葱（畫花卉冊之5）	冊頁	絹	設色	15.3 × 19.5		台北 故宮博物院	故畫01117-5
鵝毛玉鳳花（畫花卉冊之6）	冊頁	絹	設色	15.3 × 19.5		台北 故宮博物院	故畫01117-6
芙蓉（畫花卉冊之7）	冊頁	絹	設色	15.3 × 19.5		台北 故宮博物院	故畫01117-7
桂花（畫花卉冊之8）	冊頁	絹	設色	15.3 × 19.5		台北 故宮博物院	故畫01117-8
暗香疏影（歷朝畫幅集冊之3）	冊頁	絹	設色	24.9 × 24.6		台北 故宮博物院	故畫01237-3
芙蓉翠羽（唐宋元畫集錦冊之14）	冊頁	絹	設色	25.1× 25.7		台北 故宮博物院	故畫01239-14
臨溪放龜（藝苑藏珍下冊之6）	冊頁	絹	水墨	23.3× 24.4		台北 故宮博物院	故畫01241-6
竹塢觀泉（集古名繪冊之11）	冊頁	絹	設色	23.6× 22.7		台北 故宮博物院	故畫01242-11
芳春雨霽（名繪集珍冊之14）	冊頁	絹	設色	27.5 × 41.6		台北 故宮博物院	故畫01289-14
秉燭夜遊圖（紈扇畫冊之2）	紈扇面	絹	設色	24.8 × 25.2		台北 故宮博物院	故畫01257-2
暮雪寒禽（名畫集珍冊之8）	冊頁	絹	設色	27.6 × 42.9		台北 故宮博物院	故畫01291-8
柳崖高閒（宋元名繪冊之5）	冊頁	絹	設色	29.1 × 28.1		台北 故宮博物院	故畫03466-5
喬松叠嶂（名繪薈萃冊之7）	冊頁	絹	設色	23.7 × 22.7		台北 故宮博物院	故畫03486-7
月夜楓鳥（諸仙妙繪冊之5）	冊頁	絹	設色	22.5 × 19.6		台北 故宮博物院	故畫03501-5
綠橘圖	冊頁	絹	設色	23 × 23.5		北京 故宮博物院	
樓臺夜月圖	冊頁	絹	設色	24.5 × 25.2		上海 上海博物館	
郊原曳杖圖	冊頁	絹	設色	23.3 × 23.7		上海 上海博物館	
荷塘飛燕圖	冊頁	絹	設色	13.8 × 22.3		重慶 重慶市博物館	
綠茵牧馬圖	冊頁	絹	設色	13.8 × 22.3		重慶 重慶市博物館	

名稱	形式	質地	色彩	尺寸 高x寬cm	創作時間	收藏處所	典藏號碼
松林亭子圖	冊頁	絹	設色	不詳		佛山 廣東省佛山市博物館	
林和靖圖（唐繪手鑑筆耕圖上冊之23）	紈扇面	絹	設色	22 × 22.6		日本 東京國立博物館	TA-487
山水圖（宋人集繪冊10之6）	冊頁	絹	設色	不詳		日本 京都小川睦之助先生	
楓葉雙禽	冊頁	絹	設色	不詳		美國 波士頓美術館	
靈照女圖	冊頁	絹	設色	不詳		美國 波士頓美術館	
江頭秋色	冊頁	絹	設色	不詳		美國 波士頓美術館	
花卉圖（宋元名畫集冊之6）	冊頁	絹	設色	25.1 × 25.4		美國 耶魯大學藝術館	1952.52.25f
花鳥圖（宋元名畫集冊之15）	冊頁	絹	設色	25.1 × 27.4		美國 耶魯大學藝術館	1952.52.25o
高士觀月圖	冊頁	絹	設色	25.1 × 25.8		美國 紐約大都會藝術博物館	47.18.63
鉤勒蘭圖	冊頁	絹	水墨	26.3 × 22.4		美國 紐約大都會藝術博物館	1973.120.10
石榴圖	冊頁	絹	設色	16.7 × 26.6		美國 紐約大都會藝術博物館	13.220.99B
坐看雲起圖	紈扇面	絹	水墨	25.1 × 25		美國 克利夫蘭藝術博物館	61.421
山水圖	紈扇面	絹	設色	25.1 × 25.1		美國 克利夫蘭藝術博物館	
山徑觀雁	冊頁	絹	設色	25.6 × 26.5		美國 克利夫蘭藝術博物館	

畫家小傳：馬麟。河中人。馬遠之子。寧宗朝(1195-1224)，畫院祗候。能世家學，工畫山水、人物、花禽等，然藝不及父。（見圖繪寶鑑、杭州府志、中國畫家人名大辭典）

楊婕妤

百花圖	卷	絹	設色	24 × 324		長春 吉林省博物館	

畫家小傳：楊婕妤。女。畫史無載。疑為寧宗皇后楊娃，蓋其封后前曾官婕妤。待考。

馬 肇

風雨樓閣圖（名賢寶繪冊之11）	紈扇面	絹	水墨	23.1 × 17.9		日本 大阪市立美術館	

畫家小傳：馬肇。畫史無傳。身世待考。

趙 昀（理宗）

紫茄（丘壑琳瑯冊之6）	冊頁	絹	設色	28.5 × 28.7		台北 故宮博物院	故畫 03493-6

畫家小傳：趙昀。太祖十世孫，生於寧宗開禧元(1205)年，卒於景定五(1264)年。繼寧宗而登帝位，在位四十年。為人潔修好學。政治上推行聯元擊金，得以滅金以報祖先之恥。文化上推揚濂、洛、朱熹之學，有益理學復興，丕變士習。因己喜好書畫且善書，使得畫院藝術風氣熱絡堪比寧宗一朝，人才輩出。（見元史本紀‧理宗）

名稱	形式	質地	色彩	尺寸 高×寬cm	創作時間	收藏處所	典藏號碼

湯正仲

菊花（諸仙妙繪冊之9）	冊頁	絹	設色	25.2 × 26		台北 故宮博物院	故畫 03501-9

畫家小傳：湯正仲。字叔雅。號閒庵。江西人。揚補之外甥。寧宗開禧(1205-1207)，出仕。善畫梅竹、松石、水仙和蘭，師揚補之，別出
　　　新意，水墨清雅如傅粉之色。（見圖繪寶鑑、朱子文集、畫史會要、中國畫家人名大辭典）

陳居中

畫馬	卷	紙	設色	28 × 43.3	嘉定二年（己巳，1209）春	台北 故宮博物院	故畫00968
蘇李別意圖	卷	絹	設色	25.2 × 121.4		台北 故宮博物院	故畫00997
出獵圖	卷	絹	設色	52.3 × 978.3	嘉泰元年（辛酉，1201）奉敕畫	台北 故宮博物院	故畫01474
文姬觀獵圖	卷	絹	設色	51.7 × 674.5		台北 故宮博物院	故畫01475
觀獵圖	卷	絹	設色	52.2×1042.5	嘉泰元年（辛酉，1201）奉敕畫	台北 故宮博物院	故畫01476
茄子圖	卷	紙	設色	35.8 × 191.2		台北 故宮博物院	中畫00010
百駿圖	卷	絹	設色	不詳		台北 長流美術館	
臨東丹王還塞圖	卷	絹	水墨	25.2 × 100		美國 華盛頓特區佛瑞爾藝術館	68.46
文姬歸漢圖	卷	絹	設色	28.9 × 168.5		美國 華盛頓特區佛瑞爾藝術館	16.559
王建宮詞圖	軸	絹	設色	50.2 × 79.9		台北 故宮博物院	故畫00125
奚官調馬圖	軸	絹	設色	62 × 36.5		台北 故宮博物院	故畫00126
文姬歸漢圖	軸	絹	設色	147.4×107.7		台北 故宮博物院	故畫00849
無量壽佛圖	軸	紙	設色	78.5 × 40		台北 故宮博物院	故畫01843
倦繡圖	軸	絹	設色	133.6 × 32.1		日本 東京山本悌二郎先生	
初平叱羊圖	軸	絹	設色	196.3 × 90.6		日本 東京大隈信常先生	
平原試馬（唐宋續冊之9）	冊頁	絹	設色	30.5 × 31.2		台北 故宮博物院	故畫01234-9
秋原獵騎（唐宋元畫集錦冊之15）	冊頁	絹	設色	21.9 × 25		台北 故宮博物院	故畫01239-15
獵騎帶禽（集古名繪冊之3）	冊頁	絹	設色	23.4 × 26.5		台北 故宮博物院	故畫01242-3
平皋拊馬（宋人合璧畫冊之8）	冊頁	絹	設色	26.5 × 26.2		台北 故宮博物院	故畫01245-8
平原射鹿圖（名繪集珍冊之16）	冊頁	絹	設色	36.8 × 54.9		台北 故宮博物院	故畫01289-16
洗馬（宋元集繪剛之2）	冊頁	絹	設色	25.8 × 23.7		台北 故宮博物院	故畫03464-2
鬥雞（宋元集繪剛之4）	冊頁	絹	設色	29.6 × 28		台北 故宮博物院	故畫03464-4

名稱	形式	質地	色彩	尺寸 高×寬 cm	創作時間	收藏處所	典藏號碼
回獵圖（宋元人真蹟冊之6）	冊頁	絹	設色	30.3 × 27.6		台北 故宮博物院	故畫03472-6
山水圖（6幀，墨林二妙冊）	冊頁	絹	設色	（每幀）28.1 × 20.3		台北 故宮博物院	故畫03494
三馬圖（唐宋元三朝名畫冊之12）	冊頁	絹	設色	22.6 × 27.9		香港 潘祖堯小聽颿樓	CP40L
四羊圖	冊頁	絹	設色	22.5 × 24.5		北京 故宮博物院	
柳塘牧馬圖	紈扇面	絹	設色	23.5 × 25.6		北京 故宮博物院	
鵪鶉圖	冊頁	絹	設色	13.8 × 22.3		重慶 重慶市博物館	
胡騎游獵	紈扇面	絹	設色	23.6 × 27.3		美國 克利夫蘭藝術博物館	

畫家小傳：陳居中。籍里、身世不詳。間接資料顯示，似為淪落北方人士，得間南歸宋朝。工畫人物、蕃馬，師法五代胡瓌、李贊華，筆墨精俊，風韻動人。寧宗開禧(1205-1207)時，授以畫院待詔。(見圖繪寶鑑、畫史會要、中國畫家人名大辭典)

梁　楷

名稱	形式	質地	色彩	尺寸 高×寬 cm	創作時間	收藏處所	典藏號碼
堯民擊壤圖	卷	紙	設色	28 × 267.8		台北 故宮博物院	故畫01477
八高僧圖	卷	絹	設色	26.6 × 64.1		上海 上海博物館	
十六應真圖	卷	紙	水墨	32.6 × 572.9		日本 大阪市立美術館	
織圖	卷	絹	設色	81.3 × 284.8		美國 克利夫蘭藝術博物館	
黃庭經圖	卷	紙	水墨	25.7 × ?		美國 New Haven 翁萬戈先生	
觀瀑圖	軸	紙	水墨	135.9 × 64.1		台北 故宮博物院	故畫01844
東籬高士圖	軸	絹	設色	71.5 × 36.7		台北 故宮博物院	故畫00127
寒山拾得	軸	絹	水墨	不詳		台北 故宮博物院	國贈006509
布袋和尚像	軸	絹	設色	31.3 × 24.5		上海 上海博物館	
山水圖	軸	絹	設色	75.9 × 37.2		日本 仙台市博物館	
李白行吟圖	軸	紙	水墨	80.9 × 30.3		日本 東京國立博物館	
六祖劈竹圖	軸	紙	水墨	72.7 × 31.5		日本 東京國立博物館	
荷糖水禽圖	軸	紙	水墨	不詳		日本 東京國立博物館	
雪景山水	軸	絹	水墨	111 × 50.3		日本 東京國立博物館	
出山釋迦圖	軸	絹	設色	107.7 × 51.9		日本 東京國立博物館	
寒山拾得	軸	絹	水墨	106 × 50.6		日本 東京 Atami Art Museum	
截竹圖	軸	紙	水墨	67.3 × 25.8		日本 東京出光美術館	
醉翁圖	軸	絹	水墨	20.9 × 20.3		日本 東京松平直亮先生	
六祖像	軸	紙	水墨	72.7 × 31.5		日本 東京酒井忠克先生	
釋迦出山圖	軸	絹	設色	117.9 × 51.8		日本 東京酒井忠克先生	
出山釋迦圖	軸	絹	水墨	98.8 × 55.1		日本 東京田忠弘之先生	

名稱	形式	質地	色彩	尺寸 高×寬cm	創作時間	收藏處所	典藏號碼
松下琴客圖	軸	絹	水墨	36.1 × 26.1		日本 東京馬越恭平先生	
蘆鴨圖	軸	絹	水墨	不詳		日本 東京德川家達先生	
樹下讀書圖	軸	絹	水墨	50 × 66.7		日本 東京黑田長成先生	
普化禪師像	軸	紙	水墨	84.8 × 30.3		日本 東京伊達興宗先生	
雪景山水（2幅）	軸	絹	設色	（每幅）117.9 × 51.5		日本 東京赤星先生	
釋迦出山圖	軸	紙	水墨	66.1 × 24.2		日本 東京久邇宮家先生	
六祖圖（破經圖）	軸	紙	水墨	72.7 × 30.5		日本 東京荻原安之助先生	
踊布袋像	軸	紙	水墨	78.8 × 36.1		日本 兵庫縣村山龍平先生	
朝陽圖（達摩、朝陽、對月圖3之1）	軸	紙	水墨	104.4 × 47.9		日本 京都妙心寺	
對月圖（達摩、朝陽、對月圖3之3）	軸	紙	水墨	104.4 × 47.9		日本 京都妙心寺	
牧羊圖	軸	絹	設色	184.7 × 99.8		美國 華盛頓特區弗瑞爾藝術館	16.594
呂洞寶像	軸	絹	設色	165.7 × 68.9		美國 華盛頓特區弗瑞爾藝術館	19.166
白鷺圖	軸	紙	水墨	99.3 × 38.2		美國 加州曹仲英先生	
睡猿圖	軸	紙	設色	131.2 × 45.6		美國 夏威夷火魯奴奴藝術學院	2217.1
山陰書箑圖（名畫薈萃冊之2）	冊頁	紙	水墨	31.3 × 58.9		台北 故宮博物院	故畫01238-2
論道圖（宋元明繪冊之13）	冊頁	絹	設色	24.4 × 24.8		台北 故宮博物院	故畫01244-13
芙蓉水鳥（宋元集繪冊之30）	紈扇面	絹	設色	25.1 × 25.1		台北 故宮博物院	故畫01246-10
潑墨仙人（名冊琳瑯冊之2）	冊頁	紙	水墨	48.7 × 27.7		台北 故宮博物院	故畫01292-2
秋柳雙鴉圖	紈扇面	絹	水墨	24.7 × 25.7		北京 故宮博物院	
枯柳寒鴉圖	紈扇面	絹	水墨	22.4 × 24.2		北京 故宮博物院	
柳溪臥笛圖	紈扇面	絹	水墨	26.1 × 26.1		北京 故宮博物院	
雪棧行騎圖	紈扇面	絹	水墨	23.5 × 24.2		北京 故宮博物院	
漁父圖	冊頁	紙	水墨	24.5 × 24.5		昆山 崑崙堂	
枯木圖（唐繪手鑑筆耕圖上冊之11）	冊頁	絹	水墨	24 × 23.3		日本 東京國立博物館	TA-487
白鷺圖	冊頁	絹	設色	28.3 × 27.8		日本 東京出光美術館	
蝦蟆仙圖（兩朝合璧連珠畫帖之19）	冊頁	絹	設色	24.5 × 21.8		日本 東京出光美術館	

名稱	形式	質地	色彩	尺寸 高x寬cm	創作時間	收藏處所	典藏號碼
盧溪雙鷺	紈扇面	絹	設色	不詳		日本 東京中村先生（Nakamura. TomiJiro）	
寒塘圖	紈扇面	絹	設色	24.1 x 39.1		美國 哈佛大學福格藝術館	1924.88
澤畔行吟圖	紈扇面	絹	水墨	22.6 x 23.9		美國 紐約顧洛阜先生	
雪景山水圖	紈扇面	絹	設色	24.3 x 25.6		美國 華盛頓特區弗瑞爾藝術館	09.244j
歸漁圖	紈扇面	絹	設色	23.7 x 25.1		美國 華盛頓特區弗瑞爾藝術館	71.7
附：							
六祖斫木圖	軸	絹	設色	66.7 x 34		紐約 蘇富比藝品拍賣公司/拍賣目錄 1984,12,05.	

畫家小傳：梁楷。東平人。寧宗嘉泰（1201-1204）時，為畫院待詔，賜金帶，不受，掛於院內。嗜酒自樂，自號梁風子。善畫道釋、人物、鬼神，師賈師古，描寫簡捷飄逸，青出於藍；亦工山水。（見圖繪寶鑑、畫鑒、東圖玄覽、畫史會要、歷代畫史彙傳、中華畫人室隨筆、中國畫家人名大辭典）

夏 森

名稱	形式	質地	色彩	尺寸 高x寬cm	創作時間	收藏處所	典藏號碼
飛閣觀濤（集古名繪冊之15）	冊頁	絹	水墨	21 x 22.5		台北 故宮博物院	故畫01248-15
江船利濟（藝苑臚珍冊之7）	冊頁	絹	設色	26.2 x 20.6		台北 故宮博物院	故畫03492-7
竹泉琴韻（吉光貞壽冊之7）	冊頁	絹	設色	25.4 x 26.5		台北 故宮博物院	故畫03496-7
錢塘觀潮圖	冊頁	絹	設色	25.2 x 15.7		蘇州 江蘇省蘇州博物館	
煙江颿影圖	紈扇面	絹	水墨	24.2 x 26.7		美國 克利夫蘭藝術博物館	

畫家小傳：夏森。浙江錢塘人。夏珪之子。能承家學。亦善畫山水、人物、佛像，惟用筆用墨不逮其父遠甚。（見圖繪寶鑑、杭州府志、中國畫家人名大辭典）

李 東

名稱	形式	質地	色彩	尺寸 高x寬cm	創作時間	收藏處所	典藏號碼
雪江賣魚圖	冊頁	絹	水墨	23.6 x 25.2		北京 故宮博物院	
山水（宋人集繪冊10之1）	冊頁	絹	設色	不詳		日本 京都小川睦之助先生	

畫家小傳：李東。籍里不詳。理宗(1225-1265)時，常於御街賣畫。工畫山水、人物、民俗之類。（見圖繪寶鑑、中國畫家人名大辭典）

牟仲甫

名稱	形式	質地	色彩	尺寸 高x寬cm	創作時間	收藏處所	典藏號碼
松芝群鹿（宋元集繪冊之25）	紈扇面	絹	設色	23 x 24.3		台北 故宮博物院	故畫 01246-25

畫家小傳：牟仲甫。隨州人。善畫鳥獸。所畫猿、獐、猴、鹿，堪與易元吉相比；畫雞尤有意趣。（見圖繪寶鑑、馮太師集、畫史會要、中國畫家人名大辭典）

（釋）法 常

名稱	形式	質地	色彩	尺寸 高x寬cm	創作時間	收藏處所	典藏號碼
寫生	卷	紙	水墨	44.5×1017.1	咸淳改元（乙丑，1265）	台北 故宮博物院	故畫 00989
平沙落雁圖（瀟湘八景圖卷之一）	短卷	紙	水墨	32.9 × 109.6		日本 東京出光美術館	
遠浦歸帆圖（瀟湘八景圖卷之一）	短卷	紙	水墨	32.4 × 112.2		日本 京都國立博物館	
漁村夕照圖（瀟湘八景圖之一）	短卷	紙	水墨	33 × 112.7		日本 東京根津美術館	
洞庭秋月（瀟湘八景圖之一）	短卷	紙	水墨	27.3 × 86.4		日本 東京德川黎明會	
煙寺晚鐘（瀟湘八景圖之一）	短卷	紙	水墨	32.5 × 103.9		日本 東京畠山記念館	
江天暮雪（瀟湘八景圖之一）	短卷	紙	水墨	32.5 × 103.9		日本 東京末延道成先生	
林中群猿圖	卷	紙	水墨	24.2 × 121.2		日本 東京酒井忠正先生	
松陰精奕圖	軸	絹	水墨	148.2 × 43.3		台北 林陳秀蓉女士	60
眠雁圖	軸	紙	水墨	82.2 × 32		昆山 崑崙堂	
布袋和尚	軸	紙	水墨	不詳		日本 東京國立博物館	
濡雀圖（竹雀圖）	軸	紙	水墨	84.8 × 30.3		日本 東京根津美術館	
祖師圖	軸	紙	水墨	31.2 × 45.4		日本 東京出光美術館	
寒山拾得圖	軸	紙	水墨	55.7 × 28.8		日本 東京出光美術館	
布袋圖	軸	紙	水墨	67.4 × 39.5		日本 東京出光美術館	
頭和尚圖	軸	絹	水墨	23.7 × 37.8		日本 東京出光美術館	
杜甫騎驢圖	軸	紙	水墨	70.7 × 31.8		日本 東京出光美術館	
騎驢人物圖	軸	紙	水墨	81.7 × 33.4		日本 東京出光美術館	
叭叭鳥圖	軸	紙	水墨	54.3 × 30.5		日本 東京出光美術館	
蘆雁圖	軸	紙	水墨	23.6 × 72.5		日本 東京出光美術館	
虎圖	軸	絹	水墨	不詳		日本 東京德川黎明會	
羅漢圖	軸	絹	水墨	106.1 × 52.4		日本 東京靜嘉堂文庫	
韋陀天、竹、猿圖（3幅）	軸	絹	水墨	（每幅）100.3 × 43.3		日本 東京團伊能先生	
老松八哥鳥圖	軸	紙	水墨	78.8 × 39.1		日本 東京松平直亮先生	
竹鳩圖	軸	絹	水墨	不詳		日本 東京松平直亮先生	
維摩像	軸	絹	水墨	93 × 41.5		日本 東京岡崎正也先生	
五祖像	軸	紙	水墨	86.1 × 35.8		日本 東京前山久吉先生	
豐干圖	軸	絹	水墨	90.9 × 42.4		日本 東京黑田長成先生	
柳燕圖	軸	絹	水墨	90.9 × 42.4		日本 東京黑田成長先生	

名稱	形式	質地	色彩	尺寸 高×寬㎝	創作時間	收藏處所	典藏號碼
竹雀圖	軸	絹	水墨	90.9 × 42.4		日本 東京黑田成長先生	
山水（春江渡舟圖）	軸	紙	水墨	39.4 × 30.3		日本 東京加藤正治先生	
龍圖	軸	絹	設色	106.1 × 81.5		日本 東京秋元春朝先生	
蜆子和尚（偃溪廣聞贊）	軸	紙	水墨	112.1 × 28.5		日本 東京益田孝先生	
遠寺晚鐘圖	軸	紙	水墨	不詳		日本 東京益田太郎先生	
蟠龍圖	軸	絹	水墨	45.8 × 96.1		日本 東京根津嘉一郎先生	
燕子圖	軸	紙	水墨	72.7 × 30.3		日本 東京根津嘉一郎先生	
猛虎圖	軸	絹	水墨	166.7 × 106.1		日本 東京大久保忠言先生	
猿猴圖	軸	絹	水墨	90.9 × 60.6		日本 東京大久保忠言先生	
柳燕圖	軸	紙	水墨	88.2 × 44.5		日本 東京德川義親先生	
虎圖	軸	絹	水墨	187.8×112.1		日本 東京德川義親先生	
蓮根圖	軸	紙	水墨	不詳		日本 東京小林一三先生	
觀音圖	軸	絹	水墨	98.3 × 41.3		日本 東京藪本俊一先生	
猿猴圖	軸	紙	水墨	77.1 × 28.6		日本 東京藪本俊一先生	
竹鳩圖	軸	絹	水墨	78.1 × 40.4		日本 東京藪本俊一先生	
老松八哥鳥圖	軸	紙	水墨	91.2 × 31.5		日本 東京藤田男爵	
蓮鷺圖（愚中贊）	軸	絹	設色	81.2 × 36.7		日本 東京井上侯爵	
朝陽圖	軸	紙	水墨	83.9 × 30.4		日本 京都國立博物館	
觀音、猿、鶴圖（3幅，署款蜀僧法常謹製）	軸	絹	水墨	（每幅）163.6 × 100		日本 京都大德寺	
龍圖（龍興而致雲）	軸	絹	水墨	196.9 × 93.9	咸淳己巳（五年，1269）	日本 京都大德寺	
虎圖（虎嘯而風烈）	軸	絹	水墨	196.9 × 93.9	咸淳己巳（五年，1269）	日本 京都大德寺	
栗柿圖（2幅）	軸	紙	水墨	35.8 × 34.5		日本 京都龍光院	
芙蓉圖	軸	絹	水墨	34.5 × 36.7		日本 京都總見寺	
達磨圖	軸	紙	水墨	96 × 33.4		日本 京都天龍寺	A2345
目黑達摩像	軸	紙	水墨	95.1 × 33.6		日本 大阪市立美術館	
寒山圖（道隆贊）	軸	紙	水墨	86.3 × 30.8		日本 大阪市立美術館	
柿栗圖	軸	紙	水墨	32.8 × 28.4		日本 大阪市萬野美術館	
濡烏圖	軸	紙	水墨	73.3 × 24.8		日本 神戶川崎先生	
達摩像	軸	紙	水墨	66.7 × 30.3		日本 神戶川崎先生	

名稱	形式	質地	色彩	尺寸 高×寬㎝	創作時間	收藏處所	典藏號碼
叭叭鳥圖	軸	紙	水墨	63.8 × 28.2		日本 川崎市關谷德衛先生	
江天暮雪圖	軸	紙	水墨	29.5 × 94.4		日本 川崎市關谷德衛先生	
龍圖	軸	絹	水墨	不詳		日本 神奈川縣原良三郎先生	
觀世音像	軸	紙	水墨	119.1 × 45.1		日本 兵庫縣村山龍平先生	
觀世音像（款署蜀僧法常謹製）	軸	絹	水墨	179.1 × 86.1		日本 兵庫縣山崗千太郎先生	
漁夫圖	軸	絹	水墨	61.6 × 35		日本 熊本縣松田文庫	
老子圖	軸	紙	水墨	88.9 × 33.5		日本 岡山縣立美術館	
羅漢圖	軸	紙	水墨	30.3 × 62.7		日本 穎川美術館	
蘆雁圖	軸	紙	水墨	70.5 × 27.5		日本 群馬縣立近代美術館	
杜子美圖	軸	紙	水墨	85 × 31		日本 松永紀念館	
老子騎牛圖	軸	紙	水墨	不詳		日本 高野先生（Takano Ttokiji Aichi）-ken	
寒山拾得圖	軸	紙	水墨	76.3 × 28.4		藏處不詳	
半身布袋圖	軸	紙	水墨	96.8 × 41.2		日本 私人	
松鳩圖	軸	紙	水墨	95.4 × 42.3		日本 私人	
達磨、文殊、普賢菩薩圖（3幅）	軸	絹	水墨	（每幅）101.7 × 52.4		日本 私人	
白衣觀音圖	軸	絹	水墨	80.5 × 32.2		日本 私人	
陳希夷圖	軸	紙	水墨	56.7 × 26.1		日本 私人	
竹虎圖	軸	絹	水墨	133.5 × 87.4		日本 私人	
叭叭鳥圖	軸	紙	水墨	64.8 × 35.1		日本 私人	
猿猴捉月圖	軸	絹	水墨	76.8 × 34.4		日本 私人	
雙龍圖	軸	絹	水墨	132.6 × 62.5		日本 私人	
蘆雁圖（對幅）	軸	絹	水墨	（每幅）83.9 × 41.5		日本 私人	
蜆子和尚圖	軸	紙	水墨	76 × 34.4		日本 私人	
對月圖（玉溪思題贊）	軸	紙	水墨	74.7 × 32.9		美國 普林斯頓大學藝術館（Edward Elliott 先生寄存）	L150.70
雪溪圖	軸	絹	水墨	215.1 × 81.3		美國 華盛頓特區弗瑞爾藝術館	16.102
龍圖	軸	絹	水墨	123.6 × 55.8		美國 克利夫蘭藝術博物館	58.427
虎圖	軸	絹	設色	123.6 × 55.8		美國 克利夫蘭藝術博物館	58.428
虎圖	軸	絹	水墨	101.7 × 49.5		美國 印第安那波里市立藝術	60.45

名稱	形式	質地	色彩	尺寸 高×寬cm	創作時間	收藏處所	典藏號碼
						博物館	
猿猴圖	軸	絹	水墨	75.2 × 46.8		美國 勃克萊加州大學藝術館	CY13
寒山、拾得、豐干圖	軸	絹	水墨	89.8 × 44.1		德國 柏林東亞藝術博物館	209
岩樹猿猴圖（唐繪手鑑筆耕圖 上冊之9）	冊頁	絹	水墨	37.3 × 27.8		日本 東京國立博物館	TA-487

畫家小傳：法常。僧。號牧溪。俗姓李。蜀人。於杭州西湖長慶寺出家，拜無準禪師為師。活動於理宗、度宗（1225-1274）時。卒於元前至元間。工畫龍虎、猿鶴、蘆雁、山水、樹石、人物等，皆隨筆點成，意思簡當，境界高遠。後世推為禪意畫代表。（見圖繪寶鑑、清異錄、畫史會要、中國畫家人名大辭典）

趙 葵

名稱	形式	質地	色彩	尺寸 高×寬cm	創作時間	收藏處所	典藏號碼
杜甫詩意圖	卷	絹	水墨	24.7 × 212.2		上海 上海博物館	

畫家小傳：趙葵。字南仲。號信庵。衡山人。生於孝宗淳熙十三(1186)年。卒於度宗咸淳二(1266)年。歷官至寧遠軍節度使、少師、冀國公。工詩文。善畫墨梅，可比肩華光、補之和湯正仲。（見宋史本傳、宋詩紀事、夷白集後、後村題跋、中國畫家人名大辭典）

趙孟堅

名稱	形式	質地	色彩	尺寸 高×寬cm	創作時間	收藏處所	典藏號碼
水仙	卷	紙	水墨	32.7×1021.6		台北 故宮博物院	故畫 01479
墨蘭圖	卷	紙	水墨	34 × 91		北京 故宮博物院	
水仙圖與書詩	卷	紙	水墨	36 × 677.5	開慶元年（己未，1259）	北京 故宮博物院	
水仙圖	卷	紙	水墨	25 × 675	己酉（淳祐九年，1249）良月下旬	天津 天津市藝術博物館	
水仙圖	卷	紙	水墨	33.2 × 373.1		美國 紐約大都會藝術博物館	1973.120.4
水仙圖	卷	紙	水墨	31.5 × 76.6		美國 華盛頓特區弗瑞爾藝術館	33.8
墨蘭圖	軸	紙	水墨	44.5 × 31		日本 佐賀縣鍋島報效會	
歲寒三友圖（墨林拔萃冊之6）	冊頁	紙	水墨	32.2 × 53.4		台北 故宮博物院	故畫 01290-6
歲寒三友圖	紈扇面	絹	水墨	24.3 × 23.3		上海 上海博物館	

畫家小傳：趙孟堅。字子固。號彝齋居士。浙江海鹽人。宋宗室。太祖十一世孫。生於寧宗慶元五(1199)年。卒於元元貞元(1295)年。仕官至翰林學士。宋亡，隱居不出。工詩、善書、喜收藏。擅畫水墨白描梅、蘭、竹石、水仙、山礬等，皆清雅高逸。（見圖繪寶鑑、嘉興縣志、宋詩紀事、畫史會要、清波雜志、中國畫家人名大辭典）

（釋）若 芬

名稱	形式	質地	色彩	尺寸 高×寬cm	創作時間	收藏處所	典藏號碼
山市晴嵐（瀟湘八景圖之一）	卷	紙	水墨	33.3 × 83.6		日本 東京出光美術館	

名稱	形式	質地	色彩	尺寸 高×寬cm	創作時間	收藏處所	典藏號碼
山水圖	卷	紙	水墨	27 × 65.4		日本 東京出光美術館	
遠浦歸帆（瀟湘八景圖之一）	卷	紙	水墨	30.9 × 78		日本 東京德川黎明會	
洞庭秋月（瀟湘八景圖之一）	卷	紙	水墨	33.6 × 86.1		日本 東京前田利為先生	
廬山圖	軸	絹	水墨	37.9 × 69.6		日本 東京松平直亮先生	
廬山圖	軸	紙	水墨	45.5 × 100		日本 東京根津嘉一郎先生	
廬山圖	卷	絹	水墨	35.5 × 62.7		日本 岡山縣立美術館	
六祖圖	軸	紙	水墨	78.9 × 31.5		日本 私人	
竹林雨景圖	軸	絹	水墨	61.4 × 28.9		美國 勃克萊加州大學藝術館	CY18

畫家小傳：若芬。僧。字仲石。號玉澗。本婺州（今浙江金華）曹家子。後出家，為西湖上竺寺書記。後歸隱家鄉，顏所居亭曰「玉澗」，
　　　　　另號「芙蓉峰主」。能詩、工書、善畫。畫山水，風格近似釋法常。（見宋詩紀事、吳太素松齋梅譜、畫史會要、中國畫家人名
　　　　　大辭典）

張勝溫

畫梵像（3 段合裝）	卷	紙	設色	30.4×72.2； 30.4×1490.7 ；30.4×49.1		台北 故宮博物院	故畫 01003

畫家小傳：張勝溫。畫史無載。身世不詳。據存世畫蹟題跋顯示，其為南宋時大理國畫工，活動時間相當理宗嘉熙(1237-1240)前後。善繪
　　　　　佛畫、人物。（見張勝溫畫梵像卷後題跋）

劉　耀

柳下泊舟圖	冊頁	絹	設色	17.1 × 27.6		美國 哈佛大學福格藝術館	1936.110

畫家小傳：劉耀。字耀卿。浙江錢塘人。劉朴之子。能世家學。善畫人物、山水，學馬遠、夏珪。（見圖繪寶鑑、畫史會要、中國畫家人名
　　　　　大辭典）

陳　容

墨龍圖	卷	絹	水墨	34.4 × 50.3		北京 故宮博物院	
五龍圖	卷	紙	設色	44.8 × 369		日本 東京國立博物館	TA-363
雲行雨施圖	卷	絹	水墨	不詳		日本 東京鈴木正夫先生	
九龍圖	卷	紙	設色	不詳		美國 波士頓美術館	
雲龍圖（殘）	卷	紙	水墨	不詳		美國 波士頓美術館	
雲行雨施圖	卷	紙	水墨	45 × ?		美國 紐約大都會藝術博物館	29.100.531
龍飛雲霧圖	卷	紙	水墨	36.5 × ?		美國 普林斯頓大學藝術館	47-188
五龍圖	卷	紙	水墨	34.4 × 59.7		美國 堪薩斯市納爾遜-艾金斯 藝術博物館	48-15

名稱	形式	質地	色彩	尺寸 高×寬cm	創作時間	收藏處所	典藏號碼
三陽開泰圖	卷	紙	水墨	23.1 × ?		美國 密歇根大學藝博館（密州 Mr.Cheng 寄存）	83.71.3
霖雨圖	軸	絹	水墨	173.9 × 94		台北 故宮博物院	故畫 01845
神龍沛雨圖	軸	絹	水墨	210.5×114.6		台北 故宮博物院	故畫 02966
雲龍圖	軸	絹	水墨	112.5 × 48.5		北京 中國美術館	
雲龍圖	軸	絹	水墨	205.3 × 130		廣州 廣東省博物館	
龍圖	軸	絹	水墨	190.9×112.1		日本 東京德川黎明會	
龍圖	軸	紙	水墨	29.7 × 67		日本 東京酒井忠正先生	
雲龍圖	軸	絹	水墨	138.2 × 80.2		日本 熊本縣松田文庫	1-201
墨龍圖	軸	絹	水墨	185.8×106.1		日本 私人	
雙龍戲海圖	軸	絹	水墨	135.2 × 84		美國 聖路易斯市藝術館	92.1927
蛟龍（唐宋元明四朝合璧冊之5）	冊頁	絹	水墨	24.6 × 57		台北 故宮博物院	故畫 03458-5
神龍行雨（集珍壽古冊之1）	冊頁	絹	水墨	22.2 × 21.9		台北 故宮博物院	故畫 03485-1
雷雨升龍（雲煙攬勝冊之1）	冊頁	絹	水墨	21.6 × 56.6		台北 故宮博物院	故畫 03500-1
附：							
雲龍圖	冊頁	紙	水墨	26 × 34.2	寶祐三年（乙卯，1255）四月」	紐約 佳士得藝品拍賣公司/拍賣目錄 1996,9,18.	

畫家小傳：陳容。字公儲。號所翁。福建長樂（一作福唐、臨川）人。理宗端平二(1235)年進士。歷官至國子監主簿、莆田守。善畫龍水，神妙無方，與北宋初董羽齊名，為畫史最負盛名之畫龍家。（見圖繪寶鑑、閩畫記、江西通志、金谿縣志、歷代名畫跋、中國畫家人名大辭典）

陳 珩

名稱	形式	質地	色彩	尺寸 高×寬cm	創作時間	收藏處所	典藏號碼
龍子圖（唐繪手鑑筆耕圖下冊之33）	冊頁	絹	設色	24.5 × 24		日本 東京國立博物館	TA-487
山水(宋人集繪冊之8)	冊頁	絹	設色	不詳		日本 京都小川睦之助先生	

畫家小傳：陳珩。福建長樂人。陳容之弟。亦善畫龍水。及作水墨枯荷、折葦、蟲魚、蟹鵲等雜畫，極有生意。（見圖繪寶鑑、畫繼補遺、閩畫記、福建續志、中國畫家人名大辭典）

魯宗貴

名稱	形式	質地	色彩	尺寸 高×寬cm	創作時間	收藏處所	典藏號碼
春韶鳴喜	軸	絹	設色	164 × 77.9		台北 故宮博物院	故畫 00128

名稱	形式	質地	色彩	尺寸 高×寬cm	創作時間	收藏處所	典藏號碼
雪柳鴻雁圖	軸	絹	設色	182.7 × 104.6		美國 西雅圖市藝術館	36.118
買春梅苑（唐宋元畫集錦冊之16）	冊頁	絹	設色	31.5 × 29.3		台北 故宮博物院	故畫 01239-16
署葵引蝶（藝苑藏真下冊之7）	紈扇面 絹		設色	22.8 × 23.6		台北 故宮博物院	故畫 01241-7
蔬圃秋蟲（集珍壽古冊之6）	冊頁	絹	設色	23.5 × 23.4		台北 故宮博物院	故畫 03485-6

畫家小傳：魯宗貴。浙江錢塘人。理宗紹定(1228-1233)間，畫院待詔。善寫花竹、鳥獸、窠石，描染極佳。寫生雞雛、乳鴨，最妙。（見圖繪寶鑑、畫史會要、中國畫家人名大辭典）

方椿年

名稱	形式	質地	色彩	尺寸 高×寬cm	創作時間	收藏處所	典藏號碼
諸仙彙祝	卷	絹	設色	57.7 × 653	淳祐八年戊申歲(1248)	台北 故宮博物院	故畫 01478
南極呈祥天女散花	卷	絹	設色			美國 賓夕法尼亞州大學藝術館	
神仙遊戲	軸	絹	設色	121.2 × 78.1		美國 華盛頓特區弗瑞藝術館	16.588
柳堤遊騎（集古藏真冊之2）	冊頁	絹	設色	33.5 × 38.8		台北 故宮博物院	故畫 03483-2
攜琴竹月（集珍壽古冊之9）	冊頁	絹	設色	21.2 × 96.9		台北 故宮博物院	故畫 03485-9

畫家小傳：方椿年。浙江錢塘人。理宗紹定(1228-1233)畫院待詔，景定(1260-1264)間升祗候。工畫道釋、神仙、人物故事及設色山水。（見圖繪寶鑑、畫史會要、中國畫家人名大辭典）

史顯祖

名稱	形式	質地	色彩	尺寸 高×寬cm	創作時間	收藏處所	典藏號碼
桐院延涼（集珍壽古冊第4幀）	冊頁	絹	設色	24.5 × 24.2		台北 故宮博物院	故畫 03485-4

畫家小傳：史顯祖。浙江杭州人。理宗端平(1234-1236)間畫院待詔。工畫人物、仕女，兼善青綠山水。（見圖繪寶鑑、杭州府志、中國畫家人名大辭典）

張翼

名稱	形式	質地	色彩	尺寸 高×寬cm	創作時間	收藏處所	典藏號碼
采蓮仕女圖	冊頁	絹	設色	24.3 × 27.1		美國 西雅圖市藝術館	4776

畫家小傳：張翼。字性之。號竹林。江蘇江寧人。初學畫於紹定（1228-1233）畫院待詔胡彥龍，成於盛師顏。善於人物、道像、雜畫等，尤工逸筆。（見圖繪寶鑑、中國畫家人名大辭典）

牟益

名稱	形式	質地	色彩	尺寸 高×寬cm	創作時間	收藏處所	典藏號碼
擣衣圖	卷	紙	白描	27.1 × 266.4	嘉熙庚子（四年，1240）良月既望	台北 故宮博物院	故畫 00999
茸坡促織（藝苑藏真下冊之8）	紈扇面 絹		水墨	20.6 × 21		台北 故宮博物院	故畫 01241-8

名稱	形式	質地	色彩	尺寸 高x寬cm	創作時間	收藏處所	典藏號碼

畫家小傳：牟益。字德新。四川人。活動於理宗時。工畫人物、仕女，入能品。(見圖繪寶鑑、中國畫家人名大辭典)

吳俊臣

| 洛水凌波（宋人集繪冊之7） | 紈扇面 | 絹 | 設色 | 23.1 x 22.8 | | 台北 故宮博物院 | 故畫 01250-7 |

畫家小傳：吳俊臣。江南人。理宗淳祐(1241-1252) 間，畫院待詔。善畫人物、山水，畫雪景師朱銳。(見圖繪寶鑑、中國畫家人名大辭典)

葉肖巖

| 西湖十景圖(10幀) | 冊 | 絹 | 設色 | （每幀）23.9 x 20.2 | | 台北 故宮博物院 | 故畫 01118 |
| 山水（宋人集繪冊 10 之 9） | 冊頁 | 絹 | 設色 | 不詳 | | 日本 京都小川睦之助先生 | |

畫家小傳：葉肖巖。浙江杭州人。有名於理宗寶祐(1253-1258) 年間。工畫傳寫、人物、小景，風貌近似馬遠。(見圖繪寶鑑、畫史會要、中國畫家人名大辭典)

陳清波

| 湖山春曉圖 | 冊頁 | 絹 | 設色 | 25 x 26.7 | 乙未（端平二年，1235） | 北京 故宮博物院 | |

畫家小傳：陳清波。錢塘人。理宗寶祐(1253-1258) 畫院待詔。善畫山水，多作西湖景致。見圖繪寶鑑、畫史會要、中國畫家人名大辭典)

張 仲

| 牧羊圖（歷代集繪冊之9） | 冊頁 | 絹 | 設色 | 不詳 | 丁卯年（咸淳三年，1267） | 台北 故宮博物院 | 故畫 01254-9 |

畫家小傳：張仲。籍里不詳。理宗寶祐(1253-1258) 畫院待詔。善畫花禽，筆法可比林椿；亦工畫山水、人物。(見圖繪寶鑑、畫史會要、中國畫家人名大辭典)

朱懷瑾

溪山雪霽（集珍壽古冊之10）	冊頁	絹	設色	25.3 x 23.5		台北 故宮博物院	故畫 03485-10
江亭攬勝圖（唐宋元集繪冊之10）	冊頁	絹	設色	25 x 26		瀋陽 遼寧省博物館	
溪畔獨釣圖	紈扇面	絹	設色	25.5 x 24.2		美國 華盛頓特區弗瑞爾藝術館	09.174

畫家小傳：朱懷瑾。浙江錢塘人。理宗寶祐(1253-1258) 畫院待詔。工畫人物、山水，用墨師法夏珪，惟謹守規矩欠瀟洒。(見圖繪寶鑑、杭州府志、中國畫家人名大辭典)

馬永忠

名稱	形式	質地	色彩	尺寸 高×寬㎝	創作時間	收藏處所	典藏號碼
水榭荷香（宋人集繪冊之8）	冊頁	絹	青綠	25.3 × 31.1		台北 故宮博物院	故畫 01250-8
山水（宋元名繪冊之3）	冊頁	絹	設色	不詳		台北 故宮博物院	故畫 03466-3

畫家小傳：馬永忠。浙江錢塘人。理宗寶祐(1253-1258) 畫院待詔。工畫道釋、人物，師於李嵩，李嵩多令其代筆。(見圖繪寶鑑、畫史會要、中國畫家人名大辭典）

范安仁

名稱	形式	質地	色彩	尺寸 高×寬㎝	創作時間	收藏處所	典藏號碼
魚藻圖	卷	絹	水墨	25.5 × 96.5		台北 故宮博物院	故畫 00998
游魚圖（2幅）	軸	絹	設色	不詳		日本 東京團伊能先生	
荷蟹圖	軸	絹	設色	23 × 28.6		日本 東京岡崎正也先生	
游鯉圖	軸	絹	設色	70.6 × 44.8		日本 東京岡崎正也先生	
遊魚圖	紈扇面	紙	設色	20 × 28.2		日本 東京馬越恭平先生	
藻間游魚圖	軸	紙	設色	108.8 × 57.6		日本 兵庫縣村山長舉先生	
藻魚圖	軸	絹	水墨	73.7 × 38.5		日本 私人	

畫家小傳：范安仁。俗呼「范癩子」。浙江錢塘人。理宗寶祐(1253-1258)畫院待詔。善畫魚，作花下魚水最工。(見圖繪寶鑑、杭州府志、畫史會要、中國畫家人名大辭典）

朱 玉

名稱	形式	質地	色彩	尺寸 高×寬㎝	創作時間	收藏處所	典藏號碼
燈戲圖	卷	絹	水墨	29 × ?		香港 趙從衍先生	
太平風會圖	卷	紙	設色	26 ×790		美國 芝加哥藝術中心	1952.8

畫家小傳：朱玉。人稱柳林朱。浙江錢塘人。理宗寶祐(1253-1258)間，畫院待詔。善畫神、鬼。(見圖繪寶鑑、杭州府志、中國畫家人名大辭典）

宋汝志

名稱	形式	質地	色彩	尺寸 高×寬㎝	創作時間	收藏處所	典藏號碼
籠雀圖	軸	絹	設色	21.5 × 22.3		日本 東京國立博物館	TA-335

畫家小傳：宋汝志。浙江錢塘人。理宗景定(1260-1264)間畫院待詔。宋亡入元，於開元觀出家為道士，號碧雲。善畫山水、人物、花竹、翎毛，師於樓觀。(見圖繪寶鑑、畫史會要、中國畫家人名大辭典）

豐興組

名稱	形式	質地	色彩	尺寸 高×寬㎝	創作時間	收藏處所	典藏號碼
海天旭日圖	卷	絹	設色	29 × ?		台北 蘭千山館	
萬年青（楊萬里題詩）	軸	絹	設色	129.7 × 51.9	景定甲子（五年，1264）春王月旦穀	台北 故宮博物院	故畫 01888

畫家小傳：豐興祖。浙江錢塘人。理宗景定(1260-1264)間畫院待詔。善畫人物、界畫，師李嵩；亦工山水、花禽。(見圖繪寶鑑、畫史會要、中國畫家人名大辭典）

名稱	形式	質地	色彩	尺寸 高×寬cm	創作時間	收藏處所	典藏號碼

錢光甫

| 琳池漁藻（宋元明人合錦冊8） | 冊頁 | 絹 | 設色 | 24 × 28.1 | | 台北 故宮博物院 | 故畫 03477-8 |

畫家小傳：錢光甫（一作光普）。浙江杭州人。理宗景定(1260-1264)間畫院待詔。專門畫魚，布景精妙，如活可愛。（見圖繪寶鑑、杭州府志、中國畫家人名大辭典）

徐廣道

附：

| 荷塘水禽圖 | 軸 | 絹 | 設色 | 135.8 × 65.3 | 景定庚申（元年（ ，1260）元月 | 紐約 佳士得藝品拍賣公司/拍 賣目錄 1987.12.11. | |

畫家小傳：徐廣道。號古巖。浙江杭州人。景定間，待詔畫院。善畫花鳥，師樓觀。（見圖繪寶鑑、畫史會要、杭州府志、中國畫家人名大辭典）

朱惟德

| 江亭攬勝圖 | 紈扇面 | 絹 | 設色 | 不詳 | | 瀋陽 遼寧省博物館 | |

畫家小傳：朱惟德。畫史無載。身世待考。

（釋）蘿 窗

竹雞圖	軸	絹	設色	96.4 × 42.4		日本 東京國立博物館	
敗荷落雁圖	軸	絹	水墨	90.6 × 40		日本 東京朝吹常吉先生	
瀧見觀音圖	軸	絹	水墨	103.8 × 40.5		日本 私人	
蘆雁圖	軸	紙	水墨	28.4 × 27.4		日本 私人	
寒山圖	軸	紙	水墨	58.9 × 28.7		美國 勃克萊加州大學藝術館	1970.99

畫家小傳：蘿窗。僧。姓氏、籍里不詳。居杭州西湖六通寺。善繪畫，畫風與釋法常類似。（見圖繪寶鑑、中國畫家人名大辭典）

（釋）無 準

達磨圖	軸	紙	水墨	84.8 × 30.3		日本 東京德川義親先生	
郁山主政	軸	紙	水墨	84.8 × 30.3		日本 東京德川義親先生	
黃牛圖	軸	紙	水墨	84.8 × 30.3		日本 東京德川義親先生	
騎驢人物圖	軸	紙	水墨	64.3 × 33		美國 紐約顧洛阜先生	

畫家小傳：無準。僧。畫史無載。身世待考。

直 翁

| 出山釋迦圖 | 軸 | 絹 | 設色 | 120.2 × 64.4 | | 日本 東京出光美術館 | |

名稱	形式	質地	色彩	尺寸 高x寬cm	創作時間	收藏處所	典藏號碼
蜆子和尚圖	軸	紙	水墨	64.5 × 31.7		日本 私人	

畫家小傳：直翁。畫史無載。身世待考。

周東卿

漁樂圖	卷	紙	設色	30.8 × ？		美國 紐約大都會藝術博物館	47.18.10

畫家小傳：周東卿。籍里不詳。與文天祥為友。善畫魚。（見文文山集、中國畫家人名大辭典）

王 輝

山水人物圖 (唐繪手鑑筆耕圖 下冊之54)	冊頁	絹	設色	19.2 × 18.9		日本 東京國立博物館	TA-487

畫家小傳：王輝。浙江錢塘人。能用左手描寫作畫，時人目為左手王。理宗、度宗間，畫院祗候。工畫道釋、人物、山水。（見圖繪寶鑑、
　　　　中國畫家人名大辭典）

於子明

蓮池水禽圖（2幅）	軸	絹	設色	（每幅）122 × 74.8		日本 京都知恩院	

畫家小傳：于子明。畫史無載。據存世畫作上鈐有「毗陵於氏」印推測，應為寧宗嘉定(1208-1224) 間，專以繪畫荷花、草蟲享譽於時之毗
　　　　陵於青年家族。

樓 觀

溪山雪霽圖	軸	絹	設色	不詳		台北 故宮博物院	國贈 006507
山水人物	軸	絹	設色	202 × 104		美國 紐約亞洲社（The Asia-Society）	
石勒問道圖	軸	絹	設色	176.5 × 88.7		美國 紐約王季遷明德堂	
山水圖	軸	絹	設色	122.6 × 41.3		瑞典 斯德哥爾摩遠東古物館	NMOK 34
霜林嘉實（宋元集繪冊之19）	紈扇面	絹	設色	24.3 × 24.3		台北 故宮博物院	故畫 01246-19
園林秋色圖（唐宋名蹟冊之6）	紈扇面	絹	設色	24.4 × 24.8		台北 故宮博物院	故畫 01251-6
江頭泊舟圖	紈扇面	絹	設色	不詳		日本 東京岡崎正也先生	

畫家小傳：樓觀。浙江錢塘人。度宗咸淳(1265-1274)畫院祗候。善畫山水、人物，師法馬遠；又工設色花鳥，亦妙。（見畫鑒、杭州府志
　　　　、畫史會要、中國畫家人名大辭典）

李永年

喜鵲野兔	冊頁	絹	設色	24.7 × 24		美國 克利夫蘭藝術博物館	

畫家小傳：李永年。浙江錢塘人。李萬從子。能世家學。工畫道釋、人物。度宗咸淳(1265-1274)中，為畫院祗候。（見圖繪寶鑑、畫史會
　　　　要、中國畫家人名大辭典）

名稱	形式	質地	色彩	尺寸 高x寬㎝	創作時間	收藏處所	典藏號碼

衛 昇

| 寫生紫薇（宋元集繪冊之18） | 紈扇面 | 絹 | 設色 | 23.8 x 25.3 | | 台北 故宮博物院 | 故畫 01246-18 |

畫家小傳：衛昇。籍里、身世、活動時間均不詳。工畫花鳥。（見圖繪寶鑑、中國畫家人名大辭典）

馮大有

| 太液荷風（宋元集繪冊之9） | 紈扇面 | 絹 | 設色 | 23.8 x 25.1 | | 台北 故宮博物院 | 故畫 01246-9 |

畫家小傳：馮大有。號怡齋。寓居江蘇吳門。活動時間不詳。善畫蓮花，能寫陰、晴、風、雨四種情態，精巧入格。（見圖繪寶鑑、吳縣志、中國畫家人名大辭典）

何青年

| 麻姑仙像 | 軸 | 絹 | 設色 | 110.8 x 51.6 | | 台北 故宮博物院 | 故畫 01846 |

畫家小傳：何青年。浙江錢塘人。身世、活動時間不詳。善畫道釋、人物。（見圖繪寶鑑、杭州府志、中國畫家人名大辭典）

儲大有

| 蜂竹牽牛花（諸仙妙繪冊之6） | 冊頁 | 絹 | 設色 | 25.2 x 27.4 | | 台北 故宮博物院 | 故畫 03501-6 |

畫家小傳：儲大有。籍里、身世、活動時間均不詳。工畫花、竹。（見圖繪寶鑑、畫史會要、中國畫家人名大辭典）

李 椿

| 牧牛圖 | 紈扇面 | 絹 | 設色 | 24.8 x 25.7 | | 美國 克利夫蘭藝術博物館 | |

畫家小傳：李椿。畫史無載。身世待考。

王 藻

| 牧牛圖 | 軸 | 絹 | 水墨 | 136.4 x 75.8 | | 日本 京都藤井善助先生 | |

畫家小傳：王藻。籍里、身世、活動時間均不詳。工畫牛、馬。（見圖繪寶鑑、中國畫家人名大辭典）

李 確

| 布袋圖（偃谿黃聞贊） | 軸 | 紙 | 水墨 | 104.8 x 32.1 | | 日本 京都妙心寺 | |
| 豐干圖（偃谿黃聞贊） | 軸 | 紙 | 水墨 | 104.8 x 32.1 | | 日本 京都妙心寺 | |

畫家小傳：李確。籍里、身世、活動時間均不詳。善畫白描人物，學梁楷。（見圖繪寶鑑、南陽名畫表、中國畫家人名大辭典）

白思恭

| 釋迦、文殊、普賢圖（3幅） | 軸 | 絹 | 設色 | 不詳 | | 日本 東京井上三郎先生 | |

畫家小傳：白思恭。度宗咸淳間（1265-1274）人。籍里、身世不詳。工畫神佛。（見圖繪寶鑑補遺、中國美術家人名辭典）

張思恭

名稱	形式	質地	色彩	尺寸 高x寬cm	創作時間	收藏處所	典藏號碼
出山釋迦圖	軸	絹	設色	136 × 58.2		日本 東京岡崎正也先生	
阿彌陀三尊像	軸	絹	設色	100.3 × 54.2		日本 東京井上侯爵先生	
不空三藏像	軸	絹	設色	120.9 × 59.1		日本 京都高山寺	
頭陀釋迦圖	軸	絹	設色	91 × 42.2		日本 神奈川縣野口一太郎先生	
釋迦牟尼像	軸	絹	設色	99.1 × 51.9		日本 神奈川縣建長寺	
羅漢圖	軸	絹	設色	106.1 × 49.7		日本 私人	
菩薩像	軸	紙	設色	不詳		美國 波士頓美術館	
文殊像	軸	絹	設色	117.1 × 53.8		美國 勃克萊加州大學藝術館	1976.19

畫家小傳：張思恭。畫史無載。身世待考。

張月壺

名稱	形式	質地	色彩	尺寸	創作時間	收藏處所	典藏號碼
白衣觀音圖	軸	紙	水墨	不詳		日本 東京熱海美術館	
白衣觀音像（福山無學祖元題）	軸	絹	水墨	87.5 × 46.1		日本 大阪市立美術館	
白衣觀音圖	軸	絹	水墨	109.5 × 47.7		日本 岡山縣立美術館	
石座觀音像	軸	絹	設色	90.9 × 45.4		日本 神戶川崎先生	
水月觀音圖	軸	絹	設色	不詳		日本 兵庫縣武藤全夫先生	
白衣觀音像	軸	紙	水墨	104 × 42.3		美國 克利夫蘭藝術博物館	72.160

附：

| 水月觀音圖 | 軸 | 絹 | 水墨 | 86 × 44 | | 紐約 佳仕得藝品拍賣公司/拍賣目錄 1986,12,01. | |

畫家小傳：張月壺（或作張月湖）。畫史無載。身世待考。

徐祚

| 漁釣圖 | 軸 | 絹 | 設色 | 82.7 × 49.4 | | 日本 東京出光美術館 | |

畫家小傳：徐祚。畫史無載。身世待考。

吳叔明

| 秋山蕭寺圖 | 紈扇面 | 紙 | 設色 | 25 × 27 | | 日本 東京早崎梗吉先生 | |

畫家小傳：吳叔明。畫史無載。身世待考。

陸信忠

| 涅槃像 | 軸 | 絹 | 設色 | 156 × 83 | | 日本 奈良國立博物院 | |

名稱	形式	質地	色彩	尺寸 高x寬cm	創作時間	收藏處所	典藏號碼
十六羅漢像（16幅）	軸	絹	設色	（每軸）115.1 x 50.9		日本 京都相國寺	
十王圖（殘存宋帝王、五官王 2幅）	軸	絹	設色	不詳		日本 京都緣城寺	
地藏、十王像（11幅）	軸	絹	設色	不詳		日本 滋賀縣永源寺	
十王像（10幅）	軸	絹	設色	不詳		日本 兵庫縣淨土寺	
閻王圖（原地藏、十王圖10 之1）	軸	絹	設色	53 x 36.4		日本 香川縣法然寺	
十王圖（10幅）	軸	紙	設色	（每軸）79.5 x 50.5		日本 滋賀縣西教寺	
羅漢圖（原十六羅漢圖之1）	軸	絹	設色	不詳		美國 波士頓美術館	
第七泰山王（原十閻王圖之1 ）	軸	絹	設色	84.8 x 50.4		西德 柏林東亞藝術博物館	1962-14

畫家小傳：陸信忠。畫史無載。身世待考。

金大受

名稱	形式	質地	色彩	尺寸 高x寬cm	創作時間	收藏處所	典藏號碼
十六羅漢圖（殘存10幅）	軸	絹	設色	（每幅）116.7 x 50.1		日本 東京國立博物館	
羅漢像（5幅）	軸	絹	設色	（每幅）136.4 x 51.5		日本 東京原邦造先生	
羅漢像	軸	絹	設色	130.3 x 94.5		日本 京都南禪寺	
羅漢圖	軸	絹	設色	117 x 50		日本 群馬縣立近代美術館	
閻王圖	軸	絹	設色	111 x 47		美國 波士頓美術館	
十閻王圖（殘存5幅）	軸	絹	設色	（每軸）111 x 47		美國 紐約大都會藝術博物館	30.76.290--2 94

畫家小傳：金大受。號西京居士。畫史無載。身世待考。

劉國用

名稱	形式	質地	色彩	尺寸 高x寬cm	創作時間	收藏處所	典藏號碼
鳥巢禪師圖	軸	紙	設色	96.6 x 43.6		英國 倫敦大英博物館	1936.10.9.077 （ADD157）

畫家小傳：劉國用。畫史無載。身世待考。

楊子賢

名稱	形式	質地	色彩	尺寸 高x寬cm	創作時間	收藏處所	典藏號碼
江邊秋景圖	軸	絹	水墨	44.0 x 30.7		日本 私人	

畫家小傳：楊子賢。畫史無載。身世待考。

名稱	形式	質地	色彩	尺寸 高x寬cm	創作時間	收藏處所	典藏號碼

秦汝恆

| 四季花鳥圖 | 卷 | 紙 | 設色 | 32 x 790 | | 杭州 浙江省杭州市文物考古所 | |
| 蘆渚歸鴻（集珍壽古冊之7） | 冊頁 | 絹 | 設色 | 22.2 x 24.2 | | 台北 故宮博物院 | 故畫 03485-7 |

畫家小傳：秦汝恆。畫史無載。身世待考。

李 相

| 東籬秋色圖 | 軸 | 絹 | 設色 | 169. x 107.7 | | 台北 故宮博物院 | 中畫 00056 |

畫家小傳：李相。作品款印，自署「石泉李相」、「五溪居士」。畫史無載。身世待考。

高 鳳

| 山水 | 卷 | 絹 | 設色 | 28 x 454 | | 台北 故宮博物院 | 故畫 01488 |

畫家小傳：高鳳。畫史無載。身世待考。

柴居正

| 溪山古渡（名繪輯珍冊之4） | 冊頁 | 絹 | 設色 | 29.6 x 24.7 | | 台北 故宮博物院 | 故畫 03487-4 |

畫家小傳：柴居正。畫史無載。身世待考。

何 荃

| 草堂客話圖 | 冊頁 | 絹 | 設色 | 23 x 24 | | 北京 故宮博物院 | |

畫家小傳：何荃。畫史無載。身世待考。

梁禿山

| 奔犢圖 | 卷 | 紙 | 水墨 | 28.3 x 86.7 | | 上海 上海博物館 | |

畫家小傳：梁禿山。畫史無載。身世待考。

樸 庵

| 煙江欲雨圖 | 冊頁 | 絹 | 水墨 | 24.9 x 26.3 | | 上海 上海博物館 | |

畫家小傳：樸庵。畫史無載。身世待考。

龔 開

| 鍾進士移居圖 | 卷 | 絹 | 設色 | 11.1 x 332.6 | | 台北 故宮博物院 | 中畫 00011 |

名稱	形式	質地	色彩	尺寸 高×寬㎝	創作時間	收藏處所	典藏號碼
駿骨圖	卷	紙	水墨	30 × 57		日本 大阪市立美術館	
中山出遊圖	卷	紙	水墨	32.8 × 169.5		美國 華盛頓特區弗瑞爾藝術館	38.4
胡笳十八拍圖	卷	紙	水墨	30.6 × 770		美國 華盛頓特區弗瑞爾藝術館	19.171
天香書屋	軸	絹	青綠	145.3 × 79.6	寶祐癸丑（元年，1253）仲秋	台北 故宮博物院	故畫 01847
人物圖	軸	絹	水墨	不詳		台北 故宮博物院	國贈 006511
米法山水圖	軸	紙	水墨	138.5 × 53		日本 高松難波恆三郎先生	
三星圖	軸	絹	水墨	174.2 × 94.2		美國 華盛頓特區弗瑞爾藝術館	16.587
蘆汀醉臥圖	軸	紙	水墨	104.3 × 55.5		美國 華盛頓特區弗瑞爾藝術館	16.537
鷺鷥捕魚鳥	軸	絹	設色	144.5 × 58.9		美國 華盛頓特區弗瑞爾藝術館	16.40
密雪寒鴉圖	軸	絹	水墨	191.4 × 85.3		美國 華盛頓特區弗瑞爾藝術館	16.544
造煉圖（13幀）	冊	絹	設色	（每幀）32 × 52.6		美國 西雅圖市藝術館	47.70.1-13

畫家小傳：龔開。字聖予。號翠巖。淮陰人。生於寧宗嘉定十五（1222）年。卒於元成宗大德八（1304）年。曾官兩淮制置司監官。入元，隱居不仕。工詩善書畫。畫善山水、人馬、鍾馗和鬼，畫馬師唐曹霸。（見圖繪寶鑑、宋詩紀事、癸未雜識、書畫題跋記、中國畫家人名大辭典）

鄭思肖

名稱	形式	質地	色彩	尺寸 高×寬㎝	創作時間	收藏處所	典藏號碼
墨竹	卷	紙	水墨	17.5 × 107.8		日本 東京高島菊次郎槐安居	
墨蘭圖	卷	紙	水墨	25.7 × 42.4	丙午（大德十年，1306）正月十五日作此壹卷	日本 大阪市立美術館	
墨蘭圖	卷	紙	水墨	23.2 × 55.3		美國 耶魯大學藝術館	1952.52.20
墨蘭圖	卷	紙	水墨	25.4 × 94.5	丙午（大德十年，1306）正月十五日作此壹卷	美國 華盛頓特區弗瑞爾藝術館	33.9
畫龍（宋元明集繪冊之1）	冊頁	絹	設色	31.5 × 22.4		台北 故宮博物院	故畫 03473-3

名稱	形式	質地	色彩	尺寸 高×寬cm	創作時間	收藏處所	典藏號碼

畫家小傳：鄭思肖。字憶翁。號所南、三外野人。福州連江人。生於理宗嘉熙三(1239)年。卒於元仁宗延祐三(1316)年。入元，隱居不仕。善畫墨蘭、竹。畫蘭多露根不寫地坡，暗寓自己已成無地可棲之人。(見圖繪寶鑑、輟耕錄、梧溪集、姑蘇志、宋詩紀事、梧溪集、鐵網珊瑚、中國畫家人名大辭典)

（釋）居 簡

對月圖	軸	紙	水墨	95.1 x 35.5		日本 東京出光美術館	

畫家小傳：居簡。僧。字北磵。寧宗嘉定間人，曾任台州報恩寺、孝禪寺住持。能文、工書。(見江蘇通志稿、江蘇金石志卷十四、澱山會靈廟記碑)

徐 澤

白鷹圖	軸	絹	設色	50.3 x 39.1		日本 京都國立博物館(上野有竹齋寄贈)	A甲 204
鷙鷹圖	軸	絹	設色	147.7 x 67.8		日本 福岡市美術館	4-B-195
蓮鷺圖	軸	紙	設色	85.4 x 33.8		日本 私人	
架鷹圖	軸	絹	設色	112.2 x 50.7		日本 私人	

畫家小傳：徐澤。畫史無載。身世待考。

紅 眉

馬師皇圖	軸	絹	設色	86.5 x 105		日本 東京出光美術館	

畫家小傳：紅眉。籍里、身世均不詳。工畫人物。(見日本君臺觀左右帳記、中國美術家人名辭典)

韓 晟

嬰戲圖	軸	絹	設色	139.2 x 76		美國 紐約大都會藝術博物館	1987.150

畫家小傳：韓晟。畫史無載。身世待考。

朱 □

溪山行旅圖	冊頁	絹	設色	26 x 24.8		上海 上海博物館	

畫家小傳：朱□。名不詳。畫史無載。身世待考。

殷元良

鶉圖	軸	紙	設色	不詳		日本 東京大倉集古館	

畫家小傳：殷元良。畫史無載。身世待考。

名稱	形式	質地	色彩	尺寸 高×寬㎝	創作時間	收藏處所	典藏號碼

無名氏

（佛、道宗教畫）

西嶽降靈圖	卷	絹	水墨	26.7 × 524.8		北京 故宮博物院	
番王禮佛圖	卷	紙	水墨	34.3 × 133		北京 故宮博物院	
護法天王圖（原題唐王維畫）	卷	絹	設色	34 × 153.5		日本 大阪市立美術館	
羅漢圖	卷	紙	水墨	30.3 × 62.6		日本 私人	
佛會圖	卷	紙	設色	28 × 52.4		美國 華盛頓特區弗瑞爾藝術館	26.1
妙法蓮華經變圖	卷	紙	泥金	24.2 × 78.7		美國 克利夫蘭藝術博物館	
十六羅漢圖	卷	紙	設色	32.7 × 374.5		美國 堪薩斯市納爾遜-艾金斯藝術博物館	
如來說法圖	軸	絹	設色	188.1× 111.3		台北 故宮博物院	故畫 00854
文殊像	軸	絹	設色	95.4 × 49.5		台北 故宮博物院	故畫 00160
無量壽佛	軸	紙	設色	93.7 × 55.1		台北 故宮博物院	故畫 01304
佛像	軸	絹	設色	120.3 × 59.5		台北 故宮博物院	故畫 00163
佛像	軸	絹	設色	104.9 × 56.9		台北 故宮博物院	故畫 01927
佛像	軸	絹	設色	143.7 × 81.5		台北 故宮博物院	故畫 01864
魚籃觀音	軸	絹	設色	108.5 × 61		台北 故宮博物院	故畫 00158
千手千眼觀世世音菩薩	軸	絹	設色	176.8 × 79.2		台北 故宮博物院	故畫 00157
白描大士像	軸	紙	水墨	78.5 × 44.7		台北 故宮博物院	故畫 00159
觀音大士	軸	絹	設色	131.7 × 56.2		台北 中央博物院	中畫 00014
準提像	軸	絹	設色	65.2 × 29.8		台北 故宮博物院	故畫 01924
十六尊者像 (16幅)	軸	絹	設色	（每幅）112 × 52.7		台北 故宮博物院	故畫 01868～ 01883
十八羅漢 (18幅)	軸	絹	設色	（每幅）128.5 × 74.8		台北 故宮博物院	故畫 01900～ 01917
羅漢	軸	絹	設色	105.5 × 55.6		台北 故宮博物院	故畫 01866
羅漢	軸	絹	設色	42.2 × 27.3		台北 故宮博物院	故畫 01867
應真渡水	軸	絹	設色	92.3 × 51.3		台北 故宮博物院	故畫 01921
羅漢	軸	絹	設色	124.8 × 62.6		台北 故宮博物院	故畫 01923
十八應真	軸	紙	設色	130 × 37.9		台北 故宮博物院	故畫 01925
羅漢	軸	絹	設色	97.9 × 50.8		台北 故宮博物院	故畫 01926
維摩圖	軸	絹	設色	107.4 × 68.1		台北 故宮博物院	故畫 00161
壽星	軸	絹	設色	172 × 92.6		台北 故宮博物院	故畫 02967

名稱	形式	質地	色彩	尺寸 高×寬 cm	創作時間	收藏處所	典藏號碼
童貞像（僧志恩題贊）	軸	紙	水墨	52.5 × 26		台北 故宮博物院	故畫 01308
達摩像	軸	絹	設色	109.1 × 56.5		台北 故宮博物院	故畫 01303
達摩	軸	紙	設色	127.4 × 61.2		台北 故宮博物院	故畫 01863
長生法會圖	軸	絹	設色	190.4 × 90.4		台北 故宮博物院	故畫 00156
貝經清課圖	軸	絹	設色	122.2 × 68.5		台北 故宮博物院	故畫 00162
仙巖壽鹿	軸	絹	設色	117.2 × 61.3		台北 故宮博物院	故畫 00165
果老仙蹤	軸	絹	設色	183.8 × 1041		台北 故宮博物院	故畫 00166
瓊台仙侶	軸	絹	設色	138 × 74.7		台北 故宮博物院	故畫 00167
采芝仙	軸	絹	設色	102.7 × 48.4		台北 故宮博物院	故畫 00168
調鶴采花仙	軸	絹	設色	140.4 × 78.1		台北 故宮博物院	故畫 00169
潑墨仙人	軸	紙	水墨	53.4 × 24.6		台北 故宮博物院	故畫 00164
閻王圖	軸	紙	設色	163.5 × 89.9		澳門 賈梅士博物館	
燃燈佛授記釋迦文圖	軸	絹	青綠	26.2 × 38.2		瀋陽 遼寧省博物館	
大儺圖	軸	絹	設色	67.5 × 59		北京 故宮博物院	
羅漢圖	軸	絹	設色	134 × 68		北京 徐悲鴻紀念館	
四天王像（銀杏木函 4 面）	軸	木	設色	（每面）124 × 42.5	大中祥符六年（癸酉，1013）	蘇州 江蘇蘇州博物館	
佛經故事圖（4 幅，殘）	軸	木	泥金	不詳	慶曆二年（壬子，1042）	杭州 浙江省博物館	
水月觀音像	軸	絹	設色	104 × 60.8	建隆二年，辛酉（961）	成都 四川省博物院	
菩薩像	軸	絹	設色	94.4 × 56.5	開寶二年（己巳，969）	成都 四川省博物院	
柳枝觀音像	軸	絹	設色	80.4 × 50.2		成都 四川省博物院	
第十五阿氏多尊者像	軸	絹	水墨	111.4 × 50.5		重慶 重慶市博物院	
伏虎羅漢圖	軸	絹	設色	98.5 × 52.5		廣州 廣東省博物館	
千手千眼觀音圖	軸	絹	設色	76 × 60		安西 甘肅省安西縣博物館	
羅漢像	軸	紺紙	泥金	28.8 × 26.7		日本 東京帝室博物館	
羅漢	軸	絹	水墨	不詳		日本 東京根津美術館	
朱衣達摩圖（明州阿育王山住持釋德光書贊）	軸	絹	設色	不詳	德光書於宋淳熙十六年(己酉，1189)六月初三日	日本 東京根津美術館	
楊柳觀音圖	軸	絹	設色	58.1 × 22.6		日本 東京出光美術館	
普化圖	軸	紙	水墨	74.5 × 29		日本 東京出光美術館	

名稱	形式	質地	色彩	尺寸 高×寬㎝	創作時間	收藏處所	典藏號碼
十六羅漢圖(16幅)	軸	絹	設色	不詳		日本 東京大倉集古館	
達摩、郁山主政、黃牛圖（3幅，有無準題贊）	軸	紙	水墨	不詳		日本 東京德川黎明會	
釋迦三尊、十六羅漢圖（19幅）	軸	絹	設色	不詳		日本 東京常盤山文庫	
孔雀明王像	軸	絹	設色	不詳		日本 東京常盤山文庫	
羅漢像	軸	絹	設色	128.3 × 55		日本 東京藝術大學	
觀音、猿、鷺圖（3幅）	軸	絹	水墨	（每幅）136.4 × 64.2		日本 東京田中武兵衛先生	
善財童子像	軸	紙	水墨	89.4 × 29.4		日本 東京久松定謨先生	
達磨像（德光贊）	軸	絹	設色	不詳		日本 東京根津嘉一郎先生	
圓悟禪師像	軸	絹	設色	不詳		日本 東京伊達興宗先生	
十王圖(10幅)	軸	絹	設色	不詳		日本 東京田地野貫洲先生	
地藏菩薩、二侍、十王圖(13幅)	軸	絹	設色	不詳		日本 東京岩崎小彌太先生	
地藏十王圖	軸	絹	設色	不詳		日本 東京小林一三先生	
豐干圖(徑山可宣贊)	軸	紙	水墨	不詳		日本 東京荻原安之助先生	
玄奘歸唐圖	軸	絹	設色	134.5 × 60		日本 橫濱原□富大郎先生	
十閻王像（10幅）	軸	絹	設色	（每幅）92.5 × 44.5		日本 神奈川縣立博物院	
如來說法圖	軸	絹	設色	不詳		日本 京都知恩寺	
阿彌陀淨土圖	軸	絹	設色	149.8 × 92.4		日本 京都知恩寺	A2328
靈山變相圖（版畫）	軸	紙	水墨	不詳		日本 京都新知恩院	
孔雀明王像	軸	絹	設色	168.8 × 103		日本 京都仁和寺	
十六羅漢像（16幅）	軸	絹	設色	（每幅）90 × 36.4		日本 京都清涼寺	
文殊菩薩騎獅像（版畫）	軸	紙	水墨	57.0 × 29.7		日本 京都清涼寺	
普賢菩薩騎象像（版畫）	軸	紙	水墨	53.6 × 28.3		日本 京都清涼寺	
阿彌佛陀像	軸	絹	設色	不詳		日本 京都 Shojoge-in	
釋迦牟尼（3幅）	軸	絹	設色	不詳		日本 京都禪林寺	
釋迦牟尼（3幅）	軸	絹	設色	不詳		日本 京都東福寺	
無準師範像	軸	絹	設色	124.8 × 55.2		日本 京都東福寺	
維摩居士像	軸	絹	水墨	84.5 × 53.9		日本 京都東福寺	
羅漢	軸	絹	設色	不詳		日本 京都二尊院	
達磨像(滅翁文禮贊)	軸	紙	水墨	106.1 × 32.4		日本 京都妙心寺	

名稱	形式	質地	色彩	尺寸 高×寬 cm	創作時間	收藏處所	典藏號碼
布袋像（黃聞贊）	軸	紙	水墨	106.1 × 32.4 3		日本 京都妙心寺	
豐干像（黃聞贊）	軸	紙	水墨	106.1 × 32.4 3		日本 京都妙心寺	
十六羅漢像（16幅）	軸	絹	設色	（每幅）131.8 × 65.2 3		日本 京都高台寺	
淨土五祖像	軸	絹	設色	114.2 × 61.5		日本 京都二尊院	
文殊菩薩像	軸	絹	設色	不詳		日本 京都守屋孝藏先生	
釋迦三尊像	軸	絹	設色	133.3 × 83.3		日本 神奈川建長寺	
觀經十六觀變相圖	軸	絹	設色	209 × 104.5		日本 長香寺	
天台大師像	軸	絹	設色	116.7 × 58.2		日本 滋賀縣西教寺	
無相居士圖（大慧宗杲贊）	軸	絹	水墨	97.0 × 44.1		日本 奈良大和文華館	
不動明王像	軸	絹	設色	不詳		日本 大阪細見亮市先生	
豐干、寒山、拾得圖（3幅）	軸	絹	水墨	不詳		日本 大阪藤田光一先生	
阿彌陀三尊來迎圖	軸	絹	設色	不詳		日本 長崎橋本辰二郎先生	
十六羅漢像（16幅）	軸	絹	設色	（每幅）130.6 × 50.9		日本 兵庫縣阿部房次郎先生	
達磨圖（拙庵德光贊）	軸	絹	設色	不詳		日本 兵庫縣阿部房次郎先生	
大日如來像	軸	絹	設色	不詳		日本 兵庫縣武藤金太先生	
雲房渡呂純陽圖	軸	絹	設色	不詳		日本 兵庫縣武藤金太先生	
羅漢圖（3幅）	軸	絹	設色	不詳		日本 愛媛縣久根定讚先生	
羅漢圖（2幅）	軸	絹	設色	不詳		日本 茨城縣法雲寺	
寒山拾得圖（石橋可宣贊）	軸	紙	水墨	91 × 33.5		日本 川崎市關谷德衛先生	
十六羅漢圖（16幅）	軸	絹	設色	不詳		日本 新潟縣岡村廣義先生	
不動明王像	軸	絹	設色	不詳		日本 山形縣上杉神社	
十六羅漢像（16幅）	軸	絹	設色	不詳		日本 廣島縣淨土寺	
如意輪觀音像	軸	絹	設色	不詳		日本 鹿兒島縣名越輝彥先生	
騎獅文殊圖	軸	絹	設色	不詳		日本 群馬縣半田壽一先生	
善才童子圖	軸	紙	水墨	89.8 × 29.4		日本 私人	
羅漢圖（2幅）	軸	絹	設色	（每幅）25.8 × 24.7		日本 私人	
白衣觀音圖	軸	絹	設色	40.5 × 41.5		日本 藏處不詳	
馬郎婦觀音圖	軸	紙	水墨	64.4 × 25.3		日本 藏處不詳	

名稱	形式	質地	色彩	尺寸 高x寬cm	創作時間	收藏處所	典藏號碼
豐干圖（石橋可宣贊）	軸	紙	水墨	90.9 × 33.1		日本 藏處不詳	
阿彌陀三尊像	軸	絹	設色	不詳		美國 波士頓美術館	
釋迦牟尼說法圖	軸	絹	設色	不詳		美國 波士頓美術館	
文殊菩薩像	軸	絹	設色	不詳		美國 波士頓美術館	
天官圖（三官圖之1）	軸	絹	設色	不詳		美國 波士頓美術館	
地官圖（三官圖之2 ）	軸	絹	設色	不詳		美國 波士頓美術館	
水官品（三官圖之3）	軸	絹	設色	不詳		美國 波士頓美術館	
阿彌陀如來圖	軸	絹	設色	136 × 58.3		美國 紐約大都會藝術博物館	1980.275
白衣觀音圖（石橋可宣贊）	軸	絹	水墨	79.9 × 36.9		美國 普林斯頓大學藝術館（ Edward Elliott 先生 寄存）	L22.70
釋迦像（西巖了惠贊）	軸	紙	水墨	92 × 31.7		美國 華盛頓特區弗瑞爾藝術 館	65.9
水月觀音菩薩像	軸	絹	設色	不詳		美國 華盛頓特區弗瑞爾藝術 館	
呂純陽像	軸	絹	設色	158.9 × 89.2		美國 華盛頓特區弗瑞爾藝術 館	16.586
蜆子和尚圖（簡翁居敬贊）	軸	紙	水墨	74.6 × 27.9		美國 華盛頓特區弗瑞爾藝術 館	64.9
阿彌陀佛協侍菩薩像	軸	絹	設色	133.5 × 79.3		美國 克利夫蘭藝術博物館	74.35
出山釋迦圖	軸	紙	淺設色	74.5 × 32.5		美國 克利夫蘭藝術博物館	70.2
普賢菩薩圖	軸	絹	設色	115.3 × 55.1		美國 克利夫蘭藝術博物館	62.161
面壁達摩圖	軸	絹	水墨	116.8 × 46.3		美國 克利夫蘭藝術博物館	72.41
大智律師像	軸	絹	設色	92.2 × 40.2		美國 克利夫蘭藝術博物館	74.29
觀音菩薩坐像（壁畫）	軸	土壁	設色	174.4× 127.7		美國 聖路易斯市藝術館	11.1951
飛天圖（壁畫）	軸	土壁	設色	44.3 × 54.4		美國 聖路易斯市藝術館	13.1951
飛天圖（壁畫）	軸	土壁	設色	42.3 × 58.4		美國 聖路易斯市藝術館	12.1951
維摩文殊問答圖（拓畫）	軸	紙	水墨	175.×255.5		美國 堪薩斯市納爾遜-艾金斯 藝術博物館	
觀音像	軸	絹	設色	不詳		美國 堪薩斯市納爾遜-艾金斯 藝術博物館	
供養佛像圖	軸	絹	設色	83 × 63		法國 巴黎居美博物館	
供養佛像圖	軸	絹	設色	不詳		法國 巴黎居美博物館	

名稱	形式	質地	色彩	尺寸 高x寬㎝	創作時間	收藏處所	典藏號碼
供養佛像圖	軸	絹	設色	不詳		法國 巴黎居美博物館	
十六應真像 (16幀)	冊	絹	設色	（每幀）26.6 × 27.1		台北 故宮博物院	故畫 03141
仙人圖	紈扇面	絹	設色	23.5 × 25.8		美國 紐約大都會藝術博物館	
那伽犀那羅漢圓（圖像畫）	紈扇面	絹	設色	10.8 × ？		瑞典 斯德哥爾摩遠東古物館	NMOK130
陸執像	卷	絹	設色	22.7 × 44.9		台北 故宮博物院	故畫 01008
七十二賢像	卷	絹	設色	33.4 × 466		北京 故宮博物院	
摹星宿像	卷	絹	設色	30 × 486.3		北京 故宮博物院	
八相圖像	卷	絹	設色	36.2 × 296.5		北京 故宮博物院	
朱熹畫像	卷	紙	設色	34 × 34		瀋陽 遼寧省博物館	
朱貫像（睢陽五老圖殘段之1）	卷	絹	設色	40.4 × 32.8		美國 耶魯大學藝術陳列館	1953.27.11
杜衍像（睢陽五老圖殘段之2）	卷	絹	設色	40.4 × 32.8		美國 耶魯大學藝術陳列館	1953.27.12
王渙像（睢陽五老圖殘段之3）	卷	絹	設色	39.3 × 31.7		美國 華威頓特區弗瑞爾藝術館	48.10
馮平像（睢陽五老圖殘段之4）	卷	絹	設色	39.9 × 32.7		美國 華威頓特區弗瑞爾藝術館	48.11
畢世長像（睢陽五老圖殘段之5）	卷	絹	設色	40.2 × 32.1		美國 紐約大都會藝術博物館	17.170.1
拖尾題跋（睢陽五老圖殘段之6）	卷	絹	設色	不詳		美國 紐約大都會藝術博物館	17.136
伏羲坐像	軸	絹	設色	249.8 × 112		台北 故宮博物院	中畫 00255
堯帝立像	軸	絹	設色	248 × 111.1		台北 故宮博物院	中畫 00256
夏禹王立像	軸	絹	設色	249 × 111.3		台北 故宮博物院	中畫 00257
商湯王立像	軸	絹	設色	249.2× 111.4		台北 故宮博物院	中畫 00258
周武王立像	軸	絹	設色	250.7× 111.2		台北 故宮博物院	中畫 00259
梁武帝半身像	軸	絹	設色	76.8 × 56.4		台北 故宮博物院	中畫 00260
唐高祖立像	軸	絹	設色	270.5× 127.6		台北 故宮博物院	中畫 00261
唐太宗立像 (2)	軸	絹	設色	271 × 126.8		台北 故宮博物院	中畫 00263
唐太宗立像 (1)	軸	絹	設色	101.2 × 51.4		台北 故宮博物院	中畫 00262
唐太宗半身像	軸	絹	設色	86.1 × 48.4		台北 故宮博物院	中畫 00264

名稱	形式	質地	色彩	尺寸 高x寬cm	創作時間	收藏處所	典藏號碼
宋神宗坐像	軸	絹	設色	176.4 x 114.4		台北 故宮博物院	中畫 00272
宋哲宗坐像	軸	絹	設色	179.7 x 144.7		台北 故宮博物院	中畫 00306
宋徽宗坐像	軸	絹	設色	188.2 x 106.7		台北 故宮博物院	中畫 00307
宋欽宗坐像	軸	絹	設色	189.5 x 109.3		台北 故宮博物院	中畫 00276
宋高宗坐像	軸	絹	設色	185.7 x 103.5		台北 故宮博物院	中畫 00278
宋孝宗坐像	軸	絹	設色	196.7 x 109.2		台北 故宮博物院	中畫 00280
宋光宗坐像	軸	絹	設色	185.4 x 107		台北 故宮博物院	中畫 00308
宋寧宗坐像	軸	絹	設色	187 x 108.4		台北 故宮博物院	中畫 00309
宋理宗坐像	軸	絹	設色	189 x 108.5		台北 故宮博物院	中畫 00310
宋度宗坐像	軸	絹	設色	196 x 108.7		台北 故宮博物院	中畫 00283
宋宣祖后坐像	軸	絹	設色	189.4 x ？		台北 故宮博物院	中畫 00301
宋真宗后坐像	軸	絹	設色	177 x 120.8		台北 故宮博物院	中畫 00303
宋仁宗后坐像	軸	絹	設色	172.1 x 165.3		台北 故宮博物院	中畫 00304
宋英宗后坐像	軸	絹	設色	190.8 x 129		台北 故宮博物院	典畫 00271
宋神宗后坐像	軸	絹	設色	174.7 x 116.7		台北 故宮博物院	中畫 00273
宋哲宗后半身像	軸	絹	設色	81.8 x 51.3		台北 故宮博物院	中畫 00274
宋徽宗后坐像	軸	絹	設色	186.3 x 105.2		台北 故宮博物院	中畫 00275
宋欽宗后坐像	軸	絹	設色	190.2 x 108.6		台北 故宮博物院	中畫 00277
宋高宗后坐像	軸	絹	設色	189.4 x 104		台北 故宮博物院	中畫 00279
宋光宗后坐像	軸	絹	設色	205.4 x 108.6		台北 故宮博物院	中畫 00281
宋寧宗后坐像	軸	絹	設色	160.3 x 112.8		台北 故宮博物院	中畫 00282

名稱	形式	質地	色彩	尺寸 高x寬㎝	創作時間	收藏處所	典藏號碼
陳東像	軸	絹	設色	133.1 x 61		南京 南京博物院	
太昊伏羲氏像 (歷代帝王半身像之1)	冊頁	絹	設色	59.6 x 44.4		台北 故宮博物院	中畫 00331-1
炎帝神農氏像 (歷代帝王半身像之2)	冊頁	絹	設色	59.6 x 44.4		台北 故宮博物院	中畫 00331-2
黃帝軒轅氏像 (歷代帝王半身像之3)	冊頁	絹	設色	59.6 x 44.4		台北 故宮博物院	中畫 00331-3
少皞金天氏像 (歷代帝王半身像之4)	冊頁	絹	設色	59.6 x 44.4		台北 故宮博物院	中畫 00331-4
顓頊高陽氏像 (歷代帝王半身像之5)	冊頁	絹	設色	59.6 x 44.4		台北 故宮博物院	中畫 00331-5
帝嚳高辛氏像 (歷代帝王半身像之6)	冊頁	絹	設色	59.6 x 44.4		台北 故宮博物院	中畫 00331-6
帝堯陶唐氏像 (歷代帝王半身像之7)	冊頁	絹	設色	59.6 x 44.4		台北 故宮博物院	中畫 00331-7
帝舜有虞氏像 (歷代帝王半身像之8)	冊頁	絹	設色	59.6 x 44.4		台北 故宮博物院	中畫 00331-8
禹像 (歷代帝王半身像之9)	冊頁	絹	設色	59.6 x 44.4		台北 故宮博物院	中畫 00331-9
殷湯像 (歷代帝王半身像之10)	冊頁	絹	設色	59.6 x 44.4		台北 故宮博物院	中畫 00331-10
周文王 (歷代帝王半身像之11)	冊頁	絹	設色	59.6 x 44.4		台北 故宮博物院	中畫 00331-11
周武王像 (歷代帝王半有像之12)	冊頁	絹	設色	59.6 x 44.4		台北 故宮博物院	中畫 00331-12
漢高祖像 (歷代帝王半身像之13)	冊頁	絹	設色	59.6 x 44.4		台北 故宮博物院	中畫 00331-13
漢文帝像 (歷代帝王半身像之14)	冊頁	絹	設色	59.6 x 44.4		台北 故宮博物院	中畫 00331-14
漢景帝像 (歷代帝王半身像之15)	冊頁	絹	設色	59.6 x 44.4		台北 故宮博物院	中畫 00331-15
漢光武像 (歷代帝王半身像之16)	冊頁	絹	設色	59.6 x 44.4		台北 故宮博物院	中畫 00331-16
漢昭烈像 (歷代帝王半身像之17)	冊頁	絹	設色	59.6 x 44.4		台北 故宮博物院	中畫 00331-17
吳大帝像 (歷代帝王半身像之	冊頁	絹	設色	59.6 x 44.4		台北 故宮博物院	中畫 00331-18

名稱	形式	質地	色彩	尺寸 高x寬㎝	創作時間	收藏處所	典藏號碼
18)							
東晉元帝 (歷代帝王半身像之 19)	冊頁	絹	設色	59.6 x 44.4		台北 故宮博物院	中畫 00331-19
南宋武帝 (歷代帝王半身像之 20)	冊頁	絹	設色	59.6 x 44.4		台北 故宮博物院	中畫 00331- 20
宋文帝像 (歷代帝王半身像之 21)	冊頁	絹	設色	59.6 x 44.4		台北 故宮博物院	中畫 00331-21
齋高祖像 (歷代帝王半身像之 22)	冊頁	絹	設色	59.6 x 44.4		台北 故宮博物院	中畫 00331-22
陳武帝像 (歷代帝王半身像之 23)	冊頁	絹	設色	59.6 x 44.4		台北 故宮博物院	中畫 00331-23
梁武帝像 (歷代帝王半身像之 24)	冊頁	絹	設色	59.6 x 44.4		台北 故宮博物院	中畫 00331-24
隋文帝像 (歷代帝王半身像之 25)	冊頁	絹	設色	59.6 x 44.4		台北 故宮博物院	中畫 00331-25
唐高祖像 (歷代帝王半身像之 26)	冊頁	絹	設色	59.6 x 44.4		台北 故宮博物院	中畫 00331-26
唐太宗帝 (歷代帝王半身像之 27)	冊頁	絹	設色	59.6 x 44.4		台北 故宮博物院	中畫 00331-27
唐玄宗像 (歷代帝王半身像之 28)	冊頁	絹	設色	59.6 x 44.4		台北 故宮博物院	中畫 00331-28
唐憲宗像 (歷代帝王半身像之 29)	冊頁	絹	設色	59.6 x 44.4		台北 故宮博物院	中畫 00331-29
唐宣宗像 (歷代帝王半身像之 30)	冊頁	絹	設色	59.6 x 44.4		台北 故宮博物院	中畫 00331-30
閩王審知像 (歷代帝王半身像 之 31)	冊頁	絹	設色	59.6 x 44.4		台北 故宮博物院	中畫 00331-31
南唐後主李煜 (歷代帝王半身 像之 32)	冊頁	絹	設色	59.6 x 44.4		台北 故宮博物院	中畫 00331-32
宋太祖像 (歷代帝王半身像之 33)	冊頁	絹	設色	59.6 x 44.4		台北 故宮博物院	中畫 00331-33
宋仁宗像 (歷代帝王半身像之 34)	冊頁	絹	設色	59.6 x 44.4		台北 故宮博物院	中畫 00331-34
宋高宗像 (歷代帝王半身像之 35)	冊頁	絹	設色	59.6 x 44.4		台北 故宮博物院	中畫 00331-35

名稱	形式	質地	色彩	尺寸 高×寬 ㎝	創作時間	收藏處所	典藏號碼
宋孝宗像 (歷代帝王半身像之 36)	冊頁	絹	設色	59.6 × 44.4		台北 故宮博物院	中畫 00331-36
宋寧宗像 (歷代帝王半身像之 37	冊頁	絹	設色	59.6 × 44.4		台北 故宮博物院	中畫 00331-37
宋宣祖像 (宋代帝半身像之 1)	冊頁	絹	設色	55.8 × 46.9		台北 故宮博物院	中畫 00322-1
宋太祖像 (宋代帝半身像之 2)	冊頁	絹	設色	55.8 × 46.9		台北 故宮博物院	中畫 00322-2
宋太宗像 (宋代帝半身像之 3)	冊頁	絹	設色	55.8 × 46.9		台北 故宮博物院	中畫 00322-3
宋真宗像 (宋代帝半身像之 4)	冊頁	絹	設色	55.8 × 46.9		台北 故宮博物院	中畫 00322-4
宋仁宗像 (宋代帝半身像之 5)	冊頁	絹	設色	55.8 × 46.9		台北 故宮博物院	中畫 00322-5
宋英宗像 (宋代帝半身像之 6)	冊頁	絹	設色	55.8 × 46.9		台北 故宮博物院	中畫 00322-6
宋神宗像 (宋代帝半身像之 7)	冊頁	絹	設色	55.8 × 46.9		台北 故宮博物院	中畫 00322-7
宋哲宗像 (宋代帝半身像之 8)	冊頁	絹	設色	55.8 × 46.9		台北 故宮博物院	中畫 00322-8
宋徽宗像 (宋代帝半身像之 9)	冊頁	絹	設色	55.8 × 46.9		台北 故宮博物院	中畫 00322-9
宋欽宗像 (宋代帝半身像之 10)	冊頁	絹	設色	55.8 × 46.9		台北 故宮博物院	中畫 00322-10
宋高宗像 (宋代帝半身像之 11)	冊頁	絹	設色	55.8 × 46.9		台北 故宮博物院	中畫 00322-11
宋孝宗像 (宋代帝半身像之 12)	冊頁	絹	設色	55.8 × 46.9		台北 故宮博物院	中畫 00322-12
宋光宗像 (宋代帝半身像之 13)	冊頁	絹	設色	55.8 × 46.9		台北 故宮博物院	中畫 00322-13
宋寧宗像 (宋代帝半身像之 14)	冊頁	絹	設色	55.8 × 46.9		台北 故宮博物院	中畫 00322-14
宋理宗像 (宋代帝半身像之 15)	冊頁	絹	設色	55.8 × 46.9		台北 故宮博物院	中畫 00322-15
宋度宗像 (宋代帝半身像之 16)	冊頁	絹	設色	55.8 × 46.9		台北 故宮博物院	中畫 00322-16
宣祖后像 (宋代后半身像之 1)	冊頁	絹	設色	56.2 × 45.7		台北 故宮博物院	中畫 00323-1
真宗后像 (宋代后半身像之 2)	冊頁	絹	設色	56.2 × 45.7		台北 故宮博物院	中畫 00323-2
仁宗后像 (宋代后半身像之 3)	冊頁	絹	設色	56.2 × 45.7		台北 故宮博物院	中畫 00323-3
英宗后像 (宋代后半身像之 4)	冊頁	絹	設色	56.2 × 45.7		台北 故宮博物院	中畫 00323-4
神宗后像 (宋代后半身像之 5)	冊頁	絹	設色	56.2 × 45.7		台北 故宮博物院	中畫 00323-5
哲宗后像 (宋代后半身像之 6)	冊頁	絹	設色	56.2 × 45.7		台北 故宮博物院	中畫 00323-6
徽宗后像 (宋代后半身像之 7)	冊頁	絹	設色	56.2 × 45.7		台北 故宮博物院	中畫 00323-7
欽宗后像 (宋代后半身像之 8)	冊頁	絹	設色	56.2 × 45.7		台北 故宮博物院	中畫 00323-8
高宗后像 (宋代后半身像之 9)	冊頁	絹	設色	56.2 × 45.7		台北 故宮博物院	中畫 00323-9
孝宗后像 (宋代后半身像之 10)	冊頁	絹	設色	56.2 × 45.7		台北 故宮博物院	中畫 00323-10
光宗后像 (宋代后半身像之 11)	冊頁	絹	設色	56.2 × 45.7		台北 故宮博物院	中畫 00323-11
寧宗后像 (宋代后半身像之 12)	冊頁	絹	設色	56.2 × 45.7		台北 故宮博物院	中畫 00323-12
陶弘景像 (宋元集繪冊之 7)	冊頁	絹	設色	36.7 × 30.3		台北 故宮博物院	故畫 01293-7
林和靖圖 (故實人物畫)	紈扇面	絹	設色	22 × 21		西德 柏林東亞藝術博物館	1780

名稱	形式	質地	色彩	尺寸 高×寬㎝	創作時間	收藏處所	典藏號碼
卞莊子刺虎圖	卷	絹	設色	39 × 169.1		台北 故宮博物院	故畫 00006
問喘圖	卷	絹	水墨	21.7 × 118.1		台北 故宮博物院	故畫 01007
耆英會圖	卷	絹	設色	32.2 × 258.5		台北 故宮博物院	故畫 01009
司馬光獨樂園圖	卷	紙	水墨	34.3 × 102.7		台北 故宮博物院	故畫 00970
香山高會圖	卷	絹	設色	27.4 × 246		台北 故宮博物院	故畫 01489
西園雅集	卷	紙	水墨	47.2×1104.3		台北 故宮博物院	故畫 03661
蕭翼辨才圖	卷	絹	設色	不詳		台北 故宮博物院	故畫 05375
景德四事圖（4幅合裝）	卷	絹	設色	33.1 × 252.6		台北 故宮博物院	故畫 01005
宋拓蘭亭序并宋人蕭翼辯才圖	卷	絹	設色	不詳		台北 故宮博物院	國贈 005375
九歌圖	卷	紙	水墨	33 × 74.5		哈爾濱 黑龍江省博物館	
蘭亭圖	卷	紙	水墨	34 × 557		哈爾濱 黑龍江省博物館	
明皇擊球圖	卷	紙	白描	32.3 × 230.5		瀋陽 遼寧省博物館	
會昌九老圖	卷	紙	白描	31 × 216		瀋陽 遼寧省博物館	
商山四皓圖	卷	紙	白描	31 × 239		瀋陽 遼寧省博物館	
孝經圖	卷	絹	設色	18.6 × 529		瀋陽 遼寧省博物館	
摹顧愷之洛神賦圖	卷	絹	設色	26.3 × 646.1		瀋陽 遼寧省博物館	
摹女史箴圖	卷	紙	水墨	28 × 600.3		北京 故宮博物院	
女孝經圖	卷	絹	設色	43.7 × 823.7		北京 故宮博物院	
九歌圖	卷	絹	水墨	40 × 886.5		北京 故宮博物院	
洛神賦全圖	卷	絹	設色	51.2 × 1157		北京 故宮博物院	
洛神賦圖	卷	絹	設色	26.8 × 160.2		北京 故宮博物院	
會昌九老圖	卷	絹	設色	28.3 × 246.8		北京 故宮博物院	
盧仝烹茶圖	卷	絹	設色	24.1 × 44.7		北京 故宮博物院	
盧鴻草堂十志圖	卷	絹	水墨	25.7 × 712		北京 故宮博物院	
蕭翼賺蘭亭圖	卷	絹	設色	26.6 × 44.3		北京 故宮博物院	
摹顧愷之斵琴圖	卷	絹	設色	29.4 × 129.8		北京 故宮博物院	
中興四將像	卷	絹	設色	26 × 90.6		北京 中國歷史博物館	
九歌圖	卷	紙	水墨	44.4 × 73.6		北京 中國歷史博物館	
泥馬渡康王圖	卷	絹	設色	29 × 197.6		天津 天津市藝術博物館	
（高宗）瑞應圖（3段）	卷	絹	設色	26.7 × 397.3		天津 天津市藝術博物館	

名稱	形式	質地	色彩	尺寸 高×寬㎝	創作時間	收藏處所	典藏號碼
蓮社圖	卷	絹	水墨	28.1 × 459.8		上海 上海博物館	
人物故事圖	卷	絹	設色	26.7 × 142.2		上海 上海博物館	
臨盧鴻草堂十志圖（10幀合裱）	卷	紙	水墨	（每幀）30.5 × 60.5		日本 大阪市立美術館	
藥山李翱問答圖	卷	紙	水墨	31.2 × 84.1		美國 普林斯頓大學藝術館（Edward Elliott 先生寄存）	1971.58a
胡笳十八拍圖	卷	絹	設色	23.8×1207.5		美國 紐約大都會藝術博物館	1973.120.3
十八學士夜宴圖	卷	絹	設色	26 × ?		美國 紐約王季遷明德堂	
瀘南平夷圖	卷	絹	設色	39.3 × ?		美國 堪薩斯市納爾遜-艾金斯藝術博物館	58-10
十八學士圖 (4-1)	軸	絹	設色	173.6×103.1		台北 故宮博物院	故畫 00856
十八學士圖 (4-2)	軸	絹	設色	174.1×103.1		台北 故宮博物院	故畫 00857
十八學士圖 (4-3)	軸	絹	設色	173.7×103.5		台北 故宮博物院	故畫 00858
十八學士圖 (4-4)	軸	絹	設色	173.5×102.9		台北 故宮博物院	故畫 00859
杜甫麗人行	軸	絹	設色	40.1 × 41		台北 故宮博物院	故畫 00171
洛陽耆英會圖	軸	絹	設色	170.8 × 87.2		台北 故宮博物院	故畫 00173
南唐耿先生煉雪圖	軸	絹	水墨	105.3 × 57.7		台北 故宮博物院	故畫 00172
卻坐圖	軸	絹	設色	146.8 × 77.3		台北 故宮博物院	故畫 00182
折檻圖	軸	絹	設色	173.9×101.8		台北 故宮博物院	故畫 00181
柳陰高士圖	軸	絹	設色	65.4 × 40.2		台北 故宮博物院	故畫 00177
望賢迎駕圖	軸	絹	設色	195.1× 109.5		上海 上海博物館	
蓮社圖（原題李公麟畫）	軸	絹	設色	93 × 53.3		南京 南京博物院	
明皇幸蜀圖	軸	絹	設色	82.7 × 113.2		美國 紐約大都會藝術博物館	41.138
蕭史乘鸞(紈扇集錦冊之5)	紈扇面	絹	設色	22.8 × 23		台北 故宮博物院	故畫 01263-5
周處擊蛟圖(宋人集繪冊之9)	紈扇面	絹	水墨	23.9 × 21		台北 故宮博物院	故畫 01249-9

名稱	形式	質地	色彩	尺寸 高x寬㎝	創作時間	收藏處所	典藏號碼
晉山簡飲襄陽習郁園池圖（唐宋名蹟冊之5）	紈扇面	絹	設色	25 × 24.3		台北 故宮博物院	故畫 01251-5
桃李園圖（歷代畫幅集冊之17）	冊頁	絹	設色	19.7 × 24.3		台北 故宮博物院	故畫 01261-17
香山九老圖（紈扇畫冊之19）	紈扇面	絹	設色	23.8 × 24.8		台北 故宮博物院	故畫 01262-19
西園雅集（宋人集繪冊之1）	冊頁	絹	設色	24 × 24		台北 故宮博物院	故畫 03461-1
赤壁圖（歷代畫幅集冊之16）	冊頁	絹	設色	24 × 23.2		台北 故宮博物院	故畫 01261-16
虎溪三笑圖（藝林集玉冊之1）	冊頁	絹	設色	26.4 × 47.6		台北 故宮博物院	故畫 01296-1
叱石成羊圖	紈扇面	絹	設色	23.5 × 24.6		北京 故宮博物院	
仙女乘鸞圖	紈扇面	絹	設色	25.3 × 26.2		北京 故宮博物院	
江妃玩月圖	冊頁	絹	設色	25.3 × 24.9		上海 上海博物館	
漢武帝會西王母圖（名賢寶繪冊之9）	紈扇面	絹	設色	23.5 × 23.6		日本 大阪市立美術館	
楊妃上馬圖	紈扇面	絹	設色	不詳		美國 波士頓美術館	
孔子聞樂圖	紈扇面	絹	設色	不詳		美國 波士頓美術館	
文姬歸漢圖（殘存4幀）	冊	絹	設色	不詳		美國 波士頓美術館	
文姬歸漢（人物畫）	紈扇面	絹	設色	29 × 31.5		瑞典 斯德哥爾遠東博物館	NMOK129
蠶織圖	卷	絹	設色	27.5 × 513		哈爾濱 黑龍江省博物館	
獻羹圖	卷	絹	設色	30 × 70.3		哈爾濱 黑龍江省博物館	
鹵簿玉輅圖	卷	絹	設色	26.6 × 209.6		瀋陽 遼寧省博物館	
春宴圖	卷	絹	設色	26.1 × 489		北京 故宮博物院	
雪漁圖	卷	絹	設色	25.4 ×332.7		北京 故宮博物院	
職貢圖（殘）	卷	絹	設色	25 × 206.8		北京 中國歷史博物館	
大駕鹵簿圖	卷	絹	設色	51.4 × 1481		北京 中國歷史博物館	
歌樂圖	卷	絹	設色	25.5 × 158.7		上海 上海博物館	
群芳消夏圖	卷	絹	設色	43.4 × 156.5		昆山 崑崙堂美術館	
散牧圖	卷	紙	水墨	27.6 × 220.3		日本 大阪市立美術館	
旅人圖	卷	絹	設色	31.7 × 58.4		美國 華盛頓特區弗瑞爾藝術館	11.539
高士圖	卷	絹	設色	31.5 × 42.3		美國 華盛頓特區弗瑞爾藝術館	
仙會圖	卷	紙	設色	28 × 52.4		美國 華盛頓特區弗瑞爾藝術館	

名稱	形式	質地	色彩	尺寸 高x寬cm	創作時間	收藏處所	典藏號碼
摹周文矩仕女圖	卷	絹	設色	28.3 x 168.5		美國 克利夫蘭藝術博物館	76.1
宮中圖	卷	紙	設色	28.3 x 168.5		美國 克利夫蘭藝術博物館	
冬日嬰戲圖（應為宋蘇漢臣畫）	軸	絹	設色	196.2x107.1		台北 故宮博物院	故畫 00190
貨郎圖	軸	絹	設色	161.5x101.4		台北 故宮博物院	故畫 01865
嬰戲圖	軸	絹	設色	120.3 x 77.2		台北 故宮博物院	故畫 01928
博古圖	軸	絹	設色	141.1x100.3		台北 故宮博物院	故畫 01896
撲棗圖	軸	絹	設色	138.6x101.6		台北 故宮博物院	故畫 00861
漁樂圖	軸	絹	設色	126.8 x 63.1		台北 故宮博物院	故畫 00189
捕魚圖	軸	絹	設色	104.7 x 49.5		台北 故宮博物院	故畫 00188
漁父圖	軸	絹	設色	105.4 x 53.5		台北 故宮博物院	故畫 00187
拜月圖	軸	絹	設色	103.8 x 48		台北 故宮博物院	故畫 00186
觀梅圖	軸	絹	設色	109.6 x 53.6		台北 故宮博物院	故畫 00185
聽琴圖	軸	絹	設色	106.8 x 52		台北 故宮博物院	故畫 00184
勘書圖	軸	絹	設色	50.7 x 42.2		台北 故宮博物院	故畫 00183
運糧圖	軸	絹	設色	95.4 x 48.1		台北 故宮博物院	故畫 00152
子孫和合圖	軸	絹	設色	162.2 x 82.2		台北 故宮博物院	故畫 01920
歲歲平安圖	軸	絹	設色	127 x 47.3		台北 故宮博物院	故畫 01895
絲綸圖	軸	絹	設色	83.2 x 37.5		北京 故宮博物院	
柳陰群盲圖	軸	絹	設色	82 x 78.6		北京 故宮博物院	
耕織圖	軸	絹	設色	163.5 x 92.3		北京 中國歷史博物館	
談經圖	軸	絹	設色	110.8 x 53		北京 中國歷史博物館	
松下撫琴圖	軸	絹	設色	163 x 90.5		北京 首都博物館	
四喜圖	軸	絹	設色	150 x 80.3		無錫 江蘇省無錫市博物館	
嬰戲圖	軸	絹	設色	37.6 x 27.7		昆山 崑崙堂美術館	
百子圖	軸	絹	設色	102.8 x 76.4		昆山 崑崙堂美術館	
壽星圖	軸	絹	設色	不詳		日本 東京鈴木正夫先生	
濯足圖	軸	絹	水墨	73.6 x 39.8		日本 大阪市立美術館	
獻劍圖	軸	絹	設色	不詳		美國 堪薩斯市納爾遜-艾金斯藝術博物館	
人物（歷代畫幅集冊之1）	冊頁	絹	設色	29 x 27.8		台北 故宮博物院	故畫 01261-1

名稱	形式	質地	色彩	尺寸 高×寬cm	創作時間	收藏處所	典藏號碼
仕女圖 (宋元集繪冊之10)	紈扇面	絹	設色	33.6 × 33.6		台北 故宮博物院	故畫 01293-10
採藥仙侶 (紈扇集錦冊之2)	紈扇面	絹	設色	23.8 × 24.5		台北 故宮博物院	故畫 01263-2
文會圖 (紈扇畫冊之18)	紈扇面	絹	水墨	24.3 × 25.2		台北 故宮博物院	故畫 01262-18
射妖圖 (歷代名繪冊之1)	冊頁	絹	設色	36.2 × 36.1		台北 故宮博物院	故畫 01265-1
仙女獻壽圖 (歷林集玉冊之3)	冊頁	絹	設色	30.5 × 59.2		台北 故宮博物院	故畫 01296-3
美人欠伸圖 (唐宋名蹟冊之4)	紈扇面	絹	設色	125.2 × 22.3		台北 故宮博物院	故畫 01251-4
撥阮圖 (歷代畫富集冊之24)	冊頁	絹	設色	24.3 × 25.4		台北 故宮博物院	故畫 01261-24
嬰戲圖 (繪苑琳球冊之10)	冊頁	絹	設色	24 × 26.5		台北 故宮博物院	故畫 01259-10
番騎出獵圖 (名畫集真冊之4)	冊頁	絹	設色	24.4 × 56.3		台北 故宮博物院	故畫 01291-4
松陰高士 (宋人院畫冊之4)	冊頁	絹	設色	23 × 25.7		台北 故宮博物院	故畫 03463-4
歷代琴式圖 (31幀)	冊	紙	水墨	(每幀)37.6 × 27.2		台北 故宮博物院	故畫 03140
放牧圖	紈扇面	絹	設色	24.7 × 26.1		香港 劉作籌虛白齋	
賣漿圖	冊頁	絹	設色	40 × 34.1		哈爾濱 黑龍江省博物館	
耕穫圖	冊頁	絹	設色	24.8 × 25.7		北京 故宮博物院	
柳陰高士圖	紈扇面	絹	設色	29.4 × 29		北京 故宮博物院	
小庭嬰戲圖	冊頁	絹	設色	26 × 25.5		北京 故宮博物院	
騎士獵歸圖	冊頁	絹	設色	22.2 × 25.5		北京 故宮博物院	
百子嬉春圖	紈扇面	絹	設色	26.5 × 28		北京 故宮博物院	
南唐交會圖	冊頁	絹	設色	30.4 × 29.6		北京 故宮博物院	
秋庭嬰戲圖	紈扇面	絹	設色	23.7 × 24		北京 故宮博物院	
桐陰玩月圖	冊頁	絹	設色	24 × 17.5		北京 故宮博物院	
採花圖	紈扇面	絹	設色	24.1 × 25.2		北京 故宮博物院	
漁樂圖	冊頁	絹	設色	23.7 × 25.1		北京 故宮博物院	
槐陰消夏圖	冊頁	絹	設色	25 × 28.5		北京 故宮博物院	
雜劇圖 (打花鼓)	紈扇面	絹	設色	23.3 × 24.3		北京 故宮博物院	
雜劇圖 (賣眼藥)	紈扇面	絹	設色	23.3 × 24.3		北京 故宮博物院	
蕉石嬰戲圖	紈扇面	絹	設色	23.1 × 25.1		北京 故宮博物院	
騎士歸獵圖	冊頁	絹	設色	22.3 × 25.2		北京 故宮博物院	
射獵圖	冊頁	絹	設色	不詳		北京 故宮博物院	
狩獵圖	冊頁	絹	設色	41.2 × 10.2		北京 中國歷史博物館	
雪窗讀書圖	冊頁	絹	設色	49.2 × 31		北京 中國歷史博物館	
金明池爭標圖	冊頁	絹	設色	28.5 × 28.6		天津 天津市藝術博物館	
盥手觀花圖	冊頁	絹	設色	30.3 × 32.5		天津 天津市藝術博物館	

名稱	形式	質地	色彩	尺寸 高×寬cm	創作時間	收藏處所	典藏號碼
松下賞月圖	冊頁	絹	設色	29.4 × 30.7		蘇州 江蘇省蘇州博物館	
消夏圖	冊頁	絹	設色	24.5 × 15.7		蘇州 江蘇省蘇州博物館	
五聖圖	冊頁	絹	設色	42.5 × 49.4		昆山 崑崙堂美術館	
濯足圖	冊頁	絹	設色	26.9 × 24.4		武漢 湖北省博物館	
牧牛圖（名賢寶繪冊之4）	紈扇面	絹	水墨	24.7 × 25.6		日本 大阪市立美術館	
百子圖	紈扇面	絹	設色	28.8 × 31.3		美國 克利夫蘭藝術博物館	
觀梅圖	紈扇面	絹	設色	24 × 25		美國 夏威夷火魯奴奴藝術學院	
牧童圖	紈扇面	絹	水墨	23.3 × 24.8		英國 倫敦大英博物館	1951.4.7.017（ADD275）
（山水畫）							
臨輞川圖	卷	絹	設色	30.5 × 368.5		台北 故宮博物院	故畫 01490
越王宮殿圖（卷後文徵明鑒定長跋）	卷	絹	設色	50.4 × 608.8		台北 故宮博物院	故畫 01753
輞川圖	卷	紙	水墨	43.8 × 959.4		北京 中國歷史博物館	
山莊圖	卷	絹	水墨	28.7 × 512		北京 故宮博物院	
四景山水（4段）	卷	絹	設色	（每段）41.2 × 67.8		北京 故宮博物院	
重溪煙靄圖	卷	絹	水墨	28.8 × 242		北京 故宮博物院	
溪山春曉圖	卷	絹	設色	24.5 × 186		北京 故宮博物院	
閘口盤車圖	卷	絹	設色	53.2 × 119.3		上海 上海博物館	
溪山圖	卷	紙	設色	32.8 ×155.5		上海 上海博物館	
雪景（4段）	卷	紙	水墨	（每段）15.2 × 60.1		上海 上海博物館	
雪景山水	卷	紙	設色	24 × 48.2		上海 上海博物館	
溪山無盡圖	卷	絹	設色	34.3 × 213		美國 克利夫蘭藝術博物館	53.126
松巖仙館	軸	絹	青綠	171 × 115.7		台北 故宮博物院	故畫 00899
小寒林圖	軸	絹	設色	42.2 × 49.2		台北 故宮博物院	故畫 00149
寒林樓觀	軸	絹	設色	150.3 × 89.7		台北 故宮博物院	故畫 00853
桃花源圖	軸	絹	設色	174 × 89.4		台北 故宮博物院	故畫 01931
黃鶴樓圖	軸	絹	設色	162.8 × 90.5		台北 故宮博物院	故畫 01307
倣張僧繇山水	軸	絹	設色	219.6 × 85		台北 故宮博物院	故畫 00134
千巖萬壑	軸	絹	水墨	126.3 × 49.7		台北 故宮博物院	故畫 00135

名稱	形式	質地	色彩	尺寸 高×寬㎝	創作時間	收藏處所	典藏號碼
松泉磐石	軸	絹	設色	160.3 × 96.8		台北 故宮博物院	故畫 00138
上林瑞雪	圓幅	絹	設色	41.9 × 42.1		台北 故宮博物院	故畫 00141
溪山瑞雪	軸	絹	設色	131.5 × 56.9		台北 故宮博物院	故畫 00142
溪山暮雪	軸	絹	水墨	102.1 × 55.9		台北 故宮博物院	故畫 00143
岷山晴雪	軸	絹	設色	115.1×100.7		台北 故宮博物院	故畫 00145
萬山積雪	軸	絹	設色	144.7 × 80.2		台北 故宮博物院	故畫 00144
秋山圖	軸	絹	水墨	172.9 × 62.7		台北 故宮博物院	故畫 00150
松月圖	軸	絹	設色	129.8 × 74		台北 故宮博物院	故畫 00151
山水	軸	絹	水墨	172.7 × 81.4		台北 故宮博物院	故畫 00153
山水	軸	絹	設色	114 × 57		台北 故宮博物院	故畫 00154
陡壑飛泉	軸	絹	水墨	252.7 × 82.1		台北 故宮博物院	故畫 00851
溪山初雪	軸	絹	設色	181.9×101.9		台北 故宮博物院	故畫 00852
布畫山水	軸	布	設色	155 × 136.2		台北 故宮博物院	故畫 00903
秋山紅樹圖	軸	絹	設色	197.8×111.8		北京 故宮博物院	
雪景寒林圖	軸	絹	水墨	193.5×160.3		天津 天津市藝術博物館	
仿郭熙山水圖	軸	絹	水墨	130.5 × 48.5		濟南 山東省濟南市博物館	
雪峰寒艇圖	軸	絹	水墨	180.6×150.3		上海 上海博物館	
晚景圖	軸	絹	水墨	69.5 × 37.6		上海 上海博物館	
山樓來鳳圖	軸	絹	設色	147 × 77.4		上海 上海博物館	
江天樓閣圖（原題郭忠恕岳陽樓圖）	軸	絹	設色	97.5 × 54.7		南京 南京博物院	
灞橋風雪圖	軸	絹	設色	91.3 × 30.1		南京 南京博物院	
寒山圖	軸	絹	水墨	23.7 × 23.4		昆山 崑崙堂美術館	
秋景、雪景山水（2幅）	軸	絹	水墨	（每幅）127.6 × 72.4		日本 東京帝室博物館	
倣荊浩山水	軸	絹	水墨	210.9×124.8		日本 東京山本悌二郎先生	
溪嵐山市圖	軸	絹	設色	89.4 × 36.3		日本 東京田中武兵衛先生	

名稱	形式	質地	色彩	尺寸 高x寬cm	創作時間	收藏處所	典藏號碼
山水	軸	絹	設色	122.7 × 50.3		日本 東京笹川喜三郎先生	
山水	軸	紙	水墨	46.4 × 27.3		日本 東京岡崎正也先生	
秋景、冬景山水圖（2幅）	軸	絹	設色	（每幅）128.2 × 55.2		日本 京都金地院	
瀑布圖	軸	絹	水墨	57.6 × 95.4		日本 京都智積院	
夏景山水圖	軸	絹	設色	118.5 × 52.8		日本 久遠寺	
山水圖（原題五代關仝畫）	軸	絹	水墨	124.8 × 50.3		日本 大阪市立美術館	
雨餘煙樹	軸	絹	設色	不詳		美國 波士頓美術館	
峨嵋積雨圖	軸	絹	設色	180.7×109.6		美國 華盛頓特區弗瑞爾藝術館	15.20
陰巖飛瀑圖	軸	絹	水墨	83.8 × 36.3		美國 克利夫蘭藝術博物館	
雪山圖	軸	絹	水墨	144.5 × 92.5		美國 堪薩斯市納爾遜-艾金斯藝術博物館	
平林遙嶺圖	軸	絹	設色	148.8 × 92.3		美國 舊金山亞洲藝術館	B69 D4
溪山仙館(歷代画幅集冊之22)	冊頁	絹	水墨	32.4 × 24.8		台北 故宮博物院	故畫 01261-22
仙館穠花(紈扇画冊之10)	紈扇面	絹	設色	26.4 × 27.2		台北 故宮博物院	故畫 01262-10
松陰庭院(紈扇画冊之17)	紈扇面	絹	設色	24 × 25.7		台北 故宮博物院	故畫 01262-17
水軒花樹(紈扇画冊之20)	紈扇面	絹	設色	24.8 × 25.8		台北 故宮博物院	故畫 01262-20
荷汀水閣(宋元集繪冊之9)	紈扇面	絹	水墨	23 × 24.1		台北 故宮博物院	故畫 01269-9
傑閣凌虛(宋人集繪冊之11)	冊頁	絹	設色	18.9 × 20		台北 故宮博物院	故畫 03461-11
柳岸宮院(宋元名繪冊之3)	冊頁	絹	設色	23.5 × 25.7		台北 故宮博物院	故畫 03466-3
春雲出谷(宋元集繪冊之3)	冊頁	絹	水墨	不詳		台北 故宮博物院	故畫 03467-3
山水圖(集古圖繪冊之6)	冊頁	紙	水墨	34.9 × 18.3		台北 故宮博物院	故畫 01235-6
界畫樓閣(宋人集繪冊之13)	冊頁	絹	設色	23.7 × 26.4		台北 故宮博物院	故畫 01249-13
雪景(宋人集繪冊之14)	冊頁	絹	設色	25.7 × 26.8		台北 故宮博物院	故畫 01249-14
雲山圖(繪苑琳球冊之7)	冊頁	絹	設色	27.7 × 29		台北 故宮博物院	故畫 01259-7
雪景(歷代画幅集冊之23)	冊頁	紙	水墨	31.7 × 25.8		台北 故宮博物院	故畫 01261-23
山水(歷代画幅集冊之3)	冊頁	絹	設色	28.9 × 54		台北 故宮博物院	故畫 01261-3
大江孤嶼(歷代画幅集冊之5)	冊頁	絹	設色	24 × 24		台北 故宮博物院	故畫 03461-5
寒林風雨（宋元拾翠冊之9）	冊頁	絹	設色	27.2 × 25.3		台北 故宮博物院	故畫 03471-9
雪瀑松濤（集古名繪冊之2）	冊頁	絹	設色	22.5 × 27.4		台北 故宮博物院	故畫 03482-2
庭園雪霽圖	紈扇面	絹	設色	24 × 26.2		香港 利榮森北山堂	K92.14
滕王閣圖	紈扇面	絹	設色	26.1 × 26.3		香港 劉作籌虛白齋	
樹石圖	紈扇面	絹	設色	30.8 × 30.8		香港 郭文基先生	

名稱	形式	質地	色彩	尺寸 高×寬cm	創作時間	收藏處所	典藏號碼
仙山樓閣圖（唐宋元集繪冊之5）	冊頁	絹	設色	26 × 27		瀋陽 遼寧省博物館	
峻嶺溪橋圖	紈扇面	絹	設色	不詳		瀋陽 遼寧省博物館	
仙山樓閣圖	紈扇面	絹	設色	不詳		瀋陽 遼寧省博物館	
秋山紅樹圖	紈扇面	絹	設色	不詳		瀋陽 遼寧省博物館	
沙汀煙樹圖	冊頁	絹	設色	不詳		瀋陽 遼寧省博物館	
池塘秋草圖	紈扇面	絹	設色	23.3 × 24.1		北京 故宮博物院	
江山殿閣圖	紈扇面	絹	設色	22.9 × 24.7		北京 故宮博物院	
青山白雲圖	紈扇面	絹	設色	23 × 23		北京 故宮博物院	
長橋臥波圖	紈扇面	絹	設色	24.1 × 26.1		北京 故宮博物院	
山水圖	紈扇面	絹	設色	23 × 25		北京 故宮博物院	
山水圖	紈扇面	絹	水墨	25.3 × 25.3		北京 故宮博物院	
山店風簾圖	紈扇面	絹	設色	24 × 25.3		北京 故宮博物院	
山腰樓觀圖	冊頁	絹	水墨	22.6 × 23.7		北京 故宮博物院	
天末歸帆圖	紈扇面	絹	設色	24.2 × 25.6		北京 故宮博物院	
水末孤亭圖	紈扇面	絹	設色	23.3 × 24.6		北京 故宮博物院	
五雲樓閣圖	紈扇面	絹	設色	23.2 × 23.2		北京 故宮博物院	
水村煙靄圖	紈扇面	絹	設色	23.6 × 25.3		北京 故宮博物院	
水村樓閣圖	紈扇面	絹	設色	23.5 × 23.5		北京 故宮博物院	
水閣風涼圖	紈扇面	絹	設色	22.7 × 21.3		北京 故宮博物院	
江上青峰圖	紈扇面	絹	設色	24.5 × 26.2		北京 故宮博物院	
江山殿閣圖	紈扇面	絹	設色	23.2 × 24.3		北京 故宮博物院	
西湖春曉圖	紈扇面	絹	設色	23.6 × 25.8		北京 故宮博物院	
西巖暮色圖	冊頁	絹	水墨	26 × 27		北京 故宮博物院	
青山白雲圖	冊頁	絹	設色	22.9 × 23.9		北京 故宮博物院	
松崗暮色圖	冊頁	絹	設色	24.1 × 25.9		北京 故宮博物院	
松蔭樓閣圖	紈扇面	絹	設色	24.5 × 23.5		北京 故宮博物院	
松壑層樓圖	冊頁	絹	設色	25.6 × 22.1		北京 故宮博物院	
長橋臥波圖	冊頁	絹	設色	24 × 26.2		北京 故宮博物院	
春山漁艇圖	紈扇面	絹	設色	24.4 × 24.8		北京 故宮博物院	
春江飽帆圖	冊頁	絹	設色	25.8 × 27		北京 故宮博物院	
柳溪春色圖	冊頁	絹	設色	22 × 24.8		北京 故宮博物院	
柳塘泛月圖	冊頁	絹	設色	23.2 × 28.1		北京 故宮博物院	
柳塘秋草圖	紈扇面	絹	設色	23.4 × 24.2		北京 故宮博物院	
柳閣風帆圖	紈扇面	絹	設色	25.2 × 26.7		北京 故宮博物院	

名稱	形式	質地	色彩	尺寸 高x寬㎝	創作時間	收藏處所	典藏號碼
垂楊飛絮圖	紈扇面	絹	設色	25.8 x 24.6		北京 故宮博物院	
秋江暝泊圖	紈扇面	絹	設色	23.7 x 24.3		北京 故宮博物院	
飛閣延風圖	冊頁	絹	設色	26 x 23.5		北京 故宮博物院	
楊柳溪塘圖	紈扇面	絹	設色	22.5 x 24.5		北京 故宮博物院	
溪堂琴趣圖	紈扇面	絹	設色	24.2 x 24.9		北京 故宮博物院	
清溪風帆圖	冊頁	絹	設色	24.6 x 25.6		北京 故宮博物院	
雪溪水閣圖	紈扇面	絹	設色	24.6 x 25.6		北京 故宮博物院	
梧桐庭院圖	冊頁	絹	設色	24 x 19.3		北京 故宮博物院	
溪山水閣圖	紈扇面	絹	設色	24.2 x 24.7		北京 故宮博物院	
寒山飛瀑圖	紈扇面	絹	設色	22.5 x 23.7		北京 故宮博物院	
雲峰遠眺圖	冊頁	絹	設色	24.8 x 26.4		北京 故宮博物院	
雲關雪棧圖	紈扇面	絹	設色	25.2 x 26.5		北京 故宮博物院	
溪山水閣圖	冊頁	絹	設色	不詳		北京 故宮博物院	
蓮舟仙波圖	紈扇面	絹	設色	21.4 x 23.5		北京 故宮博物院	
蓬瀛仙館圖	紈扇面	絹	設色	26.4 x 27.9		北京 故宮博物院	
層樓春眺圖	冊頁	絹	設色	23.7 x 26.4		北京 故宮博物院	
龍宮水府圖	冊頁	絹	設色	45.6 x 43.3		北京 故宮博物院	
霜柯竹澗圖	紈扇面	絹	設色	27.5 x 26.8		北京 故宮博物院	
深山樓閣圖	紈扇面	絹	設色	不詳		北京 故宮博物院	
山寺群峰圖	冊頁	絹	水墨	23.2 x 25.4		天津 天津市藝術博物館	
高閣凌空圖	紈扇面	絹	設色	21.2 x 21.6		天津 天津市藝術博物館	
水閣泉聲圖	紈扇面	絹	設色	不詳		石家莊 河北省博物館	
松林亭子圖	紈扇面	絹	設色	不詳		石家莊 河北省博物館	
山麓幽亭圖	紈扇面	絹	設色	22.6 x 25.4		上海 上海博物館	
江村圖	紈扇面	絹	設色	23.3 x 23.4		上海 上海博物館	
松風樓觀圖	紈扇面	絹	設色	25.6 x 27.1		上海 上海博物館	
雪江歸棹圖	紈扇面	絹	設色	26.1 x 26.3		上海 上海博物館	
雪霽圖	紈扇面	絹	設色	28.9 x 27.2		上海 上海博物館	
雲山殿閣圖	紈扇面	絹	設色	29.4 x 30		上海 上海博物館	
溪山風雨圖	紈扇面	絹	水墨	23.8 x 25.3		上海 上海博物館	
澄江碧岫圖	紈扇面	絹	設色	23.8 x 26.3		上海 上海博物館	
輕雲出岫	紈扇面	絹	設色	24 x 26.5		上海 上海博物館	
奇峰樓閣圖	冊頁	絹	設色	22.7 x 26.1		武漢 湖北省武漢市文物商店	
仙山樓閣圖	紈扇面	絹	青綠	27.5 x 26.4		四川 重慶市博物館	

名稱	形式	質地	色彩	尺寸 高x寬cm	創作時間	收藏處所	典藏號碼
山水圖（名賢寶繪冊之2）	納扇面	絹	設色	24.8 × 26.1		日本 大阪市立美術館	
樓閣圖	冊頁	絹	設色	不詳		美國 波士頓美術館	
九成宮圖	冊頁	絹	設色	不詳		美國 波士頓美術館	
峭壁松泉圖	納扇面	絹	水墨	不詳		美國 波士頓美術館	
谿山煙靄	納扇面	絹	水墨	不詳		美國 波士頓美術館	
江山秋色圖	冊頁	絹	設色	不詳		美國 波士頓美術館	
寒林戴雪圖	納扇面	絹	水墨	不詳		美國 波士頓美術館	
山水圖	冊頁	絹	設色	19.9 × 20.7		美國 普林斯頓大學藝術館（Edward Elliott 先生寄存）	L255.70
長汀落雁	納扇面	絹	水墨	24.5 × 25.6		美國 紐約大都會藝術博物館	13.100.117
風雨山水圖	冊頁	絹	設色	24 × 25.5		美國 紐約大都會藝術博物館	47.18.32
山水圖	納扇面	絹	設色	24.5 × 25.3		美國 紐約大都會藝術博物館	47.18.30
風雨山水圖	納扇面	絹	設色	22.3 × 25.8		美國 紐約大都會藝術博物館	47.18.134
山水圖	納扇面	絹	設色	不詳		美國 紐約顧洛阜先生	
樓閣山水圖（宮苑圖）	納扇面	絹	設色	28.3 × 21.5		美國 克利夫蘭藝術博物館	
宮苑圖	納扇面	絹	青綠	33 × 40.6		美國 克利夫蘭藝術博物館	71.40
仿李唐山水	冊頁	絹	設色	23.9 × 25.1		美國 堪薩斯市納爾遜-艾金斯藝術博物館	
山水圖	納扇面	絹	設色	25.5 × 25.7		英國 倫敦維多利亞-艾伯特博物館	E30-1935
山水圖	冊頁	絹	設色	21 × 20.3		瑞典 斯德哥爾摩遠東古物館	NMOK135

（山水人物畫）

名稱	形式	質地	色彩	尺寸 高x寬cm	創作時間	收藏處所	典藏號碼
田畯醉歸圖	卷	絹	設色	21.8 × 76.2		北京 故宮博物院	
秋林觀瀑圖	卷	絹	設色	24.7 × 112.3		北京 故宮博物院	
賞月空山	軸	絹	設色	71.7 × 93.3		台北 故宮博物院	故畫 00136
松溪書屋	軸	絹	設色	52.7 × 20.5		台北 故宮博物院	故畫 00139
松亭撫琴	軸	絹	設色	164.4 × 86.6		台北 故宮博物院	故畫 00146
水亭琴興	軸	絹	設色	125.6 × 75.2		台北 故宮博物院	故畫 00147
清江漁隱	軸	絹	水墨	151.5 × 111.1		台北 故宮博物院	故畫 00148
山齋邀客圖	軸	絹	水墨	212.5 × 124.4		台北 故宮博物院	故畫 00900
松陰訪隱	軸	紙	設色	44.8 × 25.3		台北 故宮博物院	故畫 01892

名稱	形式	質地	色彩	尺寸 高x寬cm	創作時間	收藏處所	典藏號碼
溪橋林屋圖	軸	紙	設色	52.2 × 27		台北 故宮博物院	故畫 01893
松風琴韻圖	軸	紙	水墨	119.2 × 47.1		台北 故宮博物院	故畫 01898
雪山行旅	軸	絹	設色	170.7 × 99.7		台北 故宮博物院	故畫 00140
竹林清話	軸	絹	設色	106.5 × 42.7		台北 故宮博物院	故畫 00175
梧陰清暇圖	軸	絹	設色	50.1 × 41.1		台北 故宮博物院	故畫 00176
宮沼納涼圖	軸	絹	設色	82.4 × 44.3		台北 故宮博物院	故畫 00178
秋山文會圖	軸	絹	設色	95 × 24.8		台北 故宮博物院	故畫 00179
晴窗展卷圖	軸	絹	設色	54.8 × 29.3		台北 故宮博物院	故畫 00180
寒林待渡	軸	絹	水墨	136.8 × 99.7		台北 故宮博物院	故畫 00214
山水人物圖	軸	絹	設色	180.2×106.6		香港 劉作籌虛白齋	
深山會棋圖	軸	絹	設色	106.5 × 54		瀋陽 遼寧省博物館	
盤車圖	軸	絹	設色	109 × 49.5		北京 故宮博物院	
雪山行旅圖	軸	絹	設色	162.1 × 52.2		北京 故宮博物院	
秋林放犢圖	軸	絹	設色	96.3 × 53.2		北京 故宮博物院	
雪山行旅圖	軸	絹	水墨	163 × 52.6		北京 故宮博物院	
秋山觀瀑圖	軸	絹	設色	197.9× 111.8		北京 故宮博物院	
盤車圖	軸	絹	設色	109 × 49.5		北京 故宮博物院	
雪麓早行圖	軸	絹	設色	162.6 ×73.7		上海 上海博物館	
溪橋歸牧圖	軸	絹	設色	48.5 × 70.1		上海 上海博物館	
攜琴訪友圖	軸	絹	水墨	142.2 × 72.2		上海 上海博物館	
谿山樓觀圖	軸	絹	設色	174.7×102.1		上海 上海博物館	
雪峰寒艇圖	軸	絹	水墨	180.6×150.3		上海 上海博物館	
松齋靜坐圖	軸	絹	設色	170 × 106.7		南京 南京博物院	
夏堂高臥圖	軸	絹	設色	125 × 48.5		昆山 崑崙堂美術館	
錢塘觀潮圖(周鏡等七人題贊)	軸	絹	設色	不詳		日本 東京根津美術館	
早秋夜泊圖（宋高宗書贊）	軸	絹	設色	不詳		日本 東京鈴木正夫先生	
雲壑高士圖（原名唐人青山白雲紅樹圖）	軸	絹	設色	51.9 × 35.6		日本 大阪市立美術館	
秋江漁艇圖	軸	絹	設色	133.3 × 56.2		日本 大阪市立美術館	
歸漁圖	軸	絹	水墨	不詳		美國 波士頓美術館	

名稱	形式	質地	色彩	尺寸 高x寬cm	創作時間	收藏處所	典藏號碼
對月撫琴圖	軸	絹	設色	141.7 x 79		美國 普林斯頓大學藝術館	47-132
寒江釣雪圖	軸	絹	設色	122.2 x 52.1		美國 紐約大都會藝術博物館	L.1980.74
醴泉清暑(名繪畫集珍冊之1)	冊頁	絹	設色	26.3 x 29.4		台北 故宮博物院	故畫 01243-1
焚香祝聖(名繪集珍冊之3)	冊頁	絹	設色	24.8 x 25.8		台北 故宮博物院	故畫 01243-3
水殿招涼(名蹟集珍冊之4)	冊頁	絹	設色	24.5 x 25.4		台北 故宮博物院	故畫 01243-4
荷亭銷夏(名繪集珍冊之5)	冊頁	絹	設色	26.2 x 26.3		台北 故宮博物院	故畫 01243-5
平湖雪霽(名繪集珍冊之7)	冊頁	絹	設色	24.3 x 25.4		台北 故宮博物院	故畫 01243-7
平沙卓歇(名繪集珍冊之10)	冊頁	絹	設色	20.4 x 23.9		台北 故宮博物院	故畫 01243-10
臨流獨坐(宋人集繪冊之2)	紈扇面	絹	設色	25.1 x 24.7		台北 故宮博物院	故畫 01249-2
秋山古剎(宋人集繪冊之4)	紈扇面	絹	設色	25.3 x 25		台北 故宮博物院	故畫 01249-4
濯足溪流(宋人集繪冊之5)	紈扇面	絹	設色	25.7 x 23.6		台北 故宮博物院	故畫 01249-5
策蹇圖(宋人集繪冊之6)	紈扇面	絹	設色	23.9 x 24.8		台北 故宮博物院	故畫 01249-6
秋林策仗(宋人集繪冊之8)	冊頁	絹	設色	23.8 x 24.7		台北 故宮博物院	故畫 01249-8
寒山行旅(宋人集繪冊之10)	冊頁	絹	設色	25.2 x 26.3		台北 故宮博物院	故畫 01249-10
曲廊樓閣(宋人集繪冊之11)	冊頁	絹	設色	23.9 x 26.1		台北 故宮博物院	故畫 01249-11
松窗寤臥(唐宋名蹟冊之3)	紈扇面	絹	設色	21.7 x 23.3		台北 故宮博物院	故畫 01251-3
西湖晴眺(唐宋名蹟冊之7)	紈扇面	絹	設色	22.5 x 20.5		台北 故宮博物院	故畫 01251-7
遠水孤城(唐宋名蹟冊之10)	紈扇面	絹	水墨	22.5 x 22		台北 故宮博物院	故畫 01251-10
竹鎖橋邊賣酒家(唐宋名蹟冊之11)	紈扇面	絹	設色	23 x 23.9		台北 故宮博物院	故畫 01251-11
坐聽松風(唐宋名蹟冊之12)	紈扇面	絹	設色	23 x 24		台北 故宮博物院	故畫 01251-12
倚松賞泉(唐宋名蹟冊之13)	紈扇面	絹	設色	27.2 x 26.3		台北 故宮博物院	故畫 01251-13
春景行旅(唐宋名蹟冊之14)	紈扇面	絹	設色	23.6 x 23.3		台北 故宮博物院	故畫 01251-14
水磨圖(唐宋名蹟冊之16)	紈扇面	絹	設色	22.3 x 25.2		台北 故宮博物院	故畫 01251-16
雪山行旅(宋元名繪冊之1)	冊頁	絹	設色	24.4 x 25.7		台北 故宮博物院	故畫 01253-1
晚漁倚艇(宋元名繪冊之6)	冊頁	絹	設色	24 x 21		台北 故宮博物院	故畫 01253-6
臨流對坐(繪苑琳球冊之1)	冊頁	絹	水墨	31.4 x 28.6		台北 故宮博物院	故畫 01259-1
松巖談道(繪苑琳球冊之6)	冊頁	絹	設色	25.5 x 26		台北 故宮博物院	故畫 01259-6
溪山行旅(歷代画幅集冊之10	冊頁	絹	設色	28.7 x 25.4		台北 故宮博物院	故畫 01261-10
柳塘釣隱(歷代画幅集冊之12)	冊頁	絹	設色	23.6 x 24		台北 故宮博物院	故畫 01261-12
秋浦停舟(歷代画幅集冊之13)	冊頁	絹	設色	25.4 x 24.3		台北 故宮博物院	故畫 01261-13
松下孤帆(歷代画幅集冊之19)	冊頁	絹	設色	22.8 x 19.8		台北 故宮博物院	故畫 01261-19
春溪放櫂(歷代画幅集冊之25)	冊頁	絹	設色	22.6 x 27.8		台北 故宮博物院	故畫 01261-25
鳴榔圖(紈扇画冊之1)	紈扇面	絹	設色	25 x 26.5		台北 故宮博物院	故畫 01262-1

名稱	形式	質地	色彩	尺寸 高×寬cm	創作時間	收藏處所	典藏號碼
攜琴看山(紈扇畫冊之2)	紈扇面	絹	設色	26 × 24.6		台北 故宮博物院	故畫 01262-2
荷亭納涼(紈扇畫冊之3)	紈扇面	絹	設色	24.2 × 25.5		台北 故宮博物院	故畫 01262-3
天寒翠袖(紈扇畫冊之4)	紈扇面	絹	設色	24.7 × 25.8		台北 故宮博物院	故畫 01262-4
蓮塘垂釣(紈扇畫冊之5)	紈扇面	絹	設色	25.8 × 26.9		台北 故宮博物院	故畫 01262-5
松亭坐隱(紈扇畫冊之6)	紈扇面	絹	設色	24.7 × 25.6		台北 故宮博物院	故畫 01262-6
採蓮圖(紈扇畫冊之7)	紈扇面	絹	設色	24 × 25.7		台北 故宮博物院	故畫 01262-7
寒林策蹇(紈扇畫冊之8)	紈扇面	絹	設色	24.5 × 25		台北 故宮博物院	故畫 01262-8
松溪遊騎(紈扇集錦冊之1)	紈扇面	絹	設色	23.1 × 25.8		台北 故宮博物院	故畫 01263-1
松陰訪道(紈扇集錦冊之7)	紈扇面	絹	設色	22.5 × 24.8		台北 故宮博物院	故畫 01263-7
疎林曳杖(紈扇集錦冊之12)	紈扇面	絹	水墨	24.7 × 23.5		台北 故宮博物院	故畫 01263-12
空山觀瀑(紈扇集錦冊之13)	紈扇面	絹	水墨	23.4 × 25.5		台北 故宮博物院	故畫 01263-13
清溪晚渡(紈扇集錦冊之14)	紈扇面	絹	水墨	22.8 × 23.8		台北 故宮博物院	故畫 01263-14
棕陰習靜(紈扇集錦冊之16)	紈扇面	絹	水墨	21 × 21.1		台北 故宮博物院	故畫 01263-16
水榭觀潮(紈扇集錦冊之17)	紈扇面	絹	設色	22.1 ×21.9		台北 故宮博物院	故畫 01263-17
深樹茆堂(紈扇集錦冊之19)	紈扇面	絹	設色	24.1 ×23.5		台北 故宮博物院	故畫 01263-19
荷亭聽雨(紈扇集錦冊之20)	紈扇面	絹	設色	23.2 ×24.4		台北 故宮博物院	故畫 01263-20
倚艇看鴻(宋元集繪冊之2)	紈扇面	絹	設色	26.8 × 26.8		台北 故宮博物院	故畫 01269-2
高士延清(宋元集繪冊之6)	紈扇面	絹	設色	25.4 × 27.2		台北 故宮博物院	故畫 01269-6
攜琴訪友(宋元集繪冊之7)	紈扇面	絹	設色	26.2 × 28.7		台北 故宮博物院	故畫 01269-7
山樓遠眺(宋元集繪冊之8)	紈扇面	絹	設色	27.9 × 27.5		台北 故宮博物院	故畫 01269-8
餅桃含笑(宋元集繪冊之10)	紈扇面	絹	設色	22.9 × 23.6		台北 故宮博物院	故畫 01269-10
秋溪待渡(藝林集玉冊之2)	冊頁	絹	設色	29 × 54.4		台北 故宮博物院	故畫 01296-2
江磯帆影(宋人集繪冊之2)	冊頁	絹	設色	24.7 × 25.6		台北 故宮博物院	故畫 03461-2
雪塘垂釣(宋人集繪冊之4)	冊頁	絹	設色	23.6 × 25.4		台北 故宮博物院	故畫 03461-4
雲山攬勝(宋人集繪冊之6)	冊頁	絹	設色	25 × 23		台北 故宮博物院	故畫 03461-6
山彴歸樵(宋人集繪冊之8)	冊頁	絹	水墨	27.5 × 18.1		台北 故宮博物院	故畫 03461-8
香林揮翰(宋人集繪冊之9)	冊頁	絹	設色	19.8 × 19		台北 故宮博物院	故畫 03461-9
眠琴煮茗(宋人集繪冊之12)	冊頁	絹	設色	26.7 × 25.5		台北 故宮博物院	故畫 03461-12
柳溪漁舍(宋人院畫冊之1)	冊頁	絹	設色	23 × 25.7		台北 故宮博物院	故畫 03463-1
山村歸農(宋人院畫冊之3)	冊頁	絹	設色	23 × 25.7		台北 故宮博物院	故畫 03463-3
柳林結夏(宋人院畫冊之5)	冊頁	絹	設色	23 × 25.7		台北 故宮博物院	故畫 03463-5
關山行旅(宋人院畫冊之6)	冊頁	絹	設色	23 × 25.7		台北 故宮博物院	故畫 03463-6
桐屋品茶(宋人院畫冊之7)	冊頁	絹	設色	23 × 25.7		台北 故宮博物院	故畫 03463-7
赴京應考(宋人院畫冊之9)	冊頁	絹	設色	23 × 25.7		台北 故宮博物院	故畫 03463-9

名稱	形式	質地	色彩	尺寸 高x寬cm	創作時間	收藏處所	典藏號碼
松蔭茅舍(宋人院畫冊之11)	冊頁	絹	設色	23 × 25.7		台北 故宮博物院	故畫 03463-11
松溪放艇(宋元名繪冊之2)	冊頁	絹	設色	26 × 27.2		台北 故宮博物院	故畫 03466-2
松閣觀瀑(宋元名繪冊之4)	冊頁	絹	水墨	22.5 × 24.1		台北 故宮博物院	故畫 03466-4
倚梅賞月(宋元名繪冊之6)	冊頁	絹	設色	25.3 × 25		台北 故宮博物院	故畫 03466-6
野渡圖（歷代画幅集冊之5）	冊頁	絹	設色	31.4 × 30.5		台北 故宮博物院	故畫 01261-5
雪霽讀書圖（仿宋元山水人物花鳥走獸冊之4）	冊頁	絹	設色	24 × 25.3		香港 劉作籌虛白齋	
泰岱觀日圖（仿宋元山水人物花鳥走獸冊之3）	紈扇面	絹	設色	24.9 × 19.2		香港 劉作籌虛白齋	
扁舟載酒圖（唐宋元三朝名畫冊之10）	冊頁	絹	設色	24.1 × 24.8		香港 潘祖堯小聽颿樓	CP40j
西溪推舟圖（唐宋元三朝名畫冊之9）	冊頁	絹	設色	23.3 × 21.6		香港 潘祖堯小聽颿樓	CP40i
溪山行旅圖(唐宋元集繪冊之2)	紈扇面	絹	設色	25 × 25		瀋陽 遼寧省博物館	
玉樓春思圖(唐宋元集繪冊之3)	紈扇面	絹	設色	25 × 26		瀋陽 遼寧省博物館	
松湖釣隱圖(唐宋元集繪冊之7)	紈扇面	絹	設色	25 × 27		瀋陽 遼寧省博物館	
峻嶺溪橋圖(唐宋元集繪冊之1)	紈扇面	絹	設色	25 × 27		瀋陽 遼寧省博物館	
江亭晚眺圖	紈扇面	絹	設色	不詳		瀋陽 遼寧省博物館	
秋窗讀易圖	紈扇面	絹	設色	不詳		瀋陽 遼寧省博物館	
溪山行旅圖	紈扇面	絹	設色	不詳		瀋陽 遼寧省博物館	
山坡論道圖	紈扇面	絹	設色	25 × 25.4		北京 故宮博物院	
山居對奕圖	紈扇面	絹	設色	不詳		北京 故宮博物院	
山居說聽圖	冊頁	絹	設色	24.7 × 26		北京 故宮博物院	
竹澗焚香圖	冊頁	絹	設色	26 × 20		北京 故宮博物院	
天寒翠袖圖	冊頁	絹	設色	25.7 × 21.6		北京 故宮博物院	
竹林撥阮圖	冊頁	絹	設色	22.7 × 24.5		北京 故宮博物院	
松谷問道圖	紈扇面	絹	設色	21.8 × 21.2		北京 故宮博物院	
松溪放艇圖	紈扇面	絹	設色	24.6 × 25.5		北京 故宮博物院	
松蔭閑憩圖	紈扇面	絹	水墨	22.5 × 23.6		北京 故宮博物院	
松蔭談道圖	紈扇面	絹	設色	25.3 × 25.6		北京 故宮博物院	

名稱	形式	質地	色彩	尺寸 高x寬cm	創作時間	收藏處所	典藏號碼
征人曉發圖	紈扇面	絹	設色	25.3 x 25.5		北京 故宮博物院	
春遊晚歸圖	紈扇面	絹	設色	24.2 x 25.3		北京 故宮博物院	
柳蔭醉歸圖	紈扇面	絹	設色	23 x 24.8		北京 故宮博物院	
柳溪釣艇圖	紈扇面	絹	設色	23 x 24.5		北京 故宮博物院	
柳堂讀書圖	紈扇面	絹	設色	22.5 x 24.5		北京 故宮博物院	
秋堂客話圖	紈扇面	絹	設色	24.3 x 22.6		北京 故宮博物院	
耕穫圖	紈扇面	絹	設色	24.8 x 25.7		北京 故宮博物院	
納涼觀瀑圖	紈扇面	絹	設色	23.7 x 24.8		北京 故宮博物院	
梅溪放艇圖	紈扇面	絹	設色	24.4 x 24.8		北京 故宮博物院	
荷亭對奕圖	紈扇面	絹	設色	22.5 x 23.8		北京 故宮博物院	
溪橋策杖圖	冊頁	絹	設色	24.8 x 26		北京 故宮博物院	
臨流撫琴圖	紈扇面	絹	設色	25.5 x 26.5		北京 故宮博物院	
瑤臺步月圖	紈扇面	絹	設色	25.6 x 26.7		北京 故宮博物院	
蓮塘泛艇圖	紈扇面	絹	設色	24.3 x 25.8		北京 故宮博物院	
蕉蔭擊球圖	紈扇面	絹	設色	25 x 24.5		北京 故宮博物院	
觀瀑圖	冊頁	絹	設色	27.7 x 28		北京 故宮博物院	
柳陰閑憩圖	冊頁	絹	設色	29.6 x 28.5		北京 故宮博物院	
槐陰銷夏圖	冊頁	絹	設色	25 x 29		北京 故宮博物院	
風雨歸舟圖	紈扇面	絹	設色	24.8 x 25.6		北京 故宮博物院	
春波釣艇圖	紈扇面	絹	設色	23.4 x 24.8		北京 故宮博物院	
月下把杯圖	冊頁	絹	設色	24.8 x 30		天津 天津市藝術博物館	
山谷閑話圖	紈扇面	絹	設色	24.8 x 26.3		上海 上海博物館	
水閣納涼圖	紈扇面	絹	設色	24.3 x 24.8		上海 上海博物館	
松下憩寂圖	紈扇面	絹	水墨	22.8 x 23.1		上海 上海博物館	
花塢醉歸圖	紈扇面	絹	設色	23.8 x 25.3		上海 上海博物館	
荷塘按樂圖	紈扇面	絹	設色	25.5 x 22.2		上海 上海博物館	
寒林策蹇圖	紈扇面	絹	設色	26.9 x 29.9		上海 上海博物館	
寒塘歸牧圖	紈扇面	絹	水墨	23.7 x 22.9		上海 上海博物館	
溪橋歸騎圖	冊頁	絹	設色	15.7 x 29		上海 上海博物館	
攜琴訪友圖	紈扇面	絹	設色	26 x 25.9		上海 上海博物館	
漁村歸釣圖	紈扇面	絹	設色	23 x 22.3		上海 上海博物館	
消夏圖	冊頁	絹	設色	24.5 x 15.7		蘇州市 江蘇省蘇州博物館	
消夏賞荷圖	紈扇面	絹	設色	27 x 23.6		昆山 崑崙堂美術館	
寒雪牧牛圖	冊頁	紙	水墨	34 x 53		昆山 崑崙堂美術館	

名稱	形式	質地	色彩	尺寸 高x寬cm	創作時間	收藏處所	典藏號碼
觀瀑圖（名賢寶繪冊之7）	紈扇面	絹	設色	23.2 x 23.4		日本 大阪市立美術館	
湖畔幽居圖（名賢寶繪冊之5）	紈扇面	絹	設色	23.8 x 24.9		日本 大阪市立美術館	
雪中行旅圖	紈扇面	絹	設色	23.4 x 25.4		日本 私人	A2263
仕女觀梅圖	紈扇面	絹	設色	23.5 x 22.9		美國 哈佛大學福格藝術館	
晚靄行旅	紈扇面	絹	設色	不詳		美國 波士頓美術館	
僧院訪友	紈扇面	絹	設色	不詳		美國 波士頓美術館	
秋江歸帆	紈扇面	絹	設色	不詳		美國 波士頓美術館	
月下愛蓮圖	紈扇面	絹	設色	23.4 x 25		美國 紐約大都會藝術博物館	
錢塘潮圖	紈扇面	絹	水墨	22.1 x 22.5		美國 紐約大都會藝術博物館	
觀瀑圖	紈扇面	絹	設色	23.6 x 25.9		美國 紐約大都會藝術博物館	
騎馬行旅圖	冊頁	絹	設色	82.7 x 113.2		美國 紐約大都會藝術博物館	
月下愛蓮圖	紈扇面	絹	設色	23.4 x 25		美國 紐約大都會藝術博物館	47.18.137
觀瀑圖	紈扇面	絹	設色	23.6 x 25.9		美國 紐約大都會藝術博物館	47.18.135
錢塘觀潮圖	紈扇面	絹	水墨	22.1 x 22.5		美國 紐約大都會藝術博物館	47.18.70
山徑引驢圖	冊頁	絹	設色	24.8 x 25.6		美國 華盛頓特區弗瑞爾藝術館	11.155g
山水人物圖	紈扇面	絹	設色	23.6 x 25		美國 華盛頓特區弗瑞爾藝術館	11.155b
溪岸歸牧圖	冊頁	絹	設色	24.6 x 24.6		美國 華盛頓特區弗瑞爾藝術館	11.155a
山徑行驢圖	冊頁	絹	設色	24.8 x 25.6		美國 華盛頓特區弗瑞爾藝術館	
歸漁圖	紈扇面	絹	設色	23.7 x 25.1		美國 華盛頓特區弗瑞爾藝術館	
雪山行旅	紈扇面	絹	水墨	23.6 x 25		美國 華盛頓特區弗瑞爾藝術館	
山水人物	紈扇面	絹	設色	23.6 x 25		美國 華盛頓特區弗瑞爾藝術館	
柳塘行棹	紈扇面	絹	設色	23.8 x 25.1		美國 克利夫蘭藝術博物館	
柳隄夜泊	紈扇面	絹	設色	25 x 19.2		美國 克利夫蘭美術博物館	78.68
草亭消夏圖	紈扇面	絹	設色	26 x 27.3		美國 克利夫蘭美術博物館	
觀月圖	冊頁	絹	設色	24.2 x 24.9		美國 克利夫蘭美術博物館	
樓閣人物圖	冊頁	絹	設色	21.5 x 24.2		美國 聖路易斯市藝術館	12.1985

名稱	形式	質地	色彩	尺寸 高x寬cm	創作時間	收藏處所	典藏號碼
觀梅圖	紈扇面	紙	設色	24 x 25		美國 夏威夷火魯奴奴藝術學院	
觀瀑圖（唐宋元三朝名画冊之7）	冊頁	絹	設色	23.6 x 24.2		德國 柏林東亞藝術博物館	206.7-12
（走獸畫）							
平疇呼犢	軸	絹	設色	97 x 52.4		台北 故宮博物院	故畫 00192
洗馬圖	軸	絹	設色	55 x 60.8		台北 故宮博物院	故畫 00193
枇杷猿戲圖	軸	絹	設色	165 x 107.9		台北 故宮博物院	故畫 00194
山花墨兔	軸	絹	設色	37.5 x 42		台北 故宮博物院	故畫 00195
戲貓圖	軸	絹	設色	139.8 x 100.1		台北 故宮博物院	故畫 00196
壽鹿圖	軸	絹	設色	169.1 x 99.1		台北 故宮博物院	故畫 00855
雪棧牛車圖	軸	絹	設色	164.2 x 104.1		台北 故宮博物院	故畫 00860
富貴花狸	軸	絹	設色	141 x 107.5		台北 故宮博物院	故畫 00862
牧牛圖	軸	絹	水墨	68.2 x 140.3		台北 故宮博物院	故畫 00901
山羊圖	軸	絹	設色	76.1 x 51		台北 故宮博物院	故畫 00215
牧馬圖	軸	絹	水墨	42.7 x 44.3		台北 故宮博物院	故畫 01889
吉羊開泰圖	軸	絹	設色	95.4 x 67.4		台北 故宮博物院	故畫 01891
九陽消寒圖	軸	絹	設色	141.3 x 77.4		台北 故宮博物院	故畫 01899
九九陽春	軸	絹	設色	97.3 x 66.8		台北 故宮博物院	故畫 01918
九陽消寒圖	軸	絹	設色	110.8 x 71.6		台北 故宮博物院	故畫 01919
洗象圖	軸	絹	設色	152.5 x 49.5		台北 故宮博物院	故畫 01929
吉羊開泰圖	軸	絹	設色	142.8 x 86.2		台北 故宮博物院	故畫 01930
子母牛	軸	紙	設色	161.5 x 195.6		台北 故宮博物院	故畫 03708
霖雨圖（龍圖）	軸	絹	設色	150.7 x 84.8		台北 故宮博物院	故畫 01894
竹雀雙兔圖	軸	絹	設色	114.3 x 56		瀋陽 遼寧省博物館	
秋林放牧圖	軸	絹	設色	96.3 x 53.2		北京 故宮博物院	
牧羊圖	軸	絹	設色	101.1 x49		上海 上海博物館	
雲龍圖	軸	紙	水墨	不詳		日本 兵庫縣武藤金太	
雨中歸牧	軸	絹	設色	不詳		美國 波士頓美術館	
牧犢圖	軸	絹	水墨	22.4 x 24.1		美國 密歇根大學藝術博物館	1965/2.70
莎原牧放（名繪集珍冊之8）	冊頁	絹	設色	24.3 x 24.6		台北 故宮博物院	故畫 01243-8

名稱	形式	質地	色彩	尺寸 高x寬cm	創作時間	收藏處所	典藏號碼
牧童橫笛圖（紈扇画冊之4）	紈扇面	絹	水墨	22.2 x 20.6		台北 故宮博物院	故畫 01257-4
狸奴（歷代画幅集冊之4）	冊頁	絹	設色	25.5 x 25.3		台北 故宮博物院	故畫 01261-4
秋林歸牧（歷代画幅集冊之20）	冊頁	絹	設色	33.6 x 23.1		台北 故宮博物院	故畫 01261-20
秋林牧事（紈扇画冊之11）	紈扇面	絹	設色	25 x 25.8		台北 故宮博物院	故畫 01262-11
牧羊圖（紈扇画冊之12）	紈扇面	絹	設色	24.2 x 25		台北 故宮博物院	故畫 01262-12
雪簑歸牧（紈扇画冊之14）	紈扇面	絹	設色	24.8 x 25.6		台北 故宮博物院	故畫 01262-14
風林散犢（紈扇画冊之15）	紈扇面	絹	設色	24.5 x 26.3		台北 故宮博物院	故畫 01262-15
柳塘呼犢（紈扇画冊之16）	冊頁	絹	設色	25 x 26.7		台北 故宮博物院	故畫 01262-16
夕陽歸犢（紈扇集錦冊之10）	紈扇面	絹	設色	22.4 x 22.4		台北 故宮博物院	故畫 01263-10
寒山牧羝（紈扇集錦冊之11）	紈扇面	絹	設色	22.5 x 22.7		台北 故宮博物院	故畫 01263-11
綠茸牧羝（紈扇集錦冊之18）	紈扇面	絹	設色	22.6 x 23.8		台北 故宮博物院	故畫 01263-18
畫虎（歷代名繪冊之7）	冊頁	絹	設色	25.6 x 26.6		台北 故宮博物院	故畫 01265-7
春郊散牧（宋人集繪冊之7）	冊頁	絹	設色	23.2 x 24.5		台北 故宮博物院	故畫 03461-7
牧牛圖（宋人院畫冊之8）	冊頁	絹	水墨	23 x 25.7		台北 故宮博物院	故畫 03463-8
溪陰浴牧（宋元名繪冊之1）	冊頁	絹	設色	22.5 x 23.4		台北 故宮博物院	故畫 03466-1
柳陰散牧（宋元拾翠冊之6）	冊頁	絹	設色	24.5 x 21.8		台北 故宮博物院	故畫 03471-6
犬戲圖	紈扇面	絹	設色	25 x 25		瀋陽 遼寧省博物館	
水牛圖	紈扇面	絹	設色	24 x 25		北京 故宮博物院	
牧牛圖	紈扇面	絹	設色	23.6 x 24.5		北京 故宮博物院	
牧牛圖	紈扇面	絹	設色	23.6 x 24.5		北京 故宮博物院	
柳蔭牧牛圖	紈扇面	絹	設色	23.2 x 24.1		北京 故宮博物院	
秋谿放犢圖	紈扇面	絹	水墨	23.4 x 24		北京 故宮博物院	
雪溪放牧圖	紈扇面	絹	設色	25.7 x 26.5		北京 故宮博物院	
蛛網攫猿圖	紈扇面	絹	設色	23.8 x 25.2		北京 故宮博物院	
猿猴摘果圖	紈扇面	絹	設色	25 x 25.6		北京 故宮博物院	
群猿食果圖	紈扇面	絹	設色	24.3 x 24.8		北京 故宮博物院	
初平牧羊圖	紈扇面	絹	設色	24 x 24.7		北京 故宮博物院	
柳溪歸牧圖	紈扇面	絹	設色	23.6 x 23.6		北京 故宮博物院	
柳塘牧馬圖	紈扇面	絹	設色	23.4 x 26		北京 故宮博物院	
林原雙羊圖	紈扇面	絹	設色	26 x 27.1		北京 故宮博物院	
萱花乳犬圖	紈扇面	絹	設色	25.5 x 24.7		石家莊 河北省博物館	
雞冠花乳犬圖	紈扇面	絹	設色	25.5 x 24.7		石家莊 河北省博物館	
柳下雙牛圖	紈扇面	絹	設色	24.3 x 27.7		上海 上海博物館	
秋庭乳犬圖	紈扇面	絹	設色	24.2 x 25.4		上海 上海博物館	

名稱	形式	質地	色彩	尺寸 高×寬cm	創作時間	收藏處所	典藏號碼
猿鷺圖	紈扇面	絹	設色	23.3 × 23.8		上海 上海博物館	
牧牛圖	紈扇面	絹	水墨	不詳		美國 波士頓美術館	
牧牛圖	紈扇面	絹	設色	24.2 × 24.7		美國 華盛頓特區弗瑞爾藝術館	15.8
溪畔歸牧圖	冊頁	絹	設色	24.6 × 24.6		美國 華盛頓特區弗瑞爾藝術館	
牧牛圖	紈扇面	絹	設色	25.1 × 28.2		美國 西雅圖市藝術館	48.208
牧童圖	紈扇面	絹	水墨	23.3 × 24.8		英國 倫敦大英博物館	1951.4.7.017（ADD275）
捉兔圖（唐宋畫冊之一）	冊頁	絹	設色	24.7 × 25.2		英國 倫敦大英博物館	1936.10.9.03（ADD82）
狩獵圖（唐宋畫冊之12）（鱗介畫）	冊頁	絹	設色	27.3 × 19.3		英國 倫敦大英博物館	1936.10.9.012(ADD91)
雙鯉圖	軸	絹	水墨	不詳		美國 波士頓美術館	
藻魚圖	軸	絹	水墨	70.5 × 45.1		美國 堪薩斯市納爾遜-艾金斯藝術博物館	
荷蟹圖	冊頁	絹	設色	28.4 × 28		北京 故宮博物院	
群魚戲藻圖	紈扇面	絹	設色	24.8 × 25.5		北京 故宮博物院	
晚荷郭索圖（螃蟹）	紈扇面	絹	設色	23.6 × 24.6		北京 故宮博物院	
春溪水族圖	冊頁	絹	設色	25.9 × 24		北京 故宮博物院	
蓼龜圖	冊頁	絹	設色	28.4 × 28		北京 故宮博物院	
萍藻游魚圖（翎毛畫）	紈扇面	絹	設色	23.2 × 22.5		上海 上海博物館	
春塘禽樂圖	卷	絹	設色	34.1 × 267		長春 吉林省博物館	
寒鴉圖（原題李成畫）	卷	絹	設色	27 × 113		瀋陽 遼寧省博物館	
畫鷹	軸	絹	設色	131.8 × 65.3		台北 故宮博物院	故畫00197
隼擊圖	軸	絹	設色	154.8 × 101.5		台北 故宮博物院	故畫00198
浴鵝圖	軸	絹	設色	181.4 × 98.2		台北 故宮博物院	故畫00199
子母雞圖	軸	絹	設色	41.9 × 33		台北 故宮博物院	故畫00200
安和圖	軸	絹	設色	105.4 × 51.6		台北 故宮博物院	故畫00202

名稱	形式	質地	色彩	尺寸 高x寬cm	創作時間	收藏處所	典藏號碼
杏林鸂鶒圖	軸	絹	設色	37.3 x 49.8		台北 故宮博物院	故畫00203
桐實修翎	軸	絹	設色	35 x 25.9		台北 故宮博物院	故畫00204
秋荷野鳧圖	軸	絹	設色	79.4 x 46.4		台北 故宮博物院	故畫00205
竹石鳩子圖	軸	絹	設色	166 x 93.9		台北 故宮博物院	故畫00206
翠竹翎毛	軸	絹	設色	185 x 109.9		台北 故宮博物院	故畫00875
梅竹聚禽圖	軸	絹	設色	258.4x108.4		台北 故宮博物院	故畫00903
寒塘群雁圖	軸	絹	設色	194.4x109.2		台北 故宮博物院	故畫00207
雪蘆双雁	軸	絹	設色	174.6 x 99.5		台北 故宮博物院	故畫00208
花鳥	軸	絹	設色	136.8 x 74.3		台北 故宮博物院	故畫00209
花竹翎毛	軸	絹	設色	165.8 x 99.7		台北 故宮博物院	故畫00863
桃竹双鳧圖	軸	絹	設色	163.3x103.1		台北 故宮博物院	故畫00864
竹樹鳴鳩圖	軸	絹	設色	88.2 x 95.9		台北 故宮博物院	故畫00865
秋渚文禽	軸	絹	設色	78.5 x 45.3		台北 故宮博物院	故畫01305
新韶花鳥	軸	紙	設色	83.4 x 28.9		台北 故宮博物院	故畫01306
花鳥	軸	絹	設色	58.5 x 28.9		台北 故宮博物院	故畫01886
鶉鶉	軸	絹	設色	35.3 x 25.8		台北 故宮博物院	故畫01890
三秋報喜圖	軸	絹	設色	143 x 47.7		台北 故宮博物院	故畫01897
双松花鳥	軸	絹	設色	182.2x106.3		台北 故宮博物院	故畫02968
秋塘雙雁	軸	絹	設色	170 x 167		台北 故宮博物院	故畫03748
蘆雁圖	軸	絹	設色	183 x 98.3		北京 故宮博物院	
寒汀落雁圖	軸	絹	設色	125.7 x 92.5		北京 故宮博物院	
新鶯出谷圖	軸	絹	設色	137.8 x 92		上海 上海博物館	
桃花鸂鶒圖	軸	絹	設色	105.3 x 49		南京 南京博物院	
梅鷺圖	軸	絹	設色	60 x 37.6		日本 東京田中武兵衛先生	
花鳥圖	軸	絹	設色	28.2 x 49.7		日本 東京田中武兵衛先生	
柏樹白鷹圖	軸	絹	設色	177.5 x 102		日本 東京濱尾四郎先生	
花鳥圖	軸	絹	設色	199 x 205.1		美國 普林斯頓大學藝術館	47-9
白梅幽禽	軸	絹	設色	23.8 x 24.5		美國 克利夫蘭藝術博物館	
獵凍雀圖	軸	絹	設色	24.7 x 27.9		美國 舊金山亞洲藝術館	
蓮池水禽圖	軸	絹	設色	146 x 73		義大利 佛羅倫斯Villa I Ta-tti 館	

名稱	形式	質地	色彩	尺寸 高×寬㎝	創作時間	收藏處所	典藏號碼
綠竹白鷺（宋元名蹟冊之1）	冊頁	絹	設色	24.6 × 24.9		台北 故宮博物院	故畫 01251-1
柳池群鵝（唐宋名蹟冊之2）	紈扇面	絹	設色	23.5 × 23.5		台北 故宮博物院	故畫 01251-2
竹樹馴雀（宋人集繪冊之3）	紈扇面	絹	設色	24.8 × 24.8		台北 故宮博物院	故畫 01252-3
楊柳乳雀（宋人集繪冊之4）	紈扇面	絹	設色	24.8 × 24.8		台北 故宮博物院	故畫 01252-4
稻田秋雀（宋人集繪冊之7）	紈扇面	絹	設色	24 × 25.4		台北 故宮博物院	故畫 01252-7
雪竹寒禽（宋人集繪冊之9）	紈扇面	絹	設色	24.3 × 25.7		台北 故宮博物院	故畫 01252-9
山茶宿鳥（宋人集繪冊之10）	紈扇面	絹	設色	24.3 × 25.6		台北 故宮博物院	故畫 01252-10
柳塘鸂鶒（繪苑琳球冊之3）	冊頁	絹	設色	29.3 × 30		台北 故宮博物院	故畫 01259-3
雪岸寒鴉（繪苑琳球冊之4）	冊頁	絹	設色	27.8 × 29		台北 故宮博物院	故畫 01259-4
竹石双鷺（歷代畫幅集冊之6）	冊頁	絹	設色	31.4 × 28.1		台北 故宮博物院	故畫 01261-6
乳鴨（歷代畫幅集冊之7）	冊頁	絹	設色	25.9 × 25		台北 故宮博物院	故畫 01261-7
梅雀（歷代畫幅集冊之8）	冊頁	絹	設色	25.5 × 29		台北 故宮博物院	故畫 01261-8
鵪鶉（歷代畫幅集冊之14）	冊頁	絹	設色	26.9 × 26.3		台北 故宮博物院	故畫 01261-14
梨花鴝鴒（歷代畫幅集冊之15）	冊頁	絹	設色	25.3 × 29.8		台北 故宮博物院	故畫 01261-15
蓮塘翡翠（歷代畫幅集冊之18）	冊頁	絹	水墨	16.4 × 16.2		台北 故宮博物院	故畫 01261-18
秋塘鳧雁（紈扇畫冊之9）	紈扇面	絹	設色	24.8 × 25.2		台北 故宮博物院	故畫 01262-9
高冠柱石（紈扇畫冊之13）	紈扇面	絹	設色	24 × 24.7		台北 故宮博物院	故畫 01262-13
荷溪浴鷺（紈扇集錦冊之4）	紈扇面	絹	設色	20.3 × 19.9		台北 故宮博物院	故畫 01263-4
蓮塘睡鳧（紈扇集錦冊之6）	紈扇面	絹	設色	21.2 × 23.4		台北 故宮博物院	故畫 01263-6
畫鴿（歷代名繪冊之2）	冊頁	絹	設色	24.3 × 26.1		台北 故宮博物院	故畫 01265-2
筠籠山雀（宋人集繪冊之10）	冊頁	絹	設色	26.8 × 26.8		台北 故宮博物院	故畫 03461-10
秋枝双雀（宋元名繪冊之10）	冊頁	絹	設色	22.4 × 24		台北 故宮博物院	故畫 03466-10
荷渚蘆雁（宋元名繪冊之11）	冊頁	絹	設色	28.3 × 29		台北 故宮博物院	故畫 03466-11
鵪鶉（宋元名繪冊之12）	冊頁	絹	設色	23.9 × 25.8		台北 故宮博物院	故畫 03466-12
雞雛春飼（宋元拾翠冊之1）	冊頁	絹	設色	22.9 × 23.4		台北 故宮博物院	故畫 03471-1
蘆汀白鷺（歷代畫幅集冊之11）	冊頁	絹	設色	25 × 25.5		台北 故宮博物院	故畫 01261-11
花鳥（歷代名繪冊之10）	冊頁	絹	設色	28.8 × 28.5		台北 故宮博物院	故畫 01265-10
松泉禽鳥(宋元名繪冊之9)	冊頁	絹	設色	25.8 × 25		台北 故宮博物院	故畫 03466-9
旭日翔鷺圖	紈扇面	絹	設色	27.1 × 27.2		香港 利榮森北山堂	K92.15
飢鷹捕鶉圖(唐宋元三朝名畫冊之一)	冊頁	絹	設色	23.9 × 25		香港 潘祖堯小聽颿樓	CP40a

名稱	形式	質地	色彩	尺寸 高×寬㎝	創作時間	收藏處所	典藏號碼
花鳥圖	冊頁	絹	設色	25.8 × 34.8		瀋陽 遼寧省博物館	
鳴雀棲枝圖	冊頁	絹	設色	28.6 × 29.1		北京 故宮博物院	
月夜鴛鴦圖	冊頁	絹	設色	21.7 × 25.3		北京 故宮博物院	
古木寒禽圖	紈扇面	絹	水墨	25.3 × 26		北京 故宮博物院	
白頭叢竹圖	紈扇面	絹	設色	25.4 × 28.9		北京 故宮博物院	
竹澗鴛鴦圖	紈扇面	絹	設色	24.8 × 24.8		北京 故宮博物院	
松澗山禽圖	紈扇面	絹	設色	25.3 × 25.3		北京 故宮博物院	
柳溪鴛鴦圖	冊頁	絹	設色	22.2 × 24.5		北京 故宮博物院	
秋樹鸜鵒圖	紈扇面	絹	設色	25 × 26.5		北京 故宮博物院	
紅梅孔雀圖	冊頁	絹	設色	24.4 × 31.6		北京 故宮博物院	
紅蓼水禽圖	紈扇面	絹	設色	25.2 × 26.8		北京 故宮博物院	
桃竹溪鳧圖	冊頁	絹	設色	21.2 × 15.7		北京 故宮博物院	
枇杷山鳥圖	紈扇面	絹	設色	26.7 × 27.2		北京 故宮博物院	
哺雛圖	紈扇面	絹	設色	25 × 26		北京 故宮博物院	
烏桕文禽圖	紈扇面	絹	設色	26.9 × 27.5		北京 故宮博物院	
梅竹雙雀圖	紈扇面	絹	設色	26 × 26.5		北京 故宮博物院	
梅禽圖	紈扇面	絹	設色	24.5 × 24.8		北京 故宮博物院	
荷塘鸂鶒圖	冊頁	絹	設色	16.8 × 21		北京 故宮博物院	
寒塘鳧侶圖	冊頁	絹	設色	16.6 × 20.8		北京 故宮博物院	
疏荷沙鳥圖	冊頁	絹	設色	25 × 25.3		北京 故宮博物院	
馴禽俯啄圖	紈扇面	絹	設色	25.7 × 24.1		北京 故宮博物院	
榴枝黃鳥圖	冊頁	絹	設色	24.8 × 25.2		北京 故宮博物院	
翠竹幽禽圖	紈扇面	絹	設色	26.4 × 26.6		北京 故宮博物院	
霜柏山鳥圖	紈扇面	絹	設色	24.2 × 25.4		北京 故宮博物院	
霜篠寒雛圖	冊頁	絹	設色	28.2 × 28.7		北京 故宮博物院	
鵪鶉圖	冊頁	絹	設色	22.9 × 26.1		北京 故宮博物院	
鵪鶉圖	冊頁	絹	設色	23.3 × 24		北京 故宮博物院	
繡羽鳴春圖	冊頁	絹	設色	25.7 × 24.1		北京 故宮博物院	
溪蘆野鴨圖	冊頁	絹	設色	26.2 × 27		北京 故宮博物院	
鶺鴒荷葉圖	冊頁	絹	設色	26 × 26.5		北京 故宮博物院	
鶺鴒葵花圖	冊頁	絹	設色	22.3 × 23		北京 故宮博物院	
鬥雀圖	紈扇面	絹	設色	24.2 × 25.4		北京 故宮博物院	
果熟來禽圖	紈扇面	絹	設色	25 × 26.3		北京 中國歷史博物館	
搽花鬥禽	紈扇面	絹	設色	23.5 × 26.8		北京 中國畫院	

名稱	形式	質地	色彩	尺寸 高x寬cm	創作時間	收藏處所	典藏號碼
山鵲枇杷圖	冊頁	絹	設色	30 x 30.9		北京 中央美術學院	
竹汀鴛鴦圖	紈扇面	絹	設色	25.4 x 25.1		上海 上海博物館	
紅果綠鴨圖	紈扇面	絹	設色	23.9 x 25.1		上海 上海博物館	
荷塘鶺鴒圖	紈扇面	絹	設色	22.5 x 23.1		上海 上海博物館	
錦荔棲禽圖	冊頁	絹	設色	26 x 23.9		上海 上海博物館	
錦雉竹雀圖	紈扇面	絹	設色	24.3 x 25.3		上海 上海博物館	
鵪鶉圖	紈扇面	絹	設色	23.5 x 23.1		上海 上海博物館	
臘嘴桐子圖	冊頁	絹	設色	22.9 x 27.2		上海 上海博物館	
瓊花翠鳥圖	紈扇面	絹	設色	25.9 x 23.7		上海 上海博物館	
櫻桃黃鸝圖	冊頁	絹	設色	12.1 x 26.1		上海 上海博物館	
花鳥圖	冊頁	絹	設色	24.3 x 42.3		昆山 崑崙堂美術館	
花鳥圖	冊頁	絹	設色	23.8 x 44		昆山 崑崙堂美術館	
小溪禽侶圖	紈扇面	絹	設色	28 x 28		昆山 崑崙堂美術館	
荷塘浴鳧圖	紈扇面	絹	設色	27.1 x 27.5		成都 四川省博物院	
竹塘宿雁圖	紈扇面	絹	設色	25 x 26.3		日本 東京國立博物館	TA-489
臘梅小禽	紈扇面	絹	設色	不詳		美國 波士頓美術館	
梨花鸚鵡	冊頁	絹	設色	不詳		美國 波士頓美術館	
寒林群鴉	紈扇面	絹	設色	不詳		美國 波士頓美術館	
花鳥圖	冊頁	絹	設色	不詳		美國 波士頓美術館	
蘆鷺圖	紈扇面	絹	設色	25.3 x 26.3		美國 紐約大都會藝術博物館	47.18.77
梅竹山雀	紈扇面	絹	設色	不詳		美國 紐約大都會藝術博物館	
蘆雁圖	冊頁	絹	設色	31.3 x 28.2		美國 紐約大都會藝術博物館	47.18.133
長汀落雁圖	紈扇面	絹	水墨	24.5 x 25.6		美國 紐約大都會藝術博物館	13.100.117
古木寒鴉圖	紈扇面	絹	水墨	24.5 x 24.5		美國 紐約大都會藝術博物館	1982.46
桃枝雙鵲	紈扇面	絹	設色	24.8 x 25.7		美國 克利夫蘭藝術博物館	
秋汀野鳧圖	紈扇面	絹	設色	22.4 x 24		美國 克利夫蘭藝術博物館	85.369
雪汀水禽	紈扇面	絹	設色	24.6 x 25.9		美國 克利夫蘭藝術博物館	
古柏歸禽圖	紈扇面	絹	水墨	23.8 x 24.9		美國 克利夫蘭藝術博物館	69.305
花鳥	冊頁	絹	設色	不詳		美國 舊金山亞洲藝術館	1369D.3
枇杷鳥雀圖	紈扇面	絹	設色	25.3 x 27		美國 夏威夷火魯奴奴藝術學院	4162
花鳥圖（唐宋畫冊之2）	冊頁	絹	設色	25.5 x 21.7		英國 倫敦大英博物館	1936.10.9.02（ADD81）
鬥雀圖（唐宋畫冊之5）	冊頁	絹	設色	27.3 x ?		英國 倫敦大英博物館	1936.10.9.05

名稱	形式	質地	色彩	尺寸 高×寬 cm	創作時間	收藏處所	典藏號碼
							（ADD84）
柳鳥圖（唐宋畫冊之9）	冊頁	絹	設色	26.0 × 28.5		英國 倫敦大英博物館	1936.10.9.09
							（ADD88）
梨花鳥圖（唐宋畫冊之1）	冊頁	絹	設色	26.6 × ?		英國 倫敦大英博物館	1936.10.9.01
							（ADD80）
（草蟲畫）							
寫生蛺蝶圖	卷	紙	設色	27.7 × 91		北京 故宮博物院	
風柳蟬蝶圖	軸	絹	設色	不詳		日本 東京鈴木正夫先生	
花蝶（繪苑琳球冊之5）	冊頁	絹	設色	25.7 × 27.2		台北 故宮博物院	故畫 01259-5
草蟲花鳥（歷代畫幅集冊之26）	冊頁	絹	設色	27.5 × 24.5		台北 故宮博物院	故畫 01261-26
花蝶（歷代畫幅集冊之28）	冊頁	絹	設色	24.6 × 24.2		台北 故宮博物院	故畫 01261-28
蝶粉花叢（紈扇集錦冊之8）	紈扇面	絹	設色	23.6 × 25.2		台北 故宮博物院	故畫 01263-8
草蟲瓜實（宋人集繪冊之3）	冊頁	絹	設色	23.2 × 24.5		台北 故宮博物院	故畫 03461-3
花蝶圖	紈扇面	絹	設色	23.4 × 23.8		香港 王南屏先生	
豆莢蜻蜓圖	冊頁	絹	設色	27 × 23		北京 故宮博物院	
青楓巨蝶圖	紈扇面	絹	設色	23 × 24.2		北京 故宮博物院	
海棠蛺蝶圖	冊頁	絹	設色	24.8 × 24.7		北京 故宮博物院	
菊叢飛蝶圖	紈扇面	絹	設色	23.7 × 24.4		北京 故宮博物院	
晴春蝶戲圖	紈扇面	絹	設色	23.7 × 25.3		北京 故宮博物院	
寫生草蟲圖	冊頁	絹	設色	25.9 × 26.9		北京 故宮博物院	
花卉草蟲圖	冊頁	絹	設色	不詳		北京 中國歷史博物館	
花石草蟲圖	冊頁	絹	設色	26.9 × 24		天津 天津市藝術博物館	
梔子蝴蝶圖	紈扇面	絹	設色	22.1 × 22.7		上海 上海博物館	
荷花蜻蜓圖	紈扇面	絹	設色	24.4 × 25.3		上海 上海博物館	
竹蟬圖	冊頁	絹	設色	23.8 × 25.6		美國 克利夫蘭藝術博物館	
竹雀圖	紈扇面	絹	設色	23.4 × 24.5		德國 慕尼黑國立民族學博物館	
（植卉畫）							
百花圖	卷	絹	水墨	31.6 × 1693		北京 故宮博物院	
花卉圖（冊頁裝）	卷	絹	設色	49.2 × 77.6 不等		北京 故宮博物院	
海山丹荔圖	卷	絹	設色	不詳		美國 賓夕法尼亞州州大學藝術館	

名稱	形式	質地	色彩	尺寸 高×寬 cm	創作時間	收藏處所	典藏號碼
歲朝圖	軸	絹	設色	164.2 × 80.3		台北 故宮博物院	故畫 00201
華春富貴圖	軸	絹	設色	144.5 × 49.8		台北 故宮博物院	故畫 00210
花王圖	軸	絹	設色	117.2 × 72.3		台北 故宮博物院	故畫 00211
山茶寫生	軸	紙	設色	58.2 × 39.1		台北 故宮博物院	故畫 00212
秋瓜圖	軸	紙	設色	26.8 × 45.5		台北 故宮博物院	故畫 00213
萬年青	軸	紙	設色	98.9 × 47.4		台北 故宮博物院	故畫 01884
折枝枇杷	軸	絹	設色	62 × 57		台北 故宮博物院	故畫 01885
山茶梅花	軸	絹	設色	133.6 × 46.7		台北 故宮博物院	故畫 01887
歲朝圖	軸	絹	設色	124.2 × 61.3		台北 故宮博物院	故畫 01922
歲朝圖	軸	絹	設色	138.5 × 72		上海 上海博物館	
雪竹圖	軸	絹	水墨	151.1 ×99.2		上海 上海博物館	
清供圖	軸	絹	設色	104 × 38.7		昆山 崑崙堂美術館	
牡丹湖石圖	軸	絹	設色	153 × 81		美國 堪薩斯市納爾遜-艾金斯 藝術博物館	
香實重金（名繪集珍冊之9）	冊頁	絹	設色	24.3 × 27.5		台北 故宮博物院	故畫 01243-9
芙蓉（宋人集繪冊之3）	紈扇面	絹	設色	25 × 26.2		台北 故宮博物院	故畫 01249-3
桃花（歷代集繪冊之8）	冊頁	絹	設色	25.2 × 25.3		台北 故宮博物院	故畫 01254-8
五蔬圖（繪苑琳球冊之2）	冊頁	絹	設色	25.7 × 28.6		台北 故宮博物院	故畫 01259-2
荔枝圖（繪苑琳球冊之8）	冊頁	絹	設色	21.5 × 26.4		台北 故宮博物院	故畫 01259-8
茶花（歷代畫幅集冊之27）	冊頁	絹	設色	26.3 × 26.2		台北 故宮博物院	故畫 01261-27
月明金栗（紈扇集錦冊之15）	冊頁	絹	設色	21.7 × 23.8		台北 故宮博物院	故畫 01263-15
芙蓉（宋人院畫冊之10）	冊頁	絹	水墨	23 × 25.7		台北 故宮博物院	故畫 03463-10
桂圓（宋人院畫冊之12）	冊頁	絹	設色	23 × 25.7		台北 故宮博物院	故畫 03463-12
花籠圖	冊頁	絹	設色	21.6 × 24		台北 故宮博物院（蘭千山館 寄存）	
白薔薇圖	冊頁	絹	設色	26.3 × 25.4		北京 故宮博物院	
出水芙蓉圖	紈扇面	絹	設色	24 × 25		北京 故宮博物院	
牡丹圖	冊頁	絹	設色	24.8 × 27		北京 故宮博物院	
夜合花圖	紈扇面	絹	設色	24.5 × 25.4		北京 故宮博物院	
秋蘭綻蕊圖	冊頁	絹	設色	25.3 × 25.8		北京 故宮博物院	
夏卉駢芳圖	冊頁	絹	設色	23.7 × 25.2		北京 故宮博物院	
無花果圖	紈扇面	絹	設色	24.8 × 25.3		北京 故宮博物院	
折枝果圖	冊頁	絹	設色	52.8 × 46.5		北京 故宮博物院	
水仙圖	冊頁	絹	設色	24.6 × 26		北京 故宮博物院	

名稱	形式	質地	色彩	尺寸 高×寬㎝	創作時間	收藏處所	典藏號碼
碧桃圖	冊頁	絹	設色	25 × 27		北京 故宮博物院	
膽瓶秋卉圖	冊頁	絹	設色	26.5 × 27.5		北京 故宮博物院	
叢菊圖	紈扇面 絹		設色	24 × 25.1		北京 故宮博物院	
岩檜圖	冊頁	絹	水墨	51 × 38.5		北京 故宮博物院	
秋蘭圖	紈扇面 絹		設色	25.3 × 25.2		北京 故宮博物院	
白茶花圖	紈扇面 絹		設色	24.5 × 25.1		北京 故宮博物院	
碧桃圖	紈扇面 絹		設色	24.7 × 27.4		北京 故宮博物院	
葵花圖	紈扇面 絹		設色	不詳		濟南 山東省博物館	
夜合花圖	冊頁	絹	設色	23.9 × 25.4		上海 上海博物館	
花籃圖	紈扇面 絹		設色	25 × 25.7		上海 上海博物館	
荔枝圖	紈扇面 絹		設色	24.3 × 25.3		上海 上海博物館	
荷花圖	紈扇面 絹		設色	25.8 × 25		上海 上海博物館	
虞美人圖	紈扇面 絹		設色	25.5 × 26.2		上海 上海博物館	
秋葵圖	紈扇面 絹		設色	25.4 × 25.9		上海 上海博物館	
蜀葵圖	紈扇面 絹		設色	21.5 × 22.8		上海 上海博物館	
懸圃春深圖	紈扇面 絹		設色	26.1 × 27.6		上海 上海博物館	
花籃圖	冊頁	絹	設色	24.4 × 25.8		昆山 崑崙堂美術館	
秋葵圖	冊頁	絹	設色	27.1 × 27.5		成都 四川省博物院	
林檎花圖	紈扇面 絹		設色	23.6 × 25.5		日本 東京淺野長勳先生	
芙蓉圖	冊頁	緙絲	設色	28.4 × 24.6		美國 華盛頓特區弗瑞爾藝術館	11.161i
花籬圖（唐宋畫冊之11）	冊頁	絹	設色	25.9 × 16.8		英國 倫敦大英博物館	1936.10.9.011(ADD90)
（水墨雜畫）							
枯木竹石	軸	絹	水墨	107.9 × 51.1		台北 故宮博物院	故畫 00155
古木竹石（歷代畫幅集冊之2）	冊頁	絹	水墨	25.3 × 26.9		台北 故宮博物院	故畫 01261-2
松石(歷代画幅集冊之21)	冊頁	紙	水墨	25.6 × 24.9		台北 故宮博物院	故畫 01261-21
附：							
開元八相圖	卷	絹	設色	27 × 118		紐約 蘇富比藝品拍賣公司/拍賣目錄1984,12,05.	
曹大家女誡圖	卷	絹	設色	42 × 821		紐約 佳士得藝品拍賣公司/拍賣目錄1989,12,04.	
羅漢圖	軸	絹	設色	111.1 × 54		香港 蘇富比藝品拍賣公司/拍賣目錄1999,10,31.	

名稱	形式	質地	色彩	尺寸 高×寬㎝	創作時間	收藏處所	典藏號碼
海棠小鳥	冊頁	絹	設色	21 × 17.5		香港 佳士得藝品拍賣公司/拍賣目錄 1984,06.	
松廊高士	紈扇面	絹	設色	23 × 24		香港 佳士得藝品拍賣公司/拍賣目錄 1984,06.	
庭園雪霽	紈扇面	絹	設色	24 × 26		香港 佳士得藝品拍賣公司/拍賣目錄 1984,06.	
山水圖	紈扇面	紙	設色	22.5 × 22		紐約 蘇富比藝品拍賣公司/拍賣目錄 1985,06.	
關山雪騎圖	紈扇面	絹	設色	24.5 × 25.5		紐約 佳士得藝品拍賣公司/拍賣目錄 1988,11,30.	
鶴童漫步	紈扇面	絹	設色	26 × 19.5		紐約 佳士得藝品拍賣公司/拍賣目錄 1996,09,18.	
醉歸圖	紈扇面	絹	設色	26 × 24.1		紐約 佳士得藝品拍賣公司/拍賣目錄 1996,09,18.	
花卉草蟲	紈扇面	絹	設色	25 × 24.5		紐約 佳士得藝品拍賣公司/拍賣目錄 1996,09,18.	
松溪泛舟圖	紈扇面	紙	設色	21 × 21.5		紐約 佳士得藝品拍賣公司/拍賣目錄 1996,09,18.	
仙山樓閣	紈扇面	絹	設色	25.1 × 27.9		紐約 佳士得藝品拍賣公司/拍賣目錄 1998,03,24.	
幽篁戴勝圖	紈扇面	絹	設色	24.8 × 25.3		紐約 佳士得藝品拍賣公司/拍賣目錄 1998,03,24.	
秋山訪友圖	紈扇面	絹	設色	27.2 × 23.8		紐約 佳士得藝品拍賣公司/拍賣目錄 1998,03,24.	
鷹松圖	冊頁	絹	設色	29.8 × 31.8		紐約 佳士得藝品拍賣公司/拍賣目錄 1998,03,24.	
聽松圖	紈扇面	絹	設色	24.1 × 24.5		紐約 佳士得藝品拍賣公司/拍賣目錄 1998,03,24.	
雙魚圖	紈扇面	絹	設色	22.2 × 24.4		紐約 佳士得藝品拍賣公司/拍賣目錄 1998,03,24.	
雪山驢背圖	紈扇面	絹	設色	28.9 × 26		紐約 佳士得藝品拍賣公司/拍賣目錄 1998,03,24.	
松老著書圖	紈扇面	絹	設色	22.2 × 22.5		紐約 佳士得藝品拍賣公司/拍賣目錄 1998,03,24.	

名稱	形式	質地	色彩	尺寸 高×寬㎝	創作時間	收藏處所	典藏號碼
萬花春睡圖	紈扇面	絹	設色	27 × 26.7		紐約 佳士得藝品拍賣公司/拍賣目錄 1998,03,24.	
雪棧盤車	紈扇面	絹	設色	24.8 × 26.8		香港 佳士得藝品拍賣公司/拍賣目錄 2001,04,29.	

名稱	形式	質地	色彩	尺寸 高×寬㎝	創作時間	收藏處所	典藏號碼

遼、金代

蕭瀜

| 花鳥 | 軸 | 絹 | 設色 | 145 × 83 | | 台北 故宮博物院 | 故畫 00086 |

畫家小傳：蕭瀜。遼之貴族。好讀書，親翰墨，尤善丹青。喜臨摹學習唐裝寬、邊鸞之蹟。頗得其法。(見繪事備考、中國畫家人名大辭典)

庅兼

附：

| 水藻魚蟹圖 | 軸 | 紙 | 水墨 | 82.5 × 46.5 | 天慶甲子十一年（1121）二月十八日 | 紐約 佳士得藝品拍賣公司/拍賣目錄 1990.05.31. | |

畫家小傳：庅兼。遼國人。畫史無載。署款紀年作品見於遼天祚帝保大元 (1121) 年。身世待考。

陳及之

| 便橋會盟圖 | 卷 | 紙 | 水墨 | 36 × 117 | | 北京 故宮博物院 | |

畫家小傳：陳及之。遼人。畫史無載。身世待考。

王庭筠

幽竹枯槎圖	卷	紙	水墨	38.3 × 116.4		日本 滋賀縣藤井齊成會	
墨竹圖	軸	紙	水墨	70.3 × 26.9		瑞典 斯德哥爾摩遠東古物館	OM 99/7
柳蟬紅蓼圖(丘壑琳瑯冊之11)	冊頁	絹	設色	26.6 × 24		台北 故宮博物院	故畫 03493-11

畫家小傳：王庭筠。金人。字子端。號黃華山人、黃華老人。遼東 (一作河東、益州) 人。為米芾外甥。生於金海陵王天德四 (1152) 年。卒於金章宗泰和二 (1202) 年。金世宗大定十六 (1176) 年進士。能詩。工書。善畫山水、枯木、竹石等。(見圖繪寶鑑、金史本傳、畫鑒、書史會要、中國畫家人名大辭典)

李山

風雪杉松圖	卷	絹	設色	29.7 × 79.2		美國 華盛頓特區弗瑞爾藝術館	61.34
松杉行旅圖	軸	絹	水墨	163.6 × 107.2		美國 華盛頓特區弗瑞爾藝術館	16.552
風雨山水圖(宋元名畫集冊之第7幀)	冊頁	絹	設色	24.5 × 25		美國 耶魯大學藝術館	1952.52.25g

畫家小傳：李山。金人。籍里、身世不詳。善畫。所作風雪松杉，精絕有致，能出蹊徑之外。(見弇州山人集、趙氏家珍集、中國畫家人名大辭典)

名稱	形式	質地	色彩	尺寸 高×寬㎝	創作時間	收藏處所	典藏號碼

楊邦基

| 聘金圖 | 卷 | 絹 | 設色 | 26 × ? | | 美國 普林斯頓大學藝術館（
（Edward Elliott 先生
寄存） | L159.70 |

畫家小傳：楊邦基。金人，華陰人。字德懋。號息軒。善畫馬、人物、山水。或謂其山水師李成，人馬可比李公麟。(見圖繪寶鑑、金史本傳、中州集、滏水集、中國畫家人名大辭典)

趙 霖

| 昭陵六駿圖 | 卷 | 絹 | 設色 | 30.9 × 205 | | 北京 故宮博物院 | |

畫家小傳：趙霖。金人。籍里、身世不詳。活動於熙宗(1135-1148)時。善畫。(見圖繪寶鑑、繪事備考、畫史會要、中國畫家人名大辭典)

李仲略

| 山水圖 | 軸 | 紙 | 水墨 | 25 × 38.5 | | 美國 堪薩斯市納爾遜-艾金斯
藝術博物館 | |

畫家小傳：李仲略。金人。字簡之。澤州高平人。金世宗大定十九（1179）年詞賦進士。性豪邁。善畫山水。(見圖繪寶鑑、金史本傳、中國畫家人名大辭典)

高 燾

| 寒林聚禽圖 | 軸 | 絹 | 設色 | 175 × 90.2 | | 美國 克利夫蘭藝術博物館 | 66.115 |

畫家小傳：高燾。金人。字公廣。號三樂居士。沔陽人。工書。善畫，作小景，自成一家，清遠靜深，一洗工氣。(見畫繼、圖繪寶鑑、中國畫家人名大辭典)

武元直

| 赤壁圖 | 卷 | 紙 | 水墨 | 50.8 × 136.4 | | 台北 故宮博物院 | 故畫00993 |

畫家小傳：武元直。金人。字善夫。北平人。為金章宗明昌間(1190-1195) 名士。善畫山水。(見圖繪寶鑑、滏水集、畫史會要、中國畫家人名大辭典)

李 遹

| 羅漢 | 軸 | 絹 | 設色 | 56.6 × 32.6 | | 台北 故宮博物院 | 故畫01824 |

畫家小傳：李遹。金人。字平甫。號寄庵老人。樂城人。金章宗明昌間(1190-1195)進士。工詩。善畫山水、龍虎，入妙品。(見圖繪寶鑑、中州集、歸潛志、畫史會要、中國畫家人名大辭典)

趙 璡

| 十六羅漢像（八曲屏風一對， | 軸 | 絹 | 設色 | （每幅）87.6 | | 日本 千葉縣法華寺 | |

名稱	形式	質地	色彩	尺寸 高x寬cm	創作時間	收藏處所	典藏號碼
16幅）				x 47.95			
第二迦羅迦諸跋蹉尊者像	軸	絹	設色	不詳		美國 波士頓美術館	
瀘南平夷圖	卷	絹	設色	39.3 x 396.2		美國 堪薩斯市納爾遜-艾金斯 藝術博物館	

畫家小傳：趙璙。金人。畫史無載。身世待考。

宮素然

名稱	形式	質地	色彩	尺寸 高x寬cm	創作時間	收藏處所	典藏號碼
明妃出塞圖	卷	紙	水墨	30.2 x 160.2		日本 大阪市立美術館	

畫家小傳：宮素然。女，據所畫明妃出塞圖卷題款顯示，知為金太宗天會間（1123-1134），貴州鎮遠女道士。所作白描畫，精妙似宋李公麟，神采生動。（見日本支那名畫寶鑑、中國美術家人名辭典）

張 瑀

名稱	形式	質地	色彩	尺寸 高x寬cm	創作時間	收藏處所	典藏號碼
文姬歸漢圖	卷	絹	設色	29 x 129		長春 吉林省博物館	

畫家小傳：張瑀。金人。畫史無載。身世待考。

楊 微

名稱	形式	質地	色彩	尺寸 高x寬cm	創作時間	收藏處所	典藏號碼
二駿圖	卷	絹	設色	24.8 x 80.8	大定甲辰（二十四年，1184）	瀋陽 遼寧省博物館	

畫家小傳：楊微。金人。畫史無載。流傳署款紀年作品見於世宗大定二十四（1184）年。身世待考。

高 暹

名稱	形式	質地	色彩	尺寸 高x寬cm	創作時間	收藏處所	典藏號碼
雪景山水圖	軸	絹	設色	174.9 x 90.2		美國 克利夫蘭藝術博物館	

畫家小傳：高暹。金。蜀人。工草書。善畫馬。（見天衢舒嘯集、中國畫家人名大辭典）

張 珪

名稱	形式	質地	色彩	尺寸 高x寬cm	創作時間	收藏處所	典藏號碼
神龜圖	卷	絹	設色	30 x 57.2		北京 故宮博物院	

畫家小傳：張珪。金人。畫史無載。身世待考。

楊世昌

名稱	形式	質地	色彩	尺寸 高x寬cm	創作時間	收藏處所	典藏號碼
崆峒問道圖（明錢啟晦永樂九年冬十月題）	卷	絹	設色	不詳		北京 故宮博物院	

畫家小傳：楊世昌。金人。畫史無載。身世待考。

名稱	形式	質地	色彩	尺寸 高x寬㎝	創作時間	收藏處所	典藏號碼

無名氏

名稱	形式	質地	色彩	尺寸 高x寬㎝	創作時間	收藏處所	典藏號碼
采藥圖	軸	絹	設色	54.3 x 34.8		太原 山西省博物館	
溪山行眺	軸	絹	水墨	不詳		美國 舊金山亞洲藝術館	B66 D1
雪景山水圖	軸	絹	設色	96.1 x 48.2		美國 私人	
附：							
圍人與馬圖	冊頁	絹	設色	19.5 x 21		紐約 佳士得藝品拍賣公司/拍賣目錄 1996,09,18.	

名稱	形式	質地	色彩	尺寸 高x寬㎝	創作時間	收藏處所	典藏號碼

名稱	形式	質地	色彩	尺寸 高×寬㎝	創作時間	收藏處所	典藏號碼

元 代

程 棨

摹樓璹蠶織圖	卷	紙	設色	31.9×1249.3		美國 華盛頓特區弗瑞爾藝術館	54.20
摹樓璹耕作圖	卷	紙	設色	31.9×1034		美國 華盛頓特區弗瑞爾藝術館	54.21

畫家小傳：程棨。畫史無載。身世待考。

周 密

英雄圖	軸	紙	設色	166.7×97	大德十年（丙午，1306）立秋日	日本 東京尾崎洵盛先生	

畫家小傳：周密。字公謹，號草窗、弁陽老人。山東濟南人。寓居杭州。生於宋理宗紹定五(1232)年。卒於元武宗至大元(1308)年。嘗為義烏令。喜收藏法書名畫。善畫梅、竹、蘭石。著有煙雲過眼錄。（見圖繪寶鑑、杭州府志、宋詩紀事、中國畫家人名大辭典）

錢 選

渭水訪賢圖	卷	絹	設色	46.8×438.8	至正辛未（至正無辛未）	台北 故宮博物院	故畫 01480
時苗留犢圖	卷	絹	設色	28.5×112		台北 故宮博物院	故畫 01481
西旅貢獒圖	卷	絹	設色	27.3×99.6		台北 故宮博物院	故畫 01482
仙機枚測	卷	絹	設色	33.1×109.6		台北 故宮博物院	故畫 01483
錦灰堆	卷	紙	設色	27.2×119		台北 故宮博物院	故畫 01484
七賢圖	卷	紙	設色	25.6×152.1		台北 故宮博物院	故畫 01485
忠孝圖	卷	紙	設色	42.2×264.5		台北 故宮博物院	故畫 01486
荔枝圖	卷	絹	設色	27.3×154.6		台北 故宮博物院	故畫 01487
桃枝松鼠	卷	紙	設色	26.3×44.3		台北 故宮博物院	故畫 00969
烟江待渡圖	卷	紙	設色	21.6×111.2		台北 故宮博物院	故畫 01000
蘭亭觀鵝	卷	紙	青綠	24.7×82.1		台北 故宮博物院	故畫 01001
牡丹	卷	紙	設色	29.3×102		台北 故宮博物院	故畫 01002
文殊洗象圖	卷	紙	設色	36×79		台北 故宮博物院	中畫 00016
渡海羅漢	卷	紙	設色	37.3×495.7		台北 故宮博物院	中畫 00215
十六應真	卷	紙	白描	28.6×563.4		台北 故宮博物院	中畫 00216

名稱	形式	質地	色彩	尺寸 高×寬cm	創作時間	收藏處所	典藏號碼
漁邨風雨圖	卷	紙	設色	28.1 × ？		台北 蘭千山館	
西旅獻獒圖	卷	紙	設色	26.8 × 96.8		香港 趙從衍先生	
洪崖行吟圖	卷	紙	設色	26.8 × ？		香港 趙從衍先生	
石勒問道圖	卷	紙	設色	32.6 × ？		香港 趙從衍先生	
山居圖	卷	紙	設色	26.5 × 111.6		北京 故宮博物院	
八花圖	卷	紙	設色	29.4 × 333.9		北京 故宮博物院	
西湖吟趣圖	卷	紙	設色	25 × 72.5		北京 故宮博物院	
秋江待渡圖	卷	紙	設色	26.8 × 108.4		北京 故宮博物院	
幽居圖	卷	紙	設色	27 × 115.9		北京 故宮博物院	
孤山圖	卷	絹	設色	不詳		北京 故宮博物院	
花鳥圖（3段）	卷	紙	設色	38 × 316.7	至元甲午（三十一年，1294）	天津 天津市藝術博物館	
白蓮圖	卷	紙	設色	32 × 90		濟南 山東省博物館	
浮玉山居圖	卷	紙	設色	29.6 × 98.7		上海 上海博物館	
蹴鞠圖	卷	紙	設色	28.6 × 56.2		上海 上海博物館	
四明桃園圖	卷	紙	設色	23.2 × 101.7		上海 上海博物館	
宮婦戲嬰圖	短卷	絹	設色	29.4 × 55.1		日本 東京住友寬一先生	
群仙渡海圖	卷	絹	設色	28.7 × ？		日本 東京住友寬一先生	
蹴鞠圖	卷	絹	設色	24.2 × 64.5		日本 東京竹內榮喜先生	
花石草蟲圖	卷	絹	設色	86 × 193.4		日本 山口縣菊屋嘉十郎	
七賢過關圖	卷	紙	水墨	29.2 × 138		日本 京都國立博物館	A甲142
石勒問道圖	卷	紙	設色	27.3 × 102.2		日本 大阪市立美術館	
佛澄禪定圖	卷	紙	設色	不詳		日本 兵庫縣阿部房次郎先生	
梨花勃姑圖	卷	紙	設色	不詳		美國 波士頓美術館	
職貢圖	卷	絹	設色	不詳		美國 哈佛大學福格藝術館	
林檎雀圖	卷	紙	設色	22.4 × 27.6		美國 普林斯頓大學藝術館	59-1
王羲之觀鵝圖	卷	紙	設色	23.1 × 92.3		美國 紐約大都會藝術博物館	1973.120.6
歸去來辭圖(鮮于樞書題辭)	卷	紙	設色	26 × 104	鮮于題於大德庚子（四年，1300）十一月	美國 紐約大都會藝術博物館	13.220.124
梨花圖	卷	紙	設色	31.2 × 95.4		美國 紐約大都會藝術博物館	1977.79
三蔬圖	卷	紙	設色	23.8 × 104.8		美國 紐約大都會藝術博物館 (Denis 楊先生寄存)	
懶殘煨芋圖	卷	絹	設色	27.6 × ？		美國 紐約布魯克林博物館	81.194.1

名稱	形式	質地	色彩	尺寸 高×寬cm	創作時間	收藏處所	典藏號碼
花鳥圖	卷	絹	設色	33.8 × 272.6		美國 華盛頓特區弗瑞爾藝術館	09.230
蕭翼賺蘭亭圖	卷	紙	設色	24.6 × 77.1		美國 華盛頓特區弗瑞爾藝術館	10.6
來禽梔子圖	卷	紙	設色	29.2 × 78.3		美國 華盛頓特區弗瑞爾藝術館	17.183
楊貴妃上馬圖	卷	紙	設色	29.5 × 117		美國 華盛頓特區弗瑞爾藝術館	57.14
郊園春意圖	卷	紙	設色	27.6 × ？		美國 密歇根大學藝術博物館（密州鄭先生寄存）	83.71.5
草蟲圖	卷	紙	設色	26.8 × 120		美國 底特律藝術中心	29.1
異域歸忠圖（張雨題記）	卷	紙	水墨	27.7 × ？		美國 底特律藝術中心	
梨花斑鳩圖	卷	紙	設色	30.2 × 97		美國 辛辛那提市藝術館	1948.80
摹閻立德西旅進獒圖	卷	紙	水墨	不詳		美國 克利夫蘭藝術博物館	
甜瓜圖	卷	絹	設色	24.3 × ？		美國 聖路易斯市藝術館	161.1925
明妃出塞圖	卷	絹	設色	28.1 × 148.7		英國 倫敦大英博物館	1919.4.14.01(ADD70)
五陵公子挾彈圖（仿趙孟頫本，為江陰梅遇作）	卷	絹	設色	30 × ？	至元二十七年（庚寅，1290）十月廿一日	英國 倫敦大英博物館	1954.12.11.05（ADD286）
群馬圖	卷	絹	設色	48.6 × ？		法國 巴黎居美博物館	MA1342
蘇武牧羊圖	卷	絹	設色	27.6 × 84.6		瑞典 斯德哥爾摩遠東古物館（Eric-son 先生寄存）	E.E.312
盧同烹茶圖	軸	紙	設色	128.7 × 37.3		台北 故宮博物院	故畫 00130
荔枝圖	軸	紙	設色	156.7 × 35.6		台北 故宮博物院	故畫 00131
秋瓜圖	軸	紙	設色	63.1 × 30		台北 故宮博物院	故畫 00132
三蔬圖	軸	紙	設色	97.6 × 47.4		台北 故宮博物院	故畫 00133
五蔬圖	軸	絹	設色	69.6 × 126.7		台北 故宮博物院	故畫 00850
端陽景	軸	紙	設色	107.9 × 47.9		台北 故宮博物院	故畫 01849
得喜圖	軸	紙	設色	67.6 × 40.4		台北 故宮博物院	故畫 01850
三元送喜	軸	絹	設色	111.4 × 62.8		台北 故宮博物院	故畫 01851
貨郎圖	軸	絹	設色	106.5 × 56		台北 故宮博物院	故畫 01852
仿李公麟沐象圖	軸	絹	設色	111.7 × 54	至元十年（癸酉，1273）五月九日	台北 故宮博物院	故畫 01853

名稱	形式	質地	色彩	尺寸 高×寬 cm	創作時間	收藏處所	典藏號碼
觀音像	軸	紙	水墨	72.7 × 29.9		台北 故宮博物院	故畫 01854
達摩像	軸	紙	泥金	117.5 × 59.9		台北 故宮博物院	故畫 01855
畫鵝	軸	絹	設色	149.8 × 87.1		台北 故宮博物院	故畫 01856
雪梅集禽圖	軸	絹	設色	75.8 × 97.2		台北 故宮博物院	故畫 01857
四季平安	軸	絹	設色	135.2 × 58.5	至正八年（戊子，1348）陽月	台北 故宮博物院	故畫 01858
鑑古圖	軸	絹	設色	71.8 × 62		台北 故宮博物院	故畫 01859
畫馬	軸	紙	設色	33 × 34.8	至正二年（壬午，1342）發八月	台北 故宮博物院	故畫 01860
畫鹿	軸	絹	水墨	104 × 50		台北 故宮博物院	故畫 01861
三陽開泰	軸	絹	設色	122.4 × 49.9	至正癸卯（二十三年，1363）秋七月	台北 故宮博物院	故畫 01862
秋瓜圖	軸	絹	設色	不詳		台北 故宮博物院	中畫 00084
芙蓉鴛鴦圖	軸	紙	設色	不詳		台北 故宮博物院	國贈 026731
洗象圖	軸	紙	設色	不詳		台北 故宮博物院	國贈 026730
赤壁清遊圖	軸	紙	設色	不詳		台北 故宮博物院（王世杰先生寄存）	
荷花翠鳥圖	軸	絹	設色	84 × 39.5		昆山 崑崙堂美術館	
雙筍圖	橫幅	絹	設色	20.4 × 31.3		日本 東京國立博物館	
柘榴圖	橫幅	絹	設色	22.1 × 20.9		日本 東京國立博物館	
雞圖	軸	絹	設色	67 × 49.1		日本 東京出光美術館	
梨花斑鳩圖	軸	紙	設色	不詳		日本 東京根津美術館	
花籠圖	軸	絹	設色	不詳		日本 東京熱海美術館	
梅竹小禽圖	軸	絹	設色	25.8 × 26		日本 東京熱海美術館	
牡丹圖	軸	絹	設色	31.2 × 26.7		日本 東京淺野長勳先生	
林檎雀圖	軸	紙	設色	22.4 × 27.9		日本 東京淺野長勳先生	
楊貴妃圖	軸	絹	設色	74.2 × 45.8		日本 東京淺野長勳先生	
石榴小禽圖	軸	絹	設色	21.5 × 23		日本 東京馬越恭平先生	
林檎圖	軸	絹	設色	71.2 × 29.7		日本 東京馬越恭平先生	
白梅圖	軸	紙	設色	27.3 × 29.7		日本 東京松平直亮先生	
看獵圖	軸	絹	設色	108.8 × 58.5		日本 東京川崎克先生	
梨花圖	軸	紙	設色	50.2 × 31.1		日本 東京住友寬一先生	
旭日鳳凰圖	軸	絹	設色	153.9 × 88.5		日本 東京松方侯爵	
雞頭花圖	軸	紙	設色	69 × 29		日本 京都國立博物館	A甲 670

名稱	形式	質地	色彩	尺寸 高x寬cm	創作時間	收藏處所	典藏號碼
瓢壺圖	軸	絹	設色	47.7 x 29.1		日本 京都國立博物館	A甲 196
蓮蛙圖	軸	絹	設色	51 x 32.9		日本 京都國立博物館	A甲 195
牡丹圖（2幅）	軸	絹	設色	（每幅）151.1 x 91.8		日本 京都高桐院	
荷花圖	軸	絹	設色	122.7 x 60.6		日本 京都本法寺	
草蟲圖	軸	絹	設色	61.5 x 38.3		日本 京都柳孝先生	A-2335
荷花鸂鶒圖	軸	紙	設色	不詳		日本 東京中村先生（Nakamura Tomijiro）	
鼠嚙瓜圖	軸	絹	設色	不詳		日本 東京中村先生（Nakamura Tomijiro）	
品茶圖	軸	絹	設色	32.6 x 63.3		日本 大阪市立美術館	
白菜圖	軸	絹	設色	22.7 x 22.3		日本 大阪市萬野美術館	1785
蟹圖	軸	絹	設色	31.5 x 32.7		日本 兵庫縣村山龍平先生	
粟雀圖	軸	絹	設色	63.7 x 28.4		日本 兵庫縣黑川古文化研究所	
牡丹圖	軸	絹	設色	31.1 x 26.7		日本 福岡市美術館	
果蓏秋蟲圖	軸	絹	設色	不詳		日本 大阪正木美術館	
鵪鶉圖 （2幅）	軸	絹	設色	28.7 x 27.4		日本 山口縣菊屋嘉十郎	
鵪鶉	軸	絹	設色	32.2 x 31.9		日本 山口縣菊屋嘉十郎	
花鳥圖	軸	絹	設色	不詳		日本 群馬縣茂林寺	
花鳥圖	軸	紙	設色	64.4 x 28.1		日本 染殿花院	
風荷圖	軸	絹	設色	129 x 72.1		日本 興聖禪寺	
花鳥圖	軸	絹	設色	84.1 x 42.2		日本 太田喜藏先生	
宮女圖	軸	絹	設色	86 x 29.9		日本 大原謙一郎先生	
海棠小禽圖	軸	紙	設色	85.3 x 31.6		日本 私人	
蜻蛉修竹	軸	絹	設色	不詳		美國 波士頓美術館	
濤聲松韻（名資妙蹟冊之7）	紈扇面	絹	設色	25.8 x 27.3		台北 故宮博物院	故畫 01255-7
珍果圖（名繪集珍冊之14）	冊頁	絹	設色	25.6 x 26.3		台北 故宮博物院	故畫 01233-14
野芳拳石（歷朝畫幅集冊之6）	冊頁	紙	設色	38 x 22.5		台北 故宮博物院	故畫 01237-6
畫眉清蔌（唐宋元畫集錦冊之17）	紈扇面	絹	設色	26.2 x 28		台北 故宮博物院	故畫 01239-17
秋芳鳥語（藝院藏真下冊之10）	紈扇面	紙	水墨	24.2 x 26.2		台北 故宮博物院	故畫 01241-10
招涼仕女（集古名繪冊之17）	冊頁	絹	設色	22.4 x 21.7		台北 故宮博物院	故畫 01248-17
山茶（歷代集繪冊之16）	冊頁	紙	設色	27 x 28.8		台北 故宮博物院	故畫 01254-16
蓮實三鼠（宋元名人花鳥合璧	冊頁	絹	設色	28.2 x 24.3		台北 故宮博物院	故畫 01266-11

名稱	形式	質地	色彩	尺寸 高x寬cm	創作時間	收藏處所	典藏號碼
冊之 11）							
果籃（宋元人畫冊之 9）	冊頁	絹	設色	23.4 x 19.8		台北 故宮博物院	故畫 01267-9
翎毛（宋元集繪冊之 11）	冊頁	絹	設色	25.2 x 26		台北 故宮博物院	故畫 01268-11
寫生圖（12 幀）	冊	絹	設色	（每幀）29.7 x 27.3		台北 故宮博物院	故畫 03136
寫生圖（8 幀）	冊	絹	設色	（每幀）26.6 x 23		台北 故宮博物院	故畫 03137
花籃圖（8 幀）	冊	絹	設色	（每幀）26.6 x 30.5		台北 故宮博物院	故畫 03138
摹古花婕圖（12 幀）	冊	絹	設色	（每幀）31 x 30.8	至治辛酉（元年，1321）	台北 故宮博物院	故畫 03139
剪秋羅（唐宋元集繪冊之 10）	冊頁	絹	設色	24 x 24		台北 故宮博物院	故畫 03460-10
秋露芙蓉（唐宋元集繪冊之 13）	冊頁	絹	設色	24 x 24		台北 故宮博物院	故畫 03460-13
瓜鼠（宋元集繪冊之 9）	冊頁	絹	設色	22.8 x 24		台北 故宮博物院	故畫 03464-9
分稻圖（宋元集繪冊之 10）	冊頁	絹	設色	31.2 x 21.3		台北 故宮博物院	故畫 03464-10
荔枝枇杷（宋元名蹟冊之 20）	冊頁	絹	設色	24.4 x 22.5		台北 故宮博物院	故畫 03469-20
桐岡鶴唳（集古藏真冊之 4）	冊頁	絹	設色	29.8 x 39.8		台北 故宮博物院	故畫 03483-4
梨雲翠羽（集珍挹爽冊之 1）	冊頁	絹	設色	24 x 25.3		台北 故宮博物院	故畫 03484-1
白鴿（名繪薈萃冊之 13）	冊頁	絹	設色	20.2 x 21.2		台北 故宮博物院	故畫 03486-13
木香山雀（藝林韞古冊之 11）	紈扇面	絹	設色	27.7 x 27.7		台北 故宮博物院	故畫 03491-11
荷亭消夏（藝苑臚珍冊之 9）	冊頁	絹	設色	23.1 x 24		台北 故宮博物院	故畫 03492-9
葡梨菱角（韞真集慶冊之 10）	冊頁	絹	設色	不詳		台北 故宮博物院	故畫 03498-10
水仙兩本（諸仙妙繪冊之 10）	冊頁	絹	水墨	22.4 x 19.6		台北 故宮博物院	故畫 03501-10
昆蟲（？幀）	冊	不詳	不詳	不詳		台北 故宮博物院	國贈 024741
雙鳥圖	冊頁	紙	設色	28.5 x 42.5		昆山 崑崙堂	
芭蕉唐子圖	冊頁	絹	設色	25 x 23.1		日本 東京國立博物館	
群鼠食瓜圖	冊頁	絹	設色	24.2 x 27.3		日本 東京國立博物館	
花籠圖	冊頁	絹	設色	不詳		日本 東京根津美術館	
蒲公英圖	紈扇面	絹	設色	82.1 x 27.2		日本 東京住友寬一先生	
錦灰堆圖(即花籃圖)	冊頁	絹	設色	不詳		日本 京都知恩寺	
花卉（宋元明名家畫冊之 5）	冊頁	絹	設色	不詳		日本 京都藤井善助先生	
水禽圖	冊頁	絹	設色	29.5 x 32		美國 華盛頓特區弗瑞爾藝術館	11.161h

名稱	形式	質地	色彩	尺寸 高×寬cm	創作時間	收藏處所	典藏號碼
花鳥圖	紈扇面	紙	設色	32.5 × 33.7		美國 華盛頓特區弗瑞爾藝術館	11.491
附：							
三蔬圖（沈尹默補）	卷	紙	設色	23.8 × 105.4		紐約 蘇富比藝品拍賣公司/拍賣目錄 1986,06,03.	
秋瓜圖	短卷	絹	設色	23.2 × 46.7		紐約 佳士得藝品拍賣公司/拍賣目錄 1987,06,03.	
羅漢圖	軸	絹	設色	123 × 61		紐約 佳士得藝品拍賣公司/拍賣目錄 1990,05,31.	
秋禽梧桐圖（錢宰題）	冊頁	紙	設色	24 × 30		紐約 佳士得藝品拍賣公司/拍賣目錄 1994,06,01.	

畫家小傳：錢選。字舜舉，號玉潭、巽峰、清癯老人、習懶翁、霅川翁等。浙江吳興人。生於宋理宗端平二(1235)年。卒於元成宗大德七(1303)年。工詩、善書畫。擅畫人物、山水、花鳥等，無所不能、無所不精。(見圖繪寶鑑、湖州府志、東圖玄覽、宋詩紀事、書史會要、中國畫家人名大辭典)

趙 淇

名稱	形式	質地	色彩	尺寸 高×寬cm	創作時間	收藏處所	典藏號碼
相鶴圖經合璧（趙琪畫、周伯琦書經）	卷	絹	設色	30.9 × 71.6	周書於至正戊戌（十八年，1358）十月壬申	台北 故宮博物院	故畫 01102
鍾離渡海圖	軸	絹	設色	134.5 × 57.2		美國 克利夫蘭藝術博物館	

畫家小傳：趙淇。字元德。號平遠、太初道人、靜華翁。潭州人。趙葵之子。生於宋理宗嘉熙二(1238)年。卒於元成宗大德十(1306)年。曾仕官至湖南宣慰司。善音律、文辭。工畫墨竹，甚得風致。(見圖繪寶鑑、道園學古錄、中國畫家人名大辭典)

何 澄

名稱	形式	質地	色彩	尺寸 高×寬cm	創作時間	收藏處所	典藏號碼
陶潛歸莊圖（張仲壽書辭）	卷	紙	水墨	41 × 723.8	（時年九十，至大二年，1309）	長春 吉林省博物館	
下元水官圖	卷	紙	設色	49.9 × 263.5		美國 華盛頓特區弗瑞爾藝術館	17.185
山水圖	軸	絹	設色	94.6 × 39.2		美國 私人	

畫家小傳：何澄。籍里不詳。工畫人物、故實。生於金宣宗元光二（1223）年，元仁宗皇慶元（1312）年已九十歲，時官昭文館大學士中奉大夫，尚作畫姑蘇臺、阿房宮、昆明池三卷進呈，仁宗特命收藏祕書監，人以「何祕監」稱之。(見元史岳桂傳、中國畫家人名大辭典、元代藝術史紀事編年)

劉 元

名稱	形式	質地	色彩	尺寸 高x寬㎝	創作時間	收藏處所	典藏號碼
應夢圖	卷	絹	設色	28.9 x 73.4		美國 辛辛那提市藝術館	1948.79

畫家小傳：劉元。字秉元。薊州寶砥人。始為道士，師事青州杞道錄，傳其藝。後隨阿尼哥學畫西天梵像，稱絕藝。世祖至元中，凡兩都名剎塑土範金，搏換為佛像，皆出其手，神思妙合，天下稱之。後官至昭文館大學士正奉大夫秘書卿。（見新元史卷二百四十二、方技‧阿尼哥尼傳附傳、中國美術家人名辭典、元代藝術史紀事編年）

李衎

名稱	形式	質地	色彩	尺寸 高x寬㎝	創作時間	收藏處所	典藏號碼
四清圖（為王玄卿作）	卷	紙	水墨	35.7 x 359.3	大德丁未（十一年，1307）正月一日	北京 故宮博物院	
竹石圖（李衎、趙雍合卷之一）	卷	紙	水墨	32.5 x 92.6 不等		北京 故宮博物院	
墨竹圖（為玄卿作）	卷	紙	水墨	37.5 x 237.5	至大元年（戊申，1308）	美國 堪薩斯市納爾遜-艾金斯藝術博物館	48-16
雙松圖	軸	絹	水墨	156.7 x 91.2		台北 故宮博物院	故畫 00233
四季平安圖	軸	絹	水墨	131.4 x 51.1		台北 故宮博物院	故畫 00234
新篁圖（為陳行簡作）	軸	絹	水墨	131.5 x 89.7	延祐己未（六年，1319）正月既望	北京 故宮博物院	
雙鉤竹圖	軸	絹	設色	163.5 x102.5		北京 故宮博物院	
沐雨竹圖	軸	絹	設色	111.5 x 55		北京 故宮博物院	
竹石圖	軸	絹	設色	185.5 x153.7		北京 故宮博物院	
雙鉤竹圖	軸	絹	設色	75.5 x 29.5		天津 天津市藝術博物館	
修篁樹石圖	軸	絹	水墨	151.5 x 100	延祐己未（六年，1319）春正月廿五日	南京 南京博物院	
紆竹圖	軸	絹	設色	138.5 x 79	延祐戊午（五年，1318）八月	廣州 廣州市美術館	
竹石圖（為白季清作）	軸	絹	水墨	157.1 x105.9	延祐庚申（七年，1320）正月廿五日	日本 東京宮內廳	
墨竹圖	軸	絹	水墨	150.5 x 44.4	延祐己未（六年，1319）秋九月	日本 東京住友寬一先生	
竹石圖	軸	絹	水墨	108.5 x 45.4		日本 東京都常盤山文庫	
竹圖	軸	紙	水墨	117.9 x 53.1		日本 德神寺	
雙鉤竹圖（對幅）	軸	絹	設色	（每幅）186.8		美國 紐約大都會藝術博物館	1973.120.7a,b

名稱	形式	質地	色彩	尺寸 高×寬cm	創作時間	收藏處所	典藏號碼
				× 55.3			
枯木竹石	軸	絹	水墨	160.1 × 85.8		美國 印第安那波里斯市藝術博物館	60.142
竹枝出牆（繪苑琳球冊之9）	冊頁	絹	水墨	25.7 × 26.9		台北 故宮博物院	故畫 01259-9
竹鳥（宋元集繪冊之10）	冊頁	絹	水墨	21.2 × 33.5		台北 故宮博物院	故畫 03465-10
秋圃霜菘（宋元明集繪冊之9）	冊頁	紙	水墨	52.7 × 30.5		台北 故宮博物院	故畫 03580-9
喬柯竹石（宋元人畫合璧冊之8）	冊頁	紙	水墨	不詳		日本 京都藤井善助先生	
附：							
雙鉤翠竹圖	軸	絹	設色	111.7 × 61	延祐己未（六年，1319）秋九月	紐約 佳士得藝品拍賣公司／拍賣目錄 1990,05,31.	

畫家小傳：李衎。字仲賓，號息齋道人。河北薊丘人。生於宋理宗淳祐五(1245)年。卒於元仁宗延祐七(1320)年。仕元官至江浙行省平章政事，卒封薊國公。善畫墨竹、木石，師法王曼慶、文同，形神兼足。兼長畫理，著有畫竹、墨竹二譜傳世。（見圖繪寶鑑、松雪齋集、梧溪集、禮部集、文湖州竹派、中國畫家人名大辭典）

高克恭

名稱	形式	質地	色彩	尺寸 高×寬cm	創作時間	收藏處所	典藏號碼
春溪雲樹	卷	絹	設色	30 × 272		台北 李鴻球先生	
雨山圖（為孟載畫）	軸	紙	水墨	122.1 × 81.1		台北 故宮博物院	故畫 00227
林巒烟雨圖	軸	紙	設色	123.5 × 61.2	元統癸酉（元年，1333）夏六月	台北 故宮博物院	故畫 00228
雲橫秀嶺	軸	絹	設色	182.3 ×106.7		台北 故宮博物院	故畫 00229
春山晴雨（李衎題）	軸	絹	設色	125.1 × 99.7	李題於大德己亥（三年，1299）夏四月	台北 故宮博物院	故畫 00230
群峰秋色	軸	絹	設色	159.9 ×104.8		台北 故宮博物院	故畫 00231
雲巒飛瀑圖	軸	紙	設色	57.6 × 33.9		台北 故宮博物院	故畫 00232
林墅高風	軸	紙	水墨	72.4 × 38		台北 故宮博物院	故畫 01959
青山白雲	軸	絹	設色	188.3 ×110.5		台北 故宮博物院	故畫 02969
春雲曉靄圖（為伯圭畫）	軸	紙	設色	139.5 × 58	庚子（大德四年，1300）九月廿日	台北 故宮博物院	故畫 03667
雲山雙鶴圖	軸	絹	設色	不詳		台北 故宮博物院（王世杰先生寄存）	

名稱	形式	質地	色彩	尺寸 高x寬cm	創作時間	收藏處所	典藏號碼
春雲曉靄圖（為伯圭作）	軸	紙	設色	138.1 x 58.5	庚子（大德四年，1300）九月廿日	北京 故宮博物院	
竹石圖	軸	紙	水墨	121.6 x 42.1		北京 故宮博物院	
春山欲雨圖	軸	絹	設色	100.4 x106.8		上海 上海博物館	
山水	軸	絹	水墨	40.3 x 43		日本 東京正木直彥先生	
米氏山水圖	軸	紙	水墨	106.7 x 62.6		日本 江田勇二先生	
雙鉤竹圖（雙幅）	軸	絹	設色	不詳	延祐戊午（五年，1318）冬	美國 紐約大都會藝術博物館	
雲山圖	軸	紙	水墨	67.9 x 34.1	至大元年（戊申，1308）七月廿六日	美國 底特律藝術中心	
夏山過雨（集古名繪冊之16）	紈扇西	絹	設色	25.4 x 26.1		台北 故宮博物院	故畫 01248-16
風雨歸舟（歷代集繪冊之13）	冊頁	紙	設色	29.8 x 26.4		台北 故宮博物院	故畫 01254-13
溪山烟雨（宋元集繪冊之5）	冊頁	紙	水墨	39.9 x 32.5		台北 故宮博物院	故畫 01293-5
山林雨霽（唐宋元明集繪冊之23）	冊頁	絹	設色	24.5 x 25.5		台北 故宮博物院	故畫 03459-23
米氏雲山（宋元人真蹟冊之10）	冊頁	絹	水墨	28.3 x 30.2		台北 故宮博物院	故畫 03472-10
夏山煙雨	冊頁	絹	設色	29.2 x 29.3		台北 故宮博物院	故畫 03488-7
雲山江村圖	冊頁	絹	設色	36.1 x 22.8		香港 劉作籌虛白齋	
山水（宋元明名家畫冊之2）	冊頁	不詳	不詳	不詳		日本 京都藤井善助先生	

畫家小傳：高克恭。字彥敬，號房山老人。本西域回人，後居燕京，僑寓武林。生當宋理宗淳祐八(1248)年。卒於元武宗至大三(1310)年。仕元官至刑部尚書。善畫山水，師法米芾父子，造詣精絕，亦擅畫墨竹，師學王庭筠。（見圖繪寶鑑、杭州府志、松雪齋集、柳待制集、巴西集、梧溪集、雲林集、中國畫家人名大辭典）

趙孟頫

名稱	形式	質地	色彩	尺寸 高x寬cm	創作時間	收藏處所	典藏號碼
古木散馬圖	卷	紙	水墨	29.8 x 71.7	大德四年（庚子，1300）十二月廿八日	台北 故宮博物院	故畫 00923
重江疊嶂圖	卷	紙	水墨	28.4 x 176.4	大德七年（癸卯，1303）二月六日	台北 故宮博物院	故畫 01010
鵲華秋色圖（為周密作）	卷	紙	設色	28.4 x 93.2	元貞元年（乙未，1295）十有二月	台北 故宮博物院	故畫 01011
甕牖圖	卷	絹	青綠	27.1 x 100.5		台北 故宮博物院	故畫 01012

名稱	形式	質地	色彩	尺寸 高×寬㎝	創作時間	收藏處所	典藏號碼
枯枝竹石（元人集錦卷之第1幅）	卷	紙	水墨	25.9 × 69.2		台北 故宮博物院	故畫 01108-1
山水	卷	絹	設色	31.3 × 181.1		台北 故宮博物院	故畫 01491
山水	卷	絹	設色	34 × 401.4		台北 故宮博物院	故畫 01492
春山圖	卷	絹	設色	36 × 330.1		台北 故宮博物院	故畫 01493
晴巒翠靄	卷	絹	設色	33.8 × 393.2	大德辛丑（五年，1301）十一月	台北 故宮博物院	故畫 01494
春山閒眺	卷	絹	設色	31.8 × 333.5	至大二年（己酉，1309）冬	台北 故宮博物院	故畫 01495
秋山仙奕圖	卷	絹	設色	33.2 × 255.6		台北 故宮博物院	故畫 01496
前後赤壁賦圖	卷	絹	設色	33.2 × 643.9	大德二年（戊戌，1298）春日	台北 故宮博物院	故畫 01497
淵明歸去來辭	卷	絹	設色	27 × 72.5		台北 故宮博物院	故畫 01498
蘭亭圖	卷	絹	設色	18.8 × 158.8	大德庚子（四年，1300）三月十六日	台北 故宮博物院	故畫 01499
張公藝九世同居圖	卷	紙	設色	53.3 × 599.7	延祐五年（戊午，1318）四月廿二日	台北 故宮博物院	故畫 01500
萬國朝宗圖	卷	絹	設色	不詳		台北 故宮博物院	故畫 01501
留犢圖	卷	絹	白描	27.2 × 111.3	大德元年（丁酉，1297）七月廿日	台北 故宮博物院	故畫 01502
百祿圖	卷	絹	設色	51.5 × 417.6	至大二年（己酉，1309）春日	台北 故宮博物院	故畫 01503
醉菊圖（陶潛事蹟圖）	卷	紙	白描	30.8 × 536	至大二年（己酉，1309）二月廿六日	台北 故宮博物院	故畫 01504
鵲華秋色圖	卷	絹	設色	28.7 × 146	元貞元年（乙未，1295）十有二月	台北 故宮博物院	故畫 01505
貢獒圖	卷	絹	設色	30 × 171.6	至大三年（庚戌，1310）春三月	台北 故宮博物院	故畫 01506
雙駿圖	卷	紙	設色	19 × 81.5	至大三年（庚戌，1310）秋九月望	台北 故宮博物院	故畫 01507
九歌圖并書	卷	絹	白描	35.7 × 649.9	延祐六年（己未，1319）四月十八日	台北 故宮博物院	故畫 01508
箕子授書圖并書洪範	卷	絹	白描	41.4 × 73		台北 故宮博物院	故畫 01509
與管道昇合作畫（子昂畫設色	卷	紙	設色	37.7 × 243	皇慶二年（癸丑，	台北 故宮博物院	故畫 01551

名稱	形式	質地	色彩	尺寸 高x寬㎝	創作時間	收藏處所	典藏號碼
楓林撫琴圖，仲姬補水墨竹石）					1313）春		
書畫孝經	卷	絹	白描	25.5 × 878.7		台北 故宮博物院	中畫 00015
蘭亭修禊圖	卷	絹	設色	不詳		台北 故宮博物院	國贈 026732
汾陽觀馬圖	卷	絹	設色	不詳		台北 故宮博物院	國贈 027012
摹盧楞伽羅漢圖（紅衣僧圖）	卷	紙	設色	26 × 52	大德八年（甲辰，1304）暮春之初	瀋陽 遼寧省博物館	
飲馬圖	卷	紙	水墨	26 × 59.8		瀋陽 遼寧省博物館	
人騎圖（為飛卿作）	卷	紙	設色	30 × 51.8	元貞丙申（二年，1296）正月十日	北京 故宮博物院	
水村圖（為錢德鈞作）	卷	紙	水墨	24.9 × 120.5	大德六年（壬寅，1302）十一月望日	北京 故宮博物院	
秋郊飲馬圖	卷	絹	設色	23.6 × 59	皇慶元年（壬子，1312）十一月	北京 故宮博物院	
墨竹圖（趙氏一門墨竹卷之一）	卷	紙	水墨	34 × 65 不等	至治元年（辛酉，1321）八月十二日	北京 故宮博物院	
秀石疏竹圖	卷	紙	水墨	27.5 × 62.8		北京 故宮博物院	
幽篁戴勝圖	卷	絹	設色	25.5 × 26.2		北京 故宮博物院	
浴馬圖	卷	絹	設色	28.5 × 155		北京 故宮博物院	
蘭竹石圖	卷	紙	水墨	25.2 × 98.2	大德六年（壬寅，1302）八月十八日	上海 上海博物館	
竹蘭石圖（趙孟頫、倪瓚竹蘭石圖合卷之第 1 卷）	卷	紙	水墨	26.8 × 76.9 不等	至大四年（辛亥，1311）	上海 上海博物館	
山水（3 段）	卷	紙	水墨	（每段）28 × 36.5 不等		上海 上海博物館	
百尺梧桐軒圖	卷	絹	設色	29.5 × 59.7		上海 上海博物館	
吳興清遠圖	卷	絹	設色	24.9 × 88.5		上海 上海博物館	
仿荊浩漁父圖	卷	絹	水墨	32 × 278		昆山 崑崙堂	
怡樂堂圖	卷	絹	設色	11.8 × 105.7		日本 東京山本悌二郎先生	
瀼菊圖	卷	絹	設色	29.4 × 199.1		日本 東京大倉喜七郎先生	
八駿圖	卷	絹	設色	57.9 × 129.1		日本 東京松方侯爵	
伯樂觀馬圖	卷	絹	設色	31.7 × ?		日本 東京細川護貞先生	
子母圖（花鳥畫）	卷	絹	設色	22.7 × 162.1		日本 大阪市立美術館	
枯樹賦書畫	卷	紙	水墨	不詳	書於大德三年（己亥，1299）九月二	日本 京都小川廣己先生	

名稱	形式	質地	色彩	尺寸 高x寬cm	創作時間	收藏處所	典藏號碼
						日	
浴馬圖	卷	紙	設色	89.6 × 161.6	大德三年（己亥，1299）八月七日	日本 平山堂	
人馬圖（趙氏三世人馬圖之1）	卷	紙	設色	27.9 × 63.4		美國 耶魯大學藝術館	1954.40.2
幼輿丘壑圖	卷	絹	青綠	27 × 116.8		美國 普林斯頓大學藝術館（Edward Elliott 先生寄存）	L216.69
雙松平遠	卷	紙	水墨	26.7 × 107.3		美國 紐約大都會藝術博物館	1973.120.5
畫垂虹亭圖（并書米南宮詩）	卷	紙	設色	24.5 × ?		美國 紐約顧洛阜先生	
人馬圖（趙氏三世人馬圖）	卷	紙	水墨	30 × ?		美國 紐約顧洛阜先生	
二羊圖	卷	紙	水墨	25.2 × 48.4		美國 華盛頓特區弗瑞爾藝術館	31.4
浴馬圖	卷	紙	設色	16.8 × 87		美國 華盛頓特區弗瑞爾藝術館	31.3
玄宗幸蜀圖	卷	絹	設色	33 × ?		美國 密歇根大學藝術博物館	1970/2.153
天山圍獵圖	卷	紙	設色	32.7 × 899.2		美國 芝加哥藝術中心	1953.280
竹石幽蘭	卷	紙	水墨	50.5 × 144.1		美國 克利夫蘭藝術博物館	63.515
雙松平遠圖	卷	紙	水墨	26.5 × 108.3		美國 辛辛那提市藝術館	1950.78
蘭蕙圖	卷	紙	水墨	25.7 ×106.1		美國 舊金山亞洲藝術館	BL87 D1
洗馬圖	卷	絹	設色	31.7 × 255.4	延祐二年（乙卯，1315）十月廿日	英國 倫敦大英博物館	1915.9.9.01（ADD58）
伯樂相馬圖	卷	絹	水墨	30.8 × ?		英國 倫敦大英博物館	1944.4.1.02（ADD199）
牧馬圖	卷	絹	設色	28.3 × 42.4		德國 慕尼黑國立民族學博物館	
渡水神駿圖	卷	絹	設色	30.3 × 405		捷克 布拉格 Narodoni Galerie V Praze	Vm154-1151/4
陶淵明故事圖	卷	紙	水墨	38.3 × 1132		捷克 布拉格 Narodoni Museum V Praze-Naprstoko-vo Museum	17913
窠木竹石	軸	絹	水墨	99.4 × 48.2		台北 故宮博物院	故畫 00216
臨黃筌蓮塘圖	軸	紙	設色	52.4 × 29.7		台北 故宮博物院	故畫 00217
魚籃大士像	軸	絹	設色	122.6 × 61.3		台北 故宮博物院	故畫 00218
吹簫士女圖	軸	紙	設色	75.1 × 26		台北 故宮博物院	故畫 00219

名稱	形式	質地	色彩	尺寸 高×寬㎝	創作時間	收藏處所	典藏號碼
山水圖	軸	紙	青綠	57 × 30.9	至大四年（辛亥，1311）三月	台北 故宮博物院	故畫 01932
溪山仙館	軸	絹	設色	54 × 36.4		台北 故宮博物院	故畫 01933
蘭亭修禊圖	軸	絹	設色	198 × 98.2	至正癸丑暮春之初（趙已卒）	台北 故宮博物院	故畫 01934
西園雅集圖	軸	絹	設色	131.5 × 67		台北 故宮博物院	故畫 01935
松陰晚棹圖	軸	絹	設色	152.6 × 79		台北 故宮博物院	故畫 01936
觀泉圖	軸	紙	設色	52.9 × 24.8	至大二年（己酉，1309）九月四日	台北 故宮博物院	故畫 01937
富春垂釣	軸	紙	水墨	38.4 × 22.6		台北 故宮博物院	故畫 01938
夏木垂陰	軸	紙	水墨	155.1 × 46.8	至大三年（庚戌，1310）六月廿五日	台北 故宮博物院	故畫 01939
松陰高士圖	軸	絹	設色	208 × 84.7	延祐七年（庚申，1320）三月五日	台北 故宮博物院	故畫 01940
萬柳堂圖	軸	紙	設色	95.1 × 26.1		台北 故宮博物院	故畫 01941
雙驥圖	軸	絹	設色	102.8 × 50.9	大德三年（己亥，1299）九月二日	台北 故宮博物院	故畫 01942
牧馬圖	軸	絹	設色	102.5 × 51.3	至大二年（己酉，1309）秋九月上浣製	台北 故宮博物院	故畫 01943
霜柯繫馬	軸	絹	設色	95.2 × 60.2	□□二年（？）正月	台北 故宮博物院	故畫 01944
浴象圖	軸	絹	設色	100.7 × 30.7		台北 故宮博物院	故畫 01945
藥師如來像	軸	絹	設色	133 × 51		台北 故宮博物院	故畫 01946
達摩像	軸	紙	設色	111.1 × 35	至元廿九年（壬辰，129）夏四月望	台北 故宮博物院	故畫 01947
汀草文鴛	軸	紙	水墨	45 × 36.7	至大三年（庚戌，1310）九月	台北 故宮博物院	故畫 01948
荷花水鳥圖	軸	紙	設色	70.8 × 34		台北 故宮博物院	故畫 01949
畫馬	軸	紙	水墨	72.4 × 49.4	至大三年（庚戌，1310）九月八日	台北 故宮博物院	故畫 01950
畫馬	軸	絹	設色	52.5 × 48.2		台北 故宮博物院	故畫 01951
白鼻渦	軸	紙	設色	26.2 × 41.8		台北 故宮博物院	故畫 01952
拱壽圖	大軸	絹	設色	253.7 × 216.4		台北 故宮博物院	故畫 03727

名稱	形式	質地	色彩	尺寸 高×寬㎝	創作時間	收藏處所	典藏號碼
竹院鳴泉	軸	絹	設色	95.8 × 58.5	至大二年（己酉，1309）仲春下浣	台北 故宮博物院	中畫 00068
湯王徵尹圖	軸	絹	設色	148.7 × 73	至大二年（己酉，1309）冬十月三日	台北 故宮博物院	中畫 00083
橙黃橘綠	軸	絹	設色	不詳		台北 故宮博物院	國贈 006518
畫佛像	軸	絹	設色	不詳		台北 故宮博物院（王世杰先生寄存）	
荷花	軸	絹	設色	不詳		台北 故宮博物院（蘭千山館寄存）	
自寫小像	軸	紙	水墨	不詳	大德三年（己亥，1299）	北京 故宮博物院	
古木竹石圖	軸	絹	水墨	108.2 × 48.8		北京 故宮博物院	
竹石圖	軸	絹	水墨	113.4 × 44.8		北京 故宮博物院	
杜甫像	軸	紙	水墨	69.7 × 24.7		北京 故宮博物院	
洞庭東山圖	軸	絹	設色	60.8 × 26.6		上海 上海博物館	
出牆竹圖	軸	紙	設色	95.9 × 35.8		上海 上海博物館	
蘭石圖	軸	絹	水墨	44.6 × 33.5		上海 上海博物館	
陶淵明圖	軸	紙	水墨	40.7 × 57		日本 東京出光美術館	
滄浪濯足圖	軸	紙	設色	不詳		日本 東京根津美術館	
秋郊試馬圖	軸	絹	設色	203.9 × 89.4		日本 東京山本悌二郎先生	
陶淵明像	軸	絹	設色	48.5 × 57.6		日本 東京鄉誠之助先生	
柳馬圖	軸	絹	設色	119.7 × 50.9		日本 東京島根忠重先生	
陶淵明像	軸	絹	設色	132.7 × 72.1		日本 京都西本願寺	
墨竹圖	軸	紙	水墨	97.9 × 36.7		日本 大阪市立美術館	
人馬圖	軸	絹	設色	108.8 × 69.1		日本 山形縣美術館	中國畫 5
夏木垂陰圖	軸	絹	水墨	14.3 × 64.2		日本 佐賀縣廣福寺	
瓶花圖	軸	紙	水墨	111.4 × 44.4	甲辰（大德八年，1304）春日	日本 中埜又左衛門先生	
望月圖	軸	絹	設色	120.8 × 59		日本　私人	
龍王禮佛圖	軸	絹	青綠	不詳		美國 波士頓美術館	
騎馬人物圖	軸	絹	設色	44.5 × 65.4		美國 哈佛大學福格藝術館	1923.195
人物圖	軸	絹	設色	79.4 × 85.2		美國 華盛頓特區弗瑞爾藝術館	11.536

名稱	形式	質地	色彩	尺寸 高×寬㎝	創作時間	收藏處所	典藏號碼
柳陰試馬圖	軸	絹	設色	188.2 × 94.7		美國 華盛頓特區弗瑞爾藝術館	09.163
月下松石圖	軸	絹	水墨	134.3 × 83.5		美國 印地安阿波里斯市藝術博物館	74.158
鷗波亭圖	軸	絹	設色	134.3 × 55.5		美國 聖路易斯市藝術館	90.1927
青綠山水圖	軸	絹	設色	122.6 × 62.5		英國 倫敦大英博物館	1936.10.9.039（ADD118）
牧馬圖	軸	絹	設色	28.3 × 42.4		德國 慕尼黑國立民族學博物館	
竹梢竹鳥（唐宋元集繪冊之11）	冊頁	絹	設色	24 × 24		台北 故宮博物院	故畫 03460-11
山水（集古圖繪冊之10）	冊頁	絹	設色	40.1 × 33.2	至大二年（己酉，1309）	台北 故宮博物院	故畫 01235-10
調良圖（歷朝名繪冊之8）	冊頁	紙	水墨	22.7 × 49		台北 故宮博物院	故畫 01236-8
進馬圖（宋元名繪冊之15）	冊頁	絹	設色	32.5 × 30.4		台北 故宮博物院	故畫 01244-15
江山漁樂圖（歷代集繪冊之12）	冊頁	絹	設色	28.5 × 24.3		台北 故宮博物院	故畫 01254-12
曝書逸趣（名賢妙蹟冊之5）	冊頁	紙	淺設色	30 × 26.8		台北 故宮博物院	故畫 01255-5
橫琴高士（歷朝名繪冊之2）	冊頁	絹	設色	28 × 25.5		台北 故宮博物院	故畫 01264-2
盆花（宋元集繪冊之1）	冊頁	絹	設色	25.2 × 21.3		台北 故宮博物院	故畫 01268-1
茅亭松籟（宋元集繪冊之1）	紈扇面	絹	設色	26.4 × 27.7		台北 故宮博物院	故畫 01269-1
竹石（宋元集繪冊之4）	冊頁	絹	水墨	26.1 × 52.2		台北 故宮博物院	故畫 01293-4
双鉤水仙（宋元集繪冊之9）	冊頁	紙	水墨	55.6 × 31	大德二年（戊戌，1298）春王月	台北 故宮博物院	故畫 01293-9
疎林秀石（宋元集繪冊之11）	冊頁	紙	水墨	54.1 × 28.3	大德三年（己亥，1299）七月廿六日	台北 故宮博物院	故畫 01293-11
騎馬圖（宋元集繪冊之8）	冊頁	絹	設色	29 × 25.9		台北 故宮博物院	故畫 03465-8
山水（宋元名蹟冊之21）	冊頁	絹	設色	22.1 × 26.4		台北 故宮博物院	故畫 03469-21
水流雲在（宋元拾翠冊之8）	冊頁	絹	設色	24.5 × 24.5		台北 故宮博物院	故畫 03471-8
平野散馬（宋元明集繪冊之6）	冊頁	絹	設色	30.5 × 29.5		台北 故宮博物院	故畫 03473-6
蓬萊仙讌（宋元明人合錦下冊之3）	冊頁	絹	設色	24.8 × 26.5		台北 故宮博物院	故畫 03477-3
秋湖垂釣（集古名繪冊之7）	冊頁	絹	設色	30.4 × 24.1		台北 故宮博物院	故畫 03481-7

名稱	形式	質地	色彩	尺寸 高×寬cm	創作時間	收藏處所	典藏號碼
曲榭觀荷（名繪集珍冊之6）	冊頁	絹	青綠	31.9 × 31.1		台北 故宮博物院	故畫 03488-6
調良圖（珍圖薈帙冊之21）	冊頁	絹	設色	25.6 × 30.7		台北 故宮博物院	故畫 03495-21
松泉淪茗（宋元明集繪冊之5）	冊頁	紙	設色	70.4 × 27.6		台北 故宮博物院	故畫 03580-5
蘇東坡畫像（蘇軾行書赤壁二賦卷首）	冊頁	紙	白描	不詳		台北 故宮博物院	故書 00155
佛像（趙孟頫書佛說阿彌陀經冊首頁）	冊頁	紙	白描	不詳		台北 故宮博物院	故書 00282
松溪垂釣圖（名畫薈錦圖冊之10）	紈扇面	絹	設色	25.9 × 27.1		台北 蔡一鳴先生	
牧馬圖（仿宋元山水人物花鳥走獸冊之1）	紈扇面	絹	水墨	25.2 × 25.7		香港 劉作籌虛白齋	
攜琴訪友圖	冊頁	紙	設色	不詳		北京 故宮博物院	
□秋平遠圖	冊頁	絹	設色	25.7 × 29.2		北京 故宮博物院	
秋葵圖	冊頁	紙	設色	不詳		北京 故宮博物院	
御馬圖（2幀）	冊頁	紙	設色	（每幀）43 × 62.5		昆山 崑崙堂	
人物圖（唐繪手鑑筆耕圖上冊之44）	冊頁	紙	水墨	23.7 × 27.3		日本 東京國立博物館	TA-487
雪景行旅圖（兩朝合璧連珠畫帖之11）	冊頁	絹	設色	23.2 × 24		日本 東京出光美術館	
雪景行旅圖（兩朝合璧連珠畫帖之30）	冊頁	絹	設色	23.2 × 24.1		日本 東京出光美術館	
故事人物圖（10開）	冊	絹	設色	（每幀）28.9 × 22.4	至大二年（己酉，1309）秋日	日本 兵庫縣黑川古文化研究所	
九歌圖	冊頁	紙	水墨	26.5 × 15.8		美國 紐約大都會藝術博物館	1973.121.15
江村漁樂圖	紈扇面	絹	設色	28.6 × 30		美國 紐約市王季遷明德堂	
三馬圖	冊頁	絹	設色	26.7 × 21.9		美國 華盛頓特區弗瑞爾藝術館	44.50
人馬圖	冊頁	紙	水墨	25.2 × 50.9		美國 華盛頓特區弗瑞爾藝術館	14.59h
江村漁樂圖	紈扇面	絹	設色	28.6 × 30		美國 克利夫蘭藝術博物館	
洗馬圖	冊頁	絹	設色	28 × 34.9		美國 印地安那波里斯市藝術博物館	64.790
曳馬圖	冊頁	絹	設色	35.6 × 42.4		美國 印地安阿波里斯市藝術	55.209

名稱	形式	質地	色彩	尺寸 高x寬㎝	創作時間	收藏處所	典藏號碼
						博物館	
人馬圖	冊頁	絹	設色	30.7 x 39.8	大德三年（己亥，1299）	英國 倫敦大英博物館	1936.10.9.026（ADD105）
附：							
蘭蕙圖（為王元章作）	卷	紙	水墨	25.7 x 106.1	大德八年（甲辰，1304）三月廿三日	紐約 佳仕得藝品拍賣公司/拍賣目錄 1986,12,01.	
橙黃橘綠圖	軸	絹	設色	57 x 30.2	皇慶二年（癸丑，1313）九月	紐約 佳士得藝品拍賣公司/拍賣目錄 1988,11,30.	
松溪垂釣（名畫薈錦冊之10）	紈扇面	絹	設色	不詳		香港 蘇富比藝品拍賣公司/拍賣目錄 1984,11,11.	

畫家小傳：趙孟頫。字子昂，號松雪道人。浙江湖州人，為宋安僖王後裔。生於宋理宗寶祐二(1254)年。卒於元英宗至治二(1322)年。仕元官至翰林學士承旨，封魏國公。能詩、善書畫，俱為元代之冠。畫擅山水、人物、鞍馬、花鳥、木石、蘭竹等，無所不能，皆造精妙。(見圖繪寶鑑、元史本傳、楊載撰翰林學士趙公狀、湖州府志、輟耕錄、松雪齋集、圭齋集、雲煙過眼錄、中華畫人室隨筆、中國畫家人名大辭典)

任仁發

名稱	形式	質地	色彩	尺寸 高x寬㎝	創作時間	收藏處所	典藏號碼
飲中八仙圖	卷	紙	設色	26.7 x 447.3		台北 故宮博物院	故畫 01520
貢馬圖	卷	絹	設色	30.3 x 200.3		台北 故宮博物院	故畫 01521
肥瘠二馬圖卷	卷	絹	設色	28.8 x 142.5		北京 故宮博物院	
明皇見張果老圖	卷	絹	設色	41.8 x 108		北京 故宮博物院	
出圉圖	卷	絹	設色	34.2 x 202	至元庚辰（十七年，1280）	北京 故宮博物院	
相馬圖	短卷	絹	設色	26.6 x 45.6		日本 私人	
神駿圖	卷	絹	設色	不詳	延祐甲寅（元年，1314）春	美國 哈佛大學福格藝術館	1923.152
三馬圖	卷	絹	設色	29.2 x 136.8		美國 克利夫蘭藝術博物館	60.181
九馬圖	卷	絹	設色	31.2 x 262	泰定甲子（元年，1324）仲春	美國 堪薩斯市納爾遜-艾金斯藝術博物館	72-8
飼馬圖	卷	絹	設色	48.7 x 75.6		英國 倫敦維多利亞-艾伯特博物館	E32-1935
橫琴高士圖	軸	絹	設色	146.3 x 55.8		台北 故宮博物院	故畫 00256
秋水鳧鷺圖	軸	絹	設色	114.3 x 57.2		上海 上海博物館	
飾馬圖	軸	絹	設色	不詳		日本 東京宮內廳	
文會圖	軸	絹	不詳	不詳		日本 東京國立博物館	

名稱	形式	質地	色彩	尺寸 高×寬 ㎝	創作時間	收藏處所	典藏號碼
琴棋書畫圖（4幅）	軸	絹	設色	（每幅）93.3 × 51.2		日本 東京美術學校	
文殊菩薩圖	軸	絹	設色	不詳		日本 東京小倉常吉先生	
煬帝夜遊圖	軸	絹	設色	不詳		日本 東京西巻晉三郎先生	
牽馬圖	軸	絹	設色	27.6 × 41.8		日本 東京岡崎正也先生	
繫馬圖	軸	絹	設色	不詳		日本 東京淺野長武先生	
柳下雙馬圖	軸	絹	設色	45.4 × 69.7		日本 東京淺野長勳先生	
稻圖	軸	紙	水墨	66.7 × 30.3		日本 東京團伊能先生	
琴棋書畫圖（4幅）	軸	絹	設色	（每幅）166.7 × 115.1		日本 東京大村純英先生	
茄子圖	軸	絹	設色	21.5 × 18.8		日本 兵庫縣村山龍平先生	
狄仁傑像	軸	絹	設色	100.2 × 50.7		日本 私人	
人馬圖	圖	絹	設色	27.5 × 45.9		日本 私人	
飼馬圖	軸	絹	設色	40.9 × 51.2		美國 舊金山亞洲藝術館	B60 D115
古柏圖	軸	紙	設色	111 × 40.2		美國 勃克萊加州大學藝術館	CM119
秋林訪友（集古名繪冊之12）	冊頁	絹	設色	24.6 × 16.8		台北 故宮博物院	故畫 01242-12
讀碑圖	冊頁	絹	設色	24.2 × 42.4		昆山 崑崙堂	
竹禽圖	冊頁	絹	設色	25.8 × 22.9		昆明 雲南省博物館	
大豆圖（唐繪手鑑筆耕圖上冊之12）	冊頁	絹	設色	18.7 × 19.3		日本 東京國立博物館	TA-487
羅漢圖（唐繪手鑑筆耕圖上冊之49）	冊頁	絹	水墨	31.3 × 37.2		日本 東京國立博物館	TA-487
人物圖（唐繪手鑑筆耕圖上冊之50）	納扇面	絹	設色	24.3 × 24.3		日本 東京國立博物館	TA-487
馬圖	冊頁	絹	設色	27.2 × 27.1		美國 印地安那波里斯市藝術博物館	56.140
馬圖	納扇面	絹	設色	25.5 × 25.1		德國 柏林東亞藝術博物館	1458

畫家小傳：任仁發。字子明，號月山。江蘇松江人。生於宋理宗寶祐二(1254)年。卒於元文宗天曆元年(1328)。仕元官至副使。工書法，善畫人馬，師法韓幹，曾奉旨繪畫渥洼天馬圖。（見畫史會要、書畫史、六硯齋隨筆、中國畫家人名大辭典、出土任仁發墓誌）

劉貫道

如來會	卷	紙	設色	32.2 × 275.2		台北 故宮博物院	中畫 00217
端本澄源圖	卷	絹	設色	34.1 × 51.7		美國 華盛頓特區弗瑞爾藝術館	11.232

名稱	形式	質地	色彩	尺寸 高x寬cm	創作時間	收藏處所	典藏號碼
銷夏圖	卷	絹	設色	29.3 x 71.2		美國 堪薩斯市納爾遜-艾金斯 藝術博物館	48-5
積雪圖	軸	絹	水墨	139.8 x 76.2		台北 故宮博物院	故畫 00238
棕櫚羅漢圖	軸	紙	設色	67.4 x 56.6	至正十六年（丙申，1356）	台北 故宮博物院	故畫 00239
元世祖出獵圖	軸	絹	設色	182.9 x 104.1	至元十七（庚辰，1280）年二月	台北 故宮博物院	故畫 00866
群仙獻壽圖	軸	紙	設色	36.6 x 56.2	至正八年（戊子，1348）季秋	台北 故宮博物院	故畫 01962
竹林仙子	軸	絹	設色	70 x 31.4		台北 故宮博物院	故畫 01963
携琴觀瀑圖	軸	絹	設色	184.3 x 68.2		美國 華盛頓特區弗瑞爾藝術 館	16.110
山水圖	軸	絹	設色	不詳	延祐二年（乙卯，1315）六月	德國 慕尼黑國立民族學博物 館	
錦春樂意（集珍挹爽冊之3）	冊頁	絹	設色	24.9 x 27.3		台北 故宮博物院	故畫 03484-3
秋叢猧戲（藝林韞古冊之13）	紈扇面 絹		設色	26.3 x 26.3		台北 故宮博物院	故畫 03491-13

畫家小傳：劉貫道。字仲賢。中山人。善畫道釋人物及寫真。世祖至元十六(1279)年，曾寫裕宗御容稱旨，補御衣局使。亦能山水、花竹、鳥獸。（見圖繪寶鑑、畫史會要、中國畫家人名大辭典）

管道昇

名稱	形式	質地	色彩	尺寸 高x寬cm	創作時間	收藏處所	典藏號碼
煙雨叢竹（元人集錦卷之第2幅）	卷	紙	水墨	23.1 x 113.7	至大元年（戊申，1308）春三月廿又五日	台北 故宮博物院	故畫 01108-2
晴翠墨竹圖	卷	絹	水墨	26.3 x 359.5		昆山 崑崙堂	
墨竹圖（為姚侍御夫人寫）	卷	絹	水墨	26.2 x 632.4	皇慶二年（癸丑，1313）十一月四日	日本 東京國立博物館	
若蘭小像圖（璇璣圖卷首）	卷	絹	設色	29.2 x ?		美國 哈佛大學福格藝術館	1931.11
墨竹圖	卷	紙	水墨	14.9 x ?		美國 耶魯大學藝術館	1953.27.17
神仙圖	卷	絹	水墨	29.2 x ?		美國 夏威夷火魯奴奴藝術 學院	4149.1
竹石	軸	紙	水墨	14.9 x ?		台北 故宮博物院	故畫 00220
竹溪攬勝	軸	紙	水墨	57.2 x 27.5	至大二年（己酉，1309）	台北 故宮博物院	故畫 01953
茄圖	軸	紙	水墨	52.1 x 28.4		台北 故宮博物院	故畫 01954

名稱	形式	質地	色彩	尺寸 高×寬 ㎝	創作時間	收藏處所	典藏號碼
竹石圖	軸	紙	水墨	不詳		台北 故宮博物院	國贈 005379
墨竹圖	軸	紙	水墨	35.5 × 24.7	大德改元（丁酉，1297）五月既望	台北 故宮博物院（蘭千山館寄存）	
双鈎竹圖	軸	紙	水墨	149.6 × 35.2		香港 王南屏先生	
山水圖	軸	紙	水墨	不詳		日本 東京久志美術館	
竹石圖	橫幅	絹	水墨	37.2 × 68.1		日本 京都國立博物館	
紫竹庵圖	軸	紙	水墨	50.6 × 40.9		日本 奈良大和文華館	1118
仿吳道子魚籃觀音像	軸	紙	水墨	96.5 × 32.8	大德六年歲次壬寅（1302）四月八日	日本 大阪市立美術館	
蘭圖	軸	絹	設色	33.9 × 24.5		日本 大阪齋藤悅藏先生	
葡萄圖	軸	紙	水墨	不詳		日本 群馬縣立近代美術館	
蘭花圖	軸	絹	設色	36.8 × 24.4		日本 阿形邦三先生	
竹林圖	軸	紙	水墨	71 × 25.5	大德改元（丁酉，1297）四月既望	美國 普林斯頓大學藝術館（Edward Elliott 先生寄存）	L54.70
風竹圖（趙孟頫題）	軸	紙	水墨	不詳		美國 加州張大千大風堂原藏	
墨竹山水圖	軸	絹	水墨	90.8 × 42.2		美國 華盛頓特區弗瑞爾藝術館	16.63
竹石圖	軸	絹	水墨	34.5 × 28.7		美國 西雅圖市藝術館	Ch32K9506.1
山水圖	軸	絹	水墨	65.6 × 34		德國 慕尼黑國立民族學博物館	
白梅（宋元集繪冊之 9）	冊頁	絹	設色	24.4 × 22.5		台北 故宮博物院	故畫 01268-9
溪亭翠篠（宋元明集繪冊之 11）	冊頁	絹	設色	29.8 × 30.7		台北 故宮博物院	故畫 03473-11
萬竿煙雨（集古名繪冊之 8）	冊頁	絹	水墨	31.4 × 27.4		台北 故宮博物院	故畫 03481-8
日報平安（集珍壽古冊之 5）	冊頁	紙	水墨	32.5 × 28.7		台北 故宮博物院	故畫 03483-5
竹石（8 幀）	冊	紙	水墨	（每幀）20.9 × 16.7		日本 京都小粟秋堂先生	
墨竹圖（8 幀）	冊	絹	水墨	（每幀）22.6 × 21.9		德國 科隆東亞藝術博物館	A10.3
竹石圖	冊頁	紙	水墨	33.5 × 27.3		瑞典 斯德哥爾摩遠東古物館	NMOK 233

畫家小傳：管道昇。字仲姬。浙江吳興人。為趙孟頫妻，封魏國夫人。生於宋理宗景定三（1262）年。卒於元仁宗延祐六（1319）年。工書、善畫。擅畫梅、蘭、竹石，筆意清絕；又能畫山水和佛像。（見圖繪寶鑑、松雪齋集、畫史會要、書史會要、中國畫家人名大辭典）

史　杠

名稱	形式	質地	色彩	尺寸 高x寬㎝	創作時間	收藏處所	典藏號碼
孔子見老子圖	卷	紙	設色	不詳		美國 原福開森先生收藏	
髯君降魔圖	卷	紙	設色	29.7 x ?		日本 東京須田慎一先生	
附：							
鍾馗出獵圖	卷	紙	設色	29.5 x 1000		紐約 佳士得藝品拍賣公司/拍賣目錄 1989.06.01	

畫家小傳：史杠。字柔明，號橘齋道人。永清人。仕官至行省左丞。署款紀年畫作見於至元廿九(1292)年。好學深思。能畫人物、山水、花竹翎毛，咸精到。(見圖繪寶鑑、元史本傳、畫史會要、中國畫家人名大辭典)

張羽材

名稱	形式	質地	色彩	尺寸 高x寬㎝	創作時間	收藏處所	典藏號碼
霖雨圖	卷	絹	水墨	26.7 x ?		美國 紐約大都會藝術博物館	1985.227.2

畫家小傳：張羽材(一作與材)。道士。字國樑。法號廣微子。沛國(一作徐州豐)人。居信州龍虎山。至元三十一(1294)年繼任嗣漢正一教第三十八代天師。卒於延祐三(1316)年。工書。善寫墨竹，墨龍尤神妙。(見圖繪寶鑑、元史本傳、江西志、丹青志、中國畫家人名大辭典)

(釋)溫日觀

名稱	形式	質地	色彩	尺寸 高x寬㎝	創作時間	收藏處所	典藏號碼
日麗秋棚圖(葡萄)	軸	絹	水墨	不詳		日本 東京藤田美術館	
葡萄圖	軸	絹	水墨	不詳	戊子年(至元二十五年，1288)八月涑日	日本 東京根津美術館	
葡萄圖	軸	紙	水墨	96.7 x 41.8	辛卯(至元二十八年，1291)七月十四日	日本 東京井上侯爵	
葡萄圖	軸	絹	水墨	31.6 x 42.9		日本 平山堂	
葡萄圖	軸	絹	水墨	63.2 x 29.7		日本 平山堂	
葡萄圖	軸	紙	水墨	65.8 x 30	辛巳(至元十八年，1281)五月廿八夕	日本 阿邦形三先生	
葡萄圖	軸	紙	水墨	85.3 x 31		日本 私人	
葡萄圖	軸	紙	水墨	154 x 42	至元廿八年(辛卯，1291)作	日本 私人	
墨葡萄圖	軸	絹	水墨	94 x 23.1		日本 私人	
葡萄圖	軸	絹	水墨	82.6 x 37.1		日本 私人	
葡萄圖	軸	絹	水墨	144.2 x 85.2		日本 飯田義治先生	
葡萄圖	軸	絹	水墨	98.4 x 42.6		美國 華盛頓特區弗瑞爾藝術館	60.2

名稱	形式	質地	色彩	尺寸 高×寬㎝	創作時間	收藏處所	典藏號碼
葡萄石榴圖	軸	紙	設色	125.5 × 71		美國 華盛頓特區弗瑞爾藝術館	16.57
葡萄圖	軸	紙	水墨	不詳		美國 俄亥俄州托雷多市博物館	
葡萄圖	軸	紙	水墨	31.7 × 83.1		美國 勃克萊加州大學藝術館	CY21
葡萄圖	軸	紙	水墨	145.5 × 76.7		瑞典 斯德哥爾摩遠東古物館	NMOK957
葡萄圖（唐繪手鑑筆耕圖上冊之27）	冊頁	絹	水墨	33.2 × 26.1		日本 東京國立博物館	TA-487

畫家小傳：溫日觀。字子溫。江蘇華亭人，居武林瑪瑙寺。署款紀年畫作見於世祖至元三十(1293)年，至武宗至大二(1309)年。能書。善畫墨葡萄。（見圖繪寶鑑續纂、遂昌雜錄、畫史會要、中國畫家人名大辭典）

黃公望

名稱	形式	質地	色彩	尺寸 高×寬㎝	創作時間	收藏處所	典藏號碼
富春山居圖（無用師本）	卷	紙	水墨	33 × 636.9	始於至正七年（丁亥，1347），完成於十年（庚寅，1350）端節前一日	台北 故宮博物院	故畫01016
富春山居圖（子明本）	卷	紙	水墨	32.9 × 589.2	至元戊寅（四年，1338）秋	台北 故宮博物院	故畫01017
倣僧巨然谿山暖翠圖	卷	絹	設色	47.4 × 661.8	至正八年（戊子，1348）長至後二日	台北 故宮博物院	故畫01522
隴湫真境	卷	紙	設色	29.1 × 81.8	至正乙未（十五年，1355）秋	台北 故宮博物院	故畫01523
九品蓮花	卷	紙	設色	29.4 × 147	至正庚寅（十年，1350）二月」	台北 故宮博物院	故畫01524
溪山無盡圖	卷			不詳		台北 故宮博物院	國贈005378
層巒叠翠	卷	紙	設色	30 × 50		台北 李鴻球先生	
快雪時晴圖	卷	紙	水墨	29.7 × 102.6		北京 故宮博物院	
溪山雨意圖	卷	紙	水墨	29.6 × 106.5	後至正四年（甲申，1344）十月	北京 中國歷史博物館	
剩山圖（無用師本富春山居圖卷之卷首部分）	短卷	紙	設色	31.8 × 51.4		杭州 浙江省博物館	
江山幽興圖	卷	紙	水墨	26.3 × 360.3		日本 大阪市立美術館	
江山勝覽圖（為倪雲林作）	卷	紙	設色	32.1 × 757.5	始於至正七年（丁亥，1347），完成	日本 千葉縣吉田甚左衛門先生	

名稱	形式	質地	色彩	尺寸 高×寬㎝	創作時間	收藏處所	典藏號碼
					於十年（庚寅，13 50）端節前一日		
山水圖	卷	紙	水墨	34 × 64.5	至元戊寅（四年，1338）秋	日本 私人	
天池石壁圖	軸	絹	設色	127.9 × 61.6	至正八年（戊子，1348）長至後二日	台北 故宮博物院	故畫 00273
九珠峰翠圖	軸	綾	水墨	79.6 × 58.5	至正乙未（十五年，1355）秋	台北 故宮博物院	故畫 01309
層岩飛瀑	軸	紙	設色	95.7 × 39.3	至正庚寅（十年，1350）二月	台北 故宮博物院	故畫 01979
層岩曲澗	軸	紙	水墨	95.7 × 48.3		台北 故宮博物院	故畫 01980
谿亭山色	軸	紙	水墨	50.6 × 30		台北 故宮博物院	故畫 01981
巖壑幽居圖	軸	絹	設色	122.6 × 44.2		台北 故宮博物院	故畫 01982
溪山草閣	軸	紙	水墨	121.6 × 33	後至正四年（甲申，1344）十月	台北 故宮博物院	故畫 01983
洞庭奇峯	軸	紙	水墨	120.7 × 51.4		台北 故宮博物院	故畫 01984
鐵崖圖	軸	紙	水墨	157.5 × 64.9		台北 故宮博物院	故畫 01985
溪亭秋色	軸	紙	設色	59.7 × 40.2	完成於至正戊子（八年，1348）十月	台北 故宮博物院	故畫 01986
天池石壁圖	軸	紙	設色	不詳	至正八年（戊子，1348）	台北 故宮博物院	國贈 006520
溪山欲雨圖	軸	紙	水墨	不詳	至正元年（辛巳，1341）十月	台北 故宮博物院（王世杰先生寄存）	
溪山秋靄圖	軸	紙	設色	不詳		台北 故宮博物院（王世杰先生寄存）	
天池石壁圖	軸	絹	設色	139.3 × 57.2		北京 故宮博物院	
九峰雪霽圖（為彥功作）	軸	絹	水墨	117 × 55.3	己丑歲（至正九年，1349）	北京 故宮博物院	
丹崖玉樹圖	軸	紙	水墨	101.3 × 43.8		北京 故宮博物院	
為張雨畫仙山圖（又名秋山幽寂圖）	軸	絹	水墨	74.9 × 27.5	至正九年歲在己丑（1349）秋孟	上海 上海博物館	
水閣清幽圖（山居圖）	軸	紙	水墨	104.7 × 67		南京 南京博物院	
富春大嶺圖	軸	紙	水墨	74.2 × 36	至正甲午（十四年，1354）七月十日	南京 南京博物院	
九峰雪霽圖	軸	紙	水墨	89 × 44		昆山 崑崙堂	

名稱	形式	質地	色彩	尺寸 高x寬cm	創作時間	收藏處所	典藏號碼
山水圖（黃公望、王蒙合作）	軸	紙	設色	102 x 38.5	至正辛巳（元年，1341）	成都 四川大學	
溪山圖	軸	絹	水墨	161.8 x 46		廣州 廣州市美術館	
剡溪訪戴圖（為士賢作）	軸	絹	設色	75 x 56	至正九年（己丑，1349）	昆明 雲南省博物館	
天池石壁圖	軸	絹	設色	126.6 x 54.5		日本 東京藤田美術館	
秋山圖	軸	紙	水墨	60.9 x 32.7		日本 東京山本悌二郎先生	
雞頭花圖	軸	絹	設色	不詳	至正元年（辛巳，1341）	日本 東京長尾欽彌先生	
秋山圖（為儲霞老友寫）	軸	紙	水墨	101.5 x 28.9		日本 東京永青文庫	
聽泉圖	軸	紙	水墨	73.7 x 29.6	至正九年（己丑，1349）	日本 阿形邦三先生	
為樸先生作山水圖	軸	紙	設色	不詳	至元戊寅（四年，1338）九月	美國 紐約顧洛阜先生	
秋峰聳翠圖（畫與梅庵僧）	軸	紙	設色	60.4 x 38.4	至正九年（己丑，1349）	美國 勃克萊加州大學藝術館（高居翰教授寄存）	
層巒疊嶂圖(寫贈鍊師養正)	軸	紙	設色	164.8 x 47.7		英國 倫敦大英博物館	1957.11.9.01(ADD209)
磻溪漁隱(集古圖繪冊之8)	冊頁	紙	水墨	47 x 29.3		台北 故宮博物院	故畫 01235-8
山水(名畫薈萃冊之5)	冊頁	紙	水墨	31.3 x 51.9		台北 故宮博物院	故畫 01238-5
為孫元璘作山水(名畫薈萃冊之6)	冊頁	紙	設色	21.4 x 54.9		台北 故宮博物院	故畫 01238-6
山水(集古圖繪冊之4)	冊頁	紙	水墨	33.4 x 28.5	至正元年（辛巳，1341）十月	台北 故宮博物院	故畫 01258-4
雨巖仙觀(名畫琳瑯冊之5)	冊頁	紙	水墨	50.9 x 28.6	至正十三年（癸巳，1353）五月之望	台北 故宮博物院	故畫 01292-5
張雨山居圖（8幀）	冊	紙	水墨	（每幀）約23 x 42		台北 故宮博物院	故畫 03143
山村秋色（宋元集繪冊之8）	冊頁	絹	設色	28 x 21	至元四年（戊寅，1338）仲春，井西道人	台北 故宮博物院	故畫 03467-8
山寺觀泉（宋元拾翠冊之5）	冊頁	絹	設色	18.5 x 25	至正七年（丁亥，1347）八月	台北 故宮博物院	故畫 03471-5
秋林（宋元明集繪冊之7）	冊頁	絹	設色	30 x 29.3	元統癸酉（元年，	台北 故宮博物院	故畫 03473-7

名稱	形式	質地	色彩	尺寸 高x寬cm	創作時間	收藏處所	典藏號碼
					1333）十月		
水岸山色（宋元明集繪冊之8）	冊頁	絹	設色	30 x 29.3	元統癸酉（元年，1333）十月	台北 故宮博物院	故畫 03473-8
野朾吟笻（宋元明集繪冊之6）	冊頁	紙	設色	59.1 x 38.4	至正八年（戊子，1348）七月望日	台北 故宮博物院	故畫 03580-6
層巖古寺（集古名繪冊之1）	冊頁	紙	設色	39.7 x 55	至正三年（癸未，1343）七月十八日	台北 故宮博物院	故畫 03581-1
遠嶼浮圖（集古名繪冊之2）	冊頁	紙	設色	40 x 55.6		台北 故宮博物院	故畫 03581-2
長林秋舍（集古名繪冊之3）	冊頁	紙	水墨	39.6 x 55.4		台北 故宮博物院	故畫 03581-3
小年庵圖（元四大家名蹟冊之1）	冊頁	紙	設色	64 x 33.3	至正九年歲在己丑（1349）秋日	台北 故宮博物院	故畫 03583-1
山水圖	冊頁	絹	設色	23.3 x 29.8	至正十一年（辛丑，1361）六月十二日	美國 華盛頓特區弗瑞爾藝術館	14.59g
山水圖(四朝墨寶冊之3)	冊頁	絹	設色	26.5 x 20.7	至正乙酉（五年，1345）秋仲	英國 倫敦大英博物館	1946.4.13.01(ADD219)
附：							
秋林煙靄圖	卷	紙	設色	30.5 x 259		紐約 佳士得藝品拍賣公司/拍賣目錄 1988,11,30.	
山水圖	軸	紙	水墨	9*6.8 x 31	至正二年（壬午，1342）	紐約 蘇富比藝品拍賣公司/拍賣目錄 1987,12,08.	
山水圖	軸	紙	水墨	63.5 x 45.1		紐約 佳士得藝品拍賣公司/拍賣目錄 1994,11,30.	

畫家小傳：黃公望。平江人。本陸氏子，名堅，過繼永嘉黃氏，黃父喜老來得子，遂改名公望，字子久。號一峰、大癡道人、井西道人等。生於宋度宗咸淳五(1269)年。卒於元順宗至正十四(1354)年。善畫山水，師法董、巨，自成家法，能作淺絳設色和水墨二種，後世尊為「元季四大家」之首。(見圖繪寶鑑、杭州府志、吳中人物志、海虞畫苑略、清閟閣遺稿、梧溪集、輟耕錄、中國畫家人名大辭典)

顏直之

雨山待渡(名畫薈綿冊之6)	紈扇面	絹	設色	23.4 x 25.7		台北 蔡一鳴先生	

畫家小傳：顏直之。字方叔。號樂閒居士。吳人。善小篆。工畫人物。(見圖繪寶鑑、畫史會要、中國畫家人名大辭典)

李溥光

淺絳山水圖	軸	絹	設色	80.4 x 29.8		美國 普林斯頓大學藝術館	83-41

名稱	形式	質地	色彩	尺寸 高x寬cm	創作時間	收藏處所	典藏號碼
山水圖	軸	絹	設色	80.3 x 29.9	至大二年（己酉，1309）穀日	美國 普林斯頓大學藝術館（私人寄存）	
羅漢圖	軸	絹	水墨	69.5 x 24.3		日本 東京藪本俊一先生	
羅漢圖（？幀）	冊	絹	設色	不詳		日本 東京岩崎小彌太	

畫家小傳：溥光。僧。俗姓李，字玄暉，號雪庵。山西大同人。敕封昭文館大學士，賜號元悟大師。工詩、善書。書法極為趙孟頫推重。又能畫墨竹，學文同；作山水，法關仝。署款紀年畫作見於至元三十一（1294）年。，（見圖繪寶鑑、書史會要、文湖州竹派、歷代畫史彙傳、中國畫家人名大辭典）

（釋）溥　圓

| 佛像 | 軸 | 絹 | 設色 | 127.6 x 61.5 | | 美國 克利夫蘭藝術博物館 | |

畫家小傳：溥圓。為溥光法弟。俗姓李，字大方，號如庵。河南芝田人。能詩、書，工畫山水，竹墨，俱學金王庭筠。（見圖繪寶鑑、書史會要、畫史會要、中國畫家人名大辭典）

曹知白

群峰雪齋	軸	紙	水墨	129.7 x 56.4	七十九歲（至正十年，1350）	台北 故宮博物院	故畫 00269
疏林亭子	軸	紙	水墨	69.1 x 40	至正四年（甲申，1344）七月五日	台北 故宮博物院	故畫 00270
貞松白雪軒圖	軸	紙	水墨	125.9 x 49.7	至正十二年（壬辰，1352）春正月	台北 故宮博物院	故畫 00271
雙松圖	軸	絹	水墨	132.1 x 57.4	天曆二年（己巳，1329）人日	台北 故宮博物院	故畫 00272
山水	軸	紙	水墨	80 x 27.8		台北 故宮博物院	故畫 02033
松林平遠	軸	紙	水墨	75.4 x 43		台北 故宮博物院	故畫 02034
雲泉圖	軸	紙	設色	104.9 x 30.8		台北 故宮博物院	故畫 02035
松窗樂趣	軸	紙	水墨	121.4 x 50.6		台北 故宮博物院	故畫 02036
東園載酒	軸	紙	設色	97.1 x 54.8		台北 故宮博物院	故畫 02037
十二時報喜圖	軸	紙	水墨	129.1 x 52.7		台北 故宮博物院	故畫 03664
扁舟吟興圖	軸	紙	水墨	121.6 x 50.6		香港 劉作籌虛白齋	7
疏林幽岫圖	軸	紙	水墨	47.5 x 27.8	至正辛卯（十一年，1351）仲春	北京 故宮博物院	
雪山圖	軸	絹	水墨	97.3 x 55.4		北京 故宮博物院	
溪山泛艇圖	軸	紙	水墨	86.3 x 51.4		上海 上海博物館	
秋江待渡圖	軸	紙	水墨	108.4 x 56.7		日本 東京出光美術館	

名稱	形式	質地	色彩	尺寸 高x寬㎝	創作時間	收藏處所	典藏號碼
石岸古松圖（寫贈玉山高士）	軸	紙	設色	58.8 x 30.6		日本 東京山本悌二郎先生	
白雲遠峰圖（寫寄元鎮契弟）	軸	紙	設色	130.6 x 32.7	至大改元（戊申，1308）三月	日本 東京山本悌二郎先生	
山水圖	軸	絹	設色	87.9 x 43.9	至正十年（庚寅，1350）秋八月於墨雲堂	日本 京都長尾雨山先生	
雙松並茂圖	軸	絹	水墨	146.1 x 59.5	至正癸卯（二十三年，1363）秋日	日本 京都柳孝先生	
枯木竹石圖	軸	紙	水墨	103.4 x 51.9		日本 山口良夫先生	
石岸古松圖	軸	紙	設色	58.6 x 30.5		日本 私人	
雙松圖（窪盈軒圖）	軸	紙	水墨	48 x 36.4		法國 巴黎居美博術館	MA1890
疎林寒色	軸	紙	水墨	不詳		瑞典 斯德哥爾摩遠東古物館	OM 81/61
疎林策杖(歷代名繪冊之 5)	冊頁	紙	水墨	27.1 x 35.7		台北 故宮博物院	故畫 01264-5
虛亭竹趣(壽珍集古冊之 4)	冊頁	紙	水墨	25.2 x 28.7	至正十六年（丙申，1356）春三月	台北 故宮博物院	故畫 01271-4
遠山疎樹圖(墨林拔翠冊之 7)	冊頁	紙	水墨	22.4 x 50.6	至正廿又二年（壬寅，1362）	台北 故宮博物院	故畫 01290-7
山水(元明人畫山水集景冊之）	冊頁	紙	水墨	68.1 x 34.3		台北 故宮博物院	故畫 01295-2
寒林圖	冊頁	絹	水墨	27.3 x 26.2	泰定乙丑（二年，1325)九月	北京 故宮博物院	
清涼晚翠圖	冊頁	絹	水墨	21.1 x 21.2		上海 上海博物館	
五松圖	冊頁	紙	水墨	24.5 x 23,5		昆山 崑崙堂	
寒林圖	紈扇面	絹	水墨	27 x 27.4		美國 普林斯頓大學藝術館	58-51
山水圖	紈扇面	絹	設色	27.5 x 22		美國 華盛頓特區弗瑞爾藝術館	44.52

畫家小傳：曹知白。字貞素（一字又元），號雲西。江蘇華亭人。生於宋度宗咸淳八(1272)年。卒於元順宗至正十五(1355)年。曾仕官崑山教諭。工畫山水，師法馮覲、郭熙，作品筆墨清潤，了無俗氣。（見圖繪寶鑑、松江府志、四友齋叢談、畫史會要、中國畫家人名大辭典）。

趙孟籲

名稱	形式	質地	色彩	尺寸 高x寬㎝	創作時間	收藏處所	典藏號碼
水仙圖	卷	絹	設色	26.1 x ？		美國 克利夫蘭藝術博物館	
喬木高齋圖	軸	紙	設色	102.4 x 51.3		台北 故宮博物院	故畫 01955
青綠山水（宋元人畫合璧冊之	冊頁	絹	設色	不詳		日本 京都藤井善助先生	

名稱	形式	質地	色彩	尺寸 高×寬cm	創作時間	收藏處所	典藏號碼

4）

畫家小傳：趙孟籲。字子俊。趙孟頫弟，仕官至知州。署款紀年畫作見於大德五(1301)年。善書畫。畫工人物，花鳥亦佳。（見圖繪寶鑑、
　　　畫史會要、中國畫家人名大辭典、元代藝術史紀事編年）

顏　輝

名稱	形式	質地	色彩	尺寸 高×寬cm	創作時間	收藏處所	典藏號碼
醉仙圖	卷	紙	設色	26 × ?		台北 蘭千山館	
中山元夜出遊圖	卷	絹	設色	24.8 × 240.3		美國 克利夫蘭藝術博物館	
袁安臥雪圖	軸	絹	設色	160.2 × 105		台北 故宮博物院	故畫 00266
畫猿	軸	絹	設色	131.8 × 67		台北 故宮博物院	故畫 00267
月下補經圖	軸	絹	設色	89.4 × 47.1		台北 故宮博物院	故畫 01975
老子騎牛	軸	絹	設色	135.2 × 50.4		台北 故宮博物院	故畫 01976
拾得子	軸	絹	設色	152.8 × 69.5		台北 故宮博物院	故畫 01977
寒山子	軸	絹	設色	152.7 × 69.4		台北 故宮博物院	故畫 01978
張紫陽（原題明人畫）	軸	絹	設色	153 × 69.8		台北 故宮博物院	故畫 02360
鐵拐李像	軸	絹	水墨	146.5 × 72.5		北京 故宮博物院	
拾得像	軸	絹	設色	127.6 × 41.8		日本 東京國立博物館	
寒山像	軸	絹	設色	127.6 × 41.8		日本 東京國立博物館	
寒山拾得圖	軸	絹	設色	92.1 × 52.1		日本 東京出光美術館	
十六羅漢圖（16幅）	軸	絹	設色	不詳		日本 東京藤田美術館	
羅漢圖	軸	絹	設色	103.3 × 47.6		日本 東京岡崎正也先生	
群仙圖（2幅）	軸	絹	設色	（每幅）141.2 × 97		日本 東京前田利男先生	
三仙圖	軸	絹	設色	159.1 × 81.8		日本 東京松平直亮先生	
達磨像（中峰明本贊）	軸	絹	設色	81.5 × 40.3		日本 東京小出英延先生	
雲房度呂純陽圖	軸	絹	設色	不詳		日本 東京淺野長武先生	
雲門禪師圖（雲庵贊）	軸	絹	設色	不詳		日本 東京井上三郎先生	
寒山拾得圖	軸	絹	設色	85.1 × 39.1		日本 東京松方侯爵	
蝦蟆仙圖	軸	絹	設色	191.3 × 79.8		日本 京都知恩寺	
鐵拐仙圖	軸	絹	設色	191.3 × 79.8		日本 京都知恩寺	
十六羅漢圖（16幅）	軸	絹	設色	不詳		日本 京都新知恩院	
蘆葦達摩圖	軸	絹	設色	不詳		日本 京都南禪寺	
十六羅漢圖（2幅）	軸	絹	設色	（每幅）128.4 × 85.7		日本 京都金閣寺	
十六羅漢圖（16幅）	軸	絹	設色	（每幅）112.3		日本 京都龍光院	

名稱	形式	質地	色彩	尺寸 高×寬㎝	創作時間	收藏處所	典藏號碼
				× 59.4			
四睡圖	橫幅	紙	設色	不詳		日本 京都龍光院	
羅漢圖	軸	紙	設色	151.2 × 64		日本 京都妙心寺	
達摩圖（達摩、朝陽、對月圖 3之3）	軸	絹	設色	104 × 96.8		日本 京都妙心寺	
出山釋迦圖	軸	絹	設色	94.7 × 40.5		日本 京都大覺寺	
十六羅漢圖（16幅）	軸	絹	設色	（每幅）114 × 51.9		日本 滋賀縣永源寺	
十六羅漢圖（16幅）	軸	絹	設色	（每幅）105.6 × 48.4		日本 神奈川縣建長寺	
十六羅漢圖（16幅）	軸	絹	水墨	不詳		日本 神奈川縣建長寺	
涅槃圖	軸	絹	設色	186 × 150.2		日本 岐阜縣永保寺	
釋迦十六羅漢圖（3幅）	軸	絹	設色	不詳		日本 三重縣佛土寺	
十六羅漢圖（16幅）	軸	絹	設色	（每幅）92 × 40		日本 福岡縣聖福寺	
釋迦三尊圖（3幅）	軸	絹	設色	（每幅）135.7 × 77.7		日本 鹿王院	
十六羅漢圖（16幅）	軸	絹	設色	（每幅）99.3 × 56.5		日本 羽賀寺	
觀世音像	軸	絹	設色	111.8 × 58.2		日本 神戶川崎先生	
月下舟子圖	軸	絹	設色	36.4 × 56.1		日本 神戶川崎先生	
達摩圖（徑山祖銘書讚）	軸	絹	設色	不詳	祖銘書於至正戊子（八年，1348）	日本 京都泉屋博古館	
倣李龍眠羅漢像（3幅）	軸	絹	設色	（每幅）107.9 × 57.3		日本 兵庫縣村山龍平先生	
鐵拐仙人圖	軸	絹	設色	116.7 × 52.7		日本 兵庫縣山岡千太郎先生	
羅漢圖（對幅）	軸	絹	設色	（每幅）149.7 × 94.3		日本 佐賀縣鍋島報效會	
雙鷹圖	軸	絹	設色	173.1 × 99.8		日本 佐賀縣鍋島報效會	
寒山、捨得圖（對幅）	軸	絹	設色	（每幅）111.3 × 58.2		日本 江田勇二先生	
鐵拐圖	軸	絹	設色	130.2 × 61		日本 私人	
羅漢圖	軸	絹	設色	51 × 23.2		日本 私人	
鳥窠禪師像	軸	絹	設色	不詳		美國 波士頓美術館	

名稱	形式	質地	色彩	尺寸 高x寬cm	創作時間	收藏處所	典藏號碼
寒山像	軸	絹	設色	101.2 x 55.3		美國 印地安那波里斯市藝術 博物館	1988.71
觀音像	軸	絹	設色	111 x 58.4		美國 堪薩斯市納爾遜-艾金斯 藝術博物館	
仙人圖	軸	絹	設色	144.8 x 82.2		英國 倫敦大英博物館	1881.12.10.6 （61）
水波圖（唐繪手鑑筆耕圖上冊 之2）	冊頁	絹	設色	24.6 x 23.7		日本 東京國立博物館	TA-487
海月圖	冊頁	絹	設色	24.2 x 23.6		日本 東京黑田長成先生	
夜梅圖	紈扇面 絹		水墨	25.5 x 27.6		美國 克利夫蘭藝術博物館	

畫家小傳：顏輝。字秋月。浙江江山人。流傳署款紀年畫作見於大德五(1301)年。善畫道釋、人物、鬼神，筆法奇絕，有八面生意之勢；亦能畫山水。（見圖繪寶鑑、匏翁家藏集、中國畫家人名大辭典、元代藝術史紀事編年）

胡廷暉

名稱	形式	質地	色彩	尺寸 高x寬cm	創作時間	收藏處所	典藏號碼
龍舟奪標	軸	絹	設色	124.1 x 65.6		台北 故宮博物院	故畫 00324
蓬萊仙會圖	軸	絹	設色	201.5 x 121.8		台北 故宮博物院	故畫 00867
客來一味圖	軸	絹	設色	22.4 x 20.6		日本 神戶川崎先生	
獵騎（宋元人畫合璧冊之7）	冊頁	絹	設色	不詳		日本 京都藤井善助先生	
附：							
范仲淹、范純仁遺像	軸	絹	設色	不詳	大德十年丙午（1306）春月	紐約 佳士得藝品拍賣公司/拍 賣目錄 1997,09,19.	
溪山讀易	紈扇面 絹		設色	25 x 26		紐約 佳士得藝品拍賣公司/拍 賣目錄 1994,11,30.	

畫家小傳：胡廷暉。浙江吳興人。工畫青綠山水，極精妙，嘗應趙孟頫請為其家藏小李將軍摘瓜圖補全，歸家憶寫一幅呈示，趙大為驚賞其幾可亂真。流傳署款紀年作品見於成宗大德十（1606）年。（見畫史會要、嚴氏書畫記、妮古錄、中國畫家人名大辭典）

揭傒斯

名稱	形式	質地	色彩	尺寸 高x寬cm	創作時間	收藏處所	典藏號碼
山林群鹿圖	卷	紙	設色	25.4 x 309.8		美國 堪薩斯市納爾遜-艾金斯 藝術博物館	33-649

畫家小傳：揭傒斯。字曼碩。江西富州人。生於宋度宗咸淳十（1274）年，卒於元順帝至正四（1344）年。仁宗延祐初，授翰林國史院編修官，順宗元統初陞至侍講學士。早有文名。善楷、行草書。兼能作畫。（見元史本傳、書史會要元代藝術史紀事編年）

任康民

名稱	形式	質地	色彩	尺寸 高x寬cm	創作時間	收藏處所	典藏號碼
山水圖（唐繪手鑑筆耕圖下冊 之51）	冊頁	絹	水墨	23.7 x 21.2		日本 東京國立博物館	TA-487

名稱	形式	質地	色彩	尺寸 高×寬㎝	創作時間	收藏處所	典藏號碼

畫家小傳：任康民。籍里、身世不詳。嘗遊日本，於彼邦君台觀，畫有山水、人物兩壁畫。（見日本支那畫家人名辭書）

劉 因

名稱	形式	質地	色彩	尺寸 高×寬㎝	創作時間	收藏處所	典藏號碼
秋江漁艇圖	軸	紙	設色	62.5 × 36.5		日本 大阪市立美術館	

畫家小傳：劉因。畫史無載。身世待考。

張芳寂

名稱	形式	質地	色彩	尺寸 高×寬㎝	創作時間	收藏處所	典藏號碼
宮女圖	卷	絹	設色	31 × 70.5		德國 柏林東亞藝術博物館	212
寧戚、青牛先生圖（2幅）	軸	紙	水墨	（每幅）80.6 × 33		日本 東京淺野長勳先生	
拾得圖	軸	紙	水墨	34.8 × 19.7		日本 東京剛崎正也先生	
山水	軸	紙	水墨	26.4 × 23.6		日本 大阪上野精一先生	
野牛圖	軸	絹	水墨	63.6 × 37.6		日本 神戶川崎先生	
宮女圖	軸	絹	設色	31 × 70.5		德國 柏林東亞藝術博物館	212

畫家小傳：張芳寂。號竹屋道人。籍里、身世不詳。工畫山水、人物。（見日本君臺觀左右帳簿）

陳 琳

名稱	形式	質地	色彩	尺寸 高×寬㎝	創作時間	收藏處所	典藏號碼
花卉	卷	絹	設色	43.5 × 319.2	至大四年歲在辛亥（1311）子月乙丑	台北 故宮博物院	故畫 01511
樹石圖	卷	紙	設色	30.6 × 49.4		上海 上海博物館	
寒林鍾馗圖	軸	紙	設色	56.4 × 25.8	大德四年（庚子，1300）	台北 故宮博物院	故畫 01960
溪鳧圖（趙孟頫為補筆）	軸	紙	設色	35.7 × 47.5	大德五年（辛丑，1301）秋	台北 故宮博物院	故畫 00237
疎枝雙雀	軸	紙	設色	53.6 × 29		台北 故宮博物院	故畫 01961
草堂二君子圖	軸	紙	水墨	68.3 × 32		昆山 崑崙堂	
蒼厓古樹（宋元集繪冊之8）	冊頁	紙	設色	31.2 × 47.4		台北 故宮博物院	故畫 01293-8
塔影江聲（集古藏真冊之3）	冊頁	絹	設色	34.3 × 35.2		台北 故宮博物院	故畫 03483-3

畫家小傳：陳琳。字仲美。錢塘人。南宋寶祐畫院畫家陳珏之子。能世家學，善畫山水、人物及花鳥，無不臻妙。署款紀年畫作見於成宗大德四（1300）年。（見圖繪寶鑑、杭州府志、中國畫家人名大辭典、元代藝術史紀事編年、元代藝術史紀事編年）

陳仲仁

名稱	形式	質地	色彩	尺寸 高×寬㎝	創作時間	收藏處所	典藏號碼
百祥圖	軸	絹	設色	121.2 × 84.3		台北 故宮博物院	故畫 00236
江山漁笛圖	軸	紙	水墨	53 × 33.6		日本 東京鶴田久作先生	

名稱	形式	質地	色彩	尺寸 高x寬cm	創作時間	收藏處所	典藏號碼
山水（集古圖繪冊之7）	冊頁	紙	設色	36.9 × 27.1	至正二十又二年（壬寅，1362）八月	台北 故宮博物院	故畫 01258-7
蓓葡霏香	冊頁	絹	設色	24.2 × 25.6		台北 故宮博物院	故畫 03484-8
梨花白燕	冊頁	絹	設色	26 × 19.5		台北 故宮博物院	故畫 03491-12

畫家小傳：陳仲仁。佚名，字仲仁，以字行。陳琳之弟。曾官湖州安定書院山長。善畫山水、人物，尤精花鳥，筆墨高妙。常與趙孟頫討論畫法，趙自嘆不如，許為黃筌復生。（見圖繪寶鑑、中國畫家人名大辭典）

張 雨

名稱	形式	質地	色彩	尺寸 高x寬cm	創作時間	收藏處所	典藏號碼
十六應真圖	卷	絹	設色	43 × 870.2		昆山 崑崙堂	
倣鄭虔林亭秋爽圖	軸	紙	設色	129.1 × 35.7	至正甲申（四年，1344）仲冬	台北 故宮博物院	故畫 02043
溪山雪意(宋元集繪冊之12)	冊頁	絹	水墨	36.2 × 48	己巳（天曆二年，1329）初冬	台北 故宮博物院	故畫 01293-12

畫家小傳：張雨。道士。一名天雨，字伯雨，號句曲外史、貞居子。浙江錢塘人。生於宋端宗景炎二(1277)年。卒於順宗至正八(1348)年。善詩文書畫。畫工木石，用筆古雅有逸韻。（見圖繪寶鑑－劉基撰句曲外史傳、雲林集、玉山雅集、畫史會要、中國畫家人名大辭典、元代藝術史紀事編年）

吳 鎮

名稱	形式	質地	色彩	尺寸 高x寬cm	創作時間	收藏處所	典藏號碼
晴江列岫圖	卷	絹	水墨	59.8 × 065.4	至正辛卯（十一年，1351）秋日	台北 故宮博物院	故畫 01525
夏山欲雨圖	卷	絹	水墨	47.2 × 451.6	至正六年（丙戌，1346）秋七月既望	台北 故宮博物院	故畫 01526
山水	卷	絹	水墨	48.7 × 567.7	至正二年（壬午，1342）八月既望	台北 故宮博物院	故畫 01527
山水	卷	紙	設色	28 × 232.7		台北 故宮博物院	故畫 01528
倣荊浩唐人漁父圖	卷	絹	水墨	32.1 × 363		台北 故宮博物院	故畫 01529
竹譜（12 段合裝）	卷	絹	水墨	36.7 × 925.7	至正庚寅（十年，1350）五、六月間	台北 故宮博物院	故畫 01530
竹譜（10 段合裝）	卷	絹	水墨	34.4 × 847.1	至正十年庚寅（1350）五月八日	台北 故宮博物院	故畫 01531
墨竹	卷	絹	水墨	33.5 × 487.4	至正三年（癸未，1343）七月望日	台北 故宮博物院	故畫 01532
墨竹	卷	絹	水墨	26 × 518.9		台北 故宮博物院	故畫 01533
墨竹（6 幅合裝）	卷	絹	水墨	（每段）29.5	至正十年（庚寅，	台北 故宮博物院	故畫 01534

名稱	形式	質地	色彩	尺寸 高×寬㎝	創作時間	收藏處所	典藏號碼
				× 121.8 不等	1350）六月望日		
墨竹	卷	紙	水墨	34.8 × 208.8	至正十九年（己亥，1359）四月上浣	台北 故宮博物院	故畫 01535
墨竹（王冕、吳鎮梅竹雙清合卷之第2)	卷	紙	水墨	22.4 × 89.1	至正甲申（四年，1344）	台北 故宮博物院	故畫 01101-2
中山圖(元人集錦合卷之第4幅)	卷	紙	水墨	26.4 × 90.7	至元二年（丙子，1336）春二月	台北 故宮博物院	故畫 01108-4
竹居圖	卷	紙	水墨	不詳		台北 故宮博物院	國贈 026736
嘉禾八景圖	卷	紙	水墨	不詳		台北 故宮博物院	國贈 026735
墨梅圖(與吳瓘畫墨梅圖合卷)	卷	紙	水墨	30 × 98		瀋陽 遼寧省博物館	
梅竹圖	卷	紙	水墨	30 × 68	至正戊子（八年，1348）孟冬	瀋陽 遼寧省博物館	
漁父圖	卷	紙	水墨	33 × 651.6	至正乙酉（五年，1345）	上海 上海博物館	
竹譜圖（為可行作）	卷	紙	水墨	36 × 544.1	至正十年（庚寅，1350）春三月	上海 上海博物館	
松泉圖	卷	紙	水墨	105.6 × 31.7	至元四年（戊寅，1338）	南京 南京博物院	
墨竹圖（元趙天裕等墨竹卷8之第7幅）	卷	紙	水墨	約 32.2 × 114		蘇州 江蘇省蘇州博物館	
墨竹	卷	紙	水墨	不詳		日本 東京久志美術館	
嘉禾八景圖	卷	紙	水墨	69.1 × 641.8	至正四年甲申（1344）冬十二月	日本 東京田中武兵衛先生	
墨竹圖（為升叟講師作）	卷	紙	水墨	不詳	至正二年（壬午，1342）冬十月廿又一日	日本 江田勇二先生	
墨竹圖	短卷	絹	水墨	不詳		日本 京都慈照寺	
十八應真圖	卷	紙	水墨	不詳		日本 福井縣惠林寺	
墨竹圖	卷	絹	水墨	26.6 × ？		美國 哈佛大學福格藝術館	85.475Y1.1971
畫竹	卷	紙	水墨	不詳		美國 紐約顧洛阜先生	
蘆灘釣艇圖	卷	紙	水墨	21.3 × 53.8		美國 紐約顧洛阜先生	
倣荊浩漁父圖	卷	紙	水墨	32.5 × 562.2	至正十二年（1352）秋九月廿一日	美國 華盛頓特區弗瑞爾藝術館	27.12

名稱	形式	質地	色彩	尺寸 高x寬cm	創作時間	收藏處所	典藏號碼
竹譜	卷	絹	水墨	不詳		美國 賓夕法尼亞州大學藝術館	
草亭詩意圖	卷	紙	水墨	23.9 × 99.1		美國 克利夫蘭藝術博物館	63.259
草亭詩意圖（為元澤作）	卷	紙	水墨	不詳	至正七年丁亥（1347）冬十月	美國 堪薩斯市納爾遜-艾金斯藝術博物館	
墨竹圖	卷	絹	水墨	31.2 × ？	至正十年庚寅（1350）夏月十三竹醉日	德國 科隆東亞藝術博物館	A77.66
洞庭漁隱	軸	紙	水墨	146.4 × 58.6	至正元年（辛巳，1341）秋九月	台北 故宮博物院	故畫 00274
秋江漁隱	軸	絹	水墨	189.1 × 88.5		台北 故宮博物院	故畫 00275
篔簹清彩圖	軸	紙	水墨	106.2 × 32.7	至正庚寅（十年，1350）夏六月	台北 故宮博物院	故畫 00277
竹石圖	軸	紙	水墨	90.6 × 42.5	至正七年丁亥（1347）初冬	台北 故宮博物院	故畫 00278
漁父圖	軸	絹	水墨	176.1 × 95.6	至正二年（壬午，1342）	台北 故宮博物院	故畫 00276
清江春曉	軸	絹	設色	100.6 × 14.7		台北 故宮博物院	故畫 00868
雙松圖	軸	絹	水墨	180.1 × 111.4	泰定五年（戊辰，1328）二月清明節	台北 故宮博物院	故畫 00869
後赤壁賦圖	軸	絹	設色	109.1 × 60.3		台北 故宮博物院	故畫 01987
溪山雨意圖	軸	紙	設色	119.3 × 46.3	至正辛亥（？）夏五月十又六日	台北 故宮博物院	故畫 01988
山水圖	軸	絹	設色	122.5 × 30.2	至正十二年（壬辰，1352）五月三日	台北 故宮博物院	故畫 01989
漁父圖（獨釣圖）	軸	紙	水墨	105.2 × 59.7	至正丁亥（七年，1347）冬十月	台北 蘭千山館	
漁父圖	軸	絹	水墨	84.7 × 29.7	至元二年（丙子，1336）	北京 故宮博物院	
墨竹圖	軸	紙	水墨	103.4 × 33		北京 故宮博物院	
古木竹石圖	軸	絹	水墨	103.3 × 33.3		北京 故宮博物院	
溪山高隱圖	軸	絹	水墨	160.5 × 73.4		北京 故宮博物院	
蘆花寒雁圖	軸	絹	水墨	83 × 29.8		北京 故宮博物院	

名稱	形式	質地	色彩	尺寸 高x寬㎝	創作時間	收藏處所	典藏號碼
多福圖（竹石圖）	軸	紙	水墨	96 × 28.5		天津 天津市藝術博物館	
松石圖	軸	紙	水墨	103.6 × 30.7		上海 上海博物館	
松泉圖（為子淵作）	軸	紙	水墨	105.2 × 31.8	至元四年（戊寅，1338）夏至日	南京 南京博物院	
梅花圖	軸	絹	設色	55.8 × 19.6		昆山 崑崙堂	
雙樹坡石圖	軸	絹	水墨	68.9 × 27		寧波 浙江省寧波市天一閣文物保管所	
竹石圖	軸	紙	水墨	88 × 40.8		日本 東京國立博物館	
墨竹圖	軸	紙	水墨	不詳		日本 東京藤田美術館	
枯木竹石圖	軸	紙	水墨	74.2 × 46.4		日本 東京山本悌二郎先生	
墨竹圖	軸	絹	水墨	不詳		日本 東京長尾欽彌先生	
竹石圖	軸	紙	水墨	93.6 × 28.8		日本 京都國立博物館（上野有竹齋寄贈）	A甲200
湖船圖	軸	紙	水墨	27 × 44.5		日本 大阪市立美術館	
墨竹圖	軸	絹	水墨	98 × 43		日本 菅原壽男先生	
竹石圖（2幅）	軸	絹	水墨	（每幅）116.5 × 51.6		日本 阿形邦三先生	
竹石圖	軸	絹	水墨	175.1 × 107		日本 私人	
風竹圖	軸	紙	水墨	不詳		美國 波士頓美術館	
老松圖	軸	絹	水墨	166 × 82.7		美國 紐約大都會藝術博物館	1985.120.1
野竹圖	軸	紙	水墨	99.9 × 33.5		美國 紐約王季遷明德堂	
枯木蘭竹圖	軸	絹	水墨	167.8 × 97.9	至元四年（戊寅，1338）夏五月	美國 紐約王季遷明德堂	
風前清竹圖	軸	紙	水墨	不詳	至正十年（庚寅，1350）秋八月	美國 紐約王季遷明德堂原藏	
枯木竹石	軸	紙	水墨	119 × 35.5	至正十年庚寅（1350）冬十月	美國 紐約王季遷明德堂原藏	
墨竹圖（為長卿作）	軸	紙	水墨	109 × 32.6	至正十年庚寅歲（1350）夏五月十三日竹醉日	美國 華盛頓特區弗瑞爾藝術館	53.85
竹石圖	軸	紙	設色	76.5 × 29.2		瑞典 斯德哥爾摩遠東古物館	
墨竹譜（22幀）	冊	紙	水墨	（每幀）40.3 × 52	至正庚寅（十年，1350）六月十五日	台北 故宮博物院	故畫01119
墨竹（20幀）	冊	紙	水墨	（每幀）34.3	至正八年戊子（13	台北 故宮博物院	故畫01120

名稱	形式	質地	色彩	尺寸 高x寬㎝	創作時間	收藏處所	典藏號碼
				× 44.3	48）秋九月		
疎林遠山(名畫薈萃冊之3)	冊頁	紙	水墨	39.7 × 50.2	至正戊午（？）秋九月	台北 故宮博物院	故畫 01238-3
煙汀雨渡(集古名繪冊39)	冊頁	絹	設色	29.1 × 22.9		台北 故宮博物院	故畫 01248-19
枯木竹石 (歷代集繪冊之14)	冊頁	紙	水墨	27.5 × 25.3		台北 故宮博物院	故畫 01254-14
山水(集古圖繪冊之2)	冊頁	紙	水墨	34.8 × 28.9		台北 故宮博物院	故畫 01258-2
溪流歸艇(名畫琳瑯冊之6)	冊頁	紙	水墨	44 × 26.7	至正二年（壬午，1342）八月	台北 故宮博物院	故畫 01292-6
喬林蕭寺（宋尤木繪冊之10）	冊頁	絹	設色	28 × 21		台北 故宮博物院	故畫 03467-10
雨竹風蘭（雲煙攬勝冊之4）	冊頁	絹	水墨	30.2 × 34.3		台北 故宮博物院	故畫 03500-4
叢薄幽居（宋元明集繪冊之7）	冊頁	紙	水墨	71.4 × 31.9		台北 故宮博物院	故畫 03580-7
曲杓孤亭（集古名繪冊之5）	冊頁	紙	水墨	27.9 × 59.2		台北 故宮博物院	故畫 03581-5
竹泉小艇（集古名繪冊之6）	冊頁	紙	水墨	33.9 × 43.2		台北 故宮博物院	故畫 03581-6
虛榭聽泉（集古名繪冊之8）	冊頁	絹	水墨	24.6 × 23.9		台北 故宮博物院	故畫 03482-8
溪村輕舟（元四大家名蹟冊之3）	冊頁	紙	水墨	53.2 × 33		台北 故宮博物院	故畫 03583-3
墨竹圖	冊頁	紙	水墨	31.6 × 45.8		昆山 崑崙堂	
山水圖(8幀)	冊	紙	水墨	（每幀）29.1 × 25.1		日本 大阪齋藤悅藏先生	
墨竹圖（宋元名畫集冊之10）	紈扇面	絹	水墨	23.2 × 23		美國 耶魯大學藝術館	1952.52.25j
戲墨山水人物圖	冊頁	紙	水墨	27 × 36.1	至正二年 (壬午，1342) 春	美國 華盛頓特區弗瑞爾藝術館	11.495
墨竹圖(唐宋畫冊之9)	冊頁	絹	水墨	21.5 × 26.8		英國 倫敦大英博物館	1936.10.9.04(ADD83)
附：							
墨竹（4段）	卷	絹	水墨	34.9 × 554.5		香港 蘇富比藝品拍賣公司/拍賣目錄 1999,10,31.	
仿巨然平遠圖	軸	絹	水墨	140 × 82.5	至正甲申（四年，1344）仲春	紐約 佳士得藝品拍賣公司/拍賣目錄 1991,05,29.	
漁父圖	軸	絹	水墨	109 × 54.5	至正九年（己丑，1349）冬十一月望日	紐約 佳士得藝品拍賣公司/拍賣目錄 1997,09,19.	

畫家小傳：吳鎮。字仲圭，號梅花道人、梅沙彌等。浙江嘉興魏塘人。生於世祖至元十七(1280)年，卒於順宗十四(1354)年。工詞翰、書、畫。畫善山水，學巨然；墨竹，學文同；兼能墨花、寫真。為「元季四大家」之一。（見圖繪寶鑑、梅花道人遺墨、畫史會要、

名稱	形式	質地	色彩	尺寸 高x寬cm	創作時間	收藏處所	典藏號碼

中國畫家人名大辭典、元代藝術史紀事編年）

李士行

名稱	形式	質地	色彩	尺寸 高x寬cm	創作時間	收藏處所	典藏號碼
江鄉秋晚	卷	紙	設色	31 × 117.4		台北 故宮博物院	中畫 00017
喬松竹石	軸	絹	水墨	181.9 × 106		台北 故宮博物院	故畫 00235
山水圖	軸	絹	水墨	106.2 × 52.7		北京 故宮博物院	
枯木竹石圖	軸	絹	水墨	129.5 × 39.7		北京 故宮博物院	
古木叢篁圖（枯木竹石）	軸	絹	水墨	169.6 × 100		上海 上海博物館	
竹石圖	軸	絹	水墨	170 × 92		瀋陽 遼寧省博物館	
古木寒溪圖	軸	絹	水墨	171.5 × 97.5		美國 哈佛大學福格藝術館	1923.211
清泉喬木圖	軸	絹	水墨	166.7 × 108.6	泰定丙寅（三年，1326）冬十二月	美國 克利夫蘭藝術博物館	70.41
山水圖	軸	絹	水墨	134.9 × 53.3		德國 慕尼黑國立民族學博物館（Mrs.Preetorius 寄存）	

畫家小傳：李士行。字遵道。薊丘人，李衎之子。生於世祖至元二十（1283）年。卒於文宗天曆元（1328）年。曾官黃巖知州。能歌詩、書畫。畫善山水、竹石，得家學而妙過之。（見圖繪寶鑑、文湖州竹派滋溪集、中國畫家人名大辭典、元代藝術史紀事編年）

趙　雍

名稱	形式	質地	色彩	尺寸 高x寬cm	創作時間	收藏處所	典藏號碼
畫馬	卷	紙	水墨	30.4 × 128	至正二年（壬午，1342）	台北 故宮博物院	故畫 01510
長揚羽獵圖真蹟（溥儒題跋）	卷	絹	設色	不詳		台北 故宮博物院	國贈 027013
清明上河圖	卷	絹	設色	29.6 × ?		台北 蘭千山館	
竹枝（竹西草堂圖卷附）	卷	紙	水墨	27 × 125		瀋陽 遼寧省博物館	
沙苑牧馬圖	卷	絹	設色	23.4 × 106		北京 故宮博物院	
畫（趙雍等合裝畫卷 5 之 1 段）	卷	紙	水墨	約 31.9 × 50.9		北京 故宮博物院	
人馬圖（趙氏三世人馬圖卷之第 2 幅）	卷	紙	設色	31.6 × 68.2		美國 耶魯大學藝術館	1954.40.2
人馬圖（趙氏三世人馬圖卷之第 2 幅）	卷	紙	水墨	30 × ?		美國 紐約顧洛阜先生	
臨李公麟人馬圖	卷	紙	設色	31.7 × 73.5		美國 華盛頓特區弗瑞爾藝術館	45.32
狩獵人物圖	卷	絹	設色	39 × ?		美國 聖路易斯市藝術館	844.20

名稱	形式	質地	色彩	尺寸 高x寬cm	創作時間	收藏處所	典藏號碼
越山圖	卷	絹	設色	24.3 x 108.5		美國 勃克萊加州大學藝術館	CM122
江山放艇圖	軸	絹	設色	160.6 x 105		台北 故宮博物院	故畫 00221
小春熙景	軸	絹	設色	155 x 76.5		台北 故宮博物院	故畫 00222
採菱圖	軸	紙	設色	107.6 x 35.1	至正二年（壬午，1342）十月望日	台北 故宮博物院	故畫 00223
春郊遊騎圖	軸	絹	設色	88 x 51.1		台北 故宮博物院	故畫 00224
駿馬圖(五馬圖)	軸	絹	設色	186 x 106	至正十二年歲壬辰（1352）春二月	台北 故宮博物院	故畫 00225
竹石鸚鵒圖	軸	絹	水墨	115.5 x 40.7	□正九年（己丑，1349）	台北 故宮博物院	故畫 01956
子母貓	軸	絹	設色	不詳		台北 故宮博物院	國贈 006519
挾彈游騎圖	軸	紙	設色	108.5 x 46	至正七年（丁亥，1347）四月望	北京 故宮博物院	
著色蘭竹圖	軸	絹	設色	74.6 x 46.4		上海 上海博物館	
青影紅心圖	軸	絹	設色	74.6 x 46.4		上海 上海博物館	
長松繫馬圖	軸	絹	設色	102.9 x 63		上海 上海博物館	
清溪垂釣圖	軸	絹	設色	133.4 x 51		上海 上海博物館	
雪柳白鷺圖	軸	絹	設色	172.7 x 100		日本 東京國立博物館	
前浦理綸圖	軸	紙	設色	100.6 x 54.2		日本 大阪齋藤悅藏先生	
雙騎圖	軸	紙	設色	89.1 x 42.9		日本 京都貝塚茂樹先生	
乘龜仙人（北海真人）	軸	絹	設色	60.6 x 47.2		日本 東京住友寬一先生	
故事人物圖	軸	絹	設色	155.7 x 94.9		日本 私人	
仙人圖	軸	絹	設色	95.3 x 49.3		日本 私人	
天目高峰禪師原妙像	軸	絹	設色	114.7 x 46.7		美國 波士頓美術館	
三思圖	軸	絹	設色	167.5 x 90.4		美國 耶魯大學藝術館	1954.40.13
竹棘鸚鵒圖	軸	紙	水墨	114 x 37.5	至正九年（己丑，1349）	美國 紐約顧洛阜先生	
漁父圖	軸	絹	設色	86.4 x 42.5		美國 克利夫蘭藝術博物館	
賣貨郎	軸	絹	水墨	156 x 105		英國 倫敦大英博物館	1984.6.2.01（ADD504）
春郊散馬（宋元集繪冊之10）	冊頁	絹	設色	35.8 x 29		台北 故宮博物院	故畫 01268-10
秋浦垂綸（集珍壽古冊之6）	紈扇面	絹	設色	31.1 x 27.7		台北 故宮博物院	故畫 01270-6
清流橫涉（壽珍集古冊之3）	冊頁	絹	設色	23 x 21.8		台北 故宮博物院	故畫 01271-3
楓江涉水（宋元集繪冊之9）	冊頁	絹	設色	28.9 x 21		台北 故宮博物院	故畫 03465-9

名稱	形式	質地	色彩	尺寸 高x寬cm	創作時間	收藏處所	典藏號碼
石梁雲潤（宋元畫冊之7）	冊頁	絹	設色	36.9 x 28.2		台北 故宮博物院	故畫 03470-7
高山琴思（名繪集珍冊之8）	冊頁	絹	青綠	33.1 x 33.1		台北 故宮博物院	故畫 034 88-8
秋山閒話（雲煙攬勝冊之3）	冊頁	絹	青綠	30.2 x 28.2		台北 故宮博物院	故畫 03500-3
紅葉疏蓬（集古名繪冊之4）	冊頁	紙	設色	39 x 55.4		台北 故宮博物院	故畫 03581-4
澄江寒月圖（唐宋元集繪冊之14）	紈扇面	絹	設色	26 x 26		瀋陽 遼寧省博物館	
秋林遠岫圖	冊頁	絹	設色	26.7 x 28		北京 故宮博物院	
秋涉圖	冊頁	絹	設色	23.5 x 27.3		北京 故宮博物院	
馬猿圖（唐繪手鑑筆耕圖上冊之20）	冊頁	絹	設色	32.2 x 31.4		日本 東京國立博物館	TA-487
孤鶴橫江圖	紈扇面	絹	設色	31.4 x 32.3		美國 紐約大都會藝術博物館	13.100.97
虎圖	紈扇面	絹	設色	22.9 x 24.4		美國 耶魯大學藝術館	1956.38.4a
樹石圖	紈扇面	絹	水墨	19.7 x 21.1		瑞典 斯德哥爾摩遠東古物館	NMOK 419
附：							
春郊遊騎圖	軸	絹	設色	117.5 x 51.5	至正十三年（癸巳，1354）十月六日	紐約 佳士得藝品拍賣公司/拍賣目錄 1988,11,30.	
秋林策騎	紈扇面	絹	謢	25.4 x 25.4		紐約 蘇富比藝品拍賣公司/拍賣目錄 1985,06,03.	

畫家小傳：趙雍。字仲穆。湖州人。趙孟頫子。生於世祖至元廿六(1289)年。卒於順宗至正九(1349)年。仕官至集賢待制、同知湖州路總管府事。工書。善畫山水、人馬、竹石，（見圖繪寶鑑、元史趙孟頫傳、 畫史會要、中國畫家人名大辭典、元代藝術史紀事編年）

盛 懋

名稱	形式	質地	色彩	尺寸 高x寬cm	創作時間	收藏處所	典藏號碼
江楓秋艇	卷	紙	青綠	24.7 x 111		台北 故宮博物院	故畫 01021
清明上河圖	卷	絹	設色	29.6 x ？		台北 蘭千山館	
松溪泛月	軸	絹	設色	150.3 x 71.9		台北 故宮博物院	故畫 00308
秋林高士圖	軸	絹	設色	135.3 x 59		台北 故宮博物院	故畫 00309
山水	軸	紙	設色	120.5 x 40.6		台北 故宮博物院	故畫 00310
蒼山白雲	軸	紙	設色	51.4 x 26.3		台北 故宮博物院	故畫 02027
雪景	軸	絹	設色	151 x 27.3	壬戌（至治二年，1322）秋日	台北 故宮博物院	故畫 02028
松軒訪道圖	軸	絹	設色	55.4 x 35.6		台北 故宮博物院	故畫 02029
秋林蕭散	軸	紙	水墨	76.9 x 29.6	己丑（至正九年，1349）仲春四日	台北 故宮博物院	故畫 02030
袁安臥雪圖	軸	絹	設色	149 x 83.8	至正二年（壬午，	台北 故宮博物院	故畫 02031

名稱	形式	質地	色彩	尺寸 高x寬cm	創作時間	收藏處所	典藏號碼
					1342）八月望		
春塘禽樂	軸	紙	設色	52 × 28.3		台北 故宮博物院	故畫 02032
溪山清夏圖	軸	絹	設色	204.5 × 108		台北 故宮博物院	故畫 02972
松壑雲泉圖	軸	絹	設色	268 × 110		台北 故宮博物院	故畫 02973
柳陰書屋	軸	絹	設色	187.9 × 105		台北 故宮博物院	故畫 02974
秋山策蹇圖	軸	紙	水墨	85.4 × 42.5		香港 劉作籌虛白齋	9
秋江待渡圖（為鹵白作）	軸	紙	水墨	113.8 × 47	至正辛卯（十一年，1351）三月十六日	北京 故宮博物院	
松石圖（為始禎作）	軸	絹	水墨	77 × 27.4	至正己亥（十九年，1359）仲秋廿二日	北京 故宮博物院	
青綠山水圖	軸	絹	設色	不詳		北京 故宮博物院	
秋舸清嘯圖	軸	絹	設色	167.5 × 102		上海 上海博物館	
滄江橫笛圖	軸	絹	設色	85 × 46.8	至正辛卯（十一年，1351）	南京 南京博物院	
秋江待渡圖	軸	紙	水墨	109.1 × 47.9	至正辛卯（十一年，1351）三月又十六日	日本 東京山本悌二郎先生	
秋林漁隱圖（為竹溪作）	軸	紙	設色	103.6 × 34.8	至正庚寅（十年，1350）五月望日	日本 東京山本悌二郎先生	
張果老圖	軸	絹	設色	不詳		日本 東京淺野長武先生	
故事山水圖（2幅）	軸	絹	設色	不詳		日本 京都本法寺	
山水圖	軸	絹	設色	不詳		日本 京都慈照寺	
陳後主玉樹後庭花園	軸	絹	設色	181.8 × 90.9		日本 神戶川崎先生	
松陰高士圖	軸	絹	設色	28.2 × 48.2		日本 大阪市立美術館	
山水圖	軸	紙	水墨	71.3 × 44.8	至正廿二年（壬寅，1362）秋九月	日本 大阪市立美術館	
琴棋書畫圖（2之1）	軸	絹	設色	104.2 × 70.6		日本 私人	
琴棋書畫圖（2之2）	幅	絹	設色	104.2 × 70.6		日本 私人	
山水圖	軸	絹	設色	182.9 × 103.5		美國 哈佛大學福格藝術館	1923.192
秋林漁隱圖（為竹溪作）	軸	紙	水墨	102.8 × 33.5	至正庚寅（十年，1350）五月望日	美國 紐約大都會藝術博物館	1989.363.35
秋林漁隱圖	軸	絹	設色	不詳		美國 紐約顧洛阜先生	
秋江待渡圖（為鹵白作）	軸	紙	水墨	112.5 × 46.5	至正辛卯歲（十一	美國 華盛頓特區弗瑞爾藝術	54.12

名稱	形式	質地	色彩	尺寸 高×寬㎝	創作時間	收藏處所	典藏號碼
					年，1651）三月十六日	館	
山居納涼圖	軸	絹	青綠	121 × 57		美國 堪薩斯市納爾遜-艾金斯藝術博物館	35-173
江山漁樂圖	軸	絹	設色	169.6×103.4		美國 舊金山亞洲藝術館	B69 D10
雪溪捕魚圖	軸	絹	設色	198.2 × 115		美國 舊金山亞洲藝術館	B69 D13
山中觀書圖（雙幅）	軸	絹	設色	（每幅）97.3 × 29.2		英國 倫敦大英博物館	1881.12.10.84/85(ADD59/60)
雪景山水圖	軸	紙	水墨	100.7 × 49.4		英國 倫敦大英博物館	1921.7.12.03 (ADD18)
松梅仕女圖（宋元名慧冊之16）	冊頁	絹	設色	23.2 × 23.9		台北 故宮博物院	故畫 01244-16
村家藝事（紈扇畫冊之7）	紈扇面	絹	設色	27.8 × 28		台北 故宮博物院	故畫 01257-7
秋溪釣艇（紈扇畫冊之8）	紈扇西	絹	設色	26 × 27.3		台北 故宮博物院	故畫 01257-8
竹院逢僧（集珍壽古冊之9）	冊頁	絹	設色	29.3 × 27.1		台北 故宮博物院	故畫 01270-9
野橋策蹇（壽珍集古冊之2）	冊頁	絹	設色	23.2 × 23.6		台北 故宮博物院	故畫 01271-2
山水（元明人畫山水集景冊之1）	冊頁	紙	水墨	61.1 × 33.5	至正四年（甲申，1344）中秋望日	台北 故宮博物院	故畫 01295-1
江溪釣艇（宋人院畫冊之2）	冊頁	絹	設色	23.1 × 25.7		台北 故宮博物院	故畫 03463-2
米家雲山（集古名繪冊之13）	冊頁	絹	設色	32.6 × 31.9		台北 故宮博物院	故畫 03480-13
參禪圖（集古名繪冊之14）	冊頁	絹	設色	29.2 × 29.2		台北 故宮博物院	故畫 03480-14
秋浦歸漁（集古名繪冊之3）	冊頁	絹	設色	27.3 × 30.5		台北 故宮博物院	故畫 03481-3
江天帆影（集珍挹爽冊之7）	冊頁	絹	設色	27 × 27		台北 故宮博物院	故畫 03484-7
抱琴圖（名繪薈萃冊之16）	冊頁	絹	設色	23.5 × 20.6		台北 故宮博物院	故畫 03486-16
秋溪垂釣（名繪輯珍冊之5）	冊頁	絹	水墨	25.4 × 25.2		台北 故宮博物院	故畫 03487-5
青林翠靄（名繪輯珍冊之6）	冊頁	絹	水墨	28.6 × 30.1		台北 故宮博物院	故畫 03487-6
江村話舊（名繪薈錦冊之10）	冊頁	絹	設色	26.2 × 27.3		台北 故宮博物院	故畫 03489-10
霜林風榭（藝苑臚珍冊之10）	冊頁	絹	設色	26 × 20.9		台北 故宮博物院	故畫 03492-10
山嶺村聚（集名人畫冊之3）	冊頁	絹	設色	27 × 31.4		台北 故宮博物院	故畫 03508-3
秋江漁艇	便面	紙	設色	不詳		台北 故宮博物院	故扇 00001
觀梅高士	便面	紙	設色	不詳		台北 故宮博物院	故扇 00002
坐看雲起圖	冊頁	絹	設色	27 × 28		北京 故宮博物院	
秋林放艇圖	冊頁	絹	設色	24.9 × 24.5		北京 故宮博物院	

名稱	形式	質地	色彩	尺寸 高×寬㎝	創作時間	收藏處所	典藏號碼
漁樵問答圖	冊頁	絹	設色	29.1 × 20.3		北京 故宮博物院	
秋江垂釣圖	冊頁	絹	設色	23.4 × 24.1		上海 上海博物館	
秋江垂釣圖	冊頁	絹	設色	21.6 × 22.6		上海 上海博物館	
山水圖（唐繪手鑑筆耕圖下冊之53）	冊頁	絹	設色	30.1 × 24.2		日本 東京國立博物館	TA-487
秋江歸雁圖（宋人集錦冊之1）	紈扇面	絹	設色	25.5 × 24.7		日本 京都貝塚茂樹先生	
秋林漁隱圖	紈扇面	絹	設色	27 × 25.8	至正己丑（九年，1349）六月四日	美國 紐約大都會藝術博物館	1973.121.13
山水圖	冊頁	紙	水墨	26.1 × 39.5		美國 華盛頓特區弗瑞爾藝術館	11.496
冬景山水圖	紈扇面	絹	設色	26.1 × 24.3		美國 華盛頓特區弗瑞爾藝術館	11.155h
遠帆山色圖	冊頁	絹	水墨	25 × 26.3		美國 華盛頓特區弗瑞爾藝術館	11.161c
坐山得句圖	冊頁	絹	設色	24.8 × 17.8		美國 華盛頓特區弗瑞爾藝術館	14.59d
松溪漁隱圖	紈扇	絹	設色	24.9 × 25.6		美國 克利夫蘭藝術博物館	
秋山行旅圖	冊頁	絹	設色	不詳		美國 克利夫蘭藝術博物館	
秋山行旅圖	冊頁	絹	設色	24.4 × 26.5		美國 堪薩斯市納爾遜-艾金斯藝術博物館	
秋江漁樵圖	紈扇面	絹	設色	25.7 × 25.5		美國 印第安那波里斯市藝術博物館	
山水圖	紈扇面	絹	設色	26.3 × 20.3		瑞典 斯德哥爾摩遠東古物館（Mr.Erickson 寄存）	E.E.2
附：							
清溪漁者圖	軸	絹	設色	不詳	至正十九年（己亥，1359）仲春	北京 榮寶齋	
江岸攜琴圖	橫幅	紙	設色	33.5 × 53.3		紐約 佳士得藝品拍賣公司/拍賣目錄 988,11,30.	
漁舟晚笛圖	軸	紙	設色	151 × 69.5		紐約 佳士得藝品拍賣公司/拍賣目錄 991,05,29.	
秋江漁隱圖	軸	紙	設色	80 × 30		香港 佳士得藝品拍賣公司/拍賣目錄 991,11,25.	
漁舟晚笛圖	軸	紙	設色	151.1 × 69.9		紐約 佳士得藝品拍賣公司/拍	

名稱	形式	質地	色彩	尺寸 高x寬cm	創作時間	收藏處所	典藏號碼
漁樵問答圖	紈扇面 絹		設色	26 × 26		紐約 佳士得藝品拍賣公司/拍	賣目錄 997,09,19.
							賣目錄 990,11,28.

畫家小傳：盛懋。字子昭。臨安人，僑居嘉興魏塘。流傳署款紀年畫作見於仁宗皇慶二(1313)年，至順宗至正廿(1362)年。善畫山水、人物、花鳥，始學陳琳，後變其法，精絕有餘，特過於巧。(見圖繪寶鑑、嘉興府志、畫史、中國畫家人名大辭典、元代藝術史紀事編年)

沈孟堅

名稱	形式	質地	色彩	尺寸 高x寬cm	創作時間	收藏處所	典藏號碼
牡丹圖（唐繪手鑑筆耕圖上冊之 22）	冊頁	絹	設色	26.8 × 26.8		日本 東京國立博物館	TA-487

畫家小傳：沈孟堅。籍里、身世不詳。善畫花鳥，師錢選，往往逼真。(見圖繪寶鑑、中國畫家人名大辭典)

王振鵬

名稱	形式	質地	色彩	尺寸 高x寬cm	創作時間	收藏處所	典藏號碼
寶津競渡圖	卷	絹	界畫	36.6 × 183.4	至大庚戌（三年，1310）	台北 故宮博物院	故畫 00971
龍池競渡圖	卷	絹	界畫	30.2 × 243.8	至治癸亥（三年，1323）春暮	台北 故宮博物院	故畫 01013
金明奪錦圖	卷	絹	界畫	32.1 × 240.1	至治癸亥（三年，1323）秋莫	台北 故宮博物院	故畫 01512
魯公三異圖	卷	絹	設色	34.5 × 338.2		台北 故宮博物院	故畫 01513
鍾馗送嫁	卷	紙	水墨	27.5 × 298.2		台北 故宮博物院	故畫 01514
五雲樓閣圖	卷	絹	設色	33 × 74.3		台北 故宮博物院	故畫 01515
歷代后妃懿德圖	卷	絹	設色	30.3 × 470.5		台北 故宮博物院	故畫 01516
颶風圖（柯九思書）	卷	絹	設色	53.3 × 893.6		台北 故宮博物院	故畫 01550
龍舟圖	卷	絹	界畫	32.9 × 179		台北 故宮博物院	中畫 00018
伯牙彈琴圖	卷	絹	水墨	31.2 × 92		北京 故宮博物院	
文姬歸漢圖	卷	絹	設色	31.2 × 117.3		日本 東京摺澤靜夫先生	
飲中八仙圖（8 段合裝）	卷	絹	設色	（每段）29.6 × 25.9		日本 佐賀縣鍋島報效會	3-卷-13
姨母育佛圖	卷	絹	水墨	不詳		美國 波士頓美術館	
金明池奪標圖	卷	絹	水墨	32.3 × ？	至治癸亥（三年，1323）春暮	美國 紐約大都會藝術博物館	66.174
維摩不二圖（臨金馬雲卿畫本）	卷	絹	水墨	39.1 × ？	至大元年（戊申，1308）二月初一日	美國 紐約大都會藝術博物館	1980.276

名稱	形式	質地	色彩	尺寸 高×寬㎝	創作時間	收藏處所	典藏號碼
摹蔡襄萬荔圖	卷	絹	設色	不詳	至治三年（癸亥，1323）三月	美國 紐約顧洛阜先生	
大明宮圖	卷	絹	設色	不詳	皇慶元年歲在壬子（1312）	美國 紐約顧洛阜先生	
龍舟奪標圖	卷	紙	水墨	31.1 × ?		美國 底特律藝術中心	64.75
揭鉢圖	卷	紙	水墨	31 × ?		美國 印第安那波里斯市藝術博物館	60.35
故事人物圖	卷	絹	設色	29.9 × 174.5	元貞二年（丙申，1296）春三月既望	英國 倫敦大英博物館	1902.6.6.45（72）
瀛海勝景	軸	絹	設色	163.2 × 84.7		台北 故宮博物院	故畫 01965
昭君出塞圖	軸	絹	設色	122.2 × 50		昆山 崑崙堂	
白衣觀音圖	軸	絹	水墨	不詳		日本 東京根津美術館	
陸羽烹茶圖	軸	絹	設色	66.7 × 38.5		日本 佐賀縣鍋島報效會	3-軸-59
西園雅集	軸	紙	水墨	48.9 × 25.7	至正九年（己丑，1349）五月	美國 哈佛大學福格藝術館	
賣貨郎圖	軸	絹	設色	161.5 × 97.2		美國 印地安那波里斯市藝術博物館	75.134
樓閣山水圖	軸	絹	水墨	126.3 × 58.4		美國 聖路易斯市藝術館	1300.11
仙閣凌虛（藝苑藏真下冊之11）	紈扇面	絹	水墨	23.8 × 24.9		台北 故宮博物院	故畫 01241-11
飛閣觀潮（集珍壽古冊之4）	紈扇面	絹	設色	25 × 25.4		台北 故宮博物院	故畫 01270-4
仙苑祥雲（壽珍集古冊之1）	冊頁	絹	設色	29.5 × 20.7		台北 故宮博物院	故畫 01271-1
清溪台榭（名繪萃珍冊之3）	冊頁	絹	水墨	38 × 37.4		台北 故宮博物院	故畫 01294-3
牧江歌舟（唐宋元明四朝合璧冊之6）	冊頁	絹	設色	25.5 × 24.6		台北 故宮博物院	故畫 03458-6
崇閣賞雲（宋元集繪冊之11）	冊頁	絹	設色	28.9 × 20.7		台北 故宮博物院	故畫 03465-11
梨花燕子（宋元人真蹟冊之11）	冊頁	絹	設色	31.3 × 28		台北 故宮博物院	故畫 03472-11
太掖龍舟（集古名繪冊之4）	冊頁	絹	設色	28.2 × 29		台北 故宮博物院	故畫 03482-4
仙苑瓊樓（集珍挹爽冊之2）	冊頁	絹	設色	27.1 × 27.1		台北 故宮博物院	故畫 03484-2
漢宮春曉（藝林韞古冊之14）	冊頁	絹	設色	28.1 × 29		台北 故宮博物院	故畫 03491-14
高岡觀瀑（藝苑臚珍冊之12）	冊頁	絹	設色	28.1 × 26.2		台北 故宮博物院	故畫 03492-12
對瀑觀書（丘壑琳瑯冊之12）	冊頁	絹	設色	不詳		台北 故宮博物院	故畫 03493-12
漁樂圖（兩朝合璧連珠畫帖之7）	冊頁	絹	設色	27.3 × 20.5		日本 東京出光美術館	

名稱	形式	質地	色彩	尺寸 高x寬㎝	創作時間	收藏處所	典藏號碼
唐僧取經圖（32幀）	冊	絹	設色	（每幀）34.6 x 25.9		日本 私人	
龍舟圖	紈扇面	絹	設色	不詳		美國 波士頓美術館	
岳陽樓圖	冊頁	絹	水墨	26 x 25.4		美國 哈佛大學福格藝術館	1923.231
西園雅集圖	冊頁	紙	水墨	48.9 x 25.7		美國 哈佛大學福格藝術館	1923.182
山水樓閣	冊頁	絹	設色	不詳		美國 堪薩斯市納爾遜-艾金斯 藝術博物館	
附：							
丹臺春曉圖	卷	絹	設色	24.2 x 290.8		紐約 佳士得藝品拍賣公司/拍 賣目錄 1993,06,04.	
金明池龍舟爭標圖	卷	絹	水墨	31.8 x 185.5		紐約 佳士得藝品拍賣公司/拍 賣目錄 1994,11,30.	
滕王閣圖	橫幅	絹	水墨	35.9 x 71.4	皇慶元年（壬子，1312）中秋	紐約 蘇富比藝品拍賣公司/拍 賣目錄 1988,11,30.	

畫家小傳：王振鵬。字朋梅。仁宗賜號孤雲處士。浙江永嘉人。工界畫，被譽元代第一，堪比五代之郭忠恕，世稱絕品。流傳署款紀年畫作見於武宗至大元(1310)年，至英宗至治三(1323)年。（見圖繪寶鑑、袁桷畫記、道園學古錄、研北雜志、中國畫家人名大辭典、元代藝術史紀事編年）

（釋）道 明

羅漢圖	卷	紙	設色	41.8 x 545.4	至大二年（己酉，1309）	日本 京都圓山淳一先生	
羅漢圖	卷	紙	水墨	42.5 x 716		日本 京都藤井有鄰館	

畫家小傳：道明。資福寺僧。畫史無載。署款紀年畫作見於武宗至大二(1309)年。身世待考。

王 淵

海棠山鳥	卷	絹	設色	27.6 x 252.9	至正五年（乙酉，1345）春仲	台北 故宮博物院	故畫 01517
花卉	卷	絹	設色	32.3 x 247.9		台北 故宮博物院	故畫 01518
花卉	卷	絹	設色	31.5 x 219.5		台北 故宮博物院	故畫 01519
蓮池禽戲圖	卷	絹	設色	30.3 x 301.1		台北 故宮博物院	中畫 00019
牡丹圖	卷	紙	水墨	37.7 x 61.6		北京 故宮博物院	
花鳥圖	卷	絹	設色	71.5 x 129		日本 細見實先生	
秋山行旅圖（為仲美畫）	軸	紙	水墨	96.1 x 28.2	大德三年（己亥，1299）仲秋月	台北 故宮博物院	故畫 00250
松亭會友圖	軸	絹	水墨	86.9 x 49.3	至正丁亥（七年，	台北 故宮博物院	故畫 00251

名稱	形式	質地	色彩	尺寸 高x寬cm	創作時間	收藏處所	典藏號碼
					1347）季夏		
桃竹春禽圖（為叔潤寫）	軸	紙	水墨	117.6 x 55	至正丙戌（六年，1346）冬	台北 故宮博物院	故畫 00252
鷹逐畫眉	軸	絹	設色	117.2 x 53.3		台北 故宮博物院	中畫 00020
寫生	軸	紙	水墨	88.3 x 45.3		台北 故宮博物院	故畫 01969
松石水仙	軸	絹	設色	159.4 x 57.3		台北 故宮博物院	故畫 01970
寒江蘆雁	軸	絹	設色	149.7 x 62.7		台北 故宮博物院	故畫 01971
三白圖	軸	絹	設色	171.8 x 104		台北 故宮博物院	故畫 02970
岩竹雙雞圖	軸	絹	設色	116.8 x 49.5		台北 林陳秀蓉女士	19
花竹錦雞圖（為□明作）	軸	絹	設色	175.7 x 110		北京 故宮博物院	
桃竹錦雞圖	軸	紙	水墨	102 x 56	至正己丑（九年，1349）	北京 故宮博物院	
桃竹錦雞圖（為仲華作）	軸	絹	水墨	162.5 x 133	後至正三年（癸未，1343）冬臘月	太原 山西省博物館	
竹石集禽圖（為思齊良友作）	軸	紙	水墨	137.7 x 59.5	至正甲申（四年，1344）夏六月	上海 上海博物館	
蓮池水禽圖	軸	紙	水墨	145.9 x 63.8		日本 東京出光美術館	
野荊兔圖	軸	絹	設色	80 x 42.6		日本 東京出光美術館	
桃花鸚鵡圖	軸	絹	設色	不詳		日本 東京根津美術館	
芍藥粉雞圖	軸	紙	設色	129.7 x 32.7	至正乙酉（五年，1345）春三月	日本 東京山本悌二郎先生	
秋崖密林圖	軸	紙	設色	109.4 x 63.9		日本 東京山本悌二郎先生	
山茶花圖	軸	絹	設色	22.7 x 24.8		日本 東京馬越恭平先生	
芙蓉鶺鴒圖	軸	絹	設色	30 x 36.7		日本 東京黑田長成先生	
梅花白頭翁、梨花朧嘴（對幅）	軸	紙	設色	（每幅）34.5 x 26.5		日本 東京藪本俊一先生	
花鳥圖（2 幅）	軸	絹	設色	（每幅）172.3 x 91.9		日本 京都相國寺	
竹雀圖	軸	紙	水墨	139.3 x 49.9		日本 大阪市立美術館	
牡丹雙雞圖	軸	絹	設色	127.2 x 80.6		日本 佐賀縣鍋島報效會	3-軸-38
鳳凰圖	軸	絹	設色	不詳		日本 群馬縣立近代美術館	
花鳥圖（2 幅）	軸	絹	設色	不詳		日本 光雲寺	
蓮鷺圖	軸	絹	設色	112.1 x 47.1		日本 京都貝塚茂樹先生	
花鳥圖（對幅）	軸	絹	設色	120.8 x 59		日本　私人	

名稱	形式	質地	色彩	尺寸 高×寬㎝	創作時間	收藏處所	典藏號碼
葵圖	軸	絹	設色	52 × 28.4		日本 私人	
寫生瓶花圖	軸	紙	水墨	73.6 × 32		美國 華盛頓特區弗瑞爾藝術館	09.193
吐綬雞圖	軸	紙	水墨	148.8 × 110.3		美國 華盛頓特區弗瑞爾藝術館	16.590
秋景鶉雀圖	軸	紙	水墨	90.5 × 43.9	至正丁亥（七年，1347）春	美國 克利夫蘭藝術博物館（克市 Mrs.Perry 寄存）	TR15621
秋景鶉雀圖	軸	紙	水墨	114 × 55.6		美國 克利夫蘭藝術博物館（克市 Mrs.Perry 寄存）	
花竹山禽圖	軸	紙	水墨	118.8 × 35.3	至正丁亥（七年，1347）元夕前	美國 印第安那波里斯市藝術博物館	60.40
花鳥圖	小幅	絹	設色	26 × 24.7		英國 倫敦維多利亞-艾伯特博物館	F.E.107-1970
花竹文禽圖	軸	紙	水墨	130.2 × 55.3	至正丁亥（七年，1347）	德國 柏林東亞藝術博物館	1966-37（73-15）
花卉(12幀)	冊	絹	設色	（每幀）25.9 × 23.6		台北 故宮博物院	故畫 03142
水仙竹鳥（唐宋元明四朝合璧冊之7）	冊頁	絹	設色	25.5 × 24.6		台北 故宮博物院	故畫 03458-7
芙蓉（唐宋元明集繪冊之22）	冊頁	絹	設色	28.9 × 26.9		台北 故宮博物院	故畫 03459-22
秋海棠（宋元集繪冊之7）	冊頁	絹	設色	30.8 × 30.8		台北 故宮博物院	故畫 03464-7
鱖魚（宋人名蹟冊之23）	冊頁	絹	設色	24.9 × 23.3		台北 故宮博物院	故畫 03469-23
筠籃春麗（宋元拾翠冊之3）	冊頁	絹	設色	21.9 × 23.1		台北 故宮博物院	故畫 03471-3
石榴（宋元人真蹟冊之9）	冊頁	絹	設色	24.2 × 31.8		北京 故宮博物院	故畫 03472-9
杏花麗鳥（宋元人真蹟冊之12）	冊頁	絹	設色	24.1 × 29.3		台北 故宮博物院	故畫 03472-12
牽牛花（宋元明集繪冊之8）	冊頁	絹	設色	28.6 × 20.7		台北 故宮博物院	故畫 03474-8
菊花竹石（宋元明名畫冊之5）	冊頁	紙	設色	30.6 × 29.3		台北 故宮博物院	故畫 03475-5
秋芳競秀（宋元明人合錦下冊之10）	冊頁	絹	設色	21.8 × 21.9		台北 故宮博物院	故畫 03477-10
素馨凝玉（集珍挹爽冊之4）	冊頁	絹	設色	24.6 × 25.5		北京 故宮博物院	故畫 03484-4
荔枝（名繪薈萃冊之14）	冊頁	絹	設色	21.9 × 20.4		台北 故宮博物院	故畫 03486-14
筠籃芳實（藝林韞古冊之15）	紈扇面	絹	設色	27.8 × 27.8		台北 故宮博物院	故畫 03491-15

名稱	形式	質地	色彩	尺寸 高x寬㎝	創作時間	收藏處所	典藏號碼
安和餘九（藝苑臚珍冊之8）	冊頁	絹	設色	21.3 × 23.8		台北 故宮博物院	故畫 03492-8
梨花翠鳥	冊頁	絹	設色	28 × 26		台北 黃君璧白雲堂	
竹兔圖	冊頁	紙	水墨	不詳		？	
蜻蛉圖（唐繪手鑑筆耕圖上冊之14）	冊頁	紙	設色	22.6 ×25		日本 東京國立博物館	TA-487
蓮花鶺鴒圖（唐繪手鑑筆耕圖上冊之15）	冊頁	紙	設色	29.8 × 36.5		日本 東京國立博物館	TA-487
花鳥圖（兩朝合璧連珠畫帖之10）	冊頁	絹	設色	29 × 18		日本 東京出光美術館	
梅花圖（兩朝合璧連珠畫帖之15）	冊頁	絹	設色	25.3 × 22		日本 東京出光美術館	
豆花蜻蜓圖	冊頁	紙	設色	22.7 × 25.1		日本 東京黑田長成先生	
鶺鴒(宋元人畫合璧冊之5)	冊頁	絹	設色	不詳		日本 京都藤井善助先生	
草蟲圖	冊頁	絹	設色	27.5 × 27.8		英國 倫敦大英博物館	1919.12.9.17 (ADD69)
梔子花圖	冊頁	紙	水墨	38 × 62.6		英國 倫敦大英博物館	BMOA1983.7-5 .01(ADD.441)

附：

梨花雲月圖	軸	紙	水墨	270.2 × 99.7		紐約 佳士得藝品拍賣公司/拍賣目錄 1987,12,11.	

畫家小傳：王淵。字若水。號澹軒。浙江錢塘（一作臨安）人。幼習丹青，親承趙孟頫指授。善畫花鳥，師黃筌；山水師郭熙；人物學唐人。俱精妙。又作水墨竹石，亦稱絕藝。流傳署款紀年畫作見於武宗至大三（1310）年，至順宗至正二十六（1366）年。（見圖繪寶鑑、輟耕錄、畫史會要、嚴氏書畫記、中國畫家人名大辭典、元代藝術史紀事編年）

趙 奕

大士像	軸	絹	設色	108 × 54.8	皇慶二年（癸丑，1313）秋月	台北 故宮博物院	故畫 01957

畫家小傳：趙奕。字仲光，號西齋。趙孟頫子。隱居不仕，惟以詩酒自娛。以書畫名世。流傳署款紀年畫作見於仁宗皇慶二(1313)年。（見元史趙孟頫傳、書史會要、中國畫家人名大辭典、元代藝術史紀事編年）

商 琦

春山圖	卷	絹	設色	39.6 × 214.5		北京 故宮博物院	
杏雨浴禽圖	軸	紙	設色	83.5 × 25.8	延祐二年（乙卯，1315）	台北 故宮博物院	故畫 00241

名稱	形式	質地	色彩	尺寸 高x寬cm	創作時間	收藏處所	典藏號碼
嵩陽訪真圖	軸	紙	水墨	115.9 × 28.7	至正二年（壬午，1342）九月四日	台北 故宮博物院	故畫 00240
谿亭坐隱	軸	紙	水墨	86 × 28.5		台北 故宮博物院	故畫 01964

畫家小傳：商琦。字德符。曹州濟陰人。成宗(1295-1307)時，仕官至集賢學士。善畫山水，師法李成，得用墨之法；兼工墨竹，自成一家。流傳署款紀年作品見於仁宗延祐二（1315）年（見圖繪寶鑑、元史本傳、畫史會要、中國畫家人名大辭典、元代藝術史紀事編年）

商璹

| 山邨殘月圖 | 卷 | 紙 | 水墨 | 37 × 353 | 至正二年（壬午，1342）七月 | 台北 長流美術館 | |

畫家小傳：商璹。字台元。自號遜齋。曹州濟陰人。商琦從弟。善畫山水，得破墨法，作窠石最佳。（見圖繪寶鑑、中國畫家人名大辭典）

張嗣成

| 龍圖 | 軸 | 絹 | 水墨 | 139.2 × 89 | | 日本 東京出光美術館 | |

畫家小傳：張嗣成。號太玄。天師張羽材之子。延祐三（1316）年嗣位為天師。亦工書畫。善畫墨龍。（見圖繪寶鑑、元史釋老傳、畫史會要、中國畫家人名大辭典、元代藝術史紀事編年）

李昭

| 雁蕩圖 | 卷 | 紙 | 水墨 | 29.7 × 973.7 | 延祐三年（丙辰，1316）秋 | 上海 上海博物館 | |

畫家小傳：李昭。畫史無載。流傳署款紀年作品見於延祐三(1316)年。身世待考。

戴淳

| 匡廬圖（為郭天錫作） | 軸 | 紙 | 水墨 | 117.1 × 50.9 | 延祐五年（戊午，1318）三月上浣 | 台北 故宮博物院 | 故畫 00262 |

畫家小傳：戴淳。字厚夫。浙江錢塘人。工畫山水。流傳署款紀年畫作見於仁宗延祐五(1318)年。（見圖繪寶鑑、中國畫家人名大辭典、元代藝術史紀事編年）

朱玉

| 燈戲圖 | 卷 | 絹 | 水墨 | 29 × ？ | | 香港 趙從衍先生 | |
| 揭缽圖 | 卷 | 紙 | 水墨 | 27.7 × 111.4 | | 杭州 浙江省博物館 | |

畫家小傳：朱玉。字君璧（一作均璧）。江蘇崑山人。生於世祖至元三十(1293)年。卒於順宗至正廿五(1365)年。喜繪事，從永嘉王振鵬遊，遂精界畫，嘗作紫霧龍宮、翠蓬仙闕二圖，十年始成，人謂妙入神品。（見崑新合志、甌海遺文、朱珪名蹟錄、六研齋二筆、歷代名人畫跋、中國畫家人名大辭典、元代藝術史紀事編年）

名稱	形式	質地	色彩	尺寸 高x寬cm	創作時間	收藏處所	典藏號碼

朱德潤

名稱	形式	質地	色彩	尺寸 高x寬cm	創作時間	收藏處所	典藏號碼
秀野軒圖	卷	紙	設色	28.3 × 210	至正甲辰（二十四年，1364）四月十日	北京 故宮博物院	
渾淪圖	卷	紙	水墨	29.7 × 86.2	至正己丑（九年，1349）九月廿六日	上海 上海博物館	
怡樂堂圖（為善夫副使作）	卷	紙	設色	24.9 × ？	至正癸未（三年，1343）良月四日	美國 紐約顧洛阜先生	
滕王閣圖	卷	紙	設色	不詳	至正壬辰（十二年，1352）八月上□	美國 紐約顧洛阜先生	
陶淵明圖（A）	卷	紙	水墨	28.3 × 264		美國 華盛頓特區弗瑞爾藝術館	11.525
陶淵明圖（B）	卷	紙	水墨	28.3 × 317.2		美國 華盛頓特區弗瑞爾藝術館	11.526
秀野軒圖	卷	紙	設色	28.2 × 211.2	至正二十四年甲辰（1364）四月十日	美國 華盛頓特區弗瑞爾藝術館	50.20
山水圖	卷	紙	水墨	28.2 × 119.3		美國 德州金貝爾藝術館	AP1972.06
煙嵐秋潤	軸	絹	水墨	102.6 × 44.3		台北 故宮博物院	故畫 00245
雪溪歸棹	軸	絹	水墨	144.9 × 85.2		台北 故宮博物院	故畫 00246
林下鳴琴	軸	絹	設色	120.8 × 58		台北 故宮博物院	故畫 00247
雨山喧瀑	軸	絹	設色	110.5 × 62.3	至正六年（丙戌，1346）七月中浣	台北 故宮博物院	故畫 01968
怡樂堂圖	軸	絹	設色	不詳		台北 故宮博物院（王世杰先生寄存）	
秋林讀書圖	軸	絹	設色	166.7 × 109.1	至正壬辰（十二年，1352）秋日	日本 東京國立博物館	
春江柳鳩圖	軸	紙	設色	79.4 × 33.3	至正九年（己丑，1349）夏五月	日本 奈良縣林芝石先生	
枯木圖（對幅）	軸	絹	水墨	（每幅）105.5 × 45.4		日本 私人	
歸漁圖	軸	絹	設色	不詳	至正二年（壬午，1342）春正月吉日	美國 紐約大都會藝術博物館	
柳浪春曉圖	軸	紙	設色	79.8 × 33.4		美國 西雅圖市藝術館	Dh32C470.1
山水圖	軸	絹	設色	44.3 × 73.5		德國 柏林東亞藝術博物館	202（3-09）
雪溪蕭寺（集古名繪冊之13）	冊頁	絹	設色	27.2 × 17.2		台北 故宮博物院	故畫 01242-13

名稱	形式	質地	色彩	尺寸 高x寬㎝	創作時間	收藏處所	典藏號碼
松澗橫琴（宋元集繪冊之4）	紈扇面	絹	水墨	24.7 x 26.9		台北 故宮博物院	故畫 01269-4
江村喚渡（集珍壽古冊之5）	紈扇面	絹	設色	24 x 24.7		台北 故宮博物院	故畫 01270-5
松岡雲瀑（名畫琳瑯冊之4）	冊頁	紙	水墨	53.5 x 30.3	至正十三年（癸巳，1353）暮春	台北 故宮博物院	故畫 01292-4
寒溪放棹（宋元集繪冊之7）	冊頁	絹	水墨	28 x 21		台北 故宮博物院	故畫 03467-7
荷浦延賓（集珍挹爽冊之5）	冊頁	絹	設色	26.6 x 26.6		台北 故宮博物院	故畫 03484-5
秋林垂釣圖	冊頁	絹	設色	28.1 x 26.6		北京 故宮博物院	
石魚亭圖（宋人集錦冊之一）	冊頁	絹	設色	31 x 24		日本 京都貝塚茂樹先生	

畫家小傳：朱德潤。字澤民。睢陽人，僑寓於吳，居崑山。生於世祖至元三十一（1294）年。卒於順帝至正二十五（1365）年。仕官至征東儒學提舉。善畫山水，學宋郭熙，作品蒼潤清逸。亦能人物畫。（見圖繪寶鑑、崑新合志、海粟集、中國畫家人名大辭典、元代藝術史紀事編年）

巎巎

山水（集古圖繪冊之3）	冊頁	紙	水墨	32.3 x 27.4		台北 故宮博物院	故畫 01258-3

畫家小傳：巎巎。字子山。號正齋、恕叟。西域康里族人。生於成宗元貞元（1295）年，卒於順帝至正五（1345）年。仕官至翰林學士承旨。為人博通群書。善真、行、草書，筆畫遒媚，轉折圓勁，名重一時。（見元史本傳、書史會要、陶宗儀輟耕錄、中國美術家人名辭典、元代藝術史紀事編年）

唐棣

輞川圖	卷	絹	設色	34.7 x ?		日本 京都國立博物館	A甲 664
滕王閣圖	卷	紙	水墨	27.5 x 84.4	至正壬辰（十二年，1352）00上浣	美國 紐約顧洛阜先生	
倣郭熙秋山行旅	軸	絹	設色	152 x 103.7		台北 故宮博物院	故畫 00253
霜浦歸漁圖	軸	絹	設色	144 x 89.7	至元又戊寅（四年，1338）冬十一月	台北 故宮博物院	故畫 00254
山水	軸	絹	設色	114 x 57.5		台北 故宮博物院	故畫 01972
谿山煙艇	軸	絹	設色	133.4 x 86.5		台北 故宮博物院	故畫 03666
烟波漁樂圖	軸	絹	設色	160 x 160.2		台北 故宮博物院	故畫 03971
雪港捕魚圖	軸	紙	設色	147.6 x 67.8	壬辰（至正十二年，1352）十月廿日	上海 上海博物館	
村人聚飲圖	軸	絹	設色	不詳	元統甲戌（二年，1334）冬十一月	上海 上海博物館	
松蔭聚飲圖	軸	絹	設色	141.1 x 97.1	元統甲戌（二年，1334）冬十月	上海 上海博物館	
長松高士圖	軸	絹	設色	157.6 x 111	至正九年（己丑，	成都 四川省博物院	

名稱	形式	質地	色彩	尺寸 高×寬cm	創作時間	收藏處所	典藏號碼
					1349）秋八月上浣		
歸漁圖	軸	絹	設色	134.2 × 86.4	至正二年（壬午，1342）春正月七日	美國 紐約市大都會藝術博物館	1973.121.5
寫摩詰詩意圖	軸	絹	設色	129.1 × 68.8		美國 紐約大都會藝術博物館	1985.214.147
山水圖	軸	絹	設色	44.3 × 73.5		德國 柏林東亞藝術館	202（3-09）
清溪漁樂（唐宋元畫集錦冊之18）	冊頁	絹	水墨	20.7 × 19.2		台北 故宮博物院	故畫 01239-18
雪浦孥舟（集古名繪冊之18）	冊頁	絹	設色	25.6 × 31.4		台北 故宮博物院	故畫 01248-18
雪山策蹇（歷代名繪冊之7）	冊頁	紙	設色	30.5 × 47.8		台北 故宮博物院	故畫 01264-7
西湖暮雪（宋元明集繪冊之3）	冊頁	絹	設色	25.9 × 28		台北 故宮博物院	故畫 03474-3
山陰雪霽（集古藏真冊之6）	冊頁	絹	設色	33.6 × 40.2		台北 故宮博物院	故畫 03483-6
薔薇（邱壑琳瑯冊之4）	冊頁	絹	設色	27.1 × 25.7		台北 故宮博物院	故畫 03493-4
松巖訪友（吉光貞壽冊之8）	冊頁	絹	設色	25.2 × 25.8		台北 故宮博物院	故畫 03496-8
柳陰喚渡（吉香片玉冊之8）	冊頁	絹	設色	36.1 × 34.3		台北 故宮博物院	故畫 03497-8
山水（宋元明名家畫冊之7）	冊頁	絹	設色	不詳		日本 京都藤井善助先生	
花卉圖	冊頁	絹	設色	39.2 × 31.6	至正五年（乙酉，1345）冬日	美國 華盛頓特區弗瑞爾藝術館	11.291

畫家小傳：唐棣。字子華。浙江吳興人。生於成宗元貞二(1296)年。卒於順宗至正廿四(1364)年。仕官至休寧縣尹。能詩、工書畫。畫善山水，師法郭熙，得筆墨森鬱華潤之趣。（見圖繪寶鑑、玉山草堂集、六研齋筆記、佩文齋類稿、中國畫家人名大辭典、元代藝術史紀事編年）

俞子清

名稱	形式	質地	色彩	尺寸 高×寬cm	創作時間	收藏處所	典藏號碼
林巒宿雨（吉光貞壽冊之9）	冊頁	絹	設色	28.8 × 28		台北 故宮博物院	故畫 03496-9

畫家小傳：俞子清。浙江吳興人。仕官至侍郎。善畫山水。作品曾獲趙孟頫品題。（見林屋山人漫薰、中國美術家人名辭典）

楊維禎

名稱	形式	質地	色彩	尺寸 高×寬cm	創作時間	收藏處所	典藏號碼
歲寒圖	軸	紙	水墨	98.1 × 32		台北 故宮博物院	故畫 00305
鐵笛圖	軸	紙	設色	95.6 × 51.6	至正二年（壬午，1342）仲秋	台北 故宮博物院	故畫 02026
淺絳山水	橫幅	紙	設色	不詳		日本 京都小栗秋堂先生	
竹石山亭（集古圖繪冊之11）	冊頁	絹	水墨	30.6 × 20.6		台北 故宮博物院	故畫 01235-11
附：							
梅花水仙	橫軸	絹	水墨	27 × 34.5		紐約 佳士得藝品拍賣公司/拍賣目錄 1991,05,29.	

畫家小傳：楊維禎。字廉夫。號鐵崖。浙江會稽人。生於元成宗元貞二（1296）年。卒於明太祖洪武三（1370）年。泰定四年進士，初署

名稱	形式	質地	色彩	尺寸 高×寬㎝	創作時間	收藏處所	典藏號碼

天台尹，後升江西儒學提舉。入明，太祖欲畀官，婉辭不就。以詩文名於時，號鐵崖體。又善書，矯傑橫發，勁健可喜。兼能繪畫。（見懷麓堂集、劉璋書畫史、佩文齋書畫譜、中國美術家人名辭典、元代藝術史紀事編年）

陸季衡

| 碧梧蒼石圖 | 軸 | 絹 | 設色 | 107 × 53.3 | 辛酉（至治元年，1321）五月廿四日 | 上海 上海博物館 | |

畫家小傳：陸季衡。畫史無載。中國畫家人名大辭典，誤為陸行直字，行直實字季道，非季衡也。流傳署款紀年作品見於英宗至治元（1321）年。身世待考。

郭 敏

| 風雪松杉圖 | 軸 | 絹 | 設色 | 124.8 × 57.5 | | 美國 勃克萊加州大學藝術館（高居翰教授寄存） | CM4 |

畫家小傳：郭敏。字伯達。杞縣人。工畫山水，喜金武元直畫，惟師其意，不師其法。亦作人物、花卉、墨竹，同能臻妙。（見圖繪寶鑑、畫史會要、中國畫家人名大辭典）

郭 畀

名稱	形式	質地	色彩	尺寸 高×寬㎝	創作時間	收藏處所	典藏號碼
雪竹	卷	紙	水墨	31.8 × 145.2		台北 故宮博物院	故畫 01014
幽篁枯木圖	卷	紙	水墨	33 × 106.1		日本 京都國立博物館（上野有竹齋寄贈）	A甲 143
雲山圖（為顯夫作）	卷	紙	水墨	不詳	丁卯（泰定四年，1327）冬十月廿四日夜	日本 京都藤井善助先生	
寫高使君意山水	軸	紙	水墨	81.5 × 30.6	己卯（至元五年，1339）四月六日	台北 故宮博物院	故畫 00255
山窗讀易	軸	紙	設色	121.3 × 35.6		台北 故宮博物院	故畫 01973
古木雲山圖（為明叟作）	軸	紙	水墨	不詳		日本 京都泉屋博古館	
溪山烟雨圖（為子肅提舉畫）	軸	紙	水墨	不詳	元統二年（甲戌，1334）□□	日本 鎌倉林健先生	
曉烟平楚（吉光貞壽冊之10）	冊頁	絹	設色	28.8 × 28		台北 故宮博物院	故畫 03496-10

畫家小傳：郭畀。字天錫。江蘇京口人。生於成宗大德五(1301)年。卒於順宗至正十五(1355)年。工書、畫。書學趙孟頫，畫善山水，法米家父子；又善竹木窠石。（見圖繪寶鑑、鎮江府志、雲林集、歷代名畫跋、中國畫家人名大辭典、元代藝術史紀事編年）

南宮文信

| 耄耋圖 | 軸 | 紙 | 設色 | 125.1 × 67 | | 日本 東京笹川喜三郎先生 | |

畫家小傳：南宮文信。字子中，號瀨心齋。魯人。與陸文圭、袁泰同時而熟稔。善為墨戲，喜作禽鳥、枯木竹石之類。（見書畫史、中國畫

名稱	形式	質地	色彩	尺寸 高x寬cm	創作時間	收藏處所	典藏號碼

家人名大辭典、元代藝術史紀事編年）

倪 瓚

名稱	形式	質地	色彩	尺寸 高x寬cm	創作時間	收藏處所	典藏號碼
水竹居圖	卷	紙	水墨	23.3 x 141	至正壬寅（二十二年，1362）九月六日	台北 故宮博物院	故畫 01019
壺月軒圖	卷	紙	水墨	30.6 x 101.2	辛亥（洪武四年，1371）八月四日	台北 故宮博物院	故畫 01020
安處齋圖（元人集錦卷四之第3幅）	卷	紙	水墨	25.4 x 71.6	？十月望日	台北 故宮博物院	故畫 01108-3
竹枝圖	卷	紙	水墨	33.4 x 76.2		北京 故宮博物院	
楊竹西像（王繹寫像、倪瓚補松石）	卷	紙	水墨	27.7 x 86.8	至正二十年（庚子，1360）二月	北京 故宮博物院	
鶴林圖	卷	紙	水墨	30.5 x 54		北京 中國美術館	
竹梢圖	卷	紙	水墨	不詳	洪武四年（辛亥，1371）閏三月廿五日	上海 上海博物館	
竹蘭石圖（趙孟頫、倪瓚竹蘭石圖合卷之2段）	卷	紙	水墨	26.8 x 76.9 不等		上海 上海博物館	
徐本立書室圖	卷	紙	水墨	不詳	庚戌（洪武三年，1370）人日	美國 哈佛大學福格藝術館	
東晉風流圖	卷	紙	水墨	不詳	上章困敦（至正二十年，1360）子月六日	美國 紐約王季遷明德堂	
雨後空林	軸	紙	設色	63.5 x 37.6	戊申（洪武元年，1368）三月五日	台北 故宮博物院	故畫 00291
江岸望山圖	軸	紙	水墨	111.3 x 33.2	癸卯（至正二十三年，1363）二月十七日	台北 故宮博物院	故畫 00292
江亭山色圖	軸	紙	水墨	94.7 x 43.7	壬子（洪武五年，1372）二月廿五日	台北 故宮博物院	故畫 00293
楓落吳江圖	軸	紙	水墨	94.3 x 48.8	至正丙午（二十六年，1366）秋	台北 故宮博物院	故畫 00294
疏林遠岫圖	軸	紙	水墨	72.9 x 37.5	壬子歲（洪武五年，1372）七月五日	台北 故宮博物院	故畫 00295
遠岫樹石圖	軸	紙	水墨	88.7 x 37.4		台北 故宮博物院	故畫 00296
松林亭子（為長卿茂異寫）	軸	絹	水墨	83.4 x 52.9	至正十四年（甲午	台北 故宮博物院	故畫 00297

名稱	形式	質地	色彩	尺寸 高x寬㎝	創作時間	收藏處所	典藏號碼
					，1354）初冬		
紫芝山房圖	軸	紙	水墨	80.5 × 34.8		台北 故宮博物院	故畫 00298
容膝齋圖	軸	紙	水墨	74.7 × 35.5	壬子歲（洪武五年，1372）七月五日	台北 故宮博物院	故畫 00299
筠石古槎圖	軸	紙	水墨	44.5 × 32		台北 故宮博物院	故畫 00300
竹樹野石圖（為明復孝廉作）	軸	紙	水墨	92 × 37.4	癸卯（至正二十三年，1363）二月一日	台北 故宮博物院	故畫 00301
春雨新篁	軸	紙	水墨	70.7 × 38.6	辛亥（洪武四年，1371）秋	台北 故宮博物院	故畫 00302
脩竹圖	軸	紙	水墨	51 × 34.5	甲寅（洪武七年，1374）二月七日	台北 故宮博物院	故畫 00303
畫竹	軸	紙	水墨	67.1 × 32.9		台北 故宮博物院	故畫 00304
溪亭山色圖（寫贈瓊野上人）	軸	紙	水墨	46.4 × 23.1	至正乙巳（二十五年，1365）閏十月五日	台北 故宮博物院	故畫 02015
山樹圖	軸	紙	水墨	116 × 83.3	辛卯（至正十一年，1351）三月望	台北 故宮博物院	故畫 02016
溪山圖	軸	紙	水墨	111 × 34.2	歲辛亥（洪武四年，1371）	台北 故宮博物院	故畫 02017
孤亭秋色	軸	紙	水墨	63.7 × 27.3	壬子（洪武五年，1372）	台北 故宮博物院	故畫 02018
桐露清琴	軸	紙	水墨	90.1 × 30	至正癸未歲（三年，1343）八月	台北 故宮博物院	故畫 02019
秋樹筠石	軸	紙	水墨	49.1 × 29.6	壬子（洪武五年，1372）九月十九日	台北 故宮博物院	故畫 02020
清祕閣	軸	紙	水墨	108.7 × 44.3	壬子（洪武五年，1372）四月十七日	台北 故宮博物院	故畫 02021
平林遠岫	軸	紙	水墨	103.3 × 81.8	至正辛丑（二十二年，1361）十二月廿五日	台北 故宮博物院	故畫 02022
古木竹石	軸	紙	水墨	47 × 27.4	戊申（洪武元年，1368）正月十七日	台北 故宮博物院	故畫 02023
江干秋樹	軸	紙	水墨	94.2 × 49.1		台北 故宮博物院	故畫 02024
水竹居圖	軸	紙	設色	55.5 × 28.5	至正三年癸未（1343）歲八月望日	台北 故宮博物院	故畫 02025

名稱	形式	質地	色彩	尺寸 高×寬cm	創作時間	收藏處所	典藏號碼
萬壑秋亭	軸	紙	水墨	95.8 × 58.5		台北 故宮博物院	中畫 00069
岩居圖	軸	紙	設色	54 × 30.7	壬子（洪武五年，1372）十月廿二日	台北 故宮博物院	中畫 00071
古木竹石（顧安畫竹、張紳作枯木、楊維禎題詩、倪瓚補苔石并題記）	軸	紙	水墨	93.5 × 52.3	倪題於癸丑（洪武六年，1373）初月廿一日	台北 故宮博物院	故畫 00806
松石望山圖（與王蒙合作）	軸	紙	水墨	119.9 × 56.1	辛丑（至正二十一年，1361）四月五日	台北 故宮博物院	故畫 00807
秋林遠岫圖	軸	紙	水墨	75 × 37		台北 故宮博物院	國贈 024906
溪亭山色圖	軸	紙	水墨	不詳		台北 故宮博物院	國贈 026737
五窠樹圖	軸	紙	水墨	不詳		台北 故宮博物院（王世杰先生寄存）	
古木竹石圖	軸	紙	水墨	80.4 × 34.4		香港 利榮森北山堂	K92.16
秋林野興圖（為小山作）	軸	紙	水墨	不詳	後至元五年（己卯，1339）	北京 故宮博物院	
五株煙樹圖	軸	紙	水墨	73.2 × 54.6	至正十四年（甲午，1354）	北京 故宮博物院	
林亭遠岫圖	軸	紙	水墨	87.3 × 31.4	至正二十三年（癸卯，1363）五月初十	北京 故宮博物院	
樹石幽篁圖	軸	紙	水墨	61 × 29.3	戊申（洪武元年，1368）	北京 故宮博物院	
古木幽篁圖	軸	紙	水墨	88.5 × 30.2		北京 故宮博物院	
秋亭嘉樹圖	軸	紙	水墨	134.1 × 34.3		北京 故宮博物院	
梧竹秀石圖	軸	紙	水墨	95.8 × 36.5		北京 故宮博物院	
幽澗寒松圖（寫贈遜學親友）	軸	紙	水墨	59.7 × 50.4		北京 故宮博物院	
水竹居圖	軸	紙	設色	不詳	至正三年（癸未，1343）	北京 中國歷史博物館	
雅宜山色圖	軸	紙	水墨	不詳	至正二十五年（乙己，1365）五月廿三日	濟南 山東省博物館	
六君子圖（為盧山甫作）	軸	紙	水墨	61.9 × 33.3	至正五年（乙酉，1345）四月八日	上海 上海博物館	
漁莊秋霽圖	軸	紙	水墨	96.1 × 46.9	作於乙未歲（至正	上海 上海博物館	

名稱	形式	質地	色彩	尺寸 高x寬㎝	創作時間	收藏處所	典藏號碼
					十五年，1355），重題於壬子（洪武五年，1372）七月廿日		
竹石喬柯圖（寫贈舫齋文學）	軸	紙	水墨	82.5 × 39.7	丁酉（至正十七年，1357）二月廿三日	上海 上海博物館	
怪石叢篁圖（為雲岡作）	軸	紙	水墨	94.2 × 26.8	庚子（至正二十年，1360）十一月二十日	上海 上海博物館	
谿山圖（為伯昂作）	軸	紙	水墨	116.5 × 35.7	至正甲辰（二十四年，1364）四月一日	上海 上海博物館	
汀樹遙岑圖	軸	紙	水墨	69.2 × 31.3	乙巳（至正二十五年，1365）七月	上海 上海博物館	
竹石圖（為元暉作）	軸	紙	水墨	77.1 × 32.3	戊申（洪武元年，1368）	上海 上海博物館	
古樹茅亭圖（為白石徵士作）	軸	紙	水墨	76.6 × 30.2	壬子（洪武五年，1372）八月廿四日	上海 上海博物館	
竹石霜柯圖	軸	紙	水墨	73.8 × 34.7		上海 上海博物館	
竹枝圖	軸	紙	水墨	60.8 × 18.9		上海 上海博物館	
吳淞春水圖	軸	紙	水墨	64.6 × 26.6		上海 上海博物館	
秋空落葉圖	軸	紙	水墨	82.8 × 32		上海 上海博物館	
琪樹秋風圖	軸	紙	水墨	62 × 43.4		上海 上海博物館	
叢篁古木圖(為元暉作)	軸	紙	水墨	102.9 × 43.9	己酉（洪武二年，1369）五月十二日	南京 南京博物院	
枯木竹石圖	軸	紙	水墨	不詳	己酉（洪武二年，1369）	日本 東京加藤正治先生	
西林禪室圖（為惟寅徵君作）	軸	紙	水墨	39.7 × 50.3		日本 東京山本悌二郎先生	
小山疏林圖（寫贈寓齋尊丈）	軸	紙	水墨	26.4 × 54.5	壬寅（至正二十二年，1362）十月二日	日本 東京橋本辰二郎先生	
山水圖	軸	紙	水墨	104.2 × 42.4	至正壬辰（十二年，1352）九月三日	日本 京都小栗秋堂先生	
杜陵詩意圖（寫贈顧仲瑛）	軸	紙	水墨	68.2 × 33	至正辛丑（二十一年，1361）四月重	日本 京都長尾雨山先生	

名稱	形式	質地	色彩	尺寸 高×寬cm	創作時間	收藏處所	典藏號碼
					遊玉峰登桐樓		
溪亭秋色圖	軸	紙	水墨	29.2 × 36.7	至正八年（戊子，1348）五月四日	日本 大阪市立美術館	
疏林圖	軸	紙	設色	69.8 × 58.5		日本 大阪市立美術館	
山水圖	軸	紙	水墨	87 × 29.8	至正改元（辛巳，1341）	日本 阿形邦三先生	
小山竹樹圖	軸	紙	水墨	83.2 × 32.5	至正二年（壬午，1342）	日本 私人	
岸南雙樹圖（為公遠作）	軸	紙	水墨	56.2 × 27.5	至正十三年（癸巳，1353）二月晦日	美國 普林斯頓大學藝術館	75-35
疏林遠岫圖	軸	紙	水墨	51.4 × 28.1		美國 普林斯頓大學藝術館	68-227
虞山林壑圖	軸	紙	水墨	94.6 × 34.9	辛亥（洪武四年，1371）十二月十三日	美國 紐約大都會藝術博物館	1973.120.8
江渚風林圖	軸	紙	水墨	60.1 × 31		美國 紐約大都會藝術博物館	1989.363.39
虞山林壑圖	軸	紙	水墨	94.6 × 36.4		美國 紐約大都會藝術博物館	1973.120.8
秋林野興圖（為小山作）	軸	紙	水墨	97.8 × 68.8	己卯（至元五年，1339）九月十四日	美國 紐約顧洛阜先生	L138.75
楓林霜葉圖（寫贈勝伯徵君）	軸	紙	水墨	不詳	至正癸卯（二十三年，1363）九月望日	美國 紐約顧洛阜先生	
林堂待思圖	軸	紙	水墨	124 × 50.5		美國 紐約王季遷明德堂	
岸南雙樹圖	軸	紙	水墨	56.3 × 27.3	至正十三年（癸巳，1353）二月晦日	美國 紐約王季遷明德堂	
枯木竹石圖	軸	紙	水墨	90.6 × 34.8		美國 紐約王季遷明德堂	
江亭山色圖	軸	紙	水墨	81.6 × 33.9	戊申（洪武元年，1368）三月十日	美國 紐約王季遷明德堂	
山水圖	軸	紙	水墨	68.1 × 30		美國 紐約大都會藝術博物館（Denis 楊先生寄存）	
林亭春靄圖	軸	紙	水墨	134.5 × 61.1		美國 華盛頓特區弗瑞爾藝術館	15.26
筠石喬柯	軸	紙	水墨	67.3 × 36.8		美國 克利夫蘭藝術博物館	
枯木竹石	軸	紙	水墨	不詳		美國 夏威夷火魯奴奴藝術學院	
山水圖	軸	紙	水墨	96 × 50.1	至正元年（辛巳，	德國 慕尼黑國立民族學博物	

名稱	形式	質地	色彩	尺寸 高×寬㎝	創作時間	收藏處所	典藏號碼
					1341）七月既望	館（Mrs.Preetorius 寄存）	
山水圖	軸	紙	水墨	96 × 45.1		瑞典 斯德哥爾摩遠東古物館	NMOK 403
秋山圖	軸	紙	水墨	90.5 × 42.8		瑞典 斯德哥爾摩遠東古物館	NMOK 38
畫譜（10幀）	冊	紙	水墨	（每幀）23.6 × 14.2	至正十年（庚寅，1350）八月十五日	台北 故宮博物院	故畫 01121
山水（集古圖繪冊之第7）	冊頁	紙	水墨	32.4 × 23.2	至正辛丑（二十一年，1361）四月	台北 故宮博物院	故畫 01235-7
灌木流泉（歷朝名繪冊之第9）	冊頁	紙	水墨	27.9 × 42.2	至正己丑（九年，1349）深秋	台北 故宮博物院	故畫 01236-9
松溪亭子（歷朝名繪冊之10）	冊頁	紙	水墨	29.6 × 48.1	癸丑（洪武六年，1373）八月又二十六日	台北 故宮博物院	故畫 01236-10
野石修篁（名賢妙蹟冊之8）	冊頁	紙	水墨	25.8 × 28.7		台北 故宮博物院	故畫 01255-8
小山竹樹（集古圖繪冊之5）	冊頁	紙	水墨	41.8 × 26.2	辛亥（洪武四年，1371）春	台北 故宮博物院	故畫 01258-5
古木虛亭（集珍壽古冊之10）	冊頁	紙	水墨	25.8 × 17.4		台北 故宮博物院	故畫 01270-10
秋林遠山（宋元集繪冊之3）	冊頁	紙	水墨	42.7 × 27.3	至正壬寅（二十二年，1362）初秋	台北 故宮博物院	故畫 01293-3
竹枝（宋元集繪冊之6）	冊頁	紙	水墨	54.8 × 31.8		台北 故宮博物院	故畫 01293-6
疏林茅亭（唐宋元明四朝合璧冊之8）	冊頁	絹	水墨	27.2 × 58.2		台北 故宮博物院	故畫 03458-8
春山霽色（宋元明集繪冊之9）	冊頁	絹	水墨	31.8 × 29.2		台北 故宮博物院	故畫 03473-9
疏林遠岫（集古名繪冊之10）	冊頁	紙	水墨	41.5 × 25.3		台北 故宮博物院	故畫 03480-10
疏林遠岫（雲煙攬勝冊之5）	冊頁	紙	水墨	30.3 × 44.7		台北 故宮博物院	故畫 03500-5
喬柯新筠（宋元明集繪冊之8）	冊頁	紙	水墨	76.5 × 29.7		台北 故宮博物院	故畫 03580-8
古木竹石（元四大家名蹟冊之4）	冊頁	紙	水墨	不詳		台北 故宮博物院	故畫 03583-4
為寅齋作山水	冊頁	紙	水墨	29.5 × 49.7		昆山 崑崙堂	
雲林六墨（6幀）	冊	紙	水墨	（每幀）29.2 × 47	其一：至正二年（壬午，1342）十月望日	日本 京都國立博物館（上野有竹齋寄贈）	A甲 146
墨竹圖（墨林叢翰圖冊之4）	冊頁	紙	水墨	29.2 × 28.7		美國 華盛頓特區弗瑞爾藝術	15.36d

名稱	形式	質地	色彩	尺寸 高×寬㎝	創作時間	收藏處所	典藏號碼

館

附：

名稱	形式	質地	色彩	尺寸 高×寬㎝	創作時間	收藏處所	典藏號碼
苔痕樹影圖（為安素高士作）	軸	紙	水墨	91.5 × 33	壬子（洪武五年，1372）十一月五日	揚州 揚州市文物商店	
春柯筠石圖（為仲英高士寫）	軸	紙	水墨	87.3 × 43.7		紐約 蘇富比藝品拍賣公司／拍賣目錄 1984,12,05.	
山水（南渚冬盡詩圖）	軸	紙	水墨	95.3 × 28.5	至正廿四年（甲辰 1364）十月六日	紐約 蘇富比藝品拍賣公司／拍賣目錄 1987,12,08.	
古木寒泉圖	軸	紙	水墨	70.5 × 30.5	甲寅（洪武七年，1374）七月	紐約 佳士得藝品拍賣公司／拍賣目錄 1990,05,31.	
霜柯竹石圖	軸	紙	水墨	86.5 × 36		香港 佳士得藝品拍賣公司／拍賣目錄 1991,11,25.	
疏林平遠圖	軸	紙	水墨	31 × 21.3	至正辛丑（二十一年，1361）冬十一月	紐約 佳士得藝品拍賣公司／拍賣目錄 1993,06,04.	
西園圖	軸	紙	水墨	105.5 × 31	至正乙巳（二十五年，1365）四月十七日	紐約 佳士得藝品拍賣公司／拍賣目錄 1996,09,18.	
古木幽篁圖	軸	紙	水墨	116.9 × 42.8	甲寅（洪武七年，1374）正月十日	紐約 佳士得藝品拍賣公司／拍賣目錄 1998,03,24.	
茅亭秋寂圖	軸	紙	水墨	86 × 51	至正壬寅（二十二年，1362）秋九月	香港 佳士得藝品拍賣公司／拍賣目錄 1998,09,15.	

畫家小傳：倪瓚。字元鎮，號雲林、雲林子、荊蠻民、淨名居士、幻霞生等。江蘇無錫人。生於成宗大德五（1301）年。卒於明太祖洪武七（1374）年。性情高潔狷介。元末亂起，盡散家財，遨遊五湖三泖間。善畫山水，天真幽淡，格高品逸。被稱「元季四大家」之一。（見圖繪寶鑑、雲林遺事、雲林詩集序、畫史會要、無聲詩史、中國畫家人名大辭典、元代藝術史紀事編年）

孟　珍

名稱	形式	質地	色彩	尺寸 高×寬㎝	創作時間	收藏處所	典藏號碼
花鳥圖	軸	絹	設色	106.1 × 32.7	泰定三年（丙寅，1326）復陽月初吉日	日本 東京小倉常吉先生	
山水	軸	絹	水墨	39.75 × 30.3		日本 東京德川達道先生	
山水圖（楚石題詩）	軸	絹	水墨	56.8 × 26.2		日本 大阪藤田美術館	
雲山圖	軸	絹	水墨	90.3 × 57		日本 兵庫縣村山龍平先生	
雪中騎驢圖（斷山正念贊）	軸	絹	墨畫	110.4 × 49.5		日本 群馬縣立近代美術館	

名稱	形式	質地	色彩	尺寸 高×寬㎝	創作時間	收藏處所	典藏號碼
人馬圖	軸	紙	設色	26 × 48.3		日本 私人	
山水	軸	絹	設色	41 × 30.2		美國 普林斯頓大學藝術館（私人寄存）	L122.74
山水圖	軸	絹	水墨	30 × 47.3		美國 勃克萊加州大學藝術館	CY7

畫家小傳：孟珍。字玉澗，後以字行，更字季生，號天澤。浙江吳興（一作烏程）人。善畫花鳥，為世珍重；尤長於青綠山水，與胡庭暉同工。流傳署款紀年作品見於泰定帝三（1326）年。（見圖繪寶鑑、烏程志、中國畫家人名大辭典、元代藝術史紀事編年）

羅稚川

名稱	形式	質地	色彩	尺寸 高×寬㎝	創作時間	收藏處所	典藏號碼
雪江圖	橫幅	絹	設色	53.4 × 78.5		日本 東京國立博物館	
寒林群鴉圖	軸	絹	設色	131 × 79.9		美國 紐約大都會藝術博物館	1973.121.6
攜琴訪友圖	軸	絹	水墨	81.1 × 35.3		美國 克利夫蘭藝術博物館	19.974
寒林策杖圖	紈扇面	絹	水墨	24.3 × 25.1		美國 克利夫蘭藝術博物館	15.536

畫家小傳：羅稚川。畫史無載。江西人。工畫李、郭派山水。身世待考。

趙天裕

名稱	形式	質地	色彩	尺寸 高×寬㎝	創作時間	收藏處所	典藏號碼
竹林山水圖（元趙天裕等墨竹卷7之第1幅）	卷	紙	水墨	約32.2 × 114		蘇州 江蘇省蘇州博物館	

畫家小傳：趙天裕。畫史無載。身世待考。

李容瑾

名稱	形式	質地	色彩	尺寸 高×寬㎝	創作時間	收藏處所	典藏號碼
漢苑圖	軸	絹	界畫	156.6×108.7		台北 故宮博物院	故畫 00260

畫家小傳：李容瑾。字公琰。籍里、身世不詳。善界畫及山水，師法王振鵬。（見圖繪寶鑑、中國畫家人名大辭典）

華祖立

名稱	形式	質地	色彩	尺寸 高×寬㎝	創作時間	收藏處所	典藏號碼
玄門十子圖（吳炳書傳）	卷	紙	設色	27.8 × 403.8	泰定三年（丙寅，1326)	上海 上海博物館	

畫家小傳：華祖立。畫史無載。流傳署款紀年作品見於泰定三(1326)年。身世待考。

白 賁

附：

名稱	形式	質地	色彩	尺寸 高×寬㎝	創作時間	收藏處所	典藏號碼
羅漢圖	軸	紙	水墨	123 × 49	至元戊寅（至元四年，1338）十二月	紐約 佳士得藝品拍賣公司/拍賣目錄 1994.06.01	

名稱	形式	質地	色彩	尺寸 高×寬cm	創作時間	收藏處所	典藏號碼

三日

畫家小傳：白賁。籍里不詳。元貞至後至元間人。曾任將仕郎常新州路總管府知事。善書。亦能畫花卉、人物。流傳署款紀年畫作見於
順帝至元四（1338）年。（見李存俟庵集、胡聘之山右石刻叢編卷廿八、后土廟重修記，江蘇金石志卷廿一、句曲浮天山天
王寺重建山門記、元代藝術史紀事編年）

薩都剌

| 嚴陵釣台圖 | 軸 | 紙 | 水墨 | 58.7 × 31.9 | 至元己卯（五年，
1339）八月 | 台北 故宮博物院 | 故畫 00261 |
| 梅雀 | 軸 | 絹 | 水墨 | 64.6 × 32.9 | 延祐二年（乙卯，
1315）早春 | 台北 故宮博物院 | 故畫 01974 |

畫家小傳：薩都剌。字天錫。回紇答失蠻族人。生於武宗至大元（1308）年。泰定四年進士。官至淮西江北廉訪司經歷。晚年寓居武林。工
詩、文詞。善楷書。間亦作畫。流傳署款紀年畫作見於仁宗延祐二（1315）年，至順帝至元五（1339）年。（見新元史卷二百三十八、
本傳，書史會要）

趙良弼

| 蘆葦達磨圖 | 軸 | 紙 | 水墨 | 83.8 × 28.4 | | 日本 私人 | |

畫家小傳：趙良弼。字君卿。東平人。文宗天曆初（1328）人。工詩文、詞曲。能書、善丹青。（見錄鬼簿、中國畫家人名大辭典）

堅白子

| 草蟲圖 | 卷 | 紙 | 水墨 | 22.8 × 266.2 | 天曆三年（庚午，
1330）夏 | 北京 故宮博物院 | |

畫家小傳：堅白子。畫史無傳。流傳署款紀年作品見於文宗至順元（1330）年。身世待考。

陸　廣

仙山樓觀	軸	絹	設色	137.5 × 95.4	天曆四年（辛未， 1331）長至	台北 故宮博物院	故畫 00316
五瑞圖	軸	紙	設色	126.2 × 60.6		台北 故宮博物院	故畫 00317
古木雙鳩	軸	紙	設色	43.5 × 29.5		台北 故宮博物院	故畫 02038
溪亭山色圖	軸	紙	水墨	89.8 × 25.4		上海 上海博物館	
秋亭遠岫圖	軸	紙	水墨	57.3 × 30.9		日本 東京山本悌二郎先生	
丹台春曉圖（為伯顒作）	軸	紙	水墨	62.1 × 26.1		美國 普林斯頓大學藝術館（ Edward Elliott 先生 寄存）	L215.69
煙溪泛艇（雲煙攬勝冊之2）	冊頁	絹	設色	19.6 × 29		台北 故宮博物院	故畫 03500-2

名稱	形式	質地	色彩	尺寸 高x寬cm	創作時間	收藏處所	典藏號碼

畫家小傳：陸廣。字季弘。號天游生。江蘇吳郡人。善畫山水，仿王蒙，落筆蒼古，用墨不凡。流傳署款紀年作品見於文宗至順二（1331）年至順帝至正二十二（1362）年。（見畫史會要、珊瑚網、中國畫家人名大辭典、元代藝術史紀事編年）

（釋）普 明

名稱	形式	質地	色彩	尺寸 高x寬cm	創作時間	收藏處所	典藏號碼
蘭竹圖	卷	絹	設色	34.1 x 85.8		美國 普林斯頓大學藝術館（Edward Elliott 先生寄存）	L122.74
九畹餘芬圖	軸	絹	水墨	115.6 x 51.2		日本 東京宮內廳	
蘭竹棘石圖	軸	絹	設色	116.7 x 45.1		日本 東京宮內廳	
光風轉蕙	軸	絹	設色	116.7 x 45.1		日本 東京宮內廳	
懸崖幽芳圖	軸	絹	設色	116.7 x 45.1	至正昭陽協洽（癸未，至正三年，1343）八月望	日本 東京宮內廳	
懸崖雙清圖	軸	絹	水墨	不詳		日本 東京根津美術館	
蘭竹棘石圖	軸	絹	水墨	不詳		日本 東京根津美術館	
光風轉蕙圖（墨蘭）	軸	紙	水墨	90.9 x 60.6		日本 東京岡崎正也先生	
蘭竹圖	軸	絹	水墨	84.8 x 42.4		日本 東京淺野長武先生	
蘭石圖	軸	絹	水墨	不詳		日本 神奈川松田福一郎先生	
蘭石圖	軸	絹	水墨	118.8 x 83.1		日本 京都國立博物館	A甲235
國香圖（為子仁寫）	軸	紙	水墨	不詳		日本 京都 Shuiju-an	
東坡（蘇軾）圖	軸	紙	水墨	72.5 x 21.2		日本 大阪藤田美術館	
劍蘭圖	軸	紙	水墨	不詳	至正玄默敦牂（壬午，二年，1342）二月十四日	日本 群馬縣長樂寺	
懸崖雙清（玉几彴翁贊）	軸	絹	水墨	115.6 x 51.2		日本 阿形邦三先生	
光風轉蕙（玉几彴翁贊）	軸	絹	水墨	115.6 x 51.2		日本 阿形邦三先生	
蘭石圖（2幅）	軸	絹	水墨	不詳		日本 埼玉縣金子喬先生	
光風轉蕙圖	軸	紙	水墨	39.7 x 63.6		美國 紐約市布魯克林藝術博物館	52.50
風竹圖	軸	絹	水墨	76.2 x 43.5		美國 克利夫蘭藝術博物館	53.246
光風轉蕙圖（為通甫作））	軸	絹	水墨	77.7 x 45.4	至正旃蒙作噩（乙酉，五年，1345）夏五	美國 西雅圖市美術館	Ch32H859.1

名稱	形式	質地	色彩	尺寸 高×寬㎝	創作時間	收藏處所	典藏號碼
蘭圖（唐繪手鑑筆耕圖上冊之21）	冊頁	紙	水墨	32.8 × 35.9		日本 東京國立博物館	TA-487
附：							
蘭石圖	橫幅	絹	水墨	37.5 × 66		紐約 佳士得藝品拍賣公司/拍賣目錄 1990,05,31.	

畫家小傳：普明。僧。號雪窗。俗姓曹。江蘇松江人。吳中承天寺、靈巖山寺住持。善畫蘭石，與栝子庭齊名。流傳署款紀年作品見於順宗元統元(1333)年，至順帝至正八(1348)年。（見圖繪寶鑑、吳中人物志、中國畫家人名大辭典、元代藝術史紀事編年）

（釋）法 禎

名稱	形式	質地	色彩	尺寸 高×寬㎝	創作時間	收藏處所	典藏號碼
蘆雁圖	軸	紙	水里	128.5 × 64.5		昆山 崑崙堂	
繩衣文殊圖	軸	紙	設色	53.2 × 26.4		日本 東京出光美術館	
稚兒文殊像	軸	絹	設色	72 × 27.3		日本 東京小倉長吉先生	
草衣文殊像（愚極叟贊）	軸	絹	設色	91.2 × 39.1		日本 東京馬越恭平先生	
草衣文殊像（崇裕贊）	軸	紙	設色	73.1 × 35.2		日本 靜岡縣熱海美術館	
朱衣達摩圖	軸	絹	設色	95.2 × 45.7		日本 福岡縣聖福寺	
繩衣文殊圖	軸	絹	設色	86.8 × 38.4		日本 福岡縣聖福寺	
達摩圖（如砥題贊）	軸	絹	設色	不詳		日本 京都慈照院	
繩衣文殊圖	軸	絹	設色	35.7 × 20.9		日本 私人	

畫家小傳：法禎。僧。號雪硐。活動於至順、至正間。曾任大都大竹林寺住持。能文、善書。（見繆荃孫藝風堂金石文字目卷十七、損庵益公道行碑、婁山妙覺寺重建佛殿碑、元代藝術史紀事編年）

王 蒙

名稱	形式	質地	色彩	尺寸 高×寬㎝	創作時間	收藏處所	典藏號碼
會阮圖	卷	紙	設色	24.2 × 94.6		台北 故宮博物院	故畫 01018
長江萬里	卷	紙	設色	50.2 ×	1348.1 至正八年（戊子，1348）秋九月下浣	台北 故宮博物院	故畫 01536
松窗讀易圖	卷	紙	設色	34.6 × 145.2		台北 故宮博物院	故畫 01537
芝蘭室圖	卷	紙	設色	27.1 × 85		台北 故宮博物院	故畫 01538
天香深處堂圖	卷	紙	設色	26.3 × 95.4	洪武癸丑（六年，1373）	台北 故宮博物院	故畫 01086
太白山圖	卷	紙	設色	27 × 237		瀋陽 遼寧省博物館	
丹山瀛海圖	卷	紙	設色	28.5 × 80		上海 上海博物館	
柳橋漁唱圖（為中立先生作）	卷	紙	設色	24.5 × 159.1	至正三年，癸未（1343）三月	日本 京都國立博物館（上野有竹齋寄贈）	A甲 145

名稱	形式	質地	色彩	尺寸 高×寬㎝	創作時間	收藏處所	典藏號碼
江皐煙嵐圖（為士文畫）	卷	紙	設色	不詳	至正九年（己丑，1349）秋八月	日本 大阪市立美術館	
山水圖	卷	紙	設色	28.2 × 590.8	至正九年（己丑，1349）秋八月	日本 兵庫縣阿部房次郎先生	
太白山圖	卷	紙	設色	不詳		美國 波士頓美術館	
臨王維輞川圖	卷	絹	設色	30 × 1076.2		美國 華盛頓特區弗瑞爾藝術館	09.207
惠麓小隱圖（為愚懶翁畫）	卷	紙	設色	28.4 × 73.5		美國 印地安那波里斯市藝術博物館	60.50
谷口春耕圖	軸	紙	水墨	124.9 × 37.2		台北 故宮博物院	故畫 00279
桃園春曉圖	軸	紙	設色	157.3 × 58.7	洪武庚0（？）春二月	台北 故宮博物院	故畫 00280
谿山高逸	軸	絹	設色	113.7 × 65.3		台北 故宮博物院	故畫 00281
幽林清逸	軸	紙	設色	133.4 × 47.4	至正十年（庚寅，1350）九月	台北 故宮博物院	故畫 00282
花溪漁隱	軸	紙	設色	124.1 × 56.7		台北 故宮博物院	故畫 00283
深林疊嶂	軸	絹	水墨	64.5 × 38.6	至正四年（甲申，1344）十月廿日	台北 故宮博物院	故畫 00284
具林書屋	軸	紙	設色	68.7 × 42.5		台北 故宮博物院	故畫 00285
松崖飛瀑	軸	紙	設色	137.6 × 34.2	至正四年（甲申，1344）五月六日	台北 故宮博物院	故畫 00286
東山草堂圖（為東山良友畫）	軸	紙	設色	111.4 × 61	至正三年（癸未，1343）四月望日	台北 故宮博物院	故畫 00287
秋山草堂圖	軸	紙	設色	123.3 × 54.8		台北 故宮博物院	故畫 00288
秋山萬壑圖	軸	紙	設色	68.3 × 45.6		台北 故宮博物院	故畫 00289
秋山蕭寺圖	軸	紙	水墨	142.4 × 38.5	至正壬寅（二十二年，1362）秋七月	台北 故宮博物院	故畫 00290
松石望山圖（與倪瓚合作，倪瓚作松石山嶺、王蒙為補筆墨之不足）	軸	紙	水墨	119.9 × 56.1		台北 故宮博物院	故畫 00807
修竹遠山	軸	紙	設色	93.1 × 31.2		台北 故宮博物院	故畫 01310
山水	軸	紙	水墨	125.9 × 58.4	至正三年（癸未，1343）六月中旬	台北 故宮博物院	故畫 01990
松窗高士圖	軸	紙	設色	107.4 × 32.4	至正廿又二年（壬寅，1362）秋	台北 故宮博物院	故畫 01991

名稱	形式	質地	色彩	尺寸 高×寬㎝	創作時間	收藏處所	典藏號碼
畫山水	軸	絹	設色	211 × 34.4	至正八年（戊子，1348）五月望日	台北 故宮博物院	故畫 01992
松風泉石圖	軸	紙	設色	88.8 × 31.8	至正癸巳（十三年，1353）四月二十日	台北 故宮博物院	故畫 01993
紫府仙山圖	軸	絹	設色	107.4 × 34.7	至正壬辰（十二年，1352）春日	台北 故宮博物院	故畫 01994
有餘清圖	軸	紙	設色	76.6 × 44	壬戌（洪武十五年，1382）八月望日	台北 故宮博物院	故畫 01995
松陰草閣	軸	絹	設色	136.8 × 59	至正五年（乙酉，1345）春三月	台北 故宮博物院	故畫 01996
劍閣圖	軸	紙	設色	120 × 51		台北 故宮博物院	故畫 01997
山中歸隱圖	軸	紙	水墨	140.7 × 53.4		台北 故宮博物院	故畫 01998
松壑樓居	軸	紙	設色	154 × 46		台北 故宮博物院	故畫 01999
丹台春曉	軸	紙	水墨	122.4 × 36.2	至正十有四年（甲午，1354）五月	台北 故宮博物院	故畫 02000
石壁飛流圖（為道一處士作）	軸	紙	水墨	110.6 × 37.4	至正壬寅（二十二年1362）秋九月	台北 故宮博物院	故畫 02001
秋山讀書	軸	紙	設色	66.9 × 43.4		台北 故宮博物院	故畫 02002
坐聽松風	軸	紙	設色	155.7 × 30.2	至正二年（壬午，1342）夏四月廿又二日	台北 故宮博物院	故畫 02003
荊溪濕翠	軸	紙	設色	142.6 × 42.9	至正甲辰（二十四年，1364）春	台北 故宮博物院	故畫 02004
竹石流泉	軸	紙	水墨	94.7 × 34.8		台北 故宮博物院	故畫 02005
層巒聳翠	軸	紙	設色	83.3 × 36.3	至正三年（癸未，1343）三月望日	台北 故宮博物院	故畫 02006
東書草堂圖	軸	紙	設色	188.2 × 49	至正辛丑（二十一年，1361）十月三日	台北 故宮博物院	故畫 02007
琴書自娛圖	軸	紙	設色	144.6 × 41.9		台北 故宮博物院	故畫 02008
坡石烟篁	軸	紙	水墨	73.4 × 28.3		台北 故宮博物院	故畫 02009
蘭亭雪霽	軸	紙	水墨	125.3 × 66.7		台北 故宮博物院	故畫 02010
林泉清趣	軸	紙	水墨	105.5 × 39.8	至正六年（丙戌，1346）九月望	台北 故宮博物院	故畫 02011
松山書屋	軸	絹	設色	113 × 51.7	至正九年（己丑，1349）八月	台北 故宮博物院	故畫 02012

名稱	形式	質地	色彩	尺寸 高x寬cm	創作時間	收藏處所	典藏號碼
花溪漁隱	軸	紙	設色	129 x 58.3		台北 故宮博物院	故畫 02013
花溪漁隱	軸	紙	設色	128.4 x 54.6		台北 故宮博物院	故畫 02014
長松飛瀑	軸	紙	設色	143.2 x 32.5	大德改元（丁酉，1279）夏四月念日	台北 故宮博物院	中畫 00021
山水圖	軸	紙	設色	不詳		台北 故宮博物院	國贈 006522
夏山高隱圖	軸	紙	設色	不詳		台北 故宮博物院	國贈 006521
少白雲松圖	軸	紙	設色	不詳		台北 故宮博物院（王世杰先生寄存）	
竹苞松茂圖	軸	紙	設色	不詳		台北 故宮博物院（王世杰先生寄存）	
山水圖	軸	紙	設色	72.7 x 34.4		新加坡 Dr. E. Lu	
太白山圖	軸	紙	設色	27 x 238		瀋陽 遼寧省博物館	
藍田山莊圖	軸	紙	設色	不詳	至正十年（庚寅，1350）	北京 故宮博物院	
夏山高隱圖（為彥明作）	軸	絹	設色	149 x 63.5	至正二十五年（乙巳，1365）四月十七日	北京 故宮博物院	
夏日山居圖	軸	紙	水墨	118.4 x 36.5	戊申（洪武元年，1368）	北京 故宮博物院	
西郊草堂圖	軸	紙	設色	97.5 x 27.2		北京 故宮博物院	
葛稚川移居圖	軸	紙	設色	139 x 58		北京 故宮博物院	
關山蕭寺圖	軸	絹	設色	161.5 x 56		北京 故宮博物院	
天香深處圖	軸	紙	設色	124.5 x 53.3	至正辛卯（十一年，1351）八月既望	上海 上海博物館	
青卞隱居圖	軸	紙	水墨	140.6 x 42.2	至正廿六年（丙午，1366）四月	上海 上海博物館	
大茅峰圖	軸	紙	水墨	54.4 x 28.3		上海 上海博物館	
春山讀書圖	軸	紙	設色	132.4 x 55.4		上海 上海博物館	
為陳惟寅作山水圖	軸	紙	水墨	44.8 x 20.3		上海 上海博物館	
竹石圖（為張德機作）	軸	紙	水墨	77.2 x 27	至正甲辰（二十四年，1364）九月五日	蘇州 蘇州博物館	
松窗讀易圖	軸	紙	設色	136.2 x 30.5		杭州 浙江省博物館	
山水圖（黃公望、王蒙合作）	軸	紙	設色	102 x 38.5	至正辛巳（元年，1341）秋八月	成都 四川大學	

名稱	形式	質地	色彩	尺寸 高×寬㎝	創作時間	收藏處所	典藏號碼
冬青草屋圖	軸	紙	設色	93.5 × 32.2	至正辛卯（十一年，1351）二月	日本 東京高島菊次郎槐安居	
松谿草堂圖	軸	紙	水墨	66.5 × 30	至正十年（庚寅，1350）三月既望	日本 東京高島菊次郎槐安居	
九峰讀書圖	軸	紙	水墨	107.9 × 62.1	至正八年（戊子，1348）十月	日本 東京山本悌二郎先生	
松溪垂釣圖	軸	紙	水墨	107.6 × ？	至正廿一年（辛丑，1361）八月二日	日本 東京小幡酉吉先生	
萬□書屋	軸	紙	水墨	不詳		日本 東京小栗秋堂先生	
泉聲松韻圖	軸	紙	水墨	不詳		日本 東京長尾欽彌先生	
松壑雲濤圖（為聽雪舟主畫）	軸	紙	設色	36.9 × 58.7		日本 大阪市立美術館	
江皋煙嵐圖	軸	紙	設色	不詳	至正九年（己丑，1349）秋八月	日本 大阪市立美術館	
天香深秀堂圖	軸	紙	設色	？ × 61.8	至正丁酉（十七年，1357）春二月	日本 大阪齋藤悅藏先生	
山居圖	軸	紙	水墨	130.4 × 34	至正五年（乙酉，1345）秋日	日本 阿形邦三先生	
觀瀑圖	軸	紙	設色	43.5 × 34.9		韓國 首爾湖巖美術館	
青卞隱居圖	軸	紙	水墨	97.2 × 28	至正廿六年（丙午，1366）四月	美國 普林斯頓大學藝術館（Edward Elliott 先生寄存）	L215.70
丹崖翠壑圖	軸	紙	水墨	67.8 × 34.3		美國 紐約大都會藝術博物館	1973.121.7
一梧軒圖	軸	紙	設色	113 × 50		美國 紐約大都會藝術博物館	1972.278.3
秋林讀書圖	軸	紙	水墨	不詳		美國 紐約王季遷明德堂	
素菴圖	軸	紙	設色	136.1 × 44.8		美國 紐約王季遷明德堂	
山居圖	軸	紙	設色	不詳		美國 紐約顧洛阜先生	
靜室清音圖	軸	紙	水墨	71.3 × 38.9	至正三年（癸未，1343）	美國 New Haven 翁萬戈先生	
夏山隱居圖（為仲方縣尹尊親作）	軸	絹	設色	56.8 × 34.2	至正十四年（甲午，1354）暮春	美國 華盛頓特區弗瑞爾藝術館	59.17
林麓幽居圖	軸	紙	設色	177.6 × 64	至正辛丑（二十一年，1361）三月二日	美國 芝加哥藝術中心	1947.728
山水圖	軸	紙	設色	119 × 38		瑞典 斯德哥爾摩遠東古物館	
修竹遠山圖	軸	紙	水墨	117.6 × 27.9		瑞典 斯德哥爾摩遠東古物館	E.E.6

名稱	形式	質地	色彩	尺寸 高x寬㎝	創作時間	收藏處所	典藏號碼
						(Mr. Erickson 寄存)	
山水圖	小軸	紙	設色	32 × 34		捷克 布拉格 Narodoni Galeri -e v Praze	Vm2437-1151/9
山水（集古圖繪冊之9）	冊頁	紙	設色	35.8 × 30.1		台北 故宮博物院	故畫 01235-9
花溪書屋（名畫薈萃冊之4）	冊頁	紙	設色	31.2 × 64.9		台北 故宮博物院	故畫 01238-4
松溪釣隱（歷代集繪冊之15）	冊頁	紙	水墨	30.7 × 22.8	至正辛巳（元年，1341）秋八月	台北 故宮博物院	故畫 01254-15
松徑來賓（宋元集繪冊之9）	冊頁	絹	設色	28 × 21		台北 故宮博物院	故畫 3467-9
雲岩古寺（宋元畫冊之8）	冊頁	絹	設色	24.9 × 38.3		台北 故宮博物院	故畫 3470-8
松谿清逸（宋元明集繪冊之10）	冊頁	絹	設色	31.5 × 29.3		台北 故宮博物院	故畫 3473-10
江帆萬里（集古名繪冊之5）	冊頁	絹	設色	31.4 × 29.7		台北 故宮博物院	故畫 03481-5
松林茅崖（集名人畫冊之2）	冊頁	紙	設色	26.4 × 28.3		台北 故宮博物院	故畫 03508-2
春雲出谷（元四大家名蹟冊4）	冊頁	紙	設色	45.7 × 28.3		台北 故宮博物院	故畫 03583-4
溪山風雨圖（10幀）	冊	紙	水墨	（每幀）28.3 × 40.5		北京 故宮博物院	
山水人物圖	紈扇面	絹	水墨	25.2 × 28.4		美國 紐約大都會藝術博物館	L.1990.3.2
雙松圖（墨林叢翰圖冊之3）	冊頁	紙	水墨	37.2 × 24.6		美國 華盛頓特區弗瑞爾藝術館	15.36c
松屋著書圖（為貞素寫）	冊頁	紙	設色	39.6 × 56.6		美國 克利夫蘭藝術博物館	TR15872.8.1
附：							
秋林暮靄圖	軸	紙	設色	85.7 × 35.5	至正九年（己丑，1349）六月	紐約 佳士得藝品拍賣公司/拍賣目錄 1989,12,04.	
竹趣園圖（為郡曹劉彥敬作）	軸	紙	水墨	103.5 × 38	黃公望至正壬辰（十二年，1352）冬題	紐約 佳士得藝品拍賣公司/拍賣目錄 1991,05,29.	
石湖山莊圖	軸	紙	水墨	101.5 × 38	至正廿二年（壬寅，1363）秋八月	香港 佳士得藝品拍賣公司/拍賣目錄 1991,11,25.	
清溱垂釣圖	軸	紙	設色	87.6 × 44.4		紐約 佳士得藝品拍賣公司/拍賣目錄 1994,06,01.	
煮茶圖	軸	紙	設色	99.7 × 45.3		紐約 佳士得藝品拍賣公司/拍賣目錄 1997,09,19.	

畫家小傳：王蒙。字叔明。號黃鶴山樵、黃鶴山人、黃鶴樵者、香光居士等。浙江吳興人。趙孟頫外孫。生於武宗至大元（1308）年。卒於明太祖洪武十八（1385）年。曾官明泰安知州，涉胡惟庸案，死於獄中。善畫山水，師巨然得其墨法，並創牛毛皴。被稱「元季四大家」之一。（見圖繪寶鑑、無聲詩史、明史本傳、杭州府志、輟耕錄、雲林詩集、中國畫家人名大辭典、元代藝術史紀事編年）

名稱	形式	質地	色彩	尺寸 高×寬cm	創作時間	收藏處所	典藏號碼

褚宗道

| 松蔭書屋圖（陳惟寅題） | 卷 | 紙 | 水墨 | 24.2 × 136.3 | | 台北 長流美術館 | |

畫家小傳：褚宗道。畫史無載。身世待考。

任賢佐

| 人馬圖 | 軸 | 絹 | 設色 | 50.3 × 36 | | 北京 故宮博物院 | |

畫家小傳：任賢佐。字子良。江蘇松江人。任仁發三子。曾官台州判官。能紹父業，善繪人馬。（見王逢梧溪集、松江出土任仁發墓誌銘）

王立中

| 為遜學作山水 | 卷 | 紙 | 水墨 | 25.2 × 53.7 | | 北京 故宮博物院 | |

畫家小傳：王立中。字彥強。畫史無載。生於武宗至大二（1309 年，卒於明太祖洪武十八（1385）年。曾官知松江府判。善書畫。（見吳下冢墓遺文、王立中自撰墓銘、元代藝術史紀事編年）

顧 瑛

| 金粟道人小像（自題七律一首） | 軸 | 紙 | 設色 | 54.5 × 21.8 | | 日本 京都小川睦之輔先生 | |
| 蔬菜（歷代名繪冊之6） | 冊頁 | 紙 | 水墨 | 25.4 × 30.8 | | 台北 故宮博物院 | 故畫 01264-6 |

畫家小傳：顧瑛。原名德輝，字仲瑛，小字阿瑛，後以字行。號金粟道人。江蘇崑山人。生於武宗至大三（1310）年。卒於明太祖洪武二（1369）年家資富，喜收藏，好結交藝文之士，築別業玉山草堂，常與客賦詩飲酒其中。故能畫。（見元史本傳、崑新合志、秀水縣志、中國畫家人名大辭典、元代藝術史紀事編年）

（釋）栢子庭

蘭石圖（自題五絕詩）	軸	絹	水墨	不詳		日本 東京根津美術館	
瘦石菖蒲圖	軸	紙	水墨	32.1 × 53.4		日本 東京梅澤紀念館	
古木圖（2幅）	軸	絹	水墨	（每幅）115.7 × 51.2		日本 兵庫縣武藤金太先生	
菖石圖	橫幅	紙	水墨	不詳		日本 福岡市美術館	

畫家小傳：栢子庭。僧。法號祖栢。浙江四明人。俗姓史，為南宋宰相史浩後人。早歲離開家鄉，僑寓江蘇嘉定。居於崑山之慧聚寺。晚年還居四明多寶寺。喜畫石與菖蒲，筆墨簡率，雖不為文人所喜，諷為施與僧房之物，但深為後世所重。（見圖繪寶鑑、草堂雅集、弘秀集、元詩選三集、中國畫家人名大辭典、元代藝術史紀事編年）

柯九思

| 墨竹圖（蘇軾等六君子圖卷之 | 卷 | 紙 | 水墨 | 約23.4×50.9 | | 上海 上海博物館 | |

名稱	形式	質地	色彩	尺寸 高x寬cm	創作時間	收藏處所	典藏號碼
第3幅）							
法文與可墨竹（元趙天裕等墨竹卷7之第2幅）	卷	紙	水墨	約32.2 × 114		蘇州 江蘇省蘇州博物館	
為古山作墨竹（元趙天裕等墨竹卷7之第3幅）	卷	紙	水墨	約32.2 × 114		蘇州 江蘇省蘇州博物館	
山水圖	卷	紙	水墨	27.9 × ?		日本 兵庫縣黑川古文化研究所	
谿亭山色圖	軸	紙	水墨	63 × 34		台北 故宮博物院	故畫 00242
晚香高節	軸	紙	水墨	126.3 × 75.2		台北 故宮博物院	故畫 00243
畫竹	軸	紙	水墨	101 × 49.6		台北 故宮博物院	故畫 00244
夏山欲雨	軸	紙	水墨	152.3 × 47		台北 故宮博物院	故畫 01966
大士像	軸	紙	水墨	102 × 37.5		台北 故宮博物院	故畫 01967
清閟閣墨竹圖	軸	紙	水墨	132.8 × 58.5	至元戊寅（四年，1338）十二月十四日	北京 故宮博物院	
墨竹圖	軸	紙	水墨	86 × 44		上海 上海博物館	
林亭秋色圖（為閑居高士作）	軸	紙	水墨	90.9 × 59.4	至正五年（乙酉，1345）春三月	日本 東京鶴田久作先生	
橫竿晴翠圖	軸	紙	水墨	51.7 × 32.5		日本 大阪市立美術館	
倣文與可墨竹	軸	絹	水墨	107 × 47.5	至正癸未（三年，1343）端陽節	美國 紐約王季遷明德堂原藏	
垂竹圖	軸	紙	水墨	150.8 × 54.2	至元後六年（庚辰，1340）	美國 夏威夷火魯奴奴藝術學院	2218.1
秋林曉色（集古名繪冊之7）	冊頁	紙	水墨	40.4 × 46.4		台北 故宮博物院	故畫 03581-7
三友清標（名賢妙蹟冊之6）	冊頁	紙	水墨	30.1 × 26.7		台北 故宮博物院	故畫 01255-6
竹石（紈扇畫冊之6）	紈扇面	絹	水墨	27.3 × 24		台北 故宮博物院	故畫 01257-6
枯木竹石（歷代名繪冊之4）	冊頁	紙	水墨	28.4 × 21.2		台北 故宮博物院	故畫 01264-4
古木新篁（雲煙攬勝冊之6）	冊頁	紙	水墨	31.4 × 34.7		台北 故宮博物院	故畫 03500-6
柳陰漁艇圖(唐宋元三朝名畫冊之8)	冊頁	絹	設色	20.9 × 21.4		香港 潘祖堯小聽颿樓	CP40h
山水圖	紈扇面	絹	水墨	26.7 × 27.6		日本 私人	

畫家小傳：柯九思。字敬仲，號丹丘生。浙江台州人。生於仁宗皇慶元(1312)年。卒於順帝至正廿五(1365)年。文宗置奎章閣，授以學士院鑒書博士，鑑定內府所藏法書名畫。博學能詩文。善畫墨竹、木石，頗具奇趣；間作山水，筆墨蒼秀。（見圖繪寶鑑、文湖州竹派、禪史集傳、書史會要、續弘簡錄、中國畫家人名大辭典、元代藝術史紀事編年）

名稱	形式	質地	色彩	尺寸 高×寬cm	創作時間	收藏處所	典藏號碼

張 中

名稱	形式	質地	色彩	尺寸 高×寬cm	創作時間	收藏處所	典藏號碼
枯荷鷺鷀	軸	紙	設色	94.6 × 46		台北 故宮博物院	故畫 00311
桃花幽鳥	軸	紙	水墨	112.2 × 31.4		台北 故宮博物院	故畫 00312
寫生花鳥	軸	紙	設色	122.8 × 43.3	至正十一年辛卯（1351）七月	台北 故宮博物院	故畫 00313
太平春色	軸	紙	設色	99.1 × 41.1	至正辛丑（二十一年，1361）三月	台北 故宮博物院	故畫 02039
林亭秋曉圖	軸	紙	設色	86.3 × 31.3		台北 故宮博物院（蘭千山館寄存）	
松溪垂釣圖（為以道作）	軸	紙	設色	105 × 40.6	至正庚寅（十年，1350）秋八月既望	香港 何耀光至樂堂	
芙蓉鴛鴦圖（為德章作）	軸	紙	水墨	56.8 × 48.1	至正十三年（癸巳，1353）五月	上海 上海博物館	
柳燕圖	軸	紙	設色	不詳	壬辰（至正十二年，1352）閏三月十七日	日本 東京根津美術館	
垂楊雙燕圖	軸	紙	水墨	107.7 × 30.5	至正壬辰（十二年，1352）閏三月十七日	日本 大阪市立美術館	

附：

名稱	形式	質地	色彩	尺寸 高×寬cm	創作時間	收藏處所	典藏號碼
芙蓉棲鳥圖	軸	紙	水墨	126 × 48.3		香港 蘇富比藝品拍賣公司/拍賣目錄 1999,10,31.	
柳堤春色	冊頁	絹	設色	23 × 23.5		香港 佳士得藝品拍賣公司/拍賣目錄 1991,11,25.	

畫家小傳：張中。字子正。江蘇松江人。流傳署款紀年畫作見於順宗至元二(1336)年至至正二十(1360)年。善畫山水，師法黃公望；亦能墨戲。(見圖繪寶鑑、畫禪室隨筆、中國畫家人名大辭典)

周 朗

名稱	形式	質地	色彩	尺寸 高×寬cm	創作時間	收藏處所	典藏號碼
杜秋娘圖像	卷	紙	設色	32.5 × 285		北京 故宮博物院	

畫家小傳：周朗。籍里、身世不詳。善畫馬、人物。順帝至元二(1336)年，拂郎國進獻馬匹，曾奉敕圖寫，稱旨。(見歐陽玄圭齋集、中國畫家人名大辭典、元代藝術史紀事編年)

邊 武

名稱	形式	質地	色彩	尺寸 高×寬cm	創作時間	收藏處所	典藏號碼
枯木寒鴉圖（唐宋元三朝名畫	冊頁	絹	設色	24.7 × 25.6		德國 柏林東亞藝術博物館	206.12-12

名稱	形式	質地	色彩	尺寸 高×寬㎝	創作時間	收藏處所	典藏號碼

冊之12）

畫家小傳：邊武。字伯京。燕京人。身世不詳。工書、畫。畫善墨戲花鳥及枯木竹石。（見圖繪寶鑑、拓軒集、畫史會要、中國畫家人名大辭典、元代藝術史紀事編年）

張 渥

名稱	形式	質地	色彩	尺寸 高×寬㎝	創作時間	收藏處所	典藏號碼
臨龍眠居士羅漢	卷	紙	白描	27 × 608	至正廿又四年（甲辰，1364）春	台北 故宮博物院	中畫 00218
臨李龍眠九歌圖	卷	紙	水墨	29 × 523.5	至正六年丙戌（1346）	長春 吉林省博物館	
竹西草堂圖	卷	紙	水墨	27 × 81		瀋陽 遼寧省博物館	
九歌圖（為言思齊作）	卷	紙	白描	28 × 602.4	至正六年（丙戌，1346）冬十月	上海 上海博物館	
離騷九歌圖（周伯琦篆書題辭）	卷	絹	設色	24.8 × 610.5		日本 東京山本悌二郎先生	
九歌圖(褚奐書辭)	卷	紙	水墨	27.2 × 438.2	褚奐書於至正廿一年辛丑（1361）三月旦	美國 克利夫蘭藝術博物館	59.138
九歌圖	卷	紙	水墨	不詳	至正二十一年（辛丑，1361）三月旦	美國 堪薩斯市納爾遜-艾金斯藝術博物館	
彌陀佛像	軸	紙	設色	87.5 × 30.4	至元丙子（二年，1336）春三月	台北 故宮博物院	故畫 00318
瑤池仙慶	軸	紙	設色	116.1 × 56.3	至正辛巳（元年，1341）良月既望	台北 故宮博物院	故畫 00319
十六臂大士像	軸	紙	白描	91 × 43.5		台北 故宮博物院	故畫 02041
雪夜訪戴圖	軸	紙	水墨	91.1 × 39.3		上海 上海博物館	
送子圖	軸	紙	設色	60 × 21.9	至正辛卯（十一年，1351）長至日	美國 聖路易斯市吳納孫教授	
秋山放犢（宋元明人合錦下冊之6）	冊頁	絹	設色	25.3 × 24.9		台北 故宮博物院	故畫 03477-6

畫家小傳：張渥。字叔厚。號真閒生。浙江杭州人。流傳署款紀年畫作見於順帝至元二(1336)年至至正二十(1360)年。工寫人物，尤擅李公麟白描畫法。（見圖繪寶鑑、玉山草堂集、清江集、畫史會要、中國畫家人名大辭典、元代藝術史紀事編年）

方從義

名稱	形式	質地	色彩	尺寸 高×寬㎝	創作時間	收藏處所	典藏號碼
雲林鐘秀圖（畫贈鄧止庵）	卷	紙	水墨	23.7 × 103.7	洪武丁巳（十年，1377）	台北 蘭千山館	

名稱	形式	質地	色彩	尺寸 高×寬㎝	創作時間	收藏處所	典藏號碼
秋江晴渡圖	卷	紙	設色	22 × 49.2		昆山 崑崙堂	
雲山圖	卷	紙	水墨	25.8 × 57.9		上海 上海博物館	
潑墨雲山圖	卷	紙	水墨	50 × 24.5		日本 東京山本悌二郎先生	
米海嶽白雲春岫圖	卷	絹	水墨	26.1 × 243.6	至正辛丑（十一年，1361）冬十月望日	日本 京都國立博物館（上野有竹齋寄贈）	A甲144
雲山秋興圖	卷	紙	設色	33.9 × 98.1	著雍涒歎（戊申，洪武元年，1368）八月初吉	日本 京都小川琢治先生	
雲山圖	卷	紙	設色	26.1 × 144.3		美國 紐約大都會藝術博物館	1973.121.4
東晉風流圖	卷	紙	設色	25.1 × 133.1	壬寅（至正二十二年，1362）正月	美國 紐約王季遷明德堂	
山陰雲雪	軸	紙	水墨	62.6 × 25.5		台北 故宮博物院	故畫00321
神嶽瓊林圖	軸	紙	設色	120.3 × 55.7	旃蒙大荒落（乙巳，至正二十五年，1365）三月十一日	台北 故宮博物院	故畫00322
高高亭圖	軸	紙	水墨	62.1 × 27.9		台北 故宮博物院	故畫00323
山水	軸	紙	水墨	103.7 × 48.6	至正辛未春（按至正無辛未）	台北 故宮博物院	故畫02042
雲山圖	軸	紙	水墨	不詳		台北 故宮博物院	國贈006524
山水	軸	紙	水墨	不詳		台北 故宮博物院	國贈000652
清秋圖	軸	紙	設色	不詳		台北 故宮博物院	國贈026738
雲林鍾秀	軸	紙	設色	不詳		台北 故宮博物院（蘭千山館寄存）	
武夷放棹圖	軸	紙	水墨	74.4 × 27.8	至正己亥（十九年，1359）冬	北京 故宮博物院	
溪橋幽興圖	軸	紙	設色	63.1 × 35	己未（洪武十二年，1379）	北京 故宮博物院	
五老秋風圖	軸	紙	設色	62.1 × 28.8		日本 京都小栗秋堂先生	
太白瀧湫圖（為彥和老友寫）	軸	紙	水墨	105.6 × 46.1	至正廿年庚子（1360）二月望後三日	日本 大阪市立美術館	
瀟湘雨意圖（墨竹）	軸	紙	水墨	96 × 24.7		日本 大阪正木美術館	
獅子林圖	軸	紙	設色	102.2 × 17.2	有王達癸卯（永樂二十一年，1423）	日本 兵庫縣黑川古文化研究所	

名稱	形式	質地	色彩	尺寸 高×寬㎝	創作時間	收藏處所	典藏號碼

新正月題詩

名稱	形式	質地	色彩	尺寸 高×寬㎝	創作時間	收藏處所	典藏號碼
山水小幅	軸	紙	水墨	不詳		美國 紐約王季遷明德堂	
雲嶺江行圖	軸	紙	水墨	46.7 × 43.5	戊午（洪武十一年，1378）夏五	美國 克利夫蘭藝術博物館	
山水（12幀）	冊	紙	設色	（每幀）21.2 × 14.8		台北 故宮博物院	故畫 01122
翠庵芋堂（名賢妙蹟冊之9）	冊頁	紙	水墨	44.2 × 28.3		台北 故宮博物院	故畫 01255-9
崇岡獨眺（集珍壽古冊之7）	紈扇面	絹	水墨	23.1 × 23.4		台北 故宮博物院	故畫 01270-7
惠山舟行圖（墨林拔萃冊之8）	冊頁	紙	水墨	28.2 × 50		台北 故宮博物院	故畫 01290-8
喬木干雲（名繪集珍冊之9）	冊頁	紙	水墨	30.2 × 24.4		台北 故宮博物院	故畫 03488-9
石徑幽探（集古名繪冊之8）	冊頁	紙	水墨	29.3 × 55.7		台北 故宮博物院	故畫 03581-8
山水（宋元明名家畫冊之4）	冊頁	紙	水墨	不詳		日本 京都藤井善助先生	
山水圖（宋元名畫集冊之12）	紈扇面	絹	水墨	22.9 × 25		美國 耶魯大學藝術館	1952.52.251
山水圖（墨林叢翰圖冊之2）	冊頁	紙	水墨	42.5 × 25.6		美國 華盛頓特區弗瑞爾藝術館	15.36b

附：

名稱	形式	質地	色彩	尺寸 高×寬㎝	創作時間	收藏處所	典藏號碼
雲林鍾秀圖	卷	紙	水墨	15 × 105	洪武丁巳（十年，1377）	紐約 佳士得藝品拍賣公司/拍賣目錄 1995,09,19.	

畫家小傳：方從義。道士。字無隅。號方壺。江西貴溪人。為龍虎山上清宮道士。善畫山水，師法北宋米芾、元高克恭，筆墨蒼秀高逸。又工古隸、章草。流傳署款紀年作品見於順帝至元四（1338）年，至明太祖洪武十（1377）年。（見圖繪寶鑑、俟庵集、青陽集、畫史會要、中國畫家人名大辭典、元代藝術史紀事編年）

李士安

附：

名稱	形式	質地	色彩	尺寸 高×寬㎝	創作時間	收藏處所	典藏號碼
溪山寄興圖	卷	紙	設色	22.2 × 116		紐約 佳士得藝品拍賣公司/拍賣目錄 1989.12.04	

畫家小傳：李士安。籍里、身世不詳。工畫山水，學董源。流傳署款紀年作品見於元順帝至正間（1341-1367）。（見書畫史、中國美術家人名辭典）

李 享

名稱	形式	質地	色彩	尺寸 高×寬㎝	創作時間	收藏處所	典藏號碼
花卉草蟲圖	軸	紙		91.8 × 39.9		合肥 安徽省博物館	
蓮花水禽圖	軸	紙	水墨	127.2 × 31		日本 阿形邦三先生	

畫家小傳：李享。字昌時。籍里不詳。後至元（1335-1340）中名士，與王淵先後得名，王淵得趙孟頫指授，昌時師法王淵。有花卉草蟲圖傳世。

名稱	形式	質地	色彩	尺寸 高×寬㎝	創作時間	收藏處所	典藏號碼

崔彥輔

名稱	形式	質地	色彩	尺寸 高×寬㎝	創作時間	收藏處所	典藏號碼
虎邱圖（畫贈張堅）	卷	紙	水墨	20.3 × 68.4	至正六年（丙戌，1346）四月十六日	台北 華叔和後真賞齋	
溪山烟靄	軸	紙	設色	71 × 39.2	至正二年（壬午，1342）七月	台北 故宮博物院	故畫 02040

畫家小傳：崔彥輔（一作彥輝）。錢塘人。字遵晦，號雲林生。為趙孟頫外孫。隱居賣藥為生。善篆隸、詩詞。亦工畫。流傳署款紀年畫作見於順帝至正二（1342）年。（見杭州府志、錢塘縣志、中國畫家人名大辭典、元代藝術史紀事編年）

馬琬

名稱	形式	質地	色彩	尺寸 高×寬㎝	創作時間	收藏處所	典藏號碼
春山清霽（元人集錦卷之第5幅）	卷	紙	設色	27.9 × 102.5	至正丙午（二十六年，1366）春正月望日	台北 故宮博物院	故畫 01108-5
幽居圖	卷	紙	水墨	27.2 × 109.7		日本 東京岡部長景先生	
喬岫幽居	軸	絹	水墨	119.9 × 57.8	至正九年（己丑，1349）夏六月哉生魄	台北 故宮博物院	故畫 00329
秋山行旅	軸	紙	設色	124.5 × 33.3		台北 故宮博物院	故畫 00330
秋林釣艇圖	軸	紙	設色	92 × 38		台北 故宮博物院	故畫 00331
溪山新雨	軸	紙	水墨	69.7 × 21.7	至正二年（壬午，1342）十月望日	台北 故宮博物院	故畫 02044
松壑觀泉	軸	紙	設色	60.8 × 29.3	戊辰（天曆元年，1328）冬日	台北 故宮博物院	故畫 02045
秋江釣艇	軸	紙	水墨	152.9 × 42.5	至正庚寅（十年，1350）八月望	台北 故宮博物院	故畫 02046
春江問渡	軸	紙	水墨	34.2 × 49.9	至正庚子（二十年，1360）春三月八日	台北 故宮博物院	故畫 02047
雪崗渡關圖	軸	絹	設色	124.7 × 57.3		北京 故宮博物院	
暮雲詩意圖	軸	絹	設色	95.6 × 56.3	至正己丑（九年，1349）閏七月	上海 上海博物館	
春水樓船圖（為劉本中作）	軸	紙	水墨	不詳	後至正三年（癸未，1343）冬廿五日	日本 東京張珩韞輝齋	
夏山欲雨圖（為丹霞仙客作）	軸	紙	設色	103.4 × 32.2		日本 大阪市立美術館	
春水樓船圖（為劉本中寫）	軸	紙	設色	83.3 × 27.4	至正三載（癸未，	美國 普林斯頓大學藝術館	

名稱	形式	質地	色彩	尺寸 高x寬㎝	創作時間	收藏處所	典藏號碼
					1343）冬仲廿五日		
澄溪靜樾圖	軸	紙	水墨	58.3 × 31		美國 辛辛那提市藝術館	
松壑奔流（唐宋元明集繪冊之20）	冊頁	絹	設色	29.4 × 23.8		台北 故宮博物院	故畫 03459-20
春林清興（名繪集珍冊之10）	冊頁	紙	設色	26.9 × 32.9		台北 故宮博物院	故畫 03488-10
青山紅杏圖	冊頁	絹	設色	24.2 × 22.7		天津 天津市藝術博物館	

畫家小傳：馬琬。字文璧，號魯鈍。江蘇金陵人。善畫山水，得董源、米芾之法。且工書與詩。時稱三絕。流傳署款紀年畫作見於順帝至正二(1342)年至二十七(1367)年。（見圖繪寶鑑、明畫錄、松江志、中國畫家人名大辭典、元代藝術史紀事編年）

趙 麟

名稱	形式	質地	色彩	尺寸 高x寬㎝	創作時間	收藏處所	典藏號碼
人馬圖（趙氏三世人馬圖卷之第3幅）	卷	紙	設色	31.6 × 66.3		美國 耶魯大學藝術館	1954.40.2c
番騎圖	卷	紙	描金	23.8 × 108.3		美國 華盛頓特區弗瑞爾藝術館	40.1
撫閻立本賺蘭亭圖	卷	紙	設色	21.1 × 92.2		瑞士 蘇黎士黎得堡博物館	RCH.1019
相馬圖	軸	紙	設色	95.7 × 30.1		台北 故宮博物院	故畫 00226
學龍眠白描法人馬圖	軸	紙	水墨	112.1 × 29.1	至正廿又五年（1365）秋暮	日本 東京山本悌二郎先生	
設色山水圖	軸	絹	設色	157.6 × 55.1		韓國 首爾私人	
附：							
荷葉蓮蓬圖	軸	紙	設色	80.5 × 41		紐約 佳士得藝品拍賣公司/拍賣目錄 1990,11,28.	

畫家小傳：趙麟。字彥徵。浙江湖州人。趙雍子。工書，善畫人物。流傳署款紀年畫作見於順帝至正二(1342)年。（見圖繪寶鑑、畫史會要、中國畫家人名大辭典、元代藝術史紀事編年）

九峰道人

名稱	形式	質地	色彩	尺寸 高x寬㎝	創作時間	收藏處所	典藏號碼
三駿圖	卷	絹	設色	32.1 × 89.5	至正壬午（二年，1342）	北京 故宮博物院	

畫家小傳：九峰道人。畫史無載。姓氏不詳。流傳署款紀年畫作見於順帝至正二(1342)年。身世待考。

陳立善

名稱	形式	質地	色彩	尺寸 高x寬㎝	創作時間	收藏處所	典藏號碼
墨梅圖	軸	紙	水墨	85.1 × 32.1	至正辛卯（十一年，1351）人日	台北 故宮博物院	故畫 00315

畫家小傳：陳立善。浙江黃巖人。順帝至正元(1341)年官慶元路照磨。善畫墨梅，與會稽王冕齊名。流傳署款紀年畫作見於至正十一(1351)

名稱	形式	質地	色彩	尺寸 高×寬cm	創作時間	收藏處所	典藏號碼

至二十五(1365)年。(見篁墩集、中國畫家人名大辭典、元代藝術史紀事編年)

張彥輔

| 棘竹幽禽圖 | 軸 | 紙 | 水墨 | 63.8 × 50.7 | 至正癸未三年(13 43)三月十七日 | 美國 堪薩斯市納爾遜-艾金斯 藝術博物館 | 49-19 |

畫家小傳:張彥輔。道士。號六一。居燕京。善畫山水,學商琦;兼工畫馬,曾與周朗同時奉詔,繪畫拂郎國進貢名馬,能自出新意,有超軼不受羈繩之勢。流傳署款紀年作品見於順帝至正三(1343)年。(見圖繪寶鑑、道園學古錄、夷白齋稿、中國畫家人名大辭典、元代藝術史紀事編年)

冷 謙

蓬萊仙奕圖	卷	絹	設色	26 × 96		台北 故宮博物院	故畫 01556
群仙圖	卷	紙	水墨	22.7 × 406.9		台北 故宮博物院	中畫 00150
秋嵐凝翠圖	卷	紙	水墨	29.9 × 166.3		昆山 崑崙堂	
白岳圖	軸	紙	水墨	84.4 × 41.4	至正癸未(三年, 1343)秋	台北 故宮博物院	故畫 00376
白岳圖	軸	紙	設色	93.5 × 28.9	至正癸未(三年, 1343)秋八月	台北 故宮博物院	故畫 02108
松泉茅舍(邱壑琳瑯冊之10)	冊頁	絹	設色	25.9 × 25.9		台北 故宮博物院	故畫 03493-10
山水圖	冊頁	絹	設色	47.2 × 33.1		德國 慕尼黑國立民族學博物館	

畫家小傳:冷謙。道士。字啟敬,號龍陽子。浙江嘉興(一作武陵)人。元後至元中年已百歲。入明,洪武初以善音律出仕太常協律郎。能畫山水、人物、窠石。(見無聲詩史、皇明異人錄、嘉興府志名山藏、歷代畫跋、中國畫家人名大辭典、元代藝術史紀事編年)

賈 策

| 朱丸山雀(集珍挹爽冊之6) | 冊頁 | 絹 | 設色 | 24.3 × 26.2 | | 台北 故宮博物院 | 故畫 03484-6 |

畫家小傳:賈策。字治安。中州人。曾官杭之仁和尹。善畫花竹、禽鳥。得飛鳴翔集之狀。(見圖繪寶鑑、式古堂書畫彙考、中國畫家人名大辭典)

顧 安

| 風雨竹圖 | 卷 | 紙 | 水墨 | 25.3 × 183.2 | 至正二十四年(甲辰,1364)四月初三日 | 北京 故宮博物院 | |
| 墨竹圖(元趙天裕等墨竹卷8之第5幅) | 卷 | 紙 | 水墨 | 約32.2 × 114 | 至正乙巳(二十五年,1365)孟夏一日 | 蘇州 江蘇省蘇州博物館 | |

名稱	形式	質地	色彩	尺寸 高x寬cm	創作時間	收藏處所	典藏號碼
平安磐石	軸	絹	水墨	186.8 × 103.8	至正庚寅（十年，1350）孟秋	台北 故宮博物院	故畫 00257
竹石圖	軸	絹	水墨	170.7 × 99.7	至正十九年（己亥，1359）三月二日	台北 故宮博物院	故畫 00258
1畫墨竹	軸	絹	水墨	122.9 × 53		台北 故宮博物院	故畫 00259
顧安倪瓚合作古木竹石（顧安畫竹、張紳枯木、倪瓚補苔石）	軸	紙	水墨	93.5 × 52.3		台北 故宮博物院	故畫 00806
竹石圖	軸	紙	水墨	126.7 × 41.6		北京 故宮博物院	
幽篁秀石圖	軸	絹	水墨	184 × 102		北京 故宮博物院	
新篁圖	軸	紙	水墨	90 × 23.2		北京 故宮博物院	
風竹圖	軸	紙	水墨	不詳		北京 故宮博物院	
風竹圖	軸	紙	水墨	106 × 33.5		太原 山西省博物館	
墨竹圖	軸	絹	水墨	62.9 × 28.5	至正乙酉（五年，1345）	上海 上海博物館	
竹石圖	軸	絹	設色	147.5 × 79.9		日本 吉祥寺	
晚節圖（墨竹）	軸	紙	水墨	113.5 × 33.1		美國 辛辛那提市藝術館	1948.81
拳石新篁（名畫琳瑯冊之3）	冊頁	紙	水墨	55.6 × 24.1	至正乙巳（二十五年，1365）閏月	台北 故宮博物院	故畫 01292-3
墨竹（藝林集玉冊之4）	冊頁	絹	水墨	30.5 × 49.1		台北 故宮博物院	故畫 01296-4

畫家小傳：顧安。字定之。號迂訥老人。淮東人，寄寓吳中。據其題張雨自書雜詩卷時自稱七十歲，推定約生於世祖至元二十八（1291）年，順帝至正二十五（1365）年猶在世。工書。善畫墨竹，師法李衎而上溯文同，用筆遒勁，風致綽約。（見圖繪寶鑑、存復齋集、東圖玄覽、畫史會要、中國畫家人名大辭典、元代藝術史紀事編年）

陶　鉉

名稱	形式	質地	色彩	尺寸 高x寬cm	創作時間	收藏處所	典藏號碼
幽亭遠岫圖（為戩隱作）	軸	紙	水墨	57.7 × 31.5	至正五年（乙酉，1345）四月	香港 利榮森北山堂	

畫家小傳：陶鉉。號菊村。江蘇金陵人。工畫山水，師法北宋李成。流傳署款紀年作品見於順帝至正五（1345）年。（見圖繪寶鑑、中國畫家人名大辭典）

王迪簡

名稱	形式	質地	色彩	尺寸 高x寬cm	創作時間	收藏處所	典藏號碼
雙鉤水仙圖	卷	紙	水墨	31.4 × 80.2 不等		北京 故宮博物院	

畫家小傳：王迪簡。字庭吉。號戩隱。浙江人。善畫山水、花卉。與陶鉉相善，陶曾為作幽亭遠岫圖軸相贈。（見圖繪寶鑑、中國畫家人名大辭典、元代藝術史紀事編年）

名稱	形式	質地	色彩	尺寸 高×寬㎝	創作時間	收藏處所	典藏號碼

張 遠

名稱	形式	質地	色彩	尺寸 高×寬㎝	創作時間	收藏處所	典藏號碼
瀟湘八景圖	卷	絹	設色	19.3 × 519		上海 上海博物館	
山水（釋中津題詩）	橫幅	紙	水墨	34.8 × 64.8		日本 京都相國寺	
山水圖（唐宋元三朝名畫冊之11）冊頁	絹		設色	23.2 × 22.7		德國 柏林東亞藝術博物館	206.11-12

畫家小傳：張遠。字梅岩。江蘇華亭人。善畫山水、人物，師法馬遠、夏珪。又善補古畫，臨摹亦能亂真。（見圖繪寶鑑、畫史會要、中國畫家名大辭典）

任伯溫

名稱	形式	質地	色彩	尺寸 高×寬㎝	創作時間	收藏處所	典藏號碼
職貢圖	卷	絹	設色	34.7 × ？		美國 舊金山亞洲藝術館	B60 D100

畫家小傳：任伯溫。字士珪。為任仁發之孫。順帝後至元（1335-1340）間人。曾官椽郎、檢校等。與王逢、楊維楨均熟稔。能傳家學，善畫人馬。（見楊維楨題月山九馬圖卷跋、王逢梧溪集）

謝庭芝

名稱	形式	質地	色彩	尺寸 高×寬㎝	創作時間	收藏處所	典藏號碼
竹石圖	軸	絹	水墨	173.3 × 105.1	至元五年（己卯，1339）冬十月仲和	北京 故宮博物院	

畫家小傳：謝庭芝。字仲和，號雲村。江蘇崑山人。工詩、善書畫。畫善墨竹，亦能山水。流傳署款紀年作品見於順帝至元五(1339)年。（見圖繪寶鑑、常熟縣志、海虞畫苑略、苕溪漁者集、中國畫家人名大辭典）

（釋）方厓

名稱	形式	質地	色彩	尺寸 高×寬㎝	創作時間	收藏處所	典藏號碼
墨竹	軸	紙	水墨	115.1 × 36.6		台北 故宮博物院	故畫 00326

畫家小傳：方厓。僧。籍里、身世不詳。至正末原住吳中重居寺，張士誠據吳，遂避居宜興保安寺。為人高文碩望，與倪瓚相交密契，善畫枯木竹石，宗法蘇軾。（見六研齋三筆、中國畫家人名大辭典、台北故宮博物院藏、方厓墨竹軸成悟題跋）

王 冕

名稱	形式	質地	色彩	尺寸 高×寬㎝	創作時間	收藏處所	典藏號碼
墨梅（王冕、吳鎮梅竹雙清卷之第1幅）	卷	紙	水墨	22.4 × 81.4		台北 故宮博物院	故畫 01101-1
梅花圖	卷	紙	水墨	31.9 × 50.9		北京 故宮博物院	
梅花圖	卷	紙	水墨	30.8 × 92.2	至正六年（丙戌，1346）五月三日	上海 上海博物館	
畫梅（與趙奕梅花詩合卷）	卷	紙	水墨	30.9 × 93	至正六年（丙戌，1346）五月三日	日本 東京山本悌二郎先生	
墨梅圖	卷	絹	水墨	25.7 × ？		日本 萬俵次郎先生	
南枝春早（墨梅圖）	軸	絹	水墨	151.4 × 52.2	癸巳（至正十三年	台北 故宮博物院	故畫 00327

名稱	形式	質地	色彩	尺寸 高x寬㎝	創作時間	收藏處所	典藏號碼
					，1353）夏五		
南枝春早（墨梅圖，為雲峰上人作）	軸	絹	水墨	141.3 x 53.9	丁酉（至正十七年，1357）季冬	台北 故宮博物院	故畫00328
雙鉤竹圖	軸	紙	水墨	102.4 x 27.3		北京 故宮博物院	
三竹圖（為陶九成作）	軸	紙	水墨	不詳	至正九年（己丑，1349）五月廿二日	北京 故宮博物院	
墨梅圖	軸	紙	水墨	67.7 x 25.9	乙未（至正十五年，1355）春正月朔	上海 上海博物館	
墨梅圖	軸	紙	水墨	90.3 x 27.6		上海 上海博物館	
墨梅圖	軸	絹	水墨	143.8 x 97.1		日本 東京宮內廳	
墨梅圖	軸	紙	水墨	155 x 57.3	乙未（至正十五年，1355）季秋七月望	日本 大阪正木美術館	
墨梅（復元題詩）	軸	紙	水墨	116.7 x 30.3		日本 東京前田利為先生	
墨梅圖	軸	紙	水墨	92.4 x 31.7		日本 京都國立博物館	A甲 198
墨梅圖	軸	紙	水墨	不詳		日本 京都山中商會	
墨梅圖	軸	絹	水墨	113.1 x 49.8		美國 紐約市大都會藝術博物館	1973.121.9
墨梅圖	軸	絹	水墨	114.9 x 26		美國 耶魯大學藝術館	1954.40.3
墨梅圖	軸	絹	水墨	141 x 74.9		美國 普林斯頓大學藝術館	47-46
月下梅花圖	軸	絹	水墨	164.5 x 94.5		美國 克利夫蘭藝術博物館	74.26
墨梅圖	軸	紙	水墨	152 x 33		美國 堪薩斯市納爾遜-艾金斯藝術博物館	
幽谷先春（集古名繪冊之20）	冊頁	絹	水墨	27.7 x 22.7		台北 故宮博物院	故畫01248-20

畫家小傳：王冕。字元章。號老村、煮石山農、飯牛翁、會稽外史等。浙江諸暨人。居會稽。生年不詳。卒於順帝至正十九（1359）年，能詩文。善寫竹石、墨梅，名不下於宋揚補之。流傳署款紀年作品見於順帝至元六（1339）至十七（1357）年。（見圖繪寶鑑、明史本傳、明畫錄、無聲詩史、紹興府志、中國畫家人名大辭典、元代藝術史紀事編年）

李 升

| 澱湖送別圖 | 卷 | 紙 | 設色 | 23 x 68.4 | 至正丙戌（六年，1346）六月十三日 | 上海 上海博物館 | |
| 佛陀說法圖 | 卷 | 紙 | 水墨 | 27.5 x 111.2 | | 美國 克利夫蘭藝術博物館（克市Mrs.Perry寄存） | |

畫家小傳：李升。字子雲，號紫筼生。濠梁人。善畫墨竹，亦能窠石、平遠小景。流傳署款紀年作品見於順帝至正六（1346）年。（見圖繪寶鑑。畫史會要、中國畫家人名大辭典、元代藝術史紀事編年）

名稱	形式	質地	色彩	尺寸 高x寬cm	創作時間	收藏處所	典藏號碼

宇文公諒

| 山水畫 | 軸 | 紙 | 水墨 | 116.5 x 41 | 至正六年（丙戌，1346）中秋 | 台北 故宮博物院 | 故畫 01958 |

畫家小傳：宇文公諒。畫史無載。字子貞（一作中）。祖籍成都，徙居浙江湖州。文宗至順四（1333）年進士。官至應奉翰林文字同知制誥兼國史院編修官。善文詞。流傳署款紀年畫作見於順帝至正六(1346)年。（見新元史卷二百三十六本傳、元代藝術史紀事編年）

夏 永

樓閣山水圖	軸	絹	設色	不詳		日本 東京根津美術館	
山水圖	軸	絹	設色	48.5 x 28.8		日本 東京德川達道先生	
滕王閣圖	軸	絹	設色	21.5 x 26.1		美國 勃克萊加州大學藝術館（高居翰教授寄存）	
岳陽樓圖	冊頁	絹	水墨	25.2 x 53.3	至正七年（丁亥，1347）四月廿二日	北京 故宮博物院	
岳陽樓圖	冊頁	絹	水墨	24.4 x 26.2		北京 故宮博物院	
豐樂樓圖	冊頁	絹	水墨	25.8 x 25.8		北京 故宮博物院	
岳陽樓圖	冊頁	絹	水墨	24.4 x 25.6		上海 上海博物館	
滕王閣圖	冊頁	絹	水墨	25.5 x 26		上海 上海博物館	
岳陽樓圖	冊頁	絹	水墨	26 x 25.2		昆明 雲南省博物館	
黃鶴樓圖	冊頁	絹	水墨	26 x 25		昆明 雲南省博物館	
樓閣山水圖（唐繪手鑑筆耕圖下冊之 59）	紈扇面	絹	設色	27.9 x 29.1		日本 東京國立博物館	TA-487
山水圖（唐繪手鑑筆耕圖上冊之 25）	冊頁	絹	設色	22.3 x 19		日本 東京國立博物館	TA-487
滕王閣圖	冊頁	絹	水墨	不詳		美國 波士頓美術館	
岳陽樓圖（墨林叢翰圖冊之 9）	冊頁	絹	水墨	26.2 x 26.7		美國 華盛頓特區弗瑞爾藝術館	15.36i
滕王閣圖（墨林叢翰圖冊之 8）	冊頁	絹	水墨	26.4 x 27.5		美國 華盛頓特區弗瑞爾藝術館	15.36h

畫家小傳：夏永。字明遠。籍里、身世不詳。善界畫，用筆細若蚊睫，侔於鬼工。流傳署款紀年作品見於順帝至正七(1347)年。（見花間笑話、中國畫家人名大辭典、元代藝術史紀事編年）

張舜咨

| 古木飛泉（為伯雅作） | 軸 | 絹 | 水墨 | 146.3 x 89.6 | 至正丁亥（七年，1347）冬 | 台北 故宮博物院 | 故畫 00248 |

名稱	形式	質地	色彩	尺寸 高×寬cm	創作時間	收藏處所	典藏號碼
樹石	軸	紙	水墨	112.5 × 35	至正己丑（九年，1349）夏五月七日	台北 故宮博物院	故畫 00249
黃鷹柏石圖（張舜咨、雪界翁合作，雪界翁畫鷹、張舜咨畫柏石）	軸	絹	設色	147.3 × 96.8		北京 故宮博物院	

畫家小傳：張舜咨。一名義上，字師夔。浙江人。善畫山水，師法郭熙。筆墨清潤。流傳署款紀年畫作見於順宗至正七（1347）至九（1349）年。（見圖繪寶鑑、中國畫家人名大辭典、元代藝術史紀事編年）

雪界翁

	形式	質地	色彩	尺寸	創作時間	收藏處所	典藏號碼
黃鷹柏石圖（張舜咨、雪界翁合作，雪界翁畫鷹、張舜咨畫柏石）	軸	絹	設色	147.3 × 96.8		北京 故宮博物院	

畫家小傳：雪界翁。畫史無載。與張舜咨同時。善畫禽鳥。身世待考。

吳瓘

	形式	質地	色彩	尺寸	創作時間	收藏處所	典藏號碼
墨梅圖（與吳鎮畫墨梅圖合卷）	卷	紙	水墨	30 × 96	至正八年（戊子，1348）孟冬	瀋陽 遼寧省博物館	
梅（五家集繪卷 8 之段）	卷	紙	水墨	約 30 × 36		北京 故宮博物院	

畫家小傳：吳瓘。字瑩之。浙江嘉興人。富收藏、精賞鑑。工畫墨梅，學宋揚補之，頗有逸趣；亦畫窠石、寒雀。流傳署款紀年作品見於順帝至正八（1348）年。（見圖繪寶鑑、珊瑚網、中國畫家人名大辭典、元代藝術史紀事編年）

邊魯

	形式	質地	色彩	尺寸	創作時間	收藏處所	典藏號碼
起居平安圖	軸	紙	水墨	118.5 × 49.6		天津 天津市藝術博物館	
附：							
牡丹孔雀圖	軸	絹	設色	170 × 102.3		香港 佳士得藝術品拍賣公司/拍賣目錄 1995,04,30.	

畫家小傳：邊魯。字至愚。號魯生。安徽宣城人。工古文奇字。善畫墨戲、花鳥。（見圖繪寶鑑、梧溪集、春草齋集、畫史會要、中國畫家人名大辭典）

王逢

	形式	質地	色彩	尺寸	創作時間	收藏處所	典藏號碼
天馬圖	冊頁	紙	水墨	29.2 × 37.5		美國 普林斯頓大學藝術館（Ed-ward Elliott 先生寄存）	L243.70

畫家小傳：王逢。字原吉。號梧谿子、席帽山人。江蘇江陰人。張士誠據吳，屢辟之，堅臥不就。為人才氣俊爽。善文詞、詩，工書，兼能繪畫。（見佩文齋書畫譜、第三十八卷、書家傳十七、元代藝術史紀事編年）

名稱	形式	質地	色彩	尺寸 高×寬 ㎝	創作時間	收藏處所	典藏號碼

張 羽

| 松軒春靄圖 | 軸 | 紙 | 設色 | 91.5 × 31.5 | 至正丙午（二十六
年，1366）三月十
日 | 美國 紐約大都會藝術博物館 | 1980.426.3 |

畫家小傳：張羽。字來儀。號靜居。潯陽（一作烏程）人，徙居吳郡。生於英宗至治三(1323)年。辛於明太祖洪武十八(1385)年。洪武初，
　　　　領鄉薦，歷官至太常寺丞，坐事貶竄嶺南，中途投江而死。工詩文，善書畫。畫工山水，法高克恭、米氏父子，筆墨蒼秀。(見
　　　　無聲詩史、明史高啟傳、書史會要、畫史會要、中國畫家人名大辭典、元代藝術史紀事編年)

孫君澤

高士觀眺圖	軸	絹	設色	102 × 82.7		日本 東京國立博物館	TA-356
雪景山水圖	軸	絹	設色	125.8 × 56.4		日本 東京國立博物館	
樓閣山水圖（2幅）	軸	絹	設色	141.8 × 59		日本 東京靜嘉堂	
夏景山水圖	軸	絹	設色	100.9 × 80.9		日本 京都養德院	
秋景山水圖	軸	絹	水墨	116.7 × 83		日本 京都養德院	
樓閣山水（2幅）	軸	絹	設色	不詳		日本 東京根津美術館（根津嘉 一郎先生原藏）	
山水圖（2幅）	橫幅	絹	設色	不詳		日本 東京根津美術館	
樓閣山水圖	軸	絹	設色	不詳		日本 東京根津美術館	
樓閣圖	軸	絹	設色	96.8 × 46.3		日本 東京常盤山文庫	
樓閣山水圖	軸	絹	設色	143 × 77.3		日本 東京德川達道先生	
陸績圖	軸	絹	設色	47.9 × 33.3		日本 東京岩崎小彌太先生	
丁蘭圖	軸	絹	設色	47.9 × 33.3		日本 東京岩崎小彌太先生	
樓台遠望圖	軸	絹	設色	106.1 × 40.9		日本 東京岩崎小彌太先生	
溪泉清興圖	軸	絹	設色	不詳		日本 東京岩崎小彌太先生	
山水圖	軸	絹	設色	不詳		日本 東京荻原安之助先生	
劉阮天台圖	軸	絹	設色	99.1 × 24.5		日本 山口菊屋嘉十郎先生	
觀瀑圖	軸	絹	設色	126.7 × 65.2		日本 山口良夫先生	
騎驢探梅圖	軸	絹	設色	173 × 91.5		日本 京都妙心寺	
歸去來圖	橫幅	絹	設色	22.2 × 45.3		日本 私人	
山水圖	軸	絹	設色	87.5 × 47.6		美國 勃克萊加州大學藝術館 （高居翰教授寄存）	CY9
蓮塘避暑圖	軸	絹	設色	186 × 112.8		美國 勃克萊加州大學藝術館 （高居翰教授寄存）	
李白醉歸圖	紈扇面	絹	設色	25.6 × 26.1		日本 東京住友寬一先生	

名稱	形式	質地	色彩	尺寸 高×寬㎝	創作時間	收藏處所	典藏號碼

畫家小傳：孫君澤。杭州人。身世不詳。善畫山水、人物，學宋之馬遠、夏珪。（見圖繪寶鑑、中國畫家人名大辭典）

吳大素

名稱	形式	質地	色彩	尺寸 高×寬㎝	創作時間	收藏處所	典藏號碼
松梅圖	軸	紙	水墨	不詳		日本 山梨縣 Daisen-ji	
雪梅圖	軸	紙	水墨	116.5 × 40.4		日本 新潟縣 Teikan-en	
墨梅圖	軸	紙	水墨	不詳		日本 兵庫縣藪本莊五郎先生	

畫家小傳：吳大素。字季章。號松齋。浙江會稽人。善畫梅，撰有梅譜傳世。又能畫山礬、水仙之類。流傳署款紀年作品見於順帝後至元五（1339）年至至正十（1350）年。（見書畫史、中國畫家人名大辭典、元代藝術史紀事編年）

陳汝言

名稱	形式	質地	色彩	尺寸 高×寬㎝	創作時間	收藏處所	典藏號碼
喬木川莊圖	卷	紙	設色	24.3 × 65.4		台北 故宮博物院	故畫 01024
仙山圖	卷	絹	設色	33.2 × 97	辛亥（洪武四年，1371）十二月二日	美國 克利夫蘭藝術博物館（克市 Mrs.Perry 寄存）	
荊溪圖	軸	絹	水墨	129 × 52.7		台北 故宮博物院	故畫 00380
百丈泉圖	軸	紙	水墨	115.2 × 46.7	至正庚子（二十年，1360）正月二日	台北 故宮博物院	故畫 00381
溪山清爽圖	軸	紙	水墨	42.7 × 25.1	至元年（?）秋八月	日本 東京山本悌二郎先生	
汾湖隱居圖	軸	紙	水墨	91.8 × 48.4		日本 大阪齋藤悅藏先生	
山居高隱圖（為坦然舊友作）	軸	紙	水墨	91.5 × 48.5		美國 芝加哥藝術中心	1961.222
羅浮山樵圖（為思齊斷事寫）	軸	絹	水墨	107 × 53.5	至正二十六年（丙午，1366）正月望後	美國 克利夫蘭藝術博物館（克市 Mrs.Perry 寄存）	64.156
詩意圖（集古圖繪冊之6）	冊頁	紙	水墨	36.6 × 33.9	至正乙巳（二十五年，1365）九月	台北 故宮博物院	故畫 01258-6

畫家小傳：陳汝言。字惟允。號秋水。江西臨江（一作廬山）人。與兄汝秩，俱有詩名，又善畫。明太祖洪武初，官山東濟南經歷，後坐事被殺。畫工山水，遠法董源、近師趙孟頫，筆墨清潤可愛：亦作人物。流傳署款紀年作品見於順帝至元六（1340）年至至正二十五（1365）年。（見明畫錄、無聲詩史、明史陳濟傳、吳縣志、中國畫家人名大辭典、元代藝術史紀事編年）

張 遜

名稱	形式	質地	色彩	尺寸 高×寬㎝	創作時間	收藏處所	典藏號碼
雙鉤竹及松石圖（為王伯時作）	卷	紙	水墨	43.4 × 667.4	至正九年（己丑，1349）四月三十日	北京 故宮博物院	
石上松花圖	軸	紙	水墨	90.5 × 42.1		美國 普林斯頓大學藝術館	

名稱	形式	質地	色彩	尺寸 高x寬cm	創作時間	收藏處所	典藏號碼
隔浦林巒圖	軸	絹	水墨	90 × 42		美國 紐約王季遷明德堂藏	

畫家小傳：張遜。字仲敏。號雲溪。吳人。善畫竹，初畫墨竹，後改習雙鉤，遂妙絕當世。兼能山水，學巨然。流傳署款紀年作品見於順帝至正九年。（見圖繪寶鑑、吳中人物志、畫史會要、中國畫家人名大辭典、元代藝術史紀事編年）

柴 楨

名稱	形式	質地	色彩	尺寸 高x寬cm	創作時間	收藏處所	典藏號碼
秋山曳杖圖	軸	紙	設色	105.2 × 32.6		日本 大阪市立美術館	

畫家小傳：柴楨。字君正。號適齋。東平人。身世不詳。善畫山水，才思天賦，不習而工。流傳署款紀年作品見於順帝至正九（1349）年。（見圖繪寶鑑、畫史會要、中國畫家人名大辭典、元代藝術史紀事編年）

趙希遠

名稱	形式	質地	色彩	尺寸 高x寬cm	創作時間	收藏處所	典藏號碼
林巒福地	軸	紙	設色	127.5 × 31.1	至正九年（己丑，1349）黃鐘月上吉日	台北 故宮博物院	故畫 00320

畫家小傳：趙希遠。籍里不詳。生時不詳，卒於明太祖洪武十八（1385）年。曾官理問。與王蒙同時，見其作品愛而臨之，遂善。流傳署款紀年作品見於順帝至正九（1349）年。（見畫史會要、歷代畫史彙傳、中華畫人室隨筆、中國畫家人名大辭典、元代藝術史紀事編年）

鄭 禧

名稱	形式	質地	色彩	尺寸 高x寬cm	創作時間	收藏處所	典藏號碼
聚芳亭圖	卷	絹	設色	32.4 × 56.1		台北 故宮博物院	故畫 01015
丹楓雙鳥圖	軸	絹	設色	75.4 × 42.7		美國 印地安那波里斯市藝術博物館	54.160

畫家小傳：鄭禧。字熙之。江蘇吳郡人。工書、善畫。畫山水學董源筆法，用墨清潤可愛；墨竹、禽鳥，則法趙孟頫。流傳署款紀年作品見於順帝至正十一（1351）年。（見圖繪寶鑑、畫史會要、書史會要、僑吳集、宋元明清書畫家年表、中國畫家人名大辭典、元代藝術史紀事編年）

陳 貞

名稱	形式	質地	色彩	尺寸 高x寬cm	創作時間	收藏處所	典藏號碼
白雲山房圖	軸	紙	水墨	103.8 × 35.4	至正辛卯（十一年，1351）九月既望	台北 故宮博物院	故畫 00325
樹石（名畫薈萃冊之8）	冊頁	紙	水墨	31.6 × 60.8		台北 故宮博物院	故畫 01238-8
法一峰老人筆意山水圖（明清人畫冊之4）	冊頁	絹	設色	32.3 × 19.2		英國 倫敦大英博物館	1902.6.6.52.4 (ADD352)

畫家小傳：陳貞。字履元。浙江錢塘人。善畫山水。嘗為顧阿瑛作玉山草堂圖。流傳署款紀年作品見於順帝至正十一（1351）年。（見玉山草堂雅集、中國畫家人名大辭典、元代藝術史紀事編年）

黃 潛

名稱	形式	質地	色彩	尺寸 高x寬㎝	創作時間	收藏處所	典藏號碼

附：

| 臨富春山居圖 | 卷 | 絹 | 設色 | 33.5 x 609 | 至正十二年（壬辰，1352）秋 | 紐約 佳士得藝品拍賣公司/拍賣目錄 1990.11.28 | |

畫家小傳：黃潛。自號冰壺外史。畫史無載。署款紀年作品見於順帝至正十二（1352）年。身世待考。

衛九鼎

| 洛神圖 | 軸 | 紙 | 白描 | 90.8 x 31.8 | | 台北 故宮博物院 | 故畫 00263 |

畫家小傳：衛九鼎。字明鉉。浙江天台人。善界畫、山水及人物，師法王振鵬。流傳署款紀年作品見於順帝至正十二(1352)年。（見圖繪寶鑑、畫史會要、中國畫家人名大辭典、元代藝術史紀事編年）

盛昌年

| 柳燕圖（為彥肅作） | 軸 | 紙 | 水墨 | 75.9 x 25.2 | 至正壬辰（十二年，1352）三月 | 北京 故宮博物院 | |

畫家小傳：盛昌年。畫史無載。流傳署款紀年作品見於至正十二(1352)年。身世待考。

劉秉謙

| 雙鉤竹石圖（為克明作） | 軸 | 絹 | 設色 | 147.7 x 78.7 | 至正乙未（十五年，1355）春 | 旅順 遼寧省旅順博物館 | |

畫家小傳：劉秉謙。畫史無載。流傳署款紀年作品見於順帝至正十五(1355)年。身世待考。

陳 選

| 巖阿琪樹圖 | 軸 | 紙 | 水墨 | 66.6 x 27.5 | 至正丁酉（十七年，1357）七月 | 天津 天津市藝術博物館 | |

畫家小傳：陳選。畫史無載。流傳署款紀年作品見於順帝至正十七(1357)年。身世待考。

張 觀

秋林遠帆圖（元五家合繪卷5之1段）	短卷	絹	水墨	約30 x 36	至正十八年（戊戌，1358）	北京 故宮博物院	
松下撫琴（宋元人畫合璧冊之6）	冊頁	絹	設色	不詳		日本 京都藤井善助先生	
月下人物圖	冊頁	絹	設色	24.9 x 26.9		美國 紐約大都會藝術博物館	13.100.106

附：

| 泊舟訪友 | 紈扇面 絹 | | 設色 | 22.5 x 17.4 | | 紐約 蘇富比藝品拍賣公司/拍賣目錄 1985,06,03. | |

名稱	形式	質地	色彩	尺寸 高x寬cm	創作時間	收藏處所	典藏號碼

畫家小傳：張觀。字可觀。江蘇松江人，後居浙江嘉興，洪武中再徙長洲。善畫山水，學南宋馬、夏，筆力古勁，無俗氣。流傳署款紀年作品見於順帝至正十八(1358)年至明太祖洪武元(1368)年。(見圖繪寶鑑、無聲詩史、林平清話、中國畫家人名大辭典、元代藝術史紀事編年)

鄒復雷

名稱	形式	質地	色彩	尺寸 高x寬cm	創作時間	收藏處所	典藏號碼
春消息圖	卷	紙	水墨	34.1 x 221.5	至正庚子（二十年，1360）新秋	美國 華盛頓特區弗瑞爾藝術館	31.1

畫家小傳：鄒復雷。道士。籍里不詳。居於淞江鶴砂蓬華庵。與兄復元俱能詩、畫。復元善寫竹。復雷善寫梅，得華光老人不傳之妙。流傳署款紀年作品見於順帝至正二十(1360)年。(見鐵網珊瑚、中國畫家人名大辭典、元代藝術史紀事編年)

姚廷美

名稱	形式	質地	色彩	尺寸 高x寬cm	創作時間	收藏處所	典藏號碼
雪江漁艇圖	卷	紙	水墨	24.1 x 81.8		北京 故宮博物院	
有餘閒圖并題詩	卷	紙	水墨	23 x 83.9	至正二十年（庚子，1360）春正月	美國 堪薩斯市納爾遜-艾金斯藝術博物館	54.791
雪景山水圖	軸	絹	水墨	不詳		美國 波士頓美術館	15.902 C33745
溪閣流泉圖	冊頁	絹	設色	26.7 x 25.2		武漢 湖北省博物館	

畫家小傳：姚廷美。字彥卿。浙江吳興人。善畫山水，師法郭熙，用筆勁健純熟，惜乏高曠趣致。署款紀年作品見於順帝至正二十(1360)年。(見圖繪寶鑑、東圖玄覽、中國畫家人名大辭典、元代藝術史紀事編年)

趙 衷

名稱	形式	質地	色彩	尺寸 高x寬cm	創作時間	收藏處所	典藏號碼
蘭亭圖（蘭亭修禊圖）	卷	紙	白描	17.5 x 432	至正甲辰（二十四年，1364）九月二日	台北 故宮博物院	故畫 01557
山水（五家集繪卷8之1段）	卷	紙	水墨	約 30 x 36		北京 故宮博物院	
墨花圖	卷	紙	水墨	31.7 x 153.2	至正辛丑（二十一年，1361）八月望日	美國 克利夫蘭藝術博物館	67.36

畫家小傳：趙衷。字原初。號東吳野人。江蘇吳江人。本業醫。能書、工畫。書善篆隸，畫善白描人物。流傳署款紀年作品見於順帝至正二十一(1361)年。(見書畫史、中國畫家人名大辭典、元代藝術史紀事編年)

王 履

名稱	形式	質地	色彩	尺寸 高x寬cm	創作時間	收藏處所	典藏號碼
華山圖(29幀)	冊	紙	設色	35.2 x 50.5		北京 故宮博物院	
華山寫生冊（11幀）	冊	紙	設色	（每幀）34.7 x 50.5	洪武十六年，癸亥(1383)	上海 上海博物館	

畫家小傳：王履。字安道。號奇翁。江蘇崑山人。生於文宗至順三(1332)年。卒於明太祖洪武十六(1383)年。為人博學。精醫、工詩文。善畫山水，少師馬、夏，後遊華山，遂師造化，從事寫生而成一家法。(見載明史本傳、無聲詩史、圖繪寶鑑續纂、中國畫家人名大辭典、元代藝術史紀事編年)

名稱	形式	質地	色彩	尺寸 高×寬㎝	創作時間	收藏處所	典藏號碼

宋 克

萬竹圖（為長卿寫）	卷	紙	水墨	24.9 × 98.1	己酉歲（洪武二年，1369）	美國 華盛頓特區弗瑞爾藝術館	38.18
叢竹圖	卷	紙	水墨	26.9 × 150.3	庚戌（洪武三年，1370）九月廿四日燈下	美國 普林斯頓大學藝術館（Edward Elliott 先生寄存）	L45.73
竹林山水圖（為俞仲幾作）	卷	紙	水墨	27.5 × 60.8		美國 克利夫蘭藝術博物館	
墨竹（宋元明名家畫冊之3）	冊頁	紙	水墨	不詳		日本 京都藤井善助先生	

畫家小傳：宋克。字仲溫。號南宮生。江蘇長洲人。生於泰定帝四(1329)年。卒於明太祖洪武二十(1387)年。洪武初，以善畫，與高啟、徐賁等稱十友；詩稱十才子。尤工寫竹，千篁萬玉、雨疊煙籠，蕭然無塵俗之氣。(見無聲詩史、丹青志、高啟撰南宮生傳、中國畫家人名大辭典、元代藝術史紀事編年)

王 繹

楊竹西小像（王繹寫像、倪瓚補松石）	卷	紙	水墨	不詳	至正二十三年（癸卯，1363）二月	北京 故宮博物院	
仙人白鹿（名畫薈錦冊之6）	冊頁	絹	水墨	33.1 × 17		台北 故宮博物院	故畫 03489-6

畫家小傳：王繹。字思善。號癡絕生。睦人，寓居杭州。善寫真，小像特妙。又精畫理，撰寫象秘訣、采繪法。流傳署款紀年畫作見於至正二十三(1363)年。(見圖繪寶鑑、輟耕錄、杭州府志、中國畫家人名大辭典、元代藝術史紀事編年)

趙 原

陸羽烹茶圖（元人集錦卷之第6幅）	卷	紙	設色	27 × 78		台北 故宮博物院	故畫 01108-6
作龍角竹（元趙天裕等墨竹卷8之第4幅）	卷	紙	水墨	約32.2 × 114		蘇州 江蘇省蘇州博物館	
山水竹石圖（5幀合裝，與沈巽合作）	卷	紙	水墨	24.5 × ？		美國 紐約沙可樂先生	
溪亭秋色	軸	紙	水墨	61.4 × 26		台北 故宮博物院	故畫 00332
聽松圖	軸	紙	設色	160.7 × 54.2	洪武五年（壬子，1372）仲春望前	台北 故宮博物院	故畫 02113
合溪草堂圖（為顧瑛作）	軸	紙	設色	84.3 × 41.2	至正癸卯（二十三年，1363）冬至日	上海 上海博物館	
半窗疏雨圖	軸	絹	水墨	160.6 × 95.1		日本 京都南禪寺	

名稱	形式	質地	色彩	尺寸 高×寬cm	創作時間	收藏處所	典藏號碼
晴川送客圖（為劉廣文畫）	軸	紙	水墨	95.3 × 35.1		美國 紐約市大都會藝術博物館	1973.121.8
臨董源夏山讀書圖	軸	紙	設色	121 × 38.7		美國 夏威夷火魯奴奴藝術學院	1664.1
樹石圖	冊頁	絹	設色	25 × 19.7		北京 故宮博物院	
松壑觀雲圖	冊頁	絹	青綠	29.2 × 42.5		昆山 崑崙堂	
山水圖（趙原沈巽山水竹石圖合卷之1幀）	冊頁	紙	水墨	24.5 × ?		美國 普林斯頓大學藝術館（Edward Elliott先生寄存）	L87.76a

畫家小傳：趙原。原名元，入明後改為原，字善長。號丹林。江蘇吳（一作山東）人。善畫山水，師法董源，筆墨雄麗。洪武中 應徵畫史，應對忤旨，被殺。署款紀年作品見於順宗至正廿三(1363)年，至明太祖洪武五(1372)年。（見圖繪寶鑑、無聲詩史、姑蘇志、雲林遺事、六硯齋筆記、中國畫家人名大辭典、元代藝術史紀事編年）

朱叔重

名稱	形式	質地	色彩	尺寸	創作時間	收藏處所	典藏號碼
春塘柳色	軸	紙	設色	41 × 55.3		台北 故宮博物院	故畫 00264
秋山疊翠	軸	紙	設色	69.5 × 26.4	至正乙巳（二十五年，1365）歲春三月五日	台北 故宮博物院	故畫 00265

畫家小傳：朱叔重。號念廬。江蘇吳縣（一作婁東）人。活動於順帝至正中。工詩畫。每賦一詩，即得摹寫之妙。流傳署款紀年作品見於至正二十五(1365)年。（見鼓枻稿、鐵網珊瑚、中國畫家人名大辭典、元代藝術史紀事編年）

周　砥

名稱	形式	質地	色彩	尺寸	創作時間	收藏處所	典藏號碼
長林幽溪圖	軸	紙	水墨	91.7 × 28.9	至正廿又五年（乙巳，1365）初冬	日本 大阪市立美術館	
宜興小景圖（與明沈周畫銅官秋色圖合卷）	卷	紙	水墨	不詳	至正十六年（丙申，1356）四月	美國 波士頓美術館	

畫家小傳：周砥。字履道。號東臯、菊溜生。江蘇吳郡人，寓居無錫。元末，與顧瑛、王蒙等交善。洪武中，授官興國州判。為人博學，工詩、文詞。能畫山水，得平淡清遠之趣。流傳署款紀年作品見於至順帝至正二十五(1365)年，至明成祖永樂十四(1416)年。（無聲詩史、明史陶宗儀傳、蘇州府志、甫田集、中國畫家人名大辭典、元代藝術史紀事編年）

謝伯誠

名稱	形式	質地	色彩	尺寸	創作時間	收藏處所	典藏號碼
觀瀑圖(楊維禎題)	軸	紙	設色	191 × 36.8		美國 紐約市顧洛阜先生	60

畫家小傳：謝伯誠。任陽人。善畫山水，筆法俊逸，得董源遺則，為楊維禎嘆賞。（見常熟志、海虞畫苑略、中國畫家人名大辭典、元代藝術史紀事編年）

名稱	形式	質地	色彩	尺寸 高×寬cm	創作時間	收藏處所	典藏號碼

（釋）一 菴

| 中峯明本禪師像 | 軸 | 絹 | 設色 | 122 × 54.5 | | 日本 京都高源寺 | |

畫家小傳：一菴。僧。畫史無載。為壽明寺主持，與倪瓚熟稔，倪曾為寫竹梢圖并詩以贈。（見倪瓚清閟閣文集）

（釋）本 誠

| 夏木垂陰圖 | 軸 | 紙 | 水墨 | 176.2 × 54 | | 杭州 浙江省博物館 | |

畫家小傳：本誠。僧。畫史無載。身世待考。

（釋）髮 僧

| 祇園大會圖 | 卷 | 瓷青紙 | 泥金 | 37.2 × 1889 | 至正丙午（二十六年，1366） | 太原 山西省博物館 | |

畫家小傳：髮僧。畫史無載。流傳署款紀年作品見於順帝至正二十六（1366）年。身世待考。

丁埜夫

| 灌口搜山圖 | 卷 | 絹 | 水墨 | 不詳 | | 美國 普林斯頓大學藝術館（Edward Elliott 先生寄存） | L162.10 |
| 幽溪聽泉圖 | 軸 | 絹 | 設色 | 24.2 × 25.8 | | 日本 京都清水吉次郎先生 | |

畫家小傳：丁埜夫，一作野夫。回紇人。身世不詳。善畫山水、人物，學宋馬遠、夏珪。（見圖繪寶鑑、中國畫家人名大辭典）

陶復初

| 秋林小隱 | 軸 | 紙 | 設色 | 70 × 28.7 | | 台北 故宮博物院 | 故畫 00314 |

畫家小傳：陶復初。號介軒老人。浙江天臺人。工書畫。作墨竹師法李衎父子，亦能畫山水。（見圖繪寶鑑、畫史會要、中國畫家人名大辭典）

李士宏

| 花竹圖 | 軸 | 絹 | 設色 | 167.7 × 58.5 | | 美國 聖地牙哥藝術博物館 | 85.89 |

畫家小傳：李士宏。畫史無載。唯畫史載有李士安，至正間人，能畫花鳥。疑似為兄弟。待考。

陳鑑如

| 竹林大士出山圖 | 卷 | 紙 | 水墨 | 63.8 × 308.3 | | 瀋陽 遼寧省博物館 | |

畫家小傳：陳鑑如。畫史無載。身世待考。

巴顏布哈

名稱	形式	質地	色彩	尺寸 高×寬cm	創作時間	收藏處所	典藏號碼
古壑雲松圖	軸	紙	水墨	122 × 42.2		台北 故宮博物院	故畫 00268

畫家小傳：巴顏布哈，一名巴顏守仁。蒙古人。順帝至正二十二（1362）中鄉貢。授安定書院山長，後改烏程教諭，不赴。效游九峰三
　　泖間，以竹石託志。與王逢友好。（元代藝術史紀事編年）

鄧 宇

竹石圖	軸	紙	水墨	134.2 × 42		美國 普林斯頓大學藝術館（	L92.65
						私人寄存）	

畫家小傳：鄧宇。道士。字子方。號止庵。畫史無載。活動於順帝至正、明太祖洪武間。與方從義、虞堪等友好。能書畫（見元代藝術史
　　紀事編年）

趙清澗

桂宮仙蹟（藝林韞古冊之16）	紈扇面 絹		設色	22 × 22		台北 故宮博物院	故畫 03491-16

畫家小傳：趙清澗。淮人。身世不詳。工畫人物、仕女。（見圖繪寶鑑、畫史會要、中國畫家人名大辭典）

王立本

鳳凰圖	軸	絹	設色	58.1 × 32.2		日本 東京出光美術館	
山水圖	軸	絹	水墨	93.6 × 40.2		英國 倫敦大英博物館	1881.12.10.24
							（ADD96）

畫家小傳：王立本。字宗則。浙江鄞人。身世不詳。活動於順帝至正末、明太祖洪武初間。工畫。（見寧波府志、耕硯田齋筆記、中國畫家
　　人名大辭典、元代藝術史紀事編年）

沈 巽

竹石圖（趙原、沈巽山水竹石圖合卷之1段）	卷	紙	設色	24.9 × 65.5		美國 普林斯頓大學藝術館（ Edward Elliott 先生 寄存）	L87.76b
竹石圖	卷	紙	設色	24.9 × 65.5		美國 舊金山亞洲藝術館	B60 D118

畫家小傳：沈巽。字士偁，號巽翁。浙江吳興人。山水宗胡廷暉，稍變其法。尤工雜畫。（見畫史會要、中國畫家人名大辭典）

王仲元

雪景山水圖	軸	絹	設色	145.5 × 68.8		美國 西雅圖市藝術館	3707.1

畫家小傳：王仲元。籍里、身世不詳。工畫花鳥，兼善小景，得用墨之法，溫潤可喜。（見圖繪寶鑑、中國畫家人名大辭典）

張 紳

推篷竹圖（為無相敬山主作，	卷	紙	水墨	約32.2 × 114	乙丑（洪武十八年	蘇州 江蘇省蘇州博物館	

名稱	形式	質地	色彩	尺寸 高x寬㎝	創作時間	收藏處所	典藏號碼
元趙天裕等墨竹卷7之第6幅）					1385），正月廿有七日		
古木竹石（顧安、張紳、倪瓚合作，顧安畫竹、張紳作枯木、倪瓚補石）	軸	紙	水墨	93.5 × 52.3		台北 故宮博物院	故畫 00806

畫家小傳：張紳。字士行，號雲門山樵、龍門遺老。山東濟南人等。元末，與倪瓚、陳彥廉、楊維禎等友好。入明，出仕累官至浙西布政。善詩文，精鑑識，能書畫。畫工墨竹。（見明書畫史、靜志居詩話、中國畫家人名大辭典、元代藝術史紀事編年）

馬 治

| 友竹圖 | 軸 | 紙 | 水墨 | 179.5 × 93 | | 昆山 崑崙堂 | |

畫家小傳：馬治。字孝常。江蘇宜興人。元末與周砥避亂隱居西澗。洪武初，由茂才舉授內丘知縣，遷建昌府同知。工詩文，典雅沖澹。善書，兼能畫。（見佩文齋書畫譜第四十卷、書家傳十九、元代藝術史紀事編年）

林子奐

| 山崖對坐（元人集錦卷之第7幅） | 卷 | 絹 | 水墨 | 25.8 × 61.5 | 癸丑（洪武六年，1373）冬閏十一月 | 台北 故宮博物院 | 故畫 01108-7 |
| 颿風圖 | 卷 | 紙 | 水墨 | 26 × 643 | | 台北 長流美術館 | |

畫家小傳：林子奐。畫史無載。作品題跋自識，字卷阿，號優游生，為方從義弟子。紀年作品見於明太祖洪武六(1373)年。

莊 麟

| 翠雨軒圖（元人集錦卷之第8幅） | 卷 | 紙 | 設色 | 26.2 × 65.4 | | 台北 故宮博物院 | 故畫 01108-8 |

畫家小傳：莊麟。字文昭。號浮丘酒史。江東人，居京口。善畫山水，清潤可愛，與郭畀齊名。（見明畫錄、鎮江府志、丹徒縣志、元代藝術史紀事編年）

徐 賁

山水圖	卷	紙	水墨	22.8 × 196.8	洪武十二年（己未，1379）修禊日	台北 長流美術館	
谿山無盡圖	卷	紙	水墨	28.5 × 496.8	洪武十年（丁巳，1377）八月	美國 華盛頓特區弗瑞爾藝術館	47.17
黃山圖	卷	紙	設色	不詳		美國 波士頓美術館	
蜀山圖	軸	紙	水墨	66.3 × 27.3		台北 故宮博物院	故畫 00377
廬山讀書圖	軸	紙	水墨	63.1 × 26.3	洪武丁丑（三十年，1397）春日	台北 故宮博物院	故畫 00378

名稱	形式	質地	色彩	尺寸 高×寬㎝	創作時間	收藏處所	典藏號碼
溪山亭子圖	軸	紙	水墨	58.1 × 26.5	洪武乙亥（二十八年，1395）端陽日	台北 故宮博物院	故畫 02111
畫山水	軸	紙	設色	61.8 × 39		台北 故宮博物院	故畫 02112
天香深處圖（為周敏畫）	軸	紙	水墨	91.6 × 35.3	癸丑（洪武六年，1373）九月三日	香港 何耀光至樂堂	
秋林草亭圖	軸	紙	水墨	100.3 × 26.7		上海 上海博物院	
山水圖（臨江垂釣）	軸	紙	設色	65.7 × 32.1	洪武四年（辛亥，1371）夏月	日本 東京小幡醇一先生	
山水圖(溪亭看山)	軸	紙	水墨	67.3 × 27.6	洪武十三年（庚申，1380）上巳	日本 京都國立博物館（上野有竹齋寄贈）	A甲 147
春雲疊嶂圖	軸	紙	水墨	107.3 × 26	洪武乙亥（二十八年，1395）端陽	日本 大阪市立美術館	
為伯茲作山水圖	軸	紙	水墨	49.5 ×31		日本 山口良夫先生	
關山行旅圖	軸	絹	水墨	92.3 × 31.9		美國 華盛頓特區弗瑞爾藝術館	11.251
溪山圖（為吉夫先生作）	軸	紙	水墨	67.5 × 26	壬子（洪武五年，1372）七月十日	美國 克利夫蘭藝術博物館（克市 Mrs. Perry 寄存）	TR15183.2
聽泉圖	軸	紙	水墨	139.2 × 37	乙酉（至正五年，1345）冬日	美國 芝加哥藝術中心	1967.377
獅子峯（徐賁獅子林圖冊之1）	冊頁	紙	水墨	22.5 × 27.1		台北 故宮博物院	故畫 01123-1
含暉峯（徐賁獅子林圖冊之2）	冊頁	紙	水墨	22.5 × 27.1		台北 故宮博物院	故畫 01123-2
吐月峯（徐賁獅子林圖冊之3）	冊頁	紙	水墨	22.5 × 27.1		台北 故宮博物院	故畫 01123-3
小飛虹（徐賁獅子林圖冊之4）	冊頁	紙	水墨	22.5 × 27.1		台北 故宮博物院	故畫 01123-4
禪窩（徐賁獅子林圖冊之5）	冊頁	紙	水墨	22.5 × 27.1		台北 故宮博物院	故畫 01123-5
竹谷（徐賁獅子林圖冊之6）	冊頁	紙	水墨	22.5 × 27.1		台北 故宮博物院	故畫 01123-6
賞雪亭（徐賁獅子林圖冊之7）	冊頁	紙	水墨	22.5 × 27.1		台北 故宮博物院	故畫 01123-7
臥雲室（徐賁獅子林圖冊之8）	冊頁	紙	水墨	22.5 × 27.1		台北 故宮博物院	故畫 01123-8
問梅閣（徐賁獅子林圖冊之9）	冊頁	紙	水墨	22.5 × 27.1		台北 故宮博物院	故畫 01123-9
指柏軒（徐賁獅子林圖冊10）	冊頁	紙	水墨	22.5 × 27.1		台北 故宮博物院	故畫 01123-10
玉鑑池（徐賁獅子林圖冊11）	冊頁	紙	水墨	22.5 × 27.1		台北 故宮博物院	故畫 01123-11
冰壺井（徐賁獅子林圖冊12）	冊頁	紙	水墨	22.5 × 27.1		台北 故宮博物院	故畫 01123-12
山水（歷代集繪冊之17）	冊頁	絹	設色	20.7 × 31		台北 故宮博物院	故畫 01254-17
山溪漁隱（宋元明集繪冊20）	冊頁	絹	水墨	21.5 × 33.2		台北 故宮博物院	故畫 03473-20
雲壑探幽（宋元明集繪冊11）	冊頁	絹	水墨	27.8 × 45.7		台北 故宮博物院	故畫 03580-11
山水（宋元名家畫冊之6）	冊頁	紙	水墨	不詳		日本 京都藤井善助先生	

名稱	形式	質地	色彩	尺寸 高x寬cm	創作時間	收藏處所	典藏號碼

畫家小傳：徐賁。字幼文。號北郭生。蜀人，寓居蘇州。由元入明，洪武七(1374)年徵起，累官至河南布政。工詩文，與高啟等被稱「北郭十子」。善畫山水，師法董源，筆墨清潤秀發。流傳署款紀年作品見於順帝至正五(1345)年，至明太祖洪武三十(1397)年。（見無聲詩史、丹青志、眉公秘笈、名山藏、莆田集、中國畫家人名大辭典、元代藝術史紀事編年）

張德琪

附：

山水（寒江漁舍圖，有元末張蒃題跋））	卷	紙	水墨	23 × 130.8		紐約 蘇富比藝品拍賣公司拍賣目錄 1987.12.08.	

畫家小傳：張德琪。畫史無載。字廷玉。身世待考。

陸 厚

歸巢飼雛圖	軸	絹	設色	24.5 × 26.6		昆山 崑崙堂	

畫家小傳：陸厚。畫史無載。身世待考。

楊月潤

茄蔬圖	軸	絹	設色	77.9 × 39.3		日本 東京永青文庫	
雲龍圖	軸	絹	水墨	145 × 83		日本 東京住友寬一先生	
雲龍圖	軸	絹	水墨	117.1 × 65.8		日本 私人	

畫家小傳：楊月潤。已佚名。籍里、身世不詳。善畫花鳥、龍、虎。（見圖繪寶鑑、中國畫家人名大辭典）

吳致中

閑止齋圖	卷	紙	水墨	22.2 × 31.5		北京 故宮博物院	

畫家小傳：吳致中。畫史無載。身世待考。

毛 倫

牧牛圖	軸	紙	水墨	63.8 × 28.5		日本 東京根津美術館	
柳陰牛犢圖	軸	絹	水墨	不詳		日本 愛知縣妙興寺	
寒林圖	軸	絹	水墨	132.3 × 68.4		日本 德禪寺	

畫家小傳：毛倫。字仲庠。浙江諸暨人。善寫木石，喜作墨牛。（見紹興府志、萬縷集、中國畫家人名大辭典）

楊 輝

歲寒梅花圖	卷	紙	水墨	30.2 × 62.5		美國 西雅圖市藝術館	

畫家小傳：楊輝。畫史無載。身世待考。

名稱	形式	質地	色彩	尺寸 高×寬㎝	創作時間	收藏處所	典藏號碼

阿加加

| 觀世音像 | 軸 | 絹 | 水墨 | 不詳 | | 日本 東京酒井忠正先生 | |

畫家小傳：阿加加。畫史無載。身世待考。

胡直夫

靈照女圖	軸	絹	設色	76.5 × 25.5		昆山 崑崙堂	
布袋圖（偃谿黃聞贊）	軸	紙	水墨	82.1 × 32.1		日本 東京德川黎明會	
出山釋迦圖（幻住明本贊）	軸	紙	水墨	115.7 × 32.7		日本 東京酒井忠克先生	
出山釋迦圖（西巖題）	軸	絹	設色	90.4 × 43		日本 兵庫縣山岡千太郎先生	
夏景山水	軸	絹	水墨	不詳		日本 山梨縣久遠寺	
山水圖（前天目山住持霖明贊）	軸	絹	設色	117.5 × 49.5		瑞典 斯德哥爾摩遠東古物館	NMOK 421
朝陽圖（唐繪手鑑筆耕圖下冊之第5幀5）	冊頁	絹	水墨	22.3 × 22.7		日本 東京國立博物館	TA-487

畫家小傳：胡直夫。畫史無載。身世待考。

高然暉

離合山水（2幅，上有山陰杜岳題七律一首）	軸	紙	水墨	（每幅）53.6 × 23.6		日本 東京國立博物院	
山水圖	軸	紙	設色	128 × 38.7		日本 東京藤田美術館	
放犢圖（淨慈處林贊）	軸	絹	水墨	109.1 × 46.4		日本 東京小倉彰先生	
夏山雲煙圖	軸	絹	水墨	145.4 × 69.1		日本 東京秋元春朝先生	
夏山雨後圖（為伯時寫）	軸	紙	設色	24.8 × 33.3		日本 東京黑田長成先生	
寒山歸樵圖（平山處林贊）	軸	絹	墨畫	92.5 × 48.8		日本 京都國立博物館	
夏、冬山水（2幅）	軸	絹	水墨	不詳		日本 京都金地院	
山水圖	軸	紙	水墨	不詳		日本 神奈川縣原良三郎	
山水圖	軸	絹	水墨	88.8 × 57		日本 私人	
山水圖（唐繪手鑑筆耕圖上冊之13）	冊頁	紙	設色	24.7 × 33.1		日本 東京國立博物館	TA-487
朝陽圖（山水）	紈扇面	紙	設色	50.7 × 52.8		日本 靜岡熱海美術館	

畫家小傳：高然暉。自號龍門漫士。畫史無載。身世待考。

蔡　山

羅漢圖	軸	絹	設色	114 × 54.2		日本 東京國立博物館	
第十八尊慶友尊者圖	軸	絹	設色	132.5 × 54		日本 東京常盤山文庫	
阿羅漢圖	軸	絹	設色	113.6 × 53.9		日本 橫濱原富太郎先生	

名稱	形式	質地	色彩	尺寸 高×寬㎝	創作時間	收藏處所	典藏號碼
十八羅漢圖（18幅）	軸	絹	設色	不詳		日本 東京總持寺	
十六羅漢圖（16幅）	軸	絹	設色	130 × 52.8		日本 京都東海庵	

畫家小傳：蔡山。畫史無載。身世待考。

李堯夫

名稱	形式	質地	色彩	尺寸 高×寬㎝	創作時間	收藏處所	典藏號碼
裴休謁運師圖	軸	絹	水墨	84.7 × 39		日本 京都國立博物館	A甲690
蘆葉達摩圖（一山一寧贊）	軸	紙	水墨	85.6 × 33.9		美國 普林斯頓大學藝術館（ Edward Elliott 先生 寄存）	L257.70
藥山李翱問答圖	軸	絹	設色	84.6 × 39		美國 勃克萊加州大學藝術館 （高居翰教授寄存）	

畫家小傳：李堯夫。自署寄堂。畫史無載。身世待考。

（釋）賴 庵

名稱	形式	質地	色彩	尺寸 高×寬㎝	創作時間	收藏處所	典藏號碼
鱖魚圖	軸	紙	設色	37.9 × 66.1		日本 東京岩崎小彌太先生	
藻魚圖	軸	絹	水墨	43 × 77.9		日本 東京淺野長武先生	
鯉圖	橫幅	絹	水墨	42.8 × 77.4		日本 繭山龍泉堂	
藻魚圖	橫幅	絹	水墨	27.1 × 47.7		日本 私人	
山水	軸	紙	設色	100.1 × 35.7		美國 芝加哥藝術中心	
藻魚圖（對幅）	軸	紙	水墨	（每幅）98.6 × 54.2		美國 舊金山亞洲藝術館	B87 D9.1-2
河魚圖（對幅）	軸	紙	水墨	（每幅）97.8 × 28.2		美國 西雅圖市藝術館	5.69A-B
魚圖（唐繪手鑑筆耕圖下冊之第39）	冊頁	絹	設色	19.3 × 30.7		日本 東京國立博物館	TA-487
鯰魚圖	冊頁	絹	水墨	20.3 × 16.5		美國 哈佛大學福格藝術館	1929.238

畫家小傳：賴庵。僧。畫史無載。身世待考。

夏叔文

名稱	形式	質地	色彩	尺寸 高×寬㎝	創作時間	收藏處所	典藏號碼
柳塘聚禽圖	軸	紙	設色	127.9 × 66.7		瀋陽 遼寧省博物院	

畫家小傳：夏叔文。畫史無載。身世待考。

（釋）因陀羅

名稱	形式	質地	色彩	尺寸 高×寬㎝	創作時間	收藏處所	典藏號碼
寒山拾得圖（楚石楚琦贊）	軸	紙	墨畫	35.1 × 49.7		日本 東京國立博物館	
布袋圖（楚石梵琦贊）	軸	紙	水墨	51.5 × 36.4		日本 東京根津美術館	

名稱	形式	質地	色彩	尺寸 高×寬cm	創作時間	收藏處所	典藏號碼
朝陽圖（無塵老人題贊）	軸	紙	水墨	不詳		日本 東京根津美術館	
禪機圖	卷	紙	墨畫	35.5 × 50		日本 東京靜嘉堂文庫	
維摩圖（普門題）	軸	紙	墨畫	49.4 × 28.2		日本 東京香雪美術館	
斷簡圖（楚石贊）	軸	紙	水墨	35.1 × 45.1		日本 東京畠山紀念館	
祖師問答圖（楚石梵琦贊）	軸	紙	水墨	35.5 × 32.1		日本 東京根津嘉一郎先生	
寒山（慈覺贊）	軸	紙	水墨	76.7 × 32.7		日本 東京團伊能先生	
拾得（慈覺贊）	軸	紙	水墨	76.7 × 32.7		日本 東京團伊能先生	
拾得圖（愚極贊）	軸	紙	水墨	不詳		日本 東京正木直彥先生	
寒山、拾得圖（2幅合裝）	軸	紙	水墨	（每幅）49.1 × 24.5		日本 東京加藤正治先生	
丹霞燒佛圖（楚石贊）	軸	紙	水墨	35 × 36.7		日本 東京黑甲長成先生	
寒山拾得圖	軸	紙	水墨	77 × 32.7		日本 東京荊山久吉先生	
豐干、寒山、拾得圖	軸	紙	水墨	30.4 × 30.8		日本 京都國立博物館	A甲681
寒山、拾得圖（玉几正印贊）	軸	紙	水墨	不詳		日本 大阪藤田美術館	
蘆葉達摩圖	軸	紙	水墨	79.2 × 31		日本 福岡市美術館	
維摩圖	軸	紙	水墨	不詳		日本 兵庫縣村山長舉先生	
蘆葉達摩圖（雲外雲岫贊）	軸	紙	墨畫	66.6 × 29.9		日本 群馬縣立近代美術館	
五祖再來圖	軸	紙	水墨	32.5 × 44.5		美國 克利夫蘭藝術博物館	67.211

畫家小傳：因陀羅。僧。畫史無載。身世待考。

(釋) 門無關

名稱	形式	質地	色彩	尺寸 高×寬cm	創作時間	收藏處所	典藏號碼
蘆葉達摩像（圓明題）	軸	紙	水墨	69.7 × 28.2		日本 東京磯野良吉先生	
布袋圖	軸	紙	水墨	不詳		日本 東京畠山紀念館	

畫家小傳：門無關。僧。畫史無載。身世待考。

劉善守

名稱	形式	質地	色彩	尺寸 高×寬cm	創作時間	收藏處所	典藏號碼
萱蝶圖	軸	絹	水墨	159.5 × 58.2		美國 克利夫蘭藝術博物館	71.132

畫家小傳：劉善守。畫史無載。身世待考。

傅 先

名稱	形式	質地	色彩	尺寸 高×寬cm	創作時間	收藏處所	典藏號碼
山水圖	軸	絹	設色	80.3 × 29.9		美國 普林斯頓大學藝術館	

畫家小傳：傅先。畫史無載。身世待考。

用 田

名稱	形式	質地	色彩	尺寸 高x寬cm	創作時間	收藏處所	典藏號碼
栗鼠圖	軸	紙	水墨	84.8 × 30.3		日本 東京牧田環先生	
栗鼠圖（子輿贊）	軸	紙	水墨	113.6 × 42.4		日本 東京淺野長武先生	
栗鼠圖	軸	紙	水墨	89 × 33.3		日本 阿形邦三先生	
松鼠圖	軸	紙	水墨	97 × 39.4		美國 克利夫蘭藝術博物館	

畫家小傳：用田。畫史無載。身世待考。

無住子

對月圖	軸	紙	水墨	80.3 × 32.1		日本 東京德川黎明會	
朝陽圖	軸	紙	水墨	80.3 × 32.1		日本 東京德川黎明會	

畫家小傳：無住子。畫史無載。身世待考。

率 翁

布袋和尚像（偓絟黃聞贊）	軸	紙	水墨	91.9 × 29.1		日本 東京梅澤紀念館	
六祖挾担圖（偓絟黃聞贊）	軸	紙	水墨	93 × 36.4		日本 東京大東急記念文庫	
布袋和尚像（天目文禮偈）	軸	紙	水墨	87.3 × 31.5		日本 兵庫縣村山龍平先生	

畫家小傳：率翁。畫史無載。身世待考。

檀芝瑞

送別圖	卷	紙	水墨	117.6 × 28.4		溫州 浙江省溫州博物館	
墨竹圖	軸	紙	水墨	46 × 27.9		日本 東京出光美術館	
墨竹圖	軸	紙	水墨	不詳		日本 東京根津美術館	
墨竹圖	軸	絹	水墨	不詳		日本 東京根津美術館	
墨竹圖	軸	絹	水墨	不詳		日本 東京根津美術館	
風竹圖（清拙正澄題）	軸	紙	水墨	不詳		日本 東京根津美術館	
竹石圖（寧一山題）	軸	紙	水墨	30.6 × 24.2		日本 東京馬越恭平先生	
墨竹圖	軸	絹	水墨	48.2 × 34.8		日本 東京島津忠重先生	
墨竹圖	軸	紙	水墨	27.2 × 54.5		日本 東京蜂須賀正韶先生	
墨竹	軸	紙	水墨	40.9 × 30.3		日本 東京德川達道先生	
墨竹圖	軸	絹	水墨	47.6 × 25.4		日本 大阪市立美術館	
墨竹圖	軸	紙	水墨	不詳		日本 大阪藤田美術館	
墨竹	軸	紙	水墨	39.4 × 25.8		日本 兵庫縣武川盛次先生	
竹石圖	軸	紙	水墨	46.4 × 27.3		日本 私人	
竹石圖	軸	紙	水墨	63 × 33.5		美國 華盛頓特區弗瑞爾藝術館	70.24

名稱	形式	質地	色彩	尺寸 高×寬cm	創作時間	收藏處所	典藏號碼
墨竹圖	軸	紙	水墨	32.5 × 27.6		美國 私人	
竹圖（唐繪手鑑筆耕圖上冊之26）	冊頁	紙	水墨	25.3 × 21.5		日本 東京國立博物館	TA-487

畫家小傳：檀芝瑞。畫史無載。身世待考。

（釋）幻住永中

| 白衣觀音像（幻住明本贊） | 軸 | 紙 | 水墨 | 不詳 | | 日本 大阪藤田美術館 | |
| 白衣觀音 | 軸 | 紙 | 水墨 | 78.7 × 31.7 | | 美國 克利夫蘭藝術博物館 | |

畫家小傳：幻住永中。僧。畫史無載。身世待考。

松　田

栗鼠圖	軸	紙	水墨	98 × 33.2		日本 東京國立博物館	TA-364
柘榴栗鼠圖	軸	紙	水墨	113.6 × 42.4		日本 東京團伊能先生	
柘榴栗鼠圖	軸	絹	水墨	95.4 × 38.8		日本 東京淺野長武先生	
竹栗鼠圖	軸	紙	水墨	不詳		日本 兵庫縣武藤金太先生	
松鼠圖	軸	紙	水墨	98.4 × 33.7	九十一歲（?）筆	日本 兵庫藪本莊五郎先生	
栗鼠圖	軸	絹	水墨	不詳		日本 今出川勇子先生	
栗鼠圖	軸	紙	水墨	97 × 39.4		美國 克利夫蘭藝術博物館	79.70

畫家小傳：松田。畫史無載。作品自鈐「葛氏叔英」、「翠山小隱」、「松田」等印。身世待考。

彭與義

| 牡丹（宋元名繪冊之7） | 冊頁 | 絹 | 設色 | 25 × 25.9 | | 台北 故宮博物院 | 故畫 03466-7 |
| 牡丹（宋元名繪冊之8） | 冊頁 | 絹 | 設色 | 25 × 25.9 | | 台北 故宮博物院 | 故畫 03466-8 |

畫家小傳：彭與義。畫史無載。身世待考。

維　端

| 葡萄圖 | 軸 | 紙 | 墨畫 | 127 × 49.5 | | 日本 私人 | |

畫家小傳：維端。畫史無載。身世待考。

彥　麟

| 秋景 | 軸 | 絹 | 設色 | 84.5 × 88.5 | | 台北 故宮博物院 | 故畫 02909 |

畫家小傳：彥麟。畫史無載。身世待考。

（釋）天　如

| 水仙圖 | 軸 | 絹 | 水墨 | 66.4 × 42.5 | | 美國 克利夫蘭藝術博物館 | 74.28 |

名稱	形式	質地	色彩	尺寸 高x寬cm	創作時間	收藏處所	典藏號碼

畫家小傳：即律天如。僧。號片玉。江蘇吳縣人。能畫，師日南和尚，工畫蘭蕙、竹石。（見中國藝術家人名大辭典）

李元達

| 墨竹圖 | 軸 | 絹 | 水墨 | 92.8 × 42.3 | | 日本 私人 | |

畫家小傳：李元達。畫史無載。身世待考。

江濟川

| 草蟲圖（對幅） | 軸 | 絹 | 設色 | （每軸）97.4
× 40.8 | | 日本 京都國立博物館 | |

畫家小傳：江濟川。畫史無載。身世待考。

張伯件

| 羅漢圖（唐繪手鑑筆耕圖下冊
之50） | 冊頁 | 絹 | 設色 | 24.4 × 20.1 | | 日本 東京國立博物館 | TA-487 |

畫家小傳：張伯件。畫史無載。身世待考。

王 井

| 蘆鷺圖 | 軸 | 絹 | 水墨 | 110.5 × 28.1 | | 德國 慕尼黑國立民族學博物
館 | |

畫家小傳：王井。畫史無載。身世待考。

曉 贊

| 祖師圖 | 軸 | 紙 | 水墨 | 79.8 × 30.3 | | 日本 東京國立博物館 | TA-612 |

畫家小傳：曉贊。畫史無載。身世待考。

張 德

| 山水圖 | 卷 | 紙 | 水墨 | 23.4 × ？ | | 香港 利榮森北山堂 | K92.18 |

畫家小傳：張德。畫史無載。身世待考。

沈 鉉

| 山水（五家集繪卷8之1段） | 卷 | 紙 | 水墨 | 約30 × 36 | | 北京 故宮博物院 | |

畫家小傳：沈鉉。畫史無載。身世待考。

劉子與

名稱	形式	質地	色彩	尺寸 高x寬㎝	創作時間	收藏處所	典藏號碼
山水（五家集繪卷8之1段）	卷	紙	水墨	約30 x 36		北京 故宮博物院	

畫家小傳：劉子與。畫史無載。身世待考。

許　震

| 鍾離仙像 | 軸 | 紙 | 水墨 | 113.2 x 55.6 | | 北京 故宮博物院 | |

畫家小傳：許震。畫史無載。身世待考。

南山樵隱

| 胡笳十八拍圖 | 卷 | 紙 | 水墨 | 30.5 x ? | | 台北 私人 | |

畫家小傳：南山樵隱。畫史無載。身世待考。

嬾庵居士

| 山水圖 | 軸 | 紙 | 設色 | 100.3 x 35.5 | | 美國 芝加哥藝術中心 | 1955.17 |

畫家小傳：嬾庵居士。畫史無載。身世待考。

張夢奎

| 九鷺圖 | 軸 | 絹 | 設色 | 134.2 x 83.8 | | 美國 普林斯頓大學藝術館 | 47-3 |

畫家小傳：張夢奎。畫史無載。身世待考。

劉敏叔

| 三夫子像 | 軸 | 絹 | 設色 | 122.2 x 68.6 | | 美國 華盛頓特區弗瑞爾藝術館 | 16.584 |

畫家小傳：劉敏叔。畫史無載。身世待考。

顏　庚

| 鍾馗嫁妹圖 | 卷 | 絹 | 水墨 | 24.6 x ? | | 美國 紐約大都會藝術博物館 | 1990.134 |

畫家小傳：顏庚。畫史無載。身世待考。

李景華

附：

| 米氏雲山圖 | 冊頁 | 紙 | 水墨 | 27.3 x 30.5 | | 紐約 佳士得藝品拍賣公司/拍賣目錄 1996,09,18. | |

畫家小傳：李景華。畫史無載。身世待考。

名稱	形式	質地	色彩	尺寸 高x寬cm	創作時間	收藏處所	典藏號碼

趄時生

附：

| 清溪梅竹圖 | 軸 | 紙 | 水墨 | 129.5 x 49.5 | | 紐約 佳士得藝品拍賣公司/拍 | |
| | | | | | | 賣目錄 990,05,31. | |

畫家小傳：趄時生。畫史無載。身世待考。

張芳汝

| 牧童圖（2幅） | 軸 | 紙 | 水墨 | 87.1 x 34.7 | | 日本 靜岡縣熱海美術館 | |

畫家小傳：張芳汝。畫史無載。身世待考。

陸仲淵

| 羅漢圖 | 軸 | 紙 | 設色 | 不詳 | | 日本 常照皇寺 | |

畫家小傳：陸仲淵。畫史無載。身世待考。

周 白

| 三星圍碁圖 | 軸 | 絹 | 設色 | 不詳 | | 日本 東京根津美術館 | |

畫家小傳：周白。畫史無載。身世待考。

樂志軒

| 山水圖 | 軸 | 紙 | 水墨 | 27.8 x 27.8 | | 日本 今出川勇子先生 | |

畫家小傳：樂志轔。畫史無載。身世待考。

（釋）宗 瑩

| 懸崖雙清圖（蘭竹） | 軸 | 紙 | 水墨 | 75 x 34.3 | | 日本 私人 | |

畫家小傳：宗瑩。一作仲默。僧。畫史無載。身世待考。

（釋）正 悟

| 白衣觀音圖 | 軸 | 絹 | 水墨 | 125.7 x 53.8 | | 日本 京都國立博物館 | A甲275 |

畫家小傳：正悟。僧。畫史無載。身世待考。

（釋）月 舟

| 十六羅漢圖(2幅) | 軸 | 絹 | 設色 | （每幅）105.4 | | 日本 鹿王院 | |
| | | | | x 53.5 | | | |

畫家小傳：月舟。僧。畫史無載。身世待考。

名稱	形式	質地	色彩	尺寸 高×寬㎝	創作時間	收藏處所	典藏號碼

陳孟原

| 山水（雲林逸趣圖，為禎祥作） | 軸 | 絹 | 設色 | 163 × 95 | | 日本 岐阜縣永保寺 | |
| 山水（水亭清興圖） | 軸 | 絹 | 設色 | 163 × 95 | | 日本 岐阜縣永保寺 | |

畫家小傳：陳孟原。畫史無載。身世待考。

張思訓

| 天台大師像 | 軸 | 絹 | 設色 | 115.9 × 58.1 | | 日本 滋賀縣西教寺 | |

畫家小傳：張思訓。畫史無載。身世待考。

蕭月潭

| 水月觀音圖 | 軸 | 絹 | 設色 | 87 × 38.7 | | 日本 大阪正木美術館 | |

畫家小傳：蕭月潭。道淮人。身世不詳。善畫白描道釋人物。（見圖繪寶鑑、中國畫家人名大辭典）

王好文

| 小圃春晴圖 | 冊頁 | 絹 | 設色 | 23.9 × 57.1 | | 上海 上海博物館 | |

畫家小傳：王好文。畫史無載。身世待考。

金 繡

| 山林曳杖圖 | 軸 | 紙 | 水墨 | 126.2 × 44.4 | | 上海 上海博物館 | |

畫家小傳：金繡。畫史無載。身世待考。

無名氏
（佛、道宗教畫）

鍾離仙跡	卷	絹	設色	24.6 × 110.6		台北 故宮博物院	故畫 01023
燃燈授記釋迦文圖	卷	絹	設色	26.2 × 38.3		瀋陽 遼寧省博物館	
揭缽圖	卷	絹	設色	32 × 98		北京 故宮博物院	
搜山圖	卷	絹	設色	53.4 × 532.4		北京 故宮博物院	
維摩演教圖	卷	紙	水墨	34.8 × 207.1		北京 故宮博物院	
白描群仙圖	卷	絹	水墨	25.5 × 232		上海 上海博物館	
羅漢圖	卷	紙	水墨	30 × 960		杭州 浙江省杭州西泠印社	

名稱	形式	質地	色彩	尺寸 高x寬cm	創作時間	收藏處所	典藏號碼
搜山圖	卷	絹	設色	43.5 × 597		昆明 雲南省博物館	
五百羅漢圖	卷	紙	設色	94.9 × 180.8		美國 華盛頓特區弗瑞爾藝術館	
毘盧遮那佛像	軸	絹	設色	142.4 × 81.4		台北 故宮博物院	故畫 00350
文殊洗象圖	軸	絹	設色	133 × 83.7		台北 故宮博物院	故畫 02066
觀音大士	軸	絹	設色	137.8 × 63		台北 故宮博物院	故畫 02068
佛像	軸	絹	設色	151.6 × 80.4		台北 故宮博物院	中畫 00153
竹林大士像	軸	絹	設色	149.6 × 73.4		台北 故宮博物院	中畫 00152
應真參妙圖	軸	絹	設色	135.2 × 74.6		台北 故宮博物院	故畫 00351
應真像	軸	絹	設色	157.6 × 79.6		台北 故宮博物院	故畫 00352
應真像	軸	絹	設色	157.6 × 76.6		台北 故宮博物院	故畫 00353
應真像	軸	紙	設色	104.5 × 50.5		台北 故宮博物院	故畫 02070
應真像	軸	紙	設色	104.5 × 50.5		台北 故宮博物院	故畫 02071
應真像	軸	紙	設色	104.5 × 50.5		台北 故宮博物院	故畫 02072
應真像	軸	紙	設色	104.5 × 50.5		台北 故宮博物院	故畫 02073
應真像	軸	紙	設色	104.5 × 50.5		台北 故宮博物院	故畫 02074
應真像	軸	紙	設色	104.5 × 50.5		台北 故宮博物院	故畫 02075
第一阿迦阿基達尊者	軸	絹	設色	109.5 × 46		台北 故宮博物院	故畫 02076
第二阿資達尊者	軸	絹	設色	109.5 × 46		台北 故宮博物院	故畫 02077
第三拔納拔西尊者	軸	絹	設色	109.5 × 46		台北 故宮博物院	故畫 02078
第四嘎礼嘎尊者	軸	絹	設色	109.5 × 46		台北 故宮博物院	故畫 02079
第五拔雜哩逋答喇尊者	軸	絹	設色	109.5 × 46		台北 故宮博物院	故畫 02080
第六拔哈達刺尊者	軸	絹	設色	109.5 × 46		台北 故宮博物院	故畫 02081
第七嘎納嘎巴薩尊者	軸	絹	設色	109.5 × 46		台北 故宮博物院	故畫 02082
第八嘎納嘎拔哈刺鍰雜尊者	軸	絹	設色	109.5 × 46		台北 故宮博物院	故畫 02083
第九拔嘎沽拉尊者	軸	絹	設色	109.5 × 46		台北 故宮博物院	故畫 02084
第十喇呼拉尊者	軸	絹	設色	109.5 × 46		台北 故宮博物院	故畫 02085
第十一祖查巴紈塔嘎尊者	軸	絹	設色	109.5 × 46		台北 故宮博物院	故畫 02086
第十二畢那楂拉哈拔拉鍰雜尊者	軸	絹	設色	109.5 × 46		台北 故宮博物院	故畫 02087
第十三巴納塔嘎尊者	軸	絹	設色	109.5 × 46		台北 故宮博物院	故畫 02088
第十四納阿噶塞納尊者	軸	絹	設色	109.5 × 46		台北 故宮博物院	故畫 02089
第十五鍋巴嘎尊者	軸	絹	設色	109.5 × 46		台北 故宮博物院	故畫 02090
第十六阿必達尊者	軸	絹	設色	109.5 × 46		台北 故宮博物院	故畫 02091

名稱	形式	質地	色彩	尺寸 高×寬㎝	創作時間	收藏處所	典藏號碼
第十七嘎沙鴉巴尊者	軸	絹	設色	109.5 × 46		台北 故宮博物院	故畫 02092
第十八納納答密答喇尊者	軸	絹	設色	109.5 × 46		台北 故宮博物院	故畫 02093
達摩像	軸	紙	設色	59.2 × 35.7		台北 故宮博物院	故畫 02067
葦渡圖	軸	紙	設色	119.5 × 29.7		台北 故宮博物院	故畫 02053
三清圖	軸	絹	設色	133.3 × 76.8		台北 故宮博物院	故畫 02101
畫仙女	軸	絹	設色	123.1 × 86.2		台北 故宮博物院	故畫 02065
寒山拾得像	軸	絹	設色	104.6 × 54.1		台北 故宮博物院	故畫 02052
麻姑獻壽	軸	絹	設色	105.9 × 86		台北 故宮博物院	故畫 02064
劉海像	軸	絹	水墨	118.8 × 45.3		台北 故宮博物院	故畫 02069
說經圖（3-1）	軸	絹	設色	95.4 × 52.9		台北 故宮博物院	故畫 00346
說經圖（3-2）	軸	絹	設色	94.7 × 52.9		台北 故宮博物院	故畫 00347
說經圖（3-3）	軸	絹	設色	95.4 × 52.9		台北 故宮博物院	故畫 00348
宣梵雨花圖	軸	絹	設色	175.3 × 98.2		台北 故宮博物院	故畫 00349
羚羊獻花圖	軸	絹	設色	63.3 × 47.8		台北 故宮博物院	故畫 00354
獻壽圖	軸	絹	設色	91 × 45.3		台北 故宮博物院	故畫 00355
華嚴海會圖	軸	絹	設色	193.5 × 89		台北 故宮博物院	故畫 00871
天部像	軸	絹	設色	89.2 × 46.5		香港 香港藝術館	F A64.1
羅漢圖	軸	絹	設色	154.5 × 115		北京 中央美術學院	
慶有尊者像	軸	絹	設色	127.3 × 62.8	至正五年乙酉（1345）	上海 上海博物館	
羅漢像	軸	絹	設色	123.7 × 61.7	至正五年乙酉（1345）	上海 上海博物館	
伐闍羅尊者像	軸	絹	設色	128 × 63.1	至正五年乙酉（1345）	南京 南京大學	
高僧故事圖	軸	紙	水墨	111.6 × 43.4		南京 南京大學	
佛像	軸	絹	設色	124.8 × 61.1		無錫 江蘇省無錫市博物館	
觀音像	軸	絹	設色	不詳		蘇州 靈巖山寺	
羅漢	軸	絹	設色	不詳		日本 東京國立博物院	
白衣觀音圖（用愚希顏贊）	軸	紙	水墨	88 × 36		日本 東京國立博物院	TA
白衣觀音圖（平石如砥贊）	軸	紙	設色	50.7 × 26		日本 東京國立博物院	TA
壽星圖	軸	絹	設色	109.4 × 52.6		日本 東京國立博物院	
寒山、拾得圖（楚石贊）	軸	紙	水墨	35.1 × 49.7		日本 東京國立博物院	
十六羅漢像（16幅，舊傳顏輝筆）	軸	絹	設色	（每幅）96.7 × 41.2		日本 東京帝室博物館	

名稱	形式	質地	色彩	尺寸 高x寬cm	創作時間	收藏處所	典藏號碼
釋迦三尊像	軸	絹	設色	124.2 x 56.4		日本 東京帝室博物館	
白衣觀音圖	軸	紙	水墨	22.8 x 34.2		日本 東京出光美術館	
蘆葉達磨圖	軸	絹	水墨	98.9 x 43.5		日本 東京出光美術館	
阿彌陀如來像	軸	絹	設色	不詳	大德十年（丙午，1306）製作	日本 東京根津美術館	
白衣觀音圖（香山釋顯弌書讚）	軸	絹	水墨	不詳	顯弌書讚於乙丑（？）季秋日	日本 東京根津美術館	
寒山圖（虎巖淨伏贊）	軸	紙	水墨	82.2 x 32.1		日本 東京靜嘉堂文庫	
蘆葦達摩圖	軸	絹	設色	100.3 x 41.4		日本 東京常盤山文庫	
馬氏婦觀音像	軸	絹	設色	111.5 x 50.4		日本 東京前田育德會	
豐干、寒山、拾得圖（3幅，祖瑛贊）	軸	絹	水墨	（每幅）86.3 x 40.7		日本 東京藤田美術館	
布袋圖（無住子贊）(3-1)	軸	紙	水墨	不詳	元貞乙未（元年，1295）夏日	日本 東京德川黎明會	
朝陽圖（偃溪頁聞贊）(3-2)	軸	紙	水墨	不詳		日本 東京德川黎明會	
對月圖（無住子贊）(3-3)	軸	紙	水墨	不詳		日本 東京德川黎明會	
布袋圖（見心來復贊）	軸	紙	水墨	55.7 x 24.5		日本 東京五島美術館	
朝陽（無住子贊）	軸	紙	水墨	78.8 x 51.5		日本 東京德川義親先生	
布袋（偃谿黃聞贊）	軸	紙	水墨	115.1 x 51.5		日本 東京德川義親先生	
對月（無住子贊）	軸	紙	水墨	78.8 x 51.5		日本 東京德川義親先生	
朝陽圖（東叟贊）	軸	紙	水墨	83.9 x 30.3		日本 東京伊達興家先生	
羅漢像（舊傳禪月筆）	軸	絹	水墨	110.6 x 50.9		日本 東京淺野長勳先生	
二道士圖（舊傳梁楷筆）	軸	絹	設色	44.2 x 29.1		日本 東京淺野長勳先生	
寒山拾得像	軸	絹	設色	123.6 x 57.6		日本 東京井上源太先生	
白衣觀音圖	軸	紙	水墨	不詳	有明永樂四年（丙戌，1406）贊	日本 東京渡邊善十郎先生	
羅漢圖（3幅）	軸	絹	水墨	（每幅）109.1 x 50.3		日本 東京藤田男爵	
水月觀音圖	軸	絹	設色	101.5 x 50.9		日本 東京松方侯爵	
觀音圖（中峰明本贊、嗣良統巖書）	軸	絹	水墨	97 x 41.3		日本 東京藪本俊一先生	
出山釋迦圖（普明贊）	軸	紙	水墨	78.7 x 31.4		日本 東京藪本俊一先生	
魚籃觀音圖	軸	絹	水墨	115.1 x 49.1		日本 東京藪本俊一先生	
蘆葉達磨圖（正印贊）	軸	絹	水墨	69.9 x 31.8		日本 東京藪本俊一先生	

名稱	形式	質地	色彩	尺寸 高×寬㎝	創作時間	收藏處所	典藏號碼
五祖栽松圖	軸	紙	水墨	85.2 × 29.4		日本 東京住友寬一先生	
鍾離權、呂洞賓問答圖	軸	絹	設色	103.7 × 48.9		日本 靜岡縣熱海美術館	
羅漢圖	軸	絹	設色	120.4 × 53.8		日本 京都國立博物館	A甲 258
韋馱天圖	軸	紙	水墨	85.7 × 31.6		日本 京都國立博物館	A甲 236
羅漢圖	軸	絹	設色	不詳		日本 京都泉屋博古館	
羅漢圖（十六羅漢之殘存二幅）	軸	絹	水墨	不詳		日本 京都小川廣己先生	
柳瓶觀音像	軸	絹	水墨	不詳		日本 京都大德寺	
羅漢圖（2幅）	軸	絹	水墨	不詳		日本 京都大德寺	
十王圖	軸	絹	設色	93.4 × 45.1		日本 京都大德寺	
釋迦三尊像（3幅）	軸	絹	設色	（每幅）175.7 × 84.8		日本 京都東福寺	
羅漢像	軸	絹	設色	124.2 × 51.5		日本 京都大心院	
十六羅漢像（16幅）	軸	絹	設色	（每幅）131.8 × 53.3		日本 京都妙心寺東海庵	
十六羅漢像（16幅）	軸	絹	設色	（每幅）113.3 × 60		日本 京都龍光院	
阿彌陀如來像	軸	絹	設色	不詳		日本 京都一心院	
阿彌陀淨土變相圖	軸	絹	設色	不詳		日本 京都知恩院	
觀經變相圖	軸	絹	設色	不詳	至治三年（癸亥，1323）十月	日本 京都知恩院	
觀音菩薩像	軸	絹	設色	165 × 56.2		日本 京都天龍寺	
六道繪（6幅）	軸	絹	設色	（每幅）104 × 47		日本 京都新知恩院	
釋迦三尊圖	軸	絹	設色	不詳		日本 京都新知恩院	
觀音圖	軸	絹	水墨	85.3 × 51		日本 京都本法寺	
觀音圖	軸	絹	水墨	98.1 × 43.4		日本 京都高桐院	
釋迦牟尼	軸	絹	設色	不詳		日本 京都三尊院	
普賢菩薩像	軸	絹	設色	不詳		日本 京都三尊院	
文殊菩薩像	軸	絹	設色	113.6 × 51.2		日本 京都三尊院	
六道圖	軸	絹	設色	142 × 59.2		日本 奈良大和文華館	819
涅槃圖	軸	絹	設色	156.9 × 83		日本 奈良國立博物館	
文殊騎象圖（無隱元晦贊）	軸	絹	設色	89.4 × 39.9		日本 奈良國立博物館	
十六羅漢圖（16幅）	軸	絹	設色	95.6 × 36.6		日本 奈良寶嚴寺	
十六羅漢圖（16幅）	軸	絹	設色	（每幅）130.2		日本 大阪市立美術館	

稱名	形式	質地	色彩	尺寸 高x寬㎝	創作時間	收藏處所	典藏號碼
				x 50.8			
圓悟、大慧、虎丘圖	軸	絹	水墨	50.3 × 20.3		日本 大阪正木美術館	
達摩圖（比丘淳朋書贊）	軸	紙	水墨	100.7 × 38	淳朋書於天曆初元（戊辰，1328）仲冬月旦	日本 大阪正木美術館	
十王圖	軸	絹	設色	120 × 52.6		日本 大阪府弘川寺	
文殊騎獅像（即庵題）	軸	絹	設色	105.1 × 43.3		日本 兵庫縣山岡千太郎先生	
諾矩羅尊者	軸	絹	設色	108.5 × 58.2		日本 兵庫縣村山龍平先生	
注茶半託尊者	軸	絹	設色	108.5 × 58.2		日本 兵庫縣村山龍平先生	
草衣文殊圖（祖銘書讚）	軸	絹	設色	不詳	祖銘書於至正癸巳（十三年，1353）	日本 兵庫縣西村輔義先生	
鍾馗圖	軸	絹	設色	96.7 × 52		日本 和泉市久保惣紀念美術館	
阿彌陀三尊像（3幅）	軸	絹	設色	不詳	至大三年（庚戌，1310）題記	日本 山形縣上杉神社	
柳瓶觀音像	軸	絹	設色	105.4 × 54.8		日本 鳥取縣豐乘寺	
十六羅漢圖（16幅）	軸	絹	設色	不詳		日本 愛知縣妙興寺	
十六羅漢圖（16幅）	軸	紙	設色	不詳		日本 群馬縣長樂寺	
十六羅漢圖（對幅）	軸	絹	設色	不詳		日本 群馬縣長樂寺	
十六羅漢圖（16幅）	軸	絹	設色	不詳		日本 愛媛縣太山寺	
羅漢圖	軸	絹	設色	109.2 × 51.5		日本 福井縣瀧谷寺	
魚籃、馬郎婦觀音圖（2幅）	軸	絹	水墨	（每幅）95.7 × 35.6		日本 鎌倉市光明寺	
勢至菩薩像	軸	絹	設色	145.5 × 63		日本 長命寺	
佛涅槃圖	橫幅	絹	設色	不詳		日本 成菩提院	
十六羅漢圖	軸	絹	設色	101.8 × 41.6		日本 超覺寺	
達摩圖	軸	絹	設色	220.6 × 124.1		日本 高成寺	
十六羅漢圖	軸	絹	設色	98.3 × 50		日本 妙嚴寺	
釋迦像（信徒正信題書）	軸	紙	設色	104.4 × 43.2	正信書於至正十七年（丁酉，1357）七月二日	日本 本圀寺	
馬郎婦觀音	軸	紙	水墨	不詳		日本 中村勝五郎先生	
十八羅漢圖（曇芳守忠贊）	軸	紙	水墨	64 × 30	曇芳書於至正戊子	日本 組田昌平先生	

名稱	形式	質地	色彩	尺寸 高x寬cm	創作時間	收藏處所	典藏號碼

（八年，1348）夏

名稱	形式	質地	色彩	尺寸 高x寬cm	創作時間	收藏處所	典藏號碼
羅漢圖	軸	絹	設色	不詳		日本 江田勇二先生	
第四蘇頻陀尊者圖	軸	絹	設色	118.2 × 44.2		日本 江田勇二先生	
玄沙接物利生圖	軸	絹	水墨	102 × 45.8		日本 滕井明先生	
楊柳觀音圖	軸	絹	水墨	51.2 × 22.8		日本 荻泉堂	
仙女圖	軸	絹	設色	85.1 × 36.1		日本 中埜又左衛門先生	
蘆葉達磨圖	軸	紙	水墨	78.1 × 32.4		日本 私人	
羅漢圖（4幅）	軸	絹	水墨	（每幅）106.1 × 70.9		日本 私人	
一葉觀音圖	軸	紙	設色	42.6 × 28.9		日本 私人	
對月圖	軸	紙	水墨	57.6 × 24		日本 私人	
觀音圖（妙堪贊）	軸	絹	水墨	118.8 × 44.1		日本 私人	
白衣觀音圖（文林贊）	軸	絹	水墨	93.4 × 39.6		日本 私人	
出山釋迦圖（士莊贊）	軸	絹	水墨	89 × 44.7		日本 私人	
達磨圖（以莊贊）	軸	絹	水墨	118.3 × 52		日本 私人	
二聖像	軸	絹	設色	122 × 54.5		日本 私人	
羅漢圖	軸	絹	設色	106.1 × 41.6		日本 私人	
羅漢圖	軸	絹	水墨	102.2 × 42.8		日本 私人	
松下寒山圖（如庵贊）	軸	絹	水墨	86 × 36.6		日本 私人	
熾盛光佛諸星行道圖	軸	絹	設色	不詳		美國 波士頓美術館	
文殊像	軸	絹	設色	不詳		美國 波士頓美術館	
普陀觀音像	軸	絹	設色	不詳		美國 波士頓美術館	
魚籃觀音像	軸	絹	設色	不詳		美國 波士頓美術館	
魚籃觀音像（愚庵智及贊）	軸	絹	設色	113.7 × 45		美國 耶魯大學藝術館	
羅漢圖	軸	絹	水墨	116 × 52		美國 耶魯大學藝術館	1952.40.16
毘沙門天王像	軸	絹	設色	106.8 × 36.3		美國 耶魯大學藝術館	14.147a
白衣觀音像（季潭宗泐贊）	軸	紙	水墨	90.9× 32.6		美國 普林斯頓大學藝術館（Edward Elliott先生寄存）	L211.72
觀音圖（觀音、龍、虎三圖之1）	軸	絹	水墨	81.2 × 39.5		美國 紐約市大都會藝術博物館	1984.124
羅漢圖	軸	絹	設色	112.7 × 49		美國 紐約市大都會藝術博物館	1984.226
維摩像	軸	絹	設色	157.5 × 93		美國 紐約市大都會藝術博物	14.67.1

名稱	形式	質地	色彩	尺寸 高×寬㎝	創作時間	收藏處所	典藏號碼
						館	
釋迦像	軸	絹	設色	127.6 × 74.8		美國 華盛頓特區弗瑞爾藝術館	04.311
魚籃觀音像	軸	絹	設色	176.3 × 73.3		美國 華盛頓特區弗瑞爾藝術館	04.2
提婆王	軸	絹	水墨	127.3 × 44.5		美國 華盛頓特區弗瑞爾藝術館	11.313
提婆王	軸	絹	設色	121.5 × 53.4		美國 華盛頓特區弗瑞爾藝術館	13.65
菩薩像	軸	絹	設色	122 × 53.7		美國 華盛頓特區弗瑞爾藝術館	13.65
羅漢圖	軸	絹	設色	117.6 × 58		美國 華盛頓特區弗瑞爾藝術館	09.187
羅漢圖	軸	絹	設色	172.2 × 109.2		美國 華盛頓特區弗瑞爾藝術館	11.312
十六羅漢圖（第三尊者）	軸	絹	水墨	128.1 × 56.9		美國 華盛頓特區弗瑞爾藝術館	11.528
十六羅漢圖（第六尊者）	軸	絹	水墨	126.1 × 56.6		美國 華盛頓特區弗瑞爾藝術館	11.529
十六羅漢圖（第十三尊者）	軸	絹	水墨	128.1 × 56.5		美國 華盛頓特區弗瑞爾藝術館	11.530
五百羅漢圖	橫幅	紙	設色	94.9 × 180.8		美國 華盛頓特區弗瑞爾藝術館	11.538
達摩像	軸	絹	水墨	90.8 × 49.3		美國 華盛頓特區弗瑞爾藝術館	06.261
蘆葦達摩圖	軸	絹	水墨	22.8 × 26.1		美國 密歇根大學藝術博物館	1969/1.103
達摩葦渡圖（了庵清欲贊）	軸	絹	水墨	91.1 × 36.2		美國 克利夫蘭藝術博物館	64.44
羅漢圖	軸	絹	水墨	186.5 × 104.7		美國 聖路易斯市藝術館	109.19
白衣觀音圖	軸	絹	水墨	96.2 × 49		美國 加州勃克萊大學藝術館（Sch-1enker先生寄存）	
羅漢圖	軸	絹	設色	76.5 × 38.5		美國 加州勃克萊大學藝術館（Sch-1enker先生寄存）	
羅漢圖	軸	絹	設色	85.1 × 34.2		美國 加州勃克萊大學藝術館	

名稱	形式	質地	色彩	尺寸 高×寬㎝	創作時間	收藏處所	典藏號碼
						（Schlenker 先生寄存）	
西藏布畫佛像（唐卡）	軸	絹	設色	不詳		美國 洛杉磯郡立藝術館	
羅漢圖	軸	絹	設色	122.5 × 52.7		美國 德州金貝爾藝術館	AP1987.03
羅漢圖（第三尊者）	軸	絹	水墨	125.6 × 61.6	至正五年乙酉歲（1345）二月己卯朔十九日甲戌吉	英國 倫敦大英博物館	1962.12.8.01（ADD317）
鐵拐仙人圖	軸	絹	設色	77.6 × 56.1		英國 倫敦大英博物館	1910.2.12.456（25）
寒山圖	軸	絹	水墨	57.2 × 29.7		德國 柏林東亞藝術博物館	205
藍采和像	軸	絹	設色	77 × 36		德國 科隆東亞西亞美術館	A2
道士像	軸	紙	設色	107.2 × 92.6		瑞典 斯德哥爾摩遠東古物館	NMOK 39
十六應真像（9幀）	冊	絹	設色	（每幀）27.3 × 37.5		台北 故宮博物院	故畫 03144
蘆葦達磨圖（圖像畫）	冊頁	絹	水墨	22.8 × 26.1		美國 密西根大學藝術館	
倪瓚像（張雨題）	卷	紙	設色	28.2 × 60.9		台北 故宮博物院	故畫 01103
元人名賢四像圖	卷	紙	設色	27.4 × 77.2		美國 辛辛那提市藝術館	1948.82
諸葛亮像	軸	紙	設色	61.2 × 45.6		北京 故宮博物院	
中峰明本像（元長贊）	軸	紙	設色	不詳	元長題於至正甲午（十四年，1354）冬	日本 東京藝術大學資料館	
百大禪師像	軸	紙	設色	不詳		日本 東京根津美術館	
圓悟禪師像	軸	絹	設色	不詳		日本 東京根津美術館	
如淨禪師像（清拙贊）	軸	絹	水墨	43.7 × 23.3		日本 東京岡崎正也先生	
邵康節像	軸	紙	白描	101.5 × 33.6		日本 東京岡崎正也先生	
蘇東坡像	軸	絹	設色	不詳		日本 靜岡縣熱海美術館	
中峰明本像（廣演贊）	軸	絹	設色	123.1 × 51.3		日本 京都慈照院	
無學祖元像（夢窗正覺書贊，揭傒斯書塔銘）	軸	絹	設色	112.3 × 51.4		日本 京都慈照院	
六代祖師像（初祖-達磨大師）	軸	絹	設色	92.4 × 40.5		日本 京都妙心寺	
六代祖師像（二祖-大祖禪師）	軸	絹	設色	92.4 × 40.5		日本 京都妙心寺	
六代祖師像（三祖-鑑智禪師）	軸	絹	設色	92.4 × 40.5		日本 京都妙心寺	
六代祖師像（四祖-大醫禪師）	軸	絹	設色	92.4 × 40.5		日本 京都妙心寺	
六代祖師像（五祖-大滿禪師）	軸	絹	設色	92.4 × 40.5		日本 京都妙心寺	

名稱	形式	質地	色彩	尺寸 高×寬㎝	創作時間	收藏處所	典藏號碼
六代祖師像（六祖-大鑒禪師）	軸	絹	設色	92.4 × 40.5		日本 京都妙心寺	
白雲慧曉像（幻住明本贊）	軸	絹	設色	116.8 × 49.2		日本 京都府栗棘庵	
普應國師像	軸	絹	設色	122.1 × 54.5		日本 兵庫縣高源寺	
見心來復像	軸	紙	水墨	78.1 × 32.4		日本 佐賀縣萬歲寺	
無準師範像	軸	絹	設色	不詳		日本 群馬縣長樂寺	
高峰禪師像	軸	絹	設色	不詳		日本　城Houn-ji	
中峰明本像	軸	絹	設色	125.3 × 51.9		日本 選佛寺	
中峰自贊像	軸	紙	設色	55.1 × 31.9		日本 平山堂	
陳蒲鞋像	軸	絹	設色	159.2 × 64.9		日本 私人	
中峰明本像	軸	絹	設色	100 × 47.3		日本 私人	
文玉像	軸	絹	設色	118.7 × 49.5		美國 紐約大都會藝術博物館	16.151
包拯像	軸	絹	設色	164.5 × 97.9		美國 華盛頓特區弗瑞爾藝術館	19.181
趙鼎像	軸	紙	設色	174 × 83.5		美國 舊金山亞洲藝術館	B70 D3
元太祖像（元代帝半身像之1）	冊頁	絹	設色	59.4 × 47		台北 故宮博物院	中畫 00324-1
元太宗像（元代帝半身像之2）	冊頁	絹	設色	59.4 × 47		台北 故宮博物院	中畫 00324-2
元世祖像（元代帝半身像之3）	冊頁	絹	設色	59.4 × 47		台北 故宮博物院	中畫 00324-3
元成宗像（元代帝半身像之4）	冊頁	絹	設色	59.4 × 47		台北 故宮博物院	中畫 00324-4
元武宗像（元代帝身像之5）	冊頁	絹	設色	59.4 × 47		台北 故宮博物院	中畫 00324-5
元仁宗像（元代帝身像之6）	冊頁	絹	設色	59.4 × 47		台北 故宮博物院	中畫 00324-6
元文宗像（元代帝身像之7）	冊頁	絹	設色	59.4 × 47		台北 故宮博物院	中畫 00324-7
元寧宗像（元代帝身像之8）	冊頁	絹	設色	59.4 × 47		台北 故宮博物院	中畫 00324-8
世祖后徹伯爾像（元代后半身像之1）	冊頁	絹	設色	61.5 × 48		台北 故宮博物院	中畫 00325-1
順宗后塔濟像（元代后半身像之2）	冊頁	絹	設色	61.5 × 48		台北 故宮博物院	中畫 00325-2
元武宗后珍格像（元代后半身像之3）	冊頁	絹	設色	61.5 × 48		台北 故宮博物院	中畫 00325-3
元武宗皇帝后像（元代后半身像之4）	冊頁	絹	設色	61.5 × 48		台北 故宮博物院	中畫 00325-4
元武宗后濟雅文皇帝母像（元代后半身像之5）	冊頁	絹	設色	61.5 × 48		台北 故宮博物院	中畫 00325-5
元仁宗皇帝后像（元代后半身像之6）	冊頁	絹	設色	61.5 × 48		台北 故宮博物院	中畫 00325-6

名稱	形式	質地	色彩	尺寸 高×寬㎝	創作時間	收藏處所	典藏號碼
元英宗皇帝后像（元代后半身像之7）	冊頁	絹	設色	61.5 × 48		台北 故宮博物院	中畫 00325-7
英宗皇帝后像（元代后半身像之8）	冊頁	絹	設色	61.5 × 48		台北 故宮博物院	中畫 00325-8
明宗皇帝后像（元代后半身像之9）	冊頁	絹	設色	61.5 × 48		台北 故宮博物院	中畫 00325-9
寧宗后額森圖嚕默色像（元代后半身像之10）	冊頁	絹	設色	61.5 × 48		台北 故宮博物院	中畫 00325-10
元后納罕像（元代后半身像之11）	冊頁	絹	設色	61.5 × 48		台北 故宮博物院	中畫 00325-11
無名后像（元代后半身像之12）	冊頁	絹	設色	61.5 × 48		台北 故宮博物院	中畫 00325-12
無名后像（元代后半身像之13）	冊頁	絹	設色	61.5 × 48		台北 故宮博物院	中畫 00325-13
元無名后像（元代后半身像之14）	冊頁	絹	設色	61.5 × 48		台北 故宮博物院	中畫 00325-14
元無名后像（元代后半身像之15）	冊頁	絹	設色	61.5 × 48		台北 故宮博物院	中畫 00325-15
（故實人物畫）							
九歌圖	卷	紙	水墨	30.5 × 620		哈爾濱 黑龍江省博物館	
十八公圖	卷	絹	設色	不詳		北京 故宮博物院	
孝經圖	卷	絹	水墨	21.4 × 158		上海 上海博物館	
莊列高風圖	卷	紙	水墨	31.2 × 139.8		上海 上海博物館	
九歌圖	卷	紙	水墨	34.9 × 850.2		南京 南京大學	
九歌圖	卷	紙	水墨	不詳		杭州 浙江省博物館	
班婕妤圖	卷	絹	設色	52 × 89.5		英國 倫敦大英博物館	
明妃出塞圖	軸	絹	設色	92.8 × 43.1		台北 故宮博物院	故畫 02061
文姬歸漢圖	軸	絹	設色	63.5 × 85.7		台北 故宮博物院	故畫 00356
虎溪三笑圖	軸	絹	設色	80 × 46		台北 黃君璧白雲堂	
商山四皓圖	軸	絹	設色	155.3 × 77.2		北京 故宮博物院	
東山絲竹圖	軸	絹	設色	187 × 43.7		北京 故宮博物院	
老子出關圖	軸	絹	設色	105.9 × 65.7		日本 東京畠山紀念館	
許由圖	軸	絹	水墨	85.3 × 51		日本 京都本法寺	
巢父圖	軸	絹	水墨	85.3 × 51		日本 京都本法寺	

名稱	形式	質地	色彩	尺寸 高×寬cm	創作時間	收藏處所	典藏號碼
閩王參雪峰圖（楚石題詩）	軸	紙	水墨	71.5 × 27.8		日本 大阪正木美術館	
明妃出塞圖	軸	絹	設色	74.2 × 29.7		日本 大阪原田悟朗先生	
（人物畫）							
龍舟奪標圖	卷	絹	設色	29.5 × 359		台北 故宮博物院	故畫 01539
上林羽獵圖	卷	絹	青綠	47.5×1298.2		台北 故宮博物院	故畫 01540
四孝圖	卷	絹	設色	38.9 × 502.7		台北 故宮博物院	故畫 01544
獵騎圖	卷	絹	設色	29.8 × 283		台北 故宮博物院	故畫 01541
瑤池醉歸圖	卷	紙	設色	29 × 116		哈爾濱 黑龍江省博物館	
禮聘圖	卷	絹	設色	37 × 837		瀋陽 遼寧省博物館	
狩獵圖	卷	絹	設色	31 × 319		瀋陽 遼寧省博物館	
龍舟奪標圖	卷	絹	水墨	25.1 × 115		北京 故宮博物院	
瘤女圖	卷	絹	設色	22.7 × 130.1		北京 故宮博物院	
蕃王按樂	卷	絹	設色	42.4 × 98		天津 天津市藝術博物館	
十二老人圖	卷	絹	設色	不詳		美國 賓夕法尼亞州大學藝術館	
阿羅斯人圖	卷	絹	設色	不詳		瑞典 斯德哥爾摩遠東古物館 (Mr.Erickson 寄存)	
梅花仕女	軸	絹	設色	131.4 × 63		台北 故宮博物院	故畫 00362
射雁圖	軸	絹	設色	131.8 × 93.9		台北 故宮博物院	故畫 00872
遊騎圖	軸	絹	設色	178.8 × 121		台北 故宮博物院	故畫 00873
春景貨郎圖	軸	絹	設色	196.8×104.3		台北 故宮博物院	故畫 00363
夏景戲嬰	軸	絹	設色	126.6 × 60.9		台北 故宮博物院	故畫 02094
秋景戲嬰	軸	絹	設色	127 × 61		台北 故宮博物院	故畫 02095
冬景戲嬰	軸	絹	設色	126.5 × 60.8		台北 故宮博物院	故畫 02096
戲嬰圖	軸	絹	設色	90.4 × 56.1		台北 故宮博物院	故畫 00364
同胞一氣圖	軸	絹	設色	158.9×103.3		台北 故宮博物院	故畫 00365
春景貨郎圖	軸	絹	設色	196.8×104.3		台北 故宮博物院	故畫 00363
夏景戲嬰	軸	絹	設色	126.6 × 60.9		台北 故宮博物院	故畫 02094
秋景戲嬰	軸	絹	設色	127 × 61		台北 故宮博物院	故畫 02095
冬景戲嬰	軸	絹	設色	126.5 × 60.8		台北 故宮博物院	故畫 02096

名稱	形式	質地	色彩	尺寸 高×寬㎝	創作時間	收藏處所	典藏號碼
戲嬰圖	軸	絹	設色	90.4 × 56.1		台北 故宮博物院	故畫 00364
同胞一氣圖	軸	絹	設色	158.9×103.3		台北 故宮博物院	故畫 00365
畫貢葵圖	軸	絹	設色	71.7 × 86.8		台北 故宮博物院	故畫 02054
成功捷報圖	軸	絹	設色	214.8×210.6		台北 故宮博物院	故畫 03726
獵騎圖	軸	絹	設色	39.4 × 60.1		台北 故宮博物院	故畫 02062
傳經圖	軸	絹	設色	130 × 56.2		台北 故宮博物院	故畫 02063
採芝圖	軸	紙	水墨	104.5 × 28		台北 故宮博物院	故畫 02100
聽琴圖	軸	絹	水墨	124 × 58.1		台北 故宮博物院	故畫 02050
四睡圖	軸	紙	設色	87.8 × 34.3		日本 東京國立博物館	
就菊圖	軸	絹	設色	78.5 × 41.2		日本 東京秩父宮先生	
五學士圖	軸	絹	設色	不詳		美國 堪薩斯市納爾遜-艾金斯 藝術博物館	
阿羅斯圖	軸	絹	設色	20.6 × 31.4		瑞典 斯德哥爾摩遠東古物館	E.E.106
招涼仕女（宋元名蹟冊之4）	冊頁	絹	設色	19.8 × 26.2		台北 故宮博物院	故畫 01253-4
高士圖（歷代名繪冊之14）	冊頁	絹	設色	不詳		台北 故宮博物院	故畫 01265-14
蕉陰隱士（宋人名蹟冊之4）	冊頁	絹	設色	25.2 × 22.8		台北 故宮博物院	故畫 03469-4
試馬圖（歷代名人圖繪冊之7）	冊頁	絹	設色	36.9 × 46.9		台北 故宮博物院	故畫 01260-7
后妃太子像（13幀）	冊	紙	設色	（每幀）41 × 29.8		北京 故宮博物院	
四烈婦圖（殘存3幀）	冊	絹	設色	（每幀）32 × 52		廣州 廣州市美術館	

（山水畫）

名稱	形式	質地	色彩	尺寸 高×寬㎝	創作時間	收藏處所	典藏號碼
青山白雲	卷	絹	設色	48.9 × 107.2		台北 故宮博物院	故畫 01022
建章宮圖	卷	絹	水墨	27.8 × 65		台北 故宮博物院	故畫 00924
輞川圖	卷	絹	水墨	26.3 × 554		美國 芝加哥藝術中心	1950.1369
青山竹閣（邊武題跋）	軸	紙	水墨	71.9 × 28.4	邊武題於至正丁亥 （七年，1347）	台北 故宮博物院	故畫 00337
漁莊秋色	軸	絹	設色	163.5 × 88.3		台北 故宮博物院	故畫 00338
太行雪霽圖	軸	絹	設色	156 × 103		台北 故宮博物院	故畫 00341
滕王閣圖	軸	絹	設色	154 × 96		台北 故宮博物院	故畫 00345
江天樓閣	軸	紙	白描	83.7 × 40		台北 故宮博物院	故畫 00375
傚米氏雲山	軸	紙	設色	57 × 35.3		台北 故宮博物院	故畫 00333

名稱	形式	質地	色彩	尺寸 高×寬㎝	創作時間	收藏處所	典藏號碼
傲米氏雲山	軸	紙	設色	110.4 × 56.8		台北 故宮博物院	故畫 00334
春山圖	軸	紙	水墨	73.2 × 42.3		台北 故宮博物院	故畫 00335
秋山圖（應為南宋江參畫）	軸	紙	水墨	46.3 × 57.1		台北 故宮博物院	故畫 00336
雪景	軸	絹	設色	124.5 × 65.2		台北 故宮博物院	故畫 00342
寒林圖	軸	絹	水墨	162.4×102.3		台北 故宮博物院	故畫 00343
山水	軸	絹	設色	119.6 × 49.6		台北 故宮博物院	故畫 00344
秋山圖	軸	紙	設色	115.2 × 36.9		台北 故宮博物院	故畫 02048
天中佳景	軸	絹	設色	108.2 × 62.5		台北 故宮博物院	故畫 02055
老圃秋容	軸	絹	設色	126.8 × 37.5		台北 故宮博物院	故畫 02056
溪橋風雨	軸	絹	設色	54.5 × 32.8		台北 故宮博物院	故畫 02049
夏山甘雨	軸	絹	設色	173.2×103.8		台北 故宮博物院	故畫 02975
秋林瑞靄	軸	絹	設色	219.5×172.1		台北 故宮博物院	故畫 03688
雪霽圖	軸	絹	水墨	24 × 23.5		台北 黃君璧白雲堂	
山水圖	軸	絹	設色	136.5 × 34.6		香港 劉作籌虛白齋	6
山寺圖	軸	絹	設色	278 × 104.8		長春 吉林省博物館	
江山樓閣圖	軸	絹	設色	162 × 92.5		北京 故宮博物院	
瑤岑玉樹圖	軸	紙	設色	41.1 × 97.4		北京 故宮博物院	
秋景山水	軸	絹	設色	176.4×111.5		北京 故宮博物院	
仿郭熙山水	軸	絹	水墨	164 × 105.3		北京 故宮博物院	
雪景山水圖	軸	絹	設色	105 × 51.7		北京 故宮博物院	
仿巨然山水	軸	絹	設色	175.5 ×95.5		北京 故宮博物院	
山水圖	軸	絹	設色	168 × 97		北京 中央美術學院	
廣寒宮圖	軸	絹	水墨	75.6 × 61.9		上海 上海博物館	
仿郭熙雪山圖	軸	絹	設色	220.2×142.3		上海 上海博物館	
寒林平原圖	軸	絹	水墨	不詳		上海 上海博物館	
溪山圖	軸	絹	水墨	88.5 × 50.4		上海 上海博物館	
江山樓閣	軸	絹	設色	不詳		南京 南京博物院	
山海宮闕圖	軸	紙	設色	不詳		普陀山 浙江省舟山普陀山文物館	

名稱	形式	質地	色彩	尺寸 高x寬cm	創作時間	收藏處所	典藏號碼
溪山煙靄圖	軸	絹	設色	148.5 × 112		廣州 廣東省博物館	
山水圖	軸	絹	設色	128.5 × 72.7		日本 東京國立博物館	
離合山水圖（2聯屏，杜貫道題）	軸	紙	水墨	（每屏）53.8 × 23.7		日本 東京國立博物館	
海濤巖礁圖（朱文遷贊、常瑗書）	軸	絹	水墨	126.8 × 63.3	常書於至正辛卯（十一年，1351）四月	日本 東京國立博物館	
竹林山水圖	軸	紙	水墨	77.2 × 51.2		日本 東京靜嘉堂文庫	
竹林山水	軸	紙	水墨	87.9 × 34.8		日本 東京淺野長勳先生	
山水圖（笑隱題雲山辭）	軸	紙	設色	89.8 × 46.4		日本 東京團伊能先生	
秋山瑞靄圖	軸	絹	設色	112.7 × 71.2		日本 大阪市立美術館	
秋江漁艇圖	軸	絹	設色	133.3 × 56.2		日本 大阪市立美術館	
山水圖（對幅）	軸	絹	水墨	不詳		日本 善田昌運堂	
冬景山水圖	軸	絹	水墨	42 × 31.4		日本 私人	
雲山圖	軸	紙	水墨	不詳		美國 波士頓美術館	
陰巖飛瀑圖	軸	絹	水墨	83.9 × 36.5		美國 克利夫蘭藝術博物館	72.157
夏山圖	軸	絹	水墨	不詳		美國 堪薩斯市納爾遜-艾金斯藝術博物館	
漁邨瑞雪	軸	絹	設色	149.2 × 92		美國 舊金山亞洲藝術館	
山水圖	軸	絹	水墨	85.4 × 50.6		美國 勃克萊加州大學藝術館	CY15
青綠山水圖	軸	絹	設色	118.1 × 63.3		荷蘭 阿姆斯特丹 Rijks 博物館	MAK362
滕王閣圖（歷代名繪冊之3）	冊頁	絹	水墨	24.2 × 24.2		台北 故宮博物院	故畫 01264-3
溪寒竹鴉（宋元集繪冊之3）	冊頁	絹	設色	25.9 × 21.9		台北 故宮博物院	故畫 01268-3
柳岸荷塘（宋元集繪冊之4）	冊頁	絹	設色	31.2 × 34.1		台北 故宮博物院	故畫 01268-4
溪橋古寺（宋元集繪冊之5）	冊頁	絹	設色	不詳		台北 故宮博物院	故畫 01268-5
雪溪古寺（宋元集繪冊之6）	冊頁	絹	設色	不詳		台北 故宮博物院	故畫 01268-6
柳岸崇閣（宋元名畫冊之4）	冊頁	絹	設色	不詳		台北 故宮博物院	故畫 03468-4
山市朝嵐（集古名繪冊之9）	冊頁	絹	設色	23.4 × 16.3		台北 故宮博物院	故畫 03482-9
秋山雨霽（歷代名人圖繪冊之6）	冊頁	絹	水墨	28.9 × 50.4		台北 故宮博物院	故畫 01260-6
雲山圖（歷代名人圖繪冊之1）	冊頁	紙	水墨	24.3 × 53.1		台北 故宮博物院	故畫 01260-1
溪山積玉（宋元名繪冊之2）	冊頁	紙	水墨	24.1 × 23		台北 故宮博物院	故畫 01253-2
青綠山水（宋人名蹟冊之1）	冊頁	絹	設色	26.5 × 26.8		台北 故宮博物院	故畫 03469-1
仙山樓閣（宋元明集繪冊之16）	冊頁	絹	設色	21.4 × 21.2		台北 故宮博物院	故畫 03473-16

名稱	形式	質地	色彩	尺寸 高×寬cm	創作時間	收藏處所	典藏號碼
樓閣圖	冊頁	絹	設色	25 × 22		瀋陽 遼寧省博物院	
丹林詩思圖	冊頁	絹	設色	28.5 × 25.9		北京 故宮博物院	
山水（8幀）	冊	紙	設色	（每幀）27.4 × 33.1		北京 故宮博物院	
映水樓臺圖	冊頁	絹	水墨	23.9 × 25.3		北京 故宮博物院	
風雨歸舟圖	紈扇面	絹	設色	25.3 × 25.6		北京 故宮博物院	
深山塔院圖	冊頁	絹	設色	29.4 × 22.1		北京 故宮博物院	
雪林庵屋圖	冊頁	絹	設色	28.3 × 25.6		北京 故宮博物院	
溪山亭榭圖	紈扇面	絹	設色	27.5 × 26.2		北京 故宮博物院	
蘭花雙峰圖	冊頁	絹	水墨	18.6 ×22.5		北京 故宮博物院	
碧梧庭榭圖	冊頁	絹	設色	26 × 22		上海 上海博物館	
仙山樓閣圖	冊頁	絹	設色	27.5 × 26.4		重慶 重慶市博物館	
黃鶴樓圖	紈扇面	絹	設色	不詳		廣州 廣東省博物館	
波濤圖	紈扇面	絹	泥金	30.5 × 30.5		美國 哈佛大學福格藝術館	1961.63
山水圖	紈扇面	絹	水墨	不詳		美國 密歇根大學艾瑞慈教授	
山水圖	紈扇面	絹	設色	22.2 × 23.7		美國 堪薩斯市納爾遜-艾金斯 藝術博物館	46-52
江干樓閣圖	紈扇面	絹	設色	不詳		美國 舊金山亞洲藝術館	B7701
山水圖	冊頁	絹	設色	20.7 × 20		瑞典 斯德哥爾摩遠東古物館	NMOK 135
山水圖	冊頁	絹	水墨	22 × 22		荷蘭 阿姆斯特丹 Rijks 博物 館	MAK89
（山水人物畫）							
蓬舟新月圖	卷	絹	設色	23.1 × 66.8		瀋陽 遼寧看博物館	
曉山送別圖	卷	絹	設色	54.3 × 104.5		瀋陽 遼寧看博物館	
春郊閱春圖	卷	絹	設色	不詳		日本 東京藤井有鄰館	
若蘭璇璣圖	卷	絹	水墨	不詳		美國 哈佛大學福格藝術館	
溪巒叢笑圖	卷	紙	設色	52.7 × 231.2		美國 芝加哥藝術中心	1952.9
春堂琴韻	軸	絹	水墨	133.6 × 79.8		台北 故宮博物院	故畫 00356
買魚沽洒圖	軸	絹	設色	57 × 36.7		台北 故宮博物院	故畫 00339
寒林茗話	軸	絹	設色	162.5 × 88.2		台北 故宮博物院	故畫 00340
夏墅棋聲	軸	絹	水墨	132.8 × 79.8		台北 故宮博物院	故畫 00359
秋庭書壁	軸	絹	設色	133.8 × 79.9		台北 故宮博物院	故畫 00360
冬室畫襌	軸	絹	水墨	133.7 × 79.6		台北 故宮博物院	故畫 00361

名稱	形式	質地	色彩	尺寸 高×寬cm	創作時間	收藏處所	典藏號碼
牧夢占豐圖	軸	絹	設色	147.1 × 98.1		台北 故宮博物院	故畫 00366
百祥衍慶	軸	絹	設色	102.9 × 65		台北 故宮博物院	故畫 02057
太平有象	軸	絹	設色	122.1 × 97.5		台北 故宮博物院	故畫 02058
寒原獵騎	軸	絹	設色	75 × 98.5		台北 故宮博物院	故畫 02051
風雨歸舟圖	軸	絹	設色	165.6 × 96.1		台北 故宮博物院	故畫 00870
扁舟傲睨圖	軸	絹	設色	266 × 111.9		瀋陽 遼寧省博物館	
山溪水磨圖	軸	絹	設色	154 × 94		瀋陽 遼寧省博物館	
秋山行旅圖	軸	絹	設色	176.5×110.5		北京 故宮博物院	
盤車圖	軸	絹	設色	不詳		上海 上海博物館	
寒林罷釣圖	軸	絹	設色	141.6 × 76.9		上海 上海博物館	
松溪林屋圖	軸	絹	設色	168 × 103		南京 南京博物院	
雪溪晚渡圖	軸	紙	設色	105 × 60.3		南京 南京博物院	
松溪泛棹圖	軸	絹	設色	65.3 × 38.		無錫 江蘇省無錫市博物館	
寒林歸樵圖（淨慈平山題贊）	軸	絹	水墨	92.5 × 48.8		日本 京都國立博物館	
竹林幽居圖	軸	絹	設色	155.4×101.8		日本 阿形邦三先生	
漁舟吹笛圖	軸	絹	設色	83 × 48.2		日本 東京森村開作先生	
秋霜漁捕	軸	絹	設色	116.8 × 56.2		美國 堪薩斯市納爾遜-艾金斯　　藝術博物館	
江山漁樂（江村雪漁）	軸	絹	設色	170.2×103.5		美國 舊金山亞洲藝術館	
溪山策仗圖	軸	絹	設色	不詳		美國 舊金山亞洲藝術館	
平原歸獵（宋元名繪冊 8）	冊頁	絹	設色	26.2 × 25.4		台北 故宮博物院	故畫 01253-8
餅桃含笑（宋元集繪冊之 10）	冊頁	絹	設色	不詳		台北 故宮博物院	故畫 01269-10
山樓遠眺（宋元集繪冊之 8）	冊頁	絹	設色	不詳		台北 故宮博物院	故畫 01269-8
攜琴訪友（宋元集繪冊之 7）	冊頁	絹	設色	不詳		台北 故宮博物院	故畫 01269-7
秋林策蹇（宋元集繪冊之 1）	冊頁	絹	設色	不詳		台北 故宮博物院	故畫 01293-1
觀瀑（宋元明集繪冊之 7）	冊頁	絹	設色	31 × 31.5		台北 故宮博物院	故畫 03473-7
松下看雲（宋元畫冊之 5）	冊頁	絹	設色	33.3 × 28.8		台北 故宮博物院	故畫 03470-5
葦汀漁樂（宋元畫冊之 11）	冊頁	絹	設色	30.4 × 28		台北 故宮博物院	故畫 03470-11
月屋聽琴（宋元畫冊之 12）	冊頁	絹	設色	34.3 × 29.8		台北 故宮博物院	故畫 03470-12
東菑餉黍（宋元拾翠冊之 2）	冊頁	絹	設色	24.8 × 23.9		台北 故宮博物院	故畫 03471-2
山居圖（歷代名人圖繪冊之 8）	冊頁	絹	設色	34.8 × 58.9		台北 故宮博物院	故畫 01260-8

名稱	形式	質地	色彩	尺寸 高x寬cm	創作時間	收藏處所	典藏號碼
山居圖（宋元集繪冊之7）	冊頁	絹	設色	不詳		台北 故宮博物院	故畫 01268-7
依閣老翁（宋元名畫冊之2）	冊頁	絹	設色	29.3 x 26.2		台北 故宮博物院	故畫 03468-2
蕃舶來琛（宋元畫冊之2）	冊頁	絹	設色	24.2 x 30.6		台北 故宮博物院	故畫 03470-2
楓林問題（宋元明集繪冊之12）	冊頁	絹	設色	32.8 x 22.9		台北 故宮博物院	故畫 03473-12
蓼湖夜泛（集古名繪冊之6）	冊頁	絹	設色	29 x 26.2		台北 故宮博物院	故畫 03482-6
秋林垂釣（集古名繪冊之7）	冊頁	絹	設色	28.6 x 26.5		台北 故宮博物院	故畫 03482-7
雪山行旅（宋人名蹟冊之3）	冊頁	絹	設色	28.5 x 25.1		台北 故宮博物院	故畫 03469-3
雪江釣艇（宋人名蹟冊之15）	冊頁	絹	設色	21.6 x 24.1		台北 故宮博物院	故畫 03469-15
楓江待渡（宋人名蹟冊之21）	冊頁	絹	設色	23.8 x 24.9		台北 故宮博物院	故畫 03469-21
竹樓清暑（宋元畫冊之3）	冊頁	絹	設色	28.6 x 44.9		台北 故宮博物院	故畫 03470-3
烟水孤舟（宋元名繪冊之7）	冊頁	絹	設色	23.4 x 24.7		台北 故宮博物院	故畫 01253-9
秋山古渡（紈扇集錦冊之3）	紈扇面 絹		水墨	22.5 x 24.2		台北 故宮博物院	故畫 01263-3
秋江漁艇（紈扇集錦冊之9）	紈扇面 絹		設色	23.4 x 23.8		台北 故宮博物院	故畫 01263-9
關山行旅（宋元集繪冊之2）	冊頁	絹	設色	26.7 x 27.8		台北 故宮博物院	故畫 01268-2
風溪歸棹（宋元集繪冊之8）	冊頁	絹	設色	不詳		台北 故宮博物院	故畫 01268-8
秋林渡溪（宋元名畫冊之3）	冊頁	絹	設色	不詳		台北 故宮博物院	故畫 03468-3
煙嶼風帆（宋元畫冊之4）	冊頁	絹	設色	35.6 x 28.3		台北 故宮博物院	故畫 03470-4
松泉亭子（宋元明集繪冊之1）	冊頁	絹	設色	32.6 x 21.6		台北 故宮博物院	故畫 03473-1
遠水揚帆（歷代名人圖繪冊之5）	冊頁	絹	設色	21.6 x 52.4		台北 故宮博物院	故畫 01260-5
遊船圖	冊頁	紙	設色	28.5 x 27		台北 黃君璧白雲堂	
竹林高士圖	冊頁	絹	設色	22.7 x 18.4		瀋陽 遼寧省博物館	
月夜賞梅圖（烟雲集繪冊之1）	冊頁	絹	設色	24 x 26		瀋陽 遼寧省博物院	
松泉高士（唐宋元集繪冊之13）	冊頁	絹	設色	26 x 27		瀋陽 遼寧省博物院	
水閣對話圖	冊頁	絹	設色	25.8 x 23.7		北京 故宮博物院	
松陰策杖圖	冊頁	絹	設色	28 x 28.7		北京 故宮博物院	
柳院消暑圖	冊頁	絹	設色	29 x 29.2		北京 故宮博物院	
秋溪垂釣圖	紈扇面 絹		設色	25.6 x 23.7		北京 故宮博物院	
寒江行旅圖	紈扇面 絹		水墨	24.4 x 24.7		北京 故宮博物院	
山殿賞春圖	紈扇面 絹		設色	27.5 x 28.6		上海 上海博物館	
坐聽松聲圖	紈扇面 絹		設色	22.5 x 21.4		上海 上海博物館	
雪溪賣魚圖	紈扇面 絹		設色	25.2 x 24.6		上海 上海博物館	

名稱	形式	質地	色彩	尺寸 高×寬cm	創作時間	收藏處所	典藏號碼
寒江待渡圖	紈扇面 絹		設色	22.2 × 23.2		美國 堪薩斯市納爾遜-艾金斯 藝術博物館	
（走獸畫）							
百馬圖	卷	絹	設色	32.5 × 492		台北 故宮博物院	故畫 01542
散牧圖	卷	紙	水墨	27.6 × 220.3		日本 大阪市立美術館	
三陽開泰圖	軸	紙	設色	169.2 × 90.7		台北 故宮博物院	中畫 00070
三羊開泰圖	軸	絹	設色	176.1×117.3		台北 故宮博物院	故畫 00874
百祥衍慶	軸	絹	設色	102.9 × 65		台北 故宮博物院	故畫 02057
三陽開泰圖	軸	絹	設色	163.5 × 100		台北 故宮博物院	故畫 02059
三羊開泰圖	軸	絹	設色	104.8 × 56.3		台北 故宮博物院	故畫 02060
畫虎	軸	絹	設色	206.5 × 122		台北 故宮博物院	故畫 02977
畫虎	軸	絹	設色	165.5 × 45.3		台北 故宮博物院	故畫 02106
九九消寒	軸	絹	設色	85.9 × 52.9		台北 故宮博物院	故畫 02107
飼馬圖	軸	絹	設色	158 × 109.7		北京 中國美術館	
放牧圖（平山處林贊）	軸	絹	水墨	109.3 × 46.6		日本 東京國立博物館	
牛車渡涉圖	軸	絹	設色	17.6 × 35.2		日本 東京出光美術館	
猿猴圖	軸	紙	設色	不詳		日本 東京根津美術館	
瘦馬圖	軸	紙	設色	20.9 × 29.7		日本 東京正木直彥先生	
牧牛圖	軸	絹	水墨	不詳		日本 井上戶方庵先生	
葡萄猿猴圖	軸	絹	水墨	78 × 38		日本 私人	
松下栗鼠圖	軸	紙	水墨	83.1 × 32.7		日本 私人	
虎圖（觀音、龍、虎三圖之第3幅）	軸	絹	水墨	80.4 × 39.5		美國 紐約大都會藝術博物館	1984.124c
寒林牧羊圖	軸	紙	設色	112 × 48.3		美國 華盛頓特區弗瑞爾藝術 館	70.33
猿猴圖	軸	絹	水墨	80.6 × 38.4		美國 勃克萊加州大學高居翰 教授	CY12
雙兔圖	冊頁	絹	設色	20.6 × 20.8		北京 故宮博物院	
林原雙羊圖	冊頁	絹	設色	26 × 27.1		成都 四川省博物館	
（鱗介畫）							
魚藻圖	軸	絹	設色	141.9 × 59.6		台北 故宮博物院	故畫 00373
蘆蟹	軸	絹	設色	27 × 27.5		台北 黃君璧白雲堂	
起蛟圖	軸	絹	設色	95.5 × 40.5		太原 山西省博物館	

名稱	形式	質地	色彩	尺寸 高×寬cm	創作時間	收藏處所	典藏號碼
龍圖	軸	絹	水墨	139.4 × 89		日本 滕井明先生	
藻魚圖	軸	絹	設色	117.7 × 59.4		日本 私人	
魚藻圖	軸	絹	水墨	不詳		美國 波士頓美術館	
龍圖（觀音、龍、虎三圖之第2幅）	軸	絹	水墨	80.4 × 39.5		美國 紐約大都會藝術博物館	1984.124b
藻魚圖	軸	絹	水墨	70.4 × 44.8		美國 堪薩斯市納爾遜-艾金斯 藝術博物館	
荷葉烏圖	橫幅	絹	設色	27.4 × 26.7		日本 東京柳孝藏先生	
鰕圖	軸	絹	設色	25.8 × 26.4		日本 東京島津忠重先生	
海珍（宋人名蹟冊之8）	冊頁	絹	設色	24.2 × 21.5		台北 故宮博物院	故畫 03469-8
魚圖（名畫薈錦冊之11）（翎毛畫）	冊頁	紙	水墨	24.2 × 20.1		台北 故宮博物院	故畫 03489-11
鳩雀先春圖	軸	絹	設色	150.9 × 31		台北 故宮博物院	故畫 00367
花下將雛	軸	絹	設色	182 × 102.8		台北 故宮博物院	故畫 00368
芙蓉花鴨	軸	絹	設色	119.3 × 45.8		台北 故宮博物院	故畫 00369
柳塘白燕圖	軸	絹	設色	31.1 × 60.6		台北 故宮博物院	故畫 00370
瑞雪仙禽	軸	絹	設色	181.1 × 94.5		台北 故宮博物院	故畫 00371
杏鵝圖	軸	絹	設色	142.8 × 81.4		台北 故宮博物院	故畫 00372
蘆雁	軸	絹	設色	168.3×106.7		台北 故宮博物院	故畫 00876
花鳥	軸	絹	設色	167.6×101.9		台北 故宮博物院	故畫 00877
嘉穀鳴禽圖	軸	絹	設色	170.5 × 93.8		台北 故宮博物院	故畫 00879
古木寒鴉圖	軸	絹	設色	203.2×109.2		台北 故宮博物院	故畫 00904
疏枝竹鵲	軸	絹	設色	91.7 × 33.3		台北 故宮博物院	故畫 02102
秋花鶺鴒	軸	絹	設色	96.7 × 53.4		台北 故宮博物院	故畫 02103
花鵝小景	軸	紙	設色	57.5 × 37		台北 故宮博物院	故畫 02105
百雁圖	軸	絹	設色	164.7 × 87.1		台北 故宮博物院	故畫 02976
歲朝百爵	軸	絹	設色	157.1 × 90.3		台北 故宮博物院	中畫 00022
竹雀雙兔圖	軸	紙	設色	102.5 × 75.8		香港 劉作籌虛白齋	10
蓉桂雙兔圖	軸	絹	設色	167 × 83		瀋陽 遼寧省博物館	
蘆花寒雁圖	軸	絹	設色	83.3 × 29.8		北京 故宮博物院	
竹雀圖	軸	絹	設色	不詳		北京 故宮博物院	

名稱	形式	質地	色彩	尺寸 高×寬㎝	創作時間	收藏處所	典藏號碼
鷹鳧圖	軸	絹	設色	183 × 98		北京 故宮博物院	
蒼鷹竹梧圖	軸	絹	設色	146 × 93		濟南 山東省博物館	
杏花鴛鴦圖	軸	絹	設色	162 × 97.3		上海 上海博物館	
雄鷹睨猿圖	軸	絹	設色	185.3×140.3		南京 南京博物院	
柱石蒼鷹圖	軸	紙	水墨	102 × 41		昆山 崑崙堂	
竹石山禽圖（見心來復題贊）	軸	紙	設色	不詳		日本 大阪藤田美術館	
霜禽搏兔圖	軸	絹	設色	138.2 × 72.7		日本 東京山本悌二郎先生	
鶉圖（舊傳宋李安忠筆）	軸	絹	設色	23.9 × 23		日本 東京淺野長勳先生	
蓮池白鷺圖（對幅）	軸	絹	水墨	(每幅)104.2 × 55.4		日本 京都國立博物館	
蘆雁圖	軸	紙	水墨	不詳		日本 群馬縣立近代美術館	
鳴鶴圖	軸	絹	設色	131.5 × 74.1		日本 平山堂	
蘆雁圖	軸	絹	設色	不詳		日本 江田勇二先生	
蘆雁圖（天台鏡堂贊）	軸	紙	水墨	不詳		日本 井上戶方庵先生	
枯木小禽圖	軸	絹	設色	43.9 × 30.7		日本 私人	
蘆雁圖	軸	絹	設色	不詳		美國 哈佛大學福格藝術館	
群鶴朝松圖	軸	絹	設色	225.8×174.1		美國 普林斯頓大學藝術館	47-59
荷花鷺鷥圖	軸	絹	設色	56.1 × 45.7		美國 普林斯頓大學藝術館	47-237
蓮池水禽圖（對幅）	軸	絹	設色	（每幅）141.8 × 67.6		美國 紐約大都會藝術博物館	1988.155
松鶴圖	軸	紙	水墨	不詳		美國 紐約王季遷明德堂	
秋景花鳥圖	軸	絹	設色	64.8 × 38.1		美國 芝加哥藝術中心	1953.439
梅花山鳥	軸	絹	設色	不詳		美國 堪薩斯市納爾遜-艾金斯藝術博物館	
鷹擊野鵝	軸	紙	設色	152.5 × 106.1		美國 堪薩斯市納爾遜-艾金斯藝術博物館	
花鳥圖	軸	絹	設色	20.7 × 22.6		美國 勃克萊加州大學藝術館（高居翰教授寄存）	CM4
桃花浴鵝圖	軸	絹	設色	179.8 × 94.7		加拿大 大維多利亞藝術館	90.26.2
粟鶉圖	軸	絹	設色	139.7 × 50.8		英國 倫敦大英博物館	1881.12.10.56（ADD124）
野卉閒雛（宋人名蹟冊之9）	冊頁	絹	設色	25.8 × 23.9		台北 故宮博物院	故畫 03469-9

名稱	形式	質地	色彩	尺寸 高×寬㎝	創作時間	收藏處所	典藏號碼
茶花翠鳥（宋人名蹟冊之14）	冊頁	絹	設色	24.7 × 25.3		台北 故宮博物院	故畫 03469-14
花鳥圖（仿宋元山水人物花鳥走獸冊之9）	冊頁	絹	水墨	20.2 × 21		香港 劉作籌虛白齋	
椰蔭黃鸝圖	冊頁	絹	設色	不詳		瀋陽 遼寧省博物館	
鵜鴒圖	冊頁	絹	設色	不詳		北京 故宮博物院	
花鳥圖	紈扇面	絹	設色	25.2 × 25.7		美國 紐約市大都會藝術博物館	47.18.44
花鳥圖（白頭梔子）	冊頁	絹	設色	29.4 × 28.8		美國 克利夫蘭藝術博物館	70.70
花鳥圖	紈扇面	絹	設色	24 × 23.6		美國 勃克萊加州大學藝術館	CY14
枯木小禽圖	冊頁	紙	水墨	56.6 × 37.6		法國 巴黎賽紐斯基博物館	M.C.9225
枯木小禽圖	冊頁	紙	水墨	56.5 × 42.2		法國 巴黎賽紐斯基博物館	M.C.9226
（草蟲畫）							
葡萄草虫圖（2幅）	軸	絹	設色	（每幅）150 × 78.9		日本 東京國立博物館	TA-488
草蟲圖	軸	絹	設色	117.1 × 35.4		日本 私人	
花卉草虫（宋元名畫冊之1）	冊頁	絹	設色	30.5 × 31.3		台北 故宮博物院	故畫 03468-1
草蟲圖	軸	絹	設色	41.6 × 34.9		美國 洛杉磯郡藝術博物館	M.81.61.1
花蝶圖	紈扇面	絹	設色	24 × 24		美國 勃克萊加州大學藝術館（高居翰教授寄存）	
（植卉畫）							
蘭花圖	卷	紙	水墨	28.2 × 70.5		北京 故宮博物院	
梅花水仙圖	卷	絹	水墨	29 × 401.5		上海 上海博物館	
嘉禾圖	軸	紙	設色	190.2 × 67.9		台北 故宮博物院	故畫 00374
老圃秋容	軸	紙	設色	126.8 × 37.5		台北 故宮博物院	故畫 02056
天中佳景	軸	絹	設色	108.2 × 63.5		台北 故宮博物院	故畫 02055
天中華瑞	軸	絹	設色	181.1 × 95.2		台北 故宮博物院	故畫 00878
折枝秋葵	軸	絹	設色	69.4 × 45.9		台北 故宮博物院	故畫 01311
叢菊圖	軸	絹	設色	139.8 × 76.3		台北 故宮博物院	故畫 02104
豐登報喜圖	軸	絹	設色	99.9 × 63.5		台北 故宮博物院	故畫 02097
歲朝圖	軸	絹	設色	146.5 × 45.3		台北 故宮博物院	故畫 02098
歲朝圖	軸	絹	設色	81.5 × 38.4		台北 故宮博物院	故畫 02099
竹石圖	軸	絹	水墨	138 × 79		北京 故宮博物院	
梅蘭石圖	軸	絹	水墨	118.5 × 52		天津 天津市歷史博物館	
古木竹石圖	軸	絹	水墨	104.4 × 44.8		成都 四川省博物院	

名稱	形式	質地	色彩	尺寸 高×寬cm	創作時間	收藏處所	典藏號碼
古木蘭石圖	軸	紙	水墨	89 × 30.5		廣州 廣東省博物館	
竹石圖	軸	絹	水墨	152 × 48		廣州 廣東省博物館	
花籃圖	橫幅	絹	設色	25 × 27.2		日本 東京柳孝藏先生	
蓮花圖（對幅）	軸	絹	設色	124 × 67.5		日本 東京總持寺	
枯木圖	軸	絹	水墨	不詳		日本 群馬縣長樂寺	
蓮池水禽圖（對幅）	軸	絹	設色	不詳		日本 福井縣向嶽寺	
松竹圖	軸	絹	設色	不詳		日本 大樹寺	
蓮花圖	軸	絹	設色	147 × 90.2		德國 科隆東亞藝術博物館	A11.28
花籠圖	軸	絹	設色	15.7 × 32.9		德國 柏林東亞藝術博物館	1428
花卉圖（對幅）	軸	絹	設色	（每幅）124.5 × 38		荷蘭 阿姆斯特丹 Rijks 博物館	MAK96a,b
竹籠花卉圖	軸	絹	設色	31.5 × 33.5		荷蘭 阿姆斯特丹 Rijks 博物館	MAK94
花卉圖	軸	絹	設色	32.5 × 28		荷蘭 阿姆斯特丹 Rijks 博物館	MAK93
（水墨雜畫）							
墨竹	卷	紙	水墨	31.8 × 121.5		台北 故宮博物院	故畫 01543
墨梅圖	軸	紙	水墨	92.7 × 32.1		日本 京都國立博物館（上野有竹齋寄贈）	A甲 198
墨梅圖（釋楚石題詩）	軸	紙	水墨	不詳		日本 東京梅澤紀念館	
風竹圖	軸	紙	水墨	43.3 × 25.5		日本 東京淺野長勳先生	
三清圖	軸	絹	水墨	104.5 × 63.4		日本 福井縣向嶽寺	
墨梅圖（對幅）	軸	絹	水墨	139.4 × 89		日本 滕景明先生	
墨竹圖	軸	絹	水墨	91.3 × 39.8		日本 私人	
竹石圖	軸	紙	水墨	83 × 30.1		美國 勃克萊加州大學藝術館（高居翰教授寄存）	
墨竹圖	軸	絹	水墨	117.5 × 39.6		英國 倫敦大英博物館	1881.12.10.65（ADD136）
蘭花圖	冊頁	紙	水墨	30.2 × 45.9		昆山 崑崙堂	
雪竹圖（一山題贊）	冊頁	紙	水墨	31.4 × 20.6		美國 華盛頓特區弗瑞爾藝術館	56.22
附：							
白描十六羅漢圖（原署李公麟畫）	卷	紙	水墨	29.9 × 201		紐約 佳仕得藝品拍賣公司/拍賣目錄 1986,06,04	

名稱	形式	質地	色彩	尺寸 高×寬㎝	創作時間	收藏處所	典藏號碼
秋獵圖	卷	絹	設色	59 × 1224.5		紐約 佳士得藝品拍賣公司/拍賣目錄 1989,06,01	
青山畫閣圖	軸	絹	水墨	170 × 103		上海 朵雲軒	
觀世音像	軸	絹	水墨	96.5 × 49		紐約 蘇富比藝品拍賣公司/拍賣目錄 1984,12,05.	
雪山行旅圖	軸	絹	設色	98.5 × 54		紐約 佳士得藝品拍賣公司/拍賣目錄 1989,12,04.	
魚藻圖	軸	絹	水墨	102.6 × 66.6		紐約 佳士得藝品拍賣公司/拍賣目錄 1991,05,29.	
晚渡圖	紈扇面	絹	設色	24.5 × 26.5		紐約 佳士得藝品拍賣公司/拍賣目錄 1996,09,18.	
峻嶺蒼松圖	冊頁	絹	設色	29 × 27		紐約 佳士得藝品拍賣公司/拍賣目錄 1996,09,18.	
雪溪歸牧圖	紈扇面	絹	水墨	26 × 27.5		紐約 佳士得藝品拍賣公司/拍賣目錄 1996,09,18.	
春江獨釣圖	冊頁	絹	設色	26 × 25		紐約 佳士得藝品拍賣公司/拍賣目錄 1996,09,18.	
秋江艇子圖	紈扇面	絹	設色	29 × 30		紐約 佳士得藝品拍賣公司/拍賣目錄 1996,09,18.	
孔子叩金人像	冊頁	絹	設色	27.6 × 38.1		紐約 佳士得藝品拍賣公司/拍賣目錄 1998,03,24.	
雪景圖	冊頁	絹	設色	25.3 × 21.9		紐約 佳士得藝品拍賣公司/拍賣目錄 1998,03,24	
松風水榭圖	紈扇面	絹	設色	24.2 × 24.2		紐約 佳士得藝品拍賣公司/拍賣目錄 1998,03,24	
花籃圖	冊頁	絹	設色	21 × 28.2		紐約 佳士得藝品拍賣公司/拍賣目錄 1998,03,24.	
枇杷幽禽圖	紈扇面	絹	設色	27.9 × 27.9		紐約 佳士得藝品拍賣公司/拍賣目錄 1998,03,24	
仿米氏山水圖	紈扇面	絹	設色	26.3 × 25.3		紐約 佳士得藝品拍賣公司/拍賣目錄 1998,03,24	
雲龍圖	冊頁	絹	水墨	21.3 × 21.6		紐約 佳士得藝品拍賣公司/拍賣目錄 1998,03,24	
山水圖	紈扇面	絹	水墨	25.4 × 26.7		紐約 佳士得藝品拍賣公司/拍	

名稱	形式	質地	色彩	尺寸 高x寬cm	創作時間	收藏處所	典藏號碼
荷鷺圖	紈扇面	絹	設色	23.8 x 25.7		賣目錄 1998,03,24 紐約 佳士得藝品拍賣公司/拍 賣目錄 1998,03,24	
梅竹翠鳥圖	冊頁	絹	設色	25.3 x 24.7		紐約 佳士得藝品拍賣公司/拍 賣目錄 1998,03,24	

名稱	形式	質地	色彩	尺寸 高x寬㎝	創作時間	收藏處所	典藏號碼

明　代

曹妙清

花卉圖	卷	絹	設色	不詳	庚子(至正二十年，1360)春三月穀雨二日	北京 故宮博物院	
牽牛花（歷代集繪畫冊之20）	冊頁	絹	設色	24.4 x 22.4		台北 故宮博物院	故畫 01254-20
折枝花卉（紈扇畫冊之9）	紈扇面 絹		設色	25.7 x 26.2		台北 故宮博物院	故畫 01257-9

畫家小傳：曹妙清。女。字比玉。號雪齋。浙江錢塘人。流傳署款紀年畫作見於元順帝至正二十(1360)年，至明太祖洪武十二(1379)年。
　　　　　為人事母孝，守身不嫁。工詩。兼善書、畫。(見圖繪寶鑑續纂、中國畫家人名大辭典)

宋杞

| 傑閣觀潮（列朝名繪合冊之12） | 冊頁 | 絹 | 設色 | 31 x 26.5 | | 台北 故宮博物院 | 故畫 03479-12 |

畫家小傳：宋杞。字受之。浙江錢塘人。太祖洪武元(1368)年進士。流傳署款紀年畫作見於元至正二十二(1362)年。通經史。工詩。善
　　　　　畫山水，學宋馬遠、夏珪。(見明畫錄、丹崖集、中國畫家人名大辭典)

鄭山輝

附：

| 畫蘭（諸家書畫扇面冊18之1幀） | 摺扇面 金箋 | | 水墨 | 不詳 | | 香港 佳士得藝品拍賣公司/拍賣目錄 1996,04,28. | |

畫家小傳：鄭山輝。字元秉。元末明初人。籍里不詳。與宋禧友好。善畫。(見明畫錄、畫史會要、中國畫家人名大辭典)

周淵

| 雪景雙鹿圖（為南老道長作） | 軸 | 絹 | 設色 | 179.7 x 92.4 | 丁未（至正二十七年，1367）孟冬 | 美國 華盛頓特區弗瑞爾藝術館 | 11.282 |

畫家小傳：周淵。浙江壽昌人。太祖洪武(1368-1398)中，累官至四川參議。善書翰。(見中國美術家人名大辭典)

周位

| 漁翁對話圖 | 軸 | 絹 | 水墨 | 112.7 x 61.8 | | 日本 京都桑名鐵城先生 | |
| 淵明逸致（歷朝畫幅集冊之5） | 冊頁 | 紙 | 白描 | 25.4 x 24.9 | | 台北 故宮博物院 | 故畫 01237-5 |

畫家小傳：周位。字元素。江蘇鎮洋人。太祖洪武初(1368)徵入畫院。工畫山水，宮掖畫壁多出其手。後因同儕讒言而死。(見明畫錄、
　　　　　無聲詩史、太倉州志、金台記聞、中國畫家人名大辭典)

名稱	形式	質地	色彩	尺寸 高x寬㎝	創作時間	收藏處所	典藏號碼

徐 敬

名稱	形式	質地	色彩	尺寸	創作時間	收藏處所	典藏號碼
歲寒清白圖（為王廣文寫）	軸	紙	水墨	149 x 75.5	正統辛酉（六年，1441）五月望日	美國 紐約大都會藝術博物館	1982.1.5

畫家小傳：徐敬。字敬仲。號梅雪。江西清江人。太祖洪武初（1368）官監察御史。以善寫墨梅，為海內所稱。（見江西通志、臨江府志、中國畫家人名大辭典）

盛 著

名稱	形式	質地	色彩	尺寸	創作時間	收藏處所	典藏號碼
滄浪獨釣圖	軸	紙	水墨	63 x 30.7		旅順 遼寧省旅順博物館	
秋江垂釣圖	納扇面	絹	設色	25.9 x 27.4		美國 紐約大都會藝術博物館	1973.121.14

畫家小傳：盛著。字叔彰。盛懋從子。太祖洪武初（1368）供奉內府。工畫山水，得叔真傳，作品高潔秀潤；兼工人物、花鳥。後繪天界寺壁，以水母乘龍犯上意，被殺。（見明畫錄、嘉興府志、畫史會要、中國畫家人名大辭典）

盛 芳

名稱	形式	質地	色彩	尺寸	創作時間	收藏處所	典藏號碼
秋江釣艇（歷朝名繪冊之11）	冊頁	紙	水墨	29.6 x 50.8		台北 故宮博物院	故畫 01236-11

畫家小傳：盛芳。畫史無載。姓名顯示，應與盛著為兄弟輩。待考。

朱 芾

名稱	形式	質地	色彩	尺寸	創作時間	收藏處所	典藏號碼
揭鉢圖	卷	紙	水墨	30.1 x 433.4		台北 故宮博物院	中畫 00219
蘆洲聚雁圖	軸	紙	淺設色	117.4 x 30.7	甲寅（洪武七年，1374）春三月修禊日	台北 故宮博物院	故畫 00379

畫家小傳：朱芾。字孟辯。號滄洲生。江蘇松江人。太祖洪武初（1368）官編修。以工詩、善書名世。又擅畫蘆雁，極得瀟湘煙水之致；兼寫山水、白描人物。（見明畫錄、無聲詩史、松江府志、明史趙撝謙傳、中國畫家人名大辭典）

沈希遠

名稱	形式	質地	色彩	尺寸	創作時間	收藏處所	典藏號碼
遊仙圖	卷	絹	設色	28.4 x ？		美國 紐約大都會藝術博物館	1983.357

畫家小傳：沈希遠。江蘇崑山人。善畫山水，宗法南宋馬遠、夏珪；亦善傳神。太祖洪武（1368-1398）中，寫御容稱旨，授中書舍人。（見明畫錄、畫史會要、中國畫家人名大辭典）

金 鉉

名稱	形式	質地	色彩	尺寸	創作時間	收藏處所	典藏號碼
梅花書屋圖	軸	紙	設色	66.5 x 33	庚寅（永樂八年，1410）閏月廿五日	日本 東京尾崎洵盛先生	

畫家小傳：金鉉。字文鼎。一字尚素。江蘇華亭人。太祖洪武（1368-1398）中，徵薦至京師，以母老辭。工書、畫、詩文，稱三絕。畫擅山水，仿黃公望、高克恭，造詣極高。（見明畫錄、無聲詩史、圖繪寶鑑續纂、東里續稿、中國畫家人名大辭典）

名稱	形式	質地	色彩	尺寸 高×寬cm	創作時間	收藏處所	典藏號碼

夏昺

| 修筠拳石 | 軸 | 紙 | 水墨 | 120.5 × 31.8 | 己卯（建文元年，1399）孟春望後四日 | 台北 故宮博物院 | 故畫 00396 |

畫家小傳：夏昺。字孟暘。江蘇崑山人。太祖洪武元（1368）年，任官永寧縣丞。成祖永樂十三(1415)年，拜中書。工書、善畫。畫山水，師高克恭；又善作竹石。（見明畫錄、無聲詩史、明史沈度傳、姑蘇志、莆田集、中國畫家人名大辭典）

姚廣孝

墨竹圖	軸	紙	水墨	134.2 × 30.3		香港 羅桂祥先生	
附：							
江山奇觀圖	卷	紙	設色	28.3 × 278	洪武壬戌（十五年，1382）	紐約 佳士得藝品拍賣公司/拍賣目錄 1987,06,03.	

畫家小傳：姚廣孝。幼名天禧。生於元順帝至元元（1335）年，卒於明成祖永樂十七（1419）年。元至正間出家為僧，法號道衍。入明，主持北京慶受寺，受知於燕王朱棣。燕王登基後，受命還俗，賜名廣孝，官至太子太師贈榮國公。能詩，工書，善畫。（見明史本傳、藝文志、吾學編、濯纓子集、中國畫家人名大辭典）

邵誼

| 德泉齋圖 | 卷 | 紙 | 水墨 | 28.7 × 87.3 | | 上海 上海博物館 | |

畫家小傳：邵誼。字思宜。自號瓜圃、鋤雲。安徽休寧人。太祖洪武初人。工書。善畫山水，尤精紅梅、墨菊。（見休寧縣志、萬姓統譜、詹氏小辨、中國畫家人名大辭典）

陳遠

| 羅漢 | 軸 | 紙 | 設色 | 101.7 × 50 | 洪武三年（庚戌，1370） | 台北 故宮博物院 | 故畫 02109 |
| 夏真逸像 | 軸 | 絹 | 水墨 | 120 × 44.4 | | 英國 倫敦大英博物館 | 1881.12.10.13（ADD65） |

畫家小傳：陳遠。字中復。原籍金陵，晚居四明。與兄陳遇，俱博學、工書、畫。善寫貌、畫人物，時比李龍眠。洪武初（1368），應召寫太祖御容稱旨。三年，擢文淵閣待詔。（見明畫錄、無聲詩史、明史陳遇傳、寧波志、公輔錄、中國畫家人名大辭典）

趙壽

| 猿猴獻壽 | 軸 | 紙 | 設色 | 103 × 52.4 | | 台北 故宮博物院 | 故畫 02941 |
| 花鳥 | 軸 | 紙 | 設色 | 103.8 × 49.2 | | 台北 故宮博物院 | 故畫 02950 |

畫家小傳：趙壽。字南山。江蘇吳人。工畫人馬。（明畫史、中國畫家人名大辭典）

名稱	形式	質地	色彩	尺寸 高×寬㎝	創作時間	收藏處所	典藏號碼

朱 侃

| 童貞像 | 軸 | 紙 | 設色 | 94.1 × 46.3 | 丙辰（洪武九年，1376）元日 | 台北 故宮博物院 | 故畫 01313 |

畫家小傳：朱侃。字廷直。安徽新安人，居虞山。為朱熹後裔，朱祺之子。能承家學，工畫人物、山水，師法夏珪。流傳署款紀年作品見於太祖洪武九（1376）年。（見海虞畫苑略、蘇州志、常熟縣志、中國畫家人名大辭典）

桑苧翁

| 雪景山水圖 | 軸 | 紙 | 水墨 | 94.8 × 25.5 | 洪武壬子（五年，1372） | 北京 首都博物館 | |

畫家小傳：桑苧翁。畫史無載。流傳署款紀年作品見於太祖洪武五（1372）年。身世待考。

朱 同

| 白梅雙鴉圖 | 軸 | 紙 | 設色 | 87.6 × 39.1 | 洪武五年（壬子，1372） | 日本 京都國立博物館（上野有竹齋寄贈） | A甲 199 |

畫家小傳：朱同。字大同。號紫陽山樵、朱陳村民。安徽休寧人。活動於太祖洪武(1368-1398)間。文才、武略、丹青，無所不精，時稱「三絕」。流傳署款紀年作品見於太祖洪武五（1372）年。（見明史朱升傳、詹氏小辨、覆瓿稿附錄、列卿記、中國畫家人名大辭典）

張 福

| 荷雁水禽圖(1) | 軸 | 絹 | 水墨 | 139.2 × 79.1 | | 英國 倫敦大英博物館 | 1881.12.10.26(ADD 79) |
| 荷雁水禽圖(2) | 軸 | 絹 | 水墨 | 139.2 × 79.1 | | 英國 倫敦大英博物館 | 1881.12.10.27 (ADD80) |

畫家小傳：張福。畫史無載。身世、籍里不詳。太祖洪武(1368-1398)中，移民至雲南建水，遂定居團山。（見載百忍家訓、中國美術家人名大辭典）

王仲玉

| 靖節先生像 | 軸 | 紙 | 水墨 | 106.5 × 32.7 | | 北京 故宮博物院 | |

畫家小傳：王仲玉。籍里、身世不詳。太祖洪武（1368-1398）中，以能畫應召至京師。（見明畫錄、畫史會要、中國畫家人名大辭典）

胡 儼

| 三羊圖 | 軸 | 絹 | 設色 | 100.6 × 51.4 | | 日本 京都國立博物館（上野有竹齋寄贈） | A甲 215 |

畫家小傳：胡儼。字若愚。號頤庵。江西南昌人。生於元順帝至正二十一（1361）年。卒於明英宗正統八（1443）年。官至太子賓客致仕。

名稱	形式	質地	色彩	尺寸 高×寬㎝	創作時間	收藏處所	典藏號碼

博學能文，琴棋、書畫俱善。畫工竹石、蘭蕙，亦能寫羊、鹿。（見明畫錄、明史本傳、列卿記、中國畫家人名大辭典）

王 紱

名稱	形式	質地	色彩	尺寸 高×寬㎝	創作時間	收藏處所	典藏號碼
林泉道古圖	卷	紙	水墨	25.1 × 110		台北 故宮博物院	故畫 01558
山水圖	卷	紙	水墨	24.9 × 46.4		台北 私人	
觀世音圖并書金剛經	卷	紙	白描	24.6 × 78	永樂甲午（十二年，1414）立秋前五日	瀋陽 遼寧省博物館	
湖山書屋圖	卷	紙	水墨	28 × 821	永樂庚寅（八年，1410）秋望	瀋陽 遼寧省博物館	
林泉高致圖	卷	紙	水墨	26.6 × 74.9		北京 故宮博物院	
露梢曉滴圖	卷	紙	水墨	33.1 × 79.3		北京 故宮博物院	
瀟湘秋意圖（王紱、陳叔起合作）	卷	紙	水墨	24.8 × 473	宣德四年（己酉，1429）孟夏朔日	北京 故宮博物院	
北京八景圖	卷	紙	水墨	41.8 × 1883	永樂十二年（甲午，1414）	北京 中國歷史博物館	
畫竹圖（黃翰正統九年題跋）	卷	紙	水墨	不詳		上海 上海博物館	
為密齋寫山水圖（畫共三幅）	卷	紙	水墨	26.7 × 67.9	永樂甲申（二年，1404）五月九日	日本 大阪市立美術館	
墨竹圖	短卷	紙	水墨	31.1 × 54.6		美國 哈佛大學福格藝術館	
江山漁樂圖	卷	紙	水墨	26.8 × ？		美國 普林斯頓大學藝術館（Ed-ward Elliott 先生寄存）	L217.69
竹深處圖	卷	紙	水墨	24.5 × 43.4		美國 密歇根大學藝術博物館	
萬竹秋深圖	卷	紙	水墨	26.1 × 847	永樂庚寅（八年，1410）夏望前三日	美國 華盛頓特區弗瑞爾藝術館	52.7
竹石圖	卷	紙	水墨	35.5 × 232.5		美國 堪薩斯市納爾遜-艾金斯藝術博物館	58-8
玉立湘濱圖	卷	紙	水墨	32.4 × ？		美國 堪薩斯市納爾遜-艾金斯藝術博物館	11092/12
為鄒暐作孝行山水圖	卷	卷	設色	28.4 × ？		德國 柏林東亞藝術博物館	5011
草堂雲樹	軸	紙	水墨	118 × 38.7		台北 故宮博物院	故畫 00382
草亭烟樹圖	軸	紙	水墨	100.9 × 35.4		台北 故宮博物院	故畫 00383
鳳城餞詠	軸	紙	水墨	91.4 × 31		台北 故宮博物院	故畫 00384
山亭文會圖	軸	紙	設色	129.5 × 51.4	永樂甲申（二年，1404）中秋日	台北 故宮博物院	故畫 00385

名稱	形式	質地	色彩	尺寸 高×寬㎝	創作時間	收藏處所	典藏號碼
松亭高士圖	軸	紙	設色	254.2 × 53.6		台北 故宮博物院	故畫 00386
勘書圖	軸	紙	水墨	119.8 × 40.1		台北 故宮博物院	故畫 00387
獨樹圖	軸	紙	水墨	113.7 × 39.4	甲申（永樂二年，1404）長至前一日	台北 故宮博物院	故畫 00388
古木竹石圖	軸	紙	水墨	127.4 × 44.3		台北 故宮博物院	故畫 00389
淇澗圖	軸	紙	水墨	78.2 × 34.5		台北 故宮博物院	故畫 00390
畫竹	軸	紙	水墨	127.2 × 40.2	永樂元年（癸未，1403）五月既望	台北 故宮博物院	故畫 00391
溪亭高話圖	軸	紙	水墨	170.8 × 68.8		台北 故宮博物院	故畫 01314
溪亭夜讀	軸	紙	水墨	101.3 × 33		台北 故宮博物院	故畫 02114
墨筆山水	軸	紙	水墨	157.5 × 67.1		台北 故宮博物院	故畫 02115
秋山泛艇	軸	紙	設色	123.5 × 52	永樂元年（癸未，1403）秋九月	台北 故宮博物院	中畫 00027
仿黃子久秋山平遠圖	軸	紙	水墨	124 × 35	永樂十一年歲次癸巳（1413）六月朔	台北 長流美術館	
高梁山圖	軸	紙	設色	130.5 × 63.9		香港 何耀光至樂堂	
喬柯竹石圖	軸	紙	水墨	54.6 × 27.4	戊寅（洪武三十一年，1398）	北京 故宮博物院	
墨竹圖（為塵外作）	軸	紙	水墨	113.5 × 51.5	辛巳（建文三年，1401）九月九日	北京 故宮博物院	
隱居圖	軸	絹	設色	142 × 71		北京 故宮博物院	
濯足圖	軸	紙	水墨	64 × 66.2		北京 故宮博物院	
竹鶴雙清圖（邊文進、王紱合作）	軸	絹	水墨	109 × 44.6		北京 故宮博物院	
雲封疊嶂圖	軸	紙	水墨	不詳		煙臺 山東省煙臺市博物館	
松亭平遠圖	軸	紙	設色	不詳	永樂七年（己丑，1409）	上海 上海博物館	
竹石圖	軸	紙	水墨	68.7 × 23.5		上海 上海博物館	
竹下四賢圖	軸	紙	水墨	63.8 × 30.2		上海 上海博物館	
枯木竹石圖	軸	紙	水墨	不詳		無錫 江蘇省無錫市博物館	
古木竹石圖	軸	紙	水墨	90.5 × 31.2	永樂辛卯（九年，1411）	重慶 重慶市博物館	
秋林隱居圖（為吳舜民作）	軸	紙	水墨	95.4 × 32.4	辛巳（建文三年，	日本 東京國立博物館	

名稱	形式	質地	色彩	尺寸 高×寬cm	創作時間	收藏處所	典藏號碼
					1401）三月望後五日		
層巒疊嶂圖（為敬齋鄉友作）	軸	紙	水墨	94.8 × 49.4	洪武癸酉（二十六年，1393）秋日	日本 東京山本悌二郎先生	
修竹喬柯圖	軸	紙	水墨	100 × 25.8	己丑（永樂七年，1409）秋日	日本 東京山本悌二郎先生	
竹石圖	軸	紙	水墨	不詳		日本 京都小川廣己先生	
松亭平遠圖	軸	紙	水墨	90.9 × 36.7	永樂己丑（七年，1409）長至日	日本 德島松浦七橋先生	
墨竹圖	軸	紙	水墨	54.6 × 31.1		美國 哈佛大學福格藝術館	1923.155
仿倪瓚梧桐草堂圖	軸	紙	水墨	74.9 × 30.3	永樂六年（戊子，1408）十一月一日	美國 普林斯頓大學藝術館	83-43
秋林書舍圖	軸	紙	水墨	58.4 × 26.7		美國 克利夫蘭藝術博物館（Mrs. Perry 寄存）	TR15196.5
溪山泊舟圖（王達題）	軸	紙	設色	147.5 × 37	王達題於洪武丙子（二十九年，1396）	瑞典 斯德哥爾摩遠東古物館	
隱玉巖（集古圖繪冊之12）	冊頁	紙	水墨	40.7 × 30.4		台北 故宮博物院	故畫 01235-12
山水林亭（名畫薈萃冊之7）	冊頁	紙	水墨	34 × 52.3		台北 故宮博物院	故畫 01238-7
小山叢竹（名畫薈珍冊之8）	冊頁	紙	水墨	25.8 × 30.5		台北 故宮博物院	故畫 01256-8
竹下茅亭（元明人畫山水集景冊之3）	冊頁	紙	水墨	68.8 × 37		台北 故宮博物院	故畫 01295-3
古木疏篁（宋元明集繪冊10）	冊頁	紙	水墨	64.9 × 25.3		台北 故宮博物院	故畫 03580-10
喬柯竹石圖	冊頁	紙	水墨	不詳	洪武三十一年（戊寅，1398）五月	北京 故宮博物院	
雲根叢篠圖	冊頁	紙	水墨	26.2 × 29.5		北京 故宮博物院	
竹深荷靜（明人書畫扇冊之1）	摺扇面	金箋	水墨	不詳		日本 東京橋本辰二郎先生	
山水（宋元明名家畫冊之9）	冊頁	紙	水墨	不詳		日本 京都藤井善助先生	
附：							
蒿庵圖	卷	紙	水墨	27.2 × 61.6		紐約 蘇富比藝品拍賣公司/拍賣目錄 1987,12,08.	
張文寶筆舫圖	卷	紙	水墨	25 × 46.8	永樂十二年（甲午，1416）四月	紐約 佳士得藝品拍賣公司/拍賣目錄 1991,05,29.	

畫家小傳：王紱。字孟端，後以字行，更字友石。號九龍山人、青城山人等。江蘇無錫人。生於元順帝至正二十二（1362）年。卒於明成祖永樂十四（1416）年。博學、工詩。善畫山水，師法王蒙；尤以墨竹名天下，得文同遺法。（見明畫錄、無聲詩史、明史本傳、

名稱	形式	質地	色彩	尺寸 高×寬㎝	創作時間	收藏處所	典藏號碼

圖繪寶鑑續纂、中國畫家人名大辭典）

陳 銓

觀月圖	軸	絹	設色	110.1 × 45		美國 勃克萊加州大學藝術館 CM24a	

（高居翰教授寄存）

畫家小傳：陳銓。字叔權。浙江永嘉人。約活動於太祖洪武至成祖永樂間（1374-1441）。工畫山水，工細有宋人意。（見中國美術家人名大
辭典）

沈 澄

秋林觀瀑	軸	不詳	不詳	不詳		蘇州 江蘇省蘇州博物館	

畫家小傳：沈澄。字孟淵，後以字行。晚號緎庵。江蘇長洲人。生於太祖洪武九（1376）年。卒於英宗天順七（1463）年。成祖永樂初（14
03），朝廷以人才見徵，託疾引歸。善詩、工畫，因父與王蒙友善，故成就高。（見清河書畫舫、劉完庵集、中華畫人室隨筆、中
國畫家人名大辭典），

南山瑞雪圖	軸	紙	設色	248.8 × 101		台北 私人	

畫家小傳：沈遇。字公濟。號臞樵。江蘇吳縣人。生於太祖洪武十（1377）年，歷永樂、宣德、正統等朝。善畫山水，水墨師馬、夏，淺
絳師李唐，深色摹趙伯駒，晚年工雪景。（見明畫錄、無聲詩史、吳縣志、四部類稿、中國畫家人名大辭典）

虞 謙

仿倪雲林山水圖	軸	紙	水墨	94.7 × 32.5		日本 兵庫縣黑川古文化研究	

所

畫家小傳：虞謙。字伯益。號玉雪齋。江蘇金壇人。太祖洪武時，以太學士授刑部郎中，仁宗朝擢大理卿，宣宗宣德二（1427）年卒於官。
工詩。善畫山水，幽淡簡遠，有倪雲林風致；又好寫金錯刀竹，與夏昶齊名。（見明畫錄、無聲詩史、畫史會要、圖繪寶鑑續纂、
東墨集、中國畫家人名大辭典）

陳宗淵

洪崖山房圖	卷	紙	水墨	27 × 107.3		北京 故宮博物院	

畫家小傳：陳宗淵。畫史無載。身世待考。

邊文進

胎仙圖	卷	紙	設色	30.1 × 817		台北 故宮博物院	故畫 01559
百爵圖	卷	絹	設色	不詳		台北 故宮博物院	故畫 01560
梨花鵓鴿圖	卷	絹	設色	不詳		日本 東京住友寬一先生	

名稱	形式	質地	色彩	尺寸 高×寬㎝	創作時間	收藏處所	典藏號碼
三友百禽圖	軸	絹	設色	151.3 × 78.1	永樂癸巳（十一年，1413）秋七月	台北 故宮博物院	故畫 00397
分哺圖	軸	絹	設色	63.7 × 43.9		台北 故宮博物院	故畫 00398
栗喜圖	軸	絹	設色	45.8 × 56.5		台北 故宮博物院	故畫 00399
花鳥	軸	絹	設色	160.1 × 74.2	宣德丁未（二年，1427）孟秋	台北 故宮博物院	故畫 00400
春花三喜	軸	絹	設色	165.2 × 98.3		台北 故宮博物院	故畫 00881
群仙祝壽	軸	絹	設色	179.3 × 100.5	甲戌（景泰五年，1454）四月望前二日	台北 故宮博物院	故畫 02116
歲朝圖	軸	紙	設色	108.8 × 46.1	宣德二年（丁未，1427）春正	台北 故宮博物院	故畫 02117
花鳥圖	軸	絹	設色	152.6 × 77.7		香港 鄭德坤木扉	
雙鶴圖	軸	絹	設色	181.2×117.9		北京 故宮博物院	
竹鶴雙清圖（邊文進、王紱合作）	軸	絹	水墨	109 × 44.6		北京 故宮博物院	
杏竹春禽圖	軸	絹	設色	153.1 × 88.2		上海 上海博物館	
花竹聚禽圖	軸	絹	設色	137.7 × 65.5		上海 上海博物館	
雪梅雙鶴圖	軸	絹	設色	156 × 91		廣州 廣東省博物館	
（傳）蓮葉飯雀圖	軸	絹	設色	23.6 × 21.7		日本 東京藝術大學美術館	477
荔枝白鳥圖	軸	絹	設色	31 × 30.9		日本 東京永青文庫	
來禽幽鳥圖	軸	絹	設色	31 × 30.9		日本 東京永青文庫	
雙鶴圖	軸	絹	設色	133.2 × 80.5		日本 東京住友寬一先生	
鶴圖	軸	絹	設色	14.2 × 13.5		日本 東京住友寬一先生	
竹石白犬圖	軸	絹	設色	114 × 74.7		日本 東京柳孝藏先生	
柏鷹錦雞圖	軸	絹	設色	145.5 × 74		日本 大阪橋本大乙吉先生	
斑鳩茶花圖	橫幅	絹	設色	35.7 × 76.8		日本 京都泉屋博古館	30
鵝圖	軸	絹	設色	80.3 × 87		日本 兵庫縣村山龍平先生	
紅蓼白鷺圖	軸	絹	設色	98.6 × 49.2		日本 福岡市美術館	4-B-197
百鳥圖	軸	絹	設色	179.5 × 155		日本 福岡市美術館	4-B-196
神龜舞蝶圖	軸	絹	設色	117.2 × 46.4		日本 佐賀縣鍋島報效會	3-軸-81
花鳥圖（梅竹茶花文禽）	軸	絹	設色	不詳		日本 中村勝五郎先生	
梅竹群雀圖	軸	絹	設色	152.7 × 95.6		日本 私人	
花鳥圖（花月眠禽圖）	軸	絹	設色	97.7 × 42.5		美國 哈佛大學福格藝術館	1923.201

名稱	形式	質地	色彩	尺寸 高x寬cm	創作時間	收藏處所	典藏號碼
三友百禽圖	軸	絹	設色	152.1 x 95.3		美國 克利夫蘭藝術博物館	
疏枝寒鵲（歷代名繪冊之15）	冊頁	絹	水墨	37.5 x 43.5		台北 故宮博物院	故畫 01265-15
梅花幽鳥（歷代名繪冊之16）	冊頁	絹	設色	23.8 x 24.7		台北 故宮博物院	故畫 01265-16
孔雀（宋元集繪冊之12）	冊頁	絹	設色	31.8 x 29		台北 故宮博物院	故畫 01268-12
蘆雁（集古名繪冊之6）	冊頁	絹	設色	27.3 x 29.2		台北 故宮博物院	故畫 03481-6
九思圖	摺扇面	紙	設色	不詳		台北 故宮博物院	故扇 00004
柳枝山鳥	摺扇面	紙	水墨	不詳		台北 故宮博物院	故扇 00005
秋林行旅	摺扇面	紙	水墨	不詳		台北 故宮博物院	故扇 00006
秋塘鶺鴒圖	冊頁	絹	設色	27.7 x 41.3		上海 上海博物館	
寒梅睡雀圖	冊頁	絹	水墨	24.3 x 20.8		美國 克利夫蘭藝術博物館	67.249
附：							
梅雀圖	卷	絹	設色	28.5 x 310		紐約 佳士得藝品拍賣公司/拍賣目錄 1994,11,30.	

畫家小傳：邊文進。字景昭。祖籍隴西，後為福建沙縣人。宣宗宣德元(1426)年授武英殿待詔。博學、能詩。善畫花果、翎毛，筆墨精到，形神宛治，被譽宋元後一人。流傳署款紀年作品見於成祖永樂十一(1413)年，至代宗景泰五(1454)年。(見明畫錄、無聲詩史、圖繪寶鑑續纂、閩畫記、沙縣志、中國畫家人名大辭典)

郭 純

名稱	形式	質地	色彩	尺寸 高x寬cm	創作時間	收藏處所	典藏號碼
山居會友圖	軸	絹	設色	110.8 x 62.1		台北 故宮博物院	中畫 00080
漁家聚樂	摺扇面	紙	設色	不詳		台北 故宮博物院	故扇 00008
附：							
赤壁圖	軸	絹	設色	160.5 x 96		北京 中國文物商店總店	

畫家小傳：郭純。初名文通，成祖為賜今名，遂以文通為字。號樸庵。浙江永嘉人。成祖永樂(1403-1424)中供奉內殿。善畫山水，學盛懋。(見明畫錄、無聲詩史、圖繪寶鑑續纂、水東日記、東里集、東海集、中國畫家人名大辭典)

范 暹

名稱	形式	質地	色彩	尺寸 高x寬cm	創作時間	收藏處所	典藏號碼
蘆雁圖	軸	絹	設色	21.2 x 43.6		日本 東京岡崎正也先生	
鷺鷥	摺扇面	紙	設色	不詳		台北 故宮博物院	故扇 00007

畫家小傳：范暹。字啟東。號葷齋。江蘇吳縣（或作崑山、洋鎮）人。成祖永樂(1403-1424)中徵入畫院。工畫花竹、翎毛，筆致雋逸。學生甚多。(見明畫錄、無聲詩史、圖繪寶鑑續纂、水東日記、中國畫家人名大辭典)

高廷禮

名稱	形式	質地	色彩	尺寸 高x寬cm	創作時間	收藏處所	典藏號碼
雲思圖	卷	紙	設色	不詳	永樂元年（癸未，1403）	北京 故宮博物院	

畫家小傳：高廷禮。初名樣。字彥恢。號漫士、慢仕。福建長樂人。為人博學，工詩、文、書法，世稱「三絕」。善畫山水，得米芾、高克

名稱	形式	質地	色彩	尺寸 高x寬cm	創作時間	收藏處所	典藏號碼

恭之法。流傳署款紀年作品見於成祖永樂元(1403)年。(見明史本傳、福建通志、閩畫記、明畫錄、無聲詩史、名山藏、玉堂荅工奴話、曝書亭集、中國畫家人名大辭典)

劉 球

| 夏木垂陰圖 | 軸 | 絹 | 水墨 | 101.8 × 38.7 | 永樂二年(甲申，1404)六月廿五日 | 日本 東京林宗毅先生 | |

畫家小傳：劉球。字求樂。安福人。明成祖永樂十九年進士，官至翰林侍講。後為王振陷害而死。平生不汲汲於畫，惟喜臨撫前代大家名蹟，無不曲盡其妙。署款紀年作品見於永樂二年。(見畫作清何紹基題跋)

張 祐

| 墨梅圖(萬古春風，為總戎平江陳公寫) | 軸 | 絹 | 水墨 | 156.7 ×70.1 | | 美國 普林斯頓大學藝術館(Edward Elliott 先生寄存) | L129.71 |
| 墨梅圖(唐繪手鑑筆耕圖下冊之41) | 冊頁 | 絹 | 水墨 | 21.4 × 25.1 | | 日本 東京國立博物館 | TA-487 |

畫家小傳：張祐。字天吉。安徽鳳陽人。成祖永樂(1403-1424)時，爵襲隆平侯。善畫梅，師王謙。(見明畫錄、無聲詩史、圖繪寶鑑續纂、篁墩集、中國畫家人名大辭典)

朱芝垝

| 竹鶴圖 | 軸 | 絹 | 設色 | 151.8 × 102. | | 廣州 廣東省博物館 | |
| 時花蛺蝶(集古名繪冊之14) | 冊頁 | 絹 | 設色 | 28.8 × 25.6 | | 台北 故宮博物院 | 故畫 01242-14 |

畫家小傳：朱芝垝。太祖三世孫。封三城王。善書、畫。畫工人物、設色折枝花卉，皆妙絕一時。(見明畫錄、明史唐憲王傳、畫史會要、中國畫家人名大辭典)

吳伯理

| 喬松挺雲圖 | 軸 | 紙 | 水墨 | 不詳 | | 日本 京都長尾雨山先生 | |
| 流水松風圖 | 軸 | 紙 | 水墨 | 119.7 × 33.4 | | 美國 普林斯頓大學藝術館(Ed-ward Elliott 先生寄存) | L163.70 |

畫家小傳：吳伯理。道士。號巢雲子。廣信人。住龍虎山。成祖永樂(1403-1424)中，移居嘉定之鶴鳴山。博通經史、工詩書、精篆隸，善畫枯木、竹石。(見明畫錄、明書畫史、列朝詩集小傳、中國畫家人名大辭典)

張宇清

| 思親慕道圖 | 卷 | 紙 | 設色 | 29.8 × 91.9 | 宣德二年丁未(14 | 北京 故宮博物院 | |

名稱	形式	質地	色彩	尺寸 高×寬㎝	創作時間	收藏處所	典藏號碼

27）中元日

畫家小傳：張宇清。道士。字初弟。號西壁。祖籍江蘇徐州，居信州龍虎山。生年不詳。為天師。宣德初，進號崇謙守靜真人。卒於宣宗
　　　宣德二（1427）年。善畫山水。（見明史正常傳、明畫錄、明書畫史、曾西壁集、中國畫家人名大辭典）

呂端浚

畫竹	軸	絹	水墨	169.1 × 87.6		台北 故宮博物院	故畫 00402
竹雀圖	軸	絹	水墨	153.4 × 84		北京 故宮博物院	
墨竹圖	軸	絹	水墨	125.9 × 48.7		美國 勃克萊加州大學藝術館	
						（高居翰教授寄存）	

畫家小傳：呂端俊。籍里、身世不詳。善畫竹。（見畫史會要、中國畫家人名大辭典）

周宗濂

| 梅花圖 | 軸 | 絹 | 設色 | 120 × 52 | 乙未（永樂十三年，1415） | 新鄉 河南省新鄉博物館 | |
| 墨梅圖 | 軸 | 絹 | 水墨 | 172.2 × 94.4 | | 美國 紐約大都會藝術博物館 | 47.18.111 |

畫家小傳：周宗濂。畫史無載。署款紀年作品見於成祖永樂十三（1415）年。生平待考。

林 埌

| 梅莊書舍圖 | 卷 | 絹 | 水墨 | 25.7 × 97 | | 北京 故宮博物院 | |

畫家小傳：林埌。字惟堅。福建侯官（一作三山）人。善畫墨竹，有名於時。及夏昶出，聲譽遂稍遜。（見明畫錄、閩書、中國畫家人名大
　　　辭典）

邊楚善

| 夏景聚禽圖 | 軸 | 絹 | 設色 | 161.2 × 86.3 | | 日本 東京出光美術館 | |

畫家小傳：邊楚善。邊文進次子。成祖永樂（1403-1424）間授錦衣衛指揮。承繼家學，亦善畫花果、翎毛。（見無聲詩史、閩畫記、圖繪寶鑑
　　　續纂、中國畫家人名大辭典）

張克信

| 牡丹孔雀 | 軸 | 絹 | 設色 | 不詳 | | 台北 故宮博物院 | 國贈 031059-1 |
| 梅花錦雞 | 軸 | 絹 | 設色 | 不詳 | | 台北 故宮博物院 | 國贈 031059-2 |

畫家小傳：張克信。福建沙縣人。為邊文進婿。善畫花果、翎毛。得邊氏粉墨門法。為沙縣花鳥畫之祖。（見閩畫記、中國畫家人名大辭典）

黃 翰

| 綠柳文禽圖 | 軸 | 絹 | 水墨 | 136.4 × 87.6 | | 日本 東京永青文庫 | |

名稱	形式	質地	色彩	尺寸 高x寬cm	創作時間	收藏處所	典藏號碼

畫家小傳：黃翰，字汝申。江蘇上海人。成祖永樂十（1412）年進士。詩文豪健。書畫遒勁。（見海上墨林、中國畫家人名大辭典）

夏 昶

名稱	形式	質地	色彩	尺寸 高x寬cm	創作時間	收藏處所	典藏號碼
畫竹	卷	紙	水墨	26.6 × 603.3		台北 故宮博物院	故畫 01025
上林春雨圖	卷	紙	水墨	30 × 1126.5	永樂壬寅（二十年，1422）六月望後	北京 故宮博物院	
湘江風雨圖	卷	紙	水墨	35 × 1206	正統己巳（十四年，1449）	北京 故宮博物院	
竹圖	卷	紙	水墨	28.4 × 131.2		北京 故宮博物院	
竹石圖	卷	紙	水墨	42.1 × 948		北京 故宮博物院	
半窗春雨圖	卷	紙	水墨	37.8 × 101.2		北京 故宮博物院	
淇水清風圖	卷	紙	水墨	27.6 × 105.2		北京 故宮博物院	
淇澳圖	卷	紙	水墨	29.8 × 1126.2		北京 故宮博物院	
湘江春雨圖	卷	紙	水墨	31.2 × 523		北京 故宮博物院	
竹石圖	卷	紙	水墨	不詳		合肥 安徽省博物館	
瀟湘風雨圖（為范楨彥作）	卷	紙	水墨	43 × 654.4	正統戊辰（十三年，1448）六月廿五日	上海 上海博物館	
松泉竹石圖（為陳允德作）	卷	紙	水墨	30.7 × 686.4	天順六年壬午（1462）上巳日	上海 上海博物館	
墨竹圖	卷	紙	水墨	51.5 × 872		日本 東京國立博物館	
瀟湘風雨圖	卷	紙	水墨	43 × ？	正統戊辰（十三年，1448）六月二十五日	日本 東京林熊光先生	
瀟湘過雨圖	卷	紙	水墨	29 × 780	天順甲申（八年，1464）春三月望日	美國 華盛頓特區弗瑞爾藝術館	52.27
瀟湘過雨圖	卷	紙	水墨	不詳	天順甲申（八年，1464）春三月望日	美國 堪薩斯市納爾遜-艾金斯藝術博物館	
香江河畔圖	卷	紙	水墨	不詳		美國 堪薩斯市納爾遜-艾金斯藝術博物館	
竹泉春雨圖（為周季宏寫）	卷	紙	水墨	41.3 × 152.4	正統辛酉（六年，1441）夏六月初吉	美國 芝加哥藝術中心	1950.2
蒼筠嶰谷圖	卷	紙	水墨	26.7 × ？		美國 聖路易斯市藝術館	58.55

名稱	形式	質地	色彩	尺寸 高×寬㎝	創作時間	收藏處所	典藏號碼
嶰谷清風	卷	紙	水墨	48.5 × ？		美國 夏威夷火魯奴奴藝術學院	1665.1
湘江春雨圖(為李宗周作)	卷	紙	水墨	44.5 × ？	景泰乙亥（六年，1455）六月初吉	德國 柏林東亞藝術博物館	5332
竹林大士	軸	紙	水墨	113.8 × 38.6	正統丙寅（十一年，1446）二月望後六日	台北 故宮博物院	故畫 00392
清風高節圖	軸	紙	水墨	137.3 × 43.3	景泰改元（庚午，1450）春二月望日	台北 故宮博物院	故畫 00393
半窗晴翠圖	軸	紙	水墨	139.2 × 45.3		台北 故宮博物院	故畫 00394
三祝圖	軸	紙	水墨	112.4 × 26.9		台北 故宮博物院	故畫 00395
奇石修篁圖	軸	紙	水墨	275 × 104.7		台北 故宮博物院	故畫 00880
墨竹	軸	絹	水墨	145 × 53		台北 國泰美術館	
墨竹圖（風竹圖，為廷順良友寫風雨二幅之第 1 幅））	軸	紙	水墨	133.5 × 51.8	正統辛酉歲（六年，1441）仲夏望日	香港 王南屏先生	
墨竹圖（雨竹圖，為廷順良友寫風雨二幅之第 2 幅）	軸	紙	水墨	133.5 × 51.8		香港 王南屏先生	
竹石圖	軸	紙	水墨	115.5 × 39		香港 許晉義崇宜齋	
一窗春雨圖	軸	絹	水墨	59.4 × 88		北京 故宮博物院	
丹崖翠竹圖	軸	絹	水墨	177.2 × 88		北京 故宮博物院	
白石蒼筠圖	軸	絹	水墨	156.5 × 73.5		北京 故宮博物院	
風竹圖	軸	紙	水墨	116 × 52.3		北京 故宮博物院	
淇園春雨圖	軸	絹	水墨	156.4 × 80.6		北京 故宮博物院	
竹石圖	軸	絹	水墨	139.3 × 72.4		北京 中國美術館	
瀟湘煙雨圖	軸	絹	水墨	不詳	成化丙戌（二年，1466）春三月二日	濟南 山東省博物館	
上林秋雨圖	軸	絹	水墨	152.2 × 81.4		青島 山東省青島市博物館	
墨竹圖	軸	紙	水墨	151.2 × 54.3		上海 上海博物館	
清風勁節圖	軸	紙	水墨	119.4 × 47.2		上海 上海博物館	
戛玉秋聲圖	軸	紙	水墨	151 × 63.7		上海 上海博物館	
錦檉榮春圖	軸	絹	水墨	93.2 × 76.5		上海 上海博物館	
滿林春雨圖	軸	絹	水墨	178 × 66.5		南京 南京博物院	
竹圖	軸	紙	水墨	48.3 × 25.8		蘇州 江蘇省蘇州博物館	
清風高節圖	軸	絹	水墨	158 × 81		重慶 重慶市博物館	

名稱	形式	質地	色彩	尺寸 高×寬㎝	創作時間	收藏處所	典藏號碼
鳳池春意圖	軸	絹	水墨	183.5 × 84.5	七十四歲（天順五年，辛巳，1461）	廣州 廣東省博物館	
竹石圖	軸	絹	水墨	157 × 86		廣州 廣東省博物館	
奇石疏篁圖	軸	絹	水墨	121.5 × 58.5		廣州 廣東省博物館	
墨竹圖	軸	紙	水墨	98 × 42.6		日本 東京國立博物館	
孤峰晴翠圖	軸	紙	水墨	117.8 × 28.2	正統乙丑（十年，1445）仲春望日	日本 東京篠崎都香佐先生	
朝陽舞鳳圖（為臨江郡侯王公作）	軸	絹	水墨	不詳		日本 東京根津美術館	
夏、冬山水圖（對幅）	軸	絹	設色	（每幅）103.3 × 52		日本 佐賀縣鍋島報效會	3-軸-80
墨竹圖（對幅）	軸	絹	水墨	155.9 × 79.9		日本 京都慈照寺（銀閣寺）	
勁節清風（墨竹圖）	軸	絹	水墨	36.5 × 35.6		日本 山口良夫先生	
竹石圖（清風高節）	軸	紙	水墨	不詳		日本 江田勇二先生	
墨竹圖（清風勁節）	軸	絹	水墨	100.5 × 63.9		日本 江田勇二先生	
清風高節圖	軸	紙	水墨	203.3 × 59.8		美國 普林斯頓大學藝術館（Ed-ward Elliott 先生寄存）	Ed L47.72
淇園過雨圖	軸	絹	水墨	125.5 × 53.8		美國 克利夫蘭藝術博物館	
新篁拂翠（名畫薈珍冊之7）	冊頁	絹	水墨	26.5 × 24.2		台北 故宮博物院	故畫 01256-7
竹圖	冊頁	紙	水墨	27.7 × 25		淮安 江蘇省淮安縣博物館	
竹圖（唐繪手鑑筆耕圖下冊之45）	冊頁	絹	水墨	33.2 × 30.2		日本 東京國立博物館	TA-487
樓閣仙鶴圖	冊頁	絹	水墨	20.5 × 26.8		美國 紐約大都會藝術博物館	L.1990.3.4
附：							
竹泉春雨圖	卷	紙	水墨	40 × 1240	正統辛酉（六年，1441）仲夏望日	紐約 佳士得藝品拍賣公司/拍賣目錄 1990,05,31.	
湘江風雨圖	卷	紙	水墨	56 × 824	正統丙寅歲（十一年，1446）秋七月後一日	紐約 佳士得藝品拍賣公司/拍賣目錄 1997,09,19.	
嶰谷清風圖	軸	紙	水墨	133.1 × 63.2		上海 上海文物商店	
淇園過雨	軸	絹	水墨	122 × 59		紐約 佳士得藝品拍賣公司/拍賣目錄 1990,11,28.	

畫家小傳：夏昶。字仲昭。號自在居士、玉峰。江蘇崑山人。夏昺之弟。生於太祖洪武二十一（1388）年。卒於憲宗成化六（1470）年。官

名稱	形式	質地	色彩	尺寸 高x寬㎝	創作時間	收藏處所	典藏號碼

至太常卿。精書法，永樂時試書第一。善畫墨竹，師陳繼、王紱，時推第一。(見無聲詩史、圖繪寶鑑續纂、姑蘇志、名山藏、匏翁家藏集、中國畫家人名大辭典)

朱 寅

| 墨竹（戴進、朱孔暘作品合裝卷之第2段） | 卷 | 紙 | 水墨 | 28.8 × 294.6 | | 北京 故宮博物院 | |

畫家小傳：朱寅。字孔暘，後以字行，更字廷輝。江蘇華亭人。成祖永樂初(1403)，以善書名於時。亦工畫山水，曾寫東里少師歸田圖，人稱絕筆。(見明畫錄、無聲詩史、東里續稿、圖繪寶鑑續纂、畫史會要、松江府志、中國畫家人名大辭典)

戴 進

名稱	形式	質地	色彩	尺寸 高x寬㎝	創作時間	收藏處所	典藏號碼
江山大觀圖	卷	絹	設色	33.3 × 120.3		香港 鄭德坤木扉	
達摩六代祖師圖	卷	絹	設色	33.8 × 219.5		瀋陽 遼寧省博物館	
松藤（戴進、朱孔暘作品合裝卷之第1段）	卷	紙	水墨	28.8 × 149		北京 故宮博物院	
歸田祝壽圖	卷	紙	設色	40 × 50.3		北京 故宮博物院	
金臺送別圖	卷	絹	設色	27.8 × 90.7		上海 上海博物館	
歸舟圖	卷	絹	設色	36.5 × 76.5		蘇州 江蘇省蘇州博物館	
山高水長圖	卷	紙	設色	80 × 2073		廣州 廣州市美術館	
羅漢圖	卷	絹	設色	33 × ?		日本 佐賀縣鍋島報效會	3-卷-12
秋江漁艇圖（煙水生涯）	卷	紙	設色	46 × 740		美國 華盛頓特區弗瑞爾藝術館	30.80
波戚金風圖	卷	紙	水墨	29.9×1112.9		美國 華盛頓特區弗瑞爾藝術館	24.3
攜琴訪友圖（為華亭先生作）	卷	紙	水墨	25.4 × ?	正統丙寅（十一年，1446）	德國 柏林東亞藝術博物館	6369
靈谷春雲圖	卷	紙	設色	31.5 × ?		德國 柏林東亞藝術博物館	5010
溪橋策蹇圖	軸	絹	設色	137.5 × 63.1		台北 故宮博物院	故畫 00403
風雨歸舟	軸	絹	設色	143 × 81.8		台北 故宮博物院	故畫 00404
春遊晚歸	軸	絹	設色	167.9 × 81.3		台北 故宮博物院	故畫 00405
渭濱垂釣	軸	絹	設色	139.6 × 75.4		台北 故宮博物院	故畫 00406
柳塘圖	軸	絹	設色	110.5 × 54.8		台北 故宮博物院	故畫 00407
畫山水	軸	絹	設色	139 × 79.8	景泰壬申（三年，1452）春三月	台北 故宮博物院	故畫 00408
畫羅漢	軸	紙	設色	113.9 × 36.7		台北 故宮博物院	故畫 00409

名稱	形式	質地	色彩	尺寸 高×寬㎝	創作時間	收藏處所	典藏號碼
畫納牛	軸	絹	設色	181 × 96.3		台北 故宮博物院	故畫 00410
長松五鹿圖	軸	絹	設色	142.5 × 72.4		台北 故宮博物院	故畫 00411
畫山水	軸	絹	設色	184.5 × 109		台北 故宮博物院	故畫 00933
春酣圖	軸	絹	設色	291 × 171.5		台北 故宮博物院	故畫 03685
溪山雪霽	軸	絹	設色	157.2 × 79.5		台北 故宮博物院	故畫 02118
聽泉圖	軸	紙	水墨	91.3 × 44.7		台北 故宮博物院	故畫 02119
撫松觀瀑	軸	絹	設色	155.3 × 81.2		台北 故宮博物院	故畫 02120
山水圖	軸	絹	設色	149.3 × 76		台北 故宮博物院	故畫 02121
牧牛圖	軸	絹	設色	38.6 × 30.6		台北 故宮博物院	故畫 02122
扁舟訪客	軸	絹	設色	211.6 × 1041		台北 故宮博物院	中畫 00057
長山避暑圖	軸	絹	水墨	137.1 × 78		台北 鴻禧美術館	C1-59
仿馬遠踏歌圖	軸	絹	水墨	177 × 107		香港 利榮森北山堂	K92.3
水墨菊竹圖	軸	紙	水墨	139.5 × 34		香港 何耀光至樂堂	
松蔭獨釣圖	軸	絹	設色	153 × 84.5		長春 吉林省博物館	
聘賢圖	軸	絹	設色	132.5 × 71.5		瀋陽 故宮博物院	
溪堂詩意圖	軸	絹	設色	194 × 104		瀋陽 遼寧省博物館	
雪山行旅圖	軸	紙	設色	244.2 × 92.9		旅順 遼寧省旅順博物館	
三顧茅廬圖	軸	絹	設色	172.2 × 107		北京 故宮博物院	
葵石蛺蝶圖	軸	紙	設色	115.2 × 39.		北京 故宮博物院	
洞天問道圖	軸	絹	設色	211 × 82.8		北京 故宮博物院	
深山古寺圖	軸	絹	設色	102.2 × 27.6		北京 故宮博物院	
雪景山水圖	軸	絹	設色	144.2 × 78.1		北京 故宮博物院	
關山行旅圖	軸	紙	設色	61.8 × 29.7		北京 故宮博物院	
雪巖棧道	軸	絹	設色	175 × 89		天津 天津市藝術博物館	
春山積翠圖（為文序作）	軸	紙	水墨	141.3 × 53. 4	正統己巳（十四年，1449）上元日	上海 上海博物館	
仿燕文貴山水圖	軸	紙	水墨	98.2 × 45.8		上海 上海博物館	
赤壁夜遊圖	軸	絹	設色	72 × 51		蘇州 靈巖山寺	
春耕圖	軸	絹	設色	144 × 105.2		杭州 浙江省博物館	
松下讀書圖	軸	絹	設色	185.3 × 104		武漢 湖北省博物館	
米氏雲山圖	軸	絹	設色	137 × 76		重慶 重慶市博物館	
人物、山水圖（戴進、許繡合裝）	軸	紙	設色	（每幅）35 × 58		廣州 廣東省博物館	
水閣閑適圖	軸	絹	設色	141.3 × 76.9		日本 東京出光美術館	
釣魚圖	軸	絹	設色	40.9 × 90.9		日本 東京牧野貞亮先生	

名稱	形式	質地	色彩	尺寸 高×寬㎝	創作時間	收藏處所	典藏號碼
夏景山水	軸	絹	設色	143 × 77.3		日本 東京德川達道先生	
花鳥圖	軸	絹	設色	97.1 × 48		日本 東京細川護貞先生	
觀瀑圖	軸	絹	設色	162.1 × 84.8		日本 橫濱原富太郎先生	
四季山水（4幅）	軸	絹	設色	（每幅）134.8 × 51.5	正統甲子（九年，1444）春三月望	日本 靜岡縣田中光顯先生	
松巖蕭寺圖	軸	紙	水墨	227 × 51.5		日本 大阪市立美術館	
夏景山水圖	軸	絹	設色	不詳		日本 大阪山根薝先生	
春景、冬景山水圖（2幅）	軸	絹	設色	144.5 × 79.1		日本 山口縣菊屋嘉十郎先生	
松鹿圖	軸	絹	設色	不詳		日本 江田勇二先生	
山水圖（山亭觀瀑）	軸	絹	水墨	不詳		日本 組田昌平先生	
漁舟山水圖	軸	絹	水墨	130.2 × 54.9		日本 熊本縣松田文庫	1-179
山水圖	軸	絹	設色	119.9 × 58.2		日本 佐賀縣鍋島報效會	3-軸-70
山水圖（坐聽松風）	軸	絹	設色	117.6 × 64.3		日本 奈良縣長谷寺	
高士品畫圖	軸	絹	設色	169.4 × 1073		日本 私人	
雪中山水圖	軸	絹	設色	151.3 × 77.5		日本 私人	
山水圖	軸	絹	設色	128.4 × 75		日本 私人	
山水圖	軸	絹	設色	165.8 × 108		日本 私人	
山水圖	軸	絹	設色	154.9 × 88.3		美國 哈佛大學福格藝術館	1923.217
箕山高隱圖	軸	絹	設色	138 × 75.5		美國 克利夫蘭藝術博物館	74.45
雪霽曉行圖	軸	絹	設色	185.8 × 95.1		美國 密歇根大學藝術博物館	1988/2.13
山水圖	軸	絹	設色	201.3×106.2		美國 印地安那波里斯市藝術博物館	46.77
夏木垂陰圖	軸	絹	設色	198.2×106.5		美國 勃克萊加州大學藝術館	CM134
山靜日長圖	軸	絹	設色	154.6×102.2		瑞典 斯德哥爾摩遠東古物館	NMOK245
山水圖（臨江宮闕圖）	軸	絹	設色	123.4 × 68.8		德國 慕尼黑國立民族學博物館	
學堂訓子（戴進太平樂事冊之1）	冊頁	絹	設色	21.8 × 22		台北 故宮博物院	故畫 03145-1
騎牛返家（戴進太平樂事冊之2）	冊頁	絹	設色	21.8 × 22		台北 故宮博物院	故畫 03145-2
網罟捕魚（戴進太平樂事冊之3）	冊頁	絹	設色	21.8 × 22		台北 故宮博物院	故畫 03145-3

名稱	形式	質地	色彩	尺寸 高x寬cm	創作時間	收藏處所	典藏號碼
舞蹈娛客（戴進太平樂事冊之4）	冊頁	絹	設色	21.8 x 22		台北 故宮博物院	故畫03145-4
堂上雜耍（戴進太平樂事冊之5）	冊頁	絹	設色	21.8 x 22		台北 故宮博物院	故畫03145-5
轅門射戟（戴進太平樂事冊之6）	冊頁	絹	設色	21.8 x 22		台北 故宮博物院	故畫03145-6
耕罷賦歸（戴進太平樂事冊之7）	冊頁	絹	設色	21.8 x 22		台北 故宮博物院	故畫03145-7
觀賞傀儡戲（戴進太平樂事冊之8）	冊頁	絹	設色	21.8 x 22		台北 故宮博物院	故畫03145-8
果老娛明皇（戴進太平樂事冊之9）	冊頁	絹	設色	21.8 x 22		台北 故宮博物院	故畫03145-9
騎牛醉歸 歸（戴進太平樂事冊之10）	冊頁	絹	水墨	21.8 x 22		台北 故宮博物院	故畫03145-10
春江庭院（韞真集慶冊之4）	冊頁	絹	設色	20.2 x 22.4		台北 故宮博物院	故畫03498-4
漁父圖（名人圖畫冊之1）	冊頁	絹	水墨	23.8 x 20.1		台北 故宮博物院	故畫03506-1
捕魚圖（名人圖畫冊之2）	冊頁	絹	水墨	23.8 x 20		台北 故宮博物院	故畫03506-2
漁樂圖	摺扇面	紙	設色	不詳		台北 故宮博物院	故扇00010
春景山水圖	摺扇面	金箋	設色	16.9 x 48.6		台北 陳啟斌畏墨堂	
三思圖	冊頁	絹	水墨	27 x 25.5		北京 故宮博物院	
山水圖（戴進等山水冊5之第1幀）	冊頁	紙	水墨	約26.2 x44.6		上海 上海博物館	
蓬舟午睡圖	冊頁	絹	設色	28 x 28.6		日本 大阪藤田美術館	
宮女圖	紈扇面	絹	設色	22.6 x 25.9		日本 佐賀縣鍋島報效會	3-軸-56
山水圖（扇面圖冊之3）	摺扇面	金箋	水墨	17.1 x 47.5		美國 印地安那波里斯市藝術博物館	73.61.3
竹梅圖	摺扇面	紙	水墨	不詳		美國 夏威夷火魯奴奴藝術學院	
附：							
江干詩意圖	卷	絹	設色	33.4 x 402.6		紐約 佳士得藝品拍賣公司/拍賣目錄1998,03,24.	
漁家樂圖	冊頁	紙	水墨	26.7 x 26.7		紐約 佳士得藝品拍賣公司/拍賣目錄1988,11,30.	
松石雲泉圖	卷	紙	水墨	30.8 x 485.1		香港 蘇富比藝品拍賣公司/拍賣目錄1999,10,31.	

名稱	形式	質地	色彩	尺寸 高×寬cm	創作時間	收藏處所	典藏號碼
漁父圖	軸	絹	設色	129.5 × 80.5		紐約 蘇富比藝品拍賣公司/拍賣目錄 1983,12,07.	
關帝顯靈圖	軸	紙	水墨	77.5 × 28		紐約 佳仕得藝品拍賣公司/拍賣目錄 1986,12,01.	
秋林漁隱圖（盛懋風格）	軸	絹	水墨	151 × 84		紐約 佳士得藝品拍賣公司/拍賣目錄 1988,06,02.	
溪山會棋圖	軸	絹	設色	157 × 103.5		紐約 佳士得藝品拍賣公司/拍賣目錄 1988,06,02.	
柳溪耕牧圖	軸	絹	設色	179 × 102.2		香港 佳士得藝品拍賣公司/拍賣目錄 1991,11,25.	
柳溪漁父圖	軸	絹	設色	177.8 ×86.3		紐約 佳士得藝品拍賣公司/拍賣目錄 1998,03,24.	
清溪泛棹（明十一家山水扇面冊第一幀）	摺扇面	灑金箋	設色	17.5 × 48.5		紐約 佳士得藝品拍賣公司/拍賣目錄 1988,11,30.	

畫家小傳：戴進(一作璡)。字文進。號靜庵、玉泉山人。浙江錢塘人。生於太祖洪武二十一(1388)年。卒於英宗天順六(1462)年。宣德元年直仁智殿承。善畫山水，初學馬、夏、盛懋，後轉益多師，兼工人物、鬼神、花果、翎毛、走獸等，俱造精妙。師學者眾，後世尊為「浙派」創始者。(見明畫錄、無聲詩史、圖繪寶鑑續纂、杭州府志、四友齋叢談、中國畫家人名大辭典)

許 緒

人物、山水圖（戴進、許緒合裝）	軸	紙	設色	（每幅）35 × 58		廣州 廣東省博物館	

畫家小傳：許緒。字尚文。江蘇金陵人。工畫山水。(見明畫錄、金陵瑣事、中國畫家人名大辭典)

徐 蘭

煙籠馬乳圖	軸	紙	水墨	131 × 74.3		美國 華盛頓特區弗瑞爾藝術館	1983.9

畫家小傳：徐蘭。字秀夫（一字芳遠）。號南塘。祖籍浙江餘姚，後徙鄞縣。為諸生。善畫水墨葡萄，風嵐晴雨，曲盡其妙。又善書法。與程南雲並馳譽永樂(1403-1424)中。(見明畫錄、畫史會要、紹興府志、寧波府志、餘姚縣志、中國畫家人名大辭典)

王 右

寫竹流│圖（蘇軾等六君子圖卷之第4段）	卷	紙	水墨	23.4 × 50.9 不等		上海 上海博物館	

畫家小傳：王右。畫史無載。閩畫記記載有王佑，字彥真。號主石道人、元谷道人等。福建建陽人。性情超邁。工草隸，善畫墨竹。疑或即其人。(見建寧府志、建陽縣志、閩畫錄、中國畫家人名大辭典)

名稱	形式	質地	色彩	尺寸 高×寬cm	創作時間	收藏處所	典藏號碼

謝 縉

雲陽早行圖	軸	紙	設色	102.1 × 47.5	永樂丁酉（十五年，1417）十月既望	上海 上海博物館	
東原草堂圖（為用嘉作）	軸	紙	設色	108.2 × 50.1	永樂戊戌（十六年，1418）上巳日	杭州 浙江省博物館	
春山訪友圖（為孝廣作）	軸	紙	設色	不詳		日本 私人	

畫家小傳：謝縉。號葵丘。中州人。善畫山水，師法趙孟頫。流傳署款紀年作品見於成祖永樂十五(1417)至十六(1418)年。（見無聲詩史、中國畫家人名大辭典）

周岐鳳

蜀葵蟬竹（披薰集古冊之8）	冊頁	紙	設色	18.3 × 54		台北 故宮博物院	故畫 03499-8

畫家小傳：周岐鳳。籍里、身世不詳。善書法，精鑒賞。資料顯示，成祖永樂十五(1417)年，曾題跋韓幹飲馬圖。（中國美術年表、中國美術家人名辭典）

朱有燉

諸葛亮像	軸	紙	設色	不詳	永樂十四年（丙申，1416）秋九月	北京 首都博物館	

畫家小傳：朱有燉。明宗室，定王長子，封周憲王。博學工詩，善書畫。畫瓶盆中牡丹，最得神態。流傳署款紀年作品見於成祖永樂十四(1416)年。（見明史本傳、明史藝文志、明畫錄、中國畫家人名大辭典）

沈 度

附：

麒麟圖	軸	絹	設色	75.5 × 42.5	永樂十二年（甲午，1414）秋九月	紐約 佳士得藝品拍賣公司/拍賣目錄 1994.11.30.	

畫家小傳：沈度。字民則。江蘇華亭人。生於元順帝至正十七（1357）年。卒於明宣宗宣德九（1434）年。洪武中，舉文學，不就。永樂中，以能書詔入翰林。與弟粲俱有書名，時稱大小學士。亦善畫。流傳署款紀年作品見於永樂十二(1414)年。（見載明史本傳、耕硯田齋筆記、中國畫家人名大辭典）

上官伯達

人物故事圖	摺扇面	金箋	設色	不詳		南寧 廣西壯族自治區博物館.	

畫家小傳：上官伯達。福建邵武人。身世不詳。善畫。成祖永樂（1403-1424）間，召值仁智殿，作百鳥朝鳳圖，稱旨，除官不受，以年老請歸。工寫山水及神像、人物，賦色精而備神采。（見無聲詩史、明畫錄、圖繪寶鑑續纂、福建通志、中國畫家人名大辭典）

杜 瓊

名稱	形式	質地	色彩	尺寸 高×寬㎝	創作時間	收藏處所	典藏號碼
友松圖	卷	紙	設色	29 × 92		北京 故宮博物院	
報德英華山水圖（與沈貞合作）	卷	紙	設色	不詳	成化五年（己丑，1469）季秋重陽日	北京 故宮博物院	
報德英華圖（報德英華圖卷3之第3幅）	卷	紙	水墨	28.8 × 116.2		北京 故宮博物院	
山水圖（杜瓊等山水合裝卷5之1段）	卷	紙	設色	29.2 × 44.2		上海 上海博物館	
仿王蒙山水（太白山圖）	卷	紙	設色	29.8 × 591.8		美國 克利夫蘭藝術博物館	68.195
為緝熙作山水圖	卷	紙	水墨	26.1 × ？		美國 夏威夷火魯奴奴藝術學院	2030.1
南湖草堂圖	軸	紙	水墨	119.8 × 55.5	成化四年（戊子，1468）粦賓初吉	台北 故宮博物院	故畫 00417
師林圖	軸	紙	水墨	88.8 × 27.9	成化四年（戊子，1468）仲春	台北 故宮博物院	故畫 00418
聽泉圖	軸	紙	水墨	102.9 × 39.7	正統八年癸亥歲（1443）夏五	台北 故宮博物院	故畫 00419
山水圖	軸	紙	設色	122.5 × 38.8	景泰五年甲戌（1454）上元	北京 故宮博物院	
為吳寬作山水圖	軸	紙	水墨	108.2 × 38.2	成化八年壬辰（1472）中秋	北京 故宮博物院	
天香深處圖	軸	紙	設色	133.7 × 50.8	天順七年癸未（1463）	上海 上海博物館	
蕉園圖	軸	紙	設色	33.3 × 51.2		上海 上海博物館	
疊嶺松溪圖	軸	紙	水墨	137.5 × 43.6	七十六歲（成化七年，辛卯，1471）	成都 四川省博物館	
南村別墅圖（10幀）	冊	紙	設色	（每幀）51 × 33.8	正統八年（癸亥，1443）三月既望	上海 上海博物館	
山水圖（戴進等山水冊5之第3幀）	冊頁	紙	水墨	約26.2 × 44.6		上海 上海博物館	
附：							
秋山行旅圖	軸	紙	設色	124.5 × 63.5	天順七年歲次癸未（1463）秋七月	香港 佳士得藝品拍賣公司/拍賣目錄 2001,04,29.	

畫家小傳：杜瓊。字用嘉。號鹿冠道人，世稱東原先生。江蘇吳縣人。生於太祖洪武二十七（1396）年。卒於憲宗成化十（1474）年。善文詞、翰墨，書畫俱精。工畫山水，學董源；亦能人物畫。（見無聲詩史、圖繪寶鑑續纂、丹青志、震澤志、中國畫家人名大辭典）

名稱	形式	質地	色彩	尺寸 高x寬㎝	創作時間	收藏處所	典藏號碼

瑩 陽

名稱	形式	質地	色彩	尺寸 高x寬㎝	創作時間	收藏處所	典藏號碼
竹圖（唐繪手鑑筆耕圖上冊之第43幀）	冊頁	紙	水墨	27 × 22.7		日本 東京國立博物館	TA-487

畫家小傳：瑩陽。畫史無載。疑為明太祖洪武、成祖永樂時人。身世待考。

朱 昶

名稱	形式	質地	色彩	尺寸 高x寬㎝	創作時間	收藏處所	典藏號碼
竹石圖（為程君作）	卷	紙	水墨	28.2 × 1312	永樂二十年歲在壬寅（1422）夏六月望後	北京 北京故宮博物院	
四季花卉圖	卷	紙	設色	不詳		北京 北京故宮博物院	

畫家小傳：朱昶。江蘇吳人。畫史無載。流傳署款紀年作品見於成祖永樂二十（1422）年。身世待考。

王世祥

名稱	形式	質地	色彩	尺寸 高x寬㎝	創作時間	收藏處所	典藏號碼
十六羅漢圖（16幅）	軸	絹	設色	不詳		日本 大阪大念佛寺	

畫家小傳：王世祥。浙江錢塘人。為戴進之婿。善畫山水，得婦翁之傳。（見畫史會要、中國畫家人名大辭典）

屈 礿

名稱	形式	質地	色彩	尺寸 高x寬㎝	創作時間	收藏處所	典藏號碼
凌雲晴影圖	軸	紙	水墨	112.9 × 32.2		日本 東京出光美術館	

畫家小傳：屈礿（一作約）。字處誠。號可庵、可安。江蘇崑山人。善畫山水。又喜寫竹，嘗受教於夏昶。後以不能脫出夏竹自寫己意，遂改學寫松，終臻其妙。案大辭典據史鑑西村集，載有可庵老人，視記述內容，應為同一人。（見明畫錄、無聲詩史、崑山縣志、崑山人物志、圖繪寶鑑續纂、中國畫家人名大辭典）

朱瞻基（宣宗）

名稱	形式	質地	色彩	尺寸 高x寬㎝	創作時間	收藏處所	典藏號碼
寫生(繪賜狀元馬愉)	卷	絹	設色	34.4 × 300.5	宣德三年歲在戊申（1428）春三月	台北 故宮博物院	故畫 01561
花鳥	卷	紙	水墨	36 × 208		台北 故宮博物院	故畫 01562
耄耋圖真蹟	卷	絹	設色	不詳		台北 故宮博物院	國贈 027014
萬年松圖	卷	紙	設色	33 × 45.3	宣德六年（辛亥，1431）四月初一日	瀋陽 遼寧省博物館	
鼠石圖	卷	紙	設色	28.1 × 39.4	宣德丁未（二年，1427）	北京 故宮博物院	
武侯高臥圖	卷	紙	設色	27.7 × 40.6	宣德戊申（三年，1428）	北京 北京博物院	
蓮浦松蔭圖（2段）	卷	紙	設色	31.2 × 54.5；31.2 × 84		北京 故宮博物院	

名稱	形式	質地	色彩	尺寸 高x寬cm	創作時間	收藏處所	典藏號碼
荇藻群魚圖（畫賜指揮使郭弼）	卷	絹	設色	25.5 x 104.2	宣德二年丁未（1427）	美國 華府弗瑞爾藝術陳列館	
雪兔圖	卷	絹	設色	32.4 x ？		美國 聖地牙哥市藝術博物館	75.74
花下貍奴圖	軸	紙	設色	41.5 x 39.3	宣德丙午（元年，1426）	台北 故宮博物院	故畫 00421
金盆鵓鴿	軸	絹	設色	86.2 x 47		台北 故宮博物院	故畫 00422
戲猿圖	軸	紙	設色	162.3 x 127.7	宣德丁未（二年，1427）	台北 故宮博物院	故畫 00883
三陽開泰圖	軸	紙	設色	211.6 x 142.5	宣德四年（己酉，1429）	台北 故宮博物院	故畫 00905
山水	軸	紙	水墨	162.4 x 53.8	宣德六年（辛亥，1431）	台北 故宮博物院	故畫 02127
煙波捕魚	軸	絹	水墨	63 x 34.7	宣德戊辰（按宣德無戊辰）	台北 故宮博物院	故畫 02128
壽星圖	軸	紙	設色	90 x 46.7		台北 故宮博物院	故畫 02129
三羊圖	軸	絹	設色	105.3 x 58.3		台北 故宮博物院	故畫 02130
壺中富貴圖	軸	紙	設色	110.5 x 54.4		台北 故宮博物院	故畫 02131
嘉禾圖	軸	絹	設色	38.4 x 30.3	宣德丁未（二年，1427）九月廿九日	台北 故宮博物院	故畫 02132
子母雞圖	軸	絹	設色	79.7 x 57.2		台北 故宮博物院	中畫 00028
三封老喜圖	軸	絹	設色	不詳	宣德四年（己酉，1429）三月五日	北京 中國歷史博物館	
犬圖	軸	紙	設色	26 x 34.3	宣德丁未（二年，1427）	美國 哈佛大學福格藝術館	1931.20
一笑圖	軸	紙	設色	202.1 x 73.5	宣德二年（丁未，1427）	美國 堪薩斯市納爾遜-艾金斯藝術博物館	43.39
仿宋徽宗海棠鸚鵡圖（贈楊士奇）	軸	絹	設色	81.7 x 34.3	宣德二年（丁未，1427）五月望	美國 西雅圖市藝術館	Ch32H8587.1
竹樹雙鵲（宣宗書畫合璧冊之第1幀）	冊頁	紙	水墨	29.4 x 33.8	宣德戊申（三年，1428）	台北 故宮博物院	故畫 01124-1
梅花麻雀（宣德寶繪冊之1）	冊頁	絹	設色	28.1 x 28.4		台北 故宮博物院	故畫 03146-1
桃花山鳥（宣德寶繪冊之2）	圓幅	紙	設色	28.1 x 28.4		台北 故宮博物院	故畫 03146-2
梨花小鳥（宣德寶繪冊之3）	圓幅	紙	設色	28.1 x 28.4		台北 故宮博物院	故畫 03146-3
玉蘭牡丹（宣德寶繪冊之4）	圓幅	紙	設色	28.1 x 28.4		台北 故宮博物院	故畫 03146-4

名稱	形式	質地	色彩	尺寸 高×寬cm	創作時間	收藏處所	典藏號碼
辛夷花（宣德寶繪冊之5）	圓幅	紙	設色	28.1 × 28.4		台北 故宮博物院	故畫 03146-5
鵪鶉（宣德寶繪冊之6）	圓幅	紙	設色	28.1 × 28.4		台北 故宮博物院	故畫 03146-6
桐實文鳥（宣德寶繪冊之7）	圓幅	紙	設色	28.1 × 28.4		台北 故宮博物院	故畫 03146-7
山茶壽帶（宣德寶繪冊之8）	圓幅	紙	設色	28.1 × 28.4		台北 故宮博物院	故畫 03146-8
濱武圖（集古名繪冊之8）	冊頁	紙	設色	38.1 × 21.4		台北 故宮博物院	故畫 03480-8
夏果寫生（珍圖薈帙冊之8）	冊頁	絹	設色	24 × 17.6		台北 故宮博物院	故畫 03495-8
花果都籃（珍圖薈帙冊之9）	冊頁	絹	設色	21.2 × 19.5		台北 故宮博物院	故畫 03495-9
蘆塘鴛鴦（諸仙妙繪冊之11）	冊頁	絹	設色	27.6 × 28.8		台北 故宮博物院	故畫 03501-11
御筆花鳥	摺扇面	紙	設色	不詳		台北 故宮博物院	故扇 00009
附：							
貓戲圖	卷	絹	設色	32 × 348		紐約 佳士得藝品拍賣公司／拍賣目錄 1996,09,18.	
花卉草蟲	卷	紙	設色	23.5 × 248	宣德三年（戊申，1428）五月十日	紐約 佳士得藝品拍賣公司／拍賣目錄 1996,09,18.	
蜀葵圖	軸	紙	設色	92 × 37.5	宣德三年（戊申，1428）一月	香港 佳士得藝品拍賣公司／拍賣目錄 1998,09,15.	
鷹圖	冊頁	絹	設色	32.5 × 29.5	宣德二年（丁未，1427）春三月八日	紐約 佳士得藝品拍賣公司／拍賣目錄 1989,12,04.	

畫家小傳：朱瞻基。自號長春真人。為太祖曾孫。生於洪武三十一（1398）年。承帝位，是為宣宗，建號宣德。卒於宣德十（1435）年。在位期間，為有明畫院活動巔峰時期。本人工書、畫。畫善山水、人物、花鳥、草蟲，藝術造詣堪與宋徽宗爭勝。（見明畫錄、無聲詩史、圖繪寶鑑續纂、明史本紀、震澤集、湧幢小品、中國畫家人名大辭典）

顏 宗

名稱	形式	質地	色彩	尺寸	收藏處所
湖山平遠圖	卷	絹	設色	30.5 × 511	廣州 廣東省博物館
山水圖（似倩老詞宗，明清書畫合綴帖之8）	摺扇面	金箋	水墨	15.6 × 49.5	美國 聖路易斯市吳納孫教授

畫家小傳：顏宗。字學淵（一作學源）。廣東南海（一作五羊）人。成祖永樂二十一（1423）年鄉舉。代宗景泰中官至兵曹轉員外郎。善畫花卉，亦畫山水，學黃子久，蒼勁有法。名重一時。（見明畫錄、嶺南畫徵略、廣東通志、南海縣志、中國畫家人名大辭典）

何 澄

名稱	形式	質地	色彩	尺寸	收藏處所
溪山雨霽圖	軸	絹	設色	132.8 × 60.5	寧波 浙江省寧波市天一閣文物保管所
雲山墨戲圖（為鄭景容寫）	冊頁	紙	水墨	28.2 × 96	淮安 江蘇省淮安縣博物館

畫家小傳：何澄。字彥澤。號竹鶴老人。江蘇江陰人。成祖永樂元（1403）年舉薦於鄉。宣宗宣德中，擢知袁州。善畫山水，宗法米元章。喜周覽山川蒼茫、煙雲氣象變幻景致，然後參以意匠，飛灑縑素，煙雲滿紙，神韻生動。（見明畫錄、無聲詩史、江陰志、圖繪寶鑑續纂、書史會要）

名稱	形式	質地	色彩	尺寸 高x寬cm	創作時間	收藏處所	典藏號碼

沈 貞

名稱	形式	質地	色彩	尺寸 高x寬cm	創作時間	收藏處所	典藏號碼
群仙祝壽	卷	不詳	不詳	38.1 x 158.8		台北 故宮博物院	故畫 01739
益壽延齡	卷	不詳	不詳	38.1 x 156		台北 故宮博物院	故畫 01740
報德英華山水圖（與杜瓊合作）	卷	紙	設色	不詳	成化五年（己丑，1469）季秋重陽日	北京 故宮博物院	
畫菖蒲	軸	紙	水墨	60.3 x 24.7		台北 故宮博物院	故畫 00420
秋林觀泉圖	軸	紙	設色	143 x 61	洪熙元年（乙巳，1425）秋八月望後二日	蘇州 江蘇省蘇州博物館	
附：							
寒山歸路圖	軸	紙	設色	341.2 x 103	成化二年（丙戌，1466）春日	紐約 佳士得藝品拍賣公司/拍賣目錄 1988,06,02.	
仿吳鎮山水圖	軸	紙	設色	129.5 x 41.9		紐約 佳士得藝品拍賣公司/拍賣目錄 1995,09,19.	

畫家小傳：沈貞。字貞吉。號南齋、陶然道人。江蘇長洲人。沈澄之子。生於惠帝建文二(1400)年。憲宗成化十八(1482)年尚在。為人工詩。善畫山水，師董源。（見明畫錄、無聲詩史、圖繪寶鑑續纂、明史沈周傳、吳中往哲記、丹青志、中國畫家人名大辭典）

謝 環

名稱	形式	質地	色彩	尺寸 高x寬cm	創作時間	收藏處所	典藏號碼
杏園雅集圖（為楊榮作）	卷	絹	設色	36.8 x 1238	正統二年丁巳（1437）春三月朔	鎮江 江蘇省鎮江市博物館	
商山九老圖	卷	絹	設色	29.8 x 148.2		美國 克利夫蘭藝術博物館	
山水圖	軸	紙	水墨	100 x 39.4	景泰壬申（三年，1452）正月人日	日本 東京森安三郎先生	
暮歸圖(名人圖畫冊之7)	冊頁	絹	設色	23.7 x 20		台北 故宮博物館	故畫 03506-7
雪山行旅(名人圖畫冊之8)	冊頁	絹	設色	23.7 x 20		台北 故宮博物館	故畫 03506-8
雲山小景圖（為鄭景容寫）	冊頁	紙	水墨	28.2 x 134.4		淮安 江蘇省淮安縣博物館	

畫家小傳：謝環。字庭循，後以字行。浙江永嘉人。能詩，善畫。太祖洪武時已有盛名。成祖永樂中召入禁中。宣宗宣德初（1426）授錦衣衛千戶、直仁智殿。（見明畫錄、無聲詩史、圖繪寶鑑續纂、畫史會要、杭州府志、東里續集、中國畫家人名大辭典）

鄭大有

名稱	形式	質地	色彩	尺寸 高x寬cm	創作時間	收藏處所	典藏號碼
扁舟詩思(名人圖畫冊之3)	冊頁	絹	設色	23.7 x 20.2		台北 故宮博物院	故畫 03506-3
溪岸觀月（名人圖畫冊之4）	冊頁	絹	設色	23.7 x 20.2		台北 故宮博物館	故畫 03506-4

名稱	形式	質地	色彩	尺寸 高×寬㎝	創作時間	收藏處所	典藏號碼

畫家小傳：鄭大有。畫史無載。作品鈐印顯示，為戴進、謝環同時畫院中人。待考。

包伯倫

名稱	形式	質地	色彩	尺寸 高×寬㎝	創作時間	收藏處所	典藏號碼
山村停棹（名人圖畫冊之5）	冊頁	絹	水墨	23.7 × 20.2		台北 故宮博物院	故畫 03506-5
蒼崖平溪（名人圖畫冊之6）	冊頁	絹	水墨	23.7 × 20.2		台北 故宮博物館	故畫 03506-6

畫家小傳：包伯倫。畫史無載。作品鈐印顯示，為戴進、謝環同時畫院中人。待考。

石　銳

名稱	形式	質地	色彩	尺寸 高×寬㎝	創作時間	收藏處所	典藏號碼
軒轅問道圖（原題石芮畫）	卷	紙	設色	32 × 152		台北 故宮博物院	故畫 01745
山店春晴圖	卷	絹	設色	23.8 × 123.5		北京 故宮博物院	
歲朝圖(青綠山水圖)	卷	絹	設色	25.5 × 170.2		美國 克利夫蘭藝術博物館	73.72
探花圖（花溪行旅圖）	卷	絹	設色	31.6 × 121.6		日本 大阪橋本大乙先生	
甯戚飯牛圖	軸	絹	設色	85.7 × 47.3		日本 東京尾張德川黎明會	
倪寬鋤田圖	軸	絹	設色	85.7 × 47.3		日本 東京尾張德川黎明會	
樓閣山水圖	軸	絹	設色	不詳		日本 東京小熊幸一郎	
樓閣山水	軸	絹	設色	142.7 × 75.1		日本 東京井上侯爵	
朱買臣圖	軸	絹	設色	80.3 × 47.6		日本 京都柳重之先生	A2771
樓閣山水圖	軸	絹	設色	214 × 96.5		日本 京都妙心寺	
草閣松涼（宋元名繪冊第3幀，原題宋人畫）	紈扇面	絹	設色	23.4 × 23		台北 故宮博物院	故畫 01253-3
松巖梵宇（宋元名繪冊第7幀，原題宋人畫）	紈扇面	絹	設色	23 × 22.4		台北 故宮博物院	故畫 01253-7
非熊叶夢（宋元名繪冊第5幀，原題宋人畫）	紈扇面	絹	設色	22.1 × 22.6		台北 故宮博物院	故畫 01269-5
武陵桃源圖	冊頁	絹	設色	24.6 × 22.1		美國 克利夫蘭藝術博物館	

畫家小傳：石銳。字以明。浙江錢塘人。宣宗宣德元年（1426）授仁智殿待詔。工畫山水，得盛懋法；畫金碧山水、界畫樓台及人物，皆傅色鮮明溫潤，名著於時。(見明畫錄、無聲詩史、圖繪寶鑑續纂、杭州府志、四友齋叢談、中國畫家人名大辭典)

李　烓

名稱	形式	質地	色彩	尺寸 高×寬㎝	創作時間	收藏處所	典藏號碼
龍頭圖	橫幅	紙	水墨	56.6 × 137.6		日本 東京常盤山文庫	

畫家小傳：李烓。字純正。號十洋。福建長樂人。以能詩稱於時。善畫龍虎。(見閩畫記、中國畫家人名大辭典)

李　在

名稱	形式	質地	色彩	尺寸 高×寬㎝	創作時間	收藏處所	典藏號碼
歸去來兮圖（全卷之問征人以前路段）	卷	紙	水墨	28 × 59		瀋陽 遼寧省博物館	

名稱	形式	質地	色彩	尺寸 高×寬㎝	創作時間	收藏處所	典藏號碼
歸去來兮圖（全卷之臨清流而賦詩段）	卷	紙	水墨	28 × 74	甲辰（永樂二十二年，1424）	瀋陽 遼寧省博物院	
歸去來兮圖（全卷之撫孤松而盤桓段）	卷	紙	水墨	28 × 83		瀋陽 遼寧省博物院	
歸去來兮圖（全卷之雲無心以出岫段）	卷	紙	水墨	28 × 83		瀋陽 遼寧省博物院	
煙雲疊嶂圖（為青霞道友作）	卷	紙	設色	27.6 × ?	乙未（永樂十三年，1415）月	美國 紐約大都會藝術博物館	1977.87
崇山水榭圖	軸	絹	設色	124.3 × 59.5		香港 利榮森北山堂	
山水	軸	絹	設色	165.2 × 90.4		北京 故宮博物院	
琴高乘鯉圖	軸	絹	設色	164.3 × 95.5		上海 上海博物館	
山水圖	軸	絹	設色	140.3 × 84.2		日本 東京國立博物館	
菊花圖	軸	紙	水墨	55.8 × 30.3		日本 東京藤田美術館	
山水圖	軸	不詳	不詳	不詳		日本 京都小川廣己先生	
雪景山水	軸	絹	設色	121.2 × 54.5		日本 京都小川睦之輔先生	
拾得圖	軸	絹	水墨	33.9 × 52.8		日本 福岡縣石 道雄先生	18
圯上授書（集古名繪冊 16）	冊頁	絹	水墨	24.8 × 26.5		台北 故宮博物院	故畫 01242-16
米氏雲山圖（為鄭景容寫）	冊頁	紙	水墨	28.2 × 116.2		淮安 江蘇省淮安縣博物院	
萱花圖（為鄭景容寫）	冊頁	紙	水墨	28.2 × 51.2		淮安 江蘇省淮安縣博物院	
附：							
溪山行旅圖	軸	絹	設色	124 × 59.5		紐約 佳士得藝品拍賣公司/拍賣目錄 1983,11,30.	

畫家小傳：李在。字以政。福建莆田人，徙居雲南。宣宗宣德初（1426），與戴進同授直仁智殿。工畫山水，細潤者師郭熙，豪放者宗馬、夏，當時被譽戴進以下一人而已。亦善人物。（見明畫錄、無聲詩史、圖繪寶鑑續纂、閩畫記、杭州府志、四友齋叢談、中國畫家人名大辭典）

商　喜

名稱	形式	質地	色彩	尺寸 高×寬㎝	創作時間	收藏處所	典藏號碼
真禪內印頓證虛凝法界金剛智經插畫（3卷，合計 142 幀）	幀	紙	設色	不詳	宣德三年（戊申，1428）三月	台北 故宮博物館	故佛 00423-425
歲朝圖	軸	紙	設色	130.9 × 57.4	正統六年（辛酉，1441）二月初吉	台北 故宮博物館	故畫 00413
寫生	軸	絹	設色	84.6 × 61.8		台北 故宮博物館	故畫 00414
福祿壽圖	軸	絹	設色	146.5 × 62.9		台北 故宮博物館	故畫 02124
戲貓圖	軸	紙	設色	48.2 × 66.4		台北 故宮博物館	故畫 02125
四仙拱壽圖	軸	絹	設色	98.3 × 143.8		台北 故宮博物館	故畫 03689

名稱	形式	質地	色彩	尺寸 高×寬cm	創作時間	收藏處所	典藏號碼
朱瞻基（宣宗）行樂圖	軸	絹	設色	211 × 353		北京 故宮博物院	
關羽擒將圖	軸	絹	設色	200 × 237		北京 故宮博物院	
老子騎牛出函谷關圖	橫幅	紙	設色	56.1 × 111.2		日本 靜岡縣熱海美術館	1273
崇巖古剎（宋元明名畫冊之6）	冊頁	紙	設色	27.5 × 33		台北 故宮博物院	故畫 03475-6
濯足圖	摺扇面	紙	設色	不詳		台北 故宮博物院	故扇 00011
竹埜圖	摺扇面	紙	設色	不詳		台北 故宮博物院	故扇 00012
鳳鳴朝陽圖（彭年書鳳鳴朝陽頌）	摺扇面	紙	設色	不詳		台北 故宮博物院	故扇 00223
附：							
山水圖	摺扇面	灑金箋	設色	15 × 48	宣德四年（己酉，1429）	紐約 佳仕得藝品拍賣公司/拍賣目錄 1986,12,01.	

畫家小傳：商喜。字惟吉。濮陽人。宣宗宣德初（1426）授錦衣衛指揮。工畫山水、人物、花鳥，全摹宋人筆意，無不臻妙。又善畫虎。（見明畫錄、無聲詩史、圖繪寶鑑續纂、中國畫家人名大辭典）

韓秀實

名稱	形式	質地	色彩	尺寸 高×寬cm	創作時間	收藏處所	典藏號碼
鯉魚圖（2幅）	軸	絹	設色	（每幅）128.5 × 76.3		日本 東京常盤山文庫	

畫家小傳：韓秀實。河北涿州人。身世不詳。善畫人物，尤工畫馬，與商喜同時，有盛名。（見明畫錄、無聲詩史、圖繪寶鑑續纂、畫史會要、中國畫家人名大辭典）

周文靖

名稱	形式	質地	色彩	尺寸 高×寬cm	創作時間	收藏處所	典藏號碼
雪夜訪戴	軸	絹	設色	161.5 × 93.9		台北 故宮博物院	故畫 00882
古木寒鴉圖	軸	紙	水墨	151.1 × 71.1		上海 上海博物館	
歲朝圖	軸	絹	設色	137.7 × 71.7		上海 上海博物館	
茂叔愛蓮圖	軸	絹	設色	不詳	天順癸未（七年，1463）七月夕日	日本 東京井上辰九郎先生	
山水圖	軸	絹	設色	88.7 × 40.4		美國 普林斯頓大學藝術館（Ed.-ward Elliott 先生寄存）	L114.71
湖陂散犢（藝苑臚珍冊之13）	冊頁	絹	設色	23.3 × 18.7		台北 故宮博物院	故畫 03492-13

畫家小傳：周文靖。福建莆田人。善畫山水，學夏珪、吳鎮，筆力古健，墨色蒼潤；兼工人物、花卉、鳥獸、樓台之類，亦有高致。宣宗宣德間（1426-1435），直仁智殿。（見明畫錄、無聲詩史、圖繪寶鑑續纂、閩書、中國畫家人名大辭典）

倪 端

名稱	形式	質地	色彩	尺寸 高×寬cm	創作時間	收藏處所	典藏號碼
捕魚圖	軸	絹	設色	117.8 × 42.3		台北 故宮博物院	故畫 00423

名稱	形式	質地	色彩	尺寸 高×寬cm	創作時間	收藏處所	典藏號碼
聘龐圖	軸	絹	設色	164 × 93.1		北京 故宮博物院	

畫家小傳：倪端。字仲正。浙江杭州人。宣宗宣德中(1426-1435)，徵入畫院。善畫道釋、人物，超妙入神；畫山水，宗馬、夏；兼工花卉、水墨龍。(見明畫錄、無聲詩史、圖繪寶鑑續纂、杭州府志、中國畫家人名大辭典)

林 廣

名稱	形式	質地	色彩	尺寸 高×寬cm	創作時間	收藏處所	典藏號碼
春山圖	軸	絹	設色	182.2 × 103.8	庚申（正統五年，1440）仲春	台北 故宮博物院	故畫02126

附：

名稱	形式	質地	色彩	尺寸 高×寬cm	創作時間	收藏處所	典藏號碼
迴溪遊屐圖	軸	絹	設色	不詳	丙午（宣德元年，1426）	天津 天津市文物公司	

畫家小傳：林廣。廣陵人。善畫山水、人物，學李在，得瀟灑活動之趣。流傳署款紀年作品見於宣宗宣德元(1426)年至英宗正統五(1440)年(見無聲詩史、圖繪寶鑑續纂、中國畫家人名大辭典)

張 復

名稱	形式	質地	色彩	尺寸 高×寬cm	創作時間	收藏處所	典藏號碼
三歲理趣圖	卷	紙	水墨	27.3 × ?		日本 京都藤井善助先生	
山水圖（2幀）	冊	紙	水墨	（每幀）29.6 × 47.9		南京 南京博物院	

附：

名稱	形式	質地	色彩	尺寸 高×寬cm	創作時間	收藏處所	典藏號碼
垂綸圖	冊頁	紙	水墨	31 × 51		南京 南京市文物商店	

畫家小傳：張復。道士。號復陽道人。居浙江秀水南宮。生於成祖永樂元(1403)年。卒於孝宗弘治三(1490)年。工詩、書、畫。畫山水，師吳鎮；兼畫人物、草木，入能品。(見明畫錄、無聲詩史、秀水縣志、六硯齋筆記、中國畫家人名大辭典)

陳叔起

名稱	形式	質地	色彩	尺寸 高×寬cm	創作時間	收藏處所	典藏號碼
瀟湘秋意圖（王紱、陳叔起合作）	卷	紙	水墨	24.8 × 473	宣德四年（己酉，1429）孟夏朔日	北京 故宮博物院	

畫家小傳：陳叔起。與王紱同時。畫史無載。流傳署款紀年作品見於宣宗宣德四(1429)年。身世待考。

張子俊

名稱	形式	質地	色彩	尺寸 高×寬cm	創作時間	收藏處所	典藏號碼
梅花圖	冊頁	金箋	水墨	28.5 × 20		台北 黃君璧白雲堂	

畫家小傳：張子俊。號古淡。浙江人。善畫山水，宗法荊浩、關仝。(見明畫錄、畫史會要、東里詩集、中國畫家人名大辭典)

謝汝明

名稱	形式	質地	色彩	尺寸 高×寬cm	創作時間	收藏處所	典藏號碼
耕齋圖	卷	絹	設色	25.9 × 141.5		上海 上海博物館	

畫家小傳：謝汝明。字晦卿。號東巖。湖南衡陽人。謝宇次子。承父學，亦善畫山水。(見明畫錄、無聲詩史、圖繪寶鑑續纂、中國畫家人名大辭典)

名稱	形式	質地	色彩	尺寸 高×寬㎝	創作時間	收藏處所	典藏號碼

沈 恒

名稱	形式	質地	色彩	尺寸 高×寬㎝	創作時間	收藏處所	典藏號碼
查氏丙舍圖	卷	紙	設色	26.8 × ?		台北 華叔和後真賞齋	
附：							
溪山書屋圖	軸	紙	水墨	106 × 62.8	庚辰（天順四年，1460）竹醉日	紐約 佳士得藝品拍賣公司/拍賣目錄 1988,06,02.	

畫家小傳：沈恒。字恒吉。號同齋。江蘇長洲人。沈貞之弟。生於成祖永樂七（1409）年。卒於憲宗成化十三（1477）年。善畫山水，師杜瓊，筆墨虛和瀟灑，可追宋元前賢。（見無聲詩史、圖繪寶鑑續纂、明史沈周傳、吳中往哲記、丹青志、中國畫家人名大辭典）

鄭文英

名稱	形式	質地	色彩	尺寸 高×寬㎝	創作時間	收藏處所	典藏號碼
山水人物（試馬圖）	軸	絹	設色	127.3 × 51.5	宣德九年（甲寅，1434）寅月	日本 大阪橋本大乙先生	

畫家小傳：鄭文英。福建將樂人。鄭時敏從子。工畫人馬，學元趙孟頫，頗得其大略；亦能畫山水。流傳署款紀年作品見於宣宗宣德九（1434)年。（見延平志、將樂縣志、閩畫記、中國畫家人名大辭典）

劉 玨

名稱	形式	質地	色彩	尺寸 高×寬㎝	創作時間	收藏處所	典藏號碼
報德英華圖（報德英華圖卷3之第2段）	卷	紙	水墨	28.8 × 116.2	成化己丑（五年，1469）季秋重陽日	北京 故宮博物院	
天池圖	卷	紙	水墨	28.7 × 104.5		天津 天津市藝術博物館	
詩畫山水（臨安山水圖）	卷	紙	水墨	33.6 × 57.8	沈周題跋於辛卯（成化七年，1471）二月	美國 華盛頓特區弗瑞爾藝術館	64.2
清白軒圖	軸	紙	水墨	97.2 × 35.4	戊寅（天順二年，1458）孟夏朔日	台北 故宮博物院	故畫 00416
臨梅道人夏雲欲雨圖	軸	絹	水墨	166.3 × 95		北京 故宮博物院	
煙水微茫圖	軸	紙	水墨	138.9 × 44	丙戌（成化二年，1466）	蘇州 江蘇省蘇州博物館	
山水圖	軸	紙	水墨	不詳		日本 大阪本山彥一先生	
山水圖（溪閣秋深圖）	軸	紙	設色	94.5 × 31.9		日本 東京柳孝藏先生	
山水（集古圖繪冊之15）	冊頁	紙	水墨	37.5 × 29.9		台北 故宮博物院	故畫 01235-15
松山積雪	摺扇面	紙	水墨	不詳		台北 故宮博物院	故扇 00013
水村煙樹圖（戴進等山水冊5之第4幀）	冊頁	紙	水墨	約 26.2×44.6		上海 上海博物館	
蕉蔭聽泉	摺扇面	金箋	水墨	17.5 × 54		日本 京都萬福寺	
山水圖	摺扇面	金箋	水墨	16.4 × 51	正統戊午（三年，1438）	美國 夏威夷火魯奴奴藝術學院	2309.1

名稱	形式	質地	色彩	尺寸 高x寬㎝	創作時間	收藏處所	典藏號碼

附：

水村幽居圖	卷	紙	水墨	25.2 x 137.1		紐約 佳士得藝品拍賣公司/拍賣目錄 1989,12,04.	
古木歸鴉圖	軸	紙	水墨	101.5 x 49	天順三年（己卯，1459）冬仲	紐約 佳士得藝品拍賣公司/拍賣目錄 1989,06,01.	
秋江放棹圖	軸	紙	設色	104 x 29.2		紐約 佳士得藝品拍賣公司/拍賣目錄 1992,06,02.	
林麓秋色圖	軸	紙	設色	118.4 x 45.1		香港 蘇富比藝品拍賣公司/拍賣目錄 1999,10,31.	

畫家小傳：劉珏。字廷美。號完庵。江蘇長洲人。生於成祖永樂八（1410）年。卒於憲宗成化八（1472）年。英宗正統三年領鄉薦。能詩，工書，善畫山水。天順間與杜瓊、徐有貞、馬愈、沈貞吉、恒吉並有名於時。（見明畫錄、無聲詩史、長洲縣志、吳中往哲象贊、中國畫家人名大辭典）

劉仲賢

| 七賢圖 | 卷 | 絹 | 設色 | 31.4 x 128.5 | 正統二年（丁巳，1437）四月既望 | 台北 故宮博物院 | 故畫 01026 |

畫家小傳：劉仲賢。畫史無載。流傳署款紀年作品見於英宗正統二(1437)年。身世待考。

李　政

| 煙浦遠漁圖（為鄭景容寫） | 冊頁 | 紙 | 水墨 | 28.1 x 53.7 | | 淮安 江蘇省淮安縣博物院 | |
| 水閣歸舟圖（為鄭景容寫） | 冊頁 | 紙 | 水墨 | 30 x 50.8 | | 淮安 江蘇省淮安縣博物院 | |

畫家小傳：李政。畫史無載。約與陳錄、李在同時。身世待考。

金　鉉

| 山水圖（戴進等山水冊 5 之第 2 幀） | 冊頁 | 紙 | 水墨 | 約 26.2 x 44.6 | | 上海 上海博物館 | |

畫家小傳：金鉉。畫史無載。身世待考。

夏　芷

歸去來兮圖（全卷之或棹孤舟段）	卷	紙	水墨	28 x 79		瀋陽 遼寧省博物館	
風雨歸程圖	軸	絹	設色	127.8 x 35.8		台北 故宮博物院	故畫 02123
山水圖(仿馬遠筆法)	軸	紙	設色	102.1 x 31		香港 何耀光至樂堂	
柳下舟遊圖	軸	絹	設色	30.9 x 29		日本 東京出光美術館	

名稱	形式	質地	色彩	尺寸 高x寬cm	創作時間	收藏處所	典藏號碼
枯木竹石圖（為鄭景容寫）	冊頁	紙	水墨	19 x 49.2		淮安 江蘇省淮安縣博物院	
靈陽十景圖（?幀）	冊	絹	設色	（每幀）27.5 x 54		日本 大阪橋本大乙先生	
附：							
漁樂圖	卷	絹	水墨	27.2 x 318.2		紐約 佳士得藝品拍賣公司/拍賣目錄 1993,12,01.	

畫家小傳：夏芷。字廷芳。浙江錢塘人。善畫山水，從學於戴進，筆力逼其師。（見明畫錄、無聲詩史、圖繪寶鑑續纂、中國畫家人名大辭典）

夏 葵

名稱	形式	質地	色彩	尺寸 高x寬cm	創作時間	收藏處所	典藏號碼
夏、冬景山水圖（對幅）	軸	絹	設色	195.6 x 101.6		美國 芝加哥藝術中心	1924.1045-1046

畫家小傳：夏葵。字廷暉。浙江錢塘人。夏芷之弟。工畫山水、人物，亦師戴進，畫風工緻。（見明畫錄、無聲詩史、圖繪寶鑑續纂、中國畫家人名大辭典）

馬 軾

名稱	形式	質地	色彩	尺寸 高x寬cm	創作時間	收藏處所	典藏號碼
歸去來兮圖（全卷之農人告戒以春及段）	卷	紙	水墨	28 x 64		瀋陽 遼寧省博物館	
歸去來兮圖（全卷之問征人以前路段）	卷	紙	水墨	28 x 59		瀋陽 遼寧省博物館	
歸去來兮圖（全卷之稚子候門段）	卷	紙	水墨	28 x 74		瀋陽 遼寧省博物館	
春塢村居圖	軸	絹	設色	178.6 x 112.1		台北 故宮博物院	故畫 00412
山水	小軸	絹	設色	不詳		日本 京都內藤湖南先生	
山水圖（寒林涉水圖）	軸	絹	水墨	20.1 x 18.8		日本 京都住友先生	
秋江鴻雁圖（為鄭景容寫）	冊頁	紙	水墨	19.5 x 42.2		淮安 江蘇省淮安縣博物館	

畫家小傳：馬軾。字敬瞻。江蘇嘉定人。宣宗宣德(1426-1436)時，任欽天監刻漏博士。工詩、畫。畫山水，宗郭熙，高古有法，與戴進、謝環同馳名。（見明畫錄、吳中人物志、列朝詩集小傳、中國畫家人名大辭典）

劉大夏

名稱	形式	質地	色彩	尺寸 高x寬cm	創作時間	收藏處所	典藏號碼
雪竹圖	軸	紙	水墨	185.3 x 48.1		瑞典 斯德哥爾摩遠東古物館	NMOK 263

畫家小傳：劉大夏。字時雍。華容人。生於英宗正統元（1436）年。卒於武宗正德十一（1516）年。天順甲申進士，官至兵部尚書加太子太保。生性剛正鯁亮。曾因得罪劉瑾流戍肅州。後以疾引歸，築草堂於東山下，人稱東山先生。偶弄筆墨，字書俱佳，善作墨竹，頗有意趣。（見雪竹圖軸上陳奕禧題跋）

名稱	形式	質地	色彩	尺寸 高x寬㎝	創作時間	收藏處所	典藏號碼

史　忠

名稱	形式	質地	色彩	尺寸 高x寬㎝	創作時間	收藏處所	典藏號碼
一谿秋色圖	卷	紙	設色	30 x 40		上海 上海博物館	
江湖寓適圖	卷	紙	水墨	28 x 140.3	正德二年，丁卯（1507）九月望	重慶 重慶市博物館	
晴雪圖并書詩	卷	紙	水墨	不詳	弘治十七年（甲子，1504）春	美國 波士頓美術館	
小筆山水圖（沈周題）	卷	絹	設色	25.2 x 120.6	沈周題跋於成化乙巳（二十一年，1485）	瑞典 斯德哥爾摩遠東古物館	NMOK 242
仿黃公望山水	軸	紙	設色	142.7 x 46.1	甲子（弘治十七年，1504）立春後一日	台北 故宮博物院	故畫 02344
漁舟對話圖	軸	紙	設色	226.6 x 101		北京 故宮博物院	
山水圖（冊頁裱褙）	軸	紙	設色	46 x 25.3		上海 上海博物館	
茅屋來人圖	軸	紙	設色	不詳		成都 四川省博物院	
山水圖（文震孟題）	軸	絹	設色	156 x 49.2		日本 東京國立博物館	
樹石圖	軸	紙	水墨	80.5 x 30.6	丙寅（正德元年，1506）暮冬	美國 普林斯頓大學藝術館（Edward Elliott 先生寄存）	L195.70
雪景山水圖	軸	紙	水墨	142 x 32		美國 紐約王季遷明德堂	
山水圖（雪積空山）	軸	絹	水墨	98.9 x 52.5	正德改元（丙寅，1506）仲冬三日，七十翁	德國 科隆東亞藝術博物館	A10.32
憶別圖（8幀）	冊	紙	設色	（每幀）31.3 x 51.5	弘治己未（十二年，1499）	上海 上海博物館	
雜畫（12幀）	冊	紙	設色	（每幀）29.4 x 39.7		上海 上海博物館	

附：

名稱	形式	質地	色彩	尺寸 高x寬㎝	創作時間	收藏處所	典藏號碼
仿梅道人山水	卷	紙	水墨	30.5 x 229.8	壬戌（弘治十五年，1502）七月望前一日	紐約 佳士得藝品拍賣公司/拍賣目錄 1992,06,02.	
赤壁圖（與文彭草書赤壁賦合裝）	卷	紙	水墨	（畫）30 x 110.5		紐約 佳士得藝品拍賣公司/拍賣目錄 1994,11,30.	

名稱	形式	質地	色彩	尺寸 高×寬cm	創作時間	收藏處所	典藏號碼

畫家小傳：史忠。本姓徐。名端木。字廷直。為人外呆內慧，人以癡呼之，因號癡翁、癡仙、癡癡道人。江蘇金陵人。生於英宗正統三（14 38）年。武宗正德初（1506）尚在。善畫山水，風格頗似元之方從義；兼能人物、花木、竹石，亦有奇趣。（見明畫錄、無聲詩 史、圖繪寶鑑續纂、畫史會要、江寧志、金陵瑣事、中國畫家人名大辭典）

金 璲

名稱	形式	質地	色彩	尺寸 高×寬cm	創作時間	收藏處所	典藏號碼
煙雨萬竿圖	卷	紙	水墨	34.9 × 1895	正統戊午（三年，1438）四月既望後三日	美國　哈佛大學福格藝術館	1923.156

畫家小傳：金璲（一作文璲）。字彥輝。號筠石。江蘇吳人。為人有義行。善畫叢篠之竹。流傳署款紀年作品見於英宗正統三（1438）年。 （見明書畫史、中國畫家人名大辭典）

陳 錄

名稱	形式	質地	色彩	尺寸 高×寬cm	創作時間	收藏處所	典藏號碼
孤山煙雨圖	卷	絹	水墨	30.5 × 890		北京 故宮博物院	
梅花圖（孫隆、陳錄梅花合卷之1段）	卷	紙	水墨	29 × 1095		杭州 浙江省杭州西泠印社	
推蓬圖	卷	紙	水墨	41 × 461		長沙 湖南省博物館	
推蓬春意圖	卷	紙	水墨	29 × 902.5		廣州 廣東省博物館	
梅花圖	卷	紙	水墨	32.4 × ？		德國 柏林東亞藝術博物館	5311
萬玉圖	軸	絹	水墨	111.9 × 57.5	正統二年（丁巳，1437）夏	台北 故宮博物院	故畫 00427
畫梅花	軸	絹	水墨	116.5 × 61.7	正統二年（丁巳，1437）秋八月	台北 故宮博物院	故畫 00428
荷花圖	軸	絹	設色	84.3 × 38.4		香港 香港大學馮平山博物館	
煙籠玉樹（梅花圖）	軸	絹	水墨	138 × 65.6		北京 故宮博物院	
玉兔爭清圖	軸	絹	水墨	156 × 73.2		北京 故宮博物院	
雪梅圖	軸	紙	水墨	220.2 × 58.1		天津 天津市藝術博物館	
墨梅	軸	紙	水墨	148.2 × 73.9	正統十一年（丙寅，1446）冬	日本 東京帝室博物館	
墨梅圖（裏湖清流）	軸	絹	水墨	138.9 × 73.1		日本 私人	
月梅圖	軸	絹	水墨	142.9 × 80.4		日本 私人	
墨梅詩圖（為鄭景容寫）	冊頁	紙	水墨	24.5 × 58		淮安 江蘇省淮安縣博物館	
書室清影圖（為鄭景容寫）	冊頁	紙	水墨	24.2 × 56.8		淮安 江蘇省淮安縣博物館	

畫家小傳：陳錄。字憲章。號如隱居士。浙江會稽人。工詩、畫。畫善墨梅、松、竹、蘭蕙，筆意儒雅。與王謙齊名。流傳署款紀年畫作見 於英宗正統二（1437）年至十一（1446）年。（見傳載明畫錄、無聲詩史、圖繪寶鑑續纂、紹興府志、中國畫家人名大辭典）

名稱	形式	質地	色彩	尺寸 高x寬cm	創作時間	收藏處所	典藏號碼

王 謙

名稱	形式	質地	色彩	尺寸 高x寬cm	創作時間	收藏處所	典藏號碼
梅花圖	軸	絹	水墨	173.3 × 95.6		北京 故宮博物館	
梅花圖	軸	絹	水墨	184.4 × 110		天津 天津市藝術博物館	
卓冠群芳圖（為京庠掌教先生作）	軸	絹	設色	206.4 × 117.6	正統丙寅（十一年，1446）秋	上海 上海博物館	
白梅圖	軸	紙	水墨	132 × 36		美國 明尼安納波里市藝術中心	

畫家小傳：王謙。字牧之。號冰壺道人。浙江錢塘人。善畫墨梅，清奇可喜。流傳署款紀年畫作見於英宗正統五（1440）至十一（1446）年。（見無聲詩史、圖繪寶鑑續纂、中國畫家人名大辭典）

金 湜

名稱	形式	質地	色彩	尺寸 高x寬cm	創作時間	收藏處所	典藏號碼
雙鉤風竹圖	軸	絹	設色	144.8 × 42.6		香港 何耀光至樂堂	
雙鉤竹圖	軸	絹	設色	151.3 × 83.5		北京 故宮博物院	
老松圖	軸	絹	水墨	176 × 42.8	戊寅（天順二年，1458）秋日	日本 東京國立博物館	
雙鉤竹圖	軸	紙	水墨	145.5 × 62.6		日本 大阪市立美術館	
山茶墨竹圖	軸	絹	設色	146 × 62.3		捷克 布拉格 Praze Narodoni Galerie v Prazeor	Vm590-1161-31

附：

名稱	形式	質地	色彩	尺寸 高x寬cm	創作時間	收藏處所	典藏號碼
葡萄圖	卷	絹	水墨	23 × 294		北京 中國文物商店總店	

畫家小傳：金湜。字本清。號太瘦生、朽木居士。浙江鄞人。英宗正統六（1441）年舉人，以善書授中書舍人。又善篆印篆。工畫竹石，勾勒竹尤妙。流傳署款紀年作品見於英宗天順二（1458）年。（見明畫錄、圖繪寶鑑續纂、寧波志、中國畫家人名大辭典）

許 俊

名稱	形式	質地	色彩	尺寸 高x寬cm	創作時間	收藏處所	典藏號碼
鍾馗嫁妹圖	軸	紙	設色	152.6 × 88		日本 兵庫縣藪本莊五郎先生	

畫家小傳：許俊。身世不詳。金陵人。善畫道釋、人物。（見明書畫史、中國畫家人名大辭典）

蘇性初

名稱	形式	質地	色彩	尺寸 高x寬cm	創作時間	收藏處所	典藏號碼
秋江送別圖詩并圖	卷	紙	設色	34 × 929.6	（辛酉，正統六年，1441）	南昌 江西省博物館	

畫家小傳：圖為蘇性初所繪，張洪、杜瓊等二十五人題詩，張洪題於英宗正統六（1441）年。蘇性初，畫史無載，身世待考。

繆 輔

名稱	形式	質地	色彩	尺寸 高x寬cm	創作時間	收藏處所	典藏號碼
魚藻圖	軸	絹	設色	171.3 × 99.1		北京 故宮博物院	
魚藻圖	軸	絹	設色	113.5 × 66		廣州 廣東省博物館	

名稱	形式	質地	色彩	尺寸 高×寬㎝	創作時間	收藏處所	典藏號碼

畫家小傳：繆輔。曾官武英殿直錦衣鎮撫蘇郡。畫史無載。身世待考。

岳 正

名稱	形式	質地	色彩	尺寸 高×寬㎝	創作時間	收藏處所	典藏號碼
臨溫日觀松鼠葡萄圖	軸	紙	設色	122.5 × 42.1	正統庚午（景泰元年，1450）新秋	美國 堪薩斯市納爾遜-艾金斯藝術博物館	

畫家小傳：岳正。字動方。號蒙泉。漷縣人。生於成祖永樂十六（1418）年。卒於憲宗成化八（1472）年。正統十三年廷試第三。工詩文、善書法及雕鐫。擅畫葡萄，時稱絕品。（見明畫錄、明史本傳、明史藝文志、中國畫家人名大辭典）

周 琇

名稱	形式	質地	色彩	尺寸 高×寬㎝	創作時間	收藏處所	典藏號碼
溪山勝概圖	卷	紙	設色	不詳	正統五年，庚申（1440）春二月既望	台北 故宮博物院	故畫 01563

畫家小傳：周琇。字公瓚。江蘇長洲人。生於成祖永樂十八（1420）年。卒於孝宗弘治元（1488）年。善詩、畫。工畫山水，學於沈恒吉。（見祝氏集錄、中國畫家人名大辭典）

姚 綬

名稱	形式	質地	色彩	尺寸 高×寬㎝	創作時間	收藏處所	典藏號碼
吳山歸老圖	卷	紙	設色	27.9 × 99.1		香港 王南屏先生	
雜菜圖	卷	紙	水墨	22 × 366.5	癸卯（成化十九年，1483）九月十七	香港 護輝堂	
古木竹石圖	卷	紙	水墨	32.7 × 381.7		北京 故宮博物院	
江上七株樹圖	卷	紙	水墨	76.4 × 29.3		北京 故宮博物院	
枯木鳴鳩圖	卷	紙	設色	27.8 × 65		北京 故宮博物院	
松枝圖	卷	紙	水墨	36.4 × 61.3		合肥 安徽省博物館	
谿橋泊舟圖	卷	紙	設色	31.2 × 48.5		上海 上海博物館	
雜畫六段并題	卷	紙	設色、水墨	不詳	甲寅（弘治七年，1494）三月望	日本 東京張珩韞輝齋	
書畫（山水圖，文字歌詩序）	卷	紙	水墨	23.1 × 76.9	乙巳（成化二十一年，1485）四月	美國 紐約顧洛阜先生	
都門別意圖	卷	紙	設色	27.3 × 113.7		美國 芝加哥藝術中心	1971.475
雜畫	卷	紙	設色	31.5 × 711.2	弘治甲寅（七年，1494）三月既望	美國 芝加哥藝術中心	1953.281
寒林讀書圖	軸	紙	水墨	57 × 33.3	辛丑（成化十七年，1481）九月二日	台北 故宮博物院	故畫 00429
寒林鸜鵒	軸	紙	設色	116.7 × 29.6		台北 故宮博物院	故畫 00430
畫竹	軸	紙	水墨	83.9 × 35.1		台北 故宮博物院	故畫 00431
竹石	軸	紙	水墨	113 × 32		台北 故宮博物院	故畫 02133

名稱	形式	質地	色彩	尺寸 高×寬 cm	創作時間	收藏處所	典藏號碼
樹石	軸	紙	水墨	53.8 × 30.8	癸卯（成化十九年，1483）正月四日	台北 故宮博物院	故畫 02134
九芝衍慶圖	軸	絹	設色	88.3 × 42.1	丁酉（成化十三年，1477）春三月	台北 故宮博物院	故畫 02135
雨山圖	軸	紙	設色	127.5 × 53	壬子（弘治五年，1492）九月望日	台北 故宮博物院(蘭千山館寄存)	
山水圖	軸	紙	水墨	35.7 × 61.8		香港 黃仲方先生	
山水圖	軸	紙	水墨	109.1 × 54		新加坡 Dr. E. Lu	
墨竹圖	軸	紙	水墨	116.5 × 32.6		瀋陽 遼寧省博物館	
僧院清風圖	軸	紙	水墨	105 × 33.5	癸卯（成化十九年，1483）四月之初	瀋陽 遼寧省博物館	
秋江漁隱圖（為張弼作）	軸	紙	設色	126.7 × 59	成化丙申（十二年，1476）	北京 故宮博物館	
竹石圖	軸	紙	設色	151.5 × 57		北京 故宮博物館	
竹石圖	軸	紙	水墨	120 × 31.8		北京 故宮博物館	
綠樹茆堂圖	軸	紙	設色	42.7 × 57		北京 故宮博物館	
竹石圖	軸	紙	水墨	133 × 49		青島 山東省青島市博物館	
竹石圖	軸	紙	設色	130.1 × 29.2	丙午（成化廿二年，1486）八月廿四日	上海 上海博物館	
古木清風圖	軸	紙	水墨	114.7 × 29.5		上海 上海博物館	
竹石圖	軸	紙	設色	140.5 × 31.6		上海 上海博物館	
林下獨坐圖	軸	紙	設色	115.5 × 30.8		上海 上海博物館	
竹石	軸	紙	水墨	112.4 × 34.2	庚寅（成化六年，1470）六月四日	日本 東京篠崎都香佐先生	
雞冠花圖	軸	紙	水墨	35.1 × 49.4		日本 京都圓山淳一先生	
墨竹圖	軸	紙	水墨	136.5 × 65.4	甲寅（弘治七年，1494）三月	美國 哈佛大學福格藝術館	1964.95
松陰清話圖	軸	紙	設色	146.5 × 65.2		美國 紐約王季遷明德堂	
山獻翠屏圖	軸	紙	設色	148.3 × 31		美國 紐約王季遷明德堂	
山水圖	軸	紙	水墨	35.7 × 61.9		美國 私人	
竹樹春鶯（名畫琳瑯冊之7）	冊頁	紙	設色	63.3 × 30.4		台北 故宮博物院	故畫 01292-7
松竹奇石（集名人畫冊之5）	冊頁	紙	水墨	24.9 × 28.4		台北 故宮博物院	故畫 03508-5
雪景山水（明人畫扇集冊貳冊（上）之2）	摺扇面	紙	水墨	不詳		台北 故宮博物院	故畫 03534-2
三絕（心賞山水，18幀）	冊	紙	設色	（每幀）31	甲寅（弘治七年，	上海 上海博物館	

名稱	形式	質地	色彩	尺寸 高×寬㎝	創作時間	收藏處所	典藏號碼
				× 48.3	1494）七月二日		
松石圖（明清人畫冊之6）	冊頁	紙	設色	29.9 × 23.7		英國 倫敦大英博物館	1902.6.6.52-6(ADD352)
附：							
古木竹石圖	卷	紙	水墨	33 × 504.6	弘治七年（甲寅，1494）十月初四日	香港 蘇富比藝品拍賣公司/拍賣目錄 1999,10,31.	
竹石圖（為研雲方外作）	軸	紙	水墨	不詳	庚寅（成化六年，1470）五月廿六日	北京 北京市文物商店	
蘆荻歸舟圖	軸	紙	設色	117.5 × 31		紐約 蘇富比藝品拍賣公司/拍賣目錄 1986,06,03.	
柳陰行樂圖	軸	絹	設色	107.3 × 59.6		紐約 蘇富比藝品拍賣公司/拍賣目錄 1986,12,04.	
竹石圖	軸	紙	設色	78.8 × 32.4		紐約 佳士得藝品拍賣公司/拍賣目錄 1993,12,01.	
七里灘獨釣圖	軸	紙	設色	115.5 × 31.5		紐約 佳士得藝品拍賣公司/拍賣目錄 1994,06,01.	
秋谿獨坐圖	摺扇面	金箋	設色	17 × 52		紐約 佳士得藝品拍賣公司/拍賣目錄 1988,11,30.	

畫家小傳：姚綬。字公綬。號榖庵、雲東逸史。浙江嘉善人。生於成祖永樂二十（1422）年。卒於憲宗弘治八（1495）年。天順中進士。成化初官永寧郡守。工詩，善書、畫。畫山水、竹石，法吳鎮。（見明畫錄、無聲詩史、圖繪寶鑑續纂、四友齋叢談、莆田集、中國畫家人名大辭典）

趙汝殷

| 風林群虎圖 | 卷 | 絹 | 設色 | 33.3 × 795 | 正統辛酉（六年，1441）春正月望日 | 台北 故宮博物院 | 故畫 01576 |

畫家小傳：趙汝殷。浙江永嘉人。世代善畫虎。流傳署款紀年畫作見於英宗正統六（1441）至十（1445）年。（見中國美術家人名大辭典）

張 錦

| 仙人吹笛圖 | 軸 | 絹 | 設色 | 137 × 88.8 | | 日本 東京大隈信常先生 | |

畫家小傳：張錦。慶陽人。官至錦衣指揮。善畫。（見慶陽府志、中國畫家人名大辭典）

金 潤

| 溪山真賞圖 | 卷 | 不詳 | 設色 | 不詳 | 成化十四年（戊戌，1478）孟春吉旦 | 天津 天津市藝術博物館 | |

畫家小傳：金潤。字伯玉。號靜虛。江蘇上元人。活動於英宗正統(1436-1449)至憲宗成化(1465-1487)間。博學，通音律，工書畫。畫善山

名稱	形式	質地	色彩	尺寸 高×寬㎝	創作時間	收藏處所	典藏號碼

水，法元方從義。（見明畫錄、上元縣志、金陵瑣事、中國畫家人名大辭典）

彭　勖

| 墨梅圖 | 軸 | 絹 | 水墨 | 127.1 × 67.3 | | 美國 克利夫蘭藝術博物館 | |

畫家小傳：彭勖。字德勉。號世竹。江蘇崑山人。為明初畫梅名手周號外甥。善畫墨梅，得舅氏之傳。（見明書畫史、中國畫家人名大辭典）

張德輝

| 雲龍圖（對幅） | 軸 | 紙 | 水墨 | 62.2 × 35.8 | | 日本 京都柳重之先生 | A2706 |

畫家小傳：張德輝。字秋蟾。號雲巢老人。浙江慈谿人。少學畫龍，遇雨輒登大寶山頂，觀雲氣騰湧之勢，默與神會，故所畫龍變化萬狀，堪追陳容。（見明畫錄、畫史會要、中國畫家人名大辭典）

孫　隆

梅花圖（孫隆、陳錄梅花合卷之1段）	卷	紙	水墨	29 × 1095		杭州 浙江省杭州西泠印社	
芙蓉白鵝圖	軸	絹	設色	160 × 83.7		北京 故宮博物院	
雪禽梅竹圖	軸	絹	設色	116.6 × 61.8		北京 故宮博物院	
群兔圖	冊頁	絹	設色	21.1 × 26.8		日本 東京國立博物館	

畫家小傳：孫隆。字從吉。號都痴。江蘇武進人。英宗天順（1457-1464）中，為新安知府。善畫，山水宗二米；寫梅花，得王筆法；寫禽魚草蟲，得徐熙逸趣，自成一家，號沒骨圖。所作梅花，與夏昶之竹齊名，購者同價，時稱孫梅花。（見明畫錄、無聲詩史、圖繪寶鑑續纂、東里續集、中國畫家人名大辭典）

黃希穀

| 溪山游賞圖 | 冊頁 | 絹 | 水墨 | 24.8 × 83 | | 淮安 江蘇省淮安縣博物館 | |

畫家小傳：黃希穀。籍里、身世不詳。活動時間約與陳錄相近。工畫松，兼能山水。（見明畫錄、明書畫史，中國畫家人名大辭典）

樊　暉

| 溪山遠眺圖（為鄭景容寫） | 冊頁 | 紙 | 水墨 | 28 × 55.2 | | 淮安 江蘇省淮安縣博物館 | |

畫家小傳：樊暉。畫史無載。活動時間約與陳錄相近。身世待考。

殷　善

| 鍾馗圖 | 冊頁 | 紙 | 設色 | 24.2 × 112.8 | | 淮安 江蘇省淮安縣博物館 | |

畫家小傳：殷善。字從善。號仲之。江蘇金陵人。工畫花果、翎毛，極其精緻。（見明畫錄、無聲詩史、圖繪寶鑑、中國畫家人名大辭典）

戴　浩

名稱	形式	質地	色彩	尺寸 高×寬cm	創作時間	收藏處所	典藏號碼
秋江晚渡圖	冊頁	紙	水墨	28.2 × 55.2		淮安 江蘇省淮安縣博物館	

畫家小傳：戴浩。字彥廣。號默疵。遼東人。善畫花卉，尤工墨梅，自詡畫梅品格清絕、揮灑蒼潤有法；兼能畫魚及生孫。(見明畫錄、中國畫家人名大辭典)

九陽道人

擷蘭圖（為鄭景容寫）	冊頁	紙	水墨	25.8 × 55.2		淮安 江蘇省淮安縣博物館	

畫家小傳：九陽道人。畫史無載。自題款識得知姓張，為四十五代天師。活動時間約與陳錄相近。

徐 良

太白騎鯨圖	冊頁	紙	水墨	26.1 × 44.7		淮安 江蘇省淮安縣博物館	

畫家小傳：徐良。畫史無載。字孟昭。活動時間約與陳錄相近。

高 鼎

菊花圖（為鄭景容寫）	冊頁	紙	水墨	28.2 × 84.5		淮安 江蘇省淮安縣博物館	

畫家小傳：高鼎。畫史無載。款印得知，字文鉉，號思庵。活動時間約與陳錄相近。身世待考。

沈 周

名稱	形式	質地	色彩	尺寸 高×寬cm	創作時間	收藏處所	典藏號碼
臨錢選忠孝圖	卷	紙	設色	29.8 × 506.3	成化甲辰（二十年，1484）夏日	台北 故宮博物院	故畫 01574
江山清遠圖	卷	絹	設色	60 × 1586.6	弘治癸丑（六年，1493）仲秋日	台北 故宮博物院	故畫 01565
法宋人筆意山水（秦淮雨艇圖）	卷	紙	設色	30.5 × 61.5	弘治甲寅（七年，1494）	台北 故宮博物院	故畫 01570-1
寫生	卷	紙	水墨	33.1×1160.1	弘治甲寅（七年，1494）歲	台北 故宮博物院	故畫 01575
水墨花果	卷	紙	水墨	24.5 × 835	甲寅（弘治七年，1494）	台北 故宮博物院(蘭千山館寄存)	
法宋人筆意山水（讀書秋樹根圖）	卷	紙	水墨	30.5 × 45	正德辛巳（十六年，1521）秋	台北 故宮博物院	故畫 01570-2
林隱圖	卷	紙	設色	35.7 × 374.7		台北 故宮博物院	故畫 01566
蘇州山水全圖	卷	紙	設色	41.9 × 1749		台北 故宮博物院	故畫 01567
南軒圖	卷	紙	設色	26.8 × 111.6		台北 故宮博物院	故畫 01568
山水并題	卷	紙	設色	40.2 × 337.6		台北 故宮博物院	故畫 01569
法宋人筆意山水（蕉石雄雞）	卷	紙	水墨	30.5 × 59.5		台北 故宮博物院	故畫 01570-3

名稱	形式	質地	色彩	尺寸 高x寬cm	創作時間	收藏處所	典藏號碼
倣巨然山水	卷	紙	水墨	24.1 × 299.8		台北 故宮博物院	故畫 01571
高賢餞別圖	卷	紙	設色	31.6 × 301.8		台北 故宮博物院	故畫 01572
畫韓愈畫記	卷	絹	設色	37 × 1062.9		台北 故宮博物院	故畫 01573
畫山水	卷	紙	設色	59.4 × 1522		台北 故宮博物院	故畫 00915
落花圖并詩	卷	絹	設色	30.7 × 138.6		台北 故宮博物院	故畫 01028
溪山行樂圖	卷	紙	設色	不詳		台北 故宮博物院	國贈 024581
臨趙松雪秋山晴靄圖	卷	紙	設色	48 × 659.5		台北 故宮博物院（蘭千山館 寄存）	
灞橋詩思圖	卷	紙	設色	不詳		台北 故宮博物院（王世杰先生 寄存）	
落花詩意圖	卷	紙	設色	不詳		台北 故宮博物院（王世杰先生 寄存）	
臨梅道人溪山圖	卷	紙	水墨	不詳		台北 故宮博物院（王世杰先生 寄存）	
苕溪碧浪湖圖	卷	紙	設色	27.1 × ？		台北 鴻禧美術館	C1-614
山水圖	卷	絹	水墨	48.5 × 535.7	弘治庚申（十三年 ，1500）清和下澣	台北 長流美術館	
釣雪圖	卷	紙	設色	29.1 × ？		台北 私人	
保儒堂圖并書記	卷	紙	水墨	32.5 × 107.5	弘治四年（辛亥， 1491）三月下浣日	香港 何耀光至樂堂	
安老亭圖	卷	紙	水墨	28.5 × ？		香港 趙從衍先生	
吳江遊圖	卷	紙	水墨	31.9 × ？		香港 葉承耀先生	
春遊圖	卷	紙	水墨	34.3 × ？		香港 劉作籌虛白齋	
送金以賓山水圖並辭館詩序	卷	紙	設色	不詳	成化庚子（十六年 ，1480）人日	香港 王南屏先生	
秋江晚釣圖	卷	紙	設色	不詳	弘治壬子（五年， 1492）	香港 王南屏先生	
西山秋色圖（2段）	卷	紙	設色	46.7 × 915； 46.7 × 915	成化庚戌（弘治三 年，1490）	長春 吉林省博物館	
林壑幽深圖	卷	紙	水墨	36.6 × 1177	弘治甲寅（七年， 1494）	長春 吉林省博物館	
松石圖	卷	紙	水墨	42.7 × 668.5		長春 吉林省博物館	
障門雜樹圖	卷	紙	設色	28.8 × 150		瀋陽 故宮博物院	
千人石夜遊圖	卷	紙	設色	30.1 × 157	弘治癸丑（六年， 1493）	瀋陽 遼寧省博物館	

名稱	形式	質地	色彩	尺寸 高x寬㎝	創作時間	收藏處所	典藏號碼
補成煙江疊嶂圖	卷	絹	水墨	50 × 286	正德丁卯（二年，1507），八十一歲	瀋陽 遼寧省博物館	
盆菊幽賞圖	卷	紙	設色	23.4 × 208.1		瀋陽 遼寧省博物館	
青園圖	卷	紙	設色	29.1 × 188.7		旅順 遼寧省旅順博物館	
漁樵圖	卷	紙	水墨	不詳	成化丁酉（十三年，1477）秋日	北京 故宮博物院	
臨黃公望富春山居圖	卷	紙	設色	36.8 × 855	成化丁未（二十三年，1487）中秋節	北京 故宮博物院	
月讌圖	卷	紙	水墨	28.7 × 154	弘治己酉（二年，1489）	北京 故宮博物院	
京江送別圖	卷	紙	設色	28 × 159.2	弘治五年（壬子，1492）	北京 故宮博物院	
邃庵圖（為楊一清作）	卷	紙	設色	不詳	弘治十三年（庚申，1500）八月一日	北京 故宮博物院	
卜夜圖	卷	紙	水墨	32.5 × 61		北京 故宮博物院	
孔雀羽圖	卷	紙	水墨	27 × 108.6		北京 故宮博物院	
西山雨觀圖	卷	紙	水墨	25.2 × 105.5		北京 故宮博物院	
墨菜辛夷圖（2段）	卷	紙	設色	（每段）25 × 29		北京 故宮博物院	
東原圖	卷	紙	設色	29.2 × 119.2		北京 故宮博物院	
芝田圖	卷	灑金箋	設色	31.4 × 156.3		北京 故宮博物院	
南山祝語圖	卷	紙	設色	31.5 × 156.6		北京 故宮博物院	
滄州趣圖	卷	紙	設色	30.1 × 400.2		北京 故宮博物院	
廬墓圖（4段）	卷	紙	設色	（每段）38 × 65.6		北京 故宮博物院	
聽泉圖	卷	紙	設色	30.4 × 497.5		北京 故宮博物院	
報德英華圖（報德英華圖卷3之第1段）	卷	紙	水墨	28.8 × 116.2		北京 故宮博物院	
萱花秋葵圖	卷	紙	設色	21.5 × 116		北京 中國美術館	
雲水行窩圖	卷	紙	設色	33 × 165	弘治癸亥（十六年，1503）九月	北京 中央美術學校	
當月圖	卷	紙	設色	24.3 × 31.5		天津 天津市藝術博物館	
夜雪讌集圖	卷	紙	水墨	31 × 152		煙臺 山東省煙臺市博物館	
山水圖（沈、唐、文、仇四家作品集錦卷之第1段）	卷	紙	設色	不詳	成化三年（丁亥，1467）	上海 上海博物館	

名稱	形式	質地	色彩	尺寸 高x寬㎝	創作時間	收藏處所	典藏號碼
水村山塢圖	卷	紙	水墨	30.5 × 770.8	弘治紀元（戊申，1488）八月望日	上海 上海博物館	
天平山圖	卷	紙	水墨	24.5 × 117.7	弘治己酉（二年，1489）	上海 上海博物館	
楊花圖	卷	紙	水墨	30.4 × 97.4	庚戌（弘治三年，1490）	上海 上海博物館	
花果雜品二十種	卷	紙	水墨	26.2 × 642.3	弘治甲寅（七年，1494）三月	上海 上海博物館	
花果圖	卷	紙	水墨	35.3 × 724.4	弘治乙卯（八年，1495）春	上海 上海博物館	
雲岡小隱圖	卷	紙	水墨	20.5 × 280.5	弘治九年（丙辰，1496）	上海 上海博物館	
泛舟訪友圖（為顧應和作）	卷	紙	水墨	30.4 × 122.3	弘治丁巳（十年，1497）廿二日	上海 上海博物館	
草庵圖	卷	紙	設色	29.5 × 155	弘治十年（丁巳，1497）八月十七日	上海 上海博物館	
吳中山水圖	卷	紙	設色	31.6 × 348	弘治己未（十二年，1499）秋日	上海 上海博物館	
西山雲靄圖	卷	紙	水墨	29.4 × 634.3	弘治壬戌（十五年，1502）三月二日	上海 上海博物館	
京口送別圖（為吳寬作）	卷	紙	水墨	30 × 125.5	正德丁卯（二年，1507）	上海 上海博物館	
江南風景圖	卷	紙	設色	23 × 440.5		上海 上海博物館	
仿米雲山圖	卷	紙	水墨	22.1 × 185.6		上海 上海博物館	
西山紀游圖	卷	紙	水墨	28.6 × 867.5		上海 上海博物館	
有竹鄰居圖	卷	紙	設色	28.2 × 210		上海 上海博物館	
芍藥圖	卷	紙	水墨	32.9 × 135.8		上海 上海博物館	
耕讀圖	卷	紙	設色	26.5 × 150.6		上海 上海博物館	
野翁莊圖	卷	絹	設色	24.4 × 135.4		上海 上海博物館	
夢萱圖	卷	紙	設色	29 × 74		上海 上海博物館	
送行圖（劉麟題）	卷	紙	設色	不詳	弘治十年（丁巳，1497）	南京 南京博物院	
落花詩書畫	卷	紙	設色	35.9 × 60.2	八十翁（正德元年，丙寅，1506）	南京 南京博物院	
湖天泛棹圖	卷	紙	設色	30 × 146		南京 南京博物院	

名稱	形式	質地	色彩	尺寸 高×寬㎝	創作時間	收藏處所	典藏號碼
岸波圖	卷	紙	設色	30.1 × 160.9		蘇州 江蘇省蘇州博物館	
湖山佳趣圖	卷	紙	設色	31.7 × 813	成化乙巳（二十一年，1485）	杭州 浙江省博物館	
贈黃生淮序并圖	卷	紙	設色	25 × 260	弘治丙辰（九年，1496）	廣州 廣東省博物館	
溪山高逸圖	卷	紙	水墨	48.5 × 922	弘治丁巳（十年，1497）	廣州 廣東省博物館	
湖山佳勝圖	卷	紙	設色	37 × 935.8		廣州 廣州市美術館	
萬壽吳江圖（為徐克成作）	卷	紙	水墨	35.5 × 843	癸卯（嘉靖二十二年，1543）季冬	日本 東京國立博物館	
送吳文定公行圖	卷	紙	水墨	33.3 × 1121		日本 東京菊池惺堂先生	
層巒疊嶂圖	卷	紙	水墨	28.8 × 909		日本 東京菊池惺堂先生	
松溪小隱圖并書(為程文達作)	卷	紙	設色	34.9 × ?	成化庚寅（六年，1470）重九前二日	日本 東京細川護貞先生	
送行圖	卷	紙	設色	不詳	弘治五年（壬子，1492）	日本 東京張珩韞輝齋	
山水	卷	紙	設色	18.2 × 303		日本 京都小川睦之輔先生	
江山壯觀圖	卷	紙	設色	不詳		日本 京都小川廣己先生	
水村圖并記	卷	紙	設色	35.4 × 694.9	正德新元（丙寅，1506）秋七月	日本 京都泉屋博古館	
枯木竹石圖（與王紱為密齋寫山水圖合卷）	卷	紙	水墨	26.7 × 42.4		日本 大阪市立美術館	
七星檜書畫合璧	卷	紙	水墨	46 × 442	成化甲辰（二十年，1484）人日	日本 大阪市立美術館	
大石山圖	卷	紙	設色	24 × 287.3		日本 大阪市立美術館	
山水圖（為宗一作）	卷	紙	水墨	33.4 × ?	成化乙未（十一年，1475）三月望日	日本 兵庫縣黑川古文化研究所	
山水圖（為希哲作）	卷	紙	水墨	28.9 × ?	庚戌（嘉靖二十九年，1550）十月廿四日	日本 兵庫縣黑川古文化研究所	
金華圖	卷	紙	水墨	40.3 × 548.6		日本 福岡市美術館	11-B-3
四景合璧山水（4幅裝成）	卷	紙	設色	約31.1 × 59		日本 橫濱岡山美術館	
苕溪碧浪圖（贈明洲先生）	卷	紙	設色	不詳	癸巳（嘉靖十二年，1533）秋杪	日本 江田勇二先生	
春草秋花圖	卷	絹	水墨	30.1 × ?		日本 阿形邦三先生	

名稱	形式	質地	色彩	尺寸 高×寬 cm	創作時間	收藏處所	典藏號碼
十四夜月圖	卷	紙	設色	不詳		美國 波士頓美術館	
柴桑招隱圖	卷	紙	設色	17.4 × ?		美國 麻州 Henry & Harrison 先生	
高賢餞別圖	卷	紙	設色	26.7 × ?		美國 耶魯大學藝術館	1952.52.24
山水圖	卷	紙	水墨	29.8 × ?		美國 普林斯頓大學藝術館	58-48
滌齋圖	卷	紙	設色	28 × ?		美國 普林斯頓大學藝術館	78-21
春江送別圖	卷	紙	設色	26 × ?	七十三歲（弘治十二年，己未，1499）	美國 普林斯頓大學藝術館（Edward Elliott 先生寄存）	L297.70
溪山秋色圖	卷	紙	水墨	19.8 × ?		美國 紐約大都會藝術博物館	1979.75.1
四季花卉圖	卷	紙	設色	25.6 × ?		美國 紐約大都會藝術博物館	1982.205
山水圖	卷	紙	水墨	不詳		美國 紐約顧洛阜先生	
沈、文合作山水圖（與文徵明合作，20 幀裝成）	卷	紙	水墨	不詳		美國 New Haven 翁萬戈先生	
支硎遇友圖（寫贈楊謙）	卷	紙	設色	26.5 × 131.1	辛亥歲（弘治四年，1491）二月廿二日	美國 華盛頓特區弗瑞爾藝術館	34.1
江村漁樂圖	卷	紙	設色	24.8 × 1690		美國 華盛頓特區弗瑞爾藝術館	39.2
松下芙蓉圖	卷	紙	設色	23.5 × 82	弘治己酉（二年，1489）夏	美國 密歇根大學藝術博物館	1961/1.173
石湖歸棹圖	卷	紙	水墨	26.1 × 157.5	成化二年（丙戌，1466）十月六日	美國 芝加哥藝術中心	1951.187
溪雲欲雨圖	卷	紙	設色	35.2 × ?		美國 芝加哥藝術中心	1961.224
吳中勝覽圖	卷	紙	設色	35.4 × 1799.5		美國 堪薩斯市納爾遜-艾金斯藝術博物館	70-25
送別（陸治）圖	卷	紙	設色	26.4 × 148		美國 堪薩斯市納爾遜-艾金斯藝術博物館	46-90
松鼠圖	卷	紙	設色	不詳	弘治辛酉（十四年，1501）春	美國 堪薩斯市納爾遜-艾金斯藝博物館	
山水圖	卷	紙	設色	16.7 × 254.3		美國 舊金山亞洲藝術館	B75 D7
山水圖（煙江疊嶂）	卷	紙	設色	28.7 × ?		美國 勃克萊加州大學藝術館（Schlenker 先生寄存）	
白雲泉圖	卷	絹	設色	不詳	成化辛丑（十七年，1481）秋九月	美國 勃克萊加州大學高居翰教授景元齋	
吳中奇境圖	卷	紙	水墨	35.3 × ?		美國 私人	

名稱	形式	質地	色彩	尺寸 高x寬㎝	創作時間	收藏處所	典藏號碼
風雨過谿圖	卷	紙	設色	45.1 x 1474		德國 柏林東亞藝術博物館	5331
盧山高	軸	紙	設色	193.8 x 98.1	成化丁亥（三年，1467）端陽日	台北 故宮博物院	故畫 00884
畫山水	軸	紙	設色	56.1 x 31.7	成化丙申（十二年，1476）四月廿九日	台北 故宮博物院	故畫 00443
參天特秀	軸	紙	水墨	156 x 67.1	己亥（成化十五年，1479）	台北 故宮博物院	故畫 02144
雨意圖（為德徵作）	軸	紙	水墨	76.1 x 30.6	丁未（成化二十三年，1487）季冬三日	台北 故宮博物院	故畫 01315
畫雞	軸	紙	設色	153.7 x 36	弘治改元（戊申，1488）清和月	台北 故宮博物院	故畫 02160
名賢雅集圖	軸	紙	設色	252.9 x 44.5	弘治己酉（二年，1489）三月十七日	台北 故宮博物院	故畫 01317
蔬筍寫生	軸	紙	水墨	56.7 x 30	弘治二年（己酉，1489）冬	台北 故宮博物院	故畫 00451
秋林讀書	軸	紙	水墨	154.3 x 31	辛亥（弘治四年，1491）孟秋廿日	台北 故宮博物院	故畫 02145
夜坐圖	軸	紙	設色	84.8 x 21.8	弘治壬子（五年，1492）秋七月既望	台北 故宮博物院	故畫 00438
修竹崇山	軸	紙	水墨	112.5 x 27.4	辛酉（弘治十四年，1501）七夕後一日	台北 故宮博物院	中畫 00029
雙鳥在樹圖	軸	紙	水墨	140 x 52.3	甲子（弘治十七年，1504）冬十月	台北 故宮博物院	故畫 02155
策杖圖	軸	紙	水墨	159.1 x 72.2		台北 故宮博物院	故畫 00439
蒼厓高話圖	軸	絹	水墨	149.9 x 77		台北 故宮博物院	故畫 00440
扁舟詩思圖	軸	紙	設色	124 x 62.9		台北 故宮博物院	故畫 00441
鳩聲喚雨	軸	紙	設色	51.1 x 30.4		台北 故宮博物院	中畫 00030
仿倪瓚筆意	軸	紙	設色	79.8 x 24.1		台北 故宮博物院	故畫 00442
畫山水	軸	紙	水墨	59.7 x 43.1		台北 故宮博物院	故畫 01316
春華畫錦	軸	紙	設色	278.6 x 95.7		台北 故宮博物院	故畫 00885
古松圖	軸	紙	水墨	73.9 x 51.2		台北 故宮博物院	故畫 00444

名稱	形式	質地	色彩	尺寸 高x寬cm	創作時間	收藏處所	典藏號碼
放鴿圖	軸	紙	設色	140.7 x 64.7		台北 故宮博物院	故畫 00445
郭索圖	軸	紙	水墨	49.4 x 31		台北 故宮博物院	故畫 00446
芝蘭玉樹	軸	紙	設色	135.1 x 55.8		台北 故宮博物院	故畫 00447
瓶中蠟梅	軸	紙	設色	140.6 x 31.6		台北 故宮博物院	故畫 00448
墨菊	軸	紙	水墨	137.3 x 32.2		台北 故宮博物院	故畫 00449
蔬菜	軸	紙	水墨	92.3 x 31.7		台北 故宮博物院	故畫 00450
落花圖並詩	軸	絹	設色	30.7 x 138.6		台北 故宮博物院	故畫 01028
雙松	軸	紙	水墨	161.5 x 44		台北 故宮博物院	故畫 02139
林亭山色	軸	紙	水墨	144.5 x 30.3		台北 故宮博物院	故畫 02140
蕉石圖	軸	紙	水墨	128.5 x 53.1		台北 故宮博物院	故畫 02141
松岩聽泉圖	軸	紙	設色	140 x 31.2		台北 故宮博物院	故畫 02142
天平聽雨圖	軸	絹	設色	160.6 x 63.1		台北 故宮博物院	故畫 02143
溪橋訪友	軸	紙	水墨	130.6 x 47.5		台北 故宮博物院	故畫 02146
杏林書館	軸	紙	水墨	75.8 x 31.1		台北 故宮博物院	故畫 02147
汲泉煮茗圖	軸	紙	水墨	153.7 x 36.2		台北 故宮博物院	故畫 02148
待琴圖	軸	絹	設色	146.8 x 69.7		台北 故宮博物院	故畫 02149
抱琴圖	軸	紙	設色	153.1 x 60.1		台北 故宮博物院	故畫 02150
畫山水（冊頁2幀裝成）	軸	絹	設色	27.6 x 9.7：36.4 x 29.7		台北 故宮博物院	故畫 02151
尋梅圖	軸	絹	設色	186.7 x 91.5		台北 故宮博物院	故畫 02152
春水新鵝	軸	紙	設色	91.3 x 26		台北 故宮博物院	故畫 02153
秋塘野鶩	軸	紙	設色	116.2 x 31		台北 故宮博物院	故畫 02154
花下睡鵝	軸	紙	設色	130.3 x 63.2		台北 故宮博物院	故畫 02156
白頭長春圖	軸	綾	設色	145 x 47.5		台北 故宮博物院	故畫 02157
金粟晚香圖	軸	紙	水墨	102.3 x 38		台北 故宮博物院	故畫 02158
枇杷	軸	紙	水墨	48.5 x 39.6		台北 故宮博物院	故畫 02159
畫雞	軸	紙	設色	135.8 x 49.2		台北 故宮博物院	故畫 02161
畫雪景	軸	絹	設色	207.7 x 103		台北 故宮博物院	故畫 02978
芝鶴圖	軸	絹	設色	175.5 x 88.9		台北 故宮博物院	故畫 02979
春郊散犢	軸	紙	設色	不詳		台北 故宮博物院	國贈 027017
山水圖（寫奉羨賢昆玉）	軸	紙	水墨	127 x 34.2	丙午（成化二十二年，1486）	台北 故宮博物院（蘭千山館寄存）	
雲石風泉	軸	紙	水墨	78.6 x 51.9		台北 故宮博物院（蘭千山館寄存）	
歸燕圖	軸	紙	設色	不詳		台北 故宮博物院（王世杰先生	

名稱	形式	質地	色彩	尺寸 高×寬㎝	創作時間	收藏處所	典藏號碼
						寄存）	
秋葵圖	軸	紙	設色	不詳		台北 故宮博物院（王世杰先生寄存）	
雪景山水	軸	紙	水墨	不詳		台北 故宮博物院（王世杰先生寄存）	
仿房山山水	軸	紙	水墨	不詳		台北 故宮博物院（王世杰先生寄存）	
仿大癡富春圖	軸	紙	水墨	不詳		台北 故宮博物院（王世杰先生寄存）	
三清圖	軸	紙	水墨	156 × 73.2		台北 長流美術館	
慈鳥圖	軸	紙	設色	56 × 32		台北 李鴻球先生	
蓮塘浴鳧圖	軸	紙	設色	152 × 65		香港 黃仲方先生	
水墨枇杷圖	軸	紙	水墨	108.8 × 44		香港 何耀光至樂堂	
雞頭雞石圖	軸	紙	設色	150.6 × 71.7		香港 潘祖堯小聽颿樓	CP17
（傳）沙堤緩騎圖	軸	絹	設色	165.1 × 43.9		香港 香港美術館・虛白齋	XB1992.020
雲截溪山圖	軸	紙	設色	148.2 × 66.1		香港 劉作籌虛白齋	47
竹林七賢圖	軸	紙	設色	236 × 114.5		香港 劉作籌虛白齋	14
歲暮送別圖（為抑夫作）	軸	紙	設色	143 × 62.5	成化廿一年（乙巳，1485）十二月廿六日	香港 劉作籌虛白齋	
漁沙茅屋圖	軸	絹	設色	60 × 39.5	丙辰歲（弘治九年，1496）三月十日	香港 張碧寒先生	
枇杷圖	軸	紙	水墨	103.5 × 26.5		長春 吉林省博物館	
雲山圖	軸	紙	設色	164.7 × 34.5		長春 吉林省博物館	
蜀葵圖	軸	紙	設色	不詳		長春 吉林省博物館	
秋泛圖	軸	絹	設色	145 × 73.5		瀋陽 故宮博物院	
梧桐泉石圖	軸	絹	設色	187 × 99		瀋陽 故宮博物院	
魏園雅集圖	軸	紙	設色	153.3 × 47.7	成化己丑（五年，1469）	瀋陽 遼寧省博物館	
紅杏圖	軸	紙	設色	80 × 33.7	壬午（天順六年，1462）	北京 故宮博物院	
仿董巨山水圖（為民度作）	軸	紙	水墨	163.4 × 37	癸巳（成化九年，1473）仲冬五日	北京 故宮博物院	
仿倪瓚山水圖（為梅谷作）	軸	紙	水墨	120.5 × 29.1	己亥（成化十五年，1479）十月既望	北京 故宮博物院	

名稱	形式	質地	色彩	尺寸 高x寬cm	創作時間	收藏處所	典藏號碼
荔柿圖（為宿田作）	軸	紙	水墨	127.8 x 38.5	庚子（成化十六年，1480）元旦	北京 故宮博物院	
松石圖	軸	紙	水墨	156.4 x 72.7	成化十六年（庚子，1480）四月七日	北京 故宮博物院	
古木寒泉圖	軸	綾	水墨	126.7 x 28.2	癸卯（成化十九年，1483）	北京 故宮博物院	
溪山晚照圖	軸	灑金箋	水墨	158.7 x 32.8	乙巳（成化二十一年，1485）六月五日	北京 故宮博物院	
雲山圖	軸	紙	設色	不詳	庚戌（弘治三年，1490）	北京 故宮博物院	
杏花圖（為甥劉布作）	軸	紙	設色	不詳	弘治十五年（壬戌，1502）十月廿四日	北京 故宮博物院	
古木寒泉圖	軸	絹	水墨	不詳	弘治十六年（癸亥，1503）	北京 故宮博物院	
溪山晚照圖（為趙文美作）	軸	紙	設色	不詳	正德四年（己巳，1509）六月五日	北京 故宮博物院	
小亭落木圖	軸	紙	水墨	143 x 31.4		北京 故宮博物院	
天光雲閒圖	軸	紙	水墨	125 x 47.8		北京 故宮博物院	
牡丹圖	軸	紙	水墨	154.6 x 68.1		北京 故宮博物院	
枇杷圖	軸	紙	設色	132.7 x 36.5		北京 故宮博物院	
柳蔭垂釣圖	軸	綾	設色	136 x 23.5		北京 故宮博物院	
紅杏圖	軸	紙	設色	80 x 33.5		北京 故宮博物院	
桂花書屋圖	軸	紙	設色	153.6 x 35.2		北京 故宮博物院	
為惟德作山水圖	軸	紙	水墨	102.3 x 40.2		北京 故宮博物院	
溪居圖	軸	紙	水墨	84.6 x 49.9		北京 故宮博物院	
蠶桑圖	軸	紙	設色	142.5 x 35.4		北京 故宮博物院	
松蔭對話圖通景（2幅）	軸	絹	設色	165.6 x 77.1		北京 故宮博物院	
桃花書屋圖	軸	紙	設色	不詳		北京 中國歷史博物館	
迴溪試杖圖	軸	絹	水墨	145 x 40.8		北京 中國美術館	
桐陰濯足圖	軸	絹	設色	199 x 97.5		北京 首都博物館	
仿倪雲林山水	軸	紙	水墨	204 x 33.2		北京 首都博物館	
青山綠樹圖	軸	絹	設色	171 x 87.3		北京 北京畫院	
壽陸母八十山水圖	軸	紙	設色	不詳	沈貞成化十八年（壬寅，1482）三月望日題辭	天津 天津市藝術博物館	

名稱	形式	質地	色彩	尺寸 高×寬㎝	創作時間	收藏處所	典藏號碼
瓶荷圖	軸	紙	設色	144.5 × 60	丙午（成化二十二年，1486）	天津 天津市歷史博物館	
蕉石圖	軸	紙	設色	不詳	成化丙申（十二年，1476）	青島 山東省青島市博物館	
仿倪雲林山水圖	軸	紙	水墨	250 × 55	壬子（弘治五年，1492）	平度 山東省平度市博物館	
溪橋過客圖	軸	紙	設色	153 × 39	正德戊辰（三年，1508）	鄭州 鄭州市博物館	
聚塢楊梅圖（為堯卿作）	軸	紙	設色	129.5 × 48.4	弘治壬戌十五年（1502）夏五下浣	合肥 安徽省博物館	
正軒圖	軸	紙	水墨	126.5 × 39.5		合肥 安徽省博物館	
桐陰樂志圖	軸	絹	設色	173 × 86		合肥 安徽省博物館	
秋林漠隱圖	軸	紙	水墨	126.5 × 39.5		合肥 安徽省博物館	
椿萱圖	軸	絹	設色	172.9 × 92.8		合肥 安徽省博物館	
枯木鸜鵒圖	軸	紙	水墨	152 × 27.4		揚州 江蘇省揚州市博物館	
仿倪山水圖	軸	紙	水墨	59.3 × 25.6	癸巳（成化九年，1473）	上海 上海博物館	
秋軒晤舊圖（為雪崖作）	軸	紙	設色	157.3 × 33.6	甲辰（成化二十年，1484）十一月十九日	上海 上海博物館	
仿倪瓚山水圖（為文泉作）	軸	絹	水墨	143 × 32.6	己巳（成化二十一年，1485）首夏十日	上海 上海博物館	
杏花書屋圖	軸	紙	設色	155.9 × 36.7	丙午（成化二十二年，1486）	上海 上海博物館	
仿大癡山水圖	軸	紙	設色	115.5 × 48.5	弘治甲寅（七年，1494）秋八月	上海 上海博物館	
匡山秋霽圖	軸	紙	水墨	211.4 × 110	弘治乙丑（十八年，1505）孟冬八日	上海 上海博物館	
寺隱巘峰圖（為雲谷作）	軸	紙	水墨	154.8 × 33.8	正德改元（丙寅，1506）六月下浣	上海 上海博物館	
苔石圖（為復端作）	軸	灑金箋	水墨	89.8 × 41.4	正德改元（丙寅，1506）十月望後	上海 上海博物館	
九月桃花圖	軸	紙	設色	103.2 × 31.7		上海 上海博物館	
石磯漁艇圖	軸	絹	設色	135.7 × 68.6		上海 上海博物館	

名稱	形式	質地	色彩	尺寸 高x寬cm	創作時間	收藏處所	典藏號碼
曲江春色圖	軸	紙	設色	94.4 x 32.1		上海 上海博物館	
折桂圖	軸	紙	水墨	114.5 x 36.1		上海 上海博物館	
雨中話舊圖	軸	絹	設色	111.4 x 44.9		上海 上海博物館	
松下停琴圖	軸	紙	設色	106.5 x 35.6		上海 上海博物館	
秋江垂釣圖	軸	紙	設色	146.9 x 62.9		上海 上海博物館	
深山游屐圖	軸	紙	水墨	155 x 47.6		上海 上海博物館	
雪樹雙鴉圖	軸	紙	水墨	132.6 x 36.2		上海 上海博物館	
雲際停舟圖	軸	絹	設色	249.2 x 94.2		上海 上海博物館	
湖舟落雁圖	軸	紙	設色	134 x 40.5		上海 上海博物館	
雄雞芙蓉圖	軸	紙	設色	147.8 x 57.1		上海 上海博物館	
喬木慈烏圖	軸	紙	水墨	140.5 x 30.7		上海 上海博物館	
策杖行吟圖	軸	紙	水墨	123.8 x 32.7		上海 上海博物館	
蕉鶴圖	軸	紙	設色	151.2 x 70	弘治甲子（十七年，1504）	上海 上海人民美術出版社	
溪山秋色圖（為汝高作）	軸	紙	水墨	152 x 51	成化甲辰（二十年，1484）	南京 南京博物院	
牡丹圖（為薛堯卿作）	軸	紙	水墨	150.4 x 47	正德二年（丁卯，1507）三月廿八日	南京 南京博物院	
山居讀書圖	軸	綾	水墨	116.6 x 28.8		南京 南京博物院	
疎林碧泉圖	軸	紙	設色	154.5 x 34.5		南京 江蘇省美術館	
虎丘戀別圖（為濟民作）	軸	紙	水墨	70 x 27.2	弘治甲寅（七年，1494）三月	無錫 江蘇省無錫市博物館	
園樹復活圖	軸	絹	設色	183.2 x 85		無錫 江蘇省無錫市博物館	
題自畫像	軸	絹	設色	不詳		蘇州 江蘇省蘇州博物館	
松芝藥草圖	軸	絹	水墨	不詳		蘇州 江蘇省蘇州博物館	
月下泛舟圖	軸	紙	水墨	115 x 57	乙未（成化十一年，1475）八月	昆山 崑崙堂美術館	
為祝淇作山水圖	軸	絹	設色	103.6 x 49.6		杭州 浙江省博物館	
竹窗圖	軸	絹	設色	124.5 x 74.5	弘治丙辰（九年，1496）	南昌 江西省博物館	
萱石靈芝圖	軸	紙	設色	138 x 62		武漢 湖北省博物館	
仿倪瓚山水圖	軸	紙	水墨	134 x 31.5		成都 四川大學	
吳城懷古詩畫	軸	紙	水墨	172 x 96		重慶 重慶市博物館	
臨流宴坐圖	軸	綾	設色	159 x 63		重慶 重慶市博物館	
為竹西作山水圖	軸	紙	設色	81 x 30	成化癸卯（十九年	福州 福建省博物館	

名稱	形式	質地	色彩	尺寸 高×寬cm	創作時間	收藏處所	典藏號碼
					，1483）		
天寒地遠圖	軸	紙	水墨	83.1 × 30		廣州 廣東省博物館	
青山暮雲圖	軸	紙	水墨	148 × 65		廣州 廣東省博物館	
荔枝白鵝圖	軸	紙	設色	148.5 × 34.8		廣州 廣東省博物館	
松坡平遠圖	軸	絹	設色	254 × 99.5	弘治十五年（壬戌，1502）	廣州 廣州市美術館	
雲山圖	軸	紙	設色	344.5 × 101		廣州 廣州市美術館	
複嶂清溪圖	軸	紙	設色	149.5 × 70		廣州 廣州市美術館	
仿倪瓚山水圖	軸	紙	水墨	144 × 40	成化庚子（十六年，1480）重潤色	海澄 廣東省海澄縣博物館	
蜀葵圖	軸	紙	設色	127.3 × 44.5	乙未（成化十一年，1475）	日本 東京山本悌二郎先生	
高枕聽蟬圖	軸	紙	設色	58.2 × 42.4		日本 東京山本悌二郎先生	
倣雲林山水圖	軸	紙	水墨	154.2 × 36.4		日本 東京山本悌二郎先生	
楓落吳江圖	軸	紙	水墨	110 × 33.3		日本 東京山本悌二郎先生	
靈萱喜鵲圖	軸	紙	設色	159.4 × 70.9		日本 東京山本悌二郎先生	
山水圖	軸	紙	設色	156.7 × 36.1		日本 東京連水一孔先生	
山水圖	軸	絹	水墨	100.3 × 55.5		日本 仙台市博物館	
仿倪瓚山水圖	軸	紙	水墨	153 × 36.2		日本 京都國立博物館	A甲596
仿董源山水圖	軸	紙	水墨	313.6 × 78.8		日本 京都國立博物館	A甲148
採菱圖	軸	紙	設色	36.7 × 23.8	丙戌（成化二年，1466）夏五	日本 京都國立博物館	A甲149
送陳燕詞圖	軸	紙	設色	127.6 × 60.3	弘治甲寅（七年，1494）秋	日本 京都國立博物館	A甲150
石榴圖	軸	紙	設色	32.1 × 45.5		日本 京都國立博物館	A甲151
連霖江漲圖	軸	紙	水墨	115 × 114.8		日本 京都國立博物館	A甲152
桃花雛鵝圖	軸	紙	設色	82.4 × 42.9	甲辰歲（嘉靖二十三年，1544）三月下浣	日本 京都泉屋博古館	48
胡盧仙圖	軸	紙	設色	59.1 × 24.2	弘治辛酉（十四年，1501）春日	日本 京都小川琢治先生	
虛亭聽泉圖	軸	絹	設色	120.6 × 60.9		日本 京都桑名鐵城先生	
高士尋秋圖	軸	紙	設色	不詳		日本 京都長尾雨山先生	
菊雞圖（寫與初齋）	軸	紙	設色	不詳	正德己巳（四年，1509）	日本 大阪市立美術館	

名稱	形式	質地	色彩	尺寸 高×寬cm	創作時間	收藏處所	典藏號碼
幽居圖（為叔善先生作）	軸	紙	設色	77.2 × 34	甲申（天順八年，1464）孟夏	日本 大阪市立美術館	
月下彈琴圖	軸	紙	水墨	175.4 × 58.4		日本 大阪市立美術館	
靈隱舊遊圖	軸	絹	設色	92.4 × 27.5		日本 大阪市立美術館	
菊花文禽圖	軸	紙	水墨	104 × 29.3	正德己巳（四年，1509）	日本 大阪市立美術館	
山水圖	軸	綾	設色	173.9 × 66.7		日本 大阪八田兵次郎先生	
茄子圖	橫幅	紙	設色	31.2 × 32.8		日本 兵庫縣黑川古文化研究所	
墨牡丹圖	軸	紙	水墨	102.1 × 37.6	弘治甲寅（七年，1494）冬	日本 兵庫縣阿部房次郎先生	
山水（溪橋相值圖）	軸	紙	設色	245 × 102.8		日本 山口良夫先生	
山水圖	軸	紙	水墨	275 × 131	弘治癸酉（六年，1493）秋九月望後	日本 菅原壽男先生	
菊石雛雞圖	軸	絹	設色	136.5 × 37.2		日本 中埜又左衛門先生	
松陰高士圖	軸	絹	設色	129.4 × 48.6		日本 阿形邦三先生	
送別圖	軸	紙	設色	88.9 × 37		韓國 高麗大學校博物館	S126
山水圖	軸	紙	水墨	不詳		美國 哈佛大學福格藝術館	1968.37
銅雀硯圖并書歌	軸	紙	設色	103.7 × 30.2	弘治十三年（庚申，1500）夏五月	美國 普林斯頓大學藝術館	68-174
山水圖	軸	紙	水墨	33.3 × 50		美國 普林斯頓大學藝術館（Edward Elliott 寄存）	L304.70
臨戴進謝安東山圖	軸	絹	設色	170.3 × 90.3	庚子（嘉靖十九年，1540）	美國 New Haven 翁萬戈先生	
瓜榴圖	軸	紙	設色	148.9 × 75.2		美國 底特律市藝術中心	40.161
山水圖	軸	紙	設色	152.5 × 62.8		美國 紐約大都會藝術博物館	1989.363.46
有竹居秉燭圖（寫贈彭志剛）	軸	不詳	不詳	不詳	乙未（成化十一年，1475）長至後一日	美國 紐約顧洛阜先生	
山水圖	軸	紙	水墨	79.8 × 33.5		美國 紐約 Weill 先生	
承天寺夜遊圖	軸	紙	設色	131.6 × 28		美國 紐約楊 Denis 先生	
仿黃鶴山樵筆法山水圖	軸	紙	設色	112.5 × 59.8	弘治四年（辛亥，1491）春三月既望	美國 華盛頓特區弗瑞爾藝術館	56.28
寫生海棠圖	軸	紙	水墨	87.2 × 28.4	弘治庚申（十三年，1500）春日	美國 克利夫蘭藝術博物館	TR15041.1

名稱	形式	質地	色彩	尺寸 高x寬cm	創作時間	收藏處所	典藏號碼
仿王淵筆意花鳥圖（黃菊丹桂圖）	軸	紙	設色	228 x 106	成化四年（戊子，1468）九月	美國 克利夫蘭藝術博物館	
葫蘆仙人圖	軸	紙	設色	69.9 x 31.7		美國 堪薩斯市納爾遜-艾金斯藝術博物館	
蜀葵圖	軸	紙	設色	126.6 x 44.2	乙未（成化十一年，1475）	美國 堪薩斯市納爾遜-艾金斯藝術博物館	49-14
仿倪瓚山水圖	軸	紙	水墨	138.2 x 62.3	成化甲辰（二十年，1484）	美國 堪薩斯市納爾遜-艾金斯藝術博物館	46-45
范祠三梓圖	軸	紙	水墨	101.1 x 40.5		美國 印地安阿波里斯市藝術博物館	60.140
山水圖	軸	絹	設色	113.2 x 60		美國 勃克萊加州大學藝術館	CM129
周茂叔愛蓮圖	軸	紙	設色	30.4 x 46.5		美國 西雅圖市藝術館	49.Ch32Sh481
雪蕉竹鴿圖	軸	紙	設色	166.7 x 63.7		美國 夏威夷火魯奴奴藝術學院	1779.1
山水圖（寫贈珍庵）	軸	紙	設色	113.6 x 31.5	丁酉（成化十三年，1477）正月十日	美國 夏威夷火魯奴奴藝術學院	2546.1
傲王蒙山水圖（寫贈碧天上人）	軸	紙	設色	127.5 x 28	辛巳（天順五年，1461）	瑞士 蘇黎士黎得堡博物館	RCH.1131
清江山水圖(畫贈松潤老友)	軸	紙	設色	174.3 x 71.7		英國 倫敦大英博物館	1963.4.20.04（ADD330）
寒江獨釣圖	軸	紙	水墨	170 x 37.5		捷克 布拉格 Praze Narodoni Galerie v Praze	Vm4516-1161/166
鵝鳥圖	軸	紙	設色	132 x 58		捷克 布拉格 Praze Narodoni Galerie v Praze	Vm929-1161/21
水禽圖	軸	紙	設色	45 x 39.5		捷克 布拉格 Praze Narodoni Galerie v Praze	Vm3357-1161/152
仿吳鎮筆意秋景山水圖	軸	紙	水墨	38.8 x 40.1		法國 巴黎居美博物館	AA219
山水圖	軸	紙	設色	129.5 x 37.4	甲辰（成化二十年，1484）十一月十九日	瑞典 斯德哥爾摩遠東古物館	OM1/60
山水圖	軸	紙	設色	156.5 x 70		瑞典 斯德哥爾摩遠東古物館	NMOK247
園中賞桂（沈周摹古冊之1）	冊頁	紙	設色	43.8 x 44.2		台北 故宮博物院	故畫 03149-1
登梁昭明太子讀書台（沈周摹古冊之2）	冊頁	紙	設色	45.1 x 43.6		台北 故宮博物院	故畫 03149-2
仿李營丘筆意（沈周摹古冊之	冊頁	紙	設色	44.5 x 44.6		台北 故宮博物院	故畫 03149-3

名稱	形式	質地	色彩	尺寸 高×寬㎝	創作時間	收藏處所	典藏號碼
3）							
松巖觀瀑（沈周摹古冊之4）	冊頁	紙	設色	47 × 44.6		台北 故宮博物院	故畫 03149-4
坐月有懷（沈周摹古冊之5）	冊頁	紙	設色	45.1 × 43.8		台北 故宮博物院	故畫 03149-5
佛龕翁筆意（沈周摹古冊6）	冊頁	紙	設色	46 × 44.6		台北 故宮博物院	故畫 03149-6
樂耕圖仿戴嵩筆（沈周摹古冊之7）	冊頁	紙	設色	46.1 × 42		台北 故宮博物院	故畫 03149-7
秋山觀瀑圖仿黃鶴山樵（沈周摹古冊之8）	冊頁	紙	設色	43.8 × 43.8		台北 故宮博物院	故畫 03149-8
野徑清幽（沈周摹古冊之9）	冊頁	紙	設色	45 × 43.7		台北 故宮博物院	故畫 03149-9
田中耕稼（沈周摹古冊之10）	冊頁	紙	設色	46.9 × 44.1		台北 故宮博物院	故畫 03149-10
仿古（沈周摹古冊之11）	冊頁	紙	設色	45 × 44		台北 故宮博物院	故畫 03149-11
仿范寬筆意（沈周摹古冊之12）	冊頁	紙	設色	48 × 44		台北 故宮博物院	故畫 03149-12
仿郭熙筆意（沈周摹古冊之13）	冊頁	紙	設色	46.8 × 44.6		台北 故宮博物院	故畫 03149-13
山水（沈周摹古冊14）	冊頁	紙	設色	46.2 × 42.6		台北 故宮博物院	故畫 03149-14
仿北苑子久圖（沈周摹古冊之15）	冊頁	紙	設色	48 × 42.5		台北 故宮博物院	故畫 03149-15
竹梧別墅（沈周摹古冊之16）	冊頁	紙	設色	44.8 × 42.6		台北 故宮博物院	故畫 03149-16
山水（沈周摹古冊之17）	冊頁	紙	設色	42.7 × 44.3		台北 故宮博物院	故畫 03149-17
仿巨然筆意（沈周摹古冊之18）	冊頁	紙	設色	45 × 43.8		台北 故宮博物院	故畫 03149-18
嶽陽大觀（沈周摹古冊之19）	冊頁	紙	設色	47 × 43.6		台北 故宮博物院	故畫 03149-19
雪圖（沈周摹古冊之20）	冊頁	紙	設色	46.9 × 42.3	成化辛卯（七年，1471）長至	台北 故宮博物院	故畫 03149-20
坐聆流泉（沈周山水冊之1）	冊頁	紙	水墨	31.6 × 56.5		台北 故宮博物院	故畫 03567-1
雨過青山（沈周山水冊之2）	冊頁	紙	設色	31.6 × 57.4		台北 故宮博物院	故畫 03567-2
策杖觀瀑（沈周山水冊之3）	冊頁	紙	水墨	31.4 × 56.5		台北 故宮博物院	故畫 03567-3
策蹇溪橋（沈周山水冊之4）	冊頁	紙	設色	31.5 × 57.2		台北 故宮博物院	故畫 03567-4
林亭幽靜（沈周山水冊之5）	冊頁	紙	水墨	31.6 × 56		台北 故宮博物院	故畫 03567-5
坐看雲起（沈周山水冊之6）	冊頁	紙	設色	31.6 × 57.4		台北 故宮博物院	故畫 03567-6
棹舟垂釣（沈周山水冊之7）	冊頁	紙	水墨	31.6 × 56.8		台北 故宮博物院	故畫 03567-7
秋日山居（沈周山水冊之8）	冊頁	紙	設色	31.5 × 57.6		台北 故宮博物院	故畫 03567-8
山居讀書（沈周山水冊之9）	冊頁	紙	設色	31.4 × 56.6		台北 故宮博物院	故畫 03567-9
江岸閒眺（沈周山水冊之10）	冊頁	紙	水墨	31.5 × 56		台北 故宮博物院	故畫 03567-10

名稱	形式	質地	色彩	尺寸 高×寬㎝	創作時間	收藏處所	典藏號碼
雪景山水（沈周山水冊之11）	冊頁	紙	設色	31.5 × 57.5		台北 故宮博物院	故畫 03567-11
雪路相值（沈周山水冊之12）	冊頁	紙	設色	31.5 × 55.7		台北 故宮博物院	故畫 03567-12
跋語（沈周山水冊之13）	冊頁	紙	水墨	31.6 × 52.3	冊經五年而成，識於成化壬寅（十八年，1482）閏八月五日	台北 故宮博物院	故畫 03567-13
疊崦重溪（沈周寫景冊之1）	冊頁	紙	水墨	33.9 × 59.2		台北 故宮博物院	故畫 01282-1
松溪策杖（沈周寫景冊之2）	冊頁	紙	水墨	33.9 × 59.2		台北 故宮博物院	故畫 01282-2
野水並舟（沈周寫景冊之3）	冊頁	紙	水墨	33.9 × 59.2		台北 故宮博物院	故畫 01282-3
竹樹山齋（沈周寫景冊之4）	冊頁	紙	水墨	33.9 × 59.2		台北 故宮博物院	故畫 01282-4
臨水兀坐（沈周寫景冊之5）	冊頁	紙	水墨	33.9 × 59.2		台北 故宮博物院	故畫 01282-5
碧江行舟（沈周寫景冊之6）	冊頁	紙	水墨	33.9 × 59.2		台北 故宮博物院	故畫 01282-6
江楓秋色（沈周寫景冊之7）	冊頁	紙	水墨	33.9 × 59.2		台北 故宮博物院	故畫 01282-7
林廬秋色（沈周寫景冊之8）	冊頁	紙	水墨	33.9 × 59.2		台北 故宮博物院	故畫 01282-8
寒藤抱樹（沈周寫景冊之9）	冊頁	紙	水墨	33.9 × 59.2		台北 故宮博物院	故畫 01282-9
寒江獨駕（沈周寫景冊之10）	冊頁	紙	水墨	33.9 × 59.2	弘治庚戌（三年，1490）夏六月	台北 故宮博物院	故畫 01282-10
石湖秋景（沈周山水冊之1）	冊頁	紙	設色	33.5 × 63.4		台北 故宮博物院	故畫 03148-1
枯木竹石（沈周山水冊之2）	冊頁	紙	水墨	33.5 × 63.4	弘治三年（庚戌，1490）長至日	台北 故宮博物院	故畫 03148-2
江樓檣帆（沈周山水冊之3）	冊頁	紙	設色	33.5 × 63.4		台北 故宮博物院	故畫 03148-3
湖山茅舍（沈周山水冊之4）	冊頁	紙	設色	33.5 × 63.4		台北 故宮博物院	故畫 03148-4
林藪幽居（沈周山水冊之5）	冊頁	紙	設色	33.5 × 63.4	丙寅九月（正德元年，1506）	台北 故宮博物院	故畫 03148-5
仿高克恭雨景（沈周山水冊之6）	冊頁	紙	設色	33.5 × 63.4		台北 故宮博物院	故畫 03148-6
松雪石洞（沈周山水冊之7）	冊頁	紙	水墨	33.5 × 63.4		台北 故宮博物院	故畫 03148-7
雪屋漁舠（沈周山水冊之8）	冊頁	紙	設色	33.5 × 63.4		台北 故宮博物院	故畫 03148-8
玉蘭（沈周寫生冊之1）	冊頁	紙	設色	34.6 × 57.2	弘治甲寅（七年，1494）	台北 故宮博物院	故畫 01128-1
蝴蝶花（沈周寫生冊之2）	冊頁	紙	水墨	34.8 × 56.9		台北 故宮博物院	故畫 01128-2
萱花（沈周寫生冊之3）	冊頁	紙	水墨	34.3 × 58.1		台北 故宮博物院	故畫 01128-3
荷葉蹲蛙（沈周寫生冊之4）	冊頁	紙	水墨	34.7 × 57.9		台北 故宮博物院	故畫 01128-4
蒲桃（沈周寫生冊之5）	冊頁	紙	水墨	34.8 × 50.9		台北 故宮博物院	故畫 01128-5

名稱	形式	質地	色彩	尺寸 高x寬cm	創作時間	收藏處所	典藏號碼
雁來紅（沈周寫生冊之6）	冊頁	紙	水墨	34.8 x 52.8		台北 故宮博物院	故畫01128-6
雞冠花（沈周寫生冊之7）	冊頁	紙	水墨	34.7 x 56.3		台北 故宮博物院	故畫01128-7
菊花（沈周寫生冊之8）	冊頁	紙	水墨	34.7 x 55.1		台北 故宮博物院	故畫01128-8
蟹、蝦（沈周寫生冊之9）	冊頁	紙	水墨	34.8 x 57		台北 故宮博物院	故畫01128-9
蠣房、蟑、蛤（沈周寫生冊之10）	冊頁	紙	水墨	34.7 x 52.9		台北 故宮博物院	故畫01128-10
蟾蜍（沈周寫生冊11）	冊頁	紙	水墨	34.9 x 56.2		台北 故宮博物院	故畫01128-11
白鴿（沈周寫生冊12）	冊頁	紙	設色	34.8 x 50.9		台北 故宮博物院	故畫01128-12
雞（沈周寫生冊之13）	冊頁	紙	水墨	34.8 x 53.8		台北 故宮博物院	故畫01128-13
鴨（沈周寫生冊之14）	冊頁	紙	水墨	34.6 x 53.2		台北 故宮博物院	故畫01128-14
貓（沈周寫生冊之15）	冊頁	紙	設色	34.8 x 54.5		台北 故宮博物院	故畫01128-15
驢（沈周寫生冊之16）	冊頁	紙	水墨	34.7 x 55.4	弘治甲寅（七年，144）	台北 故宮博物院	故畫01128-16
水閣獨眺（歷代名繪冊之8）	冊頁	紙	水墨	30.1 x 57.3	弘治辛酉（十四年，1501）	台北 故宮博物院	故畫01264-8
瓶菊（集古圖繪冊之13）	冊頁	紙	水墨	41.1 x 29.9	弘治壬戌（十五年，1502）	台北 故宮博物院	故畫01235-13
江峯浮玉（沈周畫三吳集景冊之1）	冊頁	紙	水墨	31.8 x 61.8		台北 故宮博物院	故畫01281-1
招隱觀泉（沈周畫三吳集景冊之2）	冊頁	紙	水墨	31.8 x 61.8		台北 故宮博物院	故畫01281-2
虎阜春遊（沈周畫三吳集景冊之3）	冊頁	紙	水墨	31.8 x 61.8		台北 故宮博物院	故畫01281-3
垂虹暮色（沈周畫三吳集景冊之4）	冊頁	紙	水墨	31.8 x 61.8		台北 故宮博物院	故畫01281-4
道場塔樹（沈周畫三吳集景冊之5）	冊頁	紙	水墨	31.8 x 61.8		台北 故宮博物院	故畫01281-5
六橋煙雨（沈周畫三吳集景冊之6）	冊頁	紙	水墨	31.8 x 61.8		台北 故宮博物院	故畫01281-6
天台石梁（沈周畫三吳集景冊之7）	冊頁	紙	水墨	31.8 x 61.8		台北 故宮博物院	故畫01281-7
會稽修禊（沈周畫三吳集景冊之8）	冊頁	紙	水墨	31.8 x 61.8		台北 故宮博物院	故畫01281-8
斜陽閒釣（明三家畫冊之1）	冊頁	紙	設色	30.2 x 50.9		台北 故宮博物院	故畫01273-1

名稱	形式	質地	色彩	尺寸 高x寬㎝	創作時間	收藏處所	典藏號碼
嵩松水閣（明三家畫冊之2）	冊頁	紙	設色	32 × 52		台北 故宮博物院	故畫 01273-2
柳塘崎岸（沈周畫山水冊之1）	冊頁	紙	水墨	32 × 52		台北 故宮博物院	故畫 01280-1
老樹虛亭（沈周畫山水冊之2）	冊頁	紙	水墨	32 × 52		台北 故宮博物院	故畫 01280-2
連林雲氣（沈周畫山水冊之3）	冊頁	紙	水墨	32 × 52		台北 故宮博物院	故畫 01280-3
秋柳孤亭（沈周畫山水冊之4	冊頁	紙	水墨	32 × 52		台北 故宮博物院	故畫 01280-4
清溪小艇（沈周畫山水冊之5）	冊頁	紙	水墨	32 × 52		台北 故宮博物院	故畫 01280-5
連岡疏樾（沈周畫山水冊之6）	冊頁	紙	水墨	32 × 52		台北 故宮博物院	故畫 01280-6
高峽急湍（沈周畫山水冊之7）	冊頁	紙	水墨	32 × 52		台北 故宮博物院	故畫 01280-7
矗石枯槎（沈周畫山水冊之8）	冊頁	紙	水墨	32 × 52		台北 故宮博物院	故畫 01280-8
疏林策杖（沈周寫意冊之1）	冊頁	紙	水墨	30.4 × 53.2		台北 故宮博物院	故畫 01283-1
寒江獨釣（沈周寫意冊之2）	冊頁	紙	設色	30.5 × 53		台北 故宮博物院	故畫 01283-2
畫石榴（沈周寫意冊之3）	冊頁	紙	水墨	30.5 × 53.8		台北 故宮博物院	故畫 01283-3
梅鳩圖（沈周寫意冊之4）	冊頁	紙	水墨	29.7 × 53		台北 故宮博物院	故畫 01283-4
疏樹孤亭（沈周寫意冊之5）	冊頁	紙	設色	30.5 × 53		台北 故宮博物院	故畫 01283-5
枇杷（沈周寫意冊之6）	冊頁	紙	水墨	30.6 × 53		台北 故宮博物院	故畫 01283-6
青菘（沈周寫意冊之7）	冊頁	紙	水墨	30.4 × 52.8		台北 故宮博物院	故畫 01283-7
慈烏（沈周寫意冊之8）	冊頁	紙	水墨	30.4 × 52.9		台北 故宮博物院	故畫 01283-8
米家山（沈周寫意冊之9）	冊頁	紙	水墨	30 × 52.9		台北 故宮博物院	故畫 01283-9
芙蓉（沈周寫意冊之10）	冊頁	紙	水墨	30.4 × 52.7		台北 故宮博物院	故畫 01283-10
柿子（沈周寫意冊之11）	冊頁	紙	水墨	30.2 × 53		台北 故宮博物院	故畫 01283-11
老松（沈周寫意冊之12）	冊頁	紙	水墨	30.6 × 52.8		台北 故宮博物院	故畫 01283-12
雞冠花（沈周寫意冊之13）	冊頁	紙	水墨	30.1 × 52.4		台北 故宮博物院	故畫 01283-13
扁舟渡江（沈周寫意冊之14 ）	冊頁	紙	水墨	30.3 × 52.8		台北 故宮博物院	故畫 01283-14
雪景山水（沈周寫意冊之15 ）	冊頁	紙	水墨	30.2 × 52.3		台北 故宮博物院	故畫 01283-15
莊周夢蝶（沈周寫意冊之16 ）	冊頁	紙	水墨	30 × 52.6		台北 故宮博物院	故畫 01283-16
江上雲山（沈周畫山水冊之1 ）	冊頁	紙	水墨	37 × 58.2		台北 故宮博物院	故畫 01126-1
草閣新涼（沈周畫山水冊之2 ）	冊頁	紙	水墨	37 × 58.2		台北 故宮博物院	故畫 01126-2
溪上清閒（沈周畫山水冊之3 ）	冊頁	紙	水墨	37 × 58.2		台北 故宮博物院	故畫 01126-3

名稱	形式	質地	色彩	尺寸 高x寬㎝	創作時間	收藏處所	典藏號碼
殘霞山明（沈周畫山水冊之4）	冊頁	紙	水墨	37 × 58.2		台北 故宮博物院	故畫 01126-4
遙空晴翠（沈周畫山水冊之5）	冊頁	紙	水墨	37 × 58.2		台北 故宮博物院	故畫 01126-5
木落高原（沈周畫山水冊之6）	冊頁	紙	水墨	37 × 58.2		台北 故宮博物院	故畫 01126-6
秋靜過橋（沈周畫山水冊之7）	冊頁	紙	水墨	37 × 58.2		台北 故宮博物院	故畫 01126-7
密樹烟暝（沈周畫山水冊之8）	冊頁	紙	水墨	37 × 58.2		台北 故宮博物院	故畫 01126-8
夕陽釣竿（沈周畫山水冊之9）	冊頁	紙	水墨	37 × 58.2		台北 故宮博物院	故畫 01126-9
天遠秋高（沈周畫山水冊之10）	冊頁	紙	水墨	37 × 58.2		台北 故宮博物院	故畫 01126-10
溪山草閣圖（9幀）	冊	紙	設色	（每幀）28 × 43.5		台北 故宮博物院	故畫 03147
仿倪瓚筆意（8幀）	冊	紙	水墨	（每幀）36.7 × 64.4		台北 故宮博物院	故畫 01127
溪山秋景（歷朝名繪冊之12）	冊頁	紙	設色	32.7 × 56.8		台北 故宮博物院	故畫 01236-12
稻田郭索（名繪萃珍冊之4）	冊頁	紙	水墨	53 × 30.1		台北 故宮博物院	故畫 01294-4
秋葵（花卉畫冊之1）	冊頁	紙	設色	17.5 × 50.3		台北 故宮博物院	故畫 03513-1
秋景山水（明文徵明沈周唐寅仇英便面合裝冊之2）	摺扇面	紙	設色	不詳		台北 故宮博物院	故畫 03525-2
蕉蔭橫琴（明人畫扇冊二冊之2）	摺扇面	紙	設色	不詳		台北 故宮博物院	故畫 03528-2
樹蔭垂釣（明人畫扇集冊貳冊（上）之1）	摺扇面	紙	設色	不詳		台北 故宮博物院	故畫 03534-1
山水（明人便面畫冊肆冊（一）之1）	摺扇面	紙	水墨	不詳		台北 故宮博物院	故畫 03537-1
燁樺神芝（明諸臣書畫扇面冊頁冊之1）	摺扇面	紙	設色	不詳		台北 故宮博物院	故畫 03546-1
疏林亭子（明人畫扇冊之1）	摺扇面	紙	設色	21.2 × 57		台北 故宮博物院	故畫 03564-1
疏林孤亭（明人畫扇冊之2）	摺扇面	紙	設色	16.6 × 46.8		台北 故宮博物院	故畫 03564-2
山水人物（13幀，明沈周山水冊）	冊	紙	設色	不詳		台北 故宮博物院	故畫 03567
竹林書屋	摺扇面	紙	設色	不詳		台北 故宮博物院	故扇 00016
江城煙雨	摺扇面	紙	水墨	不詳		台北 故宮博物院	故扇 00017

名稱	形式	質地	色彩	尺寸 高x寬cm	創作時間	收藏處所	典藏號碼
村郭圖	摺扇面	紙	設色	不詳		台北 故宮博物院	故扇00018
唐人詩意圖	摺扇面	紙	水墨	不詳		台北 故宮博物院	故扇00019
杏林飛燕	摺扇面	紙	設色	不詳		台北 故宮博物院	故扇00020
山水（？幀）	冊	紙	水墨	不詳		台北 故宮博物院	國贈006528
芭蕉圖(寫似梅軒先生)	摺扇面	金箋	水墨	17.8 x 51		台北 華叔和後真賞齋	
倣黃公望山水圖	摺扇面	金箋	設色	17 x 50.4		台北 華叔和後真賞齋	
米法山水圖（扇面圖冊之4）	摺扇面	金箋	水墨	17.9 x 50.9		台北 陳啟斌畏罍堂	
山水圖（明人書畫扇面冊之10）	摺扇面	金箋	設色	16.7 x 48.4		香港 潘祖堯小聽颿樓	CP35j
梅下高士圖	摺扇面	金箋	設色	15.2 x 46.3		香港 潘祖堯小聽颿樓	CP63
山水圖	摺扇面	灑金箋	水墨	不詳		長春 吉林省博物館	
山水圖	摺扇面	金箋	設色	不詳		長春 吉林省博物館	
枇杷圖	冊頁	紙	設色	28.1 x 37.3		北京 故宮博物院	
空林積雨圖	冊頁	紙	水墨	21.7 x 29.2	乙未（成化十一年，1475）九月廿七日	北京 故宮博物院	
三絕圖（16幀）	冊	紙	水墨	（每幀）28.5 x 25.5		北京 故宮博物院	
雜畫（17幀）	冊	紙	設色	（每幀）27.8 x 37.3		北京 故宮博物院	
茶磨嶼圖	冊頁	紙	水墨	不詳		北京 故宮博物院	
新郭圖	冊頁	紙	水墨	不詳		北京 故宮博物院	
江亭避暑圖	摺扇面	灑金箋	設色	17.7 x 46		北京 故宮博物院	
秋林獨行圖	摺扇面	金箋	水墨	16.5 x 45.5		北京 故宮博物院	
蠶桑圖	摺扇面	金箋	水墨	17 x 50		北京 故宮博物院	
山水（沈周等山水花卉扇面冊之一）	摺扇面	金箋	設色	不詳		北京 中國歷史博物館	
山水圖	冊頁	紙	水墨	33.2 x 26.1		天津 天津市藝術博物館	
山水圖（文徵明等山水冊之1幀）	摺扇面	金箋	設色	不詳		天津 天津市藝術博物館	
山水、花鳥圖（8幀）	冊	紙	設色	（每幀）29.6 x 39.4	弘治癸丑前六年（元年，戊申，1488）	上海 上海博物館	
落花圖	摺扇面	金箋	設色	不詳	癸亥（弘治十六年，1503）	上海 上海博物館	

名稱	形式	質地	色彩	尺寸 高x寬㎝	創作時間	收藏處所	典藏號碼
漁隱圖（四家集錦冊4之第1幀）	冊頁	紙	水墨	不詳	丁亥（嘉靖六年，1527）四月	上海 上海博物館	
兩江名勝圖（10幀）	冊	絹	設色	（每幀）42.2 x 23.8		上海 上海博物館	
無聲之詩圖（12幀）	冊	絹	設色	（每幀）28.7 x 23.8		上海 上海博物館	
墾舟圖詠（2幀）	冊	紙	設色	（每幀）33.5 x 58.8		上海 上海博物館	
山水圖	摺扇面	金箋	設色	不詳		上海 上海博物館	
為吳寬作山水圖	摺扇面	金箋	水墨	不詳		上海 上海博物館	
夜游波靜圖	摺扇面	灑金箋	水墨	不詳		上海 上海博物館	
掛蘭圖	摺扇面	金箋	設色	不詳		上海 上海博物館	
看山聽水圖	摺扇面	灑金箋	設色	不詳		上海 上海博物館	
倚杖尋幽圖	摺扇面	灑金箋	水墨	不詳		上海 上海博物館	
路轉山迴圖	摺扇面	紙	設色	不詳		上海 上海博物館	
綠陰亭子圖	摺扇面	金箋	設色	不詳		上海 上海博物館	
樹林小亭圖	摺扇面	灑金箋	水墨	不詳		上海 上海博物館	
山水圖（戴進等山水冊5之第5幀）	冊頁	紙	水墨	約26.2x44.6		上海 上海博物館	
東莊圖（21幀）	冊	紙	設色	（每幀）28.6 x 33		南京 南京博物院	
山谷雲吞圖	摺扇面	花金箋	水墨	17.5 x 51		南京 南京博物院	
花鳥圖（10幀）	冊	灑金箋	設色	（每幀）30.3 x 52.4		蘇州 江蘇省蘇州博物館	
山水圖	摺扇面	灑金箋	設色	不詳		蘇州 江蘇省蘇州博物館	
石榴圖	摺扇面	金箋	設色	不詳		成都 四川省博物院	
吳門十二景圖（12幀）	冊	紙	水墨	（每幀）25.6 x 22.5		廣州 廣州市美術館	
百合花圖	摺扇面	金箋	水墨	不詳		廣州 廣州市美術館	
山水圖（贈新安文輝）	摺扇面	金箋	水墨	不詳	年八十三（正德四年，己巳，1509）	昆明 雲南省博物館	
山水圖	摺扇面	金箋	設色	20.2 x 39.5		張掖 甘肅省張掖市博物館	
倣梅道人山水（明人畫扇甲冊之第2幀）	摺扇面	金箋	水墨	不詳		日本 東京橋本辰二郎先生	

名稱	形式	質地	色彩	尺寸 高×寬cm	創作時間	收藏處所	典藏號碼
花鳥圖	摺扇面	金箋	設色	17.9 × 51.4		日本 京都國立博物館	A甲685
吳中名勝（16幀）	冊	紙	設色	（每幀）24.9 × 42.1	成化辛卯（七年，1471）二月之望	日本 大阪市立美術館	
山水集錦（？幀）	冊	紙	設色	不詳	成化七年辛卯（1471）陽月望	日本 奈良縣林平造先生	
九段錦圖（9幀）	冊	紙	設色	（每幀）17.8 × 34.4		日本 奈良縣林良昭先生	
仿梅道人筆山水	摺扇面	金箋	水墨	不詳		日本 江田勇二先生	
枯木圖（明人書畫扇面冊之4）	摺扇面	金箋	水墨	16.6 × 48.9		日本 私人	
詩畫合璧（？幀）	冊	紙	水墨	不詳		美國 波士頓美術館	
山水（澄江扁舟圖）	冊頁	紙	水墨	不詳		美國 哈佛大學福格藝術館	1968.37
山水	摺扇面	紙	設色	24.3 × 67	成化戊申（二十四年，1488）秋七月既望	美國 普林斯頓大學藝術館（Edward Elliott先生寄存）	L111.71a
山水	摺扇面	金箋	水墨	19 × 53.7		美國 普林斯頓大學藝術館（Edward Elliott先生寄存）	L173.70
蘇臺紀勝圖（20幀）	冊	紙	設色	（每幀）32 × 60.5		美國 New Haven翁萬戈先生	
扁舟圖	摺扇面	金箋	設色	17 × 52		美國 紐約市大都會藝術博物館	13.100.73
山水（？幀）	冊	紙	設色	不詳		美國 紐約顧洛阜先生	
虎丘圖（12幀）	冊	紙	水墨、設色	（每幀）31.5 × 40.2		美國 克利夫蘭藝術博物館	64.371
山水合璧（6幀，與文徵明合作，沈5，文1）	冊	紙	設色	（每幀）38.4 × 60		美國 堪薩斯市納爾遜-艾金斯藝術博物館	46-51a‐e
花卉圖（10幀）	冊	紙	水墨	（每幀）23.2 × 40.9		美國 印地安阿波里市藝術博物館	73.154
山水圖	摺扇面	金箋	設色	16.1 × 50.1		美國 舊金山亞洲藝術館	B80 D39
高士圖	冊頁	紙	設色	不詳		美國 西雅圖市藝術館	
秋景山水圖	摺扇面	金箋	設色	不詳		美國 火魯奴奴 Hutchinson先生	
納涼圖（明清人畫冊之11）	冊頁	紙	設色	31.6 × 25		英國 倫敦大英博物館	1902,6,6,52-

名稱	形式	質地	色彩	尺寸 高×寬cm	創作時間	收藏處所	典藏號碼
							11（ADD352）
倣梅道人山水圖	冊頁	紙	水墨	38.8 × 40.1		法國 巴黎居美博物館	AA219
山水圖	摺扇面	金箋	水墨	16.8 × 52		德國 科隆東亞藝術博物館	A55.50
山水圖	摺扇面	金箋	設色	17 × 52.6		德國 柏林東亞藝術博物館	1988-279
山水圖	摺扇面	金箋	設色	17.5 × 54.2		德國 柏林東亞藝術博物館	1988-280
山水圖	摺扇面	金箋	設色	不詳		瑞典 斯德哥爾摩遠東古物博物館	
附：							
秋聲圖	卷	絹	設色	34 × 136	壬戌（弘治十五年，1502）仲秋	紐約 佳士得藝品拍賣公司/拍賣目錄1984,06,29.	
西谿草堂落花圖	卷	紙	設色	25.4 × 95	弘治乙丑（十八年，1505）夏六月廿九日	香港 蘇富比藝品拍賣公司/拍賣目錄1984,11,11.	
山水圖	卷	灑金紙	設色	22.8 × 267		紐約 佳仕得藝品拍賣公司/拍賣目錄1986,06,04.	
縹緲峰圖	卷	紙	設色	35.5 × 260.7	甲子（弘治十七年，1504）秋	紐約 蘇富比藝品拍賣公司/拍賣目錄1987,12,08.	
補圖王鏊洞庭兩山賦	卷	灑金箋	水墨	30.5 × 479	弘治丁巳（十年，1497）三月	紐約 佳士得藝品拍賣公司/拍賣目錄1988,06,02.	
和香亭圖	卷	紙	色	21 × 146		紐約 蘇富比藝品拍賣公司/拍賣目錄1988,11,30.	
江南雨後圖	卷	紙	設色	38 × 282.5		紐約 佳士得藝品拍賣公司/拍賣目錄1990,11,28.	
春岫喬松圖	卷	紙	設色	26.5 × 263		紐約 佳士得藝品拍賣公司/拍賣目錄1991,05,29.	
三蔬圖	卷	紙	設色	23.2 × 35.9	成化庚寅（六年，1470）五月三日	紐約 佳士得藝品拍賣公司/拍賣目錄1992,12,02.	
山水	卷	紙	設色	28.5 × 262.5		紐約 佳士得藝品拍賣公司/拍賣目錄1992,12,02.	
山水（詩書畫合卷）	卷	紙	設色	（畫）30.5 × 376.5	正德新元（丙寅，1506）秋日	紐約 佳士得藝品拍賣公司/拍賣目錄1993,06,04.	
水村山塢圖	卷	紙	設色	31.2 × 464.2		紐約 佳士得藝品拍賣公司/拍賣目錄1993,12,01.	
臨王蒙太白山圖	卷	紙	設色	32 × 733.5	成化甲辰（二十年	紐約 佳士得藝品拍賣公司/拍	

名稱	形式	質地	色彩	尺寸 高×寬㎝	創作時間	收藏處所	典藏號碼
					，1484）春三月	賣目錄 1994,06,01.	
古松詩畫（合卷）	卷	紙	水墨	（畫）46 × 607		紐約 佳士得藝品拍賣公司/拍 賣目 1994,06,01.	
山水圖	卷	絹	水墨	46.7×1025.5		紐約 佳士得藝品拍賣公司/拍 賣目錄 1995,10,29.	
神遊冰壑圖	卷	紙	設色	35.1 × 783. 5		紐約 佳士得藝品拍賣公司/拍 賣目錄 1996,09,18.	
山水	卷	紙	設色	30 × 500.9		紐約 佳士得藝品拍賣公司/拍 賣目錄 1997,09,19.	
江樓招飲圖	卷	絹	設色	23.2 × 137. 1		紐約 佳士得藝品拍賣公司/拍 賣目錄 1998,03,24.	
洞庭兩山賦書畫（王鏊書、沈周補圖）	卷	紙	水墨	（畫）30. 4 × 289.3	弘治丁巳（十年，1497）三月	香港 蘇富比藝品拍賣公司/拍 賣目錄 1999,10,31.	
山水圖	卷	紙	設色	28.5 × 262. 5		香港 佳士得藝品拍賣公司/拍 賣目錄 2001,04,29.	
飛來峰圖	軸	紙	水墨	不詳		北京 中國文物商店總店	
桃花書屋圖	軸	紙	設色	不詳	成化十一年（乙未，1475）九月	北京 北京市文物商店	
秋林小聚圖（為狄秋作）	軸	紙	設色	不詳	弘治十七年（甲子，1504）仲冬廿三日	北京 北京市文物商店	
拒霜白鵝圖	軸	紙	設色	162 × 83		天津 天津市文物公司	
荷花白鵝圖	軸	紙	設色	165 × 64		濟南 山東省濟南市文物商店	
飛來峰圖	軸	紙	設色	160.8 × 35. 2	成化辛卯（七年，1471）	上海 上海文物商店	
雨中山圖	軸	綾	水墨	153 × 52		上海 上海文物商店	
溪橋拄杖圖	軸	紙	水墨	77.2 × 36.9		上海 上海文物商店	
蒼松片石圖	軸	紙	水墨	146 × 58.5		紐約 佳士得藝品拍賣公司/拍 賣目錄 1983,11,30.	
歸燕圖	軸	紙	設色	76.5 × 32.4	弘治新元（戊申，1488）社日	紐約 蘇富比藝品拍賣公司/拍 賣目錄 1984,06,13.	
古木寒鴉圖	軸	紙	水墨	85.8 × 26.3	成化八年（1473）冬十二月廿又二日	紐約 蘇富比藝品拍賣公司/拍 賣目錄 1988,11,30.	
古木慈烏圖	軸	紙	水墨	131.5 × 54		紐約 佳士得藝品拍賣公司/拍 賣目錄 1990,05,31.	

名稱	形式	質地	色彩	尺寸 高×寬㎝	創作時間	收藏處所	典藏號碼
仿倪瓚山水	軸	紙	水墨	63.5 × 24	成化庚子（十六年，1480）八月	紐約 佳士得藝品拍賣公司/拍賣目錄 1991,05,29.	
慈烏圖	軸	紙	水墨	56 × 32		紐約 佳士得藝品拍賣公司/拍賣目錄 1992,06,02.	
仿董巨山水	軸	紙	水墨	169 × 37.5	癸巳（成化九年，1473）中秋	紐約 佳士得藝品拍賣公司/拍賣目錄 1993,06,04.	
溪山泊舟圖	橫幅		設色	49 × 73		紐約 佳士得藝品拍賣公司/拍賣目錄 1993,12,01.	
松溪小坐圖	軸	紙	設色	144 × 33		紐約 佳士得藝品拍賣公司/拍賣目錄 1993,12,01.	
竹林送暑圖	軸	紙	設色	154 × 36.2		香港 佳士得藝品拍賣公司/拍賣目錄 1994,10,30.	
山水（4幅）	橫幅	紙	設色	（每幅）32.4 × 48.5		紐約 佳士得藝品拍賣公司/拍賣目錄 1994,11,30.	
看雲圖	橫披	紙	設色	31.5 × 65		紐約 佳士得藝品拍賣公司/拍賣目錄 1994,11,30.	
溪山雪意圖	軸	紙	設色	287.5 × 99		紐約 佳士得藝品拍賣公司/拍賣目錄 1994,11,30.	
月夜浮遊圖	軸	紙	水墨	134.5 × 59	弘治己酉（二年，1489）秋八月	紐約 佳士得藝品拍賣公司/拍賣目錄 1995,03,22.	
柳溪問話圖	軸	紙	設色	186.7 × 77.5		紐約 佳士得藝品拍賣公司/拍賣目錄 1996,03,27.	
古樹寒鴉圖	軸	紙	水墨	101.6 × 54		紐約 佳士得藝品拍賣公司/拍賣目錄 1996,03,27.	
山茶梅石圖	軸	紙	設色	317.5 × 98.4	弘治庚戌（三年，1490）春二月三日	紐約 佳士得藝品拍賣公司/拍賣目錄 1996,09,18.	
乾坤雪意圖	軸	紙	水墨	241.3×119.3	戊戌（成化十四年，1478）冬	紐約 佳士得藝品拍賣公司/拍賣目錄 1997,09,19.	
高士隱居圖	軸	紙	水墨	108.6 × 50.8	弘治元年（戊申，1488）春仲	紐約 佳士得藝品拍賣公司/拍賣目錄 1998,03,24.	
坐對流泉圖	軸	紙	設色	240 × 122	甲辰（成化二十年，1484）花朝	紐約 佳士得藝品拍賣公司/拍賣目錄 1998,09,15.	
林蔭消夏圖	軸	紙	設色	129.5 × 62.2		香港 佳士得藝品拍賣公司/拍賣目錄 2001,04,29.	

名稱	形式	質地	色彩	尺寸 高×寬㎝	創作時間	收藏處所	典藏號碼
漁樵歸鴉圖	軸	絹	設色	118 × 83.8		香港 佳士得藝品拍賣公司/拍賣目錄 2001,04,29.	
秋江放棹圖	摺扇面	金箋	設色	19 × 55	弘治壬子（五年，1492）十月廿九日	紐約 佳仕得藝品拍賣公司/拍賣目錄 1986,12,01.	
雲山樓觀（明十一家山水扇面冊之第4幀）	摺扇面	金箋	設色	18 × 50.8		紐約 佳士得藝品拍賣公司/拍賣目錄 1988,11,30.	
山水（16幀）	冊	紙	水墨	（每幀）26.6 × 22.5		紐約 佳士得藝品拍賣公司/拍賣目錄 1990,11,28.	
秋林獨釣	摺扇面	金箋	設色	18 × 52		紐約 佳士得藝品拍賣公司/拍賣目錄 1993,12,01.	
仿大癡筆意山水圖	摺扇面	金箋	設色	17.5 × 50.5		香港 佳士得藝品拍賣公司/拍賣目錄 1996,04,28.	
坐望秋水圖	冊頁	紙	水墨	26.6 × 54.6		紐約 佳士得藝品拍賣公司/拍賣目錄 1998,03,24.	
蕉林磐石圖	冊頁	紙	設色	26.6 × 54.6		紐約 佳士得藝品拍賣公司/拍賣目錄 1998,03,24.	
山水圖（7幀）	冊	紙	設色	（每幀）33 × 49.5		香港 佳士得藝品拍賣公司/拍賣目錄 1998,09,15.	
幽壑松泉圖	摺扇面	金箋	水墨	15.8 × 48.2		香港 佳士得藝品拍賣公司/拍賣目錄 1998,09,15.	
太湖圖	冊頁	紙	設色	30 × 40.8		香港 佳士得藝品拍賣公司/拍賣目錄 2001,04,29.	

畫家小傳：沈周。字啟南。號石田、白石翁。江蘇長洲人。沈恒吉之子。生於宣德二（1427）年。卒於正德四（1509）年。擅畫山水，少從家法，後出入宋元諸名家，中年以黃公望為宗，晚年醉心吳鎮，高妙臻絕。又能畫人物、花鳥，無一不入神品。被尊「明四家」之首。（見無聲詩史、圖繪寶鑑續纂、明史本傳、明史藝文志、六硯齋筆記、甫田集、震澤集、中國畫家人名大辭典）

劉 廣

名稱	形式	質地	色彩	尺寸 高×寬㎝	創作時間	收藏處所	典藏號碼
端陽景	軸	紙	設色	112 × 30.1	丙子（景泰七年，1456）端節	台北 故宮博物院	故畫 02342

畫家小傳：劉廣。畫史無載。流傳署款紀年作品見於代宗景泰七（1456）年，身世待考。

林 良

名稱	形式	質地	色彩	尺寸 高×寬㎝	創作時間	收藏處所	典藏號碼
禽鳥圖	卷	絹	設色	38 × 9.6		長春 吉林省博物館	
灌木集禽圖	卷	紙	設色	33.7 × 1215		北京 故宮博物院	

名稱	形式	質地	色彩	尺寸 高×寬cm	創作時間	收藏處所	典藏號碼
百鳥圖	卷	紙	設色	34.6 × ？	景泰二年（辛未，1451）仲春八日	日本 中埜又左衛門先生	
百喜圖	卷	絹	水墨	28.6 × 498.2		美國 克利夫蘭藝術博物館	
平安雙喜	軸	絹	設色	76.9 × 32.9		台北 故宮博物院	故畫 00424
秋鷹	軸	絹	設色	136.8 × 74.8		台北 故宮博物院	故畫 00425
畫鷹	軸	絹	設色	133.4 × 50.5		台北 故宮博物院	故畫 00426
雙鷹圖	軸	絹	設色	不詳		台北 故宮博物院(蘭千山館寄存)	
花鳥圖	軸	紙	水墨	129.8 × 73.1		香港 中文大學中國文化研究所文物館	73.103
松鵲圖	軸	絹	水墨	132 × 73		香港 利榮森北山堂	
雙鷹圖	軸	絹	設色	149.1 × 83.2		香港 利榮森北山堂	G92.39M
孝友圖	軸	絹	設色	169.5×102.5		香港 劉作籌虛白齋	
孔雀圖	軸	絹	水墨	138.5 × 72		澳門 賈梅士博物館	A63
蘆岸水禽圖	軸	絹	設色	177.1×107.8		澳門 賈梅士博物館	A11
鷹擭圖	軸	絹	設色	155 × 75.8		澳門 賈梅士博物館	A64
雪鷹圖	軸	絹	水墨	147 × 76.5		澳門 賈梅士博物館	A164
蘆雁圖	軸	絹	水墨	138 × 69.8		北京 故宮博物院	
鷹鵲圖	軸	紙	設色	120.7 × 61.5		北京 故宮博物院	
雪景雙雉圖	軸	絹	設色	131.5 × 57.9		北京 故宮博物院	
松鶴圖	軸	絹	水墨	153 × 83		北京 首都博物館	
古木寒鴉圖	軸	絹	水墨	141 × 90		北京 中央美術學院	
雁雀圖	軸	絹	水墨	164.3 × 99.5		濟南 山東省博物館	
殘荷蘆雁圖	軸	絹	設色	173 × 104		濟南 山東省濟南市博物館	
雪景蘆雁圖	軸	絹	設色	193 × 119		煙臺 山東省煙臺市博物館	
花鳥圖（屏風4幅）	軸	絹	水墨	161.2×113.5		歙縣 安徽省歙縣博物館	
山茶白羽圖	軸	絹	設色	152.3 × 77.2		上海 上海博物館	
竹禽圖	軸	絹	水墨	164.1 × 81.6		上海 上海博物館	
松鶴圖	軸	絹	設色	147.3 × 75		上海 上海博物館	
蘆雁圖	軸	絹	水墨	125.4 × 75		上海 上海博物館	
秋坡集禽圖	軸	絹	設色	155.4 × 82.3		南京 南京博物院	

名稱	形式	質地	色彩	尺寸 高×寬㎝	創作時間	收藏處所	典藏號碼
古木蒼鷹圖	軸	紙	水墨	140 × 56		南京 南京市博物館	
蘆雀圖	軸	絹	設色	85 × 75		南京 南京市博物館	
雙鷹圖	軸	絹	設色	129.4 × 75.9		杭州 浙江省博物館	
竹石錦雞圖	軸	絹	水墨	不詳		溫州 浙江省溫州博物館	
魚鳥清緣圖	軸	絹	設色	123 × 72		重慶 重慶市博物館	
松鶴圖	軸	絹	設色	174 × 87.5		廣州 廣東省博物館	
柳塘翠羽圖	軸	絹	設色	155.5 × 96		廣州 廣東省博物館	
雪蘆寒禽圖	軸	絹	水墨	147.5 × 79		廣州 廣東省博物館	
雙鷹圖	軸	絹	設色	166.1 × 100		廣州 廣東省博物館	
秋林聚禽圖	軸	絹	設色	152.5 × 77		廣州 廣州市美術館	
喜鵲蘆雁圖	軸	絹	水墨	134.5 × 75		汕頭 廣東省汕頭市博物館	
蘆葦鸂鷘圖	軸	絹	水墨	135.7 × 74.4		日本 東京國立博物館	
柳雁、蘆雁圖（2幅）	軸	絹	設色	（每幅）138.5 × 82.8		日本 東京永青文庫	
鸂鷘圖	軸	絹	水墨	136.4 × 74.5		日本 東京德川圀國順先生	
月下眠鴨圖	軸	紙	水墨	106.1 × 39.4		日本 東京尾崎洵盛先生	
荷雁水禽圖	軸	絹	水墨	166.5 × 97		日本 東京柳孝藏先生	
雪岸四雁圖	軸	絹	設色	144.5 × 76.2		日本 東京柳孝藏先生	
雙鶴圖	軸	絹	設色	159.8 × 83.5		日本 東京柳孝藏先生	
水邊群鳥圖	軸	絹	設色	164.2 × 86.1		日本 東京鄉誠之助先生	
雙鳥圖	軸	紙	水墨	89.4 × 45.5		日本 東京荒木十畝先生	
花鳥（2幅）	軸	紙	水墨	（每幅）113 × 56.7		日本 東京鶴田久作先生	
群鴉圖	軸	紙	水墨	192.3 × 46.7		日本 京都國立博物館	A甲202
水墨鳳凰圖	軸	絹	水墨	212.1 × 121.2		日本 京都相國寺	
柳塘浴鴨圖	軸	絹	水墨	140.9 × 80.3		日本 京都桑名鐵城先生	
敗荷落雁圖	軸	絹	設色	133.4 × 48.5		日本 京都木島櫻谷先生	
鷹捕雉圖	軸	絹	水墨	59.1 × 78.3		日本 京都貝塚茂樹先生	
柳塘游鴨圖	軸	絹	設色	140.7 × 97		日本 大阪橋本大乙先生	
蘆岸雙鶒圖	軸	絹	水墨	147 × 75		日本 大阪橋本大乙先生	
枯木雙鷲圖	軸	絹	水墨	141.3 × 78.8		日本 熊本縣松田文庫	11-166
赤鷹白兔圖	軸	絹	設色	83 × 40.9		日本 福岡縣石 道雄先生	

名稱	形式	質地	色彩	尺寸 高×寬cm	創作時間	收藏處所	典藏號碼
花鳥圖（殘荷蘆雁）	軸	絹	設色	134 × 80.3		日本 福岡縣聖福寺	
花鳥圖（竹石錦雉）	軸	絹	設色	134 × 80.3		日本 福岡縣聖福寺	
花鳥圖（雪松雙鷹）	軸	絹	設色	134 × 80.3		日本 福岡縣聖福寺	
雙鶴圖	軸	絹	設色	133.9 × 74.2		日本 沖繩縣立博物館	A-120
花鳥圖（對幅）	軸	絹	設色	114 × 58		日本 羽賀寺	
花鳥圖（鷹捕雉圖）	軸	絹	設色	164.4 × 103		日本 江田勇二先生	
花鳥圖（竹石聚禽）	軸	絹	設色	不詳		日本 組田昌平先生	
花鳥圖（風竹嬉雀）	軸	絹	設色	103.4 × 47.4		日本 喜多野花枝先生	
殘荷鴛鴦圖（對幅之一）	軸	絹	設色	148.5 × 70.6		日本 私人	
梅竹雙鳩圖（對幅之二）	軸	絹	設色	148.5 × 70.6		日本 私人	
花鳥圖	軸	絹	設色	163.3 × 85.6		美國 普林斯頓大學藝術館	59-133
水墨花鳥圖（竹石聚禽）	軸	絹	水墨	161.1 × 85.5		美國 普林斯頓大學藝術館（Edward Elliott 先生寄存）	L128.71
蘆雁圖	軸	絹	設色	157 × 88.4		美國 紐約大都會藝術博物館	47.18.19
孔雀竹石圖	軸	絹	水墨	154.1 × 107		美國 克利夫蘭藝術博物館	
雪樹雙鷹圖	軸	絹	水墨	174.2 × 99.8		美國 舊金山亞洲藝術館	B79 D12
蘆雁圖	軸	絹	設色	139.4 × 80.9		美國 勃克萊加州大學藝術館（高居翰教授寄存）	
鷹圖	軸	絹	設色	98.1 × 47		美國 勃克萊加州大學藝術館（高居翰教授寄存）	CM95
蘆雁圖	軸	絹	水墨	167.3 × 102.1		英國 倫敦大英博物館	1912.4.13.19（ADD190）
鴉柳喜鵲圖	軸	絹	水墨	139.4 × 76		英國 倫敦大英博物館	1926.4.10.020（ADD51）
蓮塘野鵝	軸	絹	水墨	190 × 100		德國 漢堡 Museum fur Kanst and Gewerbe	
蘆雁	摺扇面	紙	水墨	不詳		台北 故宮博物院	故扇 00014
荷花	摺扇面	紙	水墨	不詳		台北 故宮博物院	故扇 00015
木鳥圖（唐繪手鑑筆耕圖下冊之46）	冊頁	紙	水墨	29.8 × 31		日本 東京國立博物館	TA-487

附：

名稱	形式	質地	色彩	尺寸 高×寬cm	創作時間	收藏處所	典藏號碼
蘆雁圖	軸	絹	設色	135 × 78		天津 天津市文物公司	
寒溪聚禽圖	軸	絹	設色	170.2 × 105.4		紐約 蘇富比藝品拍賣公司/拍	

名稱	形式	質地	色彩	尺寸 高×寬㎝	創作時間	收藏處所	典藏號碼
						賣目錄 1984,10,12、13.	
雙鷹圖	軸	絹	水墨	139 × 85		紐約 佳士得藝品拍賣公司/拍	
						賣目錄 1990,11,28.	
竹禽、松禽圖（2幅）	軸	紙	水墨	（每幅）133.5 × 33		紐約 佳士得藝品拍賣公司/拍	
						賣拍賣 1993,12,01.	
溪竹花鳥圖	軸	絹	水墨	161.5 × 85.6		紐約 佳士得藝品拍賣公司/拍	
						賣目錄 1996,09,18.	
蘆雁圖	軸	絹	水墨	139 × 75.5		香港 佳士得藝品拍賣公司/拍	
						賣目錄 2001,04,29.	

畫家小傳：林良。字以善。廣東人。英宗天順二（1458）年供奉內廷。憲宗弘治九（1496）年直仁智殿，授錦衣衛指揮。工畫花鳥，設色者，妍麗精巧；水墨者，筆墨勁健清雅，無不高妙。（見明畫錄、無聲詩史、圖繪寶鑑續纂、中國畫家人名大辭典）

孫 龍

名稱	形式	質地	色彩	尺寸 高×寬㎝	創作時間	收藏處所	典藏號碼
花鳥草蟲圖	卷	灑金箋	設色	23.5 × 533		長春 吉林省博物館	
花石游鵝圖	軸	絹	設色	159.3 × 84.2		北京 故宮博物院	
柔桑勝戴（孫龍寫生冊之1）	冊頁	絹	設色	23.5 × 22		台北 故宮博物院	故畫 01125-1
草花蛺蝶（孫龍寫生冊之2）	冊頁	絹	設色	23.5 × 22		台北 故宮博物院	故畫 01125-2
行藻魚蝦（孫龍寫生冊之3）	冊頁	絹	設色	23.5 × 22		台北 故宮博物院	故畫 01125-3
石榴（孫龍寫生冊之4）	冊頁	絹	設色	23.5 × 22		台北 故宮博物院	故畫 01125-4
草石蜻蜓（孫龍寫生冊之5）	冊頁	絹	設色	23.5 × 22		台北 故宮博物院	故畫 01125-5
蒲桃（孫龍寫生冊之6）	冊頁	絹	設色	23.5 × 22		台北 故宮博物院	故畫 01125-6
青紫茄（孫龍寫生冊之7）	冊頁	絹	設色	23.5 × 22		台北 故宮博物院	故畫 01125-7
楊梅（孫龍寫生冊之8）	冊頁	絹	設色	23.5 × 22		台北 故宮博物院	故畫 01125-8
草蟲（孫龍寫生冊之9）	冊頁	絹	設色	23.5 × 22		台北 故宮博物院	故畫 01125-9
筍（孫龍寫生冊之10）	冊頁	絹	設色	23.5 × 22		台北 故宮博物院	故畫 01125-10
柳塘白鷺（孫龍寫生冊之11）	冊頁	絹	設色	23.5 × 22		台北 故宮博物院	故畫 01125-11
雨山（孫龍寫生冊之12）	冊頁	絹	設色	23.5 × 22		台北 故宮博物院	故畫 01125-12
花鳥、草蟲（12幀）	冊	絹	設色	（每幀）22.9 × 21.5		上海 上海博物館	
秋花圖	冊頁	捐	設色	21.8 × 22.9		上海 上海博物館	
牡丹圖	冊頁	紙	水墨	24.8 × 26.5		瀋陽 遼寧省博物館	
兔圖（唐繪手鑑筆耕圖上冊之29）	冊頁	絹	設色	21.1 × 26.8		日本 東京國立博物館	TA-487

畫家小傳：孫龍。籍里、身世不詳。與林良同時。善畫翎毛，所作水墨煙波鳧雁，頗得清澹趣致。（見嚴氏書畫記、藝苑卮言、中國畫家人

名稱	形式	質地	色彩	尺寸 高×寬cm	創作時間	收藏處所	典藏號碼

名大辭典）

劉　祥

| 雲龍圖 | 軸 | 絹 | 水墨 | 144.3 × 84 | | 日本 東京永青文庫 | |

畫家小傳：劉祥。字瑞初。號雲溪。福建長樂人。精醫。善畫龍虎。(見閩書、中國畫家人名大辭典)

呂文英

貨郎圖	軸	絹	設色	133 × 79.5		日本 東京國立博物館	
賣貨郎圖（2幅）	軸	絹	設色	(每幅)161.2 × 91.8		日本 東京藝術大學資料館	
貨郎圖	軸	絹	設色	不詳		日本 高知縣高石久壽嘉先生	
江村風雨圖	軸	絹	設色	169.5 × 104		美國 克利夫蘭藝術博物館	70.76

畫家小傳：呂文英。浙江括蒼人。弘治間，與呂紀同時入直仁智殿，同受孝宗器重，授職武英殿錦衣指揮。人以「小呂」呼之。卒於孝宗弘治十八（1505）年。善畫人物、山水。(見明畫錄、懶真草堂集、謝肇淛居仁集、中國畫家人名大辭典)

馬　愈

| 臨繆佚山徑雜樹圖卷後幅 | 軸 | 紙 | 水墨 | 67.8 × 22.6 | 成化丙戌（二年，1466）春正月八日 | 北京 故宮博物院 | |

畫家小傳：馬愈。字抑之。號清癡。江蘇嘉定人。英宗天順八（1464）年進士。能詩，工書。善畫山水，登逸品。流傳署款紀年作品見於憲宗成化二(1466)年。(見列朝詩集小傳、清河書畫舫、中國畫家人名大辭典)

朱崇儒

| 鄒衡綠香泉圖 | 卷 | 紙 | 設色 | 26.1 × 152.5 | | 台北 故宮博物院 | 故畫 01030 |

畫家小傳：朱崇儒。字輝之。號憶雲。浙江秀水人。善畫水墨人物、山水，草草揮毫，自得天趣之妙。(見秀水縣志、嘉興志補、中國畫家人名大辭典)

陳獻章

| 荷花圖（為遠公大師畫） | 軸 | 絹 | 設色 | 84.3 × 38.4 | 正統六年（辛酉，1441）夏日 | 香港 香港大學馮平山博物館 | HKU.P.71.1 |

畫家小傳：陳獻章。字公甫。號石齋。廣東新會人。精通理學，人稱白沙先生。憲宗(1465-1487)時，屢薦入京，辭疾不赴，終授翰林檢討以歸。能詩、工書。善畫墨梅。(見明史本傳、畫史會要、夢蕉詩話、中國畫家人名大辭典)

陳　瑞

| 仿米海嶽雲煙山水圖 | 軸 | 紙 | 水墨 | 91.9 × 47.8 | 戊午（弘治十一年 | 香港 中文大學中國文化研究 | 73.146 |

名稱	形式	質地	色彩	尺寸 高×寬㎝	創作時間	收藏處所	典藏號碼
					，1498）	所文物館	
仿王維溪山雨意圖	軸	紙	水墨	86.1 × 50.3		美國 西雅圖市藝術館	Sc78.81

畫家小傳：陳瑞。廣東人。與林良同時。憲宗成化初（1465）直仁智殿。以畫驢名世。（見廣東通志、中國畫家人名大辭典）

鍾 禮

名稱	形式	質地	色彩	尺寸 高×寬㎝	創作時間	收藏處所	典藏號碼
雪景山水圖	軸	絹	設色	不詳		北京 故宮博物院	
雪景山水圖	軸	絹	水墨	169.3 × 103		北京 故宮博物院	
臨流觀瀑圖	軸	絹	設色	不詳		上海 上海博物館	
漁樵問答圖	軸	絹	設色	不詳		日本 定勝寺	
觀瀑圖	軸	絹	水墨	152.1 × 82.3		日本 私人	
觀瀑圖	軸	絹	設色	176.4×103.1		美國 普林斯頓大學藝術館(私人寄存)	

畫家小傳：鍾禮。字欽禮。號南越山人、會稽山人。浙江上虞人。工書、畫。書學趙孟頫。畫善山水、草蟲。憲宗成化（1465-1487）間召入
仁智殿供御。（見明畫錄、無聲詩史、圖繪寶鑑續纂、四友齋叢說、上虞縣志、中國畫家人名大辭典）

姚德厚

名稱	形式	質地	色彩	尺寸 高×寬㎝	創作時間	收藏處所	典藏號碼
秋林漁隱圖	軸	紙	設色	100 × 30.7		台北 故宮博物院	故畫00667

畫家小傳：姚厚德。畫史無載。身世待考。

杜 堇

名稱	形式	質地	色彩	尺寸 高×寬㎝	創作時間	收藏處所	典藏號碼
白描竹林高士圖（杜大成、杜 堇草蟲人物合卷2之1段）	卷	紙	水墨	28.7 × 149.1		瀋陽 遼寧省博物館	
白描九歌圖	卷	紙	水墨	26.5 × 534.8	癸巳（成化九年， 1473）八月廿一日	北京 故宮博物院	
古賢詩意圖（金琮書詩）	卷	絹	水墨	28 × 1079.5	庚申（弘治十三年 ，1500）	北京 故宮博物院	
仕女圖（上、下卷共6段）	卷	絹	設色	（每段）30.5 × 168.9不等		上海 上海博物館	
玩古圖	軸	絹	設色	126.1 × 187		台北 故宮博物院	故畫03690
邵雍像	軸	紙	水墨	67.3 × 27.4		北京 故宮博物院	
題竹圖	軸	絹	設色	191 × 104.5		北京 故宮博物院	
祭月圖	軸	絹	設色	125.8 × 81		北京 中國美術館	
綠蕉當暑圖	軸	紙	設色	97 × 45		揚州 揚州市博物館	
梅下橫琴圖	軸	絹	設色	208.7×110.5		上海 上海博物館	

名稱	形式	質地	色彩	尺寸 高×寬㎝	創作時間	收藏處所	典藏號碼
仙女獻壽圖	軸	紙	設色	143.9 × 68.8		日本 東京山本悌二郎先生	
伏生校經圖	軸	絹	設色	147.8×104.5		日本 山口良夫先生	
山水圖（松溪行吟）	軸	絹	設色	153.7 × 79		日本 私人	
山水、人物圖（2幅）	軸	絹	設色	（每幅）128.2 × 69.4		日本 私人	
陪月閑行圖	軸	紙	設色	156 × 72.1		美國 克利夫蘭藝術博物館	54.582
松陰釣艇	摺扇面	紙	設色	不詳		台北 故宮博物院	故扇 00067
漁舟圖	摺扇面	紙	設色	不詳		台北 故宮博物院	故扇 00068
秋林圖	軸	紙	設色	42.2 × 646.6		上海 上海博物館	
太上三十二相圖（16幀）	冊	黑箋	泥金	（每幀）26.2 × 45.3		日本 東京國立博物館	

附：

| 樹蔭展讀（明十一家山水扇面 冊第三幀） | 摺扇面 | 金箋 | 設色 | 18.5 × 50.8 | | 紐約 佳士得藝品拍賣公司/拍 賣目錄 1988,11,30. | |

畫家小傳：杜菫。字懼男。號聖居、古狂、青霞亭長。江蘇丹徒人，寄居燕京。憲宗成化元年（1465）試進士不第，遂絕意仕途。工詩文。通六書。善繪畫，人物、山水、花木、鳥獸、樓台界畫等，俱佳。（見無聲詩史、圖繪寶鑑續纂、藝苑卮言、歷代畫史彙傳、中國畫家人名大辭典）

陳 英

| 歲寒不替圖（梅花） | 軸 | 絹 | 水墨 | 190 × 82 | 成化三年丁亥（14 67）十有二月穀旦 | 青島 山東省青島市博物館 | |

畫家小傳：陳英。字文實。浙江會稽人。陳錄之子。承家學，亦善寫梅。流傳署款紀年作品見於憲宗成化三(1467)年。（見明畫錄、無聲詩史、中國畫家人名大辭典）

劉 俊

雪夜訪普圖	軸	絹	設色	143.2 × 75.1		北京 故宮博物院	
劉海戲蟾圖	軸	絹	設色	139.3 × 98		北京 中國美術館	
四仙圖	軸	絹	設色	173.3 × 119		天津 天津市歷史博物館	
劉海戲蟾圖	軸	絹	設色	181.3 × 109		石家莊 河北省石家莊文物管 理所	
寒山、拾得圖（2幅）	軸	絹	設色	（每幅）151.5 × 68.2		日本 東京帝室博物館	
蓮鷺圖	軸	絹	設色	57.6 × 79.8		日本 佐賀縣鍋島報效會	3-軸-35

名稱	形式	質地	色彩	尺寸 高×寬㎝	創作時間	收藏處所	典藏號碼
春朝送別圖	軸	絹	設色	156 × 88.8		日本 東京松平乘承先生	
仙人圖	軸	絹	設色	不詳		日本 東京德川義親先生	
二仙圖	軸	絹	設色	146.7 × 89.4		日本 東京淺野長勳先生	
東方朔圖	軸	絹	設色	141.8 × 77.6		日本 東京淺野長武先生	
唐子遊戲圖	軸	絹	設色	143.6 × 85.4		日本 京都柳孝先生	A-2955
陳南浮海圖	軸	絹	設色	141.5 × 77.4		日本 京都相國寺	
仙人圖	軸	絹	設色	146.6 × 88.1		日本 岡山市藤原祥宏先生	
老子圖	軸	絹	設色	94 × 56		日本 私人	

畫家小傳：劉俊。字廷偉。籍里、身世不詳。善畫山水，入能品；亦工人物。（見明畫錄、無聲詩史、圖繪寶鑑續纂、中國畫家人名大辭典）

張 寧

名稱	形式	質地	色彩	尺寸 高×寬㎝	創作時間	收藏處所	典藏號碼
歲寒三友圖	軸	紙	泥金	140.3 × 60.6		台北 故宮博物院	故畫 00670
虛亭飛瀑圖	軸	紙	設色	109.8 × 38.1	成化四年戊子歲（1468）夏五月	美國 克利夫蘭藝術博物館	85.368
書畫合璧（各4幀）	冊	紙	水墨	（每幀）25.2 × 44.3		北京 故宮博物院	

畫家小傳：張寧。字靖之。號方洲。浙江海鹽人。代宗景泰五（1454）年進士。工書、能畫。畫善山水；亦作蘭竹，皆妙。流傳署款紀年畫作見於憲宗成化四（1468）年至孝宗弘治二（1489）年。（見明畫錄、無聲詩史、明史本傳、海鹽圖經、杭州府志、中國畫家人名大辭典）

鍾 學

名稱	形式	質地	色彩	尺寸 高×寬㎝	創作時間	收藏處所	典藏號碼
壽萱圖	軸	紙	水墨	88.5 × 43	成化庚寅（六年，1470）	廣州 廣東省博物館	
附：							
蘭石圖	摺扇面	灑金箋	水墨	18.5 × 51.5		紐約 佳士得藝品拍賣公司/拍賣目錄 1988,11,30.	

畫家小傳：鍾學。字雪舫。畫史無載。流傳署款紀年作品見於憲宗成化六(1470)年。身世待考。

陶 成

名稱	形式	質地	色彩	尺寸 高×寬㎝	創作時間	收藏處所	典藏號碼
貍奴芳草	卷	紙	設色	23.2 × 153.6		台北 故宮博物院	故畫 01027
雲中送別圖（為戈勉學作）	卷	紙	水墨	25.2 × 155	成化廿二年，丙午（1486）夏五月	北京 故宮博物院	
竹鳧圖	卷	紙	設色	27.8 × 124		上海 上海博物館	
百鵝圖	卷	紙	設色	27.7 × 122.8		日本 私人	

名稱	形式	質地	色彩	尺寸 高×寬cm	創作時間	收藏處所	典藏號碼
青綠山水圖	卷	絹	設色	29.5 × ？		美國 密歇根大學藝術博物館	1978/1.163
寫生二種（菊花白菜圖）	卷	紙	水墨	28.6 × 152.1		美國 克利夫蘭藝術博物館	60.40
菊花雙兔圖（為戴尚質作）	軸	絹	設色	183.3×108.6	弘治丙辰（九年，1496）四月望後兩日	台北 故宮博物院	故畫 00432
菊石戲貓圖	軸	紙	水墨	147.3 × 59.2	弘治癸丑（六年，1493）秋	台北 故宮博物院	故畫 00433
歲朝圖	軸	紙	設色	109 × 48	嘉靖壬申（按嘉靖無壬申）	台北 故宮博物院	故畫 02136
菊石圖	軸	紙	設色	不詳		台北 故宮博物院	國贈 024716
蟾宮月兔圖	軸	絹	設色	193.2×106.4	弘治乙卯（八年，1495）新秋	北京 故宮博物院	
竹菊白兔圖	軸	絹	設色	不詳	弘治癸丑（六年，1493）秋	上海 上海博物館	
秋趣圖	軸	紙	設色	144 × 90		昆山 崑崙堂美術館	
菊石圖	軸	絹	設色	166.7 × 66.7		日本 京都小栗秋堂先生	
山水圖（墨林叢翰圖冊之6）	冊頁	紙	設色	33 × 35.6		美國 華盛頓特區弗瑞爾藝術館	15.36f
附：							
茶花彩鳥圖	納扇面 絹		設色	25 × 27		紐約 佳仕得藝品拍賣公司/拍賣目錄 1986,06,04.	

畫家小傳：陶成。字孟學。號雲湖山人。江蘇寶應人。憲宗成化七（1471）年領鄉薦。工詩、善書。擅畫山水、人物、花竹、鳥獸等，皆能逼肖宋人。（見明畫錄、無聲詩史、圖繪寶鑑續纂、寶應縣志、中國畫家人名大辭典）

周　臣

名稱	形式	質地	色彩	尺寸 高×寬cm	創作時間	收藏處所	典藏號碼
漁村圖	卷	絹	設色	20.9 × 183.9		台北 故宮博物院	故畫 00972
宜晚圖	卷	絹	設色	28.1 × 105		台北 故宮博物院	故畫 01577
南山驅魃圖	卷	紙	設色	28.3 × 80.3		台北 故宮博物院（蘭千山館寄存）	
春泉小隱圖	卷	紙	設色	26.5 × 86		北京 故宮博物院	
滄浪亭圖	卷	紙	設色	不詳	正德癸酉（八年，1513）	北京 中國歷史博物館	
辟纑圖	卷	絹	設色	31.5 × 159		天津 天津市藝術博物館	
山水圖	卷	紙	設色	30.9 × ？		美國 New Haven 翁萬戈先生	

名稱	形式	質地	色彩	尺寸 高x寬㎝	創作時間	收藏處所	典藏號碼
流民圖（殘卷）	卷	紙	設色	31.9 x 244.5	正德丙子（十一年，1516）秋七月	美國 克利夫蘭藝術博物館	
北漢圖	卷	絹	設色	28.4 x 136.6		美國 堪薩斯市納爾遜-艾金斯藝術博物館	58-55
白潭圖	卷	絹	設色	33.3 x 63.4		美國 堪薩斯市納爾遜-艾金斯藝術博物館	
流民圖（殘卷）	卷	紙	設色	31.9 x ？		美國 夏威夷火魯奴奴藝術學院	2239.1
松巖飛瀑	軸	紙	設色	97.6 x 32.5	正德甲戌（九年，1514）春日	台北 故宮博物院	故畫 00461
山亭納涼圖	軸	絹	設色	95.5 x 58.9		台北 故宮博物院	故畫 00462
甯戚飯牛圖	軸	紙	水墨	126.7 x 68.9		台北 故宮博物院	故畫 00463
閒看兒童捉柳花句詩意圖	軸	絹	設色	116.6 x 63.5		台北 故宮博物院	故畫 00464
暮春林壑	軸	紙	設色	169 x 65.6		台北 故宮博物院	故畫 00465
水亭清興圖	軸	絹	設色	181.2 x 110.5		台北 故宮博物院	故畫 00914
松窗對奕圖	軸	絹	設色	84.2 x 132.2	嘉靖丙戌（五年，1526）中秋日	台北 故宮博物院	故畫 00935
清泉聽阮圖	軸	絹	設色	129 x 65.4		台北 故宮博物院	故畫 01318
畫竹柏	軸	紙	水墨	74.4 x 33.9		台北 故宮博物院	故畫 01319
松泉詩思	軸	紙	設色	114.6 x 53.1	嘉靖甲午（十三年，1534）中秋既望	台北 故宮博物院	故畫 02167
山水	軸	絹	水墨	不詳		台北 故宮博物院	中畫 00032
春山遊騎圖	軸	絹	設色	184.7 x 64.2		北京 故宮博物院	
雪村訪友圖	軸	絹	水墨	186.4 x 96.7		北京 故宮博物院	
風雪行吟圖	軸	絹	設色	125.1 x 71	嘉靖戊子（七年，1528）五月既望	北京 中國歷史博物館	
雪景高士圖	軸	絹	設色	不詳	嘉靖七年（戊子，1528）夏五月既望	北京 中國歷史博物館	
香山九老圖	軸	絹	設色	177 x 106		天津 天津市藝術博物館	
高山流水圖	軸	紙	設色	32 x 62		濟南 山東省博物館	
觀瀑圖	軸	絹	設色	165 x 85		濟南 山東省博物館	
袁安臥雪圖	軸	絹	設色	148 x 102	嘉靖辛卯（十年，1531）	濟南 山東省濟南市博物館	

名稱	形式	質地	色彩	尺寸 高×寬㎝	創作時間	收藏處所	典藏號碼
楓林停車圖	軸	絹	設色	114.5 × 60.5		濟南 山東省濟南市博物館	
秋山紅葉圖	軸	絹	設色	124 × 55.5		合肥 安徽省博物館	
雪景山水圖	軸	絹	設色	138 × 63.3	嘉靖辛卯（十年，1531）仲春既望	上海 上海博物館	
山齋客至圖	軸	絹	設色	137 × 72.3		上海 上海博物館	
怡竹圖	軸	絹	設色	59.3 × 37.2		上海 上海博物館	
長夏山村圖	軸	紙	設色	113.5 × 59.2		上海 上海博物館	
亭林消夏圖	軸	絹	設色	178.7 × 63.1		上海 上海博物館	
春山游踪圖	軸	絹	設色	180 × 95.5		上海 上海博物館	
踏雪行吟圖	軸	絹	設色	132.3 × 72.6		上海 上海博物館	
柴門送客圖	軸	紙	設色	120.5 × 56.8		南京 南京博物院	
桃花源圖	軸	絹	設色	161.5×102.5	嘉靖癸巳（十二年，1533）夏仲	蘇州 江蘇省蘇州博物館	
山水圖	軸	絹	設色	191.2×127.9		日本 東京國立博物館	
松溪訪友圖	軸	紙	設色	不詳		日本 東京八木剛春山先生	
竹林七賢圖	軸	絹	設色	139.4 × 64.8		日本 東京速水一孔先生	
山水圖（重巒疊瀑）	軸	絹	設色	187.2 × 99.5	辛卯（嘉靖十年，1531）春二月既望	日本 東京柳孝藏先生	
煙靄秋涉圖	軸	紙	設色	99.1 × 35.5		日本 京都小川睦之輔先生	
山水圖	軸	絹	設色	130 × 70.3		日本 大阪市立美術館	
田家圖	軸	紙	設色	不詳		日本 大阪本山彦一先生	
山水圖（文士雅集）	軸	絹	設色	207 × 109.7		日本 江田勇二先生	
山水圖（坐聽松風）	軸	絹	設色	不詳		日本 江田勇二先生	
醉翁亭圖	軸	絹	設色	162.1 × 91.1		日本 私人	
聽泉圖	軸	紙	水墨	不詳		美國 波士頓美術館	
高士圖	軸	絹	設色	159 × 87		美國 賓夕法尼亞州大學藝術館	
颺風圖	軸	紙	設色	54.6 × 38.6		美國 普林斯頓大學藝術館（私人寄存）	
煮茶圖	軸	絹	設色	119.2 × 62.4		美國 密歇根大學藝術博物館	1963/2.3
桃花源圖	軸	絹	設色	不詳		美國 克利夫蘭藝術博物館	
漁夫圖	軸	紙	設色	117.1 × 50.1		美國 辛辛那提市藝術博物館	1948.84
白潭圖	軸	紙	設色	33.3 × 63		美國 堪薩斯市納爾遜-艾金斯	53-62

名稱	形式	質地	色彩	尺寸 高×寬㎝	創作時間	收藏處所	典藏號碼
						藝術博物館	
山水人物圖	軸	絹	設色	201.2 × 95.8		美國 聖地牙哥藝術博物館	90.56
雪夜訪友圖	軸	絹	設色	148.4 × 60.5		美國 私人	
山水圖	軸	絹	設色	155.8×103.2		英國 倫敦大英博物館	1974.10.8.03（ADD422）
山水圖	軸	絹	設色	137 × 57.4		德國 慕尼黑國立民族學博物館	
松壑聽泉（明人畫扇冊一冊之1）	摺扇面	紙	設色	不詳		台北 故宮博物院	故畫 03527-1
泛舟高士（披薰集古冊之1）	冊頁	紙	設色	20.2 × 60		台北 故宮博物院	故畫 03499-1
茅亭隱士（明諸臣書畫扇面冊頁冊之23）	摺扇面	紙	設色	18.8 × 53		台北 故宮博物院	故畫 03546-23
萬壑秋風（明人畫扇冊二冊之5）	摺扇面	紙	設色	不詳		台北 故宮博物院	故畫 03528-5
竹林獨步（明人畫扇冊二冊之9）	摺扇面	紙	設色	不詳		台北 故宮博物院	故畫 03528-9
松蹊水榭（明人畫扇冊二冊之20）	摺扇面	紙	設色	不詳		台北 故宮博物院	故畫 03528-20
秋江問渡（明人畫扇集冊貳冊（上）之3）	摺扇面	紙	設色	不詳		台北 故宮博物院	故畫 03534-3
觀瀑圖（明人便面畫冊肆冊（一）之3）	摺扇面	紙	設色	不詳		台北 故宮博物院	故畫 03537-3
江帆山閣（明人扇頭畫冊之1）	摺扇面	紙	設色	不詳		台北 故宮博物院	故畫 03542-1
山水人物（明諸臣書畫扇面冊頁冊之10）	摺扇面	紙	設色	不詳		台北 故宮博物院	故畫 03546-10
山水（明諸臣書畫扇面冊頁冊之24）	摺扇面	紙	設色	19.3 × 50.5		台北 故宮博物院	故畫 03546-24
疏林亭子（明諸臣書畫扇面冊頁冊之25）	摺扇面	紙	設色	18.7 × 53.1		台北 故宮博物院	故畫 03546-25
松下聽泉（明人書畫扇面（己）冊之9）	摺扇面	紙	設色	不詳		台北 故宮博物院	故畫 03551-9
掃葉烹茶	摺扇面	紙	設色	不詳		台北 故宮博物院	故扇 00109
寒山古木	摺扇面	紙	設色	不詳		台北 故宮博物院	故扇 00110

名稱	形式	質地	色彩	尺寸 高x寬cm	創作時間	收藏處所	典藏號碼
田舍農樂	摺扇面	紙	設色	不詳		台北 故宮博物院	故扇 00111
煙山雲靄	摺扇面	紙	設色	不詳		台北 故宮博物院	故扇 00112
把釣圖	摺扇面	紙	設色	不詳		台北 故宮博物院	故扇 00113
落木寒山	摺扇面	紙	設色	不詳		台北 故宮博物院	故扇 00114
南嶽尋秋	摺扇面	紙	設色	不詳		台北 故宮博物院	故扇 00234
山水人物圖（周臣山水人物圖扇面冊之 1）	摺扇面	金箋	設色	18.9 × 53		台北 陳啟斌畏墨堂	
高士圖（周臣山水人物圖扇面冊之 2）	摺扇面	金箋	設色	20 × 54.9		台北 陳啟斌畏墨堂	
高士圖（周臣山水人物圖扇面冊之 3）	摺扇面	金箋	水墨	18.2 × 52.4		台北 陳啟斌畏墨堂	
松下高士圖（周臣山水人物圖扇面冊之 4）	摺扇面	金箋	設色	19.3 × 53		台北 陳啟斌畏墨堂	
竹林高士圖（周臣山水人物圖扇面冊之 5）	摺扇面	金箋	水墨	18.1 × 51.1		台北 陳啟斌畏墨堂	
山水人物圖（周臣山水人物圖扇面冊之 6）	摺扇面	金箋	設色	18.6 × 51.6		台北 陳啟斌畏墨堂	
秋景山水圖（周臣山水人物圖扇面冊之 7）	摺扇面	金箋	設色	16.8 × 47.7		台北 陳啟斌畏墨堂	
高士訪友圖（周臣山水人物圖扇面冊之 8）	摺扇面	金箋	水墨	17.8 × 49.6		台北 陳啟斌畏墨堂	
山水圖（周臣山水人物圖扇面冊之 9）	摺扇面	金箋	水墨	18 × 50.7		台北 陳啟斌畏墨堂	
灞橋風雪圖（周臣山水人物圖扇面冊之 10）	摺扇面	金箋	設色	16.3 × 46.3		台北 陳啟斌畏墨堂	
江舟醉漁圖	摺扇面	金箋	設色	18.9 × 52.2		香港 莫華釗承訓堂	K92.44
山水圖（明人書畫扇面冊之 8）	摺扇面	金箋	設色	19.3 × 52.5		香港 潘祖堯小聽颿樓	CP35h
人物故事（8 幀）	冊	紙	設色	（每幀）33.7 × 64.5		北京 故宮博物院	
更畦時澤圖	冊頁	絹	設色	26.4 × 31.3		北京 故宮博物院	
山水圖	摺扇面	金箋	水墨	20 × 54.2		北京 故宮博物院	
明皇遊月宮圖	摺扇面	金箋	設色	18.4 × 50		北京 故宮博物院	
梅石翔鶴圖	摺扇面	金箋	設色	14.6 × 42.4		北京 故宮博物院	
溪橋風起圖	摺扇面	金箋	水墨	14.7 × 43.5		北京 故宮博物院	

名稱	形式	質地	色彩	尺寸 高×寬㎝	創作時間	收藏處所	典藏號碼
山水圖	摺扇面	金箋	設色	不詳		上海 上海博物館	
山齋論道圖	摺扇面	金箋	設色	不詳		上海 上海博物館	
密樹茅堂圖	摺扇面	金箋	水墨	不詳		上海 上海博物館	
松下閒話圖	摺扇面	金箋	設色	不詳		上海 上海博物館	
松谷臨流圖	摺扇面	金箋	水墨	不詳		上海 上海博物館	
松林小憩圖	摺扇面	金箋	水墨	不詳		上海 上海博物館	
松溪水閣圖	摺扇面	金箋	水墨	不詳		上海 上海博物館	
松閣閒眺圖	摺扇面	金箋	水墨	不詳		上海 上海博物館	
松蔭清話圖	摺扇面	金箋	設色	不詳		上海 上海博物館	
秋林閒話圖	摺扇面	金籤	設色	不詳		上海 上海博物館	
風雨渡舟圖	摺扇面	金箋	設色	不詳		上海 上海博物館	
城關待曉圖	摺扇面	灑金箋	設色	不詳		上海 上海博物館	
寒林激湍圖	摺扇面	金箋	設色	不詳		上海 上海博物館	
疏林小亭圖	摺扇面	金箋	設色	不詳		上海 上海博物館	
攜琴看山圖	摺扇面	金箋	設色	18.9 × 51		南京 南京博物院	
漁艇風雨圖	摺扇面	金箋	水墨	不詳		成都 四川省博物院	
松溪垂釣圖	摺扇面	金箋	設色	不詳		貴陽 貴州省博物館	
設色山水（明人書畫扇面冊之4）	摺扇面	金箋	設色	不詳		日本 東京橋本辰二郎先生	
山水人物圖（明人扇面畫冊之41）	摺扇面	金箋	設色	19 × 54.7		日本 京都國立博物館	A甲685
山水圖（明人扇面畫冊之44）	摺扇面	金箋	水墨	16.5 × 51.5		日本 京都國立博物館	A甲685
山水圖（明人扇面畫冊之45）	摺扇面	金箋	水墨	17.3 × 52.4		日本 京都國立博物館	A甲685
風雨歸舟圖	摺扇面	金箋	水墨	17.6 × 50.9		日本 京都桑名鐵城先生	
高士觀瀑圖	摺扇面	金箋	設色	17.7 × 50.3		日本 大阪橋本大乙先生	
松巖泊舟圖	摺扇面	金箋	設色	18 × 51		日本 大阪橋本大乙先生	
柳汀獨釣圖	摺扇面	金箋	水墨	18.1 × 54.7		日本 私人	
雪山行旅圖	摺扇面	金箋	設色	19.5 × 54.5		美國 舊金山亞洲藝術館	B79 D11
觀流圖	摺扇面	金箋	設色	18.8 × 52.2		美國 夏威夷火魯奴奴藝術學院	3504.1
山水圖	摺扇面	金箋	水墨	17.8 × 51.9		英國 倫敦維多利亞-艾伯特博物館	E355-1956

附：

名稱	形式	質地	色彩	尺寸 高×寬㎝	創作時間	收藏處所	典藏號碼
淵明賞菊圖	卷	紙	設色	26 × 126		紐約 佳士得藝品拍賣公司/拍	

名稱	形式	質地	色彩	尺寸 高x寬㎝	創作時間	收藏處所	典藏號碼
江廬遠眺	軸	絹	設色	181.5 x 99		紐約 佳士得藝品拍賣公司/拍賣目錄 1996,09,18.	
山水人物（摺扇面 10 幀）	冊	金箋	設色	（每幀）26.6 x 52.7		紐約 佳士得藝品拍賣公司/拍賣目錄 1990,11,28.	
松壑鳴泉	摺扇面	金箋	設色	22 x 60.5		紐約 佳士得藝品拍賣公司/拍賣目錄 1990,05,31.	
松壑漫步	摺扇面	金箋	設色	17.8 x 49.5		紐約 佳士得藝品拍賣公司/拍賣目錄 1993,06,04.	
風雨舟渡（明清各家山水便面冊 12 之 1 幀）	摺扇面	金箋	設色	不詳		紐約 佳士得藝品拍賣公司/拍賣目錄 1994,11,30.	
山水（明清各家山水扇面冊 12 之 1 幀）	摺扇面	金箋	水墨	不詳		紐約 佳士得藝品拍賣公司/拍賣目錄 1996,09,18.	
秋江載酒（明清人扇面冊 12 之 1 幀）	摺扇面	金箋	水墨	不詳		香港 佳士得藝品拍賣公司/拍賣目錄 1997,09,19.	
						賣目錄 1998,09,15.	

畫家小傳：周臣。字舜卿。號東村。江蘇吳縣人。流傳署款紀年畫作見於憲宗成化八（1472）年至世宗嘉靖十四（1535）年。工畫山水，師陳暹，善摹宋院畫，用筆純熟。兼工人物，亦極得意態。（見明畫錄、無聲詩史、圖繪寶鑑續纂、吳縣志、四友齋叢說、中國畫家人名大辭典）

朱見深（憲宗）

名稱	形式	質地	色彩	尺寸 高x寬㎝	創作時間	收藏處所	典藏號碼
達摩	軸	紙	水墨	76.8 x 47.8	成化庚子（十六年，1480）	台北 故宮博物院	故畫 00460
冬至一陽圖	軸	紙	水墨	75.7 x 42.1	成化庚子（十六年，1480）	台北 故宮博物館	中畫 00072
樹石雙禽圖	軸	紙	水墨	106 x 42.3	成化庚子（十六年，1480）	長春 吉林省博物館	

畫家小傳：憲宗。名見深。為宣宗孫。生於英宗正統十三（1448）年。繼帝位，建號成化。卒於成化二十三（1487）年。工書、畫。嘗為張三豐寫像，精采生動。亦能畫山水。（見明畫錄、無聲詩史、圖繪寶鑑續纂、明史本傳、中國畫家人名大辭典）

張 弛

名稱	形式	質地	色彩	尺寸 高x寬㎝	創作時間	收藏處所	典藏號碼
墨竹（春雨茅屋圖）	軸	紙	水墨	110 x 22.5		台北 故宮博物院	中畫 00040

畫家小傳：張弛。畫史無載。身世待考。

林 俊

名稱	形式	質地	色彩	尺寸 高×寬㎝	創作時間	收藏處所	典藏號碼
仿王紱蕉庵秋霽圖	軸	紙	水墨	60 × 37.6		美國 私人	
山水圖（8幀）	冊	絹	水墨	不詳		南京 南京博物院	
附：							
水村漁樂圖	軸	絹	設色	不詳		上海 朵雲軒	
蕉庵秋霽圖	軸	紙	水墨	59.7 × 37.7	丙申（成化十二年，1476）小春	紐約 佳仕得藝品拍賣公司/拍賣目錄 1986,06,04.	

畫家小傳：林俊。字待用。福建莆田人。生於代宗景泰三（1452）年，卒於世宗嘉靖六(1527)年。成化十四年進士。官至刑部尚書、司太子太保。工畫。（見明史列傳第八十二之本傳、中國畫家人名大辭典）

過儀

蒼松圖	卷	紙	水墨	33 × 369	成化甲子十年（1474）	合肥 安徽省博物館	
松月圖	軸	紙	水墨	125.6 × 54.4		上海 上海博物館	

畫家小傳：過儀。畫史無載。流傳署款紀年作品見於憲宗成化十（1474）年。身世待考。

張習

贈別圖	軸	紙	設色	150.9 × 30.9	成化乙未（十一年，1475）	無錫 江蘇省無錫市博物館	

畫家小傳；張習。籍里、身世不詳。善畫。張丑曾收藏其所畫蘭香堂圖。流傳署款紀年作品見於憲宗成化十一（1475）年。（見清河書畫舫、中國畫家人名大辭典）

張翬

山水圖	軸	絹	設色	118.4 × 69.6		日本 京都山岡泰造先生	A2717

畫家小傳；張翬，字文燾。江蘇太倉人。喜畫山水，宗法馬、夏，筆意蒼勁，意境幽茫。憲宗成化（1465-1487)間，有名於時。（見明畫錄、圖繪寶鑑續纂、中國畫家人名大辭典）

黃翊

竹石黃花圖	軸	絹	設色	142 × 53.9		長春 吉林省博物館	

畫家小傳：黃翊。字九霄。浙江餘姚人。能詩，工書，善畫。憲宗成化（1465-1487）間，有名於時，作竹石甚佳，墨菊一種尤推獨絕。（見明畫錄、畫史會要、餘姚縣志、中國畫家人名大辭典）

楊一清

竹石圖	軸	灑金箋	水墨	148 × 33		香港 香港美術館・虛白齋	XB1992.044

畫家小傳：楊一清。字應寧。生於代宗景泰五（1454）年。卒於世宗嘉靖九(1530)年。（見明史本傳、中國畫家人名大辭典）

名稱	形式	質地	色彩	尺寸 高x寬cm	創作時間	收藏處所	典藏號碼
郭 詡							
雜畫（8段）	卷	灑金箋	設色	36.5 × 150.2	正德戊辰（三年，1508）冬十月	北京 故宮博物院	
青蛙草蝶圖	卷	紙	設色	28.5 × 46.4		上海 上海博物館	
人物（3段）	卷	紙	水墨	（每段）22.6 × 161.5不等		上海 上海博物館	
鄂景山水圖（為蓮北寫）	卷	紙	設色	不詳	正德甲戌（九年，1514）孟春望吉	武漢 湖北省博物館	
山水圖	卷	紙	水墨	22.4 × ？		美國 底特律市藝術中心	42.51
東山攜妓圖	軸	紙	水墨	123.8 × 49.9	嘉靖丙戌（五年，1526）春	台北 故宮博物院	故畫 00452
草閣清陰圖	軸	紙	設色	139.3 × 58		台北 故宮博物院（蘭千山館寄存）	
謝東山像	軸	紙	水墨	118.3 × 41.9		香港 利榮森北山堂	g 92.40
青雲千里意圖	軸	紙	設色	135 × 43.6	弘治癸亥（十六年，1503）仲冬吉	香港 王南屏先生	
琵琶行詩意圖	軸	紙	水墨	152 × 46.3		北京 故宮博物院	
南極老人圖	軸	絹	水墨	166.8 × 90	正德辛末（六年，1511）	北京 故宮博物院	
謝東山小影	軸	紙	水墨	136.4 × 41.8		日本 京都常尾雨山先生	
泛舟讀書圖	軸	絹	設色	188.7×102.2		日本 私人	
松下人物圖	軸	絹	水墨	107.1 × 41.1		日本 私人	
搗衣圖	軸	絹	水墨	114.8 × 56		美國 芝加哥大學藝術博物館	1974.84
蝦蟆仙人圖	橫幅	紙	水墨	29.6 × 47.5		德國 柏林東亞藝術博物館	1988-407
牛背橫笛圖	冊頁	紙	設色	29.9 × 25		上海 上海博物館	
人物圖（11幀）	冊	紙	設色	（每幀）29.8 × 49.3	弘治癸亥（十六年，1503）十二月廿四日	上海 上海博物館	
雜畫（8幀）	冊	紙	設色	（每幀）28.5 × 46.5		上海 上海博物館	
附：							
江夏四景圖	卷	絹	設色	31 × 974.5	正德甲戌（九年，1514）	武漢 湖北省武漢市文物商店	

名稱	形式	質地	色彩	尺寸 高x寬cm	創作時間	收藏處所	典藏號碼
謝東山小像	軸	紙	水墨	118 × 42		紐約 佳士得藝品拍賣公司/拍賣目錄 1984,06,29.	
羲之書扇圖	軸	絹	水墨	133.5 × 52.7		紐約 佳士得藝品拍賣公司/拍賣目錄 1989,12,04.	

畫家小傳：郭詡。字仁宏。號清狂。泰和人。生於代宗景泰七（1456）年。世宗嘉靖七（1528）年尚在。善畫山水、人物、雜畫。喜結交，廣交沈周、吳偉、杜菫等人，故畫名競傳。（見明畫錄、無聲詩史、名山藏、吉安府志、中國畫家人名大辭典）

濮 桓

名稱	形式	質地	色彩	尺寸 高x寬cm	創作時間	收藏處所	典藏號碼
芝莕圖（2幅合裝）	軸	絹	設色	108.5 × 8.5 ；28.5 × 48.5	成化壬寅（十八年 ，1482）	蘇州 江蘇省蘇州博物館	

畫家小傳：濮桓。畫史無載。流傳署款紀年作品見於憲宗成化十八（1482）年。身世待考。

杜大成

名稱	形式	質地	色彩	尺寸 高x寬cm	創作時間	收藏處所	典藏號碼
草蟲圖（杜大成、杜菫草蟲人物合卷2之1段）	卷	紙	水墨	30.5 × 42.8		瀋陽 遼寧省博物館	
花蝶草虫圖(10幀)	冊	灑金箋	水墨	28.6 × 42.8		瀋陽 遼寧省博物館	
草蟲圖	冊頁	紙	水墨	30.5 × 42.8		瀋陽 遼寧省博物館	

畫家小傳：杜大成。字允修。號三山狂生。江蘇金陵人。嗜聲詩。工音律。善畫花木、禽蟲，嫣秀生動。（見明畫錄、無聲詩史、圖繪寶鑑續纂、列朝詩集小傳、中國畫家人名大辭典）

俞 增

名稱	形式	質地	色彩	尺寸 高x寬cm	創作時間	收藏處所	典藏號碼
花鳥（牡丹錦雞圖）	軸	絹	設色	169.5 × 101		日本 京都相國寺	
古木雙鷹圖	軸	絹	水墨	136.5 × 93.9		日本 私人	

畫家小傳：俞增。畫史無載。畫風近林良。身世待考。

吳 偉

名稱	形式	質地	色彩	尺寸 高x寬cm	創作時間	收藏處所	典藏號碼
蘆雁	卷	綾	設色	27.6 × 183.5		台北 故宮博物院	故畫 01564
長江萬里圖	卷	絹	設色	27.8 × 976.2	弘治十八年，乙丑（1505）	北京 故宮博物院	
山水圖（寓武昌郡齋作）	卷	絹	設色	不詳	弘治十八年（乙丑，1505）九月望	北京 故宮博物院	
問津圖	卷	灑金箋	水墨	46.5 × 118.5		北京 故宮博物院	
武陵春	卷	紙	設色	27.5 × 93.9		北京 故宮博物院	
崆峒問道圖	卷	紙	水墨	30 × 97.5		天津 天津市藝術博物館	

名稱	形式	質地	色彩	尺寸 高×寬 cm	創作時間	收藏處所	典藏號碼
鐵笛圖	卷	紙	水墨	32.1 × 155.4	成化甲辰（二十年，1484）四月廿八日	上海 上海博物館	
人物圖（4段）	卷	絹	設色	（每段）27.4 × 51.8		上海 上海博物館	
詞林雅集圖	卷	絹	水墨	27.9 × 125.1		上海 上海博物館	
洗兵圖	卷	紙	水墨	31 × 597	弘治丙辰（九年，1496）七月	廣州 廣東省博物館	
楓橋漁隱圖	卷	紙	設色	27.5 × 135		日本 東京國立博物館	
仙人圖	卷	絹	設色	不詳		日本 東京根津美術館	
漁樵耕讀圖	卷	絹	設色	不詳		日本 東京篠崎都香佐先生	
漁樂圖	卷	紙	設色	27.4 × ？		美國 勃克萊加州大學藝術館（高居翰教授寄存）	CM84
流民圖	卷	紙	設色	37.7 × 512.6		英國 倫敦大英博物館	1965.7.24.08(Add346)
北海真人像	軸	絹	設色	158.4 × 93.2		台北 故宮博物院	故畫 00434
仙蹤侶鶴圖	軸	紙	水墨	68.7 × 39		台北 故宮博物院	故畫 00435
芝仙	軸	絹	白描	58.3 × 26.4		台北 故宮博物院	故畫 00436
劉海蟾	軸	絹	設色	49.2 × 51.2		台北 故宮博物院	故畫 02137
寒山積雪	軸	絹	水墨	242.6×156.4		台北 故宮博物院	故畫 03762
山水圖	軸	絹	水墨	不詳		台北 故宮博物院	國贈 031050
問道圖	軸	絹	設色	157 × 92		瀋陽 故宮博物院	
松蔭觀瀑圖	軸	絹	設色	162.9 × 87.2		北京 故宮博物院	
松溪漁炊圖	軸	絹	水墨	128 × 75		北京 故宮博物院	
漁樂圖	軸	紙	設色	271 × 173.5		北京 故宮博物院	
柳橋高士圖	軸	絹	設色	162 × 87		北京 故宮博物院	
歌舞圖	軸	紙	水墨	118.8 × 64.5		北京 故宮博物院	
灞橋風雪圖	軸	絹	設色	183.6×110.2		北京 故宮博物院	
水際納涼圖	軸	絹	水墨	143.4 × 48.3		北京 中國美術館	
漁父圖	軸	絹	設色	177 × 97.6		北京 首都博物館	
柳岸閒步圖	軸	絹	設色	167.5×101.4		天津 天津市藝術博物館	

名稱	形式	質地	色彩	尺寸 高×寬㎝	創作時間	收藏處所	典藏號碼
松下讀書圖	軸	絹	設色	157 × 95.4		青島 山東省青島市博物館	
松下吹簫圖	軸	絹	水墨	154 × 95.2		合肥 安徽省博物館	
踏雪尋梅圖	軸	絹	設色	182 × 101		合肥 安徽省博物館	
仙女圖	軸	紙	水墨	162.7 × 63.8		上海 上海博物館	
松谷撫琴圖	軸	絹	水墨	160.9 × 90.8		上海 上海博物館	
松陰小憩圖	軸	絹	設色	166.8 × 97.2		上海 上海博物館	
秋江歸漁圖	軸	絹	設色	164 × 106.2		上海 上海博物館	
菖蒲壽石圖	軸	紙	水墨	91.2 × 30.5		上海 上海博物館	
臨流讀書圖	軸	絹	設色	167 × 97.3		上海 上海博物館	
垂釣圖	軸	紙	設色	233.9 × 97.6		上海 上海博物館	
觀水中月圖	軸	絹	設色	166.5×102.2		上海 上海博物館	
二仙圖	軸	絹	水墨	171 × 94.5		上海 上海人民美術出版社	
雪江捕魚圖	軸	絹	設色	245 × 156		武漢 湖北省博物館	
寒江獨釣圖	軸	絹	水墨	116.5 × 67.5		廣州 廣東省博物館	
柳溪放棹圖	軸	絹	設色	155.5×101.2		日本 大阪藤田美術館	
四仙圖	軸	絹	設色	148.3 × 91.1		日本 大阪久本寺	
避暑圖	軸	絹	設色	203 × 116.7		日本 東京青山忠敏先生	
閑居圖	軸	卷	設色	203 × 116.7		日本 東京青山忠敏先生	
壽星圖	軸	絹	設色	149.1×74.2		日本 東京大隈信常先生	
樵夫圖	軸	紙	水墨	91.5 × 38.5		日本 兵庫縣黑川古文化研究所	
林和靖探梅圖	軸	絹	設色	151.3 × 96.7		日本 私人	
人物圖	軸	絹	設色	不詳		美國 波士頓美術館	
醉仙圖	軸	紙	水墨	24 × 12		美國 紐約市布魯克林博物館	
美人圖	軸	紙	水墨	124.5 × 61.2		美國 印第安那波里斯市藝術博物館	60.36
山水人物（觀鶴圖）	軸	絹	設色	188 × 99.5		美國 舊金山亞洲藝術館	B71 D1
山水人物圖	軸	絹	設色	156.2 × 97.4		加拿大 多倫多皇家安大略博物館	920.21.9
漁夫圖（垂綸得魚）	軸	絹	水墨	195.8 × 102		英國 倫敦大英博物館	1896.5.11.17(ADD85)

名稱	形式	質地	色彩	尺寸 高x寬cm	創作時間	收藏處所	典藏號碼
仙人圖（破壁龍飛）	軸	絹	設色	139 x 91.7		英國 倫敦大英博物館	1910.2.12.479(ADD87)
樵夫圖（獲薪賦歸）	軸	絹	設色	164 x 95		英國 倫敦大英博物館	1910.2.12.478(ADD86)
仙女鳳凰圖	軸	絹	設色	146.8 x 94.5		英國 倫敦大英博物館	1913.51.010（ADD84）
仙人圖	軸	紙	設色	92.2 x 42.8		德國 慕尼黑 Lilly PreeTorius 女士	
漁夫圖扇面圖冊之2）	摺扇面	金箋	水墨	18.2 x 50.3		台北 陳啟斌畏墨堂	
江邊獨釣圖	摺扇面	金箋	水墨	16.5 x 50.4		香港 莫華釗承訓堂	K92.43
山水人物（8幀）	冊	紙	水墨	（每幀）26.9 x 50.9		上海 上海博物館	
仕女圖	摺扇面	金箋	水墨	不詳		上海 上海博物館	
仙客獨釣圖	摺扇面	金箋	水墨	不詳		日本 京都長尾雨山先生	
附：							
谿山清遠圖	卷	灑金藍箋	水墨	32.5 x 592		香港 蘇富比藝品拍賣公司/拍賣目錄984,11,11.	
十八學士圖	卷	紙	水墨	32.7 x 546.1		紐約 佳士得藝品拍賣公司/拍賣目錄998,03,24.	
洗耳圖	軸	絹	設色	144 x 101.5		濟南 山東省文物商店	
松下撫琴圖	橫幅	紙	水墨	28 x 49		紐約 佳士得藝品拍賣公司/拍賣目錄989,06,01.	
小憩圖	軸	紙	水墨	39.5 x 32.5		紐約 佳士得藝品拍賣公司/拍賣目錄994,06,01.	
蘭亭修禊圖（8幀）	冊	絹	設色	（每幀）33.5 x 67		紐約 佳士得藝品拍賣公司/拍賣目錄988,11,30.	
蘆江觀雁（明十一家山水扇面冊第2幀）	摺扇面	金箋	設色	18.5 x 50		紐約 佳士得藝品拍賣公司/拍賣目錄988,11,30.	
人物故實（16幀）	冊	灑金箋	水墨	（每幀）34.9 x 69.7		紐約 佳士得藝品拍賣公司/拍賣目錄993,12,01.	
劉海戲蟾圖	摺扇面	金箋	水墨	16.5 x 45.8		紐約 佳士得藝品拍賣公司/拍賣目錄994,11,30.	

畫家小傳：吳偉。字士英。號魯夫、次翁、小仙。湖北江夏人。生於英宗天順三（1459）年。卒於武宗正德三（1508）年。善畫山水、人物。歷事憲宗、孝宗兩朝畫院。孝宗並賜以「畫狀元」印。後世許為「浙派」大將，又稱為「江夏派」創始者。（見無聲訊史、

名稱	形式	質地	色彩	尺寸 高×寬㎝	創作時間	收藏處所	典藏號碼

圖繪寶鑑續纂、湖廣通志、江寧府志、名山藏、海虞畫苑略、中國畫家人名大辭典）

戴 泉
附：

| 雪山歸途圖 | 軸 | 紙 | 設色 | 188 × 88 | 甲辰（成化十二年 ，1484）冬十一月 | 紐約 佳士得藝品拍賣公司/拍 賣目錄 1990,05,31. | |

畫家小傳：戴泉。字宗淵。浙江錢塘人。戴進之子。善畫山水，得其家學。流傳署款紀年作品見於憲宗成化二十（1484）年。（見明畫錄、
　　　　無聲詩史、圖繪寶鑑續纂、畫史會要、中國畫家人名大辭典）

邵 寶

| 梅花山茶 | 軸 | 絹 | 設色 | 142.5 × 63 | 正德戊寅（十三年 ，1518）正月望前 四日 | 台北 故宮博物院 | 故畫 02138 |
| 扁舟歸闕圖 | 軸 | 紙 | 水墨 | 136 × 31.7 | | 日本 京都國立博物館 | A甲 168 |

畫家小傳：邵寶。字國賢。號二泉。江蘇無錫人。生於英宗天順四（1460）年。卒於世宗嘉靖六（1527）年。成化二十年進士。官至禮部
　　　　尚書贈太子少保。善書，得顏真卿筆意。間作小畫。（見明史本傳、書史會要、中國美術家人名辭典）

祝允明

山水（明十名家便面會萃冊之 4）	摺扇面	金箋	設色	16.5 × 44.1		台北 故宮博物院（蘭千山館 寄存）	
墨竹圖	摺扇面	金箋	水墨	16.8 × 50.8		台北 華叔和後真賞齋	
附：							
竹石圖	摺扇面	金箋	水墨	16.9 × 45.7		香港 佳士得藝品拍賣公司/拍 賣目錄 996,04,28.	

畫家小傳：祝允明。字希哲。號枝山、枝山老樵、枝指生。江蘇長洲人。生於英宗天順四（1460）年。卒於世宗嘉靖五（1526）年。弘治五
　　　　年領鄉薦。能文、善書，間作山水、花木寄興。（見明史本傳、明史藝文志、名山藏、容台集、中國畫家人名大辭典）

陳 謨

白雲青嶂圖（法張僧繇法）	軸	絹	設色	115.1×165.2	丙午（成化二十二 年，1486）秋月	武漢 湖北省博物館	
山齋對客圖	軸	絹	設色	395 × 61.5	辛亥（正德四年 ，1491）	成都 四川省博物院	
山水圖	摺扇面	紙	設色	不詳	壬申（正德七年， 1512）	北京 中國歷史博物館	

名稱	形式	質地	色彩	尺寸 高x寬cm	創作時間	收藏處所	典藏號碼

附：

| 天官圖 | 軸 | 絹 | 設色 | 不詳 | | 上海 上海文物商店 | |

畫家小傳：陳謨。字公贊。廣東順德人。生時不詳，卒於明世宗嘉靖十七（1538）年。為湛若水弟子。善畫山水，筆致近似文徵明。流傳
　　署款紀年作品見於憲宗成化二十二（1486）年至武宗正德七（1512）年。（見西樵遊覽記、鈴盒隨筆、中國美術家人名辭典）

蔣文藻

| 塈舟圖（為王滌之作） | 冊頁 | 紙 | 設色 | 33.7 x 58.9 | 成化丁未（二十三年，1487) | 上海 上海博物館 | |

畫家小傳；蔣文藻。浙江嘉興人。工書畫。步武姚綬酷肖之。間作叢竹窠木，亦蒼勁有致。署款紀年作品見於憲宗成化二十三(1487)年。(
　　見六研齋筆記、中國畫家人名大辭典）

王諤

名稱	形式	質地	色彩	尺寸 高x寬cm	收藏處所	典藏號碼
送別圖	卷	紙	水墨	29.6 x 143.3	日本 京都國立博物館	A甲366
瑞雪凝冬	軸	絹	設色	139.6 x 91.5	台北 故宮博物院	故畫00459
溪橋訪友	軸	絹	設色	172.1 x 105.8	台北 故宮博物院	故畫00934
江閣遠眺圖	軸	絹	設色	143.2 x 229.1	北京 故宮博物院	
月下吹簫圖	軸	絹	設色	184 x 99	濟南 山東省濟南市博物館	
觀瀑圖	軸	絹	設色	190.1 x 106.1	合肥 安徽省博物館	
山水圖（遊騎問津）	軸	絹	設色	145.7 x 79.8	日本 東京國立博物館	
雪嶺風高圖	軸	絹	設色	187.4 x 98.5	日本 東京出光美術館	
雪嶺風高圖	軸	絹	設色	187.2 x 98.8	日本 東京梅田先生	
高士濯足圖	軸	絹	設色	169.1 x 103.8	日本 大阪橋本大乙先生	
清溪泛棹圖	軸	絹	設色	不詳	日本 常照皇寺	
雪景山水圖	軸	絹	設色	185.4 x 103.5	美國 普林斯頓大學藝術館	47-74
飛瀑圖	軸	絹	設色	15.5 x 9.6	美國 賓夕法尼亞州大學藝術館	

畫家小傳：王諤。字廷直。浙江奉化人。弘治(1488-1505)時供奉仁智殿。工畫山水、人物，肆力模仿唐宋名家。孝宗好馬遠畫，稱其為「
　　今之馬遠」。(見明畫錄、無聲詩史、七修類稿、四友齋叢說、寧波志、中國畫家人名大辭典）

名稱	形式	質地	色彩	尺寸 高×寬cm	創作時間	收藏處所	典藏號碼

張 路

名稱	形式	質地	色彩	尺寸 高×寬cm	創作時間	收藏處所	典藏號碼
人物故事圖（2-1）	卷	絹	設色	25.7 × 153.5		天津 天津市藝術博物館	
人物故事圖（2-2）	卷	絹	設色	25.7 × 170.4		天津 天津市藝術博物館	
晏歸圖	卷	金箋	設色	31.6 × ？		美國 勃克萊加州大學藝術館（高居翰教授寄存）	CM68
老子騎牛圖	軸	紙	設色	101.5 × 55.3		台北 故宮博物院	故畫 00437
鐵拐李圖	軸	絹	水墨	133 × 82		長春 吉林省博物館	
人物圖	軸	絹	設色	160 × 97.5		瀋陽 故宮博物院	
山雨欲來圖	軸	絹	設色	147.1×105.1		北京 故宮博物院	
風林觀雁圖	軸	絹	設色	142.7 × 91		北京 故宮博物院	
風雨歸莊圖	軸	絹	設色	183.5×110.5		北京 故宮博物院	
麻姑獻壽圖	軸	絹	設色	122.3 × 93		北京 故宮博物院	
停琴高士圖	軸	絹	水墨	155.5 × 88.3		北京 故宮博物院	
達摩一葦渡江圖	軸	絹	設色	124 × 98.6		北京 故宮博物院	
寧戚飯牛圖	軸	絹	設色	165 × 86.9		北京 故宮博物院	
鳳凰女仙圖	軸	絹	設色	139 × 97.3		北京 故宮博物院	
騎驢圖	軸	灑金箋	設色	30 × 52		北京 故宮博物院	
歸農圖	軸	絹	設色	157.8 × 96.3		北京 故宮博物院	
風雨歸村圖	軸	絹	水墨	不詳		北京 中國歷史博物館	
樵夫圖	軸	絹	設色	163.7 × 99.7		北京 首都博物館	
桃源問津圖	橫幅	絹	水墨	100.5×150.1		北京 中央美術學院	
牧放圖	軸	絹	水墨	不詳		北京 中央美術學院	
八仙圖（4幅）	軸	絹	設色	（每幅）153.1 × 102.6		北京 中央工藝美術學院	
二仙圖	軸	絹	設色	115.7 × 80.6		天津 天津市藝術博物館	
仙人渡水圖	軸	絹	設色	160 × 95		天津 天津市藝術博物館	
山行落帽圖	軸	絹	設色	155.8 × 98		天津 天津市藝術博物館	
雪江泊舟圖	軸	絹	水墨	148.5 × 98		天津 天津市藝術博物館	
樓臺玩月圖	軸	絹	設色	82.7 × 110.2		天津 天津市藝術博物館	
獻桃圖	軸	絹	設色	92 × 118.5		天津 天津市藝術博物館	
踏雪尋梅圖	軸	絹	水墨	145.8 × 95.5		石家莊 河北省博物館	

名稱	形式	質地	色彩	尺寸 高×寬㎝	創作時間	收藏處所	典藏號碼
二仙圖	軸	絹	設色	166.1×102.5		濟南 山東省博物館	
乘鷺圖	軸	絹	設色	104.5×128.5		濟南 山東省博物館	
玉兔桂月圖	軸	絹	設色	94 × 55.5		濟南 山東省濟南市博物館	
耕讀圖	軸	絹	水墨	151 × 73		鄭州 河南省博物館	
賞月圖	軸	絹	設色	147 × 98		合肥 安徽省博物館	
柳艇彈琴圖	軸	絹	水墨	168 × 106		合肥 安徽省博物館	
松下停琴圖	軸	絹	設色	151.5 × 81.1		揚州 江蘇省揚州市博物館	
竹下讀書圖	軸	絹	水墨	139 × 82.5		上海 上海博物館	
溪山泛艇圖	軸	絹	設色	165.8 × 97.5		上海 上海博物館	
蒼鷹攫兔圖	軸	絹	設色	158 × 97		南京 南京博物院	
母子圖	軸	絹	設色	不詳		杭州 浙江省杭州西泠印社	
松下步月圖	軸	絹	水墨	120.8 × 61.5		寧波 浙江省寧波市天一閣文物保管所	
望雲圖	軸	絹	設色	不詳		成都 四川省博物院	
琴鶴焚香圖	軸	絹	設色	152 × 103		廈門 福建省廈門華僑博物館	
風雨歸漁圖	軸	絹	設色	159.6 × 98.6		日本 東京國立博物館	TA-492
山水圖	軸	絹	設色	30.9 × 62.7		日本 東京加藤正治先生	
風雨歸舟圖	軸	絹	水墨	160.3 × 97.9		日本 東京尾崎洵盛先生	
山水圖	軸	絹	設色	149.4 × 73		日本 東京岩崎小彌太先生	
仙人圖	軸	絹	水墨	不詳		日本 東京村上與四郎先生	
三仙圖	軸	絹	設色	不詳		日本 東京村上與四郎先生	
仙人圖	軸	絹	設色	不詳		日本 東京張允中先生	
仙人圖	軸	絹	設色	146.7 × 104		日本 東京柳孝藏先生	
泛舟觀月圖	橫幅	絹	水墨	74.5 × 128.8		日本 京都國立博物館	A甲203
東方朔奪桃圖	軸	絹	設色	200 × 121.2		日本 京都春光院	
人物圖	軸	絹	水墨	103 × 41.8		日本 京都圓山淳一 先生	
女仙圖	軸	絹	設色	162.4 × 96.7		日本 京都貝塚茂樹先生	
老松鳴鶴圖	軸	絹	水墨	122.5×100.1		日本 大阪橋本大乙先生	
道院馴鶴圖	軸	絹	設色	140 × 97.5		日本 大阪橋本大乙先生	
雪景山水	軸	絹	水墨	不詳		日本 大阪橋本末吉先生	
仙人圖	軸	絹	設色	不詳		日本 成菩提院	

名稱	形式	質地	色彩	尺寸 高×寬㎝	創作時間	收藏處所	典藏號碼
仙人圖	軸	絹	設色	63.2 × 92.5		日本 大安寺	
採芝圖	軸	絹	設色	125 × 73.7		日本 平林寺	
觀雲圖	軸	絹	設色	141.5 × 89.5		日本 私人	
花鳥圖	軸	絹	設色	155.2 × 74.8		日本 私人	
觀瀑圖	軸	絹	水墨	98.2 × 132.9		日本 私人	A2250
三高士圖	軸	絹	水墨	151.6 × 100		日本 私人	
雪地騎驢圖	軸	絹	水墨	140.3 × 56.1		日本 私人	
山水人物（山陰書扇圖）	軸	絹	設色	不詳		韓國 首爾國立中央博物館	
觀畫圖	軸	絹	設色	148.8 × 98.9		美國 紐約大都會藝術博物館	1990.6
歲寒三友圖	軸	絹	設色	190.2×127.7		美國 普林斯頓大學藝術館	47-150
拾得像	軸	絹	水墨	158.6 × 89.3		美國 華盛頓特區弗瑞爾藝術館	11.302
詩人觀瀑圖	軸	絹	設色	65.5 × 40.5		美國 明尼安納波里市藝術中心	
山水圖	軸	絹	設色	不詳		美國 舊金山亞洲藝術館	B71d1
仕女圖	軸	絹	設色	108.8 × 52		美國 勃克萊加州大學藝術館（高居翰教授寄存）	CM21
人物圖	軸	絹	設色	31.4 × 61		美國 勃克萊加州大學藝術館（高居翰教授寄存）	CM19
望氣圖	軸	絹	設色	151.1 × 99.5		美國 勃克萊加州大學藝術館（高居翰教授寄存）	
拾得像	軸	絹	設色	174.2 × 90		加拿大 多倫多皇家安大略博物館	920.21.5
山水圖	軸	絹	水墨	169.5 × 98.5		加拿大 多倫多皇家安大略博物館	920.21.10
秋浦捕魚圖	軸	絹	設色	164 × 95.6		英國 倫敦大英博物館	1970.11.2.01(ADD371)
劉海戲蟾圖	軸	絹	設色	不詳		瑞典 孔達先生原藏	
人物圖	軸	絹	設色	159 × 94.8		法國 巴黎賽紐斯基博物館	M.C.4507
觀瀑圖	摺扇面	金箋	設色	18.1 × 49		香港 莫華釗承訓堂	K92.82
人物、山水圖（16幀）	冊	紙	設色	（每幀）54 × 31		瀋陽 故宮博物院	
觀瀑圖	摺扇面	灑金箋	設色	18 × 50.4		北京 故宮博物院	

名稱	形式	質地	色彩	尺寸 高x寬cm	創作時間	收藏處所	典藏號碼
雜畫（18幀）	冊	灑金箋	設色	（每幀）31.6 × 59.3		上海　上海博物館	
賞月圖（書畫扇面冊一冊之4）	摺扇面	金箋	水墨	17.8 × 45.6		日本　私人	
山水人物圖（6幀）	冊	紙	設色	（每幀）33.5 × 59		美國　紐約Weill先生	
附：							
山水圖	軸	絹	水墨	不詳		北京　中國文物商店總店	
白鹿仙人圖	軸	絹	水墨	148 × 83		紐約　佳士得藝品拍賣公司/拍賣目錄 1984,06,29.	
人物圖	軸	絹	水墨	147 × 84.5		紐約　蘇富比藝品拍賣公司/拍賣目錄 1984,06,13.	
嫦娥圖	軸	絹	設色	137.8 × 94.3		紐約　蘇富比藝品拍賣公司/拍賣目錄 1985,06,03.	
屏風美人圖	軸	絹	設色	108.5 × 52		紐約　蘇富比藝品拍賣公司/拍賣目錄 1986,06,03.	
漁父圖	軸	絹	設色	141 × 98.2		紐約　蘇富比藝品拍賣公司/拍賣目錄 1986,06,03.	
柳鵲雪鷺圖	軸	絹	水墨	77 × 41		紐約　佳士得藝品拍賣公司/拍賣目錄 1989,06,01	
秋江待渡圖	軸	絹	設色	169.5 × 101		紐約　佳士得藝品拍賣公司/拍賣目錄 1994,11,30.	

畫家小傳：張路。字天馳。號平山。湖北祥符人。生於英宗天順八（1464）年。辛於世宗嘉靖十七（1538）年。善畫人物，師吳偉；兼畫山水，有戴進風致；花竹、鳥獸亦工。（見明畫錄、無聲詩史、圖繪寶鑑續纂、祥符縣志、名山藏、藝苑卮言、中國畫家人名大辭典）

施　雨

名稱	形式	質地	色彩	尺寸 高x寬cm	創作時間	收藏處所	典藏號碼
松蔭觀雁圖	軸	絹	設色	不詳		北京　故宮博物院	
買魚圖	軸	絹	設色	135 × 78.4		北京　故宮博物院	
巖邊遠眺圖	軸	絹	設色	140.7 × 98.1		南京　南京博物院	
花卉圖	摺扇面	金箋	設色	不詳		北京　故宮博物院	
宜泉圖（施雨等雜畫冊第1幀）	冊頁	灑金箋	設色	約32 × 51		北京　故宮博物院	
秋江放棹圖（施雨等雜畫冊第2幀）	冊頁	灑金箋	設色	約32 × 51		北京　故宮博物院	

名稱	形式	質地	色彩	尺寸 高x寬cm	創作時間	收藏處所	典藏號碼
蜻蜓圖（施雨等雜畫冊第3幀）	冊頁	灑金箋	設色	約 32 × 51		北京 故宮博物院	
菊花圖（施雨等雜畫冊第4幀）	冊頁	灑金箋	設色	約 32 × 51		北京 故宮博物院	
洞庭小景詩畫（施雨等雜畫冊第5幀）	冊頁	灑金箋	設色	約 32 × 51		北京 故宮博物院	
詩畫山水（施雨等雜畫冊第6幀）	冊頁	灑金箋	設色	約 32 × 51		北京 故宮博物院	
滄洲林亭圖（施雨等雜畫冊第7幀）	冊頁	灑金箋	設色	約 32 × 51		北京 故宮博物院	
柳溪棹舟圖（施雨等雜畫冊第8幀）	冊頁	灑金箋	設色	約 32 × 51		北京 故宮博物院	
洞庭客帆（施雨等雜畫冊第9幀）	冊頁	灑金箋	設色	約 32 × 51		北京 故宮博物院	
平川呼隱圖（施雨等雜畫冊第10幀）	冊頁	灑金箋	設色	約 32 × 51		北京 故宮博物院	

畫家小傳：施雨。號石泉、白島仙子。河南泗州人。與張路同時。善畫，能與張路爭鳴。（見祥符縣志、中國畫家人名大辭典）

雨　田

名稱	形式	質地	色彩	尺寸 高x寬cm	創作時間	收藏處所	典藏號碼
崖邊遠眺圖	軸	絹	設色	140 × 98.5		南京 南京博物院	
竹崖隱居（施雨等雜畫冊第11幀）	冊頁	灑金箋	設色	約 32 × 51		北京 故宮博物院	
高士圖（施雨等雜畫冊第12幀）	冊頁	灑金箋	設色	約 32 × 51		北京 故宮博物院	
崖下讀書圖（施雨等雜畫冊第13幀）	冊頁	灑金箋	設色	約 32 × 51		北京 故宮博物院	
歸耕圖（施雨等雜畫冊第14幀）	冊頁	灑金箋	設色	約 32 × 51		北京 故宮博物院	
歸樵圖（施雨等雜畫冊第15幀）	冊頁	灑金箋	設色	約 32 × 51		北京 故宮博物院	
歸漁圖（施雨等雜畫冊第16幀）	冊頁	灑金箋	設色	約 32 × 51		北京 故宮博物院	

畫家小傳：雨田。畫史無載。身世待考。

老　陵

名稱	形式	質地	色彩	尺寸 高x寬cm	創作時間	收藏處所	典藏號碼
酣醉圖（施雨等雜畫冊第18幀）	冊頁	灑金箋	設色	約 32 × 51		北京 故宮博物院	

名稱	形式	質地	色彩	尺寸 高x寬㎝	創作時間	收藏處所	典藏號碼

畫家小傳：老陵。畫史無載。身世待考。

魯陽王

松不高士圖（施雨等雜畫冊第 冊頁 灑金箋 設色 約32 x 51 17幀）						北京 故宮博物院	

畫家小傳：魯陽王。明宗室。姓名已佚。畫史無載。身世待考。

鄭　石

芙蓉白鷺	軸	絹	設色	144.4 x 74.3		台北 故宮博物院	故畫00668

畫家小傳：鄭石。畫史無載。身世待考。

陳　德

山水（水閣閒眺圖）	軸	絹	設色	不詳		日本 東京村上與四郎先生	

畫家小傳：陳德。畫史無載。自署錦衣衛指揮，且從畫風看來，似與張路同時之畫院中人。

陳大章

四秋圖	軸	絹	設色	157.2×104.2		日本 私人	

畫家小傳；陳大章，字明之，號月朧。江蘇盱眙人。善畫菊花，有陶成之妙。又有詩名。尤工行草書。（見明畫錄、無聲詩史、圖繪寶鑑續
　　　纂、中國畫家人名大辭典）

湛若水

　附：

山水圖	軸	綾	水墨	277.5 x 72	正德己卯（十四年 ，1519）十一月	香港 佳士得藝品拍賣公司/拍 賣目錄1991,11,25.	

畫家小傳：湛若水。畫史無載。生於憲宗成化二（1466）年，卒於世宗嘉靖三十九（1560）年。流傳署款紀年作品見於武宗正德十四(15
　　　19)年。身世待考。

徐　霖

花竹泉石圖	卷	紙	設色	31.2 x 469.5		北京 故宮博物院	
初日蟠桃	軸	絹	設色	176.5 x 82.4	正德甲戌（九年， 1514）之秋七月 十三日	台北 故宮博物院	故畫02229

名稱	形式	質地	色彩	尺寸 高×寬㎝	創作時間	收藏處所	典藏號碼
菊石野兔圖	軸	絹	設色	159.5 × 53.4		北京 故宮博物院	
四季山水（4幅）	軸	絹	設色	（每幅）211.5 × 103.5		日本 東京原邦造先生	
梅花圖	摺扇面	金箋	設色	16.1 × 50.2		香港 潘祖堯小聽颿樓	CP80

畫家小傳：徐霖。字子仁（一作子元）。號九峰道人、快園叟。江蘇長洲人。孝宗弘治三（1490）年結識沈周。吳偉作有沈徐二高士行樂圖。善畫花卉、松竹、蕉石等，奕奕有致。流傳署款紀年作品見於武宗正德九（1514）年至世宗嘉靖廿七（1548）年。（見明畫錄、無聲詩史、圖繪寶鑑續纂、金陵瑣事、明史顧璘傳、藝苑卮言、中國畫家人名大辭典）

鄭文林

名稱	形式	質地	色彩	尺寸 高×寬㎝	創作時間	收藏處所	典藏號碼
觀瀑圖	軸	絹	不詳	不詳		北京 故宮博物院	
春柳奕棋圖	軸	絹	不詳	不詳		北京 故宮博物院	
觀棋圖	軸	絹	不詳	不詳		北京 故宮博物院	
二仙圖	軸	絹	設色	187.5 × 94.2		北京 故宮博物院	
八仙圖（4幅）	軸	絹	設色	（每幅）162 × 79.5		北京 故宮博物院	
女仙圖	軸	絹	設色	160 × 100.3		北京 中央美術學院	
二仙圖	軸	絹	設色	156 × 98.3		北京 中央美術學院	
群仙圖	軸	絹	設色	249 × 105.9		廣州 廣州市美術館	
龍、虎圖（對幅）	軸	絹	水墨	（每幅）179.2 × 105.9		日本 京都宮津市國清寺	
漁童吹笛圖	軸	絹	設色	162.7 × 76.7		日本 大阪橋本大乙先生	
柳陰人物圖	軸	絹	設色	161 × 70		日本 大阪橋本大乙先生	
仙人圖	軸	絹	水墨	176 × 101.9		日本 大阪橋本大乙先生	

畫家小傳：鄭文林。號顛仙。福建人。善畫人物、山水，筆墨勁健粗放。（見圖繪寶鑑續纂、中國畫家人名大辭典）

諸葛魯儒

名稱	形式	質地	色彩	尺寸 高×寬㎝	創作時間	收藏處所	典藏號碼
詩畫（山水堂圖）	卷	紙	水墨	不詳	壬子（弘治五年，1492）正月	北京 中國歷史博物館	

畫家小傳：諸葛魯儒。畫史無傳。流傳署款紀年作品見於孝宗弘治五（1492）年。身世待考。

馬 俊

名稱	形式	質地	色彩	尺寸 高×寬㎝	創作時間	收藏處所	典藏號碼
騎驢訪友圖	軸	絹	設色	177.5 × 99.5		日本 大阪橋本大乙先生	
花鳥圖	摺扇面	紙	設色	15.9 × 47.7		韓國 私人	

畫家小傳：馬俊，字惟秀，號訥軒。江蘇嘉定人。畫山水，仿唐宋，最古雅。獨以鬼神馳名。（見明畫錄、畫史會要、中國畫家人名大辭典）

名稱	形式	質地	色彩	尺寸 高×寬㎝	創作時間	收藏處所	典藏號碼

盧朝陽

雙鷿圖	軸	絹	水墨	174.7 × 96.9		上海 上海博物館	
孔雀圖	軸	絹	設色	178.3×106.4		美國 印地安那波里斯市藝術 博物館	48.119

畫家小傳：盧朝陽。福建沙縣人。善畫禽鳥，工巧似邊文進。(見延平府志、沙縣志、中國畫家人名大辭典)

孫 艾

蠶桑圖	軸	紙	設色	65.7 × 29.4		北京 故宮博物院	
木棉圖	軸	紙	設色	75.5 × 31.5		北京 故宮博物院	

畫家小傳：孫艾。字世節。號西川翁。江蘇常熟人。學詩於沈周，因工繪事。善畫山水，初學黃公望，晚好王蒙。又曾為沈周寫照。(見常熟縣志、海虞畫苑略、海虞文苑、中國畫家人名大辭典)

蔣 嵩

四季山水圖（為潔庵先生作，4 段合裱）	卷	紙	設色	（每段）22.9 × 113.9不等		德國 柏林東亞藝術博物館	1372
歸漁圖	軸	絹	水墨	141 × 94		台北 故宮博物院	國贈 024910
山水圖	軸	絹	水墨	不詳		台北 故宮博物院	國贈 031060
山水圖	軸	紙	水墨	不詳		北京 故宮博物院	
攜琴看山圖	軸	絹	設色	162.5 × 98.3		北京 故宮博物院	
漁舟讀書圖	軸	絹	設色	171 × 107.5		北京 故宮博物院	
秋林讀書圖	軸	絹	水墨	不詳		北京 中國歷史博物館	
蘆洲泛艇圖	軸	絹	設色	189.6 × 104		天津 天津市藝術博物館	
雪中采梅圖	軸	絹	水墨	153 × 48		煙臺 山東省煙臺市博物館	
巖樹歸漁圖	軸	絹	設色	122.6 × 76.3		日本 東京柳孝藏先生	
山水圖	軸	絹	設色	不詳		日本 東京張允中先生	
山水圖（對幅）	軸	絹	設色	（每幅）151.1 × 76.2		日本 京都國立博物館	
秋江漁笛圖	軸	絹	設色	140.6 × 94.5		日本 鈴木功子、輝子女士	
水墨山水圖	軸	絹	水墨	172.7 × 107		大連 原田光次郎先生	
漁夫山水圖	軸	絹	設色	146.1 × 53.3		美國 哈佛大學福格藝術館	23.220
暮雲歸漁圖	軸	絹	水墨	149.8 × 100		美國 密歇根大學藝術博物館	1976/2.139
山水人物圖	軸	絹	水墨	135.2 × 46.6		美國 勃克萊加州大學藝術館	1969.43
漁夫山水圖	軸	絹	設色	165.8 × 92.3		美國 勃克萊加州大學藝術館 （高居翰教授寄存）	CM34

名稱	形式	質地	色彩	尺寸 高×寬㎝	創作時間	收藏處所	典藏號碼
山水（明人畫扇集冊之7）	摺扇面	紙	水墨	不詳		台北 故宮博物院	故畫 03536-7
竹下抱琴（明人便面畫冊肆冊（三）之4）	摺扇面	紙	水墨	不詳		台北 故宮博物院	故畫 03539-4
山水圖	摺扇面	灑金箋	水墨	18.2 × 51.6		北京 故宮博物院	
山水圖	摺扇面	灑金箋	設色	18.3 × 50.2		北京 故宮博物院	
旭日東升圖	摺扇面	灑金箋	設色	17.4 × 48.5		北京 故宮博物院	
松林雲深圖	摺扇面	灑金箋	水墨	17.2 × 45.4		北京 中國歷史博物館	
蘆浦漁舟圖	摺扇面	金箋	水墨	不詳		成都 四川省博物院	
雪景山水圖（明人扇面畫冊之28）	摺扇面	金箋	水墨	18.6 × 52		日本 京都國立博物館	A甲 685
山水、人物圖（10幀）	冊	紙	水墨	（每幀）28.6 × 39.9		日本 大阪藤田美術館	
附：							
山水圖	軸	絹	水墨	156.2 × 96		紐約 蘇富比藝品拍賣公司/拍賣目錄 1984,06,13.	

畫家小傳：蔣嵩。江蘇金陵人。善畫山水、人物。宗法吳偉。喜用焦墨枯筆，行筆粗莽狂放，被後世目為邪學。流傳署款紀年作品見於孝宗弘治五（1492）年。（見明畫錄、無聲詩史、圖繪寶鑑續纂、金陵瑣事、中國畫家人名大辭典）

韓 旭

名稱	形式	質地	色彩	尺寸 高×寬㎝	創作時間	收藏處所	典藏號碼
藻魚圖（寫似虹源詞宗先生）	軸	紙	設色	不詳	壬子（弘治五年，1492）春日	日本 東京根津美術館	

畫家小傳：韓旭。字荊山。浙江（或作淮陽）人。善畫翎毛，兼工草蟲，學於林良。（見圖繪寶鑑續纂、畫髓元詮、中國畫家人名大辭典）

朱宗儒

名稱	形式	質地	色彩	尺寸 高×寬㎝	創作時間	收藏處所	典藏號碼
江南勝概圖	卷	紙	設色	28.1 × 794	弘治甲寅（七年，1494）孟秋既望	北京 故宮博物院	

畫家小傳：朱宗儒。畫史無載。流傳署款紀年作品見於孝宗弘治七（1494）年。身世待考。

陳 沂

名稱	形式	質地	色彩	尺寸 高×寬㎝	創作時間	收藏處所	典藏號碼
西山圖詠（2段）	卷	絹	設色	不詳	正德庚辰（十五年，1520）	北京 故宮博物院	
山堂集詠圖	卷	紙	設色	不詳		北京 故宮博物院	
雪中丘壑圖并書詩	卷	紙	水墨	31.3 × 147.5	嘉靖丁酉（十六年，1537）春正月	北京 故宮博物院	
龍江曉餞圖	卷	灑金箋	設色	26.2 × 185.7		上海 上海博物館	

名稱	形式	質地	色彩	尺寸 高×寬㎝	創作時間	收藏處所	典藏號碼
山水圖	軸	紙	設色	不詳		台北 故宮博物院（蘭千山館寄存）	

畫家小傳：陳沂。字宗魯，改字魯南。號石亭。浙江鄞人，居金陵。生於憲宗成化五（1469）年。卒於世宗嘉靖十七（1538）年。武宗正德十二(1517)年進士。工詩，為弘治十才子之一。善書、畫。畫山水，馬、夏之妙，與文徵明交而藝益進。（見明畫錄、無聲詩史、明史顧璘傳、明史藝文志、寧波府志、金陵瑣事、中國畫家人名大辭典）

曹鏌

名稱	形式	質地	色彩	尺寸 高×寬㎝	創作時間	收藏處所	典藏號碼
花鳥圖（4段）	卷	紙	設色	（每段）28.5 × 127.2不等		北京 故宮博物院	
蒲石（明人便面畫冊肆冊（四）之15）	摺扇面	紙	水墨	不詳		台北 故宮博物院	故畫 03540-15

畫家小傳：曹鏌。字良金。所居積土為山，植桐其上，自號桐丘。江蘇吳江人。弘治六（1493）年進士。工詩文，善繪事。與文徵明、顧應祥，為詩畫友。（見松陵文獻、蘇州府志、中國畫家人名大辭典）

唐 寅

名稱	形式	質地	色彩	尺寸 高×寬㎝	創作時間	收藏處所	典藏號碼
坐臨溪閣	卷	絹	設色	28 × 244.6	弘治甲子（十七年，1504）四月上旬	台北 故宮博物院	故畫 01031
溪山高逸	卷	絹	設色	30.5 × 697.7	正德丁卯（二年，1507）秋八月既望	台北 故宮博物院	故畫 01579
白雲紅樹	卷	絹	設色	34.6 × 165.2	正德戊辰（三年，1508）秋九月	台北 故宮博物院	故畫 01578
秋聲賦圖	卷	絹	水墨	32.2 × 126	正德戊辰（三年，1508）	台北 故宮博物院	故畫 01582
畫馬	卷	絹	設色	27.7 × 103.8	正德丙子（十一年，1516）春三月	台北 故宮博物院	故畫 01590
溪閣閒憑	卷	絹	設色	29 × 188.9	正德己卯（十四年，1519）歲春三月	台北 故宮博物院	中畫 00220
彩蓮圖（文彭草書採蓮曲）	卷	紙	水墨	35 × 150.2	正德庚辰（十五年，1520）二月	台北 故宮博物院	中畫 00023
溪山漁隱	卷	絹	設色	29.4 × 351		台北 故宮博物院	故畫 00973
秋墅聯吟	卷	紙	水墨	26.9 × 175.6		台北 故宮博物院	故畫 00974
山居圖	卷	紙	設色	26.7 × 427.9		台北 故宮博物院	故畫 01032
金閶別意	卷	絹	設色	28.5 × 126.1		台北 故宮博物院	故畫 01033
守耕圖	卷	絹	水墨	32.2 × 99.2		台北 故宮博物院	故畫 01034
高士圖	卷	紙	水墨	23.7 × 195.8		台北 故宮博物院	故畫 01035

名稱	形式	質地	色彩	尺寸 高x寬cm	創作時間	收藏處所	典藏號碼
燒藥圖	卷	紙	設色	28.8 x 119.6		台北 故宮博物院	故畫 01036
琴士圖	卷	紙	設色	29.2 x 197.5		台北 故宮博物院	故畫 01037
秋林高士	卷	絹	設色	38.7 x 330		台北 故宮博物院	故畫 01580
溪山行旅圖	卷	絹	設色	27 x 128		台北 故宮博物院	故畫 01581
畫山水	卷	絹	設色	26.8 x 187		台北 故宮博物院	故畫 01583
山水	卷	紙	設色	31.7 x 138		台北 故宮博物院	故畫 01584
畫山水	卷	紙	水墨	25.6 x 207		台北 故宮博物院	故畫 01585
煮茶圖	卷	絹	設色	21.6 x 96		台北 故宮博物院	故畫 01586
耕織圖	卷	絹	設色	30.7 x 511.5		台北 故宮博物院	故畫 01587
西園雅集圖	卷	絹	設色	35.8 x 329.5		台北 故宮博物院	故畫 01588
對竹圖	卷	絹	設色	28.6 x 119.8		台北 故宮博物院	故畫 01589
折枝花卉圖	卷	絹	設色	28.6 x 251.2		台北 故宮博物院	故畫 01591
山水圖	卷	紙	水墨	28.3 x 117.3		香港 何耀光至樂堂	
悟陽子養性圖	卷	紙	水墨	28.8 x 103.5		瀋陽 遼寧省博物館	
王鏊出山圖	卷	紙	水墨	20 x 73.3		北京 故宮博物院	
事茗圖	卷	紙	設色	31.2 x 106.9		北京 故宮博物院	
貞壽堂圖	卷	紙	水墨	28.2 x 102		北京 故宮博物院	
風木圖	卷	紙	水墨	28.2 x 107		北京 故宮博物院	
桐山圖	卷	紙	設色	31.1 x 137		北京 故宮博物院	
毅庵圖	卷	紙	設色	30.5 x 112.5		北京 故宮博物院	
椿樹秋霜	卷	紙	設色	28.7 x 132		天津 天津市藝術博物館	
為王鏊六十壽作文會圖	卷	絹	設色	不詳	正德己巳（四年，1509）春日	上海 上海博物館	
黃茅小景圖	卷	紙	水墨	22.1 x 66.8		上海 上海博物館	
書畫（唐寅、文徵明合裝）	卷	紙	設色	35.3 x 269.7 不等		上海 上海博物館	
雪霽看梅圖	卷	紙	設色	30.1 x 132.7		上海 上海博物館	
畫（文徵明、張傑等雜畫卷6之1段）	卷	紙	水墨	約 28.7 x 103.8		上海 上海博物館	
款鶴圖	卷	紙	設色	29.6 x 145		上海 上海博物館	
臨韓熙載夜宴圖	卷	絹	設色	30.8 x 547.8		四川 重慶市博物館	
空山長嘯圖	卷	紙	水墨	29.5 x 52		廣州 廣東省博物館	
江南春圖	卷	絹	設色	31.5 x 146		廣州 廣州市美術館	
競渡圖	卷	絹	設色	39 x ？		日本 東京淺野長勳先生	

名稱	形式	質地	色彩	尺寸 高×寬㎝	創作時間	收藏處所	典藏號碼
夢筠圖	卷	紙	設色	29.4 × 103		日本 東京高島菊次郎槐安居	
秋聲圖	卷	絹	水墨	15.4 × 59.1		日本 東京住友寬一先生	
待隱園圖	卷	紙	設色	28.2 × 265.1		日本 大阪市立美術館	
西園雅集圖	卷	絹	設色	不詳		日本 宮城縣土井林吉先生	
蘭亭雅集圖	卷	紙	設色	不詳		韓國 首爾國立中央博物館	
山水圖	卷	絹	設色	30.3 × 109.2		美國 普林斯頓大學藝術館	
睡女圖	卷	絹	水墨	20.5 × 60.5		美國 紐約市大都會藝術博物館	47.18.129A B
野亭靄瑞圖	卷	紙	設色	不詳		美國 紐約市大都會藝術博物館	L.1982.16
詩畫山水（冊頁10幀合裱成卷）	卷	絹	設色	（每幀）31.9 × 42.9	文徵明題跋於嘉靖戊子（七年，1528）四月	美國 紐約市大都會藝術博物館	1980.81
仿李唐垂虹別意圖	卷	紙	水墨	29.4 × ？		美國 紐約市大都會藝術博物館	1989.363.53
墨竹圖	卷	紙	水墨	29.1 × ？		美國 紐約市大都會藝術博物館	1989.363.54
仿宋李晞古筆意山水圖	卷	絹	設色	不詳		美國 紐約顧洛阜先生	
墨竹圖（為沈文昭寫）	卷	紙	水墨	不詳		美國 紐約顧洛阜先生	
桐庵圖（為惠茂卿作）	卷	紙	設色	25 × ？		美國 紐約王季遷明德堂	
野亭靄瑞圖	卷	紙	設色	26.5 × 123.3		美國 紐約 Weill 先生	
秋景山水圖	卷	絹	設色	不詳		美國 賓夕法尼亞州大學藝術館	
南遊圖	卷	紙	水墨	24.3 × 89.3		美國 華盛頓特區弗瑞爾藝術館	53.78
墨竹圖	卷	紙	水墨	不詳		美國 華盛頓特區弗瑞爾藝術館	
夢仙草堂圖（為東原先生寫）	卷	紙	設色	28.3 × 103		美國 華盛頓特區弗瑞爾藝術館	39.60
竹鑪圖	卷	紙	設色	23.8 × 116.6	正德己巳（四年，1509）初夏	美國 芝加哥藝術中心	1941.12
夜飲圖（并書一年歌）	卷	紙	水墨	30.8 × ？		美國 芝加哥藝術中心	1955.761
秋山高士圖	卷	絹	設色	28.6 × 232.4		美國 克利夫蘭藝術博物館	
臨劉松年山水（6段）	卷	絹	設色	不詳	正德乙亥（十年，	美國 堪薩斯市納爾遜-艾金斯	

名稱	形式	質地	色彩	尺寸 高×寬cm	創作時間	收藏處所	典藏號碼
					1515)	藝術博物館	
山水圖	卷	絹	設色	30.3 × 109.2		美國 印第安那波里斯市藝術 博物館	78.89
羅漢圖	卷	藍箋	泥金	27.7 × ?		美國 聖路易斯市藝術館	87.1974
竹鑪圖	卷	絹	設色	不詳	正德己巳（四年， 1509）初夏	美國 芝加哥藝術中心	
夜飲圖	卷	紙	水墨	30.8 × ?		美國 芝加哥藝術中心	
南遊圖	卷	紙	水墨	24.3 × 89.3		美國 洛杉磯郡立藝術館	
西山草堂圖	卷	紙	水墨	30.1 × ?		英國 倫敦大英博物館	1965.7.24.0 7（ADD345）
品茶圖	卷	紙	設色	30.2 × 121.6	正德辛巳（十六年 ，1521）秋八月	瑞典 斯德哥爾摩遠東古物館	NMOK252
攜琴訪友圖	卷	絹	設色	28.3 × ?	正德辛巳（十六年 ，1521）三月	德國 科隆東亞藝術博物館	A10.15
羅漢圖	卷	絹	水墨	25.3 × ?		義大利 羅馬國立東方藝術博 物館（Pugiatti 女士 寄存）	
山靜日長圖	軸	絹	設色	129.2 × 57	正德丁卯（二年， 1507）穀雨日	台北 故宮博物院	故畫 02169
歲朝圖	軸	絹	設色	125 × 49.7	正德戊辰（三年， 1508）元日	台北 故宮博物院	故畫 02175
畫山水	軸	絹	設色	139.4 × 47.5	辛巳（正德十六年 ，1521）九月	台北 故宮博物院	故畫 00474
暮春林壑	軸	紙	設色	169 × 65.6		台北 故宮博物院	故畫 00465
山路松聲	軸	絹	設色	194.5 × 103		台北 故宮博物院	故畫 00466
松溪獨釣圖	軸	紙	設色	104.6 × 29.7		台北 故宮博物院	故畫 00467
花溪漁隱圖	軸	絹	設色	74.7 × 35.8		台北 故宮博物院	故畫 00468
雙松飛瀑圖	軸	紙	設色	136.3 × 30.3		台北 故宮博物院	故畫 00469
函關雪霽圖	軸	絹	設色	69.9 × 37.3		台北 故宮博物院	故畫 00470
江南農事圖	軸	紙	設色	74.4 × 28.1		台北 故宮博物院	故畫 00471
西洲話舊圖	軸	紙	水墨	110.7 × 52.3		台北 故宮博物院	故畫 00472
觀瀑圖	軸	紙	設色	103.6 × 30.3		台北 故宮博物院	故畫 00473
倣唐人仕女	軸	紙	設色	149.3 × 65.9		台北 故宮博物院	故畫 00475
班姬團扇	軸	紙	設色	150.4 × 63.6		台北 故宮博物院	故畫 00476

名稱	形式	質地	色彩	尺寸 高x寬cm	創作時間	收藏處所	典藏號碼
臨水芙蓉圖	軸	紙	水墨	51.8 x 26.7		台北 故宮博物院	故畫 00477
杏花圖	軸	紙	水墨	114.8 x 32.3		台北 故宮博物院	故畫 00478
陶穀贈詞圖	軸	絹	設色	168.8 x 1021		台北 故宮博物院	故畫 00936
嫦娥奔月	軸	紙	設色	46.1 x 23.3		台北 故宮博物院	故畫 01323
雪山觀瀑圖	軸	紙	水墨	60.5 x 38.6		台北 故宮博物院	故畫 01320
層巖策杖圖	軸	絹	設色	151.9 x 79.8		台北 故宮博物院	故畫 01321
韓熙載夜宴圖	軸	絹	設色	146.4 x 72.6		台北 故宮博物院	故畫 01322
蘆汀繫艇	軸	紙	水墨	66.3 x 39.5		台北 故宮博物院	故畫 02168
琵琶行圖	軸	紙	設色	65.2 x 40.6		台北 故宮博物院	故畫 02170
山水（柴扉夜話圖）	軸	紙	設色	130.1 x 65.5		台北 故宮博物院	故畫 02171
品茶圖	軸	紙	水墨	93.2 x 29.8		台北 故宮博物院	故畫 02172
燈霄閨話	軸	紙	水墨	135 x 75.7		台北 故宮博物院	故畫 02173
維摩說法圖	軸	紙	水墨	123.6 x 55.5		台北 故宮博物院	故畫 02174
芙蕖	軸	紙	水墨	77.7 x 30.1		台北 故宮博物院	故畫 02176
畫雞真蹟	軸	紙	設色	119.9 x 30.3		台北 故宮博物院	故畫 02177
煎茶圖	軸	紙	設色	106.9 x 48.1		台北 故宮博物院	中畫 00073
鬥茶圖	軸	絹	設色	56.4 x 61.8		台北 故宮博物院	中畫 00074
震澤煙樹	軸	紙	設色	47 x 37.8		台北 故宮博物院	中畫 00031
採菊圖	軸	紙	水墨	52 x 29.7		台北 故宮博物院	中畫 00085
壽星圖	軸	紙	設色	不詳		台北 故宮博物院	國贈 006529
松風茅屋圖	軸	紙	設色	不詳		台北 故宮博物院（王世杰先生寄存）	
夏日山居圖	軸	紙	設色	不詳		台北 故宮博物院（王世杰先生寄存）	
古木夕陽圖	軸	紙	設色	不詳		台北 故宮博物院（王世杰先生寄存）	
仕女	軸	紙	設色	100 x 38		台北 故宮博物院（蘭千山館寄存）	
山水（松蔭水閣圖）	軸	絹	設色	137 x 76	正德乙亥（十年，1515）新秋	台北 長流美術館	
把酒問月圖	軸	紙	水墨	72.3 x 28.8		台北 蘭千山館	
鶯鶯小像	軸	絹	設色	107.4 x 558		台北 華叔和後真賞齋	
虛亭林木圖	軸	紙	設色	75.9 x 28.5		台北 陳啟斌畏罍堂	
山水圖	軸	絹	設色	95.4 x 58.2		香港 香港大學馮平山博物館	HKU.P.66.11

名稱	形式	質地	色彩	尺寸 高×寬cm	創作時間	收藏處所	典藏號碼
山水圖	軸	紙	設色	81.5 × 35.6		香港 趙從衍先生	
抱琴歸去圖	軸	絹	水墨	74.3 × 37.5		香港 劉作籌虛白齋	
瀟湘夜雨圖	軸	金箋	水墨	39.5 × 62.3		香港 黃仲方先生	
五月江深草閣寒詩意圖（寫贈吳次明）	軸	絹	設色	75.5 × 33.5		香港 黃仲方先生	
杏花仕女圖	軸	紙	設色	142 × 60		瀋陽 故宮博物院	
茅屋蒲團圖	軸	紙	設色	82.4 × 27.7		瀋陽 遼寧省博物館	
松林揚鞭圖	軸	絹	設色	14.3 × 72.5		旅順 遼寧省旅順博物館	
關山行旅圖	軸	紙	設色	129.3 × 46.4	正德改元（丙寅，1506)	北京 故宮博物院	
步溪圖	軸	絹	設色	159 × 84.3		北京 故宮博物院	
幽人燕坐圖	軸	紙	水墨	119.8 × 25.8		北京 故宮博物院	
風竹圖	軸	紙	水墨	83.4 × 44.5		北京 故宮博物院	
梅花圖	軸	紙	水墨	95.7 × 36.2		北京 故宮博物院	
桐蔭清夢圖	軸	紙	設色	62 × 30.8		北京 故宮博物院	
觀梅圖	軸	紙	水墨	109 × 34.8		北京 故宮博物院	
王蜀宮妓圖	軸	絹	設色	124.7 × 63.8		北京 故宮博物院	
柴門掩雪圖	軸	紙	設色	84 × 43.7		北京 中國歷史博物館	
湖山一覽圖	軸	紙	設色	135.9 × 56		北京 中國美術館	
菊花圖	軸	紙	水墨	135 × 55.5		天津 天津市藝術博物館	
灌木叢篁圖	軸	絹	水墨	116 × 175		煙臺 山東省煙臺市博物館	
匡廬圖	軸	絹	設色	148.5 × 72.2		合肥 安徽省博物館	
秋風紈扇圖	軸	紙	水墨	77.1 × 39.3		上海 上海博物館	
高山奇樹圖	軸	絹	設色	122 × 65		上海 上海博物館	
雪山行旅圖	軸	絹	設色	122 × 65		上海 上海博物館	
雪山會琴圖	軸	紙	設色	117.9 × 31.8		上海 上海博物館	
陶潛賞菊圖	軸	絹	設色	138.2 × 67.5		上海 上海博物館	
渡頭帘影圖	軸	絹	設色	170.3 × 90.3		上海 上海博物館	
虛閣晚涼圖	軸	紙	設色	59.3 × 31.6		上海 上海博物館	
落霞孤鶩圖	軸	絹	設色	189.1×105.4		上海 上海博物館	
芑田行犢圖	軸	紙	水墨	74.7 × 42.7		上海 上海博物館	
騎驢歸思圖	軸	絹	設色	77.7 × 37.5		上海 上海博物館	
古槎鴝鵒圖	軸	紙	水墨	121 × 26.7		上海 上海博物館	

名稱	形式	質地	色彩	尺寸 高×寬㎝	創作時間	收藏處所	典藏號碼
杏花仙館圖	軸	絹	設色	147.8 × 73.2		上海 上海博物館	
牡丹仕女圖	軸	紙	設色	125.9 × 57.8		上海 上海博物館	
東方朔像	軸	紙	設色	144.2 × 50.4		上海 上海博物館	
東籬賞菊圖	軸	紙	設色	134 × 62.6		上海 上海博物館	
春山伴侶圖	軸	紙	設色	82 × 44		上海 上海博物館	
春山偕隱圖	軸	絹	設色	不詳		上海 上海博物館	
春游女几山圖	軸	絹	設色	122 × 65		上海 上海博物館	
柳橋賞春圖	軸	絹	設色	137 × 67		上海 上海博物館	
茅屋風清圖	軸	絹	設色	122 × 65		上海 上海博物館	
秋山行旅圖	軸	絹	設色	145.5 × 70.8		上海 上海博物館	
吹簫仕女圖	軸	絹	設色	164.8 × 89.5	庚辰（正德十五年，1520）	南京 南京博物院	
看泉聽風圖	軸	絹	設色	72.6 × 34.7		南京 南京博物院	
古木幽篁圖	軸	絹	設色	146 × 148.5		南京 南京博物院	
李端端圖	軸	紙	設色	122.8 × 57.3		南京 南京博物院	
古木竹石圖	軸	絹	水墨	117 × 76.8		南京 南京大學	
秋林獨步圖	軸	紙	水墨	55.5 × 28		無錫 江蘇省無錫市博物館	
古木叢篁圖	軸	絹	水墨	109.4 × 58.9		蘇州 江蘇省蘇州博物館	
農訓圖	軸	絹	設色	113.4 × 61		蘇州 江蘇省蘇州博物館	
觀杏圖	軸	紙	設色	127 × 60		蘇州 江蘇省蘇州博物館	
椿樹雙雀圖	軸	絹	水墨	50 × 30.8		吳江 江蘇省吳江縣博物館	
虛閣晚涼圖	軸	絹	設色	171 × 138		成都 四川省博物院	
清溪松蔭圖	軸	絹	設色	146 × 73.5		廣州 廣東省博物館	
雪林尋詩圖	軸	絹	設色	168 × 83.6		廣州 廣東省博物館	
楸枰一局圖	軸	絹	設色	143 × 76.5		廣州 廣東省博物館	
池邊美人圖	軸	絹	設色	不詳		日本 東京德川黎明會	
山水靜坐圖	軸	絹	設色	不詳		日本 東京久志美術館	
宜男圖	軸	紙	水墨	58.5 × 31.8		日本 東京山本悌二郎先生	
採藥高士圖	軸	絹	水墨	96.1 × 59.1		日本 東京山本悌二郎先生	
應真圖	軸	紙	設色	127.6 × 60.3	正德辛巳（十六年，1521）五月望日	日本 東京山本悌二郎先生	
梅花圖	軸	紙	水墨	80 × 37.6		日本 東京山本悌二郎先生	
水閣觀秧圖	軸	絹	設色	172.1 × 87.3		日本 東京山本悌二郎先生	
倣李唐山水	軸	絹	設色	141.5 × 62.1		日本 東京山本悌二郎先生	

名稱	形式	質地	色彩	尺寸 高×寬 cm	創作時間	收藏處所	典藏號碼
奔壑古松圖	軸	絹	設色	142.1 × 73.3		日本 東京齋藤悅藏先生	
竹林看蓮圖	軸	絹	設色	121.4 × 65.1		日本 東京川崎克先生	
山水圖	軸	紙	設色	72.7 × 31.8	正德己卯（十四年，1519）夏	日本 東京橋本萬之助先生	
唐人詩意圖	軸	絹	設色	不詳		日本 東京內田善彥先生	
山水圖（水閣清幽）	軸	絹	設色	124 × 31.2		日本 東京林宗毅先生	
風雨歸牧	軸	絹	設色	不詳		日本 京都國立博物館	
春江鱒魚圖（為朱立夫畫）	軸	紙	設色	142.1 × 62.7		日本 京都國立博物館（上野有竹齋寄贈）	A甲156
秋景山水圖	軸	絹	設色	50.9 × 29.7		日本 京都國立博物館（上野有竹齋寄贈）	A甲157
江山驟雨圖	軸	紙	設色	171.4 × 94.8	正德戊辰（三年，1508）孟夏月	日本 京都國立博物館（上野有竹齋寄贈）	A甲158
蘆雁圖	軸	絹	設色	133.6 × 48.2		日本 京都貝塚茂樹先生	
一枝春圖	軸	紙	水墨	120.9 × 28.4	正德己巳（四年，1509）季冬朔後三日	日本 大阪市立美術館	
溪橋策杖圖	軸	紙	水墨	107.5 × 48.4	正德丁丑（十二年，1517）三月	日本 大阪市立美術館	
美人圖	軸	絹	設色	1257 × 53		日本 大阪本山彥一先生	
寫宋人意山水圖	軸	絹	設色	166.2 × 98.3		日本 熊本縣松田文庫	1-156
秋林晚翠圖	軸	絹	設色	170.3 × 44.2		日本 沖繩縣立博物館	大 A-106
楓林覓句圖	軸	絹	設色	不詳		日本 群馬縣茂林寺	
天女圖	軸	絹	設色	不詳		日本 見性寺	
花車仙女圖	軸	絹	設色	114.2 × 55.3	正德己卯（十四年，1519）夏五月	日本 山口良夫先生	
指畫山水圖	軸	絹	設色	不詳		日本 組田昌平先生	
清逸圖	軸	紙	水墨	不詳		美國 波士頓美術館	
峽口大江詩意圖	橫幅	絹	設色	36.7 × 59.2	乙亥（正德十年，1515）四月廿三日	美國 New Haven 翁萬戈先生	
春山行旅圖	軸	絹	設色	142.7 × 72		美國 普林斯頓大學藝術館	47-115
山水圖	軸	紙	設色	224.7 × 102		美國 紐約大都會藝術博物館	13.220.28
仕女圖	軸	紙	設色	不詳		美國 紐約大都會藝術博物館	1981.4.2
葦渚醉漁圖	軸	紙	水墨	72.3 × 37		美國 紐約大都會藝術博物館	1989.363.55

名稱	形式	質地	色彩	尺寸 高×寬 cm	創作時間	收藏處所	典藏號碼
釣遊圖	軸	絹	設色	139.7 × 71		美國 紐約大都會藝術博物館	67.6.1
蘆洲放棹圖	軸	絹	設色	168.5×103.4		美國 紐約王季遷明德堂	
雪掩柴門圖	軸	絹	水墨	113 × 60		美國 紐約王季遷明德堂	
葦渚醉漁圖	軸	紙	水墨	62.2 × 31.8		美國 紐約顧洛阜先生	
華山圖	軸	紙	設色	116 × 41.4	正德改元（丙寅，1506）正月	美國 克利夫蘭藝術博物館	69.116
聽琴圖	軸	絹	設色	35.9 × 29		美國 克利夫蘭藝術博物館	
奇峰高隱圖	軸	絹	設色	135.8 × 62.4		美國 印地安那波里斯市藝術博物館	51.8
山水圖	軸	絹	設色	64.1 × 32		美國 勃克萊加州大學藝術館	
山水圖	軸	絹	設色	157.7 × 69.4		美國 加州史坦福大學藝術博物館（私人寄存）	
月亭圖（為月亭畫）	軸	紙	水墨	101.4 × 49.4		美國 夏威夷火魯奴奴藝術學院	1448.1
山水（夏山高士圖，為宋成器寫）	軸	綾	設色	135.9 × 54.4		加拿大 多倫多皇家安大略博物館	957.19
鶴書赴隴圖	軸	絹	設色	132.3 × 80.2		英國 倫敦大英博物館	1912.5.29.1((ADD119)
仙山積雪圖	軸	絹	設色	109.9 × 38.9		英國 倫敦大英博物館	1910.2.12.467(ADD122)
藻魚圖	軸	絹	水墨	201.3×117.5		英國 倫敦大英博物館	1922.1.19.02(ADD22)
為德輔盧君作詩意山水圖	軸	絹	設色	171 × 106.9		德國 科隆東亞藝術博物館	A77.109
肯構草堂圖	軸	絹	設色	152.5 × 81.3	正德丁丑（十二年，1517）五月	法國 巴黎賽紐斯基博物館	M.C.7473
仿李唐山水圖	軸	絹	設色	51 × 32		捷克 布拉格 Praze Nanodoni Galerie v Praze	Vm3455-1161/25
金碧潭（唐寅畫嵩山十景冊之1）	冊頁	紙	設色	26.2 × 40		台北 故宮博物院	故畫 01130-1
草堂（唐寅畫嵩山十景冊之2）	冊頁	紙	設色	26.2 × 40		台北 故宮博物院	故畫 01130-2
倒影台（唐寅畫嵩山十景冊之3）	冊頁	紙	設色	26.2 × 40		台北 故宮博物院	故畫 01130-3
樾館（唐寅畫嵩山十景冊之4）	冊頁	紙	設色	26.2 × 40		台北 故宮博物院	故畫 01130-4

名稱	形式	質地	色彩	尺寸 高×寬cm	創作時間	收藏處所	典藏號碼
枕煙廷（唐寅畫嵩山十景冊之5）	冊頁	紙	設色	26.2 × 40		台北 故宮博物院	故畫 01130-5
雲錦淙（唐寅畫嵩山十景冊之6）	冊頁	紙	設色	26.2 × 40		台北 故宮博物院	故畫 01130-6
洞玄室（唐寅畫嵩山十景冊之7）	冊頁	紙	設色	26.2 × 40		台北 故宮博物院	故畫 01130-7
滌煩磯（唐寅畫嵩山十景冊之8）	冊頁	紙	設色	26.2 × 40		台北 故宮博物院	故畫 01130-8
幂翠庭（唐寅畫嵩山十景冊之9）	冊頁	紙	設色	26.2 × 40		台北 故宮博物院	故畫 01130-9
期仙磴（唐寅畫嵩山十景冊之10）	冊頁	紙	設色	26.2 × 40	正德丁卯（二年，1507）春三月	台北 故宮博物院	故畫 01130-10
梅徑攜卷（唐寅畫山水人物冊之1）	冊頁	紙	水墨	38.2 × 63.6		台北 故宮博物院	故畫 01129-1
山間騎犢（唐寅畫山水人物冊之2）	冊頁	紙	水墨	38.2 × 63.6		台北 故宮博物院	故畫 01129-2
蓑笠歸漁（唐寅畫山水人物冊之3）	冊頁	紙	水墨	38.2 × 63.6		台北 故宮博物院	故畫 01129-3
濃蔭坐寐（唐寅畫山水人物冊之4）	冊頁	紙	水墨	38.2 × 63.6		台北 故宮博物院	故畫 01129-4
倚崖觀瀑（唐寅畫山水人物冊之5）	冊頁	紙	水墨	38.2 × 63.6		台北 故宮博物院	故畫 01129-5
蘆月艤棹（唐寅畫山水人物冊之6）	冊頁	紙	水墨	38.2 × 63.6		台北 故宮博物院	故畫 01129-6
竹夜搗衣（唐寅畫山水人物冊之7）	冊頁	紙	水墨	38.2 × 63.6		台北 故宮博物院	故畫 01129-7
松溪眺覽（唐寅畫山水人物冊之8）	冊頁	紙	水墨	38.2 × 63.6		台北 故宮博物院	故畫 01129-8
古木寒鴉（唐寅畫山水人物冊之9）	冊頁	紙	水墨	38.2 × 63.6		台北 故宮博物院	故畫 01129-9
山城暮歸（唐寅畫山水人物冊之10）	冊頁	紙	水墨	38.2 × 63.6		台北 故宮博物院	故畫 01129-10
仿趙大年談道圖（唐寅仿古山水冊之1）	冊頁	絹	青綠	39 × 29		台北 故宮博物院	故畫 03150-1

名稱	形式	質地	色彩	尺寸 高x寬㎝	創作時間	收藏處所	典藏號碼
仿關仝捕魚圖（唐寅仿古山水冊之2）	冊頁	絹	青綠	39 x 29		台北 故宮博物院	故畫03150-2
仿趙千里仙山樓閣圖（唐寅仿古山水冊之3）	冊頁	絹	青綠	39 x 29		台北 故宮博物院	故畫03150-3
仿郭忠恕谿山無盡圖（唐寅仿古山水冊之4）	冊頁	絹	青綠	39 x 29		台北 故宮博物院	故畫03150-4
仿劉松年秋吟圖（唐寅仿古山水冊之5）	冊頁	絹	青綠	39 x 29		台北 故宮博物院	故畫03150-5
仿趙承旨秋郊牧馬圖（唐寅仿古山水冊之6）	冊頁	絹	青綠	39 x 29		台北 故宮博物院	故畫03150-6
仿巨然觀瀑圖（唐寅仿古山水冊之7）	冊頁	絹	青綠	39 x 29		台北 故宮博物院	故畫03150-7
仿王維雪山行旅圖（唐寅仿古山水冊之8）	冊頁	絹	青綠	39 x 29		台北 故宮博物院	故畫03150-8
群峰飛瀑（唐寅摹古畫冊之1）	冊頁	紙	設色	29.6 x 55.8		台北 故宮博物院	故畫03151-1
雪嶺策蹇（唐寅摹古畫冊之2）	冊頁	紙	設色	29.6 x 55.8		台北 故宮博物院	故畫03151-2
宿雨初霽（唐寅摹古畫冊之3）	冊頁	紙	設色	29.6 x 55.8		台北 故宮博物院	故畫03151-3
崇台觀月（唐寅摹古畫冊之4）	冊頁	紙	水墨	29.6 x 55.8		台北 故宮博物院	故畫03151-4
崖巔亭子（唐寅摹古畫冊之5）	冊頁	紙	水墨	29.6 x 55.8		台北 故宮博物院	故畫03151-5
松聲水咽（唐寅摹古畫冊之6）	冊頁	紙	設色	29.6 x 55.8		台北 故宮博物院	故畫03151-6
疏林亭子（唐寅摹古畫冊之7）	冊頁	紙	設色	29.6 x 55.8		台北 故宮博物院	故畫03151-7
水榭觀瀑（唐寅摹古畫冊之8）	冊頁	紙	水墨	29.6 x 55.8		台北 故宮博物院	故畫03151-8
喬木槎枒（唐寅摹古畫冊之9）	冊頁	紙	設色	29.6 x 55.8		台北 故宮博物院	故畫03151-9
秋江放棹（唐寅摹古畫冊之10）	冊頁	紙	設色	29.6 x 55.8	正德庚午（五年，1510）四月廿五日	台北 故宮博物院	故畫03151-10
湖石訓尨（名賢妙蹟冊之11）	冊頁	絹	水墨	24.5 x 40		台北 故宮博物院	故畫01255-11
秋山（集古圖繪冊之10）	冊頁	紙	設色	34.6 x 27.2		台北 故宮博物院	故畫01258-10
桃花（歷代名繪冊之9）	冊頁	紙	水墨	28 x 37.8		台北 故宮博物院	故畫01264-9
楓林閒泛（壽珍集古冊之6）	冊頁	絹	設色	25.9 x 28.6		台北 故宮博物院	故畫01271-6
松根把卷（明三家畫冊之4）	冊頁	紙	水墨	30.2 x 50.9		台北 故宮博物院	故畫01273-4
松崖趺坐（明三家畫冊之5）	冊頁	紙	水墨	30.2 x 50.9		台北 故宮博物院	故畫01273-5
野芳介石（名繪萃珍冊之5）	冊頁	紙	水墨	52.6 x 28.6		台北 故宮博物院	故畫01294-5
枯木竹石（元明人畫山水集景冊之4）	冊頁	紙	水墨	62.3 x 33.1		台北 故宮博物院	故畫01295-4

名稱	形式	質地	色彩	尺寸 高×寬㎝	創作時間	收藏處所	典藏號碼
林屋撫琴（宋元明集繪冊之13）	冊頁	絹	設色	30.1 × 25.5		台北 故宮博物院	故畫 03473-13
柳陰艤舟（藝苑臚珍冊之11）	冊頁	絹	設色	23 × 16.2		台北 故宮博物院	故畫 03492-11
墨竹（明花卉畫冊之2）	冊頁	紙	水墨	16.6 × 50.6		台北 故宮博物院	故畫 03513-2
水墨山水（明文徵明沈周唐寅仇英便面合裝冊之3）	摺扇面 紙		水墨	不詳		台北 故宮博物院	故畫 03524-3
山水（明文徵明沈周唐寅仇英便面合裝冊之4）	摺扇面 紙		設色	不詳		台北 故宮博物院	故畫 03524-4
萬山秋色（明文徵明沈周唐寅仇英便面合裝冊之5）	摺扇面 紙		設色	不詳		台北 故宮博物院	故畫 03524-5
江深草閣寒（明文徵明沈周唐寅仇英便面合裝冊之6）	摺扇面 紙		設色	不詳		台北 故宮博物院	故畫 03524-6
桃花竹枝（明人畫扇冊一冊之2）	摺扇面 紙		設色	不詳		台北 故宮博物院	故畫 03527-2
墨竹（明人畫扇冊二冊之3）	摺扇面 紙		水墨	不詳		台北 故宮博物院	故畫 03528-3
墨竹（明人畫扇冊二冊之7）	摺扇面 紙		水墨	不詳		台北 故宮博物院	故畫 03528-
墨竹（明人畫扇冊二冊之22）	摺扇面 紙		水墨	不詳		台北 故宮博物院	故畫 03528-22
荷塘納涼（明人畫扇集冊貳冊（上）之4）	摺扇面 紙		設色	不詳		台北 故宮博物院	故畫 03534-4
修竹草亭（明人便面畫冊肆冊（一）之2）	摺扇面 紙		設色	不詳		台北 故宮博物院	故畫 03537-2
樹蔭漁艇（明人扇頭畫冊之2）	摺扇面 紙		設色	不詳		台北 故宮博物院	故畫 03542-2
墨竹（明人書畫扇（卯）冊之3）	摺扇面 紙		水墨	不詳		台北 故宮博物院	故畫 03544-3
松陰高士（明人書畫扇（卯）冊之13）	摺扇面 紙		水墨	不詳		台北 故宮博物院	故畫 03544-13
山水（明諸臣書畫扇面冊頁冊之14）	摺扇面 紙		設色	不詳		台北 故宮博物院	故畫 03546-14
秋山行旅（明人書畫扇（元）冊之3）	摺扇面 紙		設色	19.8 × 53		台北 故宮博物院	故畫 03564-3
松巖道人（明人書畫扇（元）冊之4）	摺扇面 紙		設色	15.2 × 48.8		台北 故宮博物院	故畫 03564-4
桐陰高士（明人書畫扇（元）	摺扇面 紙		設色	18 × 49.4		台北 故宮博物院	故畫 03564-5

名稱	形式	質地	色彩	尺寸 高x寬cm	創作時間	收藏處所	典藏號碼
冊之5）							
隱居圖（明人書畫扇（元）冊之6）	摺扇面 紙		設色	16.8 x 48.2		台北 故宮博物院	故畫 03564-6
漁父圖（明人書畫扇（元）冊之7）	摺扇面 紙		設色	17.6 x 47.6		台北 故宮博物院	故畫 03564-7
放牛圖（明人書畫扇（元）冊之8）	摺扇面 紙		水墨	16.1 x 47.2		台北 故宮博物院	故畫 03564-8
潑墨牡丹（宋元明集繪冊之12）	冊頁　紙		水墨	64 x 40.3		台北 故宮博物院	故畫 03580-12
秋林圖	摺扇面 紙		不詳	不詳		台北 故宮博物院	故扇 00029
松鶴圖	摺扇面 紙		不詳	不詳		台北 故宮博物院	故扇 00030
松林書屋圖	摺扇面 紙		不詳	不詳		台北 故宮博物院	故扇 00031
漁艇圖	摺扇面 紙		不詳	不詳		台北 故宮博物院	故扇 00032
秋山行旅圖	摺扇面 紙		不詳	不詳		台北 故宮博物院	故扇 00033
板橋曳杖圖	摺扇面 紙		不詳	不詳		台北 故宮博物院	故扇 00034
平台修竹圖	摺扇面 紙		不詳	不詳		台北 故宮博物院	故扇 00035
古木長橋圖	摺扇面 紙		不詳	不詳		台北 故宮博物院	故扇 00036
絕壁流泉圖	摺扇面 紙		不詳	不詳		台北 故宮博物院	故扇 00037
梅鶴圖	摺扇面 紙		不詳	不詳		台北 故宮博物院	故扇 00038
溪水野航圖	摺扇面 紙		不詳	不詳		台北 故宮博物院	故扇 00039
桃源圖	摺扇面 紙		不詳	不詳		台北 故宮博物院	故扇 00040
玩月圖	摺扇面 紙		不詳	不詳		台北 故宮博物院	故扇 00041
松林講道圖	摺扇面 紙		不詳	不詳		台北 故宮博物院	故扇 00042
觀濤圖	摺扇面 紙		不詳	不詳		台北 故宮博物院	故扇 00043
竹林圖	摺扇面 紙		不詳	不詳		台北 故宮博物院	故扇 00044
觀泉圖	摺扇面 紙		不詳	不詳		台北 故宮博物院	故扇 00045
烹茶圖	摺扇面 紙		不詳	不詳		台北 故宮博物院	故扇 00046
蕉石圖	摺扇面 紙		不詳	不詳		台北 故宮博物院	故扇 00047
秋林圖	摺扇面 紙		不詳	不詳		台北 故宮博物院	故扇 00048
歸牧圖	摺扇面 紙		不詳	不詳		台北 故宮博物院	故扇 00049
秋林圖	摺扇面 紙		不詳	不詳		台北 故宮博物院	故扇 00050
漁舟圖	摺扇面 紙		不詳	不詳		台北 故宮博物院	故扇 00051
松山圖	摺扇面 紙		不詳	不詳		台北 故宮博物院	故扇 00052
歸鴉圖	摺扇面 紙		不詳	不詳		台北 故宮博物院	故扇 00053

名稱	形式	質地	色彩	尺寸 高x寬cm	創作時間	收藏處所	典藏號碼
尋山圖	摺扇面	紙	不詳	不詳		台北 故宮博物院	故扇00054
秋山行旅圖	摺扇面	紙	不詳	不詳		台北 故宮博物院	故扇00055
梅村圖	摺扇面	紙	不詳	不詳		台北 故宮博物院	故扇00056
遠眺圖	摺扇面	紙	不詳	不詳		台北 故宮博物院	故扇00057
尋梅圖	摺扇面	紙	不詳	不詳		台北 故宮博物院	故扇00058
行旅圖	摺扇面	紙	不詳	不詳		台北 故宮博物院	故扇00059
乞巧圖	摺扇面	紙	不詳	不詳		台北 故宮博物院	故扇00060
飛雁圖	摺扇面	紙	不詳	不詳		台北 故宮博物院	故扇00061
松林古寺圖	摺扇面	紙	不詳	不詳		台北 故宮博物院	故扇00062
臨流圖	摺扇面	紙	不詳	不詳		台北 故宮博物院	故扇00063
夜月圖	摺扇面	紙	不詳	不詳		台北 故宮博物院	故扇00064
打魚圖	摺扇面	紙	不詳	不詳		台北 故宮博物院	故扇00065
斜陽歸雁圖	摺扇面	紙	不詳	不詳		台北 故宮博物院	故扇00066
松林山莊（祝允明書七言律詩）	摺扇面	紙	不詳	不詳		台北 故宮博物院	故扇00226
看山圖（自書七言絕句）	摺扇面	紙	不詳	不詳		台北 故宮博物院	故扇00227
柳汀漁艇圖（自書七言絕句）	摺扇面	紙	不詳	不詳		台北 故宮博物院	故扇00228
松風流水圖	摺扇面	金箋	水墨	18.7 x 53	辛巳（正德十六年，1521）秋日	台北 華叔和後真賞齋	
竹林讀書圖	摺扇面	金箋	設色	16.3 x 49.2		台北 華叔和後真賞齋	
山水人物圖（12幀）	冊	絹	設色	（每幀）21.8 x 27.2		台北 私人	
畫扇（8幀，各為：杏花；山水人物；山水；牡丹；山水；秋卉；山水人物；秋葵）	冊	金箋	設色	（每幀）18.2 x 48.2		香港 趙從衍先生	
秋景山水圖	摺扇面	金箋	設色	17.1 x 50.7		香港 羅桂祥先生	
雅集圖	摺扇面	金箋	設色	18.1 x 50.7		香港 羅桂祥先生	
雨竹圖	摺扇面	金箋	水墨	不詳		長春 吉林省博物館	
歌風台實景圖	冊頁	紙	設色	不詳	正德丙寅（二年，1506）正月	北京 故宮博物院	
沛臺實景圖	冊頁	絹	水墨	26.2 x 23.9	正德丙寅（二年，1506）	北京 故宮博物院	
雙鑑行窩圖	冊頁	絹	設色	30.1 x 55.7	正德己卯（十四年，1519)	北京 故宮博物院	
行春橋圖	冊頁	紙	水墨	不詳		北京 故宮博物院	

名稱	形式	質地	色彩	尺寸 高x寬cm	創作時間	收藏處所	典藏號碼
越來溪圖	冊頁	紙	水墨	不詳		北京 故宮博物院	
兩竹圖	摺扇面	灑金箋	水墨	18 × 53.9		北京 故宮博物院	
枯木寒鴉圖	摺扇面	金箋	設色	17.2 × 49.4		北京 故宮博物院	
秋葵圖	摺扇面	金箋	設色	15 × 44		北京 故宮博物院	
葵石圖	摺扇面	灑金箋	水墨	18.1 × 51.5		北京 故宮博物院	
罌粟花圖	摺扇面	金箋	水墨	17.6 × 51.3		北京 故宮博物院	
鳴風驚瀨圖	摺扇面	金箋	水墨	16.8 × 47.1		天津 天津市藝術博物館	
山水圖（文徵明等山水冊之1幀）	摺扇面	金箋	設色	不詳		天津 天津市藝術博物館	
文會圖（為守翁作，四家集錦冊4之第3幀）	冊頁	絹	設色	不詳	正德己巳（四年，1509）春日	上海 上海博物館	
墨竹并題詩（為子言作）	摺扇面	金箋	水墨	不詳	正德辛巳（十六年，1521)九月登高日	上海 上海博物館	
山居圖	摺扇面	金箋	設色	不詳		上海 上海博物館	
牡丹圖	摺扇面	金箋	水墨	不詳		上海 上海博物館	
南湖春水圖	摺扇面	金箋	水墨	不詳		上海 上海博物館	
後溪圖	摺扇面	金箋	水墨	不詳		上海 上海博物館	
臨流倚樹圖	摺扇面	金箋	水墨	不詳		上海 上海博物館	
蜀葵圖	摺扇面	金箋	水墨	不詳		上海 上海博物館	
墨竹圖	摺扇面	金箋	水墨	不詳		上海 上海博物館	
山水圖（兩朝合璧連珠畫帖之3）	冊頁	絹	設色	17.6 × 23.7		日本 東京出光美術館	
設色山水（明人畫冊扇面之1）	摺扇面	金箋	設色	不詳		日本 東京橋本辰二郎先生	
獨釣圖（明人書畫扇面冊之8）	摺扇面	金箋	設色	18.3 × 55.7		日本 私人	
山水圖（10幀）	冊	絹	設色	（每幀）22.2 × 30.2		韓國 首爾朴周煥先生	
墨竹圖（反面為題詩）	摺扇面	金箋	水墨	17.2 × 50	嘉靖壬午（元年，1522）孟春之日	美國 普林斯頓大學藝術館（Ed-ward Elliott 先生寄存）	
雪景山水人物圖	摺扇面	金箋	設色	18 × 50.3		美國 紐約大都會藝術博物館	13.100.53
觀瀑圖	摺扇面	金箋	設色	18 × 52.7		美國 紐約大都會藝術博物館	1982.7.2
樓閣山水圖(摹閣次平松磴精廬圖)	摺扇面	絹	設色	23.1 × 23		美國 華盛頓特區弗瑞爾藝術館	09.245u
牡丹圖（墨林叢翰圖冊之5）	冊頁	紙	水墨	56.3 × 27.8		美國 華盛頓特區弗瑞爾藝術	15.36e

名稱	形式	質地	色彩	尺寸 高x寬cm	創作時間	收藏處所	典藏號碼
						館	
山水人物圖（12幀）	冊	絹	設色	（每幀）23.6 × 30.2		美國 勃克萊加州大學藝術館（高居翰教授寄存）	CM94
山水人物圖	摺扇面	金箋	水墨	19.2 × 56.3		美國 舊金山亞洲藝術館	B81 D37
老子圖（明清人畫冊之8）	冊頁	絹	設色	21.9 × 26.4		英國 倫敦大英博物館	1902.6.6.52 .8(ADD)
山靜日長圖(為青士社老作)	摺扇面	金箋	設色	16.3 × 50.2		瑞士 蘇黎士黎得堡博物館	RCH.1135
山水圖	摺扇面	金箋	水墨	17.2 × 47.6		德國 科隆東亞藝術博物館	A36.3
高士圖	摺扇面	金箋	設色	18.2 × 52.2		德國 柏林東亞藝術博物館	1988-285
花卉圖	摺扇面	金箋	設色	17 × 47.5		德國 柏林東亞藝術博物館	1988-286
附：							
春風酒盞圖	卷	紙	設色	30 × 105.5		香港 佳士得藝品拍賣公司/拍賣目錄 1991,11,25.	
夢筠圖（與文徵明書夢筠記合卷）	卷	紙	水墨	26.5 × 107		紐約 佳士得藝品拍賣公司/拍賣目錄 1994,11,30.	
春風酒盞圖	卷	紙	設色	30 × 105.5		香港 佳士得藝品拍賣公司/拍賣目錄 1991,11,25.	
懷樓圖	軸	絹	設色	113.5 × 62.5		揚州 揚州市文物商店	
秋嶺攜琴圖	軸	絹	設色	88.2 × 32.7		紐約 蘇富比藝品拍賣公司/拍賣目錄 1984,12,05.	
墨蘭圖	橫幅	灑金紙	水墨	34.4 × 60.4		紐約 佳仕得藝品拍賣公司/拍賣目錄 1986,06,04.	
水亭幽居圖	軸	紙	設色	76.2 × 28.5		紐約 蘇富比藝品拍賣公司/拍賣目錄 1986,12,04.	
山村琴會圖	軸	絹	設色	141.5 × 62.2	正德乙卯（十四年，1519）秋	紐約 佳士得藝品拍賣公司/拍賣目錄 1989,12,04.	
山靜日長圖	軸	絹	設色	109 × 62.5		紐約 佳士得藝品拍賣公司/拍賣目錄 1990,05,31.	
葛長庚圖	軸	紙	設色	109 × 40.5		紐約 佳士得藝品拍賣公司/拍賣目錄 1990,11,28.	
灌木修篁圖	軸	紙	水墨	115 × 51		紐約 佳士得藝品拍賣公司/拍賣目錄 1991,05,29.	
山溪幽趣圖	軸	絹	設色	71.1 × 27.3		紐約 佳士得藝品拍賣公司/拍賣目錄 1991,05,29.	

名稱	形式	質地	色彩	尺寸 高×寬cm	創作時間	收藏處所	典藏號碼
崔鶯鶯像	軸	絹	設色	106.6 × 56.8		紐約 佳士得藝品拍賣公司/拍賣目錄 1993,12,01.	
灌木叢篁圖	軸	絹	水墨	117 × 59.5		紐約 佳士得藝品拍賣公司/拍賣目錄 1995,3,22.	
琴書遠遊圖	軸	絹	設色	166.3 × 85.7		香港 佳士得藝品拍賣公司/拍賣目錄 1995,4,30.	
枯木蕭疏圖	軸	紙	水墨	42.5 × 30.5		紐約 佳士得藝品拍賣公司/拍賣目錄 1996,3, 27.	
應真像	軸	紙	設色	128 × 60	正德辛巳（十六年，1521）夏五月望日	香港 佳士得藝品拍賣公司/拍賣目錄 1996,04,28.	
白雲紅樹圖	軸	絹	設色	107 × 43		香港 佳士得藝品拍賣公司/拍賣目錄 1998,09,15.	
仿張中桃花山鳥	軸	紙	水墨	89.2 × 32		香港 蘇富比藝品拍賣公司/拍賣目錄 1999,10,31.	
女几仙杏圖	軸	絹	設色	147.8 × 69.6		香港 佳士得藝品拍賣公司/拍賣目錄 2001,04,29.	
為子重作山水圖	摺扇面	紙	設色	不詳		上海 朵雲軒	
桂兔明月圖	摺扇面	灑金箋	水墨	15.2 × 42.5		紐約 佳士得藝品拍賣公司/拍賣目錄 1988,11,30.	
山靜日長圖（12幀）	冊	絹	設色	（每幀）22 × 28		紐約 佳士得藝品拍賣公司/拍賣目錄 1989,06,01.	
古木竹石圖	摺扇面	金箋	水墨	22.9 × 49.5		紐約 佳士得藝品拍賣公司/拍賣目錄 1990,11,28.	
雨竹圖	摺扇面	金箋	水墨	20 × 46		紐約 佳士得藝品拍賣公司/拍賣目錄 1990,11,28.	
墨竹圖	摺扇面	灑金箋	水墨	14.5 × 45		紐約 佳士得藝品拍賣公司/拍賣目錄 1993,12,01.	
竹塢清風圖	摺扇面	金箋	設色	16.7 × 49.5		香港 佳士得藝品拍賣公司/拍賣目錄 1996,04,28.	

畫家小傳：唐寅。字伯虎，一字子畏。號六如居士。江蘇吳人。生於憲宗成化六（1470）年，卒於世宗嘉靖三十八（1559）年。孝宗弘治六年，舉南京解元。賦性狂逸。工詩、古文詞。善書、畫。畫擅山水、人物、仕女、花鳥，無不臻妙。為「明四家」之一。（見明畫錄、無聲詩史、圖繪寶鑑續纂、明史本傳、澹園畫品、藝苑巵言、丹青志、中國畫家人名大辭典）

文徵明

名稱	形式	質地	色彩	尺寸 高×寬cm	創作時間	收藏處所	典藏號碼
關山積雪圖	卷	紙	設色	25.3 × 445.2	嘉靖十一年壬辰（1532）冬十月既望	台北 故宮博物院	故畫 01040
雪山圖	卷	紙	設色	26 × 521.9	嘉靖十八年歲在己亥（1539）夏五月十日	台北 故宮博物院	故畫 01052
疎林淺水圖	卷	紙	水墨	25.9 × 118.5	嘉靖庚子（十九年，1540）秋八月十又八日	台北 故宮博物院	故畫 00926
春遊圖	卷	絹	設色	32.3 × 138.6	嘉靖甲辰（二十三年，1544）春	台北 故宮博物院	故畫 01053
仿趙伯驌後赤壁圖	卷	絹	設色	31.5 × 541.6	嘉靖戊申（廿七年，1548）七月既望	台北 故宮博物院	故畫 01055
山水圖	卷	絹	設色	30.4 × 130	戊申（嘉靖廿七年，1548）孟秋既望	台北 故宮博物院	故畫 01623
春皋垂釣圖	卷	絹	設色	31.9 × 103.5	嘉靖庚戌（廿九年，1550）八月既望	台北 故宮博物院	故畫 01620
山水圖	卷	絹	設色	27.1 × 165.8	嘉靖甲寅（嘉靖三十三年，1554）中秋	台北 故宮博物院	故畫 01621
林泉雅適圖並書七言絕句	卷	絹	設色	30.2 × 186	甲寅（嘉靖三十三年，1554）秋日	台北 故宮博物院	故畫 01058
溪山高逸圖	卷	絹	水墨	27.9 × 129.1	嘉靖乙卯（三十四年，1555）八月十日	台北 故宮博物院	故畫 01051
獨樂園圖並書記	卷	紙	水墨	27 × 141.3	嘉靖戊午（三十七年，1558）七月廿日	台北 故宮博物院	故畫 01057
真蹟（琵琶行詩意）	卷	絹	設色	29.2 × 153.6	戊午（嘉靖三十七年，1558）秋日	台北 故宮博物院	故畫 01618
一川圖	卷	紙	設色	28.2 × 109.4		台北 故宮博物院	故畫 01054
仿吳鎮山水圖	卷	紙	水墨	27.1 × 41.7		台北 故宮博物院	故畫 01056
堯峰十景詩畫	卷	絹	設色	31.5 × 145.1		台北 故宮博物院	故畫 01617
赤壁圖	卷	絹	設色	31.4 × 675.9		台北 故宮博物院	故畫 01619

名稱	形式	質地	色彩	尺寸 高×寬㎝	創作時間	收藏處所	典藏號碼
山水圖	卷	絹	設色	25.2 × 252		台北 故宮博物院	故畫 01622
西苑圖	卷	絹	設色	26.2 × 76		台北 故宮博物院	故畫 01624
雲山煙樹圖	卷	紙	設色	不詳		台北 故宮博物院	國贈 026741
竹莊圖	卷	紙	設色	不詳		台北 故宮博物院	國贈 027015
石湖詩畫	卷	紙	設色	不詳		台北 故宮博物院（王世杰先生寄存）	
詩畫	卷	紙	設色	不詳		台北 故宮博物院（王世杰先生寄存）	
畫梅竹	卷	紙	水墨	不詳		台北 故宮博物院（王世杰先生寄存）	
谿山深秀圖	卷	紙	設色	30.1 × ?	正德元年（丙寅，1506）春	台北 國泰美術館	
桃源別境圖	卷	紙	設色	29.5 × ?		台北 鴻禧美術館	
赤壁勝遊圖	卷	絹	水墨	29 × 113	嘉靖辛卯（十年，1531）春日	台北 長流美術館	
溪橋覓句	卷	絹	設色	30 × 245	嘉靖己酉（廿八年，1549）八月既望	台北 李鴻球先生	
輞川圖	卷	絹	設色	30 × 450		台北 李鴻球先生	
墨菁圖	卷	紙	水墨	23 × 113		台北 王靄雲先生	
倣吳鎮山水圖	卷	紙	水墨	28.5 × 244		台北 王靄雲先生	
雙柏圖	卷	紙	水墨	26.1 × ?		台北 陳啟斌畏罍堂	
臨王維輞川圖	卷	絹	設色	29.5 × ?		台北 陳啟斌畏罍堂	
柴桑清隱圖（與謝時合作）	卷	紙	水墨	24.5 × 75	六十九歲（嘉靖十七年，1538）	香港 張碧寒先生	
山下出泉圖（為育齋作）	卷	絹	設色	30.5 × 96.5	正德十五年庚辰（1520）十月既望	瀋陽 故宮博物院	
補成煙江疊嶂圖	卷	絹	設色	50 × 618	正德戊辰（三年，1508）三月二十日	瀋陽 遼寧省博物館	
仿米山水圖	卷	絹	水墨	不詳	正德三年（戊辰，1508）	瀋陽 遼寧省博物館	
山水圖（唐寅、文徵明書畫合卷之文畫）	卷	紙	水墨	28.8 × 103.5	正德九年甲戌（1514）	瀋陽 遼寧省博物館	
補圖祝允明書蘭亭敘後	卷	紙	設色	20.8 × 77.8	嘉靖十一年（壬辰	瀋陽 遼寧省博物館	

名稱	形式	質地	色彩	尺寸 高x寬cm	創作時間	收藏處所	典藏號碼
					，1532）二月廿五日		
滸溪草堂圖（為沈天民作）	卷	紙	設色	27 x 143	嘉靖十四年（乙未，1535）臘月	瀋陽 遼寧省博物館	
桃源問津圖	卷	紙	設色	32 x 578.3	嘉靖甲寅（三十三年，1554）二月既望	瀋陽 遼寧省博物館	
漪蘭竹石圖	卷	紙	水墨	29.8 x 2210		瀋陽 遼寧省博物館	
孝感圖	卷	絹	設色	22.2 x 74		瀋陽 遼寧省博物館	
書畫合璧	卷	紙	水墨	（畫）24 x 28.1	丁酉（嘉靖十六年，1537）	旅順 遼寧省旅順博物館	
深翠軒圖（補明初人深翠書後）	卷	紙	設色	23.8 x 78.2	正德十四年，己卯（1519）	北京 故宮博物院	
惠山茶會圖	卷	紙	設色	不詳	正德十三年（戊寅，1518）	北京 故宮博物院	
胥口勸農圖	卷	紙	水墨	28.9 x 140.6	嘉靖四年乙酉（1525）	北京 故宮博物院	
洛原草堂圖	卷	絹	設色	28.6 x 94.5	嘉靖己丑（八年，1529）	北京 故宮博物院	
猗蘭室圖（為朝舜畫）	卷	紙	水墨	26.2 x 67	嘉靖己丑（八年，1529）	北京 故宮博物院	
東園圖	卷	絹	設色	30.2 x 126.4	嘉靖庚寅（九年，1530）	北京 故宮博物院	
仿米雲山圖	卷	紙	水墨	24.8 x 509	嘉靖十二年（癸巳，1533）十一月既望	北京 故宮博物院	
蘭竹石圖	卷	紙	水墨	25.7 x 357	丙申（嘉靖十五年，1536）三月既望	北京 故宮博物院	
蘭亭修褉圖并書敘（為曾曰潛作）	卷	金箋	設色	24.2 x 60.1	壬寅（嘉靖二十一年，1542）五月	北京 故宮博物院	
三友圖	卷	紙	水墨	26.2 x 476.6	壬寅（嘉靖二十一年，1542）	北京 故宮博物院	
蘭竹拳石圖	卷	紙	水墨	27 x 636.5	癸卯（嘉靖二十二	北京 故宮博物院	

名稱	形式	質地	色彩	尺寸 高×寬cm	創作時間	收藏處所	典藏號碼
					年,1543)初夏		
江南春圖	卷	絹	水墨	24.3 × 77	甲辰(嘉靖二十三年,1544)八月廿六日	北京 故宮博物院	
滄谿圖	卷	絹	設色	31.7 × 139.8	嘉靖二十三年甲辰(1544)	北京 故宮博物院	
永錫難老圖并詩(為存齋作)	卷	絹	設色	32 × 125.7	嘉靖丁巳(三十六年,1557)	北京 故宮博物院	
存菊圖	卷	絹	設色	13.2 × 30.4		北京 故宮博物院	
兩谿圖	卷	絹	水墨	27.5 × 127.8		北京 故宮博物院	
垂虹送別圖	卷	絹	設色	29 × 109		北京 故宮博物院	
惠山茶會圖	卷	紙	設色	21.8 × 67.5		北京 故宮博物院	
雜畫(4段)	卷	紙	水墨	(每段)32.8 × 50.4		北京 故宮博物院	
臨趙孟頫蘭石圖	卷	紙	水墨	28.4 × 62.5		北京 故宮博物院	
蘭竹圖	卷	紙	水墨	32.2 × 50.7		北京 故宮博物院	
真賞齋圖并書記(為華中甫作)	卷	紙	設色	不詳	嘉靖三十六年(丁巳,1557)	北京 中國歷史博物館	
補書常清靜經老子列傳并圖老子像	卷	紙	水墨	不詳	嘉靖十七年(戊戌,1538)六月十九日	天津 天津市藝術博物館	
仿米雲山圖	卷	紙	水墨	34.6 × 557	丙午(嘉靖二十五年,1546)	天津 天津市藝術博物館	
劍浦春雲圖	卷	紙	設色	30 × 88.7		天津 天津市藝術博物館	
林榭煎茶圖	卷	紙	設色	25.7 × 114.9		天津 天津市藝術博物館	
吳中勝概圖	卷	紙	設色	49 × 117.4		天津 天津市歷史博物館	
書畫	卷	紙	水墨	30 × 637.5		天津 天津市歷史博物館	
南窗寄傲圖(為彭中之作)	卷	不詳	設色	不詳	正德六年(辛未,1511)三月既望	天津 天津市文物管理處	
山靜日長書畫(文徵明、文嘉合作)	卷	紙	設色	89 × 22	癸丑(嘉靖三十二年,1553)	濟南 山東省濟南市博物館	
花塢春雲圖	卷	絹	設色	27.2 × 136	壬辰(嘉靖十一年,1532)	合肥 安徽省博物館	

名稱	形式	質地	色彩	尺寸 高×寬㎝	創作時間	收藏處所	典藏號碼
木涇幽居圖并書	卷	絹	設色	25 × 74	丁酉（嘉靖十六年，1537）八月六日	合肥 安徽省博物館	
金、焦落照圖（為吳西溪作）	卷	絹	設色	30.6 × 94.2	弘治乙卯（八年，1495）	上海 上海博物館	
人日詩畫	卷	紙	水墨	26.8 × 88.7	乙丑（弘治十八年，1505）人日	上海 上海博物館	
石湖花游圖	卷	紙	設色	26.2 × 41	正德庚辰（十五年，1520）	上海 上海博物館	
石湖清勝圖	卷	紙	設色	23.3 × 67.2	壬辰（嘉靖十一年，1531）七月既望	上海 上海博物館	
蘭竹圖	卷	紙	水墨	33.1 × 278.7	丙申（嘉靖十五年，1536）	上海 上海博物館	
句曲山房圖	卷	絹	設色	28.2 × 15.5	嘉靖辛丑（二十年，1541）二月既望	上海 上海博物館	
仿倪瓚江南春詩意圖	卷	絹	水墨	24 × 26.7	甲辰（嘉靖二十三年，1544）八月廿六日	上海 上海博物館	
林屋秋聲圖	卷	紙	設色	不詳	嘉靖丁未（二十六年，1547）秋日	上海 上海博物館	
真賞齋圖（為華中甫作）	卷	紙	設色	36 × 107.8	嘉靖己酉（二十八年，1549）秋	上海 上海博物館	
後赤壁賦書畫	卷	絹	設色	24.8 × 107.5	嘉靖戊午（三十七年，1558）	上海 上海博物館	
石湖閑泛圖	卷	紙	水墨	24.6 × 171.2		上海 上海博物館	
參竹齋圖	卷	紙	水墨	29 × 128.7		上海 上海博物館	
惠山茶會圖	卷	紙	設色	23.9 × 68.5	戊寅（正德十三年，1518）春三月	上海 上海博物館	
雙鉤蘭石圖	卷	紙	水墨	26.8 × 88.7		上海 上海博物館	
木石圖（為子山作，文徵明、張傑等雜畫卷6之1段）	卷	紙	水墨	28.7 × 103.8 不等		上海 上海博物館	
虎山橋圖	卷	絹	設色	30.5 × 213	嘉靖庚戌（二十九年，1550）春暮	南京 南京博物院	
前後赤壁賦書畫（文徵明、文嘉、莫是龍合作）	卷	紙	水墨	（前）29×61.2 （後）29× 64	嘉靖三十年辛亥（1515）	南京 南京博物院	

名稱	形式	質地	色彩	尺寸 高x寬㎝	創作時間	收藏處所	典藏號碼
書畫（文徵明、王寵合作）	卷	紙	水墨	（畫）24.5 x 147	嘉靖癸丑（三十二年，1553）四月既望	南京 南京博物院	
山水(寒原宿莽圖)	卷	紙	水墨	27 x 139	辛未（正德六年，1511）臘月	蘇州 江蘇省蘇州博物館	
詩書畫三絕	卷	紙	設色	（畫）30.3 x 156	嘉靖甲寅（三十三年，1554）	蘇州 江蘇省蘇州博物館	
山水圖	卷	絹	設色	不詳		蘇州 靈巖山寺	
仿倪山水圖	卷	紙	水墨	24.7 x 49.8	癸丑（嘉靖三十二年，1553）	重慶 重慶市博物館	
葵陽圖	卷	絹	設色	26.2 x 97.5		重慶 重慶市博物館	
夢樟圖	卷	絹	設色	25.5 x 114.5	己亥（嘉靖十八年，1539）三月	廣州 廣東省博物館	
慕菴圖	卷	絹	設色	25.6 x 126		廣州 廣東省博物館	
醉翁亭記書畫合璧	卷	紙	設色	27.7 x 91.5	嘉靖三十年，辛亥（1551）	廣州 廣州市美術館	
金閶名園圖	卷	絹	設色	40.7 x 659	嘉靖壬子（三十一年，1552）	廣州 廣州市美術館	
設色山水圖	卷	紙	設色	25.5 x 211	甲午（嘉靖十三年，1534）春日	日本 東京國立博物館	
惠山茶會圖	卷	紙	設色	23.9 x 68.8		日本 東京山本悌二郎先生	
人間仙境圖	卷	絹	青綠	不詳	嘉靖戊子（七年，1528）七月	日本 東京橋本辰二郎先生	
山水圖	卷	紙	設色	不詳		日本 東京張允中先生	
石湖圖	卷	絹	設色	28.2 x ?		日本 京都貝塚茂樹先生	
蘭竹圖	卷	絹	水墨	17.6 x 117.9	正德己卯（十四年，1519）二月廿四日夜	日本 大阪市立美術館	
山水圖	卷	紙	不詳	22.2 x 171.2	弘治壬戌歲（嘉靖四十一年，1562）	日本 大阪橋本大乙先生	
傚梅道人山水	卷	紙	水墨	30.3 x 215.7		日本 大阪本山彥一先生	
茶具圖（共六器）	卷	紙	水墨	(每段)23 x 36.9	嘉靖壬子（三十一年，1552）四月既望	日本 兵庫縣住友吉左衛門先生	

名稱	形式	質地	色彩	尺寸 高×寬cm	創作時間	收藏處所	典藏號碼
西苑圖	卷	絹	設色	28.7 × ？		日本 熊本縣松田文庫	111-60
仿趙孟頫青綠山水圖	卷	紙	設色	30.2 × 348.7		日本 沖繩縣立博物館	大 A-127
書畫合璧（5幀合裝）	卷	紙	水墨	（每幀）30.6 × 52.7	戊午（嘉靖三十七年，1558）春,時年八十有九	美國 普林斯頓大學藝術館	75-33
赤壁圖	卷	絹	設色	18.3 × 90		美國 New Haven 翁萬戈先生	
東林避暑圖書畫	卷	紙	水墨	32 × ？	作於壬申（正德七年，1512）前三年	美國 紐約大都會藝術博物館	1989.363.60
叢桂齋圖（為子充寫）	卷	紙	設色	31.5 × 56.4		美國 紐約大都會藝術博物館	1989.303
玉蘭花圖	卷	紙	設色	27.6 × ？	嘉靖己酉（二十八年，1549）三月	美國 紐約大都會藝術博物館	1989.363.64
摹雲林山水並行書詩	卷	不詳	不詳	不詳		美國 紐約顧洛阜先生	
吳山攬勝圖	卷	紙	設色	35.2 × ？		美國 紐約 Weill 先生	
赤壁勝遊圖并書	卷	紙	設色	30.5 × 141.5	嘉靖壬子（三十一年，1552）十一月朔日	美國 華盛頓特區弗瑞爾藝術館	39.1
松竹菊石圖	卷	紙	水墨	31.5 × 75.5	辛丑（嘉靖二十年，1541）四月八日	美國 華盛頓特區弗瑞爾藝術館	
豳風舊觀	卷	不詳	不詳	不詳		美國 華盛頓特區弗瑞爾藝術館	
書畫合璧	卷	紙	水墨	31.5 × 75.5		美國 華盛頓特區弗瑞爾藝術館	43.10
秋山圖	卷	金箋	水墨	31.8 × 120.8		美國 芝加哥藝術中心	1948.103
老松圖	卷	紙	水墨	27.3 × 138.8		美國 克利夫蘭藝術博物館	64.43
古柏圖	卷	紙	水墨	25.8 × 48.8	嘉靖十九年（庚子，1540）	美國 堪薩斯市納爾遜-艾金斯藝術博物館	46-48
摹趙松雪筆意古柏圖	卷	紙	水墨	28.2 × ？	壬辰（嘉靖十一年，1532）夏日	美國 夏威夷火魯奴奴藝術學院	1666.1
蘭亭修禊圖并書記	卷	紙	設色	不詳	嘉靖丁巳（三十六年，1557）十月既望	美國 私人	
赤壁勝遊圖	卷	紙	設色	31 × 123.4		瑞典 斯德哥爾摩遠東古物館	NMOK436
山水圖	卷	絹	設色	31.6 × ？		捷克 布拉格 Praze Narodoni	Vm5950-1161

名稱	形式	質地	色彩	尺寸 高×寬㎝	創作時間	收藏處所	典藏號碼
						Galerie v Praze	/193
雨餘春樹	軸	紙	設色	94.3 × 33.3	丁卯（正德二年，1507）十一月七日	台北 故宮博物院	故畫00494
疏林茆屋	軸	紙	水墨	67 × 34.6	正德甲戌（九年，1514）	台北 故宮博物院	故畫02198
仿李成谿山深雪	軸	紙	設色	95.3 × 29.5	正德十年乙亥（1515）	台北 故宮博物院	故畫02193
溪山深雪圖	軸	絹	設色	94.7 × 36.3	正德十二年丁丑（1519）	台北 故宮博物院	故畫00510
絕壑高閒	軸	紙	設色	148.9×177.9	己卯（正德十四年，1519）四月望	台北 故宮博物院	故畫00908
摹李公麟蓮社圖（與仇英合作）	軸	紙	設色	92 × 55.5	庚辰（正德十五年，1520）秋日	台北 故宮博物院	故畫02921
金山圖	軸	紙	水墨	70 × 23.8	嘉靖壬午歲（元年，1522）	台北 故宮博物院	故畫02196
燕山春色圖	軸	紙	設色	147.2 × 57.1	甲申（嘉靖三年，1524）二月	台北 故宮博物院	故畫00493
蘭亭修禊圖	軸	紙	水墨	140.3 × 73.2	嘉靖三年（甲申，1524）春三月既望	台北 故宮博物院	故畫01331
喬林煮茗圖	軸	紙	設色	84 × 26.4	丙戌（嘉靖五年，1526）五月	台北 故宮博物院	故畫02192
松壑飛泉	軸	紙	設色	108.1 × 37.8	丁亥（嘉靖六年，1527）四月十日	台北 故宮博物院	故畫00500
品茶圖	軸	紙	設色	88.3 × 25.2	嘉靖辛卯（十年，1531）	台北 故宮博物院	故畫00521
寒林鍾馗	軸	紙	設色	69.6 × 42.5	甲午（嘉靖十三年，1534）前夕	台北 故宮博物院	故畫00522
朱竹	軸	紙	硃紅	117.7 × 24.3	嘉靖十三年歲在甲午（1551）二月五日	台北 故宮博物院	故畫00527
茶事圖	軸	紙	水墨	122.9 × 35	嘉靖十三年歲在甲午（1534）穀雨前二日	台北 故宮博物院	故畫00520
山水	軸	紙	設色	112.3 × 24.9	嘉靖甲午（十三年，1534）春三月	台北 故宮博物院（蘭千山館寄存）	

名稱	形式	質地	色彩	尺寸 高x寬cm	創作時間	收藏處所	典藏號碼
倣王蒙山水	軸	紙	水墨	133.9 x 35.7	嘉靖乙未（十四年，1535）端陽日	台北 故宮博物院	故畫 00517
松陰高隱	軸	絹	設色	162.1 x 67.2	嘉靖十四年乙未（1535）十月	台北 故宮博物院	故畫 00036
倣董源林泉靜釣圖	軸	紙	水墨	170.2 x 81.3	嘉靖丙申（十五年，1536）仲夏日	台北 故宮博物院	故畫 00515
蕉陰仕女	軸	絹	設色	46.4 x 21.9	嘉靖己亥（十八年，1539）春日	台北 故宮博物院	故畫 01339
茂松清泉圖	軸	紙	設色	89.9 x 44.1	嘉靖壬寅（二十一年，1542）四月廿日	台北 故宮博物院	故畫 00501
洞庭西山圖	軸	紙	水墨	121 x 28.4	癸卯（嘉靖二十二年，1543）十月	台北 故宮博物院	故畫 00509
松陰曳杖圖	軸	紙	水墨	106.9 x 25.1	嘉靖甲辰（二十三年，1544）四月既望	台北 故宮博物院	故畫 00497
空林覓句圖	軸	紙	水墨	81.2 x 27	嘉靖乙巳（二十四年，1545）春	台北 故宮博物院	故畫 00508
臨趙孟頫空巖琴思	軸	絹	設色	148.7 x 55.5	嘉靖丙午（二十五年，1546）六月望	台北 故宮博物院	故畫 00516
江南春圖	軸	紙	設色	106 x 30	嘉靖丁未（二十六年，1547）春二月	台北 故宮博物院	故畫 00490
松亭客話	軸	紙	水墨	100.5 x 35	嘉靖丁未（二十六年，1547）八月既望	台北 故宮博物院	故畫 02195
千巖競秀圖	軸	紙	設色	132.6 x 34	戊申（嘉靖二十七年，1548）至庚戌二十九（1550）年	台北 故宮博物院	故畫 00507
古木寒泉圖	軸	絹	設色	194.1 x 59.3	嘉靖己酉（二十八年，1549）冬	台北 故宮博物院	故畫 00503
朱竹	軸	紙	硃紅	149.3 x 29.5	嘉靖乙卯（三十四年，1555）秋日	台北 故宮博物院	故畫 00526
樹石圖	軸	紙	水墨	103.5 x 32.3	丁巳（嘉靖三十六年，1557）清和既望	台北 故宮博物院（蘭千山館寄存）	

名稱	形式	質地	色彩	尺寸 高×寬cm	創作時間	收藏處所	典藏號碼
春雲出山圖	軸	紙	水墨	68.8 × 24.5		台北 故宮博物院	故畫 00491
春山烟樹	軸	紙	設色	49.9 × 20.7		台北 故宮博物院	故畫 00492
春林策杖	軸	紙	水墨	56.2 × 25.5		台北 故宮博物院	故畫 00495
溪橋曳杖圖	軸	紙	水墨	119.6 × 31.3		台北 故宮博物院	故畫 00496
松聲一榻圖	軸	紙	水墨	127.1 × 27.2		台北 故宮博物院	故畫 00498
長松平皋圖	軸	絹	設色	132.7 × 65.8		台北 故宮博物院	故畫 00499
好雨聽泉圖	軸	紙	水墨	60.5 × 33.3		台北 故宮博物院	故畫 00502
溪亭客話圖	軸	紙	設色	64.5 × 33.1		台北 故宮博物院	故畫 00504
綠陰清話圖	軸	絹	設色	53.4 × 26.9		台北 故宮博物院	故畫 00505
綠陰草堂圖	軸	紙	設色	58.2 × 29.3		台北 故宮博物院	故畫 00506
寒山風雪圖	軸	絹	設色	114.4 × 61.6		台北 故宮博物院	故畫 00511
雪歸圖	軸	絹	設色	152.3 × 61.6		台北 故宮博物院	故畫 00512
雪景	軸	紙	設色	108.7 × 29.4		台北 故宮博物院	故畫 00513
雪景	軸	紙	設色	122.2 × 31.9		台北 故宮博物院	故畫 00514
倣古山水	軸	絹	設色	73.3 × 21.4		台北 故宮博物院	故畫 00518
山水	軸	紙	設色	99 × 29		台北 故宮博物院	故畫 00519
古石喬柯圖	軸	紙	水墨	48 × 27.5		台北 故宮博物院	故畫 00523
古洗蕉石圖	軸	紙	設色	114.8 × 28.6		台北 故宮博物院	故畫 00524
蘭竹	軸	紙	水墨	62 × 31.2		台北 故宮博物院	故畫 00525
影翠軒圖	軸	紙	設色	66.9 × 31		台北 故宮博物院	故畫 00528
松下觀泉圖	軸	紙	水墨	348 × 104.6		台北 故宮博物院	故畫 00937
風雨歸舟圖	軸	紙	水墨	89.7 × 32.9		台北 故宮博物院	故畫 01330
蒼崖漁隱	軸	絹	設色	75.3 × 32.4		台北 故宮博物院	故畫 01332
聽泉圖	軸	紙	設色	64.2 × 30		台北 故宮博物院	故畫 01333
溪山秋霽圖	軸	絹	設色	124.1 × 66.2		台北 故宮博物院	故畫 01334
松下聽泉圖	軸	紙	水墨	116.8 × 42.6		台北 故宮博物院	故畫 01335
空林落葉圖	軸	絹	水墨	55 × 26.3		台北 故宮博物院	故畫 01336
雪景	軸	絹	設色	140.4 × 59.2		台北 故宮博物院	故畫 01337
雪滿群峰	軸	絹	設色	183.1 × 73.4		台北 故宮博物院	故畫 01338
碧梧修竹圖	軸	紙	水墨	90.5 × 28.6		台北 故宮博物院	故畫 02194
琴鶴圖(清高宗題)	軸	紙	設色	63.4 × 29.2		台北 故宮博物院	故畫 02197
歲寒三友	軸	紙	水墨	44.2 × 24.6		台北 故宮博物院	故畫 02199
蕉池積雪	軸	紙	設色	64 × 27		台北 故宮博物院	國贈 024907

名稱	形式	質地	色彩	尺寸 高×寬㎝	創作時間	收藏處所	典藏號碼
山水	軸	紙	設色	不詳		台北 故宮博物院	國贈 025160
山水	軸	紙	設色	不詳		台北 故宮博物院	國贈 024753
西窗風雨圖	軸	紙	設色	不詳		台北 故宮博物院（王世杰先生寄存）	
影翠軒圖	軸	紙	設色	不詳		台北 故宮博物院（王世杰先生寄存）	
玉蘭	軸	紙	設色	119 × 40.3		台北 故宮博物院（蘭千山館寄存）	
吉祥庵圖	軸	紙	設色	82.6 × 37.1		台北 鴻禧美術館	C4-824
松下灌足圖	軸	紙	設色	66 × 28	正德十又五年歲庚辰（1520）五月既望	台北 長流美術館	
溪山欲雪圖	軸	紙	水墨	107.9 × 29.4		台北 陳啟斌畏罍堂	
仿董、巨墨法山水（寄邢憲文學）	軸	紙	水墨	190 × 51	乙卯（嘉靖三十四年，1555）九月望	香港 何耀光至樂堂	
山水圖	軸	紙	水墨	127.0 × 31.5		香港 黃仲方先生	
山水（品茶圖）	軸	紙	水墨	119.9 × 34.4	嘉靖十三年歲在甲午（1534）穀雨時節	香港 招署東先生	
梅石水仙圖	軸	紙	水墨	31.8 × 29.1		香港 潘祖堯小聽颿樓	CP1
竹林深處圖	軸	紙	設色	71.5 × 41		香港 劉作籌虛白齋	
臨流吟詠圖	軸	絹	設色	119 × 60		香港 劉作籌虛白齋	16
（傳）綠蔭蹇驢圖	軸	紙	設色	125 × 32.3	正德丁丑（十二年，1517）長夏	香港 香港美術館・虛白齋	XB1992.028
（傳）銅官山色圖	軸	絹	水墨	136 × 37.5		香港 香港美術館・虛白齋	XB1992.023
採桑圖	軸	紙	設色	不詳	辛亥（嘉靖三十年，1551）三月十一日	香港 趙從衍先生	
紅袖高樓圖	軸	紙	設色	126 × 48.5		香港 王南屏先生	
竹石喬柯圖	軸	紙	水墨	145 × 34	甲午（嘉靖十三年，1534）	長春 吉林省博物館	
墨竹圖	軸	紙	水墨	60 × 30		長春 吉林省博物館	
清秋訪友圖	軸	紙	設色	47.6 × 26.2		長春 吉林省博物館	
樹下聽泉圖	軸	絹	設色	147.8 × 63.4		長春 吉林省博物館	
攜琴聽泉圖	軸	紙	水墨	205 × 96	嘉靖丙戌（五年，	瀋陽 故宮博物院	

名稱	形式	質地	色彩	尺寸 高×寬cm	創作時間	收藏處所	典藏號碼
					1526）		
泉石高閒圖	軸	紙	水墨	68 × 25.5	庚戌（嘉靖二十九年，1550）	瀋陽 故宮博物院	
松壑高澗圖	軸	絹	設色	不詳		瀋陽 故宮博物院	
草閣臨流圖	軸	絹	設色	124 × 61.5		瀋陽 故宮博物院	
雪山覓句圖	軸	紙	設色	183 × 83		瀋陽 故宮博物院	
樹石圖	軸	紙	水墨	49.5 × 28		瀋陽 故宮博物院	
山莊客至圖	軸	紙	設色	87.7 × 27	嘉靖壬子（三十一年，1552）	瀋陽 遼寧省博物館	
湘君、湘夫人圖像	軸	紙	設色	100.3 × 35.5	正德十二年丁丑（1517）	北京 故宮博物院	
雨晴紀事圖	軸	紙	水墨	130 × 60.8	庚寅（嘉靖九年，1530）三月八日	北京 故宮博物院	
品茶圖	軸	紙	水墨	136.1 × 27	嘉靖十三年，甲午（1534）	北京 故宮博物院	
西齋話舊圖（為從龍作）	軸	紙	設色	87 × 28.8	嘉靖甲午（十三年，1534）臘月四日	北京 故宮博物院	
千巖競秀圖	軸	紙	設色	不詳	嘉靖二十九年（庚戌，1550）三月十日	北京 故宮博物院	
臨溪幽堂圖	軸	紙	水墨	127.8 × 50		北京 故宮博物院	
曲港歸舟圖	軸	紙	水墨	115 × 33.6		北京 故宮博物院	
秋花圖	軸	紙	水墨	135.6 × 50.4		北京 故宮博物院	
溪橋策杖圖	軸	紙	水墨	95.8 × 48.7		北京 故宮博物院	
落木空江圖	軸	紙	水墨	56 × 26.7		北京 故宮博物院	
雪景山水圖	軸	絹	設色	135 × 29		北京 故宮博物院	
綠陰清話圖	軸	紙	水墨	131.5 × 32		北京 故宮博物院	
雪景山水圖	軸	紙	設色	110.5 × 43.2	嘉靖乙巳（二十四年，1545）冬	北京 中國歷史博物館	
疊嶂飛泉圖	軸	紙	設色	不詳	乙卯（嘉靖三十四年，1555）五月二十日	北京 中國美術館	
夏木垂蔭圖	軸	紙	設色	不詳	癸卯（嘉靖二十二年，1543）	北京 中國美術館	

名稱	形式	質地	色彩	尺寸 高x寬㎝	創作時間	收藏處所	典藏號碼
鬥雞圖	軸	紙	水墨	55.4 × 30	辛卯（嘉靖十年，1531）	天津 天津市藝術博物館	
松石高士圖	軸	紙	設色	60 × 29.2	辛卯（嘉靖十年，1531）	天津 天津市藝術博物館	
青綠山水圖	軸	紙	設色	115.5 × 31.5		天津 天津市藝術博物館	
山陰晴雪圖	軸	絹	水墨	80 × 40		天津 天津市藝術博物館	
枯木雙禽圖	軸	紙	水墨	47 × 33.3		天津 天津市藝術博物館	
臨沈石田金雞圖	軸	紙	設色	142 × 67		天津 天津市藝術博物館	
仿倪瓚山水圖	軸	紙	水墨	80 × 30		天津 天津市藝術博物館	
松萱圖	軸	絹	設色	156 × 65.5		天津 天津市歷史博物館	
松下觀瀑圖	軸	紙	設色	346 × 104	嘉靖壬子（三十一年，1552）	煙臺 山東省煙臺市博物館	
枯木竹石圖	軸	紙	水墨	不詳		西安 陝西省西安市文物保護考古所	
柏岸停舟圖	軸	紙	水墨	不詳		揚州 江蘇省揚州市博物館	
滄州詩意圖	軸	絹	水墨	60.4 × 38.8		揚州 江蘇省揚州市博物館	
雙柯竹石圖	軸	紙	水墨	76.9 × 30.7	辛卯（嘉靖十年，1531）	上海 上海博物館	
寒林晴雪圖	軸	紙	設色	115 × 36.2	嘉靖辛卯（十年，1531）冬十月既望	上海 上海博物館	
擬董源筆意松蔭高士圖	軸	紙	水墨	148.3 × 44.4	甲辰（嘉靖二十三年，1544）七月十日	上海 上海博物館	
玉蘭花圖	軸	紙	設色	120 × 38.7	辛亥（嘉靖三十年，1551）	上海 上海博物館	
贈別圖（為德孚作）	軸	紙	水墨	54.1 × 41.3	嘉靖乙卯（三十四年，1555）	上海 上海博物館	
丹楓茅屋圖	軸	紙	水墨	201.5 × 69		上海 上海博物館	
石壁飛虹圖	軸	紙	水墨	65.5 × 40.9		上海 上海博物館	
松風細泉圖	軸	紙	水墨	119.1 × 55.8		上海 上海博物館	
春深高樹圖	軸	絹	設色	170.1 × 65.7		上海 上海博物館	
茅亭趺坐圖	軸	紙	設色	96.1 × 29		上海 上海博物館	
茅簷灌葵圖	軸	絹	設色	155.3 × 65.5		上海 上海博物館	

名稱	形式	質地	色彩	尺寸 高×寬cm	創作時間	收藏處所	典藏號碼
雲山圖	軸	紙	設色	90.5 × 28.6		上海 上海博物館	
颶風圖	軸	紙	水墨	111.7 × 52.7		上海 上海博物館	
蘭竹圖	軸	紙	水墨	100.8 × 28.3		上海 上海博物館	
仿梅道人山水圖	軸	紙	水墨	83 × 29.4	嘉靖丁巳（三十六年，1557）	上海 上海人民美術出版社	
古木蒼烟圖	軸	紙	水墨	81.5 × 30.5	嘉靖九年（庚寅，1530）	南京 南京博物院	
中庭步月圖	軸	紙	水墨	149.6 × 50.5	嘉靖壬辰（十一年，1532）十月十三日	南京 南京博物院	
萬壑爭流圖	軸	紙	設色	132.7 × 35.3	庚戌（嘉靖二十九年，1550）六月既望	南京 南京博物院	
水亭詩意圖	軸	紙	水墨	73.3 × 28.4	戊午（嘉靖三十七年，1558）春	南京 南京博物院	
山色溪光圖	軸	紙	水墨	112.5 × 26.9		南京 南京博物院	
冰姿倩影圖	軸	紙	水墨	76.9 × 24.5		南京 南京博物院	
雪橋策馬圖	軸	絹	設色	146 ×		南京 南京博物院	
蕉石鳴琴圖并書賦（為楊季靜作）	軸	紙	水墨	84 × 27.2	嘉靖戊子（七年，1528）三月廿六日	無錫 江蘇省無錫市博物館	
夕陽秋色圖	軸	絹	設色	140.2 × 61.7		無錫 江蘇省無錫市博物館	
綠蔭草堂圖	軸	紙	水墨	68.5 × 33.2		無錫 江蘇省無錫市博物館	
東坡詩意圖	軸	紙	設色	47.2 × 25.2		無錫 江蘇省無錫市博物館	
五月江深圖	軸	紙	水墨	127.5 × 31	嘉靖丙申（十五年，1536）	蘇州 江蘇省蘇州博物館	
寒柯圖	軸	紙	水墨	114.8 × 50.2		杭州 浙江省杭州市文物考古所	
古木蘭竹圖	軸	紙	水墨	29.6 × 59		海鹽 浙江省海鹽縣博物館	
影□軒圖	軸	絹	設色	不詳		寧波 浙江省寧波市天一閣文物保管所	
溪亭消夏圖	軸	絹	水墨	60 × 48		南昌 江西省博物館	
水閣遠山圖	軸	紙	水墨	160.5 × 33		長沙 湖南省博物館	
高人名園圖	軸	絹	設色	69.7 × 48.1	嘉靖甲申（三年，1524）九月	成都 四川省博物館	

名稱	形式	質地	色彩	尺寸 高×寬㎝	創作時間	收藏處所	典藏號碼
仿王蒙山水圖	軸	紙	水墨	55.5 × 31.5	嘉靖壬子（三十一年，1552）	成都 四川大學	
水閣奔流圖	軸	金箋	設色	不詳		成都 四川大學	
西江圖	軸	紙	設色	不詳	嘉靖七年（戊子，1528）	廣州 廣東省博物館	
老子像	軸	紙	水墨	57 × 28	嘉靖己酉（二十八年，1549）	廣州 廣東省博物館	
玉蘭圖	軸	紙	設色	不詳		廣州 廣東省博物館	
李白詩意圖	軸	絹	設色	144.7 × 73.7		廣州 廣東省博物館	
芙蓉圖	軸	絹	設色	191 × 41.7		廣州 廣東省博物館	
淞江圖	軸	絹	設色	130 × 66.5		廣州 廣東省博物館	
雪山跨蹇圖	軸	紙	設色	159 × 65		廣州 廣東省博物館	
蕙蘭石圖	軸	紙	水墨	38.5 × 24.9		廣州 廣東省博物館	
東莊圖	軸	紙	設色	不詳	正德八年（癸酉，1513）五月六日	廣州 廣州市美術館	
摹黃公望溪閣閑居圖	軸	紙	水墨	104 × 32.5		廣州 廣州市美術館	
古木幽石圖	軸	紙	水墨	不詳	癸卯（嘉靖二十二年，1543）	南寧 廣西壯族自治區博物館	
林亭燕坐圖	軸	紙	設色	111.5 × 29.8	乙卯（嘉靖三十四年，1555）	南寧 廣西壯族自治區博物館	
幽居圖	軸	紙	設色	157.4 × 33		昆明 雲南省博物館	
橫塘聽雨圖	軸	紙	水墨	756.4 × 35.8	乙巳（嘉靖二十四年，1545）四月	日本 東京南條金雄先生	
煙雨聽秋圖	軸	紙	設色	63.6 × 36.7	甲辰（嘉靖二十三年，1544）秋日	日本 東京山本悌二郎先生	
仿黃鶴山樵山水	軸	紙	設色	144.8 × 46.1	嘉靖辛丑（二十年，1541）秋日	日本 東京山本悌二郎先生	
茅亭觀瀑圖	軸	紙	水墨	51.2 × 30.9	甲午（嘉靖十三年，1534）四月十九	日本 東京山本悌二郎先生	
唐子西詩意圖	軸	紙	設色	148.2 × 47.9	乙丑（弘治十八年，1505）臘月二日	日本 東京速水一孔先生	
烹茶圖	軸	紙	水墨	95.4 × 31.2	嘉靖丙午（二十五年，1546）春暮	日本 京都國立博物館（上野有竹齋寄贈）	A甲154
紫藤睡貓圖	軸	紙	設色	107.1 × 31.5		日本 京都國立博物館（上野有	A甲153

名稱	形式	質地	色彩	尺寸 高×寬㎝	創作時間	收藏處所	典藏號碼
						竹齋寄贈）	
山水	軸	紙	設色	124.8 × 28.2		日本 京都小栗秋堂先生	
菊花竹石圖	軸	紙	水墨	129.5 × 45.5	壬申（正德七年，1512）九月	日本 大阪市立美術館	
枯木竹石圖	軸	紙	水墨	104 × 31.8		日本 大阪市立美術館	
雲山圖	軸	紙	水墨	131.8 × 51.8	戊辰（正德三年，1508）三月十日	日本 大阪市立美術館	
黃華幽石圖	軸	紙	水墨	131.9 × 45.5	正德七年（壬申，1512）九月	日本 大阪市立美術館	
秋山雨餘圖	軸	紙	設色	不詳		日本 大阪橋本大乙先生	
秋光泉聲圖	軸	紙	設色	113 × 27	戊申（嘉靖廿七年，1548）七月廿日	日本 大阪橋本大乙先生	
山水圖	軸	紙	水墨	28.3 × 15.8		日本 兵庫縣黑川古文化研究所	
仿黃鶴山樵山居圖	軸	絹	設色	145 × 64.8	嘉靖乙巳（二十四年，1545）夏五月	日本 千葉縣吉田甚左衛門先生	
山水圖	軸	絹	設色	80.5 × 35.5		日本 沖繩縣立博物館	大 A-45
仙逸圖	軸	絹	設色	不詳	嘉靖癸未（二年，1523）秋日	日本 京都妙心寺	
雪景山水圖	軸	絹	設色	185.3 × 72.5		日本 山口良夫先生	
灌木寒泉圖	軸	紙	設色	96.3 × 27.9	己酉（嘉靖二十八年，1549）端陽日	日本 山口良夫先生	
翠竹蘭石圖（臨趙孟頫筆）	軸	絹	水墨	不詳		日本 江田勇二先生	
松陰清話圖	軸	絹	設色	123.9 × 63.6		日本 私人	
山水圖	軸	絹	設色	187.9 × 93.8		日本 私人	
山水圖	軸	紙	水墨	108.8 × 33.2		日本 私人	
墨貓圖	軸	紙	水墨	60.3 × 28		韓國 私人	
積雨連村圖	軸	紙	水墨	不詳		美國 波士頓美術館	
牡丹圖	軸	紙	設色	85.4 × 31.7		美國 耶魯大學藝術館	1985.83.1
修篁叢菊（徐縉題詩）	軸	紙	水墨	48 × 26.5	徐題於乙未（十四年，1535）秋	美國 普林斯頓大學藝術館（私人寄存）	L27.70
山水圖	軸	紙	水墨	348.6 × 102.8		美國 普林斯頓大學藝術館（Edward Elliott 先生寄存）	L130.71

名稱	形式	質地	色彩	尺寸 高x寬㎝	創作時間	收藏處所	典藏號碼
蘭竹梅圖	軸	紙	水墨	166 x 22.2	丁巳（嘉靖三十六年，1557）元日	美國 New Haven 翁萬戈先生	
寒林待雪圖	軸	紙	設色	100.5 x 27.1	嘉靖丁未（二十六年，1547）冬早小寒	美國 New Haven 翁萬戈先生	
木石圖	軸	紙	設色	63.7 x 27.7		美國 紐約大都會藝術博物館	13.220.110
山水圖	軸	絹	設色	175.9 x 77.9	嘉靖壬午（元年，1522）	美國 紐約大都會藝術博物館	13.220.29
谿山欲雪圖	軸	紙	水墨	107.8 x 29.3	嘉靖戊申（二十七年，1548）冬十一月	美國 紐約王季遷明德堂	
湖山雪騎圖	軸	紙	設色	97 x 35	嘉靖乙未（十四年，1535）冬仲	美國 紐約王季遷明德堂	
仿王蒙筆意山水圖	軸	紙	設色	不詳		美國 紐約顧洛阜先生	
樓居圖	軸	紙	設色	96.1 x 45.3		美國 紐約 Weill 先生	
山水圖	軸	紙	水墨	93.4 x 20.6		美國 密歇根大學藝術博物館	1959/109
赤壁賦圖并題	軸	紙	水墨	142.7 x 33	戊午（嘉靖三十七年，1558）冬日，時年八十九	美國 底特律市藝術中心	76.3
山水圖	軸	紙	水墨	123.1 x 36.6		美國 芝加哥大學藝術博物館	1983.2
古木寒泉圖	軸	紙	設色	71.5 x 27.5	辛亥（嘉靖三十年，1551）五月望	美國 克利夫蘭藝術博物館	
斷壑鳴琴圖	軸	紙	設色	132 x 50.4	嘉靖戊申（二十七年，1548）夏四月	美國 克利夫蘭藝術博物館	69.60
聽竹圖并題	軸	紙	水墨	94.5 x 30.5		美國 克利夫蘭藝術博物館	
澄溪靜樾圖	軸	紙	水墨	58.5 x 31		美國 辛辛那提市藝術館	1948.83
寒林飛雪圖	軸	紙	設色	101.1 x 46.5		美國 印地安那波里斯市藝術博物館	60.39
寒林飛雪	軸	紙	設色	101.1 x 46.5		美國 印地安那波里斯市藝術博物館	
賣酒圖	軸	紙	水墨	71.7 x 32.7		美國 聖路易斯市藝術館	91.1986
山水圖	軸	不詳	水墨	155.8 x 48.3		美國 堪薩斯市納爾遜-艾金斯藝術博物館	
古柏溪徑圖	軸	紙	水墨	54.2 x 32.6		美國 堪薩斯市納爾遜-艾金斯	46-47

名稱	形式	質地	色彩	尺寸 高×寬 cm	創作時間	收藏處所	典藏號碼
						藝術博物館	
綠陰閒話圖	軸	紙	水墨	101.8 × 28.6		美國 舊金山亞洲藝術館	B68 D9
治平山寺圖	軸	絹	設色	77.3 × 40.7		美國 勃克萊加州大學藝術館	CM102
層巒疊嶂圖	軸	紙	水墨	165.5 × 35.2		美國 勃克萊加州大學藝術館	CM128
灌木寒泉圖	軸	紙	設色	96.3 × 27.8		美國 勃克萊加州大學藝術館	CM135
古木寒泉	軸	紙	設色	54.2 × 24.4	辛卯（嘉靖十年，1531）七月廿又四日	美國 洛杉磯郡立藝術館	
寒林圖	軸	紙	水墨	90 × 31	嘉靖壬寅（二十一年，1542）臘月廿一日	英國 倫敦大英博物館	1965.10.11.01(ADD351)
群鹿圖	軸	絹	設色	186.5 × 96		英國 倫敦大英博物館	1910.2.12.162(ADD94)
山水圖	軸	紙	設色	65.5 × 33.6		英國 倫敦大英博物館	1979.6.25.01（ADD416）
送別圖	軸	紙	設色	52.2 × 25.7		德國 柏林東亞藝術博物館	1988-446
捕漁圖	軸	紙	水墨	60.1 × 24.2	丙申（嘉靖十五年，1536）四月三日	瑞士 蘇黎士黎德堡博物館	RCH.1132
山水圖（雨晴山色好）	軸	紙	設色	113.8 × 29.3		瑞士 蘇黎士黎德堡博物館	RCH.1114
草閣江深五月寒詩意圖	軸	紙	設色	114 × 29.2		瑞士 蘇黎士黎德堡博物館	RCH.1114
停琴觀瀑圖	軸	絹	設色	155.7 × 65.9		瑞典 斯德哥爾摩遠東古物館	NMOK548
停琴觀瀑圖	軸	絹	設色	166.4 × 73.5		瑞典 斯德哥爾摩遠東古物館	NMOK547
竹石圖	軸	紙	水墨	105.8 × 32.7	癸巳（嘉靖十二年，1533）四月十七日	瑞典 斯德哥爾摩遠東古物館	NMOK422
曲澗攜琴圖	軸	紙	水墨	59.2 × 26.9	丙辰（嘉靖三十五年，1556）五月八日	瑞典 斯德哥爾摩遠東古物館	NMOK930
高士圖	軸	紙	設色	59.2 × 26.9	丙辰（嘉靖三十五年，1556）	瑞典 斯德哥爾摩遠東古物館	
行旅圖	軸	紙	設色	107 × 28	癸丑（嘉靖三十三年，1554）	瑞典 斯德哥爾摩遠東古物館	
古木寒鴉圖	軸	紙	水墨	105.5 × 29.5	甲寅（嘉靖三十三年，1554）冬日	瑞典 斯德哥爾摩遠東古物館（Erickson 先生寄存）	E.E.12

名稱	形式	質地	色彩	尺寸 高×寬㎝	創作時間	收藏處所	典藏號碼
雨竹（文徵明畫竹冊之1）	冊頁	紙	水墨	33.5 × 66.9		台北 故宮博物院	故畫01132-1
太湖石竹（文徵明畫竹冊之2）	冊頁	紙	水墨	33.5 × 66.9		台北 故宮博物院	故畫01132-2
晴竹（文徵明畫竹冊之3）	冊頁	紙	水墨	33.5 × 66.9		台北 故宮博物院	故畫01132-3
枯木竹石（文徵明畫竹冊之4）	冊頁	紙	水墨	33.5 × 66.9		台北 故宮博物院	故畫01132-4
竹石（文徵明畫竹冊之5）	冊頁	紙	水墨	33.5 × 66.9		台北 故宮博物院	故畫01132-5
勁竹（文徵明畫竹冊之6）	冊頁	紙	水墨	33.5 × 66.9		台北 故宮博物院	故畫01132-6
風竹（文徵明畫竹冊之7）	冊頁	紙	水墨	33.5 × 66.9		台北 故宮博物院	故畫01132-7
斜竹倚窗（文徵明畫竹冊之8）	冊頁	紙	水墨	33.5 × 66.9		台北 故宮博物院	故畫01132-8
新竹（文徵明畫竹冊之9）	冊頁	紙	水墨	33.5 × 66.9		台北 故宮博物院	故畫01132-9
雙鉤竹（文徵明畫竹冊之10）	冊頁	紙	水墨	33.5 × 66.9	嘉靖戊戌（十七年，1538）五月望後二日	台北 故宮博物院	故畫01132-10
梅花山茶（文徵明花卉冊之1）	冊頁	紙	水墨	32.5 × 53.7		台北 故宮博物院	故畫01133-1
杏花雙燕（文徵明花卉冊之2）	冊頁	紙	水墨	32.5 × 53.7		台北 故宮博物院	故畫01133-2
玉蘭竹石（文徵明花卉冊之3）	冊頁	紙	設色	32.5 × 53.7		台北 故宮博物院	故畫01133-3
萱花竹石（文徵明花卉冊之4）	冊頁	紙	設色	32.5 × 53.7		台北 故宮博物院	故畫01133-4
荷花（文徵明花卉冊之5）	冊頁	紙	水墨	32.5 × 53.7		台北 故宮博物院	故畫01133-5
梔子茉莉（文徵明花卉冊之6）	冊頁	紙	設色	32.5 × 53.7		台北 故宮博物院	故畫01133-6
紅蕉湖石（文徵明花卉冊之7）	冊頁	紙	設色	32.5 × 53.7		台北 故宮博物院	故畫01133-7
水仙竹石（文徵明花卉冊之8）	冊頁	紙	水墨	32.5 × 53.7	嘉靖癸巳（十二年，1533）長夏	台北 故宮博物院	故畫01133-8
雨舟歸興（名賢妙蹟冊之9）	冊頁	紙	水墨	45.7 × 30.7		台北 故宮博物院	故畫01255-10
秋亭雨霽（名畫薈珍冊之5）	冊頁	絹	設色	36.7 × 31		台北 故宮博物院	故畫01256-5
移棹看松（明三家畫冊之3）	冊頁	紙	設色	30.2 × 50.9		台北 故宮博物院	故畫01273-3
蘭竹（名畫琳瑯冊之9）	冊頁	紙	水墨	47 × 23.3		台北 故宮博物院	故畫01292-9

名稱	形式	質地	色彩	尺寸 高×寬㎝	創作時間	收藏處所	典藏號碼
折枝秋葵（名繪萃珍冊之6）	冊頁	紙	水墨	65.4 × 30.3		台北 故宮博物院	故畫 01294-6
茅堂永夏（元明人畫山水集景冊之5）	冊頁	紙	設色	66.7 × 34.8		台北 故宮博物院	故畫 01295-5
山水（元明人畫山水集景冊之6）	冊頁	紙	水墨	67.4 × 33		台北 故宮博物院	故畫 01295-6
米家雲山（文徵明畫山水冊之1）	冊頁	絹	設色	23 × 20.8		台北 故宮博物院	故畫 03157-1
秋日疏林（文徵明畫山水冊之2）	冊頁	絹	設色	23 × 20.8		台北 故宮博物院	故畫 03157-2
亭中獨坐（文徵明畫山水冊之3）	冊頁	絹	設色	23 × 20.8		台北 故宮博物院	故畫 03157-3
冬景山水（文徵明畫山水冊之4）	冊頁	絹	設色	23 × 20.8		台北 故宮博物院	故畫 03157-4
江上帆影（文徵明畫山水冊之5）	冊頁	絹	設色	23 × 20.8		台北 故宮博物院	故畫 03157-5
山泉競喧（文徵明畫山水冊之6）	冊頁	絹	設色	23 × 20.8		台北 故宮博物院	故畫 03157-6
雲峰亭子（文徵明畫山水冊之7）	冊頁	絹	設色	23 × 20.8		台北 故宮博物院	故畫 03157-7
江干遠眺（文徵明畫山水冊之8）	冊頁	絹	設色	23 × 20.8		台北 故宮博物院	故畫 03157-8
幽谷流泉（文徵明畫山水冊之9）	冊頁	絹	設色	23 × 20.8		台北 故宮博物院	故畫 03157-9
松下對坐（文徵明畫山水冊之10）	冊頁	絹	設色	23 × 20.8		台北 故宮博物院	故畫 03157-10
萬巖積翠(文徵明畫十萬圖冊之1)	冊頁	紙	設色	32 × 39.2		台北 故宮博物院	故畫 03158-1
萬松濤響(文徵明畫十萬圖冊之2)	冊頁	紙	設色	32 × 39.2		台北 故宮博物院	故畫 03158-2
萬株香雪(文徵明畫十萬圖冊之3)	冊頁	紙	設色	32 × 39.2		台北 故宮博物院	故畫 03158-3
萬峰雲起(文徵明畫十萬圖冊之4)	冊頁	紙	設色	32 × 39.2		台北 故宮博物院	故畫 03158-4
萬卷書屋(文徵明畫十萬圖冊之5)	冊頁	紙	設色	32 × 39.2		台北 故宮博物院	故畫 03158-5

名稱	形式	質地	色彩	尺寸 高x寬㎝	創作時間	收藏處所	典藏號碼
之5)							
萬竿煙雨(文徵明畫十萬圖冊之6)	冊頁	紙	設色	32 × 39.2		台北 故宮博物院	故畫 03158-6
萬點青蓮(文徵明畫十萬圖冊之7)	冊頁	紙	設色	32 × 39.2		台北 故宮博物院	故畫 03158-7
萬卉爭妍(文徵明畫十萬圖冊之8)	冊頁	紙	設色	32 × 39.2		台北 故宮博物院	故畫 03158-8
萬壑爭流(文徵明畫十萬圖冊之9)	冊頁	紙	設色	32 × 39.2		台北 故宮博物院	故畫 03158-9
萬山積玉(文徵明畫十萬圖冊之10)	冊頁	紙	設色	32 × 39.2	嘉靖辛卯（十年，1531）冬日	台北 故宮博物院	故畫 03158-10
坡石喬松（文徵明畫扇冊之1）	摺扇面	金箋	設色	20.4 × 54		台北 故宮博物院	故畫 03159-1
溪汀煙樹（文徵明畫扇冊之2）	摺扇面	金箋	設色	18.5 × 52.8		台北 故宮博物院	故畫 03159-2
湖山春色（文徵明畫扇冊之3）	摺扇面	金箋	設色	18.2 × 52		台北 故宮博物院	故畫 03159-3
水榭臨流（文徵明畫扇冊之4）	摺扇面	金箋	設色	18.6 × 51.7		台北 故宮博物院	故畫 03159-4
松陰漁笛（文徵明畫扇冊之5）	摺扇面	金箋	設色	17.8 × 48.4		台北 故宮博物院	故畫 03159-5
倚石圖（文徵明畫扇冊之6）	摺扇面	金箋	設色	18.5 × 52.9	辛卯（嘉靖十年，1531）閏月	台北 故宮博物院	故畫 03159-6
泉石小景（文徵明畫扇冊之7）	摺扇面	金箋	設色	18.6 × 52.5		台北 故宮博物院	故畫 03159-7
萱花（文徵明畫扇冊之8）	摺扇面	金箋	設色	17.6 × 51.6		台北 故宮博物院	故畫 03159-8
綠陰繫艇（文徵明畫扇冊之9）	摺扇面	金箋	設色	18.3 × 52.1		台北 故宮博物院	故畫 03159-9
柏石（文徵明畫扇冊之10）	摺扇面	金箋	設色	18.9 × 52.9	丁酉（嘉靖十六年，1537）冬日	台北 故宮博物院	故畫 03159-10
墨竹（文徵明畫扇冊之11）	摺扇面	金箋	水墨	17.6 × 51.7		台北 故宮博物院	故畫 03159-11
棘枝雙雀（文徵明畫扇冊之12）	摺扇面	金箋	設色	18.1 × 51.8		台北 故宮博物院	故畫 03159-12
蘭竹（文徵明畫扇冊之13）	摺扇面	金箋	設色	17.8 × 49		台北 故宮博物院	故畫 03159-13

名稱	形式	質地	色彩	尺寸 高×寬㎝	創作時間	收藏處所	典藏號碼
虬松（文徵明畫扇冊之14）	摺扇面	金箋	設色	19.6 × 53.7		台北 故宮博物院	故畫 03159-14
金桂（文徵明畫扇冊之15）	摺扇面	金箋	設色	15.9 × 48		台北 故宮博物院	故畫 03159-15
秋菊（文徵明畫扇冊之16）	摺扇面	金箋	設色	16.4 × 43.6		台北 故宮博物院	故畫 03159-16
竹樹（文徵明畫扇冊之17）	摺扇面	金箋	設色	18.9 × 53.3		台北 故宮博物院	故畫 03159-17
竹樹（文徵明畫扇冊之18）	摺扇面	金箋	設色	17.4 × 51.3		台北 故宮博物院	故畫 03159-18
竹樹（文徵明畫扇冊之19）	摺扇面	金箋	設色	18.5 × 50.3		台北 故宮博物院	故畫 03159-19
樹石小景（文徵明畫扇冊之20）	摺扇面	金箋	設色	18.8 × 51.4		台北 故宮博物院	故畫 03159-20
平江漁隱（宋元明集繪第一冊之14）	冊頁	絹	設色	32.9 × 26.7		台北 故宮博物院	故畫 03473-14
柳溪閒泛（宋元明集繪第二冊之7）	冊頁	絹	設色	27.7 × 20.6		台北 故宮博物院	故畫 03474-7
雪山攬勝（藝苑臚珍冊之14）	冊頁	絹	設色	24.5 × 25.7		台北 故宮博物院	故畫 03492-14
初雪江行（披薰集古冊之3）	摺扇面	紙	設色	19.6 × 55.5		台北 故宮博物院	故畫 03499-3
松崖觀泉（披薰集古冊之9）	摺扇面	紙	設色	19.5 × 56.3	癸卯（嘉靖二十二年，1543）九月	台北 故宮博物院	故畫 03499-9
仙山圖（披薰集古冊之10）	冊頁	紙	設色	18.3 × 51.4	乙亥（正德十年，1515）夏	台北 故宮博物院	故畫 03499-10
江山歸帆（披薰集古冊之11）	冊頁	紙	設色	18.3 × 53	乙亥（正德十年，1515）仲夏	台北 故宮博物院	故畫 03499-11
山水圖（名人山水冊12幀）	冊	紙	設色	不詳		台北 故宮博物院	故畫 03507
山水（明文徵明沈周唐寅仇英便面合裝冊之1）	摺扇面	紙	設色	不詳		台北 故宮博物院	故畫 03524-1
牡丹（文氏畫扇集冊之1）	摺扇面	紙	設色	不詳		台北 故宮博物院	故畫 03525-1
墨菊竹石（文氏畫扇集冊之2）	摺扇面	紙	水墨	不詳		台北 故宮博物院	故畫 03525-2
墨蘭竹石（文氏畫扇集冊之3）	摺扇面	紙	水墨	不詳		台北 故宮博物院	故畫 03525-3
古木寒泉（文氏畫扇集冊之4）	摺扇面	紙	水墨	不詳		台北 故宮博物院	故畫 03525-4
叢蘭竹枝（明人畫扇冊一冊之3）	摺扇面	紙	水墨	不詳		台北 故宮博物院	故畫 03527-3
古木蒼崖（明人畫扇冊二冊之1）	摺扇面	紙	水墨	不詳		台北 故宮博物院	故畫 03528-1

名稱	形式	質地	色彩	尺寸 高x寬cm	創作時間	收藏處所	典藏號碼
山水（明人畫扇冊三冊之2）	摺扇面	紙	水墨	不詳		台北 故宮博物院	故畫 03529-2
山中夜雨（明人畫扇集冊貳冊（上）之6）	摺扇面	紙	水墨	不詳		台北 故宮博物院	故畫 03534-6
墨竹圖（明人便面畫冊肆冊（一）之4）	摺扇面	紙	水墨	不詳		台北 故宮博物院	故畫 03537-4
竹樹圖（明人便面畫冊肆冊（一）之5）	摺扇面	紙	設色	不詳		台北 故宮博物院	故畫 03537-5
歲晚群芳（明人書畫扇（卯）冊之1）	摺扇面	紙	設色	不詳		台北 故宮博物院	故畫 03544-1
雜畫（明人書畫扇（卯）冊之5）	摺扇面	紙	水墨	不詳		台北 故宮博物院	故畫 03544-5
山鳥竹枝（明人書畫扇（卯）冊之9）	摺扇面	紙	水墨	不詳		台北 故宮博物院	故畫 03544-9
蘭花幽禽（明人書畫扇（卯）冊之15）	摺扇面	紙	水墨	不詳		台北 故宮博物院	故畫 03544-15
月搖庭下珮（明人書畫扇（卯）冊之17）	摺扇面	紙	水墨	不詳		台北 故宮博物院	故畫 03544-17
雜畫（明人書畫扇（辛）冊之2）	摺扇面	紙	設色	不詳		台北 故宮博物院	故畫 03545-2
山水（明諸臣書畫扇面冊頁冊之8）	摺扇面	紙	設色	不詳		台北 故宮博物院	故畫 03546-8
蘭竹（明諸臣書畫扇面冊頁冊之39）	摺扇面	紙	水墨	不詳		台北 故宮博物院	故畫 03546-39
山雞圖（名人畫扇（甲）冊之16）	摺扇面	紙	設色	不詳		台北 故宮博物院	故畫 03547-16
凌霜古木（明人書畫扇面（己）冊之5）	摺扇面	紙	水墨	不詳		台北 故宮博物院	故畫 03551-5
茅堂獨坐（名人畫扇冊之1）	摺扇面	紙	設色	不詳		台北 故宮博物院	故畫 03553-1
行春橋圖（各人書畫扇（壬）冊之24）	摺扇面	紙	設色	不詳		台北 故宮博物院	故畫 03560-24
戲筆畫（明人書畫扇（元）冊之6）	摺扇面	紙	水墨	19.2 x 56.5		台北 故宮博物院	故畫 03564-6
扁舟江南（明人書畫扇（元）冊之11）	摺扇面	紙	設色	18.7 x 56.1		台北 故宮博物院	故畫 03564-11

名稱	形式	質地	色彩	尺寸 高×寬㎝	創作時間	收藏處所	典藏號碼
攜杖過橋（明人書畫扇（元）冊之12）	摺扇面	紙	設色	17 × 52.3		台北 故宮博物院	故畫 03564-12
山水（明人書畫扇（元）冊之13）	摺扇面	紙	水墨	17.9 × 51.8		台北 故宮博物院	故畫 03564-13
溪岸人家（明人書畫扇（元）冊之14）	摺扇面	紙	設色	18 × 55		台北 故宮博物院	故畫 03564-14
江渚遠山（明人書畫扇（元）冊之15）	冊摺扇	紙	設色	17.7 × 53.8		台北 故宮博物院	故畫 03564-15
百畝良田（明人書畫扇（元）冊之16）	摺扇面	紙	水墨	16 × 49.3		台北 故宮博物院	故畫 03564-16
坐石觀泉（明人書畫扇（元）冊之17）	摺扇面	紙	水墨	19.2 × 56.5		台北 故宮博物院	故畫 03564-17
山水林屋（文徵明山水冊之1）	冊頁	絹	水墨	27 × 60.6		台北 故宮博物院	故畫 03568-1
竹石水仙（文徵明山水冊之2）	冊頁	絹	水墨	27 × 60.4		台北 故宮博物院	故畫 03568-2
雪景山水（文徵明山水冊之3）	冊頁	絹	設色	27.2 × 60.4		台北 故宮博物院	故畫 03568-3
柏竹（文徵明山水冊之4）	冊頁	絹	水墨	26.5 × 60.5		台北 故宮博物院	故畫 03568-4
雨景山水（文徵明山水冊之5）	冊頁	絹	設色	27.1 × 60.3		台北 故宮博物院	故畫 03568-5
松石流泉（文徵明山水冊之6）	冊頁	絹	設色	27 × 60.6		台北 故宮博物院	故畫 03568-6
林亭觀瀑（文徵明山水冊之7）	冊頁	絹	水墨	27.1 × 60.5		台北 故宮博物院	故畫 03568-7
古柏奇石（文徵明山水冊之8）	冊頁	絹	設色	26.9 × 60.3		台北 故宮博物院	故畫 03568-8
松廬獨坐（名人書畫合冊之8）	冊頁	紙	設色	16 × 46.8		台北 故宮博物院	故畫 03582-8
雪山圖	摺扇面	紙	不詳	不詳		台北 故宮博物院	故扇 00117
古木寒鴉	摺扇面	紙	不詳	不詳		台北 故宮博物院	故扇 00118
行旅圖	摺扇面	紙	不詳	不詳		台北 故宮博物院	故扇 00119
采芝圖	摺扇面	紙	不詳	不詳		台北 故宮博物院	故扇 00120
落花圖	摺扇面	紙	不詳	不詳		台北 故宮博物院	故扇 00121
把琴圖	摺扇面	紙	不詳	不詳		台北 故宮博物院	故扇 00122
臨流亭子	摺扇面	紙	不詳	不詳		台北 故宮博物院	故扇 00123
深山積翠	摺扇面	紙	不詳	不詳		台北 故宮博物院	故扇 00124
梅竹	摺扇面	紙	不詳	不詳		台北 故宮博物院	故扇 00125
函關秋齋	摺扇面	紙	不詳	不詳		台北 故宮博物院	故扇 00127
萬山積雪	摺扇面	紙	不詳	不詳		台北 故宮博物院	故扇 00128
松林獨坐	摺扇面	紙	不詳	不詳		台北 故宮博物院	故扇 00129
雪山茆店	摺扇面	紙	不詳	不詳		台北 故宮博物院	故扇 00130

名稱	形式	質地	色彩	尺寸 高x寬cm	創作時間	收藏處所	典藏號碼
雲山暮雨	摺扇面	紙	不詳	不詳		台北 故宮博物院	故扇00131
平山茅屋	摺扇面	紙	不詳	不詳		台北 故宮博物院	故扇00132
深山幽徑	摺扇面	紙	不詳	不詳		台北 故宮博物院	故扇00133
觀水圖	摺扇面	紙	不詳	不詳		台北 故宮博物院	故扇00134
招鶴圖	摺扇面	紙	不詳	不詳		台北 故宮博物院	故扇00135
觀泉圖	摺扇面	紙	不詳	不詳		台北 故宮博物院	故扇00136
赤壁圖	摺扇面	紙	不詳	不詳		台北 故宮博物院	故扇00137
桃林圖	摺扇面	紙	不詳	不詳		台北 故宮博物院	故扇00138
觀書圖	摺扇面	紙	不詳	不詳		台北 故宮博物院	故扇00139
仿倪雲林圖	摺扇面	紙	不詳	不詳		台北 故宮博物院	故扇00236
秋林書屋	摺扇面	紙	不詳	不詳		台北 故宮博物院	故扇00237
秋江紅樹	摺扇面	紙	不詳	不詳		台北 故宮博物院	故扇00238
雪山圖	摺扇面	紙	不詳	不詳		台北 故宮博物院	故扇00239
野鳥圖	摺扇面	紙	不詳	不詳		台北 故宮博物院	故扇00240
溪柳山莊	摺扇面	紙	不詳	不詳		台北 故宮博物院	故扇00241
雨過偶坐（明十名家便面會薈冊之1）	摺扇面	金箋	設色	19.4 x 53.5	壬午（嘉靖元年，1522）仲夏	台北 故宮博物院（蘭千山館寄存）	
竹石花鳥（明十名家便面會薈冊之1）	摺扇面	金箋	水墨	17 x 49		台北 故宮博物院（蘭千山館寄存）	
蘭亭賦	冊頁	金箋	設色	18 x 53		台北 黃君璧白雲堂	
菊花圖	摺扇面	金箋	水墨	18.8 x 55.7		台北 華叔和後真賞齋	
松下高士圖	摺扇面	金箋	設色	16.5 x 51.4	丁巳（嘉靖三十六年，1557）春日	台北 華叔和後真賞齋	
花鳥（12幀）	冊	紙	水墨	（每幀）25 x 28		台北 李鴻球先生	
高士觀瀑圖（扇面圖冊之5）	摺扇面	金箋	設色	18.5 x 51.7		台北 陳啟斌畏墨堂	
水田圖（扇面圖冊之6）	摺扇面	金箋	設色	16.5 x 48.6		台北 陳啟斌畏墨堂	
蓮社圖	摺扇面	金箋	設色	17.3 x 54.1		台北 陳啟斌畏墨堂	
蘭花圖（為心泉作）	摺扇面	金箋	水墨	19 x 53.5		香港 香港藝術館・虛白齋	FA1991.064
山水圖	摺扇面	金箋	水墨	18.8 x 53.6		香港 莫華釗承訓堂	K92.81
米法山水圖（文家書畫便面合冊之1）	摺扇面	金箋	設色	19.3 x 54.9		香港 潘祖堯小聽颿樓	CP86
山水圖（文家書畫便面合冊之2）	摺扇面	金箋	水墨	18.9 x 54.2		香港 潘祖堯小聽颿樓	CP87
疏樹秋色圖（文家書畫便面合面合	摺扇面	金箋	設色	16.4 x 46.1		香港 潘祖堯小聽颿樓	CP88

名稱	形式	質地	色彩	尺寸 高×寬㎝	創作時間	收藏處所	典藏號碼
冊之3）							
松樹圖（文家書畫便面合冊之8）	摺扇面	金箋	水墨	16.6 × 48		香港 潘祖堯小聽颿樓	CP93
蘭竹石圖	摺扇面	金箋	水墨	16.3 × 51.1		香港 潘祖堯小聽颿樓	CP60
柳汀漁夫圖	摺扇面	金箋	水墨	15.3 × 47.4		香港 潘祖堯小聽颿樓	CP59
山水圖	摺扇面	金箋	水墨	16.4 × 46		香港 羅桂祥先生	
山水圖	摺扇面	金箋	水墨	不詳	辛丑（嘉靖二十年，1541）	長春 吉林省博物館	
紅杏湖石圖	摺扇面	灑金箋	設色	18.7 × 51.2	丁酉（嘉靖十六年，1537）臘月	北京 故宮博物院	
竹譜圖（？幀）	冊	紙	水墨	不詳	戊戌（嘉靖十七年，1538）	北京 故宮博物院	
山水（12幀）	冊	紙	水墨	（每幀）28.5 × 16		北京 故宮博物院	
石湖圖	冊頁	紙	設色	不詳		北京 故宮博物院	
橫塘圖	冊頁	紙	設色	不詳		北京 故宮博物院	
墨竹圖	摺扇面	金箋	水墨	16.9 × 47.6		北京 故宮博物院	
墨蘭圖	摺扇面	金箋	水墨	17 × 50.7		北京 故宮博物院	
竹石圖	摺扇面	金箋	水墨	18.3 × 51		北京 故宮博物院	
蘭石圖	摺扇面	金箋	水墨	18.9 × 54.7		北京 故宮博物院	
山水圖	摺扇面	紙	水墨	18 × 50		北京 中國歷史博物館	
山水圖（文徵明等山水冊之1幀）	摺扇面	金箋	設色	不詳	丙辰（嘉靖三十五年，1556）	天津 天津市藝術博物館	
瀟湘八景圖（8幀）	冊	絹	設色	（每幀）27.7 × 22.5		青島 山東省青島市博物館	
扁舟橫笛圖	摺扇面	金箋	水墨	不詳		合肥 安徽省博物館	
月洲圖	摺扇面	金箋	水墨	不詳		合肥 安徽省博物館	
松巖高士圖	摺扇面	金箋	設色	不詳	辛巳（正德十六年，1521）	上海 上海博物館	
滄浪濯足圖	摺扇面	金箋	設色	不詳	嘉靖癸未（二年，1523）四月	上海 上海博物館	
春遊圖	摺扇面	金箋	設色	不詳	丁亥（嘉靖六年，1527）	上海 上海博物館	
連轡訪友圖	摺扇面	金箋	設色	不詳	乙未（嘉靖十四年，1535）	上海 上海博物館	

名稱	形式	質地	色彩	尺寸 高x寬cm	創作時間	收藏處所	典藏號碼
柳溪游艇圖	摺扇面	金箋	設色	不詳	壬子（嘉靖三十一年，1552）	上海 上海博物館	
罷釣圖	摺扇面	金箋	設色	不詳	嘉靖壬子（三十一年，1552）	上海 上海博物館	
虛亭遙竚圖	摺扇面	金箋	水墨	不詳	時年八十五（嘉靖三十三年，甲寅，1554）	上海 上海博物館	
漁舟曉泛圖	摺扇面	金箋	水墨	不詳	戊午（嘉靖三十七年，1558）	上海 上海博物館	
枯木竹石圖	摺扇面	金箋	水墨	不詳	戊午（嘉靖三十七年，1558）秋日	上海 上海博物館	
瀟湘八景圖（8幀）	冊	絹	水墨	（每幀）24.3 x 44.8		上海 上海博物館	
有竹圖（為汝新作，四家集錦冊4之第2幀）	冊頁	絹	水墨	不詳		上海 上海博物館	
古木竹石圖	摺扇面	金箋	水墨	不詳		上海 上海博物館	
古木風煙圖	摺扇面	金箋	水墨	不詳		上海 上海博物館	
雨村圖	摺扇面	金箋	水墨	不詳		上海 上海博物館	
秋在蘭舟圖	摺扇面	金箋	設色	不詳		上海 上海博物館	
秋葵圖	摺扇面	金箋	水墨	不詳		上海 上海博物館	
待琴共坐圖	摺扇面	金箋	設色	不詳		上海 上海博物館	
桐山圖	摺扇面	金箋	設色	不詳		上海 上海博物館	
仿吳鎮山水	摺扇面	金箋	水墨	不詳		上海 上海博物館	
雲中山頂圖	摺扇面	金箋	設色	不詳		上海 上海博物館	
策蹇圖	摺扇面	金箋	水墨	不詳		上海 上海博物館	
溪橋策蹇圖	摺扇面	金箋	設色	不詳		上海 上海博物館	
攜琴訪友圖	摺扇面	金箋	設色	不詳		上海 上海博物館	
樹下停舟圖	摺扇面	金箋	設色	不詳		上海 上海博物館	
蘆江橫笛圖	摺扇面	金箋	設色	不詳		上海 上海博物館	
蘭竹圖（3幀）	摺扇面	金箋	水墨	不詳		上海 上海博物館	
柏石流泉圖	摺扇面	金箋	水墨	18.5 x 51.5		南京 南京博物院	
山水圖	摺扇面	金箋	設色	不詳		南京 南京市博物館	
山水圖	摺扇面	金箋	設色	不詳		杭州 浙江省博物館	
雨中訪友圖	摺扇面	灑金箋	水墨	不詳	乙丑（弘治十八年	湖州 浙江省湖州市博物館	

名稱	形式	質地	色彩	尺寸 高x寬cm	創作時間	收藏處所	典藏號碼
					，1505）三月十日		
溪山水閣圖	摺扇面	金箋	水墨	不詳		湖州 浙江省湖州市博物館	
萬壑爭流圖	摺扇面	金箋	設色	不詳	甲寅（嘉靖三十三年，1554）	寧波 浙江省寧波市天一閣文物保管所	
山水、竹石圖（12幀）	冊	金箋	設色	（每幀）17.6 x 51		廣州 廣州市美術館	
楷書落花詩并圖	摺扇面	金箋	設色	16.3 x 49	正德丙子（十一年，1516）	南寧 廣西壯族自治區博物館	
粗筆山水（明人書畫扇甲冊之3）	摺扇面	金箋	水墨	不詳		日本 東京橋本辰二郎先生	
停雲館畫（14幀，為祿之作）	冊	紙	水墨	（每幀）31.6 x 39.8	丙申（嘉靖十五年，1536）五月廿日	日本 京都國立博物館	A甲155
石湖山水圖	摺扇面	金箋	設色	19.7 x 36.4		日本 橫濱岡山美術館	
風竹圖	摺扇面	金箋	水墨	15.5 x 44.2		日本 橫濱岡山美術館	
高士觀瀑圖	摺扇面	金箋	水墨	17.7 x 51.6		日本 大阪橋本大乙先生	
幽蘭圖并賦（9幀，畫4、書5）	冊	紙	水墨	（每幀）24.3 x 33.9	嘉靖壬寅（二十一年，1542）春三月既望	日本 山口良夫先生	
山水圖（明人書畫扇面冊之2）	摺扇面	金箋	水墨	19.6 x 56.3		日本 私人	
山水圖	摺扇面	金箋	水墨	19.5 x 54.8		韓國 首爾月田美術館	41
山水圖（4幀）	冊	金箋	設色	（每幀）21.8 x 16.6		美國 耶魯大學藝術館	1986.141.1-4
雜畫（14幀，為越山作）	冊	紙、絹	水墨	（每幀）21 x 31.5	壬子（嘉靖三十一年，1552）夏	美國 New Haven 翁萬戈先生	
水墨寫生圖（12幀）	冊	紙	水墨	（每幀）28.7 x 39.3		美國 New Haven 翁萬戈先生	
瀟湘八詠書畫（書畫各8幀）	冊	紙	水墨	（每幀）21 x 19.7		美國 紐約大都會藝術博物館	1972.278.9
拙政園圖（8幀）	冊	紙	水墨	（每幀）25.2 x 27	辛亥（嘉靖三十年，1551）秋九月廿日	美國 紐約大都會藝術博物館	1979.458.1
太湖圖（為景山作）	摺扇看	金箋	設色	19.4 x 53.5	癸卯（嘉靖二十二年，1543）春	美國 紐約大都會藝術博物館	1982.7.1

名稱	形式	質地	色彩	尺寸 高×寬㎝	創作時間	收藏處所	典藏號碼
泛舟圖	摺扇面	金箋	設色	17.6 × 51		美國 紐約大都會藝術博物館	13.100.49
泛舟圖（為松崖作）	摺扇面	金箋	設色	17.6 × 51		美國 紐約大都會藝術博物館	
墨蘭圖（諸名賢壽文徵明八十壽詩畫冊之1）	冊頁	紙	水墨	21.8 × 19		美國 紐約王季遷明德堂	
青綠山水圖（扇面圖冊之2）	摺扇面	金箋	設色	18.3 × 51.9		美國 印地安那波里斯市藝術博物館	73.61.2
春潮帶雨圖（山水合璧冊6之第1）	冊頁	紙	設色	38.4 × 60		美國 堪薩斯市納爾遜-艾金斯藝術博物館	46-51f
山水圖	摺扇面	金箋	水墨	14.5 × 41.9		美國 舊金山亞洲藝術館	B79 D20
山水圖	摺扇面	金箋	設色	19.4 × 55.7		美國 舊金山亞洲藝術館	B81 D40
江南春圖	摺扇面	金箋	設色	16.9 × 63.1		美國 舊金山亞洲藝術館	B81 D30
山水圖（明清扇面圖冊之5）	摺扇面	金箋	設色	不詳		美國 勃克萊加州大學藝術館（Schlenker 先生寄存）	
山水圖（扇面圖冊之1）	摺扇面	金箋	水墨	16.7 × 50.5		美國 聖地牙哥藝術博物館	68.73a
山水圖（扇面圖冊之2）	摺扇面	金箋	水墨	19.5 × 56.1		美國 聖地牙哥藝術博物館	68.73b
山水圖 （為小野作）	摺扇面	金箋	水墨	17.6 × 51.5		美國 夏威夷火魯奴奴藝術學院	2307.1
觀月圖	摺扇面	金箋	水墨	18.6 × 51.3		美國 夏威夷火魯奴奴藝術學院	2304.1
山水圖	摺扇面	金箋	設色	15.8 × 48.3		美國 火魯奴奴 Huichinson 先生	
蘭竹（4幀）	冊	金箋	設色	（每幀）33.8 × 42.3		英國 倫敦維多利亞-艾伯特博物館	1966
山水圖	摺扇面	金箋	水墨	18.8 × 53.4		瑞士 蘇黎士黎德堡博物館	RCH.1115
枯樹圖	摺扇面	金箋	水墨	18.6 × 51.9		瑞士 蘇黎士黎德堡博物館（Holliger-Hasler 女士寄存）	
山水圖	摺扇面	金箋	設色	16.8 × 51.2		德國 科隆東亞藝術博物館	A55.1
濯足圖	摺扇面	金箋	水墨	18.7 × 55.4		德國 科隆東亞西亞藝術館	A58.4
山水人物圖	摺扇面	金箋	設色	17 × 46.9		德國 柏林東亞藝術博物館	1988-316
山水圖	摺扇面	金箋	水墨	18.2 × 50.7		德國 柏林東亞藝術博物館	1988-318
山水人物圖	摺扇面	金箋	設色	19.8 × 55.4		德國 柏林東亞藝術博物館	1988-317
樹石圖	冊頁	紙	水墨	28.3 × 33.3		德國 柏林東亞藝術博物館	1988-445
松石圖	摺扇面	金箋	水墨	18.3 × 51.8		德國 柏林東亞藝術博物館	1988-319

名稱	形式	質地	色彩	尺寸 高×寬cm	創作時間	收藏處所	典藏號碼
附：							
細筆山水圖	卷	紙	水墨	20 × 200	嘉靖辛卯（十年，1531）	大連 遼寧省大連市文物商店	
天池圖	卷	絹	設色	24 × 108		上海 朵雲軒	
人間仙境圖	卷	絹	設色	25.5 × 216.5	嘉靖戊子（七年，1528）七月	紐約 佳士得藝品拍賣公司/拍賣目錄 1984,06,29.	
山水圖	卷	紙	水墨	17.3 × 125.2	己未（弘治十二年，1499）九月既望	紐約 蘇富比藝品拍賣公司/拍賣目錄 1984,12,05.	
西廂記圖（3段，文徵明、仇英合作畫2段，王寵書詞1段）	卷	絹	設色	A、26.4×54.4 B、26 × 61	嘉靖壬辰（十一年，1532）春三月	紐約 佳仕得藝品拍賣公司/拍賣目錄 1986,12,01.	
溪山高隱圖	卷	絹	青綠	29 × 164.5	嘉靖壬子（三十一年，1552）秋七月	紐約 佳仕得藝品拍賣公司/拍賣目錄 1986,12,01.	
溪橋覓句圖	卷	絹	設色	30.5 × 245	嘉靖己酉（二十八年，1549）八月既望	紐約 佳士得藝品拍賣公司/拍賣目錄 1987,06,03.	
桃源別境圖	卷	紙	設色	28.5 × 377	嘉靖甲申（三年，1524）二月十日	紐約 佳士得藝品拍賣公司/拍賣目錄 1987,12,11.	
春風沂水圖	卷	絹	設色	21.9 × 156	嘉靖丁酉（十六年，1537）春日	紐約 蘇富比藝品拍賣公司/拍賣目錄 1988,11,30.	
摹宋人沒骨青綠山水泛舟圖	短卷	紙	設色	27.5 × 47	嘉靖庚子（十九年，1540）春	紐約 佳士得藝品拍賣公司/拍賣目錄 1989,06,01.	
山水	卷	絹	設色	25.4 × 91.4		紐約 佳士得藝品拍賣公司/拍賣目錄 1990,05,31.	
青綠設色山水	卷	絹	設色	30.5 × 160		紐約 佳士得藝品拍賣公司/拍賣目錄 1990,05,31.	
溪山無盡圖	卷	絹	設色	26.3 × 441	嘉靖庚子（十九年，1540）春三月既望	紐約 佳士得藝品拍賣公司/拍賣目錄 1990,05,31.	
人間異境	卷	絹	青綠	25.5 × 216.5	嘉靖戊戌（十七年，1538）七月	紐約 佳士得藝品拍賣公司/拍賣目錄 1991,05,29.	
山齋客話圖	卷	絹	設色	25 × 93.5		紐約 佳士得藝品拍賣公司/拍賣目錄 1991,05,29.	
西湖泛舟圖	卷	紙	設色	30 × 127		香港 佳士得藝品拍賣公司/拍	

名稱	形式	質地	色彩	尺寸 高x寬cm	創作時間	收藏處所	典藏號碼
						賣目錄 1991,03,18.	
雙柏圖	卷	紙	水墨	26 × 190	嘉靖乙未（十四年，1535）孟夏月	紐約 佳士得藝品拍賣公司/拍 賣目錄 1992,06,02.	
仿米芾山水	卷	紙	水墨	28.9 × 119.4		紐約 佳士得藝品拍賣公司/拍 賣目錄 1994,11,30.	
玉女潭圖并記	卷	絹	設色	30.5 × 265	嘉靖戊申（二十七年，1548）九月十一日	紐約 佳士得藝品拍賣公司/拍 賣目錄 1994,11,30.	
輞川圖書畫	卷	絹	設色	（畫）30 × 444.5	嘉靖甲午（十三年，1534）首夏	紐約 佳士得藝品拍賣公司/拍 賣目錄 1995,09,19.	
蓉江圖并書記	卷	灑金箋	水墨	（畫）17.5 × 156	嘉靖五年（丙戌，1526）六月十日	紐約 佳士得藝品拍賣公司/拍 賣目錄 1996,09,18.	
赤壁夜遊圖	卷	紙	設色	24 × 136	辛亥（嘉靖三十年，1551）秋日	紐約 佳士得藝品拍賣公司/拍 賣目錄 1996,09,18.	
仿梅道人山水	卷	紙	水墨	（畫）28.5 × 244	癸巳（嘉靖十二年，1533）中秋	紐約 佳士得藝品拍賣公司/拍 賣目錄 1997,09,19.	
輞川圖	卷	紙	設色	27.6 × 386.4		紐約 佳士得藝品拍賣公司/拍 賣目錄 1998,03,24.	
雲山圖書畫合卷	卷	紙	設色	（畫）30 × 179.8		紐約 佳士得藝品拍賣公司/拍 賣目錄 1998,09,15.	
梅竹詩書	卷	紙	水墨	30.5 × 57.2		香港 蘇富比藝品拍賣公司/拍 賣目錄 1999,10,31.	
新燕篇詩意圖	卷	絹	設色	27.2 × 88	嘉靖甲辰（二十二年，1544）春二月廿八日	香港 佳士得藝品拍賣公司/拍 賣目錄 2001,04,29.	
山水	軸	紙	水墨	不詳		北京 中國文物商店總店	
山水	軸	絹	設色	不詳		北京 中國文物商店總店	
東坡詩意圖	軸	紙	設色	不詳		北京 中國文物商店總店	
玉蘭圖	軸	絹	設色	不詳		上海 朵雲軒	
枯木竹石圖	軸	絹	水墨	不詳		上海 朵雲軒	
枯木寒鴉圖	軸	紙	水墨	不詳		上海 朵雲軒	
茅亭揮麈圖	軸	絹	設色	80.8 × 43.3	正德丙寅（元年，1506）	上海 上海文物商店	
龍山圖	軸	絹	設色	不詳	嘉靖戊戌（十七年	上海 上海文物商店	

名稱	形式	質地	色彩	尺寸 高×寬cm	創作時間	收藏處所	典藏號碼
					，1538）		
秋山覓句圖	軸	紙	設色	88 × 25.3	壬寅（嘉靖二十一年，1542）	上海 上海文物商店	
竹菊圖	軸	紙	水墨	67.6 × 33		上海 上海文物商店	
溪頭對話圖	軸	絹	設色	143 × 57.6		上海 上海文物商店	
攜琴訪友圖	軸	紙	水墨	125 × 32.5		上海 上海文物商店	
秋山圖	軸	紙	設色	不詳		上海 上海工藝品進出口公司	
孔子圖像并書	軸	紙	水墨	54 × 24.1	嘉靖廿九年（庚戌，1550）五月	紐約 蘇富比藝品拍賣公司/拍賣目錄 1982,11,19.	
牡丹圖	軸	紙	設色	85.4 × 31.1	嘉靖壬辰（十一年，1532）暮春既產	紐約 蘇富比藝品拍賣公司/拍賣目錄 1983,12,07.	
山水圖	軸	紙	水墨	126.4 × 31.4		紐約 蘇富比藝品拍賣公司/拍賣目錄 1986,06,03.	
賁酒圖	軸	紙	水墨	66 × 32	丁未（嘉靖二十六年，1547）七月十一日	紐約 蘇富比藝品拍賣公司/拍賣目錄 1986,06,03.	
雙鳥圖	軸	紙	水墨	53.3 × 33.7		紐約 佳仕得藝品拍賣公司/拍賣目錄 1986,12,01.	
空山過雨圖	軸	紙	設色	180.3 × 26.7		紐約 佳士得藝品拍賣公司/拍賣目錄 1988,06,02.	
仿黃公望山水	軸	紙	水墨			紐約 佳士得藝品拍賣公司/拍賣目錄 1990,11,28.	
聽泉圖	軸	絹	設色	122.5 × 32.5		紐約 佳士得藝品拍賣公司/拍賣目錄 1991,05,29.	
寒林高逸圖	軸	紙	水墨	191 × 78	丙午（嘉靖二十五年，1546）仲夏	紐約 佳士得藝品拍賣公司/拍賣目錄 1988,11,30.	
吉祥庵圖	軸	紙	設色	82.5 × 37	正德十六年辛巳（1521）二月八日	紐約 佳士得藝品拍賣公司/拍賣目錄 1989,06,01.	
中庭步月圖	軸	紙	水墨	66.7 × 33.7	壬辰（嘉靖十一年，1532）	紐約 佳士得藝品拍賣公司/拍賣目錄 1989,12,04.	
虯松萱石圖	軸	紙	水墨	135.8 × 50.8		紐約 佳士得藝品拍賣公司/拍賣目錄 1989,12,04.	
高士聽泉圖	軸	絹	設色	134 × 68.5		紐約 佳士得藝品拍賣公司/拍賣目錄 1990,05,31.	

名稱	形式	質地	色彩	尺寸 高×寬㎝	創作時間	收藏處所	典藏號碼
松壑高逸圖	軸	紙	水墨	132 × 51		紐約 佳士得藝品拍賣公司/拍賣目錄 1990,11,28.	
玉蘭水仙奇石圖	軸	紙	設色	145.5 × 35.5	辛亥（嘉靖三十年，1551）春日	香港 佳士得藝品拍賣公司/拍賣目錄 1991,03,18.	
谿山欲雪圖	軸	紙	水墨	108 × 29	嘉靖戊申（二十七年，1548）冬十一月	香港 佳士得藝品拍賣公司/拍賣目錄 1991,11,25.	
幽壑鳴泉圖	軸	紙	水墨	105.4 × 33		紐約 佳士得藝品拍賣公司/拍賣目錄 1993,06,04.	
輕舟話舊圖	軸	紙	設色	68.5 × 26		紐約 佳士得藝品拍賣公司/拍賣目錄 1993,12,01.	
翠嶺寒泉圖	軸	紙	水墨	147 × 40		紐約 佳士得藝品拍賣公司/拍賣目錄 1993,12,01.	
林泉高逸圖	軸	紙	設色	138.4 × 29.8	嘉靖庚子（十九年，1540）七月十五日後	紐約 佳士得藝品拍賣公司/拍賣目錄 1994,06,01.	
古木書屋圖	軸	紙	水墨	52.4 × 31.3	嘉靖甲午（十三年，1534）四月十四日	香港 佳士得藝品拍賣公司/拍賣目錄 1994,10,30.	
仿梅道人山水圖	軸	紙	水墨	155.6 × 55.9	庚寅（嘉靖九年，1530）五月廿日	紐約 佳士得藝品拍賣公司/拍賣目錄 1994,11,30.	
松下高士圖	軸	紙	設色	125.1 × 31.8	壬寅（嘉靖二十一年，1542）春日	紐約 佳士得藝品拍賣公司/拍賣目錄 1995,09,19.	
群峰雪霽圖	軸	紙	設色	129.5 × 31.8		紐約 佳士得藝品拍賣公司/拍賣目錄 1998,03,24.	
月落烏蹄圖	軸	紙	水墨	60.5 × 22.5		紐約 佳士得藝品拍賣公司/拍賣目錄 1998,03,24.	
松澗話舊圖	軸	絹	設色	125.8 × 29.8		紐約 佳士得藝品拍賣公司/拍賣目錄 1998,03,24.	
古木幽亭圖	軸	紙	水墨	105.5 × 42.5	嘉靖壬寅（二十一年，1542）八月十三日	香港 佳士得藝品拍賣公司/拍賣目錄 1998,09,15.	
梅石水仙圖	軸	紙	水墨	56.8 × 29		紐約 佳士得藝品拍賣公司/拍賣目錄 1998,09,15.	
虎丘濯足圖	軸	紙	設色	65 × 27.3	正德十五年庚辰	香港 佳士得藝品拍賣公司/拍	

名稱	形式	質地	色彩	尺寸 高×寬㎝	創作時間	收藏處所	典藏號碼
					（1520）五月既望	賣目錄 1998,09,15.	
綠陰茅舍圖	軸	紙	設色	111.4 × 33.1		香港 蘇富比藝品拍賣公司/拍 賣目錄 1999,10,31.	
千巖萬壑圖	軸	絹	設色	124.5 × 64		香港 佳士得藝品拍賣公司/拍 賣目錄 2001,04,29.	
觀瀑圖	軸	紙	水墨	99.4 × 34.8	嘉靖丁酉（十六年 ，1537）三月	香港 佳士得藝品拍賣公司/拍 賣目錄 2001,04,29.	
江上泛舟圖	摺扇面	金箋	水墨	16.9 × 51.3		武漢 湖北省武漢市文物商店	
山水圖	摺扇面	金箋	水墨	不詳		武漢 湖北省武漢市文物商店	
山水書詩意 畫8幀，書8幀）	冊	灑金箋	水墨、 設色	（每幀）21.5 × 16.8		紐約 佳士得藝品拍賣公司/拍 賣目錄 1983,11,30.	
山水圖	摺扇面	金箋	水墨	16.5 × 48.2		紐約 蘇富比藝品拍賣公司/拍 賣目錄 1985,06,03.	
谿山深雪圖	摺扇面	金箋	設色	19 × 54	嘉靖戊戌（十七年 ，1538）冬十月	紐約 蘇富比藝品拍賣公司/拍 賣目錄 1986,06,03.	
雜畫（12幀）	冊	紙	水墨	（每幀）24.8 × 28	嘉靖戊午（三十七 年，1558）春日	紐約 佳仕得藝品拍賣公司/拍 賣目錄 1986,06,04.	
雪景圖	摺扇面	金箋	設色	15.2 × 46.8	癸丑（嘉靖三十二 年，1553）冬日	紐約 佳仕得藝品拍賣公司/拍 賣目錄 1986,06,04.	
佃莊苗新（明十一家山水扇面 冊第五幀）	摺扇面	金箋	設色	18.5 × 51.7		紐約 佳士得藝品拍賣公司/拍 賣目錄 1988,11,30.	
山水（明清名家山水集冊之一 幀）	冊頁	紙	設色	27.4 × 34.3		紐約 佳士得藝品拍賣公司/拍 賣目錄 1989,12,04.	
溪山小艇	摺扇面	金箋	水墨	18.5 × 51		紐約 佳士得藝品拍賣公司/拍 賣目錄 1990,05,31.	
坐石閒吟（祝允明己酉歲題詩）	摺扇面	灑金箋	設色	16 × 44.5		紐約 佳士得藝品拍賣公司/拍 賣目錄 1990,05,31.	
瀟湘八景詩畫（16幀）	冊	紙	設色	（每幀）20 × 20.9		紐約 佳士得藝品拍賣公司/拍 賣目錄 1990,11,28.	
山水花卉（12幀）	冊	紙	水墨	（每幀）25 × 28	嘉靖戊午（三十七 年，1558）春日	紐約 佳士得藝品拍賣公司/拍 賣目錄 1990,11,28.	
溪山泛棹圖	摺扇面	金箋	水墨	24.4 × 50.8		紐約 佳士得藝品拍賣公司/拍 賣目錄 1990,11,28.	
古木竹石	摺扇面	金箋	水墨	24.6 × 52.7		紐約 佳士得藝品拍賣公司/拍	

名稱	形式	質地	色彩	尺寸 高x寬㎝	創作時間	收藏處所	典藏號碼
						賣目錄 1990,11,28.	
乳香台圖	摺扇面	金箋	設色	23.5 × 52.1		紐約 佳士得藝品拍賣公司/拍 賣目錄 1990,11,28.	
策蹇訪友圖	摺扇面	金箋	設色	19.4 × 58.4	辛亥（嘉靖三十年，1551）四月	紐約 佳士得藝品拍賣公司/拍 賣目錄 1990,11,28.	
蓮社圖	摺扇面	金箋	設色	17 × 53.5		紐約 佳士得藝品拍賣公司/拍 賣目錄 1991,05,29.	
瀟湘八景（8幀）	冊	紙	設色	（每幀）20 × 20.9		紐約 佳士得藝品拍賣公司/拍 賣目錄 1992,06,02.	
山水圖	摺扇面	金箋	設色	17.7 × 49		紐約 佳士得藝品拍賣公司/拍 賣目錄 1993,06,04.	
山水圖（2幀）	摺扇面	金箋	設色	17.7 × 46.4	嘉靖壬子（三十一年，1552）七月望後二日	紐約 佳士得藝品拍賣公司/拍 賣目錄 1993,06,04.	
竹石、花卉圖（8幀）	冊	紙	水墨	（每幀）24.7 × 28.6	甲辰（嘉靖二十三年，1544）八月廿六日	紐約 佳士得藝品拍賣公司/拍 賣目錄 1994,06,01.	
瀟湘八景（對幅題詩，共16幀）	冊	紙	設色	（每幀）20 × 20.9		紐約 佳士得藝品拍賣公司/拍 賣目錄 1994,11,30.	
蘭石圖并幽蘭賦（畫4幀，書5幀）	冊	紙	水墨	（每幀）24.5 × 34	嘉靖壬寅（二十一年，1542）春三月	紐約 佳士得藝品拍賣公司/拍 賣目錄 1996,03,27.	
蘭竹圖	摺扇面	金箋	水墨	17.5 × 51.2		香港 佳士得藝品拍賣公司/拍 賣目錄 1996,04,28.	
山水圖	摺扇面	金箋	水墨	19 × 51		香港 佳士得藝品拍賣公司/拍 賣目錄 1996,04,28.	

畫家小傳：文徵明。初名璧，字徵明。後以字行，更字徵仲。號衡山。江蘇長洲人。生於孝宗弘治六（1470）年。辛於世宗嘉靖三十八（1559）年。善詩、文、書、畫，無一不妙。畫山水，師沈周，兼有趙孟頫、黃公望、倪瓚之體，而能氣韻神采獨步一時。被尊「明四家」之一。（見明畫錄、無聲詩史、圖繪寶鑑續纂、明史本傳、丹青志、名山藏、四友齋叢說、滲圖畫品、中國畫家人名大辭典）

王 佑

名稱	形式	質地	色彩	尺寸	創作時間	收藏處所	典藏號碼
墨竹圖	軸	紙	水墨	156.5 × 75		日本 私人	

畫家小傳：王佑。字彥真。號主石道人、元谷道人。福建建陽人。性資超邁，雅尚文學，喜吟詠，工草隸，善畫墨竹。（見建寧府志、建陽縣志、閩畫記、中國畫家人名大辭典）

名稱	形式	質地	色彩	尺寸 高×寬㎝	創作時間	收藏處所	典藏號碼

郁 勳

| 采芝圖 | 卷 | 紙 | 設色 | 30.5 × 89 | 癸亥（弘治十六年 | 南京 南京博物院 | |
| | | | | | ，1503） | | |

畫家小傳：郁勳（一作勛）。字元績。籍里、身世不詳。孝宗弘治九（1496）年進士。善畫。流傳署款紀年作品見於弘治十六（1503）
年。（見虞山畫誌補編、中國美術家人名辭典）

王一鵬

花卉寫生（明王一鵬、宋旭、	卷	紙	水墨	24.5 × 7825		台北 故宮博物院(蘭千山館	
孫克弘、周之冕花卉寫生卷之						寄存)	
第1幅）							
溪山會友圖	軸	紙	設色	148 × 60	弘治丁巳（十年，	北京 故宮博物院	
					1497）秋九月		

畫家小傳：王一鵬。字九萬。號西園野夫。江蘇華亭人。工詩、能書。善畫山水，初學董源，後兼習元四家，有天然之趣。流傳署款紀
年作品見於孝宗弘治九（1496）年至十四（1528）年。（見無聲詩史、圖繪寶鑑續纂、容台集、雲間集、中國畫家人名大辭典）

朱 邦

呂仙圖	軸	絹	設色	184 × 96.1		合肥 安徽省博物館	
雪江買魚圖	軸	絹	設色	163.3 × 101		合肥 安徽省博物館	
松林獸跡圖	軸	絹	水墨	121.5 × 65.5		廣州 廣東省博物館	
釋迦老子圖	軸	絹	設色	188.3×102.1		日本 私人	
高山流水圖	軸	絹	設色	182.3 × 93.7		日本 私人	A3165
聽瀑圖	軸	紙	設色	167.2 × 91.5		美國 普林斯頓大學藝術館	47-135
王宮圖	軸	絹	設色	170 × 108.8		英國 倫敦大英博物館	1881.12.10.8
							7(ADD144)
山水圖	軸	絹	設色	160.3×100.5		英國 倫敦大英博物館	1912.5.29.3
							(ADD125)
附：							
高山聽瀑圖	軸	絹	水墨	181.6 × 94		紐約 佳士得藝品拍賣公司/拍	
						賣目錄 1994,06,01.	

畫家小傳：朱邦。字近之。號九龍山樵、隱叟、酗黥道人。安徽新安人。工畫山水、人物，草草用筆，墨汁淋漓，與張路（平山）、鄭文
林（顛仙）相彷彿。（見明畫錄、畫史會要、中國畫家人名大辭典）

李子長

名稱	形式	質地	色彩	尺寸 高x寬㎝	創作時間	收藏處所	典藏號碼

附：

貍奴圖	軸	紙	設色	106 × 34.3		紐約 佳仕得藝品拍賣公司/拍賣目錄 1986.12.01	

畫家小傳：李子長。畫史無載。身世待考。

王守仁

山水畫真蹟	軸	紙	設色	不詳		台北 故宮博物院	國贈 025242
山水圖	軸	灑金箋	水墨	81.4 × 36	丙寅（正德元年，1506）正月七日	日本 京都長尾兩山先生	

畫家小傳：王守仁。字伯安。浙江餘姚人。生於憲宗成化八（1472）年，卒於世宗嘉靖七（1528）年。登弘治十二年進士。官至南京兵部尚書。世稱新建先生。工書，善行草。間畫山水。（見明史卷一百九十五本傳、中國美術家人名辭典）

鄒 衡

綠香泉圖（前有朱宗儒書題）	卷	紙	設色	26.1 × 152.5	弘治十年（丁巳，1497）夏六月望	台北 故宮博物院	故畫 01030

畫家小傳：鄒衡。畫史無載。流傳署款紀年作品見於孝宗弘治十（1497）年，身世待考。

張 靈

招仙圖	卷	紙	水墨	29 × 111		北京 故宮博物院	
織女圖	軸	紙	設色	135.4 × 56.4	弘治甲子（十七年，1504）新秋	上海 上海博物館	
雙鉤竹枝（明人畫扇冊二冊之13）	摺扇面	紙	設色	不詳		台北 故宮博物院	故畫 03528-13
霜林行旅	摺扇面	紙	設色	不詳		台北 故宮博物院	故扇 00106
赤壁圖	摺扇面	紙	設色	不詳		台北 故宮博物院	故扇 00107
觀泉圖	摺扇面	紙	水墨	不詳		台北 故宮博物院	故扇 00108
花卉圖	摺扇面	金箋	水墨	16.3 × 49.4		香港 潘祖堯小聽颿樓	CP70

附：

竹林七賢圖	卷	紙	水墨	25.5 × 118		紐約 佳士得藝品拍賣公司/拍賣目錄 1992,12,02.	
白鵝換經圖	軸	紙	設色	66 × 26.7		紐約 蘇富比藝品拍賣公司/拍賣目錄 1985,06,03.	
採芝圖	軸	絹	設色	40.5 × 27		紐約 佳士得藝品拍賣公司/拍賣目錄 1989,12,04.	

名稱	形式	質地	色彩	尺寸 高×寬㎝	創作時間	收藏處所	典藏號碼
茅堂清話圖	軸	紙	設色	96.5 × 45.7		紐約 佳士得藝品拍賣公司/拍賣目錄 1991,05,29.	
茅堂清話圖	軸	紙	水墨	96.2 × 45.8		紐約 佳士得藝品拍賣公司/拍賣目錄 1996,03,07.	

畫家小傳：張靈。字夢晉。江蘇吳郡人，與唐寅比鄰相善。亦善繪事，能畫人物、山水、竹石、花鳥，俱佳。流傳署款紀年畫作見於孝宗弘治十（1498）年至世宗嘉靖十（1531）年。（見明畫錄、無聲詩史、圖繪寶鑑續纂、丹青志、藝苑卮言、中國畫家人名大辭典）

周 官

名稱	形式	質地	色彩	尺寸 高×寬㎝	創作時間	收藏處所	典藏號碼
蓮花落圖	卷	紙	水墨	22 × 42.8		北京 故宮博物院	
攜琴訪友圖	軸	織	水墨	97.1 × 35.3		南京 南京博物院	

畫家小傳：周官。字懋夫。江蘇吳人。與張靈同時。工畫人物，精於白描，了無俗韻。所作飲中八仙圖，不惟衣冠古雅，而醉態可掬，有名於世。（見明畫錄、無聲詩史、丹青志、圖繪寶鑑續纂、藝苑卮言、中國畫家人名大辭典）

吳 珵

名稱	形式	質地	色彩	尺寸 高×寬㎝	創作時間	收藏處所	典藏號碼
柳鸚雙鶴圖	摺扇面	鑫箋	設色	不詳		北京 故宮博物院	
附：							
深山古寺圖	軸	紙	水墨	110.5 × 54.4		紐約 佳士得藝品拍賣公司/拍賣目錄 1988.11.30	

畫家小傳：吳珵。字元玉。號石居。江蘇吳江人。明憲宗成化五（1469）年進士。生性好學。工詩文。善畫山水，師法戴進。（見明畫錄、無聲詩史、吳江縣志、蘇州府志、金陵瑣事、中國畫家人名大辭典）

史 文

名稱	形式	質地	色彩	尺寸 高×寬㎝	創作時間	收藏處所	典藏號碼
玉蟾圖	軸	絹	設色	201.2×106.8		台北 故宮博物院	故畫 02987
停釣望月圖	軸	絹	設色	不詳		北京 故宮博物院	
松溪釣艇圖	軸	絹	設色	不詳		北京 故宮博物院	
松蔭撫琴圖	軸	絹	設色	不詳		北京 故宮博物院	
漁隱圖	軸	絹	設色	163.5 × 62.5	弘治己未（十二年，1499）	上海 上海博物館	

畫家小傳：史文。字尚質。號再仙。鈐印「荇太師之後裔」。工畫人物、山水，學吳偉，形神逼肖。流傳署款紀年作品四於孝宗弘治十二（1499）年。（見中國美術家人名辭典）

呂 紀

名稱	形式	質地	色彩	尺寸 高×寬 cm	創作時間	收藏處所	典藏號碼
薔薇圖	卷	絹	設色	32.1 × ？		美國 克利夫蘭藝術博物館	
草花野禽	軸	紙	設色	146.4 × 58.7		台北 故宮博物院	故畫 00453
蘆汀來雁圖	軸	絹	水墨	121.9 × 75.7		台北 故宮博物院	故畫 00454
寒雪山雞圖	軸	紙	水墨	135.3 × 47.2		台北 故宮博物院	故畫 00455
翎毛	軸	絹	設色	181.4 × 95.9		台北 故宮博物院	故畫 00456
鴛鴦圖	軸	紙	設色	107.4 × 54.5		台北 故宮博物院	故畫 00457
雙鳩圖	軸	絹	設色	139.1 × 43.1		台北 故宮博物院	故畫 00458
桃柳雙鳧圖	軸	絹	設色	171.1×101.5		台北 故宮博物院	故畫 00886
杏花孔雀	軸	絹	設色	203.4×110.6		台北 故宮博物院	故畫 00887
秋鷺芙蓉圖	軸	絹	設色	192.6 × 112		台北 故宮博物院	故畫 00888
雪景翎毛	軸	絹	設色	169.6 × 90.5		台北 故宮博物院	故畫 00889
花卉翎毛	軸	絹	設色	193.2 × 116		台北 故宮博物院	故畫 00890
雪岸雙鴻	軸	絹	設色	197.8×111.4		台北 故宮博物院	故畫 00906
春風燕喜圖	軸	絹	設色	144.9 × 70.5		台北 故宮博物院	故畫 02162
先春四喜	軸	絹	設色	139.8 × 49.2		台北 故宮博物院	故畫 02163
松鶴長春	軸	絹	設色	154.4 × 65.5		台北 故宮博物院	故畫 02164
壽祝恆春	軸	絹	設色	179 × 102.5		台北 故宮博物院	故畫 02165
春喜圖	軸	紙	設色	137.4 × 28.4		台北 故宮博物院	故畫 02166
柳塘禽集圖	軸	絹	設色	203.7 × 112		台北 故宮博物院	故畫 02980
荷渚睡鳧	軸	絹	設色	174.5×104.2		台北 故宮博物院	故畫 02981
百鶴圖	軸	絹	設色	173.6 × 92.2		台北 故宮博物院	故畫 02982
秋渚水禽圖	軸	絹	設色	177.2×107.3		台北 故宮博物館	中畫 00058
山水圖	軸	絹	設色	147.9 × 54.8		香港 徐伯郊先生	
竹禽圖	軸	絹	設色	145.2 × 92.2		香港 黃仲方先生	
竹枝鵬鵒圖	軸	紙	水墨	131 × 33		瀋陽 故宮博物院	
獅頭鵝圖	軸	絹	設色	191 × 105		瀋陽 遼寧省博物館	
浴鳧圖	軸	絹	設色	153.4 × 98.3		瀋陽 遼寧省博物館	
桃林聚禽圖	軸	絹	設色	131.7 × 52.5		瀋陽 遼寧省博物館	
竹石花鳥圖	軸	紙	設色	153.3 × 69		北京 故宮博物館	

名稱	形式	質地	色彩	尺寸 高×寬㎝	創作時間	收藏處所	典藏號碼
南極老人圖	軸	絹	設色	216 × 114.3		北京 故宮博物館	
桂菊山禽圖	軸	絹	設色	192 × 107		北京 故宮博物館	
殘荷鷹鷺圖	軸	絹	水墨	190 × 105.2		北京 故宮博物館	
鷹雀圖	軸	紙	設色	120.7 × 61.5		北京 故宮博物館	
榴葵綬雞圖	軸	絹	設色	200.8×105.5		北京 故宮博物館	
三鷺圖	軸	絹	設色	177.8×107.5		北京 中國歷史博物館	
牡丹錦雞圖	軸	絹	設色	184.3 × 100		北京 中國美術館	
山茶錦雞圖	軸	絹	設色	185 × 109		北京 北京市文物局	
雪梅錦雞圖	軸	絹	設色	178.2×101.3		北京 中央工藝美術學院	
四喜圖	軸	絹	設色	194 × 107.8		天津 天津市藝術博物館	
雪梅集禽圖	軸	絹	設色	192 × 110		天津 天津市藝術博物館	
柳蔭白鷺圖	軸	絹	設色	219.5 × 107		濟南 山東省博物館	
山溪春禽圖	軸	絹	設色	171.5×108.1		上海 上海博物館	
竹溪鴛鴦圖	軸	絹	設色	165.3 × 52.4		上海 上海博物館	
松鷹圖	軸	紙	設色	123.9 × 64.5		上海 上海博物館	
雪柳雙鳧圖	軸	絹	設色	166 × 100.2		上海 上海博物館	
寒香幽鳥圖	軸	絹	設色	141 × 51.1		上海 上海博物館	
榴花雙鶯圖	軸	絹	設色	120.4 × 40.2		南京 南京博物院	
梅花孔雀圖	軸	絹	設色	116 × 47.4		無錫 江蘇省無錫市博物館	
梅竹山禽圖	軸	絹	設色	183.1 × 97.8		杭州 浙江省博物館	
月明宿雁圖	軸	絹	設色	170 × 103.5		婺源 江西省婺源縣博物館	
柳塘雙鵝圖	軸	絹	設色	175 × 103		昆明 雲南省博物館	
夏景花鳥圖	軸	絹	設色	172 × 108		昆明 雲南省博物館	
蘆鷺圖	軸	絹	設色	124 × 68.7		日本 仙台市博物館	
四季花鳥圖-(春景)	軸	絹	設色	175.2×100.9		日本 東京國立博物館	
四季花鳥圖-(夏景)	軸	絹	設色	175.2×100.9		日本 東京國立博物館	
四季花鳥圖-(秋景)	軸	絹	設色	175.2 × 100.9		日本 東京國立博物館	

名稱	形式	質地	色彩	尺寸 高x寬cm	創作時間	收藏處所	典藏號碼
四季花鳥圖-(冬景)	軸	絹	設色	175.2×100.9		日本 東京國立博物館	
花鳥圖	軸	絹	設色	119.7 × 89.1		日本 東京帝室博物館	
白鶴雪蕉圖	軸	絹	設色	132.9 × 81.6		日本 東京永青文庫	
秋景、冬景花鳥圖（2幅）	軸	絹	設色	（每幅）145.4 × 78.5		日本 東京永青文庫	
花鳥圖（5幅）	軸	絹	設色	不詳		日本 東京根津美術館	
花鳥圖	軸	絹	設色	不詳		日本 東京大村純英先生	
花鳥圖	軸	絹	設色	165.1 × 69.7		日本 東京岡崎正也先生	
白鷗圖	軸	絹	設色	172.4 × 90.6		日本 東京松平直亮先生	
水鴉圖	軸	絹	設色	172.4 × 90.6		日本 東京松平直亮先生	
花鳥（4幅）	軸	絹	設色	（每幅）171.8 × 99.3		日本 東京島津忠義先生	
花鳥圖	軸	絹	設色	169.2 × 42.1		日本 東京小幡醇一先生	
花鳥圖（桃澗水禽）	軸	絹	設色	不詳		日本 東京張允中先生	
梅樹聚禽圖	軸	絹	設色	124 × 79.4		日本 東京柳孝藏先生	
花鳥圖（柳下聚禽）	軸	絹	設色	168.4 × 95.5		日本 東京柳孝藏先生	
花鳥圖(柳石萱花白鷺)	軸	絹	設色	173.7 × 102		日本 東京柳孝藏先生	
柳鷺圖	軸	絹	設色	151 × 79		日本 東京藪本俊一先生	
梅花叭叭鳥圖	軸	絹	設色	121.2 × 57.6		日本 京都山中松次郎先生	
雪中鷹鵲圖	軸	絹	水墨	130.3 × 60.6		日本 京都內貴富三郎先生	
古松戴勝圖	軸	絹	設色	不詳		日本 京都藤井善助先生	
蓮鷺圖	軸	絹	設色	127.3 × 66.7		日本 京都藤井善助先生	
花鳥圖（錦雉竹石牡丹）	軸	絹	設色	不詳		日本 京都慈照寺（銀閣寺）	
鶴、鹿圖（對幅）	軸	絹	設色	（每幅）159 × 92.3		日本 大阪市萬野美術館	0253
花鳥圖（2幅）	軸	絹	設色	（每幅）169.7 × 100.6		日本 兵庫縣村山龍平先生	
雪景花鳥圖	軸	絹	設色	170.3×102.2		日本 福岡市美術館	
月渚宿雁圖	軸	絹	設色	142.2 × 70.3		日本 佐賀縣鍋島報效會	
梅花雉子圖	軸	絹	設色	175.8 × 105.7		日本 熊本縣松田文庫	1-164
花鳥圖	軸	絹	設色	50.5 × 29.3		日本 熊本縣松田文庫	11-135

名稱	形式	質地	色彩	尺寸 高×寬 ㎝	創作時間	收藏處所	典藏號碼
鷹鷺敗荷圖	軸	絹	設色	126.8 × 74.9		日本 熊本縣松田文庫	1-100
鯉魚圖	軸	絹	設色	50.4 × 73.8		日本 沖繩縣立博物館	
花鳥圖（秋苑將雛）	軸	絹	設色	不詳		日本 江田勇二先生	
梅雀鴛鴦圖	軸	絹	設色	140 × 52.3		日本 阿形邦三先生	
花鳥圖	軸	絹	設色	140.5 × 63.1		日本 私人	
蓮鷺、竹鶴圖（對幅）	軸	絹	設色	（每幅）150.8 × 83.3		日本 私人	
白鷺荻花圖	軸	絹	設色	142.7 × 74.2		日本 私人	
松澗孔雀圖	軸	絹	設色	178.8×110.1		日本 不言堂	
花鳥圖	軸	絹	設色	不詳		韓國 首爾國立中央博物館	
秋景花鳥圖	軸	絹	設色	147.5 × 54.7		美國 紐約大都會藝術博物館	1980.414
寒雀山茶圖	軸	絹	設色	391 × 102.8		美國 紐約王季遷明德堂	
蟠桃圖	軸	絹	設色	129.1 × 57.2		美國 華盛頓特區弗瑞爾藝術館	09.166
花鳥圖	軸	絹	設色	141 × 81		美國 賓夕法尼亞大學藝術館	
白雞圖	軸	絹	設色	151.9 × 80		美國 克利夫蘭藝術博物館	
花鳥圖	軸	絹	設色	148.5 × 83.9		美國 勃克萊加州大學藝術館（高居翰教授寄存）	CM96
花鳥圖	軸	絹	設色	134.1 × 75.6		美國 勃克萊加州大學藝術館（高居翰教授寄存）	
白鵝圖	軸	絹	設色	不詳		美國 夏威夷火魯奴奴藝術學院	
松鷹圖	軸	絹	設色	160.3 × 81.7		英國 倫敦大英博物館	1936.10.9.032(ADD111)
花鳥圖	軸	絹	設色	135.7 × 74		英國 倫敦大英博物館	1881.12.10.34(ADD101)
花鳥圖	軸	絹	設色	200 × 102.8		英國 倫敦大英博物館	1881.12.10.30 (ADD98)
粟鶉圖	軸	絹	設色	117.7 × 85		英國 倫敦大英博物館	1910.2.12.463(ADD162)
梅山鳥圖	軸	絹	設色	187.2×102.8		英國 倫敦大英博物館	1881.12.10.29(ADD97)
花鳥圖（孔雀芙蓉竹石）	軸	絹	設色	132.2 × 67.2		瑞典 斯德哥耳摩遠東古物館	NMOK134

名稱	形式	質地	色彩	尺寸 高×寬 cm	創作時間	收藏處所	典藏號碼
花鳥圖（梅澗錦雉）	軸	絹	設色	159.7 × 101.1		德國 科隆東亞藝術博物館	A11.19
花鳥圖	軸	絹	設色	164.5 × 80.5		荷蘭 阿姆斯特丹 Rijks 博物館（私人寄存）	15
蓮鷺（歷代集繪冊之18）	冊頁	絹	水墨	24.4 × 26.3		台北 故宮博物院	故畫 01254-18
蘆雁	摺扇面	紙	水墨	不詳		台北 故宮博物院	故扇 00021
李花	摺扇面	紙	設色	不詳		台北 故宮博物院	故扇 00022
扶桑圖	摺扇面	紙	設色	不詳		台北 故宮博物院	故扇 00023
梅花山鳥	摺扇面	紙	設色	不詳		台北 故宮博物院	故扇 00024
飛鷺圖	摺扇面	紙	設色	不詳		台北 故宮博物院	故扇 00025
仙猿圖	摺扇面	紙	設色	不詳		台北 故宮博物院	故扇 00026
竹枝	摺扇面	紙	水墨	不詳		台北 故宮博物院	故扇 00027
鷺鷥圖	摺扇面	紙	設色	不詳		台北 故宮博物院	故扇 00028
秋林小鳥	摺扇面	紙	設色	不詳		台北 故宮博物院	故扇 00224
游鵝圖	摺扇面	紙	設色	不詳		台北 故宮博物院	故扇 00225
孔雀（明人書畫扇丙冊之5）	摺扇面	金箋	設色	不詳		日本 東京橋本辰二郎先生	
雙兔圖（唐宋畫冊之10）	冊頁	絹	設色	25.7 × 29.6		英國 倫敦大英博物館	1936.10.9.06 (ADD85)

附：

名稱	形式	質地	色彩	尺寸	創作時間	收藏處所	典藏號碼
梅花四喜圖	軸	絹	設色	180.5 ×105.2		蘇州 蘇州市文物商店	
寒雀山茶圖	軸	絹	設色	189.9 × 103		紐約 佳士得藝品拍賣公司／拍賣目錄 1990,05,31.	
梅竹山雀圖	軸	絹	設色	58.4 × 33		紐約 佳士得藝品拍賣公司／拍賣目錄 1997,09,19.	

畫家小傳：呂紀。字廷振。號樂愚。浙江鄞人。生於憲宗成化十三（1477）年。善畫花鳥，初學邊文進，後廣摹唐宋諸名家，始臻其妙。孝宗弘治十年（1497），與林良同被徵，直仁智殿，授錦衣指揮使。極得孝宗寵渥。（見無聲詩史、圖繪寶鑑續纂、名山藏、藝苑卮言、中國畫家人名大辭典）

俞 泰

名稱	形式	質地	色彩	尺寸	創作時間	收藏處所	典藏號碼
瀟湘暮雨圖	軸	絹	設色	152 × 49.3		瀋陽 遼寧省博物館	
羅浮春色圖（1幀）	冊	紙	水墨	28 × 26		廣州 廣東省博物館	

畫家小傳：俞泰。字國昌。號正齋。江蘇無錫人。孝宗弘治十五（1502）年進士。為人溫雅，詩文、書畫皆肖其人。作山水，類似黃子久、王叔明。（見明畫錄、無聲詩嚴、圖繪寶鑑續纂、中國畫家人名大辭典）

名稱	形式	質地	色彩	尺寸 高×寬㎝	創作時間	收藏處所	典藏號碼

陳 紀

附：

| 長江萬里圖 | 卷 | 紙 | 設色 | 29.9 × 584.6 | | 紐約 佳士得藝品拍賣公司/拍 | |
| | | | | | | 賣目錄 1994.06.01. | |

畫家小傳：陳紀。畫史無載。身世待考。

劉 節

魚藻圖	軸	絹	設色	178.5×107.2		美國 紐約大都會藝術博物館	47.18.130
魚藻圖	軸	絹	設色	141 × 84.2		美國 克利夫蘭藝術博物館	
藻魚圖（2幅）	軸	絹	設色	不詳		日本 中村勝五郎先生	
游魚圖	軸	紙	設色	不詳		藏處不詳	

畫家小傳：劉節。安成人。劉進之子。孝宗弘治十八(1505)年進士。官至錦衣指揮直文華殿。世宗嘉靖十一年任刑部右侍郎。能世家學。
善畫魚，尤長於鯉魚，矯首振尾，有一躍九霄之神。（見明畫錄、無聲詩史、懷麓堂集、中國畫家人名大辭典）

楊 節

| 上苑迎風圖 | 軸 | 絹 | 設色 | 129 × 78 | | 鎮江 江蘇省鎮江市博物館 | |

畫家小傳：楊節。字居儉。浙江餘姚人。孝宗弘治末（1505），以畫菊名於世。說者評其寫菊，得草書法，故妙。（見明畫錄、紹興志、中
國畫家人名大辭典）

英 蝶

| 四季日待圖 | 卷 | 紙 | 設色 | 不詳 | 正德元年（丙寅， | 日本 神奈川縣原良三郎先生 | |
| | | | | | 1506）冬日 | | |

畫家小傳：英蝶。畫史無載。流傳署款紀年作品見於武宗正德元(1506)年。身世待考。

陸 復

紅梅圖	卷	紙	設色	不詳	正德元年（丙寅，	北京 故宮博物院	
					1506）九月望日		
梅花圖	卷	絹	水墨	34.7 × 615.7	正德壬申（七年，	北京 故宮博物院	
					1512）五月端陽日		
梅花圖	卷	紙	水墨	34.3 × 274	正德辛巳（十六年	北京 故宮博物院	
					，1521）春正望旦		
梅花圖	軸	絹	設色	205.3×108.7		台北 故宮博物院	故畫 00401

名稱	形式	質地	色彩	尺寸 高x寬cm	創作時間	收藏處所	典藏號碼
西湖月夜圖	軸	絹	水墨	115 × 66.1		北京 故宮博物院	
蒼枝積雪圖	軸	絹	水墨	152 × 75		濟南 山東省博物館	
墨梅圖	軸	紙	水墨	142.6 × 74.1		日本 熊本縣松田文庫	1-178
墨梅圖（2幅）	軸	紙	水墨	不詳		日本 群馬縣長樂寺	
夏景花鳥圖	軸	絹	設色	98.2 × 54.6		日本 江田勇二先生	
紅梅圖	軸	絹	設色	88 × 45.9		美國 普林斯頓大學藝術館	63-46
附：							
墨梅（與顧祿隸書梅莊記卷合卷）	卷	紙	水墨	21.9 × 91.4		紐約 佳士得藝品拍賣公司/拍賣目錄 1998,03,24.	
紅梅圖	軸	絹	設色	141.5 × 41		上海 上海文物商店	

畫家小傳：陸復。字明本。號梅花主人。江蘇吳江人。善畫墨梅。流傳署款紀年作品畫見武宗正德元(1506)。（見明畫錄、蘇州志、松陵文獻、中國畫家人名大辭典）

吳 麒

附：

臨夏圭山水	卷	絹	設色	30 × 1218.5	大明正德改元（丙寅，1506)	紐約 佳士得藝品拍賣公司/拍賣目錄 1990.11.28	

畫家小傳：吳麒。畫史無載。流傳署款紀年作品見於武宗正德元(1506)年。身世待考。

朱厚照（武宗）

哈叭驚蟬圖	軸	絹	設色	121.1 × 57.4	正德年（？）製	台北 故宮博物院	故畫 01329

畫家小傳：朱厚照。為孝宗長子。登基後，建元正德。是為武宗。在位十六年。善畫神像。（見明畫錄、明史本傳、中國畫家人名大辭典）

陳 詢

山水圖	卷	紙	設色	不詳		北京 故宮博物院	
海月圖	軸	紙	水墨	113 × 33		瀋陽 遼寧省博物館	

畫家小傳：陳詢。字士問。浙江海鹽人。能詩。善畫山水，飲酣潑墨，巧奪生態。（見海鹽圖經、中國畫家人名大辭典）

江 邨

春景花鳥圖（桃花、牡丹、錦雞）	軸	絹	設色	155.3 × 80.5		日本 私人	

畫家小傳：江邨。畫史無載。身世待考。

朱 端

名稱	形式	質地	色彩	尺寸 高×寬㎝	創作時間	收藏處所	典藏號碼
尋梅圖	軸	絹	設色	208.3×124.5		台北 故宮博物院	故畫 00938
煙江晚眺圖	軸	絹	設色	168 × 107		北京 故宮博物院	
猛虎渡河圖	軸	絹	設色	173.6×113.5		北京 故宮博物院	
竹石圖	橫幅	絹	水墨	19.5 × 52.5		北京 故宮博物院	
松院閒吟圖	軸	絹	設色	230.2 × 124.3		天津 天津市藝術博物館	
芝泉桃實圖	軸	絹	設色	114 × 76		煙臺 山東省煙臺市博物館	
寒江獨釣	軸	絹	設色	172 × 109		日本 東京國立博物館	
竹石圖（石岸風竹）	軸	絹	水墨	178 × 104		日本 大阪橋本大乙先生	
雪景山水圖	軸	絹	設色	160.6 × 85.4		韓國 首爾朴周煥先生	
山水人物	軸	紙	設色	不詳		美國 波士頓美術館	
松下孔雀圖	軸	絹	設色	192.8 × 88.6	正德十三年（戊寅，1518）	美國 紐約大都會藝術博物館	58.148.1
溪山高逸（銷夏圖）	軸	絹	設色	182.5×121.2		美國 堪薩斯市納爾遜-艾金斯藝術博物館	53-153
山水圖	軸	紙	設色	114.3 × 30		美國 加州史坦福大學藝術博物館	77.134
墨竹圖	軸	絹	水墨	144.3 × 91.8		英國 倫敦大英博物館	1958.4.12.05(ADD293)
山水圖	軸	絹	設色	167.5×106.8		瑞典 斯德哥爾摩遠東古物院	NMOK264

畫家小傳：朱端。字克正。浙江海鹽人。武宗正德(1506-1521)間直仁智殿錦衣指揮，獲賜圖書「一樵」印。工書、畫。畫山水，宗馬遠；人物學盛懋；花鳥效呂紀；墨竹師夏昶，俱筆墨道雅。(見明畫錄、無聲詩史、圖繪寶鑑續纂、名山藏、海鹽圖經、嘉興府志、平湖縣志、中國畫家人名大辭典)

楊 纘

仿王舜耕山水圖	卷	紙	設色	27.5×1077.7	正德丙寅（元年，1506）	北京 中國歷史博物館	

畫家小傳：楊纘。畫史無載。流傳署款紀年作品見於武宗正德元（1506）年。身世待考。

李用方

東林餞別圖（補圖霍韜、吳偉	卷	紙	設色	31 × 59.5		廣州 廣東省博物館	

名稱	形式	質地	色彩	尺寸 高x寬cm	創作時間	收藏處所	典藏號碼

等十餘人餞別詩卷）

畫家小傳：李用方。畫史無載。為李東林之子。畫作約在武宗正德初（1506）前後。身世待考。

盧 鎮

十八羅漢圖	卷	紙	設色	不詳		上海 上海博物館	

畫家小傳：盧鎮。字硯溪。浙江奉化人。工畫山水，為王諤弟子；並能畫美人，兼寫真。（見寧波府志、中國畫家人名大辭典）

朱 袞

臨流閒話圖	軸	綾	設色	不詳	丁卯（正德二年，1507）	上海 上海博物館	

畫家小傳：朱袞。畫史無載。流傳署款紀年作品見於武宗正德二（1507）年。身世待考。

陳道復

名稱	形式	質地	色彩	尺寸 高x寬cm	創作時間	收藏處所	典藏號碼
寫生	卷	紙	水墨	34.9 x 253.3	戊戌（嘉靖十七年，1538）冬日	台北 故宮博物院	故畫 01062
山水	卷	絹	設色	29.9 x 205		台北 故宮博物院	故畫 01626
花卉	卷	紙	水墨	31.6 x 741	嘉靖甲辰（二十三年，1544）秋日	台北 故宮博物院	故畫 01627
花卉	卷	紙	水墨	25.9 x 454.3	嘉靖壬寅（二十一年，1542）夏日	台北 故宮博物院	中畫 00026
花卉	卷	紙	水墨	26 x 804.4		台北 故宮博物院（蘭千山館寄存）	
山水圖（為錢雪野作）	卷	紙	水墨	37 x 881	庚子（嘉靖十九年，1540）春日	台北 清玩雅集	
花卉圖	卷	紙	設色	25.5 x 595.5		香港 劉作籌虛白齋	
百花圖	卷	絹	設色	31.5 x 678	嘉靖戊戌（十七年，1538）	瀋陽 故宮博物院	
洛陽春色書畫	卷	絹	水墨	25.5 x 110	嘉靖辛丑（二十年，1541）	瀋陽 故宮博物院	
並蒂秋葵圖	卷	紙	設色	23.7 x 76.4	戊子（嘉靖七年，1528）冬日	北京 故宮博物院	
墅庭秋意圖	卷	紙	水墨	30.3 x 149.5	甲午（嘉靖十三年，1534）十月八日	北京 故宮博物院	
墨花釣艇圖	卷	紙	水墨	不詳	甲午（嘉靖十三年	北京 故宮博物院	

名稱	形式	質地	色彩	尺寸 高×寬cm	創作時間	收藏處所	典藏號碼
					，1534）冬		
花卉圖	卷	紙	水墨	48.7 × 706.6	嘉靖丁酉（十六年，1537）	北京 故宮博物院	
雪渚驚鴻圖	卷	絹	設色	27.2 × 118.5	戊戌（嘉靖十七年，1538）夏日	北京 故宮博物院	
牡丹圖	卷	絹	水墨	不詳	嘉靖己亥（十八年，1539）春日	北京 故宮博物院	
花卉圖	卷	絹	水墨	25.2 × 309.5	嘉靖辛丑（二十年，1541）春日	北京 故宮博物院	
牡丹湖石圖	卷	紙	設色	不詳	嘉靖辛丑（二十年，1541）夏日	北京 故宮博物院	
岳陽樓圖并記	卷	絹	設色	33.9 × 146.5	辛丑（嘉靖二十年，1541）	北京 故宮博物院	
紅梨詩話	卷	紙	設色	34.2 × 556.4	甲辰（嘉靖二十三年，1544）春仲望後	北京 故宮博物院	
山水圖	卷	紙	水墨	15 × 247		北京 故宮博物院	
花卉（2段）	卷	紙	水墨	不詳		北京 故宮博物院	
洛陽春色圖	卷	紙	設色	29.5 × 128.5		北京 故宮博物院	
花鳥釣艇圖	卷	紙	水墨	26.2 × 566	甲午（嘉靖十三年，1534）	北京 故宮博物院	
紅梨詩畫	卷	紙	設色	34.3 × 559.5	甲辰（嘉靖二十三年，1544）	北京 故宮博物院	
墨花八種	卷	紙	水墨	24.3 × 420	庚子（嘉靖十九年，1540）	北京 首都博物館	
花卉圖	卷	紙	水墨	32.5 × 503	庚子（嘉靖十九年，1540）春日	天津 天津市藝術博物館	
罨畫山圖	卷	紙	水墨	55 × 498.5	嘉靖甲辰（二十三年，1544）九月望後二日	天津 天津市藝術博物館	
書畫	卷	絹	水墨	164.5 × 26	嘉靖乙未（十四年，1535）	天津 天津市歷史博物館	
雜花十種圖	卷	紙	水墨	不詳	丁酉（嘉靖十六，1537）秋日	青島 山東省青島市博物館	
雜花十種圖	卷	紙	水墨	不詳	丁酉（嘉靖十六，	青島 山東省青島市博物館	

名稱	形式	質地	色彩	尺寸 高×寬㎝	創作時間	收藏處所	典藏號碼
					1537）秋日		
花卉圖并題詩	卷	絹	設色	30.6 × 478.3	丙申（嘉靖十五年，1536)	上海 上海博物館	
雨景山水圖	卷	紙	設色	27.1 × 120.9	丁酉（嘉靖十六年，1537）秋日	上海 上海博物館	
花卉圖	卷	紙	水墨	32.5 × 288.7	嘉靖戊戌（十七年，1538）夏	上海 上海博物館	
採蓮圖	卷	絹	設色	24.2 × 136.5	戊戌（嘉靖十七年，1538）夏日	上海 上海博物館	
書畫（墨花）	卷	紙	水墨	（畫）27 × 250	嘉靖己亥（十八年，1539）三月望日	上海 上海博物館	
牡丹圖并草書詩	卷	紙	設色	不詳	己亥（嘉靖十八年，1539)夏日	上海 上海博物館	
墨花十二種圖	卷	紙	水墨	25.3 × 569	嘉靖庚子（十九年，1540）秋日	上海 上海博物館	
花果圖	卷	紙	水墨	34.5 × 52.8	嘉靖辛丑（二十年，1541）臘月望後	上海 上海博物館	
四季花卉圖	卷	紙	水墨	不詳		上海 上海博物館	
折枝花卉	卷	紙	水墨	30 × 529.5		上海 上海博物館	
牡丹圖	卷	紙	設色	27.7 × 267.4		上海 上海博物館	
蘭石圖（文徵明、張傑等雜畫卷6之第5段）	卷	紙	水墨	28.7 × 103.8 不等		上海 上海博物館	
仿大癡山水并草書王右丞詩	卷	紙	設色	（畫）34.6 × 222.4	嘉靖王辰（十一年，1532）春日	南京 南京博物院	
洛陽春色書畫	卷	紙	設色	（畫）26.2 × 111.3	已亥（嘉靖十八年，1539）秋日	南京 南京博物院	
金、焦圖（陳道復、周伯明金焦圖、詩合卷之陳畫）	卷	紙	設色	32 × 814.5		鎮江 江蘇省鎮江市博物館	
四季花卉圖	卷	紙	設色	不詳	嘉靖甲辰（二十三年，1544）	無錫 江蘇省無錫市博物館	
赤壁遊圖	卷	絹	設色	22.6 × 67		杭州 浙江省博物館	
花卉圖	卷	金箋	水墨	35 × 514.1		成都 四川省博物院	
荔枝圖并書賦	卷	紙	設色	28.5 × 302		廣州 廣州市美術館	
水墨花卉圖	卷	紙	水墨	27.8 × 530.4		日本 東京國立博物館	

名稱	形式	質地	色彩	尺寸 高x寬㎝	創作時間	收藏處所	典藏號碼
盤谷序書畫	卷	絹	設色	24.8 × 126.7	戊戌（嘉靖十七年，1538）秋日	日本 東京橋本辰二郎先生	
雲白山青圖	卷	紙	水墨	26.8 × 223.5	嘉靖甲辰（二十三年，1544）春日	日本 大阪市立美術館	
前赤壁賦圖	卷	紙	設色	26.6 × 85.5	嘉靖丁酉（十六年，1537）孟秋二十日	日本 大阪市立美術館	
江山雨意圖	卷	絹	水墨	342.5 × 262	乙未（嘉靖十四年，1535）中秋後五日	日本 大阪橋本大乙先生	
花卉圖	卷	紙	水墨	25.9 × ？	己亥（嘉靖十八年，1539）春日	美國 普林斯頓大學藝術館（私人寄存）	L38.65
仿米友仁雲山圖	卷	紙	設色	30.5 × 140.7	嘉靖乙未（十四年，1535）	美國 華盛頓特區弗瑞爾藝術館	53.79
八詠樓詩畫	卷	紙	水墨	25.5 × 122.6	戊戌（嘉靖十七年，1538）夏仲既望	美國 芝加哥藝術中心	1944.600
花卉	卷	紙	設色	32.4 × 59		美國 堪薩斯市納爾遜-艾金斯藝術博物館	
溪山雨後圖	卷	紙	設色	26.3 × 167.1		美國 堪薩斯市納爾遜-艾金斯藝術博物館	46-42
荷花圖	卷	紙	設色	29.8 × 583.5		美國 堪薩斯市納爾遜-艾金斯藝術博物館	31-135/34
寫生花卉圖	卷	紙	設色	24.7 × 206	丁酉（嘉靖十六年，1537）春日	美國 舊金山亞洲藝術館	B70 D4
仿米高兩家山水	卷	紙	設色	20.9 × 89.2		美國 舊金山亞洲藝術館	B68 D3
為西汀作寫意山水（陳寰書西汀記）	卷	絹	水墨	16.1 × 113.9	嘉靖癸巳（十二年，1533）夏仲	美國 勃克萊加州大學藝術館（高居翰教授寄存）	CM99
山水(曲港春燕圖)	卷	紙	設色	30.6 × ？		美國 夏威夷火魯奴奴藝術學院	2689.1
花卉圖	卷	紙	水墨	23.5 × ？		英國 倫敦大英博物館	1965.7.24.02（ADD344）
設色花卉	軸	絹	設色	188 × 96.9		台北 故宮博物院	故畫 00538
重陽風雨圖	軸	絹	設色	119.3 × 59.2	嘉靖甲辰（二十三年，1544）重九日	台北 故宮博物院	故畫 01341

名稱	形式	質地	色彩	尺寸 高×寬cm	創作時間	收藏處所	典藏號碼
畫牡丹	軸	紙	設色	122 × 33.3	甲辰（嘉靖二十三年，1544）春望	台北 故宮博物院	故畫 01342
江流澄碧圖	軸	紙	設色	100.8 × 30.3		台北 故宮博物院	故畫 02213
崑璧圖	軸	紙	水墨	80.1 × 34.8	嘉靖癸卯（二十二年，1543）八月四日	台北 故宮博物院	故畫 02214
桐下鼓琴圖	軸	紙	水墨	202.1 × 64.8		台北 故宮博物院	故畫 02215
秋塘花鴨	軸	紙	設色	90.8 × 36.2		台北 故宮博物院	故畫 02216
瓶荷寫生	軸	紙	水墨	107.7 × 43.8	辛丑（嘉靖二十年，1541）秋日	台北 故宮博物院	故畫 02217
茉莉	軸	紙	水墨	58.4 × 30.5	辛丑（嘉靖二十年，1541）秋日	台北 故宮博物院	故畫 02218
五鹿圖	軸	絹	設色	152.5×202.2		台北 故宮博物院	故畫 03696
菊石圖	軸	紙	設色	127.8 × 53.2		台北 故宮博物院（蘭千山館寄存）	
蓮花圖	軸	紙	設色	83 × 32.4		台北 蘭千山館	
山水圖	軸	紙	水墨	151.2 × 38.6		台北 陳啟斌畏罍堂	
養梧圖	軸	紙	設色	67.3 × 49.2		香港 何耀光至樂樓	
蘭石圖	軸	紙	設色	61.5 × 32		香港 劉作籌虛白堂	23
山水圖	軸	紙	設色	98 × 49	嘉靖壬午（元年，1522）重陽日	香港 鄭德坤木扉	
梔子萱石圖	軸	紙	設色	127.5 × 59		瀋陽 遼寧省博物館	
榴花湖石圖	軸	絹	設色	118 × 64		瀋陽 遼寧省博物館	
山水圖	軸	紙	水墨	171.2 × 68.2	嘉靖丁酉（十六年，1537）春日	北京 故宮博物院	
瓶蓮圖	軸	紙	水墨	156.8 × 55.8	癸卯（嘉靖二十二年，1543）六月晦	北京 故宮博物院	
好雨迎秋圖	軸	紙	水墨	62.5 × 29.7		北京 故宮博物院	
牡丹圖	軸	紙	水墨	不詳		北京 故宮博物院	
梅花水仙圖	軸	紙	水墨	72.7 × 35.2		北京 故宮博物院	
葵石圖	軸	紙	水墨	68.5 × 34		北京 故宮博物院	
風雨溪橋圖	軸	紙	水墨	70.5 × 30.8	嘉靖辛卯（十年，1531）五月十日	北京 中國歷史博物館	

名稱	形式	質地	色彩	尺寸 高x寬㎝	創作時間	收藏處所	典藏號碼
芙蓉圖	軸	紙	水墨	不詳		北京 中國美術館	
菊花圖	軸	紙	水墨	87.3 x 32		北京 首都博物館	
芙蓉圖	軸	紙	水墨	50.7 x 20.1		北京 中央美術學院	
墨花八種圖	軸	紙	水墨	不詳	庚子（嘉靖十九年，1540）春	天津 天津市藝術博物館	
荷塘圖	軸	紙	設色	113 x 52		煙臺 山東省煙臺市博物館	
牡丹蘭石圖	軸	絹	設色	112.5 x 57		合肥 安徽省博物館	
山茶竹石圖	軸	絹	設色	113.3 x 59		合肥 安徽省博物館	
松溪風雨圖	軸	紙	水墨	122.5 x 31.5	嘉靖甲申（三年，1524）七月二十日	上海 上海博物館	
商尊白蓮圖	軸	紙	水墨	129.7 x 62.7	庚子（嘉靖十九年，1540）春	上海 上海博物院	
四季花卉圖（4幅）	軸	紙	設色	（每幅）301 x 100	癸卯（嘉靖二十二年，1543）春日	上海 上海博物館	
枯木竹石圖	軸	紙	水墨	不詳	癸卯（嘉靖二十二年，1543）	上海 上海博物館	
竹石菊花圖	軸	紙	水墨	25.8 x 46		上海 上海博物館	
松林閒眺圖	軸	紙	設色	不詳		上海 上海博物館	
松溪草堂圖	軸	絹	設色	172.1 x 96.8		上海 上海博物館	
花卉圖	軸	絹	設色	118 x 62		上海 上海博物館	
花卉圖	軸	絹	設色	不詳		上海 上海博物館	
秋林獨步圖	軸	絹	設色	144.8 x 70.7		上海 上海博物館	
秋葵圖	軸	絹	水墨	不詳		上海 上海博物館	
瓶蓮圖	軸	紙	水墨	不詳		上海 上海博物館	
月下歸舟圖	軸	紙	水墨	132.6 x 33.4		上海 上海博物館	
夏花圖	軸	紙	設色	不詳		上海 上海博物館	
山茶水仙圖	軸	紙	水墨	135.6 x 32.6		上海 上海博物館	
倚石水仙圖	軸	紙	水墨	66.6 x 28.4		上海 上海博物館	
梧桐榴花圖	軸	絹	設色	191.5 x 91.3		上海 上海博物館	
積雨重林圖	軸	紙	水墨	121.9 x 40.5		上海 上海博物館	
觀月圖	軸	紙	設色	32.2 x 508.6		上海 上海博物館	
書畫合璧	軸	紙	水墨	不詳	嘉靖二十二年癸卯（1543）	南京 南京博物院	
松石萱花圖	軸	紙	設色	67 x 53.4		南京 南京博物院	

名稱	形式	質地	色彩	尺寸 高x寬㎝	創作時間	收藏處所	典藏號碼
秋江清興圖	軸	紙	設色	157.8 x 43.5		南京 南京博物院	
五色牡丹圖	軸	絹	設色	不詳	嘉靖壬寅（二十一年，1542）	蘇州 江蘇省蘇州博物館	
水閣飛舟圖	軸	紙	設色	60.9 x 22.3	甲辰（嘉靖二十三年，1544）	蘇州 江蘇省蘇州博物館	
春山雲樹圖	軸	紙	設色	274.6 x 96	甲辰（嘉靖二十三年，1544）	寧波 浙江省寧波市天一閣文物保管所	
秋葵海棠圖	軸	絹	設色	139.9 x 66.8		寧波 浙江省寧波市天一閣文物保管所	
仿倪瓚春山暮靄圖	軸	絹	水墨	70.9 x 42.9		成都 四川省博物院	
辛夷花圖	軸	紙	水墨	113.9 x 58.4		重慶 重慶市博物館	
牡丹繡球圖	軸	紙	設色	122.5 x 52		廣州 廣東省博物館	
桐石萱花圖	軸	紙	設色	不詳		廣州 廣東省博物館	
梔子花圖	軸	紙	水墨	66.7 x 33.2		廣州 廣東省博物館	
湖石牡丹圖	軸	絹	設色	107 x 63		廣州 廣東省博物館	
蘭竹石圖	軸	紙	水墨	102.6 x 34		廣州 廣東省博物館	
四季花卉圖（4幅）	軸	紙	設色	（每幅）341.5 x 100.9		廣州 廣東省博物館	
牡丹繡球圖	軸	紙	水墨	123 x 48	癸卯（嘉靖二十二年，1543）二月既望	廣州 廣州市美術館	
鵝湖棲遲圖	軸	紙	設色	141.5 x 68.8	庚寅（嘉靖九年，1530）冬仲十日	日本 東京山本悌二郎先生	
菊石圖	軸	紙	水墨	不詳	嘉靖壬辰（十一年，1532）春	日本 東京加籐正治先生	
晚翠圖	軸	紙	設色	97.3 x 36.7	嘉靖甲午（十三年，1534）夏四月	日本 京都國立博物館（上野有竹齋寄贈）	A甲160
松菊圖（為懷齋表弟作）	軸	紙	水墨	103.6 x 35.1	甲辰（嘉靖二十三年，1544）初夏	日本 大阪市立美術館	
花卉圖	軸	紙	設色	不詳		日本 愛媛縣太山寺	
山水（夏山雨霽圖）	軸	絹	設色	124.8 x 63	庚寅（嘉靖九年，1530）五月	日本 私人	
梅花水仙圖	軸	紙	水墨	70.2 x 33.1		美國 普林斯頓大學藝術館（Ed-ward Elliott 先生寄存）	L302.10

名稱	形式	質地	色彩	尺寸 高x寬cm	創作時間	收藏處所	典藏號碼
水墨花卉	軸	紙	水墨	116.6 × 60		美國 普林斯頓大學藝術館（Edward Elliott 先生）	L2.78
夏花圖	軸	紙	設色	不詳		美國 紐約大都會藝術博物館	
烟樹尋幽圖	軸	紙	水墨	158 × 63.5		美國 克利夫蘭藝術博物館	
蟹藻圖	軸	紙	水墨	89.6 × 34.8	嘉靖戊戌（十七年，1538）春日	美國 堪薩斯市納爾遜-艾金斯藝術博物館	46-89
層巖叢木（陳淳畫山水冊之2）	冊頁	紙	水墨	30.1 × 48.2	庚子（嘉靖十九年，1540）秋孟望後	台北 故宮博物院	故畫 01136-2
疏樹閒亭（陳淳畫山水冊之3）	冊頁	紙	水墨	30.1 × 48.2		台北 故宮博物院	故畫 01136-3
石壁艤舟（陳淳畫山水冊之4）	冊頁	紙	水墨	30.1 × 48.2		台北 故宮博物院	故畫 01136-4
江帆遠眺（陳淳畫山水冊之5）	冊頁	紙	水墨	30.1 × 48.2		台北 故宮博物院	故畫 01136-5
雲峰濕翠（陳淳畫山水冊之6）	冊頁	紙	水墨	30.1 × 48.2		台北 故宮博物院	故畫 01136-6
柳浦清光（陳淳畫山水冊之7）	冊頁	紙	水墨	30.1 × 48.2		台北 故宮博物院	故畫 01136-7
林籟傳風（陳淳畫山水冊之8）	冊頁	紙	水墨	30.1 × 48.2		台北 故宮博物院	故畫 01136-8
巖松浮靄（陳淳畫山水冊之9）	冊頁	紙	水墨	30.1 × 48.2		台北 故宮博物院	故畫 01136-9
蘆汀雨泛（陳淳畫山水冊之10）	冊頁	紙	水墨	30.1 × 48.2		台北 故宮博物院	故畫 01136-10
喬木秋陰（陳淳畫山水冊之11）	冊頁	紙	水墨	30.1 × 48.2		台北 故宮博物院	故畫 01136-11
寒江釣雪（陳淳畫山水冊之12）	冊頁	紙	水墨	30.1 × 48.2		台北 故宮博物院	故畫 01136-12
空林積雨（陳淳畫山水冊之13）	冊頁	紙	水墨	30.1 × 48.2		台北 故宮博物院	故畫 01136-13
蟠松臨潤（陳淳畫山水冊14）	冊頁	紙	水墨	30.4 × 48.2		台北 故宮博物院	故畫 01136-14
雪浦寒鴉（陳淳畫山水冊15）	冊頁	紙	水墨	30.4 × 48.2		台北 故宮博物院	故畫 01136-15
書杜甫戲題山水圖歌并識（陳淳畫山水冊之16）	冊頁	紙	水墨	30.4 × 48.2	庚子（嘉靖十九年，1540）秋孟望後	台北 故宮博物院	故畫 01136-16
杏花（陳淳畫花卉冊之1）	冊頁	紙	水墨	23.5 × 26		台北 故宮博物院	故畫 03160-1
桃花（陳淳畫花卉冊之2）	冊頁	紙	水墨	23.5 × 26		台北 故宮博物院	故畫 03160-2
海棠（陳淳畫花卉冊之3）	冊頁	紙	水墨	23.5 × 26		台北 故宮博物院	故畫 03160-3
薔薇（陳淳畫花卉冊之4）	冊頁	紙	水墨	23.5 × 26		台北 故宮博物院	故畫 03160-4
百合（陳淳畫花卉冊之5）	冊頁	紙	水墨	23.5 × 26		台北 故宮博物院	故畫 03160-5
紫薇（陳淳畫花卉冊之6）	冊頁	紙	水墨	23.5 × 26		台北 故宮博物院	故畫 03160-6
秋葵（陳淳畫花卉冊之7）	冊頁	紙	水墨	23.5 × 26		台北 故宮博物院	故畫 03160-7
芙蓉（陳淳畫花卉冊之8）	冊頁	紙	水墨	23.5 × 26		台北 故宮博物院	故畫 03160-8

名稱	形式	質地	色彩	尺寸 高×寬㎝	創作時間	收藏處所	典藏號碼
菊花（陳淳畫花卉冊之9）	冊頁	紙	水墨	23.5 × 26		台北 故宮博物院	故畫 03160-9
茶花（陳淳畫花卉冊之10）	冊頁	紙	水墨	23.5 × 26		台北 故宮博物院	故畫 03160-10
牡丹（披薰集古冊之4）	冊頁	紙	水墨	195. × 54.1		台北 故宮博物院	故畫 03499-4
花卉（明花卉畫冊之6）	冊頁	紙	設色	18.7 × 54.2		台北 故宮博物院	故畫 03514-6
牡丹（明人畫扇冊一冊之5）	摺扇面	紙	水墨	不詳		台北 故宮博物院	故畫 03527-5
溪山雨霽（明人畫扇冊二冊之8）	摺扇面	紙	水墨	不詳		台北 故宮博物院	故畫 03528-8
山水（明人畫扇面（甲）冊之3）	摺扇面	紙	水墨	不詳		台北 故宮博物院	故畫 03532-3
仿米家雲山（明人便面畫冊肆冊（一）之15）	摺扇面	紙	水墨	不詳		台北 故宮博物院	故畫 03537-15
玉蕊衝寒（明人書畫扇（卯）冊之7）	摺扇面	紙	水墨	不詳		台北 故宮博物院	故畫 03544-7
丹花奇石（明人書畫扇（卯）冊之20）	摺扇面	金箋	水墨	不詳		台北 故宮博物院	故畫 03544-20
水仙（明人書畫扇面（己）冊之12）	摺扇面	金箋	水墨	不詳		台北 故宮博物院	故畫 03551-12
花卉（明人書畫扇（元）冊之18）	摺扇面	金箋	水墨	18.8 × 52.2		台北 故宮博物院	故畫 03564-18
風竹（明人書畫扇（元）冊之19）	摺扇面	金箋	水墨	17.8 × 47.8		台北 故宮博物院	故畫 03564-19
紫薇（明人書畫扇（元）冊之20）	摺扇面	金箋	設色	17.6 × 48.2		台北 故宮博物院	故畫 03564-20
菊花（明人書畫扇（元）冊之21）	摺扇面	金箋	水墨	18.3 × 54		台北 故宮博物院	故畫 03564-21
山水（明人書畫扇（元）冊之22）	摺扇面	金箋	設色	17.8 × 53.6		台北 故宮博物院	故畫 03564-22
藤蔓（明人書畫扇（元）冊之23）	摺扇面	金箋	設色	19.2 × 52.7		台北 故宮博物院	故畫 03564-23
竹枝山鳥	摺扇面	金箋	水墨	不詳		台北 故宮博物院	故扇 00248
菊花圖	摺扇面	金箋	設色	不詳		台北 故宮博物院	故扇 00145
花卉（明十名家便面會萃冊之1）	摺扇面	金箋	設色	17.7 × 51.1		台北 故宮博物院（蘭千山館寄存）	
花卉圖（10幀）	冊	金箋	水墨	（每幀）24.5	癸酉（正德八年，	香港 利榮森北山堂	

名稱	形式	質地	色彩	尺寸 高x寬cm	創作時間	收藏處所	典藏號碼
				x 30.4	1513）仲秋		
墨蘭圖	摺扇面	金箋	水墨	16.3 x 51		香港 莫華釗承訓堂	
花卉圖	摺扇面	金箋	水墨	17.1 x 47.4		香港 潘祖堯小聽颿樓	CP69
菊石圖	摺扇面	金箋	水墨	18.9 x 53.2		香港 潘祖堯小聽颿樓	CP79
墨芙蓉圖	摺扇面	金箋	水墨	20.8 x 52.3		香港 潘祖堯小聽颿樓	CP57
雪景山水圖	摺扇面	金箋	水墨	不詳		瀋陽 遼寧省博物館	
百花洲圖（壽袁方齋詩書畫冊 22之1幀）	冊頁	紙	設色	不詳	嘉靖丁亥（六年， 1527）二月	北京 故宮博物院	
鬥鴨闌圖（壽袁方齋詩書畫冊 22之1幀）	冊頁	紙	設色	不詳	嘉靖丁亥（六年， 1527）二月	北京 故宮博物院	
雁蕩村圖（壽袁方齋詩書畫冊 22之1幀）	冊頁	紙	設色	不詳	嘉靖丁亥（六年， 1527）二月	北京 故宮博物院	
吳淞江圖（壽袁方齋詩書畫冊 22之1幀）	冊頁	紙	設色	不詳	嘉靖丁亥（六年， 1527）二月	北京 故宮博物院	
竹菊圖	摺扇面	金箋	水墨	17.5 x 50	丁酉（嘉靖十六年 ，1537）	北京 故宮博物院	
落花游魚圖	摺扇面	金箋	設色	19 x 54	戊戌（嘉靖十七年 ，1538）四月十日	北京 故宮博物院	
雲山圖	摺扇面	灑金箋	水墨	18 x 49.3	辛丑（嘉靖二十年 ， 1541）夏日	北京 故宮博物院	
秋菊圖	摺扇面	紙	設色	不詳	嘉靖壬寅（二十一 年，1542）秋日	北京 故宮博物院	
梅蘭竹圖	摺扇面	紙	設色	不詳	嘉靖甲辰（二十三 年，1544）春正	北京 故宮博物院	
花卉（10幀）	冊	紙	水墨	（每幀）33.8 x 48.3		北京 故宮博物院	
桃花塢圖	冊頁	紙	設色	不詳		北京 故宮博物院	
紫薇村圖	冊頁	紙	設色	不詳		北京 故宮博物院	
天香圖	摺扇面	灑金箋	水墨	18.1 x 49.6		北京 故宮博物院	
竹石水仙圖	摺扇面	金箋	水墨	16.4 x 51.6		北京 故宮博物院	
仿吳鎮山水圖	摺扇面	金箋	水墨	17.7 x 53		北京 故宮博物院	
牡丹圖	摺扇面	紙	設色	17.5 x 50.5		北京 故宮博物院	
松蔭校書圖	摺扇面	金箋	水墨	18.1 x 49.8		北京 故宮博物院	
秋葵圖	摺扇面	金箋	水墨	17 x 50.8		北京 故宮博物院	

名稱	形式	質地	色彩	尺寸 高×寬㎝	創作時間	收藏處所	典藏號碼
雲山圖	摺扇面	金箋	水墨	18 × 51		北京 故宮博物院	
雲山圖	摺扇面	金箋	設色	17.6 × 51		北京 故宮博物院	
水墨花卉紀興（10幀）	冊	紙	水墨	不詳	嘉靖己亥（十八年，1539）冬	北京 中國歷史博物館	
桃花、竹、石圖	摺扇面	紙	設色	20 × 50		北京 北京市文物局	
山水圖	摺扇面	金箋	水墨	不詳		天津 天津市藝術博物館	
樹石圖	摺扇面	金箋	水墨	不詳		天津 天津市藝術博物館	
秋葵圖	冊頁	紙	水墨	39 × 47		合肥 安徽省博物館	
水仙山茶圖	摺扇面	金箋	水墨	不詳	丙申（嘉靖十五年，1536）	南通 江蘇省南通博物苑	
杏花燕子圖	摺扇面	金箋	設色	不詳		南通 江蘇省南通博物苑	
梅竹圖	摺扇面	金箋	水墨	不詳		南通 江蘇省南通博物苑	
雲林樹石圖	摺扇面	金箋	水墨	不詳		南通 江蘇省南通博物苑	
水仙文石圖	摺扇面	金箋	設色	不詳	甲戌（正德九年，1514）	上海 上海博物館	
石壁生雲圖（為元大作）	摺扇面	金箋	水墨	不詳	戊子（嘉靖七年，1548）夏	上海 上海博物館	
為石橋作山水圖	摺扇面	金箋	設色	不詳	丁酉（嘉靖十六年，1537）五月望	上海 上海博物館	
米氏雲山圖	摺扇面	金箋	水墨	不詳	戊戌（嘉靖十七年，1538）秋	上海 上海博物館	
山茶水仙圖	摺扇面	金箋	水墨	不詳	嘉靖己亥（十八年，1539）冬日	上海 上海博物館	
墨花圖（17幀）	冊	紙	水墨	（每幀）28 × 37.9	嘉靖甲辰（二十三年，1544）	上海 上海博物館	
花卉圖（陳道復等雜畫冊12之第1幀）	冊頁	紙	設色	24.5 × 25.3		上海 上海博物館	
芙蓉圖（陳道復等雜畫冊12之第2幀）	冊頁	紙	設色	24.5 × 25.3		上海 上海博物館	
梔子花圖（陳道復等雜畫冊12之第3幀）	冊頁	紙	設色	24.5 × 25.3		上海 上海博物館	
花卉（8幀）	冊	紙	水墨	（每幀）20.7 × 18.2		上海 上海博物館	
花卉（12幀）	冊	紙	設色	（每幀）18.		上海 上海博物館	

名稱	形式	質地	色彩	尺寸 高x寬cm	創作時間	收藏處所	典藏號碼
				5 x 17.6			
花果（8幀）	冊	紙	水墨	（每幀）18 x 20.9		上海 上海博物館	
書畫（4幀）	冊	絹	水墨	不詳		上海 上海博物館	
三清圖	摺扇面	金箋	水墨	不詳		上海 上海博物館	
水村圖	摺扇面	金箋	水墨	不詳		上海 上海博物館	
水邊茅屋圖	摺扇面	金箋	設色	不詳		上海 上海博物館	
平岡遠眺圖	摺扇面	金箋	水墨	不詳		上海 上海博物館	
玉蘭花圖	摺扇面	金箋	設色	不詳		上海 上海博物館	
百合花圖	摺扇面	金箋	水墨	不詳		上海 上海博物館	
坐看雲起圖	摺扇面	金箋	水墨	不詳		上海 上海博物館	
玫瑰花圖	摺扇面	金箋	水墨	不詳		上海 上海博物館	
玫瑰花圖	摺扇面	紙	設色	不詳		上海 上海博物館	
松丹梅圖	摺扇面	金箋	水墨	不詳		上海 上海博物館	
松石圖	摺扇面	金箋	水墨	不詳		上海 上海博物館	
松石水仙圖	摺扇面	金箋	水墨	不詳		上海 上海博物館	
採菱圖	摺扇面	金箋	水墨	不詳		上海 上海博物館	
重湖細雨圖	摺扇面	金箋	設色	不詳		上海 上海博物館	
紅梅水仙圖	摺扇面	金箋	設色	不詳		上海 上海博物館	
海棠花圖	摺扇面	金箋	設色	不詳		上海 上海博物館	
海棠花圖	摺扇面	紙	設色	不詳		上海 上海博物館	
草閣停舟圖	摺扇面	金箋	水墨	不詳		上海 上海博物館	
梔子花圖	摺扇面	紙	水墨	不詳		上海 上海博物館	
梔子花圖	摺扇面	紙	水墨	不詳		上海 上海博物館	
雲山圖	摺扇面	金箋	水墨	不詳		上海 上海博物館	
雲溪泊舟圖	摺扇面	金箋	水墨	不詳		上海 上海博物館	
雲樹煙嵐圖	摺扇面	金箋	設色	不詳		上海 上海博物館	
菊石圖	摺扇面	紙	水墨	不詳		上海 上海博物館	
溪橋欲雨圖	摺扇面	灑金箋	設色	不詳		上海 上海博物館	
圓荷細菱圖	摺扇面	金箋	水墨	不詳		上海 上海博物館	
漁舟晚歸圖	摺扇面	金箋	水墨	不詳		上海 上海博物館	
墨蘭圖	摺扇面	金箋	水墨	不詳		上海 上海博物館	
畫（陳道復、王體、朱耷等雜畫冊12之1幀）	冊頁	紙	設色	約24.5 x 25		上海 上海博物館	

名稱	形式	質地	色彩	尺寸 高×寬㎝	創作時間	收藏處所	典藏號碼
水仙茶花圖并書神仙起居法（為文峰作）	冊方	紙	設色	不詳	癸卯（嘉靖二十二年，1543）七月望後	南京 南京博物院	
花蝶圖	摺扇面	金箋	設色	不詳		南京 南京博物院	
山水圖	摺扇面	金箋	水墨	15 × 52		南京 南京市博物館	
花卉圖（4幀）	冊	絹	設色	（每幀）18.5 × 22.5		杭州 浙江省杭州西泠印社	
水墨雲山圖	摺扇面	金箋	水墨	不詳		寧波 浙江省寧波市天一閣文物保管所	
松山圖	摺扇面	金箋	設色	不詳		寧波 浙江省寧波市天一閣文物保管所	
山水圖	摺扇面	金箋	水墨	不詳		成都 四川省博物院	
秋果圖	摺扇面	金箋	設色	不詳		成都 四川大學	
山水圖	摺扇面	金箋	設色	不詳		成都 四川大學	
花卉圖（8幀）	冊	絹	水墨、設色	（每幀）31.4 × 52.8		重慶 重慶市博物館	
清江帆影圖	摺扇面	金箋	設色	不詳		廣州 廣州市美術館	
花卉圖	摺扇面	紙	水墨	不詳		貴陽 貴州省博物館	
寫意蘆舟（明人書畫扇丁冊之8）	摺扇面	錢箋	水墨	不詳		日本 東京橋本辰二郎先生	
竹菊坡石圖	摺扇面	金箋	水墨	20.4 × 55.8		日本 橫濱岡山美術館	
花卉（9幀）	冊	紙	水墨	不詳		美國 New Haven 翁萬戈先生	
花卉圖	冊頁	紙	水墨	不詳		美國 普林斯頓大學藝術館	
雜花（16幀）	冊	紙	設色	（每幀）33.3 × 57.8	嘉靖庚子（十九年，1540）	美國 紐約大都會藝術博物館	1986.266.1
山水人物圖	摺扇面	金箋	設色	18.0 × 54	乙亥（正德十年，1515）初秋	美國 紐約大都會藝術博物館	
梔子花圖	冊頁	紙	水墨	32.4 × 59		美國 堪薩斯市納爾遜-艾金斯藝術博物館	
桃花雙燕圖	摺扇面	金箋	設色	18.4 × 51.2		美國 舊金山亞洲藝術館	B79 D16
山水圖	摺扇面	金箋	水墨	18.2 × 51.3		美國 夏威夷火魯奴奴藝術學院	2313.1
山水圖	摺扇面	金箋	水墨	18.2 × 50.3		美國 夏威夷火魯奴奴藝術學院	2305.1

名稱	形式	質地	色彩	尺寸 高×寬㎝	創作時間	收藏處所	典藏號碼
花卉圖(唐宋畫冊之11)	冊頁	絹	設色	29.1 × 37.8		英國 倫敦大英博物館	1936.10.9.0 10(ADD89)
花卉圖（4幀）	冊	紙	設色	（每幀）35.2 × 47.2		英國 倫敦維多利亞-艾伯特博物館	E12-1966
仿巨然山水圖	摺扇面	金箋	水墨	16.2 × 50.8		德國 柏林東亞藝術博物館	1988-198
枯木圖	摺扇面	金箋	水墨	18.1 × 51.1		德國 柏林東亞藝術博物館	1988-199
墨梅圖	摺扇面	金箋	水墨	17.2 × 52.1		德國 柏林東亞藝術博物館	1988-200
山水圖	摺扇面	金箋	水墨	17.1 × 48.5		德國 柏林東亞藝術博物館	1988-201
山水圖	摺扇面	金箋	水墨	18.2 × 53		德國 柏林東亞藝術博物館	1988-202
花卉圖	摺扇面	金箋	設色	17.7 × 48.7		德國 科隆東亞藝術博物館	A36.5
附：							
設色牡丹圖	卷	紙	設色	不詳	戊戌（嘉靖十七年，1538）季冬八日	北京 北京市文物商店	
花卉十段圖	卷	紙	設色	不詳	甲辰（嘉靖二十三年，1544）春	北京 北京市文物商店	
書畫	卷	紙	設色	不詳		北京 北京市工藝品進出口公司	
杏花春燕圖	卷	紙	設色	不詳		上海 朵雲軒	
虎丘山圖	卷	紙	設色	29.6 × 129.6	嘉靖丁未（二十六年，1547）	上海 上海文物商店	
花卉圖	卷	紙	水墨	33 × 209.5	嘉靖丁酉（十六年1537）春日	紐約 蘇富比藝品拍賣公司/拍賣目錄1988,06,01.	
花卉圖	卷	紙	水墨	29.5 × 317.5		紐約 蘇富比藝品拍賣公司/拍賣目錄1988,11,30.	
雲山圖	卷	絹	設色	28.5 × 264		紐約 佳士得藝品拍賣公司/拍賣目錄1989,12,04.	
洛陽春色圖	卷	紙	設色	29 × 78.5		紐約 佳士得藝品拍賣公司/拍賣目錄1990,05,31.	
松竹菊石	卷	紙	設色	33 × 528.5		紐約 佳士得藝品拍賣公司/拍賣目錄1990,11,28.	
山水（與書法卷合卷）	卷	紙	設色	26 × 103.5		紐約 佳士得藝品拍賣公司/拍賣目錄1994,11,30.	
牡丹圖	卷	紙	設色	29 × 179		香港 佳士得藝品拍賣公司/拍賣目錄1996,04,28.	

名稱	形式	質地	色彩	尺寸 高×寬cm	創作時間	收藏處所	典藏號碼
花卉圖	卷	紙	設色	34.3 × 403.9	嘉靖甲辰（二十三年，1544）春日	紐約 佳士得藝品拍賣公司/拍賣目錄 1996,09,18.	
松菊竹石圖	卷	紙	設色	33 × 518.2		紐約 佳士得藝品拍賣公司/拍賣目錄 1998,03,24.	
山前曉景書畫	卷	紙	設色	32.7 × 277.2	癸卯（嘉靖二十二年，1543）十月望後	香港 蘇富比藝品拍賣公司/拍賣目錄 1999,10,31.	
紫薇圖	軸	紙	水墨	不詳		大連 遼寧省大連市文物商店	
水仙圖	軸	紙	水墨	不詳		上海 上海文物商店	
黃蜀葵圖	橫幅	紙	水墨	24.8 × 57.2		紐約 佳仕得藝品拍賣公司/拍賣目錄 1986,12,01.	
牡丹圖（與草書合裱）	軸	紙	設色	（畫）30 × 40.5		紐約 佳士得藝品拍賣公司/拍賣目錄 1987,06,03.	
喜兩圖	軸	紙	水墨	151 × 38.5	庚子（嘉靖十九年，1540）夏	紐約 佳士得藝品拍賣公司/拍賣目錄 1989,12,04.	
辛夷靈石圖	軸	絹	設色	120.5 × 58.5		紐約 佳士得藝品拍賣公司/拍賣目錄 1994,06,01.	
聽泉圖	軸	紙	水墨	131.4 × 32.4		紐約 佳士得藝品拍賣公司/拍賣目錄 1995,09,19.	
歲朝清供圖	軸	紙	設色	59 × 36		香港 佳士得藝品拍賣公司/拍賣目錄 1998,09,15.	
山水	軸	絹	水墨	151.8 × 47	癸卯（嘉靖二十二年，1543）三月望	香港 佳士得藝品拍賣公司/拍賣目錄 2001,04,29.	
雪夜歸人圖	摺扇面	紙	水墨	18 × 49		北京 中國文物商店總店	
山水圖	摺扇面	灑金箋	設色	18 × 55		紐約 佳仕得藝品拍賣公司/拍賣目錄 1986,12,01.	
花卉、法書（6幀）	冊	紙	設色	（每幀）20 × 17		紐約 佳士得藝品拍賣公司/拍賣目錄 1992,12,02.	
山水（扇面2幀）	摺扇面	金箋	水墨	18.5 × 54.6		紐約 佳士得藝品拍賣公司/拍賣目錄 1993,06,04.	
山邊茅舍	摺扇面	金箋	設色	18 × 55		紐約 佳士得藝品拍賣公司/拍賣目錄 1993,12,01.	
溪山猩子	摺扇面	金箋	水墨	18.5 × 56.5	癸卯（嘉靖二十二年，1543）冬日	紐約 佳士得藝品拍賣公司/拍賣目錄 1994,11,30.	

名稱	形式	質地	色彩	尺寸 高x寬cm	創作時間	收藏處所	典藏號碼
山水	摺扇面	金箋	水墨	19.8 x 51.5		紐約 佳士得藝品拍賣公司/拍賣目錄 1995,03,22.	
山水	摺扇面	金箋	設色	8.4 x 55.2		紐約 佳士得藝品拍賣公司/拍賣目錄 1998,09,15.	

畫家小傳：陳道復。名淳。字道復，後以字行，更字復甫。號白陽山人。江蘇長洲人。生於憲宗成化十九（1483）年。卒於世宗嘉靖廿三（1544）年。生而天才秀發。經學、古文、詩詞、書畫，無不精研通曉。畫善山水、花卉，嘗遊文徵明門下，但能自造門徑。（見明畫錄、無聲詩史、圖繪寶鑑續纂、白陽先生墓誌銘、蘇州府志、藝苑卮言、中國畫家人名大辭典）

陳 芹

名稱	形式	質地	色彩	尺寸 高x寬cm	創作時間	收藏處所	典藏號碼
竹石圖并書	卷	紙	水墨	不詳	戊辰（正德三年，1508）	北京 故宮博物院	
竹菊蘭石圖	卷	紙	水墨	不詳	己巳（正德四年，1509）春日	北京 故宮博物院	
花卉圖	卷	紙	水墨	不詳	戊辰（隆慶二年，1568）	北京 故宮博物院	
江上漁舟圖	卷	紙	水墨	34.4 x 359	戊辰（正德三年，1508）	上海 上海博物館	
竹石圖	軸	紙	水墨	不詳	乙卯（嘉靖三十四年，1555）冬十一月	北京 故宮博物院	
風竹圖	軸	紙	水墨	147.7 x 65.6	丁卯（隆慶元年，1567）仲夏日	北京 故宮博物院	
竹石圖	軸	紙	水墨	146.7 x 65.5		北京 故宮博物院	
芝蘭玉樹圖（為青汀作）	軸	紙	設色	不詳	壬申（正德七年，1512）菊月	上海 上海博物館	
蘭竹圖	軸	紙	水墨	99.4 x 42.8	壬申（正德七年，1512）	上海 上海博物館	
修篁文石圖	軸	絹	水墨	117.5 x 50.3	己巳（正德四年，1509）夏日	南京 南京博物院	
竹石圖	軸	紙	水墨	不詳	己巳（隆慶三年，1569）夏日	南京 故宮博物院	
憶入天台（明人書畫扇（卯）冊之11）	摺扇面	紙	水墨	不詳		台北 故宮博物院	故畫 03544-11

名稱	形式	質地	色彩	尺寸 高×寬㎝	創作時間	收藏處所	典藏號碼
竹石圖	摺扇面	紙	水墨	不詳	甲戌（正德九年，1514）	北京 故宮博物院	
竹石圖	摺扇面	紙	水墨	不詳	甲戌（萬曆二年，1574）	北京 故宮博物院	
竹石圖	摺扇面	紙	水墨	不詳	乙亥（萬曆三年，1575）	北京 故宮博物院	
竹石圖	摺扇面	金箋	水墨	不詳	庚午（正德五年，150）	合肥 安徽省博物館	
竹石圖	摺扇面	金箋	水墨	不詳	乙丑（正德二十年，1517）	合肥 安徽省博物館	

附：

墨竹圖	卷	紙	水墨	不詳		北京 中國文物商店總店	
荷花圖	軸	紙	水墨	79.8 × 31	庚午（正德五年，1510）	上海 上海文物商店	

畫家小傳：陳芹。其先本安南國王裔，成祖永樂中來奔，遂家江蘇金陵。字子野。號橫崖。工詩畫，尤善寫竹。文徵明每戒門下過白門，慎勿寫竹，為人推服如此。流傳署款紀年作品見於武宗正德三(1508)年，至神宗萬曆三(1575)年。（見明畫錄、無聲詩史、圖繪寶鑑續纂、明史顧璘傳、江寧志、金陵瑣事、列朝詩集小傳、中國畫家人名大辭典）

朱承爵

名稱	形式	質地	色彩	尺寸 高×寬㎝	創作時間	收藏處所	典藏號碼
雨竹圖（文徵明、張傑等雜畫卷6之第3段）	卷	紙	水墨	28.7 × 103 不等		上海 上海博物館	

畫家小傳：朱承爵。字子儋。號左庵，別號舜城漫士。江蘇江陰（一作江陵）人。善畫花鳥，作竹石亦秀潤可愛，文徵明許為合作。（見明畫錄、無聲詩史、中國畫家人名大辭典）

常 倫

名稱	形式	質地	色彩	尺寸 高×寬㎝	創作時間	收藏處所	典藏號碼
草蟲圖	卷	紙	水墨	30.5 × 243.5	八十老人（？）	台北 故宮博物院	故畫 01630

畫家小傳：常倫。字明卿（一字汝明）。號二華子。澤州沁水人。正德六年（1511）進士。能文詞，工詩書。畫亦瀟灑道勁。作品有天目頭陀曹谷題跋，稱其聲價與白陽（陳淳）、雪居（孫克弘）相近。（見萬姓統譜、畫史會要、中國畫家人名大辭典）

詹 和

名稱	形式	質地	色彩	尺寸 高×寬㎝	創作時間	收藏處所	典藏號碼
竹石圖	軸	絹	水墨	143.6 × 90		日本 東京岡崎正也先生	
墨竹圖	軸	紙	水墨	84.1 × 38	正德七年（壬申，1512）八月十九日	日本 江田勇二先生	

附：

名稱	形式	質地	色彩	尺寸 高×寬㎝	創作時間	收藏處所	典藏號碼
十六羅漢圖	卷	絹	水墨	29 × 307.5		紐約 佳士得藝品拍賣公司/拍賣目錄 1997,09,19.	

畫家小傳：詹和。字僖和（一作仲和）。號鐵冠道人。浙江四明人。善書畫。書倣趙孟頫，畫工墨竹，宗法吳鎮；兼能白描人物。流傳署款紀年作品見於武宗正德七(1512)年。（見明畫錄、無聲詩史、畫史會要、中國畫家人名大辭典）

謝時臣

名稱	形式	質地	色彩	尺寸 高×寬㎝	創作時間	收藏處所	典藏號碼
仿李成寒林平野文徵明題長歌（2幅合裝）	卷	紙	水墨	（畫幅）42.5 × 159.2	丁未（嘉靖二十六年，1547）	台北 故宮博物院	故畫 01106
松陰清話圖	卷	紙	水墨	26 × 151.7	辛亥（嘉靖三十年，1551）二月花朝	台北 故宮博物院	故畫 01066
醉翁亭記書畫合璧	卷	絹	設色	27.1 × 112.4	嘉靖己未（三十八年，1559）	台北 故宮博物院	故畫 01067
山水	卷	紙	水墨	25.5 × 126.8		台北 故宮博物院	故畫 01631
出水（謝時臣、錢穀、胡宗信、錢貢山水集卷之第1）	卷	紙	設色	不詳		台北 故宮博物院（蘭千山館寄存）	
柴桑清隱圖	卷	紙	白描	124.5 × 75	六十九歲（嘉靖三十四年，乙卯，1555）	香港 張碧寒先生	
谿山霽雪圖	卷	灑金箋	水墨	25 × 153.2	癸丑（嘉靖三十二年，1553）秋八月	北京 故宮博物院	
西州草鞋圖	卷	絹	水墨	27 × 143.6		北京 故宮博物院	
江山勝覽圖	卷	絹	設色	28 × 553.6	嘉靖庚寅（九年，1530）秋仲	上海 上海博物館	
文會圖	卷	絹	白描	28.9 × 121.6	嘉靖乙未（十四年，1535）十二月	上海 上海博物館	
山齋假寐圖	卷	紙	水墨	27.4 × 121.8		上海 上海博物館	
自題早年山水圖	卷	紙	設色	29.3 × 122.8	嘉靖乙卯（三十四年，1555）	蘇州 江蘇省蘇州博物館	
石勒問道圖	卷	絹	水墨	37.4 × 126.1	壬寅（嘉靖二十一年，1542）春	成都 四川省博物院	
西湖圖	卷	絹	設色	30.4 × 87	嘉靖壬辰（十一年，1532）	重慶 重慶市博物館	
名園雅集圖	卷	絹	水墨	31.5 × 189.5	嘉靖三十六年，丁巳（1557）	廣州 廣東省博物館	

名稱	形式	質地	色彩	尺寸 高×寬cm	創作時間	收藏處所	典藏號碼
山水圖	卷	紙	設色	29.7 × 606	嘉靖庚申（三十九年，1560）五月	日本 東京幡生彈治郎先生	
練溪佳勝圖	卷	絹	水墨	28.5 × 120		日本 京都國立博物館（上野有竹齋寄贈）	A甲164
虎丘圖	卷	紙	設色	不詳		美國 波士頓美術館	
萬山飛雪圖	卷	紙	設色	27.4 × 399.6		美國 芝加哥藝術中心	1950.1151
風雨歸邨圖	卷	絹	設色	40.3 × 425.4	嘉靖庚寅（九年，1530）秋日	美國 克利夫蘭藝術博物館	75.94
溪山秋霽圖	卷	紙	水墨	29 × 129.7		美國 夏威夷火魯奴奴藝術學院	2260.1
江山無盡圖	卷	絹	設色	33.2 × ？	嘉靖廿五載（丙午，1546）二月	德國 柏林遠東藝術博物館	1794
淇澳仙蹤圖	卷	絹	設色	41.2 × ？	嘉靖丙辰（三十五年，1556）	瑞士 蘇黎士黎得堡博物館	RCH.1020
高人雅集圖	軸	紙	水墨	95.7 × 49.9	己丑（嘉靖八年，1529）秋仲	台北 故宮博物院	故畫00557
畫山水	軸	紙	設色	105.3 × 37.7	丁卯（隆慶元年，1567）秋仲	台北 故宮博物院	故畫02235
山陰歸棹圖	軸	紙	設色	86.9 × 105.4		台北 故宮博物院	故畫00556
林巒秋霽圖	軸	紙	水墨	231.2 × 118.3		台北 故宮博物院	故畫00909
青松白雲圖	軸	紙	水墨	222.1 × 65.1		台北 故宮博物院	故畫01344
畫山水（夏木垂陰）	軸	絹	設色	140 × 62.9		台北 故宮博物院	故畫02234
幽風圖	軸	紙	設色	196.6 × 109		台北 故宮博物院	故畫02983
鹿鳴嘉宴圖	軸	絹	設色	186 × 82.8		台北 故宮博物院	故畫02984
四皓圖	軸	絹	設色	252.4 × 100		台北 故宮博物院	故畫02985
疏林夕照圖	軸	絹	設色	不詳		台北 （故宮博物院（王世杰先生寄存）	
竹泉行樂	軸	絹	水墨	204.5 × 97.5		台北 國泰藝術館	
盧山圖	軸	絹	設色	160.7 × 80.5		台北 張建安先生	
雪景山水	軸	絹	水墨	116.4 × 61.1		北京 故宮博物院	
虎阜春晴圖	軸	紙	設色	162.4 × 39.2		瀋陽 遼寧省博物館	
峨嵋雪棧圖	軸	紙	設色	284 × 100.5	庚申（嘉靖三十九年，1560）	旅順 遼寧省旅順博物館	

名稱	形式	質地	色彩	尺寸 高×寬cm	創作時間	收藏處所	典藏號碼
策杖聽泉圖	軸	紙	設色	不詳	丙午（嘉靖二十五年，1546）秋	北京 故宮博物院	
山水圖	軸	紙	水墨	84.8 × 31.3	丙午（嘉靖二十五年，1546）	北京 故宮博物院	
雪景山水圖	軸	紙	設色	不詳	戊申（嘉靖二十七年，1548）新春	北京 故宮博物院	
夏山飛瀑圖	軸	紙	設色	335 × 98.5	癸丑（嘉靖三十二年，1553）	北京 故宮博物院	
諸葛亮像	軸	紙	設色	292 × 100.4	嘉靖庚申（三十九年，1560）	北京 故宮博物院	
泰山松嶂圖	軸	紙	設色	不詳	嘉靖庚申（三十九年，1560）	北京 故宮博物院	
匡山積潤圖	軸	絹	設色	128 × 62.8		北京 故宮博物院	
岳陽樓圖	軸	紙	設色	248 × 102.3		北京 故宮博物院	
煙林策杖圖	軸	絹	水墨	85 × 31.2		北京 故宮博物院	
移居圖	軸	絹	設色	186.7 × 100.6		北京 故宮博物院	
溪亭逸思圖	軸	絹	設色	190 × 65.5		北京 故宮博物院	
袁安臥雪圖	軸	絹	設色	不詳	嘉靖甲寅（三十三年，1554）	北京 中國歷史博物館	
春晴柳色圖	軸	絹	設色	不詳		北京 中國歷史博物館	
鴻濛奇遇圖	軸	絹	設色	178 × 106.2		北京 中國美術館	
江干秋色圖	軸	紙	設色	341.6 × 125		北京 首都博物館	
邊城江色圖	軸	絹	設色	199.3 × 97		北京 首都博物館	
柏鹿圖	軸	絹	設色	不詳		北京 中央美術學院	
溪山歲晚圖	軸	紙	設色	不詳	嘉靖甲辰（二十三年，1544）二月	天津 天津市藝術博物館	
雅餞圖（為陽抱作）	軸	紙	水墨	107 × 45.5	嘉靖三十二年癸丑（1553）四月望	天津 天津市藝術博物館	
雪山寒溪圖	軸	絹	設色	144 × 80.5	嘉靖庚申（三十九年，1560）	天津 天津市藝術博物館	
層巒濺瀑圖	軸	紙	設色	171 × 49		天津 天津市藝術博物館	
蘇堤聯驃圖	軸	絹	設色	280.3 × 59.5		天津 天津市藝術博物館	
溪橋釣艇圖	軸	絹	設色	120 × 61		太原 山西省博物館	

名稱	形式	質地	色彩	尺寸 高x寬㎝	創作時間	收藏處所	典藏號碼
水閣客來圖	軸	紙	設色	127 × 45	庚戌（嘉靖二十九年，1550）	濟南 山東省博物館	
旅檠圖	軸	絹	設色	187 × 85.5		濟南 山東省博物館	
溪山秋晚圖	軸	紙	水墨	55 × 72.5		濟南 山東省博物館	
西湖春曉圖	軸	紙	設色	279 × 105		濟南 山東省濟南市博物館	
太行晴雪圖	軸	絹	設色	231 × 165.6	嘉靖庚戌（二十九年，1550）	青島 山東省青島市博物館	
武當南巖霽雪圖	軸	絹	設色	296 × 100	嘉靖三十一年（壬子，1552）仲春	青島 山東省青島市博物館	
草堂清賞圖	軸	絹	設色	114 × 59.5		合肥 安徽省博物館	
匡廬瀑布圖	軸	絹	設色	114 × 59.5		合肥 安徽省博物館	
鼓琴賦別圖（為胡文明作）	軸	紙	水墨	92.7 × 34.5	丁亥（嘉靖六年，1527）四月之望	上海 上海博物館	
關山霽雪圖	軸	紙	設色	322.7×100.8	戊戌（嘉靖十七年，1538）秋七月既望	上海 上海博物館	
武當紫霄宮雪霽圖	軸	絹	設色	198.9 × 98.8	嘉靖二十年（辛丑，1541）九月	上海 上海博物館	
問禮圖	軸	絹	設色	183.4 × 100	嘉靖戊午（三十七年，1558）	上海 上海博物館	
雙松圖	軸	紙	水墨	190 × 101.3	嘉靖己未（三十八年，1559）大寒日	上海 上海博物館	
杜甫詩意圖	軸	紙	設色	326.7×102.6		上海 上海博物館	
楚江漁樂圖	軸	紙	設色	320.6 × 94.7		上海 上海博物館	
關河朔雁圖	軸	絹	設色	不詳		上海 上海博物館	
層巒飛瀑圖	軸	紙	設色	166 × 50.6		上海 中國美術家協會上海分會	
仿王叔明細筆山水（谿山攬勝圖）	軸	紙	水墨	58.5 × 31.2	正德丁丑（十二年，1517）	南京 南京博物院	
峨嵋雪圖	軸	紙	設色	343.9×100.1	嘉靖戊午（三十七年，1558）十一月	南京 南京博物院	
春山對奕圖	軸	絹	設色	120 × 62.2		南京 南京博物院	
高江急峽圖	軸	絹	設色	175 × 196.7		南京 南京博物院	

名稱	形式	質地	色彩	尺寸 高×寬cm	創作時間	收藏處所	典藏號碼
黃鶴煙波圖	軸	紙	設色	282 × 97.5		南京 南京博物院	
凌雲喬翠圖	軸	紙	設色	不詳	庚申（嘉靖三十九年，1560）仲冬	常州 江蘇省常州市博物館	
深山客話圖	軸	絹	設色	不詳		無錫 江蘇省無錫市博物館	
雪山行旅圖	軸	絹	設色	152.5 × 71.5	庚申（嘉靖三十九年，1560）	昆山 崑崙堂美術館	
石梁秋霽圖	軸	絹	設色	167.4 × 72.9		寧波 浙江省寧波市天一閣文物保管所	
群峰霽雪圖	軸	絹	設色	212 × 103	嘉靖庚申（三十九年，1560）	婺源 江西省婺源縣博物館	
春江漁艇圖	軸	紙	設色	305 × 100		武漢 湖北省博物館	
水閣對奕圖	軸	絹	設色	180.5 × 100		成都 四川省博物院	
黃鶴樓圖	軸	絹	設色	93 × 20.5		重慶 重慶市博物館	
寒山萬木圖	軸	紙	設色	144 × 67	嘉靖癸丑（三十二年，1553）	廣州 廣東省博物館	
柳城漁艇圖	軸	紙	設色	340 × 96		廣州 廣東省博物館	
匡廬瀑布圖	軸	紙	設色	220 × 141.4		廣州 廣州市美術館	
秣陵春早圖	軸	絹	水墨	93.3 × 66.7		日本 東京國立博物館	
高士觀梅圖	軸	絹	設色	174.9 × 93.5	戊子（嘉靖七年，1528）冬仲	日本 東京國立博物館	TA-493
小景山水（曲巖圖）	軸	絹	水墨	24.3 × 21.3	七十二翁（嘉靖三十七年，戊午，1558）	日本 東京國立博物館	
輞川積雨圖	軸	絹	設色	147.3 × 67		日本 東京帝室博物館	
松石圖	軸	紙	設色	不詳		日本 東京篠崎都香佐先生	
巫峽雲濤圖	軸	紙	設色	239.4 × 93.3		日本 東京田中武兵衛先生	
山水圖	軸	絹	設色	不詳	嘉靖三十六載丁巳（1557）十月	日本 東京團伊能先生	
四傑士圖（4幅，各為：妻不下機；荷鋤歸晚；王孫一飯；破□風雪。）	軸	絹	設色	不詳	嘉靖三十載辛亥（1551）	日本 東京岩崎小彌太先生	
夏、冬景山水圖（2幅）	軸	絹	設色	不詳		日本 東京村上與四郎先生	
岳陽樓圖	軸	紙	設色	不詳		日本 京都國立博物館	A甲01029
山水圖（花竹泉聲）	軸	絹	設色	219.1 × 97		日本 京都慈照寺（銀閣寺）	

名稱	形式	質地	色彩	尺寸 高×寬㎝	創作時間	收藏處所	典藏號碼
華山仙掌圖	軸	紙	設色	333 × 97.6		日本 京都桑名鐵城先生	
山齋雅集圖	軸	絹	水墨	112.1 × 59.7		日本 京都桑名鐵城先生	
夏山觀瀑圖	軸	紙	設色	234.1×104.5	七十四歲（嘉靖三十九年，庚申，1560）	日本 京都桑名鐵城先生	
湖堤春曉圖	軸	紙	設色	337.8×100.7		日本 大阪市立美術館	
巫峽雲濤圖	軸	紙	設色	344.8×103.7		日本 大阪市立美術館	
楚江秋晚圖	軸	紙	設色	140.5 × 75.7		日本 大阪市立美術館	
山水圖（柳溪載酒）	軸	絹	設色	119.2 × 60.8	丁巳（嘉靖三十六年，1557）十月	日本 大阪萬野美術館	0012
山齋雅集圖	軸	絹	設色	113 × 60		日本 大阪橋本大乙先生	
層巖傑閣圖	軸	紙	設色	227 × 104		日本 大阪橋本大乙先生	
華山仙掌圖	軸	紙	水墨	332 × 97.5		日本 大阪橋本大乙先生	
溪橋策蹇圖	軸	絹	設色	136 × 85		日本 大光院	
松林煎茶圖	軸	絹	設色	161.2 × 84.2		日本 山口良夫先生	
巫峽雲濤圖	軸	紙	設色	240.5 × 90.1		日本 江田勇二先生	
巫峽清秋圖	軸	絹	設色	不詳		日本 江田勇二先生	
西山白雪圖	軸	絹	設色	不詳	嘉靖己未（三十八年，1559）夏日	日本 江田勇二先生	
寫杜陵詩句山水圖	軸	絹	水墨	不詳	嘉靖三十九載（庚申，1560）	日本 江田勇二先生	
四季山水圖（4幅）	軸	絹	設色	（每幅）98.3 × 52.3		日本 私人	
雪景山水圖	軸	絹	設色	179.5 × 88.2		日本 私人	
松泉聽琴圖	軸	絹	設色	140.7 × 71.2		美國 紐約大都會藝術博物館	1982.1.9
羅浮春靄圖	軸	絹	設色	183.5×106.9		美國 紐約大都會藝術博物館	52.177.20
鸂鶒捕魚圖	軸	絹	設色	41 × 18.5	丙申（嘉靖十五年，1536）夏六月	美國 紐約王季遷明德堂	
山水圖	軸	絹	設色	141.2 × 71.8		美國 密歇根大學藝術博物館	1961/1.161
山水圖（松閣觀瀑）	軸	絹	設色	108.1 × 48.1		美國 華盛頓特區弗瑞爾藝術館	54.17

名稱	形式	質地	色彩	尺寸 高x寬cm	創作時間	收藏處所	典藏號碼
巫峽雲濤圖	軸	紙	設色	241.3 × 89.9		美國 克利夫蘭藝術博物館	68.213
關山雪霽圖	軸	紙	設色	275.8 × 101		美國 舊金山亞洲藝術館	B67 D9
仿吳鎮古木竹石圖	軸	緘	水墨	140.3 × 54.6	己未（嘉靖三十八年，1559）花朝	美國 勃克萊加州大學藝術館	CM97
山水圖	軸	紙	水墨	59.6 × 27.6		美國 勃克萊加州大學藝術館（高居翰教授寄存）	CM39
林泉隱居圖	軸	絹	設色	155.2 × 82.1		美國 勃克萊加州大學藝術館（高居翰教授寄存）	CM93
溪山霽靄圖	軸	絹	水墨	26.6 × 22.1	嘉靖己未（三十八年，1559）除夕	美國 勃克萊加州大學藝術館（高居翰教授寄存）	
林和靖圖	軸	絹	設色	186.1 × 103.2		美國 勃克萊加州大學藝術館（高居翰教授寄存）	
泰山松圖	軸	絹	設色	161 × 81.2		美國 史坦福大學藝術博物館（加州私人寄存）	
懸崖飛鳳圖	軸	紙	水墨	57.1 × 29		美國 火魯奴奴 Hutchinson 先生	
竹石圖	軸	紙	水墨	不詳		美國 火魯奴奴 Hutchinson 先生	
溪亭高隱圖	軸	紙	設色	109.6 × 28.4		美國 私人	
雪景山水圖	軸	絹	水墨	100.7 × 49.4		英國 倫敦大英博物館	1921.7.12.03（ADD18）
城南讀書圖	軸	紙	設色	不詳	嘉靖三十九載庚申（1560）初夏	瑞典 斯德哥爾摩遠東古物館	
崚峰村落（謝時臣畫山水冊之1）	冊頁	紙	水墨	26.1 × 39.2		台北 故宮博物院	故畫 03165-1
雲壑松鹿（謝時臣畫山水冊之2）	冊頁	紙	設色	27 × 39		台北 故宮博物院	故畫 03165-2
近村遠岫（謝時臣畫山水冊之3）	冊頁	紙	水墨	25.6 × 39		台北 故宮博物院	故畫 03165-3
疏林茆屋（謝時臣畫山水冊之4）	冊頁	紙	水墨	24.8 × 38.9		台北 故宮博物院	故畫 03165-4
秋林策杖（謝時臣畫山水冊之5）	冊頁	紙	設色	26.9 × 39.1		台北 故宮博物院	故畫 03165-5
漁村夕靄（謝時臣畫山水冊之6）	冊頁	紙	設色	26.9 × 39.1		台北 故宮博物院	故畫 03165-6

名稱	形式	質地	色彩	尺寸 高x寬㎝	創作時間	收藏處所	典藏號碼
溪山帆影（謝時臣畫山水冊之7）	冊頁	紙	水墨	26.1 x 39.4		台北 故宮博物院	故畫 03165-7
雪山樓閣（謝時臣畫山水冊之8）	冊頁	紙	設色	25.6 x 38.9		台北 故宮博物院	故畫 03165-8
雲鎖江鄉（謝時臣畫山水冊之9）	冊頁	紙	設色	26.9 x 39.2		台北 故宮博物院	故畫 03165-9
寒林流泉（謝時臣畫山水冊之10）	冊頁	紙	水墨	26.1 x 39.4		台北 故宮博物院	故畫 03165-10
柳溪放鴨（謝時臣畫山水冊之11）	冊頁	紙	水墨	25.7 x 39.2		台北 故宮博物院	故畫 03165-11
江山暮雪（謝時臣畫山水冊之12）	冊頁	紙	水墨	25.5 x 39		台北 故宮博物院	故畫 03165-12
玉衡璇度（明諸臣書畫扇面冊頁冊之4）	摺扇面	紙	水墨	不詳		台北 故宮博物院	故畫 03546-4
蘭竹（明人書畫扇（亨）冊之16）	摺扇面	紙	水墨	17.9 x 51.3		台北 故宮博物院	故畫 03566-16
疏林落照（明人書畫扇（亨）冊之17，原題明人畫）	摺扇面	紙	設色	19 x 50.8		台北 故宮博物院	故畫 03565-17
秋景山水圖	摺扇面	金箋	設色	18.9 x 56.9		香港 潘祖堯小聽颿樓	CP75
臨盧鴻草堂十志圖（10幀）	冊	絹	設色	（每幀）22.8 x 36.2	嘉靖甲申（三年，1524）	瀋陽 故宮博物院	
蕉石圖	冊頁	紙	設色	24.7 x 23.3		瀋陽 遼寧省博物館	
暮雲詩意圖	摺扇面	金箋	水墨	18.4 x 50.9	甲辰（嘉靖二十三年，1544）十月望日	北京 故宮博物院	
杜陵詩意山水（8幀）	冊	絹	設色	（每幀）22 x 18.7	嘉靖三十六年丁巳（1557）	北京 故宮博物院	
山水（8幀）	冊	絹	設色	（每幀）27 x 36.8		北京 故宮博物院	
折梅圖	摺扇面	金箋	設色	19 x 51		北京 故宮博物院	
山水人物扇面（8幀）	冊	金箋	設色	不詳		北京 中國歷史博物館	
蒼筠蕉石圖	摺扇面	金箋	水墨	18 x 49		北京 首都博物館	
人物、花卉圖（3幀）	冊	絹	設色	（每幀）43 x 28.6	嘉靖乙卯三十四年（1555）	合肥 安徽省博物館	

名稱	形式	質地	色彩	尺寸 高×寬cm	創作時間	收藏處所	典藏號碼
起蛟圖	摺扇面	金箋	設色	不詳	嘉靖庚子（十九年，1540）	上海 上海博物館	
獨坐觀泉圖（為百泉作）	摺扇面	金箋	設色	不詳	癸卯（嘉靖二十二年，1543）冬日	上海 上海博物館	
雜畫（10幀）	冊	金箋	水墨	（每幀）26.8 × 29.3	嘉靖二十三載（甲辰，1544）冬暮	上海 上海博物館	
丹山瀛海圖（為瀛鶴作）	摺扇面	金箋	水墨	不詳	嘉靖癸丑（三十二年，1553）三月	上海 上海博物館	
為馬中石作山水圖	摺扇面	金箋	設色	不詳	戊午（嘉靖三十七年，1558）六月	上海 上海博物館	
清江釣艇圖	摺扇面	金箋	水墨	不詳		上海 上海博物館	
臨溪虛閣圖	摺扇面	金箋	水墨	不詳		上海 上海博物館	
山齋清逸圖	摺扇面	金箋	水墨	不詳		上海 上海博物館	
江閣深秋圖	摺扇面	金箋	水墨	不詳		上海 上海博物館	
陂塘逸侶圖	摺扇面	金箋	水墨	不詳		上海 上海博物館	
草閣冥搜圖	摺扇面	金箋	水墨	不詳		上海 上海博物館	
雲霄悵望圖	摺扇面	金箋	水墨	不詳		寧波 浙江省寧波市天一閣文物保管所	
孤山續勝圖（12幀）	冊	紙	設色	（每幀）29.6 × 44.3	嘉靖三十四年乙卯（1555）	成都 四川省博物院	
蕉蔭小憩圖	摺扇面	金箋	設色	18 × 54		南寧 廣西壯族自治區博物館	
夕陽帆影圖	摺扇面	金箋	水墨	18.5 × 50		日本 大阪橋本大乙先生	
林泉散逸圖	摺扇面	金箋	水墨	18 × 52		日本 大阪橋本大乙先生	
小姑山圖	摺扇面	金箋	水墨	17.4 × 50.2		日本 福岡縣石　道雄先生	
天台石梁真景（呈得翁姻台）	摺扇面	金箋	水墨	15.5 × 47.1	嘉靖壬辰（十一年，1532）	日本 私人	
龍江別意圖	摺扇面	金箋	水墨	18.7 × 49.5		美國 耶魯大學藝術博物館（私人寄存）	
山水圖（12幀）	冊	紙	水墨、設色	（每幀）21.4 × 18	嘉靖廿五載（丙午，1546）七月	美國 普林斯頓大學藝術館	65-268
山水人物	摺扇面	金箋	水墨	17.7 × 49.7		美國 紐約大都會藝術博物館	13.100.81
衡山圖（諸名賢壽文徵明八十壽書畫冊之2）	冊頁	絹	設色	21.8 × 19		美國 紐約王季遷明德堂	
寶帶橋圖(諸名賢壽文徵明八	冊頁	絹	設色	21.8 × 19		美國 紐約王季遷明德堂	

名稱	形式	質地	色彩	尺寸 高x寬㎝	創作時間	收藏處所	典藏號碼
十壽書畫冊之6)							
山水圖	摺扇面	金箋	水墨	16.9 × 49.2		德國 柏林東亞藝術博物館	1988-33
溪山霽雪圖	摺扇面	金箋	水墨	16.8 × 50.9		德國 柏林東亞藝術博物館	1988-333
附：							
瀟湘暮靄圖	軸	紙	水墨	34.4 × 50.2		上海 上海友誼商店古玩分店	
周公教子圖	軸	紙	設色	不詳	七十六翁（嘉靖四十一年，壬戌，1562）	上海 上海文物商店	
壩橋晴雪圖	軸	絹	設色	228.6×103.5	嘉靖庚子（十九年，1540）	紐約 蘇富比藝品拍賣公司/拍賣目錄1986,06,03.	
溪山高隱圖	軸	紙	設色	121 × 24.2		紐約 佳士得藝品拍賣公司/拍賣目錄1988,06,02.	
柳岸高士圖	軸	絹	設色	151.5 × 66.5	戊辰（正德三年，1508）季夏	紐約 佳士得藝品拍賣公司/拍賣目錄1991,05,29.	
劍閣圖	軸	紙	設色	336.5×101.5		紐約 佳士得藝品拍賣公司/拍賣目錄1994,06,01.	
雪村歸旅圖	軸	絹	設色	172.2 × 80	嘉靖乙未（十四年，1535）冬	香港 佳士得藝品拍賣公司/拍賣目錄1995,04,30.	
寒山萬木圖	軸	絹	設色	194 × 94.3	皇明萬曆三十三載甲寅（1554）臘月	香港 蘇富比藝品拍賣公司/拍賣目錄1999,10,31.	
山水（8幀）	冊	絹	水墨、設色	（每幀）26 × 37		紐約 佳士得藝品拍賣公司/拍賣目錄1983,11,30.	
竹石圖	摺扇面	金箋	水墨	18 × 47.5		紐約 佳士得藝品拍賣公司/拍賣目錄1990,05,31.	
盧鴻草堂六景（6幀）	冊	絹	水墨	（每幀）30 × 39		香港 佳士得藝品拍賣公司/拍賣目錄1991,11,25.	
溪閣清秋	摺扇面	灑金箋	水墨	19 × 49.5	壬寅（嘉靖二十一年，1542）	紐約 佳士得藝品拍賣公司/拍賣目錄1993,12,01.	
雪景山水	摺扇面	灑金箋	水墨	19.1 × 50.9		紐約 佳士得藝品拍賣公司/拍賣目錄1995,03,22.	
溪山水閣（明清各家山水便面冊12之1幀）	摺扇面	金箋	設色	不詳		紐約 佳士得藝品拍賣公司/拍賣目錄1996,09,18.	
山水（明清各家山水扇面冊12之1幀）	摺扇面	金箋	水墨	不詳		紐約 佳士得藝品拍賣公司/拍賣目錄1997,09,19.	

名稱	形式	質地	色彩	尺寸 高x寬cm	創作時間	收藏處所	典藏號碼
終南望餘雪圖	摺扇面	絹	設色	17.8 × 50.8	乙巳（嘉靖二十四年，1545）秋仲	香港 佳士得藝品拍賣公司/拍賣目錄 1998,09,15.	

畫家小傳：謝時臣。字思忠。號樗仙。江蘇吳郡人。生於孝宗弘治元（1488）年。穆宗隆慶初（1567）八十一歲尚在。善畫山水，得沈周法；尤工於畫水，巨幛大幅氣概雄健。蓋能兼具吳、浙二派者。（見明畫錄、無聲詩史、圖繪寶鑑續纂、藝苑卮言、中國畫家人名大典）

李 濂

名稱	形式	質地	色彩	尺寸 高x寬cm	創作時間	收藏處所	典藏號碼
詩意山水圖（明李濂、伍好古、蔣山卿詩畫卷之第1段）	卷	紙	設色	34 × 677		常熟 江蘇省常熟市文物管理委員會	

畫家小傳：李濂。畫史無載。字川父。河南祥符人。武宗正德九（1514）年進士。官至山西按察僉事。

伍好古

名稱	形式	質地	色彩	尺寸 高x寬cm	創作時間	收藏處所	典藏號碼
詩意山水圖（明李濂、伍好古、蔣山卿詩畫卷之第2段）	卷	紙	設色	34 × 677		常熟 江蘇省常熟市文物管理委員會	

畫家小傳：伍好古。畫史無載。身世待考。

蔣山卿

名稱	形式	質地	色彩	尺寸 高x寬cm	創作時間	收藏處所	典藏號碼
詩意山水圖（明李濂、伍好古、蔣山卿詩畫卷之第3段）	卷	紙	設色	34 × 677		常熟 江蘇省常熟市文物管理委員會	

畫家小傳：蔣山卿。畫史無載。字子雲。江蘇儀徵人。武宗正德九（1514）年進士。官至廣西參政。

張 鈇

名稱	形式	質地	色彩	尺寸 高x寬cm	創作時間	收藏處所	典藏號碼
陸深願豐堂會仙山圖	卷	絹	設色	27.1 × 161.2	正德乙亥（十年，1515）秋八月朔日	台北 故宮博物院	故畫 01029

畫家小傳：張鈇。畫史無載。流傳署款紀年畫作見於正德十（1515）年。身世不詳。

商 祚

名稱	形式	質地	色彩	尺寸 高x寬cm	創作時間	收藏處所	典藏號碼
秋葵圖	軸	絹	設色	128.5 × 78.2		台北 故宮博物院	故畫 00415

畫家小傳：商祚。字天爵。濮陽人。商喜之孫。能世家學，尤善畫虎。（見明畫錄、無聲詩史、圖繪寶鑑續纂、中國畫家人名大辭典）

張 傑

名稱	形式	質地	色彩	尺寸 高x寬cm	創作時間	收藏處所	典藏號碼
山涯竹石圖（文徵明、張傑等雜畫卷6之第2段）	卷	紙	水墨	28.7 × 103.8 不等	正德丁丑（十二年，1517）七夕後	上海 上海博物館	
梧桐夜月圖（寫似千英詞盟，	摺扇面	金箋	水墨	17 × 49.9	己丑（嘉靖八年，	瑞士 蘇黎士瑞黎得堡博物館	RCH.1125h

名稱	形式	質地	色彩	尺寸 高x寬㎝	創作時間	收藏處所	典藏號碼

明清扇面圖冊之8）　　　　　　　　　　　　　　　　　　1529）春三月

畫家小傳：張傑。畫史無載。流傳署款紀年作品見於武宗正德十二（1517）年至世宗嘉靖八（1529）年。身世待考。

蔣 貴

| 仙人圖 | 軸 | 絹 | 設色 | 173.4×105.7 | | 美國 普林斯頓大學藝術館 | 46-148 |

畫家小傳：蔣貴，號青山。江蘇儀真人。善畫人物，宗法吳偉，能逼真，畫山水亦近似。（見明畫錄、無聲詩史、圖繪寶鑑續纂、畫史　　　會要、中國畫家人名大辭典）

王 寵

牡丹并行草書賦	卷	絹	水墨	25.5 × 179		上海 上海博物館	
春山圖	軸	紙	水墨	100.8 × 30.5		蘇州 江蘇省蘇州博物館	
山水（明十名家便面薈萃冊之7)	摺扇面	金箋	設色	17.8 × 49.8		台北 故宮博物院（蘭千山館寄存）	
設色花卉（明十名家便面會萃冊之6)	摺扇面	金箋	設色	17.1 × 49.7		台北 故宮博物院（蘭千山館寄存）	
花木圖（明人書畫扇面冊之6)	摺扇面	金箋	水墨	17.6 × 48.2		日本 私人	

畫家小傳：王寵。本姓章，以父為後於王氏，遂改姓王。字履吉。號雅宜山人。江蘇吳縣人。生於孝宗弘治七（1494）年。卒於世宗　　　嘉靖十二（1533）年。工畫，文徵明後推第一。善畫山水，偶興點染，深得黃公望、倪瓚墨外之趣。（見無聲詩史、明史文　　徵明傳、四友齋叢說、明史藝文志、蘇州明賢畫像冊、甫田集、中國畫家人名大辭典）

仇 英

東林圖	卷	絹	設色	29.5 × 136.4		台北 故宮博物院	故畫 00925
漢宮春曉	卷	絹	設色	30.6 × 574.1		台北 故宮博物院	故畫 01038
美人春思圖	卷	紙	設色	20.1 × 57.8		台北 故宮博物院	故畫 01039
仇英繪文徵明楷書孝經圖	卷	絹	設色	30.1 × 679.8		台北 故宮博物院	故畫 01104
換茶圖（與文徵明書心經合裝）	卷	絹	設色	（畫幅）21 × 106.3		台北 故宮博物院	故畫 01553
春山晴靄	卷	絹	設色	37 × 323.5		台北 故宮博物院	故畫 01592
倣小李將軍海天霞照圖	卷	絹	青綠	54 × 204.4		台北 故宮博物院	故畫 01593
上林圖	卷	絹	青綠	44.8 × 1208	嘉靖壬寅（二十一年，1542）七月	台北 故宮博物院	故畫 01594
上林圖	卷	絹	設色	53.5 × 183.9	嘉靖辛卯（十年，1531）清和始，戊戌（十七年，1538	台北 故宮博物院	故畫 01595

名稱	形式	質地	色彩	尺寸 高×寬cm	創作時間	收藏處所	典藏號碼
						）孟冬竟	
山水	卷	絹	設色	37.6 × 270.3		台北 故宮博物院	故畫 01596
園居圖（王寵題識）	卷	紙	設色	27.8 × 84		台北 故宮博物院	故畫 01597
秋獵圖	卷	紙	設色	30.9 × 278		台北 故宮博物院	故畫 01598
仙奕圖	卷	絹	設色	31.4 × 81		台北 故宮博物院	故畫 01599
修禊圖	卷	絹	設色	29.7 × 207.5		台北 故宮博物院	故畫 01600
畫淵明歸去來辭	卷	絹	設色	31.3 × 660		台北 故宮博物院	故畫 01601
遊騎圖	卷	絹	設色	34.2 × 275.8		台北 故宮博物院	故畫 01602
春夜宴桃李園圖	卷	絹	設色	29.8 × 124		台北 故宮博物院	故畫 01603
清明上河圖	卷	絹	設色	28.2 × 439		台北 故宮博物院	故畫 01604
清明上河圖	卷	絹	設色	34.8 × 804.2		台北 故宮博物院	故畫 01605
清明上河圖	卷	絹	設色	28.6 × 553.5		台北 故宮博物院	故畫 01606
乞巧圖	卷	紙	白描	27.9 × 388.3		台北 故宮博物院	故畫 01607
觀榜圖	卷	絹	設色	34.4 × 638		台北 故宮博物院	故畫 01608
臨閻立本文姬歸漢圖（冊頁 18幀裝成）	卷	絹	設色	（每幀）27.2 × 22 至 51 不等		台北 故宮博物院	故畫 01609
胡笳十八拍圖（冊頁 18 幅裝成）	卷	絹	設色	（每幀）29.5 × 24.5		台北 故宮博物院	故畫 01610
揭缽圖	卷	絹	設色	26.8 × 119		台北 故宮博物院	故畫 01611
群仙高會圖	卷	絹	設色	30.5 × 303.5		台北 故宮博物院	故畫 01612
蟠桃仙會	卷	絹	設色	40 × 440.5		台北 故宮博物院	故畫 01613
漢宮春曉圖	卷	絹	設色	34.2 × 474.5		台北 故宮博物院	故畫 01614
荷花清暑圖	卷	絹	設色	40.6 × 283.3		台北 故宮博物院	故畫 01615
花鳥寫生	卷	絹	設色	32.4 × 217.9		台北 故宮博物院	故畫 01616
玉洞燒丹	卷	絹	設色	30.5 × 357.4		台北 故宮博物院	中畫 00024
百美圖	卷	絹	設色	36.8 × 483.2		台北 故宮博物院	中畫 00025
長夏江村圖	卷	絹	設色	30.1 × 316.3		台北 故宮博物院	中畫 00241
摹李公麟白描羅漢	卷	紙	白描	27.6 × 516.8		台北 故宮博物院	中畫 00242
飲中八仙圖	卷	紙	水墨	28.4 × 370		台北 故宮博物院（蘭千山館寄存）	
文人雅會圖	卷	絹	設色	29.3 × ？		台北 華叔和後真賞齋	
蘭亭圖	卷	金箋	設色	18 × 53		台北 黃君璧白雲堂	
臨貫休羅漢	卷	紙	白描	34 × 522		台北 李鴻球先生	
輞川圖	卷	絹	設色	30 × 463		台北 李鴻球先生	

名稱	形式	質地	色彩	尺寸 高x寬㎝	創作時間	收藏處所	典藏號碼
攜琴高士圖	卷	紙	水墨	24 × ?		台北 陳啟斌畏罍堂	
長門賦圖（與尤求、周天球畫合裝）	卷	紙	水墨	26.3 × ?		香港 中文大學中國文化研究所文物館	95.655
飲中八仙圖	卷	紙	水墨	28.2 × ?		香港 劉作籌虛白齋	18
松谿論畫圖	卷	絹	設色	59.3 × 105		長春 吉林省博物館	
清明上河圖	卷	絹	設色	30.5 × 987.5		瀋陽 遼寧省博物館	
赤壁圖	卷	絹	設色	25.1 × 90.8		瀋陽 遼寧省博物館	
歸汾圖	卷	絹	設色	26.8 × 124		北京 故宮博物院	
餞行圖	卷	紙	設色	28.5 × 107.3		北京 故宮博物院	
職貢圖	卷	絹	設色	29.8 × 580.2		北京 故宮博物院	
臨肖像瑞應圖	卷	絹	設色	33 × 723		北京 故宮博物院	
高士圖	卷	絹	設色	26.5 × 139		天津 天津市藝術博物館	
吹簫圖	卷	絹	設色	30.4 × 74.8		上海 上海博物館	
後赤壁圖	卷	絹	水墨	24.3 × 39.9		上海 上海博物館	
倪瓚像	卷	紙	設色	31.5 × 47.9		上海 上海博物館	
採蓮圖	卷	絹	設色	32.1 × 73.1		上海 上海博物館	
觀泉圖	卷	絹	設色	20.4 × 72.3		上海 上海博物館	
園林勝景圖	卷	絹	設色	48 × 186		南京 南京市博物院	
列女圖	卷	紙	水墨	29.7 × 973.6		南京 南京大學	
清明上河圖	卷	絹	設色	33.7 × 863.2		日本 東京宮內廳	
若蘭璇璣圖（補圖元管道昇所書若蘭迴文，畫分四段）	卷	絹	設色	（每段）30.7 × 69.6		日本 東京宮內廳	
維摩說法圖	卷	絹	設色	30.3 × ?		日本 東京出光美術館	
青綠山水（樂壽圖）	卷	絹	設色	40.1 × ?		日本 東京永青文庫	
宮苑圖	卷	絹	設色	31.1 × ?		日本 東京永青文庫	
九成宮圖	卷	絹	設色	31.8 × 342.2		日本 大阪市立美術館	
仕女圖	卷	絹	設色	29.5 × 300		日本 奈良大和文華館	
清明上河圖	卷	絹	設色	30.9 × ?		日本 仙台市博物館	
山水圖	卷	紙	設色	47.8 × 1287.2		日本 山形縣美術館	
輞川圖	卷	絹	設色	27.5 × ?		日本 石川滝口篤男先生	
仕女圖	卷	絹	設色	29.7 × 332.4		日本 沖繩縣立博物館	大 A-94

名稱	形式	質地	色彩	尺寸 高x寬cm	創作時間	收藏處所	典藏號碼
摹張擇端清明上河圖（仇英、錢穀合作）	卷	絹	設色	29 x ?		日本 山口良夫先生	
群仙圖	卷	絹	設色	30 x ?		日本 中埜又左衛門先生	
飲中八仙圖	卷	絹	設色	27.9 x 144		韓國 高麗大學校博物館	
桃源圖	卷	紙	設色	不詳		美國 波士頓美術館	S58-1
南溪圖	卷	絹	設色	28.5 x ?		美國 New Haven 翁萬戈先生	
衣錦還鄉圖	卷	絹	設色	22.6 x 22		美國 New Haven 翁萬戈先生	
獨樂園圖（文徵明書獨樂園記）	卷	絹	設色	不評	文書於嘉靖戊午（三十七年，1558）二月晦日	美國 New Haven 翁萬戈先生	
募驢圖	卷	紙	水墨	26.4 x ?		美國 普林斯頓大學藝術館（私人寄存）	
清明上河圖	卷	絹	設色	28.9 x ?		美國 紐約大都會藝術博物館	47.18.1
臨貫休白描羅漢圖	卷	紙	水墨	34.3 x ?		美國 紐約大都會藝術博物館	1989.235.3
五星二十八宿神形圖	卷	紙	設色	19 x ?		美國 紐約大都會藝術博物館	1989.235.4
仿李龍眠羅漢真跡	卷	藍箋	描金	不詳		美國 賓夕法尼亞州大學藝術館	
渡海羅漢	卷	絹	設色	不詳		美國 賓夕法尼亞州大學藝術館	
桃源圖	卷	絹	設色	29.7 x 155.4		美國 華盛頓特區弗瑞爾藝術館	11.207
故事人物圖（分為黃庭經、蕭翼賺蘭亭、曹娥、九歌湘君、麻姑、洛神等）	卷	紙	水墨	23 x 482.4		美國 華盛頓特區弗瑞爾藝術館	72.1
仿李唐山水圖	卷	紙	設色	25.4 x 306.7		美國 華盛頓特區弗瑞爾藝術館	39.4
趙孟頫寫經換茶圖	卷	紙	設色	21.1 x 77.2		美國 克利夫蘭藝術博物館	63.102
獨樂園圖	卷	絹	設色	27.8 x 381		美國 克利夫蘭藝術博物館	
桃源圖（文徵明書桃花源記）	卷	絹	設色	32.2 x 400.7	文題書於嘉靖庚寅（九年，1530）四月既望	美國 芝加哥藝術中心	1951.196
桃源圖	卷	絹	設色	34.3 x ?		美國 聖路易斯市藝術館	15.1985
潯陽送別圖	卷	紙	設色	33.6 x 399.7		美國 堪薩斯市納爾遜-艾金斯藝術博物館	46-50

名稱	形式	質地	色彩	尺寸 高x寬㎝	創作時間	收藏處所	典藏號碼
仿趙大年桃村圖	卷	絹	設色	37.4 x ?		美國 舊金山亞洲藝術館	B68 D5
蟠桃仙會圖	卷	絹	設色	45 x 572		美國 加州史坦福大學藝術博物館	79.148
溪山仙館圖	卷	絹	設色	35.5 x ?		美國 西雅圖市藝術館	64.64
羅漢渡海圖	卷	絹	設色	23.4 x ?		英國 倫敦大英博物館	1881.12.10.97(ADD26)
人物圖	卷	絹	設色	30.1 x ?		英國 倫敦大英博物館	1913.5.1.014(ADD108)
清明上河圖	卷	絹	設色	31 x ?		法國 巴黎賽紐斯基博物館	M.C.9798
綠墅清話圖（為東林先生作）	卷	絹	設色	29.7 x ?		德國 柏林東亞藝術博物館	1782
竹居圖	卷	絹	設色	29 x 116		Praze Narodoni Galerie v Praze	Vm159-1161/17
宮女圖	卷	絹	設色	26 x 462		Praze Narodoni Galerie v Praze	Vm542-1161/29
青綠山水圖	卷	絹	設色	31.5 x ?		荷蘭 阿姆斯特丹 Rijks 博物館	MAK289
清明上河圖（摹張擇端本，為文徵明作)	卷	絹	設色	35 x ?		荷蘭 阿姆斯特丹 Rijks 博物館	MAK1983-1
柳塘漁艇	軸	紙	水墨	103 x 47.2		台北 故宮博物院	故畫 00479
松亭試泉圖	軸	絹	設色	128.1 x 61		台北 故宮博物院	故畫 00480
桐陰晝靜圖	軸	絹	設色	147 x 64.3		台北 故宮博物院	故畫 00481
雲溪仙館圖（陸師道書仙山賦）	軸	紙	青綠	99.3 x 39.8	陸書於嘉靖二十七年（戊申，1548）十月廿一日	台北 故宮博物院	故畫 00482
春遊晚歸圖	軸	絹	設色	145.5 x 76.5		台北 故宮博物院	故畫 00483
梅石撫琴圖	軸	絹	設色	108.4 x 31.1		台北 故宮博物院	故畫 00484
修禊圖	軸	紙	水墨	57.3 x 31		台北 故宮博物院	故畫 00485
琵琶行圖	軸	絹	設色	196.5 x 71.3	嘉靖壬子（三十一年，1552）秋日	台北 故宮博物院	故畫 00486
十八學士登瀛洲圖	軸	絹	青綠	223.2 x 102		台北 故宮博物院	故畫 00487
園林清課圖	軸	絹	青綠	82.8 x 106		台北 故宮博物院	故畫 00891
蕉陰結夏	軸	紙	設色	279.1 x 99		台北 故宮博物院	故畫 00892
桐陰清話	軸	紙	設色	279.5 x 100		台北 故宮博物院	故畫 00893
秋江待渡	軸	絹	設色	155.4 x 133		台北 故宮博物院	故畫 00907

名稱	形式	質地	色彩	尺寸 高×寬cm	創作時間	收藏處所	典藏號碼
虎邱圖	軸	絹	設色	80.7 × 50.3		台北 故宮博物院	故畫 01324
西園雅集圖	軸	絹	白描	79.4 × 38.9		台北 故宮博物院	故畫 01325
移竹圖	軸	絹	設色	159.5 × 63.9		台北 故宮博物院	故畫 01326
觀世音菩薩	軸	紙	設色	104.2 × 52.5		台北 故宮博物院	故畫 01327
三大士像	軸	紙	設色	39.8 × 27.2		台北 故宮博物院	故畫 01328
林亭佳趣	軸	紙	設色	114 × 33.6		台北 故宮博物院	故畫 02178
候仙台圖	軸	絹	設色	97.9 × 32.5	嘉靖甲寅（三十三年，1554）仲冬	台北 故宮博物院	故畫 02179
竹樓圖（清高宗題）	軸	紙	設色	115.3 × 33.3		台北 故宮博物院	故畫 02180
松陰琴阮	軸	紙	水墨	54.9 × 28.4	嘉靖己酉（二十八年，1549）春日	台北 故宮博物院	故畫 02181
西園雅集圖	軸	紙	白描	86.6 × 30		台北 故宮博物院	故畫 02182
西園雅集圖	軸	絹	設色	141 × 66.3		台北 故宮博物院	故畫 02183
雙駿圖	軸	紙	設色	109.5 × 50.4		台北 故宮博物院	故畫 02184
蕃馬圖	軸	紙	設色	64 × 35		台北 故宮博物院	故畫 02185
連昌宮詞	軸	絹	青綠	66.8 × 37.6		台北 故宮博物院	故畫 02186
長信宮詞	軸	絹	青綠	66.5 × 37.7		台北 故宮博物院	故畫 02187
人物圖	軸	絹	設色	182 × 58.9		台北 故宮博物院	故畫 02188
觀音像	軸	絹	設色	60.1 × 25.6		台北 故宮博物院	故畫 02189
普賢像	軸	絹	水墨	96.3 × 33.3		台北 故宮博物院	故畫 02190
水仙蠟梅	軸	絹	設色	47.5 × 25	嘉靖丁未（二十六年，1547）仲冬	台北 故宮博物院	故畫 02191
畫佛（與文徵明泥金小楷書金剛經合裱）	軸	絹	設色	（畫幅）22.8 × 30.4	嘉靖丙辰（三十五年，1556）四月	台北 故宮博物院	故畫 00808
畫佛（與文徵明泥金小楷書金剛經合裱）	軸	絹	設色	（畫幅）25.6 × 33.1		台北 故宮博物院	故畫 00809
摹李公麟蓮社圖（與文徵明合作）	軸	紙	設色	92 × 55.5	庚辰（正德十五年，1520）秋日	台北 故宮博物院	故畫 02921
仙山樓閣圖	軸	紙	青綠	110.5 × 42.1		台北 故宮博物院	中畫 00033
西園雅集圖	軸	絹	設色	30.4 × 31.5		台北 故宮博物院	中畫 00034
仿趙伯駒煉丹圖	軸	絹	青綠	131.1 × 49.6		台北 故宮博物院	中畫 00035
春山吟賞	軸	絹	青綠	157.5 × 63.2		台北 故宮博物院	中畫 00075
畫錦堂圖	軸	絹	青綠	192.7 × 96.3		台北 故宮博物院	中畫 00076
寶繪堂	軸	絹	設色	188.8 × 99.3		台北 故宮博物院	中畫 00077

名稱	形式	質地	色彩	尺寸 高x寬cm	創作時間	收藏處所	典藏號碼
群仙會祝圖	橫幅	絹	設色	99 × 148.4		台北 故宮博物院	中畫 00078
春遊晚歸圖	軸	絹	設色	不詳		台北 故宮博物院	國贈 026744
春龍起蟄圖	軸	絹	設色	120 × 54.5		香港 何耀光至樂樓	
谿山樓隱圖	軸	紙	設色	121 × 47.5		香港 劉作籌虛白齋	
水閣觀荷圖	軸	絹	設色	33.4 × 31.9		新加坡 Dr.E.Lu	
煮茶論畫圖	軸	絹	設色	105 × 59.5		長春 吉林省博物館	
桃村草堂圖	軸	絹	設色	148.5 × 52.5		北京 故宮博物院	
玉洞仙源圖	軸	絹	設色	169 × 65.5		北京 故宮博物院	
蓮溪漁隱圖	軸	絹	設色	167.5 × 66.2		北京 故宮博物院	
采芝圖	軸	絹	設色	119 × 66.2		北京 中國美術館	
桃源仙境圖	軸	絹	設色	175 × 66.7		天津 天津市藝術博物館	
沙汀鴛鴦圖	軸	紙	設色	78.9 × 27.4	庚子（嘉靖十九年，1540）夏	上海 上海博物館	
右軍書扇圖	軸	紙	設色	280.5 × 99.1		上海 上海博物館	
柳下眠琴圖	軸	紙	水墨	176.1 × 89.3		上海 上海博物館	
送子觀音圖	橫幅	紙	水墨	59 × 89.6		上海 上海博物館	
修竹仕女圖	軸	絹	設色	88.3 × 62.2		上海 上海博物館	
梧竹書堂圖	軸	紙	設色	148.8 × 57.2		上海 上海博物館	
劍閣圖	軸	絹	設色	295.4 × 102		上海 上海博物館	
鴛鴦仕女圖	軸	紙	設色	69.3 × 34.1		上海 上海博物館	
松溪橫笛圖	軸	絹	設色	116 × 65.6		南京 南京博物院	
白描搗衣圖	軸	紙	水墨	95.2 × 28		南京 南京博物院	
停琴聽阮圖	軸	紙	設色	112.2 × 42		廣州 廣州市美術館	
右軍書扇圖	軸	絹	設色	145 × 74		昆明 雲南省博物館	
松下彈琴圖	軸	絹	設色	138 × 60.5		日本 東京國立博物館	
宮人調鸚圖	軸	絹	設色	102.4 × 60.9		日本 東京山本悌二郎先生	
漢宮春曉圖（10幅）	軸	絹	設色	不詳		日本 東京小林萬吉先生	
人物山水圖	軸	紙	設色	113.9 × 75.8		日本 東京川崎克先生	
賺蘭亭圖	軸	紙	白描	86.7 × 42.4		日本 東京富岡益太郎先生	
蓮池納涼圖	軸	絹	設色	167.8 × 60.1		日本 東京住友寬一先生	
陶淵明圖（臨流聽泉圖）	軸	絹	設色	139.1 × 60		日本 東京住友寬一先生	
聽琴圖	軸	絹	設色	53 × 67.3		日本 京都國立博物館	A甲 159
金谷園圖	軸	絹	設色	197 × 109.1		日本 京都知恩院	
春夜宴桃李園圖	軸	絹	設色	197 × 109.1		日本 京都知恩院	

名稱	形式	質地	色彩	尺寸 高×寬㎝	創作時間	收藏處所	典藏號碼
山水圖（2幅）	軸	紙	設色	不詳		日本 京都南禪寺	
山水人物（柏陰觀泉圖）	軸	紙	設色	38.5 × 29.9		日本 兵庫縣黑川古文化研究所	
山水（山館迎賓圖）	軸	絹	設色	172.7 × 99.7		日本 山口良夫先生	
花竹野鳧圖	軸	絹	設色	131 × 69.4		日本 山口良夫先生	
宴桃李園圖	軸	絹	設色	不詳		日本 組田昌平先生	
西園雅集圖	軸	絹	設色	不詳		韓國 首爾國立中央博物館	
山水人物	軸	絹	設色	不詳		韓國 首爾國立中央博物館	
山水人物圖	軸	紙	設色	121.7 × 30.3		韓國 高麗大學校博物館	S124
山水人物圖	軸	紙	設色	124.5 × 30.4		韓國 高麗大學校博物館	S58-3
山水人物圖	軸	紙	設色	121.6 × 30.3		韓國 高麗大學校博物館	S402
山水人物圖	軸	紙	設色	124.5 × 30.4		韓國 高麗大學校博物館	S58-4
相馬圖	軸	紙	設色	不詳		美國 波士頓美術館	
遠眺圖	軸	紙	設色	不詳		美國 波士頓美術館	
文玉圖	軸	絹	設色	124.4 × 44.6		美國 紐約大都會藝術博物館	13.220.15
山水圖（滄浪漁笛）	軸	絹	設色	不評		美國 紐約顧洛阜先生	
牡丹仕女圖	軸	絹	設色	120.4 × 59.3		美國 華盛頓特區弗瑞爾藝術館	11.279
觀音圖	軸	紙	水墨	118 × 48.5		美國 華盛頓特區弗瑞爾藝術館	11.267
仿李唐山水	軸	紙	設色	25.4 × 306.7		美國 華盛頓特區弗瑞爾藝術館	
西園雅集圖	軸	絹	設色	135 × 57.6		美國 印地安阿波里斯市藝術博物館	75.133
雙美圖	軸	絹	設色	93.8 × 54.7		美國 印地安阿波里斯市藝術博物館	60.64
山水(憩觀牧羯圖)	軸	絹	設色	125.1 × 67.1		英國 倫敦大英博物館	1910.2.12.496（ADD117）
人物圖	軸	絹	設色	99.6 × 40		捷克 布拉格 Praze Narodoni Galerie v Praze	Vm6112-1161/195
故事人物圖	軸	絹	設色	123 × 67.1		捷克 布拉格 Narodoni museum v Praze-Praze-Naprs-tokovo Museum	A17110
高峰遠湖（仇英臨宋元六景冊	冊頁	絹	設色	29.2 × 47.1		台北 故宮博物院	故畫 01131-1

名稱	形式	質地	色彩	尺寸 高x寬cm	創作時間	收藏處所	典藏號碼
之1）							
金霞返照（仇英臨宋元六景冊之2）	冊頁	絹	設色	29.2 x 43.2		台北 故宮博物院	故畫 01131-2
湖耕雲雨（仇英臨宋元六景冊之3）	冊頁	絹	設色	29.3 x 43.5		台北 故宮博物院	故畫 01131-3
河洑魚梁（仇英臨宋元六景冊之4）	冊頁	絹	設色	29.3 x 43.8		台北 故宮博物院	故畫 01131-4
遙山煙寺（仇英臨宋元六景冊之5）	冊頁	絹	設色	29.3 x 46.8		台北 故宮博物院	故畫 01131-5
竹灣雪舫（仇英臨宋元六景冊之6）	冊頁	絹	設色	29.2 x 43.8		台北 故宮博物院	故畫 01131-6
柳塘春水（名畫薈珍冊之6）	冊頁	絹	青綠	29.2 x 23.2		台北 故宮博物院	故畫 01256-6
花卉草蟲（宋元名人花鳥合璧冊之12）	冊頁	絹	設色	27 x 24.6		台北 故宮博物院	故畫 01266-12
山齋邀客（宋元人畫冊之10）	冊頁	絹	設色	25.9 x 19.6		台北 故宮博物院	故畫 01267-10
秋江放艇（壽珍集古冊之8）	冊頁	絹	設色	31 x 25.9		台北 故宮博物院	故畫 01271-8
竹下聽泉（名畫琳瑯冊之8）	冊頁	絹	設色	66.8 x 29.8		台北 故宮博物院	故畫 01292-8
耕織圖（46幀）	冊	絹	設色	（每幀）35.4 x 35.9		台北 故宮博物院	故畫 03152
大舜孝感動天（仇英畫二十四孝圖冊1）	冊頁	絹	設色	31.2 x 22.3		台北 故宮博物院	故畫 03153-1
漢文帝親嚐湯藥（仇英畫二十四孝圖冊2）	冊頁	絹	設色	31.2 x 22.3		台北 故宮博物院	故畫 03153-2
曾子囓指心痛（仇英畫二十四孝圖冊3）	冊頁	絹	設色	31.2 x 22.3		台北 故宮博物院	故畫 03153-3
閔子單衣順母（仇英畫二十四孝圖冊4）	冊頁	絹	設色	31.2 x 22.3		台北 故宮博物院	故畫 03153-4
子路為親負米（仇英畫二十四孝圖冊5）	冊頁	絹	設色	31.2 x 22.3		台北 故宮博物院	故畫 03153-5
老萊子戲綵娛親（仇英畫二十四孝圖冊6）	冊頁	絹	設色	31.2 x 22.3		台北 故宮博物院	故畫 03153-6
剡子鹿乳供親（仇英畫二十四孝圖冊7）	冊頁	絹	設色	31.2 x 22.3		台北 故宮博物院	故畫 03153-7
董永賣身葬父（仇英畫二十四	冊頁	絹	設色	31.2 x 22.3		台北 故宮博物院	故畫 03153-8

名稱	形式	質地	色彩	尺寸 高×寬cm	創作時間	收藏處所	典藏號碼
孝圖冊8）							
郭巨埋兒獲金（仇英畫二十四孝圖冊9）	冊頁	絹	設色	31.2 × 22.3		台北 故宮博物院	故畫 03153-9
姜詩湧泉躍鯉（仇英畫二十四孝圖冊10）	冊頁	絹	設色	31.2 × 22.3		台北 故宮博物院	故畫 03153-10
蔡順拾椹異器（仇英畫二十四孝圖冊11）	冊頁	絹	設色	31.2 × 22.3		台北 故宮博物院	故畫 03153-11
丁蘭樂刻木如生（仇英畫二十四孝圖冊12）	冊頁	絹	設色	31.2 × 22.3		台北 故宮博物院	故畫 03153-12
陸績懷橘貽親（仇英畫二十四孝圖冊13）	冊頁	絹	設色	31.2 × 22.3		台北 故宮博物院	故畫 03153-13
江革行傭備養（仇英畫二十四孝圖冊14）	冊頁	絹	設色	31.2 × 22.3		台北 故宮博物院	故畫 03153-14
黃香扇枕怡親（仇英畫二十四孝圖冊15）	冊頁	絹	設色	31.2 × 22.3		台北 故宮博物院	故畫 03153-15
王裒聞雷省墓（仇英畫二十四孝圖冊16）	冊頁	絹	設色	31.2 × 22.3		台北 故宮博物院	故畫 03153-16
吳猛暑不驅蚊（仇英畫二十四孝圖冊17）	冊頁	絹	設色	31.2 × 22.3		台北 故宮博物院	故畫 03153-17
王祥臥冰求鯉（仇英畫二十四孝圖冊18）	冊頁	絹	設色	31.2 × 22.3		台北 故宮博物院	故畫 03153-18
楊香搤虎救父（仇英畫二十四孝圖冊19）	冊頁	絹	設色	31.2 × 22.3		台北 故宮博物院	故畫 03153-19
孟宗哭竹生筍（仇英畫二十四孝圖冊20）	冊頁	絹	設色	31.2 × 22.3		台北 故宮博物院	故畫 03153-20
庾黔妻夜禱北辰（仇英畫二十四孝圖冊21）	冊頁	絹	設色	31.2 × 22.3		台北 故宮博物院	故畫 03153-21
唐夫人登堂拜乳（仇英畫二十四孝圖冊22）	冊頁	絹	設色	31.2 × 22.3		台北 故宮博物院	故畫 03153-22
朱壽昌棄官尋母（仇英畫二十四孝圖冊23）	冊頁	絹	設色	31.2 × 22.3		台北 故宮博物院	故畫 03153-23
黃庭堅事親滌器（仇英畫二十四孝圖冊24）	冊頁	絹	設色	31.2 × 22.3		台北 故宮博物院	故畫 03153-24
純孝圖（24幀）	冊	絹	設色	（每幀）32.8		台北 故宮博物院	故畫 03154

名稱	形式	質地	色彩	尺寸 高×寬cm	創作時間	收藏處所	典藏號碼
				× 21.9			
帝王道統萬年圖（20幀）	冊	絹	設色	（每幀）32.5 × 32.6		台北 故宮博物院	故畫 03155
花鳥（12幀）	冊	絹	設色	（每幀）30.3 × 30.3		台北 故宮博物院	故畫 03156
漁樂圖（唐宋元明集繪冊之24）	冊頁	絹	設色	23.5 × 32.8		台北 故宮博物院	故畫 03459-24
江山萬代（集古名繪冊之1）	冊頁	絹	設色	25.8 × 32		台北 故宮博物院	故畫 03481-1
掖庭玉戲（藝苑臚珍冊之16）	冊頁	絹	設色	23.8 × 24		台北 故宮博物院	故畫 03492-16
錦庭嬰浴（珍圖薈帙冊之10）	冊頁	絹	設色	28.8 × 17.4		台北 故宮博物院	故畫 03495-10
平湖放艇（古香片羽冊之10）	冊頁	絹	設色	25.6 × 22.3		台北 故宮博物院	故畫 03497-10
觀潮圖（披薰集古冊之2）	冊頁	絹	設色	16 × 49.5		台北 故宮博物院	故畫 03499-2
松巖觀泉（集名人畫冊之6）	冊頁	絹	設色	33.6 × 22		台北 故宮博物院	故畫 03508-6
山水（明文徵明沈周唐寅仇英便面合裝冊之7）	摺扇面	紙	設色	不詳		台北 故宮博物院	故畫 03524-7
人物（明文徵明沈周唐寅仇英便面合裝冊之8）	摺扇面	紙	設色	不詳		台北 故宮博物院	故畫 03524-8
倚樹閒吟（明文徵明沈周唐寅仇英便面合裝冊之9）	摺扇面	紙	設色	不詳		台北 故宮博物院	故畫 03524-9
人物（明文徵明沈周唐寅仇英便面合裝冊之10）	摺扇面	紙	設色	不詳		台北 故宮博物院	故畫 03524-10
攜琴聽松（明人畫扇冊一冊之4）	摺扇面	紙	設色	不詳		台北 故宮博物院	故畫 03527-4
山水人物（明人畫扇冊二冊之4）	摺扇面	紙	水墨	不詳		台北 故宮博物院	故畫 03528-4
花巖遊騎（明人畫扇冊二冊之21）	摺扇面	紙	水墨	不詳		台北 故宮博物院	故畫 03528-21
喬松朱閣（（明人畫扇冊三冊之6）	摺扇面	紙	設色	不詳		台北 故宮博物院	故畫 03529-6
山水（明人畫扇面（甲）冊之6）	摺扇面	紙	設色	不詳		台北 故宮博物院	故畫 03532-6
蓮社圖（明人畫扇集冊貳冊（上）之5）	摺扇面	紙	設色	不詳		台北 故宮博物院	故畫 03534-5
朱衣白馬（明人書畫扇（卯）	摺扇面	紙	水墨	不詳		台北 故宮博物院	故畫 03544-19

名稱	形式	質地	色彩	尺寸 高×寬cm	創作時間	收藏處所	典藏號碼
冊之19）							
柳溪泛舟圖（明人書畫扇（元）冊之9）	摺扇面	絹	設色	18.5 x 53.4		台北 故宮博物院	故畫 03564-9
漁笛圖	摺扇面	紙	不詳	不詳		台北 故宮博物院	故扇 00069
松陰古寺圖	摺扇面	紙	不詳	不詳		台北 故宮博物院	故扇 00070
讀書圖	摺扇面	紙	不詳	不詳		台北 故宮博物院	故扇 00071
秋江飛鷺圖	摺扇面	紙	不詳	不詳		台北 故宮博物院	故扇 00072
倚松圖	摺扇面	紙	不詳	不詳		台北 故宮博物院	故扇 00073
柳陰繫艇圖	摺扇面	紙	不詳	不詳		台北 故宮博物院	故扇 00074
梅花山鳥圖	摺扇面	紙	不詳	不詳		台北 故宮博物院	故扇 00075
蘭亭圖	摺扇面	紙	不詳	不詳		台北 故宮博物院	故扇 00076
水村圖	摺扇面	紙	不詳	不詳		台北 故宮博物院	故扇 00105
桃林書屋圖	摺扇面	紙	不詳	不詳		台北 故宮博物院	故扇 00077
荷亭圖	摺扇面	紙	不詳	不詳		台北 故宮博物院	故扇 00078
柳莊圖	摺扇面	紙	不詳	不詳		台北 故宮博物院	故扇 00079
打漁圖	摺扇面	紙	不詳	不詳		台北 故宮博物院	故扇 00080
桃林圖	摺扇面	紙	不詳	不詳		台北 故宮博物院	故扇 00081
采蓮圖	摺扇面	紙	不詳	不詳		台北 故宮博物院	故扇 00082
觀海圖	摺扇面	紙	不詳	不詳		台北 故宮博物院	故扇 00083
秋蒲鳴禽圖	摺扇面	紙	不詳	不詳		台北 故宮博物院	故扇 00084
山陰弄笛圖	摺扇面	紙	不詳	不詳		台北 故宮博物院	故扇 00085
竹深荷靜圖	摺扇面	紙	不詳	不詳		台北 故宮博物院	故扇 00086
松林蹲虎圖	摺扇面	紙	不詳	不詳		台北 故宮博物院	故扇 00087
蓬萊圖	摺扇面	紙	不詳	不詳		台北 故宮博物院	故扇 00088
漢宮春曉圖	摺扇面	紙	不詳	不詳		台北 故宮博物院	故扇 00089
平台遠望圖	摺扇面	紙	不詳	不詳		台北 故宮博物院	故扇 00090
濯足圖	摺扇面	紙	不詳	不詳		台北 故宮博物院	故扇 00091
抱琴圖	摺扇面	紙	不詳	不詳		台北 故宮博物院	故扇 00092
春郊圖	摺扇面	紙	不詳	不詳		台北 故宮博物院	故扇 00093
采蓮圖	摺扇面	紙	不詳	不詳		台北 故宮博物院	故扇 00094
採藥圖	摺扇面	紙	不詳	不詳		台北 故宮博物院	故扇 00095
抱琴圖	摺扇面	紙	不詳	不詳		台北 故宮博物院	故扇 00096
茹芝圖	摺扇面	紙	不詳	不詳		台北 故宮博物院	故扇 00097
仙山閣樓圖	摺扇面	紙	不詳	不詳		台北 故宮博物院	故扇 00098

名稱	形式	質地	色彩	尺寸 高×寬㎝	創作時間	收藏處所	典藏號碼
弱水畫舫圖	摺扇面	紙	不詳	不詳		台北 故宮博物院	故扇00099
水村圖	摺扇面	紙	不詳	不詳		台北 故宮博物院	故扇00100
玩鶴圖	摺扇面	紙	不詳	不詳		台北 故宮博物院	故扇00101
談禪圖	摺扇面	紙	不詳	不詳		台北 故宮博物院	故扇00102
松陰獨坐圖	摺扇面	紙	不詳	不詳		台北 故宮博物院	故扇00103
觀蓮圖	摺扇面	紙	不詳	不詳		台北 故宮博物院	故扇00104
雪山圖（陸治、文嘉、陳沂各書五律）	摺扇面	紙	不詳	不詳		台北 故宮博物院	故扇00229
抱琴圖（董其昌書七律）	摺扇面	紙	不詳	不詳		台北 故宮博物院	故扇00230
秋江樓閣（米漢雯書五律）	摺扇面	紙	不詳	不詳		台北 故宮博物院	故扇00231
池亭避暑（許初、彭年各書七絕）	摺扇面	紙	不詳	不詳		台北 故宮博物院	故扇00232
西園雅集圖（文從簡書西園雅集序）	摺扇面	紙	不詳	不詳		台北 故宮博物院	故扇00233
納涼圖	摺扇面	金箋	設色	18.6 × 56.1		台北 華叔和後真賞齋	
高士圖	摺扇面	金箋	設色	18.8 × 51.4		台北 華叔和後真賞齋	
長門望幸圖（長門賦圖合璧卷之1）	冊頁	紙	水墨	26.3 × 27.2		香港 利榮森北山堂	
九成宮圖	摺扇面	金箋	水墨	20.3 × 51.6		香港 趙從衍先生	
松下高士圖	摺扇面	紙	設色	17.6 × 48.4		香港 莫華釗承訓堂	K92.45
人物故事圖（10幀）	冊	絹	設色	（每幀）41.2 × 33.7		北京 故宮博物院	
雙鉤蘭花圖	冊頁	紙	設色	34.7 × 39		北京 故宮博物院	
臨溪水閣圖	冊頁	絹	設色	31.4 × 26.5		北京 故宮博物院	
蘭亭圖	摺扇面	金箋	設色	21.5 × 61.5		北京 故宮博物院	
松溪高士圖	摺扇面	金箋	設色	18.8 × 52.1		天津 天津市藝術博物館	
山水圖（文徵明等山水冊之1幀）	摺扇面	金箋	設色	不詳		天津 天津市藝術博物館	
臨宋人畫（15幀）	冊	絹	設色	（每幀）27.2 × 25.5不等		上海 上海博物館	
江岸停琴圖	摺扇面	金箋	設色	不詳		上海 上海博物館	
松下眠琴圖	摺扇面	金箋	設色	不詳		上海 上海博物館	
松溪洗硯圖	摺扇面	金箋	設色	不詳		上海 上海博物館	

名稱	形式	質地	色彩	尺寸 高×寬 cm	創作時間	收藏處所	典藏號碼
松亭遠眺圖	摺扇面	金箋	設色	不詳		上海 上海博物館	
採菱圖	摺扇面	金箋	設色	不詳		上海 上海博物館	
海棠山鳥圖	摺扇面	金箋	設色	不詳		上海 上海博物館	
眠琴賞月圖	摺扇面	金箋	設色	不詳		上海 上海博物館	
琴書高隱圖	摺扇面	金箋	設色	不詳		上海 上海博物館	
煮茶圖	摺扇面	金箋	設色	不詳		上海 上海博物館	
訪梅圖（為汝新作，四家集錦冊 4 之第 4 幀）	冊頁	絹	設色	不詳		上海 上海博物館	
昭君出塞圖	摺扇面	金箋	設色	18.9 × 51.5		南京 南京博物院	
山水人物圖（唐繪手鑑筆耕圖上冊之 20）	摺扇面	絹	設色	23.1 × 22.8		日本 東京國立博物館	TA-487
柳園圖（唐繪手鑑筆耕圖下冊之 37）	冊頁	絹	設色	21.4 × 21.4		日本 東京國立博物館	TA-487
設色山水人物圖	摺扇面	金箋	設色	18 × 54		日本 東京高島菊次郎槐安居	
松下高士圖（明人扇面畫冊之 43）	摺扇面	金箋	設色	20.8 × 56.1		日本 京都國立博物館	A 甲 685
高士觀瀑圖	摺扇面	金箋	設色	18.8 × 56.7		日本 大阪橋本大乙先生	
故事人物圖	摺扇面	金箋	設色	17.1 × 55		日本 岡山市藤原祥宏先生	
垂綸圖樣(明人書畫扇丙冊之 2)	摺扇面	金箋	設色	不詳		日本 私人	
松下高士圖（明清名家合裝書畫扇面一冊之 3）	摺扇面	金箋	設色	18.4 × 54.9		日本 私人	
山水人物圖	紈扇面	絹	設色	18.6 × 38.6		美國 耶魯大學藝術館	1956.38.3c
山水人物圖	紈扇面	絹	設色	35.6 × 35.7		美國 耶魯大學藝術館	1956.38.3d
騎馬圖	冊頁	絹	設色	25.6 × 27.3		美國 華盛頓特區弗瑞爾藝術館	11.480
山水圖人物圖（10 幀）	冊	絹	設色	（每幀）30 × 24.4		美國 印地安那波里斯市藝術博物館	71.213
駕鶴松陰圖（仇英畫人物圖扇面冊之 1）	摺扇面	金箋	設色	15.4 × 47.4		美國 舊金山亞洲藝術館	B79 D5a
柳陰話別圖（仇英畫人物圖扇面冊之 2）	摺扇面	金箋	設色	17.4 × 51.6		美國 舊金山亞洲藝術館	B79 D5b
高士圖（仇英畫人物圖扇面冊之 3）	摺扇面	金箋	設色	17.4 × 49.4		美國 舊金山亞洲藝術館	B79 D5c

名稱	形式	質地	色彩	尺寸 高×寬㎝	創作時間	收藏處所	典藏號碼
高士圖（仇英畫人物圖扇面冊之4）	摺扇面	金箋	設色	16.7 × 46.4		美國 舊金山亞洲藝術館	B79 D5d
竹林七賢圖（仇英畫人物圖扇面冊之5）	摺扇面	金箋	設色	16.4 × 49.4		美國 舊金山亞洲藝術館	B79 D5e
倚石聽松圖（仇英畫人物圖扇面冊之6）	摺扇面	金箋	設色	18.9 × 51.6		美國 舊金山亞洲藝術館	B79 D5f
桃源圖（仇英畫人物圖扇面冊之7）	摺扇面	金箋	設色	17.9 × 54.6		美國 舊金山亞洲藝術館	B79 D5g
江亭詠史圖（仇英畫人物圖扇面冊之8）	摺扇面	金箋	設色	18.4 × 52		美國 舊金山亞洲藝術館	B79 D5h
竹深留客圖（仇英畫人物圖扇面冊之9）	摺扇面	金箋	設色	18 × 54.6		美國 舊金山亞洲藝術館	B79 D5i
茅亭獨坐圖（仇英畫人物圖扇面冊之10）	摺扇面	金箋	設色	16.7 × 53.1		美國 舊金山亞洲藝術館	B79 D5j
十八羅漢圖	摺扇面	金箋	水墨	17.4 × 54.5		美國 舊金山亞洲藝術館	B79 D6
為桂林仙子作仕女圖	摺扇面	金箋	設色	17.8 × 52		美國 舊金山亞洲藝術館	B81 D38
仙人圖	摺扇面	金箋	設色	16.7 × 50.2		美國 舊金山亞洲藝術館	B79 D7
山水人物圖	摺扇面	金箋	設色	18.6 × 51.2		美國 夏威夷火魯奴奴藝術學院	3178.1
耕織圖	冊頁	絹	設色	48.5 × 37.5		美國 倫敦大英博物館	1929.6.11.02（ADD64）
湘君湘夫人圖	摺扇面	金箋	設色	16.5 × 47.9		德國 科隆東亞藝術博物館	A36.4
山水人物圖	摺扇面	金箋	設色	15.9 × 43		德國 柏林東亞藝術博物館	1988-266
高士圖	摺扇面	金箋	設色	18.9 × 52.7		德國 柏林東亞藝術博物館	1988-267

附：

名稱	形式	質地	色彩	尺寸 高×寬㎝	創作時間	收藏處所	典藏號碼
張果老見明皇圖	卷	紙	設色	30.5 × 122		紐約 蘇富比藝品拍賣公司/拍賣目錄 1982,11,19.	
飲中八仙圖	卷	紙	水墨	27.5 × 546		紐約 蘇富比藝品拍賣公司/拍賣目錄 1985,06,03.	
西廂記圖（3段，文徵明仇英合作畫2段，王寵書詞1段）	卷	絹	設色	A、26.4×54.4 B、26 × 61	嘉靖壬辰（十一年，1532）春三月	紐約 佳仕得藝品拍賣公司/拍賣目錄 1986,12,01.	
林泉幽賞圖	卷	絹	設色	32.4 × 139.7		紐約 佳仕得藝品拍賣公司/拍賣目錄 1986,12,01.	

名稱	形式	質地	色彩	尺寸 高×寬㎝	創作時間	收藏處所	典藏號碼
臨王維輞川圖	卷	絹	設色	29.9 × 46.3		紐約 佳士得藝品拍賣公司/拍賣目錄1987,06,03.	
蘇蕙小像（陸師道補書摹古設色璿璣圖）	短卷	紙	水墨	20.5 × 51.5	陸書於嘉靖十四年（乙未，1535）清和既望	紐約 佳士得藝品拍賣公司/拍賣目錄1989,06,01.	
文姬歸漢圖	卷	絹	設色	28 × 468		紐約 佳士得藝品拍賣公司/拍賣目錄1989,12,04.	
臨王維輞川圖（董其昌題輞川詩）	卷	絹	設色	（畫幅）29.9 × 463.5		紐約 佳士得藝品拍賣公司/拍賣目錄1990,11,28.	
清明上河圖	卷	絹	設色	35 × 807.5		紐約 佳士得藝品拍賣公司/拍賣目錄1990,11,28.	
撫琴高士圖	卷	紙	水墨	24 × ?	嘉靖壬辰（十一年，1532）	紐約 佳士得藝品拍賣公司/拍賣目錄1991,05,29.	
竹林七賢圖（王寵書題七賢行略）	卷	絹	設色	27.3 × 141.9	王題於嘉靖丙戌（五年，1526）仲秋既望	紐約 佳士得藝品拍賣公司/拍賣目錄1992,06,02.	
明皇幸蜀圖	卷	絹	設色	55 × 183		紐約 佳士得藝品拍賣公司/拍賣目錄1992,12,02.	
臨李公麟白描五百羅漢圖	卷	紙	水墨	34.3 × 1257.2		紐約 佳士得藝品拍賣公司/拍賣目錄1993,06,04.	
試茗圖	卷	紙	水墨	27 × 55.5		紐約 佳士得藝品拍賣公司/拍賣目錄1993,06,04.	
人物山水	卷	絹	設色	不詳		紐約 佳士得藝品拍賣公司/拍賣目錄1994,11,30.	
趙飛燕外傳（12段，每段文徵明小楷書傳文）	卷	紙	白描	30.5 × 1056	嘉靖庚子（十九年，1540）九月五日	香港 蘇富比藝品拍賣公司/拍賣目錄1999,10,31.	
竹梧消夏圖	軸	絹	設色	44 × 30.4		武漢 湖北省武漢市文物商店	
水閣銷夏圖	軸	絹	設色	115.5 × 57.8		紐約 佳士得藝品拍賣公司/拍賣目錄1987,12,11.	
長門望幸圖（仇英、尤求繪周天球書長門賦合卷第1幅）	幅	紙	水墨	26.4 × 27.3		紐約 佳士得藝品拍賣公司/拍賣目錄1988,06,02.	
松陰琴阮圖	軸	絹	設色	101 × 43		紐約 佳士得藝品拍賣公司/拍賣目錄1990,11,28.	
秋原遊騎圖	軸	紙	設色	26.6 × 119		紐約 佳士得藝品拍賣公司/拍	

名稱	形式	質地	色彩	尺寸 高×寬cm	創作時間	收藏處所	典藏號碼
柳溪泛飲	摺扇面	金箋	設色	16 × 48		紐約 佳士得藝品拍賣公司/拍 賣目錄 1995,10,29.	
溪亭消夏	摺扇面	金箋	設色	19 × 56.5		香港 佳士得藝品拍賣公司/拍 賣目錄 1990,05,31.	
蘭亭圖	摺扇面	金箋	設色	18 × 53	嘉靖乙巳（二十四年，1545）夏四月既望	香港 佳士得藝品拍賣公司/拍 賣目錄 1996,04,28.	
竹林七賢圖	摺扇面	金箋	設色	15.9 × 48.9		紐約 佳士得藝品拍賣公司/拍 賣目錄 1996,04,28.	
閨秀賞月圖	摺扇面	金箋	設色	16.2 × 50		香港 佳士得藝品拍賣公司/拍 賣目錄 1997,09,19. 賣目錄 1998,09,15.	

畫家小傳：仇英。字實父。號十洲。江蘇太倉人，移居吳縣。工畫山水、人物、仕女，初師周臣，後事臨摹，終臻絕藝，無慚古人。
　　　　躋登「明四家」之一。署款紀年畫作見於武宗正德十五（1520）年。卒於世宗嘉靖三十一（1552）年。（見明畫錄、無聲詩
　　　　史、圖繪寶鑑續纂、丹青志、藝苑卮言、中國畫家人名大辭典）

周 用

名稱	形式	質地	色彩	尺寸 高×寬cm	創作時間	收藏處所	典藏號碼
溪山煙靄	卷	紙	設色	24.3 × 401	正德九年龍集甲戌（1514）春三月吉旦	台北 故宮博物院	00928
寒山蕭寺圖（仿李唐）	卷	紙	水墨	28.6 × 155.9	嘉靖戊申（二十七年，1548）鞠秋	美國 俄州托雷多市藝術博物館	53.58
柳蔭牧牛圖	軸	絹	水墨	145 × 47.5	弘治壬戌（十五年，1502）秋九月	台北 長流美術館	
漁翁撒網圖	軸	紙	水墨	59.4 × 31.4		香港 私人	
寒山子像	軸	紙	水墨	116.5 × 60.4		北京 故宮博物院	
湯泉（周用畫新安十景圖冊之1）	冊頁	絹	設色	31.8 × 33.5		台北 故宮博物院	故畫 03163-1
白龍潭（周用畫新安十景圖冊之2）	冊頁	絹	設色	31.8 × 33.5		台北 故宮博物院	故畫 03163-2
慈光寺（周用畫新安十景圖冊之3）	冊頁	絹	設色	31.8 × 33.5		台北 故宮博物院	故畫 03163-3
文殊台（周用畫新安十景圖冊之4）	冊頁	絹	設色	31.8 × 33.5		台北 故宮博物院	故畫 03163-4

名稱	形式	質地	色彩	尺寸 高×寬cm	創作時間	收藏處所	典藏號碼
始信峰（周用畫新安十景圖冊之5）	冊頁	絹	設色	31.8 x 33.5		台北 故宮博物院	故畫 03163-5
西海（周用畫新安十景圖冊之6）	冊頁	絹	設色	31.8 x 33.5		台北 故宮博物院	故畫 03163-6
白嶽（周用畫新安十景圖冊之7）	冊頁	絹	設色	31.8 x 33.5		台北 故宮博物院	故畫 03163-7
斗山亭（周用畫新安十景圖冊之8）	冊頁	絹	設色	31.8 x 33.5		台北 故宮博物院	故畫 03163-8
問政山（周用畫新安十景圖冊之9）	冊頁	絹	設色	31.8 x 33.5		台北 故宮博物院	故畫 03163-9
練江十寺（周用畫新安十景圖冊之10）	冊頁	絹	設色	31.8 x 33.5	嘉靖庚寅（九年，1530）春	台北 故宮博物院	故畫 03163-10
詩畫（35幀）	冊	紙	設色	34 x 57.2		北京 故宮博物院	
山水圖	摺扇面	金箋	水墨	17.6 x 51.3		德國 柏林東亞藝術博物館	1988-385

畫家小傳：周用。字行之。號自川。江蘇吳江松陵人。生於憲宗成化十二（1496）年。卒於世宗嘉靖二十七（1548）年。孝宗弘治十五年進士。為人端亮有節概。書法俊逸。畫山水，得沈周指授，高雅有氣韻。（見明畫錄、明史本傳、列朝詩集小傳、靜志居詩話、中國畫家人名大辭典）

吳　麟

名稱	形式	質地	色彩	尺寸 高×寬cm	創作時間	收藏處所	典藏號碼
山水圖（12幀）	冊	紙	設色	（每幀）24.7 x 31.8	庚辰（正德十五年，1520）春月	香港 招署東先生	

畫家小傳：吳麟。字瑞卿。江蘇常熟人。為沈周弟子。善畫山水，規仿宋元諸家。亦善畫花卉。流傳署款紀年畫作見於武宗正德十五（1520）年。（見無聲詩史、海虞畫苑略、常熟縣志、石田集、宋元明清書畫家年表、中國畫家人名大辭典）

陸　治

名稱	形式	質地	色彩	尺寸 高×寬cm	創作時間	收藏處所	典藏號碼
丹楓秋色	卷	紙	設色	26.3 x 61.7		台北 故宮博物院	故畫 01042
龍淵圖	卷	絹	設色	28.8 x 102.9	嘉靖癸亥（四十二年，1563）中秋	台北 故宮博物院	故畫 01068
練川草堂圖	卷	絹	設色	31 x 76		台北 故宮博物院	故畫 01069
仙圃長春	卷	絹	設色	30.4 x 266.9	嘉靖己未（三十八年，1559）春日	台北 故宮博物院	故畫 01070
文徵明陸治書畫合璧（2幅合裝）	卷	絹	設色	（畫幅）35.4 x 108.3	嘉靖乙未（十四年，1535）春仲	台北 故宮博物院	故畫 01105
山水	卷	紙	設色	31 x 162.5	隆慶辛未（五年，1571）端陽日	台北 故宮博物院	故畫 01632

名稱	形式	質地	色彩	尺寸 高×寬㎝	創作時間	收藏處所	典藏號碼
蔬圃圖	卷	絹	水墨	24 × 204.8	庚申（嘉靖三十九年，1560）首夏六日	台北 故宮博物院	故畫 01633
蘆雁寫生	卷	紙	設色	26.5 × 296.8	隆慶戊辰（二年，1568）春日	台北 故宮博物院	故畫 01634
花卉	卷	絹	設色	25.4 × 279.3	嘉靖丁酉（十六年，1537）秋日	台北 故宮博物院	故畫 01635
四時花卉真蹟	卷	絹	設色	31.8 × 484	嘉靖戊申（二十七年，1548）春三月望	台北 故宮博物院	故畫 01636
谿陽圖（為谿陽先生寫）	卷	絹	設色	33.5 × 85.5	辛丑（嘉靖二十年，1541）二月	台北 國泰美術館	
金明寺圖	卷	紙	設色	29.3 × 132.6		香港 潘祖堯小聽颿樓	CP22
臨趙孟堅水仙圖	卷	紙	水墨	36 × 1067.3	嘉靖壬戌（四十一年，1562）春正月	瀋陽 遼寧省博物院	
桃園圖	卷	紙	設色	27.2 × 119.5		瀋陽 遼寧省博物院	
江南別意圖	卷	絹	設色	不詳	嘉靖戊申（二十七年，1548）春仲	北京 故宮博物院	
吊屈原圖（補圖王穀祥行書九歌）	卷	紙	設色	23.6 × 66.3	嘉靖乙卯（三十四年，1555）仲秋	天津 天津市藝術博物館	
山水圖	卷	紙	設色	31.7 × 254.4	嘉靖戊午（三十七年，1558）秋	天津 天津市藝術博物館	
花鳥圖	卷	紙	設色	24.2 × 680.7	嘉靖壬寅（二十一年，1542）	上海 上海博物館	
元夜宴集圖	卷	紙	設色	28 × 118.4	嘉靖丁未（二十六年，1547）	上海 上海博物館	
梅竹圖	卷	紙	水墨	21.6 × 447	嘉靖戊申（二十七年，1548）	上海 上海博物館	
為文徵明十四年前書後赤壁賦補圖	卷	紙	設色	22.9 × 106.1	嘉靖戊午（三十七年，1558）秋暮	上海 上海博物館	
春江送別圖	卷	紙	設色	不詳		上海 上海博物館	
梅石水仙圖	卷	絹	設色	32.3 × 63.6	隆慶丁卯（元年，1567）九日	南京 南京博物院	
天池晚眺圖（為九疇先生作）	卷	紙	設色	29.5 × 110	嘉靖癸丑（三十二	南京 南京博物院	

名稱	形式	質地	色彩	尺寸 高x寬cm	創作時間	收藏處所	典藏號碼
					年，1553）四月廿三日		
溪山訪友圖	卷	紙	水墨	32.2 x 435		蘇州 江蘇省蘇州博物館	
山齋客話圖	卷	絹	設色	27 x 165		廈門 福建省廈門市博物館	
江山攬勝圖	卷	絹	設色	27.2 x 199		廣州 廣州市美術館	
石湖圖	卷	紙	設色	不詳		美國 波士頓美術館	
琵琶行詩意圖	卷	紙	設色	22.3 x 100.1	嘉靖甲寅（三十三年，1554）九月	美國 華盛頓特區弗瑞爾藝術館	39.3
設色山水(玉田圖)	卷	紙	設色	24.3 x 136.1	嘉靖己酉（二十八年，1549）三月既望	美國 堪薩斯市納爾遜-艾金斯藝術博物館	50-68
文徵明書陸治畫鯼石圖	卷	絹	設色	30.8 x 85.6		美國 堪薩斯市納爾遜-艾金斯藝術博物館	
大吳歌圖(為靜觀作)	卷	紙	設色	30.8 x 127.5	甲午（嘉靖十三年，1534）七月望日	瑞士 蘇黎士黎得堡博物館	RCH.1134
支硎山圖	軸	紙	設色	83.6 x 34.7		台北 故宮博物院	故畫 00558
天池石壁圖	軸	絹	設色	70.6 x 30.3	庚戌（嘉靖二十九年，1550）新夏	台北 故宮博物院	故畫 00559
繡壁蓮峰圖	軸	紙	設色	124.4 x 31.6		台北 故宮博物院	故畫 00560
花鯼漁隱圖	軸	紙	設色	119.2 x 26.8	隆慶戊辰（二年，1568）	台北 故宮博物院	故畫 00561
雪窗見易圖	軸	紙	設色	91.6 x 28.3	嘉靖甲申（三年，1524）冬日	台北 故宮博物院	故畫 00562
梨花寫生圖	軸	紙	水墨	88.2 x 34.3		台北 故宮博物院	故畫 00563
榴花小景	軸	紙	設色	65.3 x 33.3	隆慶庚午（四年，1570）天中節	台北 故宮博物院	故畫 00564
玉蘭	軸	紙	設色	124.8 x 51.7		台北 故宮博物院	故畫 00565
海棠玉蘭（與王穀祥合作，陸治寫玉蘭、王穀祥補海棠）	軸	絹	設色	67.2 x 34.1		台北 故宮博物院	故畫 00810
春山溪閣圖	軸	絹	設色	118.5 x 66.1		台北 故宮博物院	故畫 01345
仙山玉洞圖	軸	絹	設色	150 x 80		台北 故宮博物院	故畫 01346
飛閣凭江圖	軸	紙	設色	126 x 44.1	隆慶戊辰（二年，1568）八月三日	台北 故宮博物院	故畫 02236

名稱	形式	質地	色彩	尺寸 高×寬cm	創作時間	收藏處所	典藏號碼
丹林翠嶂	軸	紙	設色	90.2 × 30.7	隆慶辛未（五年，1571）仲秋	台北 故宮博物院	故畫02237
仿王蒙林壑消閒	軸	紙	設色	136.5 × 35.7	嘉靖戊申（二十七年，1548）之秋	台北 故宮博物院	故畫02238
春耕圖	軸	紙	設色	59.4 × 30		台北 故宮博物院	故畫02239
寒江釣艇	軸	紙	設色	65.7 × 36.6	隆慶二年（戊辰，1568）夏日	台北 故宮博物院	故畫02240
捕魚圖	軸	紙	設色	43.3 × 34.3	嘉靖辛亥（三十年，1551）臘月廿日	台北 故宮博物院	故畫02241
端陽佳景	軸	絹	設色	116.7 × 62.7		台北 故宮博物院	故畫02242
群仙拱壽圖	軸	絹	設色	58.1 × 25.6	庚午（隆慶四年，1570）冬日	台北 故宮博物院	故畫02243
錦圃鳴春	軸	絹	設色	146 × 89.1		台北 故宮博物院	故畫02244
天中佳卉	軸	紙	設色	87.7 × 28.8	嘉靖癸丑（三十二年，1553）仲春	台北 故宮博物院	故畫02245
歲朝圖	軸	絹	設色	121.7 × 48.6	嘉靖十二年癸巳（1533）冬月	台北 故宮博物院	故畫02246
竹報平安	軸	紙	設色	117.9 × 43.1	壬子（嘉靖三十一年，1552）秋九月	台北 故宮博物院	故畫02247
久安大吉	軸	絹	設色	189.4 × 81.4	嘉靖丙寅（四十六年，1566）春日	台北 故宮博物院	故畫02248
松芝圖	軸	紙	設色	118.6 × 39.8		台北 故宮博物院	故畫02249
畫花鳥	軸	絹	設色	128 × 70.7	甲辰（嘉靖二十三年，1544）二月廿八日	台北 故宮博物院	故畫02250
雙雞圖	軸	紙	設色	63.2 × 31.5		台北 故宮博物院	故畫02251
山水圖	軸	紙	設色	123.6 × 32.4		台北 故宮博物院（蘭千山館寄存）	
採真瑤島圖(採芝圖)	軸	紙	設色	46.5 × 98.2		香港 何耀光至樂樓	
山水	軸	紙	水墨	137 × 32	庚申（嘉靖三十九年，1560）季冬廿八日	香港 黃仲方先生	
仿王蒙秋山圖	軸	紙	設色	122.5 × 35.6	己酉（嘉靖二十八年，1549）秋日	香港 香港美術館・虛白齋	XB1992.039

名稱	形式	質地	色彩	尺寸 高×寬㎝	創作時間	收藏處所	典藏號碼
竹泉試茗圖	軸	紙	設色	96.5 × 33		長春 吉林省博物館	
秋山行旅圖	軸	紙	水墨	不詳	甲寅（嘉靖三十三年，1554）	瀋陽 故宮博物院	
壽比福海圖	軸	絹	設色	不詳		旅順 遼寧省旅順博物館	
水仙芝草圖	軸	紙	設色	不詳	癸巳（嘉靖十二年，1533）正月望	北京 故宮博物院	
竹林長夏圖	軸	絹	設色	176 × 75.5	嘉靖庚子（十九年，1540）	北京 故宮博物院	
山水圖	軸	紙	設色	不詳	甲寅（嘉靖三十三年，1554）秋八月	北京 故宮博物院	
松石圖	軸	紙	水墨	130 × 64.7	隆慶戊辰（二年，1568）	北京 故宮博物院	
松柏長青圖	軸	紙	設色	192.6 × 64.5	隆慶戊辰（二年，1568）春日	北京 故宮博物院	
三峰春色圖	軸	紙	設色	135.3 × 64	隆慶己巳（三年，1569）仲春十日	北京 故宮博物院	
牡丹圖	軸	紙	設色	不詳	隆慶辛未（五年，1571）	北京 故宮博物院	
虎丘山圖	軸	紙	設色	147.5 × 34		北京 故宮博物院	
丹楓秋鏡圖	軸	紙	設色	不詳		北京 故宮博物院	
芙蓉鴛鴦圖	軸	紙	設色	62 × 27.9		北京 故宮博物院	
秋日閑居詩圖	軸	紙	水墨	126 × 43.8		北京 中國歷史博物館	
桃花源圖	軸	絹	設色	不詳	嘉靖乙丑（四十四年，1565）仲春	北京 中央美術學院	
山水圖	軸	紙	設色	不詳		北京 北京市文物局	
桐蔭高士圖	軸	紙	設色	93 × 49	嘉靖戊申（二十七年，1548）	天津 天津市藝術博物館	
煙波向晚圖	軸	紙	設色	98 × 31	嘉靖甲子（四十三年，1564）	天津 天津市藝術博物館	
虎丘塔影圖	軸	紙	設色	114 × 28	隆慶辛未（五年，1571）	天津 天津市藝術博物館	
牡丹圖	軸	紙	設色	121.4 × 31.5		天津 天津市藝術博物館	
魏紫姚黃圖	軸	紙	設色	120 × 31.3		天津 天津市藝術博物館	
梨花雙燕圖	軸	紙	設色	98.6 × 57.3		天津 天津市藝術博物館	

名稱	形式	質地	色彩	尺寸 高×寬cm	創作時間	收藏處所	典藏號碼
柳溪垂釣圖	軸	紙	設色	44 × 54	嘉靖甲子（四十三年，1564）	天津 天津市歷史博物館	
雪景山水圖	軸	絹	設色	不詳	嘉靖癸亥（四十二年，1563）	濟南 山東省博物館	
霜落平川圖	軸	金箋	設色	73 × 37.5		濟南 山東省濟南市博物館	
山靜江橫圖	軸	絹	設色	62.5 × 32.5	嘉靖癸巳（二十年，1533）	合肥 安徽省博物館	
紅杏野鳧圖	軸	紙	設色	120 × 43		合肥 安徽省博物館	
秋林萬壑圖	軸	紙	設色	不詳	嘉靖丙戌（五年，1526）	上海 上海博物館	
虎丘劍池圖	軸	絹	水墨	151 × 68	嘉靖丙午（二十五年，1546）	上海 上海博物館	
雲山聽泉圖	軸	絹	設色	147.9 × 64.5	嘉靖丁未（二十六年，1547）	上海 上海博物館	
青綠山水圖	軸	紙	設色	不詳	嘉靖丁未（二十六年，1547）六月廿八日	上海 上海博物館	
雲峰林谷圖	軸	紙	設色	86 × 46.4	嘉靖壬子（三十一年，1552）仲春	上海 上海博物館	
碧山赤城圖	軸	紙	設色	107.6 × 28.6	嘉靖癸丑（三十二年，1553）三月	上海 上海博物館	
翠殿韶華圖	軸	紙	設色	175 × 27.1	壬戌（嘉靖四十一年，1562）人日	上海 上海博物館	
端陽即景圖	軸	紙	設色	133.3 × 64.3	嘉靖癸亥（四十二年，1563）仲夏	上海 上海博物館	
桃源圖	軸	絹	設色	141.7 × 62.6	隆慶丁卯（元年，1567）	上海 上海博物館	
玉簪花圖	軸	紙	設色	119.5 × 43.8	隆慶己巳（三年，1569）	上海 上海博物館	
草閣楓林圖	軸	絹	設色	91.9 × 40.8	隆慶辛未（五年，1571）	上海 上海博物館	
紅蓮映水圖	軸	紙	設色	不詳		上海 上海博物館	
紫陌春風圖	軸	紙	設色	109.4 × 29.5		上海 上海博物館	
盤谷幽居圖	軸	絹	設色	117.5 × 32		上海 上海博物館	

名稱	形式	質地	色彩	尺寸 高x寬cm	創作時間	收藏處所	典藏號碼
飛閣憑江圖	軸	絹	設色	96 × 64.8		南京 南京市博物館	
滄浪踈雨圖	軸	紙	水墨	63 × 32.3		無錫 江蘇省無錫市博物館	
楓色高秋圖	軸	紙	設色	64.8 × 31.1		杭州 浙江省博物館	
洛神圖（與彭年小楷洛神賦合裝）	軸	絹	設色	不詳		寧波 浙江省寧波市天一閣文物保管所	
寒泉圖	軸	絹	設色	118 × 60	隆慶（？）	廣州 廣東省博物館	
疏林泉聲圖	軸	紙	設色	不詳		武威 甘肅省武威市博物館	
花卉圖	軸	絹	設色	93.3 × 61.8	嘉靖乙丑（四十四年，1565）秋八月既望	日本 東京帝室博物館	
（傳）花鳥圖	軸	絹	設色	106.9 × 40	乙未（嘉靖十四年，1535）冬十月	日本 東京藝術大學美術館	483
夏山隱居圖	軸	紙	設色	141.1 × 31.8	己酉（嘉靖二十八年，1549）秋日	日本 東京山本悌二郎先生	
花鳥圖	軸	絹	設色	57.6 × 30		日本 東京岡崎正也先生	
淺絳山水	軸	絹	設色	103.6 × 45.8		日本 東京加藤正治先生	
蓮花圖	軸	絹	設色	116 × 63.3		日本 東京岩崎小彌太先生	
仿王蒙還丹圖	軸	絹	設色	131.2 × 38.2	己酉（嘉靖二十八年，1549）秋日	日本 東京小川琢治先生	
花籃圖	軸	絹	設色	不詳		日本 東京根津美術館	
冬景山水圖	軸	紙	設色	68.4 × 32.6		日本 奈良大和文華館	1120
水仙奇石圖	軸	紙	水墨	88.2 × 35.3		日本 兵庫縣黑川古文化研究所	
山水圖（幽谷泉聲）	軸	紙	設色	不詳		日本 繭山龍泉堂	
老松圖	軸	絹	水墨	34.5 × 101.5	辛未（隆慶五年，1571）孟夏	日本 埼玉縣萬福寺	
蘭石靈芝圖	軸	紙	設色	122.6 × 57.4		日本 私人	
仿宋人筆意山水	軸	紙	設色	127.5 × 30.8	嘉靖乙丑（四十四年，1565）春三月	日本 私人	
花卉圖	軸	絹	設色	139.7 × 75.1		韓國 私人	
詩畫合軸（與陳鎏合裝）	軸	紙	設色	不詳		美國 波士頓美術館	
山水圖	軸	紙	設色	62.2 × 29.3		美國 耶魯大學藝術館（私人寄存）	TR9078
仙山樓閣圖	軸	紙	設色	85 × 30		美國 普林斯頓大學藝術館	61-26

名稱	形式	質地	色彩	尺寸 高×寬cm	創作時間	收藏處所	典藏號碼
種菊圖	軸	紙	設色	106.2 × 27.2		美國 普林斯頓大學藝術館（Edward Elliott 先生寄存）	L166.70
山水圖	軸	紙	設色	89 × 34.6		美國 普林斯頓大學藝術館（私人寄存）	L30.65
山水圖	軸	絹	設色	64.5 × 25.7		美國 普林斯頓大學藝術館（私人寄存）	
山水圖	軸	紙	設色	132.8 × 62.8		美國 紐約大都會藝術博物館	1989.371
山水圖	軸	紙	設色	124 × 38.6		美國 紐約大都會藝術博物館	L.1984.10
晴秋涉櫂圖	軸	紙	設色	105.8 × 31.1		美國 芝加哥藝術中心	1953.159
匡廬瀑布圖	軸	絹	設色	182 × 85.7		美國 芝加哥大學藝術博物館	1974.88
仿倪瓚溪山導隱圖	軸	紙	水墨	109 × 45.7	丁卯（隆慶元年，1567）仲冬至日	美國 克利夫蘭藝術博物館	
溪山仙館圖	軸	紙	水墨	109.1 × 45.8		美國 克利夫蘭藝術博物館	62.43
山水圖	軸	絹	設色	26.8 × 26.2		美國 勃克萊加州大學藝術館	CM117
牡丹圖	軸	絹	設色	94 × 47.9		美國 聖地牙哥藝術博物館	81.07
梅花圖	軸	紙	設色	59.5 × 35		美國 夏威夷火魯奴奴藝術學院	2261.1
仿黃公望山水圖	軸	紙	設色	22.6 × 23		美國 火魯奴奴 Hutchinson 先生	
餐英館山水圖	軸	紙	設色	139 × 57.4	王申（隆慶六年，1572）九月	美國 德州金貝爾藝術館	AP1981.15
萱草圖	軸	紙	設色	81.1 × 39.8		美國 私人	
秋景山水圖	軸	紙	設色	119.8 × 37.7		美國 私人	
梅枝四喜圖	軸	絹	設色	94 × 37.3		加拿大 多倫多皇家安大略博物館	923.56.2
玉蘭圖	軸	紙	設色	143.4 × 47.2		加拿大 大維多利亞藝術博物館	77-120
效倪迂墨法山水圖	軸	紙	水墨	136.7 × 32.1	庚申（嘉靖三十九年，1560）季冬廿八日	英國 倫敦大英博物館	1977.2.28.01 (AD393)
米氏山水圖	軸	紙	設色	49.5 × 30.3		瑞士 蘇黎士黎得堡博物館	RCH.1133
賞菊圖	軸	紙	設色	54.7 × 28.6		德國 柏林東亞藝術博物館	1988-423
花鳥圖	軸	紙	設色	113.9 × 48.5		德國 柏林東亞藝術博物館	1989-21

名稱	形式	質地	色彩	尺寸 高x寬cm	創作時間	收藏處所	典藏號碼
山水圖	軸	紙	設色	70.6 x 32.8		德國 柏林東亞藝術博物館	1988-424
彭澤高蹤（名賢妙蹟冊之12）	冊頁	紙	水墨	34.2 x 23.8	癸未（嘉靖二年，1523）	台北 故宮博物院	故畫 01255-12
菊花（陸治寫生冊之1）	冊頁	紙	設色	25.1 x 26.8	丙申（嘉靖十五年，1536）五月	台北 故宮博物院	故畫 01144-1
薔薇（陸治寫生冊之2）	冊頁	紙	設色	25.1 x 26.8		台北 故宮博物院	故畫 01144-2
梅竹（陸治寫生冊之3）	冊頁	紙	設色	25.1 x 26.8		台北 故宮博物院	故畫 01144-3
牡丹（陸治寫生冊之4）	冊頁	紙	設色	25.1 x 26.8		台北 故宮博物院	故畫 01144-4
翠竹杏花（陸治寫生冊之5）	冊頁	紙	設色	25.1 x 26.8		台北 故宮博物院	故畫 01144-5
海棠（陸治寫生冊之6）	冊頁	紙	設色	25.1 x 26.8		台北 故宮博物院	故畫 01144-6
芙蓉（陸治寫生冊之7）	冊頁	紙	設色	25.1 x 26.8		台北 故宮博物院	故畫 01144-7
水仙（陸治寫生冊之8）	冊頁	紙	設色	25.1 x 26.8		台北 故宮博物院	故畫 01144-8
繡球花（陸治寫生冊之9）	冊頁	紙	設色	25.1 x 26.8		台北 故宮博物院	故畫 01144-9
荷花（陸治寫生冊之10）	冊頁	紙	設色	25.1 x 26.8		台北 故宮博物院	故畫 01144-10
凌江話別（陸治蔡羽書畫合璧冊之1）	冊頁	紙	設色	26.7 x 30.2	己亥（嘉靖十八年，1539）三月	台北 故宮博物院	故畫 01229-1
登靈巖山（陸治蔡羽書畫合璧冊之2）	冊頁	紙	設色	26.7 x 30.2		台北 故宮博物院	故畫 01229-2
縹緲少峰勝景（陸治蔡羽書畫合璧冊之3）	冊頁	紙	設色	26.7 x 30.2		台北 故宮博物院	故畫 01229-3
高閣望遠（陸治蔡羽書畫合璧冊之4）	冊頁	紙	設色	26.7 x 30.2		台北 故宮博物院	故畫 01229-4
秋日客至（陸治蔡羽書畫合璧冊之5）	冊頁	紙	設色	26.7 x 30.2		台北 故宮博物院	故畫 01229-5
秋閣靜坐（陸治蔡羽書畫合璧冊之6）	冊頁	紙	設色	26.7 x 30.2		台北 故宮博物院	故畫 01229-6
折荷圖（陸治蔡羽書畫合璧冊之7）	冊頁	紙	設色	26.7 x 30.2		台北 故宮博物院	故畫 01229-7
月夜話別（陸治蔡羽書畫合璧冊之8）	冊頁	紙	設色	26.7 x 30.2		台北 故宮博物院	故畫 01229-8
溪橋策蹇（陸治蔡羽書畫合璧冊之9）	冊頁	紙	設色	26.7 x 30.2		台北 故宮博物院	故畫 01229-9
虎丘圖（陸治蔡羽書畫合璧冊之10）	冊頁	紙	設色	26.7 x 30.2		台北 故宮博物院	故畫 01229-10

名稱	形式	質地	色彩	尺寸 高x寬cm	創作時間	收藏處所	典藏號碼
花鳥(集古圖繪冊之14)	冊頁	絹	設色	30.5 x 18.2		台北 故宮博物院	故畫 01235-14
雪後訪梅(名畫琳瑯冊之11)	冊頁	紙	水墨	63.9 x 32.5	甲子（嘉靖四十三年，1564）孟春	台北 故宮博物院	故畫 01292-11
杏花蛺蝶（陸治寫生冊之1）	冊頁	絹	設色	21.5 x 17		台北 故宮博物院	故畫 03166-1
翠竹翎毛（陸治寫生冊之2）	冊頁	絹	設色	21.5 x 17		台北 故宮博物院	故畫 03166-2
桃花游魚（陸治寫生冊之3）	冊頁	絹	設色	21.5 x 17		台北 故宮博物院	故畫 03166-3
薔薇燕子（陸治寫生冊之4）	冊頁	絹	設色	21.5 x 17		台北 故宮博物院	故畫 03166-4
奇石菖蒲（陸治寫生冊之5）	冊頁	絹	設色	21.5 x 17		台北 故宮博物院	故畫 03166-5
月季（陸治寫生冊之6）	冊頁	絹	設色	21.5 x 17		台北 故宮博物院	故畫 03166-6
石榴花（陸治寫生冊之7）	冊頁	絹	設色	21.5 x 17		台北 故宮博物院	故畫 03166-7
梔子花（陸治寫生冊之8）	冊頁	絹	設色	21.5 x 17		台北 故宮博物院	故畫 03166-8
金桂壽帶（陸治寫生冊之9）	冊頁	絹	設色	21.5 x 17		台北 故宮博物院	故畫 03166-9
秋葵（陸治寫生冊之10）	冊頁	絹	設色	21.5 x 17		台北 故宮博物院	故畫 03166-10
蘭花（陸治寫生冊之11）	冊頁	絹	設色	21.5 x 17		台北 故宮博物院	故畫 03166-11
水仙（陸治寫生冊之12）	冊頁	絹	設色	21.5 x 17		台北 故宮博物院	故畫 03166-12
山蹊覓句（壽珍集古冊之7）	冊頁	絹	設色	31.3 x 35.4		台北 故宮博物院	故畫 01271-7
松墅雲泉（宋元明集繪冊之17）	冊頁	絹	設色	32.7 x 26.8		台北 故宮博物院	故畫 03473-17
秋葉山禽（藝苑臚珍冊之12）	冊頁	絹	設色	28.1 x 22.3		台北 故宮博物院	故畫 03492-12
花卉圖（舊畫扇面冊之2）	摺扇面	金箋	設色	不詳		台北 故宮博物院	故畫 03526-2
古花春燕（明人畫扇冊二冊6）	摺扇面	紙	設色	不詳		台北 故宮博物院	故畫 03528-6
荷塘結夏（（明人畫扇冊三冊8）	摺扇面	紙	設色	不詳		台北 故宮博物院	故畫 03529-8
蘆岸水汀（明人畫扇面（乙）冊之5）	摺扇面	紙	設色	不詳		台北 故宮博物院	故畫 03532-5
杏花乳燕（明人畫扇集冊貳冊（下）之2）	摺扇面	紙	設色	不詳		台北 故宮博物院	故畫 03535-2
海棠（明人畫扇集冊貳冊（下）之3）	摺扇面	紙	設色	不詳		台北 故宮博物院	故畫 03535-3
桃花玉蘭（明人便面畫冊（二）之7）	摺扇面	紙	設色	不詳		台北 故宮博物院	故畫 03538-7
林泉高致（明人便面畫冊（二）之8）	摺扇面	紙	設色	不詳		台北 故宮博物院	故畫 03538-8
蒲草鴛鴦（明人便面畫冊（二	摺扇面	紙	設色	不詳		台北 故宮博物院	故畫 03538-9

名稱	形式	質地	色彩	尺寸 高x寬㎝	創作時間	收藏處所	典藏號碼
）之9）							
遠浦風帆（明人便面畫冊（二）之10）	摺扇面	紙	設色	不詳		台北 故宮博物院	故畫 03538-10
秋卉圖（明人便面畫冊（二）之11）	摺扇面	紙	設色	不詳		台北 故宮博物院	故畫 03538-11
水墨山水（明人扇頭畫冊之3）	摺扇面	紙	設色	不詳		台北 故宮博物院	故畫 03542-3
荷花（明人書畫扇亨冊之11）	冊頁	紙	設色	17.7 x 51.5		台北 故宮博物院	故畫 03565-11
水鴨（明人書畫扇亨冊之12）	冊頁	紙	設色	16.8 x 50.8		台北 故宮博物院	故畫 03565-12
寫支硎山（明人書畫扇冊亨冊之13）	冊頁	紙	設色	16.2 x 47.4		台北 故宮博物院	故畫 03565-13
楓林書屋（明人書畫扇冊亨冊之14）	冊頁	紙	設色	17.4 x 54.5		台北 故宮博物院	故畫 03565-14
牡丹雛菊（明人書畫扇冊亨冊之15）	冊頁	紙	設色	16.1 x 47.5		台北 故宮博物院	故畫 03565-15
荔枝圖	摺扇面	紙	不詳	不詳		台北 故宮博物院	故扇 00148
海棠山雀圖	摺扇面	紙	不詳	不詳		台北 故宮博物院	故扇 00149
牡丹圖	摺扇面	紙	不詳	不詳		台北 故宮博物院	故扇 00150
並蒂牡丹圖	摺扇面	紙	不詳	不詳		台北 故宮博物院	故扇 00151
梅花圖	摺扇面	紙	不詳	不詳		台北 故宮博物院	故扇 00152
秋林圖	摺扇面	紙	不詳	不詳		台北 故宮博物院	故扇 00153
水仙圖	摺扇面	紙	不詳	不詳		台北 故宮博物院	故扇 00154
海棠圖	摺扇面	紙	不詳	不詳		台北 故宮博物院	故扇 00155
秋蝶圖	摺扇面	紙	不詳	不詳		台北 故宮博物院	故扇 00156
洛陽圖	摺扇面	紙	不詳	不詳		台北 故宮博物院	故扇 00157
菊花圖	摺扇面	紙	不詳	不詳		台北 故宮博物院	故扇 00158
梅竹圖	摺扇面	紙	不詳	不詳		台北 故宮博物院	故扇 00160
鴛鴦圖	摺扇面	紙	不詳	不詳		台北 故宮博物院	故扇 00159
松菊猶存圖（陸師道書七言絕句）	摺扇面	紙	不詳	不詳		台北 故宮博物院	故扇 00243
高山流水（孫岳頒書五言律詩）	摺扇面	紙	不詳	不詳		台北 故宮博物院	故扇 00244
山水(明十名家便面會萃冊之8）	摺扇面	金箋	設色	19.2 x 55.5		台北 故宮博物院（蘭千山館寄存）	
秋景山水圖	摺扇面	金箋	設色	15.9 x 49.1		台北 陳啟斌畏罍堂	

名稱	形式	質地	色彩	尺寸 高×寬cm	創作時間	收藏處所	典藏號碼
洞壑重林圖（扇面圖冊之7）	摺扇面	金箋	設色	20.2 × 56.8		台北 陳啟斌畏罍堂	
花鳥圖	摺扇面	金箋	設色	15.2 × 46.4		香港 潘祖堯小聽颿樓	CP78
暮靄浮山圖（明清名家書畫扇面冊之15）	摺扇面	金箋	設色	19.1 × 57.2		香港 潘祖堯小聽颿樓	CP103
秋園花蝶圖	摺扇面	金箋	設色	不詳		長春 吉林省博物館	
鳳現嶺圖（壽袁方齋詩書畫冊22之1幀）	冊頁	紙	設色	不詳	（嘉靖六年二月，丁亥，1527）	北京 故宮博物院	
讀書臺圖（壽袁方齋詩書畫冊22之1幀）	冊頁	紙	設色	不詳	（嘉靖六年二月，丁亥，1527）	北京 故宮博物院	
問潮館圖（壽袁方齋詩書畫冊22之1幀）	冊頁	紙	設色	不詳	（嘉靖六年二月，丁亥，1527）	北京 故宮博物院	
銷夏灣圖（壽袁方齋詩書畫冊22之1幀）	冊頁	紙	設色	不詳	（嘉靖六年二月，丁亥，1527）	北京 故宮博物院	
白蓮涇圖（壽袁方齋詩書畫冊22之1幀）	冊頁	紙	設色	不詳	（嘉靖六年二月，丁亥，1527）	北京 故宮博物院	
天池山圖（壽袁方齋詩書畫冊22之1幀）	冊頁	紙	設色	不詳	（嘉靖六年二月，丁亥，1527）	北京 故宮博物院	
仿倪瓚山水圖（為思愚作）	摺扇面	金箋	設色	16.7 × 49	庚戌（嘉靖二十九年，1550）冬	北京 故宮博物院	
赤壁夜遊圖	摺扇面	金箋	水墨	不詳	辛未（隆慶五年，1571）	北京 故宮博物院	
海棠圖	冊頁	絹	設色	27.5 × 44		北京 故宮博物院	
山水人物（10幀）	冊	絹	設色	（每幀）29.3 × 51.5		北京 故宮博物院	
花卉（7幀）	冊	絹	設色	（每幀）27.8 × 44.4		北京 故宮博物院	
花溪漁隱圖	冊頁	絹	設色	31.5 × 29.8		北京 故宮博物院	
山水圖	摺扇面	金箋	設色	17.1 × 50.2		北京 故宮博物院	
山水圖	摺扇面	金箋	設色	18.5 × 54.8		北京 故宮博物院	
江南春圖	摺扇面	金箋	設色	17.5 × 49.5		北京 故宮博物院	
具區春曉圖	摺扇面	金箋	設色	18 × 52.4		北京 故宮博物院	
梨花白燕圖	摺扇面	金箋	設色	17.1 × 52.9		北京 故宮博物院	
落日凝霞圖	摺扇面	金箋	設色	17.8 × 51		北京 故宮博物院	
薔薇花圖	摺扇面	金箋	設色	15.7 × 49.2		北京 故宮博物院	

名稱	形式	質地	色彩	尺寸 高x寬cm	創作時間	收藏處所	典藏號碼
山水圖	摺扇面	泥金箋	設色	16.5 x 51.4	丙寅（嘉靖四十五年，1566）十月	北京 中國歷史博物館	
梅鶴圖	摺扇面	紙	設色	不詳		天津 天津市歷史博物館	
米氏雲山圖	摺扇面	金箋	設色	不詳		合肥 安徽省博物館	
桃花源圖	摺扇面	金箋	設色	不詳	壬辰（嘉靖十一年，1532）春日	上海 上海博物館	
澗閣晴雲圖	摺扇面	金箋	設色	不詳	嘉靖癸巳（十二年，1533）	上海 上海博物館	
南屏萬壑圖	摺扇面	金箋	設色	不詳	癸巳（嘉靖十二年，1533）夏仲	上海 上海博物館	
山水圖	摺扇面	金箋	設色	不詳	乙未（嘉靖十四年，1535）	上海 上海博物館	
梨花白燕圖	摺扇面	金箋	設色	不詳	辛丑（嘉靖二十年，1541）	上海 上海博物館	
海棠春燕圖	摺扇面	金箋	設色	不詳	癸卯（嘉靖二十二年，1543）	上海 上海博物館	
海棠蝴蝶圖	摺扇面	金箋	設色	不詳	嘉靖癸卯（二十二年，1543）	上海 上海博物館	
花蝶圖	摺扇面	金箋	設色	不詳	戊申（嘉靖二十七年，1548）	上海 上海博物館	
花叢蛺蝶圖	摺扇面	金箋	設色	不詳	辛酉（嘉靖四十年，1561）	上海 上海博物館	
山水圖	摺扇面	金箋	設色	不詳	嘉靖甲子（四十三年，1564）	上海 上海博物館	
山茶水仙圖	摺扇面	金箋	設色	不詳	乙丑（嘉靖四十四年，1565）	上海 上海博物館	
巖崖賞秋圖	摺扇面	金箋	設色	不詳	隆慶辛未（五年，1571）夏日	上海 上海博物館	
臨王履華山圖（40幀）	冊	絹	設色	（每幀）33.9 x 49.4	萬曆甲戌（二年，1574）	上海 上海博物館	
雙鵝圖	摺扇面	金箋	設色	不詳		上海 上海博物館	
蘆汀白鷺圖	摺扇面	金箋	設色	不詳		上海 上海博物館	
蘭花圖	摺扇面	金箋	設色	不詳		上海 上海博物館	
月桂圖	摺扇面	金箋	設色	不詳		上海 上海博物館	
杏花鴛鴦圖	摺扇面	金箋	設色	不詳		上海 上海博物館	

名稱	形式	質地	色彩	尺寸 高x寬cm	創作時間	收藏處所	典藏號碼
吳城夜月圖	摺扇面	金箋	設色	不詳		上海 上海博物館	
秋山黃葉圖	摺扇面	金箋	設色	不詳		上海 上海博物館	
秋海棠圖	摺扇面	金箋	設色	不詳		上海 上海博物館	
秋葵圖	摺扇面	雲母箋	設色	不詳		上海 上海博物館	
高閣遠眺圖	摺扇面	金箋	設色	不詳		上海 上海博物館	
草閣遠灘圖	摺扇面	金箋	設色	不詳		上海 上海博物館	
梨花春鳥圖	摺扇面	金箋	設色	不詳		上海 上海博物館	
菊石圖	摺扇面	金箋	水墨	不詳		上海 上海博物館	
鈴閣松風圖	摺扇面	金箋	設色	不詳		上海 上海博物館	
碧桃鳴禽圖	摺扇面	金箋	設色	不詳		上海 上海博物館	
鴛鴦圖	摺扇面	金箋	設色	不詳		上海 上海博物館	
雙勾水仙圖	摺扇面	金箋	水墨	不詳		上海 上海博物館	
春山曉靄圖	摺扇面	金箋	設色	17.1 x 52.8	辛亥（嘉靖三十年，1551）暮春初	南京 南京博物院	
路斷潮平圖	摺扇面	金箋	設色	16 x 49		常熟 江蘇省常熟市文物管理委員會	
唐人詩意圖（12幀）	冊	紙	設色	（每幀）26.3 x 27.6	嘉靖丙辰（二十五年，1556）	蘇州 江蘇省蘇州博物館	
山水圖	冊頁	紙	設色	不詳		蘇州 江蘇省蘇州博物館	
採珍瑤島圖	摺扇面	金箋	設色	17.2 x 54		武漢 湖北省博物館	
山水圖	摺扇面	金箋	設色	不詳		成都 四川大學	
翠嶂雲靄(明人書畫扇乙冊之2)	摺扇面	金箋	不詳	不詳		日本 東京橋本辰二郎先生	
芙蓉楊柳(明人書畫扇甲冊之10)	摺扇面	金箋	不詳	不詳		日本 東京橋本辰二郎先生	
花卉（6幀，寫贈永之）	冊	絹	設色	（每幀）31 x 20,5	嘉靖辛亥（三十年，1551）長夏	日本 東京住友寬一先生	
秋景山水圖（明人扇面畫冊之16）	摺扇面	金箋	設色	17.7 x 52.8		日本 京都國立博物館	A甲685
花鳥圖	冊	絹	設色、水墨	（每幀）19.7 x 16.1		日本 熊本縣松田文庫	11-227
山水圖（虛亭秋色）	摺扇面	金箋	設色	15.6 x 46.9		日本 私人	
山水圖	摺扇面	金箋	設色	19 x 55		日本 私人	
山水圖（疏林野亭）	摺扇面	紙	水墨	18.8 x 51.6	癸巳（嘉靖十二年1533）三月	日本 私人	

名稱	形式	質地	色彩	尺寸 高x寬cm	創作時間	收藏處所	典藏號碼
夏景山水圖（雨餘雲山）	摺扇面	金箋	設色	17.6 × 53		日本 私人	
山水圖	摺扇面	金箋	水墨	17.5 × 48.5		美國 哈佛大學福格藝術館	13.100.59
山水圖	摺扇面	金箋	設色	16.1 × 46.6		美國 紐約市大都會藝術博物館	1989.363.68
菾縻圖(諸名賢壽文徵明八十壽詩畫冊之3)	冊頁	絹	設色	21.8 × 19		美國 紐約王季遷明德堂	
陽城湖圖(諸名賢壽文徵明八十壽詩畫冊之8)	冊頁	絹	設色	21.8 ×19		美國 紐約王季遷明德堂	
山水圖	摺扇面	金箋	設色	18.1 × 52.1	癸丑（嘉靖三十二年，1553）清和三日	美國 舊金山亞洲藝術館	B78 D1
山水圖	摺扇面	金箋	設色	16.4 × 48.4		美國 舊金山亞洲藝術館	B79 D12
山水圖（扇面圖冊之3）	摺扇面	金箋	設色	18 × 54		美國 聖地牙哥藝術博物館	68.73c
蘭亭修禊圖（扇面圖冊之4）	摺扇面	金箋	設色	18 × 54		美國 聖地牙哥藝術博物館	68.73d
山水圖	摺扇面	金箋	設色	17.1 × 51.4	嘉靖乙丑（四十四年，1565）秋日	美國 夏威夷火魯奴奴藝術學院	2490.1
仿倪瓚山水圖	摺扇面	紙	設色	17.5 × 49.5		瑞典 斯德哥爾摩遠東古物館	NMOK408
山水圖	摺扇面	金箋	設色	17.9 × 52.5		瑞士 蘇黎士黎得堡博物館	RCH.1122
杏花飛燕圖	摺扇面	金箋	設色	18.4 × 53		瑞士 蘇黎士黎得堡博物館	RCH.1228
山水圖	摺扇面	金箋	設色	19.3 × 56.5		德國 柏林東亞藝術博物館	1988-257
花卉圖	摺扇面	金箋	水墨	16.8 × 49		德國 科隆東亞藝術博物館	A36.6
仿宋元山水畫（11幀）	冊	絹	設色	（每幀）29.5 × 36.5		捷克 布拉格 Praze Narodoni Galerie v Praze	Vm3358a-k.1 161/153
附：							
桃源圖	卷	紙	設色	26 × 168.6		紐約 佳仕得藝品拍賣公司/拍賣目錄 1986,06,04.	
三春花卉圖	卷	絹	設色	39.5 × 272	甲寅（嘉靖三十三年，1554）春仲	紐約 佳士得藝品拍賣公司/拍賣目錄 1996,03,27.	
凌空高閣圖	軸	絹	設色	不詳	嘉靖乙巳（二十四年，1545）	上海 上海文物商店	
秋林送別圖	軸	紙	水墨	115.8 × 32.5		上海 上海文物商店	
雪景山水圖	軸	紙	設色	152.3 × 24.7		上海 上海文物商店	
蘭石圖	軸	絹	設色	59.5 × 27		上海 上海文物商店	
桃竹錦雞圖	軸	絹	設色	116 × 59.5	己亥（嘉靖十九年，1539）	上海 上海工藝品進出口公司	

名稱	形式	質地	色彩	尺寸 高x寬cm	創作時間	收藏處所	典藏號碼
山水圖	軸	紙	設色	124.5 × 38.7		紐約 蘇富比藝品拍賣公司/拍賣目錄1983,1,07.	
賞雪聯句圖	軸	紙	水墨	49 × 24.7	隆慶辛未（五年，1571）立春日	紐約 佳士得藝品拍賣公司/拍賣目錄1987,06,03.	
竹林訪友圖	軸	絹	設色	143.5 × 55.5	隆慶辛未（五年，1571）仲秋	紐約 佳士得藝品拍賣公司/拍賣目錄1990,05,31.	
天中小景	軸	紙	設色	106.5 × 29	隆慶辛未（五年，1571）端陽日	紐約 佳士得藝品拍賣公司/拍賣目錄1990,11,28.	
綠牡丹圖	軸	紙	設色	122.6 × 31.1		紐約 佳士得藝品拍賣公司/拍賣目錄1995,03,22.	
萱花圖	軸	紙	水墨	94.6 × 27.3		紐約 佳士得藝品拍賣公司/拍賣目錄1996,03,27.	
山溪客至圖	軸	絹	設色	117 × 32	癸未（嘉靖二年，1523）春三月	香港 佳士得藝品拍賣公司/拍賣目錄1998,09,15.	
仿王蒙還丹圖	軸	絹	設色	135 × 36.8	嘉靖庚申（三十九年，1560）之秋	香港 佳士得藝品拍賣公司/拍賣目錄2001,04,29.	
支硎山色圖	摺扇面	金箋	設色	不詳	庚戌（嘉靖二十九年，1550）	濟南 山東省濟南市文物商店	
山水圖	摺扇面	金箋	設色	不詳	丙午（嘉靖二十五年，1546）	上海 朵雲軒	
山水圖	摺扇面	金箋	設色	15.2 × 47.6	嘉靖癸丑（三十二年，1553）四月	紐約 蘇富比藝品拍賣公司/拍賣目錄1984,12,05.	
石湖秋月圖	摺扇面	灑金箋	設色	16 × 50		紐約 佳士得藝品拍賣公司/拍賣目錄1987,12,11.	
青蛙荷葉圖	冊頁	灑金箋	水墨	21 × 22.5		紐約 佳士得藝品拍賣公司/拍賣目錄1987,12,11.	
雲巖絕閣（明十一家山水扇面冊第六幀）	摺扇面	金箋	設色	20.3 × 57	嘉靖丁未（二十六年，1547）六月廿二日	紐約 佳士得藝品拍賣公司/拍賣目錄1988,11,30.	
山水圖（明清名家山水集冊之1）	冊頁	紙	設色	27.4 × 34.3		紐約 佳士得藝品拍賣公司/拍賣目錄1989,12,04.	
山水圖	摺扇面	金箋	設色	21.9 × 48.6		紐約 佳士得藝品拍賣公司/拍賣目錄1990,11,28.	
石湖曉月	摺扇面	金箋	設色	16 × 50		紐約 佳士得藝品拍賣公司/拍	

名稱	形式	質地	色彩	尺寸 高x寬cm	創作時間	收藏處所	典藏號碼

賣目錄 1990,11,28.

畫家小傳：陸治。字叔平。號包山子。江蘇吳縣人。生於孝宗弘治九（1496）年。卒於神宗萬曆四（1576）年。以孝友稱。好為詩及古文辭。嘗遊祝允明、文徵明門，故工書、畫。畫工花鳥，得徐熙、黃筌遺意；山水，仿宋人而出己意。（見明畫錄、無聲詩史、圖繪寶鑑續纂、吳縣志、列朝詩集小傳、澹圃畫品、中國畫家人名大辭典）

王 問

名稱	形式	質地	色彩	尺寸 高x寬cm	創作時間	收藏處所	典藏號碼
煮茶圖	卷	紙	水墨	29.5 × 383.1	嘉靖戊午（三十七年，1558）夏日	台北 故宮博物院	故畫 01065
夕山晴林圖	卷	金箋	水墨	27.6 × 377.5	八十翁（萬曆四年，丙子，1576）	天津 天津市藝術博物館	
梅石圖	卷	絹	水墨	22.3 × 101.3	嘉靖壬子（三十一年，1552）春三月	上海 上海博物館	
荷花圖	卷	灑金箋	設色	26 × 908	嘉靖己亥（十八年，1539）夏五月	南京 南京博物院	
聯舟渡湖圖（為霽寰作）	卷	絹	水墨	24 × 117	嘉靖壬寅（二十一年，1542）	南京 南京博物院	
惠陽壯遊圖（為野汀作）	卷	紙	水墨	29.3 × 146.9	嘉靖己丑（八年，1529）	無錫 江蘇省無錫市博物館	
十八羅漢圖	卷	紙	水墨	27.2 × 367.4		日本 大阪橋本大乙先生	
陶淵明故事圖	卷	絹	水墨	29.5 × ?		日本 私人	
松樹圖	卷	紙	水墨	32.2 × 144.9		美國 紐約大都會藝術博物館（約Denis 楊先生寄存）	
十八羅漢圖	卷	金箋	水墨	32 × ?		美國 勃克萊加州大學藝術館（高居翰教授寄存）	CM90
白描人物圖	卷	絹	水墨	28.7 × ?	嘉靖癸丑（三十二年，1553）春日	美國 勃克萊加州大學藝術館（高居翰教授寄存）	CM74
山水	軸	絹	水墨	169.1 × 78		台北 故宮博物院	故畫 00551
山水	軸	紙	設色	62.4 × 43.4	嘉靖壬子（三十一年，1552）秋	台北 故宮博物院	故畫 00552
拾得像	軸	紙	水墨	117.8 × 54.4		台北 故宮博物院	故畫 01343
山水圖	軸	絹	水墨	不詳		台北 故宮博物院	國贈 025203
水閣漁舟圖	軸	絹	水墨	59.8 × 33		天津 天津市藝術博物館	
白鹿洞觀泉圖	軸	絹	水墨	116 × 49.4		濟南 山東省博物館	
雪景山水圖	軸	絹	設色	187.4 × 95.2		蘇州 江蘇省蘇州博物館	
酒仙圖	軸	絹	水墨	不詳	嘉靖癸丑（三十二	無錫 江蘇省無錫市博物館	

名稱	形式	質地	色彩	尺寸 高×寬cm	創作時間	收藏處所	典藏號碼
					年，1553）		
孤嶼鼓棹圖	軸	絹	設色	不詳		無錫 江蘇省無錫市博物館	
秋麓歸樵圖	軸	紙	水墨	93.2 × 30		成都 四川省博物院	
漁樂圖	軸	絹	水墨	160.3 × 83.9		日本 東京岩埼小彌太先生	
山水漁樂圖	軸	絹	水墨	116.1 × 66.5		日本 私人	
漆塘思客圖	軸	絹	水墨	105.8 × 35.8	庚戌（嘉靖二十九年，1550）	美國 勃克萊加州大學藝術館（高居翰教授寄存）	CM73
山水圖	軸	紙	設色	71.3 × 32.5		美國 舊金山蝸居齋	
寒山拾得圖	軸	紙	設色	156.4 × 86.8		英國 倫敦大英博物館	1910.2.12.538(ADD236)
吹簫圖（明人便面畫冊肆冊（一）之20）	摺扇面	紙	水墨	不詳		台北 故宮博物院	故畫 03537-20
秋山盤磴（米漢雯書五言詩）	摺扇面	紙	不詳	不詳		台北 故宮博物院	故扇 00235
山水圖	摺扇面	金箋	水墨	不詳		旅順 遼寧省旅順博物館	
山水圖	摺扇面	金箋	水墨	19 × 51.8		北京 故宮博物院	
滄洲圖詠（6幀）	冊	紙	水墨	（每幀）24.7 × 26.7		上海 上海博物館	
茅亭研讀圖	摺扇面	金箋	水墨	不詳		上海 上海博物館	
坐觀山溪圖	摺扇面	金箋	水墨	不詳		南京 南京博物院	
賞月圖	摺扇面	紙	水墨	18.4 × 51.2		蘇州 江蘇省蘇州博物館	
山水圖（王問、張宏山水合冊12之6幀）	冊頁	金箋	水墨	不詳		無錫 江蘇省無錫市博物館	
畫菊(明人書畫扇丁冊之9)	摺扇面	金箋	不詳	不詳		日本 東京橋本辰二郎先生	
山水圖（江干對奕）	摺扇面	金箋	水墨	16.7 × 49.1		日本 橫濱岡山美術館	
附：							
溪山攬勝圖	卷	絹	水墨	39 × 586.5	嘉靖壬戌（四十一年，1562）秋日	紐約 佳士得藝品拍賣公司/拍賣目錄 1990,05,31.	
秋江垂釣圖	軸	絹	水墨	不詳		濟南 山東省文物商店	
水亭秋思圖	軸	絹	水墨	103.5 × 42	辛亥（嘉靖三十年，1551）秋日	紐約 蘇富比藝品拍賣公司/拍賣目錄 1988,11,30.	
山水圖	摺扇面	金箋	水墨	17.9 × 50.2		紐約 佳士得藝品拍賣公司/拍賣目錄 1995,03,22.	

畫家小傳：王問。字子裕。號仲山。江蘇無錫人。生於孝宗弘治十（1497）年。卒於神宗萬曆四（1576）年。世宗嘉靖十一年進士。

工書、善詩，尤精繪事。擅畫花鳥、竹石、山水、人物，運筆迅速，不多點染，生意具足。（見無聲詩史、圖繪寶鑑續纂、

名稱	形式	質地	色彩	尺寸 高×寬cm	創作時間	收藏處所	典藏號碼

明史本傳、王文肅公集、無錫志、六硯齋筆記、中國畫家人名大辭典）

岳 岱

谿山蕭寺圖	卷	紙	設色	28.3 × 751	嘉靖四十五年（丙寅，1566）	北京 故宮博物院	
寒林峻嶺圖	軸	紙	設色	不詳	嘉靖二十四年（乙巳，1545）仲冬三日	北京 故宮博物院	
仿王蒙山水圖（為少谿作）	軸	紙	設色	137.5 × 55	嘉靖二十五年（丙午，1546）正月人日	北京 北京市文物局	
竹禽圖	軸	紙	水墨	不詳		美國 波士頓美術館	

畫家小傳：岳岱。字東伯。號秦餘山人、漳餘子。江蘇蘇州人。生於孝宗弘治十（1497）年。穆宗隆慶四（1570）年尚在世。生性狷介。
　　　　　喜遊名山大川。後隱於陽山。能詩、善畫。（見明畫錄、蘇州府志、列朝詩集小傳、中國畫家人名大辭典）

張 廣

| 草蟲圖 | 軸 | 絹 | 水墨 | 106.7 × 37 | | 日本 京都山岡泰造先生 | A2569 |

畫家小傳：張廣，字秋江。江蘇無錫（一作浙江）人。善書畫。世宗嘉靖（1522-1566）中徵入京師待詔內廷，甚得世宗賜賞。
　　　　　（見明畫錄、無聲詩史、圖繪寶鑑續纂、無錫志、中國畫家人名大辭典）

張 寅

| 秋海棠枸杞（明人書畫扇（利）冊之17） | 冊頁 | 紙 | 設色 | 16.7 × 49 | | 台北 故宮博物院 | 故畫 03566-17 |
| 梅石水仙圖 | 摺扇面 | 金箋 | 設色 | 不詳 | 己丑（萬曆十七年，1589） | 南京 南京博物院 | |

畫家小傳：張寅。字省卿。籍里、身世不詳。活動於世宗嘉靖（1522-1566）間。以琢硯石著名。（見太倉州志、中國美術家人名大辭典）

文 彭

蘭花圖	軸	紙	水墨	不詳		北京 故宮博物院	
竹圖（為方壺作）	軸	紙	水墨	89 × 31	壬戌（嘉靖四十一年，1562）端午日	廣州 廣東省博物館	
蕉石盆栽圖	軸	絹	水墨	57.9 × 27.6	隆慶己巳（三年，1569）冬十一月望	日本 中埜又左衛門先生	
墨竹（明人畫扇冊二冊之10）	摺扇面	紙	水墨	不詳		台北 故宮博物院	故畫 03528-10
宜興十景書畫（20幀）	冊	絹	設色	（每幀）31.4		香港 羅桂祥先生	

名稱	形式	質地	色彩	尺寸 高×寬㎝	創作時間	收藏處所	典藏號碼
				× 24.3			

附：

| 人物山水圖 | 軸 | 紙 | 水墨 | 88.3 × 27.3 | 嘉靖三十二年（癸丑，1553）冬日 | 紐約 蘇富比藝品拍賣公司/拍賣目錄 1988,11,30. | |
| 宜興十景（10幀） | 冊 | 絹 | 設色 | （每幀）31.7 × 24.2 | | 紐約 佳士得藝品拍賣公司/拍賣目錄 1988,11,30. | |

畫家小傳：文彭。字壽丞。號三橋。江蘇長洲人。文徵明伯子。生於孝宗弘治十一（1498）年。工書法，善篆刻，為世所宗。擅寫墨竹，直入文湖州之室；畫山水、花果，亦佳。（見明畫錄、無聲詩史、圖繪寶鑑續纂、明史藝文志、文氏族譜續集、吳中往哲象贊、中國畫家人名大辭典）

徐 充

山水圖（文徵明、張傑等雜畫卷6之第4段）	卷	紙	水墨	28.7 × 103 不等		上海 上海博物館	
墨竹圖（文徵明、張傑等雜畫卷6之5段）	卷	紙	水墨	28.7 × 103.7 不等		上海 上海博物館	
菊石圖（文徵明、張傑等雜畫卷6之6段）	卷	紙	水墨	28.7 × 103.7 不等	嘉靖甲申（三年，1524）春日	上海 上海博物館	

畫家小傳：徐充。字子擴。號兼山。江蘇江陰人。工詩，善繪畫。曾畫清江紀勝圖一卷，為藝林傳為佳品。流傳署款紀年作品見於世宗嘉靖三(1524)年。（見無聲詩史、中國畫家人名大辭典）

李孔修

| 驢背吟詩圖 | 軸 | 紙 | 水墨 | 91.5 × 52.7 | | 廣州 廣州市美術館 | |

畫家小傳：李孔修。畫史無載。似為正德、嘉靖間人。身世待考。

郭 諶

| 西山漫興圖 | 卷 | 絹 | 設色 | 不詳 | 嘉靖乙酉（四年，1525）夏四月 | 北京 故宮博物院 | |

畫家小傳：郭諶。畫史無傳。流傳署款紀年作品見於世宗嘉靖四(1525)年。身世待考。

王穀祥

四時花卉圖	卷	絹	設色	29.5 × 597		香港 潘祖堯小聽颿樓	CP21
四時花卉（仿元人寫生沒骨法）	卷	絹	設色	24 × 592	嘉靖辛卯（十年，1531）冬月	香港 藹輝堂	
梅花圖	卷	絹	設色	29.8 × ？		香港 私人	K92.84
梅花圖（王穀祥、文徵明梅花	卷	紙	水墨	（全）47.2	壬子（嘉靖三十一	瀋陽 遼寧省博物館	

名稱	形式	質地	色彩	尺寸 高x寬cm	創作時間	收藏處所	典藏號碼
書畫合卷 2 之 1 段)				x 470	年，1552)		
水仙圖并書賦	卷	設色	水墨	30.1 x 186	嘉靖己未（三十八 年，1559）春	北京 中國美術館	
寫意水仙圖	卷	紙	水墨	54.7 x 354.6	嘉靖己酉（二十八 年，1549）嘉平月 既望	上海 上海博物館	
花卉圖	卷	紙	設色	28.9 x 622.4	乙卯（嘉靖三十四 年，1555）春	上海 上海博物館	
花卉圖	卷	紙	設色	25.5 x 496	辛丑（嘉靖二十年 ，1541）春	廣州 廣州市美術館	
仿石田花卉圖	卷	紙	設色	不詳	嘉靖辛酉（四十年 ，1561）春	廣州 廣州市美術館	
四時花卉圖	卷	絹	設色	24 x 545	嘉靖辛卯（十年， 1531）冬月	美國 克利夫蘭藝術博物館	77.4
四時十二花圖	卷	紙	水墨	31.3 x ?		英國 倫敦大英博物館	1965.7.24.09(ADD34)
水仙竹石圖（為玉田先生作）	卷	紙	水墨	29.1 x 147.8	嘉靖辛酉（四十年 ，1561）新正	德國 科隆東亞藝術博物館	A67.1
盤石菖蒲	軸	紙	設色	84.2 x 28.5	嘉靖辛丑（二十年 ，1541）春仲	台北 故宮博物院	故畫 02232
花鳥	軸	絹	設色	166.8 x 82		台北 故宮博物院	故畫 02233
海棠玉蘭（與陸治合作，陸 治畫玉蘭、王穀祥補海棠）	軸	絹	設色	67.2 x 24.1		台北 故宮博物院	故畫 00810
花卉圖（為芝室作）	軸	紙	設色	不詳	嘉靖四年（乙酉， 1525）秋	北京 故宮博物院	
雲山圖	軸	紙	設色	不詳	嘉靖二十年（辛丑 ，1541）	北京 故宮博物院	
桂石靈芝圖	軸	紙	設色	不詳	嘉靖己酉（二十八 年，1549）	北京 故宮博物院	
松石蘭芝圖（為陽湖作）	軸	紙	設色	不詳	嘉靖丁巳（三十六 年，1557）春	北京 故宮博物院	
梅石水仙圖	軸	絹	水墨	不詳		北京 故宮博物院	
菊石翠竹圖	軸	紙	水墨	不詳	嘉靖丙午（二十五 年，1546）秋	北京 中國歷史博物館	
春雛得飼圖	軸	紙	設色	75 x 27.8		天津 天津市藝術博物館	
菊石圖	軸	紙	水墨	70.5 x 22.8		美國 New Haven 翁萬戈先生	

名稱	形式	質地	色彩	尺寸 高x寬cm	創作時間	收藏處所	典藏號碼
玉蘭圖	軸	紙	水墨	57.4 x 29.2		美國 紐約 Mr & Mrs Weill	
月梅圖	軸	紙	水墨	110 x 55.5		瑞典 斯德哥爾摩遠東古物館	
溪橋策杖（王穀祥仿夏森畫冊之1）	冊頁	紙	水墨	13.3 x 22.6		台北 故宮博物院	故畫 01143-1
繡壁雲開（王穀祥仿夏森畫冊之2）	冊頁	紙	水墨	13.3 x 22.6		台北 故宮博物院	故畫 01143-2
沙津艤渡（王穀祥仿夏森畫冊之3）	冊頁	紙	水墨	13.3 x 22.6		台北 故宮博物院	故畫 01143-3
江岸歸漁（王穀祥仿夏森畫冊之4）	冊頁	紙	水墨	13.3 x 22.6		台北 故宮博物院	故畫 01143-4
烟波釣艇（王穀祥仿夏森畫冊之5）	冊頁	紙	水墨	13.3 x 22.6		台北 故宮博物院	故畫 01143-5
江深草閣（王穀祥仿夏森畫冊之6）	冊頁	紙	水墨	13.3 x 22.6		台北 故宮博物院	故畫 01143-6
春風禽語（王穀祥仿夏森畫冊之7）	冊頁	紙	水墨	13.3 x 22.6		台北 故宮博物院	故畫 01143-7
漁浦秋深（王穀祥仿夏森畫冊之8）	冊頁	紙	水墨	13.3 x 22.6		台北 故宮博物院	故畫 01143-8
一竿靜趣（王穀祥仿夏森畫冊之9）	冊頁	紙	水墨	13.3 x 22.6		台北 故宮博物院	故畫 01143-9
飛泉清聽（王穀祥仿夏森畫冊之10）	冊頁	紙	水墨	13.3 x 22.6		台北 故宮博物院	故畫 01143-10
臨流寄逸（王穀祥仿夏森畫冊之11）	冊頁	紙	水墨	13.3 x 22.6		台北 故宮博物院	故畫 01143-11
風雪歸人（王穀祥仿夏森畫冊之12）	冊頁	紙	水墨	13.3 x 22.6		台北 故宮博物院	故畫 01143-12
疏柳寒鴉（王穀祥仿夏森畫冊之13）	冊頁	紙	水墨	13.3 x 22.6		台北 故宮博物院	故畫 01143-13
平皋清暎（王穀祥仿夏森畫冊之14）	冊頁	紙	水墨	13.3 x 22.6		台北 故宮博物院	故畫 01143-14
水宿相呼（王穀祥仿夏森畫冊之15）	冊頁	紙	水墨	13.3 x 22.6		台北 故宮博物院	故畫 01143-15
風蒲鳧浴（王穀祥仿夏森畫冊之16）	冊頁	紙	水墨	13.3 x 22.6		台北 故宮博物院	故畫 01143-16
春江水暖（王穀祥仿夏森畫冊之17）	冊頁	紙	水墨	13.3 x 22.6		台北 故宮博物院	故畫 01143-17

名稱	形式	質地	色彩	尺寸 高×寬cm	創作時間	收藏處所	典藏號碼
之17）							
會心魚鳥（王穀祥仿夏森畫冊之18）	冊頁	紙	水墨	13.3 × 22.6		台北 故宮博物院	故畫 01143-18
桑陌占時（王穀祥仿夏森畫冊之19）	冊頁	紙	水墨	13.3 × 22.6		台北 故宮博物院	故畫 01143-19
饗答樵柯（王穀祥仿夏森畫冊之20）	冊頁	紙	水墨	13.3 × 22.6		台北 故宮博物院	故畫 01143-20
原上飛鳴（王穀祥仿夏森畫冊之21）	冊頁	紙	水墨	13.3 × 22.6		台北 故宮博物院	故畫 01143-21
在梁興詠（王穀祥仿夏森畫冊之22）	冊頁	紙	水墨	13.3 × 22.6		台北 故宮博物院	故畫 01143-22
飲啄自如（王穀祥仿夏森畫冊之23）	冊頁	紙	水墨	13.3 × 22.6		台北 故宮博物院	故畫 01143-23
荷塘飛鷺（王穀祥仿夏森畫冊之24）	冊頁	紙	水墨	13.3 × 22.6		台北 故宮博物院	故畫 01143-24
蘆汀霜信（王穀祥仿夏森畫冊之25）	冊頁	紙	水墨	13.3 × 22.6		台北 故宮博物院	故畫 01143-25
秋水清標（王穀祥仿夏森畫冊之26）	冊頁	紙	水墨	13.3 × 22.6	嘉靖辛丑（二十年，1541）六月廿六日	台北 故宮博物院	故畫 01143-26
疏筠叢菊（名繪萃珍冊之7）	冊頁	紙	水墨	58 × 31		台北 故宮博物院	故畫 01294-7
水墨芙蓉（明花卉畫冊之4）	冊頁	紙	水墨	16.1 × 49		台北 故宮博物院	故畫 03513-4
梅花竹枝（明人畫扇冊一冊之9）	摺扇面	紙	水墨	不詳		台北 故宮博物院	故畫 03527-9
墨竹（明人畫扇面（甲）冊之1）	摺扇面	紙	水墨	不詳		台北 故宮博物院	故畫 03532-1
三友圖（明人畫扇集冊貳冊（上）之12）	摺扇面	紙	設色	不詳		台北 故宮博物院	故畫 03534-12
板橋送客（明人便面畫冊肆冊（一）之12）	摺扇面	紙	設色	不詳		台北 故宮博物院	故畫 03537-12
雜畫（明諸臣書畫扇面冊頁冊之7）	摺扇面	紙	水墨	不詳		台北 故宮博物院	故畫 03546-7
蘭竹（明諸臣書畫扇面冊頁冊之20）	摺扇面	紙	水墨	不詳		台北 故宮博物院	故畫 03546-20
杏花圖（名人畫扇冊之5）	摺扇面	紙	設色	不詳		台北 故宮博物院	故畫 03553-5

名稱	形式	質地	色彩	尺寸 高×寬㎝	創作時間	收藏處所	典藏號碼
水仙梅花（明人書畫扇冊亨冊之18）	摺扇面	紙	水墨	17 × 50		台北 故宮博物院	故畫 03565-18
玉蘭（明人書畫扇冊亨冊之19）	摺扇面	紙	水墨	15.3 × 47.6		台北 故宮博物院	故畫 03565-19
花蝶（明人書畫扇冊亨冊之20）	摺扇面	紙	水墨	15.3 × 47.6		台北 故宮博物院	故畫 03565-20
花卉圖扇面（12幀）	冊	金箋	水墨、設色	（每幀）31 × 62		香港 潘祖堯小聽颿樓	CP38
水仙圖（8幀）	冊	紙	水墨	（每幀）22.2 × 19		瀋陽 遼寧省博物館	
桃花圖（8幀）	冊	紙	水墨	（每幀）22.2 × 19		瀋陽 遼寧省博物館	
雙鉤蘭花圖	摺扇面	金箋	水墨	17 × 49.8	嘉靖壬戌（四十一年，1562）	北京 故宮博物院	
海棠花圖	摺扇面	灑金箋	設色	20.3 × 50.7		北京 故宮博物院	
花卉（12幀）	冊	紙	設色	（每幀）27 × 29.7	戊申（嘉靖二十七年，1548）春日	上海 上海博物館	
百合花圖	摺扇面	紙	水墨	不詳	壬寅（嘉靖二十一年，1542）	上海 上海博物館	
玉蘭海棠圖	摺扇面	金箋	設色	不詳		上海 上海博物館	
芳園雙雉圖	摺扇面	金箋	設色	不詳		上海 上海博物館	
秋葵圖	摺扇面	金箋	水墨	不詳		上海 上海博物館	
海棠鳴禽圖	摺扇面	金箋	設色	不詳		上海 上海博物館	
桃花墨竹圖	摺扇面	紙	水墨	不詳		上海 上海博物館	
梅花圖	摺扇面	紙	水墨	不詳		上海 上海博物館	
梅花水仙圖	摺扇面	紙	水墨	不詳		上海 上海博物館	
梅花水仙圖	摺扇面	金箋	水墨	不詳		上海 上海博物館	
菊竹圖	摺扇面	金箋	水墨	不詳		上海 上海博物館	
雙鉤水仙圖	摺扇面	金箋	水墨	不詳		上海 上海博物館	
雙鉤蘭花圖	摺扇面	紙	水墨	不詳		上海 上海博物館	
梅花水仙圖	摺扇面	金箋	水墨	16.9 × 49		南京 南京博物院	
枯林寒禽圖	摺扇面	金箋	水墨	不詳		杭州 浙江省博物館	
梅花水仙圖	摺扇面	金箋	水墨	不詳		成都 四川省博物院	
梅花水仙圖	摺扇面	金箋	水墨	不詳		廣州 廣州市美術館	
花卉圖	摺扇面	金箋	設色	不詳	戊子（嘉靖七年，	日本 東京渡邊晨畝先生	

名稱	形式	質地	色彩	尺寸 高×寬㎝	創作時間	收藏處所	典藏號碼
					1528）秋		
書畫圖	紈扇面	紙	水墨	26.4 × 26.4		日本 福岡縣石　道雄先生	46
花卉圖	摺扇面	金箋	設色	18 × 50.4		日本 橫濱岡山美術館	
古木竹石圖	摺扇面	金箋	水墨	17 × 49.5		日本 橫濱岡山美術館	
鳴雀薔薇圖	摺扇面	金箋	設色	17.5 × 50.5		日本 橫濱岡山美術館	
花鳥圖	摺扇面	金箋	設色	16.8 × 54.3		美國 聖路易斯市藝術館	184.1986
梅石水仙圖	摺扇面	金箋	水墨	17.9 × 50.9		美國 夏威夷火魯奴奴藝術學院	2303.1
花鳥圖	摺扇面	金箋	水墨	17.7 × 51.9		德國 柏林東亞藝術博物館	1988-293
平沙落雁圖	摺扇面	金箋	水墨	17.3 × 47.5		德國 科隆東亞藝術博物館	A36.10
桃花圖	摺扇面	金箋	水墨	18.8 × 52.4		德國 科隆東亞藝術博物館	A36.9
附：							
花卉圖	卷	紙	設色	不詳		上海 朵雲軒	
百花圖	卷	絹	設色	20 × 517.4	嘉靖壬戌（四十一年，1562）夏日	紐約 佳仕得藝品拍賣公司/拍賣目錄 1986,12,01.	
梅花圖	卷	絹	設色	30 × 327	丙午（嘉靖二十五年，1546）春日	紐約 蘇富比藝品拍賣公司/拍賣目錄 1988,11,30.	
花卉	卷	紙	水墨	28 × 237	嘉靖辛丑（二十年，1541）仲春既望	紐約 佳士得藝品拍賣公司/拍賣目錄 1990,11,28.	
九畹春風圖（王穀祥畫蘭、文嘉補梅石）	卷	紙	水墨	21.6 × 258.4	王：嘉靖庚申（1560）春三月望後二日。文：壬戌（1562）臘月三日	紐約 佳士得藝品拍賣公司/拍賣目錄 1997,09,19.	
竹石雙松圖	軸	絹	墨	112 × 60		濟南 山東省濟南市文物商店	
玉蘭花圖	軸	紙	設色	72 × 35	嘉靖癸丑（三十二年，1553）	上海 朵雲軒	
菊石圖	軸	紙	水墨	不詳		上海 上海工藝品進出口公司	
水仙湖石圖	軸	紙	水墨	60 × 32.5		紐約 佳士得藝品拍賣公司/拍賣目錄 1984,06,29.	
花鳥圖	軸	絹	設色	152.4 × 80	壬子（嘉靖三十一年，1552）春二月	紐約 蘇富比藝品拍賣公司/拍賣目錄 1984,06,13.	
梅竹圖	軸	絹	設色	64.7 × 50.4	嘉靖癸卯（二十二年，1543）冬日	紐約 蘇富比藝品拍賣公司/拍賣目錄 1986,12,04.	

名稱	形式	質地	色彩	尺寸 高×寬㎝	創作時間	收藏處所	典藏號碼
花鳥圖	摺扇面	金箋	設色	16.8 × 54.6	嘉靖甲午（十三年，1534）仲春上浣	紐約 佳仕得藝品拍賣公司/拍賣目錄 1986,12,01.	
山水（16幀）	冊	紙	水墨	（每幀）16 × 20.5	甲子（嘉靖四十三年，1564）九秋	紐約 佳士得藝品拍賣公司/拍賣目錄 1995,09,19.	
梅花	摺扇面	灑金箋	水墨	16.2 × 45		香港 佳士得藝品拍賣公司/拍賣目錄 1996,04,28.	

畫家小傳：王穀祥。字祿之。號酉室。江蘇長洲人。生於孝宗弘治十四（1501）年。卒於穆宗隆慶二（1568）年。世宗嘉靖八年進士。工書。善畫花鳥，寫生渲染，精妍有法。（見明畫錄、無聲詩史、圖繪寶鑑續纂、明史文徵明傳、姑蘇名賢小記、名山藏、藝苑卮言、中國畫家人名大辭典）

文 嘉

名稱	形式	質地	色彩	尺寸 高×寬㎝	創作時間	收藏處所	典藏號碼
會景堂圖	卷	紙	設色	27.1 × 88.1		台北 故宮博物院	故畫 01059
赤壁圖并書賦	卷	紙	設色	28.2 × 137.5		台北 故宮博物院	故畫 01625
江南春圖并書詞（為二懷作）	卷	紙	設色	27.7 × ？	萬曆庚辰（八年，1580）二月望	香港 趙從衍先生	
藥草山房圖（文嘉、朱朗、錢穀合作）	卷	紙	設色	28.3 × ？	嘉靖庚子（十九年，1540）冬	香港 何耀光至樂堂	
山水圖	卷	紙	水墨	35.6 × 130.6		香港 黃仲方先生	
燕子磯圖	卷	紙	設色	31.7 × ？	嘉靖丁酉（十六年，1537）八月十七日	香港 黃仲方先生	
送行圖（并書送毛純瑕北遊大學序）	卷	紙	設色	不詳	辛丑（嘉靖二十年，1541）六月既望	香港 王南屏先生	
江南春色圖	卷	紙	設色	28 × 108		瀋陽 故宮博物院	
補作惠山茶會圖	卷	紙	設色	不詳	乙酉（嘉靖四年，1525）十一月	北京 故宮博物院	
白嶽遺琴圖	卷	紙	水墨	30.3 × 79	乙酉（嘉靖四年，1525）十一月	北京 故宮博物院	
谿山無盡圖	卷	紙	設色	不詳	癸丑（嘉靖三十二年，1553）正月三日	北京 故宮博物院	
雲水圖	卷	絹	設色	23.6 × 106	庚申（嘉靖三十九年，1560）	北京 故宮博物院	

名稱	形式	質地	色彩	尺寸 高x寬cm	創作時間	收藏處所	典藏號碼
琵琶行詩意圖	卷	紙	設色	不詳	癸亥（嘉靖四十二年，1563）七月	北京 故宮博物院	
山水圖	卷	紙	設色	不詳	隆慶四年（庚午，1570）	北京 故宮博物院	
苕溪春色圖	卷	紙	設色	18.2 x 360.2	隆慶五年（辛未，1571）	北京 故宮博物院	
雲山圖	卷	紙	設色	23.2 x 205.5	癸酉（萬曆元年，1573）夏日	北京 故宮博物院	
保竹圖	卷	紙	水墨	27.1 x 89.8	萬曆甲戌（二年，1574）	北京 故宮博物院	
仿米雲山圖	卷	紙	水墨	23 x 203	萬曆丁丑（五年，1577）	北京 故宮博物院	
閶門送別圖	卷	絹	設色	28 x 97.5		北京 故宮博物院	
山靜日長圖	卷	絹	設色	25.5 x 690	丙午（嘉靖二十五年，1546）	濟南 山東省博物館	
山靜日長書畫（文徵明、文嘉合作）	卷	紙	設色	89 x 22	癸丑（嘉靖三十二年，1553）	濟南 山東省濟南市博物館	
惠山圖	卷	紙	水墨	23.8 x 101	乙酉（嘉靖四年，1525）十一月望前一日	上海 上海博物館	
藥草山房圖（文嘉等人合作）	卷	紙	設色	28.3 x 114.8	嘉靖庚子（十九年，1540）十月十九日	上海 上海博物館	
曲水園圖	卷	紙	水墨	24.2 x 145.5	嘉靖己未（三十八年，1559）九月	上海 上海博物館	
仿米氏雲山圖	卷	絹	設色	不詳	萬曆丙子（四年，1576）春正月	上海 上海博物館	
山水圖	卷	紙	水墨	24.4 x 156.5	萬曆丙子（四年，1576）	上海 上海博物館	
赤壁賦書畫（文彭書，文嘉畫）	卷	紙	水墨	25.8 x 299.7	庚辰（萬曆八年，1580）	上海 上海博物館	
二梅圖	卷	紙	水墨	25.8 x 129.5		上海 上海博物館	
赤壁夜遊圖	卷	紙	水墨	28.5 x 61	癸亥（嘉靖四十二年1563）秋日	南京 南京博物院	

名稱	形式	質地	色彩	尺寸 高×寬 cm	創作時間	收藏處所	典藏號碼
垂虹亭圖	卷	紙	設色	31.8 × 106.5	辛丑（嘉靖二十年，1541）	蘇州 江蘇省蘇州博物館	
書畫（文彭書、文嘉畫合裝）	卷	紙	水墨	59.6 × 122.5	隆慶元年（丁卯，1567）	蘇州 江蘇省蘇州博物館	
園柳池塘圖	卷	絹	設色	28.8 × 129	隆慶庚午（四年，1570）	廣州 廣東省博物館	
送鷗江居士遊山圖（畫共5段，為錢穀、侯懋功、文嘉三家山水合卷之2）	卷	絹	設色	24.8 × ？	癸酉（萬曆元年，1573）八月	日本 東京國立博物館	
赤壁前遊圖	卷	紙	設色	不詳	嘉靖庚午（隆慶四年，1570）春三月	日本 東京張允中先生	
金、焦山圖	卷	紙	設色	28.6 × ？		美國 耶魯大學藝術館	
山水圖	卷	紙	設色	25.8 × ？		美國 紐約 Mr.& Mrs Weill	
江干送行圖（金陵送別）	卷	紙	設色	26.7 × 98.3		美國 舊金山亞洲藝術館	B68 D4
為夢蘭金先生寫意山水	卷	灑金箋	設色	不詳	嘉靖癸丑（三十二年，1553）四月	美國 私人	
巖瀑松濤圖	軸	紙	水墨	106.6 × 43.2		台北 故宮博物院	故畫 00529
瀛洲仙侶	軸	紙	設色	70.6 × 25.7		台北 故宮博物院	故畫 00530
聽泉圖	軸	紙	設色	139 × 27.5		台北 故宮博物院	故畫 02200
仿沈周廬山詩畫	軸	紙	設色	161.3 × 55.5		台北 故宮博物院	故畫 02201
畫山水	軸	紙	設色	130.2 × 30.7		台北 故宮博物院	故畫 02202
蓮藕靜因	軸	紙	設色	132 × 56.5		台北 故宮博物院	故畫 02203
江南春圖	軸	紙	水墨	113.5 × 33	萬曆乙亥（三年，1575）七夕	香港 譨煇堂	
山水圖（為磬堂文兄寫）	橫披	紙	水墨	35.6 × 130.6	庚午（隆慶四年，1570）仲春	香港 黃仲方先生	
孤雲玄亭圖	軸	紙	水墨	55.3 × 28		香港 黃仲方先生	
山居圖	軸	紙	設色	121.7 × 30.4	乙亥（萬曆三年，1575）四月	香港 黃仲方先生	
青綠山水圖	軸	絹	設色	113.7 × 29.8		香港 劉作籌虛白齋	27
墨梅圖	軸	紙	水墨	88 × 32		香港 劉作籌虛白齋	
釋迦牟尼圖	軸	藍箋	泥金	74.4 × 31.3	嘉靖癸丑（三十二年，1553）夏六月	澳門 賈梅士博物院	A.97

名稱	形式	質地	色彩	尺寸 高×寬㎝	創作時間	收藏處所	典藏號碼
江南春圖	軸	紙	設色	不詳		瀋陽 故宮博物院	
水亭覓句圖	軸	紙	水墨	116.7 × 31.5		瀋陽 遼寧省博物館	
喬林清影圖	軸	紙	設色	76.7 × 31		瀋陽 遼寧省博物館	
石湖小景圖	軸	紙	設色	63.2 × 26	乙酉（嘉靖四年，1525）	北京 故宮博物院	
停雲小集圖	軸	紙	設色	57.7 × 23.8	丙戌（嘉靖五年，1525）人日	北京 故宮博物院	
山水圖	軸	紙	水墨	不詳	嘉靖癸丑（三十二年，1553）	北京 故宮博物院	
平沙暮靄圖	軸	紙	水墨	156.5 × 30.4	嘉靖庚申（三十九年，1560）臘月六日	北京 故宮博物院	
琵琶行詩意圖	軸	紙	設色	130.8 × 43.7	癸亥（嘉靖四十二年，1563）七月	北京 故宮博物院	
江南秋色圖	軸	紙	設色	126 × 26.7	癸酉（萬曆元年，1573）	北京 故宮博物院	
王百穀半偈庵圖	軸	紙	設色	111.7 × 54.7	萬曆癸酉（元年，1573）臘月	北京 故宮博物院	
仿北苑谿山行旅圖	軸	紙	設色	190 × 52.2	萬曆甲戌（二年，1574）	北京 故宮博物院	
夏山高隱圖	軸	絹	設色	104 × 31.1	萬曆七年（己卯，1579）七月六日	北京 故宮博物院	
芝石圖	軸	紙	設色	68.4 × 29	庚辰（萬曆八年，1580）九月廿五日	北京 故宮博物院	
山水圖	軸	紙	設色	不詳		北京 故宮博物院	
為子朗作山水圖	軸	灑金箋	設色	62.5 × 29.5		北京 故宮博物院	
淺絳山水圖	軸	紙	設色	不詳		北京 故宮博物院	
松蔭懷古圖	軸	紙	設色	不詳		北京 故宮博物院	
松蔭觀瀑圖	軸	紙	設色	134.8 × 33		北京 故宮博物院	
紫陽石洞圖	軸	絹	設色	57.5 × 26.5		北京 故宮博物院	
霜晚獨行圖	軸	紙	水墨	不詳		北京 故宮博物院	
映樹蘭舟圖	軸	紙	水墨	不詳		北京 中國歷史博物館	
秋塘紅藕圖	軸	紙	設色	107 × 47.8		天津 天津市藝術博物館	
綠陰清影圖	軸	紙	設色	不詳		天津 天津市藝術博物館	

名稱	形式	質地	色彩	尺寸 高×寬㎝	創作時間	收藏處所	典藏號碼
江南春圖	軸	紙	水墨	不詳	庚辰（莉曆八年，1580）	合肥 安徽省博物館	
松徑掃雪圖	軸	紙	設色	138.5 × 32		合肥 安徽省博物館	
溪亭試茗圖	軸	紙	水墨	79 × 29.5	癸丑（嘉靖三十二年，1553）	上海 上海博物館	
江山蕭寺圖	軸	紙	水墨	59.1 × 31.2	嘉靖己未（三十八年，1559）臘月廿六日	上海 上海博物館	
村徑稻香圖	軸	紙	設色	87.7 × 39.1	萬曆庚辰（八年，1580）	上海 上海博物館	
沙邊茅堂圖	軸	紙	設色	不詳		上海 上海博物館	
虎丘圖	軸	紙	設色	不詳		上海 上海博物館	
垂夢觀瀑圖	軸	紙	設色	不詳		上海 上海博物館	
溪橋攜琴圖	軸	紙	設色	不詳		上海 上海博物館	
策蹇看泉圖	軸	紙	設色	外詳		上海 上海博物館	
停琴聽阮圖	軸	絹	設色	50.5 × 27.5	乙未（嘉靖十四年，1535）冬日	南京 南京博物院	
寒林鍾馗圖	軸	紙	水墨	54.7 × 23.3	萬曆癸酉（元年，1573）	南京 南京博物院	
溪山亭水圖	軸	紙	設色	101.7 × 44.4		南京 南京博物院	
仿董北苑山水圖	軸	紙	設色	不詳		無錫 江蘇省無錫市博物館	
淡山煙霧圖	軸	絹	設色	76.5 × 28		杭州 浙江省杭州西泠印社	
平舟短棹圖	軸	紙	水墨	97.5 × 31		廣州 廣東省博物館	
細雨春帆圖	軸	紙	設色	79.5 × 28.3		廣州 廣東省博物館	
寒山策蹇圖	軸	紙	設色	150 × 38		廣州 廣東省博物館	
柏石圖	軸	紙	水墨	64 × 30.5	甲寅（嘉靖三十三年，1554）	廣州 廣州市美術館	
林泉高逸圖	軸	紙	水墨	75.6 × 28.5	癸亥（嘉靖四十二年，1563）	廣州 廣州市美術館	
琵琶行圖	軸	紙	設色	149.8 × 29.8	隆慶三年（己巳，1569）四月望日	日本 大阪市立美術館	
琵琶行詩意圖（文彭書題琵琶行於嘉靖癸亥秋日）	軸	紙	設色	不詳	癸亥（嘉靖四十二年，1563）七月晦	日本 京都北野正男先生	
秋山紅葉	軸	紙	設色	不詳		美國 波士頓美術館	

名稱	形式	質地	色彩	尺寸 高×寬cm	創作時間	收藏處所	典藏號碼
水墨山水	軸	紙	水墨	27.6 × 30.8		美國 哈佛大學福格藝術館	1924.90
為項元汴畫山水圖（壽項五十四歲作）	軸	紙	水墨	117.2 × 39.8	萬曆六年（戊寅，1578（六月八日	美國 普林斯頓大學藝術館（Edward Elliott 先生寄存）	
山水圖	軸	絹	設色	119.6 × 44	嘉靖辛酉（四十年，1561）四月望	美國 芝加哥大學藝術博物館	1974.82
南嶽佳品圖	軸	紙	設色	110.7 × 36.8		美國 克利夫蘭藝術博物館	
桃花源行圖	軸	紙	設色	79.3 × 31.3	丁丑（萬曆五年，1577）人日	美國 舊金山亞洲藝術館	B60 D110
山水人物（過灞橋圖）	軸	紙	設色	66.3 × 30.2		美國 舊金山亞洲藝術館	B74 D17
仙山樓閣圖	軸	紙	設色	101.9 × 28.2	嘉靖乙卯（三十四年，1555）夏六月	美國 勃克萊加州大學藝術館（高居翰教授寄存）	CM77
仿董北苑谿山行旅圖	軸	紙	設色	167 × 52	萬曆丁丑（五年，1577）仲夏	美國 德州金貝爾藝術館	AP1980.04
掩關焚香圖	軸	紙	水墨	120.2 × 49.2		美國 私人	
寫杜甫詩意山水（元明人畫山水集景冊之7）	冊頁	紙	設色	67.3 × 35.7	丙子（萬曆四年，1576）仲夏	台北 故宮博物院	故畫 01295-7
江干待友（文嘉詩意圖冊之1）	冊頁	紙	設色	33.2 × 54.2		台北 故宮博物院	故畫 01284-1
柴門送客（文嘉詩意圖冊之2）	冊頁	紙	設色	33.2 × 54.2		台北 故宮博物院	故畫 01284-2
江磯閒釣（文嘉詩意圖冊之3）	冊頁	紙	設色	33.2 × 54.2		台北 故宮博物院	故畫 01284-3
松蔭自課（文嘉詩意圖冊之4）	冊頁	紙	設色	33.2 × 54.2		台北 故宮博物院	故畫 01284-4
松窗試筆（文嘉詩意圖冊之5）	冊頁	紙	設色	33.2 × 54.2		台北 故宮博物院	故畫 01284-5
濯足萬里流（文嘉詩意圖冊之6）	冊頁	紙	設色	33.2 × 54.2		台北 故宮博物院	故畫 01284-6
濃蔭閒步（文嘉詩意圖冊之7）	冊頁	紙	水墨	33.2 × 54.2		台北 故宮博物院	故畫 01284-7
江岸眺遠（文嘉詩意圖冊之8）	冊頁	紙	設色	33.2 × 54.2		台北 故宮博物院	故畫 01284-8
班荊對話（文嘉詩意圖冊之9）	冊頁	紙	設色	33.2 × 54.2		台北 故宮博物院	故畫 01284-9
秋江聽雨（文嘉詩意圖冊之10）	冊頁	紙	設色	33.2 × 54.2		台北 故宮博物院	故畫 01284-10
清風疏樹（文嘉詩意圖冊之11）	冊頁	紙	水墨	33.2 × 54.2		台北 故宮博物院	故畫 01284-11
芝蘭圖（文嘉詩意圖冊之12）	冊頁	紙	設色	33.2 × 54.2		台北 故宮博物院	故畫 01284-12
修竹黃華（文嘉詩意圖冊之13）	冊頁	紙	設色	33.2 × 54.2		台北 故宮博物院	故畫 01284-13

名稱	形式	質地	色彩	尺寸 高×寬㎝	創作時間	收藏處所	典藏號碼
石湖秋色（名畫琳瑯冊之10）	冊頁	紙	水墨	65 × 32.8		台北 故宮博物院	故畫 01292-10
秋江晚渡（宋元明集繪冊之18）	冊頁	絹	設色	32.5 × 33.1		台北 故宮博物院	故畫 03473-18
山水（文氏畫扇集冊之5）	摺扇面	紙	設色	不詳		台北 故宮博物院	故畫 03525-5
山水（文氏畫扇集冊之6）	摺扇面	紙	設色	不詳		台北 故宮博物院	故畫 03525-6
山水（文氏畫扇集冊之7）	摺扇面	紙	設色	不詳		台北 故宮博物院	故畫 03525-7
竹石流泉（文氏畫扇集冊之8）	摺扇面	紙	水墨	不詳		台北 故宮博物院	故畫 03525-8
林壑清幽（明人畫扇冊二冊之11）	摺扇面	紙	水墨	不詳		台北 故宮博物院	故畫 03528-11
墨畫山水（明人畫扇集冊貳冊（上）之7）	摺扇面	紙	水墨	不詳		台北 故宮博物院	故畫 03534-7
觀瀑圖（明人畫扇集冊貳冊（上）之8）	摺扇面	紙	設色	不詳		台北 故宮博物院	故畫 03534-8
雲山圖（明人便面畫冊肆冊（一）之6）	摺扇面	紙	設色	不詳		台北 故宮博物院	故畫 03537-6
溪山秋色（明人便面畫冊肆冊（一）之7）	摺扇面	紙	設色	不詳		台北 故宮博物院	故畫 03537-7
柳蔭釣艇（明人便面畫冊肆冊（一）之8）	摺扇面	紙	設色	不詳		台北 故宮博物院	故畫 03537-8
春溪泛舟（明人便面畫冊肆冊（一）之9）	摺扇面	紙	設色	不詳		台北 故宮博物院	故畫 03537-9
空林策杖（明人便面畫冊肆冊（一）之10）	摺扇面	紙	設色	不詳		台北 故宮博物院	故畫 03537-10
觀蓮圖（明人便面畫冊肆冊（一）之11）	摺扇面	紙	設色	不詳		台北 故宮博物院	故畫 03537-11
山水（明人書畫扇（辛）冊之10）	摺扇面	紙	水墨	不詳		台北 故宮博物院	故畫 03545-10
效倪瓚筆意山水（明諸臣書畫扇面冊頁冊之15）	摺扇面	紙	水墨	不詳		台北 故宮博物院	故畫 03546-15
梅竹水仙（名人畫扇（戊）冊之1）	摺扇面	紙	水墨	不詳		台北 故宮博物院	故畫 03550-1
補圖元復書秋聲賦（名人畫扇（戊）冊之2）	摺扇面	紙	設色	不詳		台北 故宮博物院	故畫 03550-2
松林遠岫（明人書畫扇（亨）	摺扇面	紙	設色	17.2 × 53.3		台北 故宮博物院	故畫 03565-24

名稱	形式	質地	色彩	尺寸 高×寬cm	創作時間	收藏處所	典藏號碼
冊之24）							
松林古寺圖	摺扇面	金箋	設色	不詳		台北 故宮博物院	故扇00140
松竹山莊圖	摺扇面	金箋	設色	不詳		台北 故宮博物院	故扇00141
秋林圖	摺扇面	金箋	設色	不詳		台北 故宮博物院	故扇00246
山水圖	摺扇面	金箋	設色	18.1 × 49.6	乙未（嘉靖十四年，1535）六月望	台北 華叔和後真賞齋	
山水圖	摺扇面	金箋	設色	16 × 46.3	辛酉（嘉靖四十年，1561）秋日	台北 華叔和後真賞齋	
遠浦歸帆圖（文家書畫便面合冊之4）	摺扇面	金箋	水墨	16.8 × 49.1		香港 潘祖堯小聽颿樓	CP89
山水圖（文家書畫便面合冊之9）	摺扇面	紙	設色	17.4 × 49.8		香港 潘祖堯小聽颿樓	CP96
山水圖（文家書畫便面合冊之10）	摺扇面	紙	設色	16.9 × 51.4		香港 潘祖堯小聽颿樓	CP97
山水圖	摺扇面	紙	設色	17.6 × 53		香港 劉作籌虛白齋	22
秋亭竹樹圖	摺扇面	紙	水墨	不詳	辛酉（嘉靖四十年，1561）	長春 吉林省博物館	
山水圖	摺扇面	金箋	水墨	不詳		旅順 遼寧省旅順博物館	
修竹塢圖（壽袁方齋詩書畫冊22之1幀）	冊頁	紙	設色	不詳	（嘉靖六年二月，丁亥，1527）	北京 故宮博物院	
洗研池圖（壽袁方齋詩書畫冊22之1幀）	冊頁	紙	設色	不詳	（嘉靖六年二月，丁亥，1527）	北京 故宮博物院	
七寶泉圖（壽袁方齋詩書畫冊22之1幀）	冊頁	紙	設色	不詳	（嘉靖六年二月，丁亥，1527）	北京 故宮博物院	
林屋洞圖（壽袁方齋詩書畫冊22之1幀）	冊頁	紙	設色	不詳	（嘉靖六年二月，丁亥，1527）	北京 故宮博物院	
望湖亭圖（壽袁方齋詩書畫冊22之1幀）	冊頁	紙	設色	不詳	（嘉靖六年二月，丁亥，1527）	北京 故宮博物院	
蘇臺十景圖（10幀）	冊	紙	設色	不詳	隆慶四年（庚午，1570）	北京 故宮博物院	
瀟湘八景（8幀）	冊	絹	設色	（每幀）25.5 × 22		北京 故宮博物院	
山水圖	摺扇面	金箋	水墨	20 × 54.7		北京 故宮博物院	
薔薇花圖	摺扇面	金箋	設色	17 × 48		北京 故宮博物院	

名稱	形式	質地	色彩	尺寸 高×寬cm	創作時間	收藏處所	典藏號碼
山水（明清山水扇面冊之一）	摺扇面 金箋	設色	不詳		北京 中國歷史博物館	
滕王閣圖	摺扇面 金箋	設色	不詳		天津 天津市藝術博物館	
山水圖（文徵明等山水冊之1幀）	摺扇面 金箋	設色	不詳		天津 天津市藝術博物館	
山水圖（明藍瑛等山水花鳥冊11之1幀）	摺扇面 金箋	設色	不詳		濟南 山東省博物館	
張公洞善權洞紀遊（10幀）	冊	紙	設色	不詳	己丑（嘉靖八年，1529）	上海 上海博物館	
松谷雲泉圖	摺扇面 金箋	設色	不詳	己亥（嘉靖十八年，1539）七夕	上海 上海博物館	
二洞紀遊圖（10幀）	冊	紙	水墨	（每幀）26 × 28	甲辰（嘉靖二十三年，1544）	上海 上海博物館	
山岸遊賞圖	摺扇面 金箋	設色	不詳	辛亥（嘉靖三十年，1551）	上海 上海博物館	
觀瀑圖	摺扇面 金箋	設色	不詳	甲戌（萬曆二年，1574）八月十二日	上海 上海博物館	
亭下讀書圖	摺扇面 金箋	水墨	不詳	丁丑（萬曆五年，1577）	上海 上海博物館	
仿倪瓚山水	摺扇面 金箋	水墨	不詳	戊寅（萬曆六年，1578）	上海 上海博物館	
疏林亭子圖	摺扇面 金箋	水墨	不詳	己卯（萬曆七年，1579）六月	上海 上海博物館	
山水（6幀）	冊	絹	設色	（每幀）28.5 × 29.8		上海 上海博物館	
竹石圖（陳道復等雜畫冊12之第7幀）	冊頁	紙	設色	約24.5 × 25.3		上海 上海博物館	
山岸桃花圖	摺扇面 金箋	設色	不詳		上海 上海博物館	
水村桃柳圖	摺扇面 金箋	設色	不詳		上海 上海博物館	
平岡茅屋圖	摺扇面 金箋	設色	不詳		上海 上海博物館	
江南春圖	摺扇面 金箋	設色	不詳		上海 上海博物館	
竹樹生秋圖	摺扇面 金箋	水墨	不詳		上海 上海博物館	
枯木竹石圖	摺扇面 金箋	水墨	不詳		上海 上海博物館	
後赤壁圖	摺扇面 金箋	設色	不詳		上海 上海博物館	
登高望遠圖	摺扇面 金箋	水墨	不詳		上海 上海博物館	

名稱	形式	質地	色彩	尺寸 高×寬㎝	創作時間	收藏處所	典藏號碼
水墨溪山圖	摺扇面	金箋	水墨	不詳		上海 上海博物館	
溪山游騎圖	摺扇面	紙	設色	不詳	丙子（萬曆四年，1576）	南京 南京博物院	
山亭雙樹圖	摺扇面	金箋	水墨	不詳		南京 南京博物院	
枯木竹石圖	摺扇面	金箋	水墨	18.5 × 50.6		南京 南京博物院	
石湖圖	摺扇面	紙	設色	不詳		杭州 浙江省杭州西泠印社	
梅花圖	摺扇面	金箋	水墨	不詳		杭州 浙江省杭州市文物考古所	
秋水孤舟圖	摺扇面	金箋	設色	不詳		杭州 浙江省杭州市文物考古所	
後赤壁賦圖	摺扇面	金箋	設色	不詳		寧波 浙江省寧波市天一閣文物保管所	
山水圖（8幀）	冊	紙	水墨	（每幀）29 × 26	壬戌（嘉靖四十一年，1562）	武漢 湖北省博物館	
蘭竹石圖	摺扇面	金箋	水墨	不詳		成都 四川省博物院	
山水圖	摺扇面	金箋	水墨	不詳		重慶 重慶市博物館	
山水、花卉圖（10幀）	冊	紙	設色	不詳	庚子（嘉靖十九年，1540）仲冬	廣州 廣東省博物館	
梅石水仙圖	摺扇面	金箋	水墨	17.5 × 49		廣州 廣州市美術館	
山水圖	摺扇面	金箋	設色	不詳	甲戌（萬曆二年，1570）	桂林 廣西壯族自治區桂林市博物館	
行旅圖（文嘉雜畫冊之1）	冊頁	絹	設色	23.5 × 24.8		日本 東京出光美術館	
桃花小禽圖（文嘉雜畫冊之2）	冊頁	絹	設色	31.5 × 25.2		日本 東京出光美術館	
扇圖（文嘉雜畫冊之3）	冊頁	絹	設色	25.2 × 26.7		日本 東京出光美術館	
貓圖（文嘉雜畫冊之4）	冊頁	絹	設色	30.1 × 22.1		日本 東京出光美術館	
攜琴圖（文嘉雜畫冊之5）	冊頁	絹	設色	32.8 × 27.1		日本 東京出光美術館	
牧羊圖（文嘉雜畫冊之6）	冊頁	絹	設色	25.3 × 22.3		日本 東京出光美術館	
小禽圖（文嘉雜畫冊之7）	冊頁	絹	設色	19.4 × 19.6		日本 東京出光美術館	
嬰戲圖（文嘉雜畫冊之8）	冊頁	絹	設色	32.8 × 24.5		日本 東京出光美術館	
二鳥圖（文嘉雜畫冊之9）	冊頁	絹	設色	20.7 × 25.2		日本 東京出光美術館	
鼠圖（文嘉雜畫冊之10）	冊頁	絹	設色	26.6 × 27.4		日本 東京出光美術館	
山水人物圖（文嘉雜畫冊之11）	冊頁	絹	設色	17.9 × 21.8		日本 東京出光美術館	
雞圖（文嘉雜畫冊之12）	冊頁	絹	設色	23.1 × 28.3		日本 東京出光美術館	

名稱	形式	質地	色彩	尺寸 高×寬cm	創作時間	收藏處所	典藏號碼
鳥圖（文嘉雜畫冊之13）	冊頁	絹	設色	19.9 × 21.5		日本 東京出光美術館	
樓閣山水圖（文嘉雜畫冊之14）	冊頁	絹	設色	27.1 × 28		日本 東京出光美術館	
鶺鶉圖（文嘉雜畫冊之15）	冊頁	絹	設色	29.3 × 26.8		日本 東京出光美術館	
椿圖（文嘉雜畫冊之16）	冊頁	絹	設色	26.6 × 26.9		日本 東京出光美術館	
秋鳥圖（文嘉雜畫冊之17）	冊頁	絹	設色	25.6 × 28.6		日本 東京出光美術館	
蔬菜圖（文嘉雜畫冊之18）	冊頁	絹	設色	19.1 × 20.8		日本 東京出光美術館	
山水圖（文嘉雜畫冊之19）	冊頁	絹	設色	26.1 × 27		日本 東京出光美術館	
斑鳩圖（文嘉雜畫冊之20）	冊頁	絹	設色	26.7 × 25.8		日本 東京出光美術館	
墨筆山水（明人書畫扇乙冊之6）	摺扇面	金箋	水墨	不詳		日本 東京橋本辰二郎先生	
古木竹亭圖	摺扇面	金箋	水墨	17.7 × 49.5		日本 大阪橋本大乙先生	
歲寒三友圖	摺扇面	金箋	水墨	18.5 × 53.9		日本 私人	
樹下高士圖	摺扇面	金箋	水墨	16.4 × 48.2		日本 私人	
山水圖	摺扇面	金箋	設色	15.5 × 47.7		日本 私人	
山水圖	摺扇面	金箋	設色	17.5 × 53.5		美國 耶魯大學藝術館	1986.141.2
山水圖（10幀）	冊	絹	設色	（每幀）29 × 23	戊子（嘉靖七年，1528）春日	美國 New Haven 翁萬戈先生	
山水畫（8幀）	冊	紙	設色	（每幀）25 × 30.1	萬曆乙亥（三年，1575）臘月	美國 普林斯頓大學藝術館	78-44
山水圖	摺扇面	金箋	水墨	17 × 49.3		美國 紐約大都會藝術博物館	13.100.67
山水圖	摺扇西	金籤	設色	15.2 × 46.7		德國 柏林東亞藝術博物館	1988-313
山水圖	摺扇面	金箋	水墨	17.2 × 50.3	壬戌（嘉靖四十一年，1562）八月十一日	德國 科隆東亞藝術博物館	A55.18
山水圖	摺扇面	金箋	水墨	17.9 × 51.2		瑞士 蘇黎士黎得堡博物館	

附 1：

名稱	形式	質地	色彩	尺寸 高×寬cm	創作時間	收藏處所	典藏號碼
為夢簡作山水圖	卷	灑金箋	設色	28.5 × 158	嘉靖癸丑（三十二年，1553）四月	紐約 蘇富比藝品拍賣公司/拍賣目錄 1981,05,08.	
山水圖	卷	紙	水墨	35.6 × 130.5	庚午（隆慶四年，1570）仲春	紐約 蘇富比藝品拍賣公司/拍賣目錄 1986,06,03.	
煙雨江山圖	卷	紙	設色	24 × 116.2	己丑（嘉靖八年，1529）秋日	紐約 佳士得藝品拍賣公司/拍賣目錄 1993,12,01.	
颿風圖	卷	紙	設色	31 × 457	乙丑（嘉靖四十四年，1565）十一月	紐約 佳士得藝品拍賣公司/拍賣目錄 1996,03,27.	

名稱	形式	質地	色彩	尺寸 高×寬㎝	創作時間	收藏處所		典藏號碼

文 嘉

附 2

名稱	形式	質地	色彩	尺寸 高×寬㎝	創作時間	收藏處所	
石室寒樹圖	卷	紙	設色	25 × 214.5		紐約	佳士得藝品拍賣公司/拍賣目錄 1996,09,18.
九畹春風圖（王穀祥畫蘭、文嘉補梅石）	卷	紙	水墨	21.6 × 258.4	王畫：嘉靖庚申（1560）春三月望後二日。文畫：壬戌（1562）臘月三日	紐約	佳士得藝品拍賣公司/拍賣目錄 1997,09,19.
山水圖	軸	紙	設色	不詳	庚辰（萬曆八年，1580）	北京	北京市工藝品進出口公司
山水圖	軸	紙	水墨	不詳	癸亥（嘉靖四十三年，1563）	上海	朵雲軒
坐看雲起圖	軸	紙	水墨	131 × 23		上海	上海文物商店
山水圖	軸	紙	設色	126.6 × 33		紐約	佳士得藝品拍賣公司/拍賣目錄 1987,12,11.
南嶽峰高圖	軸	紙	設色	110.5 × 36.8	嘉靖辛酉（四十年，1561）秋日	紐約	佳士得藝品拍賣公司/拍賣目錄 1992,06,02
疏林亭子	軸	紙	水墨	50.5 × 28		紐約	佳士得藝品拍賣公司/拍賣目錄 1992,06,02.
楓溪泛舟圖	軸	紙	設色	107.9 × 43.6		紐約	佳士得藝品拍賣公司/拍賣目錄 1992,06,02.
寒林鍾馗圖（文彭題）	軸	紙	水墨	101.5 × 31.5		紐約	佳士得藝品拍賣公司/拍賣目錄 1993,06,04.
林泉高逸圖	軸	紙	水墨	76.2 × 28.8	癸亥（嘉靖四十二年，1563）四月晦日	紐約	佳士得藝品拍賣公司/拍賣目錄 1995,01,29.
虎丘秋月圖	軸	紙	設色	121.9 × 40	壬戌（嘉靖四十一年，1562）仲秋之望	紐約	佳士得藝品拍賣公司/拍賣目錄 1997,09,19.
山水圖（4幀）	冊	紙	設色	不詳	戊辰（隆慶二年，1568）六月八日	北京	北京文物商店
山水圖	摺扇面	灑金箋	設色	不詳		上海	朵雲軒
江亭行旅圖	冊頁	絹	設色	26 × 22.9	嘉靖丁酉（十六年，1537）	紐約	蘇富比藝品拍賣公司/拍賣目錄 1985,04,17.
仿王蒙枯木竹石	摺扇面	紙	水墨	17.6 × 49.5		紐約	佳士得藝品拍賣公司/拍賣目錄 1990,11,28.

名稱	形式	質地	色彩	尺寸 高×寬㎝	創作時間	收藏處所	典藏號碼
山水	摺扇面	灑金箋	水墨	16.5 × 47		紐約 佳士得藝品拍賣公司/拍賣目錄 1993,06,04.	
山水（明清諸家書畫冊之一幀）	摺扇面	金箋	設色	16.5 × 51.5	丁巳（萬曆五年，1557）六月	紐約 佳士得藝品拍賣公司/拍賣目錄 1993,06,04.	
山水（4幀）	冊頁	紙	設色	（每幀）22.5 × 16.5		紐約 佳士得藝品拍賣公司/拍賣目錄 1995,09,19.	
白雲幽居	摺扇面	金箋	設色	16.5 × 47	辛酉（嘉靖四十年，1561）秋日	香港 佳士得藝品拍賣公司/拍賣目錄 1996,04,28.	

畫家小傳：文嘉。字休丞。號文水。江蘇長洲人。文徵明仲子。生於孝宗弘治十四（1501）年。卒於神宗萬曆十一（1583）年。能詩、工書。善畫山水，筆墨疏秀似倪瓚。（見無聲詩史、圖繪寶鑑續纂、明史藝文志、文氏族譜續集、吳中往哲象贊、中國畫家人名大辭典）

士曇

漁樂圖	摺扇面	紙	設色	16.7 × 46.3		日本 京都國立博物館	A甲685

畫家小傳：士曇。畫史無傳。惟有士俟其人，已佚其姓，為木版刻工，世宗嘉靖五（1526）年曾刻秋崖先生小稿。疑或此人。待考。（見中國美術家人名大辭典）

葉澄

雁蕩山圖	卷	綾	設色	35 × 290.3	嘉靖丙戌（五年，1526）	北京 故宮博物院	
停琴煮茗圖	卷	絹	設色	25.3 × 119.9	嘉靖庚寅（九年，1530)	北京 故宮博物院	
桐蔭漫步圖	卷	絹	設色	不詳		北京 故宮博物院	
鍾馗夜游圖	軸	紙	設色	不詳		北京 中國美術館	

畫家小傳：葉澄。字原靜。江蘇吳人。善畫山水，仿董北苑。流傳署款紀年作品見於世宗嘉靖五(1526)至九(1530)年。（見明畫錄、無聲詩史、圖繪寶鑑、游居集、中國畫家人名大辭典）